2022ANTIQUES AUCTION RECORDS

古董拍卖年鉴 杂项

2021-01-01～2021-12-31

欣弘 编

CNS PUBLISHING & MEDIA | 湖南美术出版社
全国百佳图书出版单位
·长沙·

图书在版编目(CIP)数据

2022古董拍卖年鉴 · 杂项 / 欣弘编. — 长沙：湖南美术出版社，2022.1

ISBN 978-7-5356-9725-7

Ⅰ. ①2… Ⅱ. ①欣… Ⅲ. ①历史文物－拍卖－价格－中国－2022－年鉴 Ⅳ. ①F724.787-54

中国版本图书馆CIP数据核字(2022)第010863号

2022古董拍卖年鉴·杂项

2022 GUDONG PAIMAI NIANJIAN · ZAXIANG

出 版 人：黄　啸
编　　者：欣　弘
策　　划：易兴宏　李志文
责任编辑：李　坚　杜作波

湖南美术出版社出版发行(长沙市东二环一段622号)
湖南省新华书店经销
雅昌文化(集团)有限公司制版、印刷
开本：787mm × 1092mm　1/16　印张：28
版次：2022年1月第1版　印次：2022年1月第1次印刷
书号：ISBN 978-7-5356-9725-7
定价：198.00元

邮购联系：0731-84787105　邮编：410016　网址：http://www.arts-press.com/
电子邮箱：market@arts-press.com
如有倒装、破损、少页等印装质量问题，请与印刷厂联系斢换。
联系电话：0755-83366138

目　录

凡 例

1.《2022古董拍卖年鉴》分瓷器卷、玉器卷、杂项卷、翡翠珠宝卷、书画卷，共五册，收录了纽约、伦敦、巴黎、日内瓦、香港、澳门、台北、北京、上海、广州、昆明、天津、重庆、成都、合肥、南京、西安、沈阳、济南等城市或地区的几十家拍卖公司几百个专场的2021年度拍卖成交记录与拍品图片。

2.本书内文条目原则上保留了原拍卖记录（由于拍品来自不同的拍卖公司，为便于搜索，对于用词不一致的名称，如“Cartier ”“CARTIER”“三羊开泰”“三阳开泰”“水呈”“水丞”“安迪·沃荷”“安迪·沃霍尔”“三联葫芦瓶”“三连葫芦瓶”等，均不作统一），按拍品号、品名、估价、成交价、尺寸、拍卖公司名称、拍卖日期等排序，部分原内容缺失或不详的不注明。书画卷内文条目还有作者姓名、作品形式、创作年代等内容。

3.因境外拍卖公司宿地不同，本书拍品估价涉及多个币种：RMB（人民币），USD（美元），EUR（欧元），GBP（英镑），HKD（港币），NTD（新台币）。但本书所有拍品成交价均按汇率转换成RMB（人民币）。

4.多人合作的作品，条目中仅列出一或两位主要作者的名字。

竹 雕

954 清乾隆 竹簧浮雕斋戒牌
估 价：RMB 200,000~280,000
成交价：RMB 230,000
长6.5cm；宽4cm 中贸圣佳 2021-05-20

1688 明 巡山图竹具
估 价：RMB 280,000~320,000
成交价：RMB 350,750
高16.5cm 中贸圣佳 2021-12-29

1266 明晚期 竹雕佛手瓜摆件带底座
估 价：RMB 180,000~220,000
成交价：RMB 402,500
带座高12cm；长19cm 广东崇正 2021-01-07

3327 明 竹根雕东方朔坐像
估 价：HKD 200,000~280,000
成交价：RMB 216,744
高14.5cm 保利香港 2021-12-02

3328 明晚期 竹根雕刘海戏金蟾
估 价：HKD 120,000~180,000
成交价：RMB 118,224
高8.2cm 保利香港 2021-12-02

1558 清早期 竹雕寿星
估 价：RMB 80,000~150,000
成交价：RMB 155,250
高18.5cm 华艺国际 2021-06-05

2182 清早期 用吉款竹雕东方朔坐像
估 价：RMB 80,000~120,000
成交价：RMB 207,000
高15.2cm 西泠印社 2021-07-24

1702 清中期 竹雕胡人驯象献宝摆件
估 价：RMB 80,000~150,000
成交价：RMB 149,500
高19cm；长13cm 西泠印社 2021-01-15

3076 清 竹雕仿古提梁盖壶
估　价：HKD 180,000~220,000
成交价：RMB 461,813
高29cm 佳士得 2021-12-03

2532 清 竹雕麻姑献寿图槎形摆件
估　价：RMB 280,000~350,000
成交价：RMB 368,000
带座高17.8cm；长25.8cm 西泠印社 2021-07-24

1134 清早期 竹根雕癞瓜形盖盒
估　价：RMB 180,000~380,000
成交价：RMB 207,000
长10cm 保利厦门 2021-11-05

1210 清 竹根雕松纹杯
估　价：RMB 120,000~150,000
成交价：RMB 138,000
高13.5cm 中贸圣佳 2021-05-21

6765 清 竹簧雕花菱花形托盘
估　价：RMB 150,000~200,000
成交价：RMB 379,500
19cm×11.6cm×2.1cm 北京保利 2021-06-08

3304 清乾隆 贴竹簧嵌铜鎏金灵芝纹扣暗八仙海水云龙纹书盒
估　价：HKD 200,000~300,000
成交价：RMB 1,011,600
30.5cm×16.2cm×7cm 保利香港 2021-04-21

106 清乾隆 竹黄海棠式三层盖盒
估 价：RMB 120,000~150,000
成交价：RMB 138,000
长15cm 永乐拍卖 2021-05-22

2623 明 棕竹刻十八罗汉香筒
估 价：RMB 60,000
成交价：RMB 138,000
高20.8cm 中贸圣佳 2021-09-26

1213 清 竹雕西厢故事香筒
估 价：RMB 180,000~250,000
成交价：RMB 287,500
高20.5cm 中贸圣佳 2021-05-21

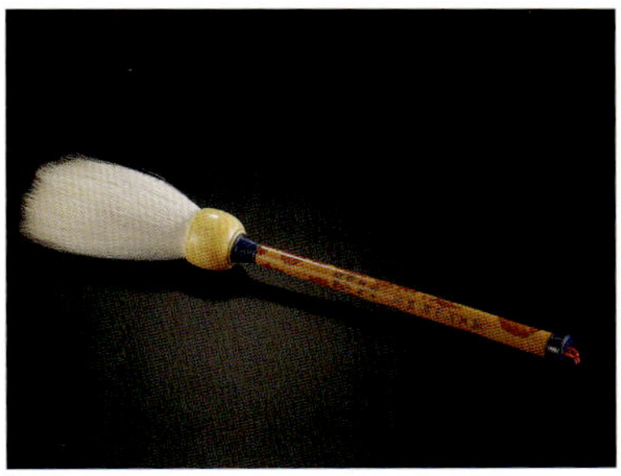

3255 湘妃竹毛笔
估 价：RMB 70,000~80,000
成交价：RMB 80,500
长36cm 十竹斋拍卖（北京） 2021-05-29

2073 明 竹雕梧桐仕女图笔筒
估 价：RMB 200,000~300,000
成交价：RMB 230,000
直径13.3cm；高15.5cm 中贸圣佳 2021-05-21

2537 明末清初 吴之璠款竹镂雕松下高士图笔筒
估 价：RMB 190,000~250,000
成交价：RMB 218,500
高15.5cm；口径11.5cm 西泠印社 2021-07-24

2080 清早期 沈全林刻竹雕老子出关笔筒
估 价：RMB 350,000~550,000
成交价：RMB 632,500
高13.5cm 华艺国际 2021-12-11

6606 清早期 竹雕西园雅集大笔筒
估　价：RMB 700,000~900,000
成交价：RMB 1,092,500
高18.5cm 北京保利 2021-06-08

2410 清 竹雕兰亭雅集图笔筒
估　价：RMB 350,000~400,000
成交价：RMB 575,000
直径15.2cm；高16.7cm 中贸圣佳 2021-12-29

939 清晚期 山水人物竹笔洗
估　价：RMB 70,000~80,000
成交价：RMB 80,500
直径11.3cm；高8.3cm 中贸圣佳 2021-07-07

6323 清康熙 顾宗玉制竹刻笔筒
估　价：RMB 600,000~900,000
成交价：RMB 690,000
高13.3cm 北京保利 2021-12-06

1208 清嘉庆 王玘制竹刻《汉阳太白楼》山水诗文臂搁
估　价：RMB 250,000~300,000
成交价：RMB 322,000
长32cm 中贸圣佳 2021-05-21

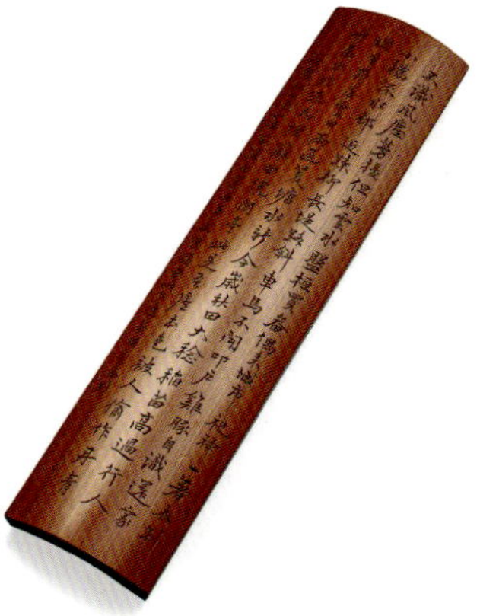

1523 清 嚼雪庐旧藏竹雕诗文臂搁
估　价：RMB 80,000~150,000
成交价：RMB 241,500
长27.3cm 华艺国际 2021-06-05

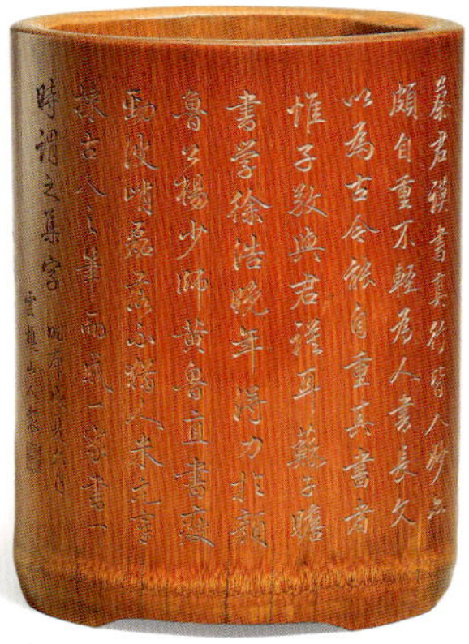

1212 清 邓渭、芝山 和合二仙竹笔筒
估 价：RMB 1,200,000~1,500,000
成交价：RMB 1,610,000
高15.9cm 中贸圣佳 2021-05-21

5138 清乾隆 周芷岩竹雕仙山岭云寻幽图成扇
估 价：RMB 700,000~900,000
成交价：RMB 805,000
长34cm 中国嘉德 2021-11-30

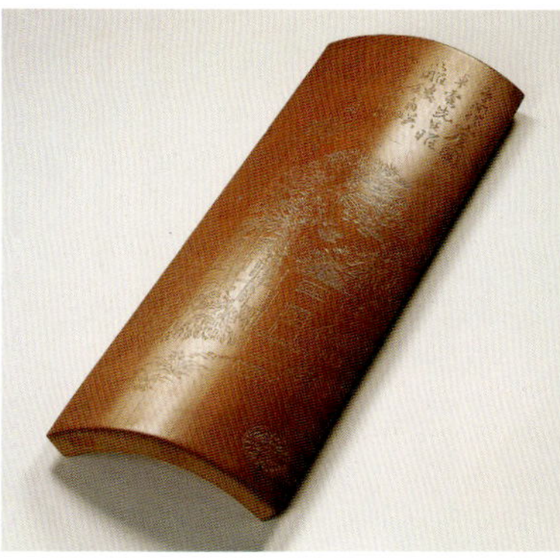

1314 近现代 陆俨少书画、李卓云刻竹雕臂搁
估 价：RMB 300,000~500,000
成交价：RMB 345,000
高26.2cm 华艺国际 2021-03-31

2198 清中期 竹镂雕四季花卉印盒
估 价：RMB 60,000~120,000
成交价：RMB 172,500
高4.2cm；长6.8cm；宽6cm 西泠印社 2021-07-24

6355 清早期 竹雕西厢记砚
估 价：RMB 50,000~80,000
成交价：RMB 172,500
长10cm 北京保利 2021-06-08

3685 清 竹刻金石文字鸟笼
估 价：RMB 30,000~50,000
成交价：RMB 86,250
高34cm；长19cm；宽19cm 西泠印社 2021-01-16

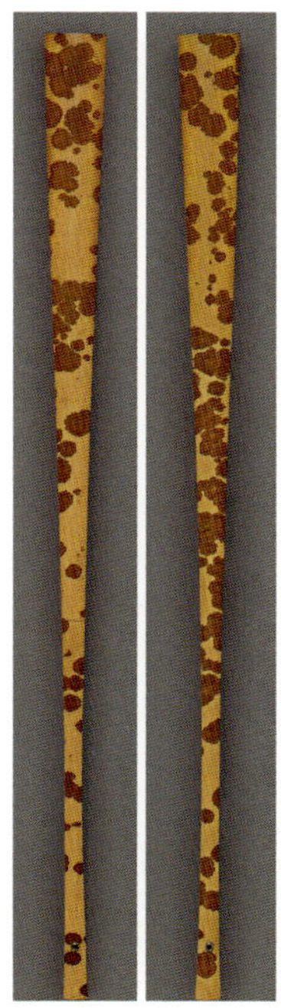

304 清晚期 湘妃竹扇骨
估 价：RMB 5,000~7,000
成交价：RMB 138,000
高42cm 北京诚轩 2021-05-18

6520 清乾隆 竹刻松石周芷岩铭臂搁
估　价：RMB 1,000,000~1,500,000
成交价：RMB 1,380,000
长22cm 北京保利 2021-12-06

3125 近代 江寒汀画、徐素白刻梅竹兰草图扇骨
成交价：RMB 552,000
长32cm；宽2cm；高2.5cm 中国嘉德 2021-11-28

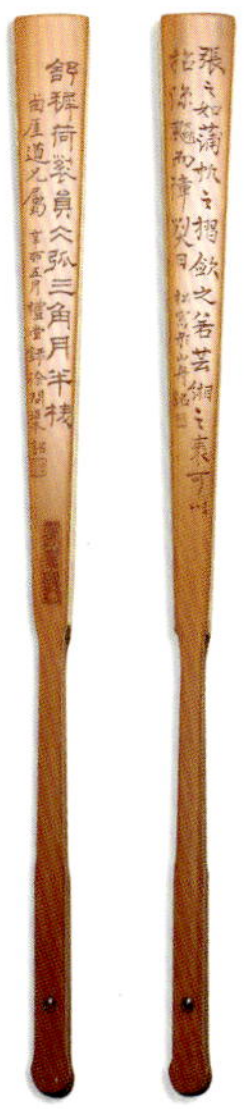

6517 民国 金西厓刻、褚松窗书行字又书隶书扇骨
估　价：RMB 550,000~850,000
成交价：RMB 713,000
长33.4cm；板阔2.5cm 北京保利 2021-12-06

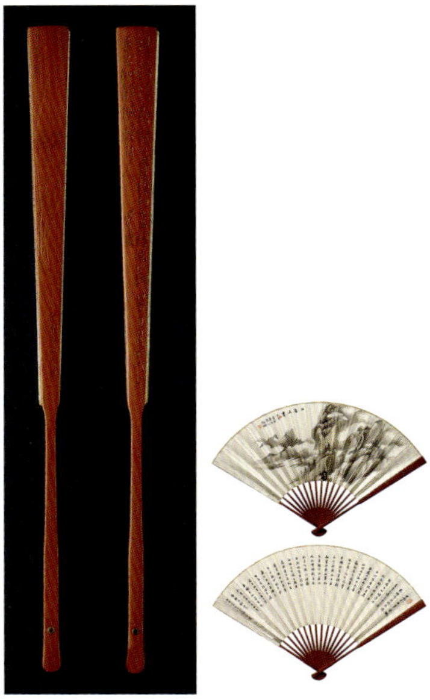

5132 近代 金西厓刻、溥心畬书画诗文扇骨
估　价：RMB 30,000~40,000
成交价：RMB 483,000
长31.3cm 中国嘉德 2021-11-30

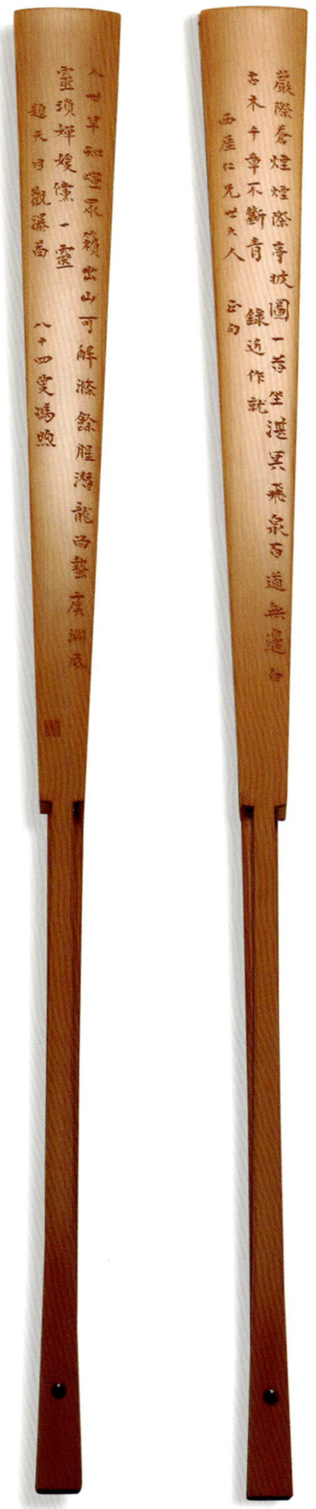

6518 民国 金西厓刻、冯梦华书楷字扇骨
估　价：RMB 550,000~850,000
成交价：RMB 920,000
长33.3cm；板阔2.5cm 北京保利 2021-12-06

6847 民国 金西厓刻、陈迦庵画芍药又画美人蕉扇骨
估　价：RMB 750,000~950,000
成交价：RMB 1,840,000
长33.2cm 北京保利 2021-06-08

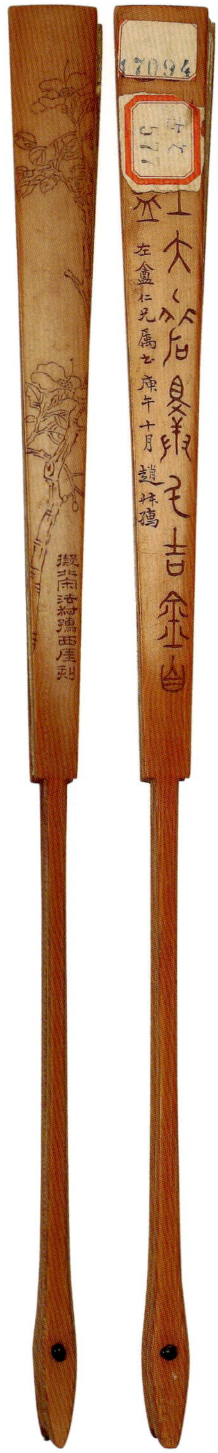

6846 民国 金西厓刻、赵叔孺篆书又画山茶扇骨
估　价：RMB 600,000~800,000
成交价：RMB 1,069,500
长31.4cm 北京保利 2021-06-08

木　雕

30 黄奇楠斋戒牌
估　价：RMB 60,000~100,000
成交价：RMB 67,200
总重7.1g（九分沉） 上海联合 2021-11-21

5634 无事牌
估　价：RMB 450,000~600,000
成交价：RMB 517,500
7cm × 4cm × 1cm 北京荣宝 2021-06-19

73 白奇楠观音挂牌
估　价：RMB 330,000~600,000
成交价：RMB 369,600
6.1cm × 4.2cm × 1.5cm 上海联合 2021-06-27

5628 棋楠牌
估　价：RMB 950,000~1,100,000
成交价：RMB 1,150,000
6cm × 4cm × 1cm 北京荣宝 2021-06-19

1331 清中期 棋楠嵌金手链
估　价：HKD 200,000~300,000
成交价：RMB 476,928
中国嘉德 2021-10-14

1226 清 茄楠十八子念珠（十八颗）
估　价：RMB 300,000~350,000
成交价：RMB 517,500
直径2cm（每颗）中贸圣佳 2021-05-21

2394 清 陈熙年制松子诗文手串
估　价：RMB 120,000~200,000
成交价：RMB 207,000
珠长约1.6cm 西泠印社 2021-07-24

1334 清 沉香木念珠108粒
估　价：HKD 6,000~10,000
成交价：RMB 317,952
长88cm 中国嘉德 2021-10-14

6410 民国 沉香手串（两串）
估　价：RMB 30,000~50,000
成交价：RMB 460,000
长13.5cm；长12cm 北京保利 2021-06-08

1647 沉水 16mm 加里曼丹沉香手串 37.2克
估　价：RMB 60,000~80,000
成交价：RMB 94,300
保利厦门 2021-11-04

58 沉香手串
估　价：RMB 120,000~250,000
成交价：RMB 134,400
重31.7g（沉水）；直径1.6cm（每颗）
上海联合 2021-11-21

3571 清 事敬堂制沉香嵌金万寿无疆扳指
估　价：RMB 12,000~20,000
成交价：RMB 322,000
高2.7cm 西泠印社 2021-01-16

2634 清 紫檀罗汉摆件
估　价：RMB 150,000
成交价：RMB 172,500
高21.8cm 中贸圣佳 2021-09-26

1332 清中期 棋楠嵌金朝珠
估　价：HKD 500,000~700,000
成交价：RMB 596,160
长88cm 中国嘉德 2021-10-14

1330 清中期 金镶棋楠手镯（一对）
估　价：HKD 150,000~200,000
成交价：RMB 476,928
直径8.6cm×2 中国嘉德 2021-10-14

924 清乾隆 紫檀雕马把件
估　价：USD 2,500~3,500
成交价：RMB 53,016
高9.5cm 纽约佳士得 2021-03-18

1656 沉水 越南惠安沉香文人雅居摆件 942克
估　价：RMB 800,000~1,000,000
成交价：RMB 1,058,000
约22.5cm×30cm×16cm 保利厦门 2021-11-04

2559 清早期 御制沉香木雕骊宫图山子摆件附紫檀海水龙纹座
估　价：RMB 120,000~180,000
成交价：RMB 437,000
直径45cm 中鸿信 2021-07-14

73 王天翔 小叶紫檀义薄云天摆件
估　价：RMB 250,000~350,000
成交价：RMB 336,000
56cm×50cm×73cm 上海联合 2021-11-21

1243 清道光 紫檀五镶黄玉云龙纹如意
估　价：RMB 500,000~600,000
成交价：RMB 575,000
长51cm 保利厦门 2021-11-05

973 清乾隆 御制三镶四灵应瑞如意
估　价：RMB 1,500,000~2,000,000
成交价：RMB 2,070,000
长42.5cm 中贸圣佳 2021-05-20

4640 清乾隆 紫檀嵌珐琅御题诗三镶如意
估　价：RMB 2,600,000~3,600,000
成交价：RMB 3,450,000
长44cm 中国嘉德 2021-05-19

882 唐 木雕彩绘侍女俑
估　价：USD 20,000~30,000
成交价：RMB 1,223,438
高42cm 纽约佳士得 2021-03-18

8002 宋 木雕加彩观世音菩萨坐像
估　价：HKD 30,000,000~50,000,000
成交价：RMB 38,548,704
香港苏富比 2021-04-18

3005 宋 晋作木胎沉思罗汉尊者
估　价：RMB 700,000~900,000
成交价：RMB 908,500
高83cm 西泠印社 2021-07-24

1385 9~10世纪 楠木雕彩绘自在观音
估　价：RMB 1,500,000~2,000,000
成交价：RMB 1,840,000
高43.5cm；宽21cm 朵云轩 2021-07-07

1847 元 释迦牟尼佛头像
估　价：RMB 800,000~1,200,000
成交价：RMB 1,035,000
高66cm 中贸圣佳 2021-12-30

2401 元 木胎自在观音
估 价：RMB 1,200,000~1,500,000
成交价：RMB 1,495,000
高93cm 西泠印社 2021-01-15

1386 15世纪 彩绘楠木雕水月观音
估 价：RMB 1,500,000~2,000,000
成交价：RMB 1,725,000
高119cm 朵云轩 2021-07-07

1225 明或更早 沉香木雕洗象摆件
估 价：RMB 600,000~800,000
成交价：RMB 1,840,000
高32cm 中贸圣佳 2021-05-21

2980 元 木胎水月观音坐像
估 价：RMB 500,000~700,000
成交价：RMB 805,000
高64cm 西泠印社 2021-07-24

1846 明 韦驮像
成交价：RMB 1,092,500
高119.5cm 中贸圣佳 2021-12-30

1082 明 沉香如来佛祖
估　价：RMB 700,000~1,000,000
成交价：RMB 2,185,000
高24cm 上海嘉禾 2021-07-22

1554 明 护法立像
估　价：RMB 1,800,000~2,600,000
成交价：RMB 2,875,000
高132.5cm 华艺国际 2021-03-31

1341 明 木胎漆金弥勒佛
估　价：RMB 600,000~800,000
成交价：RMB 1,035,000
高54cm 华艺国际 2021-03-31

2974 明永乐 木胎御制弥勒佛
估　价：RMB 800,000~1,200,000
成交价：RMB 1,495,000
高61cm 西泠印社 2021-07-24

2977 明 木胎释迦说法像
估　价：RMB 800,000~1,000,000
成交价：RMB 1,265,000
高17.5cm 西泠印社 2021-07-24

9 清康熙 宫廷御制檀香木胎彩绘描金密集金刚像
估　价：RMB 6,000,000~8,000,000
成交价：RMB 5,520,000
高65cm 永乐拍卖 2021-05-22

820 清康熙 木漆金文殊菩萨坐像
估　价：USD 300,000~500,000
成交价：RMB 8,808,750
高70cm；连座高94.1cm 纽约佳士得 2021-03-18

1120 清早期 黄杨木观音立像
估　价：RMB 400,000~600,000
成交价：RMB 460,000
高31.5cm 保利厦门 2021-11-05

1737 清 黄杨木雪山大士
估　价：RMB 280,000~350,000
成交价：RMB 322,000
高21cm 中贸圣佳 2021-12-29

1224 清 黄杨木雕雪山大士
估　价：RMB 400,000~600,000
成交价：RMB 632,500
高19cm 中贸圣佳 2021-05-21

2914 清 宫廷檀香木男相观音坐像
估 价：RMB 300,000~400,000
成交价：RMB 552,000
高38.5cm 西泠印社 2021-07-24

3002 宫廷造檀香木雕释迦牟尼
估 价：RMB 380,000
成交价：RMB 575,000
高32.5cm 永乐拍卖 2021-12-02

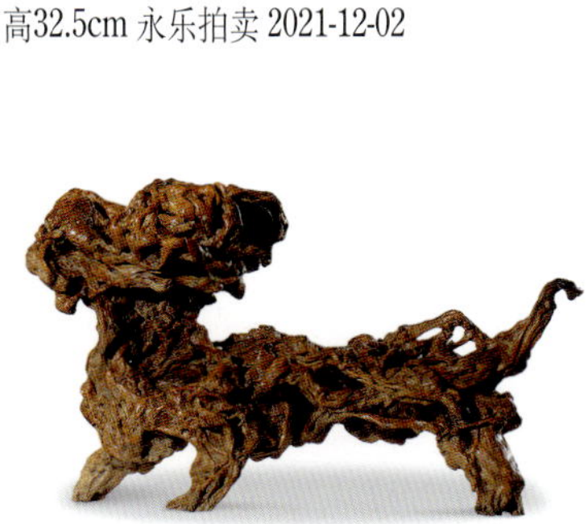

1804 清 奇木刻狮形流云槎
估 价：RMB 120,000~200,000
成交价：RMB 184,000
高80cm；宽140cm 华艺国际 2021-12-11

2981 清 木胎准提菩萨像
估 价：RMB 700,000~1,000,000
成交价：RMB 1,092,500
高70cm 西泠印社 2021-07-24

2770 现代 "圣鸟"
估 价：RMB 500,000~600,000
成交价：RMB 644,000
224cm × 100cm × 46cm 北京荣宝 2021-12-02

3035 清乾隆 紫檀葫芦形佛龛（含九佛）
估 价：RMB 1,200,000~1,500,000
成交价：RMB 1,552,500
高31cm 十竹斋拍卖（北京） 2021-05-29

5510 风雅颂
估 价：RMB 2,000,000~3,000,000
成交价：RMB 6,900,000
高190cm 北京荣宝 2021-06-19

5619 沉香“非生非灭”摆件
估　价：RMB 8,500,000~10,000,000
成交价：RMB 10,695,000
长46cm；宽20cm；高13cm 北京荣宝 2021-06-19

5620 沉香“揽雀尾”摆件
估　价：RMB 10,000,000~12,000,000
成交价：RMB 13,800,000
长23cm；宽14cm；高10cm 北京荣宝 2021-06-19

5639 白棋楠
估　价：RMB 4,100,000~4,800,000
成交价：RMB 4,830,000
长16cm；宽5cm；高5cm 北京荣宝 2021-06-19

1570 清早期 黄杨木双螭耳瓶
估　价：RMB 300,000~400,000
成交价：RMB 345,000
高15.3cm 华艺国际 2021-06-05

6343 清 沉香花插（一对）
估　价：RMB 150,000~250,000
成交价：RMB 253,000
高23cm × 2 北京保利 2021-06-08

2996 清 黄花梨雕福禄寿图佛龛
估　价：RMB 800,000~1,200,000
成交价：RMB 1,207,500
79cm×64cm×44cm 西泠印社 2021-07-24

6780 明末清初 黄花梨菱花形托盘
估　价：RMB 150,000~200,000
成交价：RMB 460,000
直径20cm；高1.5cm 北京保利 2021-06-08

6739 明末清初 黄花梨岁寒三友酒杯
估　价：RMB 100,000~150,000
成交价：RMB 149,500
直径11.8cm；高6.5cm 北京保利 2021-06-08

951 明 黄花梨整挖蕉叶形大香盘
估　价：RMB 180,000~250,000
成交价：RMB 356,500
长48cm 中贸圣佳 2021-07-07

1526 清 黄花梨折叠象棋盘
估　价：RMB 400,000~600,000
成交价：RMB 575,000
长52cm；宽52cm 中贸圣佳 2021-05-21

1561 明末清初 沉香雕香山九老高士图仿犀角杯（配原座）
估　价：RMB 350,000~500,000
成交价：RMB 414,000
高15cm 华艺国际 2021-06-05

3659 18世纪 沉香木雕饮中八仙诗意图杯（一对）
估　价：HKD 220,000~300,000
成交价：RMB 254,923
直径8.8cm×2 香港苏富比 2021-04-22

6746 清 紫檀秋葵花纹委角长方托盘
估　价：RMB 150,000~200,000
成交价：RMB 805,000
21cm×15.7cm×3cm 北京保利 2021-06-08

1380 清 紫檀嵌百宝草虫图蟋蟀罐
估　价：HKD 150,000~200,000
成交价：RMB 149,040
直径19cm 中国嘉德 2021-10-14

6383 清早期 紫檀嵌黄玉龙纹大炉顶
估　价：RMB 400,000~600,000
成交价：RMB 460,000
直径21cm 北京保利 2021-12-06

5617 熏炉
估　价：RMB 500,000~700,000
成交价：RMB 598,000
10cm×10cm×10cm 北京荣宝 2021-06-19

1725 明 黄花梨嵌银丝捧盒
估　价：RMB 300,000~400,000
成交价：RMB 460,000
26cm×16cm×10.5cm 中贸圣佳 2021-12-29

950 明晚期 黄花梨百宝嵌山茶梅雀图长方盒
估　价：RMB 500,000~600,000
成交价：RMB 828,000
24.5cm×14.5cm×9cm 中贸圣佳 2021-07-07

3013 清早期 黄花梨嵌百宝花卉香盒
估　价：RMB 300,000~600,000
成交价：RMB 517,500
直径8.1cm；高4.8cm
十竹斋拍卖（北京） 2021-05-29

5137 明嘉靖至万历 周柱制紫檀百宝嵌苏武牧羊图双层盖盒
估　价：RMB 3,500,000~5,500,000
成交价：RMB 3,680,000
26.4cm×16cm×20cm 北京保利 2021-06-07

2414 明 文徵明款紫檀嵌八宝香盒
估　价：RMB 1,500,000~2,000,000
成交价：RMB 1,955,000
直径7.7cm 中贸圣佳 2021-12-29

6737 明末清初 黄花梨嵌竹丝编四撞提盒
估　价：RMB 1,200,000~1,800,000
成交价：RMB 1,725,000
35cm × 35cm × 31cm 北京保利 2021-06-08

945 清乾隆 紫檀玉璧绳纹圆盒
估　价：RMB 500,000~600,000
成交价：RMB 747,500
直径10.5cm 中贸圣佳 2021-07-07

4637 清中期 紫檀嵌玉错银丝八方盒（成对）
估　价：RMB 600,000~900,000
成交价：RMB 747,500
11.5cm × 11.5cm × 12.3cm × 2
中国嘉德 2021-05-19

10 紫檀镶嵌八宝盒
估　价：RMB 480,000~650,000
成交价：RMB 552,000
27cm × 17cm × 9.5cm 上海嘉禾 2021-11-14

4957 赵叔孺题、陈巨来刻红木盒
袁克文赠陈巨来 一刀平五千刀头
估 价：RMB 50,000~80,000
成交价：RMB 747,500
直径2.8cm；高0.4cm；重16.6g
中国嘉德 2021-11-30

1547 清早期 乌木云蝠纹人物抓笔
估 价：RMB 250,000~350,000
成交价：RMB 345,000
高10.5cm 十竹斋拍卖（北京） 2021-05-29

3349 明 黄花梨嵌百宝梅花诗文笔筒
估 价：RMB 600,000~800,000
成交价：RMB 862,500
高12.4cm 中国嘉德 2021-11-28

949 明 周制紫檀嵌八宝笔筒
估 价：RMB 1,400,000~1,800,000
成交价：RMB 1,955,000
高15cm；直径14.5cm 中贸圣佳 2021-07-07

1044 明晚期 沉香木雕松竹梅大笔筒
估 价：RMB 1,000,000
成交价：RMB 1,265,000
高17cm 古天一 2021-06-07

1727 清早期 紫檀嵌百宝携琴访友图笔筒
估　价：RMB 350,000~450,000
成交价：RMB 402,500
直径17.7cm；高17.7cm 中贸圣佳 2021-12-29

947 清早期 紫檀玉兰花笔筒
估　价：RMB 600,000~800,000
成交价：RMB 920,000
高14.3cm 中贸圣佳 2021-07-07

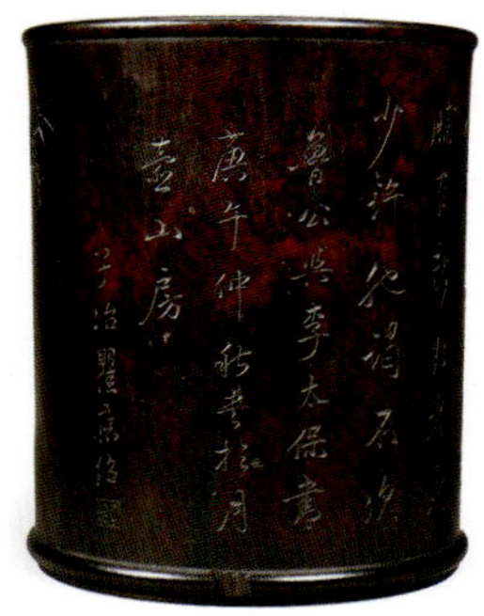

1206 清 瞿子冶刻紫檀竹石图诗文笔筒
估　价：RMB 600,000~800,000
成交价：RMB 920,000
直径13.8cm；高16cm 中贸圣佳 2021-05-21

2415 清早期 紫檀嵌百宝花鸟图笔筒
估　价：RMB 600,000~800,000
成交价：RMB 862,500
直径15.4cm；高15.9cm 中贸圣佳 2021-12-29

958 清康熙 紫檀螭龙葡萄纹花口笔筒
估　价：RMB 900,000~1,200,000
成交价：RMB 1,380,000
口径12.9cm；高13.5cm 中贸圣佳 2021-05-20

1126 清 紫檀雕人物故事图笔筒
估　价：HKD 220,000~280,000
成交价：RMB 547,107
高17.8cm 中国嘉德 2021-04-21

1129 清初 紫檀树瘤形大笔筒
估　价：RMB 450,000~550,000
成交价：RMB 517,500
直径26cm；高23.5cm 保利厦门 2021-11-05

1321 清乾隆 紫檀雕招隐图题诗笔筒
估　价：RMB 800,000~1,200,000
成交价：RMB 920,000
高15cm 北京保利 2021-10-31

5027 15~16世纪 木雕三怙主护经板
估　价：RMB 800,000~1,500,000
成交价：RMB 1,667,500
27.5cm×72cm 古天一 2021-06-07

3060 清乾隆 方琮款紫檀浅刻山水人物图笔筒
估　价：HKD 600,000~800,000
成交价：RMB 1,539,375
高14.5cm 佳士得 2021-12-03

6605 18世纪 黄杨木雕山水大笔筒
估　价：RMB 800,000~1,200,000
成交价：RMB 1,127,000
直径27.9cm；高22.3cm 北京保利 2021-06-08

1556 清乾隆 御制檀香木雕交龙钮“太上皇帝之宝”宝玺
估　价：RMB 5,000,000~8,000,000
成交价：RMB 23,000,000
14.8cm×14.8cm×13cm；重1256g 广东崇正 2021-07-19

6761 清 紫檀倭角方印盒
估　价：RMB 80,000~120,000
成交价：RMB 195,500
宽8cm；高4cm 北京保利 2021-06-08

1222 清乾隆 朱珪书紫檀扇骨
估　价：RMB 200,000~250,000
成交价：RMB 230,000
长36.4cm 中贸圣佳 2021-05-21

1512 清嘉庆 福建捌闽地区杉木构架（一套）
估 价：RMB 2,500,000~3,500,000
成交价：RMB 2,932,500
广东崇正 2021-01-07

4631 清晚期 何绍基“虚怀得趣”楠木书房匾
估 价：RMB 40,000~60,000
成交价：RMB 368,000
95cm × 33cm × 2.2cm 中国嘉德 2021-05-19

952 清嘉庆/光绪 楠木刻伊秉绶五言联
估 价：RMB 400,000~600,000
成交价：RMB 575,000
114cm × 28cm × 2 中贸圣佳 2021-07-07

牙　雕

102 王王翔 猛犸牙雕魁星点斗笔筒
估 价：RMB 75,000~100,000
成交价：RMB 89,600
14cm × 12cm × 14cm 上海联合 2021-11-21

石　雕

3698 明至清 灵璧石鳜鱼磬
估 价：RMB 50,000~80,000
成交价：RMB 115,000
带座高67cm；长46cm；宽17cm
西泠印社 2021-01-16

48 18世纪 田黄雕太狮少狮把件
估 价：RMB 900,000~1,200,000
成交价：RMB 667,000
长4.5cm 永乐拍卖 2021-05-22

6507 明至清 灵璧石“琚云”磬
估 价：RMB 400,000~600,000
成交价：RMB 483,000
石高34.8cm 北京保利 2021-12-06

5001 17~18世纪 白石塔
估 价：RMB 400,000~500,000
成交价：RMB 460,000
高7cm 古天一 2021-06-07

913 清早期 汪洙风格浮雕山居图芙蓉石山子
估　价：RMB 3,000,000~4,000,000
成交价：RMB 3,737,500
高13.5cm 中贸圣佳 2021-12-29

45 徐岳军 九龙朝阳
估　价：RMB 3,500,000~4,800,000
成交价：RMB 9,200,000
43cm×38cm×2.5cm 上海嘉禾 2021-11-14

620 千年至纯十字金刚六眼老天珠
估　价：RMB 1,000,000~1,200,000
成交价：RMB 1,644,500
长4.1cm；高1.05cm 上海匡时 2021-07-08

44 张爱廷 万象更新
估　价：RMB 2,600,000~3,500,000
成交价：RMB 5,750,000
28cm×26cm×5cm 上海嘉禾 2021-11-14

2333 清 海底玉随形摆件
估　价：RMB 550,000~650,000
成交价：RMB 632,500
带座高27.4cm；长47cm 西泠印社 2021-07-24

46 叶子贤 老挝北部田黄
估　价：RMB 5,000,000~6,500,000
成交价：RMB 14,950,000
48cm×12cm×30cm；重量25kg 上海嘉禾 2021-11-14

1177 20世纪60年代“晨曦”寿山石雕
估　价：RMB 250,000~350,000
成交价：RMB 287,500
35cm×68cm×27.5cm 中贸圣佳 2021-12-30

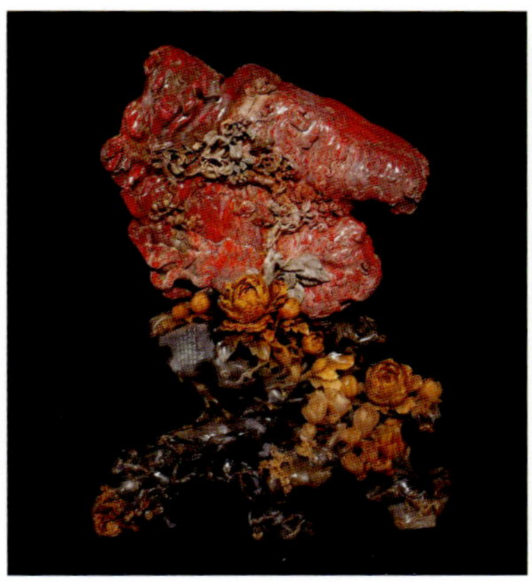

294 裘良军 昌化鸡血石“官上加官”摆件
估　价：RMB 1,350,000~2,000,000
成交价：RMB 1,512,000
44.5cm×33cm×14cm；重量5000g（连座）
上海联合 2021-06-27

8106 财源滚滚
估　价：RMB 2,000,000~3,000,000
成交价：RMB 2,645,000
23cm×4cm×24cm 上海嘉禾 2021-07-22

285 寿山田黄石“龙腾四海”摆件
估　价：RMB 800,000~1,200,000
成交价：RMB 896,000
4.6cm×8.4cm×4.4cm；重量180.2g
上海联合 2021-06-27

297 张剑波 老挝石“春华秋实”摆件
估　价：RMB 1,080,000~1,500,000
成交价：RMB 1,209,600
107cm×75cm×48cm（连座）
上海联合 2021-06-27

782 北魏 汉白玉思惟菩萨像
估　价：HKD 30,000~50,000
成交价：RMB 149,040
高37.5cm 中国嘉德 2021-10-12

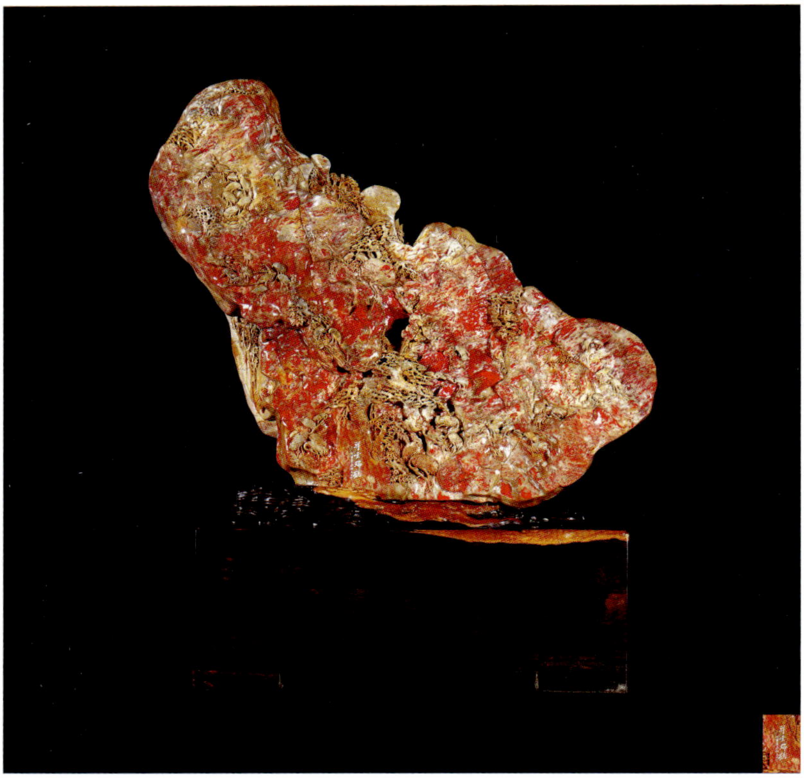

8107 祥云瑞鹤
估　价：RMB 8,800,000~12,000,000
成交价：RMB 40,825,000
长90cm；宽15cm；高98cm 上海嘉禾 2021-07-22

4188 田黄石松下高士薄意摆件
估　价：RMB 700,000~900,000
成交价：RMB 1,265,000
宽4.9cm；高8.5cm；重185.8g 西泠印社 2021-07-25

5 北齐 大理石释迦牟尼佛首
估　价：HKD 3,000,000~5,000,000
成交价：RMB 3,186,540
高27.8cm 香港苏富比 2021-04-22

56 北齐 石雕观世音菩萨立像
估　价：HKD 300,000~500,000
成交价：RMB 637,308
高60.3cm 香港苏富比 2021-04-22

783 东魏/北齐 石雕飞天（两件）
成交价：RMB 248,400
最大的高19.3cm 中国嘉德 2021-10-12

3011 汉 石熊
估 价：HKD 400,000~500,000
成交价：RMB 414,000
高22.8cm 佳士得 2021-05-28

1369 清早期 寿山石罗汉
估 价：HKD 800,000~1,200,000
成交价：RMB 775,897
高10cm 中国嘉德 2021-04-23

604 晚商/西周早期 石灰石虎
估 价：USD 1,000~1,500
成交价：RMB 326,250
长9cm 纽约佳士得 2021-03-18

665 17世纪/18世纪 寿山石菩萨坐像
估 价：USD 20,000~30,000
成交价：RMB 693,281
高12cm 纽约佳士得 2021-03-18

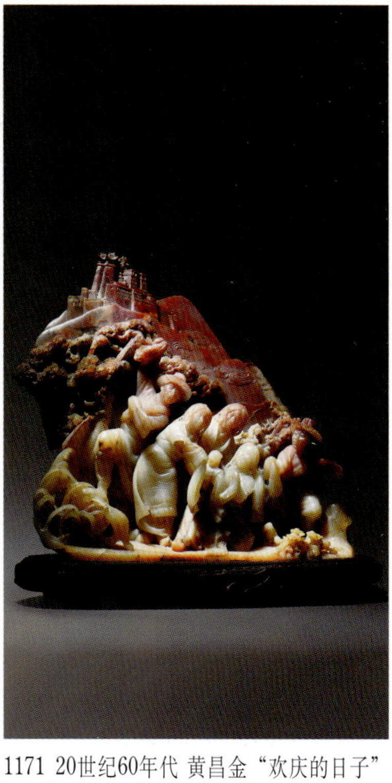

1171 20世纪60年代 黄昌金“欢庆的日子”寿山桃花洞石雕
估 价：RMB 200,000~250,000
成交价：RMB 368,000
高39cm 中贸圣佳 2021-12-30

6101 巴林女儿红摆件
估　价：RMB 25,000,000~30,000,000
成交价：RMB 31,050,000
14.8cm×12.1cm×10cm
北京荣宝 2021-06-19

1220 明 灵璧石山子“英招”
估　价：RMB 300,000~400,000
成交价：RMB 977,500
长62.3cm 中贸圣佳 2021-05-21

3597 明 黑太湖石“远航”供石摆件
估　价：RMB 50,000~80,000
成交价：RMB 253,000
带座高35.5cm 西泠印社 2021-01-16

927 元 怀米山房、玉山草堂藏“小善卷”
估　价：RMB 600,000~800,000
成交价：RMB 2,668,000
高28.3cm 中贸圣佳 2021-07-07

2980 唐 石雕坐狮
估　价：HKD 150,000~250,000
成交价：RMB 205,250
高18cm 佳士得 2021-12-03

3616 明 昆石供石大摆件
估　价：RMB 180,000~300,000
成交价：RMB 690,000
带座高83cm 西泠印社 2021-01-16

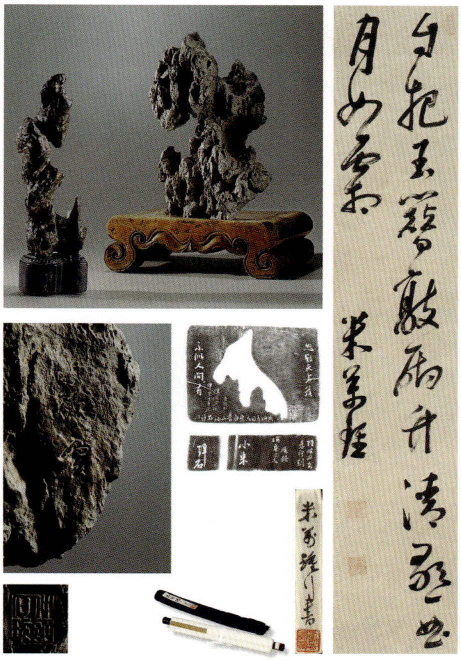

3601 明 米万钟藏“溪云”英石供石摆件、灵璧石小米拜石供石摆件及米万钟书法立轴一组三件
估　价：RMB 680,000~1,500,000
成交价：RMB 2,357,500
西泠印社 2021-01-16

3653 明至清 李嘉福旧藏五面灵璧石供石摆件
估　价：RMB 300,000~600,000
成交价：RMB 1,610,000
带座高14.5~22.5cm 西泠印社 2021-01-16

6836 明至清 白太湖供石山子
估　价：RMB 300,000~400,000
成交价：RMB 920,000
高42cm；宽37cm 北京保利 2021-06-08

1765 明末清初 原配黄花梨底座黄蜡石清供
估　价：RMB 500,000~600,000
成交价：RMB 632,500
高51cm（带座） 中贸圣佳 2021-12-29

3079 清或以前 “卷云”款灵璧石山子
估　价：HKD 400,000~600,000
成交价：RMB 1,128,875
高22.5cm 佳士得 2021-12-03

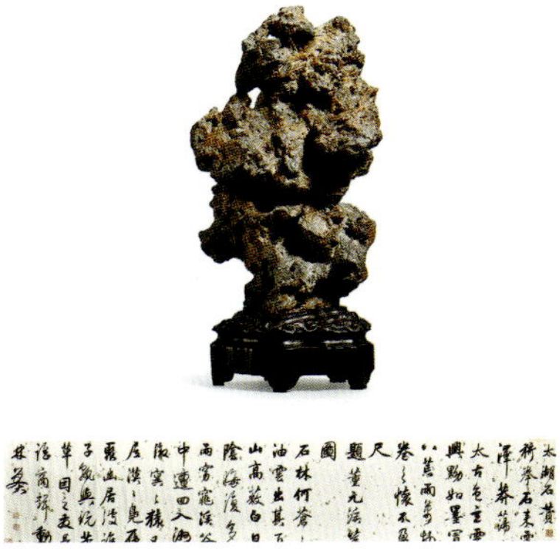

1219 清 黄太湖石供石并成亲王（款）书法一则
估　价：RMB 300,000~400,000
成交价：RMB 782,000
石高37cm 中贸圣佳 2021-05-21

763 清 英石大供石
估　价：RMB 800,000~1,200,000
成交价：RMB 1,495,000
高53.5cm 中贸圣佳 2021-05-21

770 清 昆石杨梅头供石
估　价：RMB 800,000~1,200,000
成交价：RMB 1,035,000
高37.8cm 中贸圣佳 2021-05-21

925 清 “秋山”太湖石山子
估　价：RMB 600,000~800,000
成交价：RMB 1,265,000
高42cm 中贸圣佳 2021-07-07

3618 清 莫士辉、福克、普孟斐递藏窸斋款灵璧石“石涛”供石摆件
估　价：RMB 280,000~450,000
成交价：RMB 1,265,000
带座高35cm 西泠印社 2021-01-16

3619 清 张大千赏玩黄蜡石供石摆件
估　价：RMB 180,000~250,000
成交价：RMB 1,667,500
带座高20cm 西泠印社 2021-01-16

2309 清 顾文彬铭“玉峰”白灵璧供石大摆件
估　价：RMB 320,000~600,000
成交价：RMB 862,500
带座高47.5cm 西泠印社 2021-07-24

5390 Fukang meteorite橄榄陨石（长方体）
估　价：RMB 500,000~600,000
成交价：RMB 667,000
14.3cm × 4.9cm × 3.3cm 中贸圣佳 2021-12-30

5408 Seymchan meteorite橄榄陨石（切割带原始熔壳）
估　价：RMB 1,200,000~1,500,000
成交价：RMB 1,702,000
43.5cm × 23.9cm × 13.6cm 中贸圣佳 2021-12-30

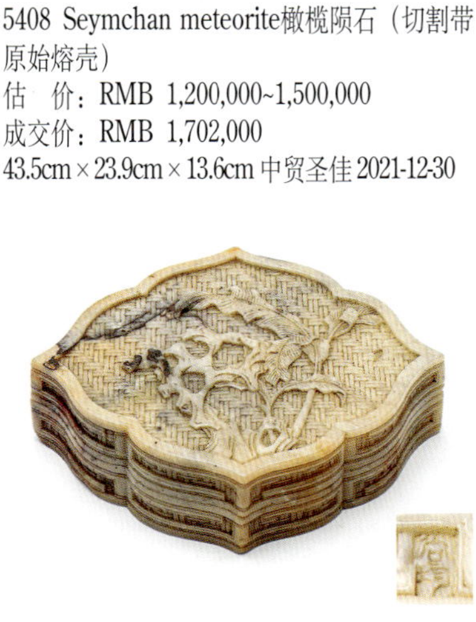

1548 清康熙 尚均制寿山石雕秀石芭蕉图花式香盒
估　价：RMB 800,000~1,000,000
成交价：RMB 920,000
长14cm 华艺国际 2021-06-05

5403 Sikhote Alin meteorite目击铁陨石（原石）
估　价：RMB 800,000~1,000,000
成交价：RMB 1,035,000
40cm × 30cm × 20cm 中贸圣佳 2021-12-30

6140 巴林石精雕茶壶
估　价：RMB 800,000~1,000,000
成交价：RMB 2,990,000
北京荣宝 2021-06-19

其他雕刻

2407 清乾隆 赐诗堂、韵雪斋制镂雕文玩核桃（一对）
估　价：RMB 300,000~400,000
成交价：RMB 517,500
直径4cm×2 中贸圣佳 2021-12-29

2426 清 金刚菩提十八子串
估　价：RMB 400,000~600,000
成交价：RMB 460,000
直径2.6cm×18 中贸圣佳 2021-12-29

142 元 佛立像
估　价：RMB 20,000~30,000
成交价：RMB 23,000
高11.3cm 北京中汉 2021-09-28

1054 明 核雕108罗汉手执
估　价：RMB 130,000
成交价：RMB 138,000
古天一 2021-06-07

2583 明末清初 骨雕伏虎罗汉
估　价：RMB 60,000~80,000
成交价：RMB 74,750
高9cm 华艺国际 2021-06-04

2396 清 核雕庭院人物故事手链
估　价：RMB 50,000~80,000
成交价：RMB 132,250
手链长20cm 西泠印社 2021-07-24

钟　表

2505 认为是PIGUET & CAPT之作品，高度重要及瑰丽，18K金镶珍珠及珐琅音乐双耳瓶钟，配隐藏活动人偶，专为中国市场而制，约1805年制
估　价：HKD 2,400,000~7,200,000
成交价：RMB 5,131,250
佳士得 2021-11-27

5585 清乾隆至嘉庆 铜鎏金御题诗西洋游戏人物钟
估　价：RMB 25,000,000~35,000,000
成交价：RMB 40,250,000
高46cm 北京保利 2021-12-05

2514 百达翡丽，独一无二，镀金黄铜太阳能圆顶座钟，配掐丝珐琅，“崔斯坦与伊索德”，型号1123M，1976年制，配后补证书及百达翡丽保养收据（2021年）
估　价：HKD 1,000,000~2,000,000
成交价：RMB 1,539,375
佳士得 2021-11-27

1573 清乾隆 御制铜鎏金嵌东珠宝石太平有象自鸣钟
估　价：RMB 3,000,000~5,000,000
成交价：RMB 9,637,000
高75cm 广东崇正 2021-07-19

2516 百达翡丽，独一无二，镀金黄铜太阳能圆顶座钟
估　价：HKD 1,000,000~2,000,000
成交价：RMB 1,345,500
佳士得 2021-05-22

1031 Moiseikin 黄金及银质镶彩色宝石及珍珠贝母手动上弦座钟
估　价：RMB 2,800,000~3,800,000
成交价：RMB 3,220,000
48cm×25cm×25cm 北京保利 2021-09-26

5582 18世纪（英国）金嵌画珐琅西洋人物中国市场梳妆盒表
估　价：RMB 2,200,000~3,200,000
成交价：RMB 3,220,000
高15.2cm 北京保利 2021-12-05

2278 JACOB & CO. 非凡精致，限量版黑色白金镂空飞行陀飞轮机械腕表，备星空图及月相显示、一分钟自转火星，“Astronomia Sky”，型号#AM500.40.AC.SD.B，限量生产18枚，年份约2021，附原厂证书及表盒
估　价：HKD 1,200,000~3,200,000
成交价：RMB 1,970,400
直径45mm 保利香港 2021-11-28

2214 F.P. JOURNE，18K红金及银陀飞轮腕表，30周年纪念版陀飞轮系列，为纪念F.P. JOURNE成立30周年而制，限量生产共99枚，约2013年制，附原厂证书、盒子及外包装
估　价：HKD 1,800,000~3,600,000
成交价：RMB 2,668,250
直径40mm 佳士得 2021-11-27

2248 朗格，极罕有，18K红金限量生产陀飞轮腕表，配芝麻链及动力储存，POUR LE MéRITE，限量生产共150枚，型号701.011，约1999年制，附原厂证书、盒子及外包装
估　价：HKD 1,600,000~3,200,000
成交价：RMB 2,668,250
直径38mm 佳士得 2021-11-27

2288 VOUTILAINEN，独一无二，铂金两地时间腕表，配漆面表盘，28 GML CENTER，UNIQUE PIECE，约2015年制，附原厂证书、盒子及外包装
估　价：HKD 1,000,000~2,000,000
成交价：RMB 4,310,250
直径39mm 佳士得 2021-11-27

2289 高珀富斯，极罕有，18K白金半镂空腕表，配两个倾斜20度摆轮、两个擒纵、双发条盒、两个秒针表盘及第三个秒针表盘显示平均秒数，BALANCIERS INCLINéS 20° EWT，限量生产共6枚，约2011年制，附原厂证书、盒子及外包装
估　价：HKD 600,000~1,200,000
成交价：RMB 1,436,750
直径43mm 佳士得 2021-11-27

2333 劳力士，非常罕有，14K金计时链带腕表，型号6238，约1967年制
估　价：HKD 3,000,000~6,000,000
成交价：RMB 4,105,000
直径36mm 佳士得 2021-11-27

8073 理查德·米勒，型号RM17~01，18K玫瑰金及陶瓷手动上弦腕表，配陀飞轮装置、动力储存显示
成交价：RMB 4,370,000
48mm×39mm 北京保利 2021-12-05

2294 RICHARD MILLE，极罕有，粉红水晶镶钻石自动上弦女装腕表，配贝母表盘，型号07~02，约2016年制，附原厂证书
估　价：HKD 9,500,000~17,500,000
成交价：RMB 8,579,450
47mm×32mm 佳士得 2021-11-27

6222 尊纳，非常精美及罕有，铂金全历机械腕表，银灰色表盘及逆跳日历显示，Octa Calendrier系列
估　价：RMB 1,000,000~1,500,000
成交价：RMB 1,437,500
华艺国际 2021-12-10

6228 爱彼，未使用品及限量，钛金属万年历机械腕表，粉色“三文鱼”表盘及月相显示，型号26615TI，约2021年制
估　价：RMB 2,000,000~2,500,000
成交价：RMB 2,300,000
华艺国际 2021-12-10

2508 百达翡丽，独一无二及重要，18K金三问腕表，型号2419，1946年制，由纽约卡地亚于1950年售出，附百达翡丽后补证书及卡地亚后补证书
估　价：HKD 12,000,000~24,000,000
成交价：RMB 18,924,050
佳士得 2021-11-27

6232 积家，非常独特及限量，玫瑰金三问机械腕表，绘《罗纳河上的星夜》珐琅表盘，型号50924E1，约2019年制
估　价：RMB 1,000,000~1,500,000
成交价：RMB 1,035,000
华艺国际 2021-12-10

2351 百达翡丽，卓尔不凡、瑰丽罕有，白金双表盘天文机械腕表，备珐琅及手工雕饰工艺，以及十二项复杂功能，包括大教堂音簧三问报时、陀飞轮、万年历、逆返日历、星空图、月相、星体轨迹、恒星时显示，“超级复杂功能时计”，型号6002G，年份约2019，附原厂证书、调校针、白金手工雕刻袖扣一对及表盒，单封状态
成交价：RMB 26,807,400
保利香港 2021-04-22

2206 F.P. JOURNE，重要，铂金腕表
估　价：HKD 2,000,000~6,000,000
成交价：RMB 2,691,000
直径40mm 佳士得 2021-05-22

2223 IWC万国表，罕有及高度复杂，18K白金及长形切割钻石三问链带腕表
估　价：HKD 400,000~800,000
成交价：RMB 2,691,000
直径42mm 佳士得 2021-05-22

2225 香奈儿，触目及极罕有，18K白金、黑色陶瓷、长形切割钻石及红宝石自动上弦腕表
估　价：HKD 800,000~1,600,000
成交价：RMB 1,656,000
直径39mm 佳士得 2021-05-22

2264 劳力士，极罕有，不锈钢计时三历腕表
估　价：HKD 1,200,000~2,400,000
成交价：RMB 4,347,000
直径36mm 佳士得 2021-05-22

2282 宝玑，非常罕有，不锈钢单按钮计时腕表
估　价：HKD 240,000~400,000
成交价：RMB 1,656,000
直径38mm 佳士得 2021-05-22

4256 理查德·米勒，型号RM07~01 WG/1350，18K白金女款自动上弦镶钻腕表
成交价：RMB 4,197,500
北京保利 2021-06-07

2025 朗格，Tourbograph限量版铂金陀飞轮追针计时腕表，备芝麻链及动力储备显示，约2006年制
估　价：HKD 1,600,000~2,400,000
成交价：RMB 2,761,668
香港苏富比 2021-04-23

2032 伯爵，独一无二白金镶钻石及蓝宝石三问追针计时怀表，备珠母贝表盘及背盖，附带白金镶钻石、蓝宝石及水晶展示座，约2000年制
估　价：HKD 480,000~950,000
成交价：RMB 1,699,488
香港苏富比 2021-04-23

2037 卡地亚，Crash 限量版黄金腕表，约1991年制
估　价：HKD 400,000~600,000
成交价：RMB 1,009,071
香港苏富比 2021-04-23

2120 宇舶，Big Bang 独一无二白金镶蓝宝石镂空陀飞轮单按钮计时腕表，约2015年制
估　价：HKD 1,200,000~2,400,000
成交价：RMB 1,274,616
香港苏富比 2021-04-23

2028 宝玑，Classique Hora Mundi 型号5719PT/AS/9ZV/DD0D 铂金镶钻石及蓝宝石腕表，备瞬跳时区、同步日期及昼夜显示，约2013年制
估　价：HKD 800,000~1,600,000
成交价：RMB 1,512,756
香港苏富比 2021-10-13

2103 江诗丹顿，Traditionnelle 型号80172，铂金陀飞轮万年历三问腕表，约2016年制
估　价：HKD 1,400,000~2,400,000
成交价：RMB 2,018,142
香港苏富比 2021-04-23

2154 劳力士，Cosmograph Daytona 型号16516，极具历史价值及独特铂金计时腕表，备绿松色漆制“Stella”表盘，约1998年制
估　价：HKD 4,000,000~8,000,000
成交价：RMB 20,548,125
香港苏富比 2021-04-23

2050 爱彼，皇家橡树系列，型号26606ST.OO.1220ST.01 全新限量版精钢万年历链带腕表，备砂金石月相、52周、闰年显示及绿色表盘，为香港市场而制及由誉一钟表发行，约2018年制
估　价：HKD 1,200,000~2,400,000
成交价：RMB 2,503,872
香港苏富比 2021-10-13

2088 Vagabondage II 限量版铂金半镂空腕表，备跳字及动力储备显示，约2011年制
估　价：HKD 650,000~800,000
成交价：RMB 1,564,920
香港苏富比 2021-10-13

2094 Octa Calendrier 铂金年历腕表，备逆跳日期及铜制机芯，约2003年制
估　价：HKD 800,000~1,200,000
成交价：RMB 1,773,576
香港苏富比 2021-10-13

2059 RM11~03 CA TPT 碳纤维及钛金属半镂空年历飞返计时腕表，约2019年制
估　价：HKD 950,000~1,700,000
成交价：RMB 3,338,496
香港苏富比 2021-10-13

2093 Tourbillon Remontoir d' Egalite 限量版铂金陀飞轮腕表，备恒动力装置、动力储备显示、钌金属表盘及机芯，约 2003年制
估　价：HKD 2,800,000~4,000,000
成交价：RMB 3,338,496
香港苏富比 2021-10-13

2210 江诗丹顿，Patrimony Perpetual Calendar 型号30020/000P~4 铂金三问腕表，备双色表盘、月相及闰年显示，1994年制
估　价：HKD 1,000,000~1,500,000
成交价：RMB 1,356,264
香港苏富比 2021-10-13

2095 Tourbillon Souverain “Souscription”限量版铂金陀飞轮腕表，备恒定动力装置、动力储备显示、黄金表盘及铜制机芯，约1999年制
估　价：HKD 6,500,000~9,500,000
成交价：RMB 13,169,340
香港苏富比 2021-10-13

2242 百达翡丽，型号5307，全新铂金镶钻石瞬跳万年历三问陀飞轮腕表，备月相、闰年及昼夜显示，约2013年制
估　价：HKD 6,000,000~8,000,000
成交价：RMB 10,664,640
香港苏富比 2021-10-13

2235 里查德米尔，型号“RM11~03”，精美，白金镶钻石酒桶形镂空自动飞返计时码表，备小秒针、日期及月份显示，年份约2020，附原厂证书及表盒
估　价：HKD 3,000,000~4,800,000
成交价：RMB 3,540,600
保利香港 2021-04-22

3496 宝格丽珐琅配钻石蛇形腕表
估　价：RMB 2,200,000~3,800,000
成交价：RMB 2,530,000
永乐拍卖 2021-05-22

2502 PIGUET & MEYLAN，华丽及极重要，18K金珐琅彩绘镶珍珠及绿松石两问怀表
估　价：HKD 800,000~2,400,000
成交价：RMB 3,519,000
佳士得 2021-05-22

2503 PIGUET & MEYLAN，极罕有，18K金镶珍珠及珐琅彩绘开面怀表
估　价：HKD 800,000~2,400,000
成交价：RMB 2,277,000
佳士得 2021-05-22

2508 百达翡丽，华丽及重要，18K红金世界时间腕表
估　价：HKD 8,000,000~24,000,000
成交价：RMB 14,614,200
佳士得 2021-05-22

2507 百达翡丽，独一无二及非常重要，铂金世界时间腕表
估　价：HKD 8,000,000~24,000,000
成交价：RMB 12,130,200
佳士得 2021-05-22

2509 百达翡丽，极精细，独一无二及重要，18K金双表冠世界时间链带腕表
估　价：HKD 8,000,000~24,000,000
成交价：RMB 13,123,800
佳士得 2021-05-22

2513 百达翡丽，独一无二、极具历史价值的臻美18K金“无月相显示”自动上弦万年历腕表
估　价：HKD 24,800,000~40,000,000
成交价：RMB 24,053,400
佳士得 2021-05-22

806 战国 鎏金铜龙纹带钩
估　价：USD 15,000~18,000
成交价：RMB 407,813
长18.1cm 纽约佳士得 2021-03-18

铜　器

786 西夏文牌饰
成交价：RMB 517,500
长13.8cm；宽8.5cm 上海匡时 2021-07-08

1072 西周早期 青铜牺首
估　价：HKD 800,000~1,200,000
成交价：RMB 795,792
长15.5cm 中国嘉德 2021-04-21

2771 战国晚期 鎏金镶嵌玉璧琉璃珠龙首牛头铜带钩
估　价：HKD 600,000~800,000
成交价：RMB 615,750
长22cm 佳士得 2021-12-03

58 错金银车马龙首（一对）
成交价：RMB 138,000
长18.8cm×2 上海嘉禾 2021-11-14

3321 明宣德 御制铜鎏金麒麟（一对）
估　价：HKD 2,800,000~3,500,000
成交价：RMB 2,832,480
高18cm；高18.6cm 保利香港 2021-04-21

809 汉 铜人骑兽灯
估　价：USD 6,000~12,000
成交价：RMB 1,141,875
长22.2cm 纽约佳士得 2021-03-18

730 明 关公
估　价：RMB 800,000~1,000,000
成交价：RMB 1,380,000
高26.5cm 中贸圣佳 2021-07-07

593 清早期 宫廷御制铜狮（一对）
估 价：RMB 1,200,000~2,200,000
成交价：RMB 1,495,000
高36cm×2 北京保利 2021-09-26

5579 清乾隆 铜嵌宝鎏金云蝠角瑞鹿摆件
估 价：RMB 3,800,000~6,800,000
成交价：RMB 6,670,000
高74cm；宽52cm 北京保利 2021-12-05

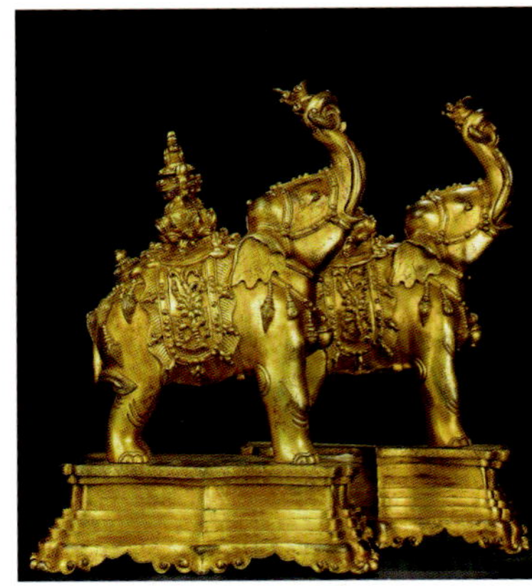

202 清乾隆 铜鎏金太平有象（一对）
估 价：RMB 500,000
成交价：RMB 851,000
高31.5cm×2 浙江佳宝 2021-01-10

960 清 铜鎏金百宝灵芝石榴盆景
估 价：RMB 180,000~200,000
成交价：RMB 230,000
高36.2cm 中贸圣佳 2021-05-20

625 清 狮子摆件
估 价：RMB 200,000~250,000
成交价：RMB 287,500
高38cm 上海匡时 2021-07-08

6429 清 铜鎏金嵌洋表宝石料如意
估　价：RMB 650,000~850,000
成交价：RMB 1,035,000
长44cm 北京保利 2021-12-06

103 汉 铜鎏金鸿雁残部
估　价：USD 30,000~50,000
成交价：RMB 285,622
高44.5cm 纽约苏富比 2021-09-22

123 18世纪 汉藏风格铜鎏金衔桃枝吐宝鼠
估　价：RMB 300,000~400,000
成交价：RMB 586,500
长29.5cm 上海明轩 2021-12-30

5570 清乾隆 御制铜铸"赶珠云龙"图巨型五供
估　价：RMB 20,000,000~25,000,000
成交价：RMB 28,175,000
炉宽87cm，高78cm；瓶高75cm，高76cm；烛台高79cm（含烛杆总高92cm），宽43cm；共重735kg 北京保利 2021-12-05

1014 汉 青铜马（一对）
估　价：HKD 80,000~120,000
成交价：RMB 477,475
长10.5cm×2 中国嘉德 2021-04-21

5581 清乾隆 御制铜鎏金錾刻嵌彩料太平有象
估　价：RMB 10,000,000~15,000,000
成交价：RMB 13,800,000
高67.3cm 北京保利 2021-12-05

3851 17~18世纪 西藏铜鎏金嵌宝石供案
估　价：RMB 100,000~200,000
成交价：RMB 1,610,000
44.8cm×70.3cm×37.6cm 中国嘉德 2021-11-29

5575 商晚期 中妇鬲鼎
估　价：RMB 8,000,000~12,000,000
成交价：RMB 12,650,000
高23cm；直径17cm 北京保利 2021-12-05

1830 商 青铜蝉纹“史”鼎
估　价：RMB 3,000,000~4,000,000
成交价：RMB 3,450,000
高18.8cm 华艺国际 2021-06-05

1 商末 子龚鼎（一对）
估　价：USD 200,000~300,000
成交价：RMB 12,276,585
高16.5cm×2 纽约苏富比 2021-09-22

31 商末（公元前13~前11世纪）犬祖辛祖癸鼎
估　价：USD 800,000~1,200,000
成交价：RMB 9,533,702
高26cm 纽约苏富比 2021-09-22

27 西周宣王时期（约公元前827~前782年）
仲义父作新客鼎
估　价：USD 300,000~500,000
成交价：RMB 11,884,745
直径32.9cm 纽约苏富比 2021-09-22

33 西周 束簋
估　价：USD 80,000~120,000
成交价：RMB 979,277
宽34.2cm 纽约苏富比 2021-09-22

966 明崇祯 潞王朱常淓制饕餮纹四夔足鼎
估　价：RMB 2,200,000~2,800,000
成交价：RMB 3,622,500
口径14.5cm；高20.8cm 中贸圣佳 2021-12-29

2976 西周早期 青铜夔龙纹方座簋
估　价：HKD 6,000,000~8,000,000
成交价：RMB 4,105,000
高23cm 佳士得 2021-12-03

5128 西周早期“作宝彝”柱足青铜簋
估　价：RMB 22,000,000~32,000,000
成交价：RMB 33,580,000
直径18.1cm；高18.8cm；重3020g
北京保利 2021-06-07

5574 商 仲夷尊
估　价：RMB 5,000,000~8,000,000
成交价：RMB 5,635,000
高21cm 北京保利 2021-12-05

3 西周早期 青铜伯弘簋
估　价：HKD 1,200,000~1,800,000
成交价：RMB 2,018,142
高14cm 香港苏富比 2021-04-22

787 西周 王伯姜父鬲
估　价：RMB 300,000
成交价：RMB 782,000
高11cm；直径15cm 上海匡时 2021-07-08

1071 汉 铜鎏金羽人瑞兽纹樽
估　价：HKD 6,000,000~8,000,000
成交价：RMB 15,624,360
直径42cm；高41cm 中国嘉德 2021-10-14

36 商末 册尊
估　价：USD 80,000~120,000
成交价：RMB 1,305,703
高25.5cm 纽约苏富比 2021-09-22

5671 明 仿古铜异兽海八怪龙耳盘口尊
估　价：RMB 400,000~600,000
成交价：RMB 460,000
高30.7cm 北京保利 2021-12-05

6431 明 仿古铜牛首尊
估　价：RMB 1,300,000~1,800,000
成交价：RMB 1,495,000
高41.2cm 北京保利 2021-12-06

223 宋至明 铜错金银牺尊
估　价：USD 70,000~90,000
成交价：RMB 652,851
长26.8cm 纽约苏富比 2021-09-22

947 明宣德 铜浮雕海水云龙纹双龙耳尊
估　价：RMB 2,200,000~2,800,000
成交价：RMB 3,910,000
高21.5cm 中贸圣佳 2021-05-20

8 商末 青铜饕餮纹壶
估　价：USD 400,000~600,000
成交价：RMB 4,047,938
高37cm 纽约苏富比 2021-09-22

768 明 铜错金兽面仿古提梁壶
估　价：RMB 1,200,000~1,500,000
成交价：RMB 1,817,000
高30cm 中贸圣佳 2021-07-07

791 商晚期 父丁爵
估　价：RMB 250,000
成交价：RMB 828,000
17cm×10cm×20cm 上海匡时 2021-07-08

2149 清早期 铜仿犀角杯
估　价：RMB 300,000~500,000
成交价：RMB 345,000
直径16cm；高8.5cm 华艺国际 2021-04-01

505 晚商安阳时期 LUBOSHEZ旧藏青铜虎鸟兽纹觥
估　价：USD 4,000,000~6,000,000
成交价：RMB 56,141,100
长29.8cm 纽约佳士得 2021-03-18

504 晚商安阳时期 青铜饕餮纹方彝
估　价：USD 600,000~800,000
成交价：RMB 7,242,750
高22cm 纽约佳士得 2021-03-18

501 晚商 安阳时期 青铜饕餮纹觚
估 价：USD 80,000~120,000
成交价：RMB 1,223,438
高30.4cm 纽约佳士得 2021-03-18

1831 西周早期 伯作厥罍
估 价：RMB 6,000,000~8,000,000
成交价：RMB 6,900,000
高46cm 华艺国际 2021-06-05

788 商晚期 尸卣
估 价：RMB 1,500,000
成交价：RMB 3,795,000
高28cm；宽21cm 上海匡时 2021-07-08

317 明 错金银饕餮纹提梁卣
估 价：RMB 1,200,000~1,800,000
成交价：RMB 1,380,000
高34cm 北京大羿 2021-05-17

11 商末 蚰宷耒斝
估 价：USD 300,000~500,000
成交价：RMB 3,891,201
高26.4cm 纽约苏富比 2021-09-22

34 商末 青铜饕餮纹羊首瓿
估　价：USD 100,000~150,000
成交价：RMB 1,632,128
直径33.1cm 纽约苏富比 2021-09-22

12 东周春秋 青铜兽面纹龙流盉
估　价：USD 250,000~350,000
成交价：RMB 2,611,405
宽35.8cm 纽约苏富比 2021-09-22

17 东周春秋末 青铜变形龙纹兽首耳鉴
估　价：USD 80,000~120,000
成交价：RMB 2,856,225
宽74.3cm 纽约苏富比 2021-09-22

1570 清雍正 铜洒金如意纹葫芦瓶
估　价：RMB 500,000~800,000
成交价：RMB 1,035,000
高39cm 广东崇正 2021-07-19

1991 清乾隆 浮雕云龙纹如意耳铜瓶（一对）
估　价：RMB 800,000~1,200,000
成交价：RMB 1,380,000
高27cm×2 中贸圣佳 2021-05-21

1103 明 铜宝相花“朱震明制”款盖盒
估　价：RMB 250,000~320,000
成交价：RMB 402,500
直径9cm 华艺国际 2021-03-31

3136 明 铜香盘
估　价：RMB 10,000~50,000
成交价：RMB 149,500
直径 20.4cm 中国嘉德 2021-05-18

790 西周早期 □父辛甗
估　价：RMB 700,000
成交价：RMB 1,725,000
高43.8cm；宽24.7cm 上海匡时 2021-07-08

1671 明 仿秦诏量器
估　价：RMB 1,800,000~2,200,000
成交价：RMB 2,070,000
长21.4cm；高6.2cm 中贸圣佳 2021-12-29

3139 明早期 宝相莲花足钵式炉
估　价：RMB 2,200,000~3,200,000
成交价：RMB 3,220,000
直径 16.6cm；口径11.2cm；高10cm
中国嘉德 2021-05-18

946 明正德 阿拉伯文炉瓶盒三事
估　价：RMB 13,000,000~16,000,000
成交价：RMB 17,020,000
炉长18.7cm；瓶高13.8cm；盒长7cm
中贸圣佳 2021-05-20

1349 明成化 铜蚰耳炉
估　价：RMB 800,000~1,200,000
成交价：RMB 1,437,500
宽15.5cm；直径11cm；高24cm
保利厦门 2021-11-05

965 明正德 阿拉伯文筒式炉
估　价：RMB 1,200,000~1,500,000
成交价：RMB 2,070,000
口径12.1cm；高10.2cm 中贸圣佳 2021-12-29

901 明正德 阿拉伯文戟耳炉
估　价：RMB 180,000~250,000
成交价：RMB 1,207,500
口径11.1cm；通高8cm 中贸圣佳 2021-05-20

1982 明成化 铜局部鎏金宝鸭形香熏
估　价：RMB 1,800,000~2,500,000
成交价：RMB 2,645,000
高27cm 中贸圣佳 2021-05-21

5578 明嘉靖至万历 铜局部鎏金螭龙耳瑞兽纹熏炉
估　价：RMB 1,500,000~1,800,000
成交价：RMB 1,725,000
40.6cm×25cm×24.5cm 北京保利 2021-12-05

902 明嘉靖 蚰耳炉
估　价：RMB 2,200,000~2,800,000
成交价：RMB 3,220,000
口径12.7cm；通高7.1cm 中贸圣佳 2021-05-20

3127 明中期 筒式戟耳炉
估　价：RMB 1,200,000~1,800,000
成交价：RMB 4,312,500
口径8.3cm；高5.8cm 中国嘉德 2021-05-18

3086 明中期至晚期 铜蚰耳簋式炉
估　价：HKD 700,000~900,000
成交价：RMB 689,640
直径13.3cm；重量2100g 保利香港 2021-12-02

903 明崇祯 鬲式炉
估　价：RMB 1,500,000~2,000,000
成交价：RMB 3,047,500
口径13.4cm；通高8.2cm 中贸圣佳 2021-05-20

1530 明崇祯 冲天耳炉
估　价：RMB 1,000,000~1,600,000
成交价：RMB 1,840,000
口径12cm；重量1227.5g 华艺国际 2021-12-11

2315 明崇祯 冲天耳炉
估　价：RMB 2,000,000~2,800,000
成交价：RMB 2,300,000
直径13.5cm；重量1688g 华艺国际 2021-06-04

3254 明 马槽炉
估　价：RMB 250,000~350,000
成交价：RMB 713,000
12.2cm×8.2cm×8.4cm 中国嘉德 2021-11-28

1528 明 “以一制”铜马槽炉
估　价：RMB 1,100,000~1,600,000
成交价：RMB 1,265,000
9.5cm×7.4cm×5.9cm；重量1565g
华艺国际 2021-12-11

1026 明 铜麒麟香熏
估　价：RMB 900,000~1,200,000
成交价：RMB 1,380,000
高50cm 华艺国际 2021-12-11

3120 明 钵式炉
估　价：RMB 600,000~800,000
成交价：RMB 2,300,000
宽10cm；高6.5cm 中国嘉德 2021-05-18

3454 明至清 铜甪端驮子香熏
估　价：RMB 1,400,000~2,000,000
成交价：RMB 1,610,000
高29cm 西泠印社 2021-01-16

5062 明晚期 铜马槽炉
估　价：RMB 1,600,000~2,600,000
成交价：RMB 2,415,000
宽13.5cm 北京保利 2021-06-07

940 明 “以一制”款马槽炉
估　价：RMB 600,000~800,000
成交价：RMB 1,610,000
9.5cm × 7cm × 5.9cm 中贸圣佳 2021-05-20

2318 明 蚰龙耳炉
估　价：RMB 1,400,000~1,800,000
成交价：RMB 1,610,000
直径12.5cm 华艺国际 2021-06-04

3244 明晚期 冲耳洒金三足炉
估　价：RMB 800,000~1,000,000
成交价：RMB 920,000
通高15.3cm 中国嘉德 2021-05-18

943 明 鬲式炉
估　价：RMB 900,000~1,200,000
成交价：RMB 1,978,000
口径13.5cm；高6.2cm 中贸圣佳 2021-05-20

546 明 任肓藏玩款蚰耳炉
估　价：RMB 800,000~1,000,000
成交价：RMB 1,725,000
口径11.5cm 上海匡时 2021-07-08

564 明晚期 铜冲耳炉
估　价：RMB 1,600,000~2,600,000
成交价：RMB 1,955,000
宽11.5cm 北京保利 2021-09-26

3110 明末/清初 洒金铜狮耳衔环钵式炉连铜座
估　价：HKD 200,000~300,000
成交价：RMB 769,688
直径37.8cm 佳士得 2021-12-03

971 清早期 翠微山房款蚰耳炉
估　价：RMB 800,000~1,000,000
成交价：RMB 1,035,000
口径11.7cm；高6cm 中贸圣佳 2021-12-29

945 清早期 宣德款戟耳筒式炉连座
估　价：RMB 1,500,000~2,000,000
成交价：RMB 2,300,000
口径15.5cm；高15.8cm（带座）
中贸圣佳 2021-05-20

5213 清早期 “苍菴”款铜戟耳炉
估　价：RMB 150,000~250,000
成交价：RMB 667,000
直径12.5cm 中国嘉德 2021-11-30

762 清早期 洒金法盏炉
估　价：RMB 1,500,000~2,000,000
成交价：RMB 1,955,000
口径19cm；高14.2cm 中贸圣佳 2021-07-07

2307 清早期 官作蚰龙耳炉
估　价：RMB 1,000,000~1,500,000
成交价：RMB 1,322,500
直径21.5cm 华艺国际 2021-06-04

949 清顺治 铜戟耳香炉
估　价：RMB 2,000,000~3,000,000
成交价：RMB 2,300,000
高11.8cm；直径24cm 广东崇正 2021-01-06

967 清康熙 局部鎏金鱼耳炉
估　价：RMB 1,200,000~1,800,000
成交价：RMB 1,380,000
口径27cm；高23cm 中贸圣佳 2021-12-29

968 清康熙 康熙己丑年桂月制鬲式炉
估　价：RMB 1,800,000~2,200,000
成交价：RMB 2,875,000
口径15.1cm；高7cm 中贸圣佳 2021-12-29

1529 清康熙 蚰龙耳炉
估　价：RMB 2,000,000~3,000,000
成交价：RMB 2,300,000
口径11.5cm 华艺国际 2021-12-11

3260 清康熙 万寿无疆铺首钵盂炉
估　价：RMB 1,800,000~2,800,000
成交价：RMB 4,140,000
直径6cm；高8.9cm 中国嘉德 2021-11-28

905 清康熙 筒式炉
估　价：RMB 2,000,000~2,500,000
成交价：RMB 4,082,500
口径11cm 中贸圣佳 2021-05-20

904 清康熙 龙耳簋式炉
估　价：RMB 1,800,000~2,200,000
成交价：RMB 2,530,000
口径14.7cm 中贸圣佳 2021-05-20

906 清康熙 蚰耳炉
估　价：RMB 1,200,000~1,500,000
成交价：RMB 2,185,000
口径11.7cm 中贸圣佳 2021-05-20

907 清雍正 冲耳炉
估　价：RMB 1,500,000~2,000,000
成交价：RMB 2,990,000
口径8.7cm 中贸圣佳 2021-05-20

970 清乾隆 局部鎏金云蝠纹双龙戏珠铺首衔环钵式炉
估　价：RMB 3,500,000~4,500,000
成交价：RMB 4,600,000
口径16cm；腹径31.5cm；高17cm
中贸圣佳 2021-12-29

5580 清乾隆 御制铜鎏金錾花嵌彩料海棠式三足盖炉
估　价：RMB 1,600,000~2,600,000
成交价：RMB 1,840,000
12.3cm×11cm×61cm 北京保利 2021-12-05

1350 清乾隆 铜螭龙耳“三阳开泰”熏炉
估　价：RMB 600,000~1,000,000
成交价：RMB 897,000
宽24cm；高18cm 保利厦门 2021-11-05

5577 清乾隆 铜桥耳炉连座
估　价：RMB 3,000,000~3,600,000
成交价：RMB 3,450,000
宽27cm 北京保利 2021-12-05

59 清乾隆 铜云龙戏珠纹朝冠耳三足炉（一对）
估　价：USD 200,000~300,000
成交价：RMB 2,121,767
高28.5cm×2 纽约苏富比 2021-09-22

1351 清乾隆 铜如意朝冠耳炉
估　价：RMB 1,000,000~1,600,000
成交价：RMB 1,265,000
长19.5cm；高23cm 保利厦门 2021-11-05

1987 清乾隆 云龙抱款朝冠耳炉（一对）
估　价：RMB 1,200,000~1,500,000
成交价：RMB 1,840,000
口径20.7cm；口径20.5cm 中贸圣佳 2021-05-21

908 清乾隆 蚰耳炉
估　价：RMB 3,800,000~4,800,000
成交价：RMB 7,532,500
口径7.2cm 中贸圣佳 2021-05-20

972 清 大清咸丰年造浮雕双龙戏珠朝冠耳炉
估　价：RMB 1,500,000~1,800,000
成交价：RMB 2,242,500
口径27.4cm；高44cm 中贸圣佳 2021-12-29

977 清 内铸款戟耳炉配原铜座
估　价：RMB 1,200,000~1,500,000
成交价：RMB 1,840,000
口径17.1cm；高12.2cm 中贸圣佳 2021-12-29

909 清乾隆 冲耳炉
估　价：RMB 600,000~800,000
成交价：RMB 2,415,000
口径11.8cm 中贸圣佳 2021-05-20

3785 清□期 铜狮纹错金银鼎式炉
估　价：RMB 1,000~2,000
成交价：RMB 1,150,000
93cm×77cm 中国嘉德 2021-11-29

759 清 大压经炉
估　价：RMB 800,000~1,200,000
成交价：RMB 1,380,000
口径24cm；高15.5cm 中贸圣佳 2021-07-07

603 清 金刚杵双耳四足炉
估　价：RMB 1,200,000~1,500,000
成交价：RMB 2,645,000
12.5cm×10cm 上海匡时 2021-07-08

3013 战国晚期 楚式“黑漆古”六山铜镜
估　价：HKD 500,000~800,000
成交价：RMB 517,500
直径20cm 佳士得 2021-05-28

1967 明 嫦娥玉兔月宫镜
估　价：RMB 2,800,000
成交价：RMB 5,520,000
直径17.7cm；厚0.65cm 中贸圣佳 2021-12-30

1911 明 神话故事博局纹镜
估　价：RMB 350,000
成交价：RMB 414,000
直径16.8cm；厚0.6cm 中贸圣佳 2021-12-30

2321 明 四乳神人瑞兽纹镜
估　价：RMB 150,000
成交价：RMB 586,500
直径13.3cm；厚1cm 中贸圣佳 2021-05-20

2384 明 三山三叶纹镜
估　价：RMB 500,000
成交价：RMB 2,300,000
直径11.8cm；厚0.6cm 中贸圣佳 2021-05-20

1916 明 "尚方御镜"铭四神瑞兽博局纹镜
估　价：RMB 200,000
成交价：RMB 293,250
直径16.5cm；厚0.5cm 中贸圣佳 2021-12-30

2342 明 菱花形镂空腿双鸳鸯双狮纹镜
估　价：RMB 300,000
成交价：RMB 402,500
直径15.8cm；厚1.0cm 中贸圣佳 2021-05-20

2449 明 伏兽钮高浮雕镂空瑞兽葡萄纹镜
估　价：RMB 1,200,000
成交价：RMB 2,760,000
直径12.5cm；厚1.3cm 中贸圣佳 2021-05-20

1917 明 宝相花弦纹素镜
估　价：RMB 300,000
成交价：RMB 437,000
直径15.2cm；厚1.5cm 中贸圣佳 2021-12-30

2393 明 "尚方佳竟（镜）"铭四神瑞兽博局纹镜
估　价：RMB 200,000
成交价：RMB 460,000
直径16.5cm；厚0.56cm 中贸圣佳 2021-05-20

2453 明 菱花形伏兽钮双鸾双鸳鸯衔绶纹镜
估　价：RMB 500,000
成交价：RMB 747,500
直径20.7cm；厚1cm 中贸圣佳 2021-05-20

1923 明 "湅治铜华"铭单圈铭文镜
估　价：RMB 180,000
成交价：RMB 241,500
直径19cm；厚0.7cm 中贸圣佳 2021-12-30

2400 明 菱花形四仙骑"长临池"铭文镜
估　价：RMB 1,200,000
成交价：RMB 2,185,000
直径18cm；厚1.3cm 中贸圣佳 2021-05-20

2473 明 动物纹边饰五凤环绕七乳瑞兽纹镜
估　价：RMB 250,000
成交价：RMB 345,000
直径18.8cm；厚0.5cm 中贸圣佳 2021-05-20

2428 明 五山十五叶纹镜
估　价：RMB 1,200,000
成交价：RMB 7,245,000
直径19.5cm；厚0.6cm 中贸圣佳 2021-05-20

2484 明 银壳鎏金孔雀鸾鸟天鹿瑞兽缠枝纹镜
估　价：RMB 800,000
成交价：RMB 1,012,000
直径20.5cm；厚0.7cm 中贸圣佳 2021-05-20

2446 明 “子胥”铭鎏金半圆方枚神兽镜
估　价：RMB 900,000
成交价：RMB 1,955,000
直径15cm；厚0.6cm 中贸圣佳 2021-05-20

2489 明 银鎏金錾刻工艺弥勒说法纹镜
估　价：RMB 800,000
成交价：RMB 1,127,000
直径38.2cm；厚0.6cm 中贸圣佳 2021-05-20

818 明 善财童子拜观音纹镜
估　价：RMB 3,800,000~4,500,000
成交价：RMB 8,050,000
直径27.3cm；厚1cm 中贸圣佳 2021-07-07

2488 明 高浮雕祥云双龙纹镜
估　价：RMB 750,000
成交价：RMB 862,500
直径28cm；厚0.6cm 中贸圣佳 2021-05-20

809 明 变形四龙纹镜
估　价：RMB 200,000~250,000
成交价：RMB 552,000
直径22cm；厚0.5cm 中贸圣佳 2021-07-07

5210 清 “盘龙丽匣”双龙双鸾瑞兽镜
估　价：RMB 2,600,000~3,000,000
成交价：RMB 2,990,000
直径20.2cm；重量1300g 北京保利 2021-12-05

5198 清 透雕虺龙纹复合镜
估　价：RMB 1,800,000~2,000,000
成交价：RMB 6,957,500
直径16cm；重量419g 北京保利 2021-12-05

5213 清 海兽葡萄镜
估　价：RMB 4,500,000~4,800,000
成交价：RMB 5,175,000
直径17.7cm；重量1608g 北京保利 2021-12-05

2445 清 柿蒂纹圈带叠压四猴十二龙纹镜
估　价：RMB 800,000
成交价：RMB 1,058,000
直径19cm；厚0.6cm 中贸圣佳 2021-05-20

688 “仙来照月”铭四神十二生肖八卦纹镜
估　价：RMB 600,000
成交价：RMB 1,150,000
直径21.5cm；重量1454g 永乐拍卖 2021-05-22

823 “吴向里柏氏作”伍子胥画像镜（一对）
估　价：RMB 800,000
成交价：RMB 1,403,000
直径21cm；直径20.3cm 上海匡时 2021-07-08

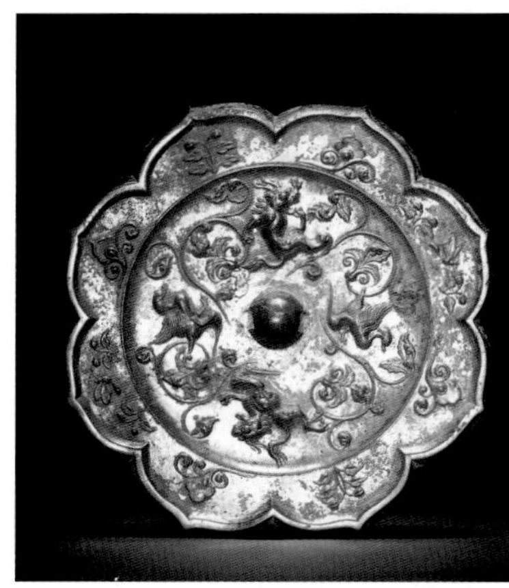

1077 菱花形双狮鸳鸯镜
估　价：RMB 1,200,000~1,800,000
成交价：RMB 1,955,000
直径22.2cm；重1705g 华艺国际 2021-06-04

668 伏兽钮双龙葡萄镜
估　价：RMB 1,200,000
成交价：RMB 1,725,000
直径10.6cm；重量272g 永乐拍卖 2021-05-22

679 菱花形透雕腿双鸾双狮镜
估　价：RMB 450,000
成交价：RMB 897,000
直径23.4cm；重量2251g 永乐拍卖 2021-05-22

5504 四叶菱格纹镜
估　价：RMB 700,000~800,000
成交价：RMB 805,000
直径13cm；重量232g 北京保利 2021-06-07

783 六山六叶镜
估　价：RMB 5,500,000
成交价：RMB 10,580,000
直径18cm；重量562g 永乐拍卖 2021-05-22

5506 “雒家作镜”画纹带神兽镜
估　价：RMB 2,450,000~2,550,000
成交价：RMB 8,280,000
直径23.5cm；重量1694g 北京保利 2021-06-07

5505 镂空钮三龙镜
估　价：RMB 1,500,000~1,600,000
成交价：RMB 2,242,500
直径18.8cm；重量476g 北京保利 2021-06-07

5522 海兽葡萄镜
估　价：RMB 2,600,000~2,800,000
成交价：RMB 4,370,000
直径17.2cm；重量1026g 北京保利 2021-06-07

723 早期禽兽纹镜（一组十面）
估　价：RMB 700,000
成交价：RMB 1,748,000
上海匡时 2021-07-08

743 银壳龙钮高浮雕镂空海兽葡萄镜
估　价：RMB 700,000
成交价：RMB 1,840,000
直径21.5cm；厚度0.8cm 上海匡时 2021-07-08

749 婴戏蹴鞠纹镜
估　价：RMB 1,800,000
成交价：RMB 2,990,000
直径17.7cm；厚度0.5cm 上海匡时 2021-07-08

776 双鹦鹉衔绶镜
估　价：RMB 2,200,000
成交价：RMB 5,060,000
直径30.6cm；厚度0.8cm 上海匡时 2021-07-08

792 “长命富贵”双龙镜
估　价：RMB 500,000
成交价：RMB 1,380,000
直径21cm；厚度0.5cm 上海匡时 2021-07-08

794 四龙四凤镜
估　价：RMB 800,000
成交价：RMB 977,500
直径28cm；厚度0.3cm 上海匡时 2021-07-08

801 正首双龙镜
估　价：RMB 380,000
成交价：RMB 1,035,000
直径14.6cm；厚度0.8cm 上海匡时 2021-07-08

814 “角王巨虚”神兽奏乐七乳镜
估　价：RMB 1,500,000
成交价：RMB 2,530,000
直径18.8cm；厚度0.5cm 上海匡时 2021-07-08

819 “宜子孙”七乳神兽镜
估　价：RMB 380,000
成交价：RMB 1,012,000
直径21cm；厚度0.5cm 上海匡时 2021-07-08

39 东周 春秋 青铜蟠螭纹镈
估　价：USD 50,000~70,000
成交价：RMB 652,851
高27.2cm 纽约苏富比 2021-09-22

3422 清康熙五十四年（1715年）铜鎏金“蕤宾”交龙纽编钟
估　价：HKD 4,500,000~6,500,000
成交价：RMB 4,433,400
高30.8cm 保利香港 2021-12-02

46 商 青铜柄玉戈
估　价：HKD 200,000~300,000
成交价：RMB 2,124,360
长18.5cm 香港苏富比 2021-04-22

5573 清康熙五十四年（1715年）御制铜鎏金蒲牢钮八卦纹“南吕”、“姑洗”编钟
估　价：RMB 8,000,000~10,000,000
成交价：RMB 9,200,000
高30.5cm×2 北京保利 2021-12-05

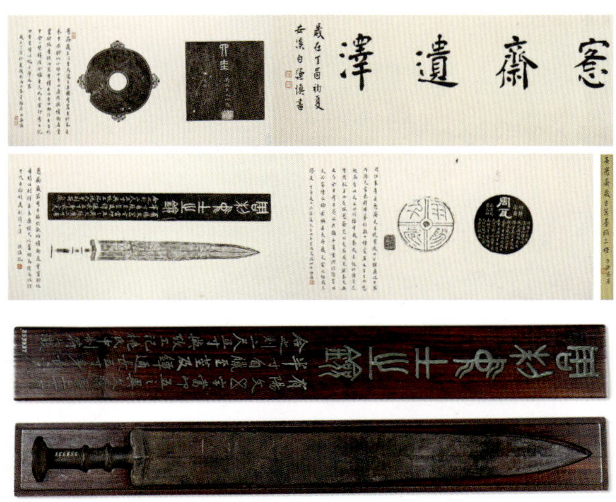

1209 周 青铜中士“□”字剑（配白谦慎题长卷及木盒）
估　价：RMB 1,200,000~1,800,000
成交价：RMB 1,725,000
剑长47cm 华艺国际 2021-03-31

22 战国至西汉 铜鎏金龙纹剑及铜鎏金剑
估　价：USD 10,000~15,000
成交价：RMB 1,224,096
纽约苏富比 2021-09-22

5019 15世纪 合金铜镂雕龙纹信筒
估　价：RMB 500,000~800,000
成交价：RMB 862,500
长43.5cm 古天一 2021-06-07

6513 明 铜铭文小权
估　价：RMB 150,000~250,000
成交价：RMB 172,500
直径3.8cm 北京保利 2021-12-06

604 清康熙 “大明宣德年制”款海水云龙纹香熏
估　价：RMB 400,000~600,000
成交价：RMB 1,023,500
31.3cm × 22cm × 16cm 上海匡时 2021-07-08

101 唐 铜天王花式五足灯
估　价：USD 15,000~20,000
成交价：RMB 342,747
高12.4cm 纽约苏富比 2021-09-22

767 明 胡人骑狮大香熏
估　价：RMB 500,000~800,000
成交价：RMB 793,500
高44.1cm 中贸圣佳 2021-07-07

5598 清乾隆 铜鎏金嵌料石算盘
估　价：RMB 500,000~600,000
成交价：RMB 575,000
15cm × 9.7cm × 1.6cm 北京保利 2021-12-05

959 清道光 御制天体仪
估　价：RMB 1,800,000~2,500,000
成交价：RMB 2,070,000
37cm × 37cm × 36cm 中贸圣佳 2021-05-20

161 清乾隆 铜鎏金番莲纹金鱼座 “金玉满堂”宫灯（一对）
估　价：RMB 850,000~1,200,000
成交价：RMB 977,500
高189cm × 2 永乐拍卖 2021-05-22

铁　器

5967 明治时期 御釜师作嵌金银牡丹图锻造铁壶
估　价：RMB 850,000~1,000,000
成交价：RMB 1,150,000
高18.5cm；直径12cm 北京荣宝 2021-06-19

5900 明治时期 初代龟文 蟹纹铁瓶
估　价：RMB 720,000~780,000
成交价：RMB 897,000
高18cm；直径11cm 北京荣宝 2021-06-19

锡　器

2025 明 锡胎金地红漆螭龙纹香盒
估　价：RMB 250,000~300,000
成交价：RMB 402,500
直径9cm；高4.5cm 中贸圣佳 2021-05-21

3099 清康熙 沈存周制锡轴头罐
估　价：RMB 300,000~400,000
成交价：RMB 345,000
高5.3cm 古天一 2021-06-07

2463 清 锡茶罐
估　价：RMB 100,000
成交价：RMB 172,500
高35.6cm 中贸圣佳 2021-09-26

紫　砂

6192 徐秀棠制始陶异僧像
估　价：RMB 80,000~100,000
成交价：RMB 552,000
高52cm；宽30cm 江苏观宇 2021-09-26

320 吴小楣 盛世风流——大型紫砂雕塑（三件套一组）
估　价：RMB 500,000~880,000
成交价：RMB 1,932,000
江苏汇中 2021-05-14

1077 明天启/崇祯 承云从制乌泥魁方壶
估　价：RMB 800,000~1,200,000
成交价：RMB 1,265,000
高13cm；长15.6cm 西泠印社 2021-07-23

2259 明末 时大彬 莲花钵
估　价：RMB 800,000~1,000,000
成交价：RMB 2,242,500
长11cm；高7cm 中贸圣佳 2021-12-30

1331 明末 陈用卿制莲子壶
估　价：RMB 1,000,000~1,200,000
成交价：RMB 1,552,500
13cm × 18.8cm 中贸圣佳 2021-05-20

1298 明末 郑荆玉 荆玉四方壶
估　价：RMB 400,000~500,000
成交价：RMB 575,000
7.7cm × 11.3cm 中贸圣佳 2021-05-20

5780 明末 紫玉金砂牛气冲天壶
估　价：RMB 600,000~800,000
成交价：RMB 805,000
宽17cm；高7cm 江苏观宇 2021-04-25

2219 清早期 孟臣 段泥洒红浆梨式壶
估　价：RMB 200,000~250,000
成交价：RMB 460,000
长11cm；高5cm 中贸圣佳 2021-12-30

1308 明末 紫泥魁方壶
估　价：RMB 800,000~1,000,000
成交价：RMB 2,415,000
15.5cm × 14.2cm 中贸圣佳 2021-05-20

1515 明 龚心钊旧藏陈仲美制凤首题眼紫砂壶
估　价：RMB 2,000,000~3,000,000
成交价：RMB 2,990,000
高10.3cm 华艺国际 2021-06-05

2271 清早期 冷金黄平盖圆壶
估　价：RMB 350,000~400,000
成交价：RMB 402,500
长13cm；宽8.5cm；高7.5cm 中贸圣佳 2021-12-30

3065 清早期 惠逸公制林老先生清玩甲辰款朱泥思亭壶
估　价：RMB 150,000~200,000
成交价：RMB 471,500
宽10.6cm 中国嘉德 2021-11-28

4200 清早期 陈砺成制紫泥印包壶
估　价：RMB 3,500,000~3,800,000
成交价：RMB 4,370,000
8cm×16cm 西泠印社 2021-01-16

3073 清早期 春水堂制朱砂具轮珠壶
估　价：RMB 150,000~200,000
成交价：RMB 552,000
宽12.7cm 中国嘉德 2021-11-28

4051 清早期 邵圣和制旷揽斋款朱泥瓠瓜壶
估　价：RMB 200,000~250,000
成交价：RMB 402,500
6.6cm×8.5cm 西泠印社 2021-01-16

1066 清早期 陈若思制朱泥梨式壶
估　价：RMB 450,000~600,000
成交价：RMB 632,500
高5.8cm；长10.5cm 西泠印社 2021-07-23

3075 清早期 邵亨裕制竹钮汲直壶
估　价：RMB 100,000~150,000
成交价：RMB 437,000
宽11.4cm 中国嘉德 2021-11-28

5713 清早期 无款紫泥四方坦然壶
估　价：RMB 500,000~600,000
成交价：RMB 575,000
宽16cm；高10.5cm 江苏观宇 2021-04-25

1147 清早期 “玉珍宝玩”款朱泥调砂圆壶
估　价：RMB 500,000~600,000
成交价：RMB 632,500
高5cm；长10.5cm 西泠印社 2021-07-23

3118 清康熙 陈鸣远制朱泥大南瓜壶
估　价：RMB 5,000,000~6,000,000
成交价：RMB 8,510,000
高28.2cm 中国嘉德 2021-11-28

919 清康熙 团泥彩色泥绘四方回纹提梁壶
估　价：RMB 500,000
成交价：RMB 575,000
上海嘉禾 2021-07-22

3059 清乾隆 竹炉山房御制诗桃花泥莲子壶
估　价：RMB 1,200,000~1,300,000
成交价：RMB 1,840,000
宽15.4cm 中国嘉德 2021-05-18

2251 清乾隆 黑泥绘四方尊
估　价：RMB 1,200,000~1,500,000
成交价：RMB 2,070,000
长23cm；高46cm 中贸圣佳 2021-12-30

4126 清乾隆 孟臣款朱泥笠帽圆壶
估　价：RMB 280,000~320,000
成交价：RMB 483,000
7.3cm × 12.6cm 西泠印社 2021-01-16

2272 清嘉庆 杨彭年 曼生合欢壶
估　价：RMB 1,300,000~1,500,000
成交价：RMB 1,495,000
长16.5cm；高9.4cm 中贸圣佳 2021-12-30

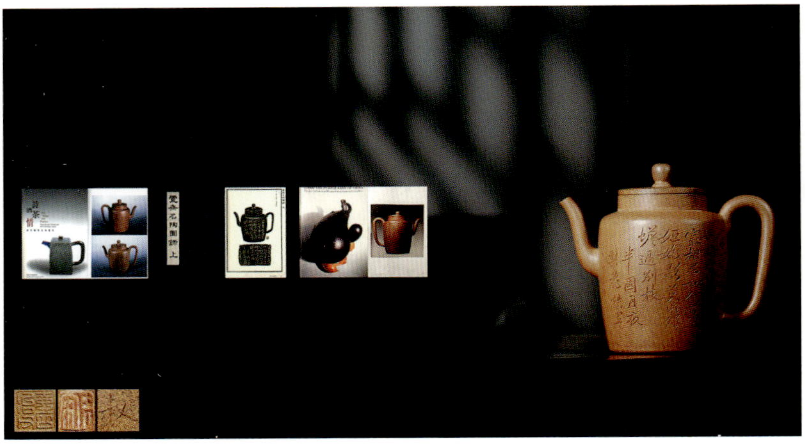

4081 清中期 瞿子冶拟南田笔意诗画汲直壶
估　价：RMB 3,300,000~3,800,000
成交价：RMB 4,025,000
12.3cm × 13.9cm 西泠印社 2021-01-16

5330 清中期 瞿子冶铭梅花图石瓢壶
估　价：RMB 450,000~650,000
成交价：RMB 1,472,000
宽13.3cm；容量220ml 北京保利 2021-06-07

1134 清中期 苏州潘氏旧藏陈曼生刻、杨彭年制阿曼陀室款半瓦当壶——附吴昌硕潘遵祁题、胡祥绘、李锦鸿手拓《松窗煮茗》图全角拓手卷
估　价：RMB 2,400,000~3,000,000
成交价：RMB 3,507,500
壶高8cm；长15cm 西泠印社 2021-07-23

2286 清道光 吉安 朱泥子冶石瓢
估　价：RMB 1,200,000~1,500,000
成交价：RMB 1,840,000
长14.5cm；高7.3cm 中贸圣佳 2021-12-30

1006 清道光 何心舟制玉成窑紫砂壶
估　价：RMB 400,000~500,000
成交价：RMB 575,000
高9.3cm；长15.5cm 华艺国际 2021-12-11

4104 清道光 朱石楳制并刻段泥坡笠壶
估　价：RMB 350,000~400,000
成交价：RMB 402,500
9.1cm × 13.2cm 西泠印社 2021-01-16

1190 清中期 瞿子冶刻壶公治父款紫泥石瓢壶
估　价：RMB 3,200,000~3,600,000
成交价：RMB 3,680,000
高6.5cm；长14.5cm 西泠印社 2021-07-23

2276 清 蔼园壶（唐云旧藏）
估　价：RMB 1,200,000~1,500,000
成交价：RMB 1,552,500
长17cm；高7.5cm 中贸圣佳 2021-12-30

4139 清道光 史宝丰制邓符生刻世德堂款白泥四方合斗壶
估　价：RMB 420,000~450,000
成交价：RMB 483,000
6.4cm × 14cm 西泠印社 2021-01-16

5097 清晚期 胡公寿铭玉成窑茄段壶
估　价：RMB 250,000~350,000
成交价：RMB 287,500
宽16.5cm；容量500ml 北京保利 2021-12-05

54 清 陈鸣远紫砂仿盉传炉壶
估　价：RMB 800,000~1,300,000
成交价：RMB 2,185,000
高12.3cm；长12cm；宽8.7cm
上海明轩 2021-12-30

989 清道光 申锡制“茶熟香温”款段泥方壶
估　价：RMB 680,000
成交价：RMB 782,000
上海嘉禾 2021-07-22

5098 清晚期 窓斋款俞国良制南林刻段泥大传炉壶
估　价：RMB 150,000~250,000
成交价：RMB 368,000
宽23.3cm；容量1400ml 北京保利 2021-12-05

5296 清中晚期 王东石玉成窑方砖壶
估　价：RMB 450,000~650,000
成交价：RMB 517,500
高6.2cm 中国嘉德 2021-11-30

1334 清《虚斋名陶录》所录首件藏品
估 价：RMB 2,200,000~2,500,000
成交价：RMB 3,105,000
11cm × 18cm 中贸圣佳 2021-05-20

3049 晚清 王东石制玉成窑“大吉”壶
估 价：HKD 200,000~300,000
成交价：RMB 414,000
高14.9cm 佳士得 2021-05-28

3162 何道洪 六瓣梅壶
估 价：RMB 1,000,000~1,200,000
成交价：RMB 1,667,500
十竹斋 2021-06-27

1337 清 蒋时英 方壶
估 价：RMB 450,000~500,000
成交价：RMB 644,000
7.9cm × 12.3cm 中贸圣佳 2021-05-20

1456 顾景舟 僧帽壶
估 价：RMB 2,600,000~3,500,000
成交价：RMB 6,670,000
长12.5cm；高8.5cm 北京翰海 2021-12-17

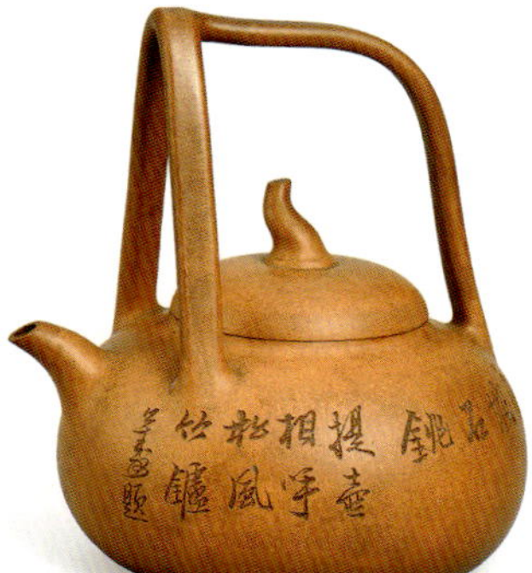

919 清末 玉成窑唐云旧藏何心舟制东坡石铫壶
估 价：RMB 1,300,000~1,500,000
成交价：RMB 2,357,500
高16.5cm 中贸圣佳 2021-07-07

1348 顾景舟 紫砂四方侧角壶
估 价：RMB 5,000,000~8,000,000
成交价：RMB 7,245,000
宽17.5cm 保利厦门 2021-11-05

5613 顾景舟制三足乳钉壶
估　价：RMB 3,000,000~3,500,000
成交价：RMB 3,737,500
江苏观宇 2021-04-25

3155 顾景舟 双圈壶
估　价：RMB 4,500,000~5,000,000
成交价：RMB 9,200,000
十竹斋 2021-06-27

3112 吕尧臣制天赐壶
估　价：RMB 10,000~15,000
成交价：RMB 253,000
宽15.8cm 中国嘉德 2021-11-28

3114 高振宇制金篋壶
估　价：RMB 380,000~400,000
成交价：RMB 575,000
宽15.3cm 中国嘉德 2021-11-28

3115 汪寅仙制1990年署款鸣远弯把梅桩壶
估　价：RMB 500,000~600,000
成交价：RMB 575,000
宽18.5cm 中国嘉德 2021-11-28

5129 顾绍培制“高风亮节”竹节壶
估　价：RMB 150,000~250,000
成交价：RMB 322,000
高18cm；容量450ml 北京保利 2021-12-05

2828 顾绍培制沈汉生书画高风亮节壶
估　价：RMB 10,000~15,000
成交价：RMB 690,000
高17.7cm 中国嘉德 2021-05-18

3063 吕俊杰制卧虎藏龙壶
估　价：RMB 600,000~700,000
成交价：RMB 1,725,000
宽11.6cm 中国嘉德 2021-05-18

1279 何道洪 四季如意壶
估　价：RMB 800,000~1,000,000
成交价：RMB 1,265,000
8.7cm × 14.4cm 中贸圣佳 2021-05-20

3058 高振宇制惠然壶
估　价：RMB 300,000~350,000
成交价：RMB 437,000
宽15.1cm 中国嘉德 2021-05-18

3064 吕俊杰制汉韵华章壶九头
估　价：RMB 1,000,000~1,100,000
成交价：RMB 2,300,000
壶宽17.5cm；杯直径7.2cm；托直径11cm
中国嘉德 2021-05-18

1362 顾景舟 小虚扁壶
估　价：RMB 2,800,000~3,000,000
成交价：RMB 3,680,000
7.5cm × 14.6cm 中贸圣佳 2021-05-20

3065 吕俊杰制开拓壶
估　价：RMB 800,000~900,000
成交价：RMB 2,070,000
宽23.2cm 中国嘉德 2021-05-18

4095 周洪彬制紫泥大蕴合欢壶
估　价：RMB 400,000~600,000
成交价：RMB 701,500
7.7cm × 13.7cm 西泠印社 2021-01-16

1184 季益顺制紫泥“一团和气”壶
估　价：RMB 280,000~350,000
成交价：RMB 517,500
高15.3cm；长13.8cm 西泠印社 2021-07-23

438 耿春华 海棠提梁壶
估　价：RMB 500,000~800,000
成交价：RMB 1,840,000
容量780ml 江苏汇中 2021-05-14

5303 蒋蓉制石榴树蛙壶
估　价：RMB 25,000~35,000
成交价：RMB 437,000
宽14cm；容量280ml 北京保利 2021-06-07

2338 现代 季益顺“红船”套组
估　价：RMB 800,000~1,000,000
成交价：RMB 2,070,000
中贸圣佳 2021-12-30

3160 裴石民 钟形壶
估　价：RMB 800,000~1,000,000
成交价：RMB 1,495,000
十竹斋 2021-06-27

868 鲍峰岩制杨氏竹段壶
估　价：RMB 150,000
成交价：RMB 402,500
上海嘉禾 2021-07-22

1312 承健、律石刻 刻“虚心劲竹”套组
估　价：RMB 100,000~150,000
成交价：RMB 609,500
北京翰海 2021-12-17

3174 瞿应绍 子冶石瓢壶
估　价：RMB 3,500,000~4,500,000
成交价：RMB 8,050,000
十竹斋 2021-06-27

3188 唐彬杰 “云台听松”套组
估 价：RMB 1,200,000~1,500,000
成交价：RMB 1,932,000
十竹斋 2021-06-27

6130 唐彬杰 “和鸣”套组
成交价：RMB 1,610,000
江苏观宇 2021-09-26

1281 清康熙 鸣谦 “文水珍藏”款陈贞制灵芝杯
估 价：RMB 800,000~1,000,000
成交价：RMB 1,265,000
长10.5cm；高5cm 中贸圣佳 2021-05-20

1271 清初 汤天如 莲瓣纹朱泥碗
估 价：RMB 80,000~100,000
成交价：RMB 230,000
高5.3cm；长12.4cm 中贸圣佳 2021-05-20

4844 清乾隆 陈觐侯制紫砂模印双龙碟（一对）
估 价：RMB 20,000~30,000
成交价：RMB 126,500
直径12.4cm×2 中国嘉德 2021-05-19

1314 清乾隆 陈觐侯 莲瓣纹朱泥大盘
估 价：RMB 80,000~100,000
成交价：RMB 379,500
高4cm；长22.4cm 中贸圣佳 2021-05-20

2231 清康熙/雍正 朱泥贴花葵式紫砂盆
估　价：RMB 1,000,000~1,200,000
成交价：RMB 1,265,000
长58cm；高32cm 中贸圣佳 2021-12-30

1114 明 宜钧釉紫砂胎菖蒲盆
估　价：RMB 200,000~250,000
成交价：RMB 230,000
高2.8cm；长9.5cm 西泠印社 2021-07-23

2249 清乾隆 陈觐侯团龙纹碗
估　价：RMB 300,000~400,000
成交价：RMB 632,500
长19.8cm；高9cm 中贸圣佳 2021-12-30

4090 明 宜钧天蓝釉赏瓶
估　价：RMB 220,000~240,000
成交价：RMB 253,000
9.3cm×11.5ccm×11.5cm 西泠印社 2021-01-16

4144 清乾隆 五彩堆泥绘大灯笼瓶
估　价：RMB 750,000~900,000
成交价：RMB 862,500
48.9cm×27.7cm×27.7cm 西泠印社 2021-01-16

1090 清晚期 王东石制、雪居画、何心舟刻玉成窑紫泥大香筒
估　价：RMB 350,000~450,000
成交价：RMB 402,500
高25.8cm；口径12.2cm 西泠印社 2021-07-23

3119 清康熙 陈鸣远制巧色石榴水滴尊
估　价：RMB 900,000~1,000,000
成交价：RMB 1,265,000
高9cm 中国嘉德 2021-11-28

3167 清 任伯年画虬梅图花器
成交价：RMB 230,000
直径5.5cm；高17.5cm 中国嘉德 2021-11-28

5158 匋斋制黄金段刻百虎图杯
估　价：RMB 30,000~50,000
成交价：RMB 126,500
宽9cm 北京保利 2021-12-05

漆　器

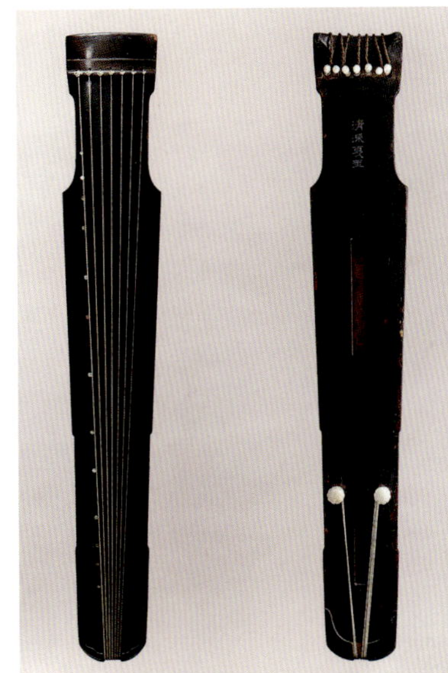

5632 宋“清流戛玉”仲尼式琴
估　价：RMB 4,000,000~6,000,000
成交价：RMB 6,095,000
琴长121.8cm 北京保利 2021-12-05

3478 宋“龙行风雨”仲尼式古琴
估　价：RMB 800,000~1,200,000
成交价：RMB 1,437,500
琴长115cm 西泠印社 2021-01-16

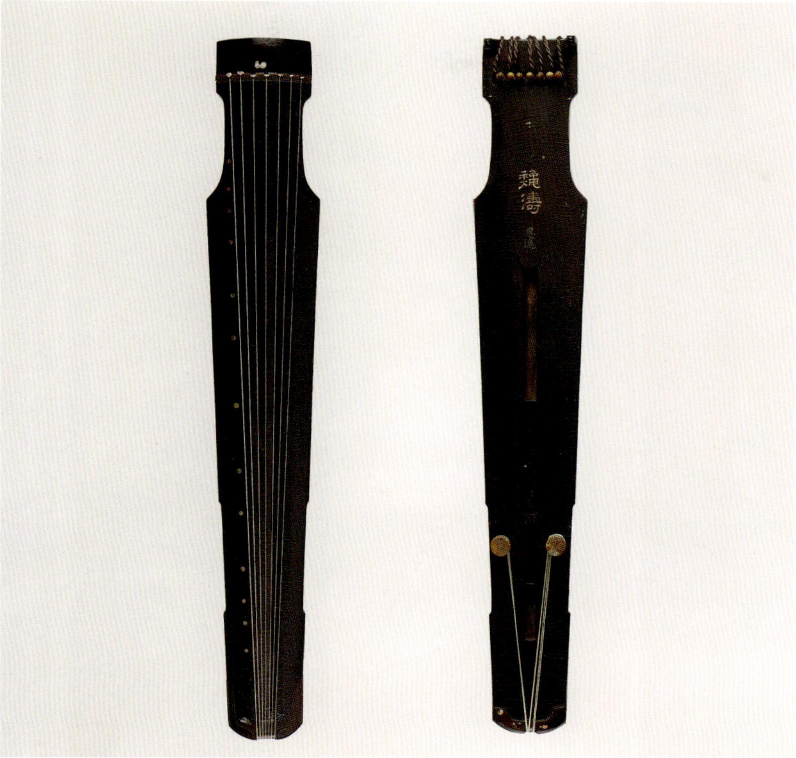

5185 南宋嘉熙二年 项元汴藏“秋涛”仲尼式琴
估　价：RMB 8,000,000~12,000,000
成交价：RMB 11,270,000
琴长119cm 北京保利 2021-06-07

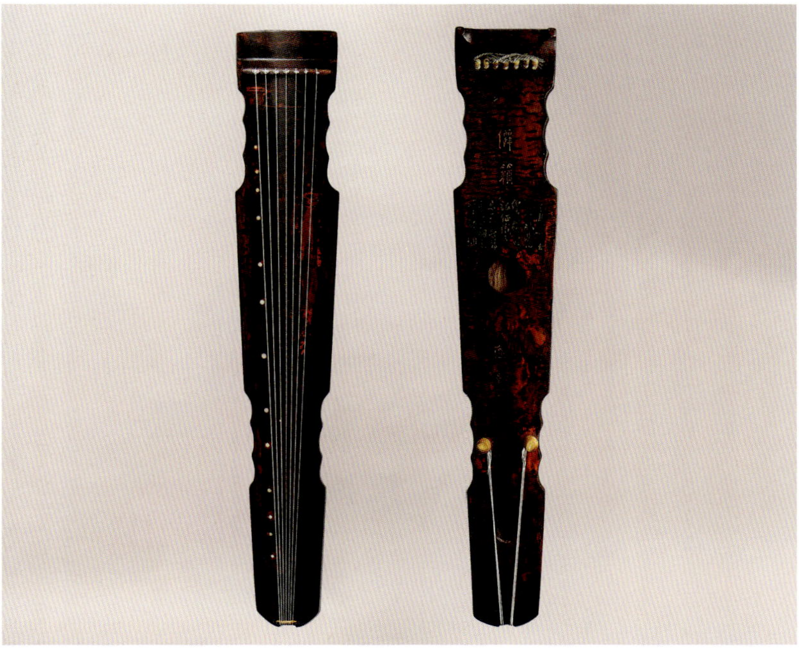

5634 宋 “仙籁”连珠式琴
估　价：RMB 8,000,000~12,000,000
成交价：RMB 9,545,000
琴长126.5cm 北京保利 2021-12-05

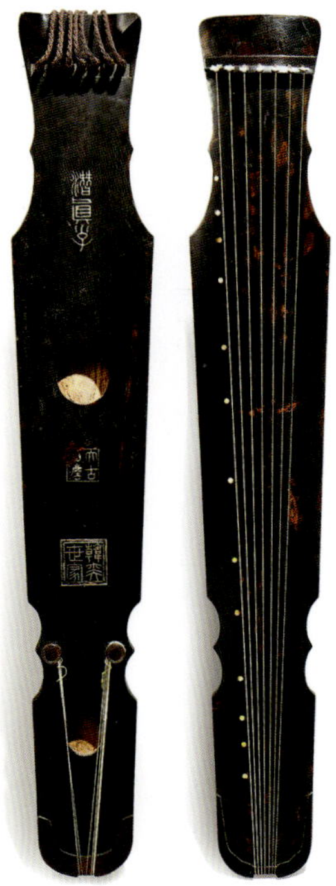

1229 元 变体灵机式古琴 “潜真子”
估　价：RMB 3,000,000~4,000,000
成交价：RMB 5,750,000
通长118cm 中贸圣佳 2021-05-21

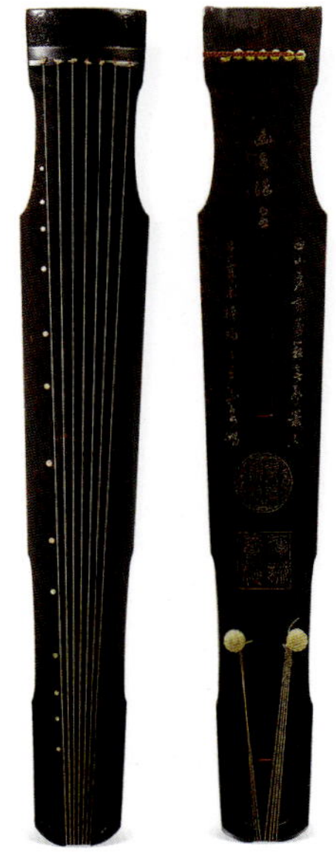

4706 明隆庆 益王“幽谷流泉”仲尼式古琴
估　价：RMB 3,000,000~5,000,000
成交价：RMB 3,450,000
通长124.7cm 中国嘉德 2021-05-19

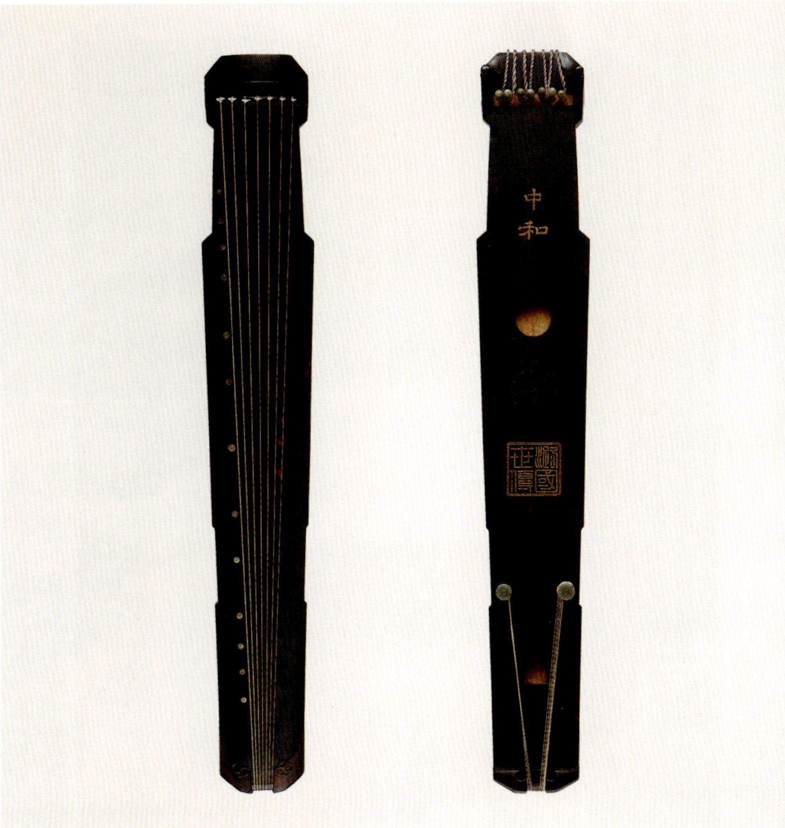

5187 明崇祯 高罗佩“中和琴室”藏“中和”潞王琴
估　价：RMB 2,600,000~3,600,000
成交价：RMB 6,095,000
琴长120cm 北京保利 2021-06-07

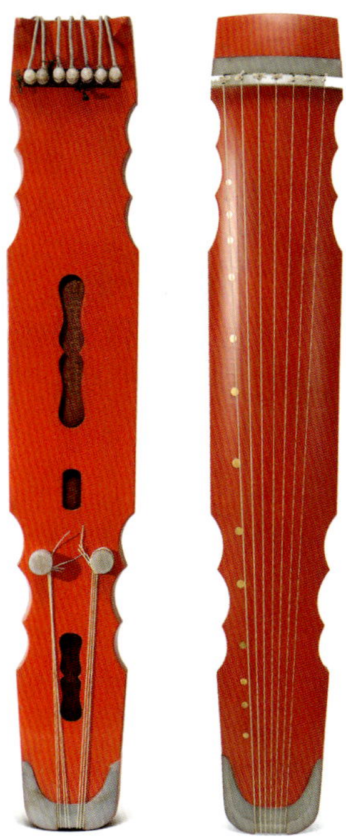

5588 清乾隆 御制“湘江秋碧”连珠式琴
成交价：RMB 43,700,000
琴长101.5cm 北京保利 2021-12-05

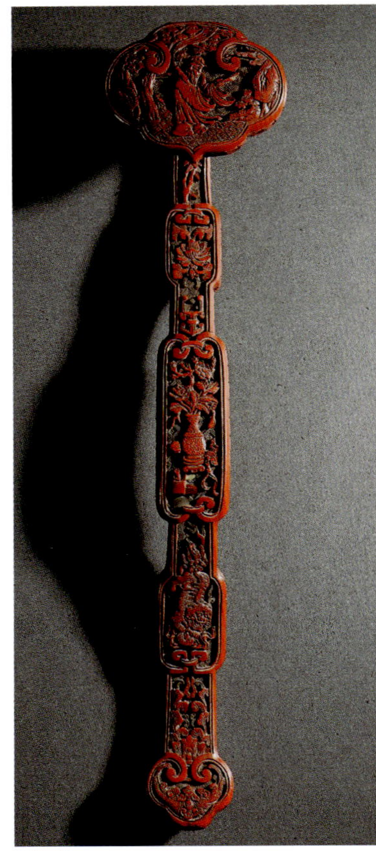

3450 清 剔红雕张果老清供图如意摆件
估　价：RMB 80,000~150,000
成交价：RMB 143,750
长38.3cm 西泠印社 2021-01-16

2990 清乾隆 剔红绶带大吉葫芦瓶（一对）
估　价：HKD 1,800,000~2,600,000
成交价：RMB 1,847,250
高31.6cm×2 佳士得 2021-12-03

58 清乾隆 剔红嵌百宝“羊吉”葫芦形壁瓶
估　价：RMB 1,600,000~2,500,000
成交价：RMB 1,840,000
高80.8cm 永乐拍卖 2021-05-22

2 宋 黑漆葵式盘
估　价：HKD 500,000~700,000
成交价：RMB 743,526
直径21.5cm 香港苏富比 2021-04-22

189 宋 黑漆素面圆盘
估　价：RMB 1,000,000~1,500,000
成交价：RMB 2,300,000
直径27.3cm
北京华辰 2021-06-19

38 宋 剔红凤穿牡丹纹盘
估　价：HKD 1,200,000~1,500,000
成交价：RMB 2,549,232
直径25.8cm 香港苏富比 2021-04-22

914 元 剔红秋葵锦鸡纹盘
估　价：RMB 1,200,000~1,500,000
成交价：RMB 1,380,000
直径26.8cm 中贸圣佳 2021-12-29

2958 宋 剔犀宝相花纹漆盘
估　价：HKD 3,000,000~4,000,000
成交价：RMB 6,665,400
直径21.2cm 佳士得 2021-05-28

323 明宣德 剔红牡丹花卉盘
成交价：RMB 782,000
直径30.5cm 上海嘉禾 2021-11-14

188 明 剔红外缠枝花卉里鹤纹盘
估　价：RMB 30,000~50,000
成交价：RMB 609,500
直径26cm 北京华辰 2021-06-19

969 清乾隆 剔红缠枝莲纹“万寿无疆”碗
估　价：RMB 180,000~250,000
成交价：RMB 345,000
直径12cm 中贸圣佳 2021-05-20

3032 明嘉靖 剔彩跃龙捧寿纹圆盒
估　价：HKD 1,800,000~2,500,000
成交价：RMB 1,863,000
直径19.5cm 佳士得 2021-05-28

675 17世纪/18世纪 黑漆螺钿人物故事图倭角方盘（十一件）
估　价：USD 15,000~25,000
成交价：RMB 1,305,000
边长11.5cm×11 纽约佳士得 2021-03-18

5149 清乾隆 碧玉胎剔红漆花卉纹碗
估　价：RMB 800,000~1,200,000
成交价：RMB 1,552,500
直径12.3cm 北京保利 2021-06-07

1549 明 剔红童子戏弥勒盖盒
估　价：RMB 450,000~650,000
成交价：RMB 517,500
十竹斋拍卖（北京）2021-05-29

3355 20世纪80年代 雕漆烟雨楼盘
估　价：RMB 1,200,000~1,300,000
成交价：RMB 1,380,000
直径51cm 北京荣宝 2021-06-19

2029 元 杨茂造款剔犀花卉香盒
估　价：RMB 500,000~600,000
成交价：RMB 805,000
直径9.7cm；高3.5cm 中贸圣佳 2021-05-21

124 清乾隆 铜胎剔红庭院婴戏图盖盒
估　价：RMB 400,000~700,000
成交价：RMB 713,000
直径14.9cm；高7.5cm 北京中汉 2021-05-18

54 明嘉靖 铜胎剔绿海兽纹圆盖盒
估　价：RMB 2,800,000~4,000,000
成交价：RMB 3,220,000
直径18.5cm 永乐拍卖 2021-05-22

5595 清乾隆 剔红春寿桃形大捧盒（成对）
估　价：RMB 3,600,000~5,600,000
成交价：RMB 4,140,000
46cm×46cm×17.7cm×2 北京保利 2021-12-05

3031 清乾隆 剔红仙人祝寿图葵式八瓣大盒
估　价：HKD 1,000,000~1,500,000
成交价：RMB 1,242,000
宽43.4cm 佳士得 2021-05-28

3229 清乾隆 剔红团寿纹尊
估　价：RMB 200,000~300,000
成交价：RMB 322,000
高32cm 中国嘉德 2021-05-18

5131 明 戗金填漆龙纹六屉箱
估　价：RMB 100,000~200,000
成交价：RMB 1,092,500
29.5cm×20cm×33cm 中国嘉德 2021-11-30

558 明嘉靖 剔彩红花绿叶文具箱
估　价：RMB 2,000,000~3,000,000
成交价：RMB 3,105,000
长31.8cm 北京保利 2021-09-26

971 清乾隆 剔红嵌掐丝珐琅夔龙纹鹿耳方尊（一对）
估　价：RMB 1,800,000~2,500,000
成交价：RMB 3,335,000
高44.5cm×2 中贸圣佳 2021-05-20

1227 明 黑漆嵌螺钿 献瑞图方箱
估　价：RMB 300,000~350,000
成交价：RMB 529,000
26cm×26cm×30cm 中贸圣佳 2021-05-21

2293 明至清 黄花梨仿剔红牡丹纹书箱
估　价：RMB 750,000~900,000
成交价：RMB 920,000
27.5cm×21.5cm×38.4cm 西泠印社 2021-07-24

970 清乾隆 剔红山水群仙贺寿图带屉百宝箱（一对）
估　价：RMB 500,000~600,000
成交价：RMB 667,000
34.2cm×17cm×28cm×2 中贸圣佳 2021-05-20

233 18世纪/19世纪 剔红云龙纹开光山水人物图坐墩（一套四件）
估　价：USD 50,000~70,000
成交价：RMB 1,550,522
高49cm×4 纽约苏富比 2021-09-22

3349 20世纪80年代 雕漆《高枝双栖》三扇中堂
估　价：RMB 1,000,000~1,200,000
成交价：RMB 1,150,000
125cm×40cm×2；125cm×120cm
北京荣宝 2021-06-19

1577 宋/元 剔犀花鸟瑞兽纹马鞍
估　价：RMB 500,000~800,000
成交价：RMB 345,000
高24cm；宽32cm 华艺国际 2021-06-05

2944 清乾隆 黑漆百宝嵌官皮箱
估　价：RMB 350,000~450,000
成交价：RMB 575,000
36cm×27cm×34.5cm 中贸圣佳 2021-12-30

220 18世纪/19世纪 朱漆描金福寿双全纹手炉
估　价：USD 20,000~30,000
成交价：RMB 204,016
宽16.5cm 纽约苏富比 2021-09-22

匏　器

5133 清康熙 匏制押花碗
估　价：RMB 700,000~1,000,000
成交价：RMB 1,035,000
直径15cm 北京保利 2021-06-07

5134 清乾隆 匏制福寿笔筒
估　价：RMB 1,200,000~2,200,000
成交价：RMB 1,725,000
高14.3cm 北京保利 2021-06-07

5174 清中期 约腰长把葫芦带铜底座
估　价：RMB 1,000~2,000
成交价：RMB 46,000
高37cm 中国嘉德 2021-11-30

4822 清晚期 王世襄火画赤壁图大匏
估　价：RMB 150,000~250,000
成交价：RMB 862,500
高52cm；直径30cm 中国嘉德 2021-05-19

3562 清 “三河刘”葫芦镶紫檀口乌木盖鸣虫罐
估　价：RMB 12,000~18,000
成交价：RMB 172,500
高12cm；直径6.9cm 西泠印社 2021-01-16

1537 清 匏器通景山水蝈蝈葫芦（带原包装）
估　价：RMB 30,000~50,000
成交价：RMB 55,200
高17.5cm 广东崇正 2021-07-19

织　绣

56 明万历 缂丝荷塘鸳鸯图
估　价：RMB 4,500,000~6,000,000
成交价：RMB 5,175,000
高105cm 永乐拍卖 2021-05-22

64 清康熙 缂丝“华封三祝”图
估　价：RMB 1,200,000~1,500,000
成交价：RMB 1,552,500
高225cm；宽165cm 永乐拍卖 2021-05-22

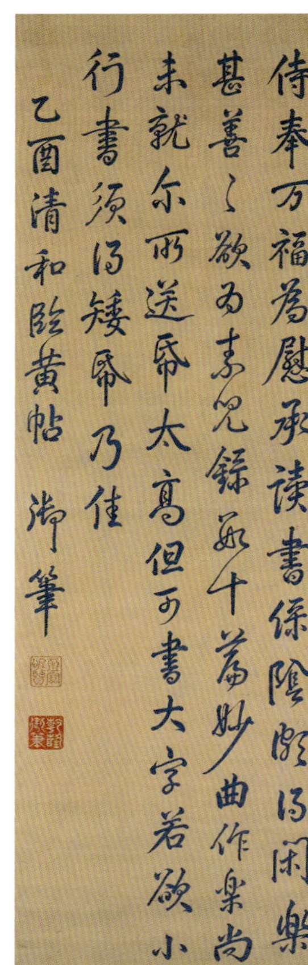

5141 清乾隆 御制缂丝书法立轴
估　价：RMB 350,000~550,000
成交价：RMB 1,667,500
186.5cm×68.5cm 北京保利 2021-06-07

5142 清乾隆 钦定补刻端石兰亭图帖缂丝全卷
成交价：RMB 241,500,000
31.6cm×1714.5cm 北京保利 2021-06-07

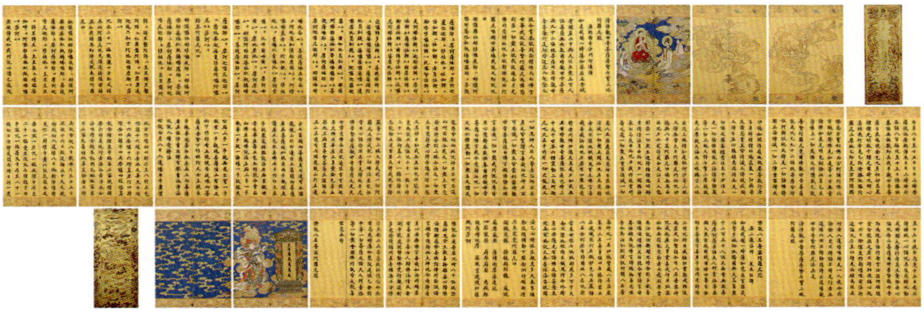

5092 清乾隆 御制刺绣写绘“八大吉祥如意陀罗尼经”
估　价：RMB 18,000,000~28,000,000
成交价：RMB 21,850,000
长36.3cm；宽13.2cm（每页） 北京保利 2021-06-07

3652 清乾隆 御制缂丝刺绣无量寿佛像
估　价：HKD 5,000,000~7,000,000
成交价：RMB 5,154,300
142.3cm×69.5cm 香港苏富比 2021-10-13

1126 清中期 盘金龙纹绣
估　价：RMB 150,000~200,000
成交价：RMB 230,000
200cm×73cm 华艺国际 2021-03-31

6581 清 缂丝花鸟纹扇（一对）
估　价：RMB 120,000~220,000
成交价：RMB 218,500
45cm×44cm×2 北京保利 2021-06-08

1480 清早期 顾绣观音送子卷轴
估　价：RMB 400,000~450,000
成交价：RMB 563,500
110cm×41.5cm 中贸圣佳 2021-05-21

6582 清 缂丝花鸟纹立轴
估　价：RMB 150,000~250,000
成交价：RMB 345,000
108cm×57cm 北京保利 2021-06-08

1874 缂丝红衣罗汉图立轴
估　价：RMB 100,000~200,000
成交价：RMB 690,000
136cm×76cm 北京保利 2021-12-04

1424 明 御用明黄地洒线绣龙纹补
估　价：RMB 150,000~200,000
成交价：RMB 408,250
35cm×37cm 中贸圣佳 2021-05-21

1432 明 纳纱绣行龙
估　价：RMB 120,000~150,000
成交价：RMB 149,500
22cm×63cm 中贸圣佳 2021-05-21

2038 清乾隆 御笔缂丝片
估　价：RMB 20,000~30,000
成交价：RMB 1,380,000
122cm×73cm 中贸圣佳 2021-12-30

1484 清乾隆 明黄地平金绣九龙坐褥
估　价：RMB 1,600,000~2,000,000
成交价：RMB 1,725,000
103cm×192cm 中贸圣佳 2021-05-21

1490 清乾隆 大红地哆罗呢刺绣龙纹炕垫
估　价：RMB 350,000~400,000
成交价：RMB 402,500
137cm×258cm 中贸圣佳 2021-05-21

912 清乾隆 御制顾绣金刚经塔轴
估　价：RMB 250,000~300,000
成交价：RMB 4,232,000
237cm×71cm 中贸圣佳 2021-12-29

3604 18世纪 驼色缂丝八吉祥云蝠九龙吉服袍
估　价：HKD 600,000~800,000
成交价：RMB 637,308
146cm×217cm 香港苏富比 2021-04-22

5144 清乾隆 蓝色绸平金银绣云龙纹龙袍
估　价：RMB 350,000~550,000
成交价：RMB 1,380,000
长194cm 北京保利 2021-06-07

1256 清中期 明黄色缎绣云龙十二章纹龙袍
估　价：RMB 800,000~1,200,000
成交价：RMB 920,000
长132cm 华艺国际 2021-12-11

5586 清中期 明黄色绸盘金龙纹彩绣云蝠万寿十二章吉服袍
估　价：RMB 600,000~800,000
成交价：RMB 1,035,000
155cm×215cm 北京保利 2021-12-05

9397 团龙云纹、凤纹等织锦十件
估　价：RMB 1,000,000~1,300,000
成交价：RMB 1,495,000
尺寸不一 华艺国际 2021-06-02

1333 清中期 御制明黄色缎绣缉米珠云龙十二章纹龙袍
估　价：HKD 1,500,000~2,000,000
成交价：RMB 1,788,480
高206cm 中国嘉德 2021-10-14

1259 清乾隆 宫廷御制手绘云龙戏珠纹库绢（二十五张）
估　价：RMB 300,000~600,000
成交价：RMB 885,500
盒67cm×67cm；绢61cm×61cm×25 保利厦门 2021-11-05

2081 清早期 宫廷缂丝瑶池集庆百寿全图挂帐
估　价：RMB 1,600,000~2,200,000
成交价：RMB 5,290,000
310cm×190cm 中贸圣佳 2021-12-30

玻璃器

2993 清乾隆 仿雄黄玻璃纸槌瓶
估　价：HKD 700,000~1,000,000
成交价：RMB 821,000
高9.5cm 佳士得 2021-12-03

2614 清乾隆 鸡油黄料喜上眉梢纹碗（一对）
估　价：RMB 200,000~300,000
成交价：RMB 195,500
直径15.5cm×2 华艺国际 2021-06-04

6490 清乾隆 宝石红料刻龙凤饕餮纹杯（一对）
估　价：RMB 500,000~800,000
成交价：RMB 575,000
高10.3cm×2 北京保利 2021-06-08

2996 清乾隆 涅白地套红玻璃夔龙纹尊
估　价：HKD 2,800,000~3,500,000
成交价：RMB 2,668,250
高18.3cm 佳士得 2021-12-03

3606 清乾隆 雪霏地套宝石红料庭园仕女婴戏图盖罐
估　价：HKD 3,000,000~4,000,000
成交价：RMB 2,761,668
连盖高 19cm 香港苏富比 2021-04-22

951 清乾隆 山楂红料长颈瓶
估 价：RMB 200,000~300,000
成交价：RMB 287,500
高22.5cm 中贸圣佳 2021-05-20

3002 清乾隆 宝石蓝料海棠形水仙盆
估 价：RMB 50,000~100,000
成交价：RMB 109,250
20cm×14cm×7cm
十竹斋拍卖（北京） 2021-05-29

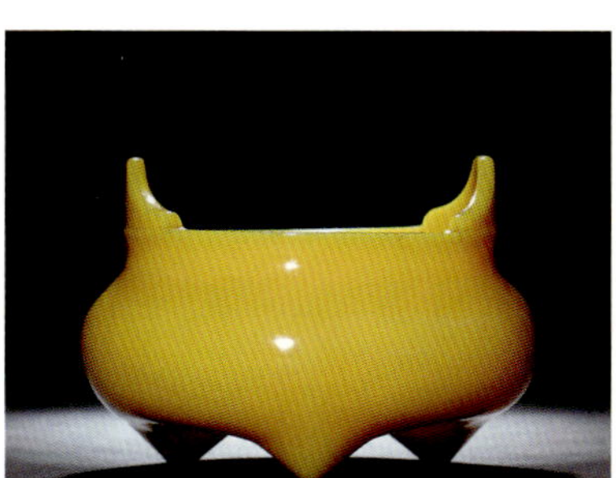

3303 清乾隆 娇黄料桥耳炉
估 价：HKD 420,000~600,000
成交价：RMB 880,092
宽7.9cm；高7.5cm 保利香港 2021-04-21

785 琉璃饰件
估 价：RMB 50,000
成交价：RMB 437,000
直径5.8cm 上海匡时 2021-07-08

金银器

1058 春秋 纯金质兽面铺首
估 价：HKD 500,000~700,000
成交价：RMB 497,370
宽10cm；重163g 中国嘉德 2021-04-21

3437 战国 纯金嵌松石双夔龙璧（三只）
估 价：HKD 300,000~400,000
成交价：RMB 455,220
长7.8cm，重48g；长7.2cm，重46g；长5.7cm，重24g 保利香港 2021-04-21

3438 战国 金鼓钉纹剑柄
估 价：HKD 250,000~350,000
成交价：RMB 455,220
长9cm 保利香港 2021-04-21

3158 汉 金羽纹带扣
估 价：HKD 80,000~120,000
成交价：RMB 78,816
长11.9cm；重量151g 保利香港 2021-12-02

3160 汉 金刻龙纹匜（一组六件）
估 价：HKD 400,000~800,000
成交价：RMB 788,160
直径13cm×6；总重量864g 保利香港 2021-12-02

3153 晋 金素纹唾壶
估　价：HKD 200,000~400,000
成交价：RMB 256,152
高8.5cm；重量262g 保利香港 2021-12-02

3679 唐 银錾花鸟纹莲瓣高足杯
估　价：HKD 500,000~700,000
成交价：RMB 1,147,608
直径6.8cm 香港苏富比 2021-10-13

3154 宋 金荷塘莲花纹碗
估　价：HKD 150,000~250,000
成交价：RMB 285,708
宽8.5cm；重量69g 保利香港 2021-12-02

3156 唐 金弦纹佛塔纽盖盒
估　价：HKD 250,000~450,000
成交价：RMB 512,304
高11.5cm；重量543g 保利香港 2021-12-02

3146 北宋 银莲花形杯
估　价：HKD 20,000~50,000
成交价：RMB 88,668
宽10.4cm；重量66g 保利香港 2021-12-02

3062 宋 纯金錾花开光双螭龙花口盖盒
估　价：HKD 120,000~160,000
成交价：RMB 121,392
长5.7cm；重46g 保利香港 2021-04-21

3161 唐 金锤鍱牡丹纹扳耳杯
估　价：HKD 800,000~1,000,000
成交价：RMB 788,160
高9.8cm；重量512g 保利香港 2021-12-02

3155 北宋 金錾胎双凤牡丹纹执壶连温碗
估　价：HKD 800,000~1,200,000
成交价：RMB 1,477,800
壶高19.5cm；碗高8.5cm；总重量1008g
保利香港 2021-12-02

619 辽/元 银鎏金龙凤纹鞘
估　价：USD 150,000~250,000
成交价：RMB 1,223,438
长21.7cm 纽约佳士得 2021-03-18

3738 元至明 金制双鱼荷叶盖罐（一对）
估　价：RMB 120,000~180,000
成交价：RMB 218,500
高9.5cm，重161.6g；高9.7cm，重161.4g
西泠印社 2021-01-16

118 明万历 御制、御用金累丝錾云龙纹嵌宝石执壶
成交价：RMB 45,425,000
高28.5cm；重1138g 上海明轩 2021-12-30

2552 元 纯金錾花龙柄龙首壶
估　价：RMB 150,000~200,000
成交价：RMB 379,500
高21cm；重约555.2g 中鸿信 2021-07-14

3731 明至清 金錾刻葡萄花卉绶带鸟纹盖碗（一对）
估　价：RMB 120,000~250,000
成交价：RMB 356,500
直径10.4cm，重295.5g；直径11cm，重316.5g 西泠印社 2021-01-16

3732 明至清 金制镂雕千秋万岁龙凤穿花摆件（一对）
估　价：RMB 120,000~200,000
成交价：RMB 322,000
直径29.8cm×2；总重407g 西泠印社 2021-01-16

2423 明至清 金制龙耳桃形杯（一对）
估　价：RMB 120,000~180,000
成交价：RMB 230,000
长11cm×2；重165g；重177.8g
西泠印社 2021-07-24

2429 明 金制冠饰（一对）
估　价：RMB 120,000~180,000
成交价：RMB 207,000
长27.5cm×2；总重159.8g
西泠印社 2021-07-24

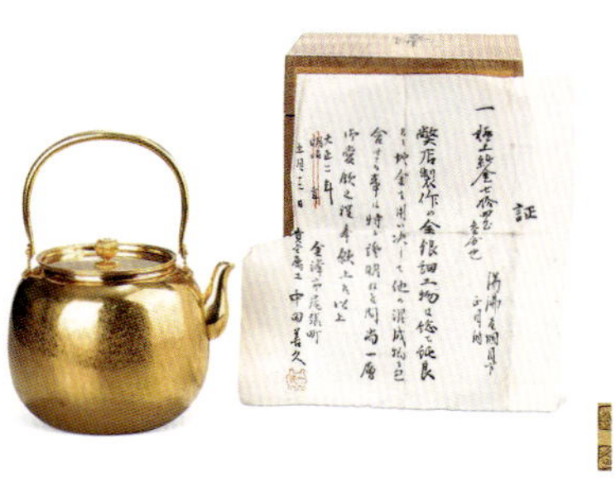

5899 明治时期 金工师中田善久（一民）作纯金汤沸
估　价：RMB 720,000~780,000
成交价：RMB 1,610,000
高15cm；直径12cm 北京荣宝 2021-06-19

3746 明 金制龙凤纹羽觞杯
估　价：RMB 120,000~180,000
成交价：RMB 172,500
长16.6cm；重305.7g 西泠印社 2021-01-16

6584 明 银飞天纹净瓶
估　价：RMB 150,000~200,000
成交价：RMB 218,500
高17cm 北京保利 2021-06-08

3628 清雍正 银错金兽面纹弦纹筒式炉
估　价：RMB 60,000~80,000
成交价：RMB 253,000
直径5.8cm 中国嘉德 2021-05-19

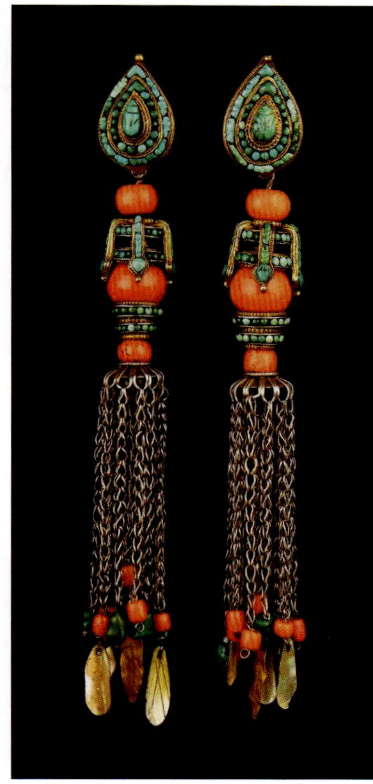

5013 18世纪 银嵌松石、珊瑚长寿宝瓶耳环（一对）
估　价：RMB 200,000~400,000
成交价：RMB 402,500
高17cm×2 古天一 2021-06-07

5015 18世纪 银鎏金提炉
估　价：RMB 250,000~450,000
成交价：RMB 517,500
高35cm 古天一 2021-06-07

6585 清乾隆 金“万寿无疆”碗
估　价：RMB 450,000~650,000
成交价：RMB 598,000
直径12.6cm 北京保利 2021-06-08

1572 清乾隆 银鎏金开窗龙纹转心瓶
估　价：RMB 500,000~800,000
成交价：RMB 632,500
高42.8cm 广东崇正 2021-07-19

1656 19世纪 银制高浮雕高士图大碗
估　价：RMB 150,000~200,000
成交价：RMB 184,000
直径29cm 华艺国际 2021-03-31

627 清末民初 银炉
估　价：RMB 300,000~500,000
成交价：RMB 552,000
高72.6cm 上海匡时 2021-07-08

3726 清 金嵌百宝阿拉伯文盖罐（一对）
估　价：RMB 28,000~35,000
成交价：RMB 322,000
高15cm×2；总重984g 西泠印社 2021-01-16

3734 清 金累丝点翠嵌宝龙凤纹发冠（一对）
估　价：RMB 120,000~180,000
成交价：RMB 575,000
高8.5cm，重176.5g；高10.5cm，
重144.4g 西泠印社 2021-01-16

3739 清 金制福寿如意云纹供盘（一对）
估　价：RMB 180,000~250,000
成交价：RMB 287,500
长17.5cm×2；重277g；重276.6g
西泠印社 2021-01-16

2427 清 金制累丝凤凰（一对）
估　价：RMB 120,000~180,000
成交价：RMB 218,500
高15cm×2；总重约424g 西泠印社 2021-07-24

2001 清 银鎏金荷塘宝鸭香熏
估　价：RMB 60,000~80,000
成交价：RMB 207,000
高12.8cm 中贸圣佳 2021-05-21

3733 清 金累丝嵌百宝太平有象摆件
估　价：RMB 280,000~400,000
成交价：RMB 460,000
高30cm；重927g 西泠印社 2021-01-16

3766 清 银烧蓝福寿纹经书盒
估　价：RMB 150,000~180,000
成交价：RMB 379,500
31.7cm × 21.6cm × 13.3cm
西泠印社 2021-01-16

2435 清 银制鎏金烧蓝嵌宝龙凤执壶
估　价：RMB 220,000~350,000
成交价：RMB 437,000
高41cm；重2831g 西泠印社 2021-07-24

6587 清乾隆 御制金胎累丝嵌红宝石东珠盘龙文房香熏蒜头瓶
估　价：RMB 2,200,000~3,200,000
成交价：RMB 5,750,000
高32.5cm 北京保利 2021-06-08

3727 饕餮纹・兽首金壶
估　价：RMB 478,000~600,000
成交价：RMB 549,700
高12cm；宽18cm 华艺国际 2021-12-11

6349 全金上金羽毛吊坠项链
估　价：RMB 600,000~700,000
成交价：RMB 460,000
金羽毛17.6mm × 14.5mm 华艺国际 2021-06-04

5227 金质高浮雕“海八怪”胆瓶
估 价：RMB 280,000~500,000
成交价：RMB 483,000
高16.5cm；底径5.9cm 中国嘉德 2021-05-18

5259 金质镂空透雕龙纹八棱盖盒
估 价：RMB 850,000~1,600,000
成交价：RMB 977,500
高7.6cm；长17cm 中国嘉德 2021-05-18

5235 金质累丝百宝嵌双凤亭台楼阁手镯
估 价：RMB 500,000~1,000,000
成交价：RMB 2,185,000
高11cm；直径8cm 中国嘉德 2021-05-18

5270 金质嵌宝石圆雕双雀桃形酒杯
估 价：RMB 500,000~1,200,000
成交价：RMB 575,000
高6cm；宽7cm 中国嘉德 2021-05-18

5275 金质凤纹羽觞杯
估 价：RMB 300,000~600,000
成交价：RMB 345,000
长9.3cm 中国嘉德 2021-05-18

5282 金质盘羊帽顶
估 价：RMB 400,000~800,000
成交价：RMB 460,000
高8.5cm；底径5.5cm 中国嘉德 2021-05-18

3489 藏六造·饕餮兽首·三环翠玉摘·纯金金壶
估　价：RMB 550,000~650,000
成交价：RMB 701,500
高17cm；重约672g 华艺国际 2021-06-03

6351 极其精美罕有 全金金贝羽毛、全金素羽毛配上金金贝银羽毛项链
估　价：RMB 2,000,000~2,800,000
成交价：RMB 1,380,000
尺寸不一 华艺国际 2021-06-04

5562 清乾隆 金镶百宝斋戒葫芦佩
估　价：RMB 1,500,000~2,000,000
成交价：RMB 3,335,000
长7.5cm 北京保利 2021-12-05

珐琅器

3140 元 掐丝珐琅索耳鬲式炉
估　价：RMB 400,000~600,000
成交价：RMB 862,500
口径11.4cm；高5.5cm 中国嘉德 2021-05-18

3266 明早期 掐丝珐琅缠枝莲纹索耳鬲式炉
估　价：RMB 250,000~350,000
成交价：RMB 747,500
直径11cm；高6cm 中国嘉德 2021-11-28

115 明初 铜胎掐丝珐琅缠枝莲托八吉祥纹藏草瓶
估　价：RMB 2,200,000~2,800,000
成交价：RMB 2,300,000
高25.6cm 永乐拍卖 2021-05-22

2553 明宣德 铜胎掐丝珐琅缠枝莲纹朝贯耳炉
估　价：RMB 550,000~800,000
成交价：RMB 632,500
长14.5cm 中鸿信 2021-07-14

3420 明万历 铜胎掐丝珐琅云龙捧寿纹盖炉
估　价：HKD 1,000,000~1,500,000
成交价：RMB 4,137,840
长31.3cm；宽21.8cm；高33.5cm
保利香港 2021-12-02

2015 明 掐丝珐琅摩羯纹渣斗
估　价：RMB 90,000~120,000
成交价：RMB 368,000
高11cm 中贸圣佳 2021-05-21

1105 明 铜胎掐丝珐琅莲纹贯耳瓶
估　价：RMB 450,000~500,000
成交价：RMB 517,500
高12.5cm 华艺国际 2021-03-31

5603 清早期 珊瑚红地掐丝珐琅伏羲神农榴开百子大尊
估　价：RMB 3,000,000~5,000,000
成交价：RMB 3,680,000
高146cm 北京保利 2021-12-05

2952 清康熙 掐丝珐琅缠枝莲纹夔龙耳象足盖炉
估　价：HKD 2,000,000~3,000,000
成交价：RMB 1,539,375
长33cm 佳士得 2021-12-03

2957 明景泰 御制掐丝珐琅缠枝番莲纹盒
成交价：RMB 21,387,050
直径12.4cm 佳士得 2021-12-03

6437 清康熙 铜胎掐丝珐琅螭龙纹兽钮四足方炉
估　价：RMB 600,000~900,000
成交价：RMB 1,012,000
宽21.3cm 北京保利 2021-12-06

775 清康熙 铜胎珐琅胡人献宝
估　价：RMB 900,000~1,200,000
成交价：RMB 1,380,000
高32.5cm 中贸圣佳 2021-07-07

931 清乾隆 掐丝珐琅胡人献宝 长方形熏炉（一对）
估　价：RMB 4,000,000~5,000,000
成交价：RMB 4,600,000
91m×40.5cm×63.5cm×2 中贸圣佳 2021-12-29

75 清乾隆 掐丝珐琅鹤鹿纹双耳瓶（一对）
估　价：RMB 1,000,000~1,500,000
成交价：RMB 1,495,000
高90cm×2 上海明轩 2021-12-30

3753 清乾隆 掐丝珐琅六棱形蕉叶纹花插
估　价：RMB 1,000~2,000
成交价：RMB 230,000
宽20cm 中国嘉德 2021-11-29

3353 清乾隆 掐丝珐琅狮子
估　价：RMB 2,200,000~3,200,000
成交价：RMB 2,530,000
36.8cm×41cm 中国嘉德 2021-11-28

2951 清乾隆 掐丝珐琅百花图广口包袱尊（一对）
估　价：HKD 2,000,000~3,000,000
成交价：RMB 1,847,250
高87cm×2 佳士得 2021-12-03

3796 清乾隆 掐丝珐琅夔龙纹双联壁瓶
估　价：RMB 200,000~300,000
成交价：RMB 287,500
高15.4cm 中国嘉德 2021-11-29

71 清乾隆 掐丝珐琅“六合同春”鹿鹤鱼藻纹大缸
估　价：RMB 1,500,000~1,800,000
成交价：RMB 2,185,000
直径62.2cm；高26.7cm 上海明轩 2021-12-30

72 清乾隆 錾胎珐琅饕餮纹鼎式炉
估　价：RMB 800,000~1,000,000
成交价：RMB 1,127,000
高43.2cm 上海明轩 2021-12-30

73 清乾隆 御制铜胎掐丝珐琅甪端香熏
估　价：RMB 800,000~1,000,000
成交价：RMB 1,127,000
高40.5cm 上海明轩 2021-12-30

717 清乾隆 铜胎掐丝珐琅缠枝莲纹如意耳尊
估　价：RMB 280,000~380,000
成交价：RMB 322,000
高27cm 保利厦门 2021-11-05

76 清乾隆 掐丝珐琅双龙耳鹤足瑞鹿大香熏
估　价：RMB 3,800,000~5,000,000
成交价：RMB 5,750,000
高65cm 上海明轩 2021-12-30

1352 清乾隆 铜胎掐丝珐琅缠枝花卉纹双龙耳三足盖炉
估　价：RMB 1,000,000~1,600,000
成交价：RMB 1,150,000
高54cm 保利厦门 2021-11-05

5599 清乾隆 御制铜胎掐丝珐琅春寿宝盒
估　价：RMB 3,500,000~5,500,000
成交价：RMB 4,600,000
直径20.3cm 北京保利 2021-12-05

5601 清乾隆 铜胎掐丝珐琅胡人献宝狮钮大熏炉
估　价：RMB 8,000,000~12,000,000
成交价：RMB 9,200,000
长111cm 北京保利 2021-12-05

974 清乾隆 铜胎掐丝珐琅花鸟瑞兽纹瓜棱式手炉（一对）
估　价：RMB 800,000~1,000,000
成交价：RMB 920,000
19cm×14cm×2 中贸圣佳 2021-05-20

1104 清乾隆 铜胎画珐琅蓝地开光“灵仙祝寿”图碗（一对）
估　价：RMB 600,000~900,000
成交价：RMB 862,500
直径12.5cm×2 华艺国际 2021-03-31

2949 清乾隆 铜胎画珐琅花卉福寿图四方小盒
估　价：HKD 300,000~500,000
成交价：RMB 287,350
宽3.3cm 佳士得 2021-12-03

6434 清乾隆 铜胎掐丝珐琅“万寿无疆”碗
估　价：RMB 450,000~650,000
成交价：RMB 690,000
直径15.3cm 北京保利 2021-12-06

3016 清乾隆 掐丝珐琅甪端熏炉（一对）
估　价：HKD 3,000,000~5,000,000
成交价：RMB 4,968,000
高51.5cm×2 佳士得 2021-05-28

1576 18世纪 铜胎掐丝珐琅冠上加冠执壶（一对）
估　价：RMB 800,000~1,200,000
成交价：RMB 920,000
高14.5cm×2 华艺国际 2021-06-05

2182 清乾隆 掐丝珐琅合卺杯
估　价：RMB 2,800,000
成交价：RMB 4,600,000
宽7.6cm；高8.5cm 辽宁省拍 2021-07-04

610 清乾隆 铜胎掐丝珐琅太平有象驮宝塔成对
估　价：RMB 2,000,000~3,000,000
成交价：RMB 5,175,000
96cm×124cm×2 北京保利 2021-09-26

774 清乾隆 铜胎珐琅掐丝花卉纹瑞兽
估　价：RMB 600,000~800,000
成交价：RMB 805,000
长23.3cm 中贸圣佳 2021-07-07

975 清乾隆 铜胎掐丝珐琅缠枝莲纹太平有象炉
估　价：RMB 2,500,000~3,000,000
成交价：RMB 2,875,000
直径25.5cm；高45cm 中贸圣佳 2021-05-20

773 清乾隆 铜胎珐琅白玉香亭
估　价：RMB 500,000~600,000
成交价：RMB 1,092,500
高39cm 中贸圣佳 2021-07-07

545 清乾隆 铜胎掐丝珐琅太平有象大香熏
估　价：RMB 1,500,000~2,500,000
成交价：RMB 1,725,000
高52cm 北京保利 2021-01-09

976 清乾隆 铜胎珐琅大香炉
估　价：RMB 3,800,000~4,800,000
成交价：RMB 7,532,500
直径98cm；高161cm（带座） 中贸圣佳 2021-05-20

1291 清乾隆 铜掐丝珐琅缠枝花卉纹佛前五供（一套）
估　价：RMB 1,200,000~1,800,000
成交价：RMB 1,667,500
觚高41cm×2；烛台高63cm×2；炉高44cm 广东崇正 2021-01-07

3655 清乾隆 掐丝珐琅大桃盆
估　价：HKD 1,000,000~1,500,000
成交价：RMB 1,564,920
直径71.6cm 香港苏富比 2021-10-13

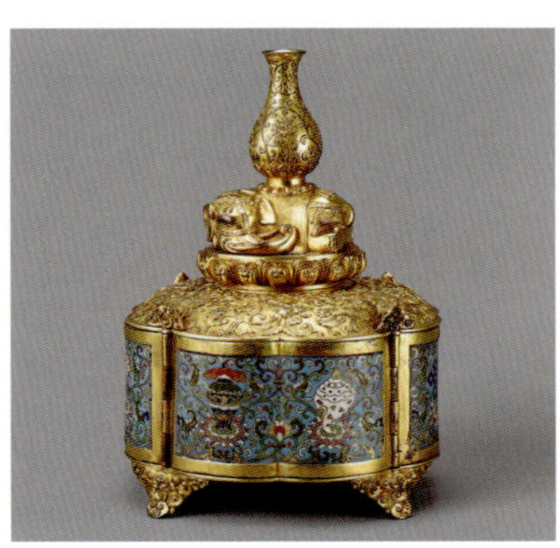

61 清乾隆 铜胎掐丝珐琅太平有象八吉祥多宝盒
估　价：RMB 1,800,000~2,500,000
成交价：RMB 2,070,000
高20.8cm 永乐拍卖 2021-05-22

63 清乾隆 铜胎掐丝珐琅楼阁式大香炉
估　价：RMB 3,000,000~3,500,000
成交价：RMB 3,680,000
高89.5cm 永乐拍卖 2021-05-22

2906 清乾隆 御制掐丝珐琅缠枝番莲纹象腿官帽耳盖炉
估　价：HKD 800,000~1,500,000
成交价：RMB 828,000
高55cm 佳士得 2021-05-28

2909 清乾隆 御制掐丝珐琅仿古缠枝莲纹铺首凤耳大凤尾尊
估　价：HKD 1,000,000~1,500,000
成交价：RMB 1,656,000
高66.5cm 佳士得 2021-05-28

2901 清乾隆 御制掐丝珐琅寿字暗八仙拱宝珠寿字五爪龙纹长颈瓶
估　价：HKD 700,000~900,000
成交价：RMB 6,367,320
高30.5cm 佳士得 2021-05-28

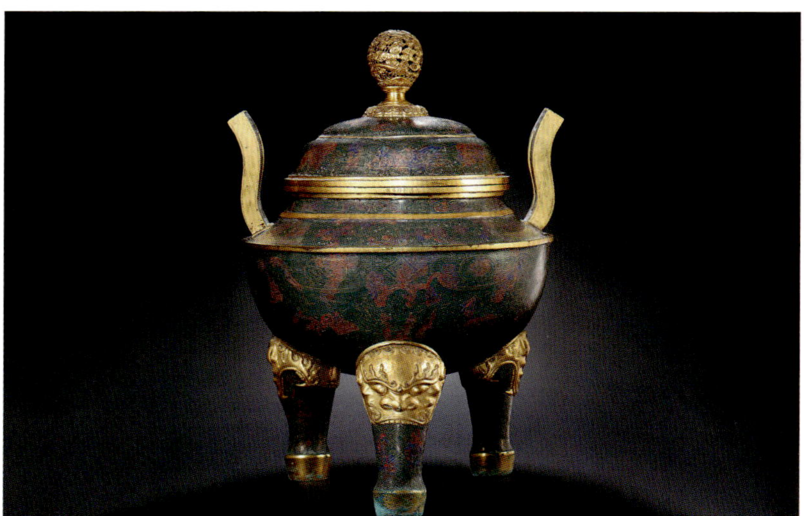

5127 清乾隆 铜胎掐丝珐琅仿古铜鼎式朝冠耳三足炉
估　价：RMB 4,000,000~6,000,000
成交价：RMB 6,670,000
高69cm 北京保利 2021-06-07

2908 18世纪 御制掐丝珐琅饕餮纹仿古盖盉
估　价：HKD 600,000~800,000
成交价：RMB 3,312,000
总高39.7cm 佳士得 2021-05-28

5123 清乾隆 铜胎画珐琅洋花碗
估　价：RMB 800,000~1,200,000
成交价：RMB 920,000
直径17.2cm 北京保利 2021-06-07

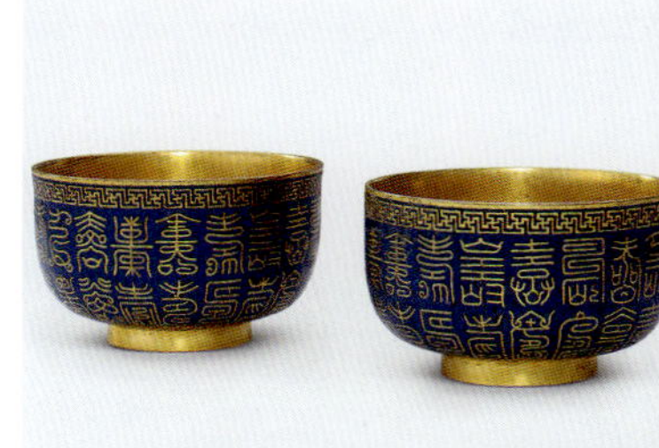

3717 清嘉庆 掐丝珐琅百寿碗（一对）
估　价：RMB 1,000~2,000
成交价：RMB 460,000
直径9.9cm×2 中国嘉德 2021-11-29

2902 18世纪 掐丝珐琅缠枝莲纹五供（一套）
估　价：HKD 1,500,000~2,600,000
成交价：RMB 2,691,000
总高45.3cm 佳士得 2021-05-28

6592 清中期 铜胎掐丝珐琅太平有象（一对）
估　价：RMB 1,200,000~2,200,000
成交价：RMB 1,725,000
高52.5cm×2 北京保利 2021-06-08

2959 19世纪 掐丝珐琅太平有象摆件（一对）
估　价：HKD 600,000~800,000
成交价：RMB 564,438
高22.2cm×2 佳士得 2021-12-03

2780 清 铜胎珐琅童子
估　价：RMB 20,000
成交价：RMB 322,000
高18cm 北京翰海 2021-10-16

776 清末 黄球记银胎珐琅花卉大瓶
估　价：RMB 900,000~1,200,000
成交价：RMB 1,357,000
高55.8cm 中贸圣佳 2021-07-07

219 17世纪 铜胎掐丝珐琅海水赶珠龙纹多穆壶（一对）
估　价：USD 30,000~50,000
成交价：RMB 1,101,687
高61.6cm×2 纽约苏富比 2021-09-22

3451 清 铜胎掐丝珐琅缠枝莲纹出戟尊
估　价：RMB 450,000~650,000
成交价：RMB 690,000
高18.5cm 西泠印社 2021-01-16

371 1745年 清乾隆御制 黄玉瓜棱式羊首掐丝珐琅提梁壶
估　价：RMB 1,800,000~2,800,000
成交价：RMB 2,530,000
高21cm；重697g 江苏汇中 2021-05-14

2505 18K金珐琅彩绘镶珍珠双耳细颈瓶
估　价：HKD 8,000,000~40,000,000
成交价：RMB 10,143,000
佳士得 2021-05-22

鼻烟壶

612 清乾隆 翡翠碧玺钮鼻烟壶（一对）
估　价：RMB 200,000~400,000
成交价：RMB 454,250
高6.5cm×2 博美拍卖 2021-12-03

3771 清乾隆 苏作玛瑙雕山水人物鼻烟壶
估　价：RMB 1,000~2,000
成交价：RMB 97,750
高5.8cm 中国嘉德 2021-11-29

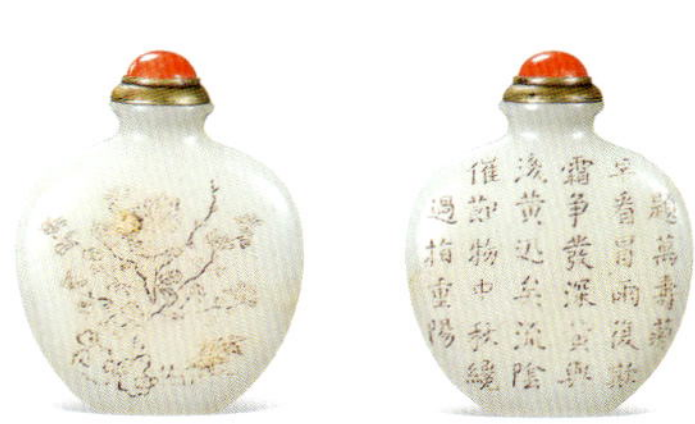

3919 清乾隆 白玉竹菊诗文鼻烟壶
估　价：RMB 80,000~120,000
成交价：RMB 161,000
高6.2cm；宽5.8cm 永乐拍卖 2021-12-01

6484 清乾隆 白玉留皮御题诗烟壶
估　价：RMB 1,100,000~1,600,000
成交价：RMB 1,265,000
高8.3cm 北京保利 2021-06-08

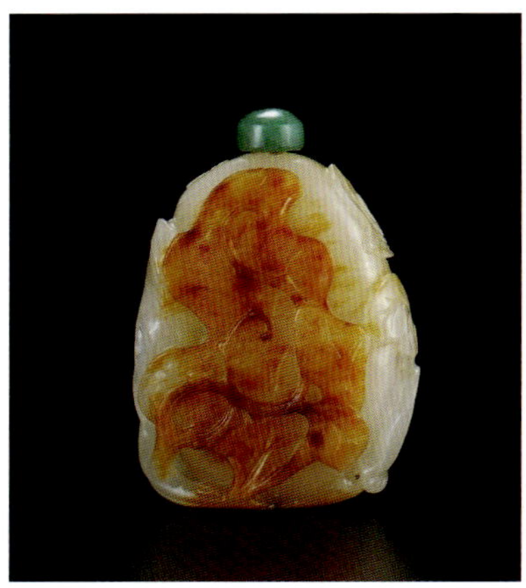

3686 清乾隆 白玉留皮瓜瓞绵绵烟壶
估　价：RMB 100,000~150,000
成交价：RMB 322,000
7cm×5cm 十竹斋拍卖（北京） 2021-05-29

3913 清 白玉狮纹铺首鼻烟壶
估　价：RMB 20,000~30,000
成交价：RMB 103,500
高4.9cm；宽4.6cm 永乐拍卖 2021-12-01

696 清道光 黄玉留皮山水烟壶
估　价：RMB 300,000~400,000
成交价：RMB 345,000
高7.8cm 北京保利 2021-10-30

3925 清 白玉折方鼻烟壶
估　价：RMB 50,000~80,000
成交价：RMB 112,700
高6.8cm；宽5.6cm 永乐拍卖 2021-12-01

3926 清 水晶狮纹铺首鼻烟壶
估　价：RMB 60,000~100,000
成交价：RMB 103,500
高7cm；宽5.2cm 永乐拍卖 2021-12-01

2571 清乾隆 青花粉彩人物图鼻烟壶
估　价：RMB 30,000~50,000
成交价：RMB 57,500
高6.6cm 华艺国际 2021-06-04

800 20世纪80年代 何道洪制 毛国强刻 绿泥葫芦 鼻烟壶
估　价：RMB 38,000
成交价：RMB 71,300
高4.8cm；宽5cm 上海嘉禾 2021-07-22

3301 清雍正 仿翠钮涅白料金地珐琅彩福寿纹桃形鼻烟壶
估　价：HKD 500,000~800,000
成交价：RMB 2,023,200
高5.2cm 保利香港 2021-04-21

6491 清乾隆 涅白料胎画珐琅洞石牡丹烟壶
估　价：RMB 1,200,000~2,200,000
成交价：RMB 1,380,000
高7.3cm 北京保利 2021-06-08

5597 清乾隆 铜胎画珐琅西洋人物烟壶
估　价：RMB 2,800,000~3,800,000
成交价：RMB 4,600,000
高7cm 北京保利 2021-12-05

64 清乾隆 铜胎北京画珐琅西洋人物图鼻烟壶
估　价：USD 200,000~500,000
成交价：RMB 2,448,193
高4.8cm 纽约苏富比 2021-09-22

681 1775~1799年 御制涅白地粉彩花卉纹玻璃鼻烟壶
估　价：USD 20,000~30,000
成交价：RMB 212,063
高6cm 纽约佳士得 2021-03-18

130 清 马少宣内画连科及第诗文烟壶
估　价：RMB 50,000~80,000
成交价：RMB 63,250
高7cm 北京华辰 2021-06-19

6589 清乾隆 金胎点翠团寿螭龙烟壶
估　价：RMB 300,000~500,000
成交价：RMB 345,000
高7cm 北京保利 2021-06-08

古典家具

6562 明 鸡翅木开光罗汉床
估　价：RMB 3,500,000~5,500,000
成交价：RMB 4,715,000
209cm × 107cm × 90cm 北京保利 2021-12-06

5516 明末清初 黄花梨攒曲尺围子四柱架子床
估　价：RMB 8,000,000~12,000,000
成交价：RMB 14,375,000
长210cm；宽146cm；高213cm 北京保利 2021-12-05

6714 清早期 黄花梨攒万字纹六柱架子床
估　价：RMB 6,200,000~8,200,000
成交价：RMB 8,165,000
长206.5cm；宽106.5cm；高205.5cm 北京保利 2021-06-08

2911 清早期 黄花梨四簇云纹围子六柱架子床
估　价：RMB 3,000,000~4,000,000
成交价：RMB 3,680,000
长219.5cm；宽115.5cm；高214cm 中贸圣佳 2021-12-30

6716 清早期 黄花梨螭龙团花六柱架子床
估　价：RMB 6,500,000~8,500,000
成交价：RMB 9,775,000
长213.4cm；宽143.5cm；高236.2cm 北京保利 2021-06-08

2410 清乾隆 紫檀浮雕螭龙捧寿罗汉床
估　价：RMB 3,200,000~3,500,000
成交价：RMB 5,520,000
220cm × 140cm × 93cm 中鸿信 2021-07-14

1527 包天伟手作 黄花梨曲尺罗汉床
估　价：RMB 4,200,000~5,600,000
成交价：RMB 4,255,000
床216cm × 115cm × 83cm；几45cm × 70.5cm × 20cm 上海嘉禾 2021-07-22

26 黄花梨螭龙卷草纹罗汉床
估　价：RMB 6,000,000~8,000,000
成交价：RMB 6,900,000
204cm × 120cm × 79cm 上海嘉禾 2021-11-14

2803 明晚期 黄花梨束腰榻
估　价：HKD 2,500,000~4,000,000
成交价：RMB 5,175,000
高47.5cm；长197cm；宽105cm 佳士得 2021-05-28

27 黄花梨六柱透雕螭龙瑞兽纹架子床
估　价：RMB 3,000,000~7,000,000
成交价：RMB 4,600,000
219.5cm × 160cm × 233cm 上海嘉禾 2021-11-14

6710 明晚期 黄花梨对卷云纹榻
估　价：RMB 2,600,000~3,600,000
成交价：RMB 2,990,000
191cm × 80.7cm × 44.5cm 北京保利 2021-06-08

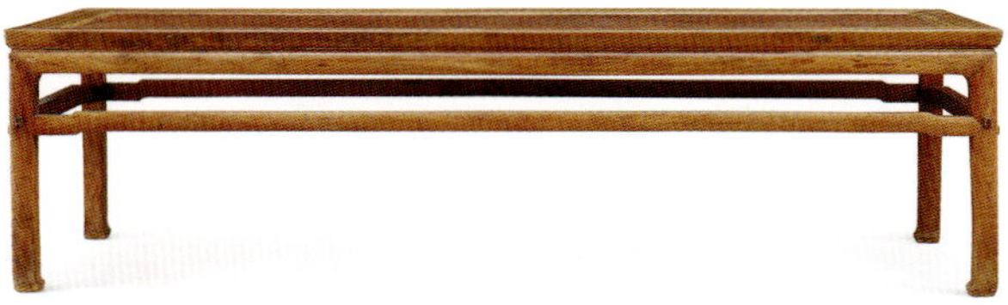

2935 清早期 黄花梨罗锅枨有束腰榻
估　价：RMB 900,000~1,200,000
成交价：RMB 1,840,000
长186cm；宽61cm；高50cm 中贸圣佳 2021-12-30

2802 明晚期 黄花梨四出头官帽椅
估　价：HKD 600~800,000
成交价：RMB 3,105,000
高99.1cm；长52.1cm；宽50.8cm 佳士得 2021-05-28

199 清 黄花梨有束腰三弯腿榻
估　价：HKD 2,800,000~5,000,000
成交价：RMB 2,782,080
202cm × 108cm × 50cm 中国嘉德 2021-10-12

2933 明晚期 黄花梨鸣凤纹大四出头官帽椅
估　价：RMB 6,800,000~8,800,000
成交价：RMB 7,820,000
座长67.2cm；宽51cm；高130.5cm 中贸圣佳 2021-12-30

6611 清中期 金漆彩绘龙纹宝座
估　价：RMB 500,000~800,000
成交价：RMB 1,092,500
102cm × 71cm × 119cm 北京保利 2021-06-08

4674 明晚期 黄花梨马蹄足大四出头官帽椅成对
估　价：RMB 3,000,000~5,000,000
成交价：RMB 6,440,000
60.3cm × 47.6cm × 119cm × 2　中国嘉德 2021-05-19

1007 明末清初 黄花梨券口靠背玫瑰椅（一对）
估　价：RMB 1,000,000~1,800,000
成交价：RMB 1,150,000
58cm×44cm×84cm×2 华艺国际 2021-12-11

1048 明末清初 黄花梨四出头嵌瘿木官帽椅成对
估　价：RMB 3,500,000~4,500,000
成交价：RMB 4,485,000
78cm×55.5cm×110cm×2 华艺国际 2021-12-11

2905 清早期 黄花梨四出头官帽椅（一对）
估　价：RMB 2,200,000~2,800,000
成交价：RMB 3,105,000
座长52.5cm；宽45.5cm；高101.5cm×2
中贸圣佳 2021-12-30

5510 明末清初 黄花梨麒麟引凤纹四出头官帽椅（一对）
估　价：RMB 18,000,000~28,000,000
成交价：RMB 23,575,000
65.4cm×49.5cm×107.6cm×2 北京保利 2021-12-05

5511 明末清初 黄花梨罗锅枨方足四出头官帽椅（一对）
估　价：RMB 6,500,000~9,500,000
成交价：RMB 9,890,000
58cm×44cm×115cm×2 北京保利 2021-12-05

2809 明末清初 黄花梨麒麟纹圈背交椅
估　价：HKD 8,000,000~12,000,000
成交价：RMB 54,627,300
高106.6cm；宽73.7cm
佳士得 2021-05-28

5077 清早期 黄花梨灯挂椅成对
估 价：RMB 1,500,000~2,500,000
成交价：RMB 1,725,000
52cm×45cm×113cm×2 中国嘉德 2021-11-30

5517 清早期 黄花梨有束腰圈椅（一对）
估 价：RMB 1,200,000~2,200,000
成交价：RMB 1,380,000
57cm×45cm×91cm×2 北京保利 2021-12-05

6704 清早期 黄花梨寿字纹南官帽椅（一对）
估 价：RMB 2,600,000~3,000,000
成交价：RMB 3,450,000
58cm×45cm×116cm×2
北京保利 2021-06-08

1035 清早期 黄花梨博古双螭龙纹圈椅成对
估 价：RMB 1,500,000~2,200,000
成交价：RMB 2,300,000
59.5cm×45cm×94.5cm×2
华艺国际 2021-12-11

1512 清早期 黄花梨镶大理石四出头官帽椅（一对）
成交价：RMB 4,082,500
51.5cm×48.3cm×98cm×2
中贸圣佳 2021-05-21

5521 清乾隆 紫檀蝠磬纹方材南官帽椅（一对）
估 价：RMB 2,500,000~3,500,000
成交价：RMB 3,220,000
60.5cm×46cm×106.5cm×2
北京保利 2021-12-05

5507 清早期 黄花梨矮靠背南官帽椅（一对）
估 价：RMB 2,000,000~3,000,000
成交价：RMB 2,645,000
64cm×49cm×96.5cm×2 北京保利 2021-12-05

1543 清早期 黄花梨团螭纹圈椅（一对）
估 价：RMB 1,600,000~1,800,000
成交价：RMB 2,070,000
60.5cm×46.5cm×99cm×2
中贸圣佳 2021-05-21

836 18世纪 鸡翅木嵌楠木诗文扶手椅（一对）
估 价：USD 25,000~35,000
成交价：RMB 611,719
60.7cm×50.2cm×82.3cm×2
纽约佳士得 2021-03-18

1544 清早期 黄花梨卷草纹四出头官帽椅（一对）
估　价：RMB 6,800,000~8,800,000
成交价：RMB 8,050,000
56.6cm × 47.3cm × 118.6cm × 2 中贸圣佳 2021-05-21

2813 17世纪/18世纪 黄花梨双螭如意纹圈椅（一对）
估　价：HKD 1,500,000~2,000,000
成交价：RMB 2,070,000
68.6cm × 46cm × 98cm × 2 佳士得 2021-05-28

959 清早期 黄杨团螭纹梳背式玫瑰椅（一套四件）
估　价：RMB 1,200,000~1,500,000
成交价：RMB 1,840,000
长58cm；宽45cm；高93cm 中贸圣佳 2021-07-07

3057 18世纪 黄花梨玫瑰椅（一对）
估　价：HKD 2,200,000~4,000,000
成交价：RMB 2,691,000
57.5cm × 45cm × 83.3cm × 2 佳士得 2021-05-28

6717 清乾隆 紫檀雕西洋花束腰带托泥扶手椅（一对）
估　价：RMB 6,000,000~8,000,000
成交价：RMB 8,280,000
64.5cm × 51.5cm × 110.5cm × 2 北京保利 2021-06-08

914 清乾隆 山中商会旧藏 紫檀云龙纹扶手椅（六把）
估　价：RMB 12,000,000~15,000,000
成交价：RMB 13,800,000
宽60.5cm；深47cm；高88.5cm 中贸圣佳 2021-05-20

1060 清乾隆 紫檀雕云龙纹扶手椅
估　价：RMB 4,000,000~5,000,000
成交价：RMB 4,945,000
45cm×51cm×92cm 华艺国际 2021-03-31

170 清中期黄花梨瘿木座面梳背椅（一组四件）
估　价：RMB 1,200,000~1,500,000
成交价：RMB 1,322,500
60cm×48cm×98cm 永乐拍卖 2021-05-22

6703 清 榉木藤靠背南官帽椅
估　价：RMB 300,000~500,000
成交价：RMB 632,500
宽61cm；深52.1cm；高103.2cm
北京保利 2021-06-08

3026 清乾隆 御制紫檀雕西番莲纹束腰带托泥扶手椅（一对）
估　价：HKD 10,000,000~15,000,000
成交价：RMB 11,535,050
69.2cm×51.5cm×113cm×2 佳士得 2021-12-03

191 清末民国 黄花梨扇形螭龙纹南官帽椅成对
估　价：HKD 1,800,000~2,800,000
成交价：RMB 2,782,080
62cm×48.5cm×102cm×2 中国嘉德 2021-10-12

3430 17世纪 黄花梨方凳（一对）
估　价：HKD 700,000~900,000
成交价：RMB 1,112,760
57cm×46.5cm×53cm×2 保利香港 2021-04-21

1545 明末清初 黄花梨卷草纹三弯腿十字枨长方凳（一对）
估　价：RMB 2,800,000~3,500,000
成交价：RMB 3,680,000
55cm×46cm×53cm×2 中贸圣佳 2021-05-21

1536 清早期 黄花梨罗锅枨春凳
估　价：RMB 1,200,000~1,400,000
成交价：RMB 1,610,000
长106.5cm；宽35.8cm；高52cm
中贸圣佳 2021-05-21

5508 明末清初 黄花梨有束腰马蹄足罗锅枨禅凳
估　价：RMB 600,000~800,000
成交价：RMB 1,012,000
长70.2cm；宽70cm；高52.2cm
北京保利 2021-12-05

5054 清早期 黄花梨有束腰洼膛肚长方凳成对
估　价：RMB 680,000~980,000
成交价：RMB 782,000
51.5cm×39.5cm×50cm×2
中国嘉德 2021-11-30

176 清早期 黄花梨有束腰马蹄足四面脚踏滚凳
估　价：HKD 200,000~300,000
成交价：RMB 1,391,040
65.5cm×65.5cm×23cm 中国嘉德 2021-10-12

6711 明末清初 黄花梨螭龙纹交杌
估　价：RMB 1,500,000~2,500,000
成交价：RMB 2,875,000
长57cm；宽37.5cm；高53cm
北京保利 2021-06-08

6706 清早期 黄花梨有束腰马蹄足罗锅枨禅凳（一对）
估　价：RMB 1,600,000~2,600,000
成交价：RMB 2,185,000
69cm×69cm×50.5cm×2 北京保利 2021-06-08

1509 清早期 黄花梨双脚踏式交杌
成交价：RMB 3,047,500
长62cm；宽36.5cm；高56.9cm
中贸圣佳 2021-05-21

1359 明 黄花梨瘿木面高束腰香桌
估　价：RMB 680,000~880,000
成交价：RMB 1,150,000
65cm×65cm×78cm 保利厦门 2021-11-05

3434 18世纪 黄花梨打坐凳（一对）
估　价：HKD 1,200,000~1,800,000
成交价：RMB 1,213,920
63cm×63cm×51cm×2 保利香港 2021-04-21

1782 清 紫檀如意云头纹方凳（一对）
估　价：RMB 800,000~1,000,000
成交价：RMB 1,115,500
高48cm×2 华艺国际 2021-12-11

3042 明 黄花梨无束腰攒牙子方桌
估　价：HKD 1,200,000~2,000,000
成交价：RMB 1,773,360
长98.4cm；宽98.3cm；高84.7cm
保利香港 2021-12-02

2820 17世纪/18世纪 紫檀交杌
估　价：HKD 2,000,000~3,000,000
成交价：RMB 2,070,000
高48cm；长59cm；宽39cm 佳士得 2021-05-28

2817 17世纪 黄花梨裹腿罗锅枨画桌
估　价：HKD 1,000,000~1,500,000
成交价：RMB 1,759,500
高87.6cm；长158.2cm；宽73cm
佳士得 2021-05-28

967 明 黄花梨镶瘿木面高束腰外翻马蹄腿条桌
估　价：RMB 1,200,000~1,500,000
成交价：RMB 1,840,000
长71cm；宽40.3cm；高66cm
中贸圣佳 2021-07-07

5117 明末清初 黄花梨插肩榫顶牙罗锅枨酒桌
估　价：RMB 1,600,000~2,600,000
成交价：RMB 1,840,000
94.5cm × 65.5cm × 80cm 中国嘉德 2021-11-30

6705 明末清初 黄花梨裹腿做仿竹材画桌
估　价：RMB 1,000,000~1,500,000
成交价：RMB 1,495,000
长150cm；宽66cm；高87.6cm 北京保利 2021-06-08

29 明末清初 黄花梨六方材霸王枨条桌成对
估　价：HKD 20,000,000~25,000,000
成交价：RMB 20,548,125
183cm × 51.7cm × 84.5cm × 2 香港苏富比 2021-04-22

97 清早期 黄花梨条桌
估　价：RMB 800,000~1,200,000
成交价：RMB 1,610,000
108cm × 47cm × 80.5cm 北京保利 2021-10-30

4661 明末清初 黄花梨有束腰霸王枨马蹄足瘿木面香桌
估　价：RMB 1,800,000~2,800,000
成交价：RMB 2,070,000
81cm × 44cm × 78cm 中国嘉德 2021-05-19

5118 清早期 紫檀有束腰马蹄足拐子纹条桌
估　价：RMB 900,000~1,500,000
成交价：RMB 1,035,000
109.5cm × 57.5cm × 86cm 中国嘉德 2021-11-30

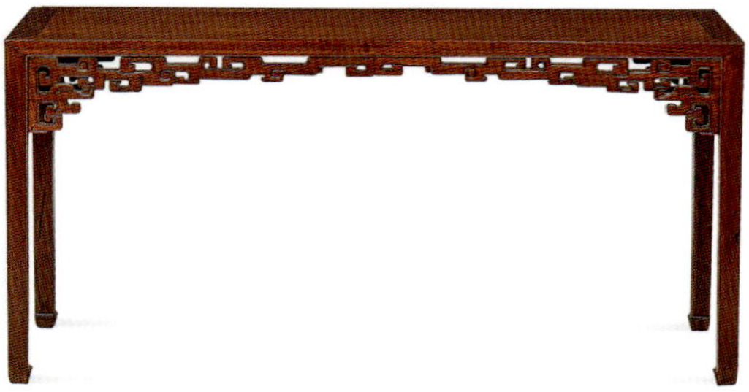

6709 清早期 黄花梨夔龙纹四面平条桌
估 价：RMB 2,200,000~3,200,000
成交价：RMB 3,335,000
长173cm；宽55.5cm；高87cm 北京保利 2021-06-08

5502 清早期 黄花梨铁力木圆包圆长方桌
估 价：RMB 900,000~1,200,000
成交价：RMB 1,035,000
长158.5cm；宽51.5cm；高85.5cm 北京保利 2021-12-05

1549 清早期 黄花梨螭纹荷叶式束腰罗锅枨方桌
估 价：RMB 2,600,000~3,000,000
成交价：RMB 3,737,500
长98cm；宽98cm；高86cm 中贸圣佳 2021-05-21

613 清早期 黄花梨高束腰条桌
估 价：RMB 2,500,000~3,500,000
成交价：RMB 2,990,000
长138.8cm；宽53cm；高79.7cm 北京保利 2021-09-26

1533 清早期 黄花梨方炕桌
估 价：RMB 680,000~880,000
成交价：RMB 1,380,000
长67cm；宽67cm；高23.5cm 中贸圣佳 2021-05-21

1548 清早期 黄花梨展腿式可拆卸折叠腿方桌
估 价：RMB 900,000~1,200,000
成交价：RMB 1,150,000
长94cm；宽94cm；高88cm 中贸圣佳 2021-05-21

179 清早期 黄花梨无束腰罗锅枨香桌
估　价：HKD 1,200,000~2,200,000
成交价：RMB 1,192,320
68cm×48cm×71.5cm 中国嘉德 2021-10-12

66 清乾隆 紫檀蕉叶纹束腰琴桌
估　价：RMB 800,000~1,200,000
成交价：RMB 1,092,500
129.5cm×33.5cm×85cm 永乐拍卖 2021-05-22

966 清雍正 紫漆描金缠枝花蝠纹长方桌
估　价：RMB 800,000~1,200,000
成交价：RMB 1,840,000
长158.5cm；宽60cm；高85cm 中贸圣佳 2021-07-07

6555 清中期 紫檀嵌黄花梨琴桌
估　价：RMB 800,000~1,000,000
成交价：RMB 1,127,000
125cm×42.5cm×32.5cm 北京保利 2021-12-06

825 17世纪/18世纪 黄花梨罗锅枨方桌
估　价：USD 60,000~80,000
成交价：RMB 1,957,500
高85.6cm 纽约佳士得 2021-03-18

60 清中期 紫檀雕夔龙纹方桌
估　价：RMB 900,000~1,100,000
成交价：RMB 1,035,000
长90cm；宽90cm；高81cm 北京银座 2021-09-24

3055 18世纪/19世纪 黄花梨活面方棋桌连象棋围棋盘、双陆棋盘、棋盒
估　价：HKD 800,000~1,000,000
成交价：RMB 1,242,000
高86.3cm；宽92cm 佳士得 2021-05-28

162 明 黄花梨夔龙纹五屏风式镜台
估　价：RMB 500,000~800,000
成交价：RMB 598,000
66cm × 51cm × 30cm 永乐拍卖 2021-05-22

902 清 黄花梨有束腰直枨马蹄腿如意云纹卡子花条桌
估　价：RMB 1,000,000~2,000,000
成交价：RMB 1,610,000
长208cm；宽57cm；高84.5cm 中贸圣佳 2021-03-26

1551 明 黄花梨刀牙板条案（一对）
估　价：RMB 2,600,000~2,800,000
成交价：RMB 3,565,000
170.7cm × 51.7cm × 74cm；170.4cm × 51.5cm × 79.7cm 中贸圣佳 2021-05-21

1550 清 黄花梨霸王枨长方桌
估　价：RMB 1,500,000~2,000,000
成交价：RMB 2,070,000
长138cm；宽55cm；高84cm 中贸圣佳 2021-05-21

1552 明 黄花梨插肩榫平头案
估　价：RMB 800,000~1,000,000
成交价：RMB 7,762,500
长90cm；宽42cm；高76.5cm 中贸圣佳 2021-05-21

5079 明晚期 黄花梨夹头榫独板面画案
估　价：RMB 4,300,000~6,300,000
成交价：RMB 4,945,000
221cm × 64.5cm × 83.5cm 中国嘉德 2021-11-30

1016 明晚期 黄花梨夹头榫大画案
估　价：RMB 1,800,000~2,500,000
成交价：RMB 1,840,000
长213cm；宽64cm；高80cm 华艺国际 2021-12-11

1044 明末清初 黄花梨如意云牙头夹头榫带托泥翘头案
估　价：RMB 3,500,000~5,500,000
成交价：RMB 4,600,000
190cm × 46cm × 81cm 华艺国际 2021-12-11

5114 明末清初 黄花梨无束腰马蹄腿独板大翘头案
估　价：RMB 7,000,000~10,000,000
成交价：RMB 8,970,000
242.5cm × 52.5cm × 93.5cm；独板厚度5cm 中国嘉德 2021-11-30

5505 明末清初 黄花梨刀牙板平头案
估　价：RMB 1,000,000~1,500,000
成交价：RMB 1,150,000
长149cm；宽51.5cm；高81.5cm 北京保利 2021-12-05

5506 明末清初 黄花梨独板架几式巨型供案
成交价：RMB 115,000,000
长453cm；宽56cm；通高93cm；独板案面厚7.8～8.8cm；
总重289公斤；其中案面重205公斤 北京保利 2021-12-05

2290 明末清初 黄花梨独板夹头榫带托螭龙纹翘头供案
估　价：RMB 2,800,000~5,000,000
成交价：RMB 5,520,000
215.5cm × 46.8cm × 88.5cm 西泠印社 2021-07-24

5509 清早期 黄花梨螭龙纹独板面翘头案
估　价：RMB 7,000,000~10,000,000
成交价：RMB 9,775,000
长251.5cm；宽45.3cm；高92.5cm 北京保利 2021-12-05

968 清早期 黄花梨如意牙头翘头案
估　价：RMB 1,200,000~1,500,000
成交价：RMB 1,782,500
长209cm；宽50.8cm；高82.5cm 中贸圣佳 2021-07-07

4663 清早期 黄花梨带屉无束腰圆腿小香案
估　价：RMB 800,000~1,000,000
成交价：RMB 1,150,000
60.5cm × 38.8cm × 80.5cm 中国嘉德 2021-05-19

969 清早期 黄花梨小香案
估　价：RMB 1,800,000~2,200,000
成交价：RMB 2,300,000
长105cm；宽44cm；高80.5cm 中贸圣佳 2021-07-07

6712 清早期 黄花梨寿字纹独板面架几案
估　价：RMB 6,500,000~8,500,000
成交价：RMB 8,050,000
长262.5cm；宽44cm；高93cm 北京保利 2021-06-08

2790 清早期 黄花梨独板面螭龙纹翘头案
估　价：RMB 1,800,000
成交价：RMB 2,932,500
长201.5cm；宽37.8cm；高84.4cm 中贸圣佳 2021-09-26

184 清早期 紫檀剑腿翘头案
估　价：HKD 2,000,000~3,000,000
成交价：RMB 1,987,200
122cm × 30cm × 82cm 中国嘉德 2021-10-12

839 18世纪 黄花梨螭龙纹翘头案
估　价：USD 40,000~60,000
成交价：RMB 2,936,250
166.5cm × 44.5cm × 91.5cm 纽约佳士得 2021-03-18

5503 清中期 黄花梨螭龙灵芝纹带托泥翘头案
估　价：RMB 2,800,000~3,800,000
成交价：RMB 4,830,000
长167cm；宽45cm；高92cm 北京保利 2021-12-05

6718 清乾隆 紫檀夔龙纹条案
估　价：RMB 3,000,000~4,000,000
成交价：RMB 3,680,000
长204.5cm；宽49.5cm；高86.5cm 北京保利 2021-06-08

5524 清中期 紫檀绳纹带托泥条案
估　价：RMB 1,800,000~2,800,000
成交价：RMB 2,070,000
长187.5cm；宽43cm；高82.5cm 北京保利 2021-12-05

2927 清早中期 紫檀卷云纹牙头平头案
估　价：RMB 1,300,000~1,600,000
成交价：RMB 2,185,000
长101.6cm；宽35cm；高82cm 中贸圣佳 2021-12-30

18 黄花梨束腰马蹄足条案
估　价：RMB 2,200,000~2,800,000
成交价：RMB 2,530,000
132cm × 46cm × 80cm 上海嘉禾 2021-11-14

1525 包天伟手作 黄花梨素面束腰大画案
估　价：RMB 4,550,000~5,500,000
成交价：RMB 4,255,000
242cm×100cm×82cm 上海嘉禾 2021-07-22

1539 明 黄花梨如意灵芝纹随形矮几
估　价：RMB 1,600,000~1,800,000
成交价：RMB 2,760,000
高47cm 中贸圣佳 2021-05-21

830 17世纪 黄花梨螭龙纹六方香几
估　价：USD 800,000~1,200,000
成交价：RMB 16,638,750
57.2cm×49.2cm×88.9cm 纽约佳士得 2021-03-18

3054 明 黄花梨高束腰四足方香几
估　价：HKD 1,200,000~1,800,000
成交价：RMB 1,242,000
高87cm；宽51cm 佳士得 2021-05-28

5095 清早期 黄花梨独板高束腰五足带托泥圆香几
估　价：RMB 18,000,000~28,000,000
成交价：RMB 20,700,000
直径80.5cm；高84.8cm；几面厚度3cm 中国嘉德 2021-11-30

929 清康熙 铜胎珐琅缠枝莲纹香几
估　价：RMB 1,800,000~2,500,000
成交价：RMB 2,990,000
高78.6cm 中贸圣佳 2021-12-29

5122 清早期 紫檀瘿木面小几
估　价：RMB 180,000~280,000
成交价：RMB 1,610,000
35.5cm × 17.5cm × 11.2cm 中国嘉德 2021-11-30

965 清早期 红漆彩绘描金高束腰 葵花形六足香几 （一对）
估　价：RMB 2,000,000~2,600,000
成交价：RMB 3,335,000
高76cm × 2 中贸圣佳 2021-07-07

3040 18世纪 黄花梨方形三弯腿香几
估　价：HKD 1,200,000~1,800,000
成交价：RMB 1,182,240
长45cm；宽44.5cm；高84cm
保利香港 2021-12-02

3064 清 紫檀镂雕八吉祥纹香几
估　价：HKD 200,000~300,000
成交价：RMB 461,813
高80cm，宽45.5cm 佳士得 2021-12-03

3594 清乾隆 紫檀莲瓣卷草纹器座
估　价：RMB 1,000~2,000
成交价：RMB 287,500
长25.5cm 中国嘉德 2021-05-19

4635 清乾隆 紫檀高束腰带托泥错银丝香几成对
估　价：RMB 10,000,000~18,000,000
成交价：RMB 11,500,000
53cm×39cm×89cm×2 中国嘉德 2021-05-19

739 18世纪/19世纪 黄花梨炕几
估　价：USD 40,000~60,000
成交价：RMB 10,531,350
184.2cm×35.6cm×36.8cm 纽约佳士得 2021-03-18

1589 清乾隆 紫檀嵌玉炕几（内带暗箱）
估　价：RMB 1,800,000~2,000,000
成交价：RMB 2,185,000
74cm×42cm×32.5cm 华艺国际 2021-06-05

835 18世纪/19世纪 黄花梨圆矮几
估　价：USD 20,000~30,000
成交价：RMB 5,363,550
高33cm；直径85.1cm 纽约佳士得 2021-03-18

5522 清乾隆 紫檀西番莲纹高束腰展腿式长方几
估　价：RMB 4,500,000~6,500,000
成交价：RMB 5,750,000
长53cm；宽37.5cm；高93.8cm 北京保利 2021-12-05

1563 明 黑漆厚螺钿鸟雀牡丹纹方角柜
估　价：RMB 200,000~300,000
成交价：RMB 1,150,000
长108.5cm；宽56.5cm；高178cm
中贸圣佳 2021-05-21

1564 明 黄花梨镶瘿木三抹门圆角柜
估　价：RMB 1,400,000~1,800,000
成交价：RMB 1,610,000
长75.8cm；宽44.5cm；高117.5cm
中贸圣佳 2021-05-21

1355 17世纪 楠木嵌黄花梨黄杨木顶箱柜（一对）
估　价：RMB 3,800,000~5,800,000
成交价：RMB 4,370,000
125cm×62.5cm×278cm×2 保利厦门 2021-11-05

2804 明晚期 黄花梨花棱腿圆角柜连原底座
估　价：HKD 2,500,000~3,500,000
成交价：RMB 5,671,800
柜79.3cm×42.6cm×128.3cm；底座79.3cm×42.6cm×52cm
佳士得 2021-05-28

6707 明晚期 黄花梨方材圆角柜
估　价：RMB 1,000,000~1,500,000
成交价：RMB 2,070,000
长71.1cm；宽40cm；高102.8cm
北京保利 2021-06-08

5057 明末清初 黄花梨无闩杆方角柜成对
估　价：RMB 4,800,000~6,800,000
成交价：RMB 5,520,000
111.5cm×55cm×172cm×2 中国嘉德 2021-11-30

5512 明末清初 黄花梨圆角柜
估 价：RMB 3,600,000~5,600,000
成交价：RMB 4,600,000
长105.5cm；宽49.5cm；高197cm 北京保利 2021-12-05

6713 明末清初 黄花梨螭龙捧寿纹万历柜（一对）
估 价：RMB 15,000,000~25,000,000
成交价：RMB 17,825,000
132cm × 64cm × 203cm × 2 北京保利 2021-06-08

2936 清早期 紫檀镶瘿木圆角柜
估 价：RMB 1,200,000~1,500,000
成交价：RMB 2,070,000
长73.5cm；宽39cm；高110cm
中贸圣佳 2021-12-30

4647 清早期 黄花梨小四件柜成对
估 价：RMB 1,800,000~2,800,000
成交价：RMB 2,070,000
49cm × 28cm × 88cm × 2
中国嘉德 2021-05-19

2945 清康熙 黑漆嵌八宝小柜
估 价：RMB 700,000~800,000
成交价：RMB 1,322,500
长42.5cm；宽25cm；高63.5cm
中贸圣佳 2021-12-30

3318 清乾隆 贴黄花梨镶西洋铜饰嵌粉彩湖水绿婴戏图瓷板立柜
估　价：HKD 1,200,000~2,000,000
成交价：RMB 1,182,240
长91.5cm；宽42cm；高165cm
保利香港 2021-12-02

3723 清中期 剔红博古纹多宝柜
估　价：RMB 1,000~2,000
成交价：RMB 483,000
58.5cm×25.5cm×63.5cm 中国嘉德 2021-11-29

958 清中期 硬木瓜棱腿面条柜（一对）
估　价：RMB 400,000~600,000
成交价：RMB 632,500
79cm×44cm×143cm×2 中贸圣佳 2021-07-07

6446 清乾隆 黑漆胡人献宝柜（一对）
估　价：RMB 4,000,000~6,000,000
成交价：RMB 5,980,000
94cm×44cm×147cm×2 北京保利 2021-12-06

5515 清康熙 黄花梨框黑漆描金苍龙教子图方角柜
估　价：RMB 4,500,000~6,500,000
成交价：RMB 5,290,000
长157.5cm；宽55cm；高173.5cm 北京保利 2021-12-05

2822 17世纪/18世纪 黄花梨顶箱柜
估　价：HKD 1,500,000~2,000,000
成交价：RMB 2,691,000
159.7cm × 67.3cm × 279.4cm 佳士得 2021-05-28

4671 清中期 红木雕花四件柜成对
估　价：RMB 4,000,000~6,000,000
成交价：RMB 4,600,000
140cm × 63cm × 294cm × 2 中国嘉德 2021-05-19

5140 清乾隆 紫檀镶鸂鶒木苍龙教子图小方角柜
估　价：RMB 2,200,000~3,200,000
成交价：RMB 3,105,000
61cm × 30cm × 83cm 北京保利 2021-06-07

1555 清早期 黄花梨联二橱
估　价：RMB 2,800,000~3,500,000
成交价：RMB 4,025,000
长151.5cm；宽57cm；高86.5cm 中贸圣佳 2021-05-21

5513 清 紫檀黄花梨方角柜（一对）
估　价：RMB 1,600,000~2,600,000
成交价：RMB 1,840,000
82cm × 50.5cm × 129cm × 2
北京保利 2021-12-05

32 黄花梨面条柜
估　价：RMB 1,800,000~3,000,000
成交价：RMB 2,070,000
79.5cm × 40cm × 155cm 上海嘉禾 2021-11-14

3444 清早期 黄花梨斩箱
估　价：RMB 600,000~650,000
成交价：RMB 690,000
75.7cm × 17.7cm × 14cm
北京荣宝 2021-06-19

2948 清康熙 黑漆嵌宝方角橱（一对）
估　价：RMB 2,200,000~2,600,000
成交价：RMB 3,335,000
118.3cm × 56.2cm × 188.8cm × 2 中贸圣佳 2021-12-30

962 清早期 黄花梨百宝嵌花鸟图官皮箱
估　价：RMB 1,200,000~1,500,000
成交价：RMB 1,725,000
长35cm；宽23.5cm；高37.5cm 中贸圣佳 2021-07-07

5519 清乾隆 楠木云龙纹大长方箱
估　价：RMB 2,000,000~3,000,000
成交价：RMB 3,105,000
长90cm；宽64cm；高58cm 北京保利 2021-12-05

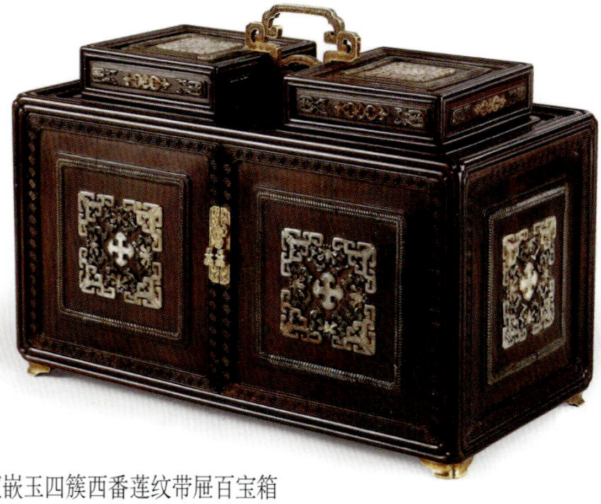

957 清乾隆 紫檀嵌玉四簇西番莲纹带屉百宝箱
估　价：RMB 1,200,000~1,500,000
成交价：RMB 1,610,000
长37.3cm；宽19cm；高27.5cm 中贸圣佳 2021-05-20

6 黄花梨轿箱
估　价：RMB 380,000~750,000
成交价：RMB 552,000
74.8cm × 17.3cm × 13cm 上海嘉禾 2021-11-14

4654 清早期 黄花梨大书箱
估　价：RMB 450,000~650,000
成交价：RMB 517,500
86.5cm × 53cm × 91.3cm
中国嘉德 2021-05-19

6742 清 瘿木书箱
估　价：RMB 250,000~350,000
成交价：RMB 402,500
长57cm；宽31cm；高60cm
北京保利 2021-06-08

5518 清早期 黄花梨云龙纹衣架
估　价：RMB 3,500,000~4,500,000
成交价：RMB 4,140,000
长137cm；宽41.5cm；高145cm
北京保利 2021-12-05

5075 清早期 黄花梨小佛龛
估　价：RMB 400,000~600,000
成交价：RMB 460,000
34cm×27cm×43cm 中国嘉德 2021-11-30

3739 清乾隆 紫檀嵌铜鎏金宝相花纹亭式佛龛
估　价：RMB 1,000~2,000
成交价：RMB 1,207,500
高78cm 中国嘉德 2021-11-29

6609 清乾隆 黑漆描金博古架
估　价：RMB 450,000~650,000
成交价：RMB 667,000
76.5cm×35cm×95.5cm
北京保利 2021-06-08

4636 清乾隆 紫檀描金花卉多宝阁
估　价：RMB 800,000~1,200,000
成交价：RMB 1,265,000
89cm×42cm×165cm 中国嘉德 2021-05-19

1562 清中期 红漆螺钿缠枝花纹多宝格
估　价：RMB 2,600,000~3,000,000
成交价：RMB 2,990,000
长71cm；宽33.8cm；高135cm
中贸圣佳 2021-05-21

2926 清 紫檀云龙纹小多宝格（一对）
估　价：RMB 1,200,000~1,500,000
成交价：RMB 1,840,000
50cm×20.1cm×96.3cm×2 中贸圣佳 2021-12-30

2937 清 黄花梨笔管式围栏三层书架
估　价：RMB 1,500,000~1,800,000
成交价：RMB 2,300,000
长87cm；宽42cm；高174cm
中贸圣佳 2021-12-30

5252 明末清初 天然木雕古藤磬架及“长白”铭英石磬
估　价：RMB 380,000~580,000
成交价：RMB 437,000
106cm × 30cm × 76cm 中国嘉德 2021-11-30

77 紫檀云龙纹博古架（一对）
估　价：RMB 750,000~950,000
成交价：RMB 989,000
125cm × 42cm × 219cm × 2
北京银座 2021-09-24

2825 清 黄花梨花卉纹衣架
估　价：HKD 400,000~600,000
成交价：RMB 414,000
宽193.5cm；高161cm 佳士得 2021-05-28

30 黄花梨博古架（一对）
估　价：RMB 1,600,000~2,800,000
成交价：RMB 2,185,000
75.5cm × 35.5cm × 130.5cm × 2 上海嘉禾 2021-11-14

197 明晚期 黄花梨六角形回纹火盆架
估　价：HKD 600,000~900,000
成交价：RMB 2,484,000
46cm × 40cm × 56cm 中国嘉德 2021-10-12

2814 清乾隆 御制紫檀西番莲纹长方宫灯（一对）
估　价：HKD 4,000,000~6,000,000
成交价：RMB 4,140,000
高73.4cm × 2 佳士得 2021-05-28

9 东汉/清乾隆 御赏嵌“延年”龙凤纹璧紫檀插屏
估　价：HKD 45,000,000~60,000,000
成交价：RMB 45,328,953
通高30.8cm；璧直径 23.8cm 香港苏富比 2021-04-22

1559 明 黑漆镶绞胎板复框式座屏
估　价：RMB 120,000~150,000
成交价：RMB 713,000
长38cm；宽22.5cm；高43.5cm
中贸圣佳 2021-05-21

1560 明万历 黑漆薄螺钿花鸟图复框式座屏
估　价：RMB 1,200,000~1,500,000
成交价：RMB 1,610,000
长54cm；宽16cm；高59.2cm
中贸圣佳 2021-05-21

2286 明 黄花梨嵌云石座屏
估　价：RMB 600,000~900,000
成交价：RMB 1,035,000
高135cm；66.2cm × 50.3cm
西泠印社 2021-07-24

851 清乾隆 粉彩百鹿图座屏
估　价：RMB 650,000~800,000
成交价：RMB 1,437,500
瓷板宽66.5cm；高89.3cm 北京诚轩 2021-11-28

5143 清乾隆 刺绣山水五屏风式座屏
估　价：RMB 1,000,000~1,500,000
成交价：RMB 3,450,000
277.5cm × 120.7cm × 60.6cm 北京保利 2021-06-07

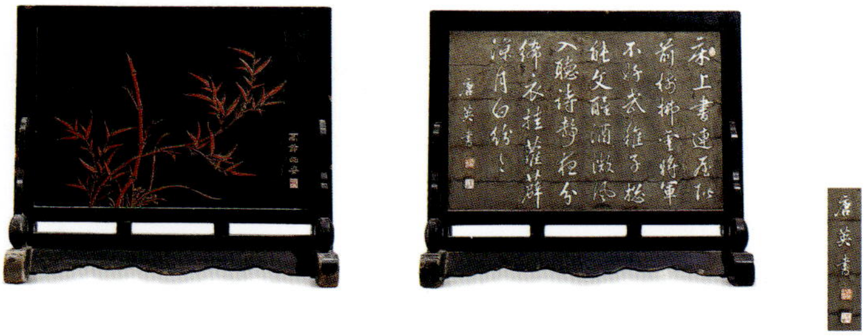

1040 清乾隆 唐英制镶嵌雕瓷诗文镶竹高节幽姿图插屏
估　价：RMB 2,500,000~3,500,000
成交价：RMB 4,140,000
长74cm；宽29.3cm；高63.2cm 中贸圣佳 2021-05-20

2924 清中期 紫檀、乌木镶大理石插屏
估　价：RMB 150,000~200,000
成交价：RMB 1,725,000
长57cm；宽29.2cm 中贸圣佳 2021-12-30

3619 清乾隆 青白玉“御制三星图颂”插屏
估　价：HKD 400,000~600,000
成交价：RMB 813,758
29cm × 19.1cm 香港苏富比 2021-10-13

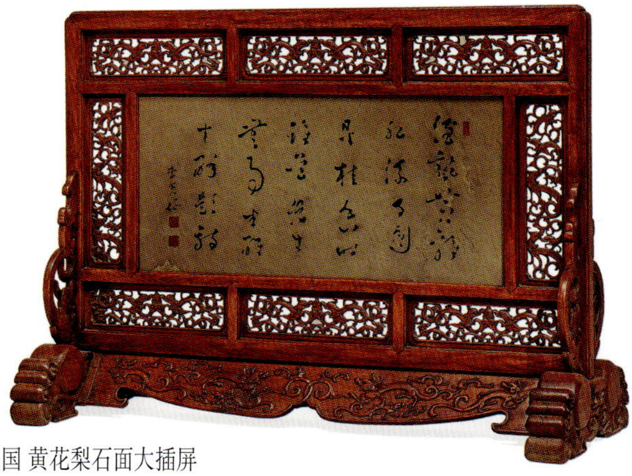

5330 清末民国 黄花梨石面大插屏
估　价：RMB 1,200,000~2,200,000
成交价：RMB 1,380,000
136cm × 53.5cm × 97cm 中国嘉德 2021-11-30

1082 王锡良 2014年 清凉台上云雾赏奇峰书画双面釉插屏
估 价：RMB 1,200,000~1,500,000
成交价：RMB 1,380,000
屏长88.8cm；宽28.8cm；高82.7cm 中贸圣佳 2021-12-30

1425 清乾隆 唐英制粉彩四季花卉四屏
估 价：RMB 800,000~1,200,000
成交价：RMB 1,150,000
157cm × 82.5cm 中贸圣佳 2021-12-29

906 清乾隆 御制紫檀嵌八宝清供图大挂屏
估 价：RMB 3,500,000~4,000,000
成交价：RMB 4,600,000
长140.5cm；高79cm 中贸圣佳 2021-12-29

11 宫廷御用紫檀嵌六棱型博古纹插屏
估 价：RMB 3,800,000~5,600,000
成交价：RMB 7,130,000
122cm × 33cm × 190cm 上海嘉禾 2021-11-14

5587 清乾隆 紫檀百宝嵌框缂丝龙舟竞渡葫芦挂屏（一对）
估 价：RMB 3,000,000~5,000,000
成交价：RMB 5,290,000
高100cm × 2 北京保利 2021-12-05

615 清乾隆 紫檀框楠木雕鸳鸯松鹤图挂屏（一对）
估　价：RMB 1,200,000~1,800,000
成交价：RMB 1,380,000
直径79.5cm × 2 北京保利 2021-09-26

1000 清乾隆 刺绣玉堂富贵图挂屏
估　价：RMB 1,200,000~1,600,000
成交价：RMB 2,990,000
143cm × 50cm 中贸圣佳 2021-07-07

5150 清乾隆 葫芦形百宝嵌挂屏
估　价：RMB 1,200,000~2,200,000
成交价：RMB 1,840,000
宽66cm；高11cm 北京保利 2021-06-07

3018 清乾隆 掐丝珐琅御制诗洋菊图挂屏
估　价：HKD 6,000,000~8,000,000
成交价：RMB 7,659,000
142.5cm × 83.5cm 佳士得 2021-05-28

5151 清乾隆 紫檀百宝嵌大挂屏
估　价：RMB 5,000,000~8,000,000
成交价：RMB 6,325,000
79.5cm × 140.5cm 北京保利 2021-06-07

2536 清乾隆四十三年 御制“宝符国瑞”御题诗文万年青图挂屏
估　价：RMB 500,000~650,000
成交价：RMB 1,955,000
111cm×61cm 中鸿信 2021-07-14

719 清中期 剔犀嵌百宝太平有象挂屏（一对）
估　价：RMB 680,000~880,000
成交价：RMB 782,000
68cm×89cm×2 保利厦门 2021-11-05

5080 清乾隆 黑漆描金内嵌佛说阿弥陀无量寿经福寿十二屏风
估　价：RMB 1,000,000~2,200,000
成交价：RMB 2,990,000
高161cm；宽34cm 北京保利 2021-06-07

5152 清康熙 顾绣狩猎图十二扇屏风 配乾隆制紫檀框
估　价：RMB 10,000,000~16,000,000
成交价：RMB 13,800,000
295cm×48.8cm×12 北京保利 2021-06-07

1032 明末清初 黄花梨螭龙纹十二条屏
估　价：RMB 2,800,000~3,800,000
成交价：RMB 3,105,000
323cm×58cm×12 华艺国际 2021-12-11

3624 清乾隆 紫檀嵌大理石福寿八吉祥清供图十扇围屏
估　价：HKD 5,000,000~7,000,000
成交价：RMB 7,287,735
366.4cm×180cm 香港苏富比 2021-04-22

佛教文物

4055 13世纪 合金铜嵌金嵌银金刚亥母像
估　价：RMB 900,000~1,500,000
成交价：RMB 1,955,000
高19cm 古天一 2021-06-07

1523 13世纪 黄财神
估　价：RMB 850,000~1,300,000
成交价：RMB 1,552,500
高20.3cm 华艺国际 2021-03-31

1826 13世纪 阿弥陀佛
估　价：RMB 2,000,000~3,000,000
成交价：RMB 3,680,000
高38cm 华艺国际 2021-06-05

3503 西魏大统五年 铜释迦牟尼佛坐像
估　价：HKD 5,000,000~7,000,000
成交价：RMB 14,171,220
高28.2cm 香港苏富比 2021-10-12

3505 唐 鎏金铜莲华手观音坐像
估　价：HKD 3,000,000~5,000,000
成交价：RMB 10,664,640
高16.6cm 香港苏富比 2021-10-12

1023 北魏 铜弥勒佛立像
估　价：HKD 1,500,000~2,000,000
成交价：RMB 1,294,848
高40.2cm 中国嘉德 2021-04-21

3507 北齐至隋 鎏金铜释迦牟尼佛坐像
估　价：HKD 1,500,000~2,500,000
成交价：RMB 1,564,920
高13.6cm 香港苏富比 2021-10-12

3517 唐 鎏金铜菩萨坐像
估　价：HKD 1,000,000~1,500,000
成交价：RMB 1,669,248
高11.4cm 香港苏富比 2021-10-12

3508 隋至唐初 鎏金铜阿弥陀佛坐像
估　价：HKD 3,000,000~5,000,000
成交价：RMB 3,129,840
高11.1cm 香港苏富比 2021-10-12

1048 唐 大理石雕半跏趺坐菩萨像
估　价：HKD 8,400,000~12,400,000
成交价：RMB 8,269,830
高92cm 中国嘉德 2021-04-21

4040 9世纪 红陶神像
估　价：RMB 800,000~1,200,000
成交价：RMB 1,403,000
高68cm 古天一 2021-06-07

5127 辽 铜鎏金佛像
估　价：RMB 280,000~380,000
成交价：RMB 2,300,000
高12.5cm；重492g 中国嘉德 2021-11-30

1526 10世纪/11世纪 站姿弥勒
估　价：RMB 800,000~1,200,000
成交价：RMB 1,667,500
高18.5cm 华艺国际 2021-03-31

739 11世纪 弥勒像
估　价：RMB 2,800,000~3,500,000
成交价：RMB 4,623,000
高34.5cm 中贸圣佳 2021-07-07

117 元 阿弥陀佛
估　价：RMB 3,000,000~5,000,000
成交价：RMB 8,682,500
高32.5cm 北京中汉 2021-05-18

18 11世纪 大理国铜鎏金四臂观音像
估　价：RMB 800,000~1,200,000
成交价：RMB 920,000
高22.5cm 北京大羿 2021-05-17

735 元 二臂玛哈嘎拉像
估　价：RMB 600,000~700,000
成交价：RMB 805,000
高19cm 中贸圣佳 2021-07-07

2590 元 送子观音像
估　价：RMB 600,000
成交价：RMB 1,092,500
高75.6cm 中贸圣佳 2021-09-26

1525 11世纪/12世纪 自在文殊菩萨
估　价：RMB 600,000~800,000
成交价：RMB 977,500
高13.5cm 华艺国际 2021-03-31

1766 元 地藏菩萨像
估　价：RMB 600,000~800,000
成交价：RMB 793,500
高22.6cm 中贸圣佳 2021-05-21

3449 元 铜鎏金释迦牟尼坐像
估　价：RMB 5,000,000~8,000,000
成交价：RMB 12,650,000
高38cm 西泠印社 2021-01-16

1023 元 文殊菩萨
估　价：RMB 2,000,000~3,000,000
成交价：RMB 3,335,000
高30cm 华艺国际 2021-06-04

2961 13世纪 铜鎏金释迦坐像
估　价：RMB 1,800,000~2,500,000
成交价：RMB 2,760,000
高38.5cm 西泠印社 2021-07-24

533 元 大势至菩萨
估　价：RMB 400,000~600,000
成交价：RMB 1,173,000
高21cm 上海匡时 2021-07-08

1547 14世纪 丹萨替寺铜鎏金佛板
估　价：RMB 1,200,000~1,800,000
成交价：RMB 1,380,000
27cm×32cm 华艺国际 2021-12-11

151 14世纪 绿度母
估　价：RMB 1,200,000~2,000,000
成交价：RMB 1,380,000
高18cm 北京中汉 2021-11-28

5615 13~14世纪 铜鎏金绿度母
估　价：RMB 5,500,000~10,000,000
成交价：RMB 7,935,000
高44.2cm 北京保利 2021-12-05

3727 14世纪 西藏铜鎏金弥勒菩萨（嵌银镶宝石）
估　价：RMB 3,500,000~5,500,000
成交价：RMB 6,670,000
高29cm 中国嘉德 2021-05-19

5620 14世纪 铜鎏金吉天颂恭仁钦贝像
估　价：RMB 2,200,000~3,000,000
成交价：RMB 3,220,000
高25cm 北京保利 2021-12-05

5616 14世纪 铜鎏金释迦牟尼
估　价：RMB 12,000,000~18,000,000
成交价：RMB 13,800,000
高51cm 北京保利 2021-12-05

1520 14世纪 释迦牟尼
估　价：RMB 3,000,000~4,200,000
成交价：RMB 4,772,500
高35.5cm 华艺国际 2021-03-31

5068 14世纪 铜鎏金双身胜乐金刚
估　价：RMB 4,500,000~6,500,000
成交价：RMB 6,210,000
高30cm 北京保利 2021-06-07

5069 14世纪 马拉王朝铜鎏金文殊菩萨
成交价：RMB 57,500,000
高42.5cm 北京保利 2021-06-07

932 明洪武 阿弥陀接引佛
估　价：RMB 2,000,000~2,500,000
成交价：RMB 2,645,000
高23.2cm 中贸圣佳 2021-12-29

3886 明永乐（宫廷）铜鎏金释迦牟尼佛
估　价：RMB 3,500,000~5,500,000
成交价：RMB 4,025,000
高15cm 中国嘉德 2021-11-29

1540 明永乐 文殊师利菩萨坐像
估　价：RMB 2,000,000~3,000,000
成交价：RMB 2,300,000
高15.3cm 华艺国际 2021-12-11

3716 明永乐 宫廷 铜鎏金金刚萨埵
估　价：RMB 6,500,000~8,500,000
成交价：RMB 7,647,500
高18.5cm 中国嘉德 2021-05-19

6598 明永乐 铜鎏金文殊菩萨
估　价：RMB 4,200,000~6,200,000
成交价：RMB 5,635,000
高25.8cm 北京保利 2021-06-08

2 明永乐 铜鎏金不动佛、大黑天、地狱主一组三尊
估　价：RMB 3,000,000~3,500,000
成交价：RMB 3,565,000
高6.2cm；高6.2cm；高6.3cm 永乐拍卖 2021-05-22

525 明永乐 无量寿佛
估　价：RMB 3,000,000~4,000,000
成交价：RMB 15,870,000
高18.5cm 上海匡时 2021-07-08

557 明永乐 永乐四臂秘密文殊
估　价：RMB 3,000,000~4,000,000
成交价：RMB 6,670,000
高21.5cm 上海匡时 2021-07-08

8108 明永乐 铜鎏金千尊佛母像
估　价：RMB 20,000,000~30,000,000
成交价：RMB 27,025,000
高70cm 上海嘉禾 2021-07-22

3728 明宣德十年（1435年） 铜鎏金南海水月观音坐像
成交价：RMB 46,000,000
高78cm；宽51cm 中国嘉德 2021-05-19

1757 明宣德 金刚手菩萨像
估　价：RMB 8,500,000~9,500,000
成交价：RMB 9,775,000
高26cm 中贸圣佳 2021-05-21

39 15世纪 弥勒立像
估　价：RMB 6,500,000~9,000,000
成交价：RMB 7,475,000
高53.5cm 北京中汉 2021-11-28

5091 明宣德 御制铜鎏金自在观音坐像
成交价：RMB 126,500,000
高150cm 北京保利 2021-06-07

3037 明宣德 铜局部彩绘不动佛坐像
估　价：RMB 2,800,000~3,500,000
成交价：RMB 4,830,000
高55cm 十竹斋拍卖（北京） 2021-05-29

3860 明正统 铜鎏金不空成就佛
估　价：RMB 2,000,000~3,000,000
成交价：RMB 2,300,000
高34.2cm 中国嘉德 2021-11-29

5613 15世纪 铜鎏金仿大理观音坐像
估　价：RMB 3,500,000~5,500,000
成交价：RMB 4,945,000
高37cm 北京保利 2021-12-05

738 14~15世纪 丹萨替供养天女
估　价：RMB 2,200,000~2,500,000
成交价：RMB 3,047,500
高32cm 中贸圣佳 2021-07-07

4056 15世纪 铜鎏金释迦牟尼佛像
估　价：RMB 4,000,000~6,000,000
成交价：RMB 4,600,000
高49cm 古天一 2021-06-07

1026 14世纪/15世纪 四臂观音
估　价：RMB 2,200,000~3,200,000
成交价：RMB 3,220,000
高43cm 华艺国际 2021-06-04

1726 明弘治四年（1491年）观音菩萨比丘应身像
估　价：RMB 3,500,000~4,500,000
成交价：RMB 6,095,000
高41.5cm 中贸圣佳 2021-05-21

5071 15世纪 铜鎏金药师佛
估　价：RMB 2,200,000~3,200,000
成交价：RMB 3,450,000
高33.5cm 北京保利 2021-06-07

1829 17世纪 密集金刚像
估　价：RMB 3,800,000~4,000,000
成交价：RMB 4,485,000
高24.5cm 中贸圣佳 2021-12-30

574 明万历 罗汉像
估　价：RMB 1,600,000~1,800,000
成交价：RMB 2,300,000
高85cm 上海匡时 2021-07-08

5032 17世纪 铜嵌金、银、珍珠 文殊菩萨像（雪堆白）
估　价：RMB 1,200,000~2,200,000
成交价：RMB 2,530,000
高21cm 古天一 2021-06-07

316 17世纪 铜鎏金莲师日光像
估　价：RMB 5,000,000~6,000,000
成交价：RMB 5,175,000
高29.5cm 北京大羿 2021-05-17

1022 17世纪 大日如来
估　价：RMB 800,000~1,200,000
成交价：RMB 1,127,000
高16cm 华艺国际 2021-06-04

4 17世纪 西藏 铜鎏金五世班禅洛桑益西
估　价：RMB 10,000,000~15,000,000
成交价：RMB 12,075,000
高18.5cm 永乐拍卖 2021-05-22

5 17世纪 蒙古 扎纳巴扎尔 铜鎏金四臂观音
估　价：RMB 9,000,000~12,000,000
成交价：RMB 11,385,000
高25.8cm 永乐拍卖 2021-05-22

6 17世纪 蒙古 扎纳巴扎尔 铜鎏金无量寿佛
估　价：RMB 12,000,000~15,000,000
成交价：RMB 12,420,000
高32.2cm 永乐拍卖 2021-05-22

7 17世纪 蒙古 扎纳巴扎尔 铜鎏金红财神
估　价：RMB 10,000,000~15,000,000
成交价：RMB 10,580,000
高19.8cm 永乐拍卖 2021-05-22

5072 17世纪 铜鎏金马头明王
估　价：RMB 1,200,000~1,800,000
成交价：RMB 1,725,000
高24.5cm 北京保利 2021-06-07

5073 17世纪 铜鎏金药师佛
估　价：RMB 4,600,000~6,600,000
成交价：RMB 5,980,000
高29.5cm 北京保利 2021-06-07

2390 明 铜鎏金药师佛坐像
估　价：RMB 1,500,000~1,800,000
成交价：RMB 4,312,500
高81cm 西泠印社 2021-01-15

1361 16~17世纪 尼泊尔马拉时期鎏金嵌宝燃灯古佛
估　价：RMB 4,500,000~8,000,000
成交价：RMB 9,200,000
高77.5cm 朵云轩 2021-07-07

1035 明 大肚弥勒佛
估　价：RMB 400,000~600,000
成交价：RMB 1,035,000
高41cm 华艺国际 2021-06-04

1758 明 地藏王菩萨像
估　价：RMB 4,000,000~6,000,000
成交价：RMB 6,325,000
高95.5cm 中贸圣佳 2021-05-21

576 明 阿弥陀佛
成交价：RMB 33,465,000
高130cm 上海匡时 2021-07-08

156 清康熙 宝源佛母
估　价：RMB 8,000,000~12,000,000
成交价：RMB 9,200,000
高36cm 北京中汉 2021-11-28

1250 清康熙 铜鎏金无量寿佛
估　价：RMB 8,000,000~12,000,000
成交价：RMB 11,500,000
高42cm 华艺国际 2021-12-11

1010 清康熙 财续佛母
估　价：RMB 1,200,000~1,600,000
成交价：RMB 1,380,000
高27cm 华艺国际 2021-06-04

5075 清康熙 铜鎏金四臂观音
估　价：RMB 4,000,000~6,000,000
成交价：RMB 4,600,000
高34cm 北京保利 2021-06-07

3717 清乾隆 铜鎏金龙尊王佛
估　价：RMB 1,300,000~1,800,000
成交价：RMB 2,530,000
高32.2cm 中国嘉德 2021-05-19

539 清康熙 旃檀佛
估　价：RMB 1,200,000~1,500,000
成交价：RMB 1,495,000
高24.5cm 上海匡时 2021-07-08

1867 清乾隆 上师像
估　价：RMB 3,000,000~3,500,000
成交价：RMB 3,243,000
高88cm 中贸圣佳 2021-12-30

3029 清乾隆 铜鎏金贝格遮造像
估　价：HKD 1,500,000~2,500,000
成交价：RMB 2,691,000
总高32cm 佳士得 2021-05-28

3873 清乾隆宫廷御制（1786年） 铜合金胜乐金刚像
成交价：RMB 34,500,000
81.5cm × 58.5cm × 37.3cm 中国嘉德 2021-11-29

1725 清乾隆 弥勒菩萨像
估　价：RMB 2,500,000~3,500,000
成交价：RMB 2,875,000
高61cm 中贸圣佳 2021-05-21

5076 清乾隆三十六年 瓷胎金彩仿铜鎏金无量寿佛
估　价：RMB 2,600,000~3,600,000
成交价：RMB 3,450,000
高16cm 北京保利 2021-06-07

5077 清乾隆 铜鎏金六世班禅
估　价：RMB 2,600,000~3,600,000
成交价：RMB 2,990,000
高52cm 北京保利 2021-06-07

2945 清乾隆 宫廷 铜鎏金关公坐像
估　价：RMB 1,200,000~1,500,000
成交价：RMB 2,070,000
高30.2cm 西泠印社 2021-07-24

3015 铜漆金观音菩萨
估　价：RMB 8,000,000
成交价：RMB 8,280,000
连座高23.5cm 永乐拍卖 2021-12-02

3019 大理 银鎏金阿嵯耶观音
估　价：RMB 8,000,000
成交价：RMB 9,027,500
高29cm 永乐拍卖 2021-12-02

5618 10世纪 天铁嵌金、红铜兽面纹五股忿怒金刚杵
估　价：RMB 1,300,000~1,800,000
成交价：RMB 1,495,000
长15.5cm 北京保利 2021-12-05

38 元 九股金刚杵
估　价：RMB 150,000~250,000
成交价：RMB 299,000
长14.5cm 北京中汉 2021-11-28

1255 清乾隆 御制金彩瓷法轮
估　价：RMB 600,000~900,000
成交价：RMB 1,380,000
高28cm 保利厦门 2021-11-05

1713 12世纪 九股金刚杵
估　价：RMB 200,000~300,000
成交价：RMB 276,000
长21cm 中贸圣佳 2021-05-21

1357 10~11世纪 北印度帕拉黑石雕佛塔
估　价：RMB 250,000~350,000
成交价：RMB 287,500
高58cm 朵云轩 2021-07-07

3581 明早期 合金铜礼佛供器
估　价：RMB 1,000~2,000
成交价：RMB 805,000
高45cm 中国嘉德 2021-05-19

5030 18世纪 铜鎏金金刚橛
估　价：RMB 800,000~1,500,000
成交价：RMB 1,035,000
高23.5cm 古天一 2021-06-07

1364 13~14世纪 缂丝金刚萨埵唐卡
估 价：RMB 1,800,000~2,600,000
成交价：RMB 2,300,000
高92cm；宽83cm 朵云轩 2021-07-07

1538 17世纪 密集金刚唐卡
估 价：RMB 650,000~850,000
成交价：RMB 782,000
94cm×64.5cm 华艺国际 2021-12-11

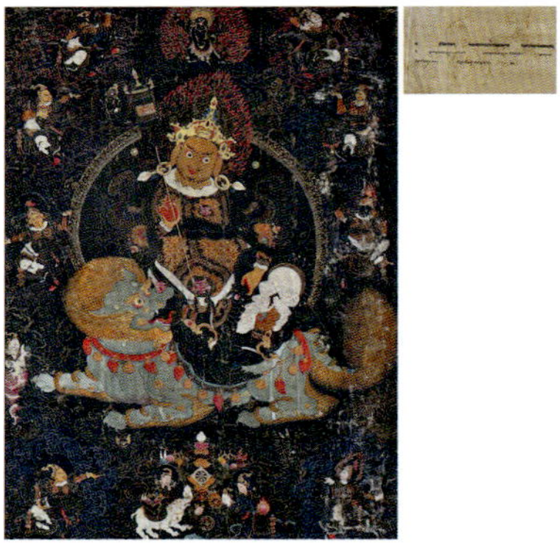

4054 17世纪 财宝天王黑卡
估 价：RMB 700,000~1,000,000
成交价：RMB 1,012,000
83cm×61.5cm 古天一 2021-06-07

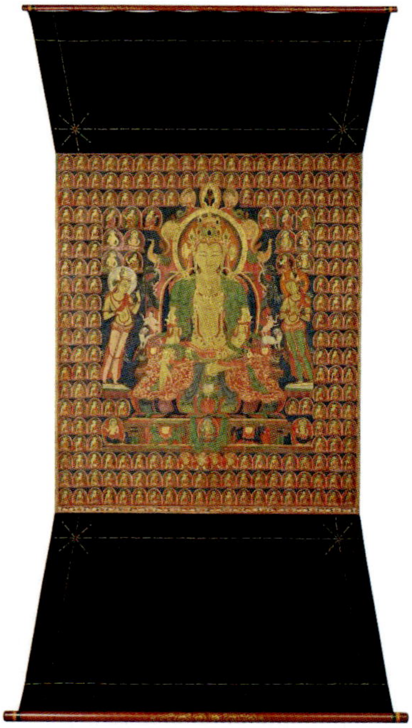

1524 14世纪/15世纪 宝冠释迦牟尼唐卡
估 价：RMB 1,400,000~2,200,000
成交价：RMB 1,840,000
画心108.5cm×94cm 华艺国际 2021-03-31

3025 15世纪/16世纪 彩绘绢本迦诺迦伐蹉尊者唐卡
估 价：HKD 4,000,000~6,000,000
成交价：RMB 4,347,000
79cm×50.5cm 佳士得 2021-05-28

5021 18世纪 法界语自在文殊坛城唐卡
估 价：RMB 600,000~1,000,000
成交价：RMB 920,000
57cm×44cm 古天一 2021-06-07

1508 清乾隆 无量寿佛唐卡
估　价：RMB 1,200,000~1,800,000
成交价：RMB 2,185,000
98cm×70cm 华艺国际 2021-12-11

5031 18世纪 寂静四十二尊唐卡
估　价：RMB 1,800,000~2,800,000
成交价：RMB 2,990,000
68cm×46.2cm 古天一 2021-06-07

5026 18世纪 法海雷音如来唐卡
估　价：RMB 800,000~1,800,000
成交价：RMB 1,840,000
58cm×38.5cm 古天一 2021-06-07

1514 18世纪 十一面八臂观音唐卡
估　价：RMB 800,000~1,200,000
成交价：RMB 1,127,000
画心160cm×107cm 华艺国际 2021-03-31

5078 清乾隆 御制巴古拉尊者唐卡
估　价：RMB 1,000,000~1,500,000
成交价：RMB 1,150,000
82cm×54cm 北京保利 2021-06-07

589 18世纪 阿弥陀佛极乐世界唐卡
估　价：RMB 800,000~1,000,000
成交价：RMB 1,322,500
146.5cm×113cm 上海匡时 2021-07-08

550 18世纪 吉祥天母唐卡
估　价：RMB 800,000~1,000,000
成交价：RMB 1,150,000
87cm×61.5cm 上海匡时 2021-07-08

3023 明正德九年 北京宫廷 内修阎魔敌唐卡
估　价：RMB 5,000,000
成交价：RMB 5,175,000
66cm×41.5cm 永乐拍卖 2021-12-02

3026 释迦牟尼十八罗汉堆绣唐卡
估　价：RMB 2,640,000
成交价：RMB 3,967,500
135cm × 98cm 永乐拍卖 2021-12-02

819 清乾隆 1793年作　钦命中正殿绘罗古罗尊者像 镜框
估　价：RMB 3,800,000~5,800,000
成交价：RMB 5,750,000
画像82.5cm × 56cm 华艺国际 2021-06-05

文房用品

6217 明 剔彩花卉纹笔
估　价：RMB 60,000~80,000
成交价：RMB 115,000
长22.5cm 北京保利 2021-06-08

2186 清乾隆 御笔“表正万方”
估　价：RMB 300,000~350,000
成交价：RMB 345,000
长23cm；锋长4.8cm 华艺国际 2021-12-11

2680 清 瓷笔管一支、黑漆嵌螺钿毛笔一支等（共四支）
估　价：RMB 300,000
成交价：RMB 437,000
尺寸不一　中贸圣佳 2021-09-26

5363 清乾隆 云山款段泥梅桩形笔筒
估　价：RMB 150,000~250,000
成交价：RMB 437,000
高18cm 北京保利 2021-06-07

6586 清 铜鎏金浮雕春色满堂笔筒
估　价：RMB 400,000~600,000
成交价：RMB 517,500
高19.7cm 北京保利 2021-06-08

1998 元 铜鸿仪鹭序笔架山
估　价：RMB 180,000~200,000
成交价：RMB 218,500
18cm × 7cm × 13cm 中贸圣佳 2021-05-21

2248 清雍正/乾隆 杨季初 秋山行旅彩色堆泥绘笔筒
估　价：RMB 2,600,000~3,000,000
成交价：RMB 3,622,500
直径15.5cm；高15.2cm 中贸圣佳 2021-12-30

5138 清乾隆 御制水村图紫砂笔筒
估　价：RMB 3,000,000~5,000,000
成交价：RMB 4,715,000
高14.3cm；直径17.9cm 北京保利 2021-06-07

3162 明早期 铜笔山
估　价：RMB 80,000~120,000
成交价：RMB 264,500
长20.5cm 中国嘉德 2021-05-18

5604 湖石笔架
估　价：RMB 180,000~250,000
成交价：RMB 207,000
16cm × 6cm × 7cm 北京荣宝 2021-06-19

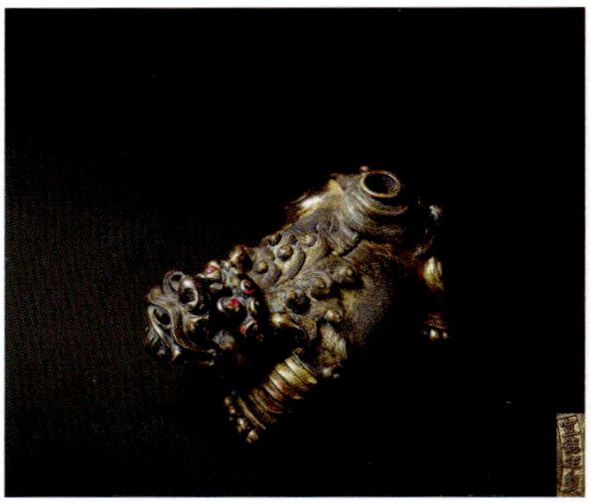

1093 明宣德 铜鎏金嵌宝瑞兽水丞
估　价：HKD 600,000~800,000
成交价：RMB 596,844
宽12.5cm 中国嘉德 2021-04-21

8446 明 金质龙首水丞
估　价：RMB 250,000~500,000
成交价：RMB 460,000
长11.5cm；高5.5cm 中国嘉德 2021-11-30

5563 清雍正至乾隆 白料胎画珐琅蟠螭纹水丞
估 价：RMB 2,000,000~2,500,000
成交价：RMB 2,760,000
宽5.5cm 北京保利 2021-12-05

3302 清雍正 涅白料画珐琅绳纹开光夔龙纹小水丞
估 价：HKD 1,200,000~1,500,000
成交价：RMB 2,630,160
直径3.6cm；高2cm 保利香港 2021-04-21

1179 清乾隆 涅白地套蓝料西番莲纹水盂
估 价：RMB 80,000~150,000
成交价：RMB 437,000
高4cm 中贸圣佳 2021-05-20

1180 清乾隆 雪花地套宝石红料连生贵子水盂
估 价：RMB 80,000~150,000
成交价：RMB 552,000
高5.2cm 中贸圣佳 2021-05-20

5618 芝形水盂
估 价：RMB 800,000~1,200,000
成交价：RMB 1,150,000
20cm × 17cm × 10cm 北京荣宝 2021-06-19

149 元 铜白泽形砚滴
估 价：RMB 100,000~200,000
成交价：RMB 115,000
高6cm 北京中汉 2021-03-26

672 明 铜辟邪式水滴
估　价：USD 6,000~8,000
成交价：RMB 154,969
长16.9cm 纽约佳士得 2021-03-18

3073 清康熙 1676年 沈存周制锡制瓜形水滴
估　价：HKD 300,000~500,000
成交价：RMB 718,375
高8.9cm 佳士得 2021-12-03

1350 清乾隆 染牙“事事如意”笔掭
估　价：HKD 250,000~350,000
成交价：RMB 248,400
宽19cm 中国嘉德 2021-10-14

1307 清初 “孝文”款段泥洒红陶洗
估　价：RMB 180,000~200,000
成交价：RMB 207,000
4.8cm × 13.6cm 中贸圣佳 2021-05-20

609 18世纪/19世纪 端石雕云龙戏珠纹笔掭
估　价：USD 8,000~12,000
成交价：RMB 105,990
宽9.5cm 纽约苏富比 2021-09-27

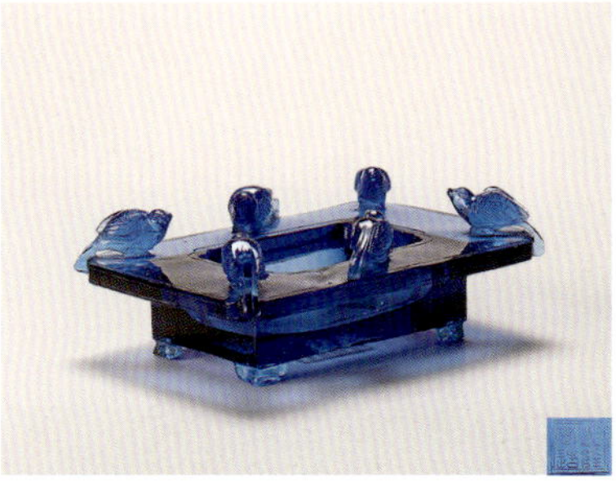

6412 清乾隆 蓝料方笔洗
估　价：RMB 300,000~400,000
成交价：RMB 345,000
长11.2cm 北京保利 2021-12-06

584 清中期 翠雕云龙纹葵口洗
估　价：RMB 200,000~250,000
成交价：RMB 230,000
宽14.5cm 北京保利 2021-01-09

1114 17~18世纪 田黄雕九龙镇纸
估　价：HKD 350,000~450,000
成交价：RMB 348,159
长8cm；重915g 中国嘉德 2021-04-

3674 汉 铜错金银熊虎镇纸
估　价：HKD 350,000~400,000
成交价：RMB 365,148
长6.8cm 香港苏富比 2021-10-13

125 明 铜鎏金瑞兽形镇纸
估　价：USD 20,000~30,000
成交价：RMB 530,442
长7cm 纽约苏富比 2021-09-22

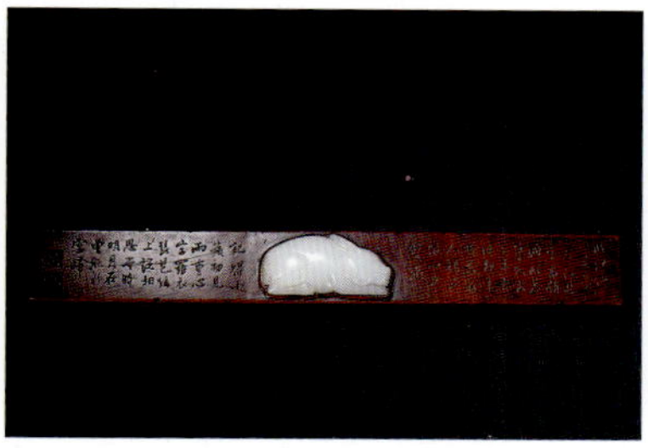

6524 清中期 楠木嵌白玉兔诗文镇纸
估　价：RMB 400,000~600,000
成交价：RMB 690,000
长37cm 北京保利 2021-12-06

2228 清 小松款贴黄刻清香幽隐图诗文镇纸
估　价：RMB 150,000~300,000
成交价：RMB 310,500
27cm × 5.2cm × 1cm 西泠印社 2021-07-24

780 狻猊瑞兽镇纸
估　价：RMB 300,000
成交价：RMB 379,500
高3.8cm；宽5.9cm 永乐拍卖 2021-05-22

5251 金质云龙钮银底玺印匣
估　价：RMB 1,600,000~3,000,000
成交价：RMB 1,840,000
高13.2cm；直径9.5cm 中国嘉德 2021-05-18

5566 清雍正 寿山芙蓉螭钮“宝亲王宝”玺
估　价：RMB 1,000,000~1,500,000
成交价：RMB 1,955,000
3.2cm × 3.2cm × 5.2cm 北京保利 2021-12-05

3662 明 剔红茶花印盒
估　价：HKD 80,000~120,000
成交价：RMB 339,898
长5.7cm 香港苏富比 2021-04-22

3650 清乾隆 乾隆帝御宝田黄石卷书式玺
估　价：HKD 2,600,000~3,200,000
成交价：RMB 5,354,676
2.6cm×1.2cm×4.1cm
香港苏富比 2021-10-13

5131 清乾隆 御制寿山石“与民用勤”玺
估　价：RMB 2,800,000~3,800,000
成交价：RMB 3,450,000
1.9cm×1.9cm×4.5cm 北京保利 2021-06-07

3237 清雍正 青田石“宝亲王宝”“随安室”宝玺（一组两方）
估　价：RMB 4,000,000~6,000,000
成交价：RMB 5,520,000
2.2cm×2.1cm×3.8cm；1.5cm×3.4cm×3.8cm 中国嘉德 2021-05-18

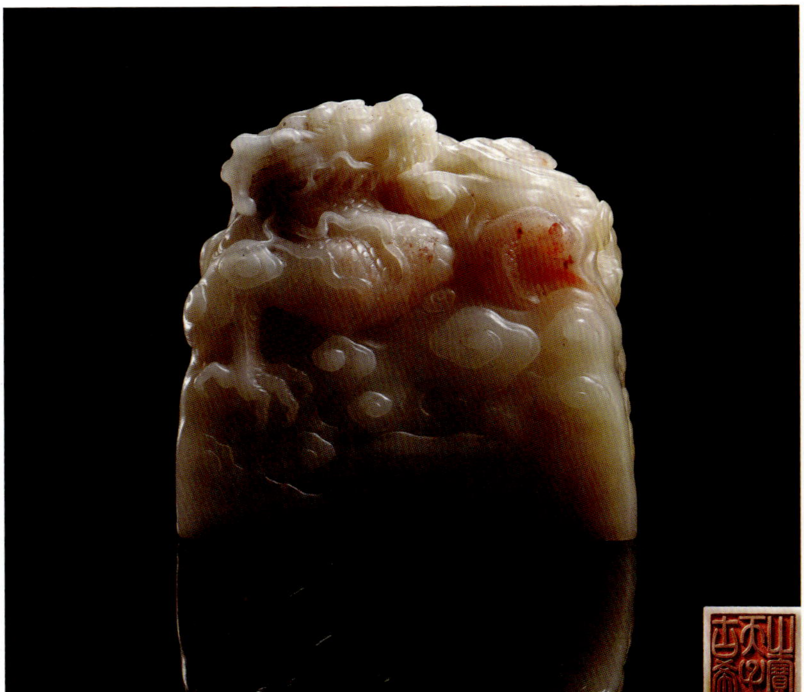

5132 清乾隆 御制寿山芙蓉石苍龙教子钮“古稀天子之宝”宝玺
估　价：RMB 22,000,000~32,000,000
成交价：RMB 28,750,000
6.4cm×6.4cm×6cm 北京保利 2021-06-07

5567 清嘉庆 御制昌化石三螭龙钮“含英咀华”宝玺
估　价：RMB 1,000,000~1,500,000
成交价：RMB 1,725,000
3.2cm×3.2cm×5cm；重80g 北京保利 2021-12-05

858 元 兽钮印
估　价：RMB 250,000~300,000
成交价：RMB 322,000
高10cm 中贸圣佳 2021-07-07

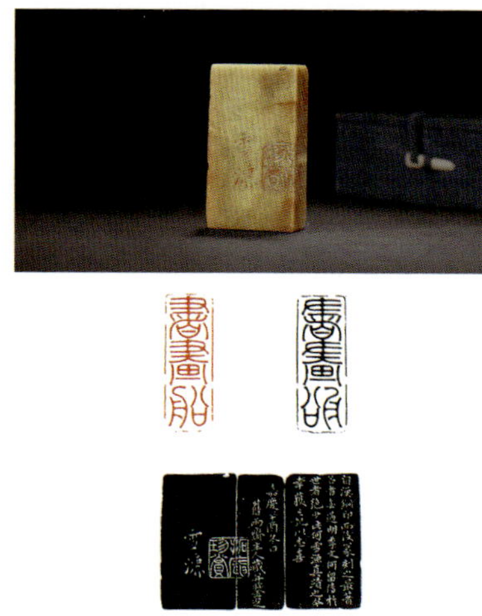

4100 明 何震刻青田石米万钟自用印
估　价：RMB 700,000~900,000
成交价：RMB 805,000
5.9cm×2.1cm×3.2cm 西泠印社 2021-07-25

2536 明 寿山乌鸦皮田黄石方章
估　价：RMB 1,500,000~2,000,000
成交价：RMB 2,070,000
2.7cm×2.6cm×3.7cm 中贸圣佳 2021-05-21

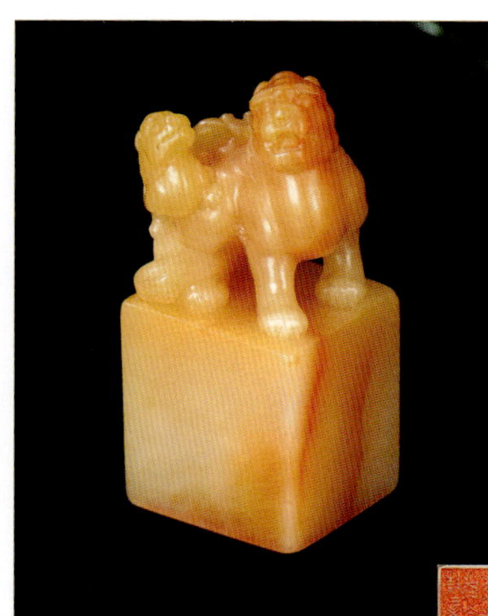

2583 清早期 杨玉璇 寿山田黄石太狮少狮钮章
估　价：RMB 1,000,000~1,500,000
成交价：RMB 1,667,500
2.9cm×2.5cm×6.4cm 中贸圣佳 2021-12-30

2535 清早期 寿山田黄石双螭钮牛坤自用印
估　价：RMB 1,200,000~2,000,000
成交价：RMB 1,380,000
2.6cm × 2.6cm × 4.6cm 中贸圣佳 2021-05-21

3097 清顺治 御制青玉龙钮“直皇后”玉宝
估　价：HKD 1,800,000~2,500,000
成交价：RMB 2,770,875
13.9cm × 13.8cm × 14.6cm 佳士得 2021-12-03

1504 清早期 钟刚中篆刻周尚均风格田黄凤钮张之英自用印
估　价：RMB 350,000~500,000
成交价：RMB 575,000
高5.4cm；重44.3g 华艺国际 2021-06-05

3069 清康熙 田黄瑞兽钮御赐香山洛社款田黄印
估　价：HKD 400,000~600,000
成交价：RMB 974,938
高4cm，重57g 佳士得 2021-12-03

5130 清雍正 张在辛刻张廷玉自用芙蓉石双狮钮方章
估　价：RMB 300,000~500,000
成交价：RMB 667,000
3.6cm × 3.6cm × 6.5cm
北京保利 2021-06-07

5129 清康熙 佚名刻青田石 黄杨木高士奇用印（一组三方）
估 价：RMB 700,000~1,000,000
成交价：RMB 1,150,000
尺寸不一 北京保利 2021-06-07

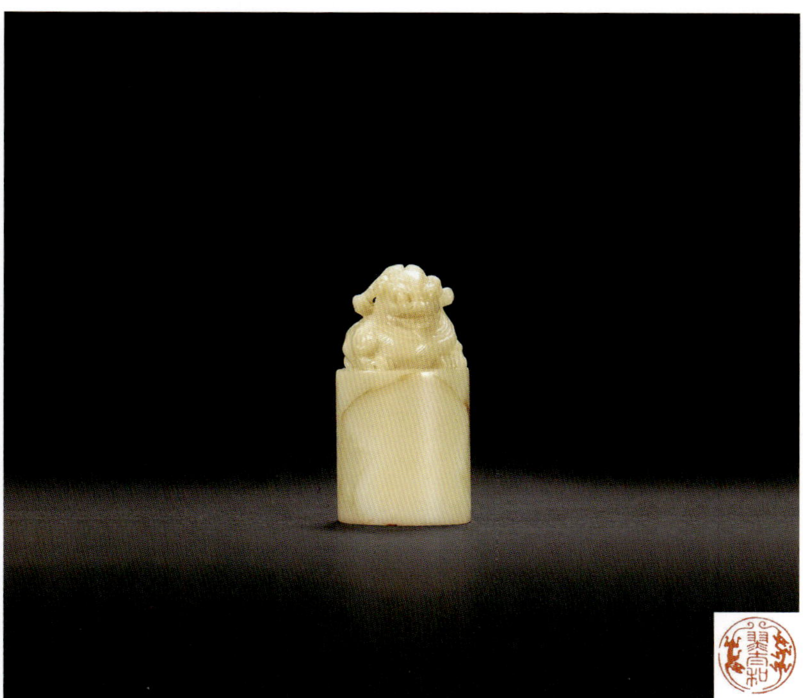

4015 清 乾隆御用寿山石盘螭钮章
估 价：RMB 2,800,000~4,000,000
成交价：RMB 5,577,500
直径2.3cm；高4.4cm 西泠印社 2021-07-25

6553 清乾隆 御制乾隆三十二体之龙书篆寿山石大印（一对）
估 价：RMB 300,000~500,000
成交价：RMB 517,500
5.7cm×5.7cm×4.5cm×2
北京保利 2021-06-08

6558 清晚期 “御赐大年长德”绿箬通芙蓉石狮钮庞莱臣用印
估 价：RMB 600,000~900,000
成交价：RMB 943,000
6.8cm×4.5cm×5.5cm
北京保利 2021-06-08

3081 清 鸡血石谢灵运诗句闲章（一对）
估 价：HKD 300,000~500,000
成交价：RMB 513,125
高6.7cm×2 佳士得 2021-12-03

3080 清嘉庆 1813年 定亲王鸡血石自用印章（一套五方）
估　价：HKD 300,000~500,000
成交价：RMB 1,744,625
高12.2cm × 5 佳士得 2021-12-03

4184 清中期 田黄石松鹿贺寿纹章
估　价：RMB 1,000,000~2,000,000
成交价：RMB 1,150,000
3cm × 3.1cm × 8.9cm；重188.8g
西泠印社 2021-07-25

1231 清 吴昌硕刻多字印
估　价：RMB 450,000~600,000
成交价：RMB 517,500
4cm × 4cm × 4.8cm 朵云轩 2021-12-31

1232 清 陈曼生刻闲章
估　价：RMB 600,000~800,000
成交价：RMB 690,000
1.8cm × 1.8cm × 3cm 朵云轩 2021-12-31

1276 清 1910年作 吴昌硕刻青田石张弁群自用印
估　价：RMB 500,000~800,000
成交价：RMB 862,500
3cm × 3cm × 7cm 西泠印社 2021-01-15

1380 清 奚冈刻古兽钮寿山石袁廷梼自用印
估　价：RMB 300,000~400,000
成交价：RMB 632,500
2.7cm × 1.2cm × 2.6cm 西泠印社 2021-01-15

1382 清 1848年作 赵之琛刻寿山芙蓉石古兽钮章
估　价：RMB 250,000~350,000
成交价：RMB 460,000
3.2cm × 1.7cm × 6.6cm 西泠印社 2021-01-15

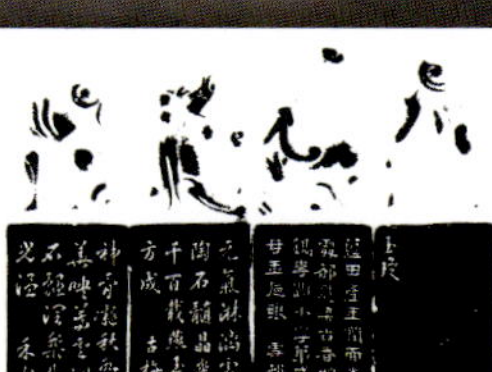

1435 清 杨玉璇作寿山牛角冻石子母螭钮章
估　价：RMB 500,000~800,000
成交价：RMB 747,500
2.1cm × 2.1cm × 6.2cm 西泠印社 2021-01-15

1381 清 陈鸿寿刻青田石袁廷梼自用印
估　价：RMB 300,000~400,000
成交价：RMB 1,058,000
1.7cm × 1.7cm × 2.9cm 西泠印社 2021-01-15

4001 清 吴让之刻寿山芙蓉石闲章
估　价：RMB 100,000~200,000
成交价：RMB 632,500
2.8cm × 2.9cm × 4.2cm 西泠印社 2021-07-25

4097 清 赵之谦刻火烧石曹籀自用印
估　价：RMB 600,000~800,000
成交价：RMB 862,500
1.5cm × 1.4cm × 2.7cm 西泠印社 2021-07-25

6564 民国 齐白石刻五彩善伯洞石三螭钮赵继藨用印（一对）
估 价：RMB 1,000,000~1,500,000
成交价：RMB 1,782,500
2.8cm × 2.8cm × 6.6cm × 2 北京保利 2021-06-08

4185 清 田黄石古兽钮章
估 价：RMB 1,000,000~1,600,000
成交价：RMB 1,955,000
2.1cm × 2cm × 4.7cm；重33.2g 西泠印社 2021-07-25

6566 民国 寿山红芙蓉杜月笙自用印（一对）
估 价：RMB 600,000~800,000
成交价：RMB 690,000
5.2cm × 5.2cm × 9cm × 2
北京保利 2021-06-08

3040 晚清/民国 王冰铁刻田黄薄意椭圆形袁克文用印
估 价：HKD 320,000~500,000
成交价：RMB 828,000
高6.9cm；重81g 佳士得 2021-05-28

2567 赵之谦为谭献刻“谭献”
估 价：RMB 800,000~1,200,000
成交价：RMB 977,500
1.9cm × 1.9cm × 3.7cm 中贸圣佳 2021-12-30

6569 民国 龚心钊旧藏田黄石印章
估　价：RMB 1,100,000~1,600,000
成交价：RMB 2,012,500
2.9cm × 2.5cm × 4.9cm；重73g 北京保利 2021-06-08

4922 陈巨来刻青田石自用对章
估　价：RMB 100,000~150,000
成交价：RMB 1,667,500
2.4cm × 2.4cm × 2cm × 2 中国嘉德 2021-11-30

4796 齐白石刻 李宏锟用寿山石古兽钮对章
估　价：RMB 800,000~1,200,000
成交价：RMB 920,000
3.1cm × 3.1cm × 8.1cm × 2
中国嘉德 2021-11-30

2593 陈达 寿山黄荔枝石甲骨文方章
估　价：RMB 600,000~800,000
成交价：RMB 805,000
3cm × 3cm × 10.3cm 中贸圣佳 2021-12-30

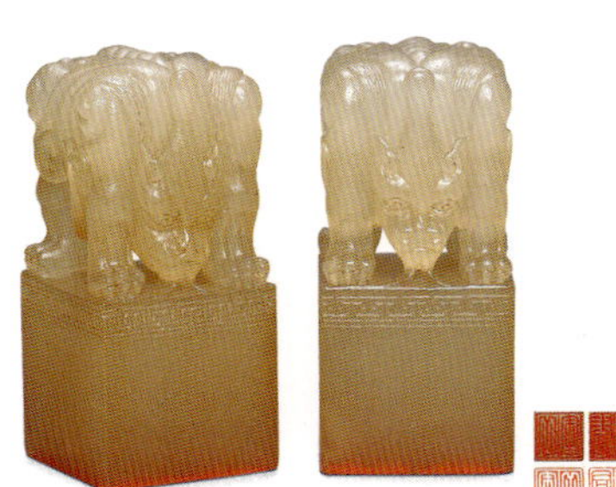

3099 尚均款高山坑头冻瑞兽钮印（一对）
估　价：HKD 180,000~280,000
成交价：RMB 615,750
高4.8cm × 2 佳士得 2021-12-03

4837 吴让之刻 陈宝晋用青田石印章
估　价：RMB 800,000~1,200,000
成交价：RMB 4,255,000
3.9cm×3.7cm×7.7cm 中国嘉德 2021-11-30

4940 陈巨来刻青田石自用两面印
估　价：RMB 500,000~800,000
成交价：RMB 5,405,000
2.4cm×2.4cm×1.4cm 中国嘉德 2021-11-30

134 天然翡翠“扭转乾坤”印章，老蒋玉雕艺术
估　价：HKD 600,000~900,000
成交价：RMB 591,120
天成国际 2021-11-26

1301 荔枝洞双螭钮方章
估　价：RMB 420,000~480,000
成交价：RMB 598,000
2.8cm×2.8cm×12cm 朵云轩 2021-12-31

1302 红白荔枝洞林文举薄意方章
估　价：RMB 500,000~800,000
成交价：RMB 759,000
2.5cm×2.5cm×8.6cm 朵云轩 2021-12-31

1319 巴林福黄冻五子弥勒钮大方章
估　价：RMB 1,800,000~2,800,000
成交价：RMB 2,070,000
8.3cm × 8.3cm × 16cm 朵云轩 2021-12-31

2595 丁敬为王德溥刻“容大”
估　价：RMB 2,000,000~3,000,000
成交价：RMB 3,220,000
1.5cm × 1.5cm × 2.6cm 中贸圣佳 2021-05-21

1303 荔枝洞古兽子母章（二方）
估　价：RMB 550,000~800,000
成交价：RMB 759,000
3.5cm × 3.5cm × 7.5cm；
3.1cm × 3.1cm × 5.5cm 朵云轩 2021-12-31

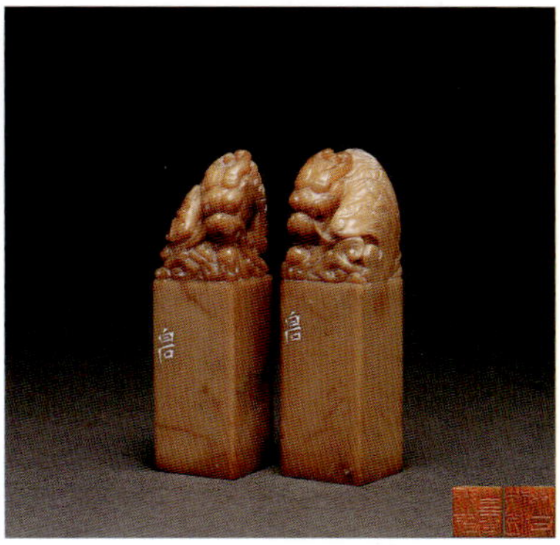

4516 齐白石刻寿山石鳌龙钮对章
估　价：RMB 1,000,000~1,800,000
成交价：RMB 1,840,000
2.5cm × 2.5cm × 8.9cm × 2
中国嘉德 2021-05-19

1280 吴昌硕刻青田石蒋汝藻自用印
估　价：RMB 400,000~600,000
成交价：RMB 805,000
2.2cm × 2.2cm × 7.8cm 西泠印社 2021-01-15

2601 巴慰祖刻自用印共二十方
估　价：RMB 3,000,000~4,000,000
成交价：RMB 3,450,000
尺寸不一 中贸圣佳 2021-05-21

1463 老坑牛角冻鸡血石章
估　价：RMB 1,200,000~2,000,000
成交价：RMB 1,380,000
3.4cm×3.4cm×11cm 西泠印社 2021-01-15

6131 巴林鸡血四联章
估　价：RMB 6,000,000~8,000,000
成交价：RMB 6,900,000
3.1cm×3.1cm×15.8cm 北京荣宝 2021-06-19

4534 赵次闲刻寿山石印章
估　价：RMB 380,000~580,000
成交价：RMB 747,500
3.5cm×3.5cm×8.7cm 中国嘉德 2021-05-19

2243 清 铜鎏金九龙钮印
估　价：RMB 800,000~1,200,000
成交价：RMB 1,127,000
长17.5cm；宽17.3cm；高8cm；重3720g
十竹斋 2021-06-27

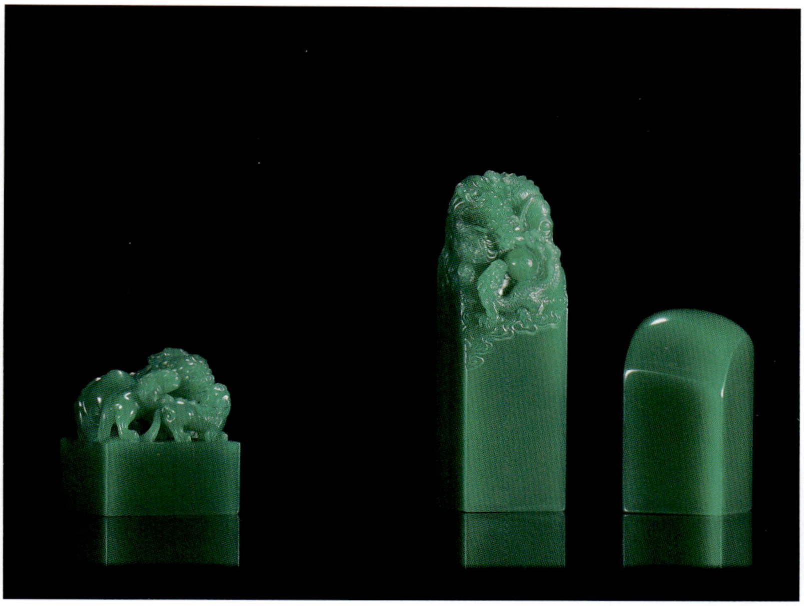

1489 雅安绿石章（三方）
估　价：RMB 2,000,000~3,000,000
成交价：RMB 2,760,000
5cm × 5cm × 5.8cm；
3.8cm × 3.8cm × 7.4cm；
3.8cm × 3.8cm × 12.5cm 西泠印社 2021-01-15

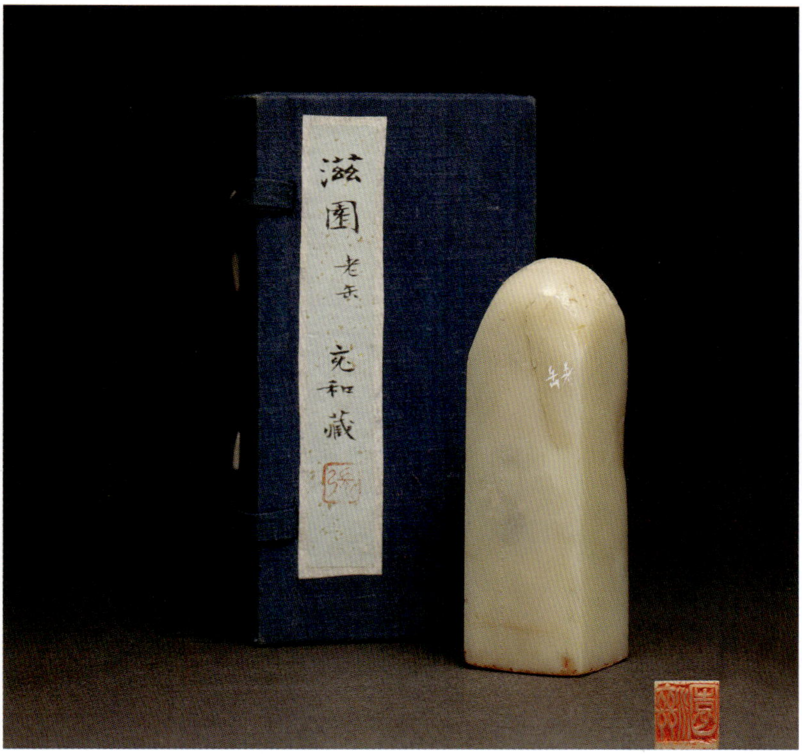

4523 吴昌硕刻寿山芙蓉石印章
估　价：RMB 1,200,000~2,200,000
成交价：RMB 2,990,000
3.2cm × 3.2cm × 10.4cm 中国嘉德 2021-05-19

3043 华健（林海钟刻绘）印方
估　价：RMB 400,000~500,000
成交价：RMB 690,000
十竹斋 2021-06-27

1552 郭功森雕三色荔枝洞狮钮方章
估　价：RMB 580,000~700,000
成交价：RMB 667,000
3cm × 3cm × 10.2cm 朵云轩 2021-07-07

4050 2007年作 韩天衡刻寿山月尾石古兽钮闲章
估　价：RMB 500,000~750,000
成交价：RMB 805,000
4.8cm × 4cm × 6.9cm 西泠印社 2021-07-25

1509 张大千、张善孖自用印（一组）
估　价：RMB 1,600,000~2,500,000
成交价：RMB 2,012,500
尺寸不一 华艺国际 2021-06-05

4208 巴林鸡血石章
估　价：RMB 180,000~250,000
成交价：RMB 4,830,000
3.1cm×3cm×11.9cm 西泠印社 2021-07-25

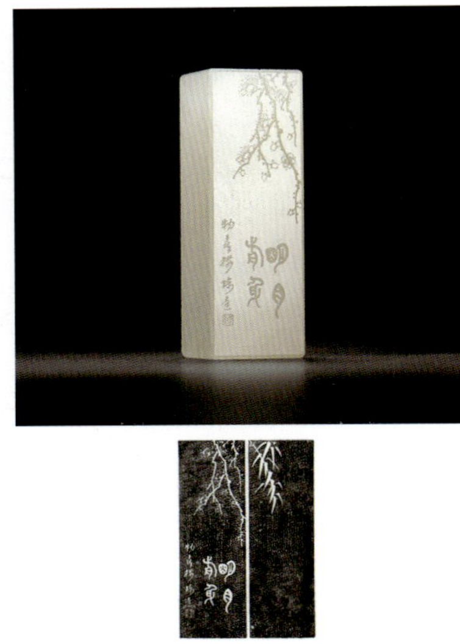

4253 陈达作寿山荔枝冻石梅竹双清薄意章
估　价：RMB 400,000~600,000
成交价：RMB 460,000
2.7cm×2.7cm×7.8cm 西泠印社 2021-07-25

3133 明崇祯 吴叔大制千秋光蒲璧墨
估　价：RMB 30,000~40,000
成交价：RMB 218,500
4.8cm×4.3cm×0.8cm；重21.2g
西泠印社 2021-07-24

6275 清早期 曹素功制“紫英”墨、琥型墨（两方）
估　价：RMB 15,000~25,000
成交价：RMB 253,000
长6cm；长4.2cm 北京保利 2021-06-08

1249 明 程君房制天府御香墨
估　价：RMB 100,000~180,000
成交价：RMB 195,500
10.2cm × 3.3cm × 1.5cm；重41.7g
西泠印社 2021-01-15

1254 清康熙 豹囊薬赏集锦墨（八锭）
估　价：RMB 50,000~80,000
成交价：RMB 552,000
5.9cm × 2.8cm × 0.9cm × 8；每锭重16.5g
西泠印社 2021-01-15

1218 清乾隆 御制墨（两块）
估　价：RMB 300,000~400,000
成交价：RMB 437,000
长9.5cm；长12.2cm 中贸圣佳 2021-05-21

1243 清乾隆 御制耕织图墨（耕部一盒二十四锭）
估　价：RMB 400,000~600,000
成交价：RMB 644,000
长5.7~10.8cm；重19~43g
华艺国际 2021-03-31

1245 清乾隆 十色八卦贡墨（一盒十锭）
估　价：RMB 600,000~800,000
成交价：RMB 1,092,500
尺寸不一 华艺国际 2021-03-31

1247 清乾隆 乾隆三十年关槐山水御墨
估　价：RMB 300,000~500,000
成交价：RMB 529,000
长14.5cm；重400g 华艺国际 2021-03-31

2129 清乾隆 御题诗文砚形朱砂墨
估 价：RMB 10,000~20,000
成交价：RMB 356,500
高10.1cm；重346g 北京翰海 2021-06-05

3139 清乾隆 御制重排石鼓文套墨（一盒十锭）
估 价：RMB 300,000~400,000
成交价：RMB 437,000
4.5cm×3.5cm×10；每锭重72g
西泠印社 2021-07-24

2767 现代 荣宝斋2008年红星乾隆贡宣10刀
估 价：RMB 200,000~220,000
成交价：RMB 230,000
北京荣宝 2021-12-02

1683 宫廷纸（40张）纸本
估 价：RMB 200,000
成交价：RMB 264,500
尺寸不一 中贸圣佳 2021-03-26

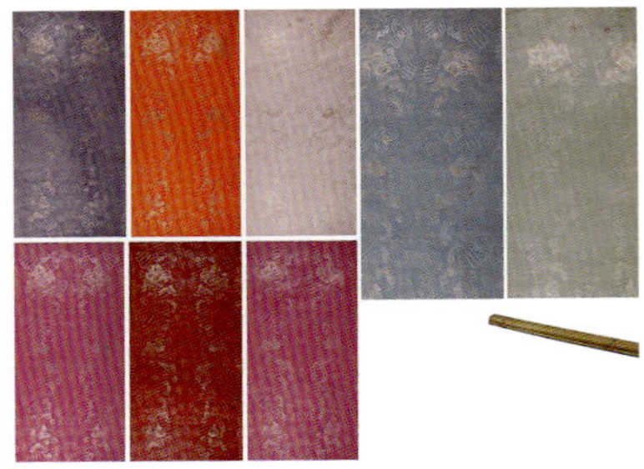

4116 清内府手绘龙纹蜡笺（八块）
估 价：RMB 50,000~80,000
成交价：RMB 149,500
156cm×78.5cm×8 中贸圣佳 2021-05-21

1978 元 鹅形歙砚
估 价：RMB 50,000~80,000
成交价：RMB 69,000
长15cm 华艺国际 2021-04-01

2212 元至明 云龙戏珠眉纹歙砚
估 价：RMB 50,000~80,000
成交价：RMB 86,250
24cm×20cm×3cm 西泠印社 2021-07-24

3657 明 紫檀错银丝寒梅暗香盖砚
估 价：HKD 120,000~150,000
成交价：RMB 339,898
长9.2cm 香港苏富比 2021-04-22

1177 明 河西笛洲藏 古铜琴砚
估 价：RMB 180,000~250,000
成交价：RMB 207,000
14.1cm×4.8cm×2.1cm 西泠印社 2021-01-15

1546 明 绿端石“兰亭修禊”砚
估 价：RMB 150,000~300,000
成交价：RMB 172,500
31.5cm×23.9cm×9.1cm
广东崇正 2021-07-19

5564 清康熙 御制松花石镶嵌鱼龙砚
估　价：RMB 5,500,000~9,500,000
成交价：RMB 7,590,000
长17.2cm 北京保利 2021-12-05

5135 清康熙 御制松花石赐砚
估　价：RMB 2,600,000~3,600,000
成交价：RMB 3,910,000
长14.6cm 北京保利 2021-06-07

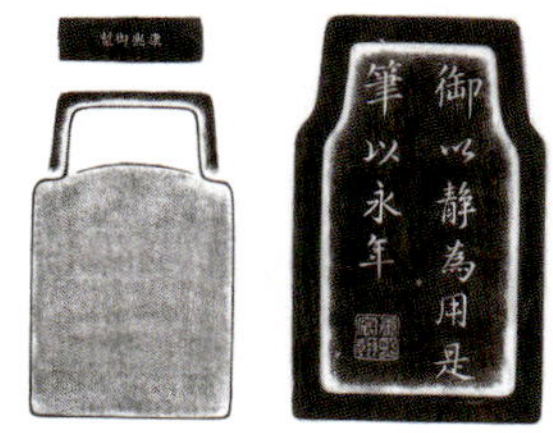

1147 清康熙 御铭门字形松花石砚
估　价：RMB 500,000~800,000
成交价：RMB 575,000
12.8cm × 7.9cm × 1.8cm 西泠印社 2021-01-15

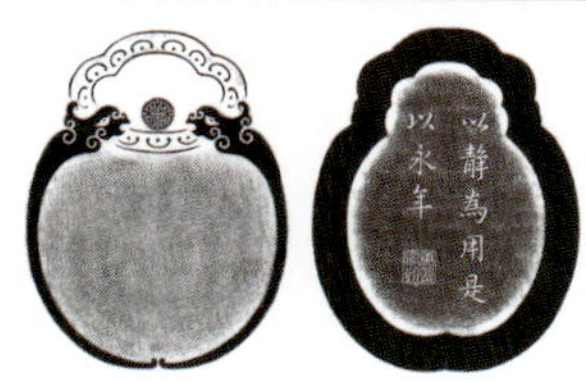

1148 清康熙 御铭凤纹囊括松花石砚
估　价：RMB 800,000~1,200,000
成交价：RMB 1,380,000
11.5cm × 9.1cm × 1.5cm 西泠印社 2021-01-15

3348 清乾隆 高凤翰铭夔龙纹澄泥砚
估　价：RMB 500,000~700,000
成交价：RMB 575,000
13.8cm × 21.4cm × 4.2cm 中国嘉德 2021-11-28

3106 清乾隆 御制乾隆四十七年赏赐费墀铭歙砚
估　价：HKD 380,000~480,000
成交价：RMB 872,313
长15.9cm 佳士得 2021-12-03

6464 清乾隆 御铭仿石渠端砚
估　价：RMB 650,000~850,000
成交价：RMB 1,012,000
宽12.7cm 北京保利 2021-12-06

1576 清乾隆 御制仿古青铜螭虎纹诗文石渠砚
估　价：RMB 350,000~500,000
成交价：RMB 552,000
14.5cm × 14.5cm × 7.5cm
西泠印社 2021-01-15

1149 清乾隆 御铭三十六洞天端砚
估　价：RMB 3,800,000~5,000,000
成交价：RMB 6,670,000
10.3cm × 6.2cm × 5.4cm 西泠印社 2021-01-15

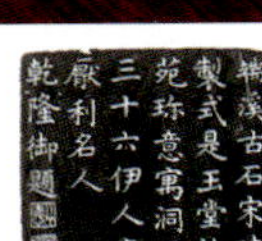

2056 清乾隆 松花灵磬御题诗砚配松花卷草纹盖盒
估　价：RMB 180,000~200,000
成交价：RMB 747,500
15cm × 10cm × 1.9cm 广东崇正 2021-07-19

3145 清 朱为弼铭 紫玉端砚
成交价：RMB 897,000
长11.8cm；宽9cm；高1.7cm
中国嘉德 2021-11-28

5136 清乾隆 金农铭闵廉风歙石石卵砚
估　价：RMB 1,800,000~2,800,000
成交价：RMB 2,760,000
长14.5cm 北京保利 2021-06-07

2417 清《沈氏砚林》著录吴昌硕铭沈石友藏精卫衔残砚
估　价：RMB 2,200,000~2,600,000
成交价：RMB 3,335,000
长12.4cm；宽11.2cm 中贸圣佳 2021-12-29

1223 清《沈氏砚林》著录吴昌硕铭林吉人圭璋砚
估　价：RMB 5,000,000~6,000,000
成交价：RMB 8,970,000
长20.8cm；最窄处9.8cm；最宽处15.2cm；厚2.8cm 中贸圣佳 2021-05-21

3236 清 顾二娘款端石多子多福砚
估　价：RMB 800,000~1,000,000
成交价：RMB 920,000
长20.5cm 中国嘉德 2021-05-18

1144 清 陈豫钟铭夔龙纹澄泥砚
估　价：RMB 350,000~500,000
成交价：RMB 517,500
17.5cm × 13.8cm × 3.4cm
西泠印社 2021-01-15

2033 清“岫君”款巧雕江水渔翁图歙砚
估　价：RMB 320,000~480,000
成交价：RMB 517,500
19cm × 14.2cm × 6.7cm 广东崇正 2021-07-19

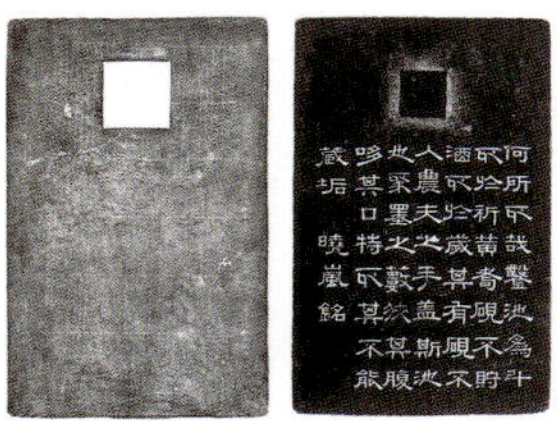

1151 清 纪晓岚铭斗池端砚
估　价：RMB 700,000~900,000
成交价：RMB 1,035,000
12.7cm×8.3cm×2.3cm 西泠印社 2021-01-15

2208 清 乾隆御题仿青铜夔凤纹石渠端砚
估　价：RMB 300,000~450,000
成交价：RMB 529,000
高7cm；长14.7cm；宽14.7cm
西泠印社 2021-07-24

3048 清 袁枚铭凤纹端砚
估　价：RMB 200,000~300,000
成交价：RMB 437,000
13.8cm×10.5cm×1.8cm 西泠印社 2021-07-24

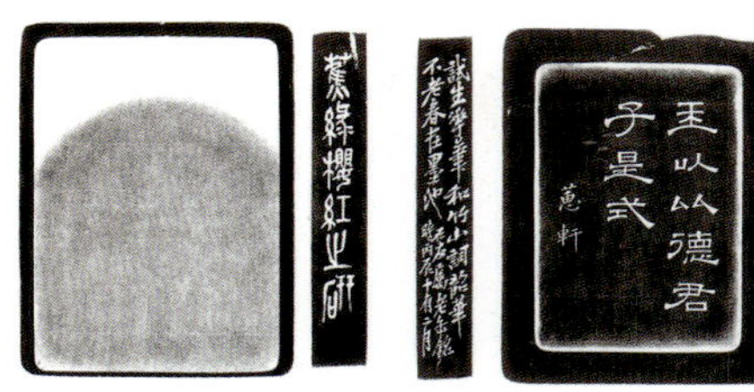

3051 清 吴昌硕吴嘉谟铭沈石友藏蕉绿樱红砚
估　价：RMB 2,200,000~3,000,000
成交价：RMB 4,427,500
13.6cm×10.7cm×2.2cm
西泠印社 2021-07-24

3053 清 董沧门作李馥铭居业堂校书砚
估　价：RMB 600,000~800,000
成交价：RMB 1,207,500
18.8cm×12.5cm×4.1cm
西泠印社 2021-07-24

3089 清 多福天来竹节形端砚
估　价：RMB 300,000~500,000
成交价：RMB 437,000
25.7cm × 16cm × 5cm 西泠印社 2021-07-24

1283 吴昌硕铭沈石友藏精卫衔残随形端砚
估　价：RMB 3,000,000~4,000,000
成交价：RMB 4,025,000
12.7cm × 12cm × 2.9cm 西泠印社 2021-01-15

3050 王禔缩摹石鼓文端砚
估　价：RMB 500,000~700,000
成交价：RMB 644,000
9.7cm × 14.9cm × 2.5cm 西泠印社 2021-07-24

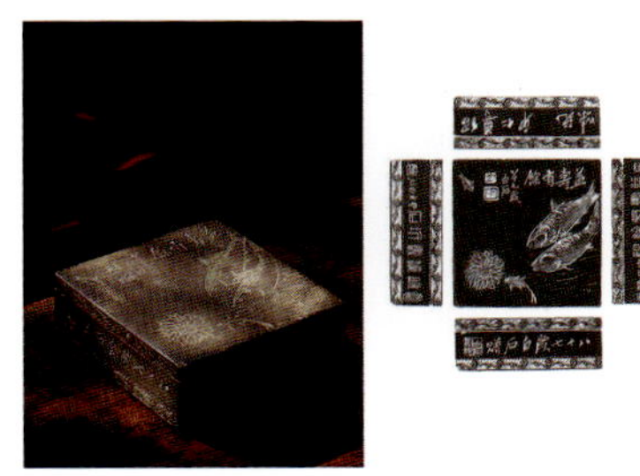

1294 齐白石铭王绍尊藏益寿有余方形端砚
估　价：RMB 1,200,000~1,800,000
成交价：RMB 1,725,000
18.3cm × 18.3cm × 6.3cm 西泠印社 2021-01-15

5145 徐雯制“书香茶”文房器紫砂（一组三件）
估　价：RMB 310,000~510,000
成交价：RMB 356,500
尺寸不一 北京保利 2021-12-05

74 清乾隆 掐丝珐琅莲纹文房陈设器（一组）
估　价：RMB 1,800,000~2,500,000
成交价：RMB 2,760,000
尺寸不一 上海明轩 2021-12-30

钱 币

2426 “阴晋半釿”桥足布
估 价：RMB 30,000~80,000
成交价：RMB 82,800
高42mm 永乐拍卖 2021-05-22

13132 先秦 五字刀“节墨之法化”背“日”一枚
估 价：RMB 40,000~60,000
成交价：RMB 74,750
高185mm 北京保利 2021-06-08

2412 早期桥梁币一组35枚
估 价：RMB 100,000~300,000
成交价：RMB 253,000
永乐拍卖 2021-05-22

13133 先秦“齐返邦长法化”背“上”一枚
估 价：RMB 880,000~1,000,000
成交价：RMB 1,552,500
高186.1mm 北京保利 2021-06-08

13153 汉“一刀平五千”一枚
估 价：RMB 50,000~70,000
成交价：RMB 97,750
高76mm 北京保利 2021-06-08

6437 十国 楚 马殷 天策府宝
估 价：RMB 100,000~200,000
成交价：RMB 529,000
直径42.2mm；厚4.7mm
中国嘉德 2021-05-21

2496 “得壹元宝”背上仰月
估 价：RMB 30,000~100,000
成交价：RMB 120,750
直径36.3mm 永乐拍卖 2021-05-22

108 五代十国 永安一百
估　价：RMB 210,000~300,000
成交价：RMB 241,500
直径31mm 西泠印社 2021-07-23

2514 “靖康通宝”银质小平宫钱
估　价：RMB 50,000~200,000
成交价：RMB 161,000
23.3mm × 1.2mm 永乐拍卖 2021-05-22

111 北宋 皇宋通宝九迭篆
估　价：RMB 600,000~900,000
成交价：RMB 690,000
直径24.5mm 西泠印社 2021-07-23

55 南宋 “天下太平”手雕宫钱
估　价：RMB 560,000~800,000
成交价：RMB 644,000
直径76.3mm 西泠印社 2021-07-23

127 辽 天庆元宝折十
估　价：RMB 400,000~600,000
成交价：RMB 460,000
直径41.1mm 西泠印社 2021-07-23

131 金 贞祐通宝折二
估　价：RMB 250,000~400,000
成交价：RMB 287,500
直径29.1mm 西泠印社 2021-07-23

160 明 “洪武通宝”背“广三”
估　价：RMB 200,000~300,000
成交价：RMB 230,000
直径33.2mm 西泠印社 2021-07-23

109 南宋 太平通宝
估　价：RMB 300,000~500,000
成交价：RMB 345,000
直径15.5mm；重4.2g 西泠印社 2021-07-23

157 元 徐天启通宝折三篆书
估　价：RMB 600,000~900,000
成交价：RMB 690,000
直径31.9mm 西泠印社 2021-07-23

2534 “大定通宝”折十试铸
估　价：RMB 1,000,000~3,000,000
成交价：RMB 3,680,000
43.2mm × 3.8mm 永乐拍卖 2021-05-22

6555 明 “五龙捧圣”背神仙图饰大型压胜钱
估　价：RMB 150,000~250,000
成交价：RMB 172,500
直径82.7mm；厚3.8mm
中国嘉德 2021-05-21

6493 清 高宗 “乾隆通宝”背宝源小平祖钱
估　价：RMB 80,000~150,000
成交价：RMB 172,500
直径26.1mm 中国嘉德 2021-05-21

13287 清“嘉庆通宝”背“天下太平”一枚
估　价：RMB 50,000~100,000
成交价：RMB 448,500
直径63mm 北京保利 2021-06-08

194 清 “咸丰重宝”宝泉当五十雕母
估　价：RMB 2,200,000~4,000,000
成交价：RMB 2,530,000
直径58.6mm 西泠印社 2021-07-23

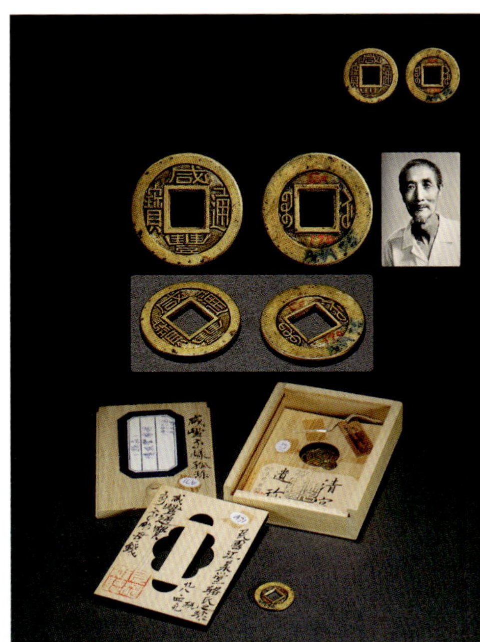

195 清 咸丰通宝宝苏斜山丰广穿小平雕母
估　价：RMB 100,000~400,000
成交价：RMB 736,000
直径24.5mm 西泠印社 2021-07-23

239 清 咸丰重宝宝福二十边计重一两进呈样钱
估　价：RMB 290,000~450,000
成交价：RMB 333,500
直径47.4mm 西泠印社 2021-07-23

225 清 咸丰元宝宝巩当千
估　价：RMB 450,000~700,000
成交价：RMB 517,500
直径66.9mm 西泠印社 2021-07-23

244 清 咸丰重宝宝直当十雕母
估　价：RMB 980,000~1,200,000
成交价：RMB 1,127,000
直径38mm 西泠印社 2021-07-23

230 清 咸丰元宝宝河当千
估　价：RMB 600,000~900,000
成交价：RMB 690,000
直径62.8mm 西泠印社 2021-07-23

240 清 咸丰通宝福局背二十壹两五钱试铸样
估　价：RMB 360,000~550,000
成交价：RMB 644,000
直径50.9mm 西泠印社 2021-07-23

4692 清 富寿康宁篆书宫钱
估　价：RMB 400,000~800,000
成交价：RMB 460,000
直径59mm；重量170.3g
西泠印社 2021-01-17

104 清 祺祥通宝宝源小平
估 价：RMB 250,000~400,000
成交价：RMB 414,000
直径28.1mm 西泠印社 2021-07-23

1961 1912年袁世凯像共和纪念十文铜币一枚
估 价：RMB 350,000~450,000
成交价：RMB 598,000
北京诚轩 2021-05-19

14479 清 咸丰重宝宝泉当五十直读试铸样钱一枚
估 价：RMB 860,000~1,000,000
成交价：RMB 989,000
北京保利 2021-12-06

4788 民国 闽省通用二文试铸样钱
估 价：RMB 140,000~250,000
成交价：RMB 161,000
直径26.3mm 西泠印社 2021-01-17

49 宋 麻姑献寿背符文花钱
估 价：RMB 280,000~400,000
成交价：RMB 322,000
直径80mm 西泠印社 2021-07-23

2639 “长行大吉”光背花钱
估 价：RMB 50,000~100,000
成交价：RMB 115,000
直径45.3mm 永乐拍卖 2021-05-22

62 明 宜兄宜弟花钱
估 价：RMB 390,000~600,000
成交价：RMB 448,500
直径76.6mm 西泠印社 2021-07-23

4717 清 乾隆万年背龙凤大型花钱
估　价：RMB 250,000~500,000
成交价：RMB 287,500
直径73.2mm；重94.7g
西泠印社 2021-01-17

2619 太上咒背真武符文 大型花钱
估　价：RMB 50,000~200,000
成交价：RMB 287,500
60mm×3.1mm 永乐拍卖 2021-05-22

320 元 金叶子
估　价：RMB 120,000~200,000
成交价：RMB 138,000
通长87.5mm；重40g 西泠印社 2021-07-23

6845 明代“□记”束腰型二两金锭
估　价：RMB 50,000~120,000
成交价：RMB 333,500
中国嘉德 2021-05-22

6777 清乾隆“臣记”“三益 王铺”十两金锭
估　价：RMB 300,000~600,000
成交价：RMB 713,000
中国嘉德 2021-05-22

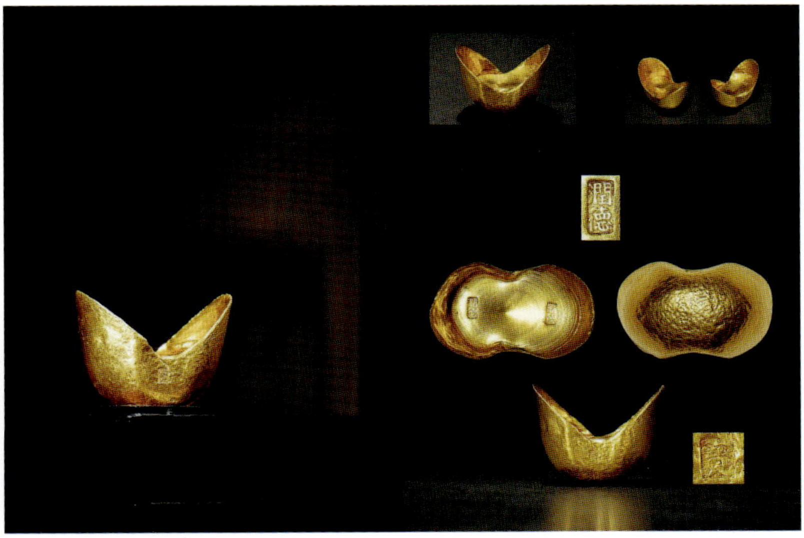

4591 清 润德款湖南龟宝型十两金元宝
估　价：RMB 1,500,000~2,500,000
成交价：RMB 1,725,000
重365.6g 西泠印社 2021-01-17

324 清 南元足金叶子一组四件
估　价：RMB 370,000~500,000
成交价：RMB 425,500
总重188.2g 西泠印社 2021-07-23

308 民国 上海老凤祥十两金条
估　价：RMB 400,000~600,000
成交价：RMB 460,000
通长126.9mm；重315g 西泠印社 2021-07-23

13338 南宋“霸西面南 陈康铺 京销细渗 钞铺黎金 广东钞库 梁严强 陈彦昭”十二两半银锭
估　价：RMB 50,000~80,000
成交价：RMB 80,500
重439g 北京保利 2021-06-08

2750 金“善 五十两 秤子王彦 行人口仲仁 花银”五十两银锭
估　价：RMB 200,000~350,000
成交价：RMB 322,000
重2005g 永乐拍卖 2021-05-22

4575 民国 大丰恒足赤五两金砖
估　价：RMB 135,000~180,000
成交价：RMB 155,250
重量156g 西泠印社 2021-01-17

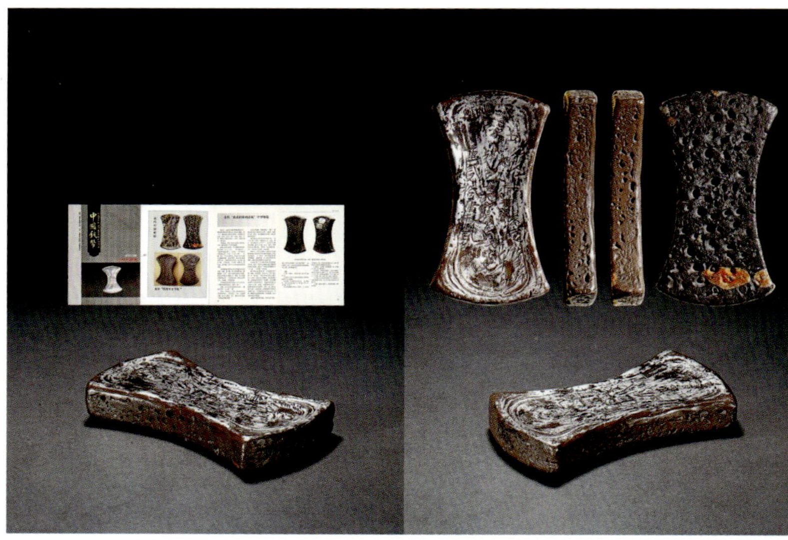

4549 金 贰拾肆两壹钱中型银锭
估　价：RMB 1,560,000~2,200,000
成交价：RMB 1,794,000
长117mm；重量964g 西泠印社 2021-01-17

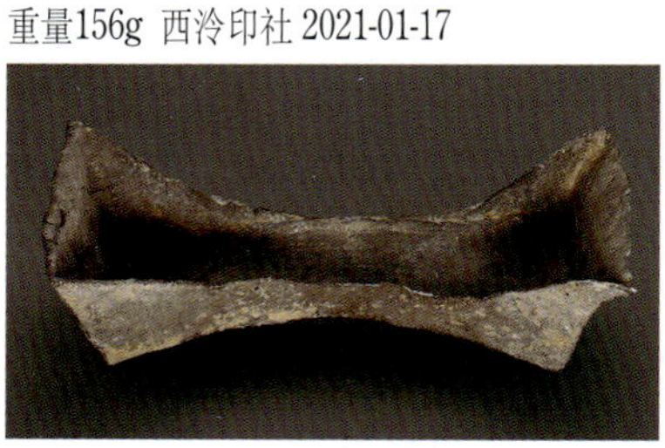

1066 唐代 素面五十两船形银锭一枚
估　价：RMB 20,000~50,000
成交价：RMB 138,000
重1783.9g 北京诚轩 2021-05-21

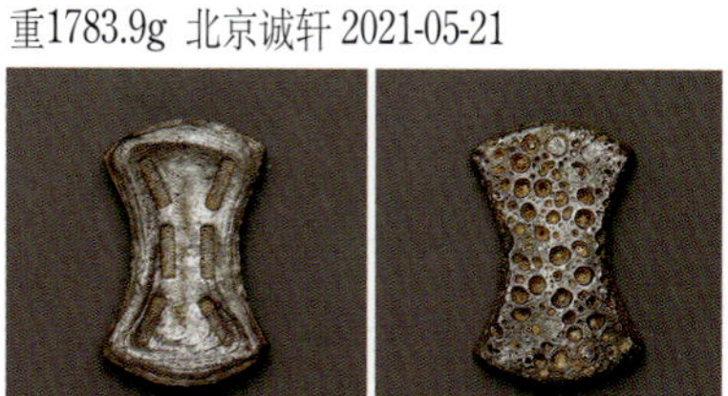

1072 南宋“京销正渗”六排戳十两银锭一枚
估　价：RMB 5,000~10,000
成交价：RMB 55,200
重384.4g 北京诚轩 2021-05-21

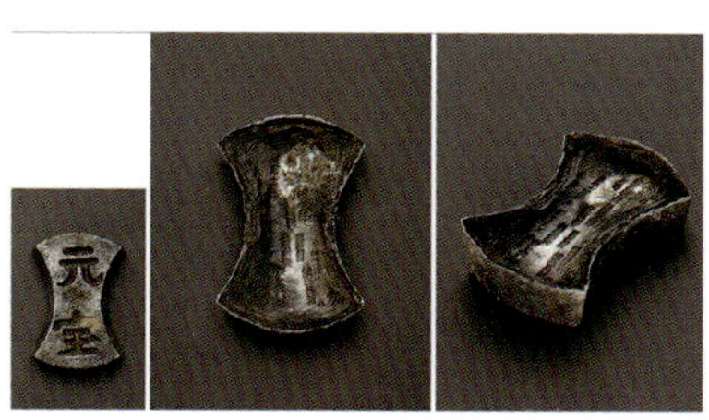

1073 元代“至元十四年 扬州 两浙运司盐课”背“元宝”五十两银锭一枚
估　价：RMB 200,000~400,000
成交价：RMB 747,500
重1915.9g 北京诚轩 2021-05-21

1080 明代 安徽“定远县”五十两银锭一枚
估　价：RMB 20,000~50,000
成交价：RMB 126,500
重1866克 北京诚轩 2021-05-21

2765 明 “银作局 花银叁拾两”束腰银锭
估　价：RMB 150,000~400,000
成交价：RMB 345,000
重1127.7g 永乐拍卖 2021-05-22

6742 清代 河南“乾隆五十八年 中牟县 匠徐士”五十两银锭
估　价：RMB 400,000~500,000
成交价：RMB 460,000
重1876.6g 中国嘉德 2021-05-22

1162 清代 江西“乾隆六十年六月 南城县 伍拾两 匠危昭”方宝一枚
估　价：RMB 800,000~1,000,000
成交价：RMB 920,000
重1884.1g 北京诚轩 2021-05-21

1165 清代 广东“嘉庆五年 监饷 五月源昌”十两砝码锭一枚
估　价：RMB 120,000~150,000
成交价：RMB 138,000
重360.1g 北京诚轩 2021-05-21

1150 清代 湖南“咸丰□元年 武冈州 咸丰□元年 地丁银”五十两银锭一枚
估　价：RMB 400,000~600,000
成交价：RMB 2,070,000
重1860.1g 北京诚轩 2021-05-21

1151 清代 湖南“咸丰六年 三月 浏阳县 钱公慎”五十两银锭一枚
估　价：RMB 300,000~500,000
成交价：RMB 2,300,000
重1871.5g 北京诚轩 2021-05-21

1156 清代 湖北“光绪二十六年 九□月 湖北厘金 官钱局”五十两银锭一枚
估　价：RMB 380,000~500,000
成交价：RMB 517,500
重1864.2g 北京诚轩 2021-05-21

1210 清代 安徽“光绪年月 淮北厘局 匠玉聚源号”五十两银锭一枚
估　价：RMB 200,000~300,000
成交价：RMB 1,092,500
重1875.3g 北京诚轩 2021-05-21

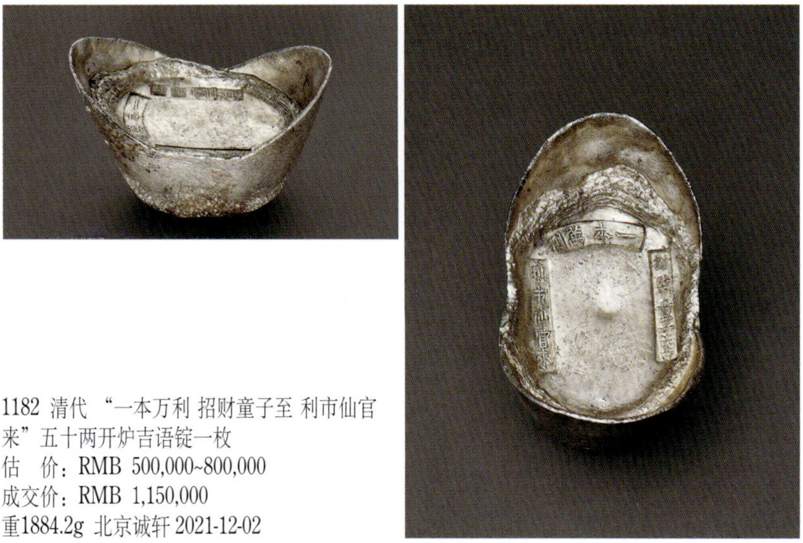

1182 清代 “一本万利 招财童子至 利市仙官来”五十两开炉吉语锭一枚
估　价：RMB 500,000~800,000
成交价：RMB 1,150,000
重1884.2g 北京诚轩 2021-12-02

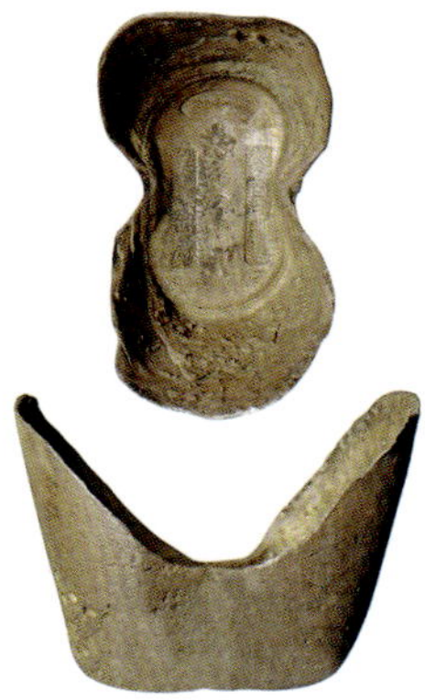

2769 民国 新疆“伊犁宁远 美丽银局 癸酉年造”五十两银锭
估　价：RMB 150,000~300,000
成交价：RMB 299,000
重1473.3g 永乐拍卖 2021-05-22

1616 1907年丁未大清银币壹圆铜质样币一枚
估　价：RMB 80,000~150,000
成交价：RMB 977,500
北京诚轩 2021-05-19

2354 1909年己酉大清铜币中心“汴”五文试铸样币一枚
估　价：RMB 450,000~550,000
成交价：RMB 517,500
北京诚轩 2021-05-20

2355 1912年中华民国河南双旗嘉禾伍百文铜币试铸样币一枚
估　价：RMB 100,000~200,000
成交价：RMB 943,000
直径45.2mm；厚3mm 北京诚轩 2021-05-20

2028 民国二十五年广东省造五羊图壹仙铜币一枚
估　价：RMB 100,000~200,000
成交价：RMB 667,000
北京诚轩 2021-05-20

2178 民国 四川十文型马兰黄铜币一枚
估　价：RMB 40,000~60,000
成交价：RMB 212,750
北京诚轩 2021-05-20

2186 1926～1928年四川十文型马兰黄铜币一枚
估　价：RMB 40,000~60,000
成交价：RMB 460,000
北京诚轩 2021-05-20

268 明 司礼监十两银元宝
估　价：RMB 90,000~180,000
成交价：RMB 103,500
重337.1g 西泠印社 2021-07-23

2304 1899年 湖北省造光绪元宝库平七钱二分、三钱六分、一钱四分四厘、七分二厘、三分六厘银币铜质样币五枚全套
估　价：RMB 500,000~1,000,000
成交价：RMB 4,255,000
北京诚轩 2021-12-01

339 清 东三省造光绪元宝库平七钱二分银币
估　价：RMB 1,060,000~1,500,000
成交价：RMB 1,219,000
直径39mm 西泠印社 2021-07-23

1998 道光年铸库平柒式足纹银饼臆造老公银饼一枚
估　价：RMB 20,000~30,000
成交价：RMB 184,000
北京诚轩 2021-05-19

6969 1908年湖南省造“长沙乾益字号”“省平足纹柒钱”银饼（LM409）
估　价：RMB 5,000~30,000
成交价：RMB 299,000
中国嘉德 2021-05-22

7366 1896年湖北省造“本省”光绪元宝库平七钱二分银币一枚
估　价：RMB 1,500,000~1,800,000
成交价：RMB 4,197,500
中国嘉德 2021-05-22

1611 1906年丙午户部大清银币“中”字伍钱样币一枚
估　价：RMB 180,000~250,000
成交价：RMB 805,000
北京诚轩 2021-05-19

1612 1906年丙午户部大清银币“中”字贰钱样币一枚
估　价：RMB 150,000~200,000
成交价：RMB 563,500
北京诚轩 2021-05-19

1617 1907年丁未大清银币伍角样币一枚
估　价：RMB 100,000~150,000
成交价：RMB 690,000
北京诚轩 2021-05-19

1805 慈禧像云南恭进臆造银币一枚
估　价：RMB 10,000~20,000
成交价：RMB 143,750
北京诚轩 2021-05-19

2018 1890年喜敦版广东省造光绪元宝库平三钱六分银币一枚
估　价：RMB 80,000~150,000
成交价：RMB 529,000
北京诚轩 2021-05-20

2057 1898年无纪年江南省造光绪元宝库平七钱二分银币一枚
估 价：RMB 180,000~350,000
成交价：RMB 2,012,500
北京诚轩 2021-05-20

2131 1902～1911年四川省造第一期光绪像一卢比银币一枚
估 价：RMB 20,000~50,000
成交价：RMB 586,500
北京诚轩 2021-05-20

2255 光绪二十四年 奉天机器局造五角银币一枚
估 价：RMB 50,000~80,000
成交价：RMB 287,500
北京诚轩 2021-05-20

2264 光绪三十三年东三省造光绪元宝库平七钱二分银币一枚
估 价：RMB 60,000~80,000
成交价：RMB 724,500
北京诚轩 2021-05-20

2385 1894年新疆阿城光绪银元伍钱一枚
估 价：RMB 2,000~3,000
成交价：RMB 241,500
北京诚轩 2021-05-20

13503 1904年光绪三十年湖北省造大清银币库平壹两双龙银币一枚
估 价：RMB 100,000~200,000
成交价：RMB 517,500
北京保利 2021-06-08

1621 宣统年造大清银币伍角“1/2DOL.”一枚
估 价：RMB 35,000~50,000
成交价：RMB 322,000
北京诚轩 2021-05-19

1632 宣统三年大清银币“反龙”版壹圆样币一枚
估　价：RMB 400,000~800,000
成交价：RMB 1,840,000
北京诚轩 2021-05-19

1640 宣统三年大清银币“立龙”伍角样币一枚
估　价：RMB 300,000~500,000
成交价：RMB 2,875,000
北京诚轩 2021-05-19

1643 宣统三年大清银币壹角一枚
估　价：RMB 80,000~150,000
成交价：RMB 483,000
北京诚轩 2021-05-19

2106 清 福建漳州军饷足纹通行银饼一枚
估　价：RMB 80,000~120,000
成交价：RMB 287,500
北京诚轩 2021-05-20

1633 宣统三年大清银币“长须龙”版壹圆样币一枚
估　价：RMB 2,200,000~3,000,000
成交价：RMB 5,750,000
北京诚轩 2021-05-19

2389 1910年新疆饷银五钱银币一枚
估　价：RMB 30,000~50,000
成交价：RMB 517,500
北京诚轩 2021-05-20

4542 清 山东日进斗金招财童子至利市仙官来五十两银元宝
估　价：RMB 480,000~900,000
成交价：RMB 552,000
重量1867.6gg 西泠印社 2021-01-17

4540 清 新疆省银行造五十两银元宝
估　价：RMB 300,000~600,000
成交价：RMB 345,000
重量1813g 西泠印社 2021-01-17

2388 1910年新疆饷银一两银币一枚
估　价：RMB 380,000~450,000
成交价：RMB 1,357,000
北京诚轩 2021-05-20

372 民国 1921年徐世昌文装纪念银币
估　价：RMB 540,000~900,000
成交价：RMB 621,000
直径39mm 西泠印社 2021-07-23

365 民国 1916年袁世凯飞龙银币
估　价：RMB 510,000~900,000
成交价：RMB 586,500
直径39mm 西泠印社 2021-07-23

373 民国 1928年贵州省造汽车银币
估　价：RMB 510,000~900,000
成交价：RMB 586,500
直径39mm 西泠印社 2021-07-23

7251 民国三年（1914年）袁世凯像中圆银币（LM64）
估　价：RMB 200,000~500,000
成交价：RMB 483,000
中国嘉德 2021-05-22

7285 民国十七年（1928年）贵州省政府造七钱二分（壹圆）汽车银币（LM609）
估　价：RMB 200,000~300,000
成交价：RMB 747,500
中国嘉德 2021-05-22

1660 1912年黎元洪像戴帽开国纪念壹圆银币一枚
估　价：RMB 300,000~500,000
成交价：RMB 1,552,500
北京诚轩 2021-05-19

1863 1932年鄂豫皖省苏维埃政府工农银行造壹圆银币一枚
估　价：RMB 80,000~150,000
成交价：RMB 1,840,000
北京诚轩 2021-05-19

1876 民国十六年造孙中山像陵墓壹圆银币样币一枚
估　价：RMB 200,000~300,000
成交价：RMB 1,127,000
北京诚轩 2021-05-19

1877 民国十八年意大利“A.MOTTI.INC.”签字版孙中山像背三帆船壹元银币样币一枚
估　价：RMB 800,000~1,200,000
成交价：RMB 4,025,000
北京诚轩 2021-05-19

1717 民国三年袁世凯像壹圆银币一枚
估　价：RMB 120,000~200,000
成交价：RMB 437,000
北京诚轩 2021-05-19

1859 1912年孙中山像开国纪念壹圆银币一枚
估　价：RMB 50,000~80,000
成交价：RMB 402,500
北京诚轩 2021-05-19

1878 民国十八年奥地利版孙中山像背三帆船壹元银币样币一枚
估　价：RMB 200,000~300,000
成交价：RMB 1,840,000
北京诚轩 2021-05-19

1960 1914年袁世凯像共和纪念“冲天冠”版壹圆银币样币一枚
估　价：RMB 100,000~150,000
成交价：RMB 1,667,500
北京诚轩 2021-05-19

1953 民国十二年造龙凤壹圆银币一枚
估　价：RMB 200,000~300,000
成交价：RMB 1,058,000
北京诚轩 2021-05-19

1958 1914年袁世凯像共和纪念壹圆银币一枚
估　价：RMB 100,000~200,000
成交价：RMB 1,437,500
北京诚轩 2021-05-19

1966 1918年唐继尧正面像拥护共和纪念库平三钱六分银币一枚
估　价：RMB 50,000~80,000
成交价：RMB 414,000
北京诚轩 2021-05-19

1969 民国十年徐世昌像仁寿同登纪念银币一枚
估　价：RMB 100,000~200,000
成交价：RMB 632,500
北京诚轩 2021-05-19

1975 1923年曹锟文装像宪法成立纪念银币一枚
估　价：RMB 300,000~400,000
成交价：RMB 1,242,000
北京诚轩 2021-05-19

2356 民国十七年贵州省政府造贵州银币壹圆一枚
估　价：RMB 50,000~100,000
成交价：RMB 897,000
北京诚轩 2021-05-20

902 民国三年袁世凯头像钢模母币
估　价：RMB 60,000~80,000
成交价：RMB 1,932,000
高3.9cm 中鸿信 2021-07-15

1977 1916年袁世凯像中华帝国洪宪纪元飞龙“L.GIORGI”签字版纪念银币样币一枚
估　价：RMB 800,000~1,200,000
成交价：RMB 3,335,000
北京诚轩 2021-05-19

2214 1943年云南省“大鹿头”正银一两银币一枚
估　价：RMB 30,000~50,000
成交价：RMB 598,000
北京诚轩 2021-05-20

13462 1929年民国十八年意大利版孙中山像背三帆船壹圆银币样币一枚
估　价：RMB 100,000~200,000
成交价：RMB 345,000
北京保利 2021-06-08

1540 宣统三年大清银币“长须龙”版壹圆样币一枚
估 价：RMB 1,800,000~2,800,000
成交价：RMB 6,727,500
北京诚轩 2021-11-30

1799 宣统三年大清银币“反龙”版壹圆样币一枚
估 价：RMB 600,000~1,000,000
成交价：RMB 3,967,500
北京诚轩 2021-11-30

2026 民国十八年孙中山像背地球双旗图壹圆银币试铸样币一枚
估 价：RMB 3,000,000~5,000,000
成交价：RMB 12,650,000
北京诚轩 2021-11-30

2151 民国十五年张作霖戎装像陆海军大元帅纪念银币样币一枚
估 价：RMB 6,000,000~10,000,000
成交价：RMB 25,990,000
北京诚轩 2021-11-30

2336 光绪二十四年安徽省造光绪元宝A.S.T.C.版库平七钱二分银币一枚
估 价：RMB 300,000~500,000
成交价：RMB 3,335,000
北京诚轩 2021-12-01

2490 1901年四川省造光绪元宝库平七钱二分银币一枚
估 价：RMB 1,800,000~2,800,000
成交价：RMB 5,750,000
北京诚轩 2021-12-01

2352 1898年戊戌江南省造光绪元宝“珍珠龙”版库平七钱二分银币一枚
估　价：RMB 1,000,000~2,000,000
成交价：RMB 8,050,000
北京诚轩 2021-12-01

371 民国 1921年徐世昌文装纪念金质样币
估　价：RMB 1,800,000~2,800,000
成交价：RMB 2,875,000
直径39mm 西泠印社 2021-07-23

2848 民国三十八年贵州省造壹圆银币一枚
估　价：RMB 2,800,000~3,800,000
成交价：RMB 5,807,500
北京诚轩 2021-12-01

2759 光绪三十三年东三省造光绪元宝库平七钱二分银币一枚
估　价：RMB 600,000~1,000,000
成交价：RMB 5,232,500
北京诚轩 2021-12-01

7189 光绪丁未年 造大清金币一两银质龙面试样，PCGS SP58，（马定祥旧藏，存世孤品）
估　价：RMB 1,200,000~3,600,000
成交价：RMB 7,245,000
重31g 华艺国际 2021-12-11

400 民国 1923年曹锟戎装纪念金质样币
估　价：RMB 1,800,000~2,800,000
成交价：RMB 2,070,000
直径38mm 西泠印社 2021-07-23

401 民国 1924年段祺瑞和平纪念金质样币
估　价：RMB 1,900,000~3,000,000
成交价：RMB 2,185,000
直径39mm 西泠印社 2021-07-23

7410 民国十年（1921年）徐世昌纪念币（LM864）
估　价：RMB 65,000~100,000
成交价：RMB 471,500
中国嘉德 2021-05-22

2912 1920年西藏色章果木二十两金币一枚
估　价：RMB 100,000~150,000
成交价：RMB 1,242,000
北京诚轩 2021-12-01

2400 1984年熊猫纪念金币一枚
估　价：RMB 180,000~220,000
成交价：RMB 333,500
直径70mm 北京诚轩 2021-05-20

7659 1985年 联合国妇女十年 纪念100元纪念金质样币一枚 NGC PF67ULTRA CAMEO（撤销发行，实铸4枚）
估　价：RMB 2,000,000~5,000,000
成交价：RMB 7,935,000
重8g 华艺国际 2021-12-11

1976 1916年袁世凯像中华帝国洪宪纪元飞龙“L.GIORGI”签字版拾圆纪念金币样币一枚
估　价：RMB 1,800,000~2,500,000
成交价：RMB 4,600,000
北京诚轩 2021-05-19

2162 民国十年徐世昌像仁寿同登无“纪念币”加刻英文姓名银币一枚
估　价：RMB 500,000~1,000,000
成交价：RMB 3,450,000
北京诚轩 2021-11-30

7419 1914年袁世凯像中华民国共和纪念币壹圆（LM858）
估　价：RMB 280,000~320,000
成交价：RMB 517,500
中国嘉德 2021-05-22

2163 民国十年徐世昌像仁寿同登无“纪念币”银币一枚
估　价：RMB 300,000~500,000
成交价：RMB 1,552,500
北京诚轩 2021-11-30

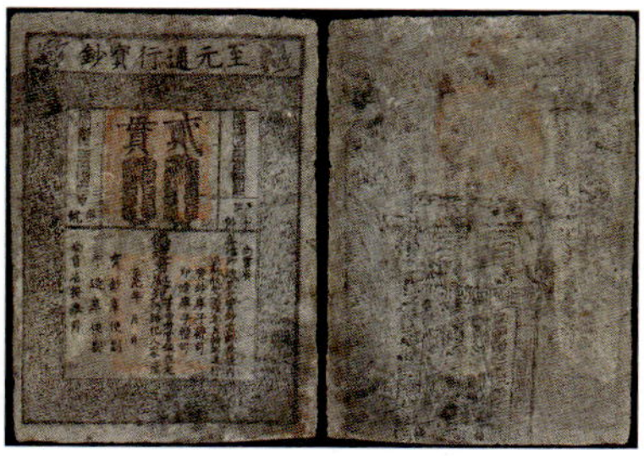

6089 元代至元通行宝钞贰贯
估　价：RMB 180,000~300,000
成交价：RMB 207,000
中国嘉德 2021-05-22

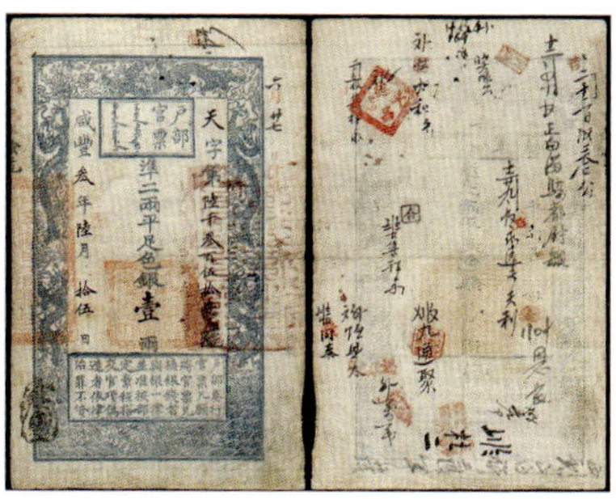

1304 咸丰三年六月十五日户部官票京师试行版手写壹两一枚
估　价：RMB 220,000~280,000
成交价：RMB 253,000
北京诚轩 2021-05-21

1433 清代无年份（约1910年）天津华俄道胜银行银两票伍百两加盖改作哈尔滨华俄道胜银行银元票伍百圆一枚
估　价：RMB 110,000~130,000
成交价：RMB 126,500
北京诚轩 2021-05-21

4805 1949年浙东行政公署金库券伍分、伍角、壹圆全套三枚
估　价：RMB 600,000~1,000,000
成交价：RMB 862,500
通长90mm–129mm 西泠印社 2021-01-17

6135 民国元年（1912年）交通银行拾圆“天津”样票
估　价：RMB 20,000~80,000
成交价：RMB 138,000
中国嘉德 2021-05-22

4794 民国 晋察边区银行纸币一组六十九枚
估　价：RMB 120,000~200,000
成交价：RMB 138,000
西泠印社 2021-01-17

6485 咸丰九年（1859年）大清宝钞贰千文五十枚连号
估　价：RMB 180,000~300,000
成交价：RMB 655,500
中国嘉德 2021-12-13

416 现代 第一版人民币一组八十七枚
估　价：RMB 500,000~800,000
成交价：RMB 977,500
通长112mm-149mm 西泠印社 2021-07-23

6336 1951年中国人民银行发行第一版人民币壹万圆“骆驼队”
估　价：RMB 20,000~50,000
成交价：RMB 172,500
中国嘉德 2021-05-22

1459 1948年第一版人民币伍拾圆“驴子与矿车”一枚
估　价：RMB 10,000~20,000
成交价：RMB 322,000
北京诚轩 2021-05-21

1461 1949年第一版人民币伍拾圆“红火车”一枚
估 价：RMB 8,000~15,000
成交价：RMB 126,500
北京诚轩 2021-05-21

1474 1949年第一版人民币壹佰圆“大帆船”一枚
估 价：RMB 80,000~120,000
成交价：RMB 247,250
北京诚轩 2021-05-21

1496 1953年第二版人民币拾圆一枚
估 价：RMB 200,000~250,000
成交价：RMB 230,000
北京诚轩 2021-05-21

13049 1951年第一版人民币伍佰圆瞻德城
估 价：RMB 100,000~200,000
成交价：RMB 667,000
北京保利 2021-06-08

13083 1960年第三版人民币贰圆车工五星水印一百枚连号
估 价：RMB 150,000~200,000
成交价：RMB 209,300
北京保利 2021-06-08

1470 1953年第二版人民币叁圆十枚连号
估 价：RMB 200,000~300,000
成交价：RMB 816,500
北京诚轩 2021-12-02

4593 清 造办处制大清御赏奖赐武功赏牌
估 价：RMB 260,000~500,000
成交价：RMB 299,000
通长260mm；重量151g 西泠印社 2021-01-17

4595 清 藏传佛教九世班禅曲吉尼玛赐福金牌
估 价：RMB 250,000~500,000
成交价：RMB 287,500
通长61.5mm；总重84.8g
西泠印社 2021-01-17

1862 民国元年直隶都督张（锡銮）像“GIORGI”签字版银质二等纪念牌一枚
估 价：RMB 10,000~20,000
成交价：RMB 621,000
北京诚轩 2021-05-19

8410 民国十年（1921年）徐世昌纪念金章（LM1125）
估　价：RMB 2,800,000~3,500,000
成交价：RMB 3,680,000
中国嘉德 2021-12-12

7133 民国 一等白鹰勋章、副章一组（附绶带、原盒）
估　价：RMB 500,000~1,000,000
成交价：RMB 1,288,000
尺寸不一 华艺国际 2021-12-11

7130 北洋政府时期二等文虎勋章
估　价：RMB 30,000~50,000
成交价：RMB 138,000
中国嘉德 2021-05-22

7177 清 造办处大清御赏奖赐武功赏牌
估　价：RMB 200,000~600,000
成交价：RMB 609,500
重150g 华艺国际 2021-12-11

2475 郡国“五铢”钱范
估　价：RMB 160,000~320,000
成交价：RMB 322,000
长276mm，宽78mm 永乐拍卖 2021-05-22

98 清 吉语钱树
估　价：RMB 280,000~400,000
成交价：RMB 322,000
通长530mm 西泠印社 2021-07-23

邮　品

6885 COL《建筑顶部造型》极限邮集一部
估　价：RMB 150,000~200,000
成交价：RMB 172,500
中国嘉德 2021-12-12

7120 FDC 1955年上海寄天津挂号封四件
估　价：RMB 20,000~40,000
成交价：RMB 172,500
中国嘉德 2021-12-12

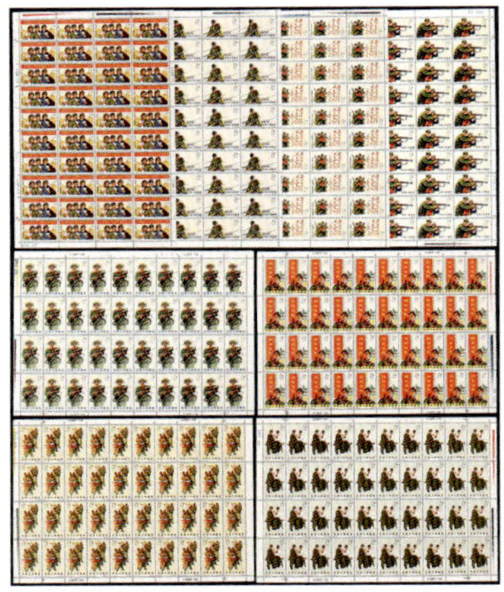

7164 ★ 特74中国人民解放军邮票四十枚全张八全
估　价：RMB 200,000~400,000
成交价：RMB 322,000
中国嘉德 2021-12-12

12360 1953年纪20伟大的苏联十月革命三十五周年纪念发行撤销新票全套四枚
估　价：RMB 120,000~180,000
成交价：RMB 247,250
北京保利 2021-12-19

7174 ★ 全国山河一片红（撤销发行）邮票四方连
估　价：RMB 5,000,000~6,000,000
成交价：RMB 5,750,000
中国嘉德 2021-12-12

12396 1968年全国山河一片红8分新票一枚
估　价：RMB 1,180,000~1,300,000
成交价：RMB 1,357,000
北京保利 2021-12-19

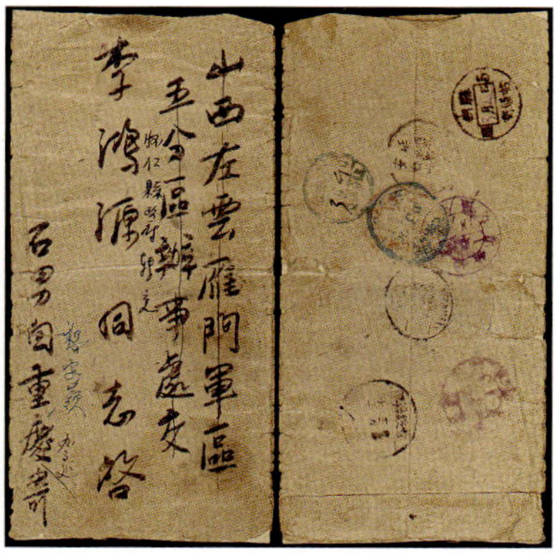

12204 1946年自延安通讯站杨家岭寄山西雁门军区军邮封，此封由陕甘宁边区延安杨家岭发出
估　价：RMB 100,000~150,000
成交价：RMB 230,000
北京保利 2021-12-19

12439 1967年文3延安文艺座谈会的讲话发表廿五周年新票四方连
估　价：RMB 80,000~150,000
成交价：RMB 161,000
北京保利 2021-12-19

12446 1967年文7毛主席诗词新票全套四方连
估　价：RMB 120,000~180,000
成交价：RMB 253,000
北京保利 2021-12-19

12588 1968年全面胜利万岁8分新票一枚
估　价：RMB 700,000~1,000,000
成交价：RMB 839,500
北京保利 2021-12-19

12590 1968年毛主席题词赠给日本劳工友好8分旧票一枚
估　价：RMB 300,000~500,000
成交价：RMB 437,000
北京保利 2021-12-19

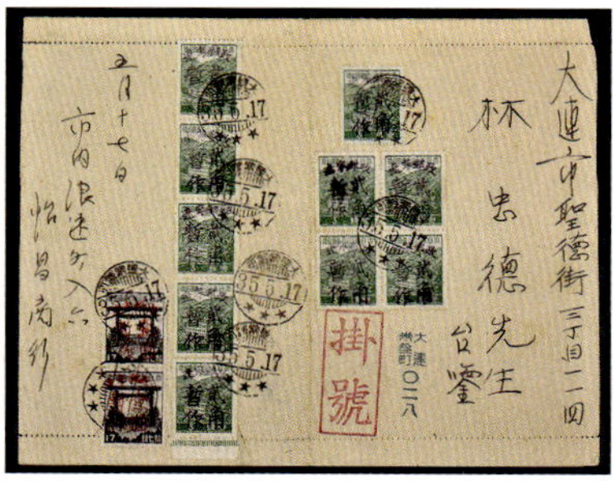

5797 C 1946年大连寄本埠挂号邮筒
估　价：RMB 60,000~90,000
成交价：RMB 69,000
中国嘉德 2021-05-22

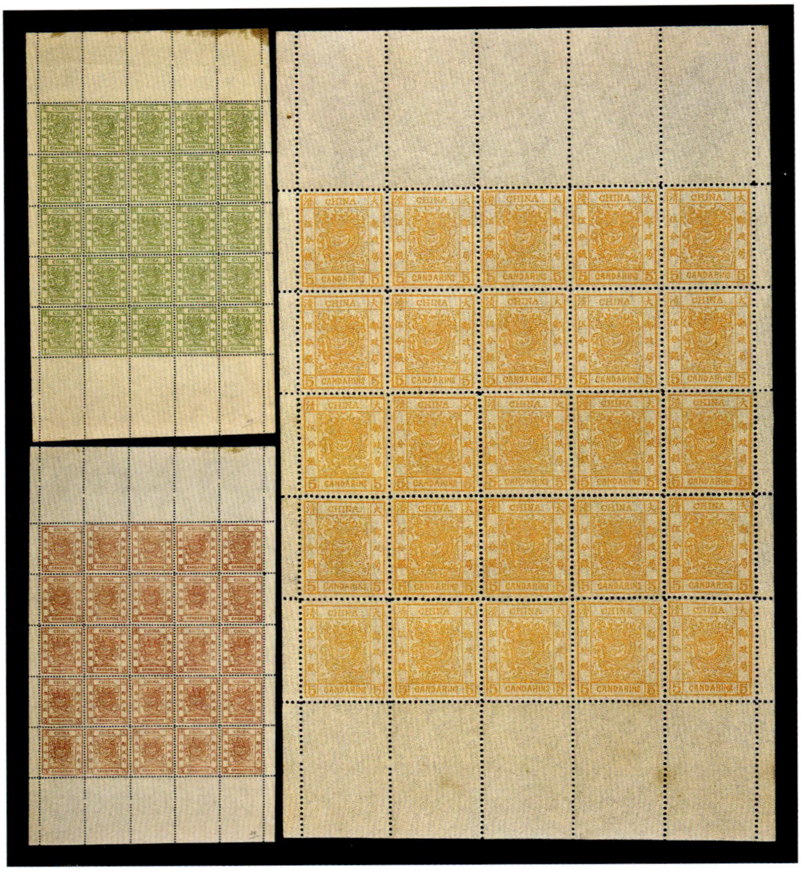

5517 ★ 大龙邮票1分银、3分银、5分银二十五枚全张三全
估　价：RMB 1,000,000~1,500,000
成交价：RMB 1,495,000
中国嘉德 2021-05-22

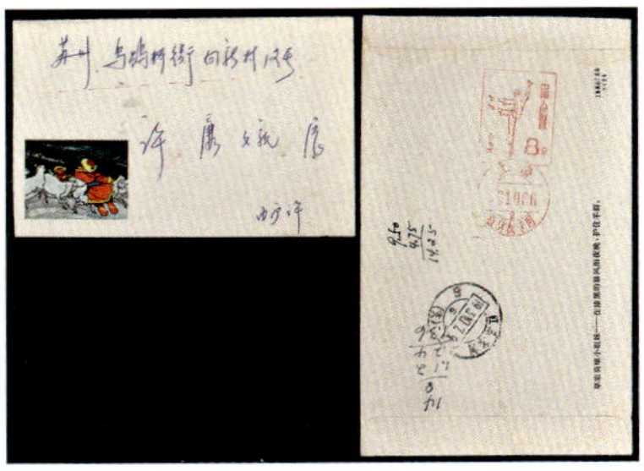

5821 C 1973年上海寄苏州封
估　价：RMB 20,000~50,000
成交价：RMB 86,250
中国嘉德 2021-05-22

5909 ★ 纪20伟大“苏联”（撤销发行）邮票四枚全
估　价：RMB 160,000~200,000
成交价：RMB 184,000
中国嘉德 2021-05-22

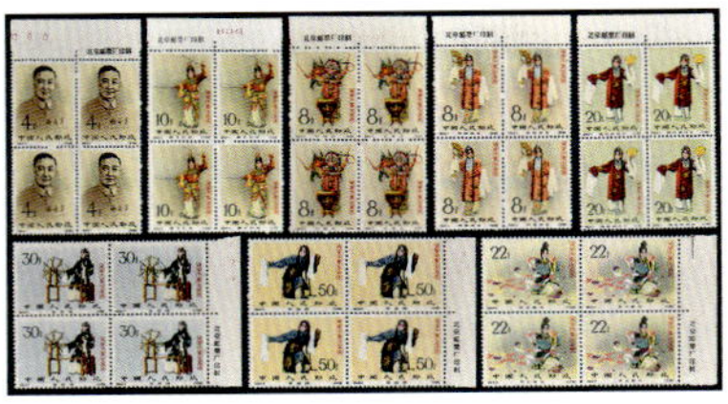

5916 ★ 纪94梅兰芳舞台艺术邮票四方连八全
估　价：RMB 150,000~200,000
成交价：RMB 184,000
中国嘉德 2021-05-22

5981 ○ 全国山河一片红（撤销发行）邮票一枚
估　价：RMB 300,000~400,000
成交价：RMB 345,000
中国嘉德 2021-05-22

26 应祚智 世界艺术巨匠应祚智的世界邮票一套 画心
估　价：RMB 300,000
成交价：RMB 500,000
5cm × 33cm × 65cm 北京传世 2021-06-24

10495 清二次邮资片1899年上海寄本埠
估　价：RMB 20,000~30,000
成交价：RMB 86,250
北京保利 2021-06-19

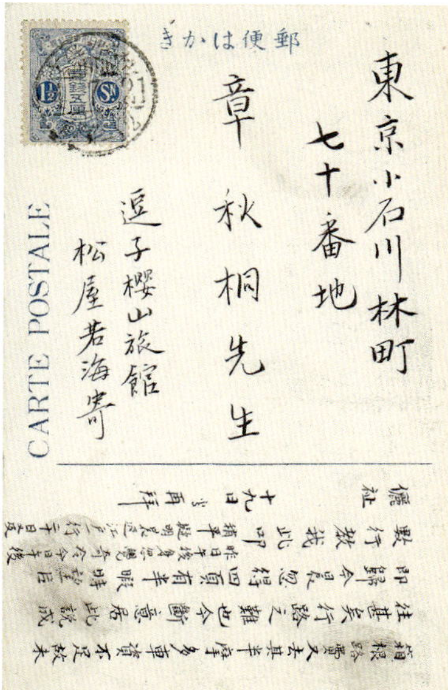

2466 苏曼殊 1915年7月19、20日作 致章士钊罕见明信片
估　价：RMB 400,000~600,000
成交价：RMB 943,000
14cm×9cm 西泠印社 2021-01-16

11627 1912年清四次双片加盖“中华民国”重庆挂号寄德国，完整双片加贴蟠龙加盖宋字”中华民国”半分双连、5分及7分各一枚
估　价：RMB 50,000~100,000
成交价：RMB 92,000
北京保利 2021-06-20

11704 1947年孙中山像云南加盖改值国币50元邮资双片昆明航空寄上海完整来回实寄，正片及回片分别加贴孙中山像国币改值邮票50元、100元各一枚
估　价：RMB 20,000~30,000
成交价：RMB 86,250
北京保利 2021-06-20

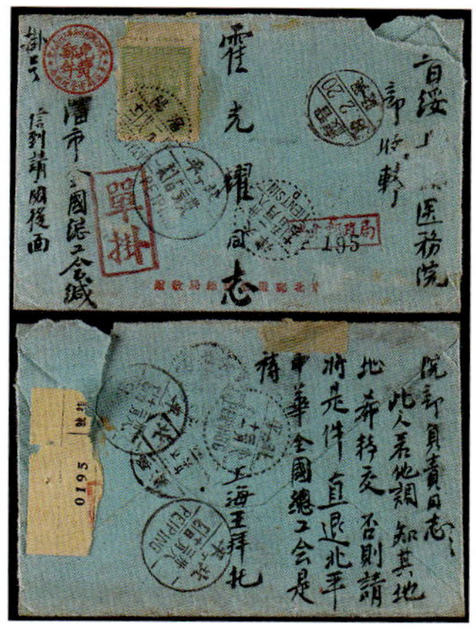

12047 东北区1949年沈阳寄晋绥兴县转北平“免费邮件”挂号封，东北邮电管理局敬赠（庆祝全国解放区职工代表大会）免费邮件西式封，加贴解放东北纪念1500元邮票一枚
估　价：RMB 250,000~350,000
成交价：RMB 517,500
北京保利 2021-06-20

12643 1949-67年老纪特新票邮集二本约860枚
估　价：RMB 80,000~120,000
成交价：RMB 92,000
北京保利 2021-06-20

12755 1995年义务兵专用邮票（红军邮）不通齿新票整版50枚
估　价：RMB 100,000~150,000
成交价：RMB 287,500
北京保利 2021-06-20

12780 1968年毛主席题词赠给日本劳工友好8分新票一枚
估　价：RMB 500,000~800,000
成交价：RMB 943,000
北京保利 2021-06-20

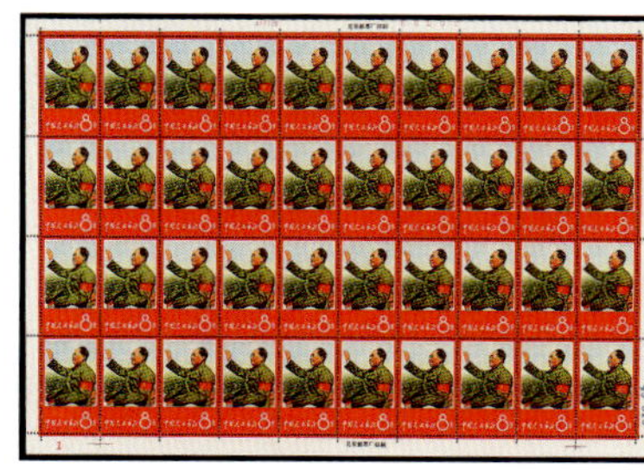

12782 1967年文1毛主席语录“招手”8分新票版张40枚
估　价：RMB 80,000~120,000
成交价：RMB 120,750
北京保利 2021-06-20

12783 1967年文2毛主席万岁“公报”4分新票版张25枚
估　价：RMB 80,000~120,000
成交价：RMB 161,000
北京保利 2021-06-20

12795 1967年文6毛主席与世界人民“黑人民众”新票版张28枚
估　价：RMB 180,000~250,000
成交价：RMB 299,000
北京保利 2021-06-20

12796 1968年文9中国共产党中央革命委员会毛泽东同志支持美国黑人抗暴斗争声明新票版张35枚
估　价：RMB 100,000~150,000
成交价：RMB 218,500
北京保利 2021-06-20

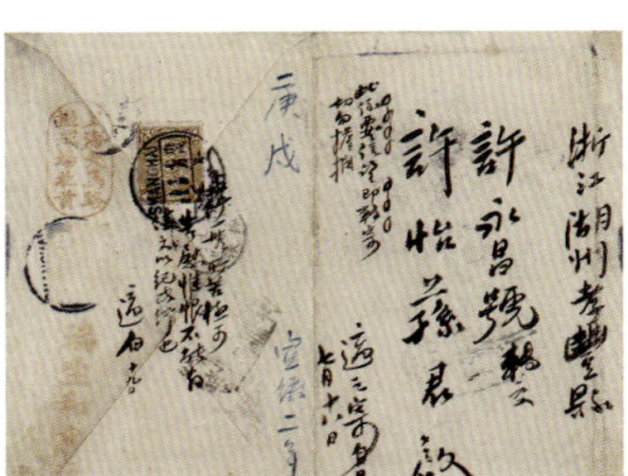

3225 胡适 1910年作 1910年罕见实寄封
估　价：RMB 80,000~120,000
成交价：RMB 126,500
14.5cm × 19cm 西泠印社 2021-07-25

古籍善本

4991 陈巨来《安持人物琐忆》手稿
估　价：RMB 500,000~800,000
成交价：RMB 4,485,000
20cm × 12.6cm × 13 中国嘉德 2021-11-30

101 梁启超 题赠 徐新六 唐 摩诃般若波罗蜜经（梁启超、张元济、黄宾虹、高吹万、吴徵、徐乃昌、周庆云等十八家题跋）
估　价：RMB 8,000,000~8,500,000
成交价：RMB 11,960,000
23.8cm × 569cm 北京保利 2021-12-04

177 明初 佚名《大方广佛华严经卷第四十二》经折装册页（八十六开）
估　价：RMB 2,600,000~3,600,000
成交价：RMB 5,405,000
24cm×11cm×86 永乐拍卖 2021-12-02

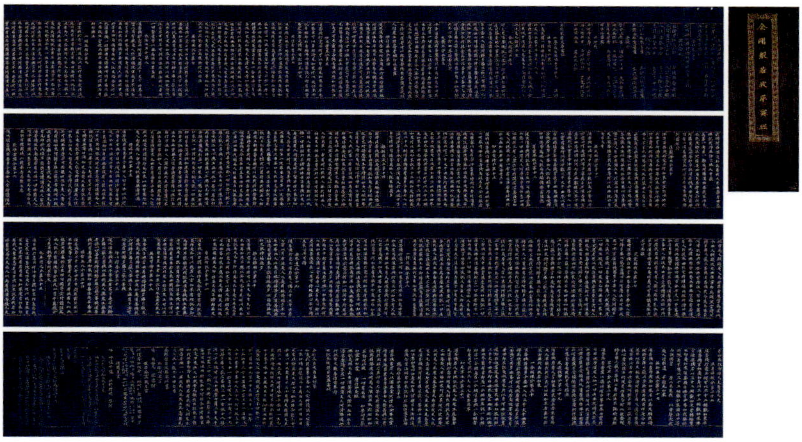

178 元 干赤 延祐五年（戊午）作《金刚般若波罗蜜经》经折装册页（三十四开）
估　价：RMB 3,000,000~4,000,000
成交价：RMB 5,520,000
21.5cm×23cm×34 永乐拍卖 2021-12-02

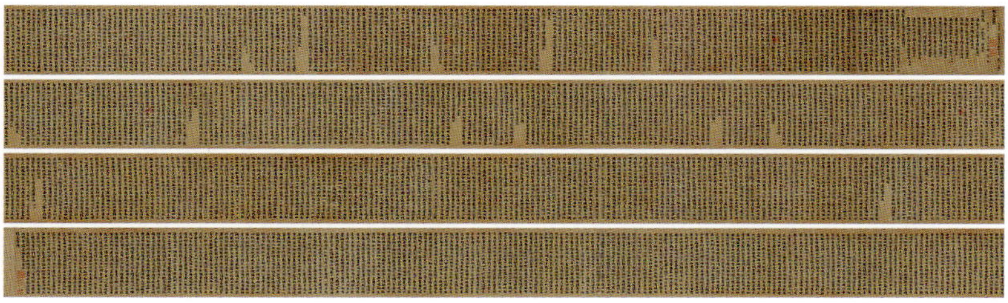

2052 宋人写本《续高僧传》手卷
估　价：RMB 20,000,000~25,000,000
成交价：RMB 23,000,000
24.5cm×1500cm 北京保利 2021-12-04

83 爱因斯坦等 中外名人留言册一本附黑格尔手稿一页
估　价：RMB 2,800,000~3,800,000
成交价：RMB 3,680,000
尺寸不一 华艺国际 2021-12-11

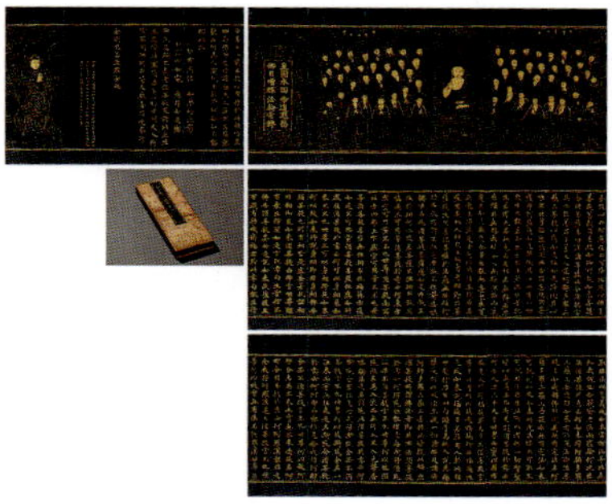

2599 明神宗荣妃发愿泥金写《金刚般若波罗蜜经》
估　价：RMB 3,000,000~5,000,000
成交价：RMB 3,450,000
中国嘉德 2021-05-20

1517 北宋写经 后秦龟兹国三藏法师鸠摩罗什译《妙法莲华经》卷
估　价：RMB 150,000~200,000
成交价：RMB 3,737,500
710cm×23cm
十竹斋拍卖（北京）2021-05-29

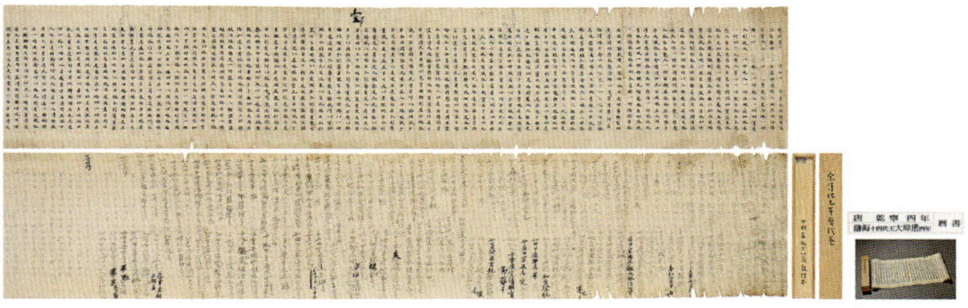

2591 罗振玉旧藏 南北朝写经《大智度论卷二十四》背唐乾宁四年历日
估　价：RMB 1,800,000~2,800,000
成交价：RMB 4,025,000
28cm×154cm 中国嘉德 2021-05-20

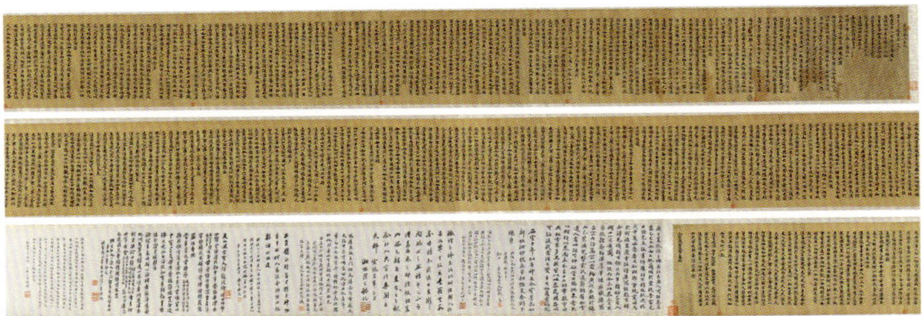

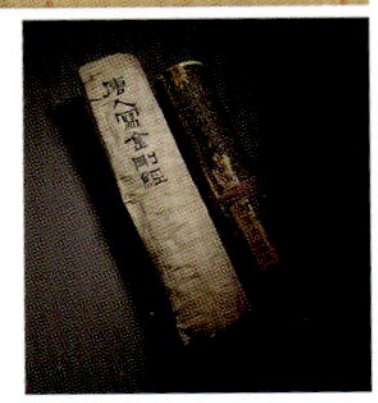

2561 8世纪《金刚经》手卷
估 价：RMB 2,000,000~3,000,000
成交价：RMB 3,335,000
25.7cm×755cm 北京荣宝 2021-06-19

2563 明洪武福建佛教祖庭报恩光孝禅寺磁青泥金写本《妙法莲华经》七卷
估 价：RMB 3,000,000~4,500,000
成交价：RMB 5,290,000
尺寸不一 北京荣宝 2021-06-19

1235 《大乘入楞伽经卷第五》
估 价：RMB 2,800,000~3,800,000
成交价：RMB 4,312,500
27cm×931cm 华艺国际 2021-03-31

1107 张大千 1972年作“张大千回顾展”序稿（十四幅）镜片
估 价：HKD 800,000~1,200,000
成交价：RMB 3,622,500
35.5cm×89.5cm×14 佳士得 2021-05-27

9120 蒙文《般若十万颂》
估 价：RMB 2,000,000~3,000,000
成交价：RMB 4,623,000
经页23.5cm×67.5cm 华艺国际 2021-06-02

1031 王国维《宋代之金石学》手稿册页（六开）
估 价：RMB 800,000~1,200,000
成交价：RMB 5,060,000
29cm×41.5cm×6 北京保利 2021-06-05

919 天禄琳琅旧藏《六经图》
估 价：RMB 6,000,000~8,000,000
成交价：RMB 8,740,000
41cm × 29.5cm 中贸圣佳 2021-12-29

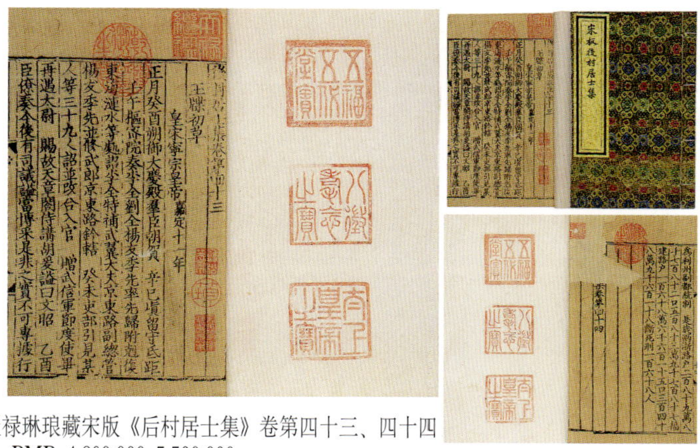

4041 天禄琳琅藏宋版《后村居士集》卷第四十三、四十四
估 价：RMB 4,800,000~5,500,000
成交价：RMB 6,037,500
23cm × 14.5cm 泰和嘉成 2021-12-11

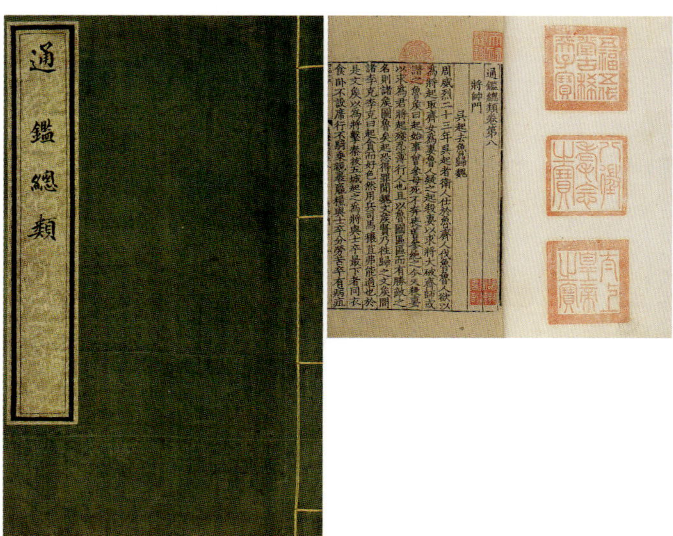

4042 天禄琳琅藏《通鉴总类》卷第八
估 价：RMB 1,800,000~2,500,000
成交价：RMB 4,715,000
33cm × 19.5cm 泰和嘉成 2021-12-11

251 朱自清 《中国新文学研究纲要》手稿
估 价：RMB 800,000~1,600,000
成交价：RMB 3,507,500
27cm × 20cm 上海嘉禾 2021-07-22

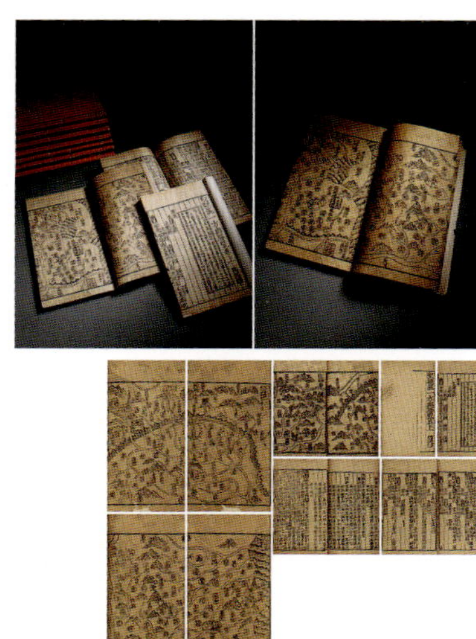

2622 《圣朝混一方舆胜览》
估 价：RMB 1,600,000~3,000,000
成交价：RMB 3,450,000
18.8cm × 12.5cm 北京荣宝 2021-06-19

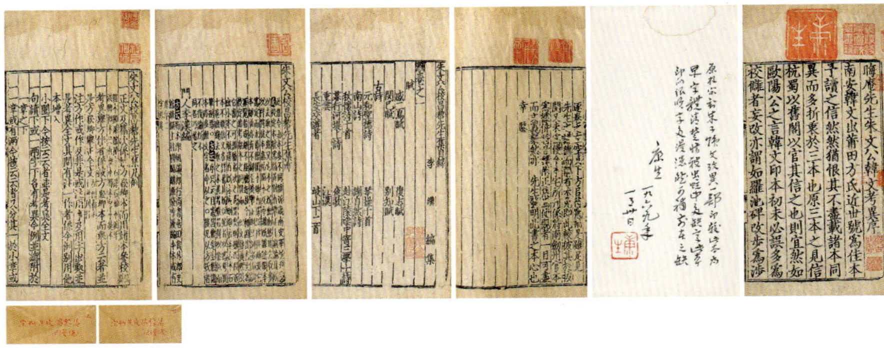

50 《朱文公校昌黎先生集四十卷外集十卷传一卷遗文一卷》
估　价：RMB 5,000,000~7,000,000
成交价：RMB 20,930,000
26.5cm×15cm 华艺国际 2021-12-11

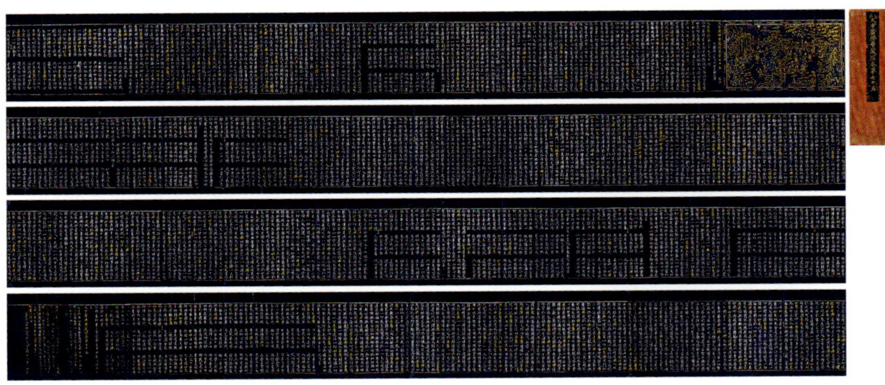

102 光明禅师李惠月写《大方广佛华严经卷第七十五》（尊名泥金银写本）
估　价：RMB 5,000,000~6,000,000
成交价：RMB 8,855,000
30.8cm×1188cm
北京保利 2021-12-04

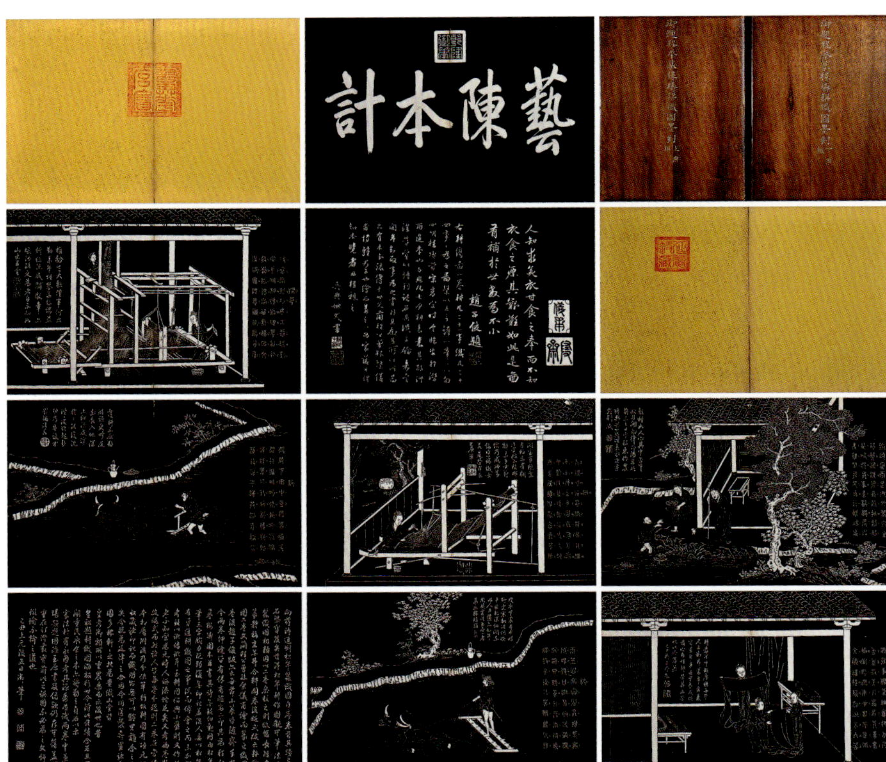

809 清乾隆《御题耕织图》
估　价：RMB 3,000,000~5,000,000
成交价：RMB 7,475,000
27cm×33.5cm 中贸圣佳 2021-05-21

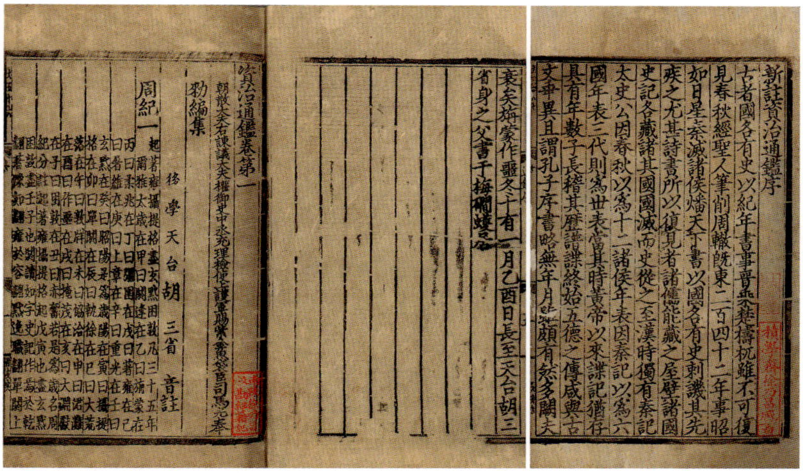

1555 宋元 司马光撰、胡三省注释《资治通鉴音注》二百九十四卷、《资治通鉴释文辨误》十二卷
估　价：RMB 8,000,000~12,000,000
成交价：RMB 29,900,000
26.5cm × 17cm 十竹斋拍卖（北京） 2021-05-29

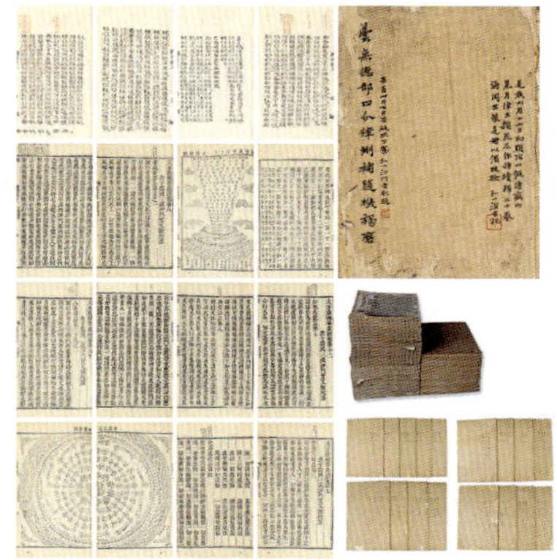

9110 弘一手批《四分律册及藏本华严经卷》等一组
估　价：RMB 3,500,000~3,800,000
成交价：RMB 4,197,500
尺寸不一 华艺国际 2021-06-02

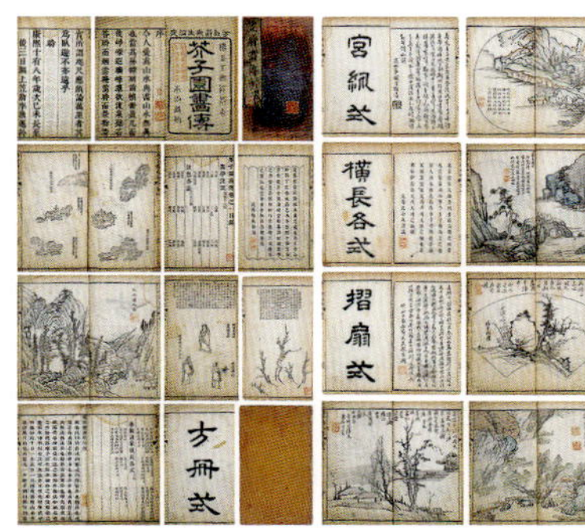

114 容庚旧藏 清康熙十八年《芥子园画传初集》原刊初印本五册全
估　价：RMB 150,000~250,000
成交价：RMB 4,048,000
26cm × 16cm 广东精诚所至 2021-01-22

808 天禄琳琅旧藏《国语》二十一卷（三国吴韦昭注）
估　价：RMB 6,000,000~8,000,000
成交价：RMB 10,350,000
28.9cm × 18.8cm 中贸圣佳 2021-05-21

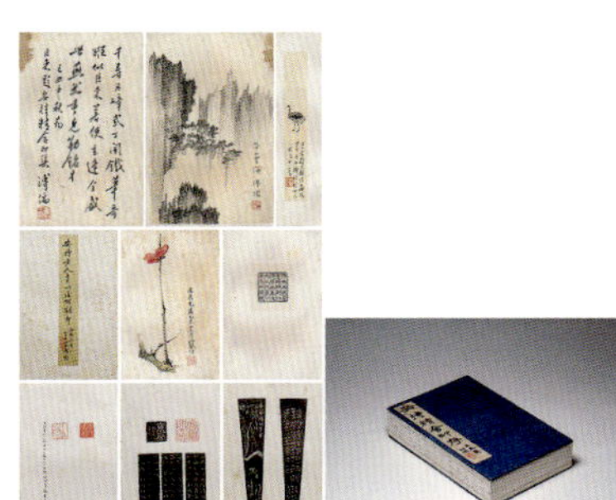

4989 赵叔孺题，溥儒、江寒汀等绘，陈巨来自钤《安持精舍印存》
估　价：RMB 350,000~550,000
成交价：RMB 3,852,500
21cm × 13.7cm 中国嘉德 2021-11-30

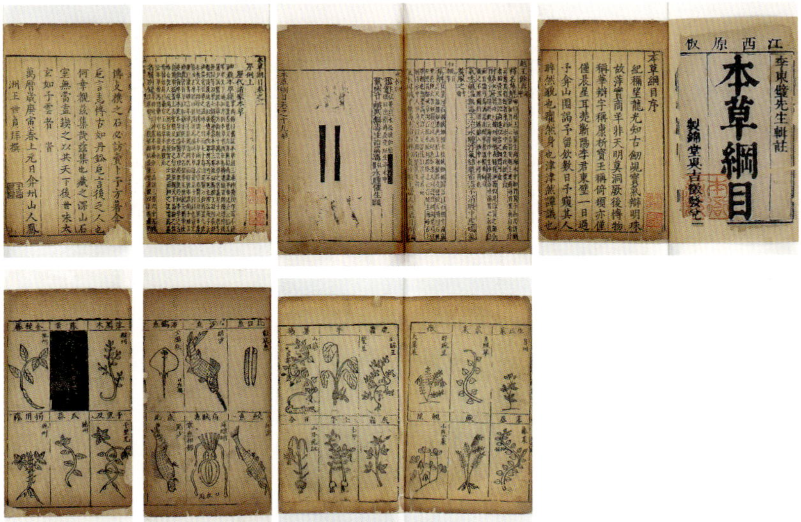

22 明万历二十一年金陵胡承龙刻明重修本《本草纲目》五十二卷、图二卷
估　价：RMB 9,000,000
成交价：RMB 11,500,000
29.1cm × 17.4cm 北京伍伦 2021-08-01

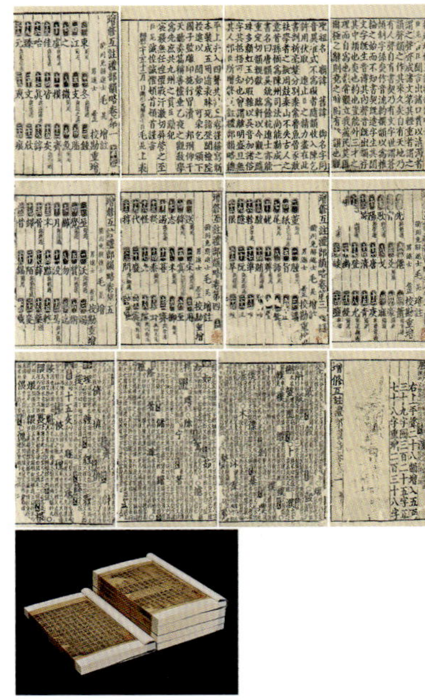

2387 《增修互注礼部韵略》五卷（元刻元印全帙）
估　价：RMB 1,000~2,000
成交价：RMB 3,185,500
28.5cm × 17cm 北京保利 2021-06-06

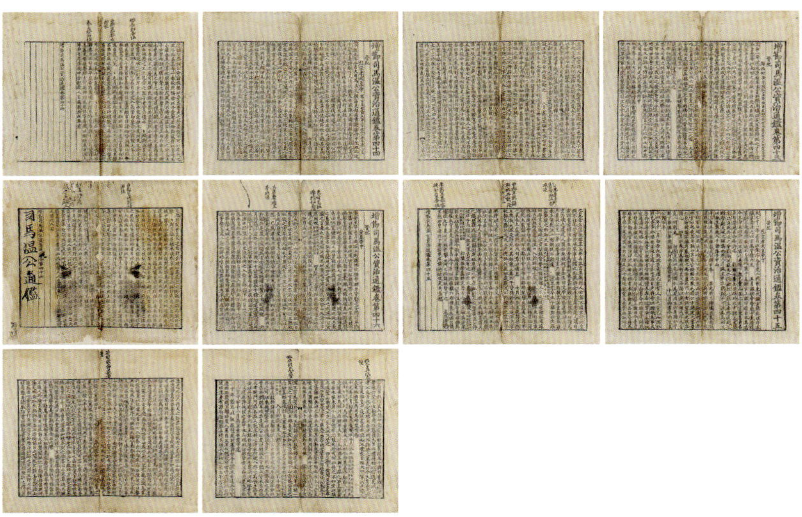

1589 《增节司马温公资治通鉴》四十三至四十六卷
估　价：RMB 8,000,000~12,000,000
成交价：RMB 16,330,000
24.8cm × 14.9cm 永乐拍卖 2021-05-20

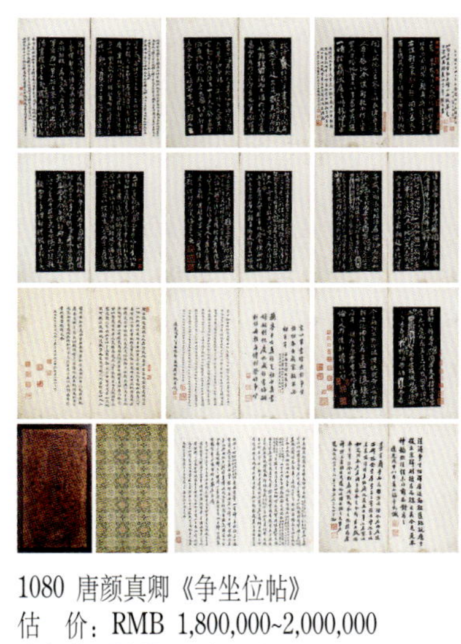

1080 唐颜真卿《争坐位帖》
估　价：RMB 1,800,000~2,000,000
成交价：RMB 7,820,000
31cm × 15cm 永乐拍卖 2021-12-02

1092 王世贞等递藏宋拓《群玉堂帖》
估　价：RMB 1,800,000~2,000,000
成交价：RMB 3,450,000
33.2cm × 17cm 永乐拍卖 2021-12-02

2051 宋拓《宋御府拓定武兰亭卷——游相兰亭甲之一》
成交价：RMB 57,500,000
尺寸不一 北京保利 2021-12-04

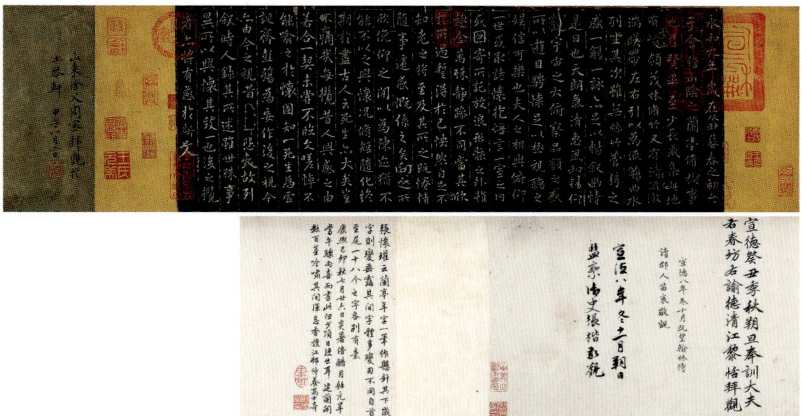

9189 《兰亭序》
估　价：RMB 2,000,000~3,000,000
成交价：RMB 2,990,000
23.3cm×61.5cm 华艺国际 2021-06-02

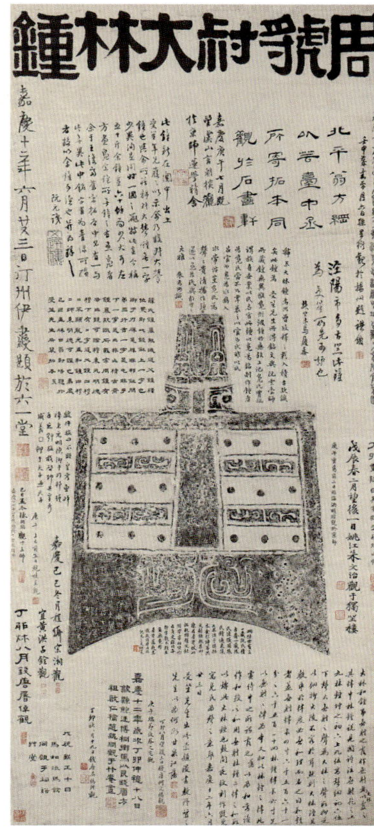

9196 伊秉绶、阮元、张廷济、孙星衍等题《周虢叔大林钟》
估　价：RMB 3,200,000~4,200,000
成交价：RMB 5,290,000
131.5cm×60cm 华艺国际 2021-06-02

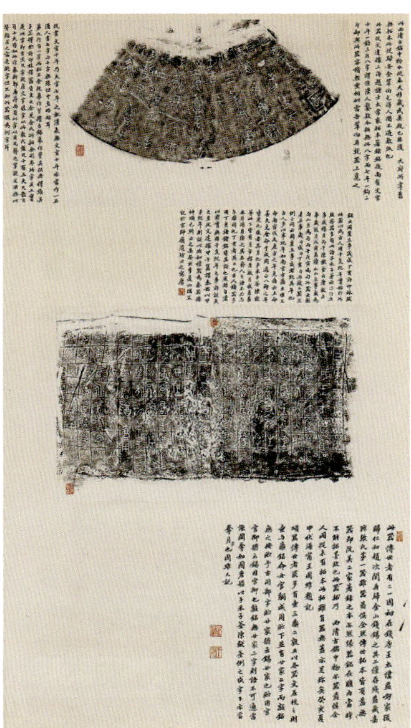

885 王国维 1923年作《齐国差甔跋》《颂壶跋》立轴
估　价：HKD 80,000~120,000
成交价：RMB 3,105,000
140cm×50cm 佳士得 2021-05-26

9195 吴湖帆家藏毛公鼎铭拓片
估　价：RMB 1,800,000~2,800,000
成交价：RMB 2,990,000
136.5cm×65.5cm 华艺国际 2021-06-02

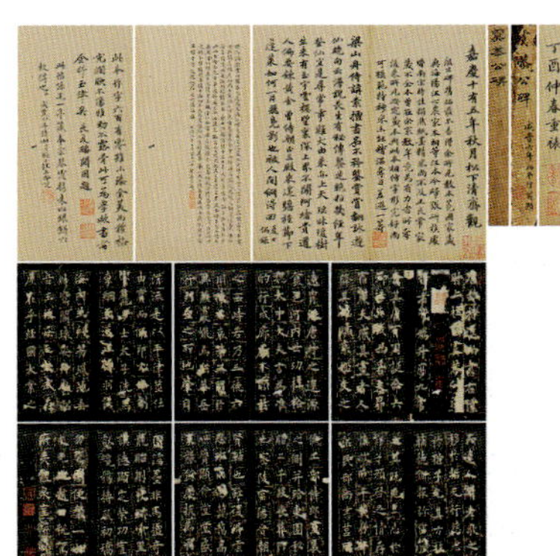

2492 宋拓《唐虞恭公温彦博碑》（陆恭、汪王龄、陈寿昌等题藏）
估　价：RMB 500,000~800,000
成交价：RMB 3,335,000
北京保利 2021-06-06

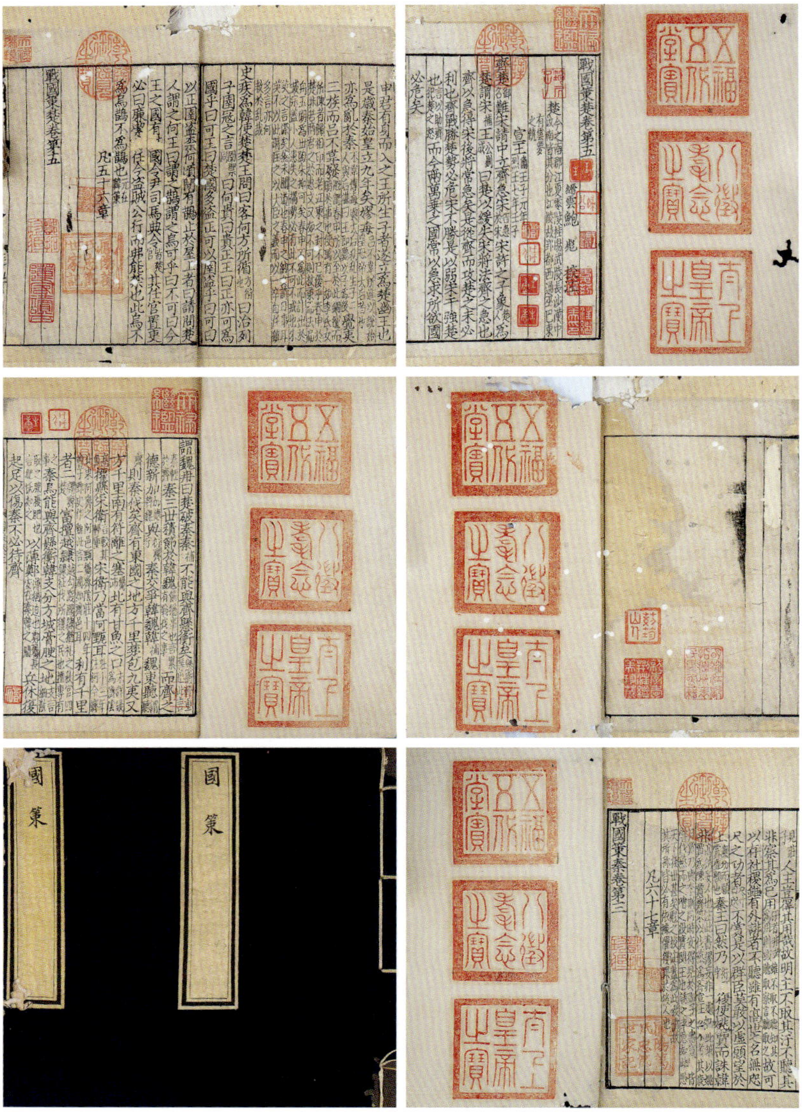

822 鲍彪校注 天禄琳琅旧藏《战国策》存二卷
估 价：RMB 12,000,000~18,000,000
成交价：RMB 21,850,000
22.6cm×14.4cm 华艺国际 2021-06-05

643 陈垣 陈垣先生重要著作及稿本
估 价：RMB 5,000,000~6,000,000
成交价：RMB 7,130,000
尺寸不一 北京荣宝 2021-12-02

529 高士奇等诸家旧藏、王铎题签《宋拓唐怀仁集王羲之书圣教序》
估 价：RMB 500,000~800,000
成交价：RMB 5,980,000
开本33cm×19.5cm 西泠印社 2021-07-23

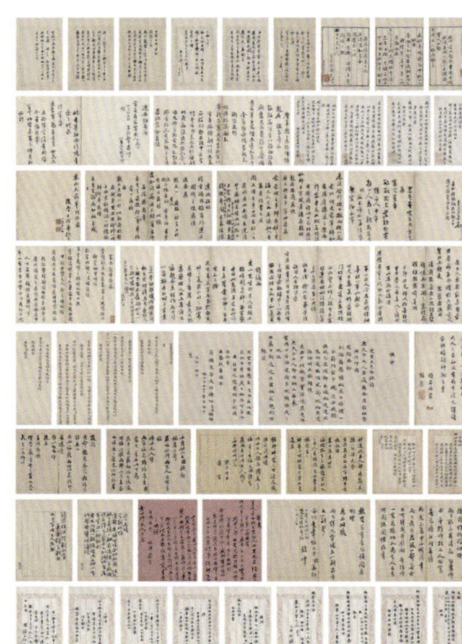

771 纪晓岚、刘墉、于敏中、王杰、钱陈群、钱伯坰、谢墉、王际华、王芑孙、彭元瑞、陆费墀、施源、英廉等 致董邦达、董诰父子信札册 册页（五十二页）
估 价：RMB 100,000~200,000
成交价：RMB 4,600,000
尺寸不一 西泠印社 2021-01-15

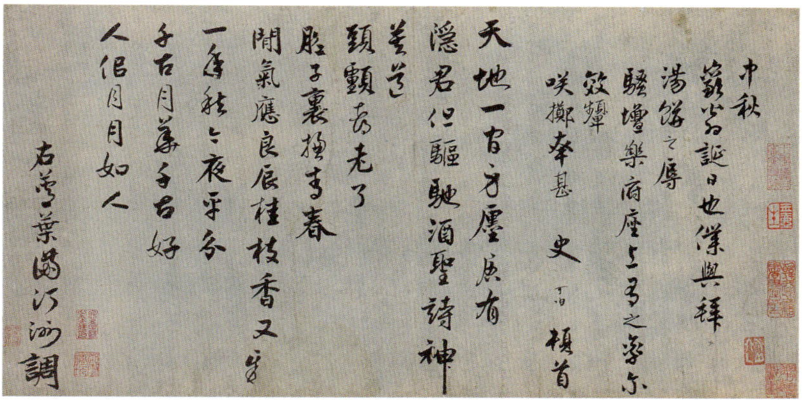

26 史可伯《中秋贺寿札》镜框
估　价：RMB 12,000,000~18,000,000
成交价：RMB 23,000,000
30cm × 62.5cm 华艺国际 2021-12-11

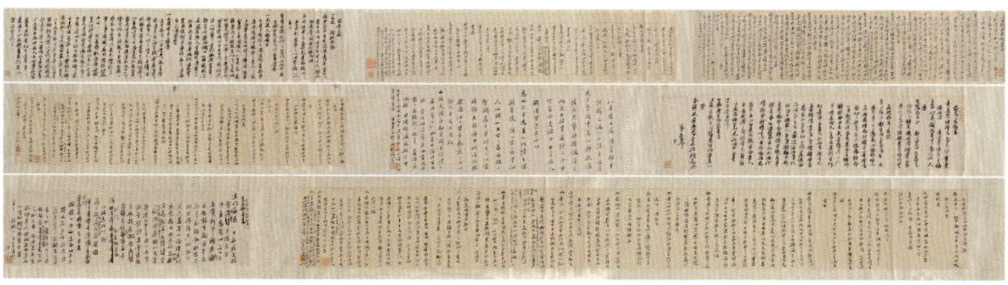

973 王士禛、陈允衡等 清初名人信札卷 手卷
估　价：RMB 800,000~1,200,000
成交价：RMB 4,140,000
总长607.5cm 中国嘉德 2021-12-12

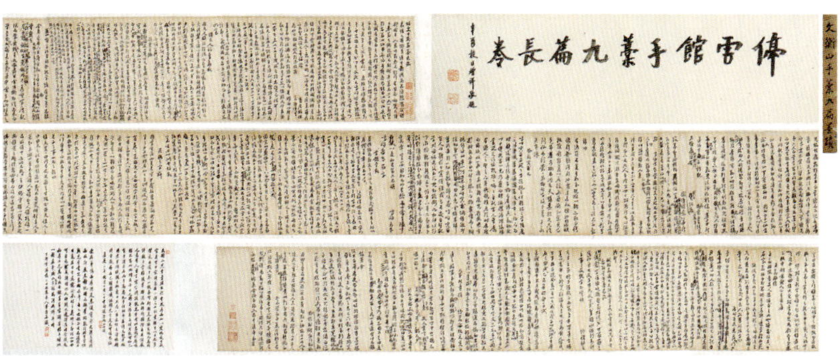

27 文徵明 手札九篇 手卷
估　价：RMB 3,000,000~4,000,000
成交价：RMB 3,450,000
本幅26.5cm × 465cm 华艺国际 2021-12-11

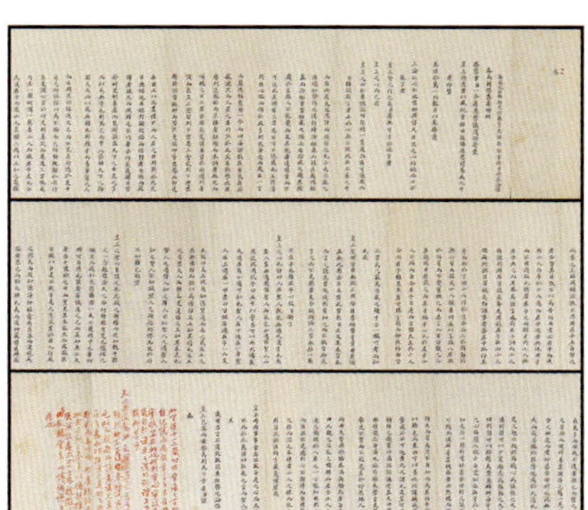

13014 清乾隆 孙嘉淦呈乾隆帝“清代第一奏折”《三习一弊疏》，含朱批
估　价：RMB 800,000~1,500,000
成交价：RMB 2,012,500
23cm × 230cm 北京保利 2021-12-05

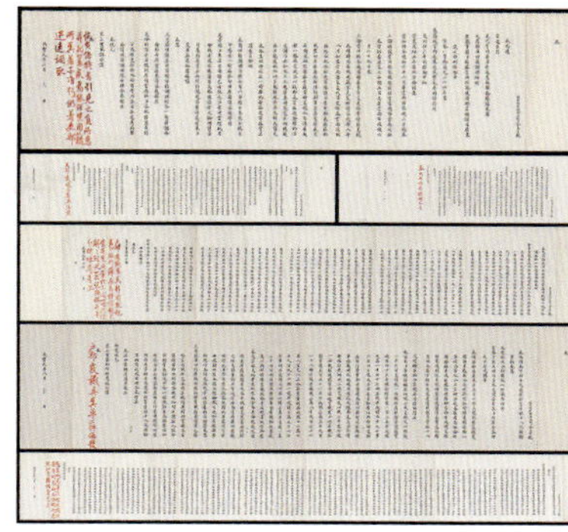

13019 咸丰九年骆秉章呈光绪帝奏折88件、夹片39件，共127件，均含朱批，附带原夹板
估　价：RMB 1,000,000~2,000,000
成交价：RMB 3,392,500
北京保利 2021-12-05

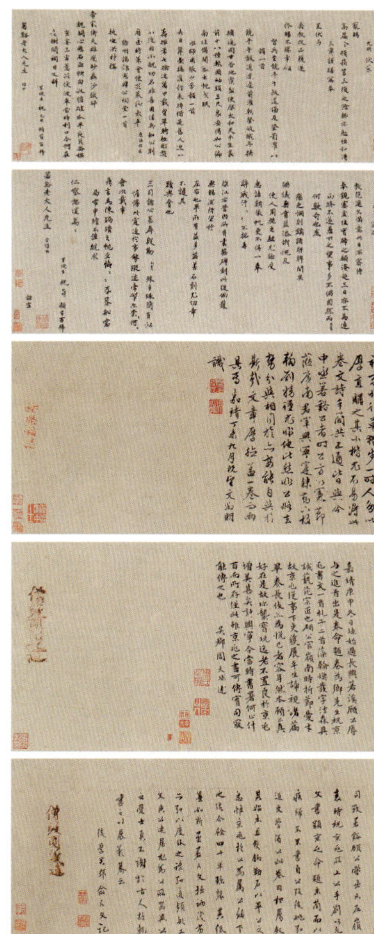

337 祝允明 约1514年作 楷书诗文手札卷 手卷
估　价：RMB 12,000,000~15,000,000
成交价：RMB 21,850,000
尺寸不一 北京荣宝 2021-06-19

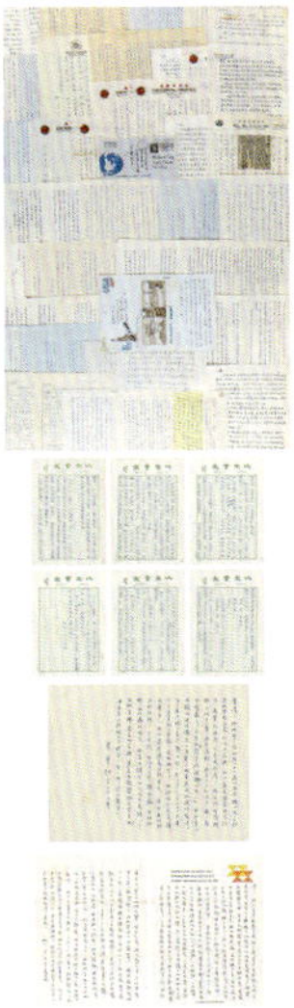

2481 梁实秋 1974~1987年作 致韩菁清重要情书近三百通
估 价：RMB 1,500,000~2,500,000
成交价：RMB 2,990,000
西泠印社 2021-01-16

9199 《觯斋瓷乘》样书
估 价：RMB 480,000~500,000
成交价：RMB 736,000
43cm × 31cm 华艺国际 2021-12-10

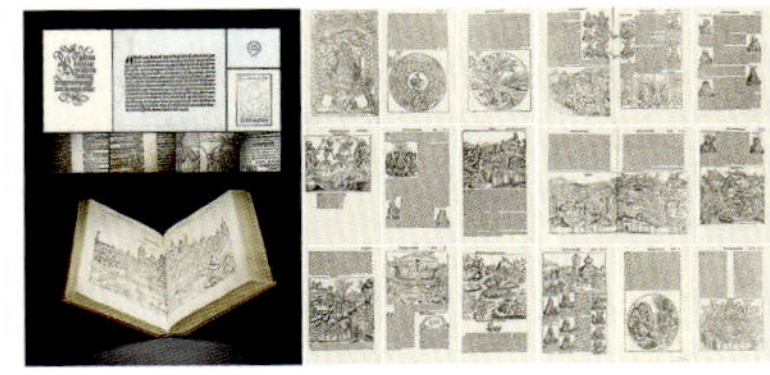

649 1493年拉丁文初版《纽伦堡编年史》（摇篮本）（奥斯曼帝国王子旧藏）
估 价：RMB 500,000~800,000
成交价：RMB 598,000
44cm × 31.5cm 北京保利 2021-12-04

687 圣经博物馆（926种）
估 价：RMB 3,000,000~3,500,000
成交价：RMB 3,611,000
尺寸不一 北京保利 2021-12-04

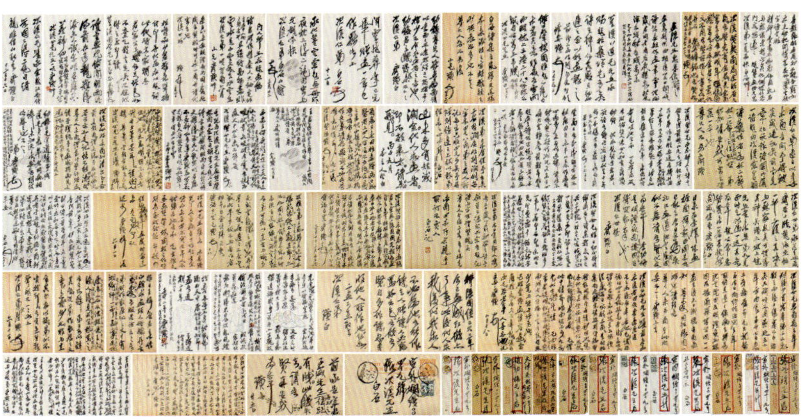

1000 齐白石 致张次溪等人信札 镜心
估 价：RMB 25,000,000~30,000,000
成交价：RMB 26,450,000
尺寸不一 北京保利 2021-06-05

265 林语堂 手迹碎金 镜心
成交价：RMB 6,912,600
尺寸不一 中国嘉德 2021-04-22

144 陈修龄《尧的春天》
估 价：RMB 2,000,000
成交价：RMB 2,800,000
北京传世 2021-09-22

8088 怀特兄弟 20世纪20年代 《燕京胜迹》原版艺术摄影作品、玻璃底片（照片108张、幻灯片31张）
估 价：RMB 1,000,000~1,500,000
成交价：RMB 1,322,500
中贸圣佳 2021-12-30

7034 谢满禄 1882~1884年作 19世纪北京摄影个人之最（1419张）
估 价：RMB 3,000,000~5,000,000
成交价：RMB 4,945,000
小9cm × 5.5cm；大13cm × 18cm 中贸圣佳 2021-05-20

8152 唐诗礼 1947~1949年作 “最后的时光” 南京、上海等地政治、经济、民生底片（707张）
估 价：RMB 350,000~500,000
成交价：RMB 437,000
小6cm × 6cm；大10cm × 12.5cm 中贸圣佳 2021-12-30

8085 甘博、佩克哈默等 20世纪20年代 北京大幅风景民俗散页（118张）
估 价：RMB 200,000~300,000
成交价：RMB 230,000
小10.5cm × 7cm；大25cm × 36cm
中贸圣佳 2021-12-30

4475 37位美国电影艺术与科学学院创始成员签名照（1册37张）
估 价：RMB 550,000
成交价：RMB 667,000
25cm × 20cm × 37 中鸿信 2021-07-15

8081 梁时泰 19世纪90年代 妙高山醇亲王奕譞园寝十一联张蛋白全景照
估 价：RMB 300,000~500,000
成交价：RMB 345,000
22.5cm × 298cm 中贸圣佳 2021-12-30

佳　酿

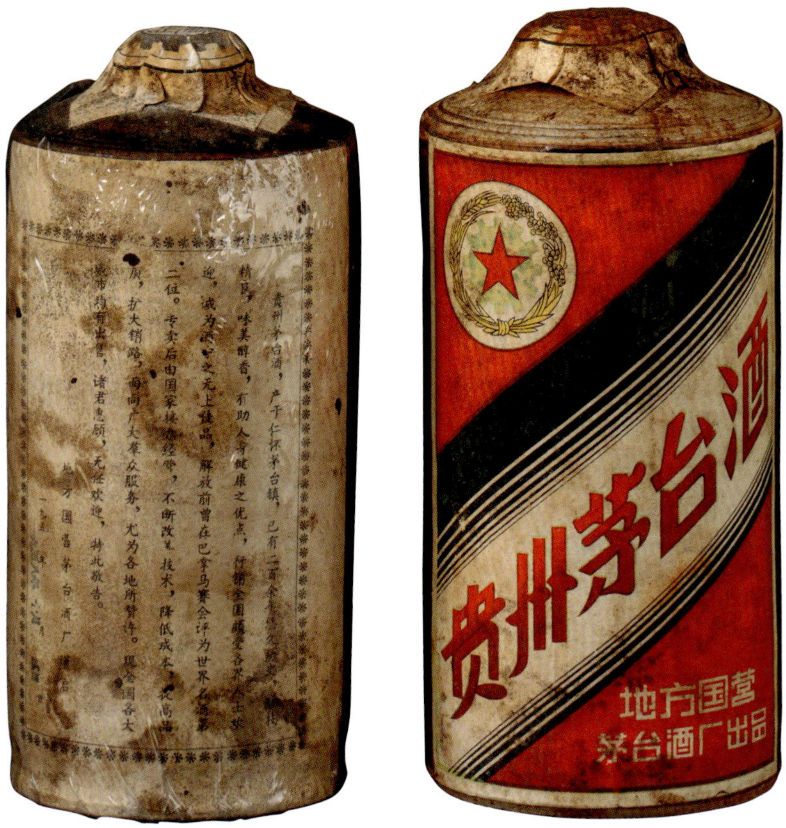

3073 1958年产五星牌贵州茅台酒 2瓶（同一生产日期）
估　价：RMB 2,850,000~3,600,000
成交价：RMB 4,370,000
540ml/瓶 北京荣宝 2021-06-19

3095 1999年产“特制红旗五粮液祖国万岁”2瓶（限量生产5000瓶）
估　价：RMB 200,000~285,000
成交价：RMB 230,000
500ml/瓶 北京荣宝 2021-06-19

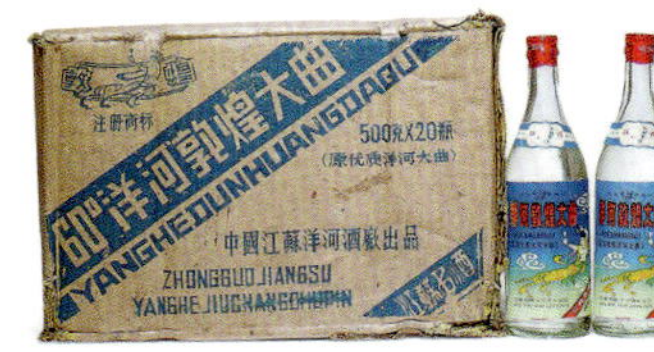

3988 1987年 洋河大曲 20瓶
估　价：RMB 76,000~100,000
成交价：RMB 87,400
500ml/瓶 永乐拍卖 2021-05-20

849 1987~1990年 董酒 白标铁盖 10瓶
估　价：RMB 130,000~180,000
成交价：RMB 149,500
500ml/瓶 西泠印社 2021-07-23

4091 2020年产大瓶装贵州茅台酒 · 元青花 1瓶 7.5L
估　价：RMB 600,000~1,000,000
成交价：RMB 1,495,000
中国嘉德 2021-05-18

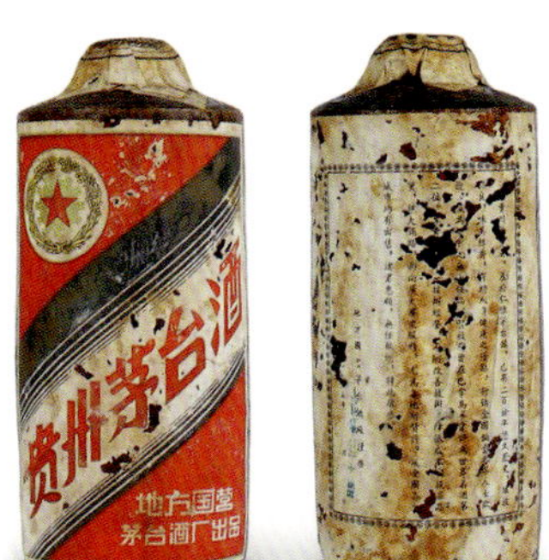

3296 1957年贵州茅台酒（土陶瓶 / 筒体）1瓶
估　价：RMB 1,000,000~2,000,000
成交价：RMB 1,725,000
500ml 华艺国际 2021-06-03

3195 20世纪90年代产古越龙山绍兴花雕酒（嫦娥奔月图）1坛
估　价：RMB 60,000~80,000
成交价：RMB 69,000
50斤 北京荣宝 2021-06-19

766 2011年茅台酒（十大青铜器）10瓶
估　价：RMB 1,800,000~2,200,000
成交价：RMB 2,070,000
500ml/瓶 西泠印社 2021-07-23

5099 小磨坊1990整桶单一麦芽威士忌
估　价：RMB 4,500,000~6,000,000
成交价：RMB 7,475,000
中贸圣佳 2021-12-30

5176 波摩1966单一麦芽威士忌 1支
估　价：RMB 250,000~350,000
成交价：RMB 345,000
700ml 中贸圣佳 2021-12-30

5098 格兰帝1991整桶单一麦芽威士忌
估　价：RMB 2,500,000~3,500,000
成交价：RMB 4,140,000
中贸圣佳 2021-12-30

248 轻井泽 Karuizawa 1960-52年 根付 “Treasure Ship 宝船”
估　价：RMB 3,000,000~4,000,000
成交价：RMB 5,980,000
700ml 太平洋 2021-12-11

200 山崎蒸馏所 Yamazaki 1979 Mizunara Oak 水楢桶 #RF1037
估 价：RMB 250,000~300,000
成交价：RMB 517,500
700ml 太平洋 2021-12-11

4207 拉菲古堡1982年份 2支
估 价：RMB 80,000~130,000
成交价：RMB 218,500
750ml/瓶 中国嘉德 2021-12-11

4221 罗曼尼 · 康帝酒庄李奇堡特级园干红 2017年份 6支
估 价：RMB 190,000~230,000
成交价：RMB 230,000
750ml/瓶 中国嘉德 2021-12-11

4214 木桐古堡大瓶装（6升）1988~2005年份 18支
估 价：RMB 1,000,000~1,500,000
成交价：RMB 1,150,000
中国嘉德 2021-12-11

4520 轻井沢1960-52单一麦芽威士忌 1支
估 价：RMB 2,800,000~3,800,000
成交价：RMB 4,600,000
700ml 中国嘉德 2021-12-11

4326 阿曼 · 卢梭父子酒园香贝丹特级园红葡萄酒 2003年份 6支
估 价：RMB 200,000~240,000
成交价：RMB 253,000
750ml/瓶 中国嘉德 2021-12-11

4328 卢米酒庄波内玛尔特级园红葡萄酒2002年份 6支
估 价：RMB 220,000~240,000
成交价：RMB 253,000
750ml/瓶 中国嘉德 2021-12-11

4528 高登&麦克菲尔装瓶：格兰威特1943年苏格兰斯佩塞单一麦芽威士忌 1支
估　价：RMB 500,000~600,000
成交价：RMB 575,000
700ml 中国嘉德 2021-12-11

4536 最后一滴格兰路思1968、1969、1970单一麦芽威士忌（各1支）3支
估　价：RMB 280,000~380,000
成交价：RMB 402,500
700ml/瓶 中国嘉德 2021-12-11

4641 帝亚吉欧Prima & Ultima传世臻品系列第二版（共8支）8支
估　价：RMB 215,000~280,000
成交价：RMB 287,500
700ml/瓶 中国嘉德 2021-12-11

3035 帕图斯1966~1980年份垂直 25瓶
估　价：RMB 580,000~650,000
成交价：RMB 805,000
750ml/瓶 华艺国际 2021-12-11

3071 罗曼尼·康帝特级园 2005 2瓶
估　价：RMB 220,000~320,000
成交价：RMB 425,500
750ml/瓶 华艺国际 2021-12-11

5554 轻井泽The Malt Maniacs Awards金奖得主系列(10瓶)
估　价：HKD 650,000~900,000
成交价：RMB 790,313
香港苏富比 2021-04-18

3063 轩尼诗全球限量珍藏6LXO（全球限量100支）
估　价：RMB 285,000~350,000
成交价：RMB 327,750
华艺国际 2021-03-30

3079 人头马路易十三黑珍珠 1瓶
估　价：RMB 180,000~250,000
成交价：RMB 230,000
700ml 华艺国际 2021-03-30

3109 格兰威特1943—70年 1瓶
估　价：RMB 450,000~500,000
成交价：RMB 517,500
700ml 华艺国际 2021-03-30

3852 拉菲古堡1982年份 6瓶
估　价：RMB 150,000~250,000
成交价：RMB 598,000
750ml/瓶 中国嘉德 2021-05-18

3878 木桐古堡2018年份 30支
估　价：RMB 60,000~100,000
成交价：RMB 414,000
750ml/支 中国嘉德 2021-05-18

3896 玛歌古堡2015年份 12支
估　价：RMB 80,000~100,000
成交价：RMB 218,500
750ml/支 中国嘉德 2021-05-18

3906 侯伯王古堡2016年份 30支
估　价：RMB 60,000~120,000
成交价：RMB 345,000
750ml/支 中国嘉德 2021-05-18

3946 乐桦80年代精选套装（各6支）30支
估　价：RMB 210,000~230,000
成交价：RMB 379,500
750ml/支 中国嘉德 2021-05-18

4184 波摩1964-50年艾雷岛单一麦芽威士忌 1支
估　价：RMB 500,000~600,000
成交价：RMB 690,000
700ml 中国嘉德 2021-05-21

4252 麦卡伦72年 1支
估　价：RMB 1,000,000~1,300,000
成交价：RMB 1,150,000
700ml 永乐拍卖 2021-05-22

3020 里鹏2002 6瓶
估　价：RMB 120,000~170,000
成交价：RMB 201,250
750ml/支 华艺国际 2021-06-03

3038 罗曼尼 · 康帝2009 2瓶
估　价：RMB 160,000~220,000
成交价：RMB 414,000
750ml/瓶 华艺国际 2021-06-03

3039 罗曼尼 · 康帝2004（1.5L）
估　价：RMB 200,000~280,000
成交价：RMB 408,250
华艺国际 2021-06-03

150 20世纪80年代 李时珍牌日本回流参茸药酒 12瓶
估　价：RMB 110,000~180,000
成交价：RMB 126,500
646ml/瓶 西泠印社 2021-01-14

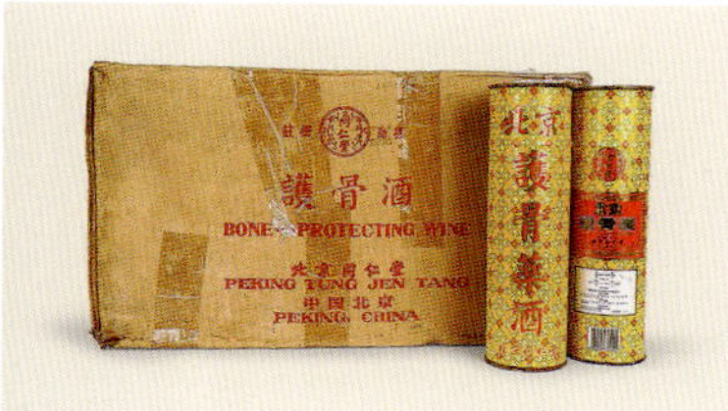

3242 北京同仁堂 护骨药酒 24瓶
估　价：RMB 160,000~190,000
成交价：RMB 195,500
647ml/瓶 华艺国际 2021-03-30

3243 2000年北京同仁堂 参茸药酒（原箱）2箱（24瓶/箱）
估　价：RMB 68,000~90,000
成交价：RMB 78,200
647ml/瓶 华艺国际 2021-03-30

5071 20世纪80年代产原箱北京灵芝补酒（鹿头牌）24瓶
估　价：RMB 25,000
成交价：RMB 57,500
500ml/瓶 中鸿信 2021-07-15

茗　茶

1303 20世纪90年代 96紫大益 一筒七片
估　价：RMB 200,000~250,000
成交价：RMB 253,000
中贸圣佳 2021-05-20

1319 20世纪40年代 两票六安（干仓）4粒
估　价：RMB 180,000~200,000
成交价：RMB 207,000
中贸圣佳 2021-05-20

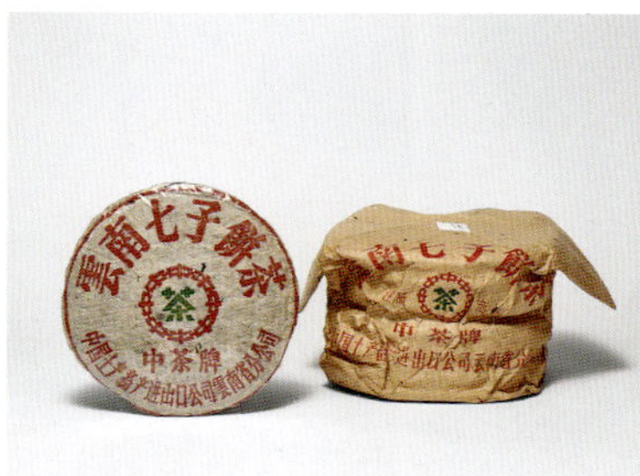

2222 20世纪70年代·下关茶厂·下关正庄简体
估　价：RMB 700,000~800,000
成交价：RMB 805,000
中贸圣佳 2021-12-30

2264 20世纪20年代·干利贞宋聘号茶庄·百年 宋聘号 蓝标
估　价：RMB 1,200,000~1,500,000
成交价：RMB 1,380,000
中贸圣佳 2021-12-30

4378 1996年“真淳雅”号圆茶 1筒7片
估　价：RMB 200,000~220,000
成交价：RMB 862,500
重2494g 中国嘉德 2021-12-10

4367 20世纪80年代 厚纸8582青饼
估　价：RMB 1,150,000~1,280,000
成交价：RMB 1,667,500
中国嘉德 2021-12-10

4373 《号级茶》 红标宋聘号圆茶 1片
估 价：RMB 3,600,000~3,800,000
成交价：RMB 4,140,000
重321g 中国嘉德 2021-12-10

4369 《印级茶》 蓝印铁饼圆茶 1筒7片
估 价：RMB 1,200,000~2,100,000
成交价：RMB 2,645,000
重2345g 中国嘉德 2021-12-10

4371 《印级茶》 无纸红印圆茶 1筒7片
估 价：RMB 1,200,000~2,100,000
成交价：RMB 2,242,500
重2258g 中国嘉德 2021-12-10

4375 《号级茶》 双狮同庆号圆茶 1片
估 价：RMB 1,600,000~1,800,000
成交价：RMB 1,840,000
重320.6g 中国嘉德 2021-12-10

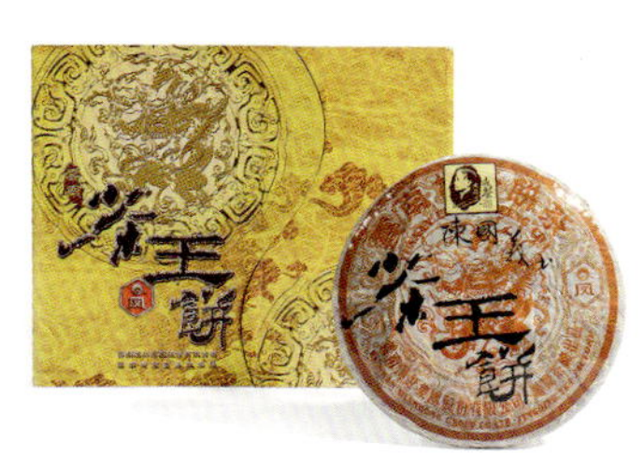

4403 2006年 “3200岁凤庆茶王树”茶饼 1片
估 价：RMB 500,000~1,000,000
成交价：RMB 1,265,000
重491.2g 中国嘉德 2021-12-10

1443 20世纪80年代 雪印青饼（7532配方）7片
估　价：HKD 1,250,000~2,000,000
成交价：RMB 1,182,240
总重量约2425g 保利香港 2021-12-01

3656 百年陈云号白票圆茶 1片
估　价：RMB 600,000~900,000
成交价：RMB 943,000
华艺国际 2021-12-11

1252 20世纪20年代 宋聘号青饼普洱茶（蓝票）1片
估　价：HKD 1,400,000~2,200,000
成交价：RMB 1,416,240
总重量 约293g 保利香港 2021-04-24

7632 20世纪70年代老树白茶 50罐
估　价：RMB 1,800,000~2,500,000
成交价：RMB 2,070,000
重25000g 永乐拍卖 2021-12-03

1242 1987年 厚纸7542青饼普洱茶 一筒7饼
估　价：HKD 800,000~1,200,000
成交价：RMB 1,112,760
总重量 约2422g 保利香港 2021-04-24

4381 《号级茶》 蓝标宋聘号圆茶 1片
估　价：RMB 1,000,000~1,800,000
成交价：RMB 1,380,000
重308g 中国嘉德 2021-05-21

1253 20世纪20年代 双狮同庆号青饼普洱茶 1筒共7片
成交价：RMB 7,991,640
总重2183g 保利香港 2021-04-24

3940 20世纪50年代早期大红印 1饼
估　价：RMB 900,000~1,200,000
成交价：RMB 1,035,000
重约340g 永乐拍卖 2021-05-20

3405 1988年勐海茶厂7542 1筒7饼
估　价：RMB 880,000~1,200,000
成交价：RMB 1,265,000
华艺国际 2021-06-03

3418 20世纪50年代 红印圆茶 1片
估　价：RMB 800,000~1,200,000
成交价：RMB 1,127,000
重约310g 华艺国际 2021-06-03

3416 1985年勐海茶厂8582（厚纸）1筒7饼
估　价：RMB 1,100,000~1,500,000
成交价：RMB 1,725,000
华艺国际 2021-06-03

15244 20世纪50年代蓝铁 1片
估　价：RMB 350,000~550,000
成交价：RMB 414,000
重328g 北京保利 2021-06-07

15294 20世纪50年代白沙溪茶厂千两茶 1块
估　价：RMB 350,000~500,000
成交价：RMB 402,500
重约1500g 北京保利 2021-06-07

735 2004年 牡丹王 2件
估　价：RMB 374,000
成交价：RMB 430,100
22斤/件 上海嘉禾 2021-07-22

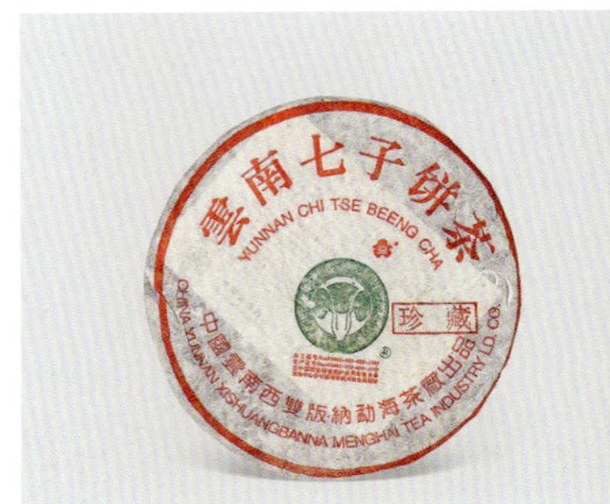

1647 大益2000年珍藏班章 大白菜 1片
估　价：RMB 320,000~500,000
成交价：RMB 368,000
重约400g 北京保利 2021-09-26

1648 大益2002年特制精品班章 大白菜 1筒7饼
估　价：RMB 720,000~1,200,000
成交价：RMB 1,029,250
重约2450g 北京保利 2021-09-26

1658 大益 2003年六星孔雀班章 1片
估　价：RMB 450,000~1,300,000
成交价：RMB 989,000
重约400g 北京保利 2021-09-26

1665 20世纪50年代初期大红印 1片
估　价：RMB 720,000~1,200,000
成交价：RMB 1,115,500
重约338g 北京保利 2021-09-26

乐　器

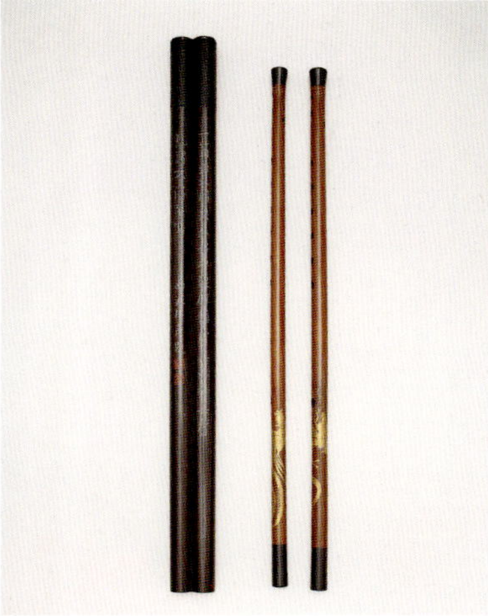

5182 清 识文描金龙凤双笛（一对）
估　价：RMB 200,000~300,000
成交价：RMB 287,500
长64.5cm×2 北京保利 2021-06-07

8134 施坦威 巴伦博伊姆、基辛 — 卡内基大厅重要钢琴
估　价：RMB 1,500,000~3,000,000
成交价：RMB 1,437,500
琴长274cm 北京保利 2021-12-05

3574 施坦威超豪华铜鎏金雕刻钢琴 维多利亚款 全球唯一
估　价：RMB 1,600,000~2,800,000
成交价：RMB 1,840,000
永乐拍卖 2021-05-22

977 1786年 费迪南多·加利亚诺制意大利古典小提琴
估　价：RMB 280,000~380,000
成交价：RMB 333,500
长59.3cm；宽20cm；高3cm
西泠印社 2021-07-23

音　响

4466 瑞士 约19世纪制 瑞士单轴八铃八音盒
估　价：RMB 120,000~180,000
成交价：RMB 195,500
长88cm；宽42cm；高29cm 西泠印社 2021-01-17

2501 认为是 PIGUET & MEYLAN之作品，极精美及非常罕有，18K金及珐琅彩绘八音盒子
估　价：HKD 400,000~1,200,000
成交价：RMB 1,035,000
佳士得 2021-05-22

976 1940年制 宝玑 定制鎏金轻浮雕鸟鸣八音盒
估　价：RMB 180,000~280,000
成交价：RMB 253,000
长10cm；宽6cm；高6cm
西泠印社 2021-07-23

尚 品

2756 爱马仕 2021 极其罕见雾面白色喜马拉雅尼罗鳄鱼皮28cm钻石凯莉包附18K白金及钻石金属配件（附原包装盒及证书）
估 价：HKD 1,600,000~3,200,000
成交价：RMB 2,955,600
28cm×11cm×21cm 保利香港 2021-12-01

3844 珍罕雾面白色喜马拉雅尼罗鳄鱼皮28cm内缝钻石凯莉包附18K白金及钻石配件
估 价：HKD 1,800,000~2,000,000
成交价：RMB 3,284,000
28cm×10cm×20cm 佳士得 2021-11-26

3821 罕见雾面乌木色短吻鳄皮，金棕色MADAME，橙色SWIFT，焦褐色及乌木色SOMBRERO，粉笔白色EPSOM小牛皮20cm外缝FAUBOURG柏金包附钯金配件
估 价：HKD 800,000~1,000,000
成交价：RMB 1,436,750
20cm×11cm×16cm 佳士得 2021-11-26

3857 亮面渐变色SALVATOR蜥蜴皮25cm外缝凯莉包附钯金配件
估 价：HKD 300,000~350,000
成交价：RMB 718,375
25cm×9cm×19cm 佳士得 2021-11-26

3863 特别订制雾面珍珠灰色及极致粉色短吻鳄皮QUELLE IDOLE包附钯金配件
估 价：HKD 600,000~800,000
成交价：RMB 1,539,375
15cm×6cm×12cm 佳士得 2021-11-26

3866 雾面水绿色短吻鳄皮25cm柏金包附黄金配件
估　价：HKD 350,000~400,000
成交价：RMB 513,125
25cm × 14cm × 19cm 佳士得 2021-11-26

3897 特别订制雾面黑色及珍珠灰色短吻鳄皮25cm柏金包附雾面黄金配件
估　价：HKD 450,000~550,000
成交价：RMB 615,750
25cm × 14cm × 19cm 佳士得 2021-11-26

3970 罕见珍贵，彩羽绣及绳索灰色SWIFT小牛皮32cm外缝马赛克凯莉包附钯金配件
估　价：HKD 600,000~800,000
成交价：RMB 2,257,750
32cm × 10cm × 23cm 佳士得 2021-11-26

3916 珍罕亮面天竺葵红色POROSUS湾鳄皮35cm钻石柏金包附18K白金及钻石配件
估　价：HKD 800,000~1,000,000
成交价：RMB 1,847,250
35cm × 18cm × 25cm 佳士得 2021-11-26

8363 爱马仕 2020年 罕见棕色BARENIA马鞍牛皮及沼泽橡木22cmKELLYWOOD凯莉包附银色金属配件
估　价：RMB 600,000~1,500,000
成交价：RMB 1,506,500
22cm × 8.5cm × 18cm 北京保利 2021-12-05

2699 爱马仕 2020 限量版雾面深棕色鳄鱼皮、SOMBRERO小牛皮、金色MADAME、橙色SWIFT及奶昔白色EPSOM牛皮20cm外缝FAUBOURG BIRKIN包附银色金属配件
估　价：HKD 600,000~1,200,000
成交价：RMB 1,315,080
20cm × 11cm × 15.5cm 保利香港 2021-04-23

2707 爱马仕 2019 罕见亮面翡翠绿色POROSUS鳄鱼皮25cm柏金包附金色金属配件
估　价：HKD 300,000~600,000
成交价：RMB 657,540
25cm×10cm×18cm 保利香港 2021-04-23

3836 雾面5P粉色短吻鳄25cm内缝凯莉包附钯金配件
估　价：HKD 320,000~380,000
成交价：RMB 1,035,000
25cm×9cm×19cm 佳士得 2021-05-21

3944 限量版爱马仕红色SOMBRERO小牛皮，朱红色CHÈVRE山羊皮及石榴红色EPSOM牛皮28cmKELLYGRAPHIE LETTRE M凯莉包附钯金配件
估　价：HKD 80,000~100,000
成交价：RMB 269,100
28cm×10cm×20cm 佳士得 2021-05-21

3811 亮面黑色短吻鳄皮20cm迷你凯莉包附钯金配件
估　价：HKD 150,000~200,000
成交价：RMB 828,000
20cm×14cm×18cm 佳士得 2021-05-21

3886 特别订制亮面海军蓝色及电光蓝色POROSUS湾鳄皮25cm柏金包附雾面钯金配件
估　价：HKD 400,000~500,000
成交价：RMB 621,000
25cm×14cm×19cm 佳士得 2021-05-21

3962 特别订制雾面金盏花黄色及黑色短吻鳄皮28cm内缝凯莉包附雾面黄金配件
估　价：HKD 350,000~400,000
成交价：RMB 517,500
28cm×10cm×20cm 佳士得 2021-05-21

3813 珍罕亮面黑色POROSUS湾鳄皮25cm钻石柏金包附18K白金及钻石配件
估　价：HKD 1,200,000~1,600,000
成交价：RMB 1,449,000
25cm×14cm×19cm 佳士得 2021-05-21

3927 亮面渐变色SALVATOR蜥蜴皮25cm柏金包附钯金配件
估　价：HKD 260,000~320,000
成交价：RMB 672,750
25cm×14cm×19cm 佳士得 2021-05-21

3976 亮面绿玉色POROSUS湾鳄皮25cm柏金包附黄金配件
估　价：HKD 300,000~350,000
成交价：RMB 1,242,000
25cm×14cm×19cm 佳士得 2021-05-21

3996 罕见黄褐色BARÉNIA小牛皮及沼泽橡木22cm木制凯莉包附钯金配件
估 价：HKD 600,000~800,000
成交价：RMB 1,656,000
22cm × 8.5cm × 19cm 佳士得 2021-05-21

3997 罕见雾面乌木色短吻鳄皮，金棕色MADAME，橙色SWIFT，焦褐色及乌木色SOMBRERO，粉笔白色EPSOM小牛皮20cm外缝FAUBOURG柏金包附钯金配件
估 价：HKD 600,000~800,000
成交价：RMB 1,449,000
20cm × 11cm × 16cm 佳士得 2021-05-21

4013 特别订制亮面天方夜谭粉色及电光蓝色短吻鳄皮25cm外缝凯莉包附黄金配件
估 价：HKD 400,000~500,000
成交价：RMB 724,500
25cm × 9cm × 19cm 佳士得 2021-05-21

4014 珍罕亮面天方夜谭粉色POROSUS湾鳄皮30cm钻石柏金包附18K白金及钻石配件
估 价：HKD 1,000,000~1,500,000
成交价：RMB 1,035,000
30cm × 15cm × 22cm 佳士得 2021-05-21

33659 2017年 爱马仕 特别定制亮面黑色POROSUS鳄鱼皮及天方夜谭紫色EPSOM皮28cm外缝凯莉包
估 价：RMB 350,000~450,000
成交价：RMB 425,500
28cm × 11cm × 21cm 北京保利 2021-06-08

33663 2020年 爱马仕 限量版心跳红色BARENIA牛皮及藤条PICNIC MINI KELLY包
估 价：RMB 300,000~500,000
成交价：RMB 442,750
18.5cm × 7cm × 13.5cm 北京保利 2021-06-08

33670 2018年 爱马仕 雾面新薄荷绿色短鳄鱼皮30cm柏金包
估 价：RMB 450,000~550,000
成交价：RMB 563,500
30cm × 15cm × 20cm 北京保利 2021-06-08

中成药

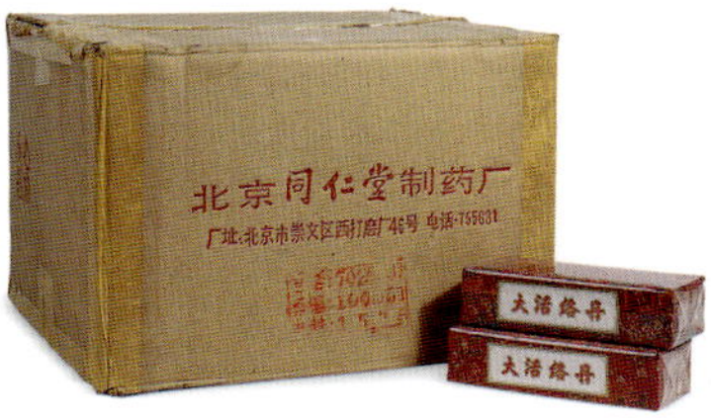

3203 1996年产北京同仁堂“锦盒装大活络丹”（包有金衣）50盒
估 价：RMB 180,000~230,000
成交价：RMB 207,000
10丸/盒 北京荣宝 2021-06-19

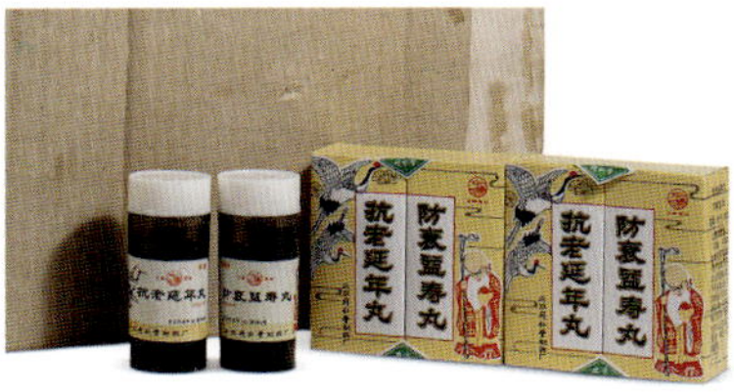

3223 1987年产北京同仁堂“旭日牌抗老延年丸 防衰益寿丸” 10大盒
估 价：RMB 150,000~260,000
成交价：RMB 172,500
100瓶 北京荣宝 2021-06-19

175 1989年同仁堂出口装李时珍牌牛黄清心丸 50盒
估　价：RMB 320,000~500,000
成交价：RMB 368,000
10丸/盒 西泠印社 2021-01-14

234 1989年同仁堂鹿角胶 80盒（原箱）
估　价：RMB 320,000~500,000
成交价：RMB 368,000
250克/盒 西泠印社 2021-01-14

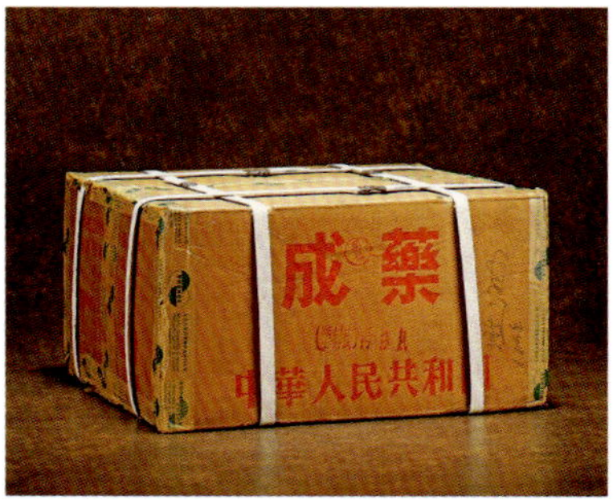

258 1992年同仁堂出口装李时珍再造丸 50盒（原箱）
估　价：RMB 180,000~250,000
成交价：RMB 230,000
10丸/盒 西泠印社 2021-01-14

283 1991年长城牌出口装海马丸 144瓶（原箱）
估　价：RMB 320,000~500,000
成交价：RMB 368,000
120粒/瓶 西泠印社 2021-01-14

285 20世纪80年代精装出口至宝三鞭丸 48盒(浓缩丸原箱)
估　价：RMB 280,000~400,000
成交价：RMB 333,500
50管/盒 西泠印社 2021-01-14

1336 20世纪50年代~2000年 新会陈皮一条龙
估　价：HKD 120,000~200,000
成交价：RMB 182,088
保利香港 2021-04-24

滋补品

292 1995年正官庄高丽参（天30） 1盒
估　价：RMB 35,000~50,000
成交价：RMB 43,700
600克 西泠印社 2021-01-14

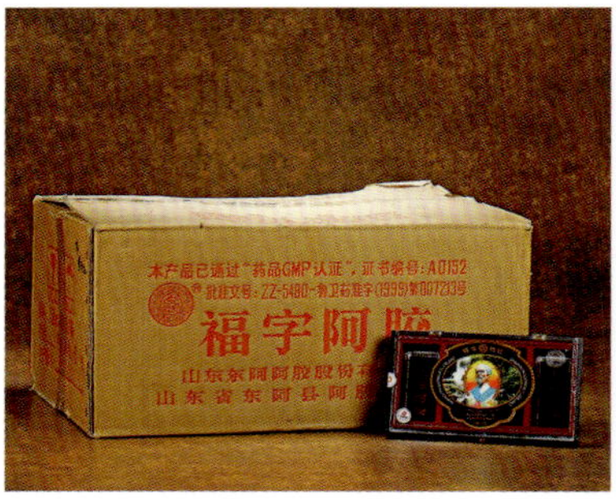

305 2001年东阿阿胶李时珍福字阿胶 40盒（原箱）
估　价：RMB 170,000~250,000
成交价：RMB 195,500
250克/盒 西泠印社 2021-01-14

3532 日本3-4头青森大网鲍 19只
估　价：RMB 350,000~400,000
成交价：RMB 402,500
重约2500g 华艺国际 2021-06-03

3538 40头日本关东参 约1500g
估　价：RMB 20,000~30,000
成交价：RMB 23,000
长7cm；宽2cm；高2cm
华艺国际 2021-06-03

3541 本港第一代赤嘴鱼胶（公肚）1只
估　价：RMB 280,000~350,000
成交价：RMB 322,000
15.5cm × 8cm 华艺国际 2021-06-03

兵　器

5020 元末明初 铁鋄金鋄银金刚钺刀
估　价：RMB 600,000~1,200,000
成交价：RMB 897,000
长12.5cm 古天一 2021-06-07

5024 14～15世纪 铁鋄金鋄银三叉戟
估　价：RMB 500,000~800,000
成交价：RMB 667,000
高47.5cm 古天一 2021-06-07

1241 民国 醒狮（九师）勋刀
估　价：RMB 180,000~400,000
成交价：RMB 517,500
刀鞘长88cm；主刀长83.5cm
广东崇正 2021-01-07

其他工艺品

1712 18世纪 镂雕龙纹宫廷马鞍坐具（一套）
估　价：RMB 300,000~400,000
成交价：RMB 1,495,000
尺寸不一 中贸圣佳 2021-05-21

3603 清 灵芝“浮云”清供摆件
估　价：RMB 30,000~50,000
成交价：RMB 207,000
带座高32cm；座长17cm
西泠印社 2021-01-16

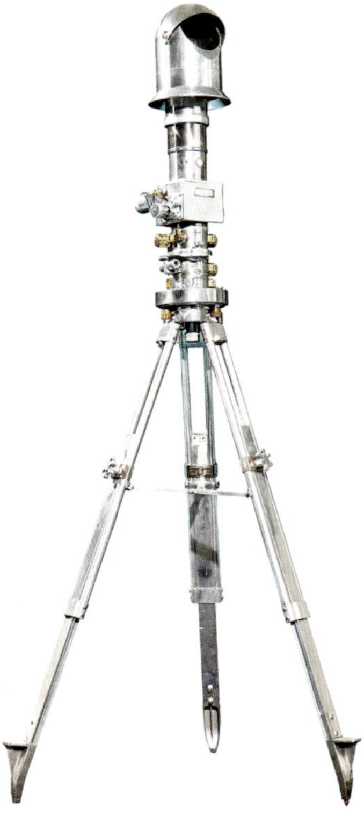

1031 1945年制 蔡司潜望镜
估　价：RMB 80,000~150,000
成交价：RMB 184,000
高160cm 西泠印社 2021-07-23

2230 瑞士制 知名藏家的永恒典范 非常精美及特大金及珐琅镶珍珠工具盒，具有时计、音乐及活动人偶，内含镶金剪刀、金珐琅小刀、香水瓶、钥匙、指甲修护棒与锥子，备收纳盒，为中国市场而制及由 P. Orr 发行，约1800年制
估　价：HKD 6,500,000~9,500,000
成交价：RMB 5,154,300
香港苏富比 2021-10-13

2504 认为是 MOULINIÉ BAUTTE & CIE OR J.B. GARRAND, GENEVA之作品，极罕有、重要及非常精美，黄金珐琅镶珍珠火枪形香水喷枪
估　价：HKD 800,000~2,400,000
成交价：RMB 3,312,000
佳士得 2021-05-22

3504 Air Jordan VII奥运主题专属球鞋收藏4双
估　价：RMB 250,000~300,000
成交价：RMB 195,500
北京保利 2021-06-08

3528 Jordan & Converse “飞人30周年”套装
估　价：RMB 400,000~500,000
成交价：RMB 230,000
北京保利 2021-06-08

3574 勒布朗·詹姆斯亲签LEBRON IX“彩虹”比赛使用球鞋
估　价：RMB 700,000~800,000
成交价：RMB 552,000
北京保利 2021-06-08

2021杂项拍卖成交汇总

（成交价RMB：1万元以上）

拍品名称	物品尺寸	成交价RMB	拍卖公司	拍卖日期
竹 雕				
佩饰件				
清 竹雕卧兔把件	高4.5cm；长6.5cm	23,000	西泠印社	2021-07-24
清乾隆 竹簧浮雕斋戒牌	长6.5cm；宽4cm	230,000	中贸圣佳	2021-05-20
明 巡山图竹具	高16.5cm	350,750	中贸圣佳	2021-12-29
陈设件				
明晚期 竹雕佛手瓜摆件带底座	带座高12cm；长19cm	402,500	广东崇正	2021-01-07
清早期 竹根随形山子	长27cm	36,800	北京保利	2021-06-08
清 竹雕山水人物山子摆件	高26.4cm；直径13cm	54,050	十竹斋	2021-06-27
清 芹泉款竹雕诗文如意摆件	长39cm	40,250	西泠印社	2021-01-15
清 竹雕灵芝祝寿辞如意	长41cm	29,900	华艺国际	2021-12-11
清 苍润铭随形罗汉竹如意	长36.5cm	28,750	华艺国际	2021-12-11
清 天然竹根制灵芝如意	长31cm；宽6.9cm；高6cm	20,700	中国嘉德	2021-11-28
竹雕如意	16cm×16cm	115,000	北京得逸	2021-07-31
清 竹雕佛手	长9.6cm	47,150	十竹斋	2021-06-27
明 竹根雕东方朔坐像	高14.5cm	216,744	保利香港	2021-12-02
明晚期 竹根雕刘海戏金蟾	高8.2cm	118,224	保利香港	2021-12-02
清早期 竹雕仙人乘槎摆件	通高16cm；长28cm	345,000	中贸圣佳	2021-12-29
清早期 用吉款竹雕东方朔坐像	高15.2cm	207,000	西泠印社	2021-07-24
清早期 竹雕寿星	高18.5cm	155,250	华艺国际	2021-06-05
清早期 竹雕寿星	高14cm	99,474	中国嘉德	2021-04-21
清早期 竹雕罗汉练功像	高5.2cm	80,500	中国嘉德	2021-11-29
清早期 竹雕寿星摆件	高20.8cm	57,500	十竹斋拍卖（北京）	2021-05-29
清早期 竹雕太白醉酒摆件配紫檀座	高7.1cm；长10cm	28,750	浙江佳宝	2021-01-10
清乾隆 竹雕蛮人献宝造像	高21cm	50,600	广东崇正	2021-01-07
清中期 竹雕胡人驯象献宝摆件	高19cm；长13cm	149,500	西泠印社	2021-01-15
清中期 竹雕伏虎罗汉	高27cm	56,000	上海联合	2021-06-27
清中期 竹根雕老翁	高14cm	51,750	北京翰海	2021-06-05
清中期 竹雕寿星像	高26.6cm	43,700	中国嘉德	2021-09-28
清 竹雕麻姑献寿图梿形摆件	带座高17.8cm；长25.8cm	368,000	西泠印社	2021-07-24
清 施天章款竹镂雕群贤祝寿山子摆件	带座高51cm；高40.8cm	138,000	西泠印社	2021-01-16
清 竹雕持经达摩像	高12.5cm	138,000	台北艺珍	2021-11-07
清 竹根雕群仙祝寿舟摆件	长31cm	69,000	古天一	2021-06-07
清 竹雕"福禄寿"摆件	高14.2cm	63,250	广东崇正	2021-07-19
清 蔡时敏风格东方朔竹皓像	长8cm；高10.8cm	46,000	中国嘉德	2021-11-28
清 竹雕寒山立件	高10cm	45,522	保利香港	2021-04-21
清 竹雕布袋和尚摆件	高6cm	42,550	西泠印社	2021-01-15
清 竹雕东方朔坐像	带座高17cm；高16.2cm	34,500	西泠印社	2021-01-15
清 竹雕童子骑象摆件	高13.5cm	33,120	罗芙奥	2021-12-04
清 竹根山形清供山子摆件	带座高13cm；长18cm	32,200	西泠印社	2021-01-16
清 竹雕弥勒佛及圆形佛龛	直径3cm	28,750	古天一	2021-06-07
清 竹雕东方朔坐像	带座高6cm；高5.5cm	28,750	西泠印社	2021-07-24
清 竹雕东方朔立像	带座高37cm；高31cm	28,750	西泠印社	2021-07-24
清 古竹圆雕寿星乘鹿皓像	长12.2cm；宽10.4cm；高28.3cm	23,000	中国嘉德	2021-11-28
清 竹雕刘海戏金蟾坐像	带座高11.5cm；高9.5cm	23,000	西泠印社	2021-01-15
清 竹根雕刘海戏金蟾摆件	高5.8cm	23,000	江苏汇中	2021-05-14
清 竹根雕金蟾把件	高5.2cm	20,700	西泠印社	2021-04-10
清 竹雕孔子立像	高27cm	17,250	西泠印社	2021-07-24
民国 竹雕和合二仙	高5.2cm	43,700	北京保利	2021-06-08
杨国强 竹根雕童年摆件	大19cm×11.8cm；小13.5cm×8.8cm	21,056	上海联合	2021-06-27
王清梅 竹根雕《慈悲为怀》	高12.5cm	17,920	上海联合	2021-06-27
清乾隆 竹雕螃蟹	宽11.5cm；高3.6cm	25,300	浙江佳宝	2021-01-10
清早期 竹根雕梅纹花插	高10.8cm	48,300	中国嘉德	2021-11-29
清 北楼铭东溪刻诗文异形竹花插	高16.8cm；口径约4.5cm	50,600	西泠印社	2021-01-16
生活用品				
明 竹雕饮中八仙图杯	高8.3cm	80,500	中贸圣佳	2021-12-29
明 竹雕玉兰梅花杯	长15cm；高11cm	17,250	广东崇正	2021-07-19
清早期 竹根雕松鹤遐龄杯	高8.5cm	63,250	北京诚轩	2021-05-18
清早期 竹雕蟠松杯	高11cm	57,500	中贸圣佳	2021-05-21
清早期 竹根雕螭龙耳杯	高9.7cm	57,500	中鸿信	2021-07-14
清 竹根雕松纹杯	高13.5cm	138,000	中贸圣佳	2021-05-21
清 竹雕松树纹杯（两件）	最大的宽16cm	64,584	中国嘉德	2021-10-12
清 竹雕瓜棱形活环耳刻诗文杯	高5cm；口径5.5cm	46,000	西泠印社	2021-01-16
清 竹雕螭龙纹仿犀角杯	高13cm；长14.5cm	34,500	西泠印社	2021-04-10
清 用吉款竹根杯	高3.7cm；通径4.5cm	23,000	西泠印社	2021-07-24
清 竹根雕饕餮纹爵杯	高11.7cm	20,700	中贸圣佳	2021-03-26
清 竹根浮雕桃形杯	高3.5cm；通径5.8cm	20,700	西泠印社	2021-07-24
清 竹雕嵌银胆瓜棱形活环耳刻诗文小杯	高4.3cm；口径5.5cm	17,250	西泠印社	2021-01-16
清 竹簧雕花菱花形托盘	19cm×11.6cm×2.1cm	379,500	北京保利	2021-06-08
清 竹雕仿古提梁盖壶	高29cm	461,813	佳士得	2021-12-03
清 竹雕刘海戏金蟾	高10cm	17,250	西泠印社	2021-04-10
清早期 竹雕瑞兽	长8cm	17,250	北京保利	2021-05-18
清 竹雕刘海戏金蟾（两件）	最大的高11.6cm	19,872	中国嘉德	2021-10-12
明代 黄花梨方形镜盒	16.5cm×14cm×9.5cm	63,250	保利厦门	2021-11-05
清早期 竹根雕瘿瓜形盖盒	长10cm	207,000	保利厦门	2021-11-05
清乾隆 贴竹簧嵌铜鎏金灵芝纹扣暗八仙海水云龙纹书盒	30.5cm×16.2cm×7cm	1,011,600	保利香港	2021-04-21
清乾隆 宫廷竹簧六边倭角香盒	高3.6cm；直径7cm	172,500	古天一	2021-06-07
清乾隆 竹黄海棠式三层盖盒	长15cm	138,000	永乐拍卖	2021-05-22
清乾隆 贴黄西番莲纹海棠形香盒	长7cm；宽5cm；高2.6cm	25,300	西泠印社	2021-07-24
清中期 竹雕印盒（一套五件）	尺寸不一	230,000	北京保利	2021-12-06
清中期 竹黄雕夔龙纹如意形盖盒	宽7.7cm	86,250	北京保利	2021-12-06
清晚期 竹编人物花卉纹提盒	28.5cm×17.5cm×33cm	36,800	中国嘉德	2021-11-30
清 贴黄海棠形缠枝莲纹三层盖盒	长15cm；宽12cm；高11.5cm	86,250	西泠印社	2021-07-24
清 竹黄山水盖盒	16.5cm×11.5cm×3.5cm	36,800	十竹斋	2021-06-27
清 竹雕葫芦万代盖盒	长10.8cm	23,000	广东崇正	2021-01-07
清 竹黄双龙捧寿六方盖盒	宽27.5cm	23,000	北京保利	2021-06-08
明 棕竹刻十八罗汉香筒	高20.8cm	138,000	中贸圣佳	2021-09-26
晚明 竹雕秦府十八学士图香筒	高17.8cm；直径3.6cm	57,500	西泠印社	2021-01-16
明 海黄竹节香筒	4.8cm；高10cm	17,920	上海联合	2021-06-27
清早期 竹雕八仙人物香筒	长22.5cm	109,250	北京保利	2021-05-18
清初 竹雕高士图香筒	高19.3cm	74,750	中贸圣佳	2021-07-07
清早期 竹镂雕仕女抚琴图香筒	高21.5cm	63,250	西泠印社	2021-01-16
清初 宗玉款竹雕庭园高士图香筒	高10.5cm	57,500	华艺国际	2021-04-01
清早期 竹雕雅集图香筒	高20.8cm	48,300	中国嘉德	2021-03-30
清早期 竹雕双乔并读香筒	高21.8cm	39,744	中国嘉德	2021-10-12
清早期 松下五老竹香筒	高21.8cm	34,500	中贸圣佳	2021-09-26
清早期 二乔并读图竹香筒	直径5.3cm；高23.8cm	34,500	中贸圣佳	2021-12-29
清早期 竹雕群仙香筒	长22cm	32,915	北京保利	2021-08-08
清康熙 竹雕镂空松下高士图香筒	长11.1cm	23,000	北京中汉	2021-11-28
清中期 竹雕阮元款瓦当铭文香筒	高26.5cm	55,200	广东崇正	2021-01-07
清中期 山水人物竹香筒	高18.8cm	32,200	中贸圣佳	2021-09-26
清 竹雕西厢故事香筒	高20.5cm	287,500	中贸圣佳	2021-05-21
清中期 镂刻缠枝莲香筒	25cm×7cm	92,000	华艺国际	2021-12-11
清 竹雕竹林七贤香筒	高22cm	89,700	古天一	2021-06-07
清 竹雕小香筒	高12cm	57,500	中贸圣佳	2021-03-26
清 竹雕仕女图香筒	高17.5cm	44,850	古天一	2021-06-07
清 竹刻人物香筒	直径4.5cm；高16.5cm	43,700	十竹斋	2021-06-27
清 竹雕赤壁之景香筒	高21.2cm	35,650	北京保利	2021-10-31
清 随形竹雕香筒（一对）	7cm×7cm×42cm×2	20,700	广东崇正	2021-01-07
清 竹刻梅纹香筒	高29.8cm	17,250	中国嘉德	2021-11-29
明治时期 时代 斑竹四方火钵	高35cm；直径30cm	17,250	北京荣宝	2021-06-19
清晚期 六角竹编炭笼（原共箱）	宽28cm；高12cm	20,700	江苏观宇	2021-04-25
竹雕茶叶筒	12cm×5.3cm	25,300	上海嘉禾	2021-11-14
升斋 菱形编变形提梁花篮	高42cm	18,480	上海联合	2021-06-27
文房用品				
民国 吴湖帆款刻篆书竹制毛笔	长33cm	23,000	华艺国际	2021-03-31
湘妃竹毛笔	长36cm	80,500	十竹斋拍卖（北京）	2021-05-29
明 竹雕梧桐仕女图笔筒	直径13.3cm；高15.5cm	230,000	中贸圣佳	2021-05-21
明 竹雕"郭子仪单骑退回纥"故事图笔筒	直径11.5cm；高15.5cm	189,750	保利厦门	2021-11-05
明 竹雕文会图笔筒	高15.4cm	105,800	华艺国际	2021-04-01
明 竹雕松石人物纹笔筒	高13.5cm	80,500	上海匡时	2021-07-08
明 虎溪三笑图 透雕法古竹笔筒	长10.7cm；高14.6cm	57,500	中国嘉德	2021-11-28
明 竹胎菠萝漆笔筒	直径13cm；高14.5cm	40,250	中贸圣佳	2021-09-26
明 竹雕高士观松图笔筒	高16.5cm	40,250	保利厦门	2021-11-05
明 竹雕镂空人物笔筒	直径11.8cm；高14.8cm	34,500	中贸圣佳	2021-09-26
明末清初 竹雕老子出关图笔筒	直径9.5cm；高14.2cm	230,000	中贸圣佳	2021-05-21
明末清初 吴之璠款竹镂雕松下高士图笔筒	高15.5cm；口径11.5cm	218,500	西泠印社	2021-07-24
明末清初 竹透雕商山四皓图笔筒	高15.3cm；口径12cm	86,250	西泠印社	2021-01-16
清早期 竹雕西园雅集大笔筒	高18.5cm	1,092,500	北京保利	2021-06-08
清早期 沈全林刻竹雕老子出关笔筒	高13.5cm	632,500	华艺国际	2021-12-11
清早期 顾钰风格夜宴图竹笔筒	直径5.3cm；高11.7cm	356,500	中贸圣佳	2021-12-29
清早期 竹雕西园雅集笔筒	高15.2cm	230,000	华艺国际	2021-12-11
清早期 竹雕滚马图笔筒	高14.9cm	158,976	中国嘉德	2021-10-12
清早期 竹雕林和靖读书放鹤图笔筒	高14.3cm	158,976	中国嘉德	2021-10-12
清早期 夜宴图竹笔筒	长10.5cm；宽8.8cm；高16cm	115,000	中贸圣佳	2021-12-29
清早期 竹雕松下高士笔筒	高15.2cm；直径10.5cm	115,000	华艺国际	2021-12-11
清初 郭克礼旧藏竹雕雅集图笔筒	高15.5cm；口径12.2cm	92,000	西泠印社	2021-07-24
清早期 竹雕浴马图笔筒	高17.7cm	91,411	中国嘉德	2021-10-12
清早期 竹雕太白醉酒笔筒	高15.2cm	69,000	华艺国际	2021-04-01
清早期 竹雕山水小笔筒	高10.8cm	69,000	北京保利	2021-12-06
清早期 竹雕西园雅集图笔筒	高11.8cm；口径11cm	63,250	西泠印社	2021-01-16
清早期 竹雕松下高士图笔筒	高15.5cm	57,500	广东崇正	2021-07-19

2021杂项拍卖成交汇总(续表)

(成交价RMB：1万元以上)

拍品名称	物品尺寸	成交价RMB	拍卖公司	拍卖日期
清早期 竹镂雕渔乐图笔筒	高14.3cm; 口径11.8cm	57,500	西泠印社	2021-07-24
清早期 竹雕童子牧牛图笔筒	高13.8cm; 口径10.2cm	51,750	浙江佳宝	2021-01-10
清早期 竹雕松下人物笔筒	高15cm	46,000	北京保利	2021-10-30
清早期 竹雕竹林七贤笔筒	高15.2cm	37,757	中国嘉德	2021-10-12
清早期 竹雕通景人物故事笔筒	高13.5cm	36,800	北京保利	2021-10-31
清康熙 顾宗玉制竹刻笔筒	高13.3cm	690,000	北京保利	2021-12-06
清康熙 竹胎雕漆山水人物笔筒	直径10cm; 高14cm	149,500	中贸圣佳	2021-12-29
清康熙 逸叟款罗汉坐像笔筒	高15cm	46,000	上海匡时	2021-07-08
17世纪/18世纪 竹雕一路连科二甲传胪笔筒	高15.8cm	225,775	佳士得	2021-12-03
清乾隆 板桥道人款竹石图笔筒	高12cm	172,500	北京中汉	2021-11-28
清乾隆 竹雕西厢记送别图笔筒	直径13cm; 高16cm	92,000	保利厦门	2021-11-05
18世纪 竹雕书法诗文笔筒	高13.8cm	79,579	中国嘉德	2021-04-21
清乾隆 竹贴簧西园雅集四方笔筒	高9cm	36,800	中鸿信	2021-07-14
清中期 支山款竹雕赤壁夜游图诗文笔筒	高15.3cm; 口径9.3cm	172,500	西泠印社	2021-07-24
清中期 竹雕邓渭款白菜笔筒	高12.3cm	63,250	北京保利	2021-06-08
清中期 竹雕虎溪三笑图笔筒	直径11cm; 高15cm	57,500	保利厦门	2021-11-05
清中期 竹雕白菜诗文笔筒	直径19cm; 高13.5cm	48,300	保利厦门	2021-11-05
清中期 竹雕麻姑献寿图笔筒	直径9.4cm 高14.3cm	34,500	北京诚轩	2021-11-28
清中期 蕉叶纹竹笔筒	高11.5cm; 直径5.6cm	23,000	中贸圣佳	2021-09-26
清中期 竹雕西园雅集图笔筒	高15.9cm; 通径10cm	20,700	西泠印社	2021-04-10
清中期 竹雕随形高士雅集图笔筒	高12.5cm	20,700	北京保利	2021-06-08
清道光 竹雕王素川款诗文笔筒和竹雕马驹款米颠拜石图笔筒（各一件）	最大的高15.3cm	77,501	中国嘉德	2021-10-12
清光绪 竹雕博古图双联笔筒	高15cm	20,700	广东崇正	2021-07-19
清晚期 钦州窑王如声制竹节纹笔筒	高14.3cm; 口径9.5cm	17,250	西泠印社	2021-07-23
清 邓渭、芝山和合二仙竹笔筒	高15.9cm	1,610,000	中贸圣佳	2021-05-21
清 竹雕兰亭雅集图笔筒	直径15.2cm; 高16.7cm	575,000	中贸圣佳	2021-12-29
清 竹雕唐人蹴鞠图笔筒	高17.2cm; 口径13cm	368,000	西泠印社	2021-07-24
清 程庭鹭铭竹刻山水诗文笔筒	高11cm; 口径9cm	207,000	西泠印社	2021-01-16
清 竹雕松下雅游图笔筒	直径10cm; 高14cm	184,000	中贸圣佳	2021-05-21
清 王铎款竹笔筒	直径6cm; 高12.6cm	184,000	中贸圣佳	2021-07-07
清 王梅邻款竹笔筒	直径13.5cm; 高18.2cm	149,500	中贸圣佳	2021-03-26
清 竹雕山林隐逸图笔筒	高14.8cm; 口径14cm	138,000	西泠印社	2021-01-16
清 竹雕竹石图笔筒	高10.4cm; 直径4.5cm	89,700	十竹斋	2021-06-27
清 竹雕山水人物笔筒		86,250	十竹斋	2021-06-27
清 紫檀刻诗文梅竹笔筒	高12.3cm; 直径11.9cm	80,500	中贸圣佳	2021-03-26
清 吴松田铭秋菘螳螂图竹笔筒	长10.4cm; 宽9.9cm; 高13.4cm	74,750	中国嘉德	2021-11-28
清 吴之璠款松下高士图笔筒	直径12cm; 高17cm	63,250	保利厦门	2021-11-05
清 竹雕留青山水楼阁笔筒	高14.6cm	51,750	中国嘉德	2021-05-19
清 清溪款梅竹纹竹笔筒	直径4cm; 高10.2cm	46,000	中贸圣佳	2021-05-21
清 王宫午等铭竹刻金文笔筒（一组两件)	1.高13.2cm; 2.高16.3cm	46,000	西泠印社	2021-07-24
清 竹刻山水人物笔筒	高11.5cm; 直径5.5cm	43,700	十竹斋	2021-06-27
清 王永芳款嘉定竹雕仿老莲笔意高士图笔筒	直径11cm; 高13.5cm	32,200	广东崇正	2021-01-07
清 竹雕吴之璠款高士图笔筒	高14.9cm	29,808	中国嘉德	2021-10-12
清 竹雕镂空高士图笔筒	高13cm; 直径6.9cm	23,000	广东崇正	2021-01-07
清 竹雕山水人物纹笔筒	高14.2cm	23,000	广东崇正	2021-07-19
清 竹雕松下高士纹笔筒	高16.5cm	23,000	广东崇正	2021-07-19
清 狩猎图竹笔筒	高14cm	23,000	华艺国际	2021-12-11
清 硬木何章款诗文笔筒和竹刻平底留青渔翁摆渡图笔筒（各一件）	最大的高12.6cm	21,859	中国嘉德	2021-10-12
清 竹雕高士笔筒	高11.8cm	20,700	北京保利	2021-01-09
清 竹雕黄香石款笔筒	高12.7cm	17,250	广东崇正	2021-01-07
清 竹雕高士图笔筒	高13.5cm	17,250	广东崇正	2021-01-07
清 竹雕人物笔筒	高16cm	17,250	北京保利	2021-05-18
清 松山款竹刻留青滚马图笔筒	高13.3cm; 口径6cm	17,250	西泠印社	2021-07-24
吴之璠款竹刻笔筒	16cm	483,000	上海嘉禾	2021-11-14
全林款竹刻笔筒	16.8cm	287,500	上海嘉禾	2021-11-14
18世纪 竹雕携琴访友笔架	长11cm	40,250	北京华辰	2021-06-19
清 竹雕寿桃纹水盂	宽9.8cm; 高4.2cm	17,250	浙江佳宝	2021-01-10
清中期 竹雕松树水盂	带座高6.5cm; 高4.5cm	86,250	西泠印社	2021-07-24
清 竹根雕水丞	宽7.5cm	153,938	佳士得	2021-12-03
民国 陈半丁铭寿山石鹧鸪啼鸣竹节形笔舔	带座高5.8cm; 高3.5cm; 长12.4cm	34,500	西泠印社	2021-01-16
清早期 竹雕寿松纹洗	高10cm	115,000	古天一	2021-06-07
18世纪 竹根巧作梅枝灵芝式洗	长10.4cm; 高5.4cm	18,400	中贸圣佳	2021-09-26
清晚期 山水人物竹笔洗	直径11.3cm; 高8.3cm	80,500	中贸圣佳	2021-07-07
清早期张希黄制竹刻留青仙山楼阁臂搁	长19.2cm	184,000	中贸圣佳	2021-05-21
清嘉庆 王玘制竹刻《汉阳太白楼》山水诗文臂搁	长32cm	322,000	中贸圣佳	2021-05-21
清 竹雕高士图臂搁	长27.1cm	51,750	佳士得	2021-05-28
清末民初 王勋刻竹太白醉酒臂搁	长31.5cm	89,700	古天一	2021-06-07
清 嚼雪庐旧藏竹雕诗文臂搁	长27.3cm	241,500	华艺国际	2021-06-05
清 张伯驹旧藏钱南园八骏刻竹二美图臂搁	长29.5cm	195,500	华艺国际	2021-06-05
清 阮元款二老重逢图竹臂搁	长23.8cm; 宽8.2cm	86,250	西泠印社	2021-07-24
清 梁同书书法臂搁	长22.1cm	74,750	中贸圣佳	2021-07-07
清 查士标款竹臂搁	长30cm	57,500	中贸圣佳	2021-07-07
清 张廷济铭竹刻诗文臂搁	长33.2cm; 宽5.5cm	57,500	西泠印社	2021-01-16
清 竹臂搁（一组三件）	1.长26.2cm; 2.长26.4cm; 3.长17.9cm	55,200	中贸圣佳	2021-09-26
清 颖香书诗文竹臂搁	长31cm	46,000	北京保利	2021-06-08
清 竹刻仕女臂搁	24cm×6cm	43,700	十竹斋	2021-06-27
清 檀香木刻诗文琴形臂搁	长28.5cm	36,320	北京保利	2021-01-18
清洁泉居士款竹雕诗文臂搁（一对）	1.长25.3cm; 2.长25.4cm	35,650	西泠印社	2021-07-24
清 竹刻鄢琦款诗文山水图臂搁和花鸟图臂搁（各一件）	最大的长27.5cm	34,776	中国嘉德	2021-10-12
清 李锡卿旧藏竹雕诗文臂搁	长38cm; 宽5.2cm	28,750	西泠印社	2021-01-16
清 高垲款竹刻兰亭集序臂搁	长33.5cm; 宽5.8cm	28,750	西泠印社	2021-07-24
清 刘纪文上款桂皮罗汉图臂搁	长30.8cm	23,000	西泠印社	2021-01-16
清 桂皮诗文梅花臂搁	长34.5cm	20,700	广东崇正	2021-07-19
清 张希黄款山水人物臂搁	长19.5cm	17,250	十竹斋拍卖（北京）	2021-04-25
民国 张熊绘、子明刻红木春风图臂搁	长25.7cm	34,500	广东崇正	2021-01-07
近现代 陆俨少书画、李卓云刻竹雕臂搁	高26.2cm	345,000	华艺国际	2021-03-31
现代 谢稚柳书、李宗贤刻、陶臻平上款竹雕联对臂搁	长28.5cm; 宽8.5cm	28,750	西泠印社	2021-01-16
当代 徐素白留青花鸟臂搁	长26.2cm	20,700	中贸圣佳	2021-03-26
近代 白蕉画并书、徐孝穆刻兰花诗文竹臂搁	长13.8cm; 宽9cm	149,500	西泠印社	2021-01-15
金西厓 枇杷金果图竹雕臂搁	28.5cm×8.5cm	138,000	上海匡时	2021-07-08
徐秉方刻竹雕草虫葡萄图臂搁	长33.5cm	109,296	中国嘉德	2021-10-14
徐秉方刻竹雕荷花臂搁	长33.2cm	109,296	中国嘉德	2021-10-14
徐秉方刻竹雕启功黄苗子书法臂搁	高29.5cm	79,488	中国嘉德	2021-10-14
近代 徐孝穆书并刻毛主席诗词留青竹臂搁(《菩萨蛮·大柏地》)	长32.9cm; 宽8.4cm	74,750	西泠印社	2021-01-15
近代 徐孝穆刻毛主席诗词竹臂搁(《七律·长征》)	长38.4cm; 宽9.4cm	71,300	西泠印社	2021-01-15
近代 徐孝穆画并刻仿八大山人游鸭图竹臂搁	长14cm; 宽11.2cm	69,000	西泠印社	2021-01-15
近代 陈佩秋画、沈觉初刻花卉纹竹臂搁	长19cm; 宽9cm	57,500	西泠印社	2021-07-24
近代 徐孝穆刻毛主席诗词竹臂搁一组七件(《七律二首·送瘟神》)	尺寸不一	55,200	西泠印社	2021-01-15
近代 徐孝穆刻毛主席诗词竹臂搁(《沁园春·雪》)	长14cm; 宽9.5cm	48,300	西泠印社	2021-01-15
近代 徐孝穆书并刻毛主席诗词竹臂搁(《十六字令三首》)	长12.7cm; 宽7.8cm	46,000	西泠印社	2021-01-15
近代 徐孝穆画并刻兰蕙远香图竹臂搁	长26cm; 宽9.8cm	43,700	西泠印社	2021-01-15
近代 徐孝穆书并刻毛主席诗词竹臂搁(《七律·和郭沫若同志》)	长25cm; 宽9.5cm	42,550	西泠印社	2021-01-15
近代 徐孝穆刻毛主席诗词竹臂搁(《沁园春·长沙》)	长17.3cm; 宽9.7cm	40,250	西泠印社	2021-01-15
近代 徐孝穆刻毛主席诗词竹臂搁(《水调歌头·游泳》)	长20.3cm; 宽9cm	35,650	西泠印社	2021-01-15
近代 徐孝穆刻毛主席诗词竹臂搁(《浣溪沙·和柳亚子先生》)	长18.4cm; 宽11.5cm	34,500	西泠印社	2021-01-15
近代 徐孝穆书并刻毛主席诗词竹臂搁(《念奴娇·昆仑》)	长25cm; 宽10cm	34,500	西泠印社	2021-01-15
近代 徐孝穆书并刻毛主席诗词竹臂搁(《如梦令·元旦》)	长32.8cm; 宽7.7cm	34,500	西泠印社	2021-01-15
近代 徐孝穆书并刻毛主席诗词竹臂搁(《七律·登庐山》)	长27.5cm; 宽9.5cm	33,350	西泠印社	2021-01-15
近代 徐孝穆刻毛主席诗词竹臂搁(《浪淘沙·北戴河》)	长14cm; 宽8.3cm	32,200	西泠印社	2021-01-15
近代 徐孝穆书并刻毛主席诗词竹臂搁(《七律·到韶山》)	长25cm; 宽8cm	32,200	西泠印社	2021-01-15
近代 徐孝穆刻毛主席诗词竹臂搁(《清平乐·会昌》)	长16cm; 宽9cm	31,050	西泠印社	2021-01-15
近代 徐孝穆刻毛主席诗词竹臂搁(《七绝·为李进同志题所摄庐山仙人洞照》)	长17.7cm; 宽6.8cm	29,900	西泠印社	2021-01-15
近代 徐孝穆刻毛主席诗词竹臂搁(《七绝·为女民兵题照》)	长16.5cm; 宽10.3cm	29,900	西泠印社	2021-01-15
近代 徐孝穆刻毛主席诗词竹臂搁(《忆秦娥·娄山关》)	长17.2cm; 宽8cm	29,900	西泠印社	2021-01-15
近代 徐孝穆刻毛主席诗词竹臂搁(《西江月·井冈山》)	长18.3cm; 宽4.4cm	28,750	西泠印社	2021-01-15
近代 徐孝穆书并刻毛主席诗词竹臂搁(《七律·冬云》)	长18.2cm; 宽10.3cm	27,600	西泠印社	2021-01-15
近代 徐孝穆书并刻毛主席诗词竹臂搁(《蝶恋花·从汀州向长沙》)	长25.8cm; 宽9.9cm	27,600	西泠印社	2021-01-15
近代 徐孝穆刻毛主席诗词竹臂搁(《卜算子·咏梅》)	长14cm; 宽9.5cm	26,450	西泠印社	2021-01-15

（成交价RMB：1万元以上）

拍品名称	物品尺寸	成交价RMB	拍卖公司	拍卖日期
近代 徐孝穆刻毛主席诗词竹臂搁（《清平乐·蒋桂战争》）	长19cm；宽7.6cm	25,300	西泠印社	2021-01-15
近代 徐孝穆刻毛主席诗词竹臂搁（《采桑子·重阳》）	长19.3cm；宽7.4cm	25,300	西泠印社	2021-01-15
近代 徐孝穆书并刻毛主席诗词竹臂搁（《七律·答友人》）	长26.1cm；宽9.2cm	25,300	西泠印社	2021-01-15
近代 徐孝穆刻毛主席诗词竹臂搁（《清平乐·六盘山》）	长18.4cm；宽7cm	24,150	西泠印社	2021-01-15
近代 徐孝穆刻毛主席诗词竹臂搁（《菩萨蛮·黄鹤楼》）	长15.6cm；宽10.3cm	23,000	西泠印社	2021-01-15
近代 徐孝穆刻毛主席诗词竹臂搁（《七律·人民解放军占领南京》）	长17.8cm；宽8.5cm	23,000	西泠印社	2021-01-15
近代 徐孝穆刻毛主席诗词竹臂搁（《七律·和柳亚子先生》）	长13.3cm；宽7cm	23,000	西泠印社	2021-01-15
近代 徐孝穆书并刻毛主席诗词竹臂搁（《渔家傲·反第一次大"围剿"》）	长25cm；宽9.3cm	23,000	西泠印社	2021-01-15
近代 徐孝穆书并刻毛主席诗词竹臂搁（《渔家傲·反第二次大"围剿"》）	长26cm；宽9cm	23,000	西泠印社	2021-01-15
近代 徐孝穆刻毛主席诗词竹臂搁（《减字木兰花·广昌路上》）	长19.5cm；宽7.5cm	17,250	西泠印社	2021-01-15
近代 徐孝穆画并刻柳条知了图竹臂搁	长32cm；宽9.5cm	17,250	西泠印社	2021-01-15
清早期 竹雕西厢记砚	长10cm	172,500	北京保利	2021-06-08
清乾隆 竹刻松石周芷岩铭臂搁	长22cm	1,380,000	北京保利	2021-12-06
清 竹雕留青河畔高士图臂搁	长20.2cm	61,575	佳士得	2021-12-03
清晚期 竹雕山水人物纹镇尺	长29.6cm	17,250	中国嘉德	2021-03-30
清中期 竹镂雕四季花卉印盒	高4.2cm；长6.8cm；宽6cm	172,500	西泠印社	2021-07-24
清 木雕写意山水纹镇纸	37.5cm×6cm	36,800	古天一	2021-06-07
清 何桂笙铭陈世骥刻黄杨木篆书诗文镇纸	长26.7cm；宽3.7cm	36,800	西泠印社	2021-01-16
清 紫檀沈麟元款人物诗文镇尺和乌木镇尺（各一件）	长21.9cm×2	21,859	中国嘉德	2021-10-12
民国寿石工嵌银丝红木镇尺（一对）	长22.2cm×2	28,750	中国嘉德	2021-05-19
清 清溪铭 云林小景图竹诗筒	直径3.8cm；高9cm	63,250	中国嘉德	2021-11-28
清 奚光旭铭 滚马图竹诗筒	直径6.2cm；高12.5cm	43,700	中国嘉德	2021-11-28
清 吴伯涛画、胡匊邻刻水仙图竹诗筒	长6.9cm；高13.4cm	43,700	中国嘉德	2021-11-28
清 邓尉山樵铭洛神图竹诗筒	长6.8cm；高12.5cm	23,000	中国嘉德	2021-11-28
清 "大清乾隆年制"款木胎漆描金龙纹文具盒	长28cm；宽15cm；高10cm	23,000	江苏汇中	2021-05-14
清 红木镇尺式笔盒	长33cm；宽3.5cm；高3.5cm	23,000	北京保利	2021-06-08
清 楠木浮雕双龙戏珠纹文具盒	长34.7cm；宽20.4cm；高8.8cm	20,700	西泠印社	2021-07-24
清早期 竹雕"观棋烂柯"图镂雕诗筒	高12.8cm	23,000	华艺国际	2021-04-01
其他				
清 竹刻金石文字鸟笼	高34cm；长19cm；宽19cm；	86,250	西泠印社	2021-01-16
清 竹制鸟笼	长19cm；高42.5cm	80,500	西泠印社	2021-07-24
近代 唐云自用竹鸟笼	长23.3cm；高29cm	207,000	中贸圣佳	2021-12-29
清早期 湘妃竹扇骨	高31cm	218,500	华艺国际	2021-12-11
清乾隆 周芷岩竹雕仙山岭云寻幽图成扇	长34cm	805,000	中国嘉德	2021-11-30
清中期 剔红庭院婴戏图扇骨	高34.5cm	94,300	华艺国际	2021-12-11
清 陈春熙刻兰亭序扇骨	长30.4cm；宽2.2cm；高2.7cm	345,000	中国嘉德	2021-11-28
清 竹制扇骨（五件）	尺寸不一	287,500	中国嘉德	2021-05-19
清 孙星衍书、邓符生刻兰亭序句扇骨	长32.2cm；宽2cm；高2.1cm	149,500	中国嘉德	2021-11-28
清晚期 湘妃竹扇骨	高42cm	138,000	北京诚轩	2021-05-18
清 周之礼画、杨龙石刻蜻蜓花卉图扇骨	长32.5cm；宽2cm；高2.8cm	97,750	中国嘉德	2021-11-28
清 吴伯涛书画、胡匊邻刻松风高士图扇骨	长32.2cm；宽3.6cm；高2.2cm	92,000	中国嘉德	2021-11-28
清 吴让之铭刻花卉诗文和尚头扇骨	长33.5cm	80,500	朵云轩	2021-07-07
清 竹制髹漆扇骨（五件）	尺寸不一	63,250	中国嘉德	2021-05-19
清 岳青刻彝器竹扇骨	长32cm	57,500	中贸圣佳	2021-12-29
清 赵叔孺书画、范节庵刻松菊犹存图扇骨	长32.1cm；宽2.1cm；高2.3cm	55,200	中国嘉德	2021-11-28
清 竹制诗文花卉扇骨（五件）	尺寸不一	51,750	中国嘉德	2021-05-19
清 竹制扇骨（两件）	长30.5cm；长30.8cm	36,800	中国嘉德	2021-05-19
清 棕竹扇骨	高41.5cm	34,500	华艺国际	2021-12-11
清 竹制人物博古图扇骨（三件）	长30.8cm；长29.6cm；长27.8cm	32,200	中国嘉德	2021-05-19
清 竹刻山水人物诗文扇骨（一组两件）	1.长30.9cm，数量16档；2.长31.5cm，数量16档	23,000	西泠印社	2021-07-24
民国 金西厓刻、陈迦庵画芍药又画美人蕉扇骨	长33.2cm	1,840,000	北京保利	2021-06-08
民国 金西厓刻、赵叔孺篆书又画山茶扇骨	长31.4cm	1,069,500	北京保利	2021-06-08

拍品名称	物品尺寸	成交价RMB	拍卖公司	拍卖日期
民国 金西厓刻、冯梦华书楷字扇骨	长33.3cm；板阔2.5cm	920,000	北京保利	2021-12-06
民国 金西厓刻、褚松窗书行字又书隶书扇骨	长33.4cm；板阔2.5cm	713,000	北京保利	2021-12-06
民国 陆恢刻汉碑文扇骨	长33.5cm	207,000	中贸圣佳	2021-12-29
民国 孙更贯刻高野侯绘梅花图僧佗绘苞谷图扇骨及僧佗山水扇面	扇面53cm×20cm；长34cm	184,000	中国嘉德	2021-11-30
民国 林介侯 等 扇骨（十把）	尺寸不一	132,250	朵云轩	2021-09-19
民国 东溪刻竹石图徐宗浩诗文扇骨	长30.8cm	126,500	中国嘉德	2021-11-30
民国 湘妃竹扇骨	高31.5cm	120,750	华艺国际	2021-12-11
民国 红黑湘妃竹扇骨（一对）	红湘妃排口3.3cm，长33.3cm；黑湘妃排口3.3cm，长34cm	57,500	华艺国际	2021-12-11
晚清民国湘妃巧雕、微雕扇骨（七把）	尺寸不一	48,300	华艺国际	2021-12-11
民国 扇骨（六把）	尺寸不一	41,400	朵云轩	2021-09-19
晚清至民国 孙梁刻人物诗文扇骨	长32.3cm	32,200	西泠印社	2021-04-10
晚清至民国 龙石、节厂、拱北款等刻扇骨（五把）	尺寸不一	20,700	华艺国际	2021-12-11
清至民国 凤眼竹扇骨、丝竹扇骨、菠萝漆扇骨、张虚白刻诗文花卉扇骨	长30cm；长30.6cm；长32.8cm；长31.5cm	17,250	中国嘉德	2021-11-30
近现代 余仲嘉刻扇骨	长32.5cm；长31cm	44,850	华艺国际	2021-04-01
近现代 湘妃、紫檀扇骨	长31.5cm；长33cm	43,700	华艺国际	2021-04-01
1950年作 金西厓刻、张石园画竹林高士及山水图扇骨	长33.5cm	713,000	中贸圣佳	2021-12-29
近代 江寒汀画、徐素白刻梅竹兰草图扇骨	长32cm；宽2cm；高2.5cm	552,000	中国嘉德	2021-11-28
近代 金西厓刻、溥心畬书画诗文扇骨	长31.3cm	483,000	中国嘉德	2021-11-30
近代 高野侯书画、陈巨来刻 虬梅图扇骨	长30.8cm；宽2cm；高2.2cm	391,000	中国嘉德	2021-11-28
近代 支慈庵刻留青鹦鹉蝶石图扇骨	长32.6cm；宽2.1cm；高2.7cm；扇面48cm×19cm	287,500	中国嘉德	2021-11-28
近代 吴湖帆书画、支慈庵刻 寒林暮鸦图扇骨	长32cm；宽2.1cm；高2.1cm	276,000	中国嘉德	2021-11-28
近代 支慈庵刻江寒汀绘石榴荔枝图扇骨	长32cm	241,500	中国嘉德	2021-11-30
濮澄款石涛绘包袱头扇骨	高34.5cm	184,000	华艺国际	2021-12-11
近代 徐邦达书画、盛丙云刻蒲江词意图扇骨	长32.1cm；宽2.1cm；高2.2cm	172,500	中国嘉德	2021-11-28
韩潮刻金石文字扇骨	高33.8cm	120,750	华艺国际	2021-12-11
近代 唐云画、徐素白刻 莲萼萱花图扇骨	长31cm；宽2.1cm；高2.4cm	115,000	中国嘉德	2021-11-28
近代 来楚生、吴待秋书画、沈觉初刻 辛夷花图扇骨	长31.6cm；宽2.1cm；高2.6cm；扇面47cm×19cm	115,000	中国嘉德	2021-11-28
张志鱼刻铜镜文字扇骨		94,300	华艺国际	2021-12-11
近代 支慈庵张志鱼刻扇骨（二件）	长31cm；长32cm	69,000	中国嘉德	2021-11-30
张辛刻诗文花卉扇骨	高31cm	63,250	华艺国际	2021-12-11
西厓（款）龙凤扇骨	高31cm	57,500	北京荣宝	2021-12-02
金之骏自书自绘自刻棕竹扇骨	高32.3cm	57,500	华艺国际	2021-12-11
蒲炳制方山款和尚头扇骨	高30.5cm	57,500	华艺国际	2021-12-11
张志鱼刻梅花诗文大扇骨		57,500	华艺国际	2021-12-11
清晚期 湘妃竹扇骨	高34cm；排口2.5cm.	51,750	北京诚轩	2021-12-03
周子和刻钱币扇骨	高31.5cm	51,750	华艺国际	2021-12-11
蔡照刻清供、金文扇骨	高33cm；排口2cm	46,000	广东崇正	2021-01-07
旧扇（十把）	尺寸不一	41,400	朵云轩	2021-09-19
于士俊刻书画稿扇骨	高34cm	40,250	北京诚轩	2021-05-18
于啸仙刻扇骨	高31.3cm	40,250	华艺国际	2021-12-11
丁二仲刻杜甫诗和尚头扇骨	高33.5cm	36,800	华艺国际	2021-12-11
秦油然刻朱子四时读书乐扇骨	高33.5cm	34,500	华艺国际	2021-12-11
沈筱庄微刻归去来辞、仕女扇骨	高31.5cm	34,500	华艺国际	2021-12-11
近代 徐孝穆刻毛主席语录竹扇骨	长23cm；18档	33,350	西泠印社	2021-01-15
张志鱼刻双面画稿扇骨	高33.8cm	29,900	北京诚轩	2021-05-18
张志鱼刻自作画稿扇骨	高32.5cm.	28,750	北京诚轩	2021-12-03
唐云绘徐孝穆刻兰竹扇骨	高30.8cm	28,750	华艺国际	2021-12-11
清晚期 湘妃竹扇骨	高27cm	25,300	北京诚轩	2021-05-18
陈爱兴 玉竹燕尾头扇		24,640	上海联合	2021-11-21
张志鱼（款）山水人物竹骨	高31cm	23,000	北京荣宝	2021-12-02
陈鸿寿（款）书法竹刻骨	高31cm	23,000	北京荣宝	2021-12-02
陈半丁绘、汤岱山刻书画诗文扇骨	高31cm	23,000	华艺国际	2021-12-11
张志鱼刻樊虚画稿扇骨	高31cm	21,850	北京诚轩	2021-05-18
王竹厂刻樊虚、溥心畬书画稿扇骨	高33.5cm；排口2.7cm	20,700	北京诚轩	2021-12-03
陈松亭刻仕女渔翁扇骨	高32.5cm	20,700	华艺国际	2021-12-11
王竹厂 刻陈半丁、罗敦曼书画稿扇骨	高34cm	18,400	北京诚轩	2021-05-18
汤岱山 刻王师子画、自作书稿扇骨	高31.1cm；排口2.1cm	18,400	北京诚轩	2021-12-03
余伯雨刻二十四孝扇骨	高31cm	17,250	华艺国际	2021-12-11
余仲嘉刻古松诗文扇骨	高32.5cm	17,250	华艺国际	2021-12-11
杨沂孙铭竹簧团扇		17,250	华艺国际	2021-12-11
清 竹对联（一对）	长118.5cm×2	17,250	中贸圣佳	2021-03-26
清 王文佐铭竹刻诗文抱对联	111.5cm×14cm×2	51,750	西泠印社	2021-01-16
清 姜钟琇铭竹刻诗文对联	109cm×9.5cm×2	46,000	西泠印社	2021-01-16
清 竹对联（一对）	长131.8cm×2	25,300	中贸圣佳	2021-03-26

2021杂项拍卖成交汇总（续表）

（成交价RMB：1万元以上）

拍品名称	物品尺寸	成交价RMB	拍卖公司	拍卖日期
明至清 随形双联竹杖	长106.5cm	57,500	西泠印社	2021-07-24
清早期 竹雕嵌玉仙人童子诗文画杖	长102cm	32,200	广东崇正	2021-07-19
清 竹木茶器（四件）	最大的长18.3cm	21,859	中国嘉德	2021-10-12
罗安钢 八哥图	95寸；排口130cm（16骨）	80,500	上海嘉禾	2021-07-22
罗安钢 松石双鸟图	95寸；排口120cm（16骨）	57,500	上海嘉禾	2021-07-22
罗安钢 荷叶小禽图	95寸；排口130cm（16骨）	57,500	上海嘉禾	2021-07-22
木 雕				
清乾隆 檀香木雕花卉纹折镜	长26.3cm	43,700	中国嘉德	2021-11-29
徐三庚刻、张熊绘乌木扇骨	高32.5cm	40,250	华艺国际	2021-12-11
清 沉香莲蓬把件	宽7.3cm；高6.3cm	24,970	浙江佳宝	2021-01-10
清 伽楠香木嵌金珠福寿纹牌	长5.8cm；宽3.7cm	609,500	中贸圣佳	2021-12-29
清 檀香木雕瓜瓞绵绵佩	长5.7cm；宽5.3cm	25,300	西泠印社	2021-07-24
清 沉香仿老墨牌子	长6.3cm；宽3.4cm	20,700	中国嘉德	2021-11-30
清 沉香粉雕海屋添筹纹牌	长4.5cm；重24g	17,250	西泠印社	2021-10-23
灵芝坠	长9cm；宽7cm；高2cm	92,000	北京荣宝	2021-06-19
黄奇楠斋戒牌	总重7.1g（九分沉）	67,200	上海联合	2021-11-21
沉香转心佩	长8.6cm；宽7.2cm	46,000	中国嘉德	2021-05-18
沉香兰花挂件	重量11.18g（沉水）	27,888	上海联合	2021-11-21
清光绪 楠木刻内务府腰牌	长14cm	36,800	中国嘉德	2021-05-19
棋楠牌	6cm×4cm×1cm	1,150,000	北京荣宝	2021-06-19
无事牌	7cm×4cm×1cm	517,500	北京荣宝	2021-06-19
山水牌	长7cm；宽4cm；高1cm	494,500	北京荣宝	2021-06-19
若愚牌	长7cm；宽5cm；高1cm	437,000	北京荣宝	2021-06-19
白奇楠观音挂牌	6.1cm×4.2cm×1.5cm	369,600	上海联合	2021-06-27
清中期 棋楠嵌金手链		476,928	中国嘉德	2021-10-14
清 茄楠十八子念珠（十八颗）	直径2cm（每颗）	517,500	中贸圣佳	2021-05-21
清 沉香木念珠108粒	长88cm	317,952	中国嘉德	2021-10-14
清 陈熙年制松子诗文手串	珠长约1.6cm	207,000	西泠印社	2021-07-24
清 奇楠念珠（一串）	直径0.8cm	109,250	中贸圣佳	2021-09-26
清 顶上奇楠香十八子手串	直径1.6cm	100,050	中贸圣佳	2021-05-21
清 沉香十八子手串	直径18.5mm	82,800	古天一	2021-06-07
清 沉香嵌珍珠金珠团寿手捻	长17.5cm	66,700	北京保利	2021-12-06
清 沉香木朝珠	长73cm	59,800	北京保利	2021-12-06
清 沉香手串	直径1.4cm（单颗）	55,200	中贸圣佳	2021-12-29
清 沉香镶金珠寿字纹十八子持珠	珠径1.2cm；总重77g	32,200	西泠印社	2021-01-16
清 米粒珠沉香手钏	直径1.9cm×18	32,200	中国嘉德	2021-05-19
清 沉香十八子持珠	珠径1.4cm；总重20g	21,850	西泠印社	2021-10-23
清 沉香十八子持珠	珠径1.4cm；总重20g	20,700	西泠印社	2021-07-24
清 沉香配玉饰十八子手串	珠径1.5cm；总重98g	17,250	西泠印社	2021-01-16
民国 沉香手串（两串）	长13.5cm；长12cm	460,000	北京保利	2021-06-08
迦南香嵌宝石寿字纹手持	直径1.23cm	3,108,000	北京乔禧	2021-05-16
沉香手串	重量31.7g（沉水）；直径1.6cm（每颗）	134,400	上海联合	2021-11-21
沉水 16mm 加里曼丹沉香手串 37.2克		94,300	保利厦门	2021-11-04
文莱手串		92,000	北京荣宝	2021-06-19
沉香108粒手串	直径0.6cm（每粒）；重量19.46g（沉水）	50,400	上海联合	2021-06-27
沉香108粒手串	直径0.6cm（每粒）；重量14.62g（沉水）	47,040	上海联合	2021-06-27
清 沉香木珠串	直径1.6cm（每颗）	41,400	十竹斋	2021-06-27
沉香木朝珠	长80cm	36,800	中国嘉德	2021-03-29
沉水 12mm 文莱沉香手串 20.46克		36,800	保利厦门	2021-11-04
沉水 越南芽庄白奇楠空谷幽兰挂件 4.39克	约17.9mm×20.8mm×13mm	34,500	保利厦门	2021-11-04
沉水 文莱沉香如意观音方牌 24.3克	约65mm×31.8mm×18.4mm	25,300	保利厦门	2021-11-04
沉水 7mm 文莱沉香手链 20.6克		25,300	保利厦门	2021-11-04
沉香手串十九颗	单珠直径1.58cm；总长27cm	23,000	中国嘉德	2021-05-18
沉香单珠挂件	直径1.6cm；重量2.3g（沉水）	19,040	上海联合	2021-06-27
沉香木嵌红宝石手串	长16cm	17,250	中国嘉德	2021-03-29
沉香木嵌鎏金珠手串	长19cm	17,250	中国嘉德	2021-03-29
清中期 棋楠嵌金朝珠	长88cm	596,160	中国嘉德	2021-10-14
清 沉香镶金珠团寿纹朝珠（一套）	直径1.5cm×108	207,000	广东崇正	2021-01-07
清 沉香嵌金珠108子朝珠	珠径1.4cm；总重473g	69,000	西泠印社	2021-01-16
清 沉香包米粒108颗朝珠	直径0.7cm×108	51,750	中鸿信	2021-07-14
清 沉香镂雕108子朝珠	珠径1.2cm；总重221g	46,000	西泠印社	2021-10-23
清 沉香108子朝珠	珠径1.2cm；总重221g	43,700	西泠印社	2021-07-24
清 沉香嵌银鎏金团寿纹朝珠108粒	重量401g	28,000	上海联合	2021-11-21
清 沉香108子朝珠	珠径1.2cm；总重185g	20,700	西泠印社	2021-01-16
清 沉香寿字纹108子朝珠	珠径1.3cm；总重287g	20,700	西泠印社	2021-07-24
近代 支慈庵制松子摹古金文半两纹手串	长1.5cm×20	31,050	华艺国际	2021-12-11
清中期 黄花梨嵌贝雕花鸟花板	长49cm×29cm	48,805	北京保利	2021-08-08
清乾隆 紫檀雕马把件	高9.5cm	53,016	纽约佳士得	2021-03-18
清 沉香雕荷莲暖手	长8cm	32,200	北京翰海	2021-06-05
清 沉香描金地嵌红蓝宝石手持	长15cm	28,750	北京保利	2021-06-08
清 事敬堂制沉香嵌金万寿无疆扳指	高2.7cm	322,000	西泠印社	2021-01-16
清 沉香木扳指	内径2.3cm	28,750	北京翰海	2021-06-05
清中期 金镶棋楠手镯（一对）	直径8.6cm×2	476,928	中国嘉德	2021-10-14
清 沉香手镯	直径8.2cm	51,750	中贸圣佳	2021-09-26
清 沉香手镯	外径8cm 内径6cm	34,500	北京荣宝	2021-06-19
清 沉香扳指	高3cm；壁厚0.9cm；1.8cm	23,000	中国嘉德	2021-11-30
沉香百宝嵌手镯（一对）	外直径8cm×2	28,750	中国嘉德	2021-05-18
清 紫檀罗汉摆件	高21.8cm	172,500	中贸圣佳	2021-09-26
清 松雪款瘿木海螺形清供摆件	高13cm；长22cm	69,000	西泠印社	2021-01-16
清 随形奇木摆件	长64cm；高57cm（连座）	66,700	古天一	2021-06-07
清 沉香山水人物摆件	高30cm	51,750	北京九歌	2021-06-13
清 大灵芝随形摆件	长54.5cm	51,750	华艺国际	2021-04-01
清 奇木摆件	高58cm	46,000	中贸圣佳	2021-09-26
清 沉香雕螭龙纹佛龛	带座高17cm；高13cm；佛龛重217g	46,000	西泠印社	2021-01-15
清 奇木雕荷叶摆件	带座高36cm；带座长29cm	34,500	西泠印社	2021-01-16
清 紫檀童子洗象摆件	高31cm	32,200	北京九歌	2021-06-13
林建军 沉香游春图摆件	90cm×15cm×23cm（连座）	266,560	上海联合	2021-06-27
林建军 沉香江山图摆件	40cm×17cm×40cm（连座）	100,800	上海联合	2021-06-27
陈金芳 老料檀香多子多福摆件	38cm×21.5cm×16cm	98,560	上海联合	2021-06-27
刘海戏金蟾沉香摆件	6.3cm×5.3cm×3.8cm；重量28.52g（沉水）	41,440	上海联合	2021-06-27
清早期 御制沉香木雕骊宫图山子摆件附紫檀海水龙纹座	直径45cm	437,000	中鸿信	2021-07-14
清早期 沉香山子	长14cm	63,250	华艺国际	2021-06-04
清早期 奇木小研山	长14.5cm	28,750	北京保利	2021-06-08
清 沉香原座摆件山子	高48cm	499,400	北京保利	2021-08-08
清日本寺庙旧藏沉香山子清供摆件	高20.5cm；重约481g	253,000	西泠印社	2021-07-24
清 沉香雕山子摆件配黄杨木海水纹座	长13.5cm	115,000	中鸿信	2021-07-14
清 紫檀雕梅雀山子	高43cm	92,000	北京保利	2021-06-08
清 吴湖帆赠海生木山子摆件	高53cm	69,000	中鸿信	2021-07-14
清 奇木清供山子摆件	高114.5cm	69,000	西泠印社	2021-07-24
清 沉香雕松下高士图山子摆件	高10.5cm；重127g	51,750	西泠印社	2021-10-23
清 紫檀山子	高15.8cm	41,731	中国嘉德	2021-10-12
清 木雕嵌银丝花卉纹并蒂瓜	长31.6cm	28,750	中国嘉德	2021-11-29
清 沉香灵芝摆件	长20cm；宽9.5cm；高7.5cm	28,750	中国嘉德	2021-11-30
清 竹禅款"心经"山子	高35cm	17,250	中鸿信	2021-07-14
民国 木制"荷叶翠鸟"摆件	高200cm	17,250	北京荣宝	2021-12-02
沉水 越南惠安沉香文人雅居摆件 942克	约22.5cm×30cm×16cm	1,058,000	保利厦门	2021-11-04
王天翔 小叶紫檀义薄云天摆件	56cm×50cm×73cm	336,000	上海联合	2021-11-21
沉水 越南惠安沉香妙手禅心摆件 110.12克	约226mm×99.5mm×53.5mm	172,500	保利厦门	2021-11-04
沉香闲趣摆件	重量66.4g（沉水）	123,200	上海联合	2021-11-21
沉水 越南惠安沉香文殊菩萨摆件 78.6克	约109mm×108mm×65mm	97,750	保利厦门	2021-11-04
沉香牧归山子摆件	10.3cm×4cm×2.9cm；重量44.48g（沉水）	80,640	上海联合	2021-06-27
沉香山子摆件	19cm×18cm×12cm（连座）	42,560	上海联合	2021-06-27
林建军 黄杨木松下品茗摆件	13cm×11.5cm	35,840	上海联合	2021-11-21
沉香伽罗山子	高30cm	28,750	北京银座	2021-09-24
沉香岭南山色摆件	41cm×24cm×13cm（连座）	25,760	上海联合	2021-11-21
檀香水仙盆景摆件	高24cm	24,640	上海联合	2021-11-21
现代 崖柏摆件	1.53cm	23,000	北京翰海	2021-10-16
明末清初 沉香雕一品当朝群仙祝寿如意	长70cm	1,265,000	华艺国际	2021-06-05
清早期 沉香浮雕福禄寿纹如意	长58cm	793,500	中贸圣佳	2021-05-20
清早期 黄杨木镂雕凤鸟纹竹节如意摆件	长34.5cm	138,000	西泠印社	2021-01-15
清早期 黄杨木八仙献寿如意	长50cm	101,200	中鸿信	2021-07-14
清早期 木雕"会昌九老"如意	长48cm	57,500	华艺国际	2021-06-05
清初 黄杨木雕灵芝纹如意	长37cm	34,500	保利厦门	2021-11-05
清康熙 黄杨木嵌白玉"鸣凤在竹"如意	长34.5cm	253,000	永乐拍卖	2021-05-22
清乾隆 紫檀嵌珐琅御题诗三镶如意	长44cm	3,450,000	中国嘉德	2021-05-19
清乾隆 御制三镶四灵应瑞如意	长42.5cm	2,070,000	中贸圣佳	2021-05-20
清乾隆 于敏中铭紫檀丹凤牡丹三镶如意	长47cm；宽11cm	563,500	浙江佳宝	2021-01-10
清乾隆 黄杨木百子如意	长40.5cm	402,500	中贸圣佳	2021-12-29
清乾隆 紫檀嵌银丝嵌龙纹如意	长43cm	345,000	北京保利	2021-10-31
清乾隆 紫檀嵌银丝嵌玉雕花卉如意	46cm	207,000	中国嘉德	2021-11-29

2021杂项拍卖成交汇总(续表)

(成交价RMB：1万元以上)

拍品名称	物品尺寸	成交价RMB	拍卖公司	拍卖日期
清乾隆 云蝠纹漆雕紫檀如意	长49.5cm	195,500	中贸圣佳	2021-09-26
清乾隆 紫檀三镶玉桃纹如意	长52.5cm	115,000	北京保利	2021-10-30
清 黄杨木灵芝式"龙池"诗文如意	长34.9cm	103,500	佳士得	2021-05-28
清中期 紫檀镂雕松鹤延年三镶福寿八宝纹珐琅如意	长42.7cm	310,500	西泠印社	2021-01-16
清中期 紫檀嵌银丝五寿纹如意带原包装原座	长50cm	287,500	广东崇正	2021-07-19
清中期 红木三镶正面龙如意	长55cm	221,325	北京保利	2021-08-08
清中期 紫檀嵌百宝如意	长46cm	115,000	华艺国际	2021-12-11
清中期 红木嵌玉瓦花卉纹如意	长45.5cm	43,700	中国嘉德	2021-11-29
清中期 乌木百宝嵌如意	长41.5cm	40,250	中国嘉德	2021-05-19
清道光 紫檀五镶黄玉云龙纹如意	长51cm	575,000	保利厦门	2021-11-05
清 紫檀嵌银丝三镶白玉吉庆有余万寿如意摆件	长50.5cm	494,500	西泠印社	2021-01-16
清 乌木错银丝嵌玉双联如意	长35.2cm	310,500	中贸圣佳	2021-12-29
清 紫檀雕龙纹如意摆件	长45.5cm	218,500	西泠印社	2021-07-24
清 紫檀三镶嵌玉如意	长50cm	207,000	华艺国际	2021-03-31
清 黄杨木灵芝头如意	长18.5cm	126,500	北京保利	2021-06-08
清 沉香镂雕随形如意摆件	长36cm; 总重80.9g	86,250	西泠印社	2021-07-24
清 红木三镶白玉吉庆有余百子如意	长51cm	66,700	北京保利	2021-06-08
清 红木嵌白玉雕八宝纹如意	长39cm	57,500	北京荣宝	2021-06-19
清 红木三镶白玉年年有余如意摆件	长51cm	57,500	西泠印社	2021-01-15
清 黄杨木雕福寿纹如意	长36.5cm	57,500	中国嘉德	2021-11-30
清 黄杨木镂空雕灵芝如意	长35cm	51,750	北京保利	2021-12-06
清 紫檀如意纹香盒	高2.3cm; 直径6cm	36,800	西泠印社	2021-04-10
清 黄杨木灵芝纹如意	长36cm	36,800	西泠印社	2021-07-24
清 黄花梨灵芝纹随形如意	长19cm	32,200	北京保利	2021-06-08
清 李嘉福旧藏木随形如意	长35cm	23,000	中鸿信	2021-07-14
清 黄杨木随形如意摆件	长31.2cm	21,850	西泠印社	2021-01-16
清 黄杨福寿纹如意	长38.5cm	17,920	上海联合	2021-11-21
民国 红木三镶玉如意	长47cm	32,200	北京保利	2021-12-06
清 紫檀嵌玉龙纹如意	长49cm	75,900	十竹斋	2021-06-27
清中期 沉香佛手摆件	高12.2cm	25,300	浙江佳宝	2021-01-10
沉香雕佛手摆件	带座高13.5cm; 高8cm; 重40g	74,750	西泠印社	2021-07-24
陈金芳 沉香佛手玩件	8.5cm×2.2cm×2.1cm; 重量18g(沉水)	24,640	上海联合	2021-06-27
唐 木雕彩绘侍女俑	高42cm	1,223,438	纽约佳士得	2021-03-18
宋 木雕加彩观世音菩萨坐像		38,548,704	香港苏富比	2021-04-18
宋 晋作木胎沉思罗汉尊者	高83cm	908,500	西泠印社	2021-07-24
9~10世纪 楠木雕彩绘自在观音	高43.5cm; 宽21cm	1,840,000	朵云轩	2021-07-07
元 木胎自在观音	高93cm	1,495,000	西泠印社	2021-01-15
元 释迦牟尼佛头像	高66cm	1,035,000	中贸圣佳	2021-12-30
元 木胎水月观音坐像	高64cm	805,000	西泠印社	2021-07-24
元 木雕观音像	高53cm	667,000	西泠印社	2021-01-16
元 木胎观音立像	高47cm	517,500	西泠印社	2021-01-15
元 晋作释迦牟尼佛	高75cm	460,000	西泠印社	2021-07-24
元 木胎漆彩罗汉坐像	高62cm	368,000	西泠印社	2021-01-15
元 木胎自在观音坐像	高60cm	287,500	西泠印社	2021-07-24
元至明 木雕漆金观音坐像	高45cm	115,000	西泠印社	2021-07-24
元 自在观音像	高27.5cm	43,700	中贸圣佳	2021-12-30
15世纪 彩绘楠木雕水月观音	高119cm	1,725,000	朵云轩	2021-07-07
15世纪 官造楠木雕漆金药师琉璃光如来	高52.5cm	713,000	朵云轩	2021-07-07
15世纪 两臂大黑天	高6.8cm	25,300	北京中汉	2021-03-26
明中期 木胎漆金无量光佛	高53cm	253,000	中鸿信	2021-07-14
16世纪 西藏紫檀木雕彩绘一世噶玛巴像	高26.8cm	46,000	中国嘉德	2021-11-29
17世纪 西藏木雕度母像(却英多杰风格)	高19.5cm	690,000	中国嘉德	2021-05-19
17世纪 木雕彩绘宗喀巴说法像	高22cm	402,500	古天一	2021-06-07
17世纪 西藏紫檀木雕彩绘忿怒金刚	高30.5cm	161,000	中国嘉德	2021-11-29
17世纪西藏 紫檀木雕漆金夜叉财神像	高27.6cm	92,000	中国嘉德	2021-11-29
17世纪 木漆金燃灯佛	高17.5cm	32,200	北京保利	2021-06-08
十七世纪 上师像	高16cm	25,300	北京中汉	2021-03-26
明 护法立像	高132.5cm	2,875,000	华艺国际	2021-03-31
明 沉香如来佛祖	高24cm	2,185,000	上海嘉禾	2021-07-22
明或更早 沉香木雕洗象摆件	高32cm	1,840,000	中贸圣佳	2021-05-21
明永乐 木胎御制弥勒佛	高61cm	1,495,000	西泠印社	2021-07-24
明 木胎释迦说法像	高17.5cm	1,265,000	西泠印社	2021-07-24
明 韦驮像	高119.5cm	1,092,500	中贸圣佳	2021-12-30
明 木胎漆金弥勒佛	高54cm	1,035,000	华艺国际	2021-03-31
明 木胎观音菩萨坐像	高115cm	839,500	西泠印社	2021-07-24
明 大漆韦陀像	高89cm	805,000	中贸圣佳	2021-07-07
明 童子拜观音组像	高83cm(观音); 高47cm(童子)	782,000	华艺国际	2021-03-31
明丙辰年 木胎髹漆月宫尊天像	高91cm	770,500	西泠印社	2021-07-24
明 木胎水月观音坐像	高60cm	678,500	西泠印社	2021-07-24
明 檀香木释迦坐像	高41cm	575,000	西泠印社	2021-07-24

拍品名称	物品尺寸	成交价RMB	拍卖公司	拍卖日期
明 木胎漆彩罗汉(一对)	高52cm; 高51cm	483,000	西泠印社	2021-01-15
明 木胎关公坐像	高126cm	483,000	西泠印社	2021-07-24
明 金髹漆木雕布袋和尚像	高15.5cm	460,000	中贸圣佳	2021-05-21
明 观音像	高54.5cm	460,000	中贸圣佳	2021-12-30
明 獅吼观音	高46cm	460,000	华艺国际	2021-03-31
明 木胎护法(一对)	高70cm×2	437,000	西泠印社	2021-01-15
明 阿难彩绘像	高76cm	437,000	中贸圣佳	2021-12-30
明 木胎漆金释迦牟尼	高83.5cm	437,000	中鸿信	2021-07-14
明 木胎麻姑献寿	高87cm	414,000	西泠印社	2021-07-24
明 木胎漆雕文昌帝君坐像	高80cm	379,500	西泠印社	2021-07-24
明 木胎加彩沉思罗汉尊者	高48cm	379,500	西泠印社	2021-07-24
明末清初 木胎韦陀立像	高98cm	368,000	西泠印社	2021-01-15
明 木胎罗汉坐像	高86cm	345,000	西泠印社	2021-01-15
明 木漆金真武坐像	高120cm	326,426	纽约苏富比	2021-09-22
明 京作木胎髹漆菩萨立像	高77cm	322,000	西泠印社	2021-07-24
明 木胎罗汉立像	高65cm	310,500	西泠印社	2021-07-24
明 木胎真武大帝坐像	高72cm	264,500	西泠印社	2021-01-15
明 天官像	高28.5cm	253,000	中贸圣佳	2021-12-30
明 木胎大漆男相婆婆三圣(一组)	高17.5cm; 高18cm; 高17.7cm	253,000	西泠印社	2021-07-24
明 木胎文官坐像	高104cm	207,000	西泠印社	2021-01-15
明 木胎漆金男相观音坐像	带座高64cm; 高51cm	195,500	西泠印社	2021-07-24
明 木胎刘海立像	高51cm	149,500	西泠印社	2021-01-15
明 木胎罗汉头像	高24.5cm	149,500	西泠印社	2021-07-24
明 檀香木力士像	高9cm	138,000	中贸圣佳	2021-12-30
明 木漆金达摩坐像	高24cm	138,000	北京保利	2021-06-08
明 木胎天王立像	高54cm	126,500	西泠印社	2021-01-15
明 檀香木释迦坐像	高25cm	126,500	西泠印社	2021-01-15
明 木嵌银丝观音立像	高62cm; 长20cm	126,500	广东崇正	2021-07-19
明 京作木胎髹漆龙女像	高52cm	126,500	西泠印社	2021-07-24
明 木胎观音坐像	高65cm	115,000	西泠印社	2021-01-15
明 夹纻文官立像	高83cm	92,000	西泠印社	2021-07-24
明 木胎雪山大士坐像	高36cm	86,250	西泠印社	2021-01-15
明 木漆金佛坐像	高27.5cm	51,750	北京保利	2021-06-08
明 木胎释迦坐像	高32cm	49,450	西泠印社	2021-07-24
明 木胎阿弥陀佛坐像	高28cm	46,000	西泠印社	2021-07-24
明 木雕地藏王菩萨像	高19cm	40,250	西泠印社	2021-04-10
明 木胎观音坐像	高37cm	34,500	西泠印社	2021-01-15
明 黄杨木雕持卷观音坐像	高23.8cm	29,900	西泠印社	2021-07-24
明末清初 木雕释迦牟尼佛像	高60cm	368,000	古天一	2021-06-07
明末清初(17世纪) 木雕彩漆白度母	高39.3cm	230,000	北京诚轩	2021-11-28
明末清初 檀香木雕持经观音	高32cm	31,780	北京保利	2021-08-09
清早期 黄杨木观音立像	高31.5cm	460,000	保利厦门	2021-11-05
明末清初 木胎关公像	高86cm	437,000	西泠印社	2021-01-15
清初 檀香木观音	高18cm	230,000	华艺国际	2021-03-31
明末清初 木胎释迦牟尼说法像	高24.5cm	97,750	西泠印社	2021-01-15
清早期 木雕漆金思惟罗汉	高24.5cm	86,250	北京保利	2021-12-06
清早期 木胎漆金释迦牟尼诞生像	宽47cm; 高87cm	57,500	浙江佳宝	2021-01-10
清早期 木胎朱漆描金观音像	高24.5cm	55,200	中国嘉德	2021-09-28
清早期 木漆金药师佛坐像	长36.3cm; 高46cm	43,700	广东崇正	2021-07-19
清早期 沉香持卷观音立像	高25cm	37,950	浙江佳宝	2021-01-10
清早期 黄杨木雕达摩立像	高23cm	32,200	广东崇正	2021-07-19
清早期 檀香木雕观音坐像	高11.5cm	32,200	西泠印社	2021-10-23
清早期 黄杨木观音	高22.5cm	20,700	北京保利	2021-05-18
清早期 檀香木漆金刘海戏金蟾像	高27cm	17,250	中鸿信	2021-07-14
清康熙 木漆金文殊菩萨坐像	高70cm; 连座高94.1cm	8,808,750	纽约佳士得	2021-03-18
清康熙 宫廷御制檀香木胎彩绘描金密集金刚像	高65cm	5,520,000	永乐拍卖	2021-05-22
清康熙 宫廷御制檀香木胎彩绘描金胜乐金刚像	高65cm	5,520,000	永乐拍卖	2021-05-22
清康熙宫廷 檀香木漆彩绘无量寿佛	高11cm	287,500	古天一	2021-06-07
清康熙 紫檀木雕漆金旃檀佛	高33.3cm	230,000	中国嘉德	2021-11-29
18世纪 木胎大日如来坐像	高70cm	103,500	西泠印社	2021-01-15
清中期 黄杨木雕刘海戏金蟾像	高32.3cm	80,500	中国嘉德	2021-11-29
清中期 檀香木漆金观音坐像	宽11cm; 高19.3cm	26,450	浙江佳宝	2021-01-10
清 木胎准提菩萨像	高70cm	1,092,500	西泠印社	2021-07-24
清 黄杨木雕雪山大士	高19cm	632,500	中贸圣佳	2021-05-21
清 宫廷檀香木男相观音坐像	高38.5cm	552,000	西泠印社	2021-07-24
清 木胎护法(一对)	高142cm; 高140cm	460,000	西泠印社	2021-01-15
清 木胎接引佛立像	高95cm	368,000	西泠印社	2021-01-15
清 木胎大日如来坐像	高35.5cm	345,000	西泠印社	2021-01-15
清 黄杨木雪山大士	高21cm	322,000	中贸圣佳	2021-12-29
清 木胎观音坐像	高84cm	287,500	西泠印社	2021-01-15
清 木胎漆金释迦牟尼坐像	高92.5cm	276,000	西泠印社	2021-01-15
清 黄杨木雕神农氏造像	高32cm	230,000	广东崇正	2021-07-19
清 檀香木大漆自在观音坐像	高26.5cm(不带座)	218,500	西泠印社	2021-01-15
清 木胎带龛释迦坐像	高85cm	207,000	西泠印社	2021-07-24
清 木胎护法像	高95cm	201,250	西泠印社	2021-01-15
清 紫檀木旃佛像	高33cm	189,750	北京保利	2021-06-08

2021杂项拍卖成交汇总(续表)

(成交价RMB：1万元以上)

拍品名称	物品尺寸	成交价RMB	拍卖公司	拍卖日期
清 木雕漆金无量寿佛	高21.5cm	184,000	古天一	2021-06-07
清 檀香木关公、关平、周仓（一组）	高28cm; 高21.5cm; 高21.2cm	184,000	西泠印社	2021-01-15
清 木胎关公、韦陀立像	高56cm; 高61cm	184,000	西泠印社	2021-07-24
清 木胎漆金韦陀立像	高73cm	161,000	西泠印社	2021-01-15
清 木胎观音坐像	高70cm	149,500	西泠印社	2021-01-15
清 木胎阿弥陀佛坐像	高62cm	126,500	西泠印社	2021-01-15
清 木雕无量寿佛	高23cm	115,000	中贸圣佳	2021-09-26
清 木胎地藏菩萨坐像	高112cm	103,500	西泠印社	2021-01-15
清 黄杨木观音立像	高52cm	86,250	广东崇正	2021-01-06
清 仙人乘槎摆件	高16cm	80,500	上海匡时	2021-07-08
清 金漆木雕三宝佛(一组三尊)	高64.5cm(最大的)	69,632	中国嘉德	2021-04-21
清 紫檀雕金刚萨埵	高12.5cm	57,500	永乐拍卖	2021-09-26
清 木漆金祖师坐像	高28cm	51,750	北京保利	2021-06-08
清 曼倩摘桃竹筋像	长8.2cm; 宽6.7cm; 高21.1cm	46,000	中国嘉德	2021-11-28
清 檀香木雕罗汉坐像（一组两件）	1.高7.5cm; 2.高8cm	40,250	西泠印社	2021-01-15
清 黄杨木达摩坐像	高22cm	40,250	西泠印社	2021-01-15
清 沉香木雕山水人物摆件	长30cm	40,250	中鸿信	2021-07-14
清 龙眼木雕麻姑献寿摆件	高60.5cm	34,500	西泠印社	2021-07-24
清 黄杨木雕雪山大士坐像	带座高21cm; 高16.8cm	32,200	西泠印社	2021-07-24
清 沉香雕水月观音	高60cm	32,200	江苏汇中	2021-12-01
清 观音像	高19cm	25,300	中贸圣佳	2021-12-30
清 黄杨木提篮观音	高28cm	25,300	北京翰海	2021-06-05
清 福州木雕漆弥勒佛坐像	长46cm; 高45cm	21,850	广东崇正	2021-07-19
清 木雕达摩像	长35cm; 高59cm	20,700	北京银座	2021-09-24
清宣德二年款金莲花座檀香木观音	高7.2cm	20,700	北京保利	2021-06-08
清 紫檀观音立像	高40cm	20,700	西泠印社	2021-07-24
清早期 木胎送子观音坐像	高31.5cm	20,700	西泠印社	2021-07-24
清 黄杨木弥勒站像	高24cm	20,430	十竹斋拍卖（北京）	2021-04-25
清 沉香关公坐像	高36cm; 重791g	20,160	上海联合	2021-11-21
清 黄杨木雕书卷观音	高17.1cm	17,250	北京中汉	2021-05-18
清 黄杨木孔子像	高35.5cm	17,250	西泠印社	2021-07-24
民国 朱子常制黄杨木雕童子像	高13.3cm	28,750	中国嘉德	2021-11-29
宫廷造檀香木雕释迦牟尼	高32.5cm	575,000	永乐拍卖	2021-12-02
沉香木武财神	52cm×42cm×28cm	483,000	上海嘉禾	2021-11-14
20世纪60~70年代 主席坐像黄杨木雕	高21.5cm	345,000	中贸圣佳	2021-12-30
现代 “楚风”	148cm×82cm×19cm	287,500	北京荣宝	2021-12-02
20世纪60~70年代 反帝怒火木雕	高47.5cm; 长62cm	276,000	中贸圣佳	2021-12-30
王天翔 小叶紫檀财神	42cm×58cm×45cm	168,000	上海联合	2021-06-27
徐宝庆 佛像木雕	高10cm	115,000	上海嘉禾	2021-07-22
慈母	35cm×55cm×40cm	103,500	北京荣宝	2021-06-19
现代 刘增、童余杰 “江山雪里红”	50cm×30cm×46cm	103,500	北京荣宝	2021-12-02
现代王兵 “达摩面壁”	105cm×50cm	103,500	北京荣宝	2021-12-02
王天翔 猛犸牙文殊菩萨坐像	12cm×19cm	69,440	上海联合	2021-11-21
木达摩	高54cm	55,200	辽宁省拍	2021-07-04
近代 朱子常制济颠和尚黄杨筋像	长9.2cm; 宽7.9cm; 高21.2cm	51,750	中国嘉德	2021-11-28
现代 孙孝东 “书香人家”	57cm×28cm×59cm	51,750	北京荣宝	2021-12-02
陈国增、孙权 金榜题名木雕	50cm×13cm×6.5cm	43,700	上海嘉禾	2021-07-22
孙孝东 现代 “灵猴献瑞”	45cm×20cm×50cm	40,250	北京荣宝	2021-12-02
1992年 阮宝光打伞少女黄杨木雕	高35.5cm	39,100	中贸圣佳	2021-12-30
栗波 寒江独钓	27cm×6cm×4.5cm	34,500	北京荣宝	2021-06-19
赵玉振 五哥放羊	28cm×18cm×35cm	34,500	北京荣宝	2021-06-19
清 沉香木雕瘦骨罗汉	高17.5cm	26,450	十竹斋	2021-06-27
朱建山 沉香菩提观音挂件	4.1cm×1.8cm×4.8cm; 重量19.34g(沉水)	24,640	上海联合	2021-06-27
小叶紫檀济公和尚摆件	10cm×5.5cm×17.5cm	22,400	上海联合	2021-06-27
20世纪50~60年代 保育员和娃娃们黄杨木组雕	高18.7cm	21,850	中贸圣佳	2021-12-30
黄杨木护法像（十二件）	尺寸不一	20,700	中国嘉德	2021-09-26
明 黄花梨卧羊摆件(带座)	长20cm; 高13cm	34,500	广东崇正	2021-07-19
明 楠木蟹	长15cm	17,250	上海匡时	2021-07-08
明末清初 伽楠香木螃蟹摆件	长14cm	402,500	中贸圣佳	2021-12-29
清初 沉香木太狮少狮	高9cm	48,300	北京翰海	2021-06-05
清 奇木刻狮形流云槎	高80cm; 宽140cm	184,000	华艺国际	2021-12-11
清 沉香木雕飞熊摆件	高16.5cm	57,500	中鸿信	2021-07-14
清 黄杨木雕狮子戏球摆件	带座高12cm; 高10.7cm; 长20cm	24,150	西泠印社	2021-07-24
现代 “圣鸟”	224cm×100cm×46cm	644,000	北京荣宝	2021-12-02
徐宝庆 麒麟木雕	18cm×13.5cm	230,000	上海嘉禾	2021-07-22
石猴	16cm×18cm×26cm	25,300	北京荣宝	2021-06-19
清早期 黄花梨佛龛	19.8cm×12.8cm×27cm	184,000	十竹斋拍卖（北京）	2021-05-29
清乾隆 紫檀葫芦形佛龛(含九佛)	高31cm	1,552,500	十竹斋拍卖（北京）	2021-05-29
清乾隆 紫檀刻四体文字毗卢帽式佛龛	长15cm; 宽15cm; 高42.8cm	759,000	中贸圣佳	2021-05-20
清乾隆 黄杨木雕竹栗摆件	长31cm	138,000	上海匡时	2021-07-08
清乾隆 紫檀三连佛龛	长47cm	138,000	中鸿信	2021-07-14
清 木制佛龛	高91cm; 长75cm; 宽49cm	63,250	西泠印社	2021-04-10
清 奇木抱石随形摆件	高69cm; 宽53cm	32,200	西泠印社	2021-07-24
沉香“揽雀尾”摆件	长23cm; 宽14cm; 高10cm	13,800,000	北京荣宝	2021-06-19
沉香“非生非灭“摆件	长46cm; 宽20cm; 高13cm	10,695,000	北京荣宝	2021-06-19
风雅颂	高190cm	6,900,000	北京荣宝	2021-06-19
白棋楠	长16cm; 宽5cm; 高5cm	4,830,000	北京荣宝	2021-06-19
踏雪寻梅	长25cm; 高7cm	4,140,000	北京荣宝	2021-06-19
香花供养	长17cm; 高7cm	3,910,000	北京荣宝	2021-06-19
若愚	长26cm; 高10cm	3,220,000	北京荣宝	2021-06-19
峥嵘岁月	21cm×70cm	1,380,000	北京荣宝	2021-06-19
三友	长23cm; 高3cm	1,380,000	北京荣宝	2021-06-19
土沉	长20cm; 高17cm	782,000	北京荣宝	2021-06-19
龙腾盛世	60cm×240cm	667,000	北京荣宝	2021-06-19
陈国增、孙权 群仙祝寿	90cm×50cm×70cm; 重量32kg	517,500	上海嘉禾	2021-07-22
罗绣聆风	90cm×40cm×80cm	414,000	北京荣宝	2021-06-19
笑之	长14cm; 宽9cm; 高3cm	402,500	北京荣宝	2021-06-19
无相佛	长13cm; 宽6cm; 高5cm	379,500	北京荣宝	2021-06-19
物华天宝	110cm×38cm×178cm	287,500	北京荣宝	2021-06-19
陈浩 云乐	33cm×36cm	287,500	北京荣宝	2021-06-19
笋觞	长12cm; 宽6cm; 高2cm	287,500	北京荣宝	2021-06-19
王天翔 小叶紫檀八臂黄财神	68cm×34cm×30cm	257,600	上海联合	2021-06-27
王天翔 小叶紫檀十二臂观音	95cm×23cm×24cm	224,000	上海联合	2021-06-27
周扬 问路白云上	55cm×25cm×51cm	207,000	北京荣宝	2021-06-19
陈国增、孙权 九老图	65cm×50cm×117cm	184,000	上海嘉禾	2021-07-22
觉悟	13cm×6cm×26cm	172,500	北京荣宝	2021-06-19
香魁	15cm×14cm×5cm	172,500	北京荣宝	2021-06-19
周扬 一览众山	26cm×16cm×42cm	149,500	北京荣宝	2021-06-19
吴民 扭转乾坤	101cm×30cm×88cm	149,500	北京荣宝	2021-06-19
陈先国 四君子	20cm×10cm×43cm	115,000	北京荣宝	2021-06-19
苏音	80cm×60cm×140cm	115,000	北京荣宝	2021-06-19
喜上眉梢	20cm×40cm	115,000	北京荣宝	2021-06-19
探云	37cm×37cm	115,000	北京荣宝	2021-06-19
土沉	长29cm; 宽8cm; 高5cm	115,000	北京荣宝	2021-06-19
马踏飞燕	30cm×50cm	112,700	北京荣宝	2021-06-19
崖知柏韵	55cm×60cm	112,700	北京荣宝	2021-06-19
小叶紫檀《听松》摆件	38cm×24cm×64cm（连盆）	89,600	上海联合	2021-06-27
蜕变	20cm×11cm×13cm	80,500	北京荣宝	2021-06-19
突袭	20cm×2cm×35cm	66,700	北京荣宝	2021-06-19
叶小明 清风携芳远	62cm×22cm×50cm	57,500	北京荣宝	2021-06-19
叶小明 问香	50cm×45cm	57,500	北京荣宝	2021-06-19
咏梅	60cm×55cm	57,500	北京荣宝	2021-06-19
晨晓	36cm×55cm	51,750	北京荣宝	2021-06-19
玉树	40cm×50cm	46,000	北京荣宝	2021-06-19
有凤来仪	40cm×40cm	41,400	北京荣宝	2021-06-19
丹凤朝阳	20cm×30cm	34,500	北京荣宝	2021-06-19
孙孝东 静山归渔图	60cm×55cm	34,500	北京荣宝	2021-06-19
陈金芳 沉香喜上眉梢玩件	6.8cm×3cm×3.8cm; 重量26.7g（沉水）	32,032	上海联合	2021-06-27
升腾	22cm×765cm	25,300	北京荣宝	2021-06-19
菩提树	45cm×92cm	23,000	北京荣宝	2021-06-19
新柳	高30cm	23,000	北京荣宝	2021-06-19
祥龙献瑞	30cm×20cm×30cm	23,000	北京荣宝	2021-06-19
刘涛 沉香高风亮节	5.7cm×3.7cm×1.8cm; 重量24.5g（沉水）	22,176	上海联合	2021-06-27
明 黄花梨天鸡耳瓜棱花插	高10.6cm	34,500	中鸿信	2021-07-14
明至清 天姥山樵款黄杨木树桩形花插及螭龙纹玉勒（一组两件）	花插高13.8cm; 玉勒高5.2cm	23,000	西泠印社	2021-07-24
清早期 紫檀随形小花插	高8.9cm	161,000	中贸圣佳	2021-12-29
清早期 六舟藏沉香花插	高15cm（带座）	149,500	中贸圣佳	2021-12-29
清早期 紫檀雕螭龙松竹梅花插	高11.5cm	115,000	华艺国际	2021-12-11
清早期 紫檀瓜棱花插	高10.6cm	23,000	中贸圣佳	2021-05-21
清早期 紫檀梅花口花插	高18cm; 长6cm	23,000	北京九歌	2021-06-13
清早期 紫檀倭角方形花插	高14.5cm	23,000	华艺国际	2021-06-05
清乾隆 紫檀雕饕餮纹花插	高26.8cm	63,250	中国嘉德	2021-05-19
清乾隆 黄花梨雕干枝梅花插	高20cm	40,250	中鸿信	2021-07-14
清中期 紫檀嵌银丝诗文花插	直径3.9cm; 高10.4cm	36,800	广东崇正	2021-07-19
清 沉香花插（一对）	高23cm×2	253,000	北京保利	2021-06-08
清 黄杨木雕饕餮纹花插	高18.7cm	92,000	西泠印社	2021-10-23
清 奇木随形大花插	带座高61cm	37,950	西泠印社	2021-01-16
清 黄杨木雕蝉落竹枝花插	高10cm; 口径1.5cm	23,000	西泠印社	2021-01-16
香云供	长21cm; 宽7cm; 高3cm	230,000	北京荣宝	2021-06-19
18世纪 紫檀木佛陀传记碑	高17.3cm	184,000	朵云轩	2021-07-07
清 黄花梨雕福禄寿图佛龛	79cm×64cm×44cm	1,207,500	西泠印社	2021-07-24

(成交价RMB：1万元以上)

拍品名称	物品尺寸	成交价RMB	拍卖公司	拍卖日期
清 金漆木雕戏曲人物纹轿围	5cm×32cm×53cm	57,500	广东崇正	2021-01-07
清 金漆木雕花鸟纹钟罩	28cm×21cm×9cm	32,200	广东崇正	2021-01-07
明万历 诸圣邻(款)紫檀嵌银丝诗文倭角香瓶	高10.3cm	34,500	中鸿信	2021-07-14
清早期 黄杨木双螭耳瓶	高15.3cm	345,000	华艺国际	2021-06-05
清早期 紫檀香瓶	高10.2cm	32,200	华艺国际	2021-04-01
清 黄杨木雕梅花纹灯笼瓶	直径18cm；高51cm	230,000	北京保利	2021-06-08
清 紫檀香插瓶	15cm×5.5cm×1cm	57,500	北京荣宝	2021-06-19
明 紫檀嵌银丝螭龙纹琵琶尊	高23.5cm	86,250	中鸿信	2021-07-14
清 紫檀木镂雕壶托	直径12.7cm	28,750	上海嘉禾	2021-11-14
陈国增、孙权 黄花梨茶壶	重量240.1g	17,250	上海嘉禾	2021-07-22
明 紫檀嵌银丝山水书法耳杯	高6.8cm	161,000	十竹斋拍卖(北京)	2021-05-29
明 紫檀嵌银丝诗文杯	直径9cm；高6cm	92,000	十竹斋拍卖(北京)	2021-05-29
明末清初 沉香雕香山九老高士图仿犀角杯(配原座)	高15cm	414,000	华艺国际	2021-06-05
明末清初 黄花梨岁寒三友酒杯	直径11.8cm；高6.5cm	149,500	北京保利	2021-06-08
明末清初 紫檀浅雕梅花杯	直径4cm；高3.4cm	23,000	中贸圣佳	2021-12-29
明末清初 紫檀浮雕松鼠葡萄纹杯	高7.5cm；口径9.8cm	17,250	西泠印社	2021-07-24
清早期 紫檀雕松竹梅大杯	宽18.5cm	94,300	北京保利	2021-06-08
18世纪 沉香木雕饮中八仙诗意图杯(一对)	直径8.8cm×2	254,923	香港苏富比	2021-04-22
清乾隆 紫檀雕莲花形杯托	高7.2cm	40,250	北京保利	2021-12-06
清乾隆 檀香木释迦牟尼佛附银鎏金莲花座	高7.1cm	23,000	中鸿信	2021-07-14
清 沉香木雕山水楼阁图杯	6.5cm×6.5cm×6.3cm	126,500	中国嘉德	2021-05-19
清 黄杨木嵌银胆雕各式图案万字款杯(一组八件)	高约3.2cm；口径约4.5cm(每件)	98,900	西泠印社	2021-07-24
清 沉香木雕锦鸡玉兰杯	高6.5cm	36,800	古天一	2021-06-07
清 沉香浮雕山水纹双龙耳方杯	高5.3cm；重62g	36,800	西泠印社	2021-10-23
清 紫檀嵌锡胎太狮少狮杯	长12cm；宽10cm；高8cm	25,300	西泠印社	2021-01-16
紫檀雕海棠杯	高13cm；口径10.5cm	28,750	上海嘉禾	2021-11-14
明 黄花梨净水碗	直径14.5cm；高5.3cm	43,700	广东崇正	2021-07-19
明 黄花梨宫廷佛前供碗	高4.3cm；直径14.5cm	20,700	广东崇正	2021-01-07
清 黄花梨弦纹碗	高5.5cm；口径15.3cm	34,500	西泠印社	2021-07-24
紫檀撇口碗	直径10cm	57,500	北京华辰	2021-12-08
明 黄花梨整挖蕉叶形大香盘	长48cm	356,500	中贸圣佳	2021-07-07
明 沉香浮雕花卉纹轴盘	高3.5cm；重139g	57,500	西泠印社	2021-01-16
明晚期 黄花梨圆盘	直径24.3cm	71,300	中贸圣佳	2021-05-21
明末清初 黄花梨菱花形托盘	直径20cm；高1.5cm	460,000	北京保利	2021-06-08
明末清初 黄花梨菱花形托盘	长30.4cm；宽24.8cm；高1.8cm	287,500	北京保利	2021-06-08
明末清初 黄花梨圆托盘(三件)	尺寸不一	184,000	北京保利	2021-06-08
清早期 黄花梨双陆棋盘	42.2cm×28cm×3.3cm	161,000	华艺国际	2021-04-01
清早期 紫檀叶形香盘	长34.7cm；宽14.7cm	103,500	中贸圣佳	2021-03-26
清早期 紫檀盛盘	长44cm	40,250	中国嘉德	2021-05-19
清早期 楠木瘿木香盘	21cm×12cm	23,000	华艺国际	2021-09-17
清中期 乌木镶瘿木方托盘、乌木镶红木方托盘	尺寸不一	80,500	北京保利	2021-06-08
18世纪/19世纪 木雕小盘(三件)	长11.4cm×3	19,575	纽约佳士得	2021-03-18
清 紫檀秋葵花纹委角长方托盘	21cm×15.7cm×3cm	805,000	北京保利	2021-06-08
清 黄花梨折叠象棋盘	长52cm；宽52cm	575,000	中贸圣佳	2021-05-21
清 紫檀椭圆形托盘	高2.3cm；直径30cm	253,000	北京保利	2021-06-08
清 椰壳百纳镶螭龙纹海棠形托盘(两件)	长29cm；宽20.5cm；高2.2cm(每件)	161,000	北京保利	2021-06-08
清 紫檀整木挖倭角长方托盘	长28.5cm	80,500	北京保利	2021-06-08
清 黄花梨刻诗文香盘	长20.9cm	74,750	中国嘉德	2021-05-19
清 紫檀圆托盘	直径8.5cm；高1.5cm	74,750	北京保利	2021-06-08
清 黄花梨文盘	长36.5cm；宽28cm	63,250	中贸圣佳	2021-09-26
清 紫檀镶桦木瘿方托盘	长31cm；高2.5cm	51,750	北京保利	2021-06-08
清 碧云山人款瘿木刻诗文香盘	长48cm；宽23.5cm	43,700	西泠印社	2021-07-24
清 红木曲尺形托盘(一对)	30.5cm×15cm×2.5cm×2	40,250	北京保利	2021-06-08
清 紫檀嵌银丝椭圆盘	长28.5cm；宽19.3cm	40,250	中贸圣佳	2021-09-26
清 红木委角长方托盘(两件)	尺寸不一	36,800	北京保利	2021-06-08
清 红木大漆彩绘花鸟香盘	长57.5cm；高4.5cm	34,500	中贸圣佳	2021-09-26
清 红木整挖椭圆形托盘	直径38.5cm；高1.5cm	34,500	北京保利	2021-06-08
清 黄花梨嵌镙钿文具盘	长20cm；高10cm	32,200	北京银座	2021-09-24
清 红木镶龙眼木托盘(一对)、红木方托盘	尺寸不一	28,750	北京保利	2021-06-08
清 鸡翅木叶形托盘、瘿木黑漆随形托盘、鸡翅木菱花形托盘	尺寸不一	25,300	北京保利	2021-06-08
清 红木嵌黄杨木长方盘	长38.5cm；宽26.3cm；高2cm	25,300	北京保利	2021-06-08
清 紫檀回纹长方承盘	长32.5cm；宽30.7cm	25,300	华艺国际	2021-12-11
清 瘿木随形供盘	长24.5cm；宽20cm；高10.5cm	23,000	西泠印社	2021-01-16
清 黄花梨叶形香盘	高1.3cm；长18cm；宽12.5cm	20,700	西泠印社	2021-01-16

拍品名称	物品尺寸	成交价RMB	拍卖公司	拍卖日期
硬木都承盘	宽25cm	59,616	中国嘉德	2021-10-12
约1880年 英国橡木及胡桃木盘架(一对)	高39cm×2	20,700	中国嘉德	2021-05-19
黄花梨雕龙纹方盘	30cm×30cm	17,250	北京保利	2021-10-31
明 黄花梨围棋罐(一对)	1.高8.5cm，直径11.8cm；2.高18.6cm，直径12cm	69,000	西泠印社	2021-07-24
明至清 黄花梨朝珠罐	高13.5cm；直径15cm	20,700	西泠印社	2021-07-24
明晚期 紫檀八角形带盖香罐	14.5cm×14.5cm×22cm	57,500	中国嘉德	2021-11-30
清早期 黄花梨竹节纹围棋罐(成对)	直径10.6cm；高8.3cm(每件)	138,000	中国嘉德	2021-11-30
清中期 黄花梨围棋罐(一对)	直径15cm；高8cm(每件)	132,250	中贸圣佳	2021-05-21
清中期 瘿木整挖梅花形围棋罐(一对)	直径15.3cm；高8.2cm(每件)	27,600	中贸圣佳	2021-05-21
清 紫檀嵌百宝草虫图蟋蟀罐	直径19cm	149,040	中国嘉德	2021-10-14
清 黄杨木四方茶叶罐	高11.2cm	55,200	西泠印社	2021-07-24
清 红木瓜棱形围棋罐(一对)	高10cm；腹径12cm(每件)	32,200	西泠印社	2021-07-24
清 柞榛木围棋罐(一对)	直径13.5cm；高7.4cm(每件)	20,700	中贸圣佳	2021-03-26
清 黄花梨围棋罐	直径15cm；高10cm	17,250	上海嘉禾	2021-07-22
明晚期 黄花梨整挖鼓形带座香炉	直径17cm；高15cm	126,500	中国嘉德	2021-11-30
清早期 紫檀嵌黄玉龙纹大炉顶	直径21cm	460,000	北京保利	2021-12-06
清早期/中期 古香楼款紫檀树瘤三足香炉	高7.3cm	86,250	广东崇正	2021-01-07
清乾隆 紫檀嵌银丝卷草纹器座、紫檀炉座、紫檀束腰器座(共三件)	直径15cm；长12cm；直径10cm(每件)	25,300	中国嘉德	2021-11-29
清 香谷款紫檀嵌银丝蕉叶纹熏炉	带座高12cm；高10.6cm；长12.8cm；宽7.1cm	97,750	西泠印社	2021-01-16
清 黄杨木随形熏炉	带座高15.7cm；高14.2cm；通径9.1cm	90,850	西泠印社	2021-07-24
清 金漆木雕狮子戏球大香炉	32cm×68cm×56cm	51,750	广东崇正	2021-01-07
清 酸枝木炉	高16cm	48,300	十竹斋	2021-06-27
清 沉香木雕缠枝莲双龙耳炉	高15cm	32,200	北京保利	2021-06-08
熏炉	10cm×10cm×10cm	598,000	北京荣宝	2021-06-19
王国祥 六佛八宝双耳龙凤转心香炉	直径19cm；高33cm	145,600	上海联合	2021-06-27
明嘉靖至万历 周柱制紫檀百宝嵌苏武牧羊图双层盖盒	26.4cm×16cm×20cm	3,680,000	北京保利	2021-06-07
明 文徵明款紫檀嵌八宝香盒	直径7.7cm	1,955,000	中贸圣佳	2021-12-29
明 黄花梨嵌银丝捧盒	26cm×16cm×10.5cm	460,000	中贸圣佳	2021-12-29
明 紫檀嵌双龙玉带板方盒	长11.2cm；高6.5cm	345,000	中贸圣佳	2021-05-21
明 紫檀月华纹蔗段式香盒	高4.5cm；直径8cm	207,000	中贸圣佳	2021-05-21
明 黄杨木嵌八宝香盒	直径9cm	184,000	中贸圣佳	2021-12-29
明 黄花梨嵌银丝百宝梅花纹诗文盖盒	高6.5cm；长13cm；宽10cm	138,000	西泠印社	2021-07-24
明 黄花梨嵌螺钿嵌银丝梅花纹盒	13.5cm×11.4cm×6.5cm	63,250	中国嘉德	2021-11-29
明 描金山水人物三层盒	长49cm；宽31.2cm；高37.5cm	51,750	中贸圣佳	2021-09-26
明晚期 黄花梨百宝嵌山茶梅雀图长方盒	24.5cm×14.5cm×9cm	828,000	中贸圣佳	2021-07-07
明末清初 黄花梨嵌竹丝编四撞提盒	35cm×35cm×31cm	1,725,000	北京保利	2021-06-08
明末清初 一木整挖黄花梨圆捧盒	直径15.6cm；高9.1cm	322,000	中贸圣佳	2021-12-30
明末清初 紫檀内外圆角捧盒	长25cm；宽14.5cm；高10cm	218,500	中贸圣佳	2021-12-30
明末清初 黄花梨可折叠提梁方盖盒	长18.4cm；宽18cm；高15.5cm	184,000	中贸圣佳	2021-05-21
明末清初 黄花梨竹节形盖盒	高9.6cm；直径11.1cm	74,750	北京保利	2021-06-08
明末清初 黄花梨两撞小提盒	长19.2cm；宽11.6cm；高13.9cm	28,750	北京中汉	2021-05-18
清早期 黄花梨嵌百宝花卉香盒	直径8.1cm；高4.8cm	517,500	十竹斋拍卖(北京)	2021-05-29
清早期 紫檀嵌百宝盖盒	30cm×17cm×7cm	299,000	北京荣宝	2021-06-19
清早期 黄花梨两撞提盒	21.8cm×16.2cm×19.7cm	172,500	中国嘉德	2021-11-30
清早期 紫檀三层方盒	长11.7cm；宽10.5cm；高11.1cm	161,000	中贸圣佳	2021-12-29
清早期 紫檀嵌百宝梅竹双清文房盖盒	长14cm	138,000	北京保利	2021-01-09
清初 黄花梨圆形盖盒	直径14cm；高9cm	115,000	保利厦门	2021-11-05
清早期 黄花梨提盒	34.5cm×19cm×22.5cm	109,250	中国嘉德	2021-11-29
清早期 黄花梨香盒	直径8cm	63,250	中贸圣佳	2021-09-26
清早期 黄花梨嵌银丝及百宝三羊开泰纹香盒	高5.5cm；长9.7cm；宽9.5cm	63,250	西泠印社	2021-07-24
清早期 紫檀嵌楠木雕螭龙纹方香盒	宽10cm	55,200	北京保利	2021-12-06
清早期 黄花梨香盒	直径9.2cm	48,300	中国嘉德	2021-05-19
清早期 襄侯刻令彝铭黄花梨带屉香盒	11.5cm×10.6cm×6.6cm	40,250	中国嘉德	2021-11-30
清早期 黄花梨起线香盒	直径8.2cm	34,500	北京保利	2021-12-06
清早期 紫檀花口盖盒	直径8cm	23,000	中鸿信	2021-07-14
清早期 紫檀两撞小提盒	长20.5cm	17,250	中国嘉德	2021-03-30
清早期 紫檀镂雕熏盒	长16.5cm	17,250	华艺国际	2021-03-31
清康熙 紫檀嵌七宝盖盒	13.2cm×9.5cm×6.5cm	264,500	北京保利	2021-09-26

2021杂项拍卖成交汇总（续表）

（成交价RMB：1万元以上）

拍品名称	物品尺寸	成交价RMB	拍卖公司	拍卖日期
清乾隆 紫檀嵌玉瓜棱盒	15cm×9.5cm×7.7cm	862,500	中国嘉德	2021-05-19
清乾隆 紫檀玉璧绳纹圆盒	直径10.5cm	747,500	中贸圣佳	2021-07-07
清乾隆 紫檀浮雕西园雅集图长方盒	长21.5cm；高8.5cm	402,500	中贸圣佳	2021-05-20
清乾隆 紫檀蝠寿纹长方形盖盒	长45cm；高9cm	287,500	中贸圣佳	2021-05-21
清乾隆 紫檀葫芦万代盒	长24.3cm	287,500	中贸圣佳	2021-07-07
清乾隆 紫檀镶白玉"连年有余"盒	长21.5cm	184,000	华艺国际	2021-06-05
清乾隆 紫檀梅竹双清捧盒	长16.2cm；宽16.2cm；高7.7cm	132,250	中贸圣佳	2021-12-29
清乾隆 紫檀书形盒	26.5cm×16.5cm×15.3cm	109,250	北京保利	2021-06-08
清乾隆 紫檀错银丝吉庆有余随形盒	直径27.7cm	97,750	中鸿信	2021-07-14
清乾隆 紫檀雕海水龙纹册页盒	29cm×18cm×17.8cm	86,250	中鸿信	2021-07-14
清乾隆 紫檀嵌宝瑞果形盒	长11.2cm	57,500	中贸圣佳	2021-03-26
清乾隆 合香花鸟纹六方盖盒	直径8.5cm；高6.5cm；重96.8g	51,750	广东崇正	2021-07-19
清中期 紫檀嵌玉错银丝八方盒（成对）	11.5cm×11.5cm×12.3cm×2	747,500	中国嘉德	2021-05-19
清中期 紫檀浮雕西番莲纹双联方盒	高8.2cm；长26.7cm；宽13.5cm	195,500	西泠印社	2021-01-16
清中期 紫檀嵌百宝弥勒盖盒	直径6.5cm	138,000	十竹斋拍卖（北京）	2021-05-29
清中期 黄花梨嵌百宝花鸟纹小香盒	直径6.2cm	86,250	广东崇正	2021-07-19
清中期 紫檀嵌银丝葵口盒（一对）	直径15.3cm×2	74,750	中国嘉德	2021-11-29
清中期 红木嵌银丝嵌玉龙纹盖盒	长10.5cm	69,000	中国嘉德	2021-11-29
清中期 紫檀浮雕双龙戏珠纹长方盒	高12.8cm；长35.7cm	69,000	西泠印社	2021-01-16
清中期 黄花梨莲蓬香盒	宽8cm	37,757	中国嘉德	2021-10-12
清中期 红木嵌螺钿包银博古图长方盖盒	长16.6cm	25,300	中国嘉德	2021-03-30
清嘉庆 黑漆描金山水诗文宣炉罩	30cm×30cm×27cm	17,250	广东崇正	2021-01-07
18世纪/19世纪 黄花梨画盒及黄花梨光素笔筒	笔筒高14.3cm；画盒高7cm	44,334	保利香港	2021-12-02
清 紫檀两撞提梁盒	长36cm；宽20.5cm；高24cm	437,000	北京保利	2021-06-08
清 紫檀 围棋盒一对及云子	盒高9.2cm×2	368,000	中贸圣佳	2021-05-21
清 黄花梨嵌百宝喜上眉梢纹盖盒	长25.2cm；宽15.7cm；高9cm	368,000	西泠印社	2021-01-16
清 紫檀镶竹根嵌百宝 鹿纹香盒	高4cm；直径7.2cm	345,000	中贸圣佳	2021-05-21
清 紫檀百宝嵌桃形盖盒	长11.5cm；宽10.5cm；高4.5cm	345,000	北京保利	2021-06-08
清 紫檀云龙纹御笔戒得堂记册页盒	47.3cm×32.3cm×13.5cm	345,000	北京保利	2021-06-08
清 黄花梨嵌百宝魁星点斗提盒	长35cm；宽18.8cm；高20.2cm	287,500	中贸圣佳	2021-09-26
清 紫檀龙纹大手卷盒	53cm×12cm×11cm	287,500	北京保利	2021-06-08
清 黄花梨八角八卦捧盒	直径28cm；高16cm	230,000	中贸圣佳	2021-09-26
清 紫檀雕龙纹玉圭盖盒	长34.5cm	218,843	中国嘉德	2021-04-21
清 硬木锦地云龙纹长方盖盒	26.3cm×16cm×9.5cm	181,600	北京保利	2021-08-08
清 紫檀描金盖盒	长8cm；宽7cm；高4cm	172,500	北京保利	2021-06-08
清 紫檀嵌玉葵口捧盒	宽20cm	172,500	北京保利	2021-06-08
清 黄花梨围棋盒（一对）	直径11.5cm；高8cm（每件）	161,000	中贸圣佳	2021-12-29
清 黄花梨瘿木"乾隆年制"捧盒	直径25cm	151,740	保利香港	2021-04-21
清 紫檀嵌百宝天官赐福方盒	高10cm；长25.2cm；宽18.3cm	115,000	西泠印社	2021-01-16
清 紫檀盖盒式香熏	长8.3cm；宽8.3cm；高7.5cm	115,000	北京保利	2021-06-08
清 紫檀起线香盒	直径12.7cm；高6.1cm	112,700	中贸圣佳	2021-03-26
清 阮元铭黄花梨嵌云石知白守黑围棋盒	1.高10.8cm；2.高10.7cm	112,700	西泠印社	2021-01-16
清 紫檀菊瓣百宝嵌捧盒	宽17.5cm	108,960	北京保利	2021-08-08
清 黄花梨筒式香盒	高11.2cm；直径4.2cm	94,300	北京保利	2021-06-08
清 黄花梨嵌玉香盒	高4cm；直径9cm	69,000	北京保利	2021-06-08
清 黄花梨两撞提梁盒	长29cm；高17.8cm	69,000	北京保利	2021-06-08
清 紫檀鸳鸯盒	宽20cm	67,565	中国嘉德	2021-10-12
清 紫檀嵌银丝金刚般若波罗蜜经盒	24cm×14.6cm×6.4cm	63,250	北京保利	2021-06-08
清 紫檀黄花梨嵌百宝携琴访友佛八宝盖盒	高14cm；长19.3cm；宽19.3cm	63,250	西泠印社	2021-07-24
清 紫檀描金多宝盒	高39.5cm	57,500	中鸿信	2021-07-14
清 黑漆彩绘戏曲人物纹宣炉罩	43cm×43cm×43cm	48,300	广东崇正	2021-01-07
清 紫檀香盒	直径7cm	47,748	中国嘉德	2021-04-21
清中晚期 红木布币形盖盒	长30cm；宽20cm；高2.5cm	43,700	北京保利	2021-06-08
清 紫檀嵌玛瑙长方盖盒	长11.3cm；宽9cm；高8.5cm	43,700	北京保利	2021-06-08
清 红木嵌白玉龙纹盖盒	宽16.5cm	36,800	北京保利	2021-01-09
清 金漆木雕戏曲人物博古纹馔盒	44cm×14.5cm×39cm	36,800	广东崇正	2021-01-07
清 沉香朝珠盒	长122cm	34,500	中贸圣佳	2021-09-26
清 黄花梨嵌百宝花鸟纹盖盒	28cm×15.5cm×9.5cm	34,500	广东崇正	2021-01-07
清 紫檀嵌银丝长方盖盒	高8cm；长26.3cm；宽16cm	34,500	西泠印社	2021-01-16
清 戴礼款黄花梨刻梅花诗文香盒	高3cm；直径10.4cm	32,200	西泠印社	2021-07-24
清 黄花梨手卷盒	长38cm	28,750	中鸿信	2021-07-14
清 紫檀方盖盒	高4.2cm；长7.7cm；宽7cm	25,300	西泠印社	2021-04-10
清 黄杨木弦纹盖盒	高5.2cm；直径9.2cm	25,300	西泠印社	2021-07-24
清 王梅邻款黄花梨刻诗文盖盒	高4.4cm；直径11cm	25,300	西泠印社	2021-07-24
清 黄花梨提盒	长18cm；宽11.4cm；高14.5cm	23,000	中贸圣佳	2021-03-26
清 黄花梨画轴盒	49cm×9.7cm×5.6cm	23,000	北京诚轩	2021-05-18
清 黄花梨朝珠盒	高10cm；直径14.5cm	23,000	中贸圣佳	2021-09-26
清 黄花梨小方盒	长11.2cm；宽10.2cm；高7.7cm	20,700	中贸圣佳	2021-03-26
清 黄花梨围棋盖盒（一对）	直径12cm；高9cm	17,250	广东崇正	2021-07-19
清 红木刻古梅图诗文盖盒	高5.5cm；长13.7cm；宽11cm	17,250	西泠印社	2021-01-16
民国 黑漆描金山水人物六角宣炉罩	21cm×24cm	25,300	广东崇正	2021-01-07
赵叔孺题、陈巨来刻红木盒 袁克文赠陈巨来一刀平五千刀头	直径2.8cm；高0.4cm；重16.6g	747,500	中国嘉德	2021-11-30
紫檀镶嵌八宝盒	27cm×17cm×9.5cm	552,000	上海嘉禾	2021-11-14
F.P. Journe丨木制盒子，为五枚腕表而制，约2015年制		212,436	香港苏富比	2021-04-23
香宝子	长8cm；宽8cm；高7cm	149,500	北京荣宝	2021-06-19
紫檀云龙纹海棠式盖盒	15cm×21.5cm	149,500	上海嘉禾	2021-11-14
紫檀盖盒	23cm×14cm×5cm	92,000	上海嘉禾	2021-11-14
桃花心木烫金马赛克装饰叶克牌游戏盒	33cm×12cm×23cm	62,100	佳士得	2021-05-21
清 紫檀嵌黄杨龙纹盒	长43cm；宽28cm；高21cm	26,450	十竹斋	2021-06-27
沉香灵芝盖盒	高9.7cm；底部直径6.3cm	23,000	中国嘉德	2021-05-18
各式木盒（一组二十件）		18,400	北京大羿	2021-06-02
明 黄花梨花口香插	高11.5cm	59,800	西泠印社	2021-07-24
清早期 黄花梨梅花形香插	高12cm	138,000	中国嘉德	2021-05-19
清 沉香浮雕双龙戏珠纹香筒	长18.3cm；直径3.2cm；总重65.3g	92,000	西泠印社	2021-07-24
清 乌木树桩形香插	宽5.8cm；高10cm；直径5cm	63,250	北京保利	2021-06-08
清 金漆木雕草虫香筒、山水香筒、雀梅香筒（三件）	尺寸不一	32,200	广东崇正	2021-01-07
明 黄花梨钵	直径14.2cm	46,000	中贸圣佳	2021-09-26
清乾隆 沉香木漆金七佛钵	直径25cm	103,500	中鸿信	2021-07-14
清 红木莲纹烛台（一对）	高41.7cm×2	17,250	中贸圣佳	2021-03-26
清 黑漆描金山水人物图屏风		20,700	广东崇正	2021-01-07
清早期 乌木云蝠纹人物抓笔	高10.5cm	345,000	十竹斋拍卖（北京）	2021-05-29
清 黄花梨描金云蝠纹宫廷斗笔	长30（含笔毛）	92,000	北京荣宝	2021-06-19
明 周制紫檀嵌八宝笔筒	高15cm；直径14.5cm	1,955,000	中贸圣佳	2021-07-07
明 黄花梨嵌百宝梅花诗文笔筒	高12.4cm	862,500	中国嘉德	2021-11-28
明 镂雕九龙树瘿笔筒（配紫檀嵌银丝百宝口、底）	高17.8cm	690,000	华艺国际	2021-06-05
明 沉香高浮雕松枝纹笔筒	高11cm；重162g	575,000	西泠印社	2021-01-16
明崇祯 "张岱"款紫檀梅花诗文笔筒	直径16.4cm；高16.7cm	322,000	中国嘉德	2021-11-30
明 黄花梨海棠形大笔海	直径34.5cm	230,000	中鸿信	2021-07-14
明 黄花梨奚冈刻放鹤图诗文笔筒	高13cm	184,000	北京保利	2021-06-08
明 黄花梨笔筒	直径14.3cm；高13.5cm	86,250	北京中汉	2021-05-18
明 黄花梨葵花式笔筒	口径18cm；高18cm	74,750	朵云轩	2021-07-07
明 "御云"黄杨木随形笔筒	直径16.5cm；高15.5cm	57,500	广东崇正	2021-07-19
明 黄花梨双清诗文笔筒	高14.5cm；直径14.2cm	46,000	中鸿信	2021-07-14
明 黄花梨起线束腰笔筒	直径14.1cm；高14.8cm	34,500	中贸圣佳	2021-09-26
明 黄花梨素身笔筒	直径13.2cm；高16cm	32,200	广东崇正	2021-07-19
明至清 黄花梨弦纹笔筒	高14.7cm；口径14.8cm	32,200	西泠印社	2021-07-24
明晚期 沉香木雕松竹梅大笔筒	高17cm	1,265,000	古天一	2021-06-07
明末清初 黄花梨雕树桩形笔海	直径30.5cm；高26.5cm	230,000	中贸圣佳	2021-05-21
明末清初 海南黄花梨素面大笔海	高18.6cm；口径20.2cm	172,500	浙江佳宝	2021-01-10
明末清初 紫檀浮雕玉兰花笔筒	高16.3cm；口径16.5cm	126,500	西泠印社	2021-01-16
明末清初 黄花梨嵌百宝松下坐禅图笔筒	直径17.5cm；高16.5cm	46,000	中贸圣佳	2021-09-26
明末清初 黄花梨树瘤随形笔筒	14.5cm×6.5cm×13cm	34,500	中国嘉德	2021-05-19
明末清初 沉香笔筒	最大直径8.9cm；高13.3cm	28,750	北京中汉	2021-05-18
明末清初 黄花梨上下起线笔筒	高14cm	17,250	华艺国际	2021-04-01
清早期 紫檀大笔海	高25cm；直径28cm	943,000	十竹斋拍卖（北京）	2021-05-29
清早期 紫檀玉兰花笔筒	高14.3cm	920,000	中贸圣佳	2021-07-07
清早期 紫檀嵌百宝花鸟图笔筒	直径15.4cm；高15.9cm	862,500	中贸圣佳	2021-12-29
清初 紫檀树瘤形大笔筒	直径26cm；高23.5cm	517,500	保利厦门	2021-11-05
清早期 沉香木罗汉图纹大笔筒	29.5cm×29cm×23.8cm；重2.05kg	517,500	中国嘉德	2021-05-19
清早期 紫檀嵌百宝竹林七贤笔海	高18.5cm；直径18.2cm	460,000	华艺国际	2021-03-31
清早期 黄花梨葵花形花卉纹笔筒	直径22cm；高21cm	437,000	中国嘉德	2021-05-19
清早期 黄花梨树瘤笔筒	直径26.5cm；高21.2cm	437,000	中贸圣佳	2021-12-30
清早期 紫檀嵌百宝携琴访友图笔筒	直径17.7cm；高17.7cm	402,500	中贸圣佳	2021-12-29
清早期 紫檀大笔海	直径24cm	379,500	华艺国际	2021-12-11

(成交价RMB：1万元以上)

拍品名称	物品尺寸	成交价RMB	拍卖公司	拍卖日期
清早期 紫檀雕随形笔筒	高12.9cm	264,500	中贸圣佳	2021-12-29
清早期 黄花梨树瘤笔筒	高22cm	253,000	中贸圣佳	2021-07-07
清早期 紫檀笔海	直径24.1cm; 高20cm	230,000	中贸圣佳	2021-05-21
清早期 黄花梨葵花形笔筒	直径15.8cm; 高18cm	230,000	中贸圣佳	2021-12-30
清早期 黄花梨螭龙纹葵花形大笔筒	直径20cm; 高19.5cm	218,500	中国嘉德	2021-11-30
清早期 紫檀雕对弈图笔筒	高11.4cm; 直径8.5cm	207,000	华艺国际	2021-12-11
清早期 黄杨木题诗纹笔筒(刘庸款)	高12.7cm	172,500	华艺国际	2021-06-04
清早期 尤侃雕沉香木花鸟大笔筒	直径22.4cm; 高15.5cm	172,500	中鸿信	2021-07-14
清早期 黄花梨笔筒	直径24.5cm; 高20.3cm	161,000	中贸圣佳	2021-05-21
清早期 黄花梨根瘤笔筒	直径22cm; 高21.2cm	161,000	中国嘉德	2021-11-30
清早期 黄花梨素笔筒	直径20.2cm; 高18.5cm	97,750	中贸圣佳	2021-12-30
明至清早期 黄花梨委角方笔筒	长7.3cm; 宽7.3cm; 高11.1cm	97,750	北京保利	2021-06-08
清早期 楠木浮雕五龙笔筒	高15cm	97,750	中鸿信	2021-07-14
清早期 黄花梨大笔筒	直径20.5cm; 高20.8cm	92,000	十竹斋拍卖(北京)	2021-05-29
清早期 紫檀玉兰花口笔筒	高13.5cm	89,700	中鸿信	2021-07-14
清早期 黄花梨笔筒	直径19cm	86,250	中国嘉德	2021-05-19
清早期 黄花梨嵌八宝博古图笔筒	高15cm; 口径13.5cm	71,300	浙江佳宝	2021-01-10
清早期 黄花梨方形敞口笔筒	24cm×24cm×22cm	69,000	中国嘉德	2021-11-30
清早期 黄花梨素笔筒	高15cm	63,250	中鸿信	2021-07-14
清早期 黄花梨百宝嵌花鸟纹笔筒	高13cm	57,500	中贸圣佳	2021-03-26
清早期 紫檀笔筒	直径18cm	48,300	中国嘉德	2021-05-19
清早期 紫檀浮雕花卉纹玉兰花口笔筒	高13.6cm	48,300	北京保利	2021-12-06
清早期 天然木瘤根大笔筒	高22cm	46,000	北京保利	2021-12-06
清早期 黄花梨素面笔筒	高17.7cm	46,000	北京保利	2021-12-06
清早期 黄杨木浮雕岁寒三友笔筒	高16.8cm; 口径11.3cm	40,250	西泠印社	2021-01-16
清早期 鸡翅木束腰笔筒	高13.5cm	40,250	华艺国际	2021-04-01
清早期 紫檀树瘤随形笔筒	高14.8cm; 宽19cm	40,250	北京保利	2021-12-06
清早期 黄花梨瓜棱小笔筒	直径7.5cm; 高10.3cm	32,200	中贸圣佳	2021-09-26
清早期 紫檀笔筒	高15cm	23,000	北京保利	2021-01-09
清早期 黄杨木雕树瘤形笔筒	高18.2cm	23,000	北京保利	2021-12-06
清早期 紫檀起线弦纹笔筒	高16.2cm	17,250	北京保利	2021-06-08
清康熙 紫檀螭龙葡萄纹花口笔筒	口径12.9cm; 高13.5cm	1,380,000	中贸圣佳	2021-05-20
清乾隆 方琮款紫檀浅刻山水人物图笔筒	高14.5cm	1,539,375	佳士得	2021-12-03
18世纪 黄杨木雕山水大笔筒	直径27.9cm; 高22.3cm	1,127,000	北京保利	2021-06-08
清乾隆 紫檀雕招隐图题诗笔筒	高15cm	920,000	北京保利	2021-10-31
清乾隆 紫檀诗文笔筒	直径14.9cm; 高16.2cm	460,000	中国嘉德	2021-05-19
清乾隆 周芷岩雕紫檀竹石图笔筒	高11.5cm	437,000	十竹斋拍卖(北京)	2021-05-29
清乾隆 紫檀亭台楼阁山水梅花纹笔筒	高13.5cm	402,500	上海匡时	2021-07-08
清乾隆 紫檀雕螭龙献瑞笔筒	高12.5cm	172,500	广东崇正	2021-07-19
18世纪 紫檀笔筒	直径20.5cm; 高19.5	115,000	保利厦门	2021-11-05
18世纪 紫檀笔筒	直径19cm; 高18cm	97,750	保利厦门	2021-11-05
18世纪 黄花梨笔筒	直径25.5cm; 高20.5cm	97,750	保利厦门	2021-11-05
18世纪 紫檀笔筒	直径17cm; 高17.3cm	74,750	保利厦门	2021-11-05
18世纪 紫檀笔筒	直径20cm; 高18.5cm	57,500	保利厦门	2021-11-05
18世纪 紫檀笔筒	高13.5cm	35,919	佳士得	2021-12-03
18世纪 黄花梨雕螭龙献瑞笔筒	直径14cm; 高15cm	34,500	保利厦门	2021-11-05
清嘉庆 紫檀树瘤随形笔筒	直径20.5cm; 高19cm	517,500	广东崇正	2021-01-07
清中期 紫檀大笔海	直径27cm	345,000	华艺国际	2021-03-31
清中期 康田时鉴镌村庄镇集图笔筒	高17cm	253,000	中贸圣佳	2021-07-07
清中期 黄花梨诗文笔筒	高15.7cm	86,250	北京保利	2021-12-06
清中期 紫檀浅浮雕胡人放马图笔筒	高13.5cm	63,250	北京保利	2021-06-08
清中期 虎皮紫檀三足笔筒	直径15cm; 高15.7cm	49,450	中贸圣佳	2021-05-21
清中期 云樵山人款黄花梨雕白菜笔筒	高16.2cm	46,000	华艺国际	2021-04-01
清中期 黄花梨嵌百宝牧羊图笔筒	高11.2cm	41,779	中国嘉德	2021-04-21
清中期 黄花梨笔筒	16cm×16cm	40,250	北京诚轩	2021-05-18
清中期 黄花梨笔筒	高16.5cm	34,776	中国嘉德	2021-10-14
清中期 紫檀笔筒	高13cm	33,350	北京保利	2021-06-08
清中期 黄花梨笔筒	直径11.4cm	28,750	华艺国际	2021-04-01
清中期 紫檀笔筒	直径13cm	26,450	华艺国际	2021-03-31
清中期 黄杨木仿树瘤随形笔筒	高15.5cm	24,869	中国嘉德	2021-04-21
清中期 黄花梨笔筒	高13cm	20,700	北京翰海	2021-12-18
清中期 黄花梨笔筒	高13.8cm	17,250	中国嘉德	2021-03-30
清道光 胡长庚自用篆书铭文黄花梨笔筒	高14.5cm	69,000	华艺国际	2021-04-01
清道光 王应绶铭黄花梨山水诗文笔筒	直径13.5cm; 高15cm	63,250	浙江佳宝	2021-01-10
清道光 邓奎刻笔筒	高8cm; 口径6.5cm	28,750	西泠印社	2021-07-23
清 瞿子冶刻紫檀竹石图诗文笔筒	直径13.8cm; 高16cm	920,000	中贸圣佳	2021-05-21
清 谢稚柳、徐秉方画刻紫檀大笔筒	直径22cm; 高24cm	552,000	中贸圣佳	2021-05-21
清 紫檀雕人物故事图笔筒	高17.8cm	547,107	中国嘉德	2021-04-21
清 黄花梨根瘤笔筒	高28cm; 口径29cm	483,000	西泠印社	2021-07-24
清 黄花梨螭龙纹笔筒	直径18cm	253,000	北京保利	2021-10-30
清早中期 紫檀葵花形笔筒(一对)	直径15.2cm; 高14.2cm(每件)	230,000	中贸圣佳	2021-05-21
清 沉香镂雕梅桩随形大笔筒	高22.8cm; 重量1687g	230,000	西泠印社	2021-07-24

拍品名称	物品尺寸	成交价RMB	拍卖公司	拍卖日期
清 紫檀嵌宝喜鹊登梅笔筒	直径10.8cm; 高12.8cm	218,500	中贸圣佳	2021-03-26
清 木笔筒	高21cm	195,500	北京翰海	2021-10-16
清 紫檀笔筒	高19.3cm	149,500	华艺国际	2021-12-11
清 树瘤随形铭文大笔海	高26cm	138,000	古天一	2021-06-07
清 黄杨木雕笔筒	高20cm	138,000	北京保利	2021-06-08
清 紫檀笔筒	高19.5cm; 口径20.5cm	120,750	西泠印社	2021-07-24
清 黄花梨笔筒	直径21.6cm; 高18.8cm	115,000	中贸圣佳	2021-09-26
清 黄杨木随形笔筒	高15.4cm	109,250	中贸圣佳	2021-09-26
清 黄花梨诗文笔筒	高14.8cm	103,500	中贸圣佳	2021-03-26
清 木笔筒	高18.5cm	103,500	北京翰海	2021-10-16
清 黄花梨大笔筒	直径29.7cm; 高18.8cm	97,750	广东崇正	2021-01-07
清 黄花梨树瘤笔筒	高18.2cm; 直径17.2cm	96,600	中贸圣佳	2021-03-26
清 紫檀笔筒	直径16.3cm; 高16.6cm	92,000	中贸圣佳	2021-12-29
清 芳椒山人制黄杨木雕梅花笔筒	高12.7cm	86,250	西泠印社	2021-07-24
清 紫檀整挖四方笔筒	宽18.4cm; 高12cm; 直径8.3cm	80,500	北京保利	2021-06-08
清 紫檀仿树瘤笔筒	高18.2cm; 直径20.5cm	78,200	广东崇正	2021-01-07
清 黄花梨笔筒(两只)	直径15.2cm; 直径15.6cm	69,000	中国嘉德	2021-05-19
晚清 黄花梨光素笔筒(两件)	高16.5; 高18.7cm	65,250	纽约佳士得	2021-03-18
清 黄花梨雕山水图笔筒	高14.3cm	57,500	华艺国际	2021-03-31
清 瘿木笔筒	直径18.5cm; 高17.5cm	57,500	北京保利	2021-06-08
清 黄杨木雕随形笔筒	高11.4cm; 直径11.5cm	57,500	广东崇正	2021-07-19
清 紫檀笔筒	直径16.8cm	55,200	北京保利	2021-06-08
清 吴大澂款紫檀博古纹笔筒	直径10cm; 高13cm	55,200	广东崇正	2021-07-19
清 紫檀阴刻山水人物纹笔筒	高16.8cm; 直径16.8cm	51,750	中国嘉德	2021-05-19
清 黄花梨大笔海	直径21cm	48,300	北京保利	2021-05-18
清 紫檀起线三足笔筒	高14.7cm; 直径13.7cm	46,000	中贸圣佳	2021-03-26
清 紫檀"凌云"竹笔筒	高14cm	43,700	十竹斋拍卖(北京)	2021-05-29
清 黄花梨瓜棱笔筒	高16cm; 直径15.5cm	40,250	中贸圣佳	2021-09-26
清 黄花梨笔筒	高20.5cm	40,250	北京保利	2021-10-31
清"宣统雅鉴斋制"款嵌金银丝延寿图笔筒及木座(一组两件)	1.笔筒高11.9cm; 2.座高2.8cm	40,250	西泠印社	2021-10-23
清 紫檀刻梅花诗文笔筒	高12cm; 口径10.8cm	36,800	西泠印社	2021-07-24
清 黄花梨笔筒	高23cm	34,500	北京翰海	2021-12-18
清 黄花梨素身笔筒	长15cm; 直径13.6cm	34,500	广东崇正	2021-01-07
清 黄花梨弦纹笔筒	高17.3cm; 口径18.5cm	34,500	西泠印社	2021-07-24
清 黄花梨竹叶纹笔筒	高14.7cm; 口径13.6cm	34,500	西泠印社	2021-10-23
清 黄花梨笔筒	高26cm; 口径25cm	32,200	北京九歌	2021-06-13
清 黄花梨素身笔筒	直径16cm; 高16cm	32,200	广东崇正	2021-07-19
清 沉香浮雕山水人物笔筒	高16.2cm; 口径13.9cm; 重469.7g	32,200	西泠印社	2021-07-24
清 黄杨木随形笔筒	高18.4cm; 长21.5cm; 宽14.5cm	27,600	西泠印社	2021-07-24
清 黄花梨笔筒	高15cm	25,300	中国嘉德	2021-09-28
清 黄花梨大笔筒	直径25.5cm	25,300	北京保利	2021-10-30
清 紫檀随形留疤笔筒	高21.8cm	25,300	北京保利	2021-10-31
清 黄杨梅花笔筒	高10.8cm	24,150	北京保利	2021-10-31
清 沉香木诗文笔筒	直径6cm; 高9.5cm	20,700	中贸圣佳	2021-09-26
清 紫檀笔筒	高16cm	20,700	北京保利	2021-01-09
清 黄花梨素笔筒	高17cm; 直径17.5cm	20,700	广东崇正	2021-01-07
清 随园老人款诗文木制随形笔筒	高12.7cm; 长7cm; 宽5cm	20,700	西泠印社	2021-01-16
清 紫檀倭角四方笔筒	高11.7cm; 长8.2cm; 宽8.2cm	20,700	西泠印社	2021-07-24
清 紫檀浮雕岁寒三友笔筒	高13.5cm; 通径9.9cm	20,700	西泠印社	2021-10-23
清 方洁 沉香雕赤壁夜游图笔筒	高20cm; 直径20cm	19,550	江苏汇中	2021-05-14
清 黄花梨笔筒和硬木笔筒(各一件)	最大的高12cm	17,885	中国嘉德	2021-10-12
清 紫檀笔筒	高15.3cm	17,250	中国嘉德	2021-03-30
清 木笔筒	高14cm	17,250	北京翰海	2021-10-16
清 红木素面笔筒	口径12.8cm; 高14cm	17,250	浙江佳宝	2021-01-10
清 黄花梨束腰小笔筒	高10.6cm	17,250	华艺国际	2021-12-11
民国 黄花梨吴湖帆款紫茄图笔筒	高16cm; 直径16cm	287,500	广东崇正	2021-01-07
民国 唐云画、徐孝穆刻花鸟纹黄花梨笔筒	高16.5cm; 直径18cm	166,750	广东崇正	2021-07-19
民国 漱石款红木小笔筒	高9.6cm; 口径5.6cm	34,500	西泠印社	2021-01-16
民国 紫檀笔筒茶盘(一组两件)	盘33.6cm×24cm; 笔筒高15cm	20,700	广东崇正	2021-07-19
近现代 李研吾上款、沈觉初刻、唐云画梅花紫檀笔筒	高14cm	207,000	华艺国际	2021-03-31
近现代 罗书重画、骆晓山刻"宇宙浑圆为管之城"笔筒	高14.5cm	138,000	华艺国际	2021-03-31
紫檀镶嵌大笔海	高26.5cm; 直径28cm	575,000	上海嘉禾	2021-11-14
茶树桩形筒	长24cm; 宽12cm; 高10cm	402,500	北京荣宝	2021-06-19
近代 刘海粟绘、徐孝穆刻黄花梨山水诗文大笔筒	高18cm; 口径18.8cm	299,000	西泠印社	2021-01-15
清 吴湖帆款黄花梨刻瓜果图笔筒	高16cm; 直径16cm	287,500	十竹斋	2021-06-27
松鹤紫檀随形笔海	25cm×23cm×27cm	195,500	上海嘉禾	2021-11-14
黄花梨笔筒	高20cm; 口径19cm	172,500	上海嘉禾	2021-11-14

2021杂项拍卖成交汇总(续表)

(成交价RMB：1万元以上)

拍品名称	物品尺寸	成交价RMB	拍卖公司	拍卖日期
近代 唐云画、沈觉初刻梅花紫檀笔筒	高15.5cm; 口径15cm	138,000	西泠印社	2021-07-24
清 王应绶刻黄花梨山水诗文笔筒	高15.3cm; 直径13.3cm	135,700	十竹斋	2021-06-27
小叶紫檀云龙纹大笔筒	直径24cm; 高20cm	134,400	上海联合	2021-11-21
紫檀笔筒	直径27cm; 高24cm	82,800	辽宁省拍	2021-07-04
黄花梨笔筒	高14.3cm; 口径12.4cm	80,500	上海嘉禾	2021-11-14
海南黄花梨套装笔筒	大直径12.3cm; 高12.5cm; 小直径7.5cm; 高9.5cm	72,800	上海联合	2021-11-21
清 檀香木随形笔筒	高26cm; 直径37.2cm	51,750	十竹斋	2021-06-27
浙江款黄花梨大笔筒	高20cm	43,700	华艺国际	2021-12-11
现代 陈佩秋画熊猫图冯国文刻紫檀笔筒	16cm×15.8cm	43,700	华艺国际	2021-12-11
清 黄花梨嵌八宝笔筒	高14cm; 直径11cm	34,500	十竹斋	2021-06-27
紫檀雕玉兰花笔筒	12cm×7cm	28,750	上海嘉禾	2021-11-14
吴民 自然根艺笔筒	28cm×30cm×42cm	23,000	北京荣宝	2021-06-19
红木笔筒	直径15.5cm; 高17cm	20,700	辽宁省拍	2021-07-04
紫檀雕龙笔筒	高28cm	17,250	北京保利	2021-10-30
紫檀梅花笔筒	直径20cm	17,250	北京保利	2021-10-30
紫檀嵌百宝花鸟笔筒	高14cm	17,250	北京保利	2021-10-30
清 紫檀卷几式墨床、三棱形笔架	尺寸不一	97,750	北京保利	2021-06-08
清 吴云藏奇木笔架山	长11.8cm	66,700	北京保利	2021-06-08
清 黄花梨笔架山	长12cm	57,500	中贸圣佳	2021-05-21
清 黄杨木雕山形笔架	带座高13.5cm; 高11cm	20,700	西泠印社	2021-07-24
清 黄杨木雕铁拐李笔架	长11.8cm; 高5.6cm	33,350	十竹斋	2021-06-27
明末清初 紫檀高浮雕岁寒三友水洗	高10cm; 口径18.5cm	103,500	西泠印社	2021-01-16
明至清早期 黄花梨草虫图臂搁	长20cm; 宽7.3cm; 直径4.2cm	94,300	北京保利	2021-06-08
清乾隆 杨法铭计芬藏紫檀诗文琴形臂搁	长26.5cm; 宽5cm	483,000	西泠印社	2021-01-15
清 黄花梨梅花纹镇尺、竹臂搁	①长15.5cm; ②长13.5cm	20,700	广东崇正	2021-01-07
近代 黄杨木刻竹石诗文笔筒及黄杨木卷几墨床（一组两件）	1.笔筒高12.5cm; 2.墨床高2cm	690,000	西泠印社	2021-01-15
明末清初 黄花梨螭龙捧寿纹镇尺	长35.5cm; 宽3.5cm; 高2.6cm	92,000	北京保利	2021-06-08
清早期 紫檀错银丝夔龙纹镇纸	长24.2cm	25,300	中贸圣佳	2021-05-21
清中期 紫檀龙纹镇纸	高22.2cm	34,500	中贸圣佳	2021-09-26
清晚期 曾国藩家训黄花梨嵌古玉兽镇纸	长27.3cm	115,000	广东崇正	2021-01-07
清 紫檀镇纸、印规、寿山石印章等(五件)	尺寸不一	178,250	北京保利	2021-06-08
清 张廷济铭、张受之刻绾结壶黄花梨诗文镇纸	高1.8cm; 长29cm; 宽4.8cm	88,550	西泠印社	2021-01-16
清 郭尚先铭紫檀嵌螺钿诗文琴形镇纸	长33.5cm	43,700	西泠印社	2021-01-16
清 紫檀草虫镇纸	长19.5cm	34,500	朵云轩	2021-07-07
清 紫檀雕梅花随形镇纸	长29.8cm; 宽6.4cm	32,200	西泠印社	2021-07-24
清 陆树棠款紫檀刻花卉纹镇纸	长28cm; 宽4cm	20,700	西泠印社	2021-01-16
清乾隆 御制檀香木雕交龙钮“太上皇帝之宝”宝玺	14.8cm×14.8cm×13cm; 重1256g	23,000,000	广东崇正	2021-07-19
14~15世纪 木雕五方佛护经板	66cm×20cm	276,000	古天一	2021-06-07
15~16世纪 木雕三怙主护经板	27.5cm×72cm	1,667,500	古天一	2021-06-07
清早期 黄花梨文具盒	36.8cm×26.4cm×4.5cm	138,000	中国嘉德	2021-05-19
清早期 紫檀书卷式匣（一对）	长12.7cm×2	132,250	中贸圣佳	2021-03-26
清早期 黄花梨印盒	长14.5cm; 高12.5cm	55,200	西泠印社	2021-07-24
清早期 黄花梨画盒	长34.5cm; 高10cm	46,000	西泠印社	2021-07-24
清早期 黄花梨印盒	12cm×9cm×8cm	31,360	上海联合	2021-06-27
清早期 黄花梨文具盒	32cm×16.5cm×5cm	21,884	中国嘉德	2021-04-21
清乾隆 御题诗紫檀百宝嵌梅花诗筒	高9.4cm	230,000	北京保利	2021-06-08
清乾隆 紫檀嵌银丝剔红印章盒	高11.2cm	43,700	广东崇正	2021-07-19
清乾隆 紫檀嵌银丝文房盒	26cm×16cm×8cm	26,450	中鸿信	2021-07-14
清中期 紫檀百宝嵌荷塘清趣图诗筒	直径3.8cm; 高9.3cm	161,000	中国嘉德	2021-05-19
清中期紫砂澄泥钟式砚带原配紫檀盒	9cm×13.5cm×1cm	105,800	广东崇正	2021-01-07
清中期 紫檀庭院纹宫镜	长23.5cm	69,000	广东崇正	2021-01-07
清中期 黄花梨文具盒	37cm×20cm×25.5cm	63,250	华艺国际	2021-03-31
清中期 紫檀印章盒	宽12.6cm	51,667	中国嘉德	2021-10-12
清中期 紫檀文具盒	32cm×16cm×6cm	29,842	中国嘉德	2021-04-21
清 紫檀倭角方印盒	宽8cm; 高4cm	195,500	北京保利	2021-06-08
清 紫檀百宝嵌文具盒	14cm×9.3cm	161,000	北京保利	2021-06-08
清 黄花梨圆形印泥盒	直径9cm; 高4.5cm	126,500	北京保利	2021-06-08
清 铁道人款紫檀刻梅花文具盒	长26cm; 宽7.8cm	115,000	中贸圣佳	2021-07-07
清 寿山石雕罗汉钮印一组十二件及紫檀印盒一组	高约6.5~8cm	89,700	西泠印社	2021-07-24
清 春泉刻黄花梨诗文文具盒	高1.7cm; 长26.7cm	63,250	西泠印社	2021-07-24
清 黄花梨文具盒	高16cm; 长16.5cm	57,500	西泠印社	2021-01-15
清 黄花梨陈设文玩器（一组五件）	尺寸不一	51,750	浙江佳宝	2021-01-10
清 黄花梨玺印盒	高11.4cm	51,667	中国嘉德	2021-10-12
清 紫檀印玺盒	10.4cm×10.4cm×12.5cm	40,250	华艺国际	2021-04-01
清 紫檀文具盒	长21cm; 高10cm	34,500	中贸圣佳	2021-09-26
清 紫檀黄花梨嵌百宝玺印盒	长19.5cm; 高14.5cm	34,050	浙江佳宝	2021-01-10

拍品名称	物品尺寸	成交价RMB	拍卖公司	拍卖日期
清 紫檀文具盒	22cm×13cm×8cm	29,842	中国嘉德	2021-04-21
清 紫檀文房盖盒	8cm×10cm×10.5cm	20,700	广东崇正	2021-01-07
清 紫檀弦纹文具盒	长12.3cm; 宽8.7cm; 高6.7cm	20,700	西泠印社	2021-04-10
清 紫檀提梁文具盒	16.5cm×23.5cm×25cm	17,250	广东崇正	2021-01-07
清 紫檀小文具盒	长14cm; 宽8.5cm; 高7.5cm	17,250	西泠印社	2021-01-15
民国 红木王福庵款铭文印章盒	11.9cm×9.3cm×6.4cm	28,750	广东崇正	2021-07-19
其他物品				
明至清 奇木流云拂尘	拂尘长36cm; 玉坠长5cm	48,300	西泠印社	2021-01-16
清嘉庆 福建捌闽地区杉木构架(一套)		2,932,500	广东崇正	2021-01-07
清 张廷济、吴大澂、盛昱款奇木诗文手杖	长116cm	55,200	西泠印社	2021-01-16
清 木制高士杖	长184cm	34,500	西泠印社	2021-01-16
约1890年 法国橡木高浮雕藤叶饰罗马柱（一对）	台面32cm×32cm; 高133cm(每件)	69,000	西泠印社	2021-01-17
耐寒庐笺纸版(二件)	尺寸不一	17,250	华艺国际	2021-06-02
清 奇木随形鸟笼架	高238cm	86,250	西泠印社	2021-01-16
清早期 湘妃竹扇骨	长33.7cm	57,500	华艺国际	2021-06-04
清乾隆 朱珪书紫檀扇骨	长36.4cm	230,000	中贸圣佳	2021-05-21
清 张廷济款乌木扇骨	长31.5cm	66,700	广东崇正	2021-07-19
清 董易、钱杜款诗文梅花紫檀扇骨	长34cm	63,250	西泠印社	2021-07-24
清 余伯雨制折扇	长31cm	23,000	华艺国际	2021-09-17
民国 张大千铭乌木诗文折扇	长32cm	20,700	广东崇正	2021-07-19
释达受刻金文扇骨	高32cm; 排口2cm	46,000	广东崇正	2021-01-06
近代 张大千款朱子家训扇骨	长31cm	32,200	华艺国际	2021-06-04
黄花梨玉竹心平肩方根扇骨		22,400	上海联合	2021-06-27
明 祝枝山款楠木“云津晚翠”匾	长139.5cm; 宽49cm	74,750	中贸圣佳	2021-09-26
明代 陈一贯木匾对联	164cm×32.3cm×2	63,250	古天一	2021-06-07
清中期 紫檀框金丝楠木心王羲之书法匾	73.5cm×29.5cm×1.7cm	92,000	中国嘉德	2021-05-19
清中期 红木花卉纹挂匾	131.5cm×34.5cm	80,500	中国嘉德	2021-05-19
清中期 “聚奎堂”漆灰匾	289cm×111cm×5.2cm	34,500	中国嘉德	2021-05-19
清晚期 何绍基“虚怀得趣”楠木书房匾	95cm×33cm×2.2cm	368,000	中国嘉德	2021-05-19
清 汪鸣銮铭“山居小隐”楠木文房匾	长143cm; 宽32.4cm	115,000	西泠印社	2021-07-24
清 吴昌硕书房匾	1780cm×40cm	115,000	古天一	2021-06-07
清 士钊铭修省斋文房匾	长129.5cm; 宽34cm	80,500	西泠印社	2021-01-16
清 沈曾植铭蕙兰斋文房匾	长118cm; 宽24.5cm	69,000	西泠印社	2021-01-16
清 朱孝臧铭拙素斋文房匾	长95cm; 宽33cm	69,000	西泠印社	2021-01-16
清 钱棨“蕴玉”木匾	57.5cm×31.8cm	57,500	古天一	2021-06-07
清 吴昌硕款“孏盦”木匾额	81cm×21.8cm	48,300	华艺国际	2021-03-31
清 金农款刻梅花诗文楠木文房匾	长126.7cm; 宽21.5cm	46,000	西泠印社	2021-07-24
清 庆保铭“为善最乐”木制文房匾	长104cm; 宽33.7cm	40,250	西泠印社	2021-07-24
清 “墨醉”文房匾	长100cm; 宽34.5cm	36,800	西泠印社	2021-04-10
晚清 罗振玉铭“乐天”木制文房匾	长94cm; 宽51.5cm	29,900	西泠印社	2021-07-24
清 黄机款“韦经”匾	长122cm; 宽62.5cm	28,750	中贸圣佳	2021-03-26
清石禅老人铭“曲石精庐”木制文房匾	长108cm; 宽37.5cm	28,750	西泠印社	2021-07-24
清 王文治木匾对联	136cm×31.5cm×2	23,000	古天一	2021-06-07
清 张燕昌款木对联	120cm×23.2cm×2	23,000	华艺国际	2021-04-01
清 李翰章款“萃昆堂”匾额	266cm×72cm	23,000	广东崇正	2021-07-19
民国 郑孝胥款“养庐”楠木匾	167cm×54cm	138,000	中国嘉德	2021-05-19
民国 戴季陶书“华林书屋”柏木匾	长115.8cm; 宽43.5cm	97,750	中贸圣佳	2021-05-21
清末至民国 张謇铭诗文匾	长179.5cm; 宽35cm	27,600	西泠印社	2021-04-10
2013 王家卫《一代宗师》书法木牌匾	43cm×95cm×4cm	114,761	香港苏富比	2021-10-10
清 王文治半日闲文房匾	长135cm; 宽40cm	74,750	十竹斋	2021-06-27
清 子云氏刊刻文房匾	长125cm; 宽30cm	40,250	十竹斋	2021-06-27
清 “陶然”文房匾	长33cm; 宽118cm	36,800	十竹斋	2021-06-27
少磻款“心竹居”匾	长132cm; 宽38cm	34,050	十竹斋拍卖(北京)	2021-04-25
朱漆描金松竹“琴书乐”匾	长123cm	23,000	中国嘉德	2021-03-30
清嘉庆/光绪 楠木刻伊秉绶五言联	114cm×28cm×2	575,000	中贸圣佳	2021-07-07
清 乔崇修铭木制诗文长对联	183cm×8.8cm×2	94,300	西泠印社	2021-07-24
清 赵之谦款铭木制文房对联	116.5cm×24.8cm×2	74,750	西泠印社	2021-07-24
清 邓石如铭书房对联	125.5cm×28cm×2	49,450	西泠印社	2021-01-15
清 吴昌硕铭文房对联	1.长125.5cm; 2.长125.3cm	46,000	西泠印社	2021-01-16
清 郑板桥铭书房对联	143cm×24cm×2	43,700	西泠印社	2021-01-15
清 木嵌黄杨木诗文对联	125cm×27.3cm×2	34,500	西泠印社	2021-04-10
清 张照款琴形对联一副	118cm×15cm×2	32,200	广东崇正	2021-07-19
清 德保款木对联一副	138.5cm×27cm×2	32,200	广东崇正	2021-07-19
清 板桥款棕竹对联一副	长106cm	29,900	中贸圣佳	2021-03-26
清紫檀嵌花梨黄杨御题诗对联(两件)	46cm×176cm×3cm	25,300	北京翰海	2021-04-17
清 吴昌硕铭文房对联	140cm×21.5cm×2	25,300	西泠印社	2021-01-16
清 陈孚恩款木对联一副	148.5cm×32cm×2	25,300	广东崇正	2021-07-19
民国 楠木楹联(成对)	230cm×42.4cm×2	172,500	中国嘉德	2021-05-19
民国 螺钿漆砂抱柱楹联	173.3cm×24cm×2	126,500	中国嘉德	2021-05-19
近代 陆俨少铭竹刻诗文对联	1.高64.2cm; 2.高64.3cm	109,250	西泠印社	2021-07-24

(成交价RMB：1万元以上)

拍品名称	物品尺寸	成交价RMB	拍卖公司	拍卖日期
清 六舟款刻铭文木杖	长159cm	32,200	西泠印社	2021-04-10
清 本光款双生奇木禅杖	长121cm	23,000	西泠印社	2021-07-24
民国 沈曾植款黄杨木刻松枝祥云纹手杖	长87cm	32,200	西泠印社	2021-04-10
明 黄花梨圆柱子料	直径16.9cm; 长135.8cm	201,250	中贸圣佳	2021-05-21
清早期 黄花梨驴马鞍	长34cm; 宽27cm	90,638	保利香港	2021-12-02
清早期 黄花梨驴马鞍	长34cm; 宽27.5cm	78,816	保利香港	2021-12-02
清早期 沉香木玉兰纹琴扫	18.5cm×4.5cm×2.3cm; 重43.8g	69,000	中国嘉德	2021-11-30
清乾隆 紫檀配铜鎏金錾花龙纹勾子画框	120cm×78cm×3.5cm	322,000	中国嘉德	2021-11-29
清乾隆 太上皇钦赐福寿硬木杖	长181.8cm	230,000	北京保利	2021-12-06
清中期 黄花梨茶桶及原盖	高19.7cm	36,800	北京保利	2021-12-06
清 黄花梨镶银丝朝币图	高21cm	234,600	台北艺珍	2021-11-07
清 紫檀嵌黄杨缠枝宝相花玉器多宝匣	尺寸不一	42,560	上海联合	2021-11-21
清 红木松桩底座	长19cm	23,000	华艺国际	2021-12-11
紫檀木老料	33cm×125cm	51,750	北京保利	2021-10-30
19世纪 胡桃木轻浮雕罗马柱	长38cm; 宽38cm; 高122cm	34,500	西泠印社	2021-07-23
牙 雕				
王天翔 猛犸牙雕魁星点斗笔筒	14cm×12cm×14cm	89,600	上海联合	2021-11-21
王天翔 猛犸祥云五龙香筒	7cm×22cm	35,840	上海联合	2021-11-21
明 鹿角雕袖珍三尊	高10.1cm	48,938	纽约佳士得	2021-03-18
石 雕				
明至清 灵璧石鳜鱼磬	带座高67cm; 长46cm; 宽17cm	115,000	西泠印社	2021-01-16
18世纪 田黄雕太狮少狮把件	长4.5cm	667,000	永乐拍卖	2021-05-22
清 松花石阴刻填金双龙纹乾隆御笔磬	宽25cm	18,160	北京保利	2021-01-18
千年至纯十字金刚六眼老天珠	长4.1cm; 高1.05cm	1,644,500	上海匡时	2021-07-08
千年至纯如意两眼老天珠	长3.95cm; 高1.25cm	632,500	上海匡时	2021-07-08
千年罕见巨版七线老天珠	长16.5cm; 高2.3cm	598,000	上海匡时	2021-07-08
千年至纯天地星辰老天珠	长3.0cm; 高1.2cm	316,250	上海匡时	2021-07-08
千年至纯大虎牙老天珠	长2.4cm; 高1.05cm	149,500	上海匡时	2021-07-08
千年至纯小虎牙老天珠	长1.7cm; 高1.0cm	69,000	上海匡时	2021-07-08
明至清 灵璧石"据云"磬	石高34.8cm	483,000	北京保利	2021-12-06
清乾隆 嵌寿山石西厢记人物故事册页(五片)	26.8cm×20.1cm×5	287,500	中国嘉德	2021-11-30
宋白石浮雕缠枝牡丹纹菊瓣纹盖盒	直径10.2cm	121,392	保利香港	2021-04-21
清早期汪洙风格浮雕山居图芙蓉石山子	高13.5cm	3,737,500	中贸圣佳	2021-12-29
17~18世纪 白石塔	高7cm	460,000	古天一	2021-06-07
清 海底玉随形摆件	带座高27.4cm; 长47cm	632,500	西泠印社	2021-07-24
祥云瑞鹤	长90cm; 宽15cm; 高98cm	40,825,000	上海嘉禾	2021-07-22
叶子贤 老挝北部田黄	48cm×12cm×30cm; 重量25kg	14,950,000	上海嘉禾	2021-11-14
徐岳军 九龙朝阳	43cm×38cm×2.5cm	9,200,000	上海嘉禾	2021-11-14
金鸡独立		8,000,000	北京传世	2021-06-24
张爱廷 万象更新	28cm×26cm×5cm	5,750,000	上海嘉禾	2021-11-14
财源滚滚	23cm×4cm×24cm	2,645,000	上海嘉禾	2021-07-22
裘良军 昌化鸡血石"官上加官"摆件	44.5cm×33cm×14cm; 重量5000g(连座)	1,512,000	上海联合	2021-06-27
郭俊杰 寿山田黄石薄意摆件	15cm×7.5cm×10cm	1,380,000	中贸圣佳	2021-12-30
田黄石松下高士薄意摆件	宽4.9cm; 高8.5cm; 重185.8g	1,265,000	西泠印社	2021-07-25
张剑波 老挝石"春华秋实"摆件	107cm×75cm×48cm(连座)	1,209,600	上海联合	2021-06-27
20世纪60~70年代 一代伟人青田石雕	长71cm; 高39.3cm	1,012,000	中贸圣佳	2021-12-30
寿山田黄石"龙腾四海"摆件	4.6cm×8.4cm×4.4cm; 重量180.2g	896,000	上海联合	2021-06-27
徐仁魁 寿山田黄石"牧牛图"薄意摆件	5.5cm×2.2cm×6cm	782,000	中贸圣佳	2021-12-30
石秀 寿山田黄石山水清音摆件	5.2cm×4.6cm×3.3cm; 重量92.3g	537,600	上海联合	2021-11-21
20世纪70年代 郭功森红军长征过雪山寿山石雕	高41cm	517,500	中贸圣佳	2021-12-30
吴少凡 老挝乌鸦皮田黄薄意香山逸士摆件	8.4cm×9.3cm×4.6cm; 重量455.2g	504,000	上海联合	2021-11-21
吴少凡 老挝田黄薄意松荫隐士摆件	11.2cm×7.5cm×4.8cm; 重量478g	425,600	上海联合	2021-11-21
寿山田黄石山居图摆件	7.4cm×4.4cm×2.2cm; 重量109g	392,000	上海联合	2021-06-27
张艺兴 老挝石长寿富贵摆件	39cm×31cm×17cm; 重量11750g	392,000	上海联合	2021-11-21
郭懋介作寿山田黄石薄意香山九老图摆件	2.2cm×1.6cm×7.9cm; 重49.7g	322,000	中国嘉德	2021-11-30
20世纪60年代"晨曦"寿山石雕	35cm×68cm×27.5cm	287,500	中贸圣佳	2021-12-30
吴少凡 老挝田黄薄意松下雅聚摆件	12.7cm×7.9cm×5.5cm; 重量584.8g	280,000	上海联合	2021-11-21

拍品名称	物品尺寸	成交价RMB	拍卖公司	拍卖日期
林文举 寿山鹿目石《兰亭图》薄意摆件	高12.1cm	264,500	中贸圣佳	2021-05-21
老挝田 薄意摆件	5.3cm×5.3cm×2.5cm; 重量133g	257,600	上海联合	2021-06-27
林清卿 寿山田黄石薄意摆件	5.7cm×5.1cm	230,000	中贸圣佳	2021-05-21
1957年 林如奎 假日放羊青田石雕	高38cm	207,000	中贸圣佳	2021-12-30
灵芝铭文山子	宽56cm	205,250	佳士得	2021-12-03
朱志雄 寿山水洞高山金玉满堂摆件	45cm×28cm×16cm; 重量11500g	201,600	上海联合	2021-11-21
老挝石秋山月韵大摆件	46cm×48cm×13cm; 重量24600g	179,200	上海联合	2021-11-21
吴少凡 老挝田黄秋山隐士图摆件	8.6cm×5.9cm×5cm; 重量318g	179,200	上海联合	2021-11-21
郭懋介 寿山高山石三仙摆件	高10.2cm	172,500	中贸圣佳	2021-12-30
老挝石群仙观瀑大摆件	62cm×42cm×19cm; 重量50150g	168,000	上海联合	2021-11-21
20世纪60~70年代日出韶山寿山石雕	高20.5cm	161,000	中贸圣佳	2021-12-30
林清卿作田黄石海棠薄意摆件	3.8cm×2cm×3.3cm; 重28.4g	126,500	西泠印社	2021-07-25
20世纪70年代 林锦星 金鱼巴林石雕	高17.8cm	115,000	中贸圣佳	2021-12-30
上世纪60~70年代 巴勒斯坦游击队员石雕	高45.5cm	115,000	中贸圣佳	2021-12-30
林志宝 老挝田黄夜宴桃李园摆件	13cm×8.9cm×4.7cm; 重量722.2g	112,000	上海联合	2021-06-27
世飞 老挝田黄 薄意春江水暖摆件	4.9cm×4.9cm×2.8cm; 重量72.3g	112,000	上海联合	2021-11-21
老挝石扭转乾坤摆件	34cm×26cm×25cm; 重量20900g	109,760	上海联合	2021-11-21
林清卿 寿山杜陵石牡丹薄意摆件	6cm×2.5cm×9.7cm	109,250	中贸圣佳	2021-05-21
寿山田黄石薄意摆件		97,750	中贸圣佳	2021-12-30
老挝石 笑口常开摆件	17cm×16.5cm×12cm; 重量3550g	89,600	上海联合	2021-11-21
郭俊杰 寿山黄大山石"孤舟"摆件	7.3cm×3.1cm×6cm	86,250	中贸圣佳	2021-05-21
寿山善伯洞钟馗伏魔摆件	14cm×14cm×8.5cm; 重量961.5g	76,160	上海联合	2021-11-21
周鸿 寿山芙蓉石水月观音摆件	13.1cm×10.2cm×2.4cm; 重量322.7g	61,600	上海联合	2021-11-21
余辉 寿山芙蓉石秋意摆件	38cm×16cm×10cm; 重量2250g	61,600	上海联合	2021-11-21
郑幼林 寿山田黄石人物摆件	5cm×2.8cm×3cm	57,500	中贸圣佳	2021-12-30
林敬华 寿山水洞高山白猿献寿摆件	14cm×5.5cm×3.6cm; 重量232g	53,760	上海联合	2021-06-27
王光林 寿山三彩高山石 品石春秋摆件	8.4cm×7.7cm×4.1cm; 重量263.9g	53,760	上海联合	2021-11-21
寿山乌鸦皮田黄石"纵横天下""一鸣惊人"摆件(一对)	尺寸不一	42,560	上海联合	2021-06-27
石秀 寿山乌鸦皮田黄石孺子牛摆件	2.6cm×2.8cm×1.5cm; 重量12.3g	33,600	上海联合	2021-06-27
郭懋介作 寿山芙蓉石雕窥篓摆件	4.2cm×2.3cm×5cm	32,200	中国嘉德	2021-05-19
阿峰 老挝石鸿运当头摆件	5.7cm×6.1cm×1.7cm; 重量39.8g	31,360	上海联合	2021-06-27
石秀 寿山田黄石春江水暖摆件	4.5cm×2.7cm×1.3cm; 重量18.9g	22,400	上海联合	2021-06-27
王必坦 寿山田黄石梅兰竹菊摆件	重量43.3g	22,400	上海联合	2021-06-27
周宏平 老挝石官上加官摆件	24cm×12cm×11.2cm; 重量2556g	20,160	上海联合	2021-06-27
清 鸡血石雕山水人物山子	高25.5cm	17,250	十竹斋	2021-06-27
魏 汉白玉加彩飞天(四件)	最大的高13.5cm	77,501	中国嘉德	2021-10-12
北魏 汉白玉思惟菩萨像	高37.5cm	149,040	中国嘉德	2021-10-12
北齐 大理石释迦牟尼佛首	高27.8cm	3,186,540	香港苏富比	2021-04-22
北齐 石雕观世音菩萨立像	高60.3cm	637,308	香港苏富比	2021-04-22
东魏/北齐 石雕飞天(两件)	最大的高19.3cm	248,400	中国嘉德	2021-10-12
北齐 汉白玉菩萨	高46cm	198,720	中国嘉德	2021-10-12
北齐 大理石菩萨头像	高8.5cm	129,316	中国嘉德	2021-04-21
北齐 汉白玉加彩飞天(三件)	最大的宽24.8cm	129,168	中国嘉德	2021-10-12
唐 大理石菩萨首像	高12.7cm	261,141	纽约苏富比	2021-09-22
唐 石雕天王	高51.3cm	218,592	中国嘉德	2021-10-12
唐 白大理石菩萨头像	高8cm	19,872	中国嘉德	2021-10-14
明 石灰岩雕佛首	高37cm	102,625	佳士得	2021-12-03
明或更早 汉白玉罗汉雕像	高35cm	69,000	广东崇正	2021-01-07
清早期 寿山石罗汉	高10cm	775,897	中国嘉德	2021-04-23
清康熙 子秀制寿山芙蓉石罗汉坐像	带座高13.2cm; 高11.2cm	356,500	西泠印社	2021-07-24
清康熙 尚均雕寿山石罗汉像	高12.3cm	345,000	北京保利	2021-06-08
清康熙 寿山石观音像	高13.6cm	322,000	上海嘉禾	2021-07-22
清康熙 御制寿山芙蓉、高山石雕狮座麻姑献寿	高35cm; 重7027g	253,000	北京保利	2021-09-26
17世纪/18世纪 寿山石菩萨坐像	高12cm	693,281	纽约佳士得	2021-03-18
清乾隆 尚均制白寿山雕送子观音坐像	高15cm	172,500	上海匡时	2021-07-08
清乾隆 寿山石佛像	高20cm	43,700	中贸圣佳	2021-09-25

2021杂项拍卖成交汇总（续表）

（成交价RMB：1万元以上）

拍品名称	物品尺寸	成交价RMB	拍卖公司	拍卖日期
清乾隆 寿山石韩非子塑像	高22cm	17,250	中贸圣佳	2021-09-25
清中期 寿山石雕观音	高27.5cm	57,500	华艺国际	2021-12-11
清中期 寿山石罗汉像	高14cm	23,000	中国嘉德	2021-09-28
19世纪 风中情缘	底座直径20cm；高52cm	23,000	西泠印社	2021-07-23
清 寿山石狮吼观音坐像	高34cm	287,500	西泠印社	2021-07-24
清 寿山石罗汉坐像	高13cm	264,500	西泠印社	2021-07-24
清 寿山芙蓉石雕仙翁坐像	长10.5cm	207,000	中国嘉德	2021-11-30
清 周尚均款寿山石雕观音像	高12cm	172,500	中国嘉德	2021-05-19
清 寿山芙蓉石罗汉摆件	连座高8.8cm	138,000	西泠印社	2021-01-15
清早期 寿山石送子观音坐像	高11cm	138,000	西泠印社	2021-07-24
清 寿山石雕十八罗汉	高8.5cm	126,500	十竹斋	2021-06-27
清 帕拉王朝时期黑石雕释迦牟尼佛成道像	高16cm	103,500	古天一	2021-06-07
清 寿山荔枝冻茜色人物风景摆件	长26cm	63,250	北京九歌	2021-06-13
清 寿山加彩文殊、普贤坐像（一对）	高19cm×2	50,400	上海联合	2021-11-21
清 寿山石罗汉立像	高27.3cm	46,000	西泠印社	2021-07-24
清 寿山石观音立像	高18cm	20,700	十竹斋	2021-06-27
巴林女儿红摆件	14.8cm×12.1cm×10cm	31,050,000	北京荣宝	2021-06-19
老挝石文殊、普贤菩萨摆件	尺寸不一	918,400	上海联合	2021-06-27
老挝石盘古开天摆件	40cm×22cm×14.5cm；重量9950g	425,600	上海联合	2021-06-27
20世纪60年代 黄昌金“欢庆的日子”寿山桃花洞石雕	高39cm	368,000	中贸圣佳	2021-12-30
关守龙 达摩面壁	13cm×7cm×1.4cm	360,000	北京传世	2021-09-22
林东作田黄石人物摆件	5.5cm×2cm×3.4cm；重46.8g	345,000	西泠印社	2021-07-25
2008年作 魏小明 裸女	116cm×25cm×25cm	287,500	北京华辰	2021-12-07
老挝田黄大学士图摆件	19.5cm×12.3cm×12cm；重量3800g	235,200	上海联合	2021-06-27
张纯连 寿山田黄石“布袋和尚”摆件	高4.5cm	230,000	中贸圣佳	2021-05-21
20世纪60~70年代 知青牧鹿青田石雕	长41.8cm；高19.5cm	172,500	中贸圣佳	2021-12-30
林元珠作寿山牛角冻石长眉、持卷罗汉摆件（两件）	7.6cm×4.5cm×8.8cm；8.2cm×4.3cm×8.5cm	126,500	西泠印社	2021-07-25
20世纪 60年代 杨楚照 欧阳海舍身救列车青田石雕	高23.5cm	115,000	中贸圣佳	2021-12-30
林发述 寿山荔枝冻童子献寿摆件	6.6cm×7.8cm×3.4cm；重量207g	64,960	上海联合	2021-06-27
寿山石罗汉像	高12cm	20,700	中国嘉德	2021-09-28
20世纪60~70年代 击鼓少女青田石雕	高21.8cm	20,700	中贸圣佳	2021-12-30
晚商/西周早期 石灰石虎	长9cm	326,250	纽约佳士得	2021-03-18
汉 石熊	高22.8cm	414,000	佳士得	2021-05-28
唐 石雕坐狮	高18cm	205,250	佳士得	2021-12-03
唐 石灰石雕坐狮	高21.6cm	204,016	纽约苏富比	2021-09-22
唐 石雕狮子	高20.4cm	109,296	中国嘉德	2021-10-14
唐 大理石坐狮	高18.2cm	102,625	佳士得	2021-12-03
唐 石狮子	高11.9cm	19,895	中国嘉德	2021-04-21
五代 抱子石坐狮像	高18.5cm	155,250	佳士得	2021-05-28
明 狮形兽石雕坐像（一对）	高32cm×2	172,500	上海匡时	2021-07-08
明 黄褐玉或石雕卧兽	长7.6cm	130,500	纽约佳士得	2021-03-18
清乾隆 寿山石雕瑞兽	长28cm；高27.5cm	299,000	广东崇正	2021-07-19
19世纪 硬石鸳鸯贵子摆件	宽23.5cm	46,575	佳士得	2021-05-28
清 田黄瑞兽摆件	兽宽10.8cm；盒高14.8cm，长18cm，宽12cm	161,000	永乐拍卖	2021-05-22
海洋玉髓白石遗韵：“墨虾”	80cm×63cm×2	6,660,000	北京传世	2021-06-24
昌化鸡血石金蟾吐瑞摆件	连座高13.7cm	402,500	西泠印社	2021-07-25
昌化田黄软底鸡血石游龙摆件	14cm×10cm×6cm；重量755.5g	235,200	上海联合	2021-06-27
郑则耀 老挝北部田带子上朝摆件	9.3cm×9.1cm×4.8cm；重量362g	112,000	上海联合	2021-06-27
周宏平 老挝石犀牛摆件	23cm×10.5cm×8cm；重量1500g	50,400	上海联合	2021-06-27
老挝田黄太狮少狮摆件	6.8cm×4cm×4.5cm；重量137.7g	39,200	上海联合	2021-06-27
老挝石松鹤延年摆件	20cm×18cm×6.8cm；重量2637g	36,960	上海联合	2021-06-27
野人金石寿山月尾紫、老挝石象龟摆件	尺寸不一	33,600	上海联合	2021-06-27
明清时期《曹娥碑》刻帖残石	32.5cm×30cm×6.5cm	46,000	西泠印社	2021-07-23
元 怀米山房、玉山草堂藏“小善卷”	高28.3cm	2,668,000	中贸圣佳	2021-07-07
元 灵璧石供石摆件	带座高24cm	149,500	西泠印社	2021-01-16
元 灵璧石供石摆件	带座高47cm；座长26cm	143,750	西泠印社	2021-01-16
元至明 小松款五彩灵璧石供石摆件	带座高11cm；长9.5cm	115,000	西泠印社	2021-01-16
元 灵璧石“春”供石摆件	带座高19cm；石高15cm；座长14cm	109,250	西泠印社	2021-01-16
明初 小玲珑山馆藏灵璧石“望月”供石摆件	带座高20cm；座长30cm	184,000	西泠印社	2021-01-16

拍品名称	物品尺寸	成交价RMB	拍卖公司	拍卖日期
明 米万钟藏“溪云”英石供石摆件、灵璧石小米拜石供石摆件及米万钟书法立轴一组三件		2,357,500	西泠印社	2021-01-16
明至清 李嘉福旧藏五面灵璧石供石摆件	带座高14.5~22.5cm	1,610,000	西泠印社	2021-01-16
明 灵璧石山子“英招”	长62.3cm	977,500	中贸圣佳	2021-05-21
明至清 白太湖供石山子	高42cm；宽37cm	920,000	北京保利	2021-06-08
明 五彩灵璧山子	通高26.9cm	759,000	中贸圣佳	2021-12-29
明 文徵明藏太湖石“云峰永宝”供石摆件	带座高41cm；座长26cm	747,500	西泠印社	2021-01-16
明昆石供石大摆件	带座高83cm	690,000	西泠印社	2021-01-16
明 诘云峰	高150cm	460,000	中国嘉德	2021-05-19
明 英石山子	高31cm	437,000	中贸圣佳	2021-05-21
明 灵璧山子	高30.3cm	402,500	中贸圣佳	2021-05-21
明 水晶佛塔	高8.8cm	299,000	中贸圣佳	2021-12-30
明至清 天坑石“天池”供石摆件	带座高25cm；座长24cm	299,000	西泠印社	2021-01-16
明 英石供石大摆件	带座高70cm	276,000	西泠印社	2021-01-16
明 黑太湖石“远航”供石摆件	带座高35.5cm	253,000	西泠印社	2021-01-16
明 灵璧钟乳石供石摆件	带座高32cm；带座长17cm	253,000	西泠印社	2021-01-16
明至清 珍珠灵璧小研山	长19cm；宽4.6cm；高8.6cm；连座高17.2cm	230,000	中国嘉德	2021-11-28
明 昆石“观云”供石摆件	带座高52.5cm；座长26cm；座宽22.5cm	230,000	西泠印社	2021-01-16
明昆石供石摆件	带座高38cm	230,000	西泠印社	2021-01-16
明至清 黑太湖石“朵云”供石摆件	1.带座高49cm，宽43cm；2.带座高80cm；	218,500	西泠印社	2021-01-16
明 英石山子	高31.5cm	207,000	中贸圣佳	2021-05-21
明 灵璧山子	长27cm；高24.5cm（带座）	207,000	中贸圣佳	2021-12-29
明 “墨玉通灵”灵璧石	长76cm	195,500	中鸿信	2021-07-14
明至清 “小洞天”太湖石供石摆件	带座高54.5cm；带座宽48cm；高45cm	172,500	西泠印社	2021-07-24
明至清 灵璧石随形山子（配座）	长21.5cm；高10.5cm	172,500	华艺国际	2021-12-11
明至清 英石清供	高24cm	126,500	中贸圣佳	2021-05-21
明至清 英石供石大摆件	带座高48.5cm	126,500	西泠印社	2021-01-16
明至清 汪廷璋旧藏“青云峰”黟县青供石摆件	带座高39cm	126,500	西泠印社	2021-07-24
明至清 英石青昙峰	高23.8cm；连座高26.5cm	115,000	中国嘉德	2021-11-28
明 灵璧研山	高30.2cm	103,500	中贸圣佳	2021-05-21
明 文石供石摆件	带座高31.5cm；带座长50cm	103,500	西泠印社	2021-01-16
明至清 灵璧石供石摆件（一组八件）	带座高6~12.5cm	97,750	西泠印社	2021-01-16
明 云清木华小研山	长13.5cm	97,750	北京保利	2021-06-08
明 黟县青山子	高79cm	97,750	中国嘉德	2021-11-30
明 “有道”太湖供石	高52cm	92,000	华艺国际	2021-03-31
明 太湖石“龙吟”石供	高41.5cm	92,000	广东崇正	2021-07-19
明至清 灵璧石千秋研山	高31.4cm	92,000	北京保利	2021-12-06
明 钟乳石供石摆件	带座高26cm；带座长26cm	86,250	西泠印社	2021-01-16
明 灵璧研山	高13.9cm	66,700	中贸圣佳	2021-12-29
明 灵璧石“仙山”供石	高36cm（带座）	63,250	中贸圣佳	2021-09-25
明 灵璧石山子	高11.5cm	57,500	中贸圣佳	2021-05-21
明至清 祁连石“研山”供石摆件	带座高6cm；长8.5cm	57,500	西泠印社	2021-01-16
明 灵璧石研山	长14cm	57,500	北京保利	2021-06-08
明 朱之赤藏奇石“烟云逸叟”石供	高14cm	57,500	广东崇正	2021-07-19
明 太湖石石山	高127cm	57,500	中鸿信	2021-07-14
明 太湖石供	高66cm	57,500	中鸿信	2021-07-14
明 汉白玉海棠盆配庭院赏石	石头高87cm；整组高109cm	57,500	保利厦门	2021-11-05
明 黟县青山子	高204cm（带座）	57,500	中国嘉德	2021-11-30
明 十面英山英石	长60cm	52,900	中鸿信	2021-07-14
明昆石摆件（带座）	高29cm	46,000	广东崇正	2021-07-19
明 灵璧石供	高60cm	46,000	中鸿信	2021-07-14
明至清 灵璧石供石摆件	带座高42cm	40,250	西泠印社	2021-07-24
明 崂山绿供石大摆件	带座高50cm	36,800	西泠印社	2021-01-16
明 寿山芙蓉石山子摆件	含底高24cm	32,200	北京九歌	2021-06-13
明至清 石制佛座	高21cm；长27cm；宽15cm	28,750	西泠印社	2021-07-24
明至清 奇木五老峰清供小摆件	高6.8cm；长12cm	25,300	西泠印社	2021-01-16
明 英石“别有洞天”摆件	长22cm	25,300	华艺国际	2021-03-31
明 灵璧石供石摆件	1.带座高16.5cm；2.带座高18cm	23,000	西泠印社	2021-01-16
明 “祥云”太湖供石	长36cm	19,550	华艺国际	2021-03-31
明末清初原配黄花梨底座黄蜡石清供	高51cm（带座）	632,500	中贸圣佳	2021-12-29
清早期 黄宾虹铭赏石山子	长25.5cm	483,000	中国嘉德	2021-11-30
清早期 钱大昕铭昆丘赏石	高22.5cm（带座）	230,000	中国嘉德	2021-11-30
清初 崂山绿供石	高22.8cm	207,000	中贸圣佳	2021-05-21

（成交价RMB：1万元以上）

拍品名称	物品尺寸	成交价RMB	拍卖公司	拍卖日期
清早期 灵璧石山子	高53cm	207,000	中国嘉德	2021-05-19
清早期 英石横峰山子	长31cm	138,000	中国嘉德	2021-11-30
清早期 英石立峰山子	高31.5cm（带座）	109,250	中国嘉德	2021-11-30
清早期 灵璧石小立峰带原配黄花梨底座	高58cm	25,300	中国嘉德	2021-05-19
清早期 绿石小山子	长10cm	19,550	北京保利	2021-01-09
清乾隆 黄石山子	高33.5cm	17,250	北京保利	2021-01-09
清中期 寿山田黄亭台楼阁山子	长14cm	115,000	中鸿信	2021-07-14
清中期 灵璧石立峰	高58cm	46,000	中国嘉德	2021-05-19
18世纪/19世纪 袖珍玉雕两件及石供一件		489,375	纽约佳士得	2021-03-18
清晚期 灵璧石小山子	高58cm	86,250	中国嘉德	2021-05-19
清 张大千赏玩黄蜡石供石摆件	带座高20cm	1,667,500	西泠印社	2021-01-16
清 英石大供石	高53.5cm	1,495,000	中贸圣佳	2021-05-21
清 "秋山"太湖石山子	高42cm	1,265,000	中贸圣佳	2021-07-07
清 莫士辉、福克、普孟斐递藏悫斋款灵璧石"石涛"供石摆件	带座高35cm	1,265,000	西泠印社	2021-01-16
清或以前 "卷云"款灵璧石山子	高22.5cm	1,128,875	佳士得	2021-12-03
清 昆石杨梅头供石	高37.8cm	1,035,000	中贸圣佳	2021-05-21
清 顾文彬铭"玉峰"白灵璧供石大摆件	带座高47.5cm	862,500	西泠印社	2021-07-24
清 黄太湖石供石并成亲王（款）书法一则	石高37cm	782,000	中贸圣佳	2021-05-21
清 灵璧石	高67.2cm	517,500	北京保利	2021-06-08
清 小玲珑山馆藏太湖石	高20cm	483,000	中贸圣佳	2021-05-21
清 英石山子	高28cm	437,000	中贸圣佳	2021-05-21
清 王一平旧藏崂山绿供石	高16.7cm	379,500	中贸圣佳	2021-05-21
清 英石山子	高34.8cm	345,000	中贸圣佳	2021-05-21
清王世襄旧藏枯陵石文房供石（带座）	高5.5cm；直径6.3cm	333,500	广东崇正	2021-01-07
清 朱为弼铭寿山供石	长7.7cm；高10.8cm	322,000	中国嘉德	2021-11-28
清 英石"如意"供石摆件	带座高24.5cm；座长37cm	322,000	西泠印社	2021-01-16
清 "灵岫峰"太湖石供	高220cm（含座）	322,000	永乐拍卖	2021-05-22
清 灵璧石供石大摆件	带座高84.5cm	322,000	西泠印社	2021-07-24
清 英石清供	高60cm	299,000	中贸圣佳	2021-05-21
清 昆石鸡骨石山子	高32cm	287,500	中贸圣佳	2021-05-21
清 英石"敷庆万寿"供石大摆件	带座高75cm	287,500	西泠印社	2021-01-16
清 灵璧石纹"小洞天"赏石	高35cm（连座）；长43cm	276,000	广东崇正	2021-01-07
清 英石供石摆件	带座高30cm；带座长23cm	264,500	西泠印社	2021-01-16
清 英石供	高53cm（含座）	253,000	永乐拍卖	2021-05-22
清 太湖石山子	长32.6cm	241,500	中贸圣佳	2021-05-21
清 太湖湖边石山子	长16.2cm	230,000	中贸圣佳	2021-05-21
清 灵璧石"锁雾"供石摆件	带座高35.2cm；带座长44.8cm	218,500	西泠印社	2021-01-16
清 "涌浪"英石山子	高41.5cm（连座）	207,000	中贸圣佳	2021-07-07
清 英石"叠山"供石摆件	带座高51cm；座长48cm	207,000	西泠印社	2021-01-16
清 灵璧石供	高173cm（含座）	207,000	永乐拍卖	2021-05-22
清 黄蜡石供石摆件（带座）	长9cm；高7cm	201,250	广东崇正	2021-01-07
清 "杨伯润"款"玉玲珑"太湖石配须弥座	高222cm	184,000	北京荣宝	2021-06-19
清刘恕藏灵璧石"蓉峰"石供（带座）	高28cm	184,000	广东崇正	2021-07-19
清 王一平旧藏戈壁石山子	高12cm	172,500	中贸圣佳	2021-05-21
清 木化石山子	高60cm	172,500	中贸圣佳	2021-05-21
清 奎元款"岱雪"太湖石	高206cm	172,500	北京荣宝	2021-12-02
清 黄太湖供石摆件	1.带座高43.5cm；2.带座高28.5cm	155,250	西泠印社	2021-07-24
清 英石山子	高44.5cm	149,500	中贸圣佳	2021-05-21
清 灵璧石山子	长24cm	149,500	中国嘉德	2021-11-29
清 英石大立峰	高59cm（带座）	149,500	中贸圣佳	2021-12-29
清 英石"群峰"供石摆件	带座高21cm	149,500	西泠印社	2021-01-16
清 太湖石供石摆件	带座高42cm	149,500	西泠印社	2021-01-16
清 木化石供石	高30.8cm	138,000	中贸圣佳	2021-05-21
清 英石小立峰	净高30cm	138,000	中贸圣佳	2021-12-29
清 项芝款英石供石摆件	带座高43.3cm	138,000	西泠印社	2021-07-24
清 英石山子	高47cm	126,500	中贸圣佳	2021-05-21
清 文石"狮子吼"供石摆件	带座高49cm	126,500	西泠印社	2021-01-16
清 英石供石摆件	带座高37cm	126,500	西泠印社	2021-01-16
清 黄太湖石供石摆件	带座高46.5cm	126,500	西泠印社	2021-01-16
清 顾文彬藏灵璧石供石摆件	带座高11cm	126,500	西泠印社	2021-01-16
清 灵璧石供石摆件	带座高30cm	126,500	西泠印社	2021-01-16
清 钧釉仿太湖石供石摆件	带座高46cm	126,500	西泠印社	2021-01-16
清 "卧云"英石供石摆件	带座高23cm	126,500	西泠印社	2021-07-24
清 木包石山子	高51.5cm	115,000	中贸圣佳	2021-05-21
清 黑太湖供石	通高62cm（带座）	115,000	中贸圣佳	2021-12-29
清 灵璧石供石大摆件	带座高77cm	115,000	西泠印社	2021-07-24
清 太湖石配汉白玉须弥座	高190cm	109,250	北京银座	2021-09-24
清 谷口郑簠款"听风吟"栖霞石	高253cm	103,500	十竹斋拍卖（北京）	2021-05-29

拍品名称	物品尺寸	成交价RMB	拍卖公司	拍卖日期
清 "凝瑞"黄太湖石赏石	长110cm；宽60cm；高75cm	103,500	北京银座	2021-09-24
清 灵璧石人物故事图供石摆件	1. 带座高15cm；2. 带座高17cm	103,500	西泠印社	2021-01-16
清 "钱站"款"玉玲珑"太湖石配石座	高187cm	101,200	北京荣宝	2021-06-19
清 灵璧山子	长29cm；高21cm	92,000	中贸圣佳	2021-03-26
清 太湖石清供	高34.5cm	92,000	中贸圣佳	2021-05-21
清 崂山绿供石摆件	带座高27.5cm	92,000	西泠印社	2021-01-16
清 英石供石摆件	带座高52.5cm	92,000	西泠印社	2021-01-16
清 珍珠灵璧石供石摆件	带座高17cm	92,000	西泠印社	2021-01-16
清 灵璧石"晓天积云"供石大摆件		92,000	西泠印社	2021-01-16
清 英石叠峰研山	长21cm	92,000	北京保利	2021-12-06
清 灵璧石"危岩峰"	高171cm	86,250	北京荣宝	2021-06-19
清 白灵璧石供石摆件	带座高25cm	86,250	西泠印社	2021-01-16
清 英石供石摆件	带座高36cm	86,250	西泠印社	2021-01-16
清 英石别有天研山	高14cm	86,250	北京保利	2021-06-08
清 戈壁石供石摆件	带座高24cm	86,250	西泠印社	2021-07-24
清 灵璧石山子	长20.3cm；高9.3cm	82,800	上海明轩	2021-12-30
清 红太湖石供石摆件	带座高40cm	80,500	西泠印社	2021-01-16
清 朱为弼铭灵璧石刻诗文供石摆件	带座高28cm	80,500	西泠印社	2021-01-16
清 英石双峰山子摆件	高38cm	80,500	北京保利	2021-06-08
清 灵璧石横峰研山	长26.5cm	80,500	北京保利	2021-06-08
清 英石供石摆件	带座高40cm	74,750	西泠印社	2021-01-16
清 望月英石摆件	带座高64.3cm	74,750	西泠印社	2021-07-24
清 "松云古峙"英石供石摆件	带座高48cm	74,750	西泠印社	2021-07-24
清 "雪盦"款"寿山福海"灵璧石	高170cm	69,000	北京荣宝	2021-06-19
清 英石"如意"摆件	长50cm；高21.5cm（带座）	69,000	中贸圣佳	2021-09-25
清 刘衡款"松风冷"栖霞石	高217cm	69,000	北京荣宝	2021-12-02
清 黄灵璧石供石摆件	带座高21cm	69,000	西泠印社	2021-01-16
清 崂山绿石立峰山子	通高61cm	66,700	中贸圣佳	2021-09-25
清 英石"观音山"赏石带黄花梨座	高22.5cm（连座）	66,700	广东崇正	2021-01-07
清 灵璧"叠云"赏石	高42cm（连座）	66,700	广东崇正	2021-01-07
清 栖霞石"灵芝"石供	高39cm	66,700	广东崇正	2021-07-19
清 白太湖石供石摆件	带座高35cm	63,250	西泠印社	2021-01-16
清 岩崎大藏藏灵璧石供石摆件	带座高23cm	63,250	西泠印社	2021-01-16
清 黄太湖"瑞金"赏石	高47cm；长21cm	57,500	广东崇正	2021-01-07
清 吴昌硕款英石供石摆件	带座高7.5cm	57,500	西泠印社	2021-01-16
清 英石供石摆件	带座高29cm	57,500	西泠印社	2021-01-16
清 黄蜡石摆件（原配底座）	长8.7cm	57,500	华艺国际	2021-06-04
清 汪仲款"独醒"灵璧赏石	高28.5cm	57,500	北京保利	2021-06-08
清 英石小祥龙研山	高15cm	57,500	北京保利	2021-06-08
清 蝶砚庐藏款"如定"太湖石	高160cm	57,500	中鸿信	2021-07-14
清 灵璧石山子红木座	高33.5cm（连座）	55,200	中贸圣佳	2021-09-26
清 灵璧赏石	高26cm	55,200	广东崇正	2021-07-19
清 灵璧石山子	长40.5cm；高18cm	51,750	中贸圣佳	2021-03-26
清 寿山芙蓉石俏雕伏虎罗汉	长22cm；高17cm	51,750	北京九歌	2021-06-13
清 供石摆件	带座高32cm	51,750	西泠印社	2021-01-16
清 灵璧石供石摆件	带座高62cm	51,750	西泠印社	2021-07-24
清 黄灵璧供石摆件	带座高65.5cm	51,750	西泠印社	2021-07-24
清 刻诗文"秋林经霜"云石板	长58cm；宽58cm	50,600	中贸圣佳	2021-03-26
清 灵璧石山子	宽22.3cm	49,737	中国嘉德	2021-04-21
清 灵璧石山	高32cm（连座）	48,300	古天一	2021-06-07
清 "晓观云"太湖石	高173cm	48,300	北京荣宝	2021-06-19
清 英石供石摆件	带座高20cm	48,300	西泠印社	2021-01-16
清 松花儿石供石	长70cm	48,300	北京保利	2021-06-08
清 黄蜡石"猛虎回头"石供	高24.2cm	48,300	广东崇正	2021-07-19
清 仓石款黄蜡石供石摆件	带座高23cm	46,000	西泠印社	2021-01-16
清 郑孝胥铭供石摆件	高8cm；长13cm	46,000	西泠印社	2021-01-16
清 灵璧石立峰	高76cm	46,000	中国嘉德	2021-05-19
清 灵璧石供石摆件	带座高22.5cm	46,000	西泠印社	2021-07-24
清 王一平 旧藏 崂山绿供石	高28.8cm	43,700	中贸圣佳	2021-05-21
清 云溪居士款"幽岫含烟"太湖石	高180cm	43,700	北京荣宝	2021-06-19
清 英石供石摆件	带座高59.5cm	43,700	西泠印社	2021-01-16
清 灵璧石刻诗文供石摆件	长36cm	43,700	西泠印社	2021-01-16
清 灵璧石"清岫"摆件（带座）	高35cm	43,700	广东崇正	2021-07-19
清 潘仕成海山仙馆清人谢兰生等题诗刻帖原石（一方）	93cm×35.5cm×5cm	43,700	广东崇正	2021-07-19
清 "山中悟道"英石山子摆件	带座高21cm	43,700	西泠印社	2021-07-24
清 寿山石骑狮观音	长20.5cm；高24.5cm	43,130	十竹斋拍卖（北京）	2021-04-25
清 王一平旧藏崂山绿供石	高27.6cm	40,250	中贸圣佳	2021-05-21
清 戈壁石山子	高16.2cm	40,250	中贸圣佳	2021-05-21
清 奇木清供大摆件	带座高61cm	40,250	西泠印社	2021-01-16
清 灵璧石供	高42cm	40,250	中鸿信	2021-07-14
清 "晓跃峰"英石	高29cm	40,250	中鸿信	2021-07-14
清 "绿云"绿松石	高41cm	40,250	中鸿信	2021-07-14
清 英石供石摆件	带座高42.5cm	40,250	西泠印社	2021-07-24
清 鹅池款灵璧石供石摆件	带座高23.3cm	40,250	西泠印社	2021-07-24
清 方若款"灵岩"幽兰石（配画）	长39cm	37,950	十竹斋拍卖（北京）	2021-05-29

2021杂项拍卖成交汇总（续表）

(成交价RMB：1万元以上)

拍品名称	物品尺寸	成交价RMB	拍卖公司	拍卖日期
清 "如定" 英石	高163cm	36,800	十竹斋拍卖（北京）	2021-05-29
清 "狮子吼" 文石	高67cm	36,800	北京荣宝	2021-06-19
清 供石摆件	带座高28cm; 高26cm	36,800	西泠印社	2021-01-16
清 灵璧石供	长32cm	36,800	中鸿信	2021-07-14
清 玉玲珑黄太湖石	长65cm	36,800	中鸿信	2021-07-14
清 英石供石摆件	带座高23cm	36,800	西泠印社	2021-07-24
清 太湖石供石摆件	带座高58.5cm	35,650	西泠印社	2021-01-16
清 灵璧石清供	高23.7cm	34,500	中贸圣佳	2021-05-21
清 华升款 "洞壑窈窕" 太湖石	高81cm	34,500	十竹斋拍卖（北京）	2021-05-29
清 小玲珑山馆款 "祥云" 太湖石	高46cm	34,500	北京荣宝	2021-06-19
清 太湖石一组（三件）	尺寸不一	34,500	北京荣宝	2021-06-19
清 太湖 "万佛洞" 赏石	高75cm（连座）	34,500	广东崇正	2021-01-07
清 芙蓉仿太湖石摆件	高29cm	34,500	广东崇正	2021-01-07
清 灵璧石寿山福海小研山	高8.5cm	34,500	北京保利	2021-06-08
清 铭文刻石摆件	连座高28.5cm	34,500	朵云轩	2021-07-07
清 文石供	高58cm	34,500	中鸿信	2021-07-14
清 梁章钜款英石横峰	带座高14cm	34,500	西泠印社	2021-07-24
清 戈壁石山子摆件	带座高25cm	34,500	西泠印社	2021-07-24
清 蜜蜡仿太湖石雕案供摆件	高6.5cm	32,200	中贸圣佳	2021-05-21
清 石舟款 "晓雾山横" 太湖石	高120cm	32,200	十竹斋拍卖（北京）	2021-05-29
清 英石山子	高5.5cm	32,200	中贸圣佳	2021-09-26
清 太湖石山子红木座	高24.5cm（连座）	32,200	中贸圣佳	2021-09-26
清 灵璧 "蚕蛹" 赏石（带两个座）	长40cm; 高15cm（连座）	32,200	广东崇正	2021-01-07
清 寿山石雕山中访友图山子摆件	带座高9cm; 高7cm; 长18cm	32,200	西泠印社	2021-01-16
清 英石供石摆件	带座高30cm	32,200	西泠印社	2021-01-16
清 "九华" 英石	长60cm	32,200	中鸿信	2021-07-14
清 钟乳石供石摆件	带座高41cm	32,200	西泠印社	2021-07-24
清 英石山子	高22cm	28,750	中贸圣佳	2021-05-21
清 英石小立峰	高19cm	28,750	中贸圣佳	2021-05-21
清 楚桥款 "蕊寒香冷" 菊花石	高53cm	28,750	北京银座	2021-09-24
清 灵璧 "千寿龟" 赏石	高20cm（连座）	28,750	广东崇正	2021-01-07
清 英石摆件（带座）	高53cm	28,750	广东崇正	2021-07-19
清 灵璧石 "卧虎" 摆件（带座）	长22cm	28,750	广东崇正	2021-07-19
清 英石赏石带黄花梨原座	长23.5cm; 高15cm	28,750	广东崇正	2021-07-19
清 太湖石供	高57cm	28,750	中鸿信	2021-07-14
清 "玉盼顾" 太湖石	高70cm	28,750	中鸿信	2021-07-14
清 灵璧石供石摆件	带座高34cm	28,750	西泠印社	2021-07-24
清 木化石横峰供石摆件	带座高24cm	28,750	西泠印社	2021-07-24
清 英石供石摆件	带座高20cm	25,300	西泠印社	2021-01-16
清 黄蜡石小摆件	8.5cm×4.5cm×1.9cm	25,300	中国嘉德	2021-05-19
清 灵璧石供	高47cm	25,300	中鸿信	2021-07-14
清 玲珑石供石摆件	带座高26cm	25,300	西泠印社	2021-07-24
清 寿山石弥勒佛	高3.1cm	23,000	北京中汉	2021-05-18
清 王澍款 "观岚" 太湖石	长42cm	23,000	十竹斋拍卖（北京）	2021-05-29
清 戈壁 "千层塔" 赏石	高26cm（连座）	23,000	广东崇正	2021-01-07
清 灵璧 "僚云" 赏石	高58cm（连座）	23,000	广东崇正	2021-01-07
清 英石山子（带座）	高19cm	23,000	广东崇正	2021-01-07
清 崂山绿供石摆件	带座高14cm; 长15cm	23,000	西泠印社	2021-01-16
清 太湖石供石摆件	带座高36.5cm	23,000	西泠印社	2021-01-16
清 供石横峰	长16cm	23,000	中国嘉德	2021-05-19
清 英石 "云岫" 摆件（带座）	高26.5cm	23,000	广东崇正	2021-07-19
清 "嶙峋幽骨" 英石	高31cm	23,000	中鸿信	2021-07-14
清 红皖螺石	高54cm（带底托）	23,000	中鸿信	2021-07-14
清 彩灵璧石	高44cm（带底托）	23,000	中鸿信	2021-07-14
清 寿山石雕罗汉三尊		22,770	佳士得	2021-05-28
清 灵璧石山子	高22.5cm; 宽21.2cm	22,700	浙江佳宝	2021-01-10
清 灵璧石山子摆件	带座高16cm; 长13.5cm	21,850	西泠印社	2021-04-10
清 "祖孙岩" 英石	高30cm	21,850	中鸿信	2021-07-14
清 英石供	高36cm	21,850	中鸿信	2021-07-14
清 "岱雪" 太湖石	高173cm	20,700	北京翰海	2021-04-17
清 "天涧鸣泉" 灵璧石	高66cm	20,700	十竹斋拍卖（北京）	2021-05-29
清 "听松" 灵璧石	高63cm	20,700	十竹斋拍卖（北京）	2021-05-29
清 "烟云窟" 太湖石	高164cm	20,700	北京银座	2021-09-24
清 灵璧石 "洞天岫"	高168cm	20,700	北京银座	2021-09-24
清 崂山绿 "洞天" 供石	高37cm（带座）	20,700	中贸圣佳	2021-09-25
清 孔雀石供石摆件	带座高8cm	20,700	西泠印社	2021-01-16
清 英石供石摆件	带座高11cm	20,700	西泠印社	2021-01-16
清 孔雀石山子摆件	带座高7.5cm; 高6.5cm	20,700	西泠印社	2021-01-16
清 吴霖款云芝岫灵璧石	高45cm	20,700	中鸿信	2021-07-14
清 小岱岳太湖石	长34cm	20,700	中鸿信	2021-07-14
清 黄灵璧石	长55cm	20,700	中鸿信	2021-07-14
清 "补山" 款 "石交" 太湖石	高167cm	19,550	北京荣宝	2021-06-19

拍品名称	物品尺寸	成交价RMB	拍卖公司	拍卖日期
清 太湖 "龙跃天门" 多面赏石	高45cm（连座）; 长35cm	19,550	广东崇正	2021-01-07
清 "洞天岫" 灵璧石	高65cm	18,400	北京荣宝	2021-06-19
清 菊花石供石摆件	带座高35cm	18,400	西泠印社	2021-07-24
清 "不畏浮云" 太湖石	高187cm	17,250	北京翰海	2021-04-17
清 五峰草堂款 "伴闲" 灵璧石	高66cm	17,250	十竹斋拍卖（北京）	2021-05-29
清 "邹一桂" 款 "寿秀岩" 太湖石	高160cm	17,250	北京荣宝	2021-06-19
清 "疏风" 灵璧石	高68cm	17,250	北京银座	2021-09-24
清 玉石司南	长12cm	17,250	中贸圣佳	2021-09-26
清 文房供石（一组六件）	尺寸不一	17,250	广东崇正	2021-01-07
清 黄蜡石供石摆件	带座高18cm	17,250	西泠印社	2021-01-16
清 昆石供石摆件	1.带座高13cm, 带座长14cm; 2.带座高18cm	17,250	西泠印社	2021-01-16
清 英石案台赏石（一组三件）	尺寸不一	17,250	广东崇正	2021-07-19
清 灵璧石摆件	高26cm	17,250	广东崇正	2021-07-19
清 "片云峰" 英石	高52cm	17,250	中鸿信	2021-07-14
清 "岱雪" 宣石	高31cm	17,250	中鸿信	2021-07-14
清 太湖石横峰	长60cm	17,250	中鸿信	2021-07-14
清 灵璧石供石摆件	带座高34cm; 带座长29cm	17,250	西泠印社	2021-07-24
清 灵璧石供石山子	带座高42cm	17,250	西泠印社	2021-07-24
民国 吴昌硕款 "小方壶" 灵璧石	高53cm	51,750	中鸿信	2021-07-14
Seymchan meteorite橄榄陨石（切割带原始熔壳）	43.5cm×23.9cm×13.6cm	1,702,000	中贸圣佳	2021-12-30
Sikhote Alin meteorite目击铁陨石(原石)	40cm×30cm×20cm	1,035,000	中贸圣佳	2021-12-30
Fukang meteorite橄榄陨石（长方体）	14.3cm×4.9cm×3.3cm	667,000	中贸圣佳	2021-12-30
旧灵璧石大山子	高44cm	632,500	中贸圣佳	2021-09-25
Sikhote Alin meteorite目击铁陨石	长度360mm	506,000	中贸圣佳	2021-12-30
新疆和田玉红皮籽料奇石	3.8cm×1.9cm×1.3cm	437,000	尚品润博	2021-09-12
Esquel meteorite 橄榄陨石	247mm×150mm×3mm	391,000	中贸圣佳	2021-12-30
灵璧供石	高49cm（带座）	368,000	中贸圣佳	2021-12-29
老挝田黄原石	13.7cm×10cm×8.1cm; 重量1650g	358,400	上海联合	2021-06-27
田黄地鸡血石	26cm×22cm	345,000	北京得逸	2021-07-31
Seymchan meteorite橄榄陨石（长方体）	148mm×61mm×39mm	333,500	中贸圣佳	2021-12-30
Seymchan meteorite橄榄陨石（长方体，顶部带原皮）	218mm×93mm×93mm	322,000	中贸圣佳	2021-12-30
Gibeon meteorite	218mm×130mm×111mm	310,500	中贸圣佳	2021-12-30
老挝乌鸦皮田黄原石	25cm×17cm×14.5cm; 重量6950g	291,200	上海联合	2021-06-27
老挝田黄原石	17cm×8.7cm×7.2cm; 重量1763g	246,400	上海联合	2021-06-27
Mundrabilla meteorite铁陨石	133mm×92mm×60mm	230,000	中贸圣佳	2021-12-30
Seymchan meteorite橄榄陨石（切割带原皮）	345mm×305mm×66mm	218,500	中贸圣佳	2021-12-30
Imilac meteorite橄榄陨石（切割带原始熔壳）	136mm×86mm×41mm	218,500	中贸圣佳	2021-12-30
极其珍贵的陨铁制金刚橛（梵文: vajvakilaka）	高度195mm	184,000	中贸圣佳	2021-12-30
Muonionalusta meteorite铁陨石（原石）	270mm×203mm×130mm	184,000	中贸圣佳	2021-12-30
老挝田黄原石	8.5cm×7.9cm×4cm; 重量326.5g	179,200	上海联合	2021-06-27
Taza meteorite	123mm×85mm×38mm	178,250	中贸圣佳	2021-12-30
Esquel meteorite橄榄陨石	160mm×108mm×25mm	166,750	中贸圣佳	2021-12-30
老挝田黄原石	9.3cm×5.5cm×3.4cm; 重量890.3g	156,800	上海联合	2021-06-27
老挝田黄原石	7.2cm×7.4cm×3.6cm; 重量318g	134,400	上海联合	2021-06-27
Seymchan meteorite橄榄陨石（原石对切）	190mm×80mm×50mm; 185mm×75mm×40mm	126,500	中贸圣佳	2021-12-30
灵璧 "祥龙出云" 赏石	高83cm	123,150	佳士得	2021-12-03
Seymchan meteorite橄榄陨石（正圆球）	直径62mm	120,750	中贸圣佳	2021-12-30
Campo del Cielo meteorite铁陨石	265mm×195mm×160mm	115,000	中贸圣佳	2021-12-30
Seymchan meteorite橄榄陨石（正圆体）	直径62mm	115,000	中贸圣佳	2021-12-30
Agoudal meteorite铁陨石、橄榄陨石（摆件）	246mm×198mm×130mm	103,500	中贸圣佳	2021-12-30
Campo del Cielo meteorite铁陨石	215mm×175mm×165mm	97,750	中贸圣佳	2021-12-30
江爱藏布陨石、橄榄陨石（切片）	长度约60mm	94,300	中贸圣佳	2021-12-30
摩洛哥定向陨石 石陨石	200mm×155mm×88mm	89,700	中贸圣佳	2021-12-30
Brahin meteorite橄榄陨石（原始熔壳）	220mm×139mm×95mm	87,400	中贸圣佳	2021-12-30
Seymchan meteorite橄榄陨石（长方体）	62mm×49mm×36mm	86,250	中贸圣佳	2021-12-30
老挝田黄原石	6.4cm×6.4cm×3.5cm; 重量185g	84,000	上海联合	2021-06-27
Sikhote Alin meteorite铁陨石	高度约100mm	79,350	中贸圣佳	2021-12-30

拍品名称	物品尺寸	成交价RMB	拍卖公司	拍卖日期
沙枣青原石	4.8cm×3.2cm×1.8cm;重量43.3g	76,160	上海联合	2021-06-27
Imilac meteorite橄榄陨石(切片)	133mm×130mm×2mm	74,750	中贸圣佳	2021-12-30
Seymchan meteorite橄榄陨石(正方体)	53mm×53mm×53mm	74,750	中贸圣佳	2021-12-30
Seymchan meteorite橄榄陨石(长方体)	70mm×51mm×31mm	66,700	中贸圣佳	2021-12-30
NWA meteorite石陨石(雕刻大日如来)	153mm×100mm×80mm	59,800	中贸圣佳	2021-12-30
Campo del cielo meteorite铁陨石	直径105mm	57,500	中贸圣佳	2021-12-30
Gibeon meteorite铁陨石	长度320mm	57,500	中贸圣佳	2021-12-30
Morocco meteorite铁陨石(两只吐宝鼠)	长度均为31mm	57,500	中贸圣佳	2021-12-30
Imilac meteorite橄榄陨石(切片)	141mm×102mm×2mm	55,200	中贸圣佳	2021-12-30
Esquel meteorite橄榄陨石	40mm×30mm×3mm(陨石)	52,900	中贸圣佳	2021-12-30
Brenham meteorite橄榄陨石(切片配银托屏风)	37mm×33mm×2mm	51,750	中贸圣佳	2021-12-30
Fukang meteorite橄榄陨石(原始熔壳)	36mm×36mm×26mm	51,750	中贸圣佳	2021-12-30
NWA metrorite石陨石(手工雕刻金蟾)		40,250	中贸圣佳	2021-12-30
Seymchan meteorite橄榄陨石(切片)	325mm×150mm×25mm	36,800	中贸圣佳	2021-12-30
Morocco meteorite铁陨石(金刚杵)	高度约43mm	36,800	中贸圣佳	2021-12-30
寿山石山子摆件	带座高28.5cm	36,800	西泠印社	2021-07-24
敦力克陨石、石陨石(雕刻楼兰古城,带底托)	直径9.3mm	35,650	中贸圣佳	2021-12-30
Imilac meteorite橄榄陨石(正圆球体)	直径26mm	34,500	中贸圣佳	2021-12-30
Imilac meteorite橄榄陨石(切片)	120mm×65mm×2mm	34,500	中贸圣佳	2021-12-30
Fukang meteorite橄榄陨石(切片)	45mm×40mm×3mm	34,500	中贸圣佳	2021-12-30
Imilac meteorite橄榄陨石(原石)	长度约60mm	33,350	中贸圣佳	2021-12-30
Seymchan meteorite橄榄陨石(切片配银托屏风)	106mm×73mm×2mm(陨石)	33,350	中贸圣佳	2021-12-30
Taza meteorite铁陨石	63mm×58mm×42mm	33,350	中贸圣佳	2021-12-30
Taza meteorite铁陨石	85mm×55mm×48mm	32,200	中贸圣佳	2021-12-30
Sikhote Alin meteorite铁陨石	90mm×53mm×5mm	32,200	中贸圣佳	2021-12-30
Muonionalusta meteorite铁陨石(双剑)	直径65mm(大)、50mm(小)	32,200	中贸圣佳	2021-12-30
Kamil meteorite铁陨石(一组三件)	长度约60mm、75mm、73mm	32,200	中贸圣佳	2021-12-30
Esquel meteorite橄榄陨石(饰品)	50mm×45mm×2mm	32,200	中贸圣佳	2021-12-30
Seymchan meteorite铁陨石(金刚杵)	直径50mm	32,200	中贸圣佳	2021-12-30
老挝乌鸦皮田黄原石	6.3cm×5.5cm×6.6cm;重量232g	31,360	上海联合	2021-06-27
阿尔及利亚陨石、铁陨石	105mm×95mm×66mm	29,900	中贸圣佳	2021-12-30
清 灵璧石摆件	长18.5cm;高16cm	28,750	十竹斋	2021-06-27
老挝乌鸦皮田黄原石	11.3cm×7.4cm×3cm;重量344g	28,000	上海联合	2021-06-27
Campo del Cielo meteorite铁陨石(原石)	123mm×100mm×75mm	27,600	中贸圣佳	2021-12-30
Imilac meteorite橄榄陨石(切片)	75mm×55mm×3mm	27,600	中贸圣佳	2021-12-30
Campo del Gielo meteorite铁陨石(正圆球)	直径63mm	27,600	中贸圣佳	2021-12-30
"玉山耸翠" 灵璧石摆件(连座)	24cm×6cm×23cm;连座高27cm	26,450	广东精诚所至	2021-01-22
Seymchan meteorite橄榄陨石(单面原始熔壳)	105mm×52mm×25mm	25,300	中贸圣佳	2021-12-30
Seymchan meteorite橄榄陨石(切片)	220mm×146mm×2mm	25,300	中贸圣佳	2021-12-30
NWA meteorite石陨石	185mm×128mm×111mm	23,000	中贸圣佳	2021-12-30
Taza meteorite铁陨石	95mm×58mm×17mm	23,000	中贸圣佳	2021-12-30
Nantan meteorite铁陨石	155mm	23,000	中贸圣佳	2021-12-30
Dronino meteorite铁陨石	176mm×132mm×55mm	23,000	中贸圣佳	2021-12-30
红太湖石山子	高91cm(含盆)	23,000	中国嘉德	2021-09-28
丹麦海漂琥珀原石	6.2cm×5.7cm×3cm	22,700	北京保利	2021-01-19
Czech desert glass冲击玻璃	45mm×42mm×21mm	21,850	中贸圣佳	2021-12-30
Seymchan meteorite橄榄陨石(切片)	直径70mm	21,850	中贸圣佳	2021-12-30
Libyan desert glass	68mm×55mm×28mm	21,850	中贸圣佳	2021-12-30
NWA meteorite石陨石	90mm×88mm×55mm	20,700	中贸圣佳	2021-12-30
Seymchan meteorite橄榄陨石(正圆球体)	直径29mm	18,400	中贸圣佳	2021-12-30
Sikhote Alin meteorite铁陨石(一对随形摆件)		17,250	中贸圣佳	2021-12-30
Muonionalusta meteorite铁陨石(正方体)	直径约32mm	17,250	中贸圣佳	2021-12-30
Kamil meteorite铁陨石	60mm×35mm×30mm	17,250	中贸圣佳	2021-12-30
Seymchan meteorite橄榄陨石(饰品)	55mm×33mm×4mm	17,250	中贸圣佳	2021-12-30
清康熙 寿山石填漆花蝶香瓶	高8.3cm	92,000	十竹斋拍卖(北京)	2021-05-29
清同治 端石"平安绥福"开光诗文瓶	高25cm	460,000	华艺国际	2021-03-31
清 黑石衔环双耳瓶	高14.5cm	71,300	北京中汉	2021-03-26
民国 松石镂雕秋趣图瓶	高15cm	40,250	中贸圣佳	2021-09-26
明末清初 汉白玉长方托盘	长40cm;宽25cm;高4cm	69,000	北京保利	2021-06-08
明末清初 汉白玉倭角长方形托盘	长28.8cm;宽22.6cm;高2cm	36,800	北京保利	2021-06-08
清 紫檀嵌云石香盘	长25cm;宽25cm;高4.2cm	20,700	中贸圣佳	2021-03-26
清康熙 尚均制寿山石雕秀石芭蕉图花式香盒	长14cm	920,000	华艺国际	2021-06-05

拍品名称	物品尺寸	成交价RMB	拍卖公司	拍卖日期
清嘉庆 虎睛石雕二龙戏珠纹葫芦形香盒	长13.3cm	57,500	北京保利	2021-12-06
清道光 寿山石"茝林秘玩"款龙纹方形盖盒	长6.2cm	109,250	华艺国际	2021-04-01
清 周尚均制寿山石雕仿藤编焦石图海棠盖盒	长10.6cm;宽9cm;高2.6cm	575,000	西泠印社	2021-01-15
清 嘉庆款菊纹锦地绿端石盖盒	长7.4cm;宽6.4cm;高4.2cm	57,500	西泠印社	2021-01-16
清 寿山石描金浮雕螭龙纹盖盒	长5.5cm;宽4.3cm;高2.7cm	25,300	西泠印社	2021-07-24
清 金星料寿桃形盖盒	长7.4cm;宽6.8cm;高4.2cm	17,250	西泠印社	2021-01-16
巴林石精雕茶壶		2,990,000	北京荣宝	2021-06-19
肖长培 竹编	16cm×10cm×8cm;重量330g	28,750	上海嘉禾	2021-07-22
汉 瑞兽纹石香熏	宽15.8cm	129,316	中国嘉德	2021-04-21
清晚期 寿山石雕群狮戏球大香熏	带座高74cm	195,500	西泠印社	2021-01-16
清 寿山石雕群狮戏球大香熏	带座高74cm	69,000	西泠印社	2021-10-23
清 玉柄嵌宝石银镜	长22cm	34,500	北京华辰	2021-06-19
建筑园艺物品				
清乾隆 汉白玉云蝠纹海棠形盆	34.5cm×24.5cm	161,000	广东崇正	2021-07-19
清中期 碧玉寿山石盆景	高21.5cm	69,552	中国嘉德	2021-10-14
清 "出岫"太湖石配青石盆	高40cm	34,500	中鸿信	2021-07-14
清玉几山人款"玉骨"太湖石配白石盆	高90cm	26,450	北京银座	2021-09-24
元 灵璧石清供香几	高66cm;宽55cm	322,000	西泠印社	2021-07-24
明 白太湖石几	高67cm;几面长46cm;宽32cm	345,000	西泠印社	2021-01-16
清 赵执信铭"卧云"款灵璧石随形台几	高30.5cm;长39cm	241,500	西泠印社	2021-07-24
清 太湖石香几	高67cm;几面长36cm;宽25cm	184,000	西泠印社	2021-07-24
清 蒲松龄款石刻诗文凭几	高16cm;长45cm;宽26.5cm	66,700	西泠印社	2021-01-16
清 刻诗文"平岗石坡"云石板	长58cm;宽58cm	36,800	中贸圣佳	2021-03-26
北齐 汉白玉龙柱	高24cm	57,629	中国嘉德	2021-10-12
19世纪 铜鎏金花叶饰理石底座	高104.5cm;台面27cm×27cm	40,250	西泠印社	2021-07-23
明早期 歙石刻水罗盘	18.5cm×9.2cm	40,250	古天一	2021-06-07
其他雕刻				
清乾隆 赐诗堂、韵雪斋制镂雕文玩核桃(一对)	直径4cm×2	517,500	中贸圣佳	2021-12-29
清 金刚菩提十八子串	直径2.6cm×18	460,000	中贸圣佳	2021-12-29
清 核雕尸陀林主手串	长25cm;直径2.8cm(每颗)	40,250	中贸圣佳	2021-12-29
清 莲子形核雕刻孝经手串	珠长1.6cm;珠径1cm	17,250	西泠印社	2021-10-23
菠萝漆扇骨	高31.3cm	32,200	华艺国际	2021-12-11
明 骨镶金龙首发簪(一对)	1.长14.8cm,总重10.6g;2.长14.6cm,总重13.5g	34,500	西泠印社	2021-01-16
清 莲子雕吉语手持		34,500	十竹斋	2021-06-27
清早期 镶金套满核雕人物手串		78,200	古天一	2021-06-07
清乾隆 灵猴献寿核雕摆件	高4.5cm	34,500	上海匡时	2021-07-08
清乾隆 朱砂嵌金丝螺钿山水人物牌	高5.2cm	17,250	中鸿信	2021-07-14
清 透雕龙纹核珠	高2.2cm	43,700	古天一	2021-06-07
近代 支慈庵刻松子摹古金石持珠	珠长约1.9cm	23,000	西泠印社	2021-01-16
元 佛立像	高11.3cm	23,000	北京中汉	2021-09-28
明 核雕108罗汉手执		138,000	古天一	2021-06-07
明末清初 骨雕伏虎罗汉	高9cm	74,750	华艺国际	2021-06-04
清 核雕庭院人物故事手链	手链长20cm	132,250	西泠印社	2021-07-24
20世纪 越南香雕寿星山子	高36cm;重326g	38,590	北京保利	2021-01-18
19世纪 贝雕人物扇(小姐扇)	长19cm	57,500	华艺国际	2021-03-31
19世纪 螺钿雕花卉纹盒&名片夹	18.5cm×14.5cm(盒);9.5cm×7cm(夹)	34,500	华艺国际	2021-03-31
李政 微雕·澳门基本法 画心	20cm×19cm	98,000	北京传世	2021-09-22
左莲青、顾鼎梅、粟海等 各式扇面九件(扇面)	尺寸不一	31,780	北京保利	2021-01-21
钟 表				
清乾隆至嘉庆 铜鎏金御题诗西洋游戏人物钟	高46cm	40,250,000	北京保利	2021-12-05
清乾隆 御制铜鎏金嵌东珠宝石太平有象自鸣钟	高75cm	9,637,000	广东崇正	2021-07-19
19世纪 铜鎏金水法人物楼阁式钟	高72cm	575,000	十竹斋拍卖(北京)	2021-05-29
19世纪初 法国铜胎珐琅及缟玛瑙座钟三件套	钟33cm×20cm×13cm;花瓶高26cm	322,000	中国嘉德	2021-11-29
认为是PIGUET & CAPT之作品,高度重要及瑰丽,18K金镶珍珠及珐琅音乐双耳瓶钟,配隐藏活动人偶,专为中国市场而制,约1805年制		5,131,250	佳士得	2021-11-27
Moiseikin 黄金及银质镶彩色宝石及珍珠贝母手动上弦座钟	48cm×25cm×25cm	3,220,000	北京保利	2021-09-26

2021杂项拍卖成交汇总（续表）

（成交价RMB：1万元以上）

拍品名称	物品尺寸	成交价RMB	拍卖公司	拍卖日期
百达翡丽，独一无二，镀金黄铜太阳能圆顶座钟，配掐丝珐琅，"崔斯坦与伊索德"，型号1123M，1976年制，配后补证书及百达翡丽保养收据（2021年）		1,539,375	佳士得	2021-11-27
百达翡丽，独一无二，镀金黄铜太阳能圆顶座钟		1,345,500	佳士得	2021-05-22
百达翡丽，独一无二，镀金黄铜太阳能圆顶座钟		1,242,000	佳士得	2021-05-22
百达翡丽，独一无二，镀金黄铜太阳能圆顶座钟，配掐丝珐琅，"航海冒险记"，型号1155M，1978年制，附后补证书		1,128,875	佳士得	2021-11-27
认为是PIGUET & CAPT之作品，18K金及珐琅日用品匣，配珐琅微绘、隐藏式时钟，珐琅微绘、香水瓶、铅笔杆、耳挖及时钟的上发条钥匙，据考来自中国清代圆明园，约1805年制		821,000	佳士得	2021-11-27
卡地亚|白水晶，珐琅彩配钻石及硬石座钟		637,308	香港苏富比	2021-04-20
由百达翡丽出售，认为是CHARLES ABRAHAM BRUGUIER THE YOUNGER之作品，非常精细及罕有，镀金，玳瑁及珐琅盒子，配鸟鸣装置、原厂盒子及说明书，约1880年制		615,750	佳士得	2021-11-27
（现代仿制清乾隆时期经典宫廷广钟样式申遗作品）铜鎏金镶嵌料石鹤柄荷塘跑鸭水法转花大吉葫芦钟	高91.8cm；宽38.5cm；厚28cm	517,500	华艺国际	2021-03-31
（现代仿制清乾隆时期经典宫廷广钟样式申遗作品）红木镶铜鎏金人偶翻杠水法跑鸭亭式钟	高72cm；宽33.5cm；厚22cm	437,000	华艺国际	2021-03-31
约1880年 法国铜鎏金戴安娜狩猎女神壁炉钟	高43cm	322,000	中国嘉德	2021-11-29
（现代仿制清乾隆时期经典宫廷广钟样式申遗作品）铜鎏金镶嵌料石转花水法大吉葫芦钟	高96.5cm；宽38cm；厚30.5cm	322,000	华艺国际	2021-03-31
约1880年 法国加布里埃尔·维尔多珐琅鎏金三件套钟	尺寸不一	287,500	西泠印社	2021-01-17
约1880年 法国亨利·勒波特（HENRRY LEPAUTE）制造杰皮弗雷斯（JAPY FRERES）钟芯小天使饰铜雕鎏金三件套钟	钟高66cm；烛台高70cm	287,500	西泠印社	2021-01-17
百达翡丽 镀金铜制世界时间挂墙钟，约2000年制		281,686	香港苏富比	2021-10-13
约1880年 法国铜鎏金神话人物饰三件套钟	钟高45cm；烛台高67cm	264,500	西泠印社	2021-01-17
瑞士 MATTHEW NORMAN 铜质镶青金石手动上弦小台钟，带 闹铃功能 日期、星期、月相、月龄显示	高度约为22.5cm	253,000	北京保利	2021-06-07
卡地亚，黑玛瑙，玉石，贝母，镶钻石及红宝石座钟，年份1925	67cm×81cm×17.5cm	252,900	佳士得	2021-04-09
（现代仿制清晚期经典宫廷广钟样式申遗作品）红木镶螺钿孔雀开屏仙人赐福钟	钟身高75cm；底座高43.5cm	230,000	华艺国际	2021-03-31
BREGUET ET FILS，早期及罕有，木制座地钟	高205.5cm；宽53.5cm；直径24.5cm	227,700	佳士得	2021-05-22
MB&F及L' éPéE 1839，抛光镀钯黄铜跳时机械人座钟，配逆返秒针、动力储存及月相，BALTHAZAR BLUE，限量生产共50枚，约2016年制，附原厂证书、盒子及外包装	高394mm	225,775	佳士得	2021-11-27
1880年 云龙纹饰紫蓝色掐丝珐琅鎏金自鸣皮套钟	长10cm；宽9cm；高16cm	172,500	西泠印社	2021-07-23
约1880年 法国鎏金珐琅小天使饰三件套钟	钟高43cm；烛台高26.5cm	149,500	西泠印社	2021-01-17
MB&F AND L' EPEE，非常罕有及与别不同，铜制"T-REX"座钟	265mm×258mm×178mm	103,500	佳士得	2021-05-22
19世纪制杰皮弗雷斯（JAPY FRERES）钟芯花叶饰鎏金红理石三件套钟	钟高64cm；烛台高68cm	103,500	西泠印社	2021-07-23
18世纪（英国）金嵌画珐琅西洋人物中国市场梳妆盒表	高15.2cm	3,220,000	北京保利	2021-12-05
清乾隆 铜鎏金镶红白玻璃钻怀表	直径7.8cm	287,500	北京保利	2021-12-06
约19世纪 瑞士18K黄金八音两问自鸣古董怀表	表径58mm	109,250	西泠印社	2021-01-17
约19世纪 瑞士劳力士（ROLEX）18K黄金古董腕表	表径28mm	109,250	西泠印社	2021-01-17
当代 瑞士欧米茄（OMEGA）18K黄金镂空双面背透万年历男士腕表	表径34mm	138,000	西泠印社	2021-01-17
当代 瑞士克劳德梅朗（CLAUDE MEYLAN）18K黄金男士腕表	表径40mm	109,250	西泠印社	2021-01-17

拍品名称	物品尺寸	成交价RMB	拍卖公司	拍卖日期
百达翡丽，卓尔不凡、瑰丽罕有，白金双表盘天文，机械腕表，备珐琅及手工雕饰工艺，以及十二项复杂功能，包括大教堂音簧三问报时、陀飞轮、万年历、逆返日历、星空图、月相、星体轨迹、恒星时显示，"超级复杂功能时计"，型号6002G，年份约2019，附原厂证书、调校针、白金手工雕刻袖扣一对及表盒，单封状态		26,807,400	保利香港	2021-04-22
百达翡丽，独一无二、极具历史价值的臻美18K金"无月相显示"自动上弦万年历腕表		24,053,400	佳士得	2021-05-22
劳力士，Cosmograph Daytona 型号16516，极具历史价值及独特铂金计时腕表，备绿松色漆制"Stella"表盘，约1998年制		20,548,125	香港苏富比	2021-04-23
百达翡丽，独一无二及重要，18K金三问腕表，型号2419，1946年制，由纽约卡地亚于1950年售出，附百达翡丽后补证书及卡地亚后补证书		18,924,050	佳士得	2021-11-27
百达翡丽，华丽及重要，18K红金世界时间腕表		14,614,200	佳士得	2021-05-22
Tourbillon Souverain "Souscription" 限量版铂金陀飞轮腕表，备恒定动力装置、动力储备显示、黄金表盘及铜制机芯，约1999年制		13,169,340	香港苏富比	2021-10-13
百达翡丽，极精细，独一无二及重要，18K金双表冠世界时间链带腕表		13,123,800	佳士得	2021-05-22
百达翡丽，独一无二及非常重要，铂金世界时间腕表		12,130,200	佳士得	2021-05-22
百达翡丽，卓越及高度重要、具历史价值及独一无二，18K红金开面三问大小自鸣怀表		11,633,400	佳士得	2021-05-22
百达翡丽，重要及极罕有，18K金追针计时腕表，配宝玑数字，售予小亨利·格富福斯，型号1436，1946年制，附后补证书		11,042,450	佳士得	2021-11-27
百达翡丽，极精细，高度重要及具历史价值，18K金万年历腕表，配中心秒针及月相，附原装证书及销售单据，曾于1953年"BASEL FAIR"展出，型号2497，1951年制，附后补证书		11,042,450	佳士得	2021-11-27
百达翡丽 型号 5307 全新铂金镶钻石瞬跳万年历三问陀飞轮腕表，备月相、闰年及昼夜显示，约2013年制		10,664,640	香港苏富比	2021-10-13
RICHARD MILLE，极罕有，粉红水晶镶钻石自动上弦女装腕表，配贝母表盘，型号07-02，约2016年制，附原厂证书	47mm×32mm	8,579,450	佳士得	2021-11-27
百达翡丽 型号3448 "Senza Luna" 白金万年历腕表，备后补数据库表盘无月相显示，1981年制，1982年售		8,360,316	香港苏富比	2021-10-13
百达翡丽 鹦鹉螺系列 型号5990/1400G-001 18K白金 自动上弦镶钻腕表，配日期、两地时间显示、计时功能	表径40.5mm；全表长约19cm	8,222,500	北京保利	2021-06-07
百达翡丽 型号2499 "First series" 黄金万年历计时腕表，备月相显示及Wenger 表壳，1953年制		8,159,940	香港苏富比	2021-10-13
百达翡丽，卓越，18K金腕表		6,466,680	佳士得	2021-05-22
百达翡丽 型号5004 非常重要及独特铂金万年历追针计时腕表，备月相、24小时、闰年显示、12时宝玑式时标及特制蓝色测速表盘，约2009年制		6,356,556	香港苏富比	2021-10-13
百达翡丽 型号5970 非常重要及独特白金万年历链带腕表，备月相、24小时、闰年显示及黑色宝玑式时标，2006年制		6,156,180	香港苏富比	2021-10-13
百达翡丽 型号5104 铂金及粉红金三问半镂空万年历腕表，备逆跳日期、月相及闰年显示，约2014年制		5,755,428	香港苏富比	2021-10-13
百达翡丽，罕有，铂金自动上弦教堂声三问万年历腕表，配月相，24小时及闰年显示，型号5074，约2012年制，附额外底盖、盒子及外包装	直径42mm	5,623,850	佳士得	2021-11-27
百达翡丽，非常精美及罕有，白金机械腕表，蓝色星空世界及月龄显示表盘，型号6104G，约2012年		5,175,000	华艺国际	2021-12-10

2021杂项拍卖成交汇总(续表)

(成交价RMB：1万元以上)

拍品名称	物品尺寸	成交价RMB	拍卖公司	拍卖日期
百达翡丽 型号3970 非常重要及独特白金万年历计时腕表,备月相、24小时、闰年显示、12时宝玑式时标及特制鲑鱼色测速表盘,2008年制		5,054,112	香港苏富比	2021-10-13
百达翡丽 型号5207 粉红金瞬跳万年历三问陀飞轮腕表,备月相、闰年及昼夜显示,约2013年制		5,004,018	香港苏富比	2021-10-13
百达翡丽 型号2499 "Third series" 黄金万年历计时腕表,备月相显示,由Tiffany & Co. 发行,1970年制		4,953,924	香港苏富比	2021-10-13
百达翡丽 型号823/003 独一无二、非常重要及非凡黄金猎壳怀表,配 Madame Marthe Bischoff 摹 Carle Vernet 油画作品的双面微绘珐琅,由 Gübelin 发行,附带原厂证书、收据及盒子,1976年制		4,737,660	香港苏富比	2021-04-23
百达翡丽,罕有,18K红金三间瞬跳万年历陀飞轮腕表,配月相、日夜及闰年显示,型号5207,约2013年制,附原厂证书、额外底盖、盒子及外包装	直径41mm	4,618,125	佳士得	2021-11-27
百达翡丽,非常精细及罕有,不锈钢单按钮追针计时功能腕表,配玫瑰金色日辉纹表盘及黑色宝玑字,限量生产10枚,型号5950/1A-011,约2014年制,附原厂证书、额外底盖、盒子及外包装		4,618,125	佳士得	2021-11-27
百达翡丽,重要及唯一已知,18K金追针计时功能腕表	直径33mm	4,554,000	佳士得	2021-05-22
百达翡丽,独一无二及高度重要,18K红金"蜘蛛形表耳"计时腕表		4,554,000	佳士得	2021-05-22
理查德·米勒,型号RM17-01,18K玫瑰金及陶瓷手动上弦腕表,配陀飞轮装置、动力储存显示	48mm×39mm	4,370,000	北京保利	2021-12-05
劳力士,极罕有,不锈钢计时三历腕表	直径36mm	4,347,000	佳士得	2021-05-22
百达翡丽,极罕有及瞩目,18K红金自动上弦腕表		4,347,000	佳士得	2021-05-22
VOUTILAINEN,独一无二,铂金两地时间腕表,配漆面表盘,28 GML CENTER, UNIQUE PIECE,约2015年制,附原厂证书、盒子及外包装	直径39mm	4,310,250	佳士得	2021-11-27
百达翡丽,非常罕有及高度吸引,18K白金自动上弦万年历腕表	直径37mm	4,243,500	佳士得	2021-05-22
百达翡丽,非常罕有,18K金万年历计时腕表	直径37.5mm	4,243,500	佳士得	2021-05-22
百达翡丽 ,型号1518,非常精美,黄金万年历计时腕表,备月相显示,附带原装盒子,约1951年制		4,227,645	香港苏富比	2021-04-23
理查德·米勒 ,型号RM07-01 WG/1350,18K白金女款自动上弦镶钻腕表		4,197,500	北京保利	2021-06-07
百达翡丽 型号5070 独特铂金计时链带腕表,备黑色表盘,约2012年制		4,152,420	香港苏富比	2021-10-13
劳力士,非常罕有,14K金计时链带腕表,型号6238,约1967年制	直径36mm	4,105,000	佳士得	2021-11-27
百达翡丽,瞩目及吸引,18K白金长形切割钻石自动上弦天文腕表	直径44mm	3,933,000	佳士得	2021-05-22
百达翡丽丨型号5216 粉红金三问万年历陀飞轮腕表,备逆跳日期及月相显示,约2018年制		3,819,633	香港苏富比	2021-04-23
百达翡丽铂金手动上弦腕表	表径41mm	3,795,000	北京保利	2021-09-26
百达翡丽,华丽及非常罕有,18K黄金自动上弦万年历腕表		3,622,500	佳士得	2021-05-22
里查德米尔,型号RM11-03 精美,白金镶钻石酒桶形镂空自动飞返计时码表,备小秒针、日期及月份显示,年份约2020,附原厂证书及表盒		3,540,600	保利香港	2021-04-22
PIGUET & MEYLAN,华丽及极重要,18K金珐琅彩绘镶珍珠及绿松石两问怀表		3,519,000	佳士得	2021-05-22
劳力士 宇宙计时迪通拿系列 型号116595RBOW-0002,18K玫瑰金自动上弦镶钻及彩色蓝宝石腕表,备计时功能	表径40mm;全表长约19cm	3,450,000	北京保利	2021-06-07
百达翡丽,非常罕有及限量,白金机械腕表,配备蓝色部分镂空表盘,型号5650G,约2017年制		3,450,000	华艺国际	2021-06-04
百达翡丽,非常罕有,精钢机械腕表,橄榄绿色表盘,型号5711/1A,约2021年制		3,450,000	华艺国际	2021-12-10

拍品名称	物品尺寸	成交价RMB	拍卖公司	拍卖日期
百达翡丽,华丽及唯一已知,铂金腕表	直径33mm	3,415,500	佳士得	2021-05-22
RM11-03 CA TPT 碳纤维及钛金属半镂空年历飞返计时腕表,约2019年制		3,338,496	香港苏富比	2021-10-13
Tourbillon Remontoir d' Egalite 限量版铂金陀飞轮腕表,备恒动力装置、动力储备显示、钌金属表盘及机芯,约 2003年制		3,338,496	香港苏富比	2021-10-13
百达翡丽,独一无二及重要,18K红金镶钻石酒桶形自动上弦三问万年历腕表,配逆返日历、月相、闰年显示及黑色表盘镶钻石时标,型号5013R-014,约2010年制,附原厂证书、额外底盖、盒子及外包装		3,284,000	佳士得	2021-11-27
劳力士 Day-Date 型号1803 白金腕表,备日期、星期显示,特制黑色夜光表盘,运动型指针,光滑表圈及链带,1969年特别订制		3,234,168	香港苏富比	2021-10-13
百达翡丽,触目及十分罕有,铂金镶绿宝石计时腕表	直径41mm	3,105,000	佳士得	2021-05-22
百达翡丽,极罕有,铂金镶钻石自动上弦链带腕表	直径35mm	3,105,000	佳士得	2021-05-22
劳力士,瞩目及罕有,18K红金镶钻石自动上弦链带腕表	直径40mm	2,898,000	佳士得	2021-05-22
百达翡丽,超级复杂功能,型号5033P,铂金自动上弦腕表,备年历及三问功能	40mm×37mm	2,875,000	北京保利	2021-12-05
百达翡丽 型号 RM015 铂金镂空陀飞轮两地时间腕表,备动力储备及力矩显示,约2008年制		2,816,856	香港苏富比	2021-10-13
朗格, Tourbograph 限量版铂金陀飞轮追针计时腕表,备芝麻链及动力储备显示,约2006年制		2,761,668	香港苏富比	2021-04-23
百达翡丽 型号5970 白金万年历计时腕表,备月相、24小时及闰年显示,由Tiffany & Co. 发行,约2005年制		2,712,528	香港苏富比	2021-10-13
百达翡丽 型号3979 铂金三问腕表,备珐琅表盘,为纪念百达翡丽150周年而制,1994年制		2,712,528	香港苏富比	2021-10-13
百达翡丽 型号5013 铂金三问万年历腕表,备逆跳日期、月相及闰年显示,约1994年制		2,712,528	香港苏富比	2021-10-13
F.P. JOURNE,重要,铂金腕表	直径40mm	2,691,000	佳士得	2021-05-22
IWC万国表,罕有及高度复杂,18K白金及长形切割钻石三问链带腕表	直径42mm	2,691,000	佳士得	2021-05-22
百达翡丽,罕有,18K金万年历计时腕表	直径37.5mm	2,691,000	佳士得	2021-05-22
F.P. JOURNE,18K红金及银陀飞轮腕表,30周年纪念版陀飞轮系列,为纪念F.P. JOURNE成立30周年而制,限量生产共99枚,约2013年制,附原厂证书、盒子及外包装	直径40mm	2,668,250	佳士得	2021-11-27
朗格,极罕有,18K红金限量生产陀飞轮腕表,配芝麻链及动力储存,POUR LE MéRITE,限量生产共150枚,型号701.011,约1999年制,附原厂证书、盒子及外包装	直径38mm	2,668,250	佳士得	2021-11-27
百达翡丽,非常罕有,不锈钢自动上弦链带腕表,配中心秒针、日历显示,及橄榄绿色鹦鹉螺,型号5711,约2021年制,附原厂证书、盒子及外包装	宽42.5mm	2,668,250	佳士得	2021-11-27
百达翡丽 型号3979 白金三问腕表,备珐琅表盘,为纪念百达翡丽150周年而制,1994年制		2,556,036	香港苏富比	2021-10-13
宝格丽珐琅配钻石蛇形腕表		2,530,000	永乐拍卖	2021-05-22
爱彼皇家橡树系列,型号26606ST.OO.1220ST.01 全新限量版精钢万年历链带腕表,备砂金石月相、52周、闰年显示及绿色表盘,为香港市场而制及由誉一钟表发行,约2018年制		2,503,872	香港苏富比	2021-10-13
百达翡丽 型号5970 粉红金万年历计时腕表,备月相、24小时及闰年显示,由 Tiffany & Co. 发行,约2008年制		2,503,872	香港苏富比	2021-10-13
Centigraphe Souverain Anniversaire Tokyo 限量版钛金属及粉红金计时腕表,备百份一秒、二十秒及十分钟小表盘及摇板式按钮,为纪念F.P. Journe东京专门店10周年而制,约2016年制		2,503,872	香港苏富比	2021-10-13

2021杂项拍卖成交汇总(续表)

(成交价RMB:1万元以上)

拍品名称	物品尺寸	成交价RMB	拍卖公司	拍卖日期
劳力士,极罕有,18K自动上弦计时链带腕表	直径39mm	2,484,000	佳士得	2021-05-22
F.P. Journe,早期,18K红金腕表,配两地时间、共振式双独立擒纵系统及动力储存,"Chronometre a Resonance",约2002年制	直径38mm	2,463,000	佳士得	2021-11-27
百达翡丽,极精细及罕有,18K白金及木微型镶嵌怀表,配动力储存及白金黑檀木怀表架,为庆祝百达翡丽175周年而制,型号982/181G,"LATEEN SAILS",约2014年制		2,463,000	佳士得	2021-11-27
百达翡丽 Advanced Research Aquanaut 型号5650 白金两地时间半镂空腕表,备日期及昼夜显示,由Tiffany & Co. 发行,约2017年制		2,399,544	香港苏富比	2021-10-13
劳力士,高度吸引及极罕有,18K白金自动上弦计时腕表	直径39mm	2,380,500	佳士得	2021-05-22
劳力士,非常精美罕有,白金镶钻石及彩色宝石自动链带计时码表,备小秒针,"Cosmograph Rainbow Daytona",型号116599RBOW,年份约2016,附原厂维修书及表盒	直径40mm;长约190mm	2,364,480	保利香港	2021-11-28
爱彼,未使用品及限量,钛金属万年历机械腕表,粉色"三文鱼"表盘及月相显示,型号26615TI,约2021年制		2,300,000	华艺国际	2021-12-10
PIGUET & MEYLAN,极罕有,18K金镶珍珠及珐琅彩绘开面怀表		2,277,000	佳士得	2021-05-22
百达翡丽,十分罕有,铂金自动上弦腕表	直径38mm	2,277,000	佳士得	2021-05-22
百达翡丽,极罕有及重要,18K红金自动上弦腕表	直径35mm	2,277,000	佳士得	2021-05-22
F.P. JOURNE,18K红金陀飞轮腕表,配动力储存及跳秒功能,TOURBILLON SOUVERAIN,约2004年制	直径40mm	2,257,750	佳士得	2021-11-27
百达翡丽,18K金万年历计时腕表,配月相显示,型号2499,配1518表盘,1943年制,表壳由客人在1988年提出以1518换成2499,附后补证书	直径37.5mm	2,257,750	佳士得	2021-11-27
百达翡丽,型号5951 铂金万年历追针计时腕表,备月相、昼夜及闰年显示,约2013年制		2,124,360	香港苏富比	2021-04-23
百达翡丽 型号3939 铂金三问陀飞轮腕表,备珐琅表盘,约2002年制		2,086,560	香港苏富比	2021-10-13
百达翡丽 型号5950 精钢追针单按钮计时腕表,约2013年制		2,086,560	香港苏富比	2021-10-13
爱彼,罕有,铂金镶钻石自动上弦链带腕表,配日期显示及黑玛瑙表盘,皇家橡树超薄型,型号15206PT,日本精品店限量生产共70枚,约2020年制,附原厂证书、盒子及外包装	高39mm	2,052,500	佳士得	2021-11-27
百达翡丽,铂金镶钻石万年历追针计时腕表,配月相、24小时显示、闰年显示及黑色表盘,单封状态,型号5004P,约2010年制,附原装证书、额外底盖、盒子及外包装	直径36.5mm	2,052,500	佳士得	2021-11-27
百达翡丽 型号 5004 全新铂金镶钻石追针计时万年历腕表,备月相及闰年显示,约 2007年制		2,034,396	香港苏富比	2021-10-13
江诗丹顿,Traditionnelle 型号80172 铂金陀飞轮万年历三问腕表,约2016年制		2,018,142	香港苏富比	2021-04-23
百达翡丽 型号3939HP 铂金三问陀飞轮腕表,备珐琅表盘及宝玑式时标,2002年制		2,018,142	香港苏富比	2021-04-23
爱彼 皇家橡树系列 型号25829OR.OO.0944OR.01 粉红金镂空万年历链带腕表,备月相及闰年显示,2007年制		1,982,232	香港苏富比	2021-10-13
JACOB & CO. 非凡精致,限量版黑色白金镂空飞行陀飞轮机械腕表,备星空图及月相显示、一分钟自转火星,"Astronomia Sky",型号#AM500.40.AC.SD.B,限量生产18枚,年份约2021,附原厂证书及表盒	直径45mm	1,970,400	保利香港	2021-11-28
百达翡丽,精致罕有,铂金及玫瑰金天文自动腕表,备星体运行图、月相位置及盈亏、天狼星及月亮中天轨迹显示,"超级复杂功能时计","Celestial",型号5102PR,年份约2009,附原厂证书及表盒	直径43mm	1,970,400	保利香港	2021-11-28
爱彼,罕有,钛金属自动上弦万年历链带腕表,配月相及闰年显示,"ROYAL OAK",限量生产300枚,型号26615TI,约2020年制,附原厂证书、电动转表盒及外包装	宽41mm	1,949,875	佳士得	2021-11-27
百达翡丽,不锈钢枕形追针计时腕表,型号5950A,约2010年制,附原装证书、额外底盖、盒子及外包装	37mm×44mm	1,949,875	佳士得	2021-11-27
百达翡丽 | 型号3448 独特黄金万年历链带腕表,备月相显示,附带原厂证书及盒子,1978年制		1,911,924	香港苏富比	2021-04-23
Octa Perpétuelle Anniversaire Tokyo 限量版钛金属及粉红金万年历腕表,备逆跳日期、二月中闰年显示及钌金属表盘,为纪念F.P. Journe东京专门店5周年而制,约2010年制		1,877,904	香港苏富比	2021-10-13
F.P. Journe | Tourbillon Souverain "Remontoir d' Egalite"限量版精钢陀飞轮腕表,备恒动力装置及动力储备显示,约2015年制		1,858,815	香港苏富比	2021-04-23
劳力士,四枚18K白金自动上弦计时腕表,配黄色贝母面,粉红面贝母面,蓝色绿松石及绿玉髓表盘,型号116519"BEACH",约2000 ~ 2002年制	直径40mm×4	1,847,250	佳士得	2021-11-27
爱彼 皇家橡树系列 Quantieme Perpetual 型号25820PT.OO.0944PT.01 铂金万年历链带腕表,备月相、闰年显示及Tuscan表盘,2000年制		1,825,740	香港苏富比	2021-10-13
百达翡丽,唯一已知,铂金腕表	30mm×51mm	1,811,250	佳士得	2021-05-22
百达翡丽 | 型号5970 铂金万年历计时腕表,备月相、24小时及闰年显示,约2009年制		1,805,706	香港苏富比	2021-04-23
Octa Calendrier 铂金年历腕表,备逆跳日期及铜制机芯,约2003年制		1,773,576	香港苏富比	2021-10-13
爱彼 皇家橡树系列 Quantieme Perpetuel 型号25829 铂金万年历镂空链带腕表,备月相及闰年显示,约2003年制		1,773,576	香港苏富比	2021-10-13
劳力士 Cosmograph "Paul Newman" Daytona 型号6241 精钢计时链带腕表,约1969年制		1,773,576	香港苏富比	2021-10-13
劳力士,极罕有,不锈钢自动上弦链带腕表	直径39mm	1,759,500	佳士得	2021-05-22
F.P. JOURNE,钛金属及红金万年历自动上弦腕表,配闰年显示,OCTA PERPéTUELLE ANNIVERSAIRE TOKYO,为纪念F.P. JOURNE东京精品店设立5周年而制,限量生产共99枚,约2010年制,附原厂证书、盒子及外包装	直径40mm	1,744,625	佳士得	2021-11-27
伯爵,独一无二白金镶钻石及蓝宝石三问追针计时怀表,备珠母贝表盘及背盖,附带白金镶钻石、蓝宝石及水晶展示座,约2000年制		1,699,488	香港苏富比	2021-04-23
百达翡丽 型号5959 铂金追针计时腕表,约2007年制		1,699,488	香港苏富比	2021-04-23
香奈儿,触目及极罕有,18K白金、黑色陶瓷、长形切割钻石及红宝石自动上弦腕表	直径39mm	1,656,000	佳士得	2021-05-22
宝玑,非常罕有,不锈钢单按钮计时腕表	直径38mm	1,656,000	佳士得	2021-05-22
F.P. JOURNE,铂金自动上弦计时腕表,配日历显示,OCTA CHRONOGRAPHE 38 mm,约2007年制,附原厂证书、盒子及外包装	直径38mm	1,642,000	佳士得	2021-11-27
百达翡丽,非常精美及罕有,玫瑰金陀飞轮机械腕表,手工雕花表壳及白色表盘,十日动力存储显示,型号5101/100R,约2012年制		1,610,000	华艺国际	2021-12-10
百达翡丽 | 型号3448 白金万年历链带腕表,备月相显示、特殊表盘及订制链带,1978年制		1,593,270	香港苏富比	2021-04-23
Vagabondage II 限量版铂金半镂空腕表,备跳字及动力储备显示,约2011年制		1,564,920	香港苏富比	2021-10-13
爱彼,极罕有,铂金万年历自动上弦链带腕表	挡板宽度41mm	1,552,500	佳士得	2021-05-22

2021杂项拍卖成交汇总(续表)

(成交价RMB：1万元以上)

拍品名称	物品尺寸	成交价RMB	拍卖公司	拍卖日期
F.P. Journe丨Chronomètre à Resonance 限量版精钢两地时间腕表,备动力储备显示,约2015年制		1,540,161	香港苏富比	2021-04-23
百达翡丽,18K金万年历追针计时腕表,配月相、24小时显示及闰年显示,型号5004J,约2011年制,附原装证书、额外底盖、盒子及外包装	直径36.5mm	1,539,375	佳士得	2021-11-27
百达翡丽,非常罕有,铂金镶钻石自动上弦腕表,型号2551,1957年制,附后补证书	直径36mm	1,539,375	佳士得	2021-11-27
宝玑 Classique Hora Mundi 型号5719PT/AS/9ZV/DD0D 铂金镶钻石及蓝宝石腕表,备瞬跳时区、同步日期及昼夜显示,约2013年制		1,512,756	香港苏富比	2021-10-13
百达翡丽 Nautilus 型号3711 白金链带腕表,备日期显示,约2003年制		1,512,756	香港苏富比	2021-10-13
百达翡丽丨型号3448 独特及非常罕有黄金万年历腕表,备月相及特别闰年显示,1976年制		1,487,052	香港苏富比	2021-04-23
Octa Reserve de Marche Ruthenium Jour et Nuit 限量版铂金腕表,备日期、动力储备、昼夜显示、钌金属表盘及机芯,约2002年制		1,460,592	香港苏富比	2021-10-13
百达翡丽 型号3979 黄金三问腕表,为纪念百达翡丽150周年而制,1990年制		1,460,592	香港苏富比	2021-10-13
百达翡丽 Push Button Time 型号2597 黄金旅行时间腕表,1963年制		1,460,592	香港苏富比	2021-10-13
F.P. JOURNE,罕有,铂金陀飞轮链带腕表	直径40mm	1,449,000	佳士得	2021-05-22
爱彼,罕有,18K白金半镂空陀飞轮及计时自动上弦腕表	直径41mm	1,449,000	佳士得	2021-05-22
尊纳,非常精美及罕有,铂金全历机械腕表,银灰色表盘及逆跳日历显示,Octa Calendrier系列		1,437,500	华艺国际	2021-12-10
里查德米尔,非常精美及罕有,钛合金机械腕表,镂空表盘,型号RM-030,约2018年		1,437,500	华艺国际	2021-12-10
高珀富斯,极罕有,18K白金半镂空腕表,配两个倾斜20度摆轮、两个擒纵、双发条盒、两个秒针表盘及第三个秒针表盘显示平均秒数,BALANCIERS INCLINéS 20° EWT,限量生产共6枚,约2011年制,附原厂证书、盒子及外包装	直径43mm	1,436,750	佳士得	2021-11-27
卡地亚,18K金不对称腕表,CRASH,限量生产,约1991年制,附原装证书、盒子及外包装	24mm×38mm	1,436,750	佳士得	2021-11-27
劳力士,极罕有,18K金镶钻石及红宝石自动上弦链带腕表,配中心秒针、星期及日历显示,DAY-DATE,型号18068,约1984年制	直径36mm	1,436,750	佳士得	2021-11-27
百达翡丽,罕有,18K金三问陀飞轮腕表,配珐琅表盘,型号3939H,1993年制,附后补证书	直径33mm	1,436,750	佳士得	2021-11-27
爱彼 皇家橡树系列 型号5402BC 白金镶钻石链带腕表,备日期显示,1980年制		1,408,428	香港苏富比	2021-10-13
爱彼 皇家橡树系列 Quantieme Perpetuel 型号25636BA 黄金镂空万年历链带腕表,备月相显示,约1986年制		1,408,428	香港苏富比	2021-10-13
百达翡丽 型号5160 粉红金万年历腕表,备逆跳日期、月相、闰年显示及手绘表壳,原厂未开封,约2014年制		1,393,524	香港苏富比	2021-10-13
百达翡丽丨型号5971 铂金镶钻石万年历计时腕表,备月相、24小时及闰年显示,2010年制		1,380,834	香港苏富比	2021-04-23
劳力士,Cosmograph Daytona "Paul Newman" 型号6241 精钢计时链带腕表,约1968年制		1,380,834	香港苏富比	2021-04-23
江诗丹顿,Patrimony Perpetual Calendar 型号30020/000P-4 铂金三问腕表,备双色表盘、月相及闰年显示,1994年制		1,356,264	香港苏富比	2021-10-13
爱彼,非常罕有,铂金万年历自动上弦腕表	宽41mm	1,345,500	佳士得	2021-05-22
劳力士,非常罕有,不锈钢计时链带腕表	直径36mm	1,345,500	佳士得	2021-05-22
百达翡丽,罕有,铂金计时功能腕表	直径42mm	1,345,500	佳士得	2021-05-22
百达翡丽,十分罕有,18K金三问怀表	直径50mm	1,345,500	佳士得	2021-05-22
百达翡丽,卓越及独一无二,18K黄金怀表		1,345,500	佳士得	2021-05-22
F.P. JOURNE,铂金自动上弦计时腕表,配日历显示,OCTA CHRONOGRAPHE RUTHENIUM LIMITED EDITION,限量生产共99枚,约2005年制	直径40mm	1,334,125	佳士得	2021-11-27
百达翡丽,罕有,18K金万年历计时腕表,配月相,24小时及闰年显示,型号3970第一期表盘,1986年制,附后补证书	直径36mm	1,334,125	佳士得	2021-11-27
百达翡丽,独一无二,18K金怀表,配MRS. PELLARIN-LEROY绘制的"贵族的田园生活"珐琅微绘,型号866/22,1972年制,连独一无二百达翡丽18K金镶钻石珐琅表架,型号9624,附后补证书、盒子及外包装		1,334,125	佳士得	2021-11-27
爱彼 皇家橡树系列"Jumbo" Extra-Thin 型号15202IP.OO.1240IP.01 全新限量版钛金属及铂金链带腕表,约2018年制		1,306,584	香港苏富比	2021-10-13
百达翡丽,精致罕有,铂金世界时间自动链带腕表,备掐丝珐琅表盘,"复杂功能时计",型号5131/1P,年份约2020,附原厂证书及表盒	直径39mm;长约180mm	1,280,760	保利香港	2021-11-28
宇舶,Big Bang 独一无二白金镶蓝宝石镂空陀飞轮单按钮计时腕表,约2015年制		1,274,616	香港苏富比	2021-04-23
爱彼丨皇家橡树概念系列 型号25980AI.OO.D003SU.01 限量版 alacrite 合金半镂空陀飞轮腕表,备扭矩力及动力储备显示,约2005年制		1,274,616	香港苏富比	2021-04-23
百达翡丽 Nautilus "Jumbo" 型号3700 精钢链带腕表,备日期显示及棕式表盘,由Beyer发行,约1983年制		1,251,936	香港苏富比	2021-10-13
爱彼,罕有,铂金及钛金自动上弦链带腕表	挡板宽度39mm	1,242,000	佳士得	2021-05-22
劳力士,非常罕有,不锈钢自动上弦链带腕表	直径40mm	1,242,000	佳士得	2021-05-22
百达翡丽,罕有,铂金腕表,配万年历、计时功能、月相、24小时、闰年显示及黑色镶钻石表盘,型号5131/1P... 型号3970E,约2004年制,单封状态,附原装证书、额外底盖、盒子及外包装	直径36mm	1,231,500	佳士得	2021-11-27
百达翡丽,铂金万年历追针计时腕表,配月相、日夜显示、闰年显示及黑色表盘,型号5204P,约2015年制,附原装证书、额外底盖、盒子及外包装	直径40mm	1,231,500	佳士得	2021-11-27
爱彼 皇家橡树系列 型号15407ST.OO.1220ST.01 精钢镂空双重摆轮链带腕表,约2019年制		1,199,772	香港苏富比	2021-10-13
百达翡丽丨型号3971 黄金万年历计时腕表,备月相、24小时、闰年显示及蓝宝石水晶底盖,1988年制		1,168,398	香港苏富比	2021-04-23
F.P. Journe丨Répétition Minutes Souveraine 精钢三问腕表,备动力储备显示,约2011年制		1,168,398	香港苏富比	2021-04-23
劳力士丨Cosmograph Daytona 型号6265 黄金计时链带腕表,约1987年制		1,168,398	香港苏富比	2021-04-23
里查德米尔,非常精美,玫瑰金机械腕表,配备镂空表盘,型号RM029RG,约2017年		1,150,000	华艺国际	2021-06-04
宇舶 LaFerrari 型号MP-05 独一无二钛金属镂空垂直陀飞轮腕表,备动力储备显示,约2018年制		1,147,608	香港苏富比	2021-10-13
爱彼 皇家橡树系列 型号15202OR.OO.1240OR.01 粉红金链带腕表,备日期显示,约2012年制		1,147,608	香港苏富比	2021-10-13
百达翡丽 型号5970 黄金万年历计时腕表,备月相、24小时及闰年显示,约2008年制		1,147,608	香港苏富比	2021-10-13
百达翡丽 Celestial 型号5102 黄金天文腕表,备星体运行及月相盈亏显示,约2009年制		1,147,608	香港苏富比	2021-10-13
百达翡丽 型号1463 黄金计时腕表,备宝玑式时标,1942年制		1,147,608	香港苏富比	2021-10-13
劳力士,非常罕有,不锈钢计时链带腕表	直径37mm	1,138,500	佳士得	2021-05-22
百达翡丽,极罕有,铂金镶长方形钻石自动上弦腕表	直径35mm	1,138,500	佳士得	2021-05-22

2021杂项拍卖成交汇总（续表）

（成交价RMB：1万元以上）

拍品名称	物品尺寸	成交价RMB	拍卖公司	拍卖日期
F.P. JOURNE，钛金属人体工学计时链带腕表，配百份一秒、20秒及10分钟计时显示，LINESPORT 系列，CENTIGRAPHE，约2013年制，附原厂证书、盒子及外包装	直径44mm	1,128,875	佳士得	2021-11-27
爱彼，18K红金自动上弦万年历链带腕表，配月相显示，QUANTIEME PERPETUEL AUTOMATIQUE，型号25686OR，约1993年制，附后补证书、盒子及外包装	直径39mm	1,128,875	佳士得	2021-11-27
LAURENT FERRIER，独一无二，铂金陀飞轮腕表，配黑色珐琅表盘及宝玑数字，GALET CLASSIC "PIECE UNIQUE"，约2013年制，附原厂证书、盒子及外包装	直径41mm	1,128,875	佳士得	2021-11-27
百达翡丽，18K金自动上弦链带腕表，配日历显示，NAUTILUS，型号3700，约1980年制	宽42mm	1,128,875	佳士得	2021-11-27
百达翡丽，罕有，18K金自动上弦万年历腕表，配月相及闰年显示，型号3450，1985年制，附后补证书	直径37mm	1,128,875	佳士得	2021-11-27
百达翡丽，罕有，18K金万年历腕表，配中心秒针及月相显示，型号2497，1955年制，附后补证书及维修单据	直径37.5mm	1,128,875	佳士得	2021-11-27
百达翡丽 Nautilus 型号5980 精钢飞返计时链带腕表，备日期显示，原厂未开封，约2007年制		1,043,280	香港苏富比	2021-10-13
积家，非常独特及限量，玫瑰金三问机械腕表，绘《罗纳河上的星夜》珐琅表盘，型号50924E1，约2019年制		1,035,000	华艺国际	2021-12-10
百达翡丽，非常精美及独特，白金链带机械腕表，配备白色表盘及日期显示，型号3800，约1996年		1,035,000	华艺国际	2021-06-04
江诗丹顿，铂金镂空万年历自动上弦腕表，配月相及闰年显示，型号43032P，约1991年制	直径36mm	1,026,250	佳士得	2021-11-27
卡地亚，Crash 限量版黄金腕表，约1991年制		1,009,071	香港苏富比	2021-04-23
百达翡丽｜Nautilus 型号5990 精钢两地时间飞返计时链带腕表，备日期显示，约2014年制		1,009,071	香港苏富比	2021-04-23
百达翡丽｜Nautilus 型号5800 精钢链带腕表，备日期显示，由 Tiffany & Co. 发行，约2008年制		1,009,071	香港苏富比	2021-04-23
百达翡丽 Nautilus 型号3712 "3 dots" 精钢链带腕表，备月相、日期及动力储备显示，约2005年制		991,116	香港苏富比	2021-10-13
百达翡丽 型号 3970EP 全新铂金镶钻石万年历计时腕表，约2003年制		991,116	香港苏富比	2021-10-13
百达翡丽 型号3448 黄金万年历腕表，备月相显示，1965年制		991,116	香港苏富比	2021-10-13
劳力士，非常精致吸引，玫瑰金镶钻石、蓝宝石及红宝石两地时间自动链带腕表，备日期显示，"GMT Master II"，型号126755SARU，年份约2019，附原厂国际保证卡及表盒	直径41mm；长约190mm	985,200	保利香港	2021-11-28
积家，独一无二，精致罕有，白金镶钻石、粉色蓝宝石及珍珠贝母方形翻转机械怀表，备珐琅彩绘慕夏画作、月相、昼夜及动力储存显示，"Reverso"，"Peinture"，型号580.31.01，年份约2012，附原厂证书及表盒	38mm×55mm	985,200	保利香港	2021-11-28
爱彼，不锈钢自动上弦腕表，配日历显示，ROYAL OAK "A SERIES"，型号5402，约1975年制，附维修单据	直径39mm	974,938	佳士得	2021-11-27
RICHARD MILLE，18K白金自动上弦镂空腕表，配中心秒针及日历显示，型号RM010，约2007 年制，附原厂证书、盒子及外包装	39mm×48mm	974,938	佳士得	2021-11-27
劳力士｜Cosmograph Daytona 型号116506 全新铂金镶钻石计时链带腕表，约2020年制		955,962	香港苏富比	2021-04-23
劳力士｜Cosmograph Daytona "Paul Newman" 型号6239 精钢计时链带腕表，约1966年制		955,962	香港苏富比	2021-04-23
爱彼 皇家橡树离岸型系列 型号79290 黄金链带腕表，备日期显示，1999年制		938,952	香港苏富比	2021-10-13
Octa Auto UTC 粉红金两地时间腕表，备日期及动力储备显示，约2012年制		938,952	香港苏富比	2021-10-13
F.P. JOURNE，非常罕有，铂金人体工学计时腕表，配百份一秒，20秒及10分钟计时显示，CENTIGRAPHE SOUVERAIN，约2009年制，附原厂证书、盒子及外包装	直径40mm	923,625	佳士得	2021-11-27
F.P. JOURNE，铂金腕表，配动力储存，CHRONOMèTRE SOUVERAIN BLACK LABEL，约2013年制，附原厂证书、盒子及外包装	直径38.5mm	923,625	佳士得	2021-11-27
梵克雅宝，罕有及吸引，18K白金镶钻石双重逆返女装腕表，配珐琅表盘，诗意复杂功能系列，LADY ARPELS PONT DES AMOUREUX，型号3480170，约2016年制，附原厂证书、盒子及外包装	直径38mm	923,625	佳士得	2021-11-27
爱彼，不锈钢陀飞轮链带腕表，皇家橡树陀飞轮系列，型号26512ST，约2015年制，附原厂证书、盒子及外包装	直径41mm	923,625	佳士得	2021-11-27
百达翡丽，精美，18K白金万年历计时腕表，配月相、24小时及闰年显示，型号5970，约2005年制，附原装证书、额外底盖、盒子及外包装	直径40mm	923,625	佳士得	2021-11-27
百达翡丽｜Nautilus "Four Dots" 型号3712 精钢链带腕表，备月相及动力储备显示，约2006年制		902,853	香港苏富比	2021-04-23
百达翡丽｜Nautilus 型号5711 精钢链带腕表，备日期显示，原厂未开封，约2019年制		902,853	香港苏富比	2021-04-23
F.P. Journe｜Octa Jour et Nuit 限量版铂金腕表，备钌金属表盘、钌金属涂层铜制机芯、日期、动力储备及昼夜显示，约2003年制		902,853	香港苏富比	2021-04-23
Richard Mille｜RM39-01 钛金属半镂空两地时间飞返计时腕表，备日期及月份显示，约2020年制		902,853	香港苏富比	2021-04-23
Octa Réserve de Marche 铂金腕表，备日期、动力储备显示及铜制机芯，约2002年制		886,788	香港苏富比	2021-10-13
Octa Zodiaque 限量版铂金腕表，备日期、月份、动力储备、黄道十二宫显示及铜制机芯，约2004年制		886,788	香港苏富比	2021-10-13
百达翡丽 型号5089 白金腕表，备细木雕嵌表盘，为纪念百达翡丽175周年而制，约2018年制		886,788	香港苏富比	2021-10-13
劳力士，Cosmograph Daytona 型号116516 全新铂金计时链带腕表，约2019年制		886,788	香港苏富比	2021-10-13
百达翡丽，非常精美罕见，限量版白金世界时间自动腕表，备月相显示，为庆祝品牌175周年而制，"复杂功能时计"，型号5575G-001，限量生产1300枚，年份约2015，附原厂证书及表盒，双封状态		880,092	保利香港	2021-04-22
百达翡丽，极罕有，18K白金自动上弦腕表	直径38mm	879,750	佳士得	2021-05-22
F.P. JOURNE，铂金年历显示自动上弦腕表，配逆返日历显示，OCTA CALENDRIER，约2007年制，附后补证书、盒子及外包装	直径40mm	872,313	佳士得	2021-11-27
PARMIGIANI FLEURIER，极精细及非常罕有，18K红金半镂空四锤三问西敏寺钟声陀飞轮腕表，配24小时及两地时间显示，TORIC WESTMINSTER，型号PF004184，约2005年制，附原厂证书、盒子及外包装	直径42mm	872,313	佳士得	2021-11-27
百达翡丽，18K金镶钻石及绿宝石自动上弦链带腕表，配中心秒针及日历显示，NAUTILUS，型号3800/105，1993年制，附后补证书	宽37.5mm	872,313	佳士得	2021-11-27
百达翡丽，铂金镶钻石自动上弦腕表，配年历、飞返计时功能、日夜显示及动力储存，型号5961，约2012年制，附原厂证书、盒子及外包装	直径40mm	872,313	佳士得	2021-11-27
柯籁天音，非常精美，玫瑰金机械腕表，立体镂空表盘，镶嵌天然红宝石轴承，型号MTR. DMC16.000-088，约2020年制		862,500	华艺国际	2021-12-10
爱彼，非常独特，黄金万年历机械腕表，象牙白色格纹表盘，型号26603OR，约2011年制		862,500	华艺国际	2021-12-10

(成交价RMB：1万元以上)

拍品名称	物品尺寸	成交价RMB	拍卖公司	拍卖日期
百达翡丽丨Nautilus 型号5726 精钢年历链带腕表，备月相及24小时显示，约2019年制		849,744	香港苏富比	2021-04-23
百达翡丽丨型号5131-014 黄金世界时间腕表，备掐丝珐琅表盘，约2013年制		849,744	香港苏富比	2021-04-23
江诗丹顿，独一无二、非常重要及优雅黄金怀表，配 Helen May Mercier 绘制的微绘珐琅，1948 年制		849,744	香港苏富比	2021-04-23
劳力士丨'Double Red' Sea-Dweller 型号1665 精钢链带腕表，备日期显示及棕式表盘，约1972年制		849,744	香港苏富比	2021-04-23
爱彼 皇家橡树系列 型号5402BA 黄金镶钻石链带腕表，备日期显示及棕式表盘，1978年制		834,624	香港苏富比	2021-10-13
HM4 Thunderbolt 钛金属流线型腕表，备动力储备显示，约2013年制		834,624	香港苏富比	2021-10-13
百达翡丽 Aquanaut 型号5167 精钢腕表，备日期显示，由 Tiffany & Co. 发行，约2017年制		834,624	香港苏富比	2021-10-13
劳力士 Cosmograph Daytona 型号16520 精钢计时链带腕表，备棕式小表盘，约1993年制		834,624	香港苏富比	2021-10-13
HYT，独一无二及与别不同，黑色涂层钛金属及长形切割钻石腕表	62mm×41mm	828,000	佳士得	2021-05-22
劳力士，不锈钢计时链带腕表	直径37mm	828,000	佳士得	2021-05-22
百达翡丽，卓越及独一无二，18K黄金怀表		828,000	佳士得	2021-05-22
江诗丹顿，触目，18K金及镶长形切割钻石链带腕表，LORD KALLA，型号35711，约1989年制	23mm×32mm	821,000	佳士得	2021-11-27
百达翡丽，不锈钢自动上弦链带腕表，配日历显示，NAUTILUS，型号3700，1977年制，附后补证书	宽42mm	821,000	佳士得	2021-11-27
萧邦 L.U.C系列 限量No.22/25 18K白金 手动上弦镶钻腕表，配陀飞轮装置、动力储存显示	表径39mm	805,000	北京保利	2021-06-07
百达翡丽丨Nautilus 型号5980 粉红金飞返计时腕表，备日期显示，约2019年制		796,635	香港苏富比	2021-04-23
百达翡丽丨Aquanaut Chronograph 型号5968 精钢计时腕表，备日期显示，原厂未开封，约2020年制		796,635	香港苏富比	2021-04-23
爱彼丨Repetition Minutes 限量版铂金三问腕表，备卫星时刻显示，约1995年制		796,635	香港苏富比	2021-04-23
百达翡丽 Nautilus 型号5712 精钢链带腕表，备日期、月相及动力储备显示，约2007年制		782,460	香港苏富比	2021-10-13
百达翡丽 型号5088 铂金腕表，备雕刻黑色珐琅表盘，原厂未开封，为纪念百达翡丽175周年而制，约2014年制		782,460	香港苏富比	2021-10-13
劳力士 Submariner Date "COMEX" 型号16610 精钢链带腕表，备日期显示，为 COMEX 而制，约 1991年制		782,460	香港苏富比	2021-10-13
百达翡丽，非常精美，玫瑰金机械腕表，配备棕色表盘及两地时间显示，型号5164R，未使用品，约2020年		782,000	华艺国际	2021-06-04
百达翡丽，罕有，18K红金自动上弦世界时间腕表	直径39.5mm	776,250	佳士得	2021-05-22
百达翡丽，罕有，18K红金腕表	30mm×51mm	776,250	佳士得	2021-05-22
卡地亚，18K白金镶钻石不对称腕表，CRASH，约2006年制，附原装证书	22mm×39mm	769,688	佳士得	2021-11-27
VOUTILAINEN，18K红金腕表，VINGT-8，约2012年制，附原厂证书、盒子及外包装	直径39mm	769,688	佳士得	2021-11-27
百达翡丽，非常精美，玫瑰金机械腕表，配备棕色表盘及两地时间显示，型号5164R，未使用品，约2020年	表径40.8mm	747,500	华艺国际	2021-03-31
卡地亚，非常精美及罕有，白金陀飞轮镶钻机械腕表，配备镶钻镂空表盘，型号HPI00491		747,500	华艺国际	2021-06-04
百达翡丽丨Nautilus 型号5712 精钢链带腕表，备日期、月相及动力储备显示，约2007年制		743,526	香港苏富比	2021-04-23
F.P. Journe丨Octa Calendrier 限量版精钢年历腕表，备逆跳日期，约2015年制		743,526	香港苏富比	2021-04-23
Richard Mille丨RM007 型号RM007 AF WG 白金镶钻石半镂空腕表，备日期显示，约2007年制		743,526	香港苏富比	2021-04-23
爱彼 皇家橡树离岸型系列 型号26288OF.OO.D002CR.01 粉红金及锻造碳半镂空陀飞轮计时腕表，约2010年制		743,526	香港苏富比	2021-04-23
劳力士，非常精致罕有，黄金镶钻石及蓝宝石两地时间自动链带腕表，备日期显示，"GMT Master II"，型号116758SA，年份约2007，附原厂国际保证卡及表盒	直径40mm；长约155mm	738,900	保利香港	2021-11-28
劳力士 GMT-Master 型号6542 精钢两地时间链带腕表，备胶木表圈及日期显示，由 Tiffany & Co. 发行，约1958年制		730,296	香港苏富比	2021-10-13
卡地亚 Crash 型号2462 白金镶钻石腕表，约2003年制		730,296	香港苏富比	2021-10-13
百达翡丽 型号5131-014 黄金世界时间腕表，备掐丝珐琅表盘，约2013年制		730,296	香港苏富比	2021-10-13
劳力士 "Double Red Patent Pending" Sea-Dweller 型号1665 精钢链带腕表，备棕式表盘及日期显示，约1967年制		730,296	香港苏富比	2021-10-13
伯爵，触目，18K金镶钻石及红宝石链带腕表	23mm×30mm	724,500	佳士得	2021-05-22
百达翡丽，18K白金腕表	直径36mm	724,500	佳士得	2021-05-22
百达翡丽，18K白金自动上弦腕表	直径36mm	724,500	佳士得	2021-05-22
爱彼，不锈钢陀飞轮计时腕表，皇家橡树 TOURBILLON CHRONOGRAPH，型号25977ST，约2006年制，附后补证书及维修单据	高44mm	718,375	佳士得	2021-11-27
百达翡丽，不锈钢自动上弦腕表，配中心秒针及日历显示，由蒂芙尼销售，AQUANAUT，型号5167/1A，约2017年制，附原厂证书、百达翡丽盒子、百达翡丽外包装及蒂芙尼外包装	bezel widt高38.5mm	718,375	佳士得	2021-11-27
百达翡丽，精美，18K白金世界时间自动上弦腕表，配掐丝珐琅表盘，型号5131G-001，约2011年制，附原厂证书、盒子及外包装	直径39.5mm	718,375	佳士得	2021-11-27
ANDRIES VERMEULEN，极精细及高度重要，22K红金两问怀表配外壳，镶青金石、红宝石、绿宝石及钻石，配珐琅微绘，约1740年制，为中国清朝皇帝乾隆(1711—1799)而制		718,375	佳士得	2021-11-27
梵克雅宝 诗意复杂功能系列 型号VCARN9VI00 18K白金手动上弦镶钻腕表，备逆跳小时及分钟显示	表径38mm	713,000	北京保利	2021-06-07
朗格丨Richard Lange Tourbillon pour le Mérite 型号760.032F 粉红金陀飞轮腕表，备芝麻链及regulator表盘，约2013年制		690,417	香港苏富比	2021-04-23
劳力士丨Submariner "Comex" 型号5514，前 COMEX 专员 Maurice Bessard 所有，精钢链带腕表，备日期显示及排氦阀门，约1977年制		690,417	香港苏富比	2021-04-23
F.P. Journe丨Octa Réserve de Marche 限量版精钢腕表，备日期及动力储备显示，约2015年制		690,417	香港苏富比	2021-04-23
F.P. Journe丨Chronomètre Souverain 限量版精钢腕表，备动力储备显示，约2015年制		690,417	香港苏富比	2021-04-23
雅典 鎏金系列，型号721-22 18K黄金手动上弦腕表，配活动人偶及三问功能	表径38mm	690,000	北京保利	2021-12-05
Octa UTC 粉红金两地时间腕表，备日期、动力储备及时区显示，约2012年制		678,132	香港苏富比	2021-10-13
卡地亚 Panthère Royale 型号HPI01014 白金镶钻石及玛瑙腕表，约2017年制		678,132	香港苏富比	2021-10-13
卡地亚，18K金非对称腕表	23mm×40mm	672,750	佳士得	2021-05-22
卡地亚，18K金镶钻石不对称腕表	22mm×37mm	672,750	佳士得	2021-05-22
宝玑，罕有，铂金三问万年历腕表	直径41mm	672,750	佳士得	2021-05-22
爱彼，非常罕有及触目，18K白金镶钻石三问陀飞轮腕表	直径40mm	672,750	佳士得	2021-05-22
钻石 "Serpenti" 腕表，Bulgari设计		672,750	佳士得	2021-05-23
卡地亚，18K金镶钻石不对称腕表，CRASH，约1994年制	23mm×38.5mm	667,063	佳士得	2021-11-27

2021杂项拍卖成交汇总(续表)

(成交价RMB：1万元以上)

拍品名称	物品尺寸	成交价RMB	拍卖公司	拍卖日期
朗格,精美,18K白金腕表,配数字视窗显示、动力储存、停秒功能及日历显示, ZEITWERK DATE,型号148.038,约2021年制,附原厂证书、盒子及外包装	直径44mm	667,063	佳士得	2021-11-27
爱彼,钛金属及铂金自动上弦链带腕表,配日历显示,为2017年的"爱彼女皇杯"赛马活动而制,皇家橡树系列,限量生产共200枚,型号15403IP,约2017年制,附原厂证书、盒子及外包装	高40.5mm	667,063	佳士得	2021-11-27
VOUTILAINEN,独一无二,18K白金两地时间腕表,配日夜显示及手工雕刻日本天鹅表盘,GMT-6, UNIQUE PIECE,约2015年制,附原厂证书、盒子及外包装	直径39mm	667,063	佳士得	2021-11-27
RICHARD MILLE,精美,18K红金镶钻石女装自动上弦腕表,配日历显示及贝母表盘,型号RM007,约2010年制,附盒子及外包装	31mm×45mm	667,063	佳士得	2021-11-27
百达翡丽,不锈钢年历显示自动上弦腕表,配中心秒针、月相及24小时显示,型号5726A,约2012年制,附原厂证书	宽44mm	667,063	佳士得	2021-11-27
百达翡丽,不锈钢自动上弦链带腕表,配中心秒针、日历显示及动力储存, NAUTILUS,型号3710,约2000年制,附原厂证书、盒子及外包装	宽42mm	667,063	佳士得	2021-11-27
百达翡丽,罕有,铂金自动上弦腕表,配掐丝珐琅及贝母表盘,型号5077P-069, 2012年制,附原厂证书、盒子及外包装	直径38mm	667,063	佳士得	2021-11-27
百达翡丽,铂金腕表,配万年历、计时功能、月相、24小时及闰年显示,型号3970E, 1999年制,附后补证书、盒子及外包装	直径36mm	667,063	佳士得	2021-11-27
朗格 Zeitwerk系列 型号 143.050 限量No.63/100 18K蜂蜜金手动上弦腕表,配自鸣功能 动力储存显示	表径44mm	667,000	北京保利	2021-06-07
里查德米尔 非常精美,白金酒桶形自动腕表,备日期显示,"RM 023",型号RM023 AL WG,年份约2015,附原厂证书及表盒		647,424	保利香港	2021-04-22
劳力士 | Cosmograph Daytona 型号16520 非常罕有精钢计时链带腕表,备罕有表盘,约1996年制		637,308	香港苏富比	2021-04-23
Parmigiani Fleurier | Toric Westminster Grande Date 独一无二粉红金陀飞轮 Carillon de Westminster 旋律三问腕表,备日期显示,约2020年制		637,308	香港苏富比	2021-04-23
RICHARD MILLE,精美,18K红金镂空自动上弦腕表,配日历显示及中心秒针,型号 RM005,约2005年制	38mm×45mm	636,275	佳士得	2021-11-27
百达翡丽 鹦鹉螺系列,型号5712R 18K玫瑰金自动上弦腕表,配日期,动力储存及月相显示	表径40.5mm	632,500	北京保利	2021-12-05
百达翡丽,非常精美,白金机械腕表,配备卡其绿色表盘及日期显示,型号5168G-010,约2019年		632,500	华艺国际	2021-06-04
劳力士 Cosmograph Daytona 型号116509 白金计时链带腕表,备绿松石表盘,约2007年制		625,968	香港苏富比	2021-10-13
劳力士 Cosmograph Daytona 型号16528 黄金计时链带腕表,约1988年制		625,968	香港苏富比	2021-10-13
劳力士 Cosmograph Daytona "John Mayer" 型号M116508 黄金计时链带腕表,约2019年制		625,968	香港苏富比	2021-10-13
海瑞温斯顿,18K白金三问腕表	直径41.5mm	621,000	佳士得	2021-05-22
积家,极罕有,铂金镶钻石及蓝宝石自动上弦陀飞轮腕表	直径43mm	621,000	佳士得	2021-05-22
百达翡丽,罕有,18K白金自动上弦世界时间腕表	直径38.5mm	621,000	佳士得	2021-05-22
百达翡丽,罕有,18K金自动上弦世界时间腕表	直径39.5mm	621,000	佳士得	2021-05-22
百达翡丽,不锈钢自动上弦腕表,配中心秒针及日历显示,为日本市场而制,限量生产,型号5066A,约1999年制,附原厂证书、盒子及外包装	bezel widt高33.5mm	615,750	佳士得	2021-11-27
百达翡丽,不锈钢自动上弦腕表,配日历显示、月相及动力储存,鹦鹉螺,型号5712,约2008年制,附原厂证书、盒子及外包装	宽42mm	615,750	佳士得	2021-11-27
百达翡丽,罕有,18K金自动上弦世界时间腕表,配掐丝珐琅表盘,型号5131,约2014年制,附原厂证书	直径39.5mm	615,750	佳士得	2021-11-27
认为是PIGUET & CAPT之作品,极为精细,罕有,18K红金镶钻石及珐琅长方形两问指环表,尺寸可调校,配活动人偶,附原装盒子及钥匙,约1810年制		615,750	佳士得	2021-11-27
爱彼,重要及非常罕有,铂金三问追针计时怀表	直径46mm	600,300	佳士得	2021-05-22
百达翡丽 | Nautilus 型号5800 精钢链带腕表,备日期显示,约2008年制		584,199	香港苏富比	2021-04-23
百达翡丽 | Nautilus 型号5726 精钢年历腕表,备月相及24小时显示,约2010年制		584,199	香港苏富比	2021-04-23
尊纳,精美及独特,钛金属电子机械腕表,白色夜光涂层表盘, Elegante系列		575,000	华艺国际	2021-12-10
爱彼 皇家橡树系列 型号26022BC 白金计时腕表,备日期显示及鲑鱼色表盘,约2008年制		573,804	香港苏富比	2021-10-13
百达翡丽 Nautilus 型号5726 精钢年历腕表,备月相及24小时显示,约2018年制		573,804	香港苏富比	2021-10-13
百达翡丽 Nautilus 型号5712 白金腕表,备日期、月相及动力储备显示,约2018年制		573,804	香港苏富比	2021-10-13
劳力士 Cosmograph Daytona 型号116520 精钢计时链带腕表,备变色表盘,约2000年制		573,804	香港苏富比	2021-10-13
积家 Reverso Grande Complication à Triptyque 型号241.6.65 限量版铂金可翻转陀飞轮瞬跳万年历腕表,备三重表盘,备日期、时间等式、黄道十二宫日历、星象图、恒星、日落日出、24小时、闰年、动力储备及昼夜显示,约2009年制		573,804	香港苏富比	2021-10-13
百达翡丽 型号5105 全新限量版铂金腕表,备1959年机芯,为庆祝百达翡丽日内瓦制表中心开幕而制,约2006年制		573,804	香港苏富比	2021-10-13
宝玑,铂金陀飞轮腕表	直径40mm	569,250	佳士得	2021-05-22
芝柏,瞩目,18K红金镂空三问陀飞轮腕表	直径39.5mm	569,250	佳士得	2021-05-22
F.P.JOURNE,18K红金自动上弦腕表,配月相、日历显示及动力储存, OCTA LUNE 42MM,约2016年制,附原厂证书、盒子及外包装	直径42mm	564,438	佳士得	2021-11-27
卡地亚,18K白金镶钻石及绿宝石自动上弦女装腕表, PANTHèRE JOUEUSE DE CARTIER,型号HPI01105,约2020年制,附原厂证书	直径40mm	564,438	佳士得	2021-11-27
DE BETHUNE,18K白金单按钮计时腕表,型号DB8,约2008年制,附原厂证书、盒子及外包装	直径42mm	564,438	佳士得	2021-11-27
劳力士,不锈钢自动上弦链带腕表,配中心秒针,日历显示及拂带棕色表盘, SEA-DWELLER,型号1665,约1967年制	直径39mm	564,438	佳士得	2021-11-27
爱彼,由江诗丹顿出售,非常精美及罕有,18K 金三问万年历追针计时功能猎壳怀表,配月相,1894年制,附原厂证书	直径50mm	564,438	佳士得	2021-11-27
百达翡丽,非常精美,玫瑰金机械腕表,配备棕色表盘及日期显示,型号5167R,约2021年		552,000	华艺国际	2021-06-04
劳力士,非常独特,白金机械腕表,青金石表盘,刻度镶钻,型号128239,约2021年		552,000	华艺国际	2021-12-10
朗格 | Zeitwerk 型号140.025 限量版铂金腕表,备跳字及动力储备显示,约2009年制		531,090	香港苏富比	2021-04-23
朗格 | Saxonia Double Split Flyback 型号404.035F 铂金追针计时腕表,备动力储备显示,约2009年制		531,090	香港苏富比	2021-04-23
百达翡丽 | Calatrava 型号6007 限量版精钢腕表,为庆祝制表中心竣工而制,2019年制		531,090	香港苏富比	2021-04-23

（成交价RMB：1万元以上）

拍品名称	物品尺寸	成交价RMB	拍卖公司	拍卖日期
劳力士 Cosmograph Daytona 型号116505 永恒玫瑰金计时链带腕表，约2013年制		521,640	香港苏富比	2021-10-13
百达翡丽 Aquanaut 型号5065 精钢腕表，备日期显示，原厂未开封，约2004年制		521,640	香港苏富比	2021-10-13
百达翡丽 Nautilus 型号7018 精钢镶钻石链带腕表，备日期显示及珠母贝表盘，由 Tiffany & Co. 发行，约2015年制		521,640	香港苏富比	2021-10-13
百达翡丽 型号3970/2 黄金万年历计时链带腕表，备月相、24小时及闰年显示，1992年制		521,640	香港苏富比	2021-10-13
百达翡丽 Aquanaut Travel Time 型号5164 精钢两地时间腕表，备日期及昼夜显示，约2013年制		521,640	香港苏富比	2021-10-13
百达翡丽，未使用品，精钢机械腕表，深灰色表盘，型号5167A，约2020年制		517,500	华艺国际	2021-12-10
劳力士，不锈钢计时链带腕表，迪通拿系列，型号6265，约1975年制	直径37mm	513,125	佳士得	2021-11-27
百达翡丽 型号5170 白金计时腕表，由 Tiffany & Co. 发行，约2018年制		509,846	香港苏富比	2021-04-23
百达翡丽 型号130 粉红金计时腕表，1943年制		509,846	香港苏富比	2021-04-23
F.P. Journe | Octa Quantième perpétuel 铂金瞬跳万年历腕表，备闰年及动力储备显示，约2017年制		509,846	香港苏富比	2021-04-23
百达翡丽 Birds of Paradise 型号5075 限量版白金腕表，备掐丝珐琅表盘，约2001年制		500,774	香港苏富比	2021-10-13
爱彼，罕有及吸引，18K白金镶钻石自动上弦链带腕表	宽35mm	496,800	佳士得	2021-05-22
劳力士，铂金镶钻石自动上弦链带腕表	直径41mm	496,800	佳士得	2021-05-22
劳力士，吸引，不锈钢自动上弦计时链带腕表	直径39mm	496,800	佳士得	2021-05-22
爱彼，十分罕有，18K金三问万年历怀表	直径50mm	496,800	佳士得	2021-05-22
百达翡丽，非常精细，白金万年历自动腕表，备日期、星期、月份、日夜、闰年及月相显示，"超级复杂功能时计"，型号5320G，年份约2021，附原厂证书、调校针、备用表背盖及表盒	直径38mm	492,600	保利香港	2021-11-28
百达翡丽，18K金镶钻石金币表，型号802/3，1992年制，附后补证书、盒子及外包装	直径35.5mm	492,600	佳士得	2021-11-27
儒纳 ChronomÈtre Optimum 铂金手动上弦腕表，配动力储存显示	表径40mm	483,000	北京保利	2021-06-07
百达翡丽 蒂芙尼合作款 型号5150R 18K玫瑰金自动上弦腕表，配年历功能、月相显示	表径36mm	483,000	北京保利	2021-06-07
型号 220000 独特白金镶黄钻石计时链带腕表，约1995年制		477,981	香港苏富比	2021-04-23
百达翡丽 型号5110 铂金世界时间腕表，备原厂保养封套，约2002年制		477,981	香港苏富比	2021-04-23
Ludovic Ballouard | Half Time 全新铂金跳时腕表，备逆跳分钟，约2012年制		477,981	香港苏富比	2021-04-23
CHRISTOPHE CLARET，与别不同，18K白金及钛金属半镂空陀飞轮腕表	40mm×57mm	476,100	佳士得	2021-05-22
罗伦斐，精致，白金陀飞轮机械腕表，备小秒针，"Classic Tourbillon"，型号LCF001.02.G1.N01，年份约2018，附原厂证书及表盒	直径41mm	472,896	保利香港	2021-11-28
劳力士 Cosmograph Daytona "Beach" 型号116519 白金计时腕表，备绿玉髓表盘，约2007年制		469,476	香港苏富比	2021-10-13
宝玑 Reine de Naples 型号8909 白金镶钻石及蓝宝石链带腕表，备月相、动力储备显示及珠母贝表盘，约2017年制		469,476	香港苏富比	2021-10-13
百达翡丽 Birds of Paradise 型号5075 限量版白金腕表，备掐丝珐琅表盘，约2001年制		469,476	香港苏富比	2021-10-13
宝玑，非常精美，铂金镂空陀飞轮机械腕表，备人手雕刻装饰，"经典复杂系列"，型号3355/PT/00986，年份约2005，附原厂证书及表盒		465,336	保利香港	2021-04-22
劳力士，不锈钢自动上弦链带腕表，迪通拿系列，型号116520，"象牙色表盘"，约2000年制，附原厂证书	直径40mm	461,813	佳士得	2021-11-27

拍品名称	物品尺寸	成交价RMB	拍卖公司	拍卖日期
劳力士，18K金镶钻石及黑色宝石自动上弦两地时间链带腕表，配中心秒针及日历显示，GMT_MASTER II，型号116748SANR，约2006年制，附原厂证书、盒子及外包装	直径40mm	461,813	佳士得	2021-11-27
宇舶 | Classic Fusion 型号504.OX.0180.LR 限量版帝王金镂空陀飞轮三问腕表，备大教堂音簧，约2014年制		446,116	香港苏富比	2021-04-23
劳力士 | Cosmograph Daytona 型号6239 精钢计时链带腕表，备Jumbo标志，约1971年制		446,116	香港苏富比	2021-04-23
Gerald Genta | 型号40164 黄金陀飞轮三问镂空腕表，约1990年制		446,116	香港苏富比	2021-04-23
播威 | Rising Star 型号AIRS025 粉红金三地时间陀飞轮可转换式腕表，备24时区、动力储备、昼夜显示及砂金石表盘，约2018年制		446,116	香港苏富比	2021-04-23
积家 | Master Minute Repeater 型号151.T.67S 限量版钛金属半镂空三问腕表，备动力储备显示及发条力矩显示，约2007年制		446,116	香港苏富比	2021-04-23
Lang & Heyne Albert 铂金单按钮计时腕表，备珐琅表盘及60分中心刻度，约2017年制		438,178	香港苏富比	2021-10-13
Octa Divine 粉红金腕表，备日期、月相及动力储备显示，约2016年制		438,178	香港苏富比	2021-10-13
百达翡丽 Aquanaut 型号5065 黄金腕表，备日期显示，约2000年制		438,178	香港苏富比	2021-10-13
百达翡丽 Birds of Paradise 型号5075 限量版白金腕表，备掐丝珐琅表盘，约2001年制		438,178	香港苏富比	2021-10-13
百达翡丽 型号5070 白金计时腕表，约2007年制		438,178	香港苏富比	2021-10-13
百达翡丽 型号 5180/1G 18K白金自动上弦腕表	表径39mm；全表长约18.5cm	437,000	北京保利	2021-06-07
百达翡丽 鹦鹉螺系列 型号5726A 精钢自动上弦腕表，配年历功能、月相、24小时显示	表径40.5mm	437,000	北京保利	2021-06-07
百达翡丽 Calatrava系列，型号5118P，铂金镶钻自动上弦腕表，配日期显示	表径37mm	437,000	北京保利	2021-12-05
百达翡丽，非常精美，白金计时机械腕表，配备蓝色世界时间显示表盘，型号5930G，约2017年制		437,000	华艺国际	2021-06-04
百达翡丽，罕有，18K金镶钻石镂空怀表	45mm×53mm	434,700	佳士得	2021-05-22
百达翡丽，瞩目及独一无二，18K三色金镶养殖珍珠挂表	56mm×82mm	434,700	佳士得	2021-05-22
劳力士，不锈钢计时链带腕表，迪通拿"JUMBO DAYTONA LOGO"，型号6240，约1966年制，附原厂证书	直径37mm	431,025	佳士得	2021-11-27
卡地亚 | Baignoire 型号3248 粉红金镶钻石腕表，约2015年制		424,872	香港苏富比	2021-04-23
百达翡丽 | Aquanaut 型号5065 精钢腕表，备日期显示，原厂未开封，约2004年制		424,872	香港苏富比	2021-04-23
百达翡丽 | Nautilus 型号3800 精钢链带腕表，备日期显示及特殊罗马数字表盘，约2007年制		424,872	香港苏富比	2021-04-23
卡地亚 | Panthère Divine 型号3607 白金镶黑色珐琅及钻石腕表，约2013年制		424,872	香港苏富比	2021-04-23
百达翡丽 | 型号5076 独一无二铂金腕表，备掐丝珐琅表盘，2004年制		424,872	香港苏富比	2021-04-23
劳力士 Cosmograph Daytona 型号116528H 黄金镶钻石链带腕表，约2014年制		417,312	香港苏富比	2021-10-13
劳力士 Day-Date 型号18039 白金镶钻石链带腕表，备日期、星期显示及青金石表盘，约1983年制		417,312	香港苏富比	2021-10-13
劳力士 Cosmograph Daytona 型号116508 全新黄金镶钻石计时链带腕表，约2012年制		417,312	香港苏富比	2021-10-13
朗格，罕有，18K白金跳时及分钟腕表	直径42mm	414,000	佳士得	2021-05-22
劳力士，不锈钢计时链带腕表	直径37mm	414,000	佳士得	2021-05-22
百达翡丽，18K金及不锈钢自动上弦链带腕表	宽42mm	414,000	佳士得	2021-05-22
百达翡丽，十分罕有，18K金万年历腕表	直径34mm	414,000	佳士得	2021-05-22

2021杂项拍卖成交汇总(续表)

(成交价RMB:1万元以上)

拍品名称	物品尺寸	成交价RMB	拍卖公司	拍卖日期
F.P.JOURNE,钛金属酒桶形石英腕表,éLéGANTE 48 MM,约2018年制,附原厂证书、盒子及外包装	39mm×48mm	410,500	佳士得	2021-11-27
朗格,18K红金腕表,配跳秒功能,动力储存及标准表盘,RICHARD LANGE JUMPING SECONDS,限量生产,型号252.032,约2017年制,附原厂证书、盒子及外包装	直径40mm	410,500	佳士得	2021-11-27
爱彼,18K红金自动上弦计时链带腕表,配日历显示,皇家橡树系列,型号25960OR,约2008年制,附盒子及外包装	高38.5mm	410,500	佳士得	2021-11-27
百达翡丽,18K红金自动上弦链带腕表,型号2551,约1957年制	直径36mm	410,500	佳士得	2021-11-27
百达翡丽 | Nautilus 型号3800 精钢链带腕表,备日期显示,1994年制		403,628	香港苏富比	2021-04-23
型号PF600534.01 铂金镶钻石半镂空三问腕表,约2000年制		403,628	香港苏富比	2021-04-23
宝玑 型号3877 白金三问腕表,约2000年制		403,628	香港苏富比	2021-04-23
爱彼 | Jules Audemars Grande Sonnerie 限量版粉红金二问大小自鸣报时腕表,约1995年制		403,628	香港苏富比	2021-04-23
Jean Dunand and Christophe Claret | Piece Unique Tourbillon Orbital 型号IO1960 独一无二白金陀飞轮腕表,备月相、动力储备显示及紫色硬石表盘,约2009年制		403,628	香港苏富比	2021-04-23
劳力士 Cosmograph Daytona "Cherry Logo" 型号6239 精钢计时链带腕表,约1968年制		403,628	香港苏富比	2021-04-23
格拉夫 18K白金 女款镶钻石及彩色宝石腕表	表径34mm	402,500	北京保利	2021-09-26
劳力士,非常精美,黄金机械腕表,绿松石表盘,刻度镶钻,型号128238,约2020年制		402,500	华艺国际	2021-12-10
朗格 Richard Lange Jumping Seconds 型号252.029 白金跳秒腕表,备动力储备显示、归零装置及 regulator 表盘,约2019年制		396,446	香港苏富比	2021-10-13
梵克雅宝 型号HH13333 限量版白金镶钻石陀飞轮腕表,备动力储备显示及珠母贝表盘,约2007年制		396,446	香港苏富比	2021-10-13
百达翡丽 Aquanaut 型号5165 精钢腕表,备日期显示,约2010年制		396,446	香港苏富比	2021-10-13
百达翡丽 Aquanaut 型号5065 精钢腕表,备日期显示,约2006年制		396,446	香港苏富比	2021-10-13
百达翡丽 Birds of Paradise 型号5075 限量版白金腕表,备掐丝珐琅表盘,约2001年制		396,446	香港苏富比	2021-10-13
劳力士 Cosmograph Daytona 型号116520 精钢计时链带腕表,备忌廉色表盘,约2000年制		396,446	香港苏富比	2021-10-13
劳力士 Cosmograph Daytona 型号116519 白金计时腕表,备珠母贝表盘,约2005年制		396,446	香港苏富比	2021-10-13
劳力士,精细独特,白金自动计时码表,备小秒针及测速计,"Cosmograph Daytona",型号116519LN,年份约2020,附原厂国际保证卡	直径40mm	394,080	保利香港	2021-11-28
江诗丹顿,18K红金镂空陀飞轮腕表	直径38mm	393,300	佳士得	2021-05-22
劳力士,18K红金自动上弦计时链带腕表,迪通拿系列,型号116505,约2015年制,附原厂证书、盒子及外包装	直径40mm	389,975	佳士得	2021-11-27
朗格,18K白金自动上弦腕表,配星期及日历显示,ODYSSEUS,型号363.068,约2021年制,附原厂证书、盒子及外包装	直径40.5mm	389,975	佳士得	2021-11-27
欧米茄,一套五枚不锈钢计时链带腕表,超霸系列专业月球表,"东京2020"限量生产共55枚,约2018年制,附原厂证书、盒子及外包装	表径42mm×5	389,975	佳士得	2021-11-27
百达翡丽 型号5100 限量版白金腕表,备十天动力储备显示,为庆祝千禧年而制,约2000年制		386,014	香港苏富比	2021-10-13
伯爵 精美优雅,白金镶钻石自动链带腕表,"Polo",型号27705,年份约2016,附原厂证书及表盒		384,408	保利香港	2021-04-22
百达翡丽,复古精致,黄金镶钻石圆八角形链带腕表,备日期显示,"Nautilus",型号3800/1,年份约1997,附原厂后补证书及表盒	直径37.5mm;长约185mm	384,228	保利香港	2021-11-28
朗格 Datograph系列,型号403.035 铂金手动上弦腕表,配日期计时功能	表径39mm	379,500	北京保利	2021-12-05
百达翡丽 | Aquanaut Luce 型号5067 精钢镶钻石腕表,备日期显示,由Tiffany & Co. 发行,约2017年制		371,763	香港苏富比	2021-04-23
百达翡丽 | Calatrava Weekly Calendar 型号5212 精钢腕表,备日期及星期显示,原厂未开封,约2019年制		371,763	香港苏富比	2021-04-23
百达翡丽,非常精美,玫瑰金链带机械腕表,配备世界时间显示表盘,型号5130/1R,约2016年制		368,000	华艺国际	2021-06-04
劳力士 Cosmograph Daytona 型号116528 黄金计时链带腕表,约2014年制		365,148	香港苏富比	2021-10-13
劳力士 Cosmograph Daytona 型号16520 精钢计时链带腕表,约1993年制		365,148	香港苏富比	2021-10-13
劳力士 "Floating" Cosmograph Daytona 型号16523 黄金及精钢计时链带腕表,备悬浮标志,约1988年制		365,148	香港苏富比	2021-10-13
Octa Sport Indy 500 限量版黑色铝金属腕表,备日期、动力储备、昼夜显示及INDY 500标志,为纪念法籍赛车手Jean Alesi 参加 Indianapolis 500而制,约2012年制		365,148	香港苏富比	2021-10-13
百达翡丽 Aquanaut 型号5065 精钢腕表,备日期显示及绿色胶带,由Tiffany & Co. 发行,约2000年制		365,148	香港苏富比	2021-10-13
劳力士 Military "SAS" Explorer II 型号216570 精钢链带腕表,备日期及24小时显示,为Special Air Service而制,约2012年制		365,148	香港苏富比	2021-10-13
百达翡丽 Advanced Research Annual Calendar 型号5350 限量版粉红金年历腕表,备硅制擒纵齿轮、spiromax 摆轮游丝、月相及动力储备显示,原厂未开封,2007年制		365,148	香港苏富比	2021-10-13
劳力士,罕有,不锈钢自动上弦链带腕表	直径40mm	362,250	佳士得	2021-05-22
江诗丹顿,不锈钢自动上弦链带腕表	宽37mm	362,250	佳士得	2021-05-22
百达翡丽,罕有,不锈钢两地时腕表	直径37.5mm	362,250	佳士得	2021-05-22
百达翡丽,18K白金自动上弦年历显示腕表	直径40mm	362,250	佳士得	2021-05-22
朗格,18K白金计时腕表,1815 CHRONOGRAPH,型号401.026,约2005年制,附原厂证书、盒子及外包装	直径39.5mm	359,188	佳士得	2021-11-27
百达翡丽,不锈钢自动上弦链带腕表,配中心秒针及日历显示,NAUTILUS,型号3800,约1998年制,附原厂证书、盒子及外包装	宽37.5mm	359,188	佳士得	2021-11-27
百达翡丽,不锈钢自动上弦链带腕表,配年历、飞返计时功能、日夜显示及动力储存,型号5960,约2015年制,附原厂证书、盒子及外包装	直径40.5mm	359,188	佳士得	2021-11-27
百达翡丽,精美,铂金镶蓝宝石腕表,型号3796,1995年制,附后补证书、盒子及外包装	直径31mm	359,188	佳士得	2021-11-27
劳力士,罕有,精钢链带机械腕表,配备 "Double Red" 表盘,型号1665,约1978年制		345,000	华艺国际	2021-12-10
积家,非常独特精美,铂金镶钻石镂空方形机械腕表,备可翻转表盘,"Grande Reverso",型号Q3006430,年份约2016,附原厂证书及表盒	30mm×45mm	344,820	保利香港	2021-11-28
劳力士 Cosmograph Daytona 型号116515LN 永恒玫瑰金计时腕表,约2015年制		339,898	香港苏富比	2021-04-23
路易威登 Tambour 型号Q1E90 全新限量版白金镶钻石及绿色宝石计时腕表,备日期显示,约2019年制		339,898	香港苏富比	2021-04-23
百达翡丽 型号5960 粉红金年历飞返计时腕表,备动力储备及昼夜显示,约2013年制		339,898	香港苏富比	2021-04-23
百达翡丽 型号5130 白金世界时间链带腕表,约2013年制		339,898	香港苏富比	2021-04-23

拍品名称	物品尺寸	成交价RMB	拍卖公司	拍卖日期
劳力士 | Cosmograph Daytona 型号16520 非常罕有精钢计时链带腕表，备罕有表盘，约1995年制		339,898	香港苏富比	2021-04-23
百达翡丽 型号5076 独一无二铂金腕表，备掐丝珐琅表盘，2004年制		339,898	香港苏富比	2021-04-23
宇舶 | Big Bang Unico 型号441.JX.4802.RT 限量版蓝宝石水晶半镂空计时腕表，备日期显示，约2020年制		339,898	香港苏富比	2021-04-23
爱彼 皇家橡树离岸型系列 Chronograph QEII Cup 2018 型号26474TI.OO.1000TI.01 限量版钛金属计时链带腕表，备日期显示，为纪念Queen Elizabeth II Cup而制，约2018年制		333,850	香港苏富比	2021-10-13
劳力士 Cosmograph Daytona 型号116528 黄金计时链带腕表，约2013年制		333,850	香港苏富比	2021-10-13
朗格 Sax-O-Mat Langematik Perpetual 型号310.025 铂金万年历腕表，备月相、24小时、闰年显示及归零装置，约2008年制		333,850	香港苏富比	2021-10-13
百达翡丽 型号7140 白金镶钻石万年历腕表，备月相、24小时及闰年显示，约2021年制		333,850	香港苏富比	2021-10-13
百达翡丽 Nautilus 型号3900 黄金链带腕表，备日期显示，由 Tiffany & Co. 发行，1991年制		333,850	香港苏富比	2021-10-13
爱彼 Jules Audemars Repetition Minutes Carillon 限量版粉红金镶钻石三问腕表，约1995年制		333,850	香港苏富比	2021-10-13
劳力士 Day-Date 型号18368 黄金镶钻石链带腕表，备日期及星期显示，约 1991年制		333,850	香港苏富比	2021-10-13
劳力士，非常精美，玫瑰金链带机械腕表，配备对比色表盘，型号116505，约2020年制	表径40mm	333,500	华艺国际	2021-03-31
劳力士，不锈钢自动上弦链带腕表	直径40mm	331,200	佳士得	2021-05-22
百达翡丽，不锈钢自动上弦腕表	挡板宽度36.5mm	331,200	佳士得	2021-05-22
百达翡丽，罕有，18K金自动上弦年历显示腕表	直径36mm	331,200	佳士得	2021-05-22
百达翡丽，18K红金自动上弦腕表	直径36mm	331,200	佳士得	2021-05-22
百达翡丽，18K白金腕表	直径35mm	331,200	佳士得	2021-05-22
钻石及黑玛瑙"Serpenti"腕表，Bulgari设计		331,200	佳士得	2021-05-23
宝玑，铂金陀飞轮镂空腕表，型号3355，约2003年制	直径36mm	328,400	佳士得	2021-11-27
URWERK，18K白金及钛金属腕表，配旋转时针及动力储存，URWERK 103，型号103.07，约2006年制，附原厂证书、盒子及外包装	36mm×50mm	328,400	佳士得	2021-11-27
百达翡丽，不锈钢自动上弦链带腕表，配中心秒针及日历显示，NAUTILUS，型号3800，约1985年制，附原厂证书	宽37.5mm	328,400	佳士得	2021-11-27
劳力士，非常精美，玫瑰金链带机械腕表，配备橄榄绿表盘，型号228235，约2020年制	表径40mm	322,000	华艺国际	2021-03-31
宝玑 经典复杂系列 18K黄金手动上弦腕表，配陀飞轮装置	表径36mm	322,000	北京保利	2021-06-07
Breguet宝玑 Classique Complications 经典复杂系列5357PT/1B/9V6手动上链男表		322,000	西泠印社	2021-01-16
百达翡丽，非常精美及罕有，黄金万年历机械腕表，配备白色表盘及逆跳日历显示，型号5050J，约20世纪90年代制		322,000	华艺国际	2021-06-04
Tourbillon 型号PF000392 铂金镶钻石半镂空陀飞轮腕表，约2003年制		318,654	香港苏富比	2021-04-23
百达翡丽 | Calatrava 型号2526 黄金腕表，备珐琅表盘，由Serpico y Laino发行，1958年制		318,654	香港苏富比	2021-04-23
Christophe Claret | Texas Hold' em Poker 型号TI004PCK05 限量版PVD涂层处理钛金属腕表，备音锤、大教堂音簧及两款赌场游戏，约2014年制		318,654	香港苏富比	2021-04-23
Romain Gauthier | Prestige HM 限量版铂金腕表，约2007年制		318,654	香港苏富比	2021-04-23
播威 | Amadeo Fleurier 型号CP 0421 独一无二白金半镂空三问跳时腕表，约2007年制		318,654	香港苏富比	2021-04-23

拍品名称	物品尺寸	成交价RMB	拍卖公司	拍卖日期
Ressence | Spymaster 限量版钛金属腕表，备回转表盘及星期显示，附带独一无二 NFT 非同质化代币，备数字庆祝画作及方块链认证，为造福Make-A-Wish 机构而售，约2021年制		318,654	香港苏富比	2021-04-23
型号220.Y.50 粉红金双表盘半镂空万年历陀飞轮腕表，备月相、闰年及动力储备显示，约2010年制		312,984	香港苏富比	2021-10-13
百达翡丽 Nautilus 型号3900 精钢链带腕表，备日期显示，由Gübelin发行，1984年制		312,984	香港苏富比	2021-10-13
劳力士 GMT-Master II 型号126715CHNR 永恒玫瑰金两地时间链带腕表，备日期显示，约2019年制		312,984	香港苏富比	2021-10-13
劳力士 Cosmograph Daytona 型号16520 精钢计时链带腕表，备棕式小表盘，约1996年制		312,984	香港苏富比	2021-10-13
芝柏，铂金镂空陀飞轮腕表	直径39mm	310,500	佳士得	2021-05-22
LAURENT FERRIER，18K白金自动上弦腕表，GALET MICRO-ROTOR，型号LCF004-G，约2012年制，附原厂证书、盒子及外包装	直径40mm	307,875	佳士得	2021-11-27
百达翡丽 鹦鹉螺系列 型号 7118A 精钢 自动上弦腕表	表径36mm；表链全长18cm	299,000	北京保利	2021-06-07
爱彼 皇家橡树系列 限量NO.44/75 铂金自动上弦腕表，配日期显示	表径39mm	299,000	北京保利	2021-06-07
爱彼，精美，精钢机械腕表，配备蓝色表盘，型号15450ST，约2021年制		299,000	华艺国际	2021-06-04
卡地亚，巴黎工坊定制系列，非常独特，白金计时机械腕表，"青花瓷"白色表盘及蓝色刻度，约2002年制		299,000	华艺国际	2021-12-10
朗格，玫瑰金计时机械腕表，白色表盘，型号402.032		299,000	华艺国际	2021-12-10
劳力士 | Cosmograph Daytona 型号116528 黄金计时链带腕表，约2000年制		297,410	香港苏富比	2021-04-23
百达翡丽 | 型号2481 粉红金镶红宝石链带腕表，为沙特阿拉伯之王伊本·沙特而制，1955年制		297,410	香港苏富比	2021-04-23
劳力士 精致高雅，玫瑰金自动计时码表，备小秒针及测速计，"Cosmograph Daytona"，型号116515LN，年份约2018，附原厂国际保证卡	直径40mm	295,560	保利香港	2021-11-28
积家，限量生产，红金REVERSO，陀飞轮，编号088/500，年份2004	表径26mm×42mm	295,050	佳士得	2021-04-09
劳力士 Yacht-Master 型号116655 永恒玫瑰金镶钻石腕表，备日期显示，约2016年制		292,118	香港苏富比	2021-10-13
爱彼 皇家橡树系列 型号26315ST.OO.1256ST.02 精钢计时链带腕表，备日期显示，约2019年制		292,118	香港苏富比	2021-10-13
爱彼 Millenary Star Wheel 型号25898ST/O/0020VE/01 限量版精钢腕表，备卫星时刻显示，为纪念爱彼125周年而制，约2000年制		292,118	香港苏富比	2021-10-13
劳力士 Cosmograph Daytona 型号116520 精钢计时链带腕表，备"APH"表盘，约2014年制		292,118	香港苏富比	2021-10-13
百达翡丽 Calatrava 型号2526 First series 黄金腕表，备珐琅表盘，约1953年制		292,118	香港苏富比	2021-10-13
劳力士 Day-Date 型号18039 白金链带腕表，备日期、星期显示及木制表盘，约1979年制		292,118	香港苏富比	2021-10-13
劳力士 Day-Date 型号18038 黄金腕表，备日期、星期显示及青金石表盘，约1983年制		292,118	香港苏富比	2021-10-13
LUDOVIC BALLOUARD，独一无二，铂金镶钻石腕表	直径41mm	289,800	佳士得	2021-05-22
爱彼，独一无二及优雅，18K白金镶钻石及红宝石长方形女装腕表	23mm×34mm	289,800	佳士得	2021-05-22
泰格豪雅，一套5枚，不锈钢自动上弦计时腕表	宽39mm×5	289,800	佳士得	2021-05-22
百达翡丽，18K金自动上弦腕表	挡板宽度34mm	289,800	佳士得	2021-05-22
百达翡丽，不锈钢自动上弦腕表	挡板宽度33.5mm	289,800	佳士得	2021-05-22
百达翡丽，18K白金自动上弦腕表	直径35mm	289,800	佳士得	2021-05-22
百达翡丽，罕有，18K红金及白金腕表	25mm×37.5mm	289,800	佳士得	2021-05-22
百达翡丽，罕有，18K金计时腕表	直径33mm	289,800	佳士得	2021-05-22
百达翡丽 复杂功能系列，型号4936R 18K玫瑰金女款镶钻自动上弦腕表，配年历功能及月相显示	表径36mm	287,500	北京保利	2021-12-05

2021杂项拍卖成交汇总(续表)

(成交价RMB：1万元以上)

拍品名称	物品尺寸	成交价RMB	拍卖公司	拍卖日期
劳力士 星期日历系列，型号18388，18K黄金自动上弦腕表，配星期及日期显示	表径36mm；全表长约18.5cm	287,500	北京保利	2021-12-05
Patek Philippe百达翡丽 Perpetual Calendar（万年历）系列 5940J-001酒桶形自动上链男表		287,500	西泠印社	2021-01-16
Glashutte格拉苏蒂原创 Sport Evolution Impact（极限运动）系列94-01-03-03-14自动上链男表（全球限量100枚）		287,500	西泠印社	2021-01-16
劳力士，非常罕有，精钢计时机械腕表，配备白色表盘，型号3525，约1945年制		287,500	华艺国际	2021-06-04
百达翡丽，罕有，纪念150周年限定发售，精钢机械腕表，配备白色表盘，型号3923，约1986年制		287,500	华艺国际	2021-06-04
伯爵，非常精美，白金镶钻机械腕表，配备蓝色砂金石表盘及月相显示，型号G0A35031，约2015年制		287,500	华艺国际	2021-06-04
亨利慕时，非常独特，黑色钛合金万年历机械腕表，黑色表盘，背透闰年显示		287,500	华艺国际	2021-12-10
劳力士，不锈钢自动上弦链带腕表，配日历显示，SEA-DWELLER "DOUBLE RED MK2表盘"，型号1665，约1967年制	直径40mm	287,350	佳士得	2021-11-27
百达翡丽，罕有，铂金长方形腕表，配10天动力储存，限量生产，为纪念千禧年而制，型号5100，2001年制，附后补证书	33.5mm×46mm	287,350	佳士得	2021-11-27
百达翡丽，极罕有，铂金及18K金腕表，型号2487，1950年制，附后补证书	31mm×37mm	287,350	佳士得	2021-11-27
百达翡丽，八块表盘，分别属型号5208, 5213, 5204, 5004, 5004, 5020, 5104 及3970		287,350	佳士得	2021-11-27
劳力士 精美罕有，白金镶钻石自动计时码表，备小秒针及测速计，"Cosmograph Daytona"，型号116519，年份约2002，附原厂证书		283,248	保利香港	2021-04-22
百达翡丽 型号5235 白金年历腕表，备三针一线表盘，约2018年制		276,167	香港苏富比	2021-04-23
百达翡丽 型号3417 精钢防磁腕表，1972年制		276,167	香港苏富比	2021-04-23
百达翡丽 型号130 黄金计时腕表，1949年制		276,167	香港苏富比	2021-04-23
劳力士 | "Double Red" Sea-Dweller 型号1665 精钢链带腕表，备日期显示，约1978年制		276,167	香港苏富比	2021-04-23
罗杰杜彼 Excalibur Spider 型号DBEX0779 独一无二DLC涂层处理钛金属镂空腕表，约2018年制		271,253	香港苏富比	2021-10-13
芝柏 Tourbillon Sous Trois Ponts d' Or 型号99193 限量版粉红金半镂空陀飞轮腕表，备三金桥板，约2014年制		271,253	香港苏富比	2021-10-13
爱彼 皇家橡树系列 型号15127BA 限量版黄金链带腕表，备日期显示，2003年制		271,253	香港苏富比	2021-10-13
万国 葡萄牙系列 型号5241 限量版白金镂空三问腕表，约2005年制		271,253	香港苏富比	2021-10-13
劳力士 Cosmograph Daytona 型号116520 精钢计时链带腕表，约2005年制		271,253	香港苏富比	2021-10-13
劳力士 GMT-Master II 型号116718 黄金两地时间链带腕表，备日期显示，约2008年制		271,253	香港苏富比	2021-10-13
爱彼 型号67254BC/R/9120BC/01 独特白金镶钻石及红宝石链带腕表，约2000年制		271,253	香港苏富比	2021-10-13
百达翡丽 Tank Moderne 型号2496 铂金镶钻石腕表，1958年制		271,253	香港苏富比	2021-10-13
劳力士 Day-Date 型号18038 黄金链带腕表，备日期、星期显示及玛瑙表盘，约1983年制		271,253	香港苏富比	2021-10-13
百达翡丽 Gondolo 型号5200 白金腕表，备日期、星期及八天动力储备显示，原厂未开封，约2016年制		271,253	香港苏富比	2021-10-13
百达翡丽 型号5565 全新限量版精钢腕表，为庆祝百达翡丽于2006年重开日内瓦沙龙而制，约2007年制		271,253	香港苏富比	2021-10-13
LUDOVIC BALLOUARD，与别不同，铂金腕表	直径41mm	269,100	佳士得	2021-05-22

拍品名称	物品尺寸	成交价RMB	拍卖公司	拍卖日期
百达翡丽，罕有，18K红金长方形腕表	22mm×43mm	269,100	佳士得	2021-05-22
芝柏，18K红金长方形三金桥陀飞轮自动上弦腕表，VINTAGE 1945 TOURBILLON WITH THREE GOLD BRIDGES，型号9987，约2003年制，附原厂证书、盒子及外包装	32mm×48mm	266,825	佳士得	2021-11-27
PARMIGIANI FLEURIER，罕有及独特，18K白金圆柱形腕表，配十天动力储存，BUGATTI TYPE 370，限量生产共50枚，约2004年制，附原厂证书、盒子及外包装	33mm×52mm	266,825	佳士得	2021-11-27
劳力士，不锈钢自动上弦链带腕表，配中心秒针，型号1019 "CERN表盘"，约1967年制	直径37mm	266,825	佳士得	2021-11-27
百达翡丽，18K金不锈钢及镶钻石自动上弦链带腕表，配中心秒针及日历显示功能，NAUTILUS，型号3800/2，1982年制，附后补证书	宽37.5mm	266,825	佳士得	2021-11-27
百达翡丽，铂金镶钻石自动上弦年历腕表，配中心秒针、24小时及月相显示，型号5135，约2008年制，附原厂证书、盒子及外包装	38mm×51mm	266,825	佳士得	2021-11-27
百达翡丽，罕有，18K红金链带腕表，配中心秒针，型号2481，1955年制，附后补证书	直径37mm	266,825	佳士得	2021-11-27
百达翡丽，怀旧精致，精钢镶钻石圆八角形自动链带腕表，备日期显示"Nautilus"，型号3800/1，年份约1983，附原厂证书		263,016	保利香港	2021-04-22
百达翡丽 Aquanaut 型号5060 限量版精钢腕表，备日期显示，约1998年制		260,820	香港苏富比	2021-10-13
劳力士 | Submariner "Smurf" 型号116619LB 白金链带腕表，备日期显示，约2008年制		254,923	香港苏富比	2021-04-23
朗格 | Richard Lange Referenzuhr 型号250.032 全新限量版粉红金腕表，备归零装置及动力储备显示，约2010年制		254,923	香港苏富比	2021-04-23
朗格 | 1815 Moon Phase 型号231.03 限量版铂金天文腕表，备月相显示，为纪念 Emil Lange 150周年诞辰而制，约1999年制		254,923	香港苏富比	2021-04-23
梵克雅宝 | Midnight in Paris 型号VCARF80700 限量版粉红金腕表，备日期、月份显示及旋转式砂金石表盘，约2007年制		254,923	香港苏富比	2021-04-23
宝玑 | Classique 型号5717 全新铂金世界时间腕表，备日期及昼夜显示，约2013年制		254,923	香港苏富比	2021-04-23
百达翡丽 | 型号5205 白金年历腕表，备月相及24小时显示，原厂未开封，约2010年制		254,923	香港苏富比	2021-04-23
宝珀 | Leman Tourbillon Chronograph 型号2189F-3430-63B 限量版铂金陀飞轮飞返追针计时腕表，约2010年制		254,923	香港苏富比	2021-04-23
劳力士 | GMT-Master 型号1675 精钢两地时间链带腕表，备漆制表盘、尖形表冠护桥及日期显示，约1965年制		254,923	香港苏富比	2021-04-23
劳力士 | Day-Date "Stella" 型号18108 黄金镶钻石链带腕表，备日期、星期显示及"Stella"表盘，约1986年制		254,923	香港苏富比	2021-04-23
劳力士 | Cosmograph Daytona 型号16520 精钢计时链带腕表，备棕式小表盘，约1994年制		254,923	香港苏富比	2021-04-23
MB & F | Horological Machine No. 2 型号20.DSTB 限量版PVD涂层处理钛金属及蓝宝石水晶半镂空跳时腕表，备逆跳日期及月相显示，约2015年制		254,923	香港苏富比	2021-04-23
百达翡丽 型号5039J 18K黄金自动上弦腕表，配万年历功能 24小时、月相显示	表径36mm	253,000	北京保利	2021-06-07
江诗丹顿 18K白金女款镂空镶钻自动上弦腕表	表径34mm	253,000	北京保利	2021-09-26
劳力士，精钢链带机械腕表，白色表盘，型号16520，约1995年		253,000	华艺国际	2021-12-10
江诗丹顿，黄金陀飞轮及动力储存，型号30050，年份1992	表径38mm	252,900	佳士得	2021-04-09
劳力士 Sky-Dweller 型号326934 精钢年历两地时间链带腕表，备白金表圈及日期显示，约2018年制		250,387	香港苏富比	2021-10-13

(成交价RMB:1万元以上)

拍品名称	物品尺寸	成交价RMB	拍卖公司	拍卖日期
爱彼 Star Wheel Automatic 型号25720 粉红金半镂空腕表,备卫星时刻显示,约1995年制		250,387	香港苏富比	2021-10-13
Classic Origin 限量版精钢链带腕表,备双色表盘,为Revolution & The Rake而制,约2020年制		250,387	香港苏富比	2021-10-13
芝柏,罕有,铂金陀飞轮计时腕表	直径40mm	248,400	佳士得	2021-05-22
百达翡丽,18K金镂空自动上弦腕表	直径31mm	248,400	佳士得	2021-05-22
URWERK, ALTIN涂层钛金属腕表,配旋转时针及动力储存,MEXICAN FIRELEG,型号UR-103T,限量生产共60枚,约2011年制,附原厂证书、盒子及外包装	36mm×50mm	246,300	佳士得	2021-11-27
爱彼,18K金三问万年历怀表,配月相及闰年显示,约1985年制	50mm	246,300	佳士得	2021-11-27
百达翡丽,18K红金自动上弦腕表,配日历显示,为纪念百达翡丽进入中国市场10周年而制,限量生产共25枚,型号6000,约2015年制	宽37mm	246,300	佳士得	2021-11-27
百达翡丽,18K白金自动上弦万年历腕表,配中心秒针、逆返日历、月相及闰年显示,型号5059,约2006年制,附原厂证书、盒子及外包装	直径36mm	246,300	佳士得	2021-11-27
劳力士,宇宙计时迪通拿系列,型号116515LN,18K玫瑰金自动上弦腕表,备计时功能	表径40mm	241,500	北京保利	2021-06-07
伯爵 | 型号9131 C627 白金镶钻石及蓝宝石链带腕表,约1990年制		233,680	香港苏富比	2021-04-23
宝玑 | Classique 型号5327 全新白金万年历腕表,备动力储备、月相及闰年显示,约2005年制		233,680	香港苏富比	2021-04-23
劳力士 | GMT-Master 型号1675 精钢两地时间链带腕表,备日期显示,约1967年制		233,680	香港苏富比	2021-04-23
爱彼,精美,陶瓷计时机械腕表,配备黑色表盘,型号26405CE	表径42mm	230,000	华艺国际	2021-03-31
百达翡丽,非常精美,白金万年历机械腕表,配备银白色表盘及月相显示,型号5205G	表径40mm	230,000	华艺国际	2021-03-31
劳力士 18K玫瑰金自动上弦腕表	表径40mm	230,000	北京保利	2021-09-26
江诗丹顿 纵横四海系列,型号4500V/110A-B128,精钢自动上弦腕表,备日期显示	表径41mm;全表长约18cm	230,000	北京保利	2021-12-05
百达翡丽,精美,白金机械腕表,黑色表盘及月相显示,型号5524G,约2015年制		230,000	华艺国际	2021-12-10
劳力士 Cosmograph Daytona "Inverted 6" 型号16520 精钢计时链带腕表,约1991年制		229,522	香港苏富比	2021-10-13
劳力士 Cosmograph Daytona 型号16520 精钢计时链带腕表,约1997年制		229,522	香港苏富比	2021-10-13
劳力士 Explorer 型号1016 精钢链带腕表,约1963年制		229,522	香港苏富比	2021-10-13
百达翡丽 型号5396 白金年历腕表,备月相及24小时显示,约2021年制		229,522	香港苏富比	2021-10-13
劳力士,与别不同,18K白金镶钻石及黑蓝宝石自动上弦腕表	直径36mm	227,700	佳士得	2021-05-22
百达翡丽,精美,玫瑰金年历自动链带腕表,备日期,星期,月份,月相及动力储存显示,"复杂功能时计",型号5036R,年份约2004,附原厂后补证书	直径36mm;长约170mm	226,596	保利香港	2021-11-28
雅典,18K红金腕表,配卡罗素陀飞轮及双向擒纵机构,FREAK CRUISER,型号2056-131,约2016年制,附原厂证书、盒子及外包装	直径45mm	225,775	佳士得	2021-11-27
欧米茄,十分罕有,18K金计时腕表,SPEEDMASTER PROFESSIONAL,限量生产共40枚,型号3690301,约1997年制,附原厂证书、盒子及外包装	直径42mm	225,775	佳士得	2021-11-27
百达翡丽,18K红金自动上弦世界时间腕表,型号5110,约2001年制,附盒子及外包装	直径37mm	225,775	佳士得	2021-11-27
百达翡丽,18K白金镶钻石年历显示自动上弦女装腕表,配月相及贝母表盘,型号4936G,约2007年制,附原厂证书及盒子	直径36.5mm	225,775	佳士得	2021-11-27
劳力士,精细,精钢自动链带计时码表,备小秒针及测速计,"Cosmograph Daytona",型号16520,年份约1993,附原厂表盒		222,552	保利香港	2021-04-22

拍品名称	物品尺寸	成交价RMB	拍卖公司	拍卖日期
爱彼,精美独特,一组两件女装白金镶钻石方形链带腕表及钻石戒指,型号67249BC/Z/9124BC/01,年份约2010,附原厂证书及表盒	12mm×22mm;长约145mm	216,744	保利香港	2021-11-28
宇舶 Big Bang系列,型号401.QX.0123.VR,钛合金及碳纤维自动上弦腕表,备计时功能及日期显示	表径43.5mm	212,750	北京保利	2021-12-05
Double Mystery 型号DM 42 BAG CD 白金镶钻石及蓝宝石腕表,约2014年制		212,436	香港苏富比	2021-04-23
江诗丹顿 | Historiques American 1921 型号82035限量版黄金腕表,约2015年制		212,436	香港苏富比	2021-04-23
江诗丹顿 | American 1921 型号82035/000R 粉红金腕表,约2016年制		212,436	香港苏富比	2021-04-23
百达翡丽 | Aquanaut 'Luce Haute Joaillerie' 型号4961 精钢镶钻石腕表,备日期显示,2004年制		212,436	香港苏富比	2021-04-23
劳力士 | Submariner "Single Red" 型号1680 精钢链带腕表,备日期显示,约1970年制		212,436	香港苏富比	2021-04-23
劳力士 | "Double Red" Sea-Dweller型号1665 精钢链带腕表,备日期显示,约1977年制		212,436	香港苏富比	2021-04-23
Daniel Roth | Perpetual Calendar Time Equation 型号121.Y.60-16260 白金万年历腕表,备月相、闰年显示及天文时差,约2005年制		212,436	香港苏富比	2021-04-23
罗杰杜彼 | Sympathie Tourbillon 型号SY43030GSN1.7A/SI 限量版白金陀飞轮腕表,备日期、动力储备显示及珠母贝表盘,为新加坡市场而制,约2005年制		212,436	香港苏富比	2021-04-23
尚美巴黎,精美,女装白金镶钻石正方形链带腕表,年份约2010		212,436	保利香港	2021-04-22
劳力士,不锈钢迪通拿系列,型号116520,未使用品,年份2004	表径39mm	210,750	佳士得	2021-04-09
劳力士,三色金,镶钻石及贝母PEARLMASTER,型号18948,年份2001	表径39mm	210,750	佳士得	2021-04-09
劳力士 Yacht-Master 42 型号226659 全新白金腕表,备日期显示,约2019年制		208,656	香港苏富比	2021-10-13
Tourbillon Volant 型号TMA1-002 限量版精钢半镂空陀飞轮腕表,备日期显示,约2004年制		208,656	香港苏富比	2021-10-13
爱彼 皇家橡树离岸型系列 "Tour Auto 2012" 型号26208ST.OO.D305CR.01 限量版精钢计时腕表,备日期显示,为 Optic 1000 赛事而制,约2012年制		208,656	香港苏富比	2021-10-13
百达翡丽 型号5053 白金腕表,备日期显示,约2003年制		208,656	香港苏富比	2021-10-13
江诗丹顿,18K金镶钻石女装链带腕表	宽22mm	207,000	佳士得	2021-05-22
百达翡丽,18K金镶钻石链带腕表	31mm×29mm	207,000	佳士得	2021-05-22
劳力士,不锈钢自动上弦计时链带腕表	直径40mm	207,000	佳士得	2021-05-22
江诗丹顿 全球唯一18K白金镶钻自动上弦腕表,备日期、两地时间显示	表径38mm	207,000	北京保利	2021-06-07
爱彼 皇家橡树离岸型系列 18K玫瑰金自动上弦腕表,备计时功能、日期显示	表径42mm	207,000	北京保利	2021-06-07
爱彼(Audemars Piguet)离岸型(Royal Oak Offshore)系列自动上链男表(全球限量1500枚)		207,000	西泠印社	2021-01-16
钻石及贝母 "Serpenti" 腕表Bulgari设计		207,000	佳士得	2021-05-23
欧米茄,罕有及独特,18K金镶钻石链带腕表,约1964年制	宽32mm	205,250	佳士得	2021-11-27
爱彼,钽金属及18K红金自动上弦链带腕表,配中心秒针及日历显示,皇家橡树系列,型号15000TR,约1997年制,附后补证书	直径33mm	205,250	佳士得	2021-11-27
爱彼,18K金自动上弦腕表,配中心秒针及日历显示,皇家橡树系列,限量生产,为纪念爱彼在日本销售50周年,型号15050BA,约1997年制	直径33mm	205,250	佳士得	2021-11-27
爱彼,不锈钢两地时间自动上弦腕表,配动力储存及日历显示,皇家橡树系列,型号25730ST,约1993年制,附后补证书	直径36mm	205,250	佳士得	2021-11-27

2021杂项拍卖成交汇总（续表）

（成交价RMB：1万元以上）

拍品名称	物品尺寸	成交价RMB	拍卖公司	拍卖日期
积家｜Reverso 型号270.6.48 限量版铂金可翻转陀飞轮腕表，备动力储备显示，约2003年制		201,814	香港苏富比	2021-04-23
劳力士，不锈钢DAYTONA，型号116520，年份2004	表径40mm	200,213	佳士得	2021-04-09
罗杰杜彼 Sympathie 限量版白金双逆跳万年历腕表，备月相、52周、闰年显示及珠母贝表盘，约2000年制		198,223	香港苏富比	2021-10-13
百达翡丽 型号96 精钢腕表，1943年制		198,223	香港苏富比	2021-10-13
劳力士 Submariner “Single Red” 型号1680 精钢链带腕表，备日期显示，约1971年制		198,223	香港苏富比	2021-10-13
劳力士，不锈钢自动上弦计时链带腕表	直径39mm	196,650	佳士得	2021-05-22
百达翡丽，罕有，18K红金三问怀表	直径49mm	196,650	佳士得	2021-05-22
江诗丹顿，非常精美，精钢机械腕表，配备世界时间显示表盘，型号7700V，约2017年	表径43.5mm	195,500	华艺国际	2021-03-31
朗格｜1815 型号233.025 全新限量版铂金腕表，约2009年制		191,192	香港苏富比	2021-04-23
宝玑｜Reine de Naples 型号8928 白金镶钻石腕表，备珠母贝表盘，约2014年制		191,192	香港苏富比	2021-04-23
百达翡丽｜Gondolo Calendario 型号5135 白金年历腕表，备月相及24小时显示，约2005年制		191,192	香港苏富比	2021-04-23
劳力士｜Pre-Daytona 型号6238 精钢计时链带腕表，约1963年制		191,192	香港苏富比	2021-04-23
芝柏｜Constant Escapement L.M. 型号93500 白金半镂空腕表，备六天直线式动力储备显示及恒动擒纵装置，约2013年制		191,192	香港苏富比	2021-04-23
劳力士 Explorer II 型号1655 精钢链带腕表，备日期及24小时显示，约1976年制		187,790	香港苏富比	2021-10-13
劳力士 Day-Date “Stella” 型号1803 粉红金镶钻石腕表，备日期、星期显示及红色“Stella”表盘，约1977年制		187,790	香港苏富比	2021-10-13
百达翡丽 型号5055 粉红金腕表，备日期、月相及动力储备显示，约2013年制		187,790	香港苏富比	2021-10-13
百达翡丽 型号5039 粉红金万年历腕表，备月相、24小时及闰年显示，1998年制		187,790	香港苏富比	2021-10-13
劳力士 GMT-Master 型号1675 黄金两地时间链带腕表，备日期显示及nipple 表盘，约1978年制		187,790	香港苏富比	2021-10-13
劳力士，不锈钢自动上弦链带腕表	直径40mm	186,300	佳士得	2021-05-22
卡地亚 BAIGNOIRE系列 18K黄金女款手动上弦镶钻石及蓝宝石手镯式腕表	全表长约15cm	184,000	北京保利	2021-06-07
劳力士｜Yacht-Master 型号116655 永恒玫瑰金腕表，备日期显示，约2016年制		180,571	香港苏富比	2021-04-23
卡地亚｜Tank Chinoise 型号8120 限量版铂金腕表，备鲑鱼色表盘，约2000年制		180,571	香港苏富比	2021-04-23
爱彼｜皇家橡树离岸型系列 型号26470ST.OO.A028CR.01 精钢计时腕表，备日期显示，约2020年制		180,571	香港苏富比	2021-04-23
劳力士｜Milgauss 型号1019 精钢防磁链带腕表，约1967年制		180,571	香港苏富比	2021-04-23
劳力士｜GMT-Master II “Nipple Dial” 型号1675 黄金两地时间链带腕表，备日期显示，约1978年制		180,571	香港苏富比	2021-04-23
劳力士｜Milgauss 型号1019 精钢防磁链带腕表，约1971年制		180,571	香港苏富比	2021-04-23
劳力士｜GMT-Master 型号1675 精钢两地时间链带腕表，备日期显示及尖形表冠护桥，约1961年制		180,571	香港苏富比	2021-04-23
宝玑，黄金，配万年历、月相及动力储存，年份1995	表径36mm	179,138	佳士得	2021-04-09
卡地亚，黄金镶钻石PANTHERE，年份2000	27.5mm×38mm	179,138	佳士得	2021-04-09
爱彼 皇家橡树离岸型系列“火山橘特别版”型号26170ST.OO.D101CR.01 精钢计时腕表，约2008年制		177,358	香港苏富比	2021-10-13
百达翡丽 Calatrava 型号5115 白金腕表，备珐琅表盘，原厂未开封，约2001年制		177,358	香港苏富比	2021-10-13
宝玑，18K金陀飞轮腕表	直径36mm	175,950	佳士得	2021-05-22
江诗丹顿，18K白金镶钻石链带腕表	31mm×31.5mm	175,950	佳士得	2021-05-22
劳力士，不锈钢自动上弦计时链带腕表	直径40mm	175,950	佳士得	2021-05-22
百达翡丽，18K红金腕表	直径32mm	175,950	佳士得	2021-05-22
百达翡丽，18K金长方形腕表	32.5mm×46mm	175,950	佳士得	2021-05-22
卡地亚 18K黄金女款镶钻石及蓝宝石手镯式腕表	表径22.5mm	172,500	北京保利	2021-09-26
宝珀和UTI联名女装腕表 BLANCPAIN AND UTI		172,500	永乐拍卖	2021-05-22
劳力士，精细，精钢自动链带计时码表，备小秒针及测速计，“Cosmograph Daytona”，型号116520，年份约2015，附原厂国际保证卡		171,972	保利香港	2021-04-22
Double Mystery 型号DM 36 COL DRM D 2R CD 白金镶钻石及宝石腕表，约2014年制		169,949	香港苏富比	2021-04-23
爱彼｜型号5072 C626 白金镶钻石及蓝宝石链带腕表，约1998年制		169,949	香港苏富比	2021-04-23
卡地亚｜Ronde Folle 型号2991 白金镶钻石腕表，约2008年制		169,949	香港苏富比	2021-04-23
百达翡丽｜型号5146 黄金年历腕表，备月相及动力储备显示，2006年制		169,949	香港苏富比	2021-04-23
雅典｜Freak 型号016-88 黄金卡罗素陀飞轮腕表，备双擒纵系统，约2003年制		169,949	香港苏富比	2021-04-23
爱彼｜Canapé Tourbillon 型号25942BC.OO.D002CR.01 白金陀飞轮腕表，备动力储备显示，约2002年制		169,949	香港苏富比	2021-04-23
劳力士｜Submariner 型号5513 精钢链带腕表，约1966年制		169,949	香港苏富比	2021-04-23
劳力士｜Cosmograph Daytona 型号16520 精钢计时链带腕表，约1999年制		169,949	香港苏富比	2021-04-23
劳力士｜Cosmograph Daytona 型号16520 精钢计时链带腕表，约1996年制		169,949	香港苏富比	2021-04-23
Urban Jürgensen｜型号2340 白金腕表，备日期、月相及动力储备显示，约2016年制		169,949	香港苏富比	2021-04-23
劳力士｜Submariner 型号5513 精钢链带腕表，备尖形表冠护桥及漆制表盘，由 Serpico Y Laino 发行，约1962年制		169,949	香港苏富比	2021-04-23
百达翡丽，白金镶钻石配日历显示，型号5108，年份2004	表径37mm	168,600	佳士得	2021-04-09
江诗丹顿，限量生产，红金SALTARELLO，备跳时及逆返时针，编号149/200，年份1999	表径35.5mm	168,600	佳士得	2021-04-09
劳力士 Cosmograph Daytona 型号116520 精钢计时链带腕表，约2007年制		166,925	香港苏富比	2021-10-13
劳力士 Submariner “Hulk” 型号116610LV 精钢链带腕表，备日期显示，约2018年制		166,925	香港苏富比	2021-10-13
劳力士 GMT-Master 型号1675 精钢两地时间链带腕表，备日期显示，约1978年制		166,925	香港苏富比	2021-10-13
劳力士 Day-Date 型号1803 黄金链带腕表，备日期、星期显示及啡色“Stella”表盘，约1972年制		166,925	香港苏富比	2021-10-13
路易威登，18K白金世界时间自动上弦腕表	直径41mm	165,600	佳士得	2021-05-22
劳力士，不锈钢自动上弦计时链带腕表	直径40mm	165,600	佳士得	2021-05-22
百达翡丽，罕有，18K金防磁腕表	直径35mm	165,600	佳士得	2021-05-22
劳力士，精美，精钢自动腕表，备日期显示，“Submariner”，型号1680，年份约1974，附原厂链带、证书及表盒		161,856	保利香港	2021-04-22
Double Mystery Quatre Saisons 型号DM 42 D 3R CD 白金镶钻石及多彩宝石腕表，约2012年制		159,327	香港苏富比	2021-04-23
百达翡丽｜Gondolo Calendario 型号5135 黄金年历腕表，备月相及24小时显示，约2005年制		159,327	香港苏富比	2021-04-23
百达翡丽｜型号5297 白金镶钻石腕表，备日期显示，约2014年制		159,327	香港苏富比	2021-04-23
百达翡丽｜Nautilus 型号3900 精钢链带腕表，备日期显示，1993年制		159,327	香港苏富比	2021-04-23
劳力士｜Day-Date “Stella” 型号1803 粉红金镶钻石腕表，备日期、星期显示及红色“Stella”表盘，约1977年制		159,327	香港苏富比	2021-04-23
百达翡丽 型号2540 黄金链带腕表，1961年制		156,492	香港苏富比	2021-10-13
百达翡丽 黄金三问怀表，1910年制		156,492	香港苏富比	2021-10-13

(成交价RMB：1万元以上)

拍品名称	物品尺寸	成交价RMB	拍卖公司	拍卖日期
劳力士Day-Date 型号18038 黄金链带腕表,备日期、星期显示及木制表盘,约1979年制		156,492	香港苏富比	2021-10-13
百达翡丽 型号5015 铂金腕表,备月相及动力储备显示,约1996年制		156,492	香港苏富比	2021-10-13
江诗丹顿,18K红金计时腕表	直径42mm	155,250	佳士得	2021-05-22
百达翡丽,铂金自动上弦腕表	直径37mm	155,250	佳士得	2021-05-22
萧邦,精美,女装白金镶钻石酒桶形链带腕表,年份约2010,附原厂表盒		151,740	保利香港	2021-04-22
劳力士,非常精细,精钢年历两地时间自动链带腕表,备日期及月份显示,"Sky-Dweller",型号326934,年份约2020,附原厂国际保证卡		151,740	保利香港	2021-04-22
DE BETHUNE,创新特别,锆金属自动腕表,备日期显示,"Titan Hawk",型号DB27ZS8,年份约2015,附原厂证书及表盒		151,740	保利香港	2021-04-22
丹尼尔·罗斯,独特精美,玫瑰金酒桶形双表面陀飞轮机械腕表,备日期显示及8天动力储存,"Regulateur Tourbillon",型号197.X.40,年份约2004		151,740	保利香港	2021-04-22
朗格 LANGE 1系列 型号115.029 18K白金手动上弦腕表,备日期显示、动力储存显示	表径42mm	149,500	北京保利	2021-06-07
劳力士,精美,精钢链带机械腕表,配备"百事"红蓝双色旋转外圈,型号126710BLRO,约2018年制		149,500	华艺国际	2021-06-04
劳力士 | Submariner "Hulk" 型号116610LV 全新精钢链带腕表,备日期显示,约2020年制		148,705	香港苏富比	2021-04-23
朗格 | Lange 1 型号101.032 粉红金腕表,备日期及动力储备显示,约2002年制		148,705	香港苏富比	2021-04-23
百达翡丽 | 型号3982/11 白金镶钻石及蓝宝石链带腕表,1988年制		148,705	香港苏富比	2021-04-23
劳力士 | Day-Date "Stella" 型号18038 黄金镶钻石链带腕表,备日期、星期显示及红色"Stella"表盘,约1978年制		148,705	香港苏富比	2021-04-23
劳力士 | GMT-Master 型号1675 精钢两地时间链带腕表,备日期显示及漆制表盘,约1968年制		148,705	香港苏富比	2021-04-23
宝玑传世系列18K玫瑰金手动上弦腕表		147,550	北京保利	2021-01-16
劳力士,不锈钢GMT-MASTER,型号16710,年份1999	表径40mm	147,525	佳士得	2021-04-09
爱彼 Quantieme Perpetuel 黄金镶钻石万年历链带腕表,备月相显示,约1980年制		146,059	香港苏富比	2021-10-13
爱彼 黄金珐琅镂空怀表,约1980年制		146,059	香港苏富比	2021-10-13
芝柏,铂金陀飞轮自动上弦腕表	32mm×48mm	144,900	佳士得	2021-05-22
百达翡丽,18K金腕表	直径36.5mm	144,900	佳士得	2021-05-22
卡地亚 BAIGNOIRE系列 18K黄金女款镶钻腕表		141,875	北京保利	2021-08-07
劳力士,精美,精钢自动链带腕表,备日期显示,"Submariner","Hulk",型号116610LV,年份约2020,附原厂国际保证卡		141,624	保利香港	2021-04-22
劳力士,精美,黄金及精钢镶钻石自动链带计时码表,备小秒针及测速计,"Cosmograph Daytona",型号116523,年份约2000		141,624	保利香港	2021-04-22
劳力士 | Day-Date 型号118135 全新永恒玫瑰金腕表,备日期及意文星期显示,约2019年制		138,083	香港苏富比	2021-04-23
百达翡丽 | Calatrava 型号7200/1 粉红金链带腕表,约2015年制		138,083	香港苏富比	2021-04-23
卡地亚 | Mini Baignoire Panther Spots 黄金镶黑色珐琅及钻石腕表,约2005年制		138,083	香港苏富比	2021-04-23
宝玑 | 型号1775 限量版铂金腕表,备珐琅表盘,为庆祝宝玑品牌创立225周年而制,约2002年制		138,083	香港苏富比	2021-04-23
爱彼 | Jules Audemars 型号26100BC.OO.D002CR.01 白金计时腕表,备漆制表盘,约2009年制		138,083	香港苏富比	2021-04-23
百达翡丽 | 黄金怀表,备珠母贝表盘,1924年制		138,083	香港苏富比	2021-04-23
Andersen Geneve | Montre à Tact 独一无二双色金腕表,备扇形时间显示及微绘,约2010年制		138,083	香港苏富比	2021-04-23
爱彼 | Jules Audemars Metropolis 型号25919 铂金万年历世界时间腕表,备24小时显示,约2002年制		138,083	香港苏富比	2021-04-23
劳力士 | DateJust 型号1601 黄金链带腕表,备日期及虎眼石表盘,约1975年制		138,083	香港苏富比	2021-04-23
百达翡丽,红金CALATRAVA,型号5053,配宝玑数字,日历显示,年份2003	表径35.5mm	136,988	佳士得	2021-04-09
罗杰杜彼 Golden Square 限量版粉红金腕表,备多彩珐琅表盘,约2010年制		135,626	香港苏富比	2021-10-13
Imperial Tourbillon 型号5850T 黄金陀飞轮腕表,约2005年制		135,626	香港苏富比	2021-10-13
百达翡丽 型号3998 铂金镶钻石腕表,备日期显示,约1995年制		135,626	香港苏富比	2021-10-13
百达翡丽 型号1578 粉红金腕表,1953年制		135,626	香港苏富比	2021-10-13
百达翡丽 型号5134 粉红金两地时间腕表,备24小时显示,约2002年制		135,626	香港苏富比	2021-10-13
劳力士,不锈钢自动上弦链带腕表	直径40mm	134,550	佳士得	2021-05-22
百达翡丽,极罕有,银正方形腕表	26mm×36mm	134,550	佳士得	2021-05-22
劳力士,迪通拿系列 型号116520 精钢自动上弦腕表,备计时功能	表径40mm;全表长约17cm	132,250	北京保利	2021-06-07
伯爵,精细优雅,白金镶钻石开面机械怀表,年份约2008,附原厂表盒		131,508	保利香港	2021-04-22
劳力士,精美,精钢两地时间自动链带腕表,备日期显示,"GMT Master II","Pepsi"筷子面,型号16710,年份约2007,附原厂证书		131,508	保利香港	2021-04-22
劳力士 | Submariner "Kermit" 型号16610LV 精钢链带腕表,备日期显示,约2008年制		127,462	香港苏富比	2021-04-23
宝珀 | Leman tourbillon 黄金陀飞轮腕表,备日期及动力储备显示,约2000年制		127,462	香港苏富比	2021-04-23
劳力士 | Day-Date 型号1803 粉红金链带腕表,备日期及星期显示,约1973年制		127,462	香港苏富比	2021-04-23
万国 | 大型飞行员传承腕表55 型号IW510401 限量版钛金属腕表,约2016年制		127,462	香港苏富比	2021-04-23
De Bethune | Preserie S5 限量版白金腕表,备动力储备显示,约2010年制		127,462	香港苏富比	2021-04-23
百达翡丽 | 型号3799 白金链带腕表,约1980年制		127,462	香港苏富比	2021-04-23
劳力士 | Submariner 型号1680 精钢链带腕表,备日期显示,约1975年制		127,462	香港苏富比	2021-04-23
爱彼 皇家橡树系列 粉红金及钽金属链带腕表,备日期显示,1996年制		125,194	香港苏富比	2021-10-13
卡地亚 Ronde Folle 型号2991 白金镶钻石腕表,约2007年制		125,194	香港苏富比	2021-10-13
劳力士 Day-Date 型号1807 黄金链带腕表,备日期及星期显示,约1970年制		125,194	香港苏富比	2021-10-13
万国葡萄牙系列18K玫瑰金自动上弦腕表		124,850	北京保利	2021-01-16
芝柏,18K金陀飞轮腕表	直径38.5mm	124,200	佳士得	2021-05-22
百达翡丽,18K金腕表	直径35mm	124,200	佳士得	2021-05-22
劳力士,精细,精钢两地时间自动链带腕表,备日期显示,"GMT Master II","Batman",型号116710BLNR,年份约2019,附原厂国际保证卡		121,392	保利香港	2021-04-22
劳力士,精美,玫瑰金自动腕表,备日期及星期显示,"Day-date",型号118135,年份约2015,附原厂国际保证卡及表盒		121,392	保利香港	2021-04-22
百达翡丽 18K黄金 二十美金手动上弦金币怀表	表径35mm	120,750	北京保利	2021-06-07
劳力士 | Submariner "Kermit" 型号16610LV 精钢链带腕表,备日期显示,约2008年制		116,840	香港苏富比	2021-04-23
格拉夫 | 白金镶钻石腕表,约2000年制		116,840	香港苏富比	2021-04-23
百达翡丽 | Gondolo 型号5111 粉红金及铂金腕表,2007年制		116,840	香港苏富比	2021-04-23
宝玑 | 型号3430 限量版白金跳时腕表,为纪念泰王蒲美蓬·阿杜德登基50周年而制,约2000年制		116,840	香港苏富比	2021-04-23
劳力士 | Submariner 型号5512 精钢链带腕表,约1967年制		116,840	香港苏富比	2021-04-23

2021杂项拍卖成交汇总(续表)

(成交价RMB：1万元以上)

拍品名称	物品尺寸	成交价RMB	拍卖公司	拍卖日期
劳力士 I Submariner "Kermit" 型号16610 精钢链带腕表，备日期显示，约2004年制		116,840	香港苏富比	2021-04-23
卡地亚，精美优雅，女装玫瑰金镶钻石酒桶形链带腕表，"La Dona De Cartier"，型号WE600501，年份约2006，附原厂证书及表盒		116,334	保利香港	2021-04-22
宝玑，黄金腕表，备万年历，年份2000	表径36mm	115,913	佳士得	2021-04-09
卡地亚，红金" CPCP", TANK A VIS，备两地时间，年份2010	28mm×40.5mm	115,913	佳士得	2021-04-09
百达翡丽，限量生产，红金PAGODA，型号5500R，年份1997	26.5mm×41mm	115,913	佳士得	2021-04-09
伯爵，白金镶钻石，备日历显示，年份2004	表径38mm	115,913	佳士得	2021-04-09
伯爵，红金POLO，为纪念25周年，配计时功能，年份2004	表径40mm	115,913	佳士得	2021-04-09
百达翡丽男装腕表，1960年制		115,000	永乐拍卖	2021-05-22
劳力士 GMT-Master II "Batman" 型号116710BLNR 精钢两地时间链带腕表，备日期显示，由阿曼的 Khimji Ramdas LLC 发行，约2015年制		114,761	香港苏富比	2021-10-13
劳力士 Submariner "Kermit" 型号16610 精钢链带腕表，备日期显示，约2006年制		114,761	香港苏富比	2021-10-13
劳力士 GMT-Master II 型号116710 精钢两地时间链带腕表，备日期显示，约2011年制		114,761	香港苏富比	2021-10-13
百达翡丽 粉红金三问怀表，备珐琅表盘，由Cook & Jacques发行，1892年制		114,761	香港苏富比	2021-10-13
格拉夫，优雅，18K白金镶钻石及紫色宝石女装腕表	直径26mm	113,850	佳士得	2021-05-22
劳力士，18K金自动上弦腕表	直径36mm	113,850	佳士得	2021-05-22
帝舵，罕有，不锈钢计时链带腕表	直径40mm	113,850	佳士得	2021-05-22
劳力士，独特精美，黄金及精钢两地时间自动链带腕表，备日期显示，"GMT Master II" "Rootbeer"，型号16713，年份约2005，附原厂证书		111,276	保利香港	2021-04-22
百达翡丽 Calatrava系列 型号5116R-001 18K玫瑰金手动上弦腕表，备珐琅表盘	表径36mm	109,250	北京保利	2021-06-07
劳力士，精美及罕有，黄金机械腕表，配备白贝母表盘，型号18238，约1988年制		109,250	华艺国际	2021-06-04
卡地亚 I Tank Basculante 黄金可翻转腕表，约2000年制		106,218	香港苏富比	2021-04-23
百达翡丽 I 型号5015 黄金腕表，备月相及动力储备显示，1995年制		106,218	香港苏富比	2021-04-23
Andersen Geneve I Montre À Tact 限量版双色金腕表，备扇形时间显示，约2002年制		106,218	香港苏富比	2021-04-23
劳力士 I King Midas 型号3584 黄金镶钻石链带腕表，约1974年制		106,218	香港苏富比	2021-04-23
劳力士 I Submariner "Small Crown James Bond" 型号5508 精钢链带腕表，约1962年制		106,218	香港苏富比	2021-04-23
劳力士 I Sea-Dweller "Triple Six" 型号16660 精钢链带腕表，备日期显示，约1982年制		106,218	香港苏富比	2021-04-23
萧邦，黄金镶钻石GSTAAD，年份2002	表径31mm	105,375	佳士得	2021-04-09
卡地亚 Collection Privée Tortue 型号2518D 铂金腕表，约2000年制		104,328	香港苏富比	2021-10-13
卡地亚 Collection Privée Cartier Paris Tortue 型号2763J 粉红金腕表，约2000年制		104,328	香港苏富比	2021-10-13
劳力士 Submariner "Small Crown" 型号6536/1 精钢链带腕表，约1957年制		104,328	香港苏富比	2021-10-13
劳力士 Submariner "Meters First" 型号5513 精钢链带腕表，约1967年制		104,328	香港苏富比	2021-10-13
劳力士，精美，黄金机械腕表，配备"木纹"表盘，型号18038，约1983年制	表径36mm	103,500	华艺国际	2021-03-31
劳力士，精美，精钢两地时间自动链带腕表，备日期显示，"GMT Master II"，"Pepsi"，型号16710，年份约2005，附原厂证书		101,160	保利香港	2021-04-22
劳力士，精美，精钢自动链带腕表，备日期显示，"Submariner"，"Kermit"，型号16610LV，年份约2005，附原厂证书		101,160	保利香港	2021-04-22
江诗丹顿 I Patrimony Squelette 型号43038 黄金镂空腕表，约1994年制		100,907	香港苏富比	2021-04-23
卡地亚，黄金"CPCP", TORTUE，年份2005	34mm×43mm	100,106	佳士得	2021-04-09
铜 器				
西夏文牌饰	长13.8cm; 宽8.5cm	517,500	上海匡时	2021-07-08
西周早期 青铜牺首	长15.5cm	795,792	中国嘉德	2021-04-21
西周 铜鸟形饰	长8.4cm	261,000	纽约佳士得	2021-03-18
商晚期至西周早期 青铜牛首车辖(一对)	9.4cm×2	180,571	香港苏富比	2021-04-22
西周 青铜兽面饰	宽16.5cm	66,706	佳士得	2021-12-03
春秋 青铜铺首(一对)	高19.6cm×2	218,843	中国嘉德	2021-04-21
春秋 青铜铺首(一对)	每个宽13.8cm	158,976	中国嘉德	2021-10-14
战国 鎏金铜龙纹带钩	长18.1cm	407,813	纽约佳士得	2021-03-18
战国 铜错金银龙纹带钩	长23.6cm	407,813	纽约佳士得	2021-03-18
战国 铜错金银龙首带钩	长11.5cm	391,500	纽约佳士得	2021-03-18
春秋 公元前6~前5世纪 铜鸟形饰	长4.4cm	146,813	纽约佳士得	2021-03-18
西周 公元前11~前8世纪 铜虎首辖	高10.5cm	81,563	纽约佳士得	2021-03-18
明 错金银铜勾云纹虎符	高4.5cm; 长11.8cm; 重562g	103,500	西泠印社	2021-07-24
清雍正至乾隆 御制铜鎏金錾刻大吉龙纹如意佩挂饰	长8cm	17,250	北京中汉	2021-05-18
清 铜鎏金带扣(一对)		23,000	中贸圣佳	2021-12-29
战国晚期 鎏金镶嵌玉璧琉璃珠龙首牛头铜带钩	长22cm	615,750	佳士得	2021-12-03
清乾隆 铜兽面纹铺首	长20cm	86,250	中国嘉德	2021-11-29
错金银车马龙首(一对)	长18.8cm×2	138,000	上海嘉禾	2021-11-14
战国至汉 错银铜牛	宽7.7cm	298,080	中国嘉德	2021-10-14
汉 铜人骑兽灯	长22.2cm	1,141,875	纽约佳士得	2021-03-18
宋 铜骑木马童子	高10.6cm	138,000	广东崇正	2021-01-07
晚商/西周早期(公元前11世纪)铜人面饰	高3.5cm	195,750	纽约佳士得	2021-03-18
14世纪 黄财神	高8.8cm	57,500	中贸圣佳	2021-03-26
明早期 铜鎏金狮子	长4.6cm	230,000	古天一	2021-06-07
明早期 铜童子立像	高23cm	172,500	北京保利	2021-06-08
明或明以前 角端	23cm×13cm	126,500	上海匡时	2021-07-08
明宣德 御制铜鎏金麒麟(一对)	高18cm; 高18.6cm	2,832,480	保利香港	2021-04-21
16世纪 局部鎏金铜寿老立像	高27.9cm	159,327	香港苏富比	2021-04-22
晚明 部分鎏金铜仙人(一对)	高21.6; 高21cm	244,688	纽约佳士得	2021-03-18
明 关公	高26.5cm	1,380,000	中贸圣佳	2021-07-07
明 铜神兽摆件	高13cm	575,000	中贸圣佳	2021-12-29
明 关公一组	高27cm	402,500	中贸圣佳	2021-07-07
明 铜文财神像	高39.5cm	253,000	中贸圣佳	2021-03-26
明 铜鎏金文官立像	高39cm	184,000	西泠印社	2021-01-15
明 铜持如意童子立像(一对)	高28.7cm; 高28.4cm	126,500	西泠印社	2021-07-24
明 铜鎏金犀牛望月	长25cm	115,000	华艺国际	2021-06-04
明 铜昆仑奴立像	高7cm	115,000	西泠印社	2021-07-24
明 铜鎏金舞姿人立像	高35.3cm	69,000	中国嘉德	2021-11-29
明 铜骑马人物	高6.3cm	69,000	中贸圣佳	2021-12-29
明治时期 铜麒麟摆件	高58cm	57,500	北京中汉	2021-11-28
明 铜朱雀摆件	32.5cm×8cm×25.7cm; 重2910.1g	57,500	中国嘉德	2021-05-19
明至清 铜山子摆件	带座高26cm	55,200	西泠印社	2021-01-16
明 铜九层佛塔	高44.6cm	48,300	中贸圣佳	2021-09-26
明 文官像	高34.5cm	48,300	中贸圣佳	2021-09-26
明至清 铜书生像	高33cm; 重2794g	48,300	西泠印社	2021-01-15
明 真武大帝像	高25.6cm	41,400	中贸圣佳	2021-03-26
明 铜渔人立像	高26.5cm	36,800	西泠印社	2021-01-15
明至清 铜狮形香插	高4.4cm; 重238g	32,200	西泠印社	2021-01-16
明 铜至圣先师孔子像	高32.3cm	28,750	北京保利	2021-06-08
明 铜仙人乘麒麟大熏炉	宽37cm; 高40cm	23,000	浙江佳宝	2021-01-10
明 铜错银瑞兽	长5cm	23,000	广东崇正	2021-07-19
明至清 铜局部漆金童子立像、铜高士骑马香熏、铜神仙人物图茶托一组	高32cm; 高19.5cm; 长12.4cm	18,160	北京保利	2021-01-18
明 黑漆嵌铜人物箱	长73.2cm	17,250	北京保利	2021-05-18
明晚期 铜仙人乘麒麟大香熏	高40.5cm	57,500	北京保利	2021-06-08
明末清初 "醉月主人"款铜冲天耳炉	高8cm; 重959.7g	86,250	广东崇正	2021-01-07
明末清初 合金铜胡人献宝	长9cm	39,100	古天一	2021-06-07
清早期 宫廷御制铜狮(一对)	高36cm×2	1,495,000	北京保利	2021-09-26
清早期 铜太平有象花插	高12.5cm	28,750	华艺国际	2021-04-01
清康熙 铜仙鹤立件	高46cm	74,750	上海匡时	2021-07-08
清乾隆 铜嵌宝鎏金云蝠角瑞鹿摆件	高74cm; 宽52cm	6,670,000	北京保利	2021-12-05
清乾隆 铜鎏金太平有象(一对)	高31.5cm×2	851,000	浙江佳宝	2021-01-10
清乾隆 关公像	高14.5cm	172,500	中贸圣佳	2021-09-26
清乾隆 铜錾刻龙纹三供	炉直径35cm; 烛台高45.5cm	103,500	中鸿信	2021-07-14
清乾隆 铜鎏金錾刻西番莲纹盆景	高26cm	34,500	中鸿信	2021-07-14
清乾隆 铜鎏金花盆	长31cm; 高15.3cm	32,200	中贸圣佳	2021-03-26
清光绪 铜仙鹿	高58.5cm	253,000	中贸圣佳	2021-05-21
清晚期 铜鎏金牌坊	高36cm	23,000	北京中汉	2021-09-28
清 铜鎏金错金银吉语象首如意	长41.8cm	575,000	西泠印社	2021-07-24
清 狮子摆件	高38cm	287,500	上海匡时	2021-07-08

2021杂项拍卖成交汇总（续表）

（成交价RMB：1万元以上）

拍品名称	物品尺寸	成交价RMB	拍卖公司	拍卖日期
清 铜嵌宝太平有象摆件	高41cm	287,500	西泠印社	2021-07-24
清 铜鎏金百宝灵芝石榴盆景	高36.2cm	230,000	中贸圣佳	2021-05-20
清 铜龟鹤齐寿（一对）	高146cm×2	207,000	西泠印社	2021-01-15
晚清 铜雄鸡雕塑	高73cm	161,000	上海匡时	2021-07-08
清 铜鎏金犀牛望月摆件	长26cm	126,500	广东崇正	2021-01-07
清 铜象	高37cm	115,000	西泠印社	2021-01-15
清 铜狮子戏球摆件	高17cm	55,200	西泠印社	2021-07-24
清 太白饮酒铜山子	长25.3cm; 高13.3cm	43,700	中贸圣佳	2021-09-26
清 弟子像	高20.9cm	34,500	中贸圣佳	2021-09-26
清 铜鸭子摆件带原配红木座	高21.5cm（连座）	28,750	广东崇正	2021-01-07
清 铜瑞兽及和合二仙摆件	长17cm; 高14.5cm; 长25cm; 高23.5cm	23,000	中贸圣佳	2021-03-26
清 铜瑞兽（一对）	高13.2cm; 高23.8cm	19,550	中贸圣佳	2021-03-26
清 铜随形山子	长20cm	18,400	北京中汉	2021-09-28
汉 铜鎏金鸿雁残部	高44.5cm	285,622	纽约苏富比	2021-09-22
铜牛	长35cm; 高18cm	115,000	辽宁省拍	2021-07-04
“道光五年”童子牧牛摆件	长11.3cm; 高12cm	46,000	上海匡时	2021-07-08
铜鎏金太平有象（一对）	高35.5cm×2	25,300	中国嘉德	2021-03-30
明 铜文官像	高32.5cm	25,300	十竹斋	2021-06-27
清 铜鎏金嵌玉刻寿字如意	长34.3cm	23,000	十竹斋	2021-06-27
昭和时期 铜蛙摆件	长12cm	19,550	广东崇正	2021-01-07
战国 错金衣纹铜仕女	高7cm	49,737	中国嘉德	2021-04-21
明早期 文官像	高27.5cm	287,500	中贸圣佳	2021-12-30
明 胡文明制勾云鎏金如意	长39.5cm; 高3.5cm	97,750	中国嘉德	2021-11-28
18世纪 汉藏风格铜鎏金衔桃枝吐宝鼠	长29.5cm	586,500	上海明轩	2021-12-30
清乾隆 关公像	高12.7cm	97,750	中贸圣佳	2021-12-30
清 铜鎏金嵌洋表宝石料如意	长44cm	1,035,000	北京保利	2021-12-06
汉 青铜马（一对）	长10.5cm×2	477,475	中国嘉德	2021-04-21
明 错金银羊形摆件	长9cm; 高4.9cm	345,000	中贸圣佳	2021-12-29
明 人物骑狮摆件	高32.6cm	155,250	中贸圣佳	2021-12-29
唐 铜鎏金犬	长19cm	98,520	保利香港	2021-12-02
唐 铜鎏金猪（一对）	长13.3cm; 长14.6cm	59,112	保利香港	2021-12-02
元 铜鎏金熊	高5.9cm	109,250	北京中汉	2021-11-28
清乾隆 御制铜鎏金錾刻嵌彩料太平有象	高67.3cm	13,800,000	北京保利	2021-12-05
清晚期 铜狮座（成对）	47cm×37cm×70cm×2	80,500	中国嘉德	2021-11-30
清乾隆 御制铜铸“赶珠云龙”图巨型五供	尺寸不一; 共重735kg	28,175,000	北京保利	2021-12-05
17~18世纪 西藏铜鎏金嵌宝石供案	44.8cm×70.3cm×37.6cm	1,610,000	中国嘉德	2021-11-29
清 “大清乾隆年制”款豆	高18cm	57,500	西泠印社	2021-01-15
商晚期 中妇鬲鼎	高23cm; 直径17cm	12,650,000	北京保利	2021-12-05
商末 子龚鼎（一对）	高16.5cm×2	12,276,585	纽约苏富比	2021-09-22
商末（公元前13~前11世纪）犬祖辛祖癸鼎	高26cm	9,533,702	纽约苏富比	2021-09-22
商 青铜蝉纹“史”鼎	高18.8cm	3,450,000	华艺国际	2021-06-05
商 青铜方鼎（一对）	每个高23cm	1,987,200	中国嘉德	2021-10-14
商末 / 西周初 亚鼎	高21.6cm	1,632,128	纽约苏富比	2021-09-22
商晚期 青铜妇□告鼎	高16.1cm	1,112,760	保利香港	2021-04-21
商晚期 青铜西鬲鼎	高20.6cm	1,035,000	中贸圣佳	2021-12-29
商晚期 青铜方格乳钉云雷凤纹鼎	高25.5cm; 宽21cm	634,800	台北艺珍	2021-11-07
商晚期 饕餮纹青铜鼎	高21.5cm	397,896	中国嘉德	2021-04-21
西周 宣王时期（约公元前827~前782年）仲义父作新客鼎	直径32.9cm	11,884,745	纽约苏富比	2021-09-22
西周初 青铜饕餮纹方鼎	高22.2cm	1,468,916	纽约苏富比	2021-09-22
西周 束簋	宽34.2cm	979,277	纽约苏富比	2021-09-22
西周 青铜三足鼎	高26cm	138,000	台北艺珍	2021-11-07
西周 青铜回龙纹三足鼎	高27.8cm	44,334	保利香港	2021-12-02
春秋 青铜镂空螭虺纹鼎	宽17cm	88,668	保利香港	2021-12-02
战国 青铜大圆鼎	宽68.8cm	31,795	中国嘉德	2021-10-14
汉 铜错金小鼎	宽8.1cm	31,795	中国嘉德	2021-10-14
明崇祯 潞王朱常涝制饕餮纹四夔足鼎	口径14.5cm; 高20.8cm	3,622,500	中贸圣佳	2021-12-29
明 文王方鼎	长18cm; 高25cm	57,500	上海明轩	2021-12-30
明 铜仿古兽面纹鬲式鼎	直径16.4cm	36,800	北京保利	2021-06-07
清初 铜洒金乳钉纹出戟方鼎	高22.5cm	322,000	永乐拍卖	2021-05-22
清代乾隆 青铜壶鼎	高59cm; 径36.5cm	563,500	上海匡时	2021-07-08
清 铜兽面纹三足鼎	高24cm	28,750	上海匡时	2021-07-08
商 □侯亚疑簋（纪国君主纪侯铸器）	直径18.7cm; 高12.8cm	747,500	华艺国际	2021-03-31
西周早期 “作宝彝”柱足青铜簋	直径18.1cm; 高18.8cm; 重3020g	33,580,000	北京保利	2021-06-07
西周早朝 青铜夔龙纹方座簋	高23cm	4,105,000	佳士得	2021-12-03
西周早期 青铜伯弘簋	高14cm	2,018,142	香港苏富比	2021-04-22
西周 伯作旅甗	高40.3cm	179,534	纽约苏富比	2021-09-22
西周 王伯姜父鬲	高11cm; 直径15cm	782,000	上海匡时	2021-07-08
明 铜三足鬲	高18cm	161,000	华艺国际	2021-03-31
东周 战国 铜龙纹敦	直径24.7cm	114,249	纽约苏富比	2021-09-22
明宣德 铜六乳钉罐	高20cm	345,000	上海匡时	2021-07-08
清早期 铜鎏金将军盖罐（一对）	高33cm×2	402,500	中贸圣佳	2021-05-21

拍品名称	物品尺寸	成交价RMB	拍卖公司	拍卖日期
清乾隆 铜錾刻云龙纹大罐成对附大漆描金香几		345,000	中鸿信	2021-07-14
18世纪 铜鎏金盖罐（一对）	高32cm×2; 重8300g; 重8200g	345,000	北京保利	2021-09-26
清 铜鎏金饕餮纹出戟盖罐（成对）	高16.5cm×2	25,300	中鸿信	2021-07-14
清乾隆 铜锦地纹铆	高17cm	109,250	十竹斋拍卖（北京）	2021-05-29
商 仲夷尊	高21cm	5,635,000	北京保利	2021-12-05
商末 册尊	高25.5cm	1,305,703	纽约苏富比	2021-09-22
商晚期 兽面纹青铜尊	高28cm; 直径18.2cm	193,200	台北艺珍	2021-11-07
汉 铜鎏金羽人瑞兽纹樽	直径42cm; 高41cm	15,624,360	中国嘉德	2021-10-14
宋至明 铜错金银牺尊	长26.8cm	652,851	纽约苏富比	2021-09-22
宋至明代 青铜带盖羊尊	长40cm; 高29cm	69,000	台北艺珍	2021-11-07
明宣德 铜浮雕海水云龙纹双龙耳尊	高21.5cm	3,910,000	中贸圣佳	2021-05-20
明 牺尊	高30cm	3,680,000	上海匡时	2021-07-08
明 仿古铜牛首尊	高41.2cm	1,495,000	北京保利	2021-12-06
明 仿古铜异兽海八怪龙耳盘口尊	高30.7cm	460,000	北京保利	2021-12-05
明 铜瑞兽尊	高11cm	310,500	上海匡时	2021-07-08
明 铜错金银双耳尊	高16cm	207,000	上海匡时	2021-07-08
明 铜错金银铺首尊	高31cm	184,000	上海匡时	2021-07-08
明 铜辟邪瑞兽尊	高20cm	126,500	上海匡时	2021-07-08
明 铜雕螭龙纹象耳尊	高21.5cm	57,500	保利厦门	2021-11-05
明 铜兽面纹出戟方尊	宽19cm; 高43cm	55,200	浙江佳宝	2021-01-10
明 铜牺尊	宽28.4cm	51,667	中国嘉德	2021-10-14
明 铜错金银牺尊	高7.6cm	34,500	广东崇正	2021-01-07
明 宣德年制款铜鎏金嵌银丝兽纹尊	高6.3cm; 重393.8g	34,500	西泠印社	2021-01-15
明 铜仿古饕餮纹出戟尊	高17.2cm	20,700	古天一	2021-06-07
明 铜仿古海水回纹撇口尊	高18.3cm	20,700	华艺国际	2021-06-04
清早期 铜瑞兽尊	高19cm	437,000	十竹斋拍卖（北京）	2021-05-29
清早期 铜双耳海兽纹尊	高35.5cm	184,000	十竹斋拍卖（北京）	2021-05-29
明/清初 铜错金银龙纹壶“周孔尊”	高38.5cm	1,631,250	纽约佳士得	2021-03-18
清乾隆 铜兕尊	高24cm	345,000	上海匡时	2021-07-08
17世纪/18世纪 铜洒金双龙耳凤尾尊	高55.8cm	130,500	纽约佳士得	2021-03-18
清乾隆 铜嵌金兽面纹尊	高21cm	80,500	北京保利	2021-05-18
清乾隆 宣德款盘龙云纹尊	高34cm	80,500	上海匡时	2021-07-08
清乾隆 铜点金天鸡车尊	8cm×5cm×9cm	34,500	上海匡时	2021-07-08
清乾隆 铜错金银牺象尊形小花插	长9cm	25,300	中国嘉德	2021-09-28
清 嵌宝石太平有象铜尊形瓶（一对）	高34cm×2	920,000	上海匡时	2021-07-08
清 铜三瑞兽尊	高17.8cm	897,000	古天一	2021-06-07
清 铜海水龙纹双耳尊	高29cm	34,500	广东崇正	2021-07-19
清 铜兽面纹四方尊	高39cm	23,000	上海匡时	2021-07-08
清 铜活环四方尊	高27cm	17,250	朵云轩	2021-07-07
商末 青铜饕餮纹壶	高37cm	4,047,938	纽约苏富比	2021-09-22
战国中期 青铜鱼形壶	高35cm	198,720	台北艺珍	2021-11-07
汉 错金铭文壶	高13.5cm	51,726	中国嘉德	2021-04-21
唐 铜局部鎏银花卉纹提梁壶	高15.6cm	98,520	保利香港	2021-12-02
宋/明 袖珍铜壶（两件）	高6.9cm×2	81,563	纽约佳士得	2021-03-18
14世纪 铜鎏金执壶	高26cm	25,300	中贸圣佳	2021-09-26
明万历 西洋舞人形铜投壶	高41.5cm	327,750	十竹斋拍卖（北京）	2021-04-25
明 铜错金兽面仿古提梁壶	高30cm	1,817,000	中贸圣佳	2021-07-07
明 铜错金银饕餮纹龙耳方壶	高144.9cm	264,500	永乐拍卖	2021-05-22
明 铜螭龙纹青铜壶	高27.5cm	207,000	华艺国际	2021-06-05
明 铜刻诗文花卉仿古投壶（一对）	高25cm×2	161,000	中贸圣佳	2021-03-26
明治时期 金工师二世秦藏六作 龙口兽纹铜壶	高18.5cm; 直径16.5cm	149,500	北京荣宝	2021-06-19
明 铜八卦纹投壶	高46.5cm	55,200	中国嘉德	2021-11-29
明治时期 五郎三郎制鎏金铜壶及包银茶则	高15.5cm（壶）; 长13.7cm（茶则）	34,500	西泠印社	2021-07-23
明末清初 铜错金银仿汉方壶	高18cm	49,737	中国嘉德	2021-04-21
清雍正 铜鎏金錾刻夔龙纹投壶	高35cm	57,500	中鸿信	2021-07-14
18世纪 西藏合金铜灌顶壶（局部鎏金嵌银镶宝石）	高28.8cm	103,500	中国嘉德	2021-05-19
清乾隆 造办处制铜鎏金执壶	高27.3cm	63,250	华艺国际	2021-06-04
清乾隆 铜鎏金喜鹊登梅执壶	高29cm	57,500	北京保利	2021-12-06
17世纪/18世纪 铜错金银仿古方壶	高10.2cm	36,703	纽约佳士得	2021-03-18
清乾隆 铜鎏金卧象鼻烟壶盒	长6.5cm	23,000	中贸圣佳	2021-12-29
19世纪 玉川堂造□打出铜包银壶	长18cm; 高21cm	28,750	北京中汉	2021-03-26
清 铜胎嵌金星玻璃冰绽纹贯耳方壶	高34.5cm	287,500	上海匡时	2021-07-08
清 铜洒金双耳方壶	高17.1cm	112,888	佳士得	2021-12-03
清 铜鎏金开光花鸟纹酒壶杯（一组两件）	高19.2cm; 高10.3cm	31,050	中贸圣佳	2021-09-26
民国 错金盖壶	宽20.2cm	49,680	中国嘉德	2021-10-14
大正时期（1912~1926）金工名家二世秦藏六作 云雷纹壶式铜器	高25cm; 直径21cm	23,000	北京荣宝	2021-06-19
商 青铜丙爵	高18.5cm	920,000	华艺国际	2021-03-31
商晚期 父丁爵	17cm×10cm×20cm	828,000	上海匡时	2021-07-08
商晚朝 青铜饕餮纹爵	高18.5cm	328,400	佳士得	2021-12-03

2021杂项拍卖成交汇总(续表)

(成交价RMB：1万元以上)

拍品名称	物品尺寸	成交价RMB	拍卖公司	拍卖日期
商 青铜爵杯	高20.5cm	171,972	保利香港	2021-04-21
商 青铜爵	高19.4cm	34,482	保利香港	2021-12-02
战国 青铜带盖爵杯	高24.9cm	477,475	中国嘉德	2021-04-21
汉 铜鎏金高足杯	高15.4cm	248,685	中国嘉德	2021-04-21
汉 银包金高足杯	高11.2cm	149,040	中国嘉德	2021-10-14
明 铜万字锦地龙纹爵杯（一对）	长18.5cm×2	46,000	中国嘉德	2021-03-30
清早期 铜仿犀角杯	直径16cm; 高8.5cm	345,000	华艺国际	2021-04-01
清乾隆 铜仿古饕餮纹爵杯	高17.5cm; 重量1500g	275,856	保利香港	2021-12-02
清乾隆 铜爵杯（一对）	高17.4cm; 高17.4cm	230,000	中国嘉德	2021-11-29
清乾隆 铜洒金爵杯	高15cm	109,250	十竹斋拍卖（北京）	2021-05-29
清 铜三足爵杯	高20.5cm	43,130	北京保利	2021-08-09
清 铜三足爵杯	高28.5cm	28,750	上海匡时	2021-07-08
清 铜浮雕饕餮纹大爵杯	高33cm	23,000	上海匡时	2021-07-08
商 青铜兽面纹觯	高20.1cm	71,539	中国嘉德	2021-10-14
商晚期 青铜觯	高15.2cm	39,408	保利香港	2021-12-02
清 铜点金弦纹觯	高15cm; 重508g	40,250	西泠印社	2021-07-24
明 红铜鎏金嵌角雕螭龙纹带板	长7.8cm; 宽5.4cm; 总重39.6g	103,500	浙江佳宝	2021-01-10
明 铜三角云雷纹钵	长15cm	103,500	华艺国际	2021-06-04
晚商安阳时期 LUBOSHEZ旧藏 青铜虎鸟兽纹觥	长29.8cm	56,141,100	纽约佳士得	2021-03-18
明 铜错金银兽面纹觥	高22cm	109,250	保利厦门	2021-11-05
清 铜错金银兽面纹觥	高17cm; 长22.5cm; 重1346g	161,000	西泠印社	2021-07-24
晚商安阳时期 青铜饕餮纹觚	高30.4cm	1,223,438	纽约佳士得	2021-03-18
商晚期 青铜饕餮纹出戟觚	29.2cm	625,968	香港苏富比	2021-10-13
商 青铜觚（一对）	每个高24.5cm	596,160	中国嘉德	2021-10-14
商末 青铜饕餮纹觚	高27cm	106,088	纽约苏富比	2021-09-22
宋至明 铜错金银蕉叶卷草纹出戟袖珍型觚	高5.6cm	53,109	香港苏富比	2021-04-22
明 铜双兽耳浮雕缠枝纹花觚	高56cm	63,250	上海匡时	2021-07-08
明 铜兽面纹出戟花觚	高47cm	57,500	广东崇正	2021-07-19
明 铜饕餮蕉叶纹觚	高31cm	24,150	中贸圣佳	2021-09-26
清早期 错金银阿拉伯文铜花觚	高32.4cm	402,500	中贸圣佳	2021-05-21
清早期 铜浮雕喜鹊登梅花觚	高33cm	57,500	中贸圣佳	2021-03-26
清早期 铜缠枝莲纹螭耳花觚	高19.5cm	20,700	中国嘉德	2021-09-28
清乾隆 铜兽面纹花觚	高29.8cm	138,000	十竹斋拍卖（北京）	2021-05-29
清乾隆 铜鎏金嵌松石出戟花觚	高20cm	138,000	上海匡时	2021-07-08
清乾隆 铜洒金八卦纹花觚	高19cm	57,500	上海匡时	2021-07-08
清 铜嵌百宝“万寿无疆”吉祥纹花觚	高30cm	287,500	华艺国际	2021-03-31
清 铜点金八卦纹花觚	高18.5cm; 重597g	86,250	西泠印社	2021-01-15
清 铜四方花觚	高44cm	55,200	上海匡时	2021-07-08
清 铜浮雕螭龙纹出戟方觚	高22.1cm	51,750	中贸圣佳	2021-09-26
清 铜错金银饕餮纹出戟方觚（一对）	高33cm; 高33.6cm	42,550	中贸圣佳	2021-09-26
清 春晖珍玩款仿古铜花觚	高21.3cm	17,250	中贸圣佳	2021-09-26
铜质鎏金饕餮纹花觚	高25cm; 口径14.2cm	51,750	中国嘉德	2021-05-18
晚商安阳时期 青铜饕餮纹方彝	高22cm	7,242,750	纽约佳士得	2021-03-18
商晚期 尸卣	高28cm; 宽21cm	3,795,000	上海匡时	2021-07-08
商 青铜提梁卣	高24.7cm	99,360	中国嘉德	2021-10-14
西周 青铜提梁卣	高35.3cm	1,026,250	佳士得	2021-12-03
西周早期 青铜兽面伯扬卣	高24.5cm	708,120	保利香港	2021-04-21
明 错金银饕餮纹提梁卣	高34cm	1,380,000	北京大羿	2021-05-17
明 铜错金银提梁卣	高40cm	241,500	上海匡时	2021-07-08
明 仿古铜兽面纹提梁卣	高30.5cm	195,500	北京保利	2021-06-08
明 铜错金银兽面纹卣	高27cm	138,000	北京荣宝	2021-12-02
清 铜错金银兽面纹提梁卣	高36cm	55,200	北京中汉	2021-09-28
商末 需祖庚罍	高42.6cm	228,498	纽约苏富比	2021-09-22
西周早期 伯作厥罍	高46cm	6,900,000	华艺国际	2021-06-05
晚期/西周早期 青铜“子媚”铭罍	高40.5cm	821,000	佳士得	2021-12-03
明 错金银铜方罍	高56cm	402,500	中贸圣佳	2021-05-21
清早期 错银双耳罍	高27cm	92,000	上海匡时	2021-07-08
商末 青铜饕餮纹羊首瓿	直径33.1cm	1,632,128	纽约苏富比	2021-09-22
晚商 青铜饕餮纹瓿	直径33cm	1,549,688	纽约佳士得	2021-03-18
明 铜嵌绿松石乳钉雷纹瓿	直径22cm; 高19.5cm	828,000	中贸圣佳	2021-05-20
商末 蚰柰耒斝	高26.4cm	3,891,201	纽约苏富比	2021-09-22
商中期 青铜饕餮纹斝	高28.6cm	408,032	纽约苏富比	2021-09-22
东周春秋 青铜兽面纹龙流盉	宽35.8cm	2,611,405	纽约苏富比	2021-09-22
16世纪/17世纪 铜错金银仿古方盉	长27.3cm	1,019,531	纽约佳士得	2021-03-18
明 铜错金银兽面纹盉	高28.5cm	575,000	中贸圣佳	2021-05-21
17世纪/18世纪 铜错金银仿古盉	长27.3cm	652,500	纽约佳士得	2021-03-18
清 铜水具（一组四件）	尺寸不一	33,350	中贸圣佳	2021-09-26
东周春秋末 青铜变形龙纹兽首耳鉴	宽74.3cm	2,856,225	纽约苏富比	2021-09-22
唐 铜净瓶	高34.5cm	298,080	中国嘉德	2021-10-14
唐 响铜净瓶	高32.5cm	149,040	中国嘉德	2021-10-14
11~12世纪 花器/净瓶	高21.5cm	92,000	朵云轩	2021-07-07
元 铜莲池清趣抱月瓶	高40.5cm	20,700	中贸圣佳	2021-09-26
明正德 铜蚰耳阿拉伯文瓶	高15cm; 重1072g	368,000	广东崇正	2021-07-19
明中期 红铜螭龙双耳瓶	高30cm; 重3950g	47,040	上海联合	2021-06-27

拍品名称	物品尺寸	成交价RMB	拍卖公司	拍卖日期
明 铜仿古兽面纹瓶	高15cm	172,500	北京保利	2021-12-06
明 铜饕餮纹双耳大瓶	高70cm	115,000	广东崇正	2021-07-19
明治时期“原保斋”作 斑紫铜盛上芦雁图 大花瓶	高49cm	57,500	北京荣宝	2021-06-19
明至清 红皮铜双兽耳方瓶	带座高34cm; 高29cm; 重3386g	57,500	西泠印社	2021-07-24
明 凤首净水瓶	均高22cm	40,250	上海匡时	2021-07-08
明 石叟制铜嵌银丝铭文四方兽耳瓶	高11.6cm	34,500	西泠印社	2021-01-16
明 铜阿拉伯文香瓶（一对）	口径6.1cm, 高16cm; 重量627.3g; 重量723g	28,750	浙江佳宝	2021-01-10
明 铜缠枝莲纹双龙耳瓶（带座）	高19.6cm	28,750	广东崇正	2021-01-07
明 铜鎏金方口瓶	高22cm	24,970	北京保利	2021-01-18
明 铜净瓶	高12.5cm; 重199.2g	20,700	广东崇正	2021-07-19
明治时期“初代龟文堂”造高式广口青铜花瓶	高28.2cm; 直径17.5cm	18,400	北京荣宝	2021-06-19
明 铜兽耳瓶	高13cm（连座）; 重273.2g	17,920	上海联合	2021-06-27
明 铜鎏金蛟龙海水纹贯耳瓶	高15.5cm	17,250	中鸿信	2021-07-14
清早期 如意耳衔环洒金赏瓶	高21cm; 重量1551g	69,000	华艺国际	2021-06-04
清早期 铜错金银贯耳兽面香瓶	高14cm	34,500	华艺国际	2021-06-04
清早期 铜蒜头小香瓶	高12.5cm	20,700	十竹斋拍卖（北京）	2021-05-29
清康熙 铜鎏金珍珠地龙纹瓶（一对）	高18cm×2	287,500	华艺国际	2021-06-05
清雍正 铜洒金如意纹葫芦瓶	高39cm	1,035,000	广东崇正	2021-07-19
清乾隆 浮雕云龙纹如意耳铜瓶（一对）	高27cm×2	1,380,000	中贸圣佳	2021-05-21
清乾隆 龙生九子纹狻猊耳铜瓶	高45cm	690,000	上海匡时	2021-07-08
清乾隆 铜嵌宝太平有象熏炉、箸瓶（一组三件）	高1:20.5cm; 高2:26cm; 高3:20.5cm	529,000	中贸圣佳	2021-12-29
清乾隆 洒金铜錾龙凤双联瓶	14.9cm	477,981	香港苏富比	2021-04-22
清乾隆 铜如意耳龙纹瓶	高27cm	460,000	十竹斋拍卖（北京）	2021-05-29
清乾隆 铜鎏金云龙纹开光镂空二龙戏珠双龙耳扁瓶	高35.5cm	460,000	北京保利	2021-06-08
清乾隆 铜活环盘口瓶（一对）	高26.5cm×2	172,500	华艺国际	2021-03-31
清中期 铜点金铺首耳香瓶	口径5.9cm; 高16.8cm; 重量531.6g	28,750	浙江佳宝	2021-01-10
19世纪（日本）错金银花鸟开光小瓶	高9cm	63,560	北京保利	2021-01-18
清 铜龙纹双联瓶	高20cm	540,500	十竹斋拍卖（北京）	2021-04-25
清 铜盘口如意耳活环瓶（一对）	高50cm×2	345,000	上海匡时	2021-07-08
清 铜洒金寿字纹双竹耳兽首瓶	高64cm	287,500	西泠印社	2021-01-15
清 铜螭龙浮雕莲瓣瓶	高22cm	287,500	上海匡时	2021-07-08
清 铜琮式方瓶	高33cm	184,000	北京翰海	2021-10-16
清 铜和合二仙葫芦瓶	高68cm	138,000	上海匡时	2021-07-08
清 铜素砂底四方瓶	高27cm	115,000	上海匡时	2021-07-08
清 铜蕉叶纹瓶	高21cm	69,000	北京翰海	2021-10-16
清 铜英雄双联瓶	高7.8cm	57,500	广东崇正	2021-01-07
清 铜鎏金喜上眉梢四方香瓶	带座高11.5cm; 高10cm; 重187g	57,500	西泠印社	2021-01-16
清 铜点金天鸡耳瓶	高10.7cm; 重288g	55,200	西泠印社	2021-07-24
清 铜鎏金拐子龙穿花双耳扁瓶	高22.5cm	34,500	中鸿信	2021-07-14
清 铜鎏金英雄合卺瓶	高32cm; 长18.5cm	34,500	西泠印社	2021-07-24
清 石叟款铜嵌银丝香瓶、香盘、笔架（一套三件）	尺寸不一	33,600	上海联合	2021-06-27
清 石叟款铜嵌银丝云蝠纹方瓶（一对）	1.高17cm; 2.高17cm; 总重1152g	28,750	西泠印社	2021-07-24
清 铜双龙耳瓶（二件）	高26.2cm×2	25,300	北京翰海	2021-06-05
清 铜璎珞纹双耳瓶（一对）	高15.5cm×2	23,000	北京荣宝	2021-06-19
清 黑漆万字纹铜胎长颈瓶	高21.8cm	17,250	北京保利	2021-06-08
清 铜鎏金蒜头瓶	高17cm	18,400	十竹斋	2021-06-27
17~18世纪 银内胆铜酥油茶壶	高31cm	207,000	古天一	2021-06-07
清 铜胎鎏金剔红清供图碗	高7.5cm; 口径20.8cm	103,500	西泠印社	2021-07-24
元 铜胎错金镶花鸟纹玉板盖盒	87mm×40mm×35mm	40,250	西泠印社	2021-01-15
明 铜宝相花“朱震明制”款盖盒	直径9cm	402,500	华艺国际	2021-03-31
明 胡文明制铜鎏金花卉纹香盒	直径8.3cm	207,000	华艺国际	2021-06-05
明 胡文明制山中仙友图鎏金错银香盒	直径7.3cm; 高3.2cm	138,000	中国嘉德	2021-11-28
明 铜阿拉伯文圆香盒	直径6.8cm; 重613g	23,000	广东崇正	2021-01-07
清早期 铜馒头形阿拉伯文捧盒	高10cm	126,500	上海匡时	2021-07-08
清早期 铜阿拉伯文香盒	直径11.9cm	46,000	中鸿信	2021-07-14
清乾隆 铜鎏金狮子戏球盖盒	长12.3cm; 高5.8cm; 重量782.9g	46,000	浙江佳宝	2021-01-10
清乾隆 铜鎏金浮雕花鸟盖盒	6.6cm×5.5cm×2.3cm	17,250	十竹斋拍卖（北京）	2021-04-25
19世纪（日本）错金银龙纹扇形香盒	长7.6cm	40,860	北京保利	2021-01-18
19世纪（日本）错金银楼阁富士山圆形香盒	直径8.7cm	34,050	北京保利	2021-01-18
19世纪（日本）错金银楼阁富士山椭圆形带足香盒	直径5.5cm	21,565	北京保利	2021-01-18
19世纪（日本）错金银花鸟小香盒	长5.8cm	21,565	北京保利	2021-01-18

(成交价RMB：1万元以上)

拍品名称	物品尺寸	成交价RMB	拍卖公司	拍卖日期
19世纪(日本)错金银楼阁如意头形盖盒	长8.7cm	21,565	北京保利	2021-01-18
19世纪(日本)错金银楼阁纹八方小香盒	宽6cm	20,430	北京保利	2021-01-18
19世纪(日本)错金银楼阁山景圆形带足小香盒	直径5.8cm	19,295	北京保利	2021-01-18
19世纪 铜镶嵌花叶饰首饰盒	长35cm; 宽29cm; 高26cm	17,250	西泠印社	2021-07-23
清 铜仿剔犀纹香盒	直径12cm	345,000	华艺国际	2021-04-01
清 铜鎏金錾花方盒	长8.6cm; 宽6.9cm; 高6.8cm	34,500	中贸圣佳	2021-03-26
清 铜胎剔红荔枝纹香盒	高3.5cm; 直径7.2cm	23,000	西泠印社	2021-01-16
清 正德年制款铜阿拉伯文香盒	直径8.2cm; 重669g	20,700	西泠印社	2021-04-10
清 铜鎏金葫芦宝盒	高32.2cm	34,500	十竹斋	2021-06-27
西周 龙纹兽足青铜盘	直径42cm	104,880	台北艺珍	2021-11-07
明 铜香盘	直径 20.4cm	149,500	中国嘉德	2021-05-18
明 铜双螭龙纹海棠式香盘	长15cm; 重181g	17,250	西泠印社	2021-01-16
清早期 铜鎏金盘龙构件	长28.3cm	74,750	中国嘉德	2021-05-19
清乾隆 乌铜鎏金浮雕花鸟香盘	直径14.7cm	92,000	十竹斋拍卖(北京)	2021-05-29
清乾隆 铜鎏金盘式赤道公晷仪	长10cm	69,000	上海匡时	2021-07-08
清乾隆 铜胎龙纹雕漆盘	直径20cm	63,250	北京银座	2021-09-24
清光绪五年(1879年)东鄂氏敬造铜盘	直径17.8cm	48,300	中国嘉德	2021-03-30
19世纪(日本)错金银山水开光香盘	直径15cm	21,565	北京保利	2021-01-18
清 铜象足盘	直径28.5cm; 高17.5cm	20,700	十竹斋拍卖(北京)	2021-05-29
清 铜石叟款嵌银丝铭文香盘	直径7.8cm	20,700	广东崇正	2021-07-19
清 铜香盘	直径17cm; 重645g	34,500	十竹斋	2021-06-27
明 铜净水钵(带座)	长21cm; 高8cm	19,550	广东崇正	2021-07-19
清 铜洒金七佛钵	直径17.5cm	34,500	中鸿信	2021-07-14
元或以前 青铜虎子	高9cm; 长9.5cm	92,000	广东崇正	2021-01-07
明 青铜高足盆	直径26cm; 高7.8cm	57,500	广东崇正	2021-01-07
西周早期 □父辛甗	高43.8cm; 宽24.7cm	1,725,000	上海匡时	2021-07-08
明 仿秦诏量器	长21.4cm; 高6.2cm	2,070,000	中贸圣佳	2021-12-29
清乾隆 蒋元枢措造、蒋博臬监制铜簠	宽27.7cm	92,000	北京保利	2021-06-08
汉 鎏金铜虎纹盖炉	高12cm	122,344	纽约佳士得	2021-03-18
唐 铜鎏金四方盖炉	宽14cm	118,224	保利香港	2021-12-02
唐 铜鎏金镶狮子像手炉	长46.5cm	68,964	保利香港	2021-12-02
唐 青铜四足四活环耳炉	高6.9cm	23,645	保利香港	2021-12-02
宋 铜冲天耳回纹细足炉	高26cm; 口径17.5cm; 重1660g	69,000	西泠印社	2021-07-24
元 铜鸭式香熏	高26cm	172,500	古天一	2021-06-07
明早期 宝相莲花足钵式炉	直径 16.6cm; 口径11.2cm; 高10cm	3,220,000	中国嘉德	2021-05-18
大明宣德 铜洗式象足炉	口径17.5cm; 高8cm	690,000	辽宁省拍	2021-07-04
大明宣德 蚰耳炉	口径10.6cm; 高6.4cm	310,500	辽宁省拍	2021-07-04
宣德 立式炉	口径19cm; 高8.5cm	287,500	辽宁省拍	2021-07-04
大明宣德 戟耳炉	口径10cm; 高5.5cm	207,000	辽宁省拍	2021-07-04
大明宣德 双毫狮耳炉	口径18cm; 高9cm	115,000	辽宁省拍	2021-07-04
宣德炉	长22cm; 高10cm	86,250	辽宁省拍	2021-07-04
明成化 铜局部鎏金宝鸭形香熏	高27cm	2,645,000	中贸圣佳	2021-05-21
明成化 铜蚰耳炉	宽15.5cm; 直径11cm; 高24cm	1,437,500	保利厦门	2021-11-05
明正德 阿拉伯文炉瓶盒三事	炉长18.7cm; 瓶高13.8cm; 盒长7cm	17,020,000	中贸圣佳	2021-05-20
明正德 阿拉伯文筒式炉	口径12.1cm; 高10.2cm	2,070,000	中贸圣佳	2021-12-29
明正德 阿拉伯文戟耳炉	口径11.1cm; 通高8cm	1,207,500	中贸圣佳	2021-05-20
明正德 阿拉伯文鬲式炉	口径15.3cm; 高10.5cm	1,012,000	中贸圣佳	2021-05-20
明正德 铜香炉	直径15cm; 高11cm(不含底座)	1,012,000	辽宁省拍	2021-07-04
明正德 铜阿拉伯文鬲式炉	高8.3cm; 直径14.5cm; 重1102g	460,000	北京保利	2021-12-06
明正德 阿拉伯文铜式炉	直径12.5cm; 高10cm	345,000	保利厦门	2021-11-05
明嘉靖 蚰耳炉	口径12.7cm; 通高7.1cm	3,220,000	中贸圣佳	2021-05-20
明嘉靖至万历 铜局部鎏金螭龙耳瑞兽纹熏炉	40.6cm×25cm×24.5cm	1,725,000	北京保利	2021-12-05
明嘉靖 太平有象筒式炉	直径12cm; 高5.8cm	575,000	中国嘉德	2021-11-28
明嘉靖 铜朝冠耳狮钮盖炉	口径15cm; 高40.5cm	43,700	中贸圣佳	2021-12-29
明中期 筒式戟耳炉	口径8.3cm; 高5.8cm	4,312,500	中国嘉德	2021-05-18
明中期至晚期 铜蚰耳簋式炉	直径13.3cm; 重量2100g	689,640	保利香港	2021-12-02
明中期至晚期 铜象耳象足四方炉	宽11cm; 重量900g	275,856	保利香港	2021-12-02
15-16世纪 南宋款万字云雷纹熏香炉	长11cm; 高8cm	172,500	朵云轩	2021-07-07
明天启 铜镂雕缠枝莲团龙纹三层三足大地炉	高63cm	575,000	上海匡时	2021-07-08
明崇祯 鬲式炉	口径13.4cm; 通高8.2cm	3,047,500	中贸圣佳	2021-05-20
明崇祯 冲天耳炉	直径13.5cm; 重量1688g	2,300,000	华艺国际	2021-06-04
明崇祯 冲天耳炉	口径12cm; 重量1227.5g	1,840,000	华艺国际	2021-12-11
明崇祯 蚰耳炉	口径11.1cm; 高5.8cm	1,437,500	中贸圣佳	2021-07-07
明崇祯 铜冲天耳炉	高7.5cm	1,058,000	北京翰海	2021-06-05
明崇祯 蚰龙耳炉	口径12.8cm; 高5.6cm	575,000	中国嘉德	2021-05-18
明末 洒金铜阿拉伯文筒式炉	高9.3cm	477,981	香港苏富比	2021-04-22
明崇祯 铜冲耳三足炉	宽13cm	205,250	佳士得	2021-12-03
明崇祯 辛巳仲春款小冲天耳炉	高5.5cm; 直径9.2cm; 重419g	115,000	十竹斋	2021-06-27
明末 崇祯款铜如意耳马槽炉	高8cm; 长18.5cm; 重2512g	103,500	西泠印社	2021-01-15
17世纪 西藏合金铜炭火炉	高20.5cm	69,000	中国嘉德	2021-11-29
明 钵式炉	宽10cm; 高6.5cm	2,300,000	中国嘉德	2021-05-18
明 鬲式炉	口径13.5cm; 高6.2cm	1,978,000	中贸圣佳	2021-05-20
明 任甫藏玩款蚰耳炉	口径11.5cm	1,725,000	上海匡时	2021-07-08
明 "以一制"款马槽炉	9.5cm×7cm×5.9cm	1,610,000	中贸圣佳	2021-05-20
明至清 铜甪端驮子香熏	高29cm	1,610,000	西泠印社	2021-01-16
明 蚰龙耳炉	直径12.5cm	1,610,000	华艺国际	2021-06-04
明 玺藏款马槽炉	10cm×8.5cm×7cm; 重1718g	1,403,000	上海匡时	2021-07-08
明 铜麒麟香熏	高50cm	1,380,000	华艺国际	2021-12-11
明 蚰龙耳炉	直径10.8cm; 重量1178g	1,380,000	华艺国际	2021-06-04
明 马槽炉	9.6cm×8.2cm; 重量1152g	1,380,000	华艺国际	2021-06-04
明 "以一制"铜马槽炉	9.5cm×7.4cm×5.9cm; 重量1565g	1,265,000	华艺国际	2021-12-11
明 "舆卫家藏"款马槽炉	口长9.5cm; 宽7.7cm	1,092,500	中贸圣佳	2021-12-29
明 庚午冬吉日海隅堂制款鬲式炉	口径9cm; 重610g	747,500	上海匡时	2021-07-08
明 马槽炉	12.2cm×8.2cm×8.4cm	713,000	中国嘉德	2021-11-28
明 铜莲瓣纹钵式炉	直径13.5cm	713,000	中国嘉德	2021-09-26
明 宣德柳叶篆款鬲式炉	口径20cm; 高6.6cm	713,000	中贸圣佳	2021-12-29
明 "光浮对客"款冲天耳炉	口径19cm; 高14.5cm	690,000	中贸圣佳	2021-05-21
明 兰雪堂主人制款钵式炉	口径6cm; 高5cm	690,000	中贸圣佳	2021-05-21
明 宣德年制方篆款小鬲式炉	口径9.7cm; 高4.5cm	690,000	中贸圣佳	2021-12-29
明 冲耳炉	直径12.5cm; 高6.6cm	632,500	中国嘉德	2021-11-28
明 冲耳炉	口径21cm; 高7.8cm	575,000	中国嘉德	2021-05-18
明 "白云深处吾家"款蚰耳炉	口径10.5cm; 高6cm	575,000	中贸圣佳	2021-05-20
明 铜嵌银丝阿拉伯文炉	宽18.3cm	552,000	北京保利	2021-06-08
明 玉堂清玩款压经炉	口径14.3cm; 高6.2cm	517,500	中贸圣佳	2021-05-21
明 戟耳法盏炉	口径15.6cm; 高10cm	460,000	中国嘉德	2021-05-18
明 "大明宣德年制"铜天鸡耳海棠式炉	直径25.7cm; 高11.9cm; 重2270g	460,000	中国嘉德	2021-05-19
明 大明宣德年制款蚰耳炉	口径13.3cm; 重1934g	460,000	上海匡时	2021-07-08
明 天鸡法盏炉	直径11.5cm; 重量984g	437,000	华艺国际	2021-06-04
明 仿青铜器簋式炉	直径17.4cm; 高12.4cm	437,000	中国嘉德	2021-11-28
明 冲耳炉	直径13.2cm; 高5.6cm	437,000	中国嘉德	2021-11-28
明 铜鎏金甪端香熏	高17.5cm	437,000	中贸圣佳	2021-12-29
明 铜蚰龙耳簋式炉	宽13.5cm; 重848g	417,312	中国嘉德	2021-10-12
明 冲耳炉	直径14.6cm; 高6.8cm	414,000	中国嘉德	2021-11-28
明 鼓钉钵式双耳三足炉	直径23cm	402,500	北京荣宝	2021-06-19
明 三兽足洗式炉	口径16.5cm; 高10.9cm	402,500	中贸圣佳	2021-12-29
明 铜鬲式炉	宽11.2cm; 重818g	397,440	中国嘉德	2021-10-12
明 铜蚰龙耳簋式炉连如意足座	宽14.2cm; 重1063g	397,440	中国嘉德	2021-10-12
明 蚰龙如意耳炉	口径13.2cm; 高7.2cm	368,000	中国嘉德	2021-05-18
明 冲天耳炉连座	口径10.1cm; 高9.2cm	368,000	中贸圣佳	2021-07-07
明 桥耳鬲足炉	直径21.6cm; 高10cm	368,000	中国嘉德	2021-11-28
明 仿青铜鼎式炉	口径16.5cm; 高21.2cm	345,000	中国嘉德	2021-05-18
明 马槽炉	长10.8cm; 宽8cm; 高6.5cm	345,000	中国嘉德	2021-05-18
明至清 "鼎峙朱轩"款铺兽首香炉	直径14.8cm; 高8.5cm	345,000	中国嘉德	2021-11-28
明 大明宣德年制款冲天耳炉	口径9cm; 重664g	299,000	上海匡时	2021-07-08
明 宣德款蚰耳簋式炉	直径9.5cm; 高4.3cm	287,500	中贸圣佳	2021-05-21
明 铜冲天耳三足炉	宽8.9cm; 重529g	278,208	中国嘉德	2021-10-12
明 铜冲天耳炉	直径12.4cm; 重2117g	264,500	华艺国际	2021-09-17
明 狮首耳炉	口径14.2cm; 高7.2cm	253,000	中国嘉德	2021-05-18
明 马槽炉(带木嵌玉盖)	宽13.5cm	253,000	中国嘉德	2021-11-29
明 大明宣德年制款冲天耳炉	口径9.8cm; 重1018g	253,000	上海匡时	2021-07-08
明 铜菱格簋式炉	口径9.8cm; 重量665.5g	253,000	华艺国际	2021-12-11
明 铜蚰耳炉	直径15.5cm	248,685	中国嘉德	2021-04-21
明 "大明崇祯年制"款冲耳炉	口径11.7cm; 高8cm; 重量1316g	230,000	西泠印社	2021-01-15
明 天鸡耳簋式炉	口径13.3cm; 重1249g	230,000	华艺国际	2021-03-31
明 鬲式炉	直径12.8cm; 重量1309g	230,000	华艺国际	2021-06-04
明 铜蚰耳炉(带原铜座)	宽18.8cm	218,843	中国嘉德	2021-04-21
明 冲耳"连中三元"炉	直径10.6cm; 高5.6cm	218,500	中国嘉德	2021-11-28

2021杂项拍卖成交汇总(续表)

(成交价RMB：1万元以上)

拍品名称	物品尺寸	成交价RMB	拍卖公司	拍卖日期
明 大明宣德年制款冲天耳炉	口径15cm; 重1820g	218,500	上海匡时	2021-07-08
明 大明宣德年制款天鸡耳炉	口径13.8cm; 重1906g	218,500	上海匡时	2021-07-08
明 鬲式三足炉	口径13.5cm; 重量1255g	218,500	华艺国际	2021-12-11
明 仿青铜器簋式双耳洒金炉	直径10.5cm	207,000	北京荣宝	2021-06-19
明 张鸣岐款红铜手炉	口径10.3cm; 高8cm	207,000	中贸圣佳	2021-12-29
明 铜錾云龙纹狮耳簋式炉	18.5cm	201,814	香港苏富比	2021-04-22
明 象耳龙纹彝炉	口径13.2cm; 高8.8cm	195,500	中国嘉德	2021-05-18
明 铜鎏金龙纹双耳簋式炉	直径15cm; 高9.5cm	184,000	十竹斋拍卖（北京）	2021-05-29
明 铜洒金双鱼耳簋式炉	宽11.4cm; 重539g	178,848	中国嘉德	2021-10-12
明 象足折沿洗炉	口径17.5cm; 高7.7cm	172,500	中贸圣佳	2021-05-21
明 戈足鬲式炉	直径10.5cm	172,500	北京荣宝	2021-06-19
明 铜错金银蝴蝶纹炉	高8.3cm; 通径17.5cm; 口径12cm; 重697.6g	172,500	西泠印社	2021-01-15
明 铜桥耳三足炉	宽12cm	172,500	北京保利	2021-06-08
明 香斋款鬲炉	口径7.9cm; 重458g	172,500	上海匡时	2021-07-08
明 张鸣岐款暖手炉	高6.5cm	161,000	辽宁省拍	2021-07-04
明 仿古铜兽面纹三羊朝冠耳鼎式炉	高48.4cm	161,000	永乐拍卖	2021-05-22
明 铜兽耳斗方炉	宽11cm	161,000	北京保利	2021-12-06
明至清 铜鎏金莲瓣形香熏（一对）	1.高14.9cm, 重2930g; 2.高15cm, 重2938g	149,500	西泠印社	2021-01-15
明 铜错金甪端香熏	高17cm	149,500	中贸圣佳	2021-09-26
明 胡文明款铜鎏金嵌银海八怪铜炉	口径12.3cm; 高7.5cm; 重635g	138,000	西泠印社	2021-07-24
明 “潦薄藏玩”款冲天耳三足炉	口径8.8cm; 高6.2cm	126,500	中贸圣佳	2021-09-26
明 胡文明制四季花卉图鎏金错银筒式三足炉	直径9.1cm; 高8cm	126,500	中国嘉德	2021-11-28
明 张鸣岐井栏手炉	口径9cm; 高10cm	126,500	中贸圣佳	2021-12-29
明 张鸣岐款铜手炉	口长:8.6cm; 宽:8.6cm; 高7.8cm	126,500	中贸圣佳	2021-12-29
明至清 铜鎏金莲瓣纹瑞兽香熏	高40cm	126,500	西泠印社	2021-01-15
明 铜冲天耳炉	直径9.8cm; 高6.7cm; 重1013g	126,500	广东崇正	2021-07-19
明 铜麒麟香熏	高34.5cm	126,500	上海匡时	2021-07-08
明 张鸣岐制款铜编织纹手炉	长14cm; 宽10.5cm; 高8cm	115,000	中贸圣佳	2021-09-26
明 张鸣岐制手炉	直径10.2cm; 重量719g	115,000	华艺国际	2021-06-04
明 筒式戟耳炉	宽12cm	109,250	中国嘉德	2021-11-29
明 铜“玉堂清玩”款法盏炉	高13.5cm	103,500	中鸿信	2021-07-14
明 铜桥耳炉	宽15cm	99,474	中国嘉德	2021-04-21
明 蚰龙耳炉	口径11cm; 高5cm	92,000	中国嘉德	2021-05-18
明 铜鎏金锦地纹鼎式炉	高26cm	92,000	十竹斋拍卖（北京）	2021-05-29
明 铜双戟耳筒式炉	长11.7cm; 高6.4cm; 重1049g	92,000	十竹斋	2021-06-27
明 铜太狮少狮香熏	高22cm	92,000	上海匡时	2021-07-08
明至清 鎏金铺天鸡首香炉	长12.3cm; 宽10.2cm; 高8.5cm	80,500	中国嘉德	2021-11-28
明 铜冲天耳花式炉	宽17cm; 重1925g	79,488	中国嘉德	2021-10-12
明至清 文明款锦地花卉纹铜鎏金筒式炉	高8cm; 口径10.5cm; 重477g	69,000	西泠印社	2021-01-15
明 铜天官甪端香熏	高28cm	63,250	西泠印社	2021-01-15
明至清 藏经色冲耳炉	直径13.3cm; 高8.5cm	57,500	中国嘉德	2021-11-28
明 铜鸭香熏	26cm×13.5cm×32.8cm	57,500	中国嘉德	2021-05-19
明 胡文明款狮耳炉	直径10.8cm; 重量656g	57,500	华艺国际	2021-06-04
明 铜弦纹鬲式炉	直径13cm	57,500	中鸿信	2021-07-14
明 铜胡文明风格海八怪双龙耳炉	高16cm; 直径12cm	51,750	十竹斋拍卖（北京）	2021-05-29
明/清 铜狮子戏球双狮耳炉	直径10.5cm; 重875g	51,750	华艺国际	2021-04-01
明治时期 龙文堂七代安之介造丸形铜炉	9.5cm×11.5cm	46,000	西泠印社	2021-01-16
明至清大明宣德年制款铜鎏金鱼耳炉	高7.2cm; 重478g	43,700	西泠印社	2021-01-15
明 铜钵式炉	12.8cm×10.5cm×6.8cm; 重1226g	43,700	西泠印社	2021-07-24
明 铜“宣德年制”马槽琴炉	高3.2cm; 重196g	40,250	广东崇正	2021-07-19
明 鬲式炉	直径9.8cm; 重量636g	36,800	华艺国际	2021-06-04
明 铜鎏金瑞兽香熏	高22.5cm	36,800	西泠印社	2021-07-24
明 铜饕餮纹鼎式炉配红木玉钮炉盖	高32.4cm	34,500	中贸圣佳	2021-09-26
明 铜甪端香熏	高16.5cm	34,500	中贸圣佳	2021-09-26
明 “云间胡文明男光宇制”款錾刻鎏金八宝纹洗式香炉	高3.8cm; 重1164g	34,500	广东崇正	2021-01-07
明 铜饕餮纹三足炉	高14.6cm	34,500	华艺国际	2021-06-04
明 铜鬲式炉	高5cm; 直径11.8cm	32,200	古天一	2021-06-07
明 铜钵式炉	高7cm; 腹径13.5cm	32,200	古天一	2021-06-07
明治时期 二世秦藏六作金银涂铜火炉	高14.5cm; 直径7.5cm	29,900	北京荣宝	2021-06-19
明 铜嵌银丝兽面纹簋式炉	高20.2cm	29,900	中贸圣佳	2021-09-26
明 铜竹节形三足炉	高8.8cm; 直径14cm	28,750	古天一	2021-06-07

拍品名称	物品尺寸	成交价RMB	拍卖公司	拍卖日期
明 铜天鸡耳炉	高7.4cm; 直径13.3cm; 重1215g	28,750	十竹斋	2021-06-27
明 万历款寿字纹钵式炉	直径7.4cm; 高6.6cm	25,300	中贸圣佳	2021-09-26
明 铜鬲式炉	高5.7cm; 直径14.2cm; 重1449g	25,300	十竹斋	2021-06-27
明 鼎式炉	口径14cm; 高18cm（不含底座）	23,000	辽宁省拍	2021-07-04
明 “潘祥丰”制铜鎏金海水瑞兽纹熏炉	直径10cm	23,000	中鸿信	2021-07-14
明晚清 铜朝冠耳炉	高5.9cm; 重627g	20,700	广东崇正	2021-07-19
明 铜甪端熏炉	宽10cm; 高11cm; 重量502.2g	17,250	浙江佳宝	2021-01-10
明 铜桥耳香炉	直径13cm; 高8cm; 重1069g	17,250	广东崇正	2021-07-19
明晚期 铜马槽炉	宽13.5cm	2,415,000	北京保利	2021-06-07
明晚期 铜冲耳炉	宽11.5cm	1,955,000	北京保利	2021-09-26
明晚期 铜冲耳炉	宽13.5cm; 重1298g	1,725,000	北京保利	2021-06-07
明晚期 铜冲耳炉	宽15cm	1,380,000	北京保利	2021-06-08
明晚期 铜冲耳炉	宽13.2cm	1,265,000	北京保利	2021-06-08
明晚期 冲耳洒金三足炉	通高15.3cm	920,000	中国嘉德	2021-05-18
明晚期 铜点金钵式炉	宽15.5cm; 重1121g	402,500	北京保利	2021-09-26
明晚期 古松纹鎏金筒式炉	口径12.2cm; 高9.2cm	230,000	中国嘉德	2021-05-18
明晚期 錾花鎏金海八怪纹簋式炉	直径15cm; 高9.2cm	172,500	中国嘉德	2021-11-28
明晚期 “宣德”款铜鬲式炉	直径11cm; 高6.8cm; 重1247.2g	149,500	中国嘉德	2021-11-30
明晚期 铜朝冠耳炉	高8.5cm; 重709g	46,000	广东崇正	2021-07-19
徐治公制马槽炉	高9.3cm; 直径7.4cm	897,000	十竹斋拍卖（北京）	2021-05-29
明末/清初 洒金铜狮耳衔环钵式炉连铜座	直径37.8cm	769,688	佳士得	2021-12-03
明末清初 冲天耳炉（原配铜底座）	口径18cm; 重量4383.5g（带座）	345,000	华艺国际	2021-12-11
明末清初 “玉堂清玩”款双岫耳炉	长23.7cm; 高8cm; 重3810g	287,500	十竹斋	2021-06-27
明末清初 铜“玉堂珍玩”桥耳炉	高8.2cm; 长14cm; 重1146g	230,000	广东崇正	2021-07-19
明末清初 铜冲耳炉	口径11.8cm; 重1122g	184,000	华艺国际	2021-03-31
明末/清初 铜马槽炉连铜座	宽14cm	123,150	佳士得	2021-12-03
明末清初 宣德款鬲式炉	口径13.2cm; 高6cm	103,500	中贸圣佳	2021-09-26
明末清初 胡文明制海兽纹小炉	通高8.5cm; 高5.6cm	103,500	西泠印社	2021-07-24
明末清初 宣德款天鸡耳炉	口径9.5cm; 高7.5cm	92,000	中贸圣佳	2021-09-26
明末/清初 铜桥耳三足炉	宽14.5cm	82,100	佳士得	2021-12-03
明末清初 张鸣岐制铜诗文手炉	高10.5cm; 重612g	74,750	西泠印社	2021-07-24
明末清初 铜马槽双耳炉	高5.2cm; 重1003g	63,250	广东崇正	2021-01-07
明末清初 铜活环蚰耳炉	宽9.3cm; 重170g	59,616	中国嘉德	2021-10-12
明末清初 铜瓜棱形莲瓣纹炉	宽7.4cm; 重242g	59,616	中国嘉德	2021-10-12
明末清初 “水月居”铜冲天耳炉	直径12.3cm; 高7.7cm; 重289.4g	48,300	中国嘉德	2021-05-19
明末清初 铜镂空佛狮戏绣球纹熏球	直径17cm	44,612	香港苏富比	2021-04-22
明末清初 张鸣岐款铜手炉	高9cm; 宽14.5cm; 重量550.8g	40,250	浙江佳宝	2021-01-10
明末清初 铜六瓣梅花海棠耳三足炉	口径9cm; 高6.7cm	36,800	中贸圣佳	2021-12-29
明末清初 铜莲花纹狮耳炉	宽6.8cm; 重141g	34,776	中国嘉德	2021-10-12
明末清初 铜兽面双耳炉	宽6.6cm; 重227g	21,859	中国嘉德	2021-10-12
清早期 宣德款戟耳筒式炉连座	口径15.5cm; 高15.8cm（带座）	2,300,000	中贸圣佳	2021-05-20
清早期 洒金法盏炉	口径19cm; 高14.2cm	1,955,000	中贸圣佳	2021-07-07
清早期 官作蚰龙耳炉	直径21.5cm	1,322,500	华艺国际	2021-06-04
清早期 冲耳炉	直径16.8cm; 重量2499g	1,265,000	华艺国际	2021-06-04
清早期 “平子监制”款蚰耳炉	口径8.9cm; 高5cm	1,150,000	中贸圣佳	2021-07-07
清早期 六字方篆马槽炉	长12cm; 宽8.5cm; 高7cm	1,092,500	中贸圣佳	2021-07-07
清早期 翠微山房款蚰耳炉	口径11.7cm; 高6cm	1,035,000	中贸圣佳	2021-12-29
清早期 铜冲天耳大炉	直径26cm	862,500	十竹斋拍卖（北京）	2021-05-29
清早期 高浮雕云龙纹炉	直径13.9cm; 重量1671g	828,000	华艺国际	2021-06-04
清早期 冲天耳炉	口径12.8cm; 重量1735.7g	747,500	华艺国际	2021-12-11
清早期 铜戟耳炉（原配座）	口径16.5cm; 重1940g	701,500	华艺国际	2021-03-31
清早期 “苍菴”款铜戟耳炉	直径12.5cm	667,000	中国嘉德	2021-11-30
清初 “益贤氏”款铜冲天耳炉	直径11cm; 重987g	667,000	华艺国际	2021-12-11
清早期 “古竹仙林”款方斗炉	口径7.8cm; 重598g	540,500	上海匡时	2021-07-08
清早期 押经炉	炉直径11.5cm, 高6.5cm; 座直径13cm, 高3cm	540,500	中国嘉德	2021-11-28
清早期 “雅赏幽香”铜冲天耳炉	直径23.5cm; 高12.5cm; 重4.45kg	517,500	中国嘉德	2021-05-19

（成交价RMB：1万元以上）

拍品名称	物品尺寸	成交价RMB	拍卖公司	拍卖日期
清早期 铜阿拉伯文筒式炉	高10.3cm	517,500	十竹斋拍卖（北京）	2021-05-29
清早期 铜押经炉	宽18.8cm; 重1821g	517,500	北京保利	2021-09-26
清早期 押经炉	口径12.2cm; 高6.6cm	460,000	中国嘉德	2021-05-18
清早期 仿商周夔龙耳彝炉	口径16cm; 高10.6cm	460,000	中国嘉德	2021-05-18
清早期 宣德年制款点金戟耳三足炉	口径11.3cm; 高14.9cm（连座）	437,000	中贸圣佳	2021-05-21
清早期 “大明宣德年制”铜桥耳炉	直径23.7cm; 高10cm; 重3kg	437,000	中国嘉德	2021-05-19
清早期 雪花金深腹戟耳炉	直径12.5cm; 重量2483g	437,000	华艺国际	2021-06-04
清早期 “肃伟丘氏家珍”款鬲式炉	口径11cm; 高5.4cm	425,500	中贸圣佳	2021-05-21
清早期 大明宣德年金台施制款鬲式炉	口径12.6cm; 高5.1cm	414,000	中贸圣佳	2021-03-26
清早期 冲耳炉（带原座）	炉直径19cm; 高8.6cm	414,000	中国嘉德	2021-11-28
清早期 戟耳炉	口径7.8cm; 重1025g	402,500	华艺国际	2021-03-31
清早期 钵式炉	直径8cm; 重量1294g	402,500	华艺国际	2021-06-04
清早期 铜鎏金双龙戏珠兽耳三足炉	高9cm	368,000	北京大羿	2021-03-27
清早期 铜铺兽双活环耳炉	宽18cm	356,500	北京保利	2021-06-08
清早期 大明宣德年制款鬲式炉	口径18.5cm; 高7.9cm	345,000	中贸圣佳	2021-05-21
清早期 铜蚰龙耳大炉	直径24.5cm	345,000	十竹斋拍卖（北京）	2021-05-29
清早期 太平有象鼎式炉	直径9cm; 高11cm	345,000	中国嘉德	2021-11-28
清早期 铜点金冲耳炉	宽14cm; 重925g	345,000	北京保利	2021-09-26
清早期 铜压经香炉	直径14.5cm; 高6.5cm	322,000	中贸圣佳	2021-05-21
清早期 鬲式炉	口径13.4cm; 高6cm	322,000	中国嘉德	2021-05-18
清早期 桥耳炉	直径28cm; 高15.8cm	322,000	中国嘉德	2021-11-28
清早期 宣德款鬲式冲天耳炉	口径11.9cm; 高19.2cm	322,000	中贸圣佳	2021-12-29
清早期 蚰龙耳炉	直径13cm; 重量2089g	322,000	华艺国际	2021-06-04
清早期 铜双蚰耳大炉	宽36cm	322,000	北京保利	2021-06-08
清早期 “芳流四海”款戟耳簋式炉	直径7.5cm; 高6.8cm	299,000	中贸圣佳	2021-05-21
清早期 嵌金银云龙纹簋式炉	直径12cm; 重量1321g	299,000	华艺国际	2021-06-04
清早期 如意耳炉	直径13.5cm; 重量870g	287,500	华艺国际	2021-06-04
清早期 蚰龙耳炉	直径10.5cm; 重量912g	287,500	华艺国际	2021-06-04
清早期 铜冲耳炉	直径15.2cm	264,500	十竹斋拍卖（北京）	2021-05-29
清早期 洒金冲耳炉	宽 14cm; 高8.4cm	253,000	中国嘉德	2021-11-28
清初 铜钵式双耳活环香炉	长19.8cm	253,000	永乐拍卖	2021-05-22
清早期 鎏金百子图鼎式炉	直径12.6cm; 重量949g	253,000	华艺国际	2021-06-04
清初 铜鬲式炉	直径11.8cm; 重2420g	241,500	华艺国际	2021-09-17
清早期 洒金冲天耳炉	口径14.4cm; 高7.6cm	230,000	中贸圣佳	2021-07-07
清早期 宣德款冲天耳大炉	口径21.5cm; 高10.5cm	230,000	中贸圣佳	2021-09-26
清早期 冲耳八仙人物炉	直径12cm; 高9cm	230,000	中国嘉德	2021-11-28
清早期 “家藏珍玩之宝”款鬲式炉	口径15.3cm; 高6.3cm	230,000	中贸圣佳	2021-12-29
清早期 狮耳三足炉	口径10.5cm; 高9.8cm	230,000	中贸圣佳	2021-12-29
清早期 宣德款冲天耳三足炉	口径14.2cm; 高8.2cm	218,500	中贸圣佳	2021-09-26
清早期 洒金狮耳炉	口径12.9cm; 高7cm	207,000	中贸圣佳	2021-12-29
清初 阿拉伯文三足铜炉	直径14.5cm; 高9.9cm	207,000	永乐拍卖	2021-05-22
清早期 内外双款桥耳三足炉	口径11.8cm; 高8.9cm	195,500	中贸圣佳	2021-03-26
清早期 四字方篆马槽炉	长10cm; 宽8cm; 高6.5cm	195,500	中贸圣佳	2021-07-07
清初 铜双耳三足炉	高8cm	195,500	北京翰海	2021-12-18
清早期 “永宝用”款蚰耳炉	口径9.3cm; 重1189g	195,500	上海匡时	2021-07-08
清初 鬲式炉	12.6cm×5.7cm; 重1271g	195,500	上海嘉禾	2021-11-14
清早期 铜蚰龙耳炉	直径15cm; 重2705.6g	195,500	华艺国际	2021-12-11
清早期 宣德年制篆书款压经炉	口径13cm; 高8.2cm	184,000	中贸圣佳	2021-05-21
清早期 铜鎏金兽面纹鼎式炉	高18cm; 直径13.2cm	184,000	十竹斋拍卖（北京）	2021-05-29
清早期 宣德年制款蚰耳炉	口径12cm; 高6cm	184,000	中贸圣佳	2021-12-29
清早期 蚰龙耳炉（原配座）	直径12.8cm; 重量1565g	184,000	华艺国际	2021-06-04
清早期 铜“玉堂清玩”钵式炉	高7.7cm; 重1385g	184,000	广东崇正	2021-07-19
清早期 宣德款蚰耳炉	口径13.7cm; 高7.5cm	172,500	中贸圣佳	2021-09-26
清早期 蚰龙耳炉	直径10.6cm; 高6cm	172,500	中国嘉德	2021-11-28
清早期 桥耳炉（原配底座）	口径13.2cm; 重3050g	172,500	华艺国际	2021-03-31
清早期 宣德款钵式炉	口径9.3cm; 高9cm	166,750	中贸圣佳	2021-09-26
清早期 铜龙耳簋式炉	直径13.5cm; 重2037g	161,000	华艺国际	2021-09-17
清早期 朱震明制铜鎏金海兽纹簋式炉	口径14.5cm; 高9.8cm	138,000	中贸圣佳	2021-05-21
清早期 铜蚰龙耳炉	宽12cm	138,000	中国嘉德	2021-05-19
清早期 鬲式炉	口径14.2cm; 重1530g	138,000	华艺国际	2021-03-31

拍品名称	物品尺寸	成交价RMB	拍卖公司	拍卖日期
清早期 铜云龙纹象耳炉	直径10cm; 高5.5cm; 重407.8g	138,000	中国嘉德	2021-11-30
清早期 双龙耳罐式炉	口径7.3cm; 高10.8cm	132,250	中贸圣佳	2021-05-21
清早期 冲耳炉	口径10.8cm; 高6.2cm	126,500	中国嘉德	2021-05-18
清早期 法盏炉	宽3.7cm; 高8.2cm	126,500	中国嘉德	2021-05-18
清早期 双螭龙洗式炉	长28cm; 宽16.6cm; 高8cm	126,500	中国嘉德	2021-05-18
清早期 铜狮首耳炉	直径18.3cm; 重2690g	126,500	华艺国际	2021-09-17
清早期 大明宣德年制篆书款桥耳炉	口径19cm; 高11.6cm	115,000	中贸圣佳	2021-05-21
清早期 夔龙耳八卦炉	直径12cm; 高6.5cm	115,000	中国嘉德	2021-11-28
清早期 铜小马槽炉	宽10.2cm	115,000	北京保利	2021-06-08
清早期 鬲式炉	口径9.2cm; 重量956g	115,000	华艺国际	2021-12-11
清早期 宣德年制篆书款蚰耳炉	口径13cm; 高7cm	109,250	中贸圣佳	2021-05-21
清早期 洒金戟耳炉	口径10.4cm; 高8.2cm	109,250	中贸圣佳	2021-07-07
清早期 狮耳炉	口径23.6cm; 高10.8cm	109,250	中贸圣佳	2021-12-29
清早期 鼎式炉	高10cm; 重1314g	109,250	上海嘉禾	2021-11-14
清早期 垂花鼎式炉	口径11.4cm; 高7.2cm	103,500	中国嘉德	2021-05-18
清早期 宣德款狮耳炉	口径17.8cm; 高8.8cm	103,500	中贸圣佳	2021-09-26
清早期 寿字纹朝冠耳炉	直径10cm; 重量761g	101,200	华艺国际	2021-06-04
清早期 冲天耳炉	口径11cm; 重1010g	97,750	华艺国际	2021-03-31
清早期 “宣德”款铜桥耳炉	直径8.8cm; 高5cm; 重490.3g	97,750	中国嘉德	2021-11-30
清早期 铜冲天耳炉	直径17cm; 重1290g	94,300	华艺国际	2021-09-17
清早期 天象耳宣德炉	口径20.2cm; 高11cm	92,000	中贸圣佳	2021-12-29
清早期 狻猊耳海棠几式炉	直径12cm; 重量727g	92,000	华艺国际	2021-06-04
清早期 铜蚰耳炉	直径15.5cm; 高7.5cm	92,000	广东崇正	2021-07-19
清早期 大明宣德年制款蚰耳炉	口径14.3cm; 高9cm	80,500	中贸圣佳	2021-03-26
清早期 凤耳簋式炉	口径 11.8cm; 高11cm	80,500	中国嘉德	2021-05-18
清早期 铜蚰龙耳簋式炉	宽12.2cm; 重575g	79,488	中国嘉德	2021-10-12
清早期 黑漆古蚰龙耳炉	宽11.8cm; 高6.3cm	74,750	中国嘉德	2021-05-18
清早期 戟耳炉	宽14.6cm	74,750	中国嘉德	2021-05-19
清早期 鱼耳炉	口径10.6cm; 高7.5cm	69,000	中国嘉德	2021-05-18
清早期 宣德款鱼耳炉	口径10.3cm; 高8.2cm	69,000	中贸圣佳	2021-09-26
清早期 莲瓣纹戈足狮耳炉	直径12cm; 重量1104g	69,000	华艺国际	2021-06-04
清早期 铜“丙子孟秋木雁父仿宣”冲天耳炉	长13.6cm; 高6.3cm; 重1252g	69,000	广东崇正	2021-07-19
清早期 铜马槽炉	宽13.5cm	69,000	北京保利	2021-10-31
清早期 涡纹朝冠耳炉	口径10.2cm; 重量756g	69,000	华艺国际	2021-12-11
清早期 铜狮头耳炉	直径18.7cm; 重量1998g	66,700	华艺国际	2021-12-11
清早期 铜鎏金海兽纹龙耳簋式炉	直径12.5cm; 高7cm; 重581g	63,250	广东崇正	2021-01-06
清早期 铜天鸡耳大香炉	直径27.3cm; 高17.5cm; 重6850g	63,250	广东崇正	2021-07-19
清早期 铜海兽纹双龙耳炉	宽17.5cm	63,250	北京保利	2021-10-31
清早期 “玉堂清玩”款戟耳马槽炉	长12.7cm; 高6.7cm; 重1526g	57,500	十竹斋	2021-06-27
清早期 铜压经炉（带座）	高10.5cm; 直径9.2cm; 重3120g	57,500	十竹斋	2021-06-27
清早期 铜点金压经炉配原座	长24cm	57,500	中鸿信	2021-07-14
清早期 铜双蚰耳炉	宽13.5cm	57,500	北京保利	2021-10-30
清初 蚰耳炉	14cm×7.5cm; 重1752g	57,500	上海嘉禾	2021-11-14
清早期 “大明宣德年制”铜蚰耳炉	直径12.8cm; 高5.4cm; 重1027.6g	57,500	中国嘉德	2021-11-30
清早期 胡文明制铜局部鎏金暗八仙双兽耳炉	宽15cm	51,750	北京保利	2021-06-08
清早期 铜天鸡耳鼎式炉（带座）	高13.7cm; 重1211g	51,750	广东崇正	2021-07-19
清早期 铜双狮耳炉	宽8.8cm; 重185g	49,680	中国嘉德	2021-10-12
清早期 铜冲天耳炉	直径14cm; 高11.5cm	43,700	广东崇正	2021-07-19
清早期 铜狮耳、鱼耳炉（一组两件）	①高15.5cm, 重292g; ②高3.6cm, 重138g	43,700	广东崇正	2021-07-19
清早期 铜锦边天鸡耳四方炉	9cm×7.5cm; 重512g	43,700	华艺国际	2021-09-17
清早期/中期 铜压经炉	高7.6cm; 重1221g	42,550	广东崇正	2021-07-19
清早期 铜桥耳炉	宽5.6cm; 重108g	41,731	中国嘉德	2021-10-12
清早期 “玉堂珍玩”款蚰耳炉	直径12cm; 高6.1cm	40,250	中贸圣佳	2021-09-26
清早期 铜点金朝冠耳炉	长11cm; 高5.1cm; 重432g	40,250	广东崇正	2021-07-19
清早期/中期 铜冲天耳炉	长9cm; 高7cm; 重737g	36,800	广东崇正	2021-07-19
清早期 铜压经炉	长16cm	34,500	中国嘉德	2021-03-30
清早期 铜鎏金甪端香熏	高27cm	34,500	十竹斋拍卖（北京）	2021-05-29
清早期 铜凤穿牡丹纹葵形手炉	高8cm; 直径9.5cm; 重量266.8g	34,500	浙江佳宝	2021-01-10
清早期 铜鎏金狻猊钮琴炉	宽6.8cm; 高7cm; 重量163.4g	34,500	浙江佳宝	2021-01-10

2021杂项拍卖成交汇总(续表)

(成交价RMB：1万元以上)

拍品名称	物品尺寸	成交价RMB	拍卖公司	拍卖日期
清早期 “四于斋” 款铜冲天耳炉	高8cm; 重1210g	34,500	广东崇正	2021-01-07
清早期 铜饕餮纹双龙耳簋式炉	直径42cm	34,500	中鸿信	2021-07-14
清早期 铜 “水云居” 款蚰耳铜炉	长13cm; 高6.5cm; 重815g	32,200	广东崇正	2021-07-19
清早期 宣德款桥耳炉	直径11cm; 高7cm	28,750	中贸圣佳	2021-09-26
清早期 铜麒麟香熏(带座)		28,750	广东崇正	2021-01-07
清早期 铜错银鼎式炉(配硬木盖、座)	高14.7cm; 重685g	28,750	华艺国际	2021-04-01
清早期 铜铺首法盏炉	高8.2cm; 重823g	28,750	广东崇正	2021-07-19
清早期 铜朝天耳炉	直径11.7cm	25,300	中国嘉德	2021-09-28
清初 宣德款天鸡耳小方炉	口径9cm; 高6.5cm	23,000	中贸圣佳	2021-09-26
清早期 铜佛手形大熏炉	宽34.5cm; 高21.5cm	23,000	浙江佳宝	2021-01-10
清早期 铜朝冠耳炉	长8cm; 高7cm	23,000	广东崇正	2021-07-19
清早期 铜桥耳炉	宽14cm	21,565	北京保利	2021-08-09
清早期 铜 “太平有象” 天鸡耳香熏	高14.5cm	20,700	中国嘉德	2021-03-30
清早期 铜双狮耳麒麟纹炉	宽28.5cm; 高13.3cm; 重量2662g	20,700	浙江佳宝	2021-01-10
清早期 铜竹节炉	高7cm; 重685g	20,700	广东崇正	2021-07-19
清早期 石叟制嵌银丝兽面纹双耳炉	宽13cm; 重590g	19,295	北京保利	2021-01-18
清早期 蚰耳带座铜炉	27.5cm×11.5cm(带座)	17,250	北京诚轩	2021-05-18
清早期 铜 “老子出关” 香熏	长19cm	17,250	中国嘉德	2021-09-28
清早期 宣德款鬲式三足炉	直径11.1cm; 高5.3cm	17,250	中贸圣佳	2021-09-26
清顺治 铜戟耳香炉	高11.8cm; 直径24cm	2,300,000	广东崇正	2021-01-06
清康熙 万寿无疆铺首钵盂炉	直径6cm; 高8.9cm	4,140,000	中国嘉德	2021-11-28
清康熙 筒式炉	口径11cm	4,082,500	中贸圣佳	2021-05-20
清康熙 康熙己丑年桂月制鬲式炉	口径15.1cm; 高7cm	2,875,000	中贸圣佳	2021-12-29
清康熙 龙耳簋式炉	口径14.7cm	2,530,000	中贸圣佳	2021-05-20
清康熙 蚰龙耳炉	口径11.5cm	2,300,000	华艺国际	2021-12-11
清康熙 蚰耳炉	口径11.7cm	2,185,000	中贸圣佳	2021-05-20
清康熙 春晖堂制款马槽炉	长10cm; 宽7.8cm; 高5.7cm	1,437,500	中贸圣佳	2021-05-20
清康熙 局部鎏金鱼耳炉	口径27cm; 高23cm	1,380,000	中贸圣佳	2021-12-29
清康熙 铜螭龙耳水仙盆式炉	宽25.5cm; 重1705g	1,265,000	北京保利	2021-09-26
清康熙 万寿无疆钵式炉	直径6.2cm; 高8cm; 重1252.2g	632,500	华艺国际	2021-12-11
清康熙 李光地自铭蚰耳炉	口径9.7cm; 高6.4cm	483,000	中贸圣佳	2021-12-29
清康熙 “康熙丁未年制” 铜冲天耳香炉	高9.3cm; 长13cm; 重1938g	483,000	广东崇正	2021-01-07
清康熙六十年 冲天耳炉	口径15.2cm; 高11.8cm	437,000	中贸圣佳	2021-12-29
清康熙至乾隆 铜镂雕龙耳万寿纹长方熏炉	宽45cm; 重量14200g	295,560	保利香港	2021-12-02
清康熙 铜瑞兽翔凤纹双蚰龙耳大香炉连座	炉高13.6cm; 连座高19cm	184,000	北京中汉	2021-11-28
清康熙 铜鬲式炉	直径13.1cm	138,000	永乐拍卖	2021-05-22
清康熙 御制弦纹鬲式炉	直径6.5cm	103,500	中鸿信	2021-07-14
清康熙 瓷仿铜质宣德炉	宽17.1cm	71,621	中国嘉德	2021-04-23
清康熙 铜角端香熏	高15cm	46,000	上海匡时	2021-07-08
清雍正 冲耳炉	口径8.7cm	2,990,000	中贸圣佳	2021-05-20
清雍正 戟耳炉	直径10.5cm; 高7.5cm	368,000	中国嘉德	2021-11-28
清雍正 铜角端香熏	高20cm	253,000	古天一	2021-06-07
清雍正 铜缶式炉	直径16.2cm	161,000	中国嘉德	2021-11-29
清雍正 夔龙方耳点金簋式炉	直径9.5cm; 高7cm	115,000	中国嘉德	2021-11-28
清雍正 铜台几式炉	宽16.3cm; 重1027g	79,488	中国嘉德	2021-10-12
清雍正/乾隆 铜阿拉伯文鬲式琴炉	高2.8cm; 重140.7g	40,250	广东崇正	2021-07-19
清乾隆 蚰耳炉	口径7.2cm	7,532,500	中贸圣佳	2021-05-20
清乾隆 局部鎏金云蝠纹双龙戏珠铺首衔环钵式炉	口径16cm; 腹径31.5cm; 高17cm	4,600,000	中贸圣佳	2021-12-29
清乾隆 铜桥耳炉连座	宽27cm	3,450,000	北京保利	2021-12-05
清乾隆 冲耳炉	口径11.8cm	2,415,000	中贸圣佳	2021-05-20
清乾隆 铜云龙戏珠纹朝冠耳三足炉(一对)	高28.5cm×2	2,121,767	纽约苏富比	2021-09-22
清乾隆 御制铜鎏金錾花嵌彩料海棠式三足盖炉	12.3cm×11cm×61cm	1,840,000	北京保利	2021-12-05
清乾隆 云龙抱款朝冠耳炉 (一对)	口径20.7cm; 口径20.5cm	1,840,000	中贸圣佳	2021-05-21
清乾隆 如意朝冠耳炉	口径17.4cm; 高25.8cm	1,610,000	中贸圣佳	2021-07-07
清乾隆 铜如意朝冠耳炉	长19.5cm; 高23cm	1,265,000	保利厦门	2021-11-05
清乾隆 铜螭龙耳 “三阳开泰” 熏炉	宽24cm; 高18cm	897,000	保利厦门	2021-11-05
清乾隆 “乾清宫” 铜螭龙耳三足炉	直径34cm; 高19.5cm; 重7.29kg	517,500	中国嘉德	2021-05-19
17世纪/18世纪 铜三足炉	直径18.7cm	517,500	佳士得	2021-05-28
清乾隆 铜夔龙纹方形熏炉	口长16.3cm, 宽16.3cm; 高16.8cm	448,500	中贸圣佳	2021-12-29
大清乾隆年制冲天炉	口径19cm; 高11cm	437,000	辽宁省拍	2021-07-04
清乾隆 官造鼎式大铜炉	高19cm	402,500	上海匡时	2021-07-08
清乾隆 铜桥耳炉连座	直径13cm; 高9cm; 加座高13cm	402,500	保利厦门	2021-11-05
清乾隆 铜鎏金八宝鼎式炉	高17cm	379,500	华艺国际	2021-06-05
清乾隆 铜鎏金夔龙纹四方炉	长7.8cm; 宽6.7cm; 高5.1cm	368,000	北京中汉	2021-05-18

拍品名称	物品尺寸	成交价RMB	拍卖公司	拍卖日期
清乾隆 铜鬲式大炉	直径22cm; 高11.6cm	368,000	十竹斋拍卖(北京)	2021-05-29
清乾隆 铜洒金夔龙纹簋式炉	高17cm	345,000	上海匡时	2021-07-08
18世纪 铜阿拉伯文三足炉	宽28.1cm	310,500	佳士得	2021-05-28
清乾隆 铜鎏金錾胎填珐琅兽足双龙耳熏	高26.5cm	299,000	中国嘉德	2021-05-18
清乾隆 铜桥耳三足大炉附原红木座	高14cm(炉身); 重量2225g	207,000	浙江佳宝	2021-01-10
清乾隆 铜鎏金太平有象香熏	宽7.4cm	198,720	中国嘉德	2021-10-14
清乾隆 铜天鸡耳鼎式炉	高16.4cm; 重2544g	172,500	华艺国际	2021-06-04
17世纪/18世纪 袖珍铜洒金马槽炉	宽6.9cm	163,125	纽约佳士得	2021-03-18
清乾隆 鹿形香炉	高30cm	149,500	上海匡时	2021-07-08
清乾隆 宣德款三足桥耳炉	口径8.8cm; 高8.3cm	109,250	中贸圣佳	2021-09-26
18世纪 铜钵式炉	33cm×18cm×19cm; 重9740g	97,750	保利厦门	2021-11-05
清乾隆 铜冲天耳炉	长13cm; 高13.5cm; 重2298.3g	92,000	广东崇正	2021-07-19
清乾隆 铜桥耳炉	直径20cm	86,250	广东崇正	2021-07-19
清乾隆 铜鸳鸯香熏	高15cm	67,850	上海匡时	2021-07-08
清乾隆 铜鎏金錾胎填珐琅缠枝莲托寿字龙耳鼎式炉	宽19.6cm	51,750	中国嘉德	2021-05-19
清乾隆 铜海棠形狮钮三足炉	宽11.5cm	46,000	北京保利	2021-06-08
清乾隆 铜鎏金莲花行炉	长30cm	34,500	北京保利	2021-01-09
清乾隆 铜蚰耳炉	长12.5cm; 高7cm; 重1306g	34,500	广东崇正	2021-07-19
清乾隆 铜冲天耳炉	高8cm; 长10.5cm; 重733g	34,500	广东崇正	2021-07-19
清乾隆 铜天鸡耳香炉	直径8.5cm; 高6.3cm; 重393.5g	28,750	广东崇正	2021-01-06
清乾隆 大明宣德年制款铜冲耳炉	高8cm; 通径11cm; 重731.7g	28,750	西泠印社	2021-07-24
18世纪 宣德款桥耳炉	口径13.5cm; 高7.1cm	25,300	中贸圣佳	2021-09-26
清乾隆 铜龙耳簋式炉	直径4.2cm	23,000	华艺国际	2021-06-04
清乾隆 铜双龙戏珠龙耳香炉	高8.5cm; 直径20cm	21,850	广东崇正	2021-01-07
清中期 铜狮纹错金银鼎式炉	93cm×77cm	1,150,000	中国嘉德	2021-11-29
清中期 铜错金炉瓶盒三式	高10.2cm; 高8cm; 直径5.8cm	287,500	北京翰海	2021-06-05
清中期 铜押经炉	宽16.8cm	287,500	北京保利	2021-06-08
清中期 洒金方形洗式炉	长19.1cm; 宽13.5cm; 高8.5cm	218,500	中国嘉德	2021-11-28
清中期 铜象耳云龙纹镂空熏炉	宽16.6cm	198,948	中国嘉德	2021-04-21
清中期 铜凤首耳炉	高7cm	195,500	北京翰海	2021-06-05
清中期 押经炉	口径12.5cm; 高7cm	172,500	中国嘉德	2021-05-18
清中期 铜鎏金小冲耳炉	直径5.3cm	161,000	中国嘉德	2021-11-29
清中期 铜鬲式炉	高7.5cm	161,000	北京翰海	2021-12-18
清中期 铜错金错银云龙纹桥耳炉	宽 20cm; 高10.5cm	138,000	中国嘉德	2021-11-28
清中期 铜大桥耳炉	高15.5cm; 直径23.5cm; 重5404.8g	138,000	广东崇正	2021-07-19
清中期 押经炉	宽20.7cm; 高10cm	126,500	中国嘉德	2021-11-28
清中期 冲耳炉	宽 16.8cm; 高9.7cm	126,500	中国嘉德	2021-11-28
清中期 铜双耳三足炉	高8.2cm	126,500	北京翰海	2021-12-18
清中期 冲耳炉	直径25cm	103,500	中国嘉德	2021-11-29
清中期 铜阿拉伯文三足炉	高9cm	103,500	北京翰海	2021-12-18
清中期 铜压经炉	口径10.8cm; 高5.5cm	86,250	中贸圣佳	2021-12-29
清中期 铜鎏金刻花卉筒式三足炉	高8.2cm	86,250	北京翰海	2021-06-05
清中期 “太平有象” 熏香炉	高18cm	80,500	中国嘉德	2021-05-18
清中期 铜双耳炉	高6.2cm	80,500	北京翰海	2021-12-18
清中期 “家藏珍宝” 款红皮铜蚰耳炉	高8.5cm; 重量2500g	77,050	西泠印社	2021-07-24
清中期 琮式炉	口径8.5cm; 高6.8cm	74,750	中国嘉德	2021-05-18
清中期 铜琮式天鸡耳炉	宽5.9cm; 重154g	74,520	中国嘉德	2021-10-12
清中期 铜铺首耳宣德炉	高8.3cm; 重量941.1g	69,000	浙江佳宝	2021-01-10
清中期 铜冲天耳炉	直径14cm	69,000	华艺国际	2021-04-01
清中期 鬲式炉	直径13cm; 重量2459g	69,000	华艺国际	2021-06-04
清中期 宝成款铜鎏金龙纹兽钮熏炉	带座高24.3cm	63,250	西泠印社	2021-07-24
清中期 铜洒金双耳三足炉	高4.5cm	57,500	北京翰海	2021-12-18
清中期 铺首耳衔环钵式炉	口径6.8cm; 重652g	57,500	华艺国际	2021-03-31
清中期 铜冲耳炉	直径14cm; 高11cm	51,750	十竹斋拍卖(北京)	2021-05-29
清中期 铜双狮耳炉	宽25.5cm	51,750	北京保利	2021-06-08
清中期 铜铺首耳炉	高8.6cm	46,000	北京翰海	2021-06-05
清中期 浮雕八吉祥纹龙耳方炉	口长15.8cm, 宽12.6cm; 高10.6cm	40,250	中贸圣佳	2021-09-26
清中期 铜压经炉	高8.5cm	34,500	北京翰海	2021-06-05
清中期 铜阿拉伯文三足炉	高8.8cm	34,500	北京翰海	2021-06-05
清中期铜 “南无阿弥陀佛” 筒式三足炉	高6.5cm	34,500	北京翰海	2021-06-05
清中期 铜雁翔耳炉	直径8cm; 重300g	34,500	华艺国际	2021-09-17
清中期 铜大朝天耳炉	直径26cm	32,200	中国嘉德	2021-03-30
清中期 铜兽面纹簋式炉	长31cm	32,200	中国嘉德	2021-03-30
清中期 冲耳炉	宽9.7cm	32,200	中国嘉德	2021-05-19
清中期 铜马槽炉	宽12.5cm	30,645	北京保利	2021-08-09
清中期 铜鼓式狮耳三足炉	高6.7cm; 重量668.5g	28,750	浙江佳宝	2021-01-10

(成交价RMB：1万元以上)

拍品名称	物品尺寸	成交价RMB	拍卖公司	拍卖日期
清中期 铜冲天耳三足宣德炉	高10.3cm；重量1016.4g	28,750	浙江佳宝	2021-01-10
清中期 鬲式炉、六方冲耳炉、狮耳炉、鱼耳炉（一组四件）	尺寸不一	25,300	中贸圣佳	2021-09-26
清中期 铜扭绳耳四足炉	宽5.3cm；重88g	24,840	中国嘉德	2021-10-12
清中期 如意耳炉、龙纹桥耳炉、戟耳炉（一组三件）	尺寸不一	24,150	中贸圣佳	2021-09-26
清中期 铜鬲式炉	直径13.1cm	23,000	中国嘉德	2021-03-30
清中期 铜海棠形瑞兽炉	长17cm	23,000	中国嘉德	2021-03-30
清中期 宣德款云纹如意耳炉	直径10.3cm；高7.5cm	23,000	中贸圣佳	2021-09-26
清中期 宝云居款蚰耳炉	直径11.6cm；高5.7cm	20,700	中贸圣佳	2021-09-26
清中期 宣德款象耳炉	直径9.7cm；高6.2cm	17,250	中贸圣佳	2021-09-26
清中期 宣德款狮耳瓜棱形炉	直径10.8cm；高6.2cm	17,250	中贸圣佳	2021-09-26
清中期 "正德年制"款桥耳炉	口径13.5cm；高9.5cm	17,250	中贸圣佳	2021-09-26
清 金刚杵双耳四足炉	12.5cm×10cm	2,645,000	上海匡时	2021-07-08
清 大清咸丰年造浮雕双龙戏珠朝冠耳炉	口径27.4cm；高44cm	2,242,500	中贸圣佳	2021-12-29
清 内铸款戟耳炉配原铜座	口径17.1cm；高12.2cm	1,840,000	中贸圣佳	2021-12-29
清 大压经炉	口径24cm；高15.5cm	1,380,000	中贸圣佳	2021-07-07
清 "敬乐堂清玩"款冲天耳炉	口径16.4cm；高10.5cm	920,000	中贸圣佳	2021-05-20
清 釉耳炉（带原座）	口径24cm；高19.5cm；重11805g	805,000	西泠印社	2021-07-24
清 西园款蚰耳炉连座	口径16.7cm；高6.3cm	586,500	中贸圣佳	2021-12-29
清 "质园珍玩图书"款蚰耳炉	口径14cm；重1628g	575,000	上海匡时	2021-07-08
清 "山高水长"款鬲式炉	口径13.6cm；高5.5cm	517,500	中贸圣佳	2021-05-21
清 铜鎏金饕餮纹鼎式炉	高24cm	437,000	古天一	2021-06-07
清 深腹龙耳炉	口径12.5cm；高27cm；重量2754g	414,000	西泠印社	2021-01-15
清 康熙年制款铜海水龙纹簋式炉	高16cm；重2828g	402,500	西泠印社	2021-01-15
清 宣德款铜制戟耳筒式炉	高6cm；重939g	402,500	西泠印社	2021-01-16
清 "芸窗珍赏"款铜马槽炉	高7cm；长13.8cm	345,000	古天一	2021-06-07
清 铜"天鼋尊鼎"款龙纹大鹏金翅足熏炉	高56cm（不带座）	345,000	西泠印社	2021-01-15
清 铜瑞狮香熏	高31cm	345,000	上海匡时	2021-07-08
清 朝耳炉	高8cm；重1332g	299,000	上海嘉禾	2021-11-14
清 大明成化年制款冲天耳炉	口径13.8cm；重1484g	287,500	上海匡时	2021-07-08
清 宣德年制款龙耳三足炉	口径11cm；重2525g	287,500	上海匡时	2021-07-08
清 "乾清宫"款朝冠耳炉	高15cm；重2635g	287,500	西泠印社	2021-07-24
清 铜鱼耳炉	高9.2cm；直径15cm	264,500	十竹斋拍卖（北京）	2021-05-29
清 大明宣德年制款铜蚰龙耳炉	带座高14.5cm；高9.5cm	264,500	西泠印社	2021-07-24
清 佀古斋双龙款蚰耳簋式炉	口径12cm；高6.5cm	230,000	中贸圣佳	2021-03-26
清 "家藏珍宝"款蚰耳簋式炉	口径15.5cm；高10cm	230,000	中贸圣佳	2021-03-26
清早 "己酉春仲逊之氏制"款桶式炉	口径10.5cm；高7.8cm；重量640g	230,000	西泠印社	2021-01-15
清 "云瑞辰制"款象耳桶式炉	口径10cm；高8.8cm；重量767g	230,000	西泠印社	2021-01-15
清 大清乾隆年制款钵式炉	高14cm；口径15.5cm；重4203g	230,000	上海匡时	2021-07-08
清 铜蚰耳炉（带原配座）	口径15.1cm；高12.2cm；重3547g	230,000	西泠印社	2021-07-24
清 铜凤眼炉	直径34cm	218,500	北京翰海	2021-10-16
清 "大明宣德年制"款兽耳鼎式炉	口径18.5cm；高17cm；重量3941g	218,500	西泠印社	2021-01-15
清 "宣德年制"款桥耳三足炉	口径16.5cm；高15.6cm；重量4236g	207,000	西泠印社	2021-01-15
清 大清乾隆年制款铜海八怪纹簋式炉	高8.8cm；通径21.5cm；重2032g	207,000	西泠印社	2021-07-24
清 铜兽面纹双耳炉	宽21cm	198,948	中国嘉德	2021-04-21
清 宣德年制篆书款鬲式炉	口径14cm；高7.8cm	195,500	中贸圣佳	2021-05-21
清 象耳杯式炉	9.3cm×11cm；重1310g	195,500	上海嘉禾	2021-11-14
清 铜三足炉	直径10cm	172,500	北京翰海	2021-10-16
清 铜双鱼耳炉	长19.5cm	172,500	十竹斋拍卖（北京）	2021-04-25
清 铜大雁香熏	高72cm	172,500	上海匡时	2021-07-08
清 铜天鸡耳兽面纹点金炉	22.7cm×26.2cm×15cm；重4782g	172,500	西泠印社	2021-07-24
清 铜深腹点金戟耳炉	口径11.9cm；高12cm；重1914g	172,500	西泠印社	2021-07-24
清 宣德款折沿炉	口径32cm；高13.5cm	166,750	中贸圣佳	2021-09-26
清 "大明宣德"款兽耳"万寿无疆"三足炉	口径14.4cm；高10.6cm；重2682g	149,500	西泠印社	2021-07-24
清 铜蚰龙耳炉	宽23cm；重1894g	149,040	中国嘉德	2021-10-12
清 朝冠耳铜炉	长25.7cm；高18.7cm；重3800g	143,750	十竹斋	2021-06-27
清 大明宣德年制款铜象足弦纹炉	高7.5cm；通径18cm；重1081g	138,000	西泠印社	2021-01-15
清 铜太狮少狮熏炉	高17cm；重1105g	138,000	华艺国际	2021-03-31
清 "大明宣德年制"铜错饕餮纹鬲式炉	直径12.3cm；高7.7cm；重289.4g	138,000	中国嘉德	2021-05-19
清 缠枝莲纹苍龙教子纹文房熏炉	口径7.8cm；重600g	138,000	上海匡时	2021-07-08
清 铜"大明宣德年制"款鬲式炉	口径11.9cm；高5.1cm；重1181g	138,000	西泠印社	2021-07-24
清 大明宣德年制款蚰龙耳炉（原座）	口径19.9cm；重6360g	126,500	上海匡时	2021-07-08
清 铜洒金冲天耳炉	高11.3cm；直径18.4cm；重2720g	115,000	十竹斋	2021-06-27
清 宣德款弦纹鬲式炉	腹径直径15.3cm；高5.6cm	109,250	中贸圣佳	2021-09-26
清 "玉堂珍玩"款压经炉连座	腹径直径15.5cm；高11.3cm（连座）	103,500	中贸圣佳	2021-09-26
清 大狮耳炉	口径22.3cm；高10.8cm	103,500	中贸圣佳	2021-12-29
清 铜神兽香炉	高34cm	103,500	上海匡时	2021-07-08
清 铜蚰耳炉	宽18cm；重1249g	99,360	中国嘉德	2021-10-12
清 "清玩家藏"款冲天耳炉	口径20cm；高7cm	97,750	中贸圣佳	2021-07-07
清 铜冲耳三足炉	高7.7cm；直径12cm	96,475	十竹斋拍卖（北京）	2021-04-25
清 宣德年制款钵式炉	直径8.5cm；高8.2cm	92,000	中贸圣佳	2021-05-21
清 白铜如意形香熏	长34cm	92,000	中贸圣佳	2021-09-26
清 宣德五年吴邦佐款荸荠炉	口径22cm；高10.6cm	92,000	中贸圣佳	2021-09-26
清 珍舍款蚰耳炉	口径17.5cm；高14.4cm	92,000	中贸圣佳	2021-09-26
清 铜螭龙纹冲天龙耳大三足炉	高25cm；通径35.5cm；口径33cm	86,250	西泠印社	2021-01-15
清 铜双耳炉	直径13cm；高9cm	82,800	十竹斋	2021-06-27
清 "大明宣德年制"款冲天耳炉	直径18.5cm；高12cm	80,500	江苏汇中	2021-05-14
清 铜浮雕龙纹炉	直径10cm；重量769g	74,750	华艺国际	2021-12-11
清 杨炳祯旧藏大明宣德年制款桥耳炉	高8.4cm；通径15cm；口径13.7cm；重1356g	71,300	西泠印社	2021-01-15
清 铜宣德桥耳炉	高6.5cm；直径12.5cm	69,000	古天一	2021-06-07
清 双蚰耳香炉带铜座	高5.6cm；炉重666g	69,000	广东崇正	2021-01-07
清 宣德款铜洒金冲耳炉连座	带座高14cm；高10.5cm	69,000	西泠印社	2021-01-15
清 宣德年款铜压经炉	高7.5cm；通径17.5cm；重1748g	69,000	西泠印社	2021-01-15
清 铜阿拉伯文鼎式炉	13cm×9cm×14cm；重量2194g	69,000	西泠印社	2021-01-15
清 双龙宣德炉	直径17.3cm	69,000	上海嘉禾	2021-07-22
清 "鸥江家藏"款压经炉	高6.3cm；直径16.4cm	66,700	十竹斋拍卖（北京）	2021-04-25
清 宣德款冲天耳炉	直径20.4cm；高10.5cm	63,250	中贸圣佳	2021-09-26
清 "永存珍玩"款铜蝉纹狮耳筒式炉	高5.8cm；通径18.2cm；重925g	63,250	西泠印社	2021-01-15
清 铜压经炉	长23.5cm；高9.3cm；2960g	59,800	十竹斋	2021-06-27
清 宣德款錾耳三足炉	口径11.5cm；高9.3cm	57,500	中贸圣佳	2021-09-26
清 七福轩款手炉	口长9.2cm，宽7cm；高6.3cm	57,500	中贸圣佳	2021-12-29
清 大明宣德年制款铜鱼耳炉	高7cm；通径15cm；重863g	57,500	西泠印社	2021-01-15
清 铜六字款洒金冲耳炉	口径12.7cm；高8.5cm；重量896g	57,500	西泠印社	2021-01-15
清 铜海八怪龙纹狮耳香熏	高22.5cm	57,500	西泠印社	2021-01-15
清 铜雕筒式双层三足炉	直径7.6cm	57,500	北京保利	2021-06-08
清 铜冲耳炉	高8.5cm；直径14.6cm；重1098g	57,500	十竹斋	2021-06-27
清 铜制"灵猴献寿"香熏	炉宽12.5；架高40cm	56,750	北京保利	2021-08-09
清 铜甪端香熏	高14.5cm	55,200	中贸圣佳	2021-09-26
清 张鸣岐款瓜棱形铜手炉	高7.5cm；直径10.5cm；重402.5g	55,200	西泠印社	2021-04-10
清 石叟款铜错银云龙纹蚰耳炉	直径13.5cm；高4.8cm；771.1g	55,200	中国嘉德	2021-05-19
清 铜质花卉纹三足炉	高7.9cm；直径7.8cm	51,750	中国嘉德	2021-11-30
清 琴书侣款压经炉	高7.2cm；通径16cm；重1221g	51,750	西泠印社	2021-01-15
清 绛云楼款铜冲耳炉	高5cm；通径9cm；重369.2g	51,750	西泠印社	2021-07-24
清 "不为俗情所得"款压经炉	口径16.4cm；高11.3cm	48,300	中贸圣佳	2021-03-26
清 铜鎏金饕餮纹方鼎式炉	长13.8cm；宽11cm；高19cm	48,300	中贸圣佳	2021-09-26
清 大明宣德年制款铜天鸡耳法盏炉	通高11.8cm；炉高7.2cm；炉重459g	48,300	西泠印社	2021-07-24
清 铜如意形熏炉	长29.3cm	47,150	十竹斋	2021-06-27
清 铜双兽耳三足炉	高6.2cm	46,000	十竹斋拍卖（北京）	2021-05-29
清 铜鼎式炉	22.5cm×16cm×26.5cm；重量4216g	46,000	西泠印社	2021-01-15
清 宣德款三思炉	口径11.9cm；高5.9cm	43,700	中贸圣佳	2021-09-26
清 可斋款四足冲耳炉	高8cm；口径6.2cm；重685g	43,700	西泠印社	2021-01-15

2021杂项拍卖成交汇总（续表）

（成交价RMB：1万元以上）

拍品名称	物品尺寸	成交价RMB	拍卖公司	拍卖日期
清 铜鬲式炉	宽7.7cm	43,700	北京保利	2021-06-08
清 铜绳耳三足炉	直径14.5cm; 高10cm	43,700	十竹斋	2021-06-27
清 铜蚰耳炉	长22cm	40,250	朵云轩	2021-07-07
清 压经铜炉	直径14.5cm	40,250	上海嘉禾	2021-07-22
清 铜鎏金普贤香熏	高35cm; 长32cm	40,250	西泠印社	2021-07-24
清 "永存珍玩" 款冲天耳炉	口径12.2cm; 高10.1cm	37,950	中贸圣佳	2021-09-26
清 王凤江款镂空松鼠葡萄手炉	长7.2cm; 高6cm	36,800	中贸圣佳	2021-09-26
清 铜螭龙纹双耳四足竹纹炉	长17.5cm; 高19.7cm	36,800	中贸圣佳	2021-09-26
清 仿古兽面纹鼎式炉	直径16.5cm; 高19.8cm	36,800	中贸圣佳	2021-09-26
清 铜蚰耳炉	长17cm; 高6.5cm	34,500	北京银座	2021-09-24
清 洒金桥耳炉	直径11.5cm; 高7.5cm	34,500	中贸圣佳	2021-09-26
清 铜兽面纹三足鼎式炉	高21.5cm; 口径17.5cm; 重1768g	34,500	西泠印社	2021-01-15
清 铜莲瓣纹香炉	高11.5cm	34,500	北京保利	2021-05-18
清 铜弦纹鼎式三足炉	长10cm; 高11cm	34,500	广东崇正	2021-07-19
清 铜弦纹筒式炉	高6.3cm; 直径11cm; 重476g	34,500	十竹斋	2021-06-27
清 宣德款索耳铜炉	口径11.3cm; 高10.4cm	32,200	中贸圣佳	2021-03-26
清 宣德款天凤耳鼓形炉	口径10.5cm; 高7.9cm	32,200	中贸圣佳	2021-09-26
清 铜制兽面纹螭龙耳簋式炉	高10.5cm; 通径21cm; 重924g	32,200	西泠印社	2021-01-15
清 双龙耳洗式炉	长19.5cm; 高8.5cm; 795g	32,200	十竹斋	2021-06-27
清 "古式" 款铜蚰耳炉	高7.4cm; 通径14.5cm; 重1100g	32,200	西泠印社	2021-07-24
清 铜索耳炉	口径11.3cm; 高7cm; 重757g	32,200	西泠印社	2021-07-24
清 宣德款狮耳炉	直径12cm	32,200	朵云轩	2021-09-19
清 吴邦佐款铜狮耳炉	口径13.5cm; 高6.4cm; 重量1829.6g	29,900	浙江佳宝	2021-01-10
清 铜洒金双耳炉	长19cm	28,750	北京翰海	2021-04-17
清 宣德款戟耳炉	口径8.6cm; 高6cm	28,750	中贸圣佳	2021-09-26
清 铜双龙吞耳三足炉、铜鬲式炉、铜阿拉伯文炉（一组）	直径9cm; 直径11cm; 直径11.5cm	28,750	华艺国际	2021-04-01
清 铜双桥耳炉	直径14.5cm	28,750	北京保利	2021-05-18
清 兽耳含环小钵式炉	口径6.5cm; 高6.3cm	27,600	中贸圣佳	2021-03-26
清 铜蚰耳簋式炉	口径12.8cm; 高6.5cm	25,300	中贸圣佳	2021-03-26
清 "燕邸施制" 款铜鬲式炉	高6.5cm; 径10.5cm; 重1159g	25,300	西泠印社	2021-01-15
清 文明款通嵌银丝兽面马槽炉	带座高6.5cm; 总重726.2g	25,300	西泠印社	2021-04-10
清 兽耳炉	口径8.5cm	24,150	中贸圣佳	2021-09-26
清 铜桥耳炉	长16.2cm	23,000	中国嘉德	2021-03-30
清 天鸡耳法盏炉	口径14cm; 高7.5cm	23,000	中贸圣佳	2021-03-26
清 仿古饕餮纹簋式炉	口径12.2cm; 高9.6cm	23,000	中贸圣佳	2021-09-26
清 "琴书侣" 款铜台几小炉	长6.8cm; 重82g	23,000	广东崇正	2021-01-07
清 潘君求制铜六角纹手炉	高20cm; 重2412g	23,000	西泠印社	2021-01-15
清 铜 "刘氏家藏" 款四方炉	17.5cm×13cm×11.2cm; 重量3139g	23,000	西泠印社	2021-01-15
清 大明宣德年制款铜蚰耳炉	高8.5cm; 通径18cm; 重1491g	23,000	西泠印社	2021-04-10
清 铜炉（两件）	宽14cm; 宽16cm	23,000	北京保利	2021-06-07
清 铜"正德年制"款蚰耳炉	长13.9cm; 高5cm; 重488g	23,000	广东崇正	2021-07-19
清 铜饕餮纹四方鼎式琴炉	高6.8cm; 通径7cm; 重304g	23,000	西泠印社	2021-07-24
清 高以一制铜鬲式炉	高6.5cm; 通径15.5cm; 重2024g	23,000	西泠印社	2021-07-24
清 三色铜"富贵寿考大吉祥"磬式芸香炉	长11.8cm; 宽6.7cm; 高6.1cm	20,700	北京中汉	2021-05-18
清 铜鎏金夔龙纹香炉	高24cm	20,700	北京九歌	2021-06-13
清 阿拉伯文铜炉	长14cm	20,700	北京九歌	2021-06-13
清 洒金双环耳铜炉	口径12cm	20,700	北京九歌	2021-06-13
清 铜鎏金二龙戏珠钵式炉	直径19cm	20,700	北京九歌	2021-06-13
清 夔耳四方倭角铜炉	长20cm	20,700	北京九歌	2021-06-13
清 铜云足炉座	直径21.9cm; 高4.6cm	20,700	中贸圣佳	2021-09-26
清 冲天耳炉	口径10.8cm; 高8.3cm	20,700	中贸圣佳	2021-09-26
清 铜阿拉伯文桥耳炉	直径11cm; 高8.5cm	20,700	广东崇正	2021-01-07
清 "玉堂清玩" 款铜天鸡耳炉	高6.5cm; 通径18.5cm; 重1077g	20,700	西泠印社	2021-07-24
清 铜双狮耳炉	宽16.1cm; 重891g	19,872	中国嘉德	2021-10-12
清 张鸣岐款手炉	长11cm	19,550	朵云轩	2021-09-19
清 铜双蚰耳香炉	宽14.5cm	18,400	北京保利	2021-05-18
清 铜蚰耳簋式炉	口径15cm; 高7.9cm	17,250	中贸圣佳	2021-03-26
清 铜开光苍龙教子图簋式炉	长20cm	17,250	中国嘉德	2021-09-28
清 宣德款莲瓣式冲天耳炉	直径8.4cm; 高6.6cm	17,250	中贸圣佳	2021-09-26
清 铜嵌金银丝兽面纹鼎式炉	高33.5cm	17,250	中贸圣佳	2021-09-26
清 铜双桥耳炉	直径19.5cm	17,250	北京保利	2021-01-09
清 铜兽面纹双耳簋式炉	宽31cm	17,250	北京保利	2021-01-09

拍品名称	物品尺寸	成交价RMB	拍卖公司	拍卖日期
清 铜阿拉伯文冲天耳炉	直径18cm; 高17cm; 重约2800g	17,250	广东崇正	2021-01-07
清 铜狮耳炉	直径10.9cm; 高7.5cm; 重1063g	17,250	广东崇正	2021-01-07
清 铜双蚰耳炉	宽17cm	17,250	北京保利	2021-05-18
清 大明宣德年制款钵式天鸡耳活环炉	高6.9cm; 通径13.4cm; 重415g	17,250	西泠印社	2021-07-24
清 铜泥金瑞兽香炉	高15.7cm; 重1530g	17,250	西泠印社	2021-07-24
铜狮子香熏	高25cm	46,000	十竹斋拍卖（北京）	2021-05-29
铜阿拉伯文炉	口径13.5cm; 高9.5cm	36,800	辽宁省拍	2021-07-04
铜鎏金鸭形小香熏	长10cm	32,200	中国嘉德	2021-03-30
铜质圆耳押经炉	耳径21cm; 高8cm	23,000	中国嘉德	2021-05-18
巧耳炉	口径19cm; 高12.5cm	23,000	辽宁省拍	2021-07-04
战国晚期 楚式 "黑漆古" 六山铜镜	直径20cm	517,500	佳士得	2021-05-28
唐 龙纹铜镜	宽16.5cm	34,776	中国嘉德	2021-10-14
15世纪 准提佛母镜	高8.2cm	287,500	朵云轩	2021-07-07
明 善财童子拜观音纹镜	直径27.3cm; 厚1cm	8,050,000	中贸圣佳	2021-07-07
明 五山十五叶纹镜	直径19.5cm; 厚0.6cm	7,245,000	中贸圣佳	2021-05-20
明 嫦娥玉兔月宫镜	直径17.7cm; 厚0.65cm	5,520,000	中贸圣佳	2021-12-30
明 伏兽钮高浮雕镂空瑞兽葡萄纹镜	直径12.5cm; 厚1.3cm	2,760,000	中贸圣佳	2021-05-20
明 天马瑞兽葡萄花卉纹镜	直径17.7cm; 厚1.3cm	2,415,000	中贸圣佳	2021-07-07
明 三山三叶纹镜	直径11.8cm; 厚0.6cm	2,300,000	中贸圣佳	2021-05-20
明 菱花形四仙骑 "长临池" 铭文镜	直径18cm; 厚1.3cm	2,185,000	中贸圣佳	2021-05-20
明 "子胥" 铭鎏金半圆方枚神兽镜	直径15cm; 厚0.6cm	1,955,000	中贸圣佳	2021-05-20
明 伏兽钮瑞兽葡萄纹镜	直径17.1cm; 厚1.3cm	1,207,500	中贸圣佳	2021-05-20
明 银鎏金錾刻工艺弥勒说法纹镜	直径38.2cm; 厚0.6cm	1,127,000	中贸圣佳	2021-05-20
明 银壳鎏金孔雀鸾鸟天鹿瑞兽缠枝纹镜	直径20.5cm; 厚0.7cm	1,012,000	中贸圣佳	2021-05-20
明 高浮雕祥云双龙纹镜	直径28cm; 厚0.6cm	862,500	中贸圣佳	2021-05-20
明 菱花形伏兽钮双鸾双鸳鸯衔绶纹镜	直径20.7cm; 厚1cm	747,500	中贸圣佳	2021-05-20
明 四乳神人瑞兽纹镜	直径13.3cm; 厚1cm	586,500	中贸圣佳	2021-05-20
明 变形四龙纹镜	直径22cm; 厚0.5cm	552,000	中贸圣佳	2021-07-07
明 孔雀双龙瑞兽葡萄纹镜	直径17.5cm; 厚1.6cm	483,000	中贸圣佳	2021-05-20
明 "尚方佳竟(镜)" 铭四神瑞兽博局纹镜	直径16.5cm; 厚0.56cm	460,000	中贸圣佳	2021-05-20
明 宝相花弦纹素镜	直径15.2cm; 厚1.5cm	437,000	中贸圣佳	2021-12-30
明 神话故事博局纹镜	直径16.8cm; 厚0.6cm	414,000	中贸圣佳	2021-12-30
明 四神瑞兽博局纹镜	直径15.8cm; 厚0.5cm	414,000	中贸圣佳	2021-12-30
明 菱花形镂空腿双鸳鸯双狮纹镜	直径15.8cm; 厚1.0cm	402,500	中贸圣佳	2021-05-20
明 瑞兽葡萄纹镜	直径17.7cm; 厚1.1cm	379,500	中贸圣佳	2021-07-07
明 动物纹边饰五凤环绕七乳瑞兽纹镜	直径18.8cm; 厚0.5cm	345,000	中贸圣佳	2021-05-20
明 特殊版别四乳瑞兽纹镜	直径18.6cm; 厚0.6cm	322,000	中贸圣佳	2021-07-07
明 四神瑞兽博局纹镜	直径14.5cm; 厚0.6cm	322,000	中贸圣佳	2021-12-30
明 "盘龙丽匣" 铭跑兽镜	直径21.3cm; 厚1.3cm	299,000	中贸圣佳	2021-07-07
明 八瑞兽葡萄镜	直径24cm; 重3104g	299,000	北京保利	2021-06-08
明 四凤镜	直径12.2cm; 厚2.2cm	299,000	中贸圣佳	2021-12-30
明 "尚方御镜" 铭四神瑞兽博局纹镜	直径16.5cm; 厚0.5cm	293,250	中贸圣佳	2021-12-30
明 异形五岳仙山纹镜	直径13cm; 厚0.5cm	287,500	中贸圣佳	2021-05-20
明 "洁清白" 铭单圈铭文镜	直径17.6cm; 厚0.6cm	276,000	中贸圣佳	2021-07-07
明 瑞兽葡萄纹镜	直径17.6cm; 厚1.5cm	276,000	中贸圣佳	2021-07-07
明 菱纹间隔蟠龙纹镜	直径23.3cm; 厚0.55cm	264,500	中贸圣佳	2021-07-07
明 对置式神人龙虎瑞兽纹镜	直径21.5cm; 厚0.7cm	253,000	中贸圣佳	2021-05-20
明 厚版佛教梵文镜	直径8.5cm; 厚1.3cm	253,000	中贸圣佳	2021-05-20
明 四山十二叶纹镜	直径15.8cm; 厚0.6cm	253,000	中贸圣佳	2021-07-07
明 四神边饰瑞兽博局纹镜	直径13.8cm; 厚0.4cm	253,000	中贸圣佳	2021-07-07
明 透腿双鸾花卉纹镜	直径18.8cm; 厚0.55cm	253,000	中贸圣佳	2021-07-07
明 钟形带环 "匪鉴斯镜" 铭双剑铭文镜	长20cm; 厚0.8cm	253,000	中贸圣佳	2021-05-20
明 "湅治铜华" 铭单圈铭文镜	直径19cm; 厚0.7cm	241,500	中贸圣佳	2021-12-30
明 "清莹澄澈 明净凝结" 铭五岳八卦铭文镜	直径12.8cm; 厚0.5cm	230,000	中贸圣佳	2021-05-20
明 瑞兽铭文镜	直径24.4cm; 厚5.2cm	230,000	中贸圣佳	2021-07-07
明 四乳四虺四神禽鸟纹镜	直径15cm; 厚0.5cm	230,000	中贸圣佳	2021-12-30
明 "大福凤凰" 铭灵龟负钮四神纹镜	直径13.3cm; 厚0.6cm	230,000	中贸圣佳	2021-12-30
明 动物纹边饰五乳瑞兽纹镜	直径13.2cm; 厚0.9cm	207,000	中贸圣佳	2021-05-20
明 四神瑞兽博局纹镜	直径16.6cm; 厚0.6cm	207,000	中贸圣佳	2021-12-30
明 变形凤鸟纹边饰四神瑞兽博局纹镜	直径14.2cm; 厚0.5cm	207,000	中贸圣佳	2021-12-30
明 "荆南孙元明" 款线刻松竹梅纹镜	直径20.2cm; 厚0.8cm	207,000	中贸圣佳	2021-12-30
明 玄武钮座四乳瑞兽纹镜	直径19.1cm; 厚0.6cm	201,250	中贸圣佳	2021-12-30
明 "上华山" 铭分区式瑞兽鸾鸟博局纹镜	直径14.2cm; 厚0.5cm	195,500	中贸圣佳	2021-12-30
明 "上大山" 铭玄武纹镜	直径14cm; 厚0.5cm	195,500	中贸圣佳	2021-12-30
明 盘龙双鹊月宫镜	直径15.4cm; 厚0.6cm	184,000	中贸圣佳	2021-07-07
明 瑞兽博局纹镜	直径13.8cm; 厚0.5cm	184,000	中贸圣佳	2021-12-30
明 "团团宝镜" 铭瑞兽铭文镜	直径12.6cm; 厚1.1cm	172,500	中贸圣佳	2021-05-20
明 "桂子联芳" 铭九龙纹錾花镜	直径45.8cm; 厚1.5cm	172,500	中贸圣佳	2021-07-07
明 瑞兽博局纹镜	直径13.5cm; 厚0.5cm	172,500	中贸圣佳	2021-12-30
明 骑射狩猎纹镜	直径11.4cm; 厚0.7cm	161,000	中贸圣佳	2021-07-07

(成交价RMB：1万元以上)

拍品名称	物品尺寸	成交价RMB	拍卖公司	拍卖日期
明 八乳四神瑞兽博局纹镜	直径13.8cm；厚0.5cm	161,000	中贸圣佳	2021-12-30
明 瑞兽博局纹镜	直径16.5cm；厚0.5cm	161,000	中贸圣佳	2021-12-30
明 柿蒂纹钮座四神瑞兽纹镜	直径13cm；厚0.5cm	149,500	中贸圣佳	2021-12-30
明 动物纹边饰七乳瑞兽纹镜	直径18.2cm；厚0.7cm	138,000	中贸圣佳	2021-05-20
明 "上大山"铭瑞兽博局纹镜	直径13.3cm；厚0.4cm	138,000	中贸圣佳	2021-12-30
明 三乳蚩尤纹镜（一对）	直径10.3cm；直径10.3cm	126,500	中贸圣佳	2021-05-20
明 "上大山"铭芝草纹博局镜	直径14.2cm；厚0.5cm	126,500	中贸圣佳	2021-12-30
明 菱花形双龙祥云纹镜	直径19.2cm；厚0.5cm	115,000	中贸圣佳	2021-05-20
明 "汉有善铜"铭四乳瑞兽纹镜	直径12.8cm；厚0.5cm	115,000	中贸圣佳	2021-07-07
明 四乳瑞兽纹镜	直径15.4cm；厚0.4cm	115,000	中贸圣佳	2021-07-07
明 "五铢"钱文蚩尤纹镜	直径10.5cm；厚0.5cm	115,000	中贸圣佳	2021-07-07
明 四龙纹镜	直径11.3cm；厚0.6cm	115,000	中贸圣佳	2021-12-30
明 动物纹边饰四乳瑞兽博局纹镜	直径13.8cm；厚0.5cm	115,000	中贸圣佳	2021-12-30
明 "柏氏作镜"铭龙虎纹镜	直径11.8cm；厚0.9cm	115,000	中贸圣佳	2021-12-30
明 "吾作明镜"铭神兽镜	直径10.7cm；厚0.4cm	109,250	中贸圣佳	2021-07-07
明 中圈铭文圈带四乳四虺龙虎纹镜	直径16.5cm；厚0.6cm	92,000	中贸圣佳	2021-05-20
明 素缘四乳方框铭文四神瑞兽博局纹镜	直径20.8cm；厚0.56cm	92,000	中贸圣佳	2021-05-20
明 亭台人物故事纹镜	直径24.3cm；厚0.7cm	92,000	中贸圣佳	2021-07-07
明 变形龙纹边饰七乳瑞兽纹镜	直径14.2cm；厚0.6cm	92,000	中贸圣佳	2021-12-30
明 "千秋万春"铭单龙纹镜	直径24.3cm；厚0.6cm	89,700	中贸圣佳	2021-05-20
明 双鱼纹镜	直径24.2cm；厚0.7cm	89,700	中贸圣佳	2021-05-20
明 犀牛望月人物故事纹镜	直径22.3cm；厚0.9cm	89,700	中贸圣佳	2021-07-07
明 四乳瑞兽博局纹镜	直径15.1cm；厚0.5cm	86,250	中贸圣佳	2021-07-07
明 "潘师作镜"铭半圆方枚神兽镜	直径12.5cm；厚0.3cm	78,200	中贸圣佳	2021-12-30
明 亚方形五岳禽鸟瑞兽纹镜	长14.5cm；厚0.7cm	74,750	中贸圣佳	2021-05-20
明 四乳瑞兽纹镜	直径16.4cm；厚0.66cm	74,750	中贸圣佳	2021-07-07
明 龙虎纹镜	直径11.3cm；厚0.8cm	74,750	中贸圣佳	2021-07-07
明 动物纹边饰四乳瑞兽规矩纹镜	直径13.8cm；厚0.55cm	74,750	中贸圣佳	2021-12-30
明 缠枝纹边饰瑞兽禽鸟纹镜	直径11.6cm；厚0.5cm	74,750	中贸圣佳	2021-12-30
明 方枚铭三虎纹镜	直径8.8cm；厚0.3cm	74,750	中贸圣佳	2021-12-30
明 "孔夫子问荣启奇(期)"铭故事镜	直径12.7cm；厚0.6cm	74,750	中贸圣佳	2021-12-30
明 单龙镜	直径25cm；重2091g	74,750	北京保利	2021-06-08
明 瑞兽博局纹镜	直径11.8cm；厚0.4cm	69,000	中贸圣佳	2021-12-30
明 中圈铭文瑞兽博局纹镜	直径16.5cm；厚0.5cm	66,700	中贸圣佳	2021-07-07
明 半圆方枚神兽镜	直径15cm；厚0.5cm	66,700	中贸圣佳	2021-07-07
明 毛宝放龟纹镜	直径10.4cm；厚0.5cm	66,700	中贸圣佳	2021-07-07
明 四乳瑞兽博局纹镜	直径13.4cm；厚0.4cm	66,700	中贸圣佳	2021-12-30
明 葵花形花卉钮座四神纹镜	直径12.5cm；厚0.5cm	66,700	中贸圣佳	2021-12-30
明 四乳瑞兽凤鸟博局纹镜	直径13cm；厚0.5cm	66,700	中贸圣佳	2021-12-30
明 缠枝纹边饰五乳瑞兽纹镜	直径11.6cm；厚0.5cm	66,700	中贸圣佳	2021-12-30
明 "长宜子孙"铭羽人瑞兽博局纹镜	直径11.2cm；厚0.4cm	66,700	中贸圣佳	2021-12-30
明 花卉纹边饰七乳瑞兽纹镜	直径19.5cm；厚0.75cm	66,700	中贸圣佳	2021-12-30
明 双鱼镜	直径13cm；厚0.6cm	66,700	中贸圣佳	2021-12-30
明 特殊版别四山纹镜	直径12.6cm；厚0.5cm	63,250	中贸圣佳	2021-05-20
明 葵花形双凤璎珞仙山纹镜	直径14.2cm；厚0.7cm	63,250	中贸圣佳	2021-05-20
明 "昭容貌"铭四神瑞兽博局纹镜	直径16.5cm；厚0.4cm	63,250	中贸圣佳	2021-05-20
明 瑞兽葡萄纹镜	直径10.5cm；厚1cm	59,800	中贸圣佳	2021-05-20
明 流云纹边饰七乳瑞兽纹镜	直径16.8cm；厚0.5cm	57,500	中贸圣佳	2021-05-20
明 四神瑞兽博局纹镜	直径14.3cm；厚0.6cm	55,200	中贸圣佳	2021-05-20
明 蟠螭纹镜	直径18.5cm；厚0.9cm	55,200	中贸圣佳	2021-07-07
明 兽钮蟠龙纹镜	直径14.5cm；厚0.7cm	51,750	中贸圣佳	2021-05-20
明 半圆方枚神兽镜	直径14.1cm；厚0.4cm	51,750	中贸圣佳	2021-05-20
明 单龙镜	直径16cm；厚0.4cm	51,750	中贸圣佳	2021-07-07
明 重圈四乳瑞兽博局纹镜	直径16cm；厚0.55cm	51,750	中贸圣佳	2021-07-07
明 "日光""昭明"铭双圈铭文镜	直径11cm；厚0.5cm	51,750	中贸圣佳	2021-12-30
明 唐王游月宫镜	直径17.2cm；厚0.6cm	51,750	中贸圣佳	2021-12-30
明 "青盖作镜"铭四乳瑞兽纹镜	直径14cm；厚0.75cm	51,750	中贸圣佳	2021-12-30
明 唐王游月宫故事镜	直径18.3cm；厚0.7cm	48,300	中贸圣佳	2021-05-20
明 菱花形鸳鸯雀鸟花枝纹镜	直径11.2cm；厚0.8cm	48,300	中贸圣佳	2021-05-20
明 柿蒂纹钮座四神瑞兽博局纹镜	直径11.7cm；厚0.5cm	48,300	中贸圣佳	2021-12-30
明 八卦十二星座铭文镜	直径13.2cm；厚0.5cm	46,000	中贸圣佳	2021-05-20
明 天鹿麒麟双鸾纹镜	直径22.4cm；厚0.6cm	46,000	中贸圣佳	2021-07-07
明 "青盖"铭龙虎纹镜	直径13cm；厚1cm	43,700	中贸圣佳	2021-05-20
明 "位至三公"铭变形四叶八凤纹镜	直径13cm；厚0.3cm	43,700	中贸圣佳	2021-05-20
明 半圆方枚神兽镜	直径11.9cm；厚0.4cm	43,700	中贸圣佳	2021-05-20
明 瑞兽博局纹镜	直径11.6cm；厚0.5cm	43,700	中贸圣佳	2021-12-30
明 菱花形王质观棋纹镜	直径12cm；厚0.5cm	41,400	中贸圣佳	2021-07-07
明 四乳双龙双虎博局纹镜	直径12cm；厚0.4cm	41,400	中贸圣佳	2021-12-30
明 蟠龙纹镜	直径17.5cm；厚0.5cm	40,250	中贸圣佳	2021-05-20
明 粟粒地纹抽象龙纹镜	直径8.2cm；厚0.15cm	40,250	中贸圣佳	2021-05-20
明 "尚方作竟（镜）"铭龙虎纹镜	直径13.3cm；厚0.9cm	40,250	中贸圣佳	2021-05-20
明 仙人龟鹤纹镜	直径16.6cm；厚0.6cm	40,250	中贸圣佳	2021-05-20
明 西域察合台文狮身人面纹镜	直径10.4cm；厚0.58cm	40,250	中贸圣佳	2021-05-20
明 白光弦纹素镜	直径11.5cm；厚1.2cm	37,950	中贸圣佳	2021-07-07
明 葵花形单凤纹镜	直径15.8cm；厚0.5cm	36,800	中贸圣佳	2021-05-20
明 梵文镜	直径9.1cm；厚0.6cm	36,800	中贸圣佳	2021-12-30
明 菱花形双雀天马麒麟花枝纹镜	直径11.5cm；厚0.7cm	34,500	中贸圣佳	2021-05-20
明 玄武钮座四神纹边饰瑞兽博局纹镜	直径13.8cm；厚0.5cm	34,500	中贸圣佳	2021-05-20
明 四系龙虎镜形饰	直径5.8cm	34,500	中贸圣佳	2021-05-20
明 八乳瑞兽博局纹镜	直径14.4cm；厚0.4cm	34,500	中贸圣佳	2021-07-07
明 "昭明"铭瑞兽禽鸟圈带铭文镜	直径11cm；厚0.5cm	34,500	中贸圣佳	2021-12-30
明 "清白""昭明"铭双圈铭文镜	直径17.8cm；厚0.7cm	32,200	中贸圣佳	2021-05-20
明 "尚方作竟（镜）"铭双龙白虎纹镜	直径12cm；厚0.9cm	32,200	中贸圣佳	2021-05-20
明 云龙纹镜	直径15.5cm；厚0.45cm	32,200	中贸圣佳	2021-05-20
明 罗汉渡海故事镜	直径17.8cm；厚0.9cm	32,200	中贸圣佳	2021-05-20
明 星云纹镜	直径11.1cm；厚0.6cm	32,200	中贸圣佳	2021-12-30
明 "君子可正"铭插屏铁镜	长25.5cm；宽24.5cm；厚0.9cm	28,750	中贸圣佳	2021-05-20
明 双鸾衔绶月宫盘龙纹镜	直径20.5cm；厚0.7cm	28,750	中贸圣佳	2021-05-20
明 四乳八禽纹镜	直径10.2cm；厚0.7cm	28,750	中贸圣佳	2021-12-30
明 "长宜高官"铭内连弧纹镜	直径15.6cm；厚0.4cm	28,750	中贸圣佳	2021-12-30
明 "大乐贵富"铭四叶间隔蟠龙纹镜	直径18.5cm；厚0.9cm	28,750	中贸圣佳	2021-12-30
明 菱花形双雀鸳鸯花卉纹镜	直径11.14cm；厚0.6cm	27,600	中贸圣佳	2021-07-07
明 四乳双龙双虎纹镜	直径12.1cm；厚0.7cm	27,600	中贸圣佳	2021-12-30
明 星云纹镜	直径13.5cm；厚0.5cm	25,300	中贸圣佳	2021-05-20
明 王子乔吹箫引凤镜	直径13.2cm；厚0.5cm	25,300	中贸圣佳	2021-05-20
明 兽钮云雷地纹蟠凤纹镜	直径13.8cm；厚0.6cm	25,300	中贸圣佳	2021-05-20
明 "琴瑟偕老"铭吉语镜	直径21.7cm；厚0.4cm	25,300	中贸圣佳	2021-05-20
明 "东原杜二"铭许由巢父人物故事镜	直径14cm；厚0.6cm	25,300	中贸圣佳	2021-05-20
明 几何纹博局镜	直径11cm；厚0.5cm	25,300	中贸圣佳	2021-12-30
明 四乳瑞兽纹镜	直径10.5cm；厚0.5cm	24,150	中贸圣佳	2021-12-30
明 菱纹间隔蟠螭纹镜	直径14.8cm；厚0.75cm	24,150	中贸圣佳	2021-12-30
明 "子旺"铭吉语镜	直径9.2cm；厚0.5cm	23,000	中贸圣佳	2021-05-20
明 "南无阿弥陀佛"铭双系挂镜（带链子）	直径24cm；厚0.5cm	23,000	中贸圣佳	2021-05-20
明 "宣和甲子"铭异形镜	长12.3cm；厚0.4cm；宽7.2cm	23,000	中贸圣佳	2021-05-20
明 厚版龙凤呈祥纹镜	直径16.5cm；厚1.1cm	23,000	中贸圣佳	2021-05-20
明 半圆方枚神兽镜	直径14cm；厚0.5cm	23,000	中贸圣佳	2021-05-20
明 东王公西王母瑞兽纹镜	直径16.8cm；厚0.7cm	23,000	中贸圣佳	2021-12-30
明 特版四乳四虺纹镜	直径13.1cm；厚0.6cm	21,850	中贸圣佳	2021-12-30
明 菱纹间隔三凤纹镜	直径11.6cm；厚0.6cm	20,700	中贸圣佳	2021-05-20
明 四叶四龙纹镜	直径14cm；厚0.2cm	20,700	中贸圣佳	2021-05-20
明 四乳四虺纹镜	直径12.7cm；厚0.5cm	20,700	中贸圣佳	2021-05-20
明 龟钮十二生肖八卦纹镜	直径18.5cm；厚0.5cm	20,700	中贸圣佳	2021-05-20
明 仙人斩蛟纹镜	直径14.15cm；厚0.78cm	20,700	中贸圣佳	2021-05-20
明 钱文龙虎纹镜	直径9.5cm；厚0.6cm	20,700	中贸圣佳	2021-05-20
明 菩提树纹镜	直径13.7cm；厚0.3cm	20,700	中贸圣佳	2021-05-20
明 "上大山"铭四神瑞兽博局纹镜	直径18.6cm；厚0.6cm	20,700	中贸圣佳	2021-05-20
明 瑞兽博局纹镜	直径11.5cm；厚0.5cm	20,700	中贸圣佳	2021-05-20
明 方形人物故事纹镜	长6.3cm；厚0.3cm	20,700	中贸圣佳	2021-05-20
明 大型连弧纹镜	直径24cm；厚1.15cm	20,700	中贸圣佳	2021-12-30
明 方形人物复合镜	长7cm；宽7cm；厚0.65cm	20,700	中贸圣佳	2021-12-30
明 十二生肖星宿铭文镜	直径10.2cm；厚0.5cm	19,550	中贸圣佳	2021-05-20
明 界栏式东王公西王母龙虎纹镜	直径14.8cm；厚0.5cm	18,400	中贸圣佳	2021-12-30
明 特殊版别几何纹镜	直径11.1cm；厚0.38cm	17,250	中贸圣佳	2021-05-20
明 瑞兽葡萄纹镜	直径10.5cm；厚1.2cm	17,250	中贸圣佳	2021-05-20
明 桃形带柄婴戏庭院纹镜	长20.5cm；厚0.6cm	17,250	中贸圣佳	2021-05-20
明 羽状地纹四雌镜	直径16.5cm；厚0.6cm	17,250	中贸圣佳	2021-05-20
明 动物边饰四乳四神博局纹镜	直径9.9cm；厚0.4cm	17,250	中贸圣佳	2021-07-07
清 透雕虺龙纹复合镜	直径16cm；重量419g	6,957,500	北京保利	2021-12-05
清 海兽葡萄镜	直径17.7cm；重量1608g	5,175,000	北京保利	2021-12-05
清 "盘龙丽匣"双龙双鸾瑞兽镜	直径20.2cm；重量1300g	2,990,000	北京保利	2021-12-05
清 柿蒂纹圈带叠压四猴十二龙纹镜	直径19cm；厚0.6cm	1,058,000	中贸圣佳	2021-05-20
清 四凤牡丹纹镜	直径27.5cm；厚0.7cm	241,500	中贸圣佳	2021-05-20
清 竹鹤纹镜	长11.4cm；宽11.4cm；厚0.3cm	78,200	中贸圣佳	2021-05-20
清 江崖海水云蝠飞龙纹插屏镜	长16.8cm；宽13.7cm	59,800	中贸圣佳	2021-05-20
清 "大乐富贵"铭四叶间隔蟠龙纹镜	直径18.3cm；厚0.8cm	36,800	中贸圣佳	2021-05-20
六山六叶镜	直径18cm；重量562g	10,580,000	永乐拍卖	2021-05-22
"雒家作镜"画纹带神兽镜	直径23.5cm；重量1694g	8,280,000	北京保利	2021-06-07
双鹦鹉衔绶镜	直径30.6cm；厚度0.8cm	5,060,000	上海国时	2021-07-08
海兽葡萄镜	直径17.2cm；重量1026g	4,370,000	北京保利	2021-06-07
婴戏蹴鞠纹镜	直径17.7cm；厚度0.5cm	2,990,000	上海国时	2021-07-08
"角王巨虚"神兽奏乐七乳镜	直径18.8cm；厚度0.5cm	2,530,000	上海国时	2021-07-08
镂空钮三龙镜	直径18.8cm；重量476g	2,242,500	北京保利	2021-06-07
菱花形双狮鸳鸯镜	直径22.2cm；重1705g	1,955,000	华艺国际	2021-06-04
银壳龙钮高浮雕镂空海兽葡萄镜	直径21.5cm；厚度0.8cm	1,840,000	上海国时	2021-07-08
早期禽兽纹镜（一组十面）		1,748,000	上海国时	2021-07-08
伏兽钮双龙葡萄镜	直径10.6cm；重量272g	1,725,000	永乐拍卖	2021-05-22
"吴向里柏氏作"伍子胥画像镜（一对）	直径21cm；直径20.3cm	1,403,000	上海国时	2021-07-08
"长命富贵"双龙镜	直径21cm；厚度0.5cm	1,380,000	上海国时	2021-07-08
"仙来照月"铭四神十二生肖八卦纹镜	直径21.5cm；重量1454g	1,150,000	永乐拍卖	2021-05-22
"绝照览心"四神十二生肖镜	直径21.7cm；厚度0.6cm；重1312g	1,127,000	上海国时	2021-07-08
正首双龙镜	直径14.6cm；厚度0.8cm	1,035,000	上海国时	2021-07-08

2021杂项拍卖成交汇总(续表)

(成交价RMB：1万元以上)

拍品名称	物品尺寸	成交价RMB	拍卖公司	拍卖日期
“宜子孙”七乳神兽镜	直径21cm; 厚度0.5cm	1,012,000	上海匡时	2021-07-08
四龙四凤镜	直径28cm; 厚度0.3cm	977,500	上海匡时	2021-07-08
菱花形透雕腿双鸾双狮镜	直径23.4cm; 重量2251g	897,000	永乐拍卖	2021-05-22
四叶菱格纹镜	直径13cm; 重量232g	805,000	北京保利	2021-06-07
镶嵌镂空复合八凤方镜	边长13.2cm; 重292g	805,000	上海匡时	2021-07-08
“长宜子孙”铭瑞兽博局纹镜	直径18.4cm; 重量748g	713,000	华艺国际	2021-06-04
“建安十年”重列式神人神兽镜	直径13.3cm; 重355g	690,000	上海匡时	2021-07-08
天马瑞兽葡萄镜	直径17.3cm; 重量1325g	598,000	华艺国际	2021-06-04
折叠菱花镜	直径22.9cm; 重1069g	563,500	上海匡时	2021-07-08
双龙镜	直径12.9cm; 重758g	517,500	上海匡时	2021-07-08
“乾隆年制”双龙镜	直径27cm; 重3162g	517,500	上海匡时	2021-07-08
跑兽手镜	直径5.4cm; 重72g	483,000	上海匡时	2021-07-08
黑白双鸾双鹊镜（一对）	1直径15.5cm, 重1031g; 2直径15.3cm, 重1077g	460,000	上海匡时	2021-07-08
双龙双凤镜	直径16.4cm; 重282g	460,000	上海匡时	2021-07-08
双鸾双鸳鸯镜	直径20.2cm; 重1474g	437,000	上海匡时	2021-07-08
双交龙镜	直径18cm; 重880g	437,000	上海匡时	2021-07-08
镂空错金嵌松石镜	直径11cm; 重量160g	391,000	北京保利	2021-06-07
“徐氏作”天禄镜	直径13.2cm; 重562g	391,000	上海匡时	2021-07-08
八龙镜	直径7.3cm; 重55g	356,500	上海匡时	2021-07-08
月宫镜	直径21.1cm; 重1612g	345,000	上海匡时	2021-07-08
双蜥蜴镜	直径15cm; 重464g	345,000	上海匡时	2021-07-08
“以铜为镜,可正衣冠”铭文镜	直径11.9cm; 重379g	345,000	上海匡时	2021-07-08
神兽边“辟邪”铭七乳瑞兽镜	直径21cm; 重量847g	333,500	永乐拍卖	2021-05-22
镂空蟠螭纹镜	直径12.4cm; 重量203g	322,000	永乐拍卖	2021-05-22
双龙镜	直径17.5cm; 重917g	322,000	永乐拍卖	2021-05-22
安居乐业纹镜	直径27cm; 重量1856g	322,000	永乐拍卖	2021-05-22
菱花形宝相镜	直径13.3cm; 重648g	322,000	华艺国际	2021-06-04
鎏金诗文方镜	边长11.5cm; 厚度0.3cm; 重327g	322,000	上海匡时	2021-07-08
星云纹镜	直径15.4cm; 重564g	287,500	华艺国际	2021-06-04
“尚方御镜”四灵神兽规矩镜	直径18.6cm; 重764g	287,500	上海匡时	2021-07-08
“长宜子孙”鎏金银四灵神兽规矩镜	直径14.1cm; 重393g	287,500	上海匡时	2021-07-08
早期龙纹镜	直径7.8cm; 重86g	253,000	上海匡时	2021-07-08
“象日月”变形动物纹规矩镜	直径14.2cm; 重359g	253,000	上海匡时	2021-07-08
早期双蛇纹镜（一对）	1.直径7.4cm; 重53g; 2.直径6.6cm; 重45g	241,500	上海匡时	2021-07-08
貘钮镜	直径9.6cm; 重77g	241,500	上海匡时	2021-07-08
十二生肖飞天授圣图纹镜	直径15.1cm; 重量825g	230,000	永乐拍卖	2021-05-22
方形海兽葡萄镜	直径9.1cm; 重量483g	230,000	华艺国际	2021-06-04
重列式神人神兽镜	直径15.5cm; 重626g	230,000	上海匡时	2021-07-08
半圆方枚神兽镜	直径18.8cm; 重量914g	218,500	永乐拍卖	2021-05-22
绿漆古四乳四神镜	直径18cm; 重量508g	218,500	北京保利	2021-06-07
特殊版四山镜	直径12.5cm; 重222g	218,500	上海匡时	2021-07-08
双鸾镜	直径17.7cm; 重量1122g	207,000	永乐拍卖	2021-05-22
“家常富贵”镜	直径18cm; 重量860g	207,000	北京保利	2021-06-07
“盘龙丽匣”双龙双鸾瑞兽镜	直径20cm; 重1153g	207,000	上海匡时	2021-07-08
“刘白堕骑驴酒”故事镜	直径15.2cm; 重607g	207,000	上海匡时	2021-07-08
王子乔吹箫引凤镜	直径13cm; 重376g	195,500	上海匡时	2021-07-08
十六角星镜	直径8cm; 重51g	184,000	上海匡时	2021-07-08
“照面目”动物边五乳神兽镜	直径16.7cm; 重767g	184,000	上海匡时	2021-07-08
“水银阴精”八卦镜	直径21cm; 重1272g	184,000	上海匡时	2021-07-08
变形四龙镜	直径14.5cm; 重631g	184,000	上海匡时	2021-07-08
“调治佳镜”四灵神兽规矩镜	直径19cm; 重893g	184,000	上海匡时	2021-07-08
双鱼镜	直径19.5cm; 重1345g	172,500	北京保利	2021-06-07
“转运司监造”水波纹镜	直径19.3cm; 重1545g	172,500	上海匡时	2021-07-08
八乳瑞兽纹规矩镜	直径18.7cm; 重928g	161,000	永乐拍卖	2021-05-22
“盘龙丽匣”铭六瑞兽纹镜	直径18.8cm; 重763g	161,000	永乐拍卖	2021-05-22
菱花形雀鸟衔枝镜	直径14cm; 重683g	161,000	华艺国际	2021-06-04
双鱼镜	直径20.4cm; 重1644g	161,000	上海匡时	2021-07-08
“新有善铜”四灵神兽规矩镜	直径23.4cm; 重1169g	161,000	上海匡时	2021-07-08
“仙山并照”铭仙禽瑞兽镜	直径21.5cm; 重1965g	149,500	永乐拍卖	2021-05-22
“长宜子孙”铭七乳瑞兽纹镜	直径18.4cm; 重791g	149,500	华艺国际	2021-06-04
星云纹镜	直径15.5cm; 重514g	149,500	上海匡时	2021-07-08
“灵山孕宝”六团花镜	直径18.4cm; 重649g	149,500	上海匡时	2021-07-08
“五月五日”花卉手镜	直径6.7cm; 重126g	149,500	上海匡时	2021-07-08
半圆方枚神兽镜	直径13.6cm; 重441g	138,000	永乐拍卖	2021-05-22
“长宜子孙”铭七乳瑞兽纹镜	直径18.6cm; 重1005g	138,000	永乐拍卖	2021-05-22
六瑞兽镜	直径18.8cm; 重871g	138,000	上海匡时	2021-07-08
四方位八卦镜	直径14.5cm; 重567g	138,000	上海匡时	2021-07-08
“尚方作竟(镜)”铭龙虎镜	直径12.9cm; 重404g	126,500	永乐拍卖	2021-05-22
“仙发笑来”铭六瑞兽纹镜	直径16.5cm; 重625g	126,500	华艺国际	2021-06-04
西王母七乳神兽镜	直径18.8cm; 重805g	126,500	北京保利	2021-06-07
“状元及第”关羽温酒斩华雄纹镜	直径42.5cm; 厚度0.7cm	126,500	上海匡时	2021-07-08
“张氏作”铭龙虎镜	直径12.5cm; 重564g	115,000	永乐拍卖	2021-05-22
双角辟邪纹神兽镜	直径12.1cm; 重420g	115,000	永乐拍卖	2021-05-22
单圈铭文镜	直径17.4cm; 重798g	115,000	华艺国际	2021-06-04
“宜古市”铭规矩镜	直径19cm; 重895g	115,000	北京保利	2021-06-07
方形饕餮纹镜	边长13cm; 重264g	115,000	上海匡时	2021-07-08
“大乐贵富”蟠螭纹镜	直径22.8cm; 重895g	115,000	上海匡时	2021-07-08
忍冬草边云雷纹镜	直径22cm; 重1295g	115,000	上海匡时	2021-07-08
七乳瑞兽纹镜	直径18.5cm; 重709g	112,700	永乐拍卖	2021-05-22
方形海兽葡萄镜	直径9.2cm; 重460g	112,700	永乐拍卖	2021-05-22
尖八角双鸾双兽镜	直径15.5cm; 重806g	112,700	永乐拍卖	2021-05-22
云气边八乳瑞兽纹规矩镜	直径14.2cm; 重502g	112,700	华艺国际	2021-06-04
八卦符箓文镜	直径20.7cm; 重935g	112,700	华艺国际	2021-06-04
瑞兽葡萄纹镜	直径15.4cm; 重635g	109,250	永乐拍卖	2021-05-22
四乳神兽纹镜	直径11.5cm; 重260g	109,250	华艺国际	2021-06-04
贵妇婴戏镜	直径13.5cm; 重591g	109,250	华艺国际	2021-06-04
神人画像镜	直径19.5cm; 重876g	109,250	北京保利	2021-06-07
“照日菱花”五兽镜	直径12.6cm; 重498g	109,250	北京保利	2021-06-07
六乳神兽镜	直径20.2cm; 重851g	109,250	上海匡时	2021-07-08
双龙纹镜	直径16.7cm; 重979g	103,500	华艺国际	2021-06-04
“蚩尤”七乳神兽镜	直径18cm; 重569g	103,500	北京保利	2021-06-07
四龙镜	直径20cm; 重524g	103,500	上海匡时	2021-07-08
三乐镜	直径12.8cm; 重408g	103,500	上海匡时	2021-07-08
达摩渡海镜	直径14.6cm; 重487g	103,500	上海匡时	2021-07-08
水银铭八卦镜	直径18.5cm; 重546g	92,000	华艺国际	2021-06-04
海兽葡萄镜	直径12.1cm; 重663g	92,000	北京保利	2021-06-07
四山镜	直径10.4cm; 重99g	92,000	上海匡时	2021-07-08
四灵神兽规矩镜	直径21cm; 重1214g	92,000	上海匡时	2021-07-08
“长宜子孙”八乳神兽镜	直径16.4cm; 重651g	92,000	上海匡时	2021-07-08
四乳瑞兽纹规矩镜	直径15.5cm; 重627g	89,700	永乐拍卖	2021-05-22
海兽葡萄镜	直径15.4cm; 重1139g	86,250	上海匡时	2021-07-08
星云纹镜	直径15.7cm; 重640g	86,250	上海匡时	2021-07-08
麻姑献寿人物故事镜	直径16.8cm; 重641g	80,500	永乐拍卖	2021-05-22
五瑞兽镜	直径12.9cm; 重587g	80,500	上海匡时	2021-07-08
特殊版简化神兽规矩镜	直径12.9cm; 重393g	80,500	上海匡时	2021-07-08
四灵神兽规矩镜	直径11.8cm; 重319g	80,500	上海匡时	2021-07-08
“久不相见”俯兽钮草叶纹镜	直径13.7cm; 重190g	80,500	上海匡时	2021-07-08
单龙镜	直径16cm; 重654g	78,200	永乐拍卖	2021-05-22
“吾作明镜”神人神兽画像镜	直径12cm; 重204g	73,600	上海匡时	2021-07-08
四乳四灵纹镜	直径18.7cm; 重1070g	69,000	华艺国际	2021-06-04
犀牛望月镜架	长18.8cm; 宽9cm; 高9.6cm	69,000	华艺国际	2021-06-04
“调治佳镜”四灵神兽规矩镜	直径19cm; 重861g	69,000	上海匡时	2021-07-08
四灵神兽规矩镜	直径16.3cm; 重616g	69,000	上海匡时	2021-07-08
双狮镜	边长8.2cm; 重110g	69,000	上海匡时	2021-07-08
七乳瑞兽纹镜	直径20.1cm; 重1105g	66,700	永乐拍卖	2021-05-22
海兽葡萄镜	直径11.2cm; 重590g	66,700	永乐拍卖	2021-05-22
四乳四虺镜	直径15.4cm; 重613g	66,700	华艺国际	2021-06-04
仙人多宝镜	直径15cm; 重501g	66,700	华艺国际	2021-06-04
“尚方御镜”铭瑞兽纹规矩镜	直径13.6cm; 重419g	57,500	永乐拍卖	2021-05-22
仙人 龟鹤镜	直径16.3cm; 重1048g	57,500	永乐拍卖	2021-05-22
草叶纹镜	直径18.2cm; 重758g	57,500	北京保利	2021-06-07
四叶龙凤镜	直径14.8cm; 重250g	57,500	北京保利	2021-06-07
“吾作明竟(镜)”半圆方枚神兽镜	直径11.5cm; 重240g	57,500	上海匡时	2021-07-08
海兽葡萄镜	直径12.2cm; 重675g	57,500	上海匡时	2021-07-08
四仙骑纹镜	直径16.5cm; 重787g	57,500	上海匡时	2021-07-08
犀牛望月镜架	长20cm; 宽13.5cm; 高12cm	57,500	上海匡时	2021-07-08
“见日之光”“清冶铜华”双圈铭文镜	直径15.4cm; 重588g	57,500	上海匡时	2021-07-08
“见日之光”草叶纹镜	直径16cm; 重320g	57,500	上海匡时	2021-07-08
“洪武二十二年正月日造”纪年款龙纹镜	直径10.6cm; 厚度0.7cm; 重354g	57,500	上海匡时	2021-07-08
四乳瑞兽纹规矩镜	直径13.3cm; 重347g	55,200	永乐拍卖	2021-05-22
双圈铭文镜	直径16cm; 重491g	55,200	永乐拍卖	2021-05-22
海兽葡萄镜	直径12cm; 重577g	55,200	华艺国际	2021-06-04
伏龙钮海兽镜	直径14cm; 重733g	54,050	北京保利	2021-06-07
葵花形飞马天鹿鸳鸯镜	直径12.7cm; 重567g	51,750	华艺国际	2021-06-04
“见日之光”连弧纹镜（一对）	1直径11.1cm, 重232g; 2直径11.1cm, 重228g	48,300	上海匡时	2021-07-08
星云纹镜	直径13.5cm; 重436g	48,300	永乐拍卖	2021-05-22
佛教花卉手镜	直径6.3cm; 重92g	48,300	上海匡时	2021-07-08
人物故事镜	直径7.2cm; 重92g	48,300	上海匡时	2021-07-08
八乳四神规矩镜	直径13.6cm; 重443g	46,000	永乐拍卖	2021-05-22
十二生肖六瑞兽镜	直径12.9cm; 重383g	46,000	永乐拍卖	2021-05-22
双鱼纹镜	直径15.6cm; 重598g	46,000	华艺国际	2021-06-04
四叶羽状纹镜	直径11.3cm; 重233g	46,000	北京保利	2021-06-07
四山镜	直径7.9cm; 重60g	46,000	上海匡时	2021-07-08
“内而光”四灵神兽规矩镜	直径18.8cm; 重751g	46,000	上海匡时	2021-07-08
许由巢父人物故事镜	直径18.6cm; 重1356g	46,000	上海匡时	2021-07-08
羽状地纹镜	直径9.8cm; 重179g	43,700	永乐拍卖	2021-05-22
四乳四虺纹镜	直径15.3cm; 重535g	43,700	永乐拍卖	2021-05-22
双鱼镜	直径15.6cm; 重674g	43,700	永乐拍卖	2021-05-22
单龙镜	直径21.5cm; 重1413g	43,700	华艺国际	2021-06-04
“青胜”龙虎镜	直径16.7cm; 重684g	43,700	北京保利	2021-06-07
四乳神兽画像镜	直径17.6cm; 重443g	43,700	北京保利	2021-06-07
跑兽镜	直径20.8cm; 重1872g	43,700	北京保利	2021-06-07
海兽葡萄镜	直径14cm; 重890g	43,700	北京保利	2021-06-07
半圆方枚神兽镜	直径11.7cm; 重373g	43,700	上海匡时	2021-07-08
“家常贵富”连弧纹镜	直径12.7cm; 重320g	43,700	上海匡时	2021-07-08

（成交价RMB：1万元以上）

拍品名称	物品尺寸	成交价RMB	拍卖公司	拍卖日期
菱花形素镜	直径12cm；重467g	40,250	北京保利	2021-06-07
半圆方枚神兽镜	直径18.4cm；重987g	36,800	永乐拍卖	2021-05-22
方形海兽葡萄镜	直径9.1cm；重424g	36,800	永乐拍卖	2021-05-22
虺龙边八乳瑞兽规矩镜	直径18.2cm；重626g	36,800	华艺国际	2021-06-04
许由巢父人物故事镜	直径18cm；重1143g	36,800	华艺国际	2021-06-04
单龙镜	直径10.5cm；重219g	36,800	北京保利	2021-06-07
伏龙钮座"大乐贵富"镜（一对）	直径18cm×2；重646g；重655g	34,500	北京保利	2021-06-07
蟠螭纹镜	直径18.7cm；重463g	34,500	永乐拍卖	2021-05-22
"长宜子孙"连弧纹镜	直径16.3cm；重556g	34,500	永乐拍卖	2021-05-22
海兽葡萄镜	直径8.5cm；重276g	34,500	永乐拍卖	2021-05-22
花卉纹镜	直径16.8cm；重828g	34,500	华艺国际	2021-06-04
动物边七乳神兽镜	直径13.5cm；重443g	34,500	北京保利	2021-06-07
"袁氏"五乳神兽镜	直径14.5cm；重275g	34,500	北京保利	2021-06-07
神兽规矩镜	直径11.9cm；重299g	34,500	上海匡时	2021-07-08
银壳鎏金鸟兽手镜	直径5.8cm；重99g	34,500	上海匡时	2021-07-08
荷花芦雁镜	直径15cm；重724g	34,500	上海匡时	2021-07-08
蜻蜓牵牛花镜	直径15.1cm；重452g	34,500	上海匡时	2021-07-08
"长宜子孙"云雷纹镜	直径19.1cm；重951g	34,500	上海匡时	2021-07-08
早期芒纹镜	直径6.5cm；重34g	33,350	上海匡时	2021-07-08
双龙纹镜	直径7.6cm；重35g	32,200	永乐拍卖	2021-05-22
瑞兽纹规矩镜	直径12.2cm；重328g	32,200	永乐拍卖	2021-05-22
双圈铭文镜	直径15.6cm；重521g	32,200	永乐拍卖	2021-05-22
"长宜子孙"铭七乳瑞兽纹镜	直径15.9cm；重665g	32,200	永乐拍卖	2021-05-22
四龙八凤镜	直径14.6cm；重514g	32,200	永乐拍卖	2021-05-22
六瑞兽镜	直径10.5cm；重459g	32,200	永乐拍卖	2021-05-22
山海经异兽镜	直径17.5cm；重940g	32,200	永乐拍卖	2021-05-22
双龙宝鼎镜	直径16.4cm；重719g	32,200	永乐拍卖	2021-05-22
钟形八卦纹镜	高18cm；宽13cm；重328g	32,200	永乐拍卖	2021-05-22
蟠螭纹镜	直径16.5cm；重360g	28,750	永乐拍卖	2021-05-22
单龙镜	直径11.7cm；重390g	28,750	永乐拍卖	2021-05-22
三龙纹镜	直径18.5cm；重375g	28,750	华艺国际	2021-06-04
蚩尤小手镜	直径4.3cm；重15g	28,750	华艺国际	2021-06-04
摩羯双鱼纹镜	直径10cm；重188g	28,750	华艺国际	2021-06-04
浮雕龙钮云雷纹镜	直径18.5cm；重382g	28,750	北京保利	2021-06-07
双圈铭六乳神兽镜	直径18.8cm；重716g	28,750	北京保利	2021-06-07
龟钮荷花纹镜	直径9cm；重172g	28,750	上海匡时	2021-07-08
"君宜高官"球钮神兽镜	直径14.9cm；重764g	28,750	上海匡时	2021-07-08
荷花水波纹镜	直径15.9cm；重384g	28,750	上海匡时	2021-07-08
"承安三年"纪念款瑞兽铭文镜	直径9.4cm；重140g	28,750	上海匡时	2021-07-08
"铜盘作竟（镜）"铭四乳瑞兽镜	直径11.3cm；重284g	27,600	永乐拍卖	2021-05-22
"吕氏作镜"神人画像镜	直径18.7cm；重785g	26,450	上海匡时	2021-07-08
牡丹花卉纹镜	直径22.2cm；重1293g	25,300	华艺国际	2021-06-04
"赏得秦王"铭花卉纹镜	直径10.7cm；重395g	25,300	华艺国际	2021-06-04
弦纹小手镜	直径6.4cm；重46g	25,300	华艺国际	2021-06-04
"昭明"单圈铭文镜	直径10.4cm；重223g	25,300	北京保利	2021-06-07
"灵山孕宝"团花镜	直径18.3cm；重749g	25,300	北京保利	2021-06-07
四乳四龙镜	直径13.9cm；重393g	25,300	上海匡时	2021-07-08
"寿德长福"铭文镜	长9cm；重206g	25,300	上海匡时	2021-07-08
神兽规矩镜	直径10.8cm；重224g	25,300	上海匡时	2021-07-08
双凤纹镜	直径15.7cm；重500g	23,000	永乐拍卖	2021-05-22
鹿鸣纹镜	直径11.4cm；重327g	23,000	永乐拍卖	2021-05-22
"五子登科"铭纹镜	直径25.cm；重1340g	23,000	永乐拍卖	2021-05-22
"泰言"八乳规矩镜	直径14cm；重416g	23,000	北京保利	2021-06-07
"史氏"动物边六乳神兽镜	直径17.5cm；重477g	23,000	北京保利	2021-06-07
三乐镜	直径12cm；重352g	23,000	北京保利	2021-06-07
动物边规矩镜	直径14.1cm；重432g	23,000	北京保利	2021-06-07
半圆方枚神兽镜	直径11.4cm；重273g	23,000	北京保利	2021-06-07
四虎规矩镜	直径10.8cm；重218g	23,000	上海匡时	2021-07-08
四乳龙虎镜	直径11.3cm；重296g	23,000	上海匡时	2021-07-08
双飞天鸾鸟孔雀镜	直径20.7cm；重941g	23,000	上海匡时	2021-07-08
迦陵频伽镜	直径15.5cm；重415g	23,000	上海匡时	2021-07-08
四乳双龙镜	直径11cm；重126g	23,000	上海匡时	2021-07-08
铭文手柄镜	长23.9cm；重263g	23,000	上海匡时	2021-07-08
双凤镜	长11.7cm；重266g	23,000	上海匡时	2021-07-08
璧虎钮多宝镜	直径8.5cm；重162g	23,000	上海匡时	2021-07-08
四乳四虺纹镜	直径15cm；重532g	21,850	永乐拍卖	2021-05-22
四叶八凤纹镜	直径14.6cm；重466g	21,850	永乐拍卖	2021-05-22
海兽葡萄镜	直径8.5cm；重276g	21,850	永乐拍卖	2021-05-22
"佛心"铭文镜	长11.4cm；宽8.9cm；重228g	21,850	永乐拍卖	2021-05-22
方形单龙镜	直径6.4cm；重128g	21,850	永乐拍卖	2021-05-22
仙人多宝镜	直径7.3cm；重139g	21,850	永乐拍卖	2021-05-22
花卉纹镜	直径21.3cm；重485g	21,850	永乐拍卖	2021-05-22
"南京双桥宝鉴"铭纹镜	直径15.5cm；重636g	21,850	永乐拍卖	2021-05-22
早期小鸟芒纹镜	直径6.3cm；重31g	21,850	上海匡时	2021-07-08
铜质"福寿双全"背錾刻财宝天王镜	直径38.1cm；高69cm（连座）	20,700	中国嘉德	2021-05-18
约1900年 法国新艺术风格铜鎏金梳妆镜	高51cm；宽30.5cm	20,700	西泠印社	2021-01-17

拍品名称	物品尺寸	成交价RMB	拍卖公司	拍卖日期
"净月澄华"铭花卉镜	直径8.4cm；重198g	20,700	永乐拍卖	2021-05-22
贵妇婴戏镜	直径12.4cm；重223g	20,700	永乐拍卖	2021-05-22
梵文镜	直径9.3cm；重251g	20,700	永乐拍卖	2021-05-22
四狮花卉镜	直径16.5cm；重623g	20,700	永乐拍卖	2021-05-22
单圈铭文镜	直径13.3cm；重392g	20,700	华艺国际	2021-06-04
龙虎画像镜	直径18.5cm；重549g	20,700	北京保利	2021-06-07
神兽规矩镜	直径13cm；重374g	20,700	上海匡时	2021-07-08
连弧云雷纹镜	直径12.5cm；重564g	17,250	永乐拍卖	2021-05-22
四叶四兽纹镜	直径11.6cm；重177g	17,250	永乐拍卖	2021-05-22
单圈铭文镜	直径9.5cm；重216g	17,250	永乐拍卖	2021-05-22
宝相花镜	直径18.8cm；重563g	17,250	永乐拍卖	2021-05-22
菱花形双龙镜	直径8.8cm；重124g	17,250	永乐拍卖	2021-05-22
梵文镜	直径8.7cm；重297g	17,250	华艺国际	2021-06-04
战神蚩尤镜	直径10.7cm；重196g	17,250	北京保利	2021-06-07
准提镜	直径9.3cm；重264g	17,250	北京保利	2021-06-07
瑞兽葡萄镜	直径11.9cm；重307g	17,250	上海匡时	2021-07-08
双龙镜	直径10cm；重382g	17,250	上海匡时	2021-07-08
人物多宝镜	直径8.5cm；重92g	17,250	上海匡时	2021-07-08
东周春秋 青铜蟠螭纹镈	高27.2cm	652,851	纽约苏富比	2021-09-22
战国时期 滇国文化青铜鼓	高40.5cm；直径62.7cm	55,200	台北艺珍	2021-11-07
唐 铜鎏金嵌玉龙凤纹十四方銙	宽6.6cm（最大的）	149,211	中国嘉德	2021-04-21
宋/元 袖珍铜龢钟	高7cm	48,938	纽约佳士得	2021-03-18
明 铜乳钉纹编钟	高25cm	57,500	上海匡时	2021-07-08
明 铜编钟（带座）	高44.5cm	35,650	广东崇正	2021-01-07
清康熙五十四年（1715年）御制铜鎏金蒲牢钮八卦纹"南吕""姑洗"编钟	高30.5cm×2	9,200,000	北京保利	2021-12-05
清康熙五十四年（1715年）铜鎏金"蕤宾"交龙纽编钟	高30.8cm	4,433,400	保利香港	2021-12-02
清乾隆 乾隆八年制铜龙纹编钟	带座高20.5cm；高17cm；重2013g	55,200	西泠印社	2021-07-24
清嘉庆 铜"音调道得"双龙钮钟	高28.5cm	92,000	中鸿信	2021-07-14
清 "大明宣德年制""万古流芳"款蛟龙钮云龙纹编钟	带座高138cm；高55cm	241,500	西泠印社	2021-07-24
商 青铜柄玉戈	长18.5cm	2,124,360	香港苏富比	2021-04-22
战国至西汉 铜鎏金龙纹剑及铜鎏金剑		1,224,096	纽约苏富比	2021-09-22
战国 青铜剑	长51cm	163,125	纽约佳士得	2021-03-18
战国 铜承弓器（一对）	每个长20cm	99,360	中国嘉德	2021-10-14
战国 青铜匕首	高29.3cm	59,684	中国嘉德	2021-04-21
周 青铜中士"□"字剑（配白谦慎题长卷及木盒）	剑长47cm	1,725,000	华艺国际	2021-03-31
晚商/西周早期 铜嵌绿松石弓形器	长39.4cm	367,031	纽约佳士得	2021-03-18
明 梅景书屋旧藏青铜矛（窓斋古兵器四屏）	长16cm	218,500	华艺国际	2021-03-31
清中期 铜七星宝剑	长58cm	34,500	华艺国际	2021-04-01
清 铜鎏金嵌玉宝剑	长65.5cm	161,000	中贸圣佳	2021-03-26
商末 史角	高24cm	89,767	纽约苏富比	2021-09-22
战国 青铜盉	高23cm	44,859	纽约佳士得	2021-03-18
汉 铜鎏金牛灯	宽16.9cm	119,232	中国嘉德	2021-10-14
汉 青铜鸠杖首	宽16.4cm	89,527	中国嘉德	2021-04-21
汉 铜朱雀玄武灯	高15.2cm	44,859	纽约佳士得	2021-03-18
唐 铜天王花式五足灯	高12.4cm	342,747	纽约苏富比	2021-09-22
宋/清 袖珍铜器（两件）	高4.4cm×2	61,172	纽约佳士得	2021-03-18
元 铜兽足莲花灯（一对）	高40.5cm×2	184,000	西泠印社	2021-01-15
元 铜云气纹铜	直径17.2cm	21,850	北京中汉	2021-09-28
元至明初 鎏金铜狮面门环	直径30.7cm	208,656	香港苏富比	2021-10-13
明永乐 铜鎏金龙形压经扣	直径4.5cm	86,250	中鸿信	2021-07-14
15世纪 合金铜镂雕龙纹信筒	长43.5cm	862,500	古天一	2021-06-07
明 胡人骑狮大香熏	高44.1cm	793,500	中贸圣佳	2021-07-07
明 鸭熏	高23cm；重2214g	667,000	上海匡时	2021-07-08
明治时期 明治金工嵌金银牡丹花图大花瓶	高36cm；直径19cm	230,000	北京荣宝	2021-06-19
明 胡文明制铜鎏金海水龙纹香筒	高16cm	207,000	华艺国际	2021-04-01
明 铜铭文小杈	直径3.8cm	172,500	北京保利	2021-12-06
明 铜胡人烛台（一对）	高55.5cm×2	172,500	西泠印社	2021-01-15
明 铜莲花竹节三足灯	高43cm	138,000	西泠印社	2021-07-24
明 铜器（一对）	高19cm×2	101,200	辽宁省拍	2021-07-04
明 胡人献宝铜烛台（一对）	高45cm×2	92,000	中贸圣佳	2021-12-29
明 铜宣德款蕉叶纹香筒	高18cm	92,000	上海匡时	2021-07-08
明治时期 初代秦藏六作 仿青铜器酒器	高26cm（含座）；直径20cm	46,000	北京荣宝	2021-06-19
明治时期 九世五郎三作 绯铜打出包银二重张 柿形 汤沸	高14cm；直径12.5cm	43,700	北京荣宝	2021-06-19
明治时期 龙文堂安之介座 铜制龟置物	长27cm；宽23cm；高10cm（含座）	33,350	北京荣宝	2021-06-19
明 嘉靖三十七年铭铜花瓢	高12.5cm	32,200	中贸圣佳	2021-09-26
明治时期 明治金工师杉本仪助作 铜包银二重张蝉纹茶则	长14.8cm；宽4cm；高1.2cm	28,750	北京荣宝	2021-06-19
明治时期 金谷五郎三郎造锤目绯铜包银精品大建水	宽15cm；高10cm	28,750	江苏观宇	2021-04-25

2021杂项拍卖成交汇总(续表)

(成交价RMB：1万元以上)

拍品名称	物品尺寸	成交价RMB	拍卖公司	拍卖日期
明治时期 三代本间琢斋作斑紫铜桔梗形茶托	直径10cm；高2.4cm	21,850	北京荣宝	2021-06-19
清康熙 "大明宣德年制"款海水云龙纹香熏	31.3cm×22cm×16cm	1,023,500	上海匡时	2021-07-08
清雍正 铜鎏金牧牛图大锁	长22cm	230,000	广东崇正	2021-07-19
清乾隆 铜鎏金番莲纹金鱼座"金玉满堂"宫灯(一对)	高189cm×2	977,500	永乐拍卖	2021-05-22
清乾隆 铜鎏金嵌料石算盘	15cm×9.7cm×1.6cm	575,000	北京保利	2021-12-05
清乾隆 铜带铅锤线地平式日冕仪	长25cm	138,000	上海匡时	2021-07-08
清乾隆 铜鎏金底座(一对)	8.3cm×13.5cm×21cm×2	94,300	华艺国际	2021-06-04
清乾隆 铜鎏金开光虬觥茜色蝠纹方胜形盒	长30.8cm	74,750	中国嘉德	2021-05-19
清乾隆 铜兽首形刻花黑漆灯挂	高80cm	46,000	上海匡时	2021-07-08
清乾隆 铜鎏金云蝠纹扇架	宽35.8cm	28,750	中国嘉德	2021-05-19
清乾隆 铜鎏金画珐琅佛龛顶	长28cm	25,300	中国嘉德	2021-05-19
18世纪 "云樵"款铜印匣	长3.2cm；宽3.2cm；高5.2cm	23,000	北京中汉	2021-03-26
清道光 御制天体仪	37cm×37cm×36cm	2,070,000	中贸圣佳	2021-05-20
清光绪六年 普慈禅寺缸	口径44cm	230,000	华艺国际	2021-06-04
晚明/清 袖珍铜器(三件)	高9.2cm×3	89,719	纽约佳士得	2021-03-18
比利时布鲁塞尔 19世纪铜鎏金硕果饰白理石底座	高116cm；台面30cm×30cm	46,000	西泠印社	2021-01-17
19世纪 意大利铜鎏金镶嵌卷叶纹饰花理石底座	高108cm；台面28cm×28cm	46,000	西泠印社	2021-01-17
清 铜鎏金双龙托水晶珠	直径19.7cm；长24.5cm(座)	402,500	中国嘉德	2021-05-19
清 铜鎏金犀皮漆龙纹烟斗	长49.5cm	207,000	十竹斋拍卖(北京)	2021-05-29
清 铜鎏金大锁	钥匙长29.2cm；锁长17.5cm	80,500	中贸圣佳	2021-03-26
清 铜鎏金镂空莲纹器座	直径7.9cm；高4.3cm	29,900	中贸圣佳	2021-06-07
清 大清金宝库平七两二钱背佛教金马碧鸡图铜模	直径90.5mm；重量534g	20,700	西泠印社	2021-01-17
19世纪 铜鎏金花卉藤叶饰青铜雕刻小天使台灯(一对)	30cm×21cm×75cm×2	80,500	西泠印社	2021-07-23
铜鎏金 欧泊沙漏	高度约为15cm	48,300	北京保利	2021-06-07
约1930年 法国路易十五样式铜鎏金钴蓝瓷瓶五枝烛台(一对)	每件高55cm，宽28cm	32,200	西泠印社	2021-01-17
虑虒铜尺 建初六年八月十五日造		18,400	北京保利	2021-06-08
约1890年 法国青铜及铜鎏金天使五烛枝烛台(一对)	高55cm×2	17,250	中国嘉德	2021-05-19
铁 器				
金元 铁锈花玉壶春瓶	高32cm	161,000	古天一	2021-06-07
明治时期 御釜师作 嵌金银牡丹图锻造铁壶	高18.5cm；直径12cm	1,150,000	北京荣宝	2021-06-19
明治时期 初代龟文 蟹纹铁瓶	高18cm；直径11cm	897,000	北京荣宝	2021-06-19
明治时期 名釜师大国柏斋作土瓶	高17cm；直径13.5cm	483,000	北京荣宝	2021-06-19
明治时期 初代龟文 银提梁 双螭龙耳付筒式白肌老铁瓶	高21.5cm；直径15cm	402,500	北京荣宝	2021-06-19
明治时期 高木治良兵卫岩肌纹丸形老铁瓶	高20cm；直径16cm	299,000	北京荣宝	2021-06-19
明治时期 京都明工"清云"螭龙斋炮口铁瓶	高21cm；直径17.5cm	287,500	北京荣宝	2021-06-19
明治时期 龙文堂釜师大国寿郎造嵌金银高砂(寿星)铁瓶	高24cm；直径15.5cm	253,000	北京荣宝	2021-06-19
明治时期 龙文堂安之介六代目造阴刻汉诗"茶烟轻扬落花风"铁瓶	高23cm；直径15.5cm	207,000	北京荣宝	2021-06-19
明治 日本名釜师梅泉造铁壶	长18cm；高20cm	172,500	辽宁省拍	2021-07-04
明 赵南星制铁鋄银如意	长64cm	115,000	中贸圣佳	2021-05-21
明治时期 釜师十一世宫崎寒稚作手取付 双盖嵌金银老铁瓶	高20cm；直径16cm	103,500	北京荣宝	2021-06-19
明治时期 金工师二世秦藏六作 兽纹大铁壶	高22cm；直径19cm	92,000	北京荣宝	2021-06-19
明治时期 御釜师中村甚介造南蛮写藤手(尚古斋作)铁瓶	高20cm；直径12cm	74,750	北京荣宝	2021-06-19
明治时期 龙文堂大国寿朗造阴助汉诗"天勿空勾践"老铁瓶	高21cm；直径13.5cm	57,500	北京荣宝	2021-06-19
明治时期 高木治良兵卫作 刀把手老铁瓶	高23cm；直径14cm	46,000	北京荣宝	2021-06-19
明治时期 龙文堂大国寿郎造"五福祥来"老铁瓶	高21cm；直径11.5cm	40,250	北京荣宝	2021-06-19
明治时期 十一世宫崎寒稚作 炮口嵌银石蟹纹老铁瓶	高19.5cm；直径14cm	37,950	北京荣宝	2021-06-19
明治时期 明治金工师杉本仪助作铁包银竹叶纹金工茶则	长12cm；宽4.3cm	36,800	北京荣宝	2021-06-19
明治时期 龙文堂釜师大国寿朗造银斋刀把手老瓶	高18cm；直径14cm	34,500	北京荣宝	2021-06-19
明治时期 十一世宫崎寒稚作提梁嵌金银叶纹铁瓶	高18.5cm；直径14.5cm	34,500	北京荣宝	2021-06-19
明治时期 光玉堂造诗文锯钉纹老铁瓶	高18cm；直径13cm	28,750	北京荣宝	2021-06-19
明治时期 晴寿堂堂主作卷口扁珠形老铁瓶	高17cm；直径18cm	25,300	北京荣宝	2021-06-19
明治时期 龙文堂大国寿郎作"万里香"纹老铁瓶	高21.5cm；直径16cm	25,300	北京荣宝	2021-06-19
明治时期 九世中川净益作南镣二重果子器	高8.5cm；直径13cm	25,300	北京荣宝	2021-06-19
明治时期 龙寿堂釜师造嵌花手柄尾垂形老铁瓶	高22.5cm；直径13cm	23,000	北京荣宝	2021-06-19
明治时期 明珍纪宗春作铁打出内包银香炉	高5cm；直径8cm	23,000	北京荣宝	2021-06-19
明治时期 十一世宫崎寒稚作道安形老铁瓶	高19cm；直径15cm	20,700	北京荣宝	2021-06-19
明治期 龙寿堂净寿造金银象嵌铁壶	高21.7cm	20,700	中贸圣佳	2021-09-25
明治时期 大国寿朗作牡丹花纹小铁瓶	高11cm；直径9.5cm	18,400	北京荣宝	2021-06-19
明治时期 大国寿朗作金工锯钉银象嵌富士山图筒形铁壶	高22cm；直径16	18,400	北京荣宝	2021-06-19
19世纪 铁错金银龙凤纹冲耳三足炉	直径24cm；高25.6cm；重4870.7g	51,750	北京中汉	2021-03-26
19世纪 金光堂制螃蟹纹铁壶、龙文堂制铁壶(共两把)	高19cm，重1265g；高25cm，重2604g	23,000	北京保利	2021-06-07
清 铁打出包银小壶	高10.8cm；通径8.8cm；重259g	46,000	西泠印社	2021-07-24
大西清右卫、中川净益、乐吉右卫门造·铁壶四把	尺寸不一	207,000	华艺国际	2021-06-03
铁包银壶	长16.7cm；高20cm	43,700	辽宁省拍	2021-07-04
镶金铁包银壶	长14.5cm；高20cm	40,250	辽宁省拍	2021-07-04
龙文堂造荒地纹铁壶 配白泥凉炉及藤制炉架	尺寸不一	40,250	华艺国际	2021-06-03
大正时期(1912~1926)"龟文堂"造波千鸟老铁瓶	高21cm；直径16.5cm	36,800	北京荣宝	2021-06-19
近磨堂造 配纯银盖铁壶	高15.5cm；宽18cm；重约1193g	23,000	华艺国际	2021-06-03
明治时期 光玉堂造丸形铁壶	高20.3cm；长16cm	20,700	西泠印社	2021-07-23
大正时代 龙文堂斑铜盖铁壶	长18cm；高21cm	17,250	辽宁省拍	2021-07-04
锡 器				
明 锡胎金地红漆螭龙纹香盒	直径9cm；高4.5cm	402,500	中贸圣佳	2021-05-21
明治时期 "御锡屋五吉士"款凹凸大锡罐	高24cm；直径19cm	56,350	北京荣宝	2021-06-19
明治时期 "御锡师贞左门造"锡罐	直径11.5cm；高15.5cm	23,000	北京荣宝	2021-06-19
明治时期 "京锡屋"款斑纹古锡茶入	高17.5cm；直径14cm	17,250	北京荣宝	2021-06-19
清康熙 沈存周制锡轴头罐	高5.3cm	345,000	古天一	2021-06-07
清中期 杨彭年制镶玉锡包壶	宽16.3cm	46,000	中国嘉德	2021-05-18
清道光 朱石梅为改琦制锡壶	11cm×13.3cm	172,500	中贸圣佳	2021-05-20
清 锡茶罐	高35.6cm	172,500	中贸圣佳	2021-09-26
清 沈存周刻竹石诗文锡罐	高9.2cm；长5cm；宽5cm	55,200	西泠印社	2021-07-24
清 锡制瓜棱大茶叶罐	高21.5cm；直径25.5cm	46,000	西泠印社	2021-01-16
清 沈尧臣款锡竹节形提梁壶	高16.5cm；长11.5cm	34,500	西泠印社	2021-01-16
清 锡八仙纹"当朝一品"温锅一套	尺寸不一	25,300	中国嘉德	2021-03-30
清 竹居主人刻铭锡制梅花书法纹茶叶罐	4.5cm×4.5cm×10cm	20,700	广东精诚所至	2021-01-22
清 沈存周款锡制诗文图茶盘	长29.8cm	18,160	北京保利	2021-01-18
清 唐云旧藏徐孝穆递藏沈朗亭制倒桃锡壶	高10.2cm；通径14.8cm	17,250	西泠印社	2021-01-15
清 石香铭"饮茶歌诮崔石使君"锡制茶叶罐	高7cm	17,250	北京保利	2021-06-07
近代 唐云画、徐素白刻梅花图锡茶罐	直径8.3cm；高6.3cm	149,500	中国嘉德	2021-11-28
清道光 朱石楳刻三镶玉锡壶	高8.3 长16.2cm	66,700	西泠印社	2021-07-23
昭和时期(1926~1989)三世秦藏六造锡制张星荣之作意四入角茶壶	高4.8cm；宽4.9cm；高9.1cm	32,200	北京荣宝	2021-06-19
昭和时期(1926~1989)金工名家四世秦藏六造并刻 山水茅屋纹锡罐	高13cm；直径11cm	28,750	北京荣宝	2021-06-19
大正时期(1912~1926)"尚林堂"造刻山水人物纹古锡茶入	高11.2cm；直径8.2cm	23,000	北京荣宝	2021-06-19
清 锡刻花卉茶具(一套)	尺寸不一	18,400	十竹斋	2021-06-27
明治时期 大锡罐	高21cm；最宽处17.9cm	17,250	西泠印社	2021-07-23
紫 砂				
晚明 宜钧弥勒佛像	高10cm	43,700	北京大羿	2021-03-27
清 陈鸣远"鹤邨"款紫砂桃核形摆件	长10.5cm(连座)	184,000	中贸圣佳	2021-05-20
清 紫砂山子摆件	高4.9cm；长12.7cm	20,700	西泠印社	2021-07-23
徐秀棠制段泥铺砂供春塑像	长31.4cm；高27cm	345,000	中国嘉德	2021-11-28
当代 江建翔制紫泥灵芝摆件	高10.8cm；长10.3cm(含底座高)	25,300	西泠印社	2021-07-23
吴小榈 盛世风流——大型紫砂雕塑(三件套一组)		1,932,000	江苏汇中	2021-05-14
徐秀棠制始陶异僧像	高52cm；宽30cm	552,000	江苏观宇	2021-09-26
心经紫砂摆件	10cm×12.5cm	149,500	南京经典	2021-07-18

拍品名称	物品尺寸	成交价RMB	拍卖公司	拍卖日期
清中期 邵广远制紫砂壶	宽17cm	31,780	北京保利	2021-08-09
明天启/崇祯 承云从制乌泥魁方壶	高13cm；长15.6cm	1,265,000	西泠印社	2021-07-23
明末 紫泥魁方壶	15.5cm×14.2cm	2,415,000	中贸圣佳	2021-05-20
明末 时大彬莲花钵	长11cm；高7cm	2,242,500	中贸圣佳	2021-12-30
明末 陈用卿制莲子壶	13cm×18.8cm	1,552,500	中贸圣佳	2021-05-20
明末 紫玉金砂牛气冲天壶	宽17cm；高7cm	805,000	江苏观宇	2021-04-25
明末 郑荆玉 荆玉四方壶	7.7cm×11.3cm	575,000	中贸圣佳	2021-05-20
明末 无款紫泥海棠壶	宽15cm；高5.5cm	575,000	江苏观宇	2021-04-25
明末 宜钧窑天蓝釉壶承	3.2cm×16cm×16cm	46,000	西泠印社	2021-01-16
明 龚心钊旧藏陈仲美制凤首题眼紫砂壶	高10.3cm	2,990,000	华艺国际	2021-06-05
明 宜钧紫砂胎莲瓣纹玉壶春瓶	高15.5cm；长11.4cm	115,000	中贸圣佳	2021-05-20
明 紫泥龙蛋壶	9.5cm×13.2cm	103,500	西泠印社	2021-01-16
明治时期 金寿堂造款枣形铁壶及天兴号凉炉	18.6cm×13.3cm(壶)；24.5cm×13cm(凉炉)	48,300	西泠印社	2021-01-16
明 紫砂胎宜钧茶叶末釉六方壶	11.3cm×15.5cm	46,000	西泠印社	2021-01-16
明治十一年 清代金士恒作朱泥巨轮珠	高6.5cm；直径10cm	25,300	北京荣宝	2021-06-19
明末清初 李茂制用卿刻紫泥小执壶	宽13.5cm；高9.5cm	322,000	江苏观宇	2021-09-26
明末清初 万历庚戌年用卿款紫泥大具轮珠壶	宽27.5cm	55,200	中国嘉德	2021-05-18
清早期 陈砺成制紫泥印包壶	8cm×16cm	4,370,000	西泠印社	2021-01-16
清早期 拙宜园款觚棱壶	宽17.5cm；高10.5cm	690,000	江苏观宇	2021-09-26
清早期 陈若思制朱泥梨式壶	高5.8cm；长10.5cm	632,500	西泠印社	2021-07-23
清早期 "玉珍宝玩"款朱泥调砂圆壶	高5cm；长10.5cm	632,500	西泠印社	2021-07-23
清早期 无款紫泥四方坦然壶	宽16cm；高10.5cm	575,000	江苏观宇	2021-04-25
清早期 春水堂制朱砂具轮珠壶	宽12.7cm	552,000	中国嘉德	2021-11-28
清早期 惠逸公制林老先生清玩甲辰款朱泥思亭壶	宽10.6cm	471,500	中国嘉德	2021-11-28
清早期 孟臣段泥洒红浆梨式壶	长11cm；高5cm	460,000	中贸圣佳	2021-12-30
清早期 邵亨裕制竹钮汲直壶	宽11.4cm	437,000	中国嘉德	2021-11-28
清早期 冷金黄平盖圆壶	长13cm；宽8.5cm；高7.5cm	402,500	中贸圣佳	2021-12-30
清早期 邵圣和制旷揽斋款朱泥瓠瓜壶	6.6cm×8.5cm	402,500	西泠印社	2021-01-16
清早期 无款紫泥绶带狮钮宫灯壶	宽24cm；高14cm	402,500	江苏观宇	2021-04-25
清早期 伯芳制石林中人款紫泥印方壶	宽18cm；高12cm	402,500	江苏观宇	2021-09-26
清早期 陈伯芳制紫泥风卷葵壶	8.8cm×18.2cm	368,000	西泠印社	2021-01-16
清早期 段泥五彩泥绘六方三友壶	10.5cm×18.8cm	368,000	西泠印社	2021-01-16
清早期 子怡款朱泥阔底圆壶	宽11.7cm；容量120ml	345,000	北京保利	2021-06-07
清早期 陈鸣远倒把朱泥壶	宽11.5cm；容量270ml	333,500	北京保利	2021-06-07
清早期 邵亨裕制紫泥莲子壶	8.8cm×13.3cm	322,000	西泠印社	2021-01-16
清早期 邵柏原朱泥梨式壶	5.9cm×11cm	264,500	中贸圣佳	2021-05-20
清早期 陈鸣远款诗句朱砂宫灯壶	宽11cm	253,000	中国嘉德	2021-05-18
清早期 朱砂六方文旦壶	宽12.3cm	218,500	中国嘉德	2021-05-18
清早期 陈若思制朱泥高虚扁壶	6.2cm×13.9cm	218,500	西泠印社	2021-01-16
清初 玉珍斋朱泥梨式壶	5.5cm×10cm	207,000	中贸圣佳	2021-05-20
清早期 茂臣款朱泥扁圆壶	宽15cm；高7cm	207,000	江苏观宇	2021-04-25
清早期 惠逸公制紫泥扁圆壶	8.1cm×18.3cm	201,250	西泠印社	2021-01-16
清早期 许子俊铭朱泥方壶	宽11.5cm；容量130ml	201,250	北京保利	2021-06-07
清早期 朱砂广口文旦壶	宽12.6cm	195,500	中国嘉德	2021-11-28
清早期 大清丁酉年仲冬月逸公款朱砂扁灯壶	宽10.5cm	172,500	中国嘉德	2021-05-18
清早期 朱砂弯月把文旦壶	宽11cm	172,500	中国嘉德	2021-05-18
清早期 紫泥高菱花壶		172,500	上海嘉禾	2021-07-22
清早期 徐恒茂制铭诗句朱泥玉猪龙錾四方小宫灯壶	宽10.5cm	172,500	中国嘉德	2021-11-28
清早期 无款紫泥风卷葵壶	宽13.5cm；高6cm	172,500	江苏观宇	2021-09-26
清早期 翼斋柏原款朱泥高帽龙蛋壶	宽12cm；高10.5cm	172,500	江苏观宇	2021-09-26
清早期 继玩款朱泥平盖敦式壶	宽12cm	149,500	中国嘉德	2021-05-18
清早期 逸公铭诗文朱泥莲子壶	宽11.5cm；容量160ml	149,500	北京保利	2021-06-07
清早期 郑宁侯 一粒珠壶	8cm×13.1cm	138,000	中贸圣佳	2021-05-20
清早期 王在朝制紫泥如意汉方壶	宽17cm；高15cm	132,250	江苏观宇	2021-04-25
清早期 潘孟达制紫泥平盖莲子壶		126,500	上海嘉禾	2021-07-22
清早期 逸公诗句款朱砂君德壶	宽10.4cm	126,500	中国嘉德	2021-11-28
清早期 逸公款朱泥平盖莲子壶	7.1cm×10.7cm	115,000	西泠印社	2021-01-16
清早期 紫泥平盖炮嘴壶	宽18cm；高11.5cm	115,000	江苏观宇	2021-09-26
清初 紫砂平盖直流壶	18.4cm×9.6cm	109,250	北京诚轩	2021-05-18
清早期 玉珍斋朱泥梨式壶	6.3cm×11.7cm	103,500	中贸圣佳	2021-05-20
清早期 汉章款紫泥竹节壶	16.5cm×21.6cm	103,500	西泠印社	2021-01-16
清早期 "云满水光中"款朱泥平盖莲子壶	宽9.8cm；容量100ml	103,500	北京保利	2021-12-05
清早期 孟臣款朱泥梨式壶	高6cm；长11.5cm	86,250	西泠印社	2021-07-23
清早期 吴兴隆制朱泥君德壶	宽10.4cm	86,250	中国嘉德	2021-05-18
清早期 方曾叁制紫泥绘山水周盘壶	宽15.5cm	78,200	中国嘉德	2021-05-18
清早期 凌万兴制紫泥铺砂汉方壶	21cm×20cm	69,000	西泠印社	2021-01-16
清早期 逸公铭诗文朱泥直流壶	宽11cm；容量180ml	69,000	北京保利	2021-06-07
清早期 花月主人惠孟臣款朱泥龙旦壶	宽12.5cm	63,250	中国嘉德	2021-05-18
清早期 万宝款朱泥壶	宽13cm；容量210ml	63,250	北京保利	2021-06-07

拍品名称	物品尺寸	成交价RMB	拍卖公司	拍卖日期
清早期 玉岐款紫泥壶承(一对)	2.2cm×11.5cm×11.5cm×2	57,500	西泠印社	2021-01-16
清早期 华凤祥款蓝彩方壶		57,500	上海嘉禾	2021-07-22
清早期 无款紫泥铺砂椭圆壶	宽18cm；高10cm	55,200	江苏观宇	2021-09-26
清早期 萧绍明制铭诗句三足蟾钮紫泥椭圆壶	宽22.8cm	51,750	中国嘉德	2021-05-18
清早期 无款紫泥六方铺砂宫灯壶(带木盖)	宽19cm	48,300	江苏观宇	2021-04-25
清早期 允公款朱泥梨式壶	高6.2cm，长10.5cm	44,850	西泠印社	2021-07-23
清早期 仁寿堂制孟臣款朱泥平盖君德壶	宽11.5cm	43,700	中国嘉德	2021-05-18
清早期 哲如款朱泥半月壶	宽14cm；高8cm	43,700	江苏观宇	2021-09-26
清早期 朱泥贴花梨式壶	8cm×12.9cm	34,500	西泠印社	2021-01-16
清早期 无款紫泥狮钮贴花高灯壶	宽19cm；高13cm	34,500	江苏观宇	2021-04-25
清早期 伯俊款紫泥小龙蛋壶	宽11.5cm；高9cm	34,500	江苏观宇	2021-09-26
清早期 大彬款朱泥笠帽扁珠壶		29,900	上海嘉禾	2021-07-22
清初 金蟾竹节壶	21.5cm×14.5cm	23,000	中贸圣佳	2021-05-20
清早期 史继长款 五彩葫芦壶		23,000	上海嘉禾	2021-07-22
清早期 紫砂菊瓣壶	高13cm；通径16cm	23,000	西泠印社	2021-07-24
清早期 倒把文旦壶	宽12.9cm	21,859	中国嘉德	2021-10-12
清早期 鼠钮贴花朱泥执壶		20,700	上海嘉禾	2021-07-22
清康熙 陈鸣远制朱泥大南瓜壶	高28.2cm	8,510,000	中国嘉德	2021-11-28
清康熙 团泥彩色泥绘四方回纹提梁壶		575,000	上海嘉禾	2021-07-22
清康熙 朱泥贴花六方小壶	5.9cm×11cm	218,500	中贸圣佳	2021-05-20
清康熙 逸公款朱泥梨式壶	5.9cm×9.5cm	207,000	西泠印社	2021-01-16
清康熙 邵天其荆溪天其款外销朱泥小壶	9.7cm×13.5cm	149,500	中贸圣佳	2021-05-20
清康熙 惠逸公款执月壶		115,000	上海嘉禾	2021-07-22
清康熙 段泥贴花梅花童子壶		103,500	上海嘉禾	2021-07-22
清康熙 紫砂圆珠壶	12cm×7.4cm	86,250	北京诚轩	2021-05-18
清康熙 玲珑竹节壶	13.3cm×15cm	51,750	中贸圣佳	2021-05-20
清乾隆 黑泥绘四方尊	长23cm；高46cm	2,070,000	中贸圣佳	2021-12-30
清乾隆 竹炉山房御制诗桃花泥莲子壶	宽15.4cm	1,840,000	中国嘉德	2021-05-18
清乾隆 孟臣款朱泥笠帽圆壶	7.3cm×12.6cm	483,000	西泠印社	2021-01-16
清乾隆 许国瑞制朱泥四方壶	5.7cm×9.9cm	322,000	西泠印社	2021-01-16
清乾隆 朱泥君德壶	11cm×13.3cm	287,500	中贸圣佳	2021-05-20
清乾隆 荆溪史维高制紫泥桥钮束腰方壶	宽22cm；高13cm	287,500	江苏观宇	2021-09-26
清乾隆 孟臣款朱泥高升壶	高9.9cm；长12.5cm	218,500	西泠印社	2021-07-23
清乾隆 吴文九制朱泥调砂梨形壶	宽10.5cm；高6cm	212,750	江苏观宇	2021-09-26
清乾隆 邵宾"松风水月"款朱泥壶		207,000	上海嘉禾	2021-07-22
清乾隆 "肆筵设席"款朱泥圆壶	7.5cm×10.2cm	184,000	西泠印社	2021-01-16
清乾隆 陈砺成制朱泥大莲子壶		184,000	上海嘉禾	2021-07-22
清乾隆 元肃款诗句梨形朱泥壶	宽10.2cm；容量80ml	178,250	北京保利	2021-12-05
逸公 清乾隆朱泥壶	6.3cm×11cm	172,500	中贸圣佳	2021-05-20
清乾隆 汉珍款紫泥狮钮珐琅彩漆金大圆珠壶	宽29cm；高23cm	172,500	江苏观宇	2021-04-25
清乾隆 "顺时听天"款紫泥黑漆描金高宫灯壶	宽17cm；高13cm	172,500	江苏观宇	2021-04-25
清乾隆 无款朱泥六方高梨壶	宽9cm；高7.5cm	172,500	江苏观宇	2021-09-26
清乾隆 葛子厚铭诗文朱泥平盖直流壶	宽9.8cm；容量100ml	138,000	北京保利	2021-06-07
清乾隆 周发祥制朱泥莲子壶	宽12.5cm；容量190ml	126,500	北京保利	2021-06-07
清乾隆 荆溪华凤翔制紫泥满彩大汉方壶(附底座)	宽24cm；高26cm	115,000	江苏观宇	2021-04-25
清乾隆 无款紫泥螭龙扁灯壶	宽16cm；高5cm	115,000	江苏观宇	2021-04-25
清乾隆 菊轩"孟臣诗句"款朱泥半月壶		115,000	上海嘉禾	2021-07-22
清乾隆 无款紫泥合菱宫灯壶	宽18cm；高11cm	115,000	江苏观宇	2021-09-26
清乾隆 朱泥六方壶	6.7cm×11.7cm	103,500	西泠印社	2021-01-16
清乾隆 紫砂弦纹方壶	22.5cm×13.3cm	97,750	北京诚轩	2021-05-18
清乾隆 菊轩款朱泥诗句君德壶		94,300	上海嘉禾	2021-07-22
清乾隆 "珍义"款虚扁壶	6.8cm×12.4cm	92,000	中贸圣佳	2021-05-20
清乾隆 "肆筵设席"款朱泥小龙蛋壶	宽9.5cm；高7cm	92,000	江苏观宇	2021-04-25
清乾隆 朱泥君德壶	宽12.5cm；容量180ml	86,250	北京保利	2021-06-07
清乾隆 诗句写泥款朱泥文旦壶		86,250	上海嘉禾	2021-07-22
清乾隆 陆思亭制梨形壶	宽12cm；容量170ml	74,750	北京保利	2021-06-07
清乾隆 乾隆年制款朱泥壶	宽12.5cm；容量170ml	69,000	北京保利	2021-06-07
清乾隆 朱泥菊瓣壶	宽14cm	59,684	中国嘉德	2021-04-21
清乾隆 乾隆年制款朱泥莲子壶	7.3cm×15cm	55,200	西泠印社	2021-01-16
清乾隆 孙天元制紫泥粉彩宫灯壶	宽22cm；高15cm	55,200	江苏观宇	2021-04-25
清乾隆 纪年款朱泥扁灯壶		40,250	上海嘉禾	2021-07-22
清乾隆 方曾叁制紫泥宫灯壶	宽14.3cm；容量220ml	34,500	北京保利	2021-06-07
清乾隆 紫砂朱泥壶	高9.5cm	34,500	广东崇正	2021-07-19
清乾隆 大彬紫粉彩宫灯壶	宽18cm；高11cm	34,500	江苏观宇	2021-09-26
清乾隆 合盛铭诗文朱泥龙旦壶	宽13.3cm；容量330ml	32,200	北京保利	2021-06-07
清乾隆 鼎裕藏珍款朱泥扁珠壶		28,750	上海嘉禾	2021-07-22
清乾隆 大清乾隆年制莲子壶		25,300	上海嘉禾	2021-07-22
清乾隆 "逸品团香"朱泥铺砂巨轮珠壶	8.2cm×10.6cm	23,000	中贸圣佳	2021-05-20

2021杂项拍卖成交汇总（续表）

（成交价RMB：1万元以上）

拍品名称	物品尺寸	成交价RMB	拍卖公司	拍卖日期
清乾隆 朱泥松鼠葡萄纹小一粒珠壶	宽14cm; 容量290ml	23,000	北京保利	2021-06-07
清乾隆 仁寿堂款紫泥宫灯壶	宽18cm; 高12cm	20,700	江苏观宇	2021-09-26
清乾隆 荆溪邵元祥制满彩宫灯壶	宽34cm; 高23cm	17,250	江苏观宇	2021-04-25
清中期 瞿子冶拟南田笔意诗画汲直壶	12.3cm×13.9cm	4,025,000	西泠印社	2021-01-16
清中期 瞿子冶刻壶公冶父款紫泥石瓢壶	高6.5cm; 长14.5cm	3,680,000	西泠印社	2021-07-23
清中期 苏州潘氏旧藏陈曼生刻、杨彭年制阿曼陀室款半瓦当壶——附吴昌硕 潘遵祁题、胡祥绘、李锦鸿手拓《松窗煮茗》图全角拓手卷	壶高8cm; 长15cm	3,507,500	西泠印社	2021-07-23
清嘉庆 杨彭年 曼生合欢壶	长16.5cm; 高9.4cm	1,495,000	中贸圣佳	2021-12-30
清中期 瞿子冶铭梅花图石瓢壶	宽13.3cm; 容量220ml	1,472,000	北京保利	2021-06-07
清中期 胡小山制杨彭年刻段泥扁圆壶	高6.7cm; 长17cm	368,000	西泠印社	2021-07-23
清中期 潘志茂制紫泥描金五寿壶	宽16cm; 高10.5cm	345,000	江苏观宇	2021-04-25
清中期 杨彭年制少山周铜款紫泥石瓢壶	高8.5cm; 长15.3cm	207,000	西泠印社	2021-07-23
清中期 孟臣款朱泥梨形壶	宽11cm	172,500	中国嘉德	2021-05-18
清中期 毓臻款朱泥圆润壶	宽10cm; 高4cm	172,500	江苏观宇	2021-04-25
清中期 元州制孟臣诗句款紫泥君德壶	宽10cm	161,000	中国嘉德	2021-05-18
清中期 子厚制孟臣诗句款朱泥莲子壶	宽12cm	138,000	中国嘉德	2021-05-18
清中期 万泉制杨彭年造款紫泥桥钮钟形壶	11.7cm×17.3cm	132,250	西泠印社	2021-01-16
清中期 菊轩款朱泥壶	5.6cm×11.4cm	115,000	中贸圣佳	2021-05-20
清中期 孟臣自制款朱泥迷你小壶	高3.3cm; 长5.2cm	103,500	西泠印社	2021-07-23
清中期 邵友兰制紫泥剑流德钟壶	12.5cm×21.7cm	97,750	西泠印社	2021-01-16
清中期 孟臣款朱泥梨式壶	高6.4cm; 长11.5cm	97,750	西泠印社	2021-07-23
清中期 元洲 诗句款紫泥小鹅蛋壶		96,600	上海嘉禾	2021-07-22
清中期 谦六款梨皮高潘壶	宽10cm; 高7.5cm	92,000	江苏观宇	2021-09-26
清中期 无款乌泥三足梨形菊瓣软耳提梁壶	宽12cm; 高13cm	92,000	江苏观宇	2021-09-26
清中期 孟臣"月下甘泉"朱泥笠帽壶	宽13cm; 容量210ml	89,700	北京保利	2021-06-07
清中期 诗句款朱泥笠帽圆壶		80,500	上海嘉禾	2021-07-22
清中期 孟臣"雪满山中"朱泥壶	宽10.5cm; 容量100ml	74,750	北京保利	2021-06-07
清中期 惠孟臣款诗句朱泥君德壶	宽10.5cm	69,000	中国嘉德	2021-05-18
清中期 孟臣款朱泥秋水壶	宽11cm; 高9cm	69,000	江苏观宇	2021-04-25
清中期 杨彭年制云峰刻"抱琴无语立斜晖"锡包壶	高13.5cm	69,000	北京保利	2021-06-07
清中期 友兰秘制曼生铭花樽壶		69,000	上海嘉禾	2021-07-22
清中期 朱泥高潘壶	高7.5cm; 长9.9cm	66,700	西泠印社	2021-07-23
清中期 用林制孟臣款段泥杨桃壶	高8.4cm; 长8.8cm	66,700	西泠印社	2021-07-23
清中期 乾隆年制孟臣款朱泥莲子壶	宽12cm	63,250	中国嘉德	2021-05-18
清中期 士英款紫泥半月壶	宽13cm; 高6cm	63,250	江苏观宇	2021-04-25
清中期 龙印款水平壶、龙印款三足壶、逸公款高身圆壶（一组三件）	尺寸不一	63,250	西泠印社	2021-07-23
清中期 邵振来制紫泥印包壶	8.6cm×16cm	57,500	西泠印社	2021-01-16
清中期 壶痴款紫泥印包壶	宽18cm; 高9cm	57,500	江苏观宇	2021-04-25
清中期 逸公铭诗文朱泥高身壶	宽11cm; 容量190ml	57,500	北京保利	2021-06-07
清中期 孟臣铭诗文朱泥壶	宽9.5cm; 容量100ml	55,200	北京保利	2021-06-07
清中期 孟臣"花晨与月夕"款朱泥梨形壶		54,050	上海嘉禾	2021-07-22
清中期 孟臣紫泥梨形壶	6.9cm×11.6cm	51,750	中贸圣佳	2021-05-20
清中期 万泉制诗文砖方壶	宽16.5cm; 容量500ml	51,750	北京保利	2021-06-07
清中期 无款朱泥高梨壶	宽11.5cm; 高6cm	48,300	江苏观宇	2021-04-25
清中期 徐恒茂款朱泥仲芳式掇球壶	宽9.5cm; 高8cm	48,300	江苏观宇	2021-09-26
清中期 子冶刻百果壶		46,000	上海嘉禾	2021-07-22
清中期 惠孟臣款朱泥扁灯壶	4.3cm×10.6cm	40,250	西泠印社	2021-01-16
清中期 毓秀款紫泥蟾蜍钮竹节圆壶	宽23cm; 高14cm	36,800	江苏观宇	2021-09-26
清中期 陆思亭款朱泥思亭壶	宽10.5cm; 高7.5cm	36,800	江苏观宇	2021-09-26
清中期 吴衡禄制紫泥粉彩山水椭圆壶	宽25.7cm	34,500	中国嘉德	2021-05-18
清中期 孟臣款朱泥莲子壶	7.1cm×11cm	34,500	西泠印社	2021-01-16
清中期 孟臣款诗句朱泥梨形壶	宽11.5cm; 高6cm	34,500	江苏观宇	2021-04-25
清中期 孟臣写泥款朱泥梨形壶		34,500	上海嘉禾	2021-07-22
清中期 "董府翰林"款白泥绘紫泥汲直壶	高20cm; 长20.3cm	34,500	西泠印社	2021-07-23
清中期 "竞媚清香"款朱泥半月壶	宽11cm; 高6.5cm	34,500	江苏观宇	2021-09-26
清中期 申锡制曼公回方壶	宽19cm; 高9cm	34,500	江苏观宇	2021-09-26
清中期 清德堂制紫泥高灯壶	8.5cm×15.7cm	32,200	西泠印社	2021-01-16
清中期 陈荫千制紫泥绞竹提梁壶	21.5cm×20.8cm	32,200	西泠印社	2021-01-16
清中期 邵友兰制朱泥仿古壶	高7.5cm; 长13.6cm	32,200	西泠印社	2021-07-23
清中期 紫泥天地方圆小提梁壶	宽8.9cm	25,300	中国嘉德	2021-05-18
清中期 华凤翔制款加彩汉方壶	宽18.5cm	23,000	中国嘉德	2021-05-18
清中期 孟臣诗句款朱泥扁灯壶	宽10cm	23,000	中国嘉德	2021-05-18
清中期 逸公款诗句朱泥平盖圆壶	宽11cm; 高6cm	23,000	江苏观宇	2021-04-25
清中期 杨彭年制梅庭大兄雅玩博亭刻三镶锡包壶	高15.7cm	23,000	北京保利	2021-06-07
清中期 世德堂款宝诰壶		23,000	上海嘉禾	2021-07-22
清中期 孟臣款紫泥扁灯壶	高6.2cm; 长12.3cm	23,000	西泠印社	2021-07-23
清中期 邵茂林制紫泥粉彩宫灯壶	宽23cm; 高14cm	23,000	江苏观宇	2021-09-26
清中期 逸公写泥款朱泥剑流瓮形壶		20,700	上海嘉禾	2021-07-22
清中期 顺昌款菊瓣壶		20,700	上海嘉禾	2021-07-22
清中期 朱泥君德壶	高6.7cm; 长11.8cm	20,700	西泠印社	2021-07-23
清中期 朱泥折腰壶	宽15.3cm	19,872	中国嘉德	2021-10-12
清中期 友兰秘制二泉铭诗句紫泥汲直壶	宽14.8cm	17,250	中国嘉德	2021-05-18
清中期 紫砂东坡式提梁壶	高15.3cm	17,250	中贸圣佳	2021-12-29
清中期 画溪书屋款诗文三镶玉锡包壶	高15.5cm	17,250	北京保利	2021-06-07
清道光 吉安朱泥子冶石瓢	长14.5cm; 高7.3cm	1,840,000	中贸圣佳	2021-12-30
清道光申锡制"茶熟香温"款段泥方壶		782,000	上海嘉禾	2021-07-22
清道光 何心舟制玉成窑紫砂壶	高9.3cm; 长15.5cm	575,000	华艺国际	2021-12-11
清道光 史宝丰制邓符生刻世德堂款白泥四方合斗壶	6.4cm×14cm	483,000	西泠印社	2021-01-16
清道光 朱石楳制并刻段泥坡笠壶	9.1cm×13.2cm	402,500	西泠印社	2021-01-16
清道光 邵大亨制紫泥仿古壶	高9.7cm; 长17.5cm	253,000	西泠印社	2021-07-23
清道光 顺水子冶铭砖文四方壶	高3.1 长14.3cm	172,500	中贸圣佳	2021-05-20
清道光 孟臣写泥款紫泥梨形壶		20,700	上海嘉禾	2021-07-22
清光绪 金士恒制并刻紫泥延年壶（一对）	高3.5cm×2; 长8.7cm×2	333,500	西泠印社	2021-07-23
清光绪 金士恒制并刻巨轮珠壶	5.7cm×8.8cm	55,200	西泠印社	2021-01-16
清光绪 蒋裕泰制二泉刻紫泥德钟壶	9.3cm×16.5cm	55,200	西泠印社	2021-01-16
清晚期 窸斋款俞国良制南林刻段泥大传炉壶	宽23.3cm; 容量1400ml	368,000	北京保利	2021-12-05
清晚期 胡公寿铭玉成窑茄段壶	宽16.5cm; 容量500ml	287,500	北京保利	2021-12-05
清晚期 黄玉麟制紫泥圣桃壶	宽17cm; 高10cm	230,000	江苏观宇	2021-09-26
清晚期 黄玉麟制段泥台笠壶	宽17.8cm	195,500	中国嘉德	2021-11-28
清晚期 金士恒制紫泥五铢壶	宽8.5cm; 高4.5cm	143,750	江苏观宇	2021-04-25
清末民初 江案卿款黑泥供春壶		97,750	上海嘉禾	2021-07-22
清晚期 端方订制朱泥调砂平盖壶	4cm×8.3cm	86,250	西泠印社	2021-01-16
清晚期 芝亭款段泥扁圆壶	宽17cm; 高5cm	69,000	江苏观宇	2021-04-25
清晚期 邵友廷制少山刻紫泥德钟壶	高9.5cm; 长19cm	64,400	西泠印社	2021-07-23
清晚期 范静安制北岩刻紫泥碗灯壶	高10.9cm; 长17.8cm	63,250	西泠印社	2021-07-23
清晚期 安吉款朱泥小方壶	宽12cm; 高5.5cm	57,500	江苏观宇	2021-09-26
清晚期 范静安制东溪刻扁石壶	宽16.7cm	51,750	中国嘉德	2021-05-18
清晚期 "范庄农家"款东溪刻段泥石瓢壶	宽16cm; 高7cm	42,550	江苏观宇	2021-04-25
清晚期 "乐陶陶室"款 石铫壶		40,250	上海嘉禾	2021-07-22
清晚期 "锦堂发记"款朱泥竹节壶	宽18cm; 高9cm	40,250	江苏观宇	2021-09-26
清晚期 石溪制南林监制款段泥柱础壶	宽16cm; 高7cm	36,800	江苏观宇	2021-04-25
清晚期 南林监制款段泥柱础壶	宽16.5cm; 高7.5cm	36,800	江苏观宇	2021-09-26
清晚期 惠孟臣款朱泥广彩水平壶	宽12.5cm; 高6.5cm	35,650	江苏观宇	2021-09-26
清晚期 友谷制紫泥太湖石三叉提壶	宽11.6cm	34,500	中国嘉德	2021-05-18
清晚期 杨彭年制白泥梅桩壶	宽18cm	34,500	中国嘉德	2021-05-18
清晚期 君德款朱泥君德壶	宽12cm; 高6cm	34,500	江苏观宇	2021-04-25
清晚期 挺贞制紫泥井栏壶	宽16cm; 高7cm	34,500	江苏观宇	2021-04-25
清晚期 福记孟臣款朱泥梨式壶	高6.6cm; 长10.7cm	34,500	西泠印社	2021-07-23
清晚期 柏亭制紫泥矮茄瓜壶	宽18cm; 高9cm	32,200	江苏观宇	2021-04-25
清晚期 江案卿制紫砂狮球壶	宽18cm; 容量420ml	28,750	北京保利	2021-06-07
清晚期 昌记朱泥君德壶		28,750	上海嘉禾	2021-07-22
清晚期 昌记款朱泥思亭壶	宽10cm; 高7.5cm	28,750	江苏观宇	2021-09-26
清晚期 孟臣制款紫泥梨形壶（原共箱）（一对）	宽12cm×2; 高6cm×2	25,300	江苏观宇	2021-04-25
清晚期 贡局款朱泥水平壶、孟臣款紫泥矮梨壶及孟臣款紫泥磨光梨式壶（一组三件）	6.3cm×11.7cm; 7cm×10cm; 5.7cm×9.5cm	25,300	西泠印社	2021-01-16
清晚期 陈记款紫泥波浪壶	高7cm; 长18.2cm	25,300	西泠印社	2021-07-23
清晚期 高阳贡局款朱泥水平壶（一对）	宽13cm×2; 高6.5cm×2	23,000	江苏观宇	2021-09-26
清晚期 荣卿制紫泥合梅壶	宽11.6cm	23,000	中国嘉德	2021-05-18
清晚期 为盛款紫泥粉浆鱼化龙壶	高11cm; 长19.5cm	23,000	西泠印社	2021-07-23
清晚期 贡局款段泥竹节水平壶	宽11.5cm; 高8cm	23,000	江苏观宇	2021-09-26
清晚期 荆溪惠孟臣制款朱泥龙蛋壶	宽13cm; 高11cm	23,000	江苏观宇	2021-09-26
清晚期 诗句款朱泥思亭壶	宽9cm; 高7cm	21,850	江苏观宇	2021-04-25
清晚期 诗句选公款朱泥水平壶（一对）		20,700	江苏观宇	2021-04-25
清晚期 三足水平壶（一对）	尺寸不一	20,700	江苏观宇	2021-09-26
清晚期 阿曼陀室款曼生刻款紫泥套环钮葫芦壶	10cm×14.7cm	20,700	西泠印社	2021-01-16
清晚期 贡局款朱泥扁灯壶	宽11cm; 高5.5cm	20,700	江苏观宇	2021-04-25
清晚期 紫泥小汉瓦壶	宽11cm; 高4.5cm	20,700	江苏观宇	2021-09-26
清晚期 柏亭款紫泥合欢壶	宽14cm; 高6.5cm	20,700	江苏观宇	2021-09-26
清晚期 大茂款韩太刻福寿碗灯壶	宽18cm; 高8cm	18,400	江苏观宇	2021-04-25
清晚期 "昌记""义和"款磨光束腰孟臣壶		18,400	上海嘉禾	2021-07-22
清晚期 "万丰顺记"款畊云刻诗文朱泥周盘壶	宽16.7cm; 容量380ml	17,250	北京保利	2021-06-07
清末民初 朱泥狮球壶		17,250	上海嘉禾	2021-07-22
清 虚斋名陶录收录首件藏品	11cm×18cm	3,105,000	中贸圣佳	2021-05-20

2021杂项拍卖成交汇总(续表)

(成交价RMB：1万元以上)

拍品名称	物品尺寸	成交价RMB	拍卖公司	拍卖日期
清末 玉成窑唐云旧藏何心舟制东坡石铫壶	高16.5cm	2,357,500	中贸圣佳	2021-07-07
清 陈鸣远紫砂仿盉传炉壶	高12.3cm; 长12cm; 宽8.7cm	2,185,000	上海明轩	2021-12-30
清 蔼园壶(唐云旧藏)	长17cm; 高7.5cm	1,552,500	中贸圣佳	2021-12-30
清 蒋时英 方壶	7.9cm×12.3cm	644,000	中贸圣佳	2021-05-20
清中晚期 王东石玉成窑方砖壶	高6.2cm	517,500	中国嘉德	2021-11-30
晚清 王东石制玉成窑“大吉”壶	高14.9cm	414,000	佳士得	2021-05-28
清 许伯俊 四方潘壶	5cm×8.5cm	356,500	中贸圣佳	2021-05-20
清中晚期 阿曼陀室款曼生刻朱泥方础壶	宽10.5cm; 高5cm	345,000	江苏观宇	2021-04-25
清 子冶、杨彭年款紫砂丛竹诗文壶	高8.5cm; 通径18.9cm	253,000	西泠印社	2021-01-16
清雍正/乾隆 逸公款朱泥扁圆壶	5.5cm×11.5cm	218,500	西泠印社	2021-01-16
清中晚期 阿曼陀室款春江鉴赏子冶石瓢壶	宽15cm; 高8cm	172,500	江苏观宇	2021-04-25
清末 窓斋、芝亭款碗灯壶	10.6cm×16.2cm	161,000	中贸圣佳	2021-05-20
清 时大彬 “玉珍之玩” 款朱泥小壶	6.3cm×11.8cm	161,000	中贸圣佳	2021-05-20
清末 玉成窑玉露壶	6.1cm×10.8cm	138,000	中贸圣佳	2021-05-20
清 沈秉成藏杨彭年制紫砂太湖钮提梁壶	高12cm; 通径11.5cm	138,000	西泠印社	2021-07-24
清中晚期 杨彭年制段泥石瓢壶	宽15cm; 高7.5cm	138,000	江苏观宇	2021-09-26
清末 陶斋小茄段壶	8.6cm×10.6cm	115,000	中贸圣佳	2021-05-20
清 紫砂秋水壶	高12.5cm; 通径18cm	112,700	西泠印社	2021-01-16
清末 俞国良窓斋、国良款洋桶壶	14cm×16cm	103,500	中贸圣佳	2021-05-20
清 孟臣款朱泥矮梨壶及诗文朱泥矮梨壶 (一组两件)	5.2cm×9cm; 5.7cm×10.2cm	92,000	西泠印社	2021-01-16
清 “玉瓒黄流” 款朱泥平盖莲子壶	宽9.8cm	69,000	中国嘉德	2021-05-18
清中晚期 寿松堂制紫泥乐莨壶	宽11.5cm; 高13cm	69,000	江苏观宇	2021-09-26
清 三镶玉刻诗文包锡紫砂壶	高10.5cm	63,250	古天一	2021-06-07
清 小桂花砂紫砂壶 (一对)	容量 90ml×2	55,638	保利香港	2021-04-24
清 百果贴花壶	12cm×16.5cm	51,750	中贸圣佳	2021-05-20
清中晚期 万泉制段泥三叉提梁壶	宽14cm; 高17cm	51,750	江苏观宇	2021-09-26
清 储秀宫款浮雕天王像朱泥壶	长16.3cm; 高12.5cm	46,000	中贸圣佳	2021-03-26
清 孟臣诗句款紫泥潘壶	宽12.3cm	36,800	中国嘉德	2021-05-18
清中晚期 孟臣诗句款朱泥梨形壶	宽11cm; 高6.5cm	36,800	江苏观宇	2021-04-25
清 邵友廷制紫砂贴塑提梁壶	长13cm; 高8.8cm	36,800	广东崇正	2021-07-19
清 “孟臣” 款段泥梨式壶	6.9cm×11.8cm	34,500	中贸圣佳	2021-05-20
清 孟臣款朱泥平盖壶及留佩款朱泥高宫灯壶 (一组两件)	3.9cm×8.2cm; 7cm×10.3cm	34,500	西泠印社	2021-01-16
清中晚期 诗句逸公款朱泥果园壶	宽11.5cm; 高6cm	34,500	江苏观宇	2021-09-26
清 紫砂三镶玉锡包桥形壶	宽16cm; 高9.3cm	34,050	浙江佳宝	2021-01-10
清 孟臣款朱泥壶 (一组三件)	4.8cm×9.2cm; 4.8cm×9.7cm; 8.3cm×14.5cm	32,200	西泠印社	2021-01-16
清 朱泥束竹壶	宽14cm; 容量220ml	32,200	北京保利	2021-06-07
清 逸公款朱泥君德壶 (一对)	6cm×12.2cm; 6cm×12.1cm	28,750	西泠印社	2021-01-16
清 惠孟臣款朱泥梨式壶、瑞丰藏珍款朱泥梨式壶、陈曾元制潮汕壶 (一组三件)	5.3cm×9.9cm; 5.7cm×10.5cm; 5.5cm×10.7cm	28,750	西泠印社	2021-01-16
清 贡局款朱泥圆壶	7.5cm×12.8cm	28,750	西泠印社	2021-01-16
清 孟臣款朱泥壶、康熙青花杯等茶道具 (一组七件)	尺寸不一	28,750	北京保利	2021-06-07
清 曼生款诗文飞鸿延年井栏壶	宽15.5cm; 容量370ml	28,750	北京保利	2021-06-07
清中晚期 孟臣款朱泥高宫灯壶	宽10cm; 高7cm	25,300	江苏观宇	2021-04-25
清 逸公款朱泥笠帽壶	宽11.2cm; 容量150ml	25,300	北京保利	2021-06-07
清 孟臣款诗文朱泥壶	宽10.5cm; 容量110ml	25,300	北京保利	2021-06-07
清 畊云作 “佛手瓜” 诗文壶	宽17cm; 容量480ml	25,300	北京保利	2021-06-07
清 飞鸿延年款井栏壶		25,300	上海嘉禾	2021-07-22
清 巨轮珠壶 (一对)	容量 90ml×2	24,278	保利香港	2021-04-24
清 龙印款段泥掇球壶	宽13.5cm; 容量260ml	23,000	北京保利	2021-06-07
清 符悟生作万丰顺记款紫泥汉扁壶	宽21.2cm; 容量650ml	23,000	北京保利	2021-06-07
清中晚期 孟臣诗句款朱泥高灯壶	宽12.5cm; 高6cm	23,000	江苏观宇	2021-09-26
清 紫砂壶 (两把)	高10.1cm; 高6.8cm	20,700	中贸圣佳	2021-09-26
清及大正时期 竹影堂荣真造雾散纹银壶及沈存周刻款尚玩堂锡罐	6.8cm×8.5cm(罐); 12.2cm×10.6cm(壶)	20,700	西泠印社	2021-01-16
清 鼎裕监制款、孟臣款、义和款朱泥君德壶 (一组三件)	5.1cm×11cm; 6.3cm×11.8cm; 5.7cm×8.5cm	20,700	西泠印社	2021-01-16
清 杨彭年制款王蓉刻款镶玉六方锡包壶	9.2cm×18cm	20,700	西泠印社	2021-01-16
清 海狮球紫砂大壶	宽21cm; 高11cm	20,700	江苏汇中	2021-05-14
清 陈用卿款吉安制朱泥扁壶	宽14cm; 容量140ml	20,700	北京保利	2021-06-07
清 宜钧釉随形山子、万宝款宜钧巨轮珠壶 (共两件)	每件长15.6cm、宽11.3cm、容量160ml	20,700	北京保利	2021-06-07
清中晚期 孟臣款朱泥梨形壶	宽10.5cm; 高6cm	18,400	江苏观宇	2021-09-26
清或更晚 大亨款紫泥德钟壶	10.2cm×18.6cm	17,250	西泠印社	2021-01-16
清中晚期 孟臣诗句款朱泥扁灯壶	宽11cm; 高4.5cm	17,250	江苏观宇	2021-04-25
清 “肆筵设席” 款朱泥壶	宽11.8cm; 容量150ml	17,250	北京保利	2021-06-07
清 白泥绘山水紫泥小壶	宽8.7cm; 容量50ml	17,250	北京保利	2021-06-07
清 紫泥平盖壶、德化杯、锡包紫檀六方形茶叶罐等 (一组四件)	尺寸不一	17,250	北京保利	2021-06-07
清 杨彭年造款友竹刻汲直壶	宽14.5cm; 容量390ml	17,250	北京保利	2021-06-07
清 紫砂包锡三镶风竹诗文茶壶	宽16.5cm	17,250	永乐拍卖	2021-09-26
民国 王寅春海棠壶	8.2cm×16cm	356,500	中贸圣佳	2021-05-20
民国 朱可心 线圆壶	8.4cm×19cm	287,500	中贸圣佳	2021-05-20
清末民国 俞国良制琢如刻锡山俞制款段泥传炉壶	10.8cm×19.5cm	287,500	西泠印社	2021-01-16
清至民国 冯桂林制金鼎商标款紫泥葵仿古壶一件及小壶两件	8.8cm×18.5cm; 6.3cm×13.5cm; 3.8cm×8.5cm	161,000	西泠印社	2021-01-16
民国 汪宝根款 紫泥鱼化龙壶		97,750	上海嘉禾	2021-07-22
清末民国 陈光明制紫泥提梁壶	高16cm; 长17.3cm	89,700	西泠印社	2021-07-23
民国 裴石民款黑泥扁柿壶		86,250	上海嘉禾	2021-07-22
民国 吴云根制紫泥传炉壶	宽19cm; 高11cm	69,000	江苏观宇	2021-09-26
民国 邵陆大制任淦庭刻朱泥海棠壶	7.3cm×17cm	63,250	西泠印社	2021-01-16
民国 冯桂林制吴汉文刻金鼎商标款紫泥柿圆壶	9.8cm×20.3cm	55,200	西泠印社	2021-01-16
民国 王寅春制紫泥牛盖洋桶壶	高13.3cm; 长15.3cm	51,750	西泠印社	2021-07-23
民国 程(陈)寿珍制紫泥捂灰仿古壶	宽19cm; 高9cm	48,300	江苏观宇	2021-04-25
民国 王寅春制紫泥五线弦纹壶	7cm×16.5cm	46,000	西泠印社	2021-01-16
民国 程(陈)寿珍制段泥石瓢壶	宽17.5cm; 高8cm	46,000	江苏观宇	2021-04-25
民国 储铭制自怡轩款紫泥线圆壶	7.3cm×19.3cm	43,700	西泠印社	2021-01-16
民国 吴云根制紫泥双线莲子壶	宽17.5cm; 高9cm	43,700	江苏观宇	2021-04-25
民国 程(陈)寿珍制艺古斋款紫泥圆瓢壶	宽16cm; 高8cm	43,700	江苏观宇	2021-04-25
民国 石溪款段泥提梁石瓢壶	宽13cm; 高13cm	43,700	江苏观宇	2021-04-25
清末民国 范静安制陈少云刻 “范庄农家” 款紫泥汉君壶	6.8cm×17.5cm	40,250	西泠印社	2021-01-16
清至民国 紫泥梅桩壶、泰昌裕记款诗文壶、南瓜壶、宣叔成制戴玉屏刻字竹纹洋桶壶 (共四把)	尺寸不一	40,250	北京保利	2021-06-07
清末民国 为盛款紫泥鱼化龙壶	10.5cm×19cm	36,800	西泠印社	2021-01-16
清末民国 范静安制南林刻段泥汉君壶	高7.2cm; 长17.3cm	36,800	西泠印社	2021-07-23
清末民国 范章恩制朱泥汉君壶	高7.5cm; 长17.5cm	35,650	西泠印社	2021-07-23
民国 吴云根制紫泥鱼化龙壶	宽20cm; 高11cm	34,500	江苏观宇	2021-04-25
民国 范大生制紫砂乳鼎壶	宽18.8cm; 容量620ml	34,500	北京保利	2021-06-07
民国 何镛冶梅款岩如刻紫泥瓜棱壶	14.5cm×16.7cm	32,200	西泠印社	2021-01-16
清末民国 范大生制紫泥雪桃壶	12cm×17.3cm	32,200	西泠印社	2021-01-16
民国 自怡轩柏亭款东溪刻竹鼓壶		32,200	上海嘉禾	2021-07-22
民国 蒋裕泰制段泥狮球壶	宽21cm; 高12cm	32,200	江苏观宇	2021-09-26
民国 石溪制漱臣刻段泥光明提梁壶	宽18cm; 高16cm	28,750	江苏观宇	2021-04-25
民国 段泥石瓢壶及杯盘套组	尺寸不一	28,750	西泠印社	2021-07-23
民国 王寅春制朱泥圆珠壶	宽12cm; 高6.5cm	28,750	江苏观宇	2021-09-26
民国 卷翁款松鼠葡萄壶		26,450	上海嘉禾	2021-07-22
民国 程(陈)寿珍制紫泥仿古壶	10.3cm×20.1cm	25,300	西泠印社	2021-01-16
民国 岩如制莲生刻段泥觚棱提梁壶	高16.5cm; 容量720ml	25,300	北京保利	2021-06-07
清末民国 范大生制紫泥松竹梅圆壶	9.8cm×18.2cm	23,000	西泠印社	2021-01-16
民国 支泉款紫泥太湖石提梁壶	宽13cm; 高14cm	23,000	江苏观宇	2021-04-25
民国 范静安款紫砂桃钮壶		23,000	上海嘉禾	2021-07-22
民国 沈孝陆制、任淦庭及范泽林刻紫泥狮球壶	高9.5cm; 长17.9cm	23,000	西泠印社	2021-07-23
民国 陈汉西制泉石刻紫泥东坡提梁壶	高19.6cm; 长19.3cm	23,000	西泠印社	2021-07-23
民国 安吉制紫泥砖方壶及陈鼎和制紫泥杯、顾德根制紫泥托盘	尺寸不一	23,000	西泠印社	2021-07-23
民国 谈伯章制段泥矮八方壶	宽16cm; 高8.5cm	23,000	江苏观宇	2021-09-26
民国 朱泥宫灯壶	9.5cm×5.8cm	20,700	北京诚轩	2021-05-18
民国 范锦甫制跂陶刻紫泥翻盖柿子壶	11cm×23.6cm	20,700	西泠印社	2021-01-16
民国 沈孝陆制跂陶刻诗文狮钮壶、陈柏亭制自怡轩款壶 (共两把)	宽13.5cm, 容量440ml; 宽16.5cm, 容量400ml	20,700	北京保利	2021-06-07
民国 邵陆大制 “宝鼎为记” 款线圆壶	高7.5cm; 长19.5cm	20,700	西泠印社	2021-07-23
民国 王熙臣制、德昌及石泉刻紫泥圆壶	高9cm; 长17.5cm	20,700	西泠印社	2021-07-23
民国 吴德盛制朱泥调砂巨轮珠壶一对及茶则一件	6cm×10cm×2(壶); 4.8cm×17.3cm(茶则)	17,250	西泠印社	2021-01-16
民国 程(陈)寿珍制诸葛勋刻段泥牛盖莲子壶	高6cm; 长14cm	17,250	广东崇正	2021-01-07
民国 陈(程)盘根制紫泥仿古壶	宽18cm; 高9cm	17,250	江苏观宇	2021-04-25
民国 江案卿制紫泥狮球壶	宽18cm; 高9cm	17,250	江苏观宇	2021-04-25
民国 “阳羡蒋记” 款段泥柿圆壶	宽17cm; 高10cm	17,250	江苏观宇	2021-04-25
民国 柏林款段泥塔竹壶	宽20.5cm; 高13.5cm	17,250	江苏观宇	2021-09-26
民国 盘魁制段泥翻盖柿子壶	宽23cm; 高12cm	17,250	江苏观宇	2021-09-26
顾景舟 双圈壶		9,200,000	十竹斋	2021-06-27
顾景舟紫砂四方侧角壶	宽17.5cm	7,245,000	保利厦门	2021-11-05
顾景舟 僧帽壶	长12.5cm; 高8.5cm	6,670,000	北京翰海	2021-12-17
顾景舟制三足乳钉壶		3,737,500	江苏观宇	2021-04-25

2021杂项拍卖成交汇总(续表)

(成交价RMB：1万元以上)

拍品名称	物品尺寸	成交价RMB	拍卖公司	拍卖日期
顾景舟 掇球壶	长17.5cm; 宽10.9cm; 高12cm	3,450,000	上海明轩	2021-12-30
何道洪 六瓣梅壶		1,667,500	十竹斋	2021-06-27
顾景舟 洋桶	长17cm; 高14.5cm	920,000	北京翰海	2021-12-17
顾景舟 小虚扁壶	7.5cm×14.6cm	3,680,000	中贸圣佳	2021-05-20
吕俊杰制汉韵华章壶九头	壶宽17.5cm; 杯直径7.2cm; 托直径11cm	2,300,000	中国嘉德	2021-05-18
吕俊杰制开拓壶	宽23.2cm	2,070,000	中国嘉德	2021-05-18
吕俊杰制卧虎藏龙壶	宽11.6cm	1,725,000	中国嘉德	2021-05-18
何道洪 四季如意壶	8.7cm×14.4cm	1,265,000	中贸圣佳	2021-05-20
何道洪 玉扁壶	7.3cm×13.4cm	713,000	中贸圣佳	2021-05-20
周洪彬制紫泥大蕴合欢壶	7.7cm×13.7cm	701,500	西泠印社	2021-01-16
顾绍培制沈汉生书画高风亮节壶	高17.7cm	690,000	中国嘉德	2021-05-18
吕俊杰制生生不息壶		632,500	上海嘉禾	2021-07-22
高振宇制金篮壶	宽15.3cm	575,000	中国嘉德	2021-11-28
汪寅仙制1990年署款鸣远弯把梅桩壶	宽18.5cm	575,000	中国嘉德	2021-11-28
季益顺制紫泥“一团和气”壶	高15.3cm; 长13.8cm	517,500	西泠印社	2021-07-23
唐彬杰制紫泥禅缘壶	高5.3cm; 长13.3cm	494,500	西泠印社	2021-07-23
高振宇制惠然壶	宽15.1cm	437,000	中国嘉德	2021-05-18
蒋蓉制石榴树蛙壶	宽14cm; 容量280ml	437,000	北京保利	2021-06-07
汪寅仙 松桩壶	10.5cm×15.2cm	437,000	中贸圣佳	2021-05-20
鲍峰岩制杨氏竹段壶		402,500	上海嘉禾	2021-07-22
当代 季益顺制谭泉海刻紫泥大龙蛋壶	17.5cm×22cm	368,000	西泠印社	2021-01-16
当代 顾绍培制虎卧凤阁壶	宽17.4cm; 容量420ml	368,000	北京保利	2021-06-07
当代 范泽锋制“ 禅墩·唯梦”壶	8.5cm×15.8cm	345,000	西泠印社	2021-01-16
当代 江建翔、吕尧臣合作茄段壶	宽17cm; 容量650ml	345,000	北京保利	2021-06-07
顾绍培制“高风亮节”竹节壶	高18cm; 容量450ml	322,000	北京保利	2021-12-05
当代 顾绍培制供春壶	宽29cm; 容量2100ml	322,000	北京保利	2021-06-07
当代 范泽锋“禅墩·拂煦”壶	7.2cm×15cm	287,500	中贸圣佳	2021-05-20
当代 汪寅仙 天鸡壶	高8.3cm	264,500	中贸圣佳	2021-05-20
吕尧臣制天赐壶	宽15.8cm	253,000	中国嘉德	2021-11-28
当代 周桂珍制第四届陶艺节邮发行纪念款大彬如意壶	宽17.3cm	230,000	中国嘉德	2021-05-18
当代 周桂珍制小僧帽壶	宽13.8cm	230,000	中国嘉德	2021-05-18
当代 陈国良制梅桩壶	宽16.3cm; 容量400ml	230,000	北京保利	2021-12-05
当代 高振宇制如意玉镡壶		207,000	上海嘉禾	2021-07-22
当代 顾绍培制天龙戏水壶	宽14.5cm; 容量180ml	195,500	北京保利	2021-06-07
当代 孔小明制金钱豹韵壶		195,500	上海嘉禾	2021-07-22
当代 冯桂林葵仿古壶	8.8cm×18.5cm	184,000	中贸圣佳	2021-05-20
当代 范泽军制龙凤壶	宽18.8cm	184,000	中国嘉德	2021-05-18
当代 周桂珍长四方壶	8.6cm×17cm	184,000	中贸圣佳	2021-05-20
当代 孔小明制亭台楼阁壶	宽15.1cm	184,000	中国嘉德	2021-05-18
当代 蒋蓉制蛤蟆柏树桩壶	宽16.8cm	184,000	中国嘉德	2021-11-28
当代 尹旭峰制封侯壶	10.7cm×15cm	172,500	西泠印社	2021-01-16
当代 徐汉棠制小掇只壶	宽13.5cm; 容量250ml	172,500	北京保利	2021-06-07
当代 吕俊杰制金丝铁线壶		172,500	上海嘉禾	2021-07-22
当代 芦昕健制朱泥乾坤壶	高5.8cm; 长11.5cm	172,500	西泠印社	2021-07-23
当代 储集泉制四君子壶	尺寸不一	166,750	北京保利	2021-06-07
当代 高振宇大亨肩线壶	9cm×15.2cm	161,000	中贸圣佳	2021-05-20
当代 施小马制大彬菱花壶	宽16cm	161,000	中国嘉德	2021-11-28
当代 顾绍培制铭刻大福君壶	宽18.7cm	161,000	中国嘉德	2021-11-28
当代 顾绍培制牛盖合璧壶	宽18cm	161,000	中国嘉德	2021-11-28
当代 顾绍培制谭泉海刻华颖壶	宽15.5cm; 容量370ml	161,000	北京保利	2021-06-07
当代 周桂珍制掇球壶	宽14.5cm; 容量340ml	161,000	北京保利	2021-06-07
当代 李寒勇制段泥镜瓦壶	高6.8cm; 长14.1cm	161,000	西泠印社	2021-07-23
当代 周桂珍制谭泉海书画德玉壶	宽17.2cm	149,500	中国嘉德	2021-05-18
当代 蒋蓉制佛手瓜壶		149,500	上海嘉禾	2021-07-22
当代 顾绍培三足意泉(毛国强刻)	8.9cm×13.2cm	138,000	中贸圣佳	2021-05-20
当代 顾绍培制供春壶	宽16.3cm	138,000	中国嘉德	2021-05-18
当代 周桂珍制海珍壶	宽13.1cm	138,000	中国嘉德	2021-11-28
当代 葛军制紫泥天歌壶	宽15.6cm	138,000	中国嘉德	2021-11-28
当代 蒋蓉制青蛙荷叶壶套组	尺寸不一	138,000	西泠印社	2021-01-16
当代 江建翔制吴寒越刻神童壶	宽16.5cm; 容量730ml	138,000	北京保利	2021-06-07
当代 顾绍培制天龙鼎珠壶	宽15cm; 容量360ml	138,000	北京保利	2021-06-07
当代 季益顺制月下祝福壶	宽14cm; 容量370ml	138,000	北京保利	2021-06-07
当代 吕尧臣制小桥流水壶		138,000	上海嘉禾	2021-07-22
当代 高振宇制巨轮珠壶		138,000	上海嘉禾	2021-07-22
当代 潘持平制紫泥芳菲壶		138,000	上海嘉禾	2021-07-22
当代 周桂珍制桥钮小元壶		138,000	上海嘉禾	2021-07-22
当代 王寅春制紫泥汉君壶	高8.8cm; 长19.8cm	138,000	西泠印社	2021-07-23
当代 周桂珍制“寒碧人作”款线圆壶	宽17cm	126,500	中国嘉德	2021-05-18
当代 周桂珍调砂四季如意壶	长17cm; 高9.5cm	126,500	中贸圣佳	2021-07-07
当代 徐秀棠制绿泥天威壶	宽14.4cm	126,500	中国嘉德	2021-11-28
当代 吕尧臣印款青灰砂冠军壶	宽15cm	126,500	中国嘉德	2021-11-28
当代 顾绍培制紫泥供春壶	11cm×17.5cm	126,500	西泠印社	2021-01-16
当代 徐秀棠制三足凤首壶	宽15cm; 容量380ml	126,500	北京保利	2021-06-07
当代 季益顺为丁俊晖特制、毛国强刻“一杆到底”紫泥圆壶	高9.3cm; 长14.7cm	126,500	西泠印社	2021-07-23
当代 周桂珍制紫潘壶	宽14.7cm	115,000	中国嘉德	2021-05-18
当代 施小马制方韵壶	宽14.4cm	115,000	中国嘉德	2021-05-18

拍品名称	物品尺寸	成交价RMB	拍卖公司	拍卖日期
当代 徐汉棠制供春壶	宽15.3cm	115,000	中国嘉德	2021-11-28
当代 高旭峰制六角宫灯壶	宽13.5cm	115,000	中国嘉德	2021-11-28
当代 李卫明制紫泥绍明六方壶	8cm×15cm	115,000	西泠印社	2021-01-16
当代 陈国良制何加林绘吴东元刻紫泥合欢壶	9.6cm×20.5cm	115,000	西泠印社	2021-01-16
当代 范惠萍制梅开五福壶	9.8cm×11.3cm	115,000	西泠印社	2021-01-16
当代 陆一飞紫砂大写意“巨阙”壶	宽17.5cm; 容量570ml	115,000	北京保利	2021-06-07
当代 徐达明制方升横把壶	长23.5cm	109,250	中国嘉德	2021-05-18
当代 徐秀棠制铭书画空香沾手壶	宽19.3cm	109,250	中国嘉德	2021-05-18
当代 鲍志强制铭书画“乐人石瓢”壶	宽16.1cm	109,250	中国嘉德	2021-05-18
当代 季益顺制劲竹壶	宽14.5cm; 容量300ml	109,250	北京保利	2021-06-07
当代 汪寅仙四杯仙莲子水平壶	5.5cm×9.7cm	103,500	中贸圣佳	2021-05-20
当代 蒋艺华荸荠壶	6.3cm×11.9cm	103,500	中贸圣佳	2021-05-20
当代 吕俊杰制和气生财壶	宽12.4cm	103,500	中国嘉德	2021-11-28
当代 吕俊杰制云锦壶	宽16.7cm	103,500	中国嘉德	2021-11-28
当代 季益顺制连年有余壶	宽17cm; 容量450ml	103,500	北京保利	2021-06-07
当代 鲍志强制双璧叠韵壶	宽17cm; 容量410ml	103,500	北京保利	2021-06-07
当代 季益顺制云龙壶	宽18cm; 容量550ml	103,500	北京保利	2021-06-07
当代 华健制谭泉海刻四方折角壶	宽18.5cm; 容量550ml	97,750	北京保利	2021-06-07
当代 潘持平制黑虎壶	宽16.5cm; 容量380ml	97,750	北京保利	2021-06-07
当代 吴鸣陶君子壶	9.4cm×13.1cm	92,000	中贸圣佳	2021-05-20
当代 唐云书画张红华制金铃壶	宽16cm	92,000	中国嘉德	2021-05-18
当代 鲍志强制铭书画福寿壶	宽14.8cm	92,000	中国嘉德	2021-05-18
当代陈国良制“壶中日月长”款掇球壶	宽15.5cm	92,000	中国嘉德	2021-05-18
当代 吴群祥制吴东元铭书法景舟提壁壶	宽178.6cm	92,000	中国嘉德	2021-05-18
当代 何道洪制紫泥硕瓜壶	10.8cm×18.5cm	92,000	西泠印社	2021-01-16
当代 鲍仲梅、施秀春制镶银擎天壶	高24.2cm; 容量2100ml	92,000	北京保利	2021-06-07
当代 范伟群制铭书画四方竹鼎壶	宽15.2cm	86,250	中国嘉德	2021-05-18
当代 吴界明制段泥方础壶	9.7cm×15cm	86,250	西泠印社	2021-01-16
当代 华健制佛印四方壶	宽14.5cm; 容量400ml	86,250	北京保利	2021-06-07
当代 谢曼仑制大松桩壶	宽30cm; 容量1200ml	86,250	北京保利	2021-06-07
当代 房暗星制珐琅彩朱泥壶		86,250	上海嘉禾	2021-07-22
当代 冯其庸书曹婉芬制一明铭书画汉铎壶	宽16.7cm	80,500	中国嘉德	2021-05-18
当代 鲍志强制铭书画双璧叠韵壶	宽16.2cm	80,500	中国嘉德	2021-05-18
当代 鲍志强制井栏壶	宽20cm; 容量760ml	80,500	北京保利	2021-06-07
当代 华健制吴奇婉刻方钟壶	高12cm; 容量480ml	80,500	北京保利	2021-06-07
当代 李寒勇制红泥调砂西施壶	高6.8cm; 长12.5cm	80,500	西泠印社	2021-07-23
当代 老莫制三足盉壶(2件)	宽11.4cm; 宽12.3cm	78,200	中国嘉德	2021-05-18
葛陶中 当代 大文旦	8.9cm×13.2cm	74,750	中贸圣佳	2021-05-20
高旭峰 当代 掇只壶	11.5cm×16.3cm	74,750	中贸圣佳	2021-05-20
当代 谢曼伦制谭泉海铭书画竹段壶	宽17.7cm	74,750	中国嘉德	2021-05-18
当代 徐达明制百岁树桩壶	宽15.6cm	74,750	中国嘉德	2021-05-18
当代 吴鸣制四方井栏壶	宽17cm	74,750	中国嘉德	2021-05-18
当代 吴鸣制布纹石瓢壶	宽15.5cm; 容量330ml	74,750	北京保利	2021-06-07
当代 谢曼伦制小竹节提梁壶	高12.5cm; 容量160ml	74,750	北京保利	2021-06-07
当代 徐秀棠制凌翔壶	宽13.7cm; 容量280ml	74,750	北京保利	2021-06-07
当代 鲍仲梅、施秀春制铜鼓告捷壶	宽13.2cm; 容量170ml	74,750	北京保利	2021-06-07
当代 徐达明制大石瓢壶	宽23cm; 容量1100ml	74,750	北京保利	2021-06-07
当代 曹婉芬制三色圆条壶组		74,750	上海嘉禾	2021-07-22
当代 吴群祥制紫泥 大书扁壶		74,750	上海嘉禾	2021-07-22
当代 鲍志强制朝阳(凤鸣)壶	宽15.5cm; 容量340ml	71,300	北京保利	2021-06-07
当代 毛国强 高瞻远瞩	14cm×18cm	69,000	中贸圣佳	2021-05-20
当代 葛陶中 绿泥	9.4cm×12.4cm	69,000	中贸圣佳	2021-05-20
当代 谢曼伦制谭泉海书画小柱础壶	宽11.5cm	69,000	中国嘉德	2021-05-18
当代 朱江龙制一菩提壶	宽15.5cm	69,000	中国嘉德	2021-05-18
当代 徐达明制古树瘿壶	高18.5cm; 容量1420ml	69,000	北京保利	2021-06-07
当代 季益顺制圆珠壶	宽15.7cm; 容量480ml	69,000	北京保利	2021-06-07
当代 毛国强制双龙戏珠壶	宽32.5cm; 容量3060ml	69,000	北京保利	2021-06-07
当代 鲍仲梅、施秀春制神鸟出九州壶	宽17cm; 容量350ml	66,700	北京保利	2021-06-07
当代 卢伟强制张智刚装饰五彩泥绘半月壶		66,700	上海嘉禾	2021-07-22
当代 姚志源丹柿壶	8.4cm×14.4cm	63,250	中贸圣佳	2021-05-20
当代 孔良法大石瓢壶	8.3cm×16cm	63,250	中贸圣佳	2021-05-20
当代 孔良法汉铎	11cm×16.2cm	63,250	中贸圣佳	2021-05-20
当代 潘持平、毛国强 坦然	10.9cm×16cm	63,250	中贸圣佳	2021-05-20
当代 范洪泉制谭泉海书东坡提梁壶	高20.5cm	63,250	中国嘉德	2021-05-18
当代 谢曼伦制竹泉三足壶	宽15.5cm	63,250	中国嘉德	2021-05-18
当代 裴石民款紫砂南瓜壶	宽12.6cm	63,250	中国嘉德	2021-05-18
当代 吴震制瓜语壶	宽15cm	63,250	中国嘉德	2021-05-18
当代 季益顺制葛军设计回归壶	宽16.5cm; 容量570ml	63,250	北京保利	2021-06-07
当代 江建祥制绿泥桃叶壶		63,250	上海嘉禾	2021-07-22
当代 曹婉芬制大僧帽壶	宽17.5cm; 容量540ml	59,800	北京保利	2021-06-07
当代 曹婉芬制范建军铭书玉兰花壶	宽15.5cm	57,500	中国嘉德	2021-05-18
当代 曹婉芬制菱花线圆壶	宽17.5cm	57,500	中国嘉德	2021-05-18
当代 冯其庸书张红华制提梁石瓢壶	宽15cm	57,500	中国嘉德	2021-05-18
当代 吴震制南瓜壶	宽19cm	57,500	中国嘉德	2021-05-18

(成交价RMB：1万元以上)

拍品名称	物品尺寸	成交价RMB	拍卖公司	拍卖日期
当代 周桂珍制谭泉海铭刻诗句段泥曼生提梁壶	高16cm	57,500	中国嘉德	2021-05-18
当代 徐达明制石瓢壶	宽16.5cm; 容量450ml	57,500	北京保利	2021-06-07
当代 刘建平制“五头富贵”茶具	壶宽18cm; 杯宽10cm	57,500	北京保利	2021-06-07
当代 华健制曹简楼书画吴奇婉刻亚明四方壶	宽16.5cm; 容量460ml	57,500	北京保利	2021-06-07
当代 毛国强、牛惠芬合制松鹤双青壶	宽16cm; 容量300ml	57,500	北京保利	2021-06-07
当代 范国华制紫泥梅桩壶	高11cm; 长16.5cm	57,500	西泠印社	2021-07-23
当代 范泽锋制紫泥“禅墩·唯玺”壶	高7.1cm; 长15.6cm	57,500	西泠印社	2021-07-23
当代 张艺馨制段泥乾坤壶	高7.2cm; 长16cm	57,500	西泠印社	2021-07-23
当代 鲍仲梅制祥云献瑞壶	宽17cm	51,750	中国嘉德	2021-05-18
当代 吕俊杰制绞泥天人合一壶	7.1cm×14.3cm	51,750	西泠印社	2021-01-16
当代 董文武制紫泥上合桃壶	11.5cm×20cm	51,750	西泠印社	2021-01-16
当代 华健制坦克壶	宽15.5cm; 容量270ml	51,750	北京保利	2021-06-07
当代 储集泉制铭书画君吟壶	宽14.7cm	48,300	中国嘉德	2021-05-18
当代 曹婉芬一粒珠壶	11.6cm×18.5cm	46,000	中贸圣佳	2021-05-20
当代 谢曼伦制红墨调砂佳菊壶(2件)	宽12.4cm; 宽12cm	46,000	中国嘉德	2021-05-18
当代 曹婉芬制荷花壶	宽16.8cm	46,000	中国嘉德	2021-05-18
当代 张正中制亦瓜壶	宽17cm; 容量500ml	46,000	北京保利	2021-06-07
当代 唐云画“鱼乐”图许四海制合欢壶	宽15.8cm; 容量300ml	46,000	北京保利	2021-06-07
当代 张红华制绿泥云肩如意壶		46,000	上海嘉禾	2021-07-22
当代 何挺初制双鱼戏水五头组茶具	尺寸不一	43,700	中国嘉德	2021-05-18
当代 吴作人书许成权制山泉壶	宽15.5cm	43,700	中国嘉德	2021-05-18
当代 老莫制饕餮纹四足叁壶	宽13cm	43,700	中国嘉德	2021-05-18
当代 任伟制竹韵壶	宽13.5cm	43,700	中国嘉德	2021-05-18
当代 蒋程思制睿智壶	宽13.9cm	43,700	中国嘉德	2021-05-18
当代 丁亚平太极如意	长10.5cm; 高9.5cm	43,700	中贸圣佳	2021-07-07
当代 鲍行华、刘胜制刻井栏壶	10.2cm×18.2cm	40,250	中贸圣佳	2021-05-20
当代 王小龙制蝉鸣南瓜壶	宽16.3cm	40,250	中国嘉德	2021-05-18
当代 徐达明制灵芝供春壶	宽15.5cm	40,250	中国嘉德	2021-05-18
当代 顾婷制顾绍培书画矮潘壶	宽18cm	40,250	中国嘉德	2021-05-18
当代 何艳萍制集韵壶	宽16cm	40,250	中国嘉德	2021-05-18
当代 鲍行华制黄文斌刻吴经提梁壶及书法作品(各一件)	16cm×16.7cm(壶); 33cm×47.5cm(书法画心)	40,250	西泠印社	2021-01-16
当代 沈汉生制僧帽提梁壶	高14.5cm; 容量340ml	40,250	北京保利	2021-06-07
当代 许艳春、吴光荣合制提梁壶套组	壶高18cm, 容量510ml; 杯宽7cm; 托宽9.8cm	40,250	北京保利	2021-06-07
当代 范伟群制阿良铭书画女娲补天壶	宽14.3cm	36,800	中国嘉德	2021-05-18
当代 曹婉芬制范建军铭书画秦权壶	宽11.8cm	36,800	中国嘉德	2021-05-18
当代 徐达明制扁仿古壶	宽15.5cm	36,800	中国嘉德	2021-05-18
当代 庄玉林制玉韵方壶	宽15.8cm	36,800	中国嘉德	2021-05-18
当代 蒋彦制铭书画僧帽壶	高15.7cm	36,800	中国嘉德	2021-05-18
当代 高建芳制青南瓜壶	宽13.1cm	36,800	中国嘉德	2021-05-18
当代 姚黎明制储云刻紫泥石瓢壶	6.9cm×13.5cm(壶); 69cm×44.5cm(拓片画心)	36,800	西泠印社	2021-01-16
当代 徐达明制龙凤印包壶	宽19cm; 容量640ml	36,800	北京保利	2021-06-07
当代 范洪泉制梅桩壶	宽18.5cm; 容量600ml	36,800	北京保利	2021-06-07
当代 李昌鸿制砖方壶	宽15.5cm; 容量310ml	36,800	北京保利	2021-06-07
当代 吕俊杰制紫泥石瓢壶	高6.8cm; 长13.8cm	36,800	西泠印社	2021-07-23
当代 徐达明制陶鬲壶	宽15.2cm	34,500	中国嘉德	2021-05-18
当代 徐达明制圆珠壶	宽14cm	34,500	中国嘉德	2021-05-18
当代 范建军制铭书画如意三足壶	宽15.3cm	34,500	中国嘉德	2021-05-18
当代 自怡轩制本立氏手画焙灰泥竹鼓壶	宽18.5cm	34,500	中国嘉德	2021-05-18
当代 徐秀棠制兽钮圆汉方壶	宽14cm	34,500	中国嘉德	2021-05-18
当代 吴培林六方移井	长16cm; 高6.5cm	34,500	中贸圣佳	2021-07-07
当代 周呈飞制段泥子怡壶	4.3cm×9.9cm	34,500	西泠印社	2021-01-16
当代 王石耕制四方壶	宽14.5cm; 容量380ml	34,500	北京保利	2021-06-07
当代 葛军制上将朱文泉题“军歌嘹亮”壶		34,500	上海嘉禾	2021-07-22
当代 吴东瑾制紫泥报竹壶及何燕萍制紫泥如意圆壶	高9.8cm(报竹壶); 高7.3cm(如意圆壶)	34,500	西泠印社	2021-07-23
当代 庄玉林制铭书画六方双线壶	宽15.5cm	32,200	中国嘉德	2021-05-18
当代 储集泉制泥绘书画庭院深深壶	宽11cm	32,200	中国嘉德	2021-05-18
当代 顾绍培书画顾婷制宜然壶	宽15.4cm	32,200	中国嘉德	2021-05-18
当代 谭泉海、谭晓君合作汉圆壶	宽17.3cm	32,200	中国嘉德	2021-05-18
当代 林秀明制李经强泥绘段泥虚竹壶	9.7cm×12.2cm	32,200	西泠印社	2021-01-16
当代 高建芳制菊花壶	宽15.8cm	28,750	中国嘉德	2021-05-18
当代 许艳春制鲍志强书画柱鼎茗壶	宽17.1cm	28,750	中国嘉德	2021-05-18
当代 范洪泉制毛国强书画大一粒珠壶	宽23.5cm	28,750	中国嘉德	2021-05-18
当代 高建芳制牡丹壶	宽19.7cm	28,750	中国嘉德	2021-05-18
当代 顾婷制顾绍培书画秦权壶	宽14.1cm	28,750	中国嘉德	2021-05-18
当代 庄玉林制铭书画四方壶	宽14.8cm	28,750	中国嘉德	2021-05-18

拍品名称	物品尺寸	成交价RMB	拍卖公司	拍卖日期
当代 高建芳制荷合壶	宽15.5cm	28,750	中国嘉德	2021-05-18
当代 沈汉生制铭书画掇球壶	宽16.8cm	28,750	中国嘉德	2021-05-18
当代 周尊严制毛国强书画方钟壶	宽14.6cm	28,750	中国嘉德	2021-05-18
当代 范建军制铭书画平盖如意壶	宽12.6cm	28,750	中国嘉德	2021-05-18
当代 徐远明制三足如意壶	宽14.2cm	28,750	中国嘉德	2021-05-18
当代 曹婉芬制谭泉海铭书画宝方壶	宽14.7cm	28,750	中国嘉德	2021-05-18
当代 朱晓东制菱花壶	宽16.8cm	28,750	中国嘉德	2021-05-18
当代 王寅春制“阳羡惜阴室王”款朱泥小汉君壶	宽13.7cm	28,750	中国嘉德	2021-05-18
当代 徐维明三彩汲古壶	长14cm; 高7.5cm	28,750	中贸圣佳	2021-07-07
当代 张红华制大玉笠壶		28,750	上海嘉禾	2021-07-22
当代 孔小明制蛟龙出海壶		28,750	上海嘉禾	2021-07-22
当代 蒋秀娟制绿泥石瓢壶		28,750	上海嘉禾	2021-07-22
当代 王奋良制双色竹报春壶		27,600	上海嘉禾	2021-07-22
当代 高建芳制西瓜壶	宽20.8cm	25,300	中国嘉德	2021-05-18
当代 庄玉林制四方抽角壶	宽14.1cm	25,300	中国嘉德	2021-05-18
当代 曹亚麟、曹燕萍合作沈汉生铭书画葫芦壶	宽14.5cm	25,300	中国嘉德	2021-05-18
当代 谭泉海、谭晓君合作铭书画花翎壶	宽17.6cm	25,300	中国嘉德	2021-05-18
当代 刘景制小猪壶	宽11.5cm	25,300	中国嘉德	2021-05-18
当代 吴群祥制掇只壶	宽16.8cm	25,300	中国嘉德	2021-05-18
当代 鲍峰岩制仿鼓壶	宽17cm	25,300	中国嘉德	2021-05-18
当代 徐达明绞泥石瓢壶	长14.5cm; 高6.5cm	25,300	中贸圣佳	2021-07-07
当代 王石耕制韩敏书画仿古壶	宽17cm; 容量380ml	25,300	北京保利	2021-06-07
当代 汤杰、顾婷制乳瓜鼎壶	宽17cm; 容量560ml	25,300	北京保利	2021-06-07
当代 张寅制朱泥柿缘壶	高8.2cm; 长15cm	25,300	西泠印社	2021-07-23
当代 徐维明四足鼎立壶	长15cm; 高8cm	24,150	中贸圣佳	2021-07-07
当代 范永良制老闲铭书画碗灯壶	宽15cm	23,000	中国嘉德	2021-05-18
当代 周尊严制毛国强铭书画六方合斗壶	宽14.8cm	23,000	中国嘉德	2021-05-18
当代 何挺初制龙团壶	宽18.6cm	23,000	中国嘉德	2021-05-18
当代 顾绍培书画顾婷伴月如意壶	宽15cm	23,000	中国嘉德	2021-05-18
当代 储集泉制铭书画瓜趣壶	宽14.7cm	23,000	中国嘉德	2021-05-18
当代 高建芳制枇杷壶	宽16.5cm	23,000	中国嘉德	2021-05-18
当代 庄玉林制一清书画合泉壶	宽15.3cm	23,000	中国嘉德	2021-05-18
当代 曹婉芬制回纹壶	宽14.2cm	23,000	中国嘉德	2021-05-18
当代 王石耕制中国宜兴款寅春式柱础壶	宽16.5cm	23,000	中国嘉德	2021-05-18
当代 王梅兰制南瓜壶	宽16cm	23,000	中国嘉德	2021-05-18
当代 钱鹏制刘伟涛刻紫泥六方望川壶	5.1cm×12.6cm	23,000	西泠印社	2021-01-16
当代 陈国良制潘壶		23,000	上海嘉禾	2021-07-22
当代 季益顺制楚汉风云壶		23,000	上海嘉禾	2021-07-22
当代 谭晓君制、谭泉海刻绘顶狮壶		23,000	上海嘉禾	2021-07-22
当代 周界制段泥竹影壶		23,000	上海嘉禾	2021-07-22
当代 周界制段泥梅香壶		23,000	上海嘉禾	2021-07-22
当代 王雪峰制雪篁壶		23,000	上海嘉禾	2021-07-22
当代 孔春华制锦带汉方壶		23,000	上海嘉禾	2021-07-22
当代 蒋艺华制金猴献瑞套组		23,000	上海嘉禾	2021-07-22
当代 吴东瑾制紫泥调砂虚扁壶		21,850	上海嘉禾	2021-07-22
当代 顾道荣制巧色束柴三友壶	宽18.5cm	20,700	中国嘉德	2021-05-18
当代 高湘君制芝泉壶	宽16.3cm	20,700	中国嘉德	2021-05-18
当代 沈汉生制铭书画如鱼之乐壶	宽17.3cm	20,700	中国嘉德	2021-05-18
当代 范洪泉制高南瓜壶	宽12.4cm	20,700	中国嘉德	2021-05-18
当代 沈汉生制铭书画梅香壶	宽15.4cm	20,700	中国嘉德	2021-05-18
当代 高建芳制青蛙荷叶壶	宽15.4cm	20,700	中国嘉德	2021-05-18
当代 高丽君制和联壶	宽17cm	20,700	中国嘉德	2021-05-18
当代 杨挺制乳鼎壶	宽13cm	20,700	中国嘉德	2021-05-18
当代 范永良西瓜壶	长14cm; 高9cm	20,700	中贸圣佳	2021-07-07
当代 周定华六方雪华壶	长17cm; 高8.4cm	20,700	中贸圣佳	2021-07-07
当代 鲍峰岩制段泥长方扁壶		20,700	上海嘉禾	2021-07-22
当代 鲍骧制石瓢壶		20,700	上海嘉禾	2021-07-22
当代 张海平制冰纹石瓢壶	宽14.7cm	18,400	中国嘉德	2021-05-18
当代 黄自英制铭书画大竹提梁壶	宽23.3cm	17,250	中国嘉德	2021-05-18
当代 凌锡苟制莲子壶	宽17.5cm	17,250	中国嘉德	2021-05-18
当代 葛明仙制线圆壶	宽19cm	17,250	中国嘉德	2021-05-18
当代 范洪泉制铺砂垒云壶	宽13cm	17,250	中国嘉德	2021-05-18
当代 凌锡苟制报春壶	宽16.2cm	17,250	中国嘉德	2021-05-18
当代 唐可制春牛壶	宽15cm	17,250	中国嘉德	2021-05-18
当代 李昌鸿制“一帆风顺”壶	宽15cm	17,250	中国嘉德	2021-05-18
当代 李昌鸿制佛莲壶		17,250	上海嘉禾	2021-07-22
当代 徐维明制具轮珠壶		17,250	上海嘉禾	2021-07-22
当代 陆涛制段泥匏翁壶		17,250	上海嘉禾	2021-07-22
瞿应绍 子冶石瓢壶		8,050,000	十竹斋	2021-06-27
现代 季益顺·红船		2,070,000	中贸圣佳	2021-12-30
近代 顾景舟制咏梅茶壶		2,070,000	上海嘉禾	2021-07-22
唐彬杰“云台听松”套组		1,932,000	十竹斋	2021-06-27
耿春华 海棠提梁壶	容量780ml	1,840,000	江苏汇中	2021-05-14
唐彬杰“和鸣”套组		1,610,000	江苏观宇	2021-09-26

2021杂项拍卖成交汇总(续表)

(成交价RMB：1万元以上)

拍品名称	物品尺寸	成交价RMB	拍卖公司	拍卖日期
裴石民 钟形壶		1,495,000	十竹斋	2021-06-27
顾景舟制"座有兰言"仿鼓壶	宽17.8cm;容量460ml	1,150,000	北京保利	2021-12-05
蒋蓉制百果壶(一对)		1,150,000	江苏观宇	2021-04-25
耿春华制陈佩秋画费名瑶刻汉铎壶	容量900ml	1,127,000	江苏汇中	2021-05-14
清末 胡公寿铭何心舟制石瓢壶	长14.5cm;高6cm	862,500	中贸圣佳	2021-12-30
现代 何道洪玉璧壶	长18.3cm;高9.2cm	805,000	中贸圣佳	2021-12-30
汪寅仙 罗汉松		747,500	十竹斋	2021-06-27
李寒勇 亥亩(王翔铭)		747,500	江苏观宇	2021-09-26
唐彬杰 高六方墩壶	高10.1cm;宽14.8cm	701,500	上海明轩	2021-12-30
曹安祥 八方百福壶	18cm×12cm×10cm	667,000	北京传世	2021-03-28
周洪彬 大蕴德钟		667,000	十竹斋	2021-06-27
清康熙 陈鸣远朱泥一粒珠壶	长10.3cm;宽6.2cm;高7cm	632,500	中贸圣佳	2021-12-30
徐汉棠 裙花提梁壶		632,500	十竹斋	2021-06-27
邹跃君 不桀		632,500	十竹斋	2021-06-27
季益顺 紫波拂云		632,500	江苏观宇	2021-09-26
吴界明 朱玓方壶(吴东元铭)		632,500	江苏观宇	2021-09-26
承健、律石刻刻"虚心劲竹"套组		609,500	北京翰海	2021-12-17
邹跃君 载福		598,000	江苏观宇	2021-09-26
王强 吉金·釜		517,500	江苏观宇	2021-09-26
裴石民制松鼠葡萄茶具套组		506,000	江苏观宇	2021-09-26
王宇鸣"梅兰芳"壶		500,000	北京传世	2021-06-24
现代 高振宇 高振宇四方壶	长14cm;宽10cm;高7cm	494,500	中贸圣佳	2021-12-30
周桂珍 曼生提梁壶		483,000	十竹斋	2021-06-27
律石 延寿·无极III	高18cm;宽10cm	483,000	江苏观宇	2021-09-26
清乾隆 周发祥朱泥宫灯壶	长10.5cm;高6cm	471,500	中贸圣佳	2021-12-30
朱可心 鱼化龙壶		460,000	十竹斋	2021-06-27
陈国良制劲松壶(制于2014年,仅此一件)		460,000	江苏观宇	2021-09-26
高旭峰 醴泉		460,000	江苏观宇	2021-09-26
周宇杰 柿慄(王翔铭)		460,000	江苏观宇	2021-09-26
王寅春 汉君		437,000	十竹斋	2021-06-27
吴东元 一团和气		414,000	江苏观宇	2021-09-26
清康熙 陈鸣谦 鸣谦朱泥四方贴花壶一件	长11cm;宽7.5cm;高5.5cm	402,500	中贸圣佳	2021-12-30
现代 何道洪 一剪梅	长19.5cm;高8.5cm	402,500	中贸圣佳	2021-12-30
昭和时期 久进作镂空花钮雾霰纹纯金壶	16.1cm×15cm;重量563.7g(净重)	402,500	西泠印社	2021-01-16
季益顺制一片锦箨		402,500	江苏观宇	2021-04-25
华健、吴奇敏合制龙凤呈祥		402,500	十竹斋	2021-06-27
江建翔 福星		402,500	十竹斋	2021-06-27
汪寅仙制绿泥扁南瓜壶		402,500	江苏观宇	2021-09-26
裴石民制素裙壶		391,000	江苏观宇	2021-04-25
吕尧臣制玉屏移山壶		379,500	江苏观宇	2021-04-25
吴界明制大口扁腹壶		379,500	江苏观宇	2021-04-25
袁国强 月色菱花		379,500	十竹斋	2021-06-27
陈国良 田园情趣		368,000	十竹斋	2021-06-27
江建翔制天华雅品壶		368,000	江苏观宇	2021-09-26
清 鸣远桃盒	长5.5cm;高3.7cm	356,500	中贸圣佳	2021-12-30
清初 郑宁侯四方坦然壶	长13.8cm;高8.2cm	345,000	中贸圣佳	2021-12-30
清中期 却月壶	长14.5cm;高9.3cm	345,000	中贸圣佳	2021-12-30
葛军 无我相		345,000	上海嘉禾	2021-07-22
清乾隆 大清乾隆年制朱泥壶	长10cm;高5cm	322,000	中贸圣佳	2021-12-30
蒋蓉 青蛙莲子		322,000	十竹斋	2021-06-27
吴云根制、戴相明刻绘传炉		322,000	十竹斋	2021-06-27
周洪彬 乳鼎壶		322,000	十竹斋	2021-06-27
蒋蓉制柏寿桩壶		322,000	江苏观宇	2021-09-26
施小马制雀提壶		310,500	江苏观宇	2021-04-25
陈国良 束柴三友壶		310,500	十竹斋	2021-06-27
蒋艺华 大荷叶壶		299,000	上海嘉禾	2021-07-22
李宝珍 传炉		287,500	十竹斋	2021-06-27
李寒勇制、张云熙刻绘子冶石瓢壶		287,500	十竹斋	2021-06-27
蒋艺华 田园情趣		287,500	上海嘉禾	2021-07-22
李强 猪头和尚	高15cm;宽10cm	287,500	江苏观宇	2021-09-26
周桂珍制僧帽壶		253,000	江苏观宇	2021-04-25
王翔 谦方	高27.5cm;宽14cm	253,000	江苏观宇	2021-09-26
朱勤勇 明式橄榄壶		253,000	江苏观宇	2021-09-26
宁丽娟 涤凡心(二)	长8.5cm;高11cm	241,500	北京翰海	2021-12-17
吴界明制匏尊壶		241,500	江苏观宇	2021-04-25
张守智设计江建翔制智竹提梁壶		241,500	江苏观宇	2021-04-25
方彩娣 展翅凌云		241,500	十竹斋	2021-06-27
近代 王寅春制朱泥大亨仿古壶	宽18.5cm	230,000	中国嘉德	2021-05-18
徐汉棠 景舟石瓢	长17.5cm;高7cm	230,000	北京翰海	2021-12-17
清乾隆 圣和榴山款朱泥圆壶	长13cm;宽9cm;高9cm	230,000	中贸圣佳	2021-12-30
清康熙 圣思小朱泥红颜杯	长6.2cm;高2.6cm	230,000	中贸圣佳	2021-12-30
清乾隆 陈砺成朱泥梨式壶	长9.5cm;宽6.3cm;高5.7cm	230,000	中贸圣佳	2021-12-30

拍品名称	物品尺寸	成交价RMB	拍卖公司	拍卖日期
清早期 陈亮采(彩)汉方壶	长13cm;宽8cm;高15cm	230,000	中贸圣佳	2021-12-30
近代 王寅春 朱泥仿古壶	长17.5cm;高9cm	230,000	中贸圣佳	2021-12-30
王寅春制笑樱壶		230,000	江苏观宇	2021-04-25
张正中 佛度竹		230,000	十竹斋	2021-06-27
高旭峰制、王传峰书、王翔刻绘瑞韵壶		230,000	十竹斋	2021-06-27
吴东元 雪芦		230,000	十竹斋	2021-06-27
袁小强 梅竹双清		230,000	十竹斋	2021-06-27
吕尧臣制渔舟唱晚壶		230,000	江苏观宇	2021-09-26
马璟辉 古井栏壶		230,000	江苏观宇	2021-09-26
吴云峰 怀古壶		230,000	江苏观宇	2021-09-26
清中期 平盖潘壶	长11cm;宽8.5cm;高5cm	218,500	中贸圣佳	2021-12-30
现代 邹跃君 邹跃君晨石	长16.5cm;高7.7cm	218,500	中贸圣佳	2021-12-30
陈国良制南瓜壶		218,500	江苏观宇	2021-04-25
周桂珍制僧帽壶		212,750	江苏观宇	2021-09-26
现代 葛陶中 葛陶中僧帽	长18cm;高16.5cm	207,000	中贸圣佳	2021-12-30
吴界明 寿星		207,000	十竹斋	2021-06-27
葛陶中制仿鼓如意壶		207,000	江苏观宇	2021-09-26
吕尧臣制玉带壶		207,000	江苏观宇	2021-09-26
吴震 枫情		207,000	江苏观宇	2021-09-26
高峰 古逸(怀一题并铭)		201,250	江苏观宇	2021-09-26
清早期 朱泥三友壶一件、四方贴花壶一件	长25cm;长11cm	195,500	中贸圣佳	2021-12-30
现代 高振宇 高振宇石瓢	长19cm;高9.2cm	195,500	中贸圣佳	2021-12-30
周桂珍 冯其庸 刻绘 大彬如意	长17.5cm;高11.5cm	184,000	北京翰海	2021-12-17
施小马 六方禅钟	长18cm;高9cm	184,000	北京翰海	2021-12-17
杨笛 律石刻绘 有万意	长11.5cm;高17cm	184,000	北京翰海	2021-12-17
任备安制汉君壶		184,000	江苏观宇	2021-09-26
施小马制玉律壶		184,000	江苏观宇	2021-09-26
张寅 观复		184,000	江苏观宇	2021-09-26
现代 邹跃君 邹跃君云龟	长16.5cm;高7.7cm	178,250	中贸圣佳	2021-12-30
现代 葛陶中 葛陶中云柱	长16.8cm;高9cm	172,500	中贸圣佳	2021-12-30
徐秀棠刻高振宇制三足乳钉壶		172,500	江苏观宇	2021-04-25
李寒勇制平盖石瓢壶		172,500	江苏观宇	2021-04-25
鲍志强刻潘持平制方钟壶		172,500	江苏观宇	2021-04-25
邹跃君制金瑞壶		172,500	江苏观宇	2021-04-25
施小马 四方菱花		172,500	十竹斋	2021-06-27
李卫明 玉棠富贵		172,500	十竹斋	2021-06-27
马璟辉 钰井		172,500	十竹斋	2021-06-27
吕俊杰制雨花石茶具套组(五件)		172,500	江苏观宇	2021-09-26
周桂珍制夔龙三足壶		161,000	江苏观宇	2021-04-25
许亦晖 倾葵五色套组		161,000	十竹斋	2021-06-27
葛陶中制六方君德壶		161,000	江苏观宇	2021-09-26
刘景 纳吉		161,000	江苏观宇	2021-09-26
周桂珍 珍竹提梁	长17.5cm;高14cm	155,250	北京翰海	2021-12-17
近代 裴石民款紫泥柿圆壶	宽17cm	149,500	中国嘉德	2021-05-18
严强 长青玉寒	长15.5cm;高11.5cm	149,500	北京翰海	2021-12-17
现代 邹跃君 邹跃君山外山	长17cm;高8cm	149,500	中贸圣佳	2021-12-30
施小马制丰圆提梁壶		149,500	江苏观宇	2021-04-25
顾云峰 此君		149,500	十竹斋	2021-06-27
陆一飞 紫砂壶 山光悦鸟性	高6.5cm;口径6.2cm	149,500	南京经典	2021-07-18
陈平书画吴东元刻陈国良制棋园壶		149,500	江苏观宇	2021-09-26
近代 冯桂林 冯桂林竹节壶套组	壶高7.5cm;杯高4cm	143,750	中贸圣佳	2021-12-30
清中期 合盛 龙蛋壶	长13cm;宽7cm;高13cm	138,000	中贸圣佳	2021-12-30
明末 归复初 锡壶一件	长17.5cm;宽10cm;高10cm	138,000	中贸圣佳	2021-12-30
近代 王寅春 王寅春仿古壶	长20cm;宽13.5cm;高9.5cm	138,000	中贸圣佳	2021-12-30
吕尧臣制贵妃出浴壶		138,000	江苏观宇	2021-04-25
吴冠南书画吕尧臣制相扑壶(孤品)		138,000	江苏观宇	2021-04-25
施小马制巧色方垒壶		138,000	江苏观宇	2021-09-26
徐汉棠制石瓢壶		138,000	江苏观宇	2021-09-26
张正中制南瓜壶		138,000	江苏观宇	2021-09-26
施小马制鱼化龙壶		132,250	江苏观宇	2021-09-26
张向宏 紫砂壶	直径7cm;高4~5cm	130,000	北京传世	2021-06-24
清末 玉成窑东石制象先铭	长13cm;宽6.5cm;高10cm	126,500	中贸圣佳	2021-12-30
葛陶中制圆钰壶		126,500	江苏观宇	2021-04-25
施小马制传炉壶		126,500	江苏观宇	2021-04-25
夏洪 林牛气冲天		126,500	上海嘉禾	2021-07-22
莫言书画、范泽锋制子冶石瓢壶(附莫言书法)		126,500	江苏观宇	2021-09-26
吴振 菱花舞(王翔铭)		126,500	江苏观宇	2021-09-26
张正中制小松段壶		126,500	江苏观宇	2021-09-26
陆毅 玉亭		126,500	江苏观宇	2021-09-26
何觅 暗香壶		124,200	十竹斋	2021-01-09
蔡华强 掇只壶		124,200	十竹斋	2021-01-09
诸知冰 龙头一捆竹	长18.5cm;高9cm	115,000	北京翰海	2021-12-17

(成交价RMB：1万元以上)

拍品名称	物品尺寸	成交价RMB	拍卖公司	拍卖日期
华健制四足鼎炉壶		115,000	江苏观宇	2021-04-25
吕俊杰制神仙壶		115,000	江苏观宇	2021-04-25
徐秀棠制春入壶		115,000	江苏观宇	2021-04-25
鲁元鑫思源提梁		115,000	十竹斋	2021-06-27
20世纪70年代末周桂珍制紫泥弧棱提梁壶		115,000	上海嘉禾	2021-07-22
谈跃伟 瓜韵壶		115,000	上海嘉禾	2021-07-22
范菊华制南瓜壶		115,000	上海嘉禾	2021-07-22
葛陶中制三足水平壶		115,000	江苏观宇	2021-09-26
朱云舒三足乳钉壶		115,000	江苏观宇	2021-09-26
高凌云 圆荷(王翔铭)		115,000	江苏观宇	2021-09-26
畲永锋 寻根		115,000	江苏观宇	2021-09-26
李卫明 鸣远四方壶		110,400	十竹斋	2021-01-09
殷建平 琴韵	50cm×30cm×12cm	105,800	上海嘉禾	2021-07-22
朱可心 松鼠葡萄	长19.5cm; 高11cm; 直径5.7cm	103,500	北京荣宝	2021-12-02
近代 程寿珍 柿圆壶	长20cm; 宽15cm; 高10cm	103,500	中贸圣佳	2021-12-30
吴界明制朱泥虚扁壶		103,500	江苏观宇	2021-04-25
孙伟强 攀枝花		103,500	十竹斋	2021-06-27
曼生十八式紫砂壶	尺寸不一	103,500	南京经典	2021-07-18
葛陶中制平盖石瓢壶		103,500	江苏观宇	2021-09-26
陆虹炜 清溢		103,500	江苏观宇	2021-09-26
张守智设计施小马制智方壶		97,750	江苏观宇	2021-04-25
徐秀棠制龟龙壶		97,750	江苏观宇	2021-09-26
葛陶中制藏六方壶		97,750	江苏观宇	2021-09-26
姚志源制梅桩壶		97,750	江苏观宇	2021-09-26
袁小强制鼎盛四方壶		97,750	江苏观宇	2021-09-26
董文武 风卷葵		94,300	十竹斋	2021-06-27
近代旭斋款汪宝根制石生铭焐灰竹鼎壶	宽15.8cm	92,000	中国嘉德	2021-05-18
现代 籍大犇 砺成包袱	长14cm; 宽8cm; 高7cm	92,000	中贸圣佳	2021-12-30
现代 周桂珍 集玉	长16.3cm; 宽10.2cm; 高6.2cm	92,000	中贸圣佳	2021-12-30
曹亚麟制雄风壶		92,000	江苏观宇	2021-04-25
蒋岳良刻并制汉风遗韵茶具套组		92,000	江苏观宇	2021-04-25
吕尧臣制韵玉壶		92,000	江苏观宇	2021-04-25
沙安强 “听瀑”紫砂壶	长16.8cm	92,000	十竹斋	2021-06-27
孙长书 染梅		92,000	江苏观宇	2021-09-26
陶长辉 海棠君子		92,000	江苏观宇	2021-09-26
范国华 梅桩		92,000	江苏观宇	2021-09-26
吴东瑾 饮露(吴东元铭)		92,000	江苏观宇	2021-09-26
顾绍培刻并制璧泉壶		89,700	江苏观宇	2021-09-26
范小明 柿圆壶		88,000	北京传世	2021-06-24
张捷书画吴东元刻潘持平制砖方壶		87,400	江苏观宇	2021-04-25
近代 王寅春制紫泥冠军壶	宽18.3cm	86,250	中国嘉德	2021-05-18
徐秀棠刻并制皮包壶		86,250	江苏观宇	2021-04-25
2019年 张正中制流花壶		86,250	上海嘉禾	2021-07-22
华健制大传炉壶		82,800	江苏观宇	2021-09-26
华健制逸公六方壶		80,500	江苏观宇	2021-04-25
吴东元刻并制汉风壶		80,500	江苏观宇	2021-04-25
谢曼伦制桑宝壶		80,500	江苏观宇	2021-04-25
王建国 柿园套组		80,500	十竹斋	2021-06-27
袁园 葵仿古壶		80,500	十竹斋	2021-06-27
陆德祥 朱泥秦权		80,500	上海嘉禾	2021-07-22
陈清法 承古如意		78,200	十竹斋	2021-06-27
清中期 逸公瓮形壶	长13.5cm; 高6cm	74,750	中贸圣佳	2021-12-30
顾绍培制珍珍圆壶		74,750	江苏观宇	2021-04-25
潘持平制魁方壶		74,750	江苏观宇	2021-04-25
尹亚刚 五子登科		74,750	十竹斋	2021-06-27
曹亚麟制 “犼的传说”壶		74,750	江苏观宇	2021-09-26
现代 吴靓 睿智壶	长12.5cm; 宽9cm; 高5.5cm	71,300	中贸圣佳	2021-12-30
张勇 松林梧禅		71,300	十竹斋	2021-06-27
朱汉民 莲子		71,300	十竹斋	2021-06-27
近代 “那哲”作明式紫砂壶（一组）	高10.2cm; 高8.5cm	71,300	上海匡时	2021-07-08
现代 张茂业 南州高士	长17cm; 宽11cm; 高12cm	69,000	中贸圣佳	2021-12-30
现代 高振宇 “泥洹”系列花器	长9cm; 高28cm	69,000	中贸圣佳	2021-12-30
黄玉麟款供春壶	宽19cm; 高11cm	69,000	江苏汇中	2021-05-14
近代 吴云根制大犀尊壶	宽22.5cm; 容量1000ml	69,000	北京保利	2021-06-07
王耀 天岳		69,000	十竹斋	2021-06-27
彭耀年 鼎炉		69,000	十竹斋	2021-06-27
范志君 秦权壶		69,000	十竹斋	2021-06-27
任淦庭 大竹节壶		69,000	十竹斋	2021-06-27
周桂珍制乐水壶		69,000	江苏观宇	2021-09-26
陆彬 一方		69,000	江苏观宇	2021-09-26
王强 潘壶		69,000	江苏观宇	2021-09-26
范勤 佳意壶		68,000	北京传世	2021-06-24
蒋琰滨 四方竹段壶		66,700	十竹斋	2021-01-09
毛建韦 掇只壶		66,700	十竹斋	2021-01-09
蒋琰滨 铺砂笠帽壶		66,700	十竹斋	2021-01-09
蒋琰滨 汉钟壶		66,700	十竹斋	2021-01-09
秦利君 腰线提梁		66,700	十竹斋	2021-06-27
清中期 孟臣 孟臣款笠帽壶	长8cm; 宽5cm; 高6cm	63,250	中贸圣佳	2021-12-30
毛国强刻何叶制鼎馨壶(盖沿米粒磕,已修补)		63,250	江苏观宇	2021-04-25
童健 隐庐		63,250	江苏观宇	2021-09-26
童康 四方高梨		63,250	江苏观宇	2021-09-26
张正中制将军柏壶		63,250	江苏观宇	2021-09-26
朱轩林 摹古用卿平盖圆壶		63,250	江苏观宇	2021-09-26
吴东元刻并制日月天长壶		59,800	江苏观宇	2021-04-25
孙茂琦 六方柿园套组		59,800	十竹斋	2021-06-27
谢建祥 承泽壶		59,800	十竹斋	2021-06-27
秦志全 凤鸣朝阳		59,800	上海嘉禾	2021-07-22
谭泉海刻徐汉棠制掇只壶		59,800	江苏观宇	2021-09-26
庄芸 桃桩套组		58,650	十竹斋	2021-06-27
近代 王寅春制紫泥牛盖洋桶壶	宽15.8cm	57,500	中国嘉德	2021-05-18
近代 储铭制“家储只有盘铭句”款绿泥扁柿壶	宽16.5cm	57,500	中国嘉德	2021-05-18
清末陈鸣远斗百杯拓片(徐乃昌旧藏)	47cm×32cm	57,500	中贸圣佳	2021-12-30
现代 陈苏萍 巨蛋	长12.3cm; 宽9.2cm; 高10cm	57,500	中贸圣佳	2021-12-30
现代 高振宇 “泥洹”系列花器	高12cm	57,500	中贸圣佳	2021-12-30
吴冠南书画吕俊杰制俊杰八式壶		57,500	江苏观宇	2021-04-25
周莉 六和		57,500	十竹斋	2021-06-27
华昱 六合		57,500	十竹斋	2021-06-27
程康书香门第(房钢刻绘、王吟竹泥绘)		57,500	十竹斋	2021-06-27
王耀 实蕴		57,500	十竹斋	2021-06-27
吴悦 隐元		57,500	十竹斋	2021-06-27
徐波 虚扁壶		57,500	十竹斋	2021-06-27
秦志全 霸王别姬		57,500	上海嘉禾	2021-07-22
殷建平 雄鹰	42cm×40cm×48cm	57,500	上海嘉禾	2021-07-22
谭泉海刻王石耕制六方提梁壶		57,500	江苏观宇	2021-09-26
刘庆忠(镜元) 不染		57,500	江苏观宇	2021-09-26
吴小兔 梨壶		57,500	江苏观宇	2021-09-26
籍大犇 砺成包袱		57,500	江苏观宇	2021-09-26
徐元明制双竹提梁壶(附壶托)		57,500	江苏观宇	2021-09-26
张茂业 雪棠		57,500	江苏观宇	2021-09-26
邹成程 夏露		57,500	江苏观宇	2021-09-26
清中期 介庵款紫砂身桶	高11.6cm	55,200	中贸圣佳	2021-12-30
朱勤勇制笑樱壶		55,200	江苏观宇	2021-04-25
王世平 菱畝套组		55,200	十竹斋	2021-06-27
谭泉海刻吴群祥制四方柱础壶		55,200	江苏观宇	2021-09-26
张智豪 通璧		55,200	江苏观宇	2021-09-26
刘洋 汉津套组		52,900	十竹斋	2021-06-27
周琦 大口扁腹壶		52,900	十竹斋	2021-06-27
沈跃平 静香插花		52,900	十竹斋	2021-06-27
清康熙 王公其紫砂杯	长8cm; 宽6cm; 高3cm	51,750	中贸圣佳	2021-12-30
现代 鲍行华 满瓢		51,750	中贸圣佳	2021-12-30
朱勤勇制圆帽壶		51,750	江苏观宇	2021-04-25
周新 牛盖莲子		51,750	十竹斋	2021-06-27
金莉娜 梵菱		51,750	上海嘉禾	2021-07-22
周益娟 六方合韵		51,750	上海嘉禾	2021-07-22
黄云芸制供春壶		51,750	江苏观宇	2021-09-26
马亦斐 亦瓢(王翔铭)		51,750	江苏观宇	2021-09-26
徐达明制红木提梁龙蛋壶		51,750	江苏观宇	2021-09-26
庄玉林制六方双线壶		51,750	江苏观宇	2021-09-26
刘建平制高圆壶		50,600	江苏观宇	2021-04-25
近代 储铭制紫泥如意仿古壶	宽18cm	48,300	中国嘉德	2021-05-18
清康熙 俞瑞之 朱泥梨式壶	长12cm; 宽7cm; 高8cm	48,300	中贸圣佳	2021-12-30
夏立制特大供春壶		48,300	江苏观宇	2021-09-26
范阳波 如意莲子		47,150	江苏观宇	2021-09-26
近代 墨缘斋意堂制昌记款朱泥水平壶	宽10.4cm	46,000	中国嘉德	2021-05-18
清中期 尚古堂 加彩莲子壶和罐子(两件)	壶高11cm; 罐高9cm	46,000	中贸圣佳	2021-12-30
现代 陈岗 绿泥均玉	尺寸不一	46,000	中贸圣佳	2021-12-30
范国华制可心竹段壶		46,000	江苏观宇	2021-04-25
黄云芸制君德壶		46,000	江苏观宇	2021-04-25
王强制美人肩壶		46,000	江苏观宇	2021-04-25
武超 释迦		46,000	十竹斋	2021-06-27
朱建斌 日月同辉		46,000	十竹斋	2021-06-27
刘建平制回纹鱼壶		46,000	江苏观宇	2021-09-26
李渊 花蕾		46,000	江苏观宇	2021-09-26
谭泉海刻王石耕制大掇只壶		46,000	江苏观宇	2021-09-26
李昌鸿 高大方壶		44,800	上海联合	2021-06-27
咸仲英 乳鼎壶		44,800	上海联合	2021-06-27
清末 戴氏巨轮珠壶(两件)	每件长10cm、宽6cm、高6cm	43,700	中贸圣佳	2021-12-30
近代 汪宝根款紫泥宝菱壶	宽18cm	43,700	中国嘉德	2021-05-18

2021杂项拍卖成交汇总(续表)

(成交价RMB：1万元以上)

拍品名称	物品尺寸	成交价RMB	拍卖公司	拍卖日期
清中期 朱泥黑泥绘三足壶	长7.7cm; 宽5cm; 高5cm	43,700	中贸圣佳	2021-12-30
清早期 袁亦高 亦高款紫砂梅花杯	长7.5cm; 宽6.5cm; 高3cm	43,700	中贸圣佳	2021-12-30
王卫明 蕴香壶		43,700	十竹斋	2021-01-09
周虎 井栏壶		43,700	十竹斋	2021-01-09
周虎 乳鼎壶		43,700	十竹斋	2021-01-09
周虎 笠影壶		43,700	十竹斋	2021-01-09
汤琴华 龙凤呈祥壶		43,700	十竹斋	2021-01-09
鲍仲梅制三羊开泰壶		43,700	江苏观宇	2021-04-25
范国华制玉麟寿桃壶		43,700	江苏观宇	2021-04-25
丁霞 云肩如意		43,700	十竹斋	2021-06-27
余超 上合桃		43,700	十竹斋	2021-06-27
朱志豪 玉竹生香		43,700	十竹斋	2021-06-27
崔集 德钟(高建胜书、储亚军刻绘、万佳一泥绘)		43,700	十竹斋	2021-06-27
徐栋 玉铎		43,700	江苏观宇	2021-09-26
吴浩 六方君德		43,700	江苏观宇	2021-09-26
徐汉棠制紫泥石瓢壶	长15.5cm; 高7.5cm	41,400	北京银座	2021-09-24
蒋铭 太极如意		41,400	十竹斋	2021-06-27
韩斌 大彬海棠		41,400	十竹斋	2021-06-27
潘利军 亚明四方		41,400	十竹斋	2021-06-27
沈建强制“对号入座”壶		40,250	江苏观宇	2021-09-26
崔国琴制三叉提梁壶		40,250	江苏观宇	2021-04-25
马璟辉制西施壶		40,250	江苏观宇	2021-04-25
鲍志强刻许艳春制花蕾壶		40,250	江苏观宇	2021-04-25
庄玉林制六方掇球壶		40,250	江苏观宇	2021-04-25
储俊伟 高桑扁(张智刚泥绘、徐炜刻绘)		40,250	十竹斋	2021-06-27
王俊刚 子冶石瓢		40,250	十竹斋	2021-06-27
吴奇敏 瓜形茗壶		40,250	十竹斋	2021-06-27
80初 82小品 记款 诗句什锦壶		40,250	上海嘉禾	2021-07-22
陶洁 菱花笑樱紫砂壶		40,250	上海嘉禾	2021-07-22
赵楠、黄鹏程泥绘工笔花鸟四方软耳提梁壶		40,250	上海嘉禾	2021-07-22
李慧芳制友泉三足壶		40,250	江苏观宇	2021-09-26
周超 太极如意		40,250	江苏观宇	2021-09-26
余超 葵仿古		36,800	十竹斋	2021-06-27
林月长 圣柏		36,800	十竹斋	2021-06-27
沈贤兵 汉铎		36,800	十竹斋	2021-06-27
范坚 扭转乾坤		36,800	十竹斋	2021-06-27
王仁露 呈盘		36,800	十竹斋	2021-06-27
袁云龙 扁腹壶		36,800	十竹斋	2021-06-27
近代 “那哲”作石鼓壶	高7.8cm	36,800	上海匡时	2021-07-08
袁可强 风卷葵		36,800	江苏观宇	2021-09-26
郑存俊 伴读		35,650	十竹斋	2021-06-27
郑存鹏 六方宫灯		35,650	十竹斋	2021-06-27
2003年 储集泉制民乐系列 出水莲壶		35,650	上海嘉禾	2021-07-22
清乾隆 什锦杯	每件长5.7cm、高2.9cm	34,500	中贸圣佳	2021-12-30
清道光 朱石梅 石梅绞泥海棠碗	长13cm; 宽11.5cm; 高5.5cm	34,500	中贸圣佳	2021-12-30
清道光 香齐盖杯	长10cm; 宽10cm; 高12cm	34,500	中贸圣佳	2021-12-30
现代 江洪军 平盖莲子	长10.5cm; 宽6.8cm; 高5.5cm	34,500	中贸圣佳	2021-12-30
现代 李志刚 友兰井栏	长10.5cm; 宽7.8cm; 高6.5cm	34,500	中贸圣佳	2021-12-30
现代 蒋国庆 山水井栏	长13cm; 宽9.5cm; 高9cm	34,500	中贸圣佳	2021-12-30
现代 李星辰 玉露套组(刘伟涛刻)	尺寸不一	34,500	中贸圣佳	2021-12-30
葛陶中紫砂壶	高8.5cm; 长17cm	34,500	广东崇正	2021-01-07
孔祥君 百寿壶		34,500	十竹斋	2021-01-09
许艳春制凌花碧玉壶		34,500	江苏观宇	2021-04-25
吴东瑾制虚扁壶		34,500	江苏观宇	2021-04-25
徐鹏 狮球		34,500	十竹斋	2021-06-27
徐鹏 太极如意		34,500	十竹斋	2021-06-27
毛华明 东坡提梁		34,500	十竹斋	2021-06-27
刘梦爱 僧帽壶		34,500	十竹斋	2021-06-27
陆国庆 双圈		34,500	十竹斋	2021-06-27
郑永平 松椿		34,500	十竹斋	2021-06-27
王平 子冶石瓢(张云熙刻绘)		34,500	十竹斋	2021-06-27
王晓宇 青松		34,500	十竹斋	2021-06-27
王曦 掇球		34,500	十竹斋	2021-06-27
方玉琴 魁方壶	长13.4cm	34,500	十竹斋	2021-06-27
20世纪90年代范洪泉制束柴三友套组		34,500	上海嘉禾	2021-07-22
李远强 青鸾舞乐提梁壶		34,500	上海嘉禾	2021-07-22
曹婉芬制闺秀觅意壶		34,500	江苏观宇	2021-09-26
欧鹏程 吴经提梁		34,500	江苏观宇	2021-09-26
江洪军 仲芳周盘		34,500	江苏观宇	2021-09-26
李志刚 墨林		34,500	江苏观宇	2021-09-26
徐达明制矮石瓢壶		34,500	江苏观宇	2021-09-26

拍品名称	物品尺寸	成交价RMB	拍卖公司	拍卖日期
余仲华制传炉壶		34,500	江苏观宇	2021-09-26
张宇峰 汲古		34,500	江苏观宇	2021-09-26
清末 杨彭年 彭年铭紫砂碗	长14cm; 宽14cm; 高8cm	32,200	中贸圣佳	2021-12-30
刘志明 掇只壶		32,200	十竹斋	2021-01-09
何挺初制双鱼五头茶具套组		32,200	江苏观宇	2021-04-25
毛国强刻并制通灵提梁壶		32,200	江苏观宇	2021-04-25
许艳春制仿鼓如意壶		32,200	江苏观宇	2021-04-25
鲍洲昊 上核桃		32,200	十竹斋	2021-06-27
周江 心舟石瓢		32,200	十竹斋	2021-06-27
邢正虎 白虎		32,200	十竹斋	2021-06-27
陆文骁 听雨		32,200	十竹斋	2021-06-27
范建军刻并制六方井栏壶		32,200	江苏观宇	2021-09-26
李小龙 灵泉		32,200	江苏观宇	2021-09-26
唐建平 鸿运当头壶		31,050	十竹斋	2021-01-09
刘雨(裕) 鸣远南瓜		29,900	十竹斋	2021-06-27
毛华明 “舞风吟”紫砂屏风		29,900	十竹斋	2021-06-27
范洪初 盛夏硕瓜		29,900	十竹斋	2021-06-27
陆晓明 绶带狮钮		29,900	十竹斋	2021-06-27
崔国琴制三叉提梁壶		29,900	江苏观宇	2021-09-26
吴奇敏制寅春款西施壶(一对)		28,750	江苏观宇	2021-09-26
近代 冯桂林制跂匋铭刻书画紫泥合桃壶	宽20cm	28,750	中国嘉德	2021-05-18
钱朝艳 四方孤棱壶		28,750	十竹斋	2021-01-09
高建芳制特大西瓜茶具套组(九件)		28,750	江苏观宇	2021-04-25
张甜甜 子冶石瓢(刘伟涛刻绘)		28,750	十竹斋	2021-06-27
段术龙 玉璧		28,750	十竹斋	2021-06-27
范志浩 清幽(木石画、木言刻绘)		28,750	十竹斋	2021-06-27
苗聪 子冶石瓢		28,750	十竹斋	2021-06-27
潘毅 清香		28,750	十竹斋	2021-06-27
张丹 寒江独钓方壶(马建刻绘)		28,750	十竹斋	2021-06-27
钱祥强 景舟石瓢(张勇刻绘)		28,750	十竹斋	2021-06-27
谭泉海刻顾婷制石瓢壶		28,750	江苏观宇	2021-09-26
韩敏书画周定华制四方抽角壶		28,750	江苏观宇	2021-09-26
王燕春 竹节报春		28,750	江苏观宇	2021-09-26
畲虹友 他山之石		28,750	江苏观宇	2021-09-26
周洪伟 僧帽		28,750	江苏观宇	2021-09-26
潘小兔 鱼化龙		27,600	十竹斋	2021-06-27
殷克虎 葵仿古		27,600	十竹斋	2021-06-27
华松 明直(张重庆刻绘)		27,600	十竹斋	2021-06-27
郝发龙 云纹汉方壶		26,450	十竹斋	2021-06-27
黄佳斌 宝菱		26,450	十竹斋	2021-06-27
陈凤鸣 纳瓢壶		25,300	十竹斋	2021-01-09
范建军刻曹婉芬制石瓢壶		25,300	江苏观宇	2021-04-25
徐达明、王秀芳合制林芝树瘿壶		25,300	江苏观宇	2021-04-25
崔国琴制润玉茶具套组		25,300	江苏观宇	2021-04-25
赵江华制子冶石瓢壶		25,300	江苏观宇	2021-04-25
鲍洲昊 六方扁腹壶		25,300	十竹斋	2021-06-27
邵斌 福星		25,300	十竹斋	2021-06-27
朱昕晨 上合桃		25,300	十竹斋	2021-06-27
汪健 观云		25,300	十竹斋	2021-06-27
徐凤培 米芾拜石		25,300	十竹斋	2021-06-27
王建芳 绶带狮钮壶		25,300	十竹斋	2021-06-27
徐志峰 锦蓝提梁		25,300	十竹斋	2021-06-27
周俊跃 笠翁		25,300	十竹斋	2021-06-27
20世纪90年代 束凤英制谭泉海刻绘牛盖莲子壶		25,300	上海嘉禾	2021-07-22
葛鑫鑫 腰圆圈顶		25,300	江苏观宇	2021-09-26
吴德荣 传炉		24,150	十竹斋	2021-06-27
紫砂胎炉钧釉汉方壶(一对)	长22cm×2	23,000	中国嘉德	2021-03-30
近代 邵全章制七九老人款棋奁紫泥壶	宽18.3cm	23,000	中国嘉德	2021-05-18
近代 任淦庭 紫砂瓶	高36cm	23,000	中贸圣佳	2021-12-30
现代 夏磊 大彬宫灯	高8.7cm	23,000	中贸圣佳	2021-12-30
现代 周立军 蓝彩高灯	长11cm; 宽6cm; 高10cm	23,000	中贸圣佳	2021-12-30
祁星斗 吉祥图腾	高21cm	23,000	十竹斋	2021-01-09
崔颖强 子冶石瓢壶		23,000	十竹斋	2021-01-09
张小国 鸣远扇形壶		23,000	十竹斋	2021-01-09
许艳春制凤鸣壶		23,000	江苏观宇	2021-04-25
张静制僧帽壶		23,000	江苏观宇	2021-04-25
高峰制四方菱花壶		23,000	江苏观宇	2021-04-25
倪顺生制夏乐壶		23,000	江苏观宇	2021-04-25
王铭东制新瓢壶		23,000	江苏观宇	2021-04-25
吴东元刻吴东瑾制古钟壶		23,000	江苏观宇	2021-04-25
鲁艳俊 高掇球大壶	宽19.5cm; 高13cm	23,000	江苏汇中	2021-05-14
杨氏“清”款 梅桩壶	宽23cm; 高12cm	23,000	江苏汇中	2021-05-14
刘小秋 掇只		23,000	十竹斋	2021-06-27
徐鸣浩 六方汝鼎		23,000	十竹斋	2021-06-27
范宝 含香(顾云峰设计)		23,000	十竹斋	2021-06-27
鲍婕 夔龙		23,000	十竹斋	2021-06-27

(成交价RMB：1万元以上)

拍品名称	物品尺寸	成交价RMB	拍卖公司	拍卖日期
沈彦泽 太湖韵		23,000	十竹斋	2021-06-27
陆国庆 合欢		23,000	十竹斋	2021-06-27
彭湃 容天		23,000	十竹斋	2021-06-27
储蓁 留芳		23,000	十竹斋	2021-06-27
黄婷 葵仿古		23,000	十竹斋	2021-06-27
周懋 仙桃		23,000	十竹斋	2021-06-27
周蓓丽 红泥传炉	长12cm	23,000	十竹斋	2021-06-27
1995年 葛陶中制高瞻壶		23,000	上海嘉禾	2021-07-22
江勤翔制玉玲珑壶		23,000	江苏观宇	2021-09-26
贾李君 文旦		23,000	江苏观宇	2021-09-26
王石耕制紫裙风壶		23,000	江苏观宇	2021-09-26
詹黎明 蕴瓢(王俊平刻)		22,400	上海联合	2021-06-27
沈汉生刻并制大茗香壶		21,850	江苏观宇	2021-09-26
崔颖强 子冶石瓢壶		20,700	十竹斋	2021-01-09
林欢 侍君提梁壶		20,700	十竹斋	2021-01-09
张小国 沁方壶		20,700	十竹斋	2021-01-09
裴佳安制西施壶		20,700	江苏观宇	2021-04-25
清 邵文允 紫砂壶	长23.8cm	20,700	十竹斋	2021-06-27
郭文涛 纳瓢		20,700	十竹斋	2021-06-27
吴倩 沉香		20,700	十竹斋	2021-06-27
戴曙佳 莲韵		20,700	十竹斋	2021-06-27
马骏杰 汉云		20,700	十竹斋	2021-06-27
高鹏飞 收腰扁腹		20,700	十竹斋	2021-06-27
华青 魁炉		20,700	十竹斋	2021-06-27
刘兆俊 春秋壶		20,700	十竹斋	2021-06-27
段云飞 汉棠石瓢		20,700	十竹斋	2021-06-27
钱超 三友提梁		20,700	十竹斋	2021-06-27
张达 竹福		20,700	十竹斋	2021-06-27
蒋成龙 虚扁壶		20,700	十竹斋	2021-06-27
童宇乐 美人肩		20,700	十竹斋	2021-06-27
欧正春、欧子明 紫砂壶(三把)	尺寸不一	20,700	南京经典	2021-07-18
蔡海平 云海江南(范小君铭)	高12.5cm; 宽18cm	20,700	江苏观宇	2021-09-26
吴奇敏制大口鼓圆茗壶		20,700	江苏观宇	2021-09-26
信秉震 用卿古式		20,700	江苏观宇	2021-09-26
顾跃君 掇只壶		19,550	十竹斋	2021-01-09
王石耕制掇只壶		19,550	江苏观宇	2021-04-25
郑存欢 子冶石瓢		19,550	十竹斋	2021-06-27
严丽平 报春壶		18,400	十竹斋	2021-01-09
顾婷、汤杰合制脱颖壶		18,400	江苏观宇	2021-04-25
郭文涛 子冶石瓢		18,400	十竹斋	2021-06-27
汤玮 觉意		18,400	十竹斋	2021-06-27
朱峰 平盖石瓢(系邦文刻绘)		18,400	十竹斋	2021-06-27
徐凤培 如来佛祖		18,400	十竹斋	2021-06-27
童俊杰 半月		18,400	十竹斋	2021-06-27
邵勇 大亨仿古		18,400	十竹斋	2021-06-27
朱利鹏 仿古壶		18,400	十竹斋	2021-06-27
夏俊健 鹅蛋壶		18,400	十竹斋	2021-06-27
曾启杰 坦然		18,400	十竹斋	2021-06-27
周懋 柿园		18,400	十竹斋	2021-06-27
2000年 顾婷制回纹合璧壶		18,400	上海嘉禾	2021-07-22
秦疆 汉方壶		18,400	上海嘉禾	2021-07-22
现代 应志远 半月壶	高5.4cm	17,250	中贸圣佳	2021-12-30
现代 弘文 梨式壶	长12.8cm; 高7.8cm	17,250	中贸圣佳	2021-12-30
现代 潘加龙 木山	长10cm; 宽6cm; 高6cm	17,250	中贸圣佳	2021-12-30
现代 陈洁 银台醉客	长16cm; 宽9.5cm; 高12.5cm	17,250	中贸圣佳	2021-12-30
王雯静 四方竹鼎壶		17,250	十竹斋	2021-01-09
丁赟 怀古鸣春壶		17,250	十竹斋	2021-01-09
白峰 舞韵壶		17,250	十竹斋	2021-01-09
近代 徐孝穆书画并刻菊花图紫砂水平壶	高8.2cm; 通径12.2cm	17,250	西泠印社	2021-01-15
沈建强制菊球壶		17,250	江苏观宇	2021-04-25
崔国琴制三足炉鼎壶		17,250	江苏观宇	2021-04-25
高建华制柿元壶		17,250	江苏观宇	2021-04-25
倪顺生制梅椿壶		17,250	江苏观宇	2021-04-25
周行健 秦权		17,250	十竹斋	2021-06-27
周妮 抽角四方		17,250	十竹斋	2021-06-27
20世纪60年代 曹婉芬制八卦壶		17,250	上海嘉禾	2021-07-22
20世纪90年代 潘春芳制段泥井栏壶		17,250	上海嘉禾	2021-07-22
20世纪80年代末 沈汉生制竹简壶		17,250	上海嘉禾	2021-07-22
杨彭年 泥绘山水紫砂壶	15.5cm×10.5cm	17,250	上海嘉禾	2021-07-22
倪顺生制松桩壶		17,250	江苏观宇	2021-09-26
徐金根制三足水平壶		17,250	江苏观宇	2021-09-26
高静 高菱		17,250	江苏观宇	2021-09-26
顾绍培监制顾婷制韵泉圆壶		17,250	江苏观宇	2021-09-26
惠榕 汉铎		17,250	江苏观宇	2021-09-26
陆奕 束柴三友		17,250	江苏观宇	2021-09-26
许艳春制大彬如意壶		17,250	江苏观宇	2021-09-26
周伯其刻许艳春制石瓢壶		17,250	江苏观宇	2021-09-26
清康熙 鸣谦"文水珍藏"款陈贞制灵芝杯	长10.5cm; 高5cm	1,265,000	中贸圣佳	2021-05-20

拍品名称	物品尺寸	成交价RMB	拍卖公司	拍卖日期
清乾隆 王公其制紫泥葡萄杯	宽10.5cm; 高5.5cm	207,000	江苏观宇	2021-09-26
清晚期 曼生款东溪刻紫泥方斗套杯	尺寸不一	109,250	江苏观宇	2021-09-26
清 孟臣款梅花诗文挂釉杯(一对)	直径8.8cm×2	23,000	北京保利	2021-06-07
清 二泉刻诗文花口杯一只等(共八只)	尺寸不一	17,250	北京保利	2021-06-07
民国 顾景舟制紫砂如意纹杯(一对)	直径7cm×2	40,250	广东崇正	2021-07-19
当代 周峰制"朱夏"五彩泥绘杯	高8.8cm; 长12.8cm	172,500	西泠印社	2021-07-23
当代 房暗星制珐琅彩生肖杯	高6cm	34,500	上海嘉禾	2021-07-22
周宇杰制"岁月遗痕"茶具套组		184,000	江苏观宇	2021-04-25
何挺初制五头捆竹茶具套组		25,300	江苏观宇	2021-09-26
蒋彦制古井遗风五头茶具套组		20,700	江苏观宇	2021-09-26
清初 汤天如 莲瓣纹朱泥碗	高5.3cm; 长12.4cm	230,000	中贸圣佳	2021-05-20
清早期 宜钧紫砂胎天蓝釉碗	直径19cm	115,000	北京保利	2021-06-07
清早期 雅集款印版朱砂碗	宽19cm; 高10cm	20,700	江苏观宇	2021-09-26
清中期 杨彭年 菊瓣碗	6.9cm×11.6cm	63,250	中贸圣佳	2021-05-20
清中期 无款紫泥蓝彩盖碗	宽10cm; 高9cm	17,250	江苏观宇	2021-09-26
清 行有恒堂制宜钧砂胎盖碗	9.3cm×11cm×9cm(杯); 2.6cm×12cm×9.9cm(托)	69,000	西泠印社	2021-01-16
"瑞丰字号""亨慎"款紫砂加彩蝶恋花盖碗套组		57,500	上海嘉禾	2021-07-22
清乾隆 陈觐侯制紫砂模印双龙碟(一对)	直径12.4cm×2	126,500	中国嘉德	2021-05-19
清早期 曾效款飞龙纹段泥贡盘	宽23cm	69,000	江苏观宇	2021-09-26
清乾隆 陈觐侯 莲瓣纹朱泥大盘	高4cm; 长22.4cm	379,500	中贸圣佳	2021-05-20
李建军 赏盘	直径40.5cm	20,700	十竹斋	2021-01-09
清康熙/雍正 朱泥贴花葵式紫砂盆	长58cm; 高32cm	1,265,000	中贸圣佳	2021-12-30
清乾隆 陈觐侯团龙纹碗	长19.8cm; 高9cm	632,500	中贸圣佳	2021-12-30
清 紫砂寿星像	高34.5cm	92,000	中贸圣佳	2021-12-29
现代 褚超·笔筒	高12cm	138,000	中贸圣佳	2021-12-30
清乾隆 克慎款贴花碗	长11.8cm; 高4.7cm	92,000	中贸圣佳	2021-12-30
明 宜钧天蓝釉赏瓶	9.3cm×11.5cm×11.5cm	253,000	西泠印社	2021-01-16
清早期 紫砂壁瓶(三只)	高15.5cm×3	23,000	上海嘉禾	2021-07-22
清乾隆 五彩堆泥绘大灯笼瓶	48.9cm×27.7cm×27.7cm	862,500	西泠印社	2021-01-16
清乾隆 同色泥绘山水壁瓶(一对)	高18.5cm×2	71,300	上海嘉禾	2021-07-22
清中期 龚心钊旧藏紫砂砚瓶(附原底座)	宽21cm; 高33cm	172,500	江苏观宇	2021-04-25
清中期 申锡制紫泥赏瓶及剔红粉盒各一件	26.5cm×16.3cm×16.3cm(赏瓶); 4cm×11.2cm×8.6cm(粉盒)	48,300	西泠印社	2021-01-16
清中期 逢春 满彩紫砂 壁瓶(一对)	高16cm×2	28,750	上海嘉禾	2021-07-22
18世纪/19世纪 紫砂描金寿字纹荸荠瓶	高23.1cm	114,188	纽约佳士得	2021-03-18
清晚期 北岩刻绘花卉诗句段泥观音瓶	高28cm	17,250	上海嘉禾	2021-07-22
清 紫砂宜钧釉赏瓶	高16cm; 长7.3cm	23,000	西泠印社	2021-07-23
民国 陈少亭刻、卢元璋制金石纹段泥大赏瓶	高53cm; 长19.2cm	195,500	西泠印社	2021-07-23
清末民国 陈光明制紫泥粉浆兽耳方瓶	高25.6cm; 长18.1cm	103,500	西泠印社	2021-07-23
民国 吴汉文制并刻金鼎商标款紫泥粉浆富贵益寿赏瓶	高37.5cm; 最宽处18.5cm	51,750	西泠印社	2021-07-23
民国 潜陶制并刻山水楼台"秦砖汉瓦"双铺兽方瓶	高29cm	25,300	北京保利	2021-06-07
民国 东溪刻绘小萝卜瓶(一对)	高15cm×2	17,250	上海嘉禾	2021-07-22
民国 钦州窑赏瓶	24.6cm×10.5cm×10.5cm	17,250	西泠印社	2021-01-16
民国 晓山刻段泥桃形瓶	宽11.5cm; 高26.5cm	17,250	江苏观宇	2021-09-26
孔良法 山水鱼尾对瓶		172,500	十竹斋	2021-06-27
沈汉生刻顾绍培制百寿瓶	高22cm; 宽14cm	138,000	江苏观宇	2021-04-25
程文兵"祥瑞汉风"对瓶		34,500	十竹斋	2021-06-27
李建军 四方对瓶	高29cm×2	32,200	十竹斋	2021-01-09
许莲 兽耳对瓶(陆轶舟刻绘)		29,900	十竹斋	2021-06-27
近代 任淦庭刻绘山水金鼎商标款紫泥小观音瓶	高13cm	28,750	中国嘉德	2021-05-18
20世纪60年代 周桂珍制四方回纹赏瓶	高18cm	28,750	上海嘉禾	2021-07-22
清早期 鸣远款宜钧天青釉三足尊	高7.8cm	43,700	上海嘉禾	2021-07-22
清康熙 陈鸣远制巧色石榴水滴尊	高9cm	1,265,000	中国嘉德	2021-11-28
清中期 紫砂胎蓝釉环耳尊(一对)	高29.7cm×2	28,750	中国嘉德	2021-03-28
清 紫砂宜钧釉瑞兽尊	高17cm	57,500	上海匡时	2021-07-08
民国 培矶氏刻段泥象耳四方樽	宽17cm; 高15cm	17,250	江苏观宇	2021-04-25
明末 乌泥茶叶罐	高21.5cm; 长19.5cm	103,500	西泠印社	2021-07-23
明末清初 宜钧釉紫砂胎披肩吐噜瓶式茶叶罐	高12cm	25,300	北京保利	2021-06-07
清早期 紫泥如意披肩茶叶罐(一组)	尺寸不一	92,000	江苏观宇	2021-09-26
清早期 冷金黄橄榄罐	高10.5cm	17,250	上海嘉禾	2021-07-22
清康熙 柿泥粉彩山水菱花式茶叶罐	长11cm; 高14cm	40,250	中贸圣佳	2021-05-20
清乾隆 无款白泥茶叶罐	宽9cm; 高10cm	32,200	江苏观宇	2021-04-25
清乾隆 王南林制朱泥调砂茶叶罐	宽15cm; 高16cm	17,250	江苏观宇	2021-04-25
清中期 紫泥四方茶叶罐(一对)	高13.9cm; 高13.8cm	63,250	西泠印社	2021-07-23

2021杂项拍卖成交汇总(续表)

(成交价RMB：1万元以上)

拍品名称	物品尺寸	成交价RMB	拍卖公司	拍卖日期
清中期 仲侯款紫泥缠枝花卉纹六方茶叶大罐及模印六方茶叶小罐(一组两件)	高23.8cm；高16.5cm	32,200	西泠印社	2021-07-23
清 王南林制朱泥五彩山水图罐	直径17.3cm；高14cm	48,300	中国嘉德	2021-05-19
清 紫砂六楞茶叶罐	23cm×17cm	25,300	十竹斋	2021-06-27
清 紫泥狭口茶叶罐及紫泥挂釉彩绘茶叶罐(一组两件)	高11.2cm；高10.6cm	23,000	西泠印社	2021-07-23
清 紫砂画蓝松竹纹蟋蟀罐	高9cm	20,700	上海匡时	2021-07-08
明 宜钧釉紫砂胎菖蒲盆	高2.8cm；长9.5cm	230,000	西泠印社	2021-07-23
清早期 王轶群 王轶群紫泥铺砂长方花盆	15.8cm×35.7cm	115,000	中贸圣佳	2021-05-20
清乾隆 无款古渡抽角长方盆	宽17cm；高6cm	25,300	江苏观宇	2021-04-25
清光绪 玉成窑任伯年刻绘花卉盆	高13cm；宽13cm；长13cm	218,500	上海嘉禾	2021-07-22
清晚期 玉成窑汉瓦纹花盆	高12cm；长20.5cm	126,500	西泠印社	2021-07-23
清晚期 访雪道人款红泥四方倭角如意足盆	宽34.3cm	25,300	中国嘉德	2021-05-18
清 鹤年铭山农刻玉成窑造黄庭坚诗文水仙盆	高5.2cm；长18cm；宽11.5cm	172,500	西泠印社	2021-01-16
清末 玉成窑 玉成窑任伯年刻花盆	12.2cm×22.6cm	97,750	中贸圣佳	2021-05-20
清末 李鸿章赠予伊藤博文 六棱形三色花盆	18cm×32cm	69,000	中贸圣佳	2021-05-20
清中晚期 竹亭制段泥高足海棠盆	宽26cm；高9cm	19,550	江苏观宇	2021-04-25
民国 裴石民制紫泥四方签筒盆	宽9.5cm；高26cm	149,500	江苏观宇	2021-04-25
民国 蒋燕亭制诗文紫砂长方形菖蒲盆	长27.5cm	43,700	北京保利	2021-06-07
民国 任淦庭刻吴德盛制段泥兰盆	宽33cm；高16cm	34,500	江苏观宇	2021-09-26
民国 任淦庭、谭耀坤合制四方盆	宽17cm；高18.5cm	28,750	江苏观宇	2021-04-25
民国 半匋竹节、茄子微型盆(二件)	尺寸不一	17,250	江苏观宇	2021-09-26
当代 徐汉棠 高足花盆	高13.8；口径7.4	57,500	中贸圣佳	2021-05-20
当代 徐汉棠制紫泥花盆(两件)	5.3cm×10.9cm×10.9cm；4.5cm×10.5cm×10.5cm	51,750	西泠印社	2021-01-16
当代 顾绍培制四方花盆	22cm×27.5cm	18,000	中贸圣佳	2021-05-20
徐汉棠制四方竹节盆	高4.5cm；宽9cm	46,000	江苏观宇	2021-09-26
近代 冶匋制紫泥松桩小景盆	宽9cm	43,700	中国嘉德	2021-05-18
近代 徐汉棠制中国宜兴款小号水浪盆	长8cm；宽4cm；高2.5cm	43,700	上海嘉禾	2021-07-22
近代 冶匋制紫泥罗汉竹节小景盆	宽8cm	32,200	中国嘉德	2021-05-18
近代 桂林款紫泥桃形小景盆	宽8.5cm	32,200	中国嘉德	2021-05-18
顾绍培制六方如意花盆	高6cm；宽30cm	20,700	江苏观宇	2021-04-25
明 紫砂胎宜钧月白釉茶炉	高15.6cm；长31.3cm	55,200	西泠印社	2021-07-23
清中期 白泥六方墨绘风炉	高16cm；宽13cm	25,300	江苏观宇	2021-09-26
清中期 鲍氏明亮款宜钧釉鼓钉铺首缸	宽68cm；高38cm	23,000	江苏观宇	2021-04-25
清中期 王南林制紫泥广口茶缶	尺寸不一	17,250	江苏观宇	2021-09-26
清道光 "廉普监造"款杨彭年制紫泥挂釉方簋	14cm×21cm×16.8cm	86,250	西泠印社	2021-01-16
清光绪 钦州窑造帽筒	35cm×13.2cm	86,250	西泠印社	2021-01-16
清晚期 王东石制、雪居画、何心舟刻玉成窑紫泥大香筒	高25.8cm；口径12.2cm	402,500	西泠印社	2021-07-23
清 任伯年画虬梅图花器	直径5.5cm；高17.5cm	230,000	中国嘉德	2021-11-28
清中晚期 廉普铭石楳制紫泥四方双耳盖炉	宽16.5cm；高13.5cm	115,000	江苏观宇	2021-04-25
清 宜钧釉砂胎香炉	12.3cm×25.5cm×19.8cm	92,000	西泠印社	2021-01-16
清 狮钮鼓钉兽足鼎式紫砂熏炉	高27.5cm	40,250	北京保利	2021-06-07
清 宜钧天蓝釉香炉	16.5cm×15.5cm(含盖及底座高)	32,200	西泠印社	2021-01-16
清中晚期 紫泥象首回纹香炉	宽15cm；高8cm	23,000	江苏观宇	2021-09-26
民国 福亨款彩泥绘帽筒(一对)	每件宽12cm；高31cm	36,800	江苏观宇	2021-04-25
民国 钦州窑广云款蔬果图琴炉	直径16.5cm	23,000	北京保利	2021-06-07
匋斋制黄金段刻百虎图杯	宽9cm	126,500	北京保利	2021-12-05
当代 云渡窑文人建盏(一对)	5.3cm×8.1cm×8.1cm×2	17,250	西泠印社	2021-01-16
王翔刻山水画缸	高22cm；宽27cm	166,750	江苏观宇	2021-04-25
耿浩 慕明清家具·案几		59,800	十竹斋	2021-06-27
漆 器				
南宋嘉熙二年 项元汴藏"秋涛"仲尼式琴	琴长119cm	11,270,000	北京保利	2021-06-07
南宋 "环佩"仲尼式古琴	通长117cm；肩宽17.2cm；尾宽11cm	5,750,000	中国嘉德	2021-11-30
南宋至元 褐漆"玉韵"仲尼式古琴	通长121cm；肩宽18cm；肩宽13cm	1,932,000	华艺国际	2021-12-11
宋 "仙籁"连珠式琴	琴长126.5cm	9,545,000	北京保利	2021-12-05
宋 "清流戛玉"仲尼式琴	琴长121.8cm	6,095,000	北京保利	2021-12-05
宋 "龙行风雨"仲尼式古琴	琴长115cm	1,437,500	西泠印社	2021-01-16
元 变体灵机式古琴"潜真子"	通长118cm	5,750,000	中贸圣佳	2021-05-21
元 师旷式琴	琴长121.5cm	4,830,000	北京保利	2021-12-05
元 "秋梧"仲尼式古琴	通长125.8cm	4,715,000	中国嘉德	2021-11-30
明初 黑漆蕉叶式百衲古琴	通长122.5cm	3,680,000	华艺国际	2021-12-11
明隆庆益王"幽谷流泉"仲尼式古琴	通长124.7cm	3,450,000	中国嘉德	2021-05-19

拍品名称	物品尺寸	成交价RMB	拍卖公司	拍卖日期
明万历 "清风徐来"仲尼式琴	长120cm	1,518,000	华艺国际	2021-12-11
明万历 黑漆仲尼式琴	123.5cm×18.3cm	690,000	北京保利	2021-06-08
明崇祯 高罗佩"中和琴室"藏"中和"潞王琴	琴长120cm	6,095,000	北京保利	2021-06-07
明崇祯元年 文震运斫"冷石"仲尼式琴	琴长121.5cm	2,760,000	北京保利	2021-06-07
明崇祯 潞王中和琴	通长121cm	2,070,000	中国嘉德	2021-05-19
明崇祯 蕉叶式琴	琴长116cm	1,150,000	北京保利	2021-12-05
明 "晓鸿"仲尼式琴	琴长117.5cm	3,335,000	北京保利	2021-12-05
明 蕉叶式古琴	琴长119cm	2,702,500	西泠印社	2021-01-16
明 过云楼旧藏仇森之递藏"松风秋月"仲尼式琴	总长121cm	2,530,000	中贸圣佳	2021-12-29
明 "天响"仲尼式古琴	通长122.3cm	2,185,000	中国嘉德	2021-05-19
明末清初 黑漆螺钿"文王访贤"琵琶(有竹支架)	长94cm；宽23.8cm	1,610,000	北京保利	2021-06-07
清早期 长洲吴逸群铭仲尼式古琴	通长93.3cm	575,000	中国嘉德	2021-05-19
清乾隆 御制"湘江秋碧"连珠式琴	琴长101.5cm	43,700,000	北京保利	2021-12-05
清光绪 何镛 陈世骥铭"绿意"蕉叶式古琴	通长117.5cm	690,000	中国嘉德	2021-05-19
清 "峨嵋松"仲尼式百衲装饰琴	全长120.3cm	1,046,500	中贸圣佳	2021-05-21
清 胡贤禹重修款仲尼式古琴	通长122.7cm	437,000	中国嘉德	2021-11-30
清 仲尼式古琴	通长111.5cm	230,000	中国嘉德	2021-11-30
清 黑漆仲尼式古琴	通长126.5cm	172,500	中国嘉德	2021-11-30
清 紫檀三弦琴	长93cm	25,300	西泠印社	2021-01-16
清末民国 秦华斫"玉涧鸣泉"伏羲式琴	琴长123.8cm	897,000	北京保利	2021-06-07
民国 潞安秦华斫仲尼式古琴	通长120cm	632,500	中国嘉德	2021-05-19
民国 叶希明款吴浔阳斫丰卦琴	通长128cm	483,000	中国嘉德	2021-11-30
民国 孙净尘督造仲尼式古琴	通长121.8cm	437,000	中国嘉德	2021-05-19
民国十六年 方进升斫此君式琴	琴长123.4cm	437,000	北京保利	2021-06-07
民国 仲尼式古琴	通长121cm	253,000	中国嘉德	2021-11-30
当代 宣和式古琴	通长122cm	138,000	十竹斋	2021-06-27
顾剑锋 仲尼式(钢弦)古琴	长119cm	78,400	上海联合	2021-11-21
许春光制于右任题"畹兰吟"古琴	长122cm	29,900	中鸿信	2021-07-14
清康熙 夹纻扎纳巴扎尔像	高31.2cm；宽25.4cm	149,500	北京中汉	2021-11-28
清乾隆 剔红福寿如意	长34cm	437,000	北京保利	2021-12-06
清 京作髹漆阿弥陀佛	高57cm	230,000	西泠印社	2021-07-24
清 剔红雕张果老清供图如意摆件	长38.3cm	143,750	西泠印社	2021-01-16
清 夹纻释迦说法像	高26.5cm	69,000	西泠印社	2021-01-15
清 漆金木雕观音立像	高23.5cm	17,250	古天一	2021-06-07
清乾隆 瓷胎黑漆嵌螺钿高士图小天球瓶	高37.3cm	32,200	中国嘉德	2021-09-28
清 识文漆器仿生盆景	高47cm	138,000	上海匡时	2021-07-08
清早期漆红牡丹花卉纹赏瓶(一对)	每个高39.5cm；口径12.8cm	34,500	浙江佳宝	2021-01-10
清乾隆 剔红绶带大吉葫芦瓶(一对)	高31.6cm×2	1,847,250	佳士得	2021-12-03
清乾隆 剔红嵌百宝"羊吉"葫芦形壁瓶	高80.8cm	1,840,000	永乐拍卖	2021-05-22
清乾隆 剔红大吉葫芦瓶	高32.7cm	184,000	华艺国际	2021-06-05
清 剔红人物椭圆瓶	高26cm	34,500	上海嘉禾	2021-07-22
彩绘青绿饰金山水漆器梅瓶	高67cm	20,700	上海嘉禾	2021-07-22
宋 剔犀宝相花纹漆盘	直径21.2cm	6,665,400	佳士得	2021-05-28
宋 剔红凤穿牡丹纹盘	直径25.8cm	2,549,232	香港苏富比	2021-04-22
宋 黑漆素面圆盘	直径27.3cm	2,300,000	北京华辰	2021-06-19
宋 黑漆葵式盘	直径21.5cm	743,526	香港苏富比	2021-04-22
元 剔红秋葵锦鸡纹盘	直径26.8cm	1,380,000	中贸圣佳	2021-12-29
元 雕漆云鹤牡丹纹方盘	宽19.9cm	690,000	北京保利	2021-09-26
元 黑漆都承盘	长43.5cm；宽32.3cm；高4.3cm	552,000	中贸圣佳	2021-09-26
元 剔红羲之观鹅图海棠式盘	21.5cm	292,118	香港苏富比	2021-10-13
元 剔犀高足盘	口径20.5cm	161,000	中贸圣佳	2021-03-26
元/明 剔犀如意云纹盘	直径32.5cm	97,750	华艺国际	2021-06-05
元 朱漆菱口供盘	直径27cm；宽19.8cm	63,250	中贸圣佳	2021-05-21
元 黑漆菱花口供盘	高3.5cm；直径23cm	43,700	西泠印社	2021-01-16
明早期 剔红八仙过海盘	长20.5cm	253,000	北京保利	2021-12-06
明早期 嵌螺钿人物漆盘	长37cm；宽25.8cm	63,250	中贸圣佳	2021-09-26
明早期 嵌螺钿人物纹六角漆盘	直径20.6cm	55,200	中贸圣佳	2021-09-26
元末明初 剔红山水人物盘	长25.6cm；宽25.6cm	55,200	中贸圣佳	2021-09-26
明早期 嵌螺钿人物纹黑漆长盘	长41.2cm；宽14cm；高3cm	34,500	中贸圣佳	2021-09-26
明永乐 黄地剔红风白矛花盘	直径30cm	161,000	中贸圣佳	2021-09-26
明宣德 剔红牡丹花卉盘	直径30.5cm	782,000	上海嘉禾	2021-11-14
14世纪/15世纪 剔犀如意云纹葵瓣式盘	宽27cm	205,250	佳士得	2021-12-03
明嘉靖 剔红访友图盘	直径19.5cm	172,500	中鸿信	2021-07-14
明嘉靖 剔红倭角人物故事方盘	17cm×17cm	115,000	中鸿信	2021-07-14
明万历 剔红绶带凤纹香盘	长38cm	322,000	中鸿信	2021-07-14
17世纪 黑漆螺钿嵌人物故事图方盘	宽W20cm	82,100	佳士得	2021-12-03
明 剔红外缠枝花卉里鹤纹盘	直径26cm	609,500	北京华辰	2021-06-19
明 黑漆梅花形盘(一对)	直径12.5cm×2	299,000	中贸圣佳	2021-05-21

2021杂项拍卖成交汇总(续表)

(成交价RMB：1万元以上)

拍品名称	物品尺寸	成交价RMB	拍卖公司	拍卖日期
明 花瓣朱漆盘	直径18.5cm	253,000	中贸圣佳	2021-05-21
明 千里款点螺盘（八件）	直径12cm	253,000	中贸圣佳	2021-05-21
明 黑漆螺钿盘（五件）	直径16.9cm×5	207,000	中贸圣佳	2021-05-21
明 剔犀卷云纹倭角方盘	长49cm; 宽30.5cm; 高5cm	161,000	中贸圣佳	2021-09-26
明 红漆梅花盘（五件）	直径14cm×5	161,000	中贸圣佳	2021-05-21
明 黑漆嵌湘妃竹如意形香盘	长28cm	149,500	中贸圣佳	2021-05-21
明 黑漆描金龙纹海棠形盘	长41cm; 宽34.6cm; 高2.7cm	126,500	中贸圣佳	2021-09-26
明中晚期 凤穿牡丹剔红长方盘	长39.8cm; 宽14cm; 高2.3cm	115,000	中贸圣佳	2021-09-26
明 剔漆如意纹香盘	长37cm	115,000	中鸿信	2021-07-14
明 剔犀如意纹海棠形盘	33.5cm×26.8cm×4.2cm	103,500	华艺国际	2021-03-31
明 嵌螺钿山水人物漆器长盘	长38.3cm; 宽19cm; 高2.2cm	86,250	中贸圣佳	2021-09-26
明 嵌螺钿降龙罗汉葵花形盘	直径20cm; 高1.6cm	86,250	中贸圣佳	2021-09-26
明 剔犀如意纹长方盘	长28cm; 宽13.3cm; 高2.5cm	74,750	中贸圣佳	2021-09-26
明 黑漆嵌螺钿梅枝纹长方盘	长31.5cm; 宽12.5cm	68,964	保利香港	2021-12-02
明 嵌螺钿开光花卉漆器长盘	长32cm; 宽17.5cm; 高2.4cm	63,250	中贸圣佳	2021-09-26
明 嵌螺钿婴戏图八方盘	直径33cm	40,250	中贸圣佳	2021-09-26
明 漆盘（一对）	1.直径12.5cm; 2.直径12.7cm	32,200	西泠印社	2021-07-24
明 剔犀如意纹方盘	长19.5cm; 宽19.5cm	31,050	中贸圣佳	2021-09-26
明 戗金龙纹盘	直径21.5cm	23,000	中贸圣佳	2021-07-07
明 黑漆嵌螺钿人物纹四方盘	长22.2cm; 宽22.2cm; 高2cm	20,700	中贸圣佳	2021-09-26
明 朱漆菊瓣形盘	直径17cm	20,700	中贸圣佳	2021-09-26
明末清初 黑漆嵌螺钿花卉纹盘	直径28cm; 高3cm	126,500	中贸圣佳	2021-09-26
清早期 漆器镶螺钿方形盘	长21.2cm; 宽21.2cm; 高3.5cm	195,500	中贸圣佳	2021-09-26
清早期 剔红开光菊花纹漆器长盘	长47cm; 宽31.2cm	86,250	中贸圣佳	2021-09-26
17世纪/18世纪 黑漆螺钿人物故事图倭角方盘（十一件）	边长11.5cm×11	1,305,000	纽约佳士得	2021-03-18
清乾隆 剔红葵口锦地如意纹盘	直径19cm	92,000	中鸿信	2021-07-14
乾隆 剔红仙鹤盘子	直径19cm	69,000	上海嘉禾	2021-07-22
清中期 剔犀彩绘花鸟纹长方盘	长52cm; 宽29.6cm	161,000	中贸圣佳	2021-09-26
清中期 剔红喜鹊登梅盘（一对）	直径15.8cm×2	55,200	华艺国际	2021-04-01
清 漆器嵌螺钿香盘	长10.8cm; 宽10.8cm; 高0.8cm	28,750	中贸圣佳	2021-09-26
清 "绿天庵"款蕉叶形漆盘	长36cm; 宽19cm	20,700	西泠印社	2021-07-24
清 湘妃竹朱漆文盘	高3.5cm; 长37cm; 宽36.5cm	17,250	西泠印社	2021-01-16
20世纪80年代 雕漆烟雨楼盘	直径51cm	1,380,000	北京荣宝	2021-06-19
清乾隆 碧玉胎剔红漆花卉纹碗	直径12.3cm	1,552,500	北京保利	2021-06-07
清乾隆 剔红缠枝莲纹"万寿无疆"碗	直径12cm	345,000	中贸圣佳	2021-05-20
清乾隆 铜胎鎏金剔红团寿纹盖碗	直径11.5cm	299,000	中国嘉德	2021-11-28
清 大漆高士幽窗方壶	高51cm	207,000	中鸿信	2021-07-14
明 大漆花口盏托连铜鎏金托盖成对	高19cm×2	115,000	中鸿信	2021-07-14
明 木胎朱漆髹金葵瓣形盏托	高10cm; 通径16cm	57,500	西泠印社	2021-07-24
明 黑漆描金八宝纹盏托	高8cm	20,700	中贸圣佳	2021-09-26
元 杨茂造款剔犀花卉香盒	直径9.7cm; 高3.5cm	805,000	中贸圣佳	2021-05-21
元 雕漆如意纹香盒	直径10cm	713,000	北京保利	2021-09-26
元 杨茂造款剔红栀子花香盒	直径9.5cm	517,500	中鸿信	2021-07-14
元 剔犀 牡丹纹香盒	高3.2cm; 直径 8.7cm	402,500	中贸圣佳	2021-05-21
元 剔犀牡丹纹香盒	直径8.7cm; 高3.2cm	402,500	中贸圣佳	2021-09-26
元至明 剔彩三层香盒	直径5.5cm; 高7.5cm	368,000	中贸圣佳	2021-05-21
元 黑漆嵌螺钿童子仕女图捧盒	直径17.7cm	92,000	中贸圣佳	2021-03-26
明早期 剔漆如意纹葵口捧盒	直径20cm	253,000	中鸿信	2021-07-14
明永乐 剔红菊花纹香盒	直径7.5cm	517,500	北京保利	2021-09-26
明永乐 剔红夜游赤壁花口粉盒	直径6.5cm	115,000	中鸿信	2021-07-14
15世纪末/16世纪 剔红松下高士图六方盖盒	直径21cm	32,625	纽约佳士得	2021-03-18
明嘉靖 铜胎剔绿海兽纹圆盖盒	直径18.5cm	3,220,000	永乐拍卖	2021-05-22
明嘉靖 剔彩跃龙捧寿纹圆盒	直径19.5cm	1,863,000	佳士得	2021-05-28
15~16世纪 剔红婴戏图双面圆盒	直径7.7cm	156,492	香港苏富比	2021-10-13
16世纪 剔红荔枝纹圆香盒	直径7.5cm	57,500	保利厦门	2021-11-05
17世纪 剔红松下高士图圆盒	直径24.7cm	250,387	香港苏富比	2021-10-13
明 剔红童子戏弥勒盖盒		517,500	十竹斋拍卖（北京）	2021-05-29
晚明 剔红松下对弈图四撞盖盒	高19.8cm	446,116	香港苏富比	2021-04-22
明 剔红仙翁瑞兽双面香盒	高2.3cm; 直径5.9cm	230,000	西泠印社	2021-01-16
明 剔红荔枝纹香盒	直径6.8cm	207,000	中贸圣佳	2021-05-21
明 剔红荔枝纹香盒	直径7.7cm	75,900	十竹斋拍卖（北京）	2021-05-29
明 剔红婴戏纹香盒	直径5.8cm	63,250	北京保利	2021-06-08
明 剔红降龙罗汉盖盒	直径6.5cm; 高2cm	59,800	中贸圣佳	2021-09-26
明 剔红云纹捧盒	直径26.5cm	57,500	中鸿信	2021-07-14
明 剔红人物香盒	直径5.8cm	55,200	中贸圣佳	2021-09-26
明 剔犀缠枝牡丹纹盖盒	直径8cm; 高5.8cm	47,150	中贸圣佳	2021-09-26
明 朱漆卐字纹压花描金奁盒	长33cm; 宽20.5cm; 高15.5cm	23,000	江苏汇中	2021-05-14
明 剔犀云纹盖盒	直径20.5cm	23,000	中鸿信	2021-07-14
明晚期 剔红婴戏香盒	直径8.2cm	74,750	北京保利	2021-06-08
清早期 剔彩开光人物海棠形盖盒	长11cm	126,500	中鸿信	2021-07-14
清早期 黑漆描金嵌寿山石雕西厢记婴戏图梳妆盒	长42.4cm; 宽33.2cm; 高14cm	98,520	保利香港	2021-12-02
清早期 犀皮漆盒	长34cm; 宽17.3cm; 高12.3cm	74,750	中贸圣佳	2021-07-07
清早期 剔红荔枝纹盒	直径7.4cm	34,500	华艺国际	2021-04-01
清早期 剔犀香盒	高5cm; 直径6cm	23,000	北京荣宝	2021-06-19
清康熙 大漆填金龙纹捧盒	直径45cm; 高18cm	287,500	十竹斋拍卖（北京）	2021-05-29
清康熙 大漆嵌金银五彩螺钿圆盒	直径26.2cm	138,000	中国嘉德	2021-11-29
清康熙 剔红福寿双全桃形盖盒	长13cm	92,000	中鸿信	2021-07-14
清雍正 大漆描金倭角大捧盒	直径40.5cm	172,500	中鸿信	2021-07-14
清雍正六年（1728年）黑漆嵌螺钿多层盒	高11.5cm	98,520	保利香港	2021-12-02
清乾隆 剔红春寿桃形大捧盒（成对）	46cm×46cm×17.7cm×2	4,140,000	北京保利	2021-12-05
清乾隆 剔红仙人祝寿图葵式八瓣大盒	宽43.4cm	1,242,000	佳士得	2021-05-28
清乾隆 铜胎剔红庭院婴戏图盖盒	直径14.9cm; 高7.5cm	713,000	北京中汉	2021-05-18
清乾隆 金属胎剔红婴戏图盖盒	直径16.8cm	690,000	中国嘉德	2021-05-18
清乾隆 填漆彩绘暗八仙檀香盒	22.6cm×17.6cm	563,500	北京翰海	2021-06-05
17世纪/18世纪 黑漆螺钿花卉纹六方盖盒	宽5.7cm	554,625	纽约佳士得	2021-03-18
清乾隆 雕漆山水花果纹大捧盒	高20cm	460,000	上海匡时	2021-07-08
清乾隆 剔红福寿三多纹大圆盒	直径35.3cm	431,025	佳士得	2021-12-03
清乾隆 剔彩九龙宝盒	直径28.5cm	402,500	华艺国际	2021-06-05
清乾隆 剔红花卉纹菊瓣盒（一对）	直径18.3cm ×2	345,000	中国嘉德	2021-11-28
清乾隆 黑漆螺钿六方盖盒	宽5cm	326,250	纽约佳士得	2021-03-18
清乾隆 剔漆西厢记双层盖盒	直径10.5cm	253,000	中鸿信	2021-07-14
清乾隆 剔红爱莲宝盒	直径9.9cm	207,000	中国嘉德	2021-05-18
清乾隆 剔红人物故事捧盒	27.5cm×27.5cm×20cm	172,500	十竹斋拍卖（北京）	2021-05-29
清乾隆 剔红山水人物捧盒	直径24.5cm	172,500	中国嘉德	2021-11-29
清乾隆 剔红方胜盒	22cm×7.8cm	172,500	上海嘉禾	2021-07-22
清乾隆 黑漆描金大捧盒	高19cm	155,250	上海匡时	2021-07-08
18世纪 剔彩梅花清供图梅式盖盒	18.4cm	127,462	香港苏富比	2021-04-22
乾隆 剔红捧盒	直径18cm	74,750	上海嘉禾	2021-07-22
清乾隆 剔红桃花流水对盒	每个高3.5cm, 长13.5cm, 宽11.9cm	36,800	西泠印社	2021-07-24
清乾隆 剔红寿字方盒	高4.2cm; 7.5cm×7.5cm	34,500	古天一	2021-06-07
清乾隆 剔红山水人物香盒	直径7.1cm	32,200	中国嘉德	2021-05-19
清乾隆 大漆金绘人物套盒	长37.5cm; 宽31cm; 高14cm	18,400	北京银座	2021-09-24
清中期 填彩漆器云龙纹大捧盒	高18cm	92,000	上海匡时	2021-07-08
清中期 剔刻填金夔龙纹盒（一对）	35.5cm×18cm×13.2cm×2	74,750	中国嘉德	2021-11-29
清嘉庆 剔红石榴纹香盒	长11.3cm; 宽11.3cm; 高4.2cm	48,300	中贸圣佳	2021-09-26
清中期 剔红锦地杂宝纹花口盒	长16cm	20,700	中国嘉德	2021-03-30
19世纪 黑漆描金锡茶叶盒	23cm×19cm	34,500	华艺国际	2021-03-31
19世纪 黑漆描金开光庭院人物故事图首饰盒	33.5cm×40cm	23,000	华艺国际	2021-03-31
清 大清乾隆年制款剔红山水人物盖盒	高10.5cm; 直径21cm	92,000	西泠印社	2021-01-16
清 剔红圆形香盒	直径7.5cm	92,000	上海嘉禾	2021-07-22
清 黑漆螺钿圆盖盒	直径3.6cm	77,484	纽约佳士得	2021-03-18
清 菠萝漆花形盖盒	宽31.5cm	69,000	北京保利	2021-10-31
清 剔红"福寿禄""岁寒三友"香盒	直径7.3cm	57,500	北京荣宝	2021-12-02
清 大清乾隆年制款剔红山水人物图捧盒	高10cm; 直径21.6cm	55,200	西泠印社	2021-07-24
清 剔红福寿三多纹盒	高6.2cm; 直径11cm	46,000	西泠印社	2021-07-24
清 剔红万福来朝纹捧盒	高15.5cm; 直径30cm	40,250	广东崇正	2021-01-07
清 廷款紫檀仿剔犀盖盒	高2.5cm; 直径5cm	37,950	西泠印社	2021-07-24
清 漆嵌螺钿三清图笔盒	24.6cm×7.2cm×5.8cm	34,500	中国嘉德	2021-05-19
清 大漆嵌镙钿食盒	长25cm、高44cm	34,500	北京银座	2021-09-24
清 填彩缠枝五蝠纹漆器捧盒	高10cm	34,500	上海匡时	2021-07-08
清 剔红山水人物纹盖盒	高7.7cm; 直径19cm	32,200	广东崇正	2021-01-07
清 剔红雕婴戏图盖盒	高2.4cm; 直径6.7cm	32,200	西泠印社	2021-07-24
剔犀盖盒	直径15cm	115,000	上海嘉禾	2021-11-14
20世纪80年代 雕漆博古纹捧盒	直径24.5cm	28,750	北京荣宝	2021-06-19
20世纪80年代 雕漆花卉纹捧盒	直径24.5cm	28,750	北京荣宝	2021-06-19
明 剔犀如意云纹香筒	直径1.5cm; 高31.7cm	241,500	中贸圣佳	2021-09-26
明 漆器嵌螺钿角盆	长21.2cm; 宽21.2cm; 高2.6cm	23,000	中贸圣佳	2021-09-26
明晚期 剔红花插	高10.9cm	86,250	中贸圣佳	2021-09-26
清乾隆 剔红嵌掐丝珐琅夔龙纹鹿耳方尊（一对）	高44.5cm×2	3,335,000	中贸圣佳	2021-05-20

2021杂项拍卖成交汇总(续表)

(成交价RMB：1万元以上)

拍品名称	物品尺寸	成交价RMB	拍卖公司	拍卖日期
清乾隆 剔红团寿纹尊	高32cm	322,000	中国嘉德	2021-05-18
清乾隆 黑漆描金花盆（一对）	高16.5cm×2	138,000	上海匡时	2021-07-08
清乾隆 剔红开光人物海棠盆	长29.4cm	103,500	中国嘉德	2021-11-29
清乾隆 剔红花口花盆（一对）	高16.4cm×2	80,500	中国嘉德	2021-11-29
18世纪 大漆嵌螺钿小杯（一对）	高10cm×2	28,750	北京华辰	2021-06-19
清晚期 绿漆地脱胎大漆云蝠纹出戟花觚	高68.5cm	36,800	北京中汉	2021-09-28
清 黑漆描金云龙戏珠纹匣	高59.7cm；长34.8cm；宽21cm	92,000	西泠印社	2021-01-16
清 描金开光海棠式花盆	长26cm	46,000	中贸圣佳	2021-03-26
潘垒 仿清康熙黑漆描金山水手炉	13.8cm×11.5cm×6cm	59,800	上海嘉禾	2021-07-22
辽 石胎包金錾花香盒	直径3.7cm	35,406	保利香港	2021-04-21
辽 木胎包金錾花香盒	直径5.3cm	30,348	保利香港	2021-04-21
辽 石胎包金錾卷草花卉纹香盒	直径3.6cm	22,255	保利香港	2021-04-21
明永乐至宣德 剔红洞石花鸟纹文具箱	长31.5cm；宽21cm；高28.5cm	759,000	中贸圣佳	2021-07-07
明嘉靖 剔彩红花绿叶文具箱	长31.8cm	3,105,000	北京保利	2021-09-26
明 戗金填漆龙纹六屉箱	29.5cm×20cm×33cm	1,092,500	中国嘉德	2021-11-30
明至清 黄花梨仿剔红牡丹纹书箱	27.5cm×21.5cm×38.4cm	920,000	西泠印社	2021-07-24
明 黑漆嵌螺钿献瑞图方箱	26cm×26cm×30cm	529,000	中贸圣佳	2021-05-21
明 戗金彩漆云龙纹长方箱	长39.4cm；宽23.7cm；高19.3cm	149,500	中贸圣佳	2021-05-21
明 黑漆嵌螺钿长方几	长60cm；宽36.5cm；高17cm	32,200	中贸圣佳	2021-09-26
明 剔红高士饮酒图墨枕	长19cm；宽6.5cm；高4.7cm	28,750	中贸圣佳	2021-09-26
明 黑漆嵌螺钿描金花卉山水纹官箱	长40.5cm；宽30.5cm；高39.5cm	20,700	中贸圣佳	2021-03-26
明晚期 黑漆百宝嵌婴戏图官皮箱	37cm×29cm×39.7cm	460,000	中国嘉德	2021-05-19
明末清初 朱红漆长方箱	长86.5cm；宽52cm；高56.5cm	299,000	中贸圣佳	2021-05-21
清早期 黑漆嵌八宝爵禄封侯官箱	长36cm；宽27cm；高38cm	402,500	中贸圣佳	2021-03-26
清早期 大漆嵌螺钿花卉纹书箱	39cm×21.2cm×11.3cm	36,800	中国嘉德	2021-05-19
18世纪/19世纪 剔红云龙纹开光山水人物图坐墩(一套四件)	高49cm×4	1,550,522	纽约苏富比	2021-09-22
清乾隆 剔红山水群仙贺寿图带屉百宝箱（一对）	34.2cm×17cm×28cm×2	667,000	中贸圣佳	2021-05-20
清乾隆大漆彩绘帽架(大漆彩绘器座)	高12.4cm；直径28.5cm	28,750	中国嘉德	2021-05-19
清 描金缠枝缕丝大捧盒	高17cm	207,000	上海匡时	2021-07-08
清 旧墨一盒四笏附大漆描金龙纹提盒	尺寸不一	138,000	中鸿信	2021-07-14
清 黑漆嵌螺钿书卷形书箱	长34.8cm；宽21.5cm；高8cm	80,500	中贸圣佳	2021-09-26
清 朱漆硬木莲花佛座	直径17.2cm；高13.8cm	48,300	中国嘉德	2021-05-19
清 犀皮漆书箱	41.5cm×23.5cm×20.5cm	23,000	中鸿信	2021-07-14
宋/元 剔犀花鸟瑞兽纹马鞍	高24cm；宽32cm	345,000	华艺国际	2021-06-05
明 雕漆人物笔筒	13cm×11cm	92,000	上海嘉禾	2021-07-22
清早期 剔红香山九老图扇骨	长34cm	207,000	北京荣宝	2021-12-02
清康熙 百宝嵌黑漆花鸟纹笔筒	高15cm	276,000	上海匡时	2021-07-08
清乾隆 黑漆百宝嵌官皮箱	36cm×27cm×34.5cm	575,000	中贸圣佳	2021-12-30
18世纪/19世纪 朱漆描金福寿双全纹手炉	宽16.5cm	204,016	纽约苏富比	2021-09-22
清乾隆 雕漆八仙人物海棠式盖盒	长36cm；宽27.5cm	172,500	中贸圣佳	2021-12-29
清 金农书画款黄杨木彩漆“采菊东篱”诗文笔筒	高12.5cm；口径10.2cm	46,000	西泠印社	2021-01-16
清 漆杖	高181cm	25,300	西泠印社	2021-07-24
清 剔红锦地佛教八宝纹狮手柄手杖	高89cm	20,700	西泠印社	2021-01-16
20世纪80年代 雕漆《高枝双栖》三扇中堂	125cm×40cm×2；125cm×120cm	1,150,000	北京荣宝	2021-06-19
漆绘婴戏镜	直径20.9cm；重量594g	172,500	永乐拍卖	2021-05-22
20世纪 50~60年代 徐嘉德 岳母刺字脱胎漆器	高28.5cm	89,700	中贸圣佳	2021-12-30
匏 器				
清康熙 匏制押花碗	直径15cm	1,035,000	北京保利	2021-06-07
清雍正 匏器鹅形摆件	高26cm	36,800	广东崇正	2021-07-19
清乾隆 匏制福寿笔筒	高14.3cm	1,725,000	北京保利	2021-06-07
清中期 红色大约腰葫芦	高53cm；直径21cm	86,250	中国嘉德	2021-05-19
清中期 约腰长把葫芦带铜底座	高37cm	46,000	中国嘉德	2021-11-30
清中期 约腰葫芦	高38.8cm	34,500	中国嘉德	2021-11-30
清晚期 王世襄火画赤壁图大匏	高52cm；直径30cm	862,500	中国嘉德	2021-05-19
清 “三河刘”葫芦镶紫檀口乌木盖鸣虫罐	高12cm；直径6.9cm	172,500	西泠印社	2021-01-16
清匏器通景山水蝈蝈葫芦(带原包装)	高17.5cm	55,200	广东崇正	2021-07-19
清 文鼎铭匏制刻诗文葫芦	高25cm	51,750	西泠印社	2021-07-24
清 匏器云龙纹蝈蝈葫芦	长20cm	43,700	广东崇正	2021-07-19
清 葫芦镶紫檀及红木盖鸣虫罐	高10.6cm	28,750	西泠印社	2021-07-24
民国/近代 官模子八宝云蝠纹蝈蝈葫芦及王强范制麒麟送子蝈蝈葫芦	高10.5cm；高15cm	97,750	中国嘉德	2021-05-19
民国 天津模柳叶棒子蝈蝈葫芦	长18.3cm	25,300	中国嘉德	2021-09-28

拍品名称	物品尺寸	成交价RMB	拍卖公司	拍卖日期
民国 缩结葫芦	高27cm	23,000	中国嘉德	2021-05-19
近代 长柄缩结葫芦	高100cm；直径17.5cm	115,000	中国嘉德	2021-05-19
近代 王世襄手植“又筠制”款月季纹蝈蝈葫芦及范制刘海戏金蟾图蝈蝈葫芦	高17cm；高15.4cm	57,500	中国嘉德	2021-05-19
织 绣				
明万历 缂丝荷塘鸳鸯图	高105cm	5,175,000	永乐拍卖	2021-05-22
明 缂丝释迦牟尼坐像	长53.5cm；宽54.5cm	121,392	保利香港	2021-04-21
清早期 恭亲王款顾绣山水人物册一组六开	宽40.7cm；长42cm	541,860	保利香港	2021-12-02
清早期 顾绣高士图	41cm×105.5cm	253,000	中贸圣佳	2021-12-30
清康熙 缂丝“华封三祝”图	高225cm；宽165cm	1,552,500	永乐拍卖	2021-05-22
清乾隆 钦定补刻端石兰亭图帖缂丝全卷	31.6cm×1714.5cm	241,500,000	北京保利	2021-06-07
清乾隆 御制刺绣写绘“八大吉祥如意陀罗尼经”	长36.3cm；宽13.2cm（每页）	21,850,000	北京保利	2021-06-07
清乾隆 御制缂丝刺绣无量寿佛像	142.3cm×69.5cm	5,154,300	香港苏富比	2021-10-13
清乾隆 御制缂丝书法立轴	186.5cm×68.5cm	1,667,500	北京保利	2021-06-07
18世纪 缂丝贺寿图轴两幅	45×197.5cm	513,125	佳士得	2021-12-03
清乾隆 缂丝群仙祝寿图轴	96cm×173.5cm	460,000	中贸圣佳	2021-12-30
清乾隆 红地缂丝人物册页(四开)	25cm×34cm×4	207,000	中贸圣佳	2021-05-21
清乾隆 缂丝仕女画轴	31cm×55cm	207,000	中贸圣佳	2021-12-30
清乾隆 苏绣二十四孝(两幅)	22cm×99cm×2	172,500	中贸圣佳	2021-12-30
清乾隆 徐世昌藏苏绣蝠寿片	22.5cm×103.5cm	120,750	中贸圣佳	2021-12-30
清乾隆 冠上加冠刺绣镜心	66cm×34cm	92,000	中贸圣佳	2021-05-21
清乾隆 缂丝凤鸟图	50cm×50cm	46,000	中贸圣佳	2021-12-30
清乾隆 缂丝花卉	24cm×24cm	43,700	中贸圣佳	2021-05-21
清中期 盘金龙纹绣	200cm×73cm	230,000	华艺国际	2021-03-31
清中期 苏绣松鹤延年	37cm×130cm	115,000	中贸圣佳	2021-12-30
清光绪 御制刺绣南海观音图轴	75cm×180cm	310,500	中贸圣佳	2021-12-30
清光绪 红底刺绣横幅	405cm×76cm	23,000	中贸圣佳	2021-05-21
清早期 顾绣观音送子卷轴	110cm×41.5cm	563,500	中贸圣佳	2021-05-21
清 缂丝花鸟纹立轴	108cm×57cm	345,000	北京保利	2021-06-08
清 皇明顾绣花鸟图刺绣立轴	画心长64cm，宽24cm	241,500	西泠印社	2021-07-24
清 缂丝花鸟纹扇（一对）	45cm×44cm×2	218,500	北京保利	2021-06-08
清 陈锦莲款粤绣花鸟镜心	38cm×46cm	184,000	中贸圣佳	2021-05-21
清 潘秋云款粤绣人物镜心	39cm×39cm	172,500	中贸圣佳	2021-05-21
清 顾绣钟馗图卷轴	21cm×43cm	105,800	中贸圣佳	2021-05-21
清 名家粤绣花鸟镜心	30cm×44cm	97,750	中贸圣佳	2021-07-07
清 粤绣花鸟图轴（一对）	32cm×84cm×2	74,750	中贸圣佳	2021-12-30
清 刺绣花鸟图诗文卷轴	画心长172.5cm，宽34.2cm	55,200	西泠印社	2021-07-24
清 缂丝手卷“渔舟归帆”	24.5cm×110cm	46,000	中贸圣佳	2021-12-30
清 粤绣花鸟镜心	126cm×48cm	43,700	中贸圣佳	2021-05-21
清 蓝底暗花绸满打籽盘金绣氅衣	连袖长116cm；衣长66cm	34,500	西泠印社	2021-01-16
清 寿星图缂丝	137cm×84cm	34,500	北京保利	2021-05-18
清 缂丝刀马人物（一组）	每件18cm×28cm	28,750	中贸圣佳	2021-05-21
清 凤凰牡丹图缂丝	153cm×104cm	23,000	北京保利	2021-05-18
畲燕璇 静物	78cm×78cm	868,000	北京得逸	2021-08-18
畲燕璇 火龙喷火百业兴旺	60cm×88cm	782,000	北京得逸	2021-08-18
缂丝红衣罗汉图立轴	136cm×76cm	690,000	北京保利	2021-12-04
畲燕璇 百花献媚	60cm×90cm	588,000	北京得逸	2021-08-18
畲燕璇 一路跟随	48cm×48cm	489,000	北京得逸	2021-08-18
2007年 比莉·赞格瓦 冬季马戏团	150.9cm×135.9cm	465,507	保利香港	2021-11-30
明鲁绣三星观太极挂轴	56cm×150cm	460,000	中贸圣佳	2021-05-21
畲燕璇 丹凤朝阳	40cm×63cm	456,000	北京得逸	2021-08-18
畲燕璇 九凤宝鼎	48cm×48cm	446,000	北京得逸	2021-08-18
畲燕璇 双凤朝牡丹	48cm×48cm	437,000	北京得逸	2021-08-18
1998年姚建萍 静物花卉	49cm×59cm	402,500	上海嘉禾	2021-07-22
沈张英、杨彦 苏绣 贵妃醉酒	绣98cm×99cm；画103cm×34cm×2	322,000	北京九歌	2021-06-13
释迦牟尼说法图 镜片	55cm×105cm	230,000	广东崇正	2021-01-06
吴翠荷 杨彦 苏绣 外婆家	绣59cm×69cm；画70cm×34cm×2	207,000	北京九歌	2021-06-13
陈小贤 杨彦 苏绣·董寿平 梅花	尺寸不一	115,000	北京九歌	2021-06-13
蒋中正 祝寿图 立轴	194.5cm×102.5cm	69,000	上海驰翰	2021-07-06
苏小妹 杨彦 苏绣·郑板桥 文竹	绣68cm×35cm；画34cm×35cm	46,000	北京九歌	2021-06-13
清 刺绣何绍基书法对联	97.5cm×28cm×2	44,850	十竹斋	2021-06-27
郎世宁、徐扬款绢本瓶花图	99cm×51.5cm	34,500	中国嘉德	2021-03-29
王红英 杨彦 苏绣·兰花	绣67cm×48cm；书法45cm×48cm	34,500	北京九歌	2021-06-13
张玲玲 杨彦 苏绣·颜伯龙 花鸟	绣39cm×29cm；画33cm×29cm	34,500	北京九歌	2021-06-13
翁同龢五言联(长沙万源绣品)（一盒二轴）	199cm×40cm×2	25,300	北京保利	2021-06-06
明万历 彩绣满铺地五品白鹇补子	34cm×34cm	529,000	中贸圣佳	2021-12-30
明万历 平金彩绣正龙纹节气补子	29cm×30cm	322,000	中贸圣佳	2021-12-30

2021杂项拍卖成交汇总(续表)

(成交价RMB：1万元以上)

拍品名称	物品尺寸	成交价RMB	拍卖公司	拍卖日期
明万历 当朝一品五子登科绣片	直径36cm	57,500	中贸圣佳	2021-05-21
明晚清早 明黄缎绣百花兽鸟纹桌帷	230cm×110cm	747,500	中贸圣佳	2021-12-30
明 御用明黄地洒线绣龙纹补	35cm×37cm	408,250	中贸圣佳	2021-05-21
明代 缂丝祥龙吐珠团扇面	直径27cm	151,800	中贸圣佳	2021-12-30
明 纳纱绣行龙	22cm×63cm	149,500	中贸圣佳	2021-05-21
明 缂丝丹凤朝阳椅披	37cm×151cm	138,000	中贸圣佳	2021-05-21
明 堆绣筒幢	165cm×65cm	126,500	古天一	2021-06-07
明嘉万 红缎地妆花龙片	38cm×21cm	89,700	中贸圣佳	2021-05-21
明 缂丝三品孔雀文官补子	35cm×35cm	80,500	中贸圣佳	2021-05-21
清早期 明黄色宫廷富贵吉祥刺绣坐褥	85cm×85cm	310,500	中贸圣佳	2021-12-30
清早期 刺绣盘金麒麟椅批(一对)	47.5cm×165cm×2	207,000	中贸圣佳	2021-12-30
清早期 堆绣云锦佛幡	38cm×146cm	78,200	中贸圣佳	2021-12-30
清康熙 织锦正龙纹团补	直径30cm	82,800	中贸圣佳	2021-12-30
清康熙 妆花正龙片	22cm×53cm	73,600	中贸圣佳	2021-05-21
清康熙 红地缉线绣喜相逢团花	直径42cm	69,000	中贸圣佳	2021-12-30
清雍正 杏黄地妆花团龙补子	直径28cm	126,500	中贸圣佳	2021-05-21
清雍正 平金绣五福拱寿椅披	55cm×178cm	103,500	中贸圣佳	2021-12-30
清雍正 妆花缎团龙补	直径27cm	23,000	中贸圣佳	2021-12-30
清乾隆 御制顾绣金刚经塔轴	237cm×71cm	4,232,000	中贸圣佳	2021-12-29
清乾隆 明黄地平金绣九龙坐褥	103cm×192cm	1,725,000	中贸圣佳	2021-05-21
清乾隆 御笔缂丝片	122cm×73cm	1,380,000	中贸圣佳	2021-12-30
清乾隆 明黄地五龙纹靠垫	64.5cm×70cm	471,500	中贸圣佳	2021-12-30
清乾隆 大红地哆罗呢刺绣龙纹炕垫	137cm×258cm	402,500	中贸圣佳	2021-05-21
清乾隆 御用明黄地刺绣缠枝莲纹坐褥	108cm×196cm	345,000	中贸圣佳	2021-05-21
清乾隆 苏绣湖石花鸟绣轴(一对)	32cm×149cm×2	322,000	中贸圣佳	2021-12-30
清乾隆 正蓝双面旗一面	210cm×145cm	299,000	中贸圣佳	2021-12-30
清乾隆 吉庆福寿缂丝坐垫	103cm×103cm	218,500	中贸圣佳	2021-12-30
清乾隆 红缎地盘金绣龙凤纹椅披	50cm×170cm	207,000	中贸圣佳	2021-05-21
清乾隆 寿桃花卉纹坐褥	80cm×63cm	207,000	中贸圣佳	2021-07-07
清乾隆 缂丝文官二品锦鸡补	28cm×29cm	195,500	中贸圣佳	2021-12-30
清乾隆 明黄地龙纹坐褥	87cm×97cm	161,000	中贸圣佳	2021-12-30
清乾隆 缂丝文官补	29cm×29cm	103,500	中贸圣佳	2021-07-07
清乾隆 石青地织锦团龙	直径70cm	101,200	中贸圣佳	2021-12-30
18世纪 盘金绣佛堂罩帘	216cm×90cm	80,500	古天一	2021-06-07
清嘉庆 万字地"五福捧寿"桌围椅披(一套三件)		241,500	中贸圣佳	2021-12-30
清中期 缠枝莲纹宝座褥	88cm×190cm	230,000	中贸圣佳	2021-12-30
清中期 缂丝海水云龙纹大坎肩	124cm×110cm	149,500	华艺国际	2021-03-31
清嘉庆 杏黄缎地龙纹靠背	72cm×54cm	126,500	中贸圣佳	2021-05-21
清嘉庆 打籽绣四品文官补子(一对)	30cm×30cm×2	109,250	中贸圣佳	2021-12-30
清中期 石青地平金彩绣正龙团补(一对)	直径28cm×2	78,200	中贸圣佳	2021-12-30
清嘉庆 红地刺绣缠枝莲纹炕垫	92cm×66cm	74,750	中贸圣佳	2021-12-30
清嘉庆 蓝地盘金绣博古纹椅披(一对)	50cm×187cm×2	69,000	中贸圣佳	2021-07-07
清中期 宁夏黄地牡丹纹坐垫靠背	126cm×67cm	69,000	中国嘉德	2021-11-30
清中期 黄地金线绣龙纹包袱皮	109cm×109cm	63,250	北京保利	2021-06-08
清嘉庆 缂丝文官五彩补	28cm×28cm	52,900	中贸圣佳	2021-12-30
清中期当朝一品事事如意椅批(一对)	46cm×124cm×2	51,750	中贸圣佳	2021-12-30
清中期 刺绣红地西厢人物饰片	95cm×55cm	51,750	中贸圣佳	2021-07-07
清嘉庆 刺绣五爪正龙团补	直径30cm	43,700	中贸圣佳	2021-05-21
清中期 明黄地织锦迎手(一对)	23cm×23cm×21cm×2	37,950	中贸圣佳	2021-12-30
清嘉庆 红地花卉纹桌帷	101cm×81cm	37,950	中贸圣佳	2021-12-30
清道光 刺绣五伦图贺寿幔帐	230cm×440cm	299,000	中贸圣佳	2021-12-30
清道光 盘金行龙佛八宝幔帐	299cm×176cm	287,500	中贸圣佳	2021-12-30
清道光 明黄地龙纹刺绣桌帷	183cm×83cm	241,500	中贸圣佳	2021-12-30
清道光 红色缎福寿绵长刺绣椅披(一对)	43cm×150cm×2	57,500	中贸圣佳	2021-12-30
清道光 蓝地刺绣蝶恋花帷帘	186cm×35cm	57,500	中贸圣佳	2021-12-30
清道光 蓝地刺绣福禄寿三星幔帐	105cm×170cm	55,200	中贸圣佳	2021-12-30
清道光 刺绣二十四孝拦虎救亲饰片	50cm×80cm	48,300	中贸圣佳	2021-07-07
清道光 刺绣四时花卉团补(一对)	直径30cm×2	28,750	中贸圣佳	2021-12-30
清同治 红地兰花桌帏	91cm×84cm	34,500	中贸圣佳	2021-05-21
19世纪 御制黄地绣缠枝莲团寿字纹垫套	70.5cm×69.8cm	77,484	纽约佳士得	2021-03-18
清 衣线绣丹凤朝阳绣片	180cm×190cm	293,250	中贸圣佳	2021-12-30
清中期 织锦椅披(两件)	47cm×160cm	161,000	中贸圣佳	2021-12-30
清 韦陀桌帏	191cm×99cm	115,000	中贸圣佳	2021-05-21
清 一至九品文官补子	尺寸不一	92,000	中贸圣佳	2021-05-21
清 刺绣小活计(一组六件)	尺寸不一	80,500	中贸圣佳	2021-12-30
清中 蓝地织金海水纹正龙桌帷	93cm×77cm	78,200	中贸圣佳	2021-12-30
清 扇套	尺寸不一	74,750	中贸圣佳	2021-12-30
清 粤绣花鸟团扇	35cm×50cm	69,000	中贸圣佳	2021-12-30
清 白缎地双面绣团扇(一对)	26cm×37cm×2	67,850	中贸圣佳	2021-12-30
清 粤绣"天寿富贵"挽袖(一对)	10cm×89cm×2	55,200	中贸圣佳	2021-12-30
清 盘金打籽寿桃花卉纹挽袖(一对)	10cm×52cm×2	52,900	中贸圣佳	2021-12-30
清 缂金一品仙鹤团补(一对)	直径31cm×2	43,700	中贸圣佳	2021-12-30
清 盘金绣荷包眼镜盒	尺寸不一	43,700	中贸圣佳	2021-12-30
清 纳纱盘金	尺寸不一	43,700	中贸圣佳	2021-12-30

拍品名称	物品尺寸	成交价RMB	拍卖公司	拍卖日期
清 盘金打籽绣人物故事挽袖(一对)	10cm×52cm×2	41,400	中贸圣佳	2021-12-30
清 盘金打籽花篮纹挽袖(一对)	10cm×50cm×2	40,250	中贸圣佳	2021-12-30
清 盘金打籽花开富贵挽袖(一对)	10cm×50cm×2	39,100	中贸圣佳	2021-12-30
清 蓝地盘金绣金蟾葫芦挽袖(一对)	8cm×48cm×2	37,950	中贸圣佳	2021-12-30
清 寿字纹开光花鸟挽袖(一对)	14cm×58cm×2	28,750	中贸圣佳	2021-12-30
清 麻姑献寿绣片	67.5cm×120.5cm	28,750	中贸圣佳	2021-12-30
清 苏绣庭院童子纹挽袖(一对)	11cm×52cm×2	27,600	中贸圣佳	2021-12-30
清 盘金打籽开光戏剧人物挽袖(一对)	8cm×48cm×2	25,300	中贸圣佳	2021-12-30
清 打籽铺金地文官补(一对)	30cm×30cm×2	24,150	中贸圣佳	2021-05-21
清 白地盘金打籽绣亭台楼阁挽袖(一对)	10cm×52.5cm×2	23,000	中贸圣佳	2021-07-07
清 打籽绣"堂上眉寿"挽袖(一对)	8.5cm×52.5cm×2	23,000	中贸圣佳	2021-12-30
清 刺绣龙纹领围	直径32cm	21,850	中贸圣佳	2021-12-30
清 金莲绣鞋(一组)	尺寸不一	19,550	中贸圣佳	2021-05-21
清 白绫地打籽绣四君子挽袖	21cm×54cm	19,550	中贸圣佳	2021-07-07
清 白缎地绣盛日春景图挽袖	31cm×63cm	19,550	中贸圣佳	2021-07-07
清 白缎地绣婴戏图挽袖(一对)	9.5cm×49cm×2	18,400	中贸圣佳	2021-07-07
三品孔雀文官补	30cm×29cm	34,500	中国嘉德	2021-09-26
清早期 石青妆花缎龙纹朝褂	衣长137cm	287,500	中贸圣佳	2021-12-30
清康熙 褚巴袍	167cm×111cm	69,000	中贸圣佳	2021-05-21
清乾隆 蓝色绸平金银绣云龙纹龙袍	长194cm	1,380,000	北京保利	2021-06-07
18世纪 驼色缂丝八吉祥云蝠九龙吉服袍	146cm×217cm	637,308	香港苏富比	2021-04-22
清中期 御制明黄色缎绣缉米珠云龙十二章纹龙袍	高206cm	1,788,480	中国嘉德	2021-10-14
清中期 明黄色绸盘金龙纹彩绣云蝠万寿十二章吉服袍	155cm×215cm	1,035,000	北京保利	2021-12-05
清中期 明黄色缎绣云龙十二章纹龙袍	长132cm	920,000	华艺国际	2021-12-11
清中期 黄地刺绣团龙龙袍	长137cm	575,000	华艺国际	2021-12-11
清中期 石青地缎绣九龙赶珠纹吉服袍	186cm×138cm	115,000	中贸圣佳	2021-05-21
清中期 石青地绣团金龙纹单褂(日、月二章)	宽141cm	99,360	中国嘉德	2021-10-14
清道光 缂丝四团龙日月两章衮服	袖长144cm; 衣长122cm	333,500	中贸圣佳	2021-12-30
清道光 绿地宫廷八团吉服	衣长132cm	195,500	中贸圣佳	2021-12-30
清道光 大红地八团吉服	196cm×138cm	126,500	中贸圣佳	2021-05-21
清咸丰 蓝地吉服袍	130cm×190cm	80,500	中贸圣佳	2021-07-07
19世纪 石青地金银线朝服	宽196cm	129,316	中国嘉德	2021-04-21
19世纪 宝蓝地缂丝彩金龙纹龙袍	宽202cm	79,579	中国嘉德	2021-04-21
清晚期 织锦龙袍衣服	袖长98cm; 衣长128cm	49,450	中贸圣佳	2021-12-30
清中 黄地织金龙袍	袖长220cm; 衣长137cm	299,000	中贸圣佳	2021-12-30
清 蓝地万字纹缂丝龙袍	袖长214cm; 衣长130cm	101,200	中贸圣佳	2021-12-30
清 宫廷海棠白蝶氅衣	袖长117cm; 衣长130cm	92,000	中贸圣佳	2021-12-30
清 湖水绿缎绣菊花纹夹氅衣和湖水绿缎绣葡萄纹夹氅衣(各一件)	最大的高145cm	74,520	中国嘉德	2021-10-14
清 缂丝团鹤服	袖长140cm; 衣长181.5cm	69,000	中贸圣佳	2021-12-30
清 藕粉缎绣蝴蝶纹夹氅衣	高189cm	57,629	中国嘉德	2021-10-14
清末 贴绣袈裟	365cm×75cm	57,500	中贸圣佳	2021-05-21
清 龙袍	长138cm; 高97cm	57,500	北京银座	2021-09-24
清 蓝地缂丝龙袍	袖长141.5cm; 衣长193cm	46,000	中贸圣佳	2021-12-30
清 蓝地织锦龙袍	袖长216cm; 衣长135cm	40,250	中贸圣佳	2021-12-30
清 蓝地金线龙袍	高164cm	39,744	中国嘉德	2021-10-14
清 团龙织锦服	袖长100cm; 衣长117cm	34,500	中贸圣佳	2021-12-30
清 黑底蝴蝶花卉对襟女褂	163cm×100cm	23,000	中贸圣佳	2021-07-07
清 石青地八团女褂	袖长132cm; 衣长107cm	23,000	中贸圣佳	2021-12-30
王家卫、馆鼻则孝 2021年作 旗袍领口的余香·黑	瓶身4.2cm×4.2cm×15cm	62,597	香港苏富比	2021-10-10
五爪金龙龙袍	身长约133.5cm; 两袖通长约218cm	57,500	西泠印社	2021-07-25
王家卫、馆鼻则孝 2021年作 旗袍领口的余香·红	瓶身: 4.2cm×4.2cm×15cm	31,298	香港苏富比	2021-10-10
红色刺绣"大观园"氅衣	身长约104.5cm; 两袖通长约131.5cm	29,900	西泠印社	2021-07-25
缎绣云龙纹吉服龙袍	身长约131cm; 两袖通长约208cm	24,150	西泠印社	2021-07-25
湖水蓝蝶恋花女袍	身长约137cm; 两袖通长约138cm	23,000	西泠印社	2021-07-25
明末清初 禅毯(两块)	62cm×73cm; 59cm×68cm	184,000	中国嘉德	2021-05-19
清早期 回纹边柿蒂纹地团花纹马鞍毯	68cm×130cm	63,250	中国嘉德	2021-05-19

2021杂项拍卖成交汇总(续表)

(成交价RMB:1万元以上)

拍品名称	物品尺寸	成交价RMB	拍卖公司	拍卖日期
清早期 姜黄地柿蒂纹边花卉纹马鞍毯	65cm×128cm	63,250	中国嘉德	2021-05-19
清早期 万字流水纹地皮球花马鞍毯	64cm×125cm	57,500	中国嘉德	2021-05-19
清早期 蓝地团花灵芝纹马鞍毯	63cm×130cm	57,500	中国嘉德	2021-05-19
清早期 团花龟背纹马鞍毯	65cm×128cm	57,500	中国嘉德	2021-05-19
清早期 蓝地回纹边团花马鞍毯	58cm×94cm	36,800	中国嘉德	2021-05-19
清早期 回纹边柿蒂纹地团花纹马鞍毯	58cm×98cm	34,500	中国嘉德	2021-05-19
清早期 橘黄地万字锦地花卉纹马鞍毯	60cm×98cm	34,500	中国嘉德	2021-05-19
清康熙 宁夏龙纹毯	314.9cm×215.6cm	285,469	纽约佳士得	2021-03-18
清中期 龙纹栽绒抱柱毯	118cm×224cm	345,000	中国嘉德	2021-05-19
清嘉庆 宁夏五爪龙纹栽绒抱柱毯(成对)	95cm×347.5cm×2	287,500	中国嘉德	2021-05-19
清中期 珊瑚红地博古图地毯	102cm×162cm	115,000	中国嘉德	2021-05-19
清中期 京式宫毯	390cm×273cm	97,750	北京荣宝	2021-06-19
清中期 盘金丝五龙图地毯	229cm×121cm	92,000	中国嘉德	2021-09-28
清中期 蓝地万字牡丹纹栽绒马鞍毯	64cm×123cm	74,750	中国嘉德	2021-05-19
清中期 京式宫毯	250cm×152cm	63,250	北京荣宝	2021-06-19
清中期 京式博古毯	190cm×130cm	51,750	北京荣宝	2021-06-19
清中期 富贵天成毯	205cm×131cm	43,700	北京荣宝	2021-06-19
清中期 万字毯	280cm×158cm	34,500	北京荣宝	2021-06-19
清中期 富贵牡丹毯	234cm×163cm	28,750	北京荣宝	2021-06-19
清晚期 团鹤三多花卉宝石蓝地毯	531cm×333cm	322,000	北京保利	2021-06-08
清晚期 红地僧人吹螺图栽绒抱柱毯	109cm×237cm	287,500	中国嘉德	2021-05-19
清晚期 黄地喜鹊登梅清供图栽绒地毯	367cm×434cm	287,500	中国嘉德	2021-05-19
清晚期 黄地风景图花蝶纹栽绒地毯	308cm×645cm	230,000	中国嘉德	2021-05-19
清晚期 瑞鸟登极团花纹栽绒地毯	423cm×344cm	207,000	北京保利	2021-06-08
清晚期 蓝地花蝶清供图栽绒地毯	300cm×410cm	149,500	中国嘉德	2021-05-19
清晚期 米黄地团花清供图栽绒地毯	280cm×362cm	149,500	中国嘉德	2021-05-19
清晚期 蓝地团寿花卉纹栽绒地毯	333cm×522cm	138,000	中国嘉德	2021-05-19
清晚期 京式木红蝶恋花大毯	440cm×360cm	115,000	北京荣宝	2021-06-19
清晚期 珊瑚红地花鸟图灯笼纹栽绒地毯	286cm×350cm	105,800	中国嘉德	2021-05-19
清晚期 蓝地孔雀开屏缠枝莲栽绒地毯	277cm×358cm	103,500	中国嘉德	2021-05-19
清晚期 黄地花卉彩蝶杂宝纹栽绒地毯	275cm×348cm	103,500	中国嘉德	2021-05-19
清晚期 蓝地团花花卉纹栽绒地毯	272cm×350cm	97,750	中国嘉德	2021-05-19
清晚期 蓝地清供图花卉纹栽绒地毯	272cm×354cm	92,000	中国嘉德	2021-05-19
清晚期 米黄地缠枝牡丹栽绒地毯	270cm×349cm	92,000	中国嘉德	2021-05-19
清晚期 棕地清供图皮球花纹栽绒地毯	272cm×350cm	92,000	中国嘉德	2021-05-19
清晚期 蓝地团花花卉纹栽绒地毯	251cm×380cm	92,000	中国嘉德	2021-05-19
清晚期 蓝地花鸟纹"长青长寿"毯	279cm×355cm	92,000	北京保利	2021-06-08
清晚期 蓝地缠枝莲瓜瓞地毯	298cm×251cm	92,000	北京保利	2021-06-08
清晚期 黄地凤求凰蓝边瑞禽地毯	347cm×273cm	92,000	北京保利	2021-06-08
清晚期 米黄地清供图栽绒地毯	248cm×358cm	86,250	中国嘉德	2021-05-19
清晚期 蓝地凤戏牡丹栽绒地毯	245cm×295cm	80,500	中国嘉德	2021-05-19
清晚期 黄地清供图栽绒地毯	360cm×274cm	80,500	中国嘉德	2021-11-30
清晚期 蓝地团凤纹栽绒地毯	350cm×273cm	80,500	中国嘉德	2021-11-30
清晚期 棕地缠枝牡丹栽绒地毯	282cm×356cm	69,000	中国嘉德	2021-05-19
清晚期 凤戏牡丹建筑图栽绒地毯	354cm×277cm	57,500	北京保利	2021-06-08
清晚期 花卉纹栽绒地毯	294cm×240cm	57,500	北京保利	2021-06-08
清晚期 瑞鸟花卉栽绒地毯	265cm×187cm	51,750	北京保利	2021-06-08
清晚期 梅兰竹菊毯	190cm×137cm	43,700	北京荣宝	2021-06-19
清晚期 京式富贵牡丹长方毯	245cm×173cm	34,500	北京荣宝	2021-06-19
清晚期 木红地云龙兽面纹抱柱毯	94cm×190cm	23,000	中国嘉德	2021-05-19
清晚期 博古毯	190cm×144cm	20,700	北京荣宝	2021-06-19
清晚期 京式宫毯	183cm×120cm	20,700	北京荣宝	2021-06-19
清晚期 京毯	236cm×147cm	20,700	北京荣宝	2021-06-19
清 象牙地团狮卷草边瑞兽牡丹纹地毯	355cm×274cm	149,500	北京保利	2021-06-08
清 象牙地四季花卉莲花纹地毯	355cm×276cm	149,500	北京保利	2021-06-08
晚清 黄地盘金属丝缠枝莲纹毯	212.1cm×123cm	65,250	纽约佳士得	2021-03-18
清 朱地二龙戏珠禅毯	150cm×85cm	46,000	北京保利	2021-06-08
清 红地莲花纹禅垫毯	149cm×88cm	34,500	北京保利	2021-06-08
民国 象棋盘图栽绒毯	85cm×90cm	34,500	中国嘉德	2021-05-19
现代《圣诞红》盘金丝毯	79cm×61cm	55,200	北京荣宝	2021-06-19
现代 米色地纯毛宫毯	183cm×274cm	25,300	北京荣宝	2021-06-19
程美华 源源不断	20cm×180cm	713,000	上海嘉禾	2021-07-22
明中期 缂丝花鸟纹衣料	92cm×130cm	172,500	中贸圣佳	2021-07-07
明 双龙纹云锦衣料	78cm×123cm	322,000	中贸圣佳	2021-05-21
清早期 绢质全堂佛会图	214cm×110cm	161,000	中国嘉德	2021-11-29
清康熙 福禄寿三多宋锦(两块)	73cm×210cm×2	105,800	中贸圣佳	2021-12-30
清乾隆 宫廷御制手绘云龙戏珠纹库绢(二十五张)	盒67cm×67cm;绢61cm×61cm×25	885,500	保利厦门	2021-11-05
清乾隆 红地童子献寿纹织锦	68cm×174cm	74,750	中贸圣佳	2021-12-30
清乾隆 大红洒金贡绢(十张)		54,050	广东崇正	2021-07-19

拍品名称	物品尺寸	成交价RMB	拍卖公司	拍卖日期
清乾隆 手绘描金龙纹库绢	65cm×65cm	26,450	十竹斋拍卖(北京)	2021-05-29
清中期 库金	70cm×415cm	55,200	中贸圣佳	2021-12-30
清中期 宋锦	72cm×134cm	50,600	中贸圣佳	2021-12-30
清中期 缠枝莲纹织锦缎	75cm×730cm	23,000	中贸圣佳	2021-12-30
清中期 双龙戏珠纹领围	73cm×34cm	21,850	中贸圣佳	2021-12-30
清 朱红描金银龙戏珠纹斗方绢	长65cm;宽65cm	713,000	中贸圣佳	2021-12-29
清 橘色纱罗布料(两匹)	78cm×712cm;78cm×720cm	60,950	中贸圣佳	2021-05-21
清 团龙织锦匹料	宽71.5cm	44,850	华艺国际	2021-06-04
清 "沈源兴"莲纹库金一匹	宽79.5cm	25,300	华艺国际	2021-06-04
团龙云纹、凤纹等织锦十件	尺寸不一	1,495,000	华艺国际	2021-06-02
日本集古代布料样本册 册页(五十四页)	尺寸不一(册页尺寸24cm×19.5cm)	155,250	西泠印社	2021-07-24
手绘宫绢带包首	205cm×104cm×5	149,500	中贸圣佳	2021-05-21
黄色云纹绫	1040cm×90cm	149,500	中贸圣佳	2021-12-29
五色库绢	197.5cm×100cm	126,500	华艺国际	2021-06-02
白色云纹绫	1000cm×90cm	109,250	中贸圣佳	2021-12-29
白色花绫	1030cm×90cm	54,050	中贸圣佳	2021-12-29
龙纹库绢	59cm×59cm	51,750	中贸圣佳	2021-05-21
五色洒金玻璃绢一组 镜心	533cm×90cm×5	49,450	中贸圣佳	2021-09-25
斗方手绘龙纹库绢	59cm×59cm;136cm×67cm	48,300	中贸圣佳	2021-12-29
黄色万字绫	1100cm×89cm	46,000	中贸圣佳	2021-12-29
仿宋锦	尺寸不一	34,500	中贸圣佳	2021-12-29
黄色万宫纹绫	2020cm×66cm	24,150	中贸圣佳	2021-12-29
白灰色粗绢	1300cm×48cm	20,700	中贸圣佳	2021-12-29
清早期 宫廷缂丝瑶池集庆百寿全图挂帐	310cm×190cm	5,290,000	中贸圣佳	2021-12-30
18世纪 明黄缎地织金妆花云龙纹大幡	长3.2m	218,500	古天一	2021-06-07
清乾隆 红地刺绣福禄寿三星挂帐	90cm×190cm	207,000	中贸圣佳	2021-12-30
清乾隆 红地刺绣福禄寿三星挂帐	226cm×90cm	57,500	中贸圣佳	2021-12-30
清嘉庆 双龙戏珠挂帐	50cm×240cm	36,800	中贸圣佳	2021-07-07
清道光 人物故事刺绣挂帐	280cm×430cm	207,000	中贸圣佳	2021-12-30
清道光 婴戏图刺绣挂帐	130cm×134cm	78,200	中贸圣佳	2021-07-07
清中 黄地刺绣五龙大挂帐	152cm×287cm	195,500	中贸圣佳	2021-12-30
清 经幡(一组)	每件长119cm,高192cm	184,000	中贸圣佳	2021-09-26
清 黑地金线绣九龙纹帷幔	199cm×48cm	80,500	中贸圣佳	2021-12-30
清 红地花鸟纹刺绣挂帐	131cm×298cm	52,900	中贸圣佳	2021-12-30
清 青底黄龙帆	275cm×38cm	34,500	十竹斋拍卖(北京)	2021-05-29
清 宋氏锦挂幡(一组)	35cm×287cm;35cm×262cm	23,000	中贸圣佳	2021-05-21
玻璃器				
战国 蓝色琉璃珠串饰	长39cm	174,463	佳士得	2021-12-03
战国 褐色琉璃珠串饰	长30.5cm	143,675	佳士得	2021-12-03
清乾隆 雪霏地套宝石红料庭园仕女婴戏图盖罐	连盖高19cm	2,761,668	香港苏富比	2021-04-22
清乾隆 涅白地套红玻璃夔龙纹尊	高18.3cm	2,668,250	佳士得	2021-12-03
清乾隆 娇黄料桥耳炉	宽7.9cm;高7.5cm	880,092	保利香港	2021-04-21
清乾隆 仿雌黄玻璃纸槌瓶	高9.5cm	821,000	佳士得	2021-12-03
清乾隆 宝石红料刻龙凤饕餮纹杯(一对)	高10.3cm×2	575,000	北京保利	2021-06-08
清乾隆 山楂红料长颈瓶	高22.5cm	287,500	中贸圣佳	2021-05-20
清乾隆 黄料八棱瓶	高14.5cm	207,000	十竹斋拍卖(北京)	2021-05-29
清乾隆 鸡油黄料喜上眉梢纹碗(一对)	直径15.5cm×2	195,500	华艺国际	2021-06-04
清乾隆 豆绿色玻璃六棱瓶	高13.3cm	179,438	纽约佳士得	2021-03-18
清乾隆 粉红玻璃莲瓣碗	直径11cm	143,675	佳士得	2021-12-03
清乾隆 宝石蓝料海棠形水仙盆	20cm×14cm×7cm	109,250	十竹斋拍卖(北京)	2021-05-29
清乾隆 蓝料直颈球瓶	高24.5cm(带座)	101,200	华艺国际	2021-03-31
18世纪 三色套料花鸟纹瓶	高23cm	92,000	华艺国际	2021-06-05
清乾隆 黄料雕莲瓣纹须弥座	17.2cm×17.2cm	74,750	中国嘉德	2021-11-29
清乾隆 双色套料山水亭园图小天球瓶	高21.5cm	43,700	华艺国际	2021-04-01
清乾隆 绿料金胎八卦纹扳指	高2.8cm	43,700	广东崇正	2021-07-19
清乾隆 黄料套红料九桃小天球瓶	高15.2cm	40,250	中国嘉德	2021-03-29
清乾隆 蓝料彩拐子龙纹壁瓶	高21cm	32,200	华艺国际	2021-04-01
清 黄地玻璃套色螭龙纹小瓶	高9.8cm	32,625	纽约佳士得	2021-03-18
清 白料开光花卉纹碗(一对)	直径16.4cm×2	32,200	中国嘉德	2021-09-26
清 黄料双耳乳足炉	直径10cm	23,000	北京保利	2021-05-18
琉璃饰件	直径5.8cm	437,000	上海匡时	2021-07-08
金银器				
春秋 纯金质兽面铺首	宽10cm;重163g	497,370	中国嘉德	2021-04-21
战国 纯金嵌松石双夔龙璧(三只)	尺寸不一	455,220	保利香港	2021-04-21
战国 金鼓钉纹剑柄	长9cm	455,220	保利香港	2021-04-21
战国 纯金质兽面铺首	宽9.7cm;重64g	218,592	中国嘉德	2021-10-14
战国 纯金虎首	宽1.4cm;重7g	29,808	中国嘉德	2021-10-12

2021杂项拍卖成交汇总（续表）

（成交价RMB：1万元以上）

拍品名称	物品尺寸	成交价RMB	拍卖公司	拍卖日期
汉 金刻龙纹匜（一组六件）	直径13cm×6;总重量864g	788,160	保利香港	2021-12-02
汉 金螭虎纹牌	长7.2cm; 重量116g	147,780	保利香港	2021-12-02
汉 金羽纹带扣	长11.9cm; 重量151g	78,816	保利香港	2021-12-02
晋 金素纹唾壶	高8.5cm; 重量262g	256,152	保利香港	2021-12-02
南北朝 金龟盖盒	长11.2cm; 重量330g	256,152	保利香港	2021-12-02
唐 银錾花鸟纹莲瓣高足杯	直径6.8cm	1,147,608	香港苏富比	2021-10-13
唐 金锤鍱牡丹纹扳耳杯	高9.8cm; 重量512g	788,160	保利香港	2021-12-02
唐 银鎏金錾胎瑞兽纹碗	直径17.8cm	571,416	保利香港	2021-12-02
唐 金弦纹佛塔纽盖盒	高11.5cm; 重量543g	512,304	保利香港	2021-12-02
唐 银局部鎏金山水熊牡丹纹碗	直径20cm; 重量415g	78,816	保利香港	2021-12-02
唐 银鎏金浅浮雕花鸟纹粉盒	宽7cm	59,684	中国嘉德	2021-04-21
北宋 金錾胎双凤牡丹纹执壶连温碗	壶高19.5cm; 碗高8.5cm; 总重量1008g	1,477,800	保利香港	2021-12-02
北宋 银莲花形杯	宽10.4cm; 重量66g	88,668	保利香港	2021-12-02
北宋 银莲瓣形盏托	宽18.6cm; 重量153g	88,668	保利香港	2021-12-02
北宋 银刻狮纹菊花盘	宽15.5cm; 重量1420g	78,816	保利香港	2021-12-02
北宋 银牡丹纹花口盘	宽19cm; 重量212g	73,890	保利香港	2021-12-02
北宋 银瓜棱瓶	高23.3cm; 重量1194g	68,964	保利香港	2021-12-02
北宋 银莲花形莲子碗	直径10.3cm; 重量70g	54,186	保利香港	2021-12-02
宋 金荷塘莲花纹碗	宽8.5cm; 重量69g	285,708	保利香港	2021-12-02
宋 纯金錾花开光双螭龙花口盖盒	长5.7cm; 重46g	121,392	保利香港	2021-04-21
辽/元 银鎏金龙凤纹鞘	长21.7cm	1,223,438	纽约佳士得	2021-03-18
元 纯金錾花龙柄龙首壶	高21cm; 重约555.2g	379,500	中鸿信	2021-07-14
元至明 金制双鱼荷叶盖罐（一对）	高9.5cm, 重161.6g; 高9.7cm, 重161.4g	218,500	西泠印社	2021-01-16
元至明 金制莲花纹带板（一组十三件）	长4.2~9.7cm; 总重396.8g	195,500	西泠印社	2021-01-16
元或以前 银制唐王游月宫图盘	直径18cm	34,500	广东崇正	2021-01-07
元 玛瑙包金口花卉纹长柄酒勺	长27cm	28,750	西泠印社	2021-01-16
明万历 御制、御用金累丝錾云龙纹嵌宝石执壶	高28.5cm; 重1138g	45,425,000	上海明轩	2021-12-30
明治时期 金工师中田善久（一民）作 纯金汤沸	高15cm; 直径12cm	1,610,000	北京荣宝	2021-06-19
明治时期 二世秦藏六作白银龙首盉式大汤沸	高28cm; 直径25cm	690,000	北京荣宝	2021-06-19
明治时期 九世中川净益作 南镣纯银茶器九件	尺寸不一	368,000	北京荣宝	2021-06-19
明至清 金錾刻葡萄花卉绶带鸟纹盖碗（一对）	直径10.4cm, 重295.5g; 直径11cm, 重316.5g	356,500	西泠印社	2021-01-16
明至清 金制镂雕千秋万岁龙凤穿花摆件（一对）	直径29.8cm×2; 总重407g	322,000	西泠印社	2021-01-16
明至清 金制龙耳桃形杯（一对）	长11cm×2; 重165g; 重177.8g	230,000	西泠印社	2021-07-24
明 银飞天纹净瓶	高17cm	218,500	北京保利	2021-06-08
明 金制冠饰（一对）	长27.5cm×2; 总重159.8g	207,000	西泠印社	2021-07-24
明 金制走兽荔枝纹盏杯及盏托（一组两件）	1.盏托高2cm, 重206g; 2.杯高5.7cm, 重128g	207,000	西泠印社	2021-01-16
明 松鼠南瓜金头饰	长14.3cm	184,000	古天一	2021-06-07
明 金制花凤纹羽觞杯	长16.6cm; 重305.7g	172,500	西泠印社	2021-01-16
明 金制嵌宝如意云纹发冠	高11cm; 长15cm; 宽10cm; 重324g	172,500	西泠印社	2021-01-16
明 金质绞丝龙头手镯	直径7.4cm	161,000	中国嘉德	2021-11-30
明 西夏文令牌	长9cm	149,500	中贸圣佳	2021-12-29
明 金质凤鸟纹当卢	长9cm; 宽3.6cm	115,000	中国嘉德	2021-11-30
明 银质局部鎏金凤鸟纹镂空盖盒	高11cm; 直径15cm	97,750	中国嘉德	2021-11-30
明 金制梵文瓜形耳杯	高3.4cm; 长10.4cm; 重147.9g	97,750	西泠印社	2021-01-16
明 银鎏金礼佛图净瓶	高26cm; 重554g	92,000	西泠印社	2021-01-16
明 镶宝石金花饰（一对）	高4.5cm×2	89,700	古天一	2021-06-07
明 银质狮钮莲花形香熏	高20cm; 口径9.8cm	86,250	中国嘉德	2021-11-30
明 银鎏金团凤纹执壶	高21cm; 通径16.5cm; 重599g	86,250	西泠印社	2021-01-16
明 "恒昌"款花卉纹金手镯		80,500	古天一	2021-06-07
明 金质嵌宝石花卉发簪	长13.5cm; 直径4.7cm	80,500	中国嘉德	2021-11-30
明 大明万历款金制卧足莲托八宝杯	高2.8cm; 直径7.8cm; 重60.8g	74,750	西泠印社	2021-07-24
明治时期 心经雕土瓶银壶	高13.5cm; 宽15cm; 重358g	69,000	江苏观宇	2021-09-26
明至清 金制梵文瓜形耳杯	高2.9cm; 长12.3cm; 宽9.9cm; 重113.3g	57,500	西泠印社	2021-07-24
明治时期 金工名家二世秦藏六造炮口银壶	高18cm; 直径13cm	55,200	北京荣宝	2021-06-19
明 金质葫芦耳环（一对）	高6cm×2	51,750	中国嘉德	2021-11-30
明 金制手镯（一对）	均外径6cm、内径5.5cm; 总重49g	51,750	西泠印社	2021-10-23
明 银鎏金镂雕莲花宝刹行炉	高16cm; 通径20cm; 重493g	51,750	西泠印社	2021-01-16

拍品名称	物品尺寸	成交价RMB	拍卖公司	拍卖日期
明治时期 生驹造藤把银壶、龙山造凉炉、纯银茶托（一组三件）	尺寸不一	50,600	西泠印社	2021-07-23
明治时期 金匠堂制方口银壶	高16.5cm; 长14cm	48,300	西泠印社	2021-07-23
明 金制兽面、熊饰件（一组三件）	尺寸不一	36,800	西泠印社	2021-01-16
明治时期 纯银制竹节菊花纹 果子器	长22cm; 宽16cm; 高16cm	34,500	北京荣宝	2021-06-19
明治时期 伊藤源三郎作 瓶形藤把银壶	直径11.5cm; 高16cm	25,300	北京荣宝	2021-06-19
江户明治时期 金屋五郎三郎造奇铜藤编银摘小急须（原共箱）、古荷叶嵌银急须盘	尺寸不一	23,000	江苏观宇	2021-09-26
明 金制地藏菩萨香拨	长11.5cm; 重8.9g	20,700	西泠印社	2021-01-16
明治时期 纯银独享神仙炉	高11cm×宽14cm; 重358g	20,700	江苏观宇	2021-09-26
清早期 金制竹节形气通簪	长18cm; 重量30.6g	31,780	浙江佳宝	2021-01-10
清雍正 银错金兽面纹弦纹筒式炉	直径5.8cm	253,000	中国嘉德	2021-05-19
清雍正 铜胎画珐琅山水纹盖碗	直径9.5cm	25,300	华艺国际	2021-04-01
清乾隆 银鎏金开窗龙纹转心瓶	高42.8cm	632,500	广东崇正	2021-07-19
清乾隆 金"万寿无疆"碗	直径12.6cm	598,000	北京保利	2021-06-08
18世纪 银鎏金提炉	高35cm	517,500	古天一	2021-06-07
18世纪 银嵌松石、珊瑚长寿宝瓶耳环（一对）	高17cm×2	402,500	古天一	2021-06-07
清乾隆 嵌金银螭龙纹双龙耳三足炉	口径36.8cm; 高20.3cm	253,000	西泠印社	2021-07-24
清乾隆 金累丝如意花篮嵌红宝石簪（一对）	长13cm×2	230,000	北京保利	2021-12-06
清乾隆 铜胎掐丝珐琅缠枝莲纹瓶	高14.5cm	138,000	华艺国际	2021-04-01
15~18世纪 西藏铁鋄金银配饰（一组十件）	尺寸不一	86,250	中国嘉德	2021-11-29
18世纪 银胎镶铜鎏金油灯	高13cm	82,800	古天一	2021-06-07
15~18世纪 西藏铁鋄金银配饰（一组二十一件）	尺寸不一	74,750	中国嘉德	2021-11-29
15~18世纪 西藏铁鋄金银配饰（一组十件）	尺寸不一	63,250	中国嘉德	2021-11-29
15~18世纪 西藏铁鋄金银配饰（一组十二件）	尺寸不一	57,500	中国嘉德	2021-11-29
清中期 金累丝镶宝石头饰	长11cm	276,000	北京保利	2021-12-06
清中期 景泰蓝葫芦万代摆件（一对）	高103cm×2	195,500	北京保利	2021-01-09
清中期 银鎏金累丝烧蓝寿字纹花篮挂饰	宽10.5cm; 高15.5cm	105,800	浙江佳宝	2021-01-10
清中期 银鎏金嵌百宝八角盖盒	直径8cm; 高8cm	57,500	广东崇正	2021-01-07
19世纪 银制高浮雕高士图大碗	直径29cm	184,000	华艺国际	2021-03-31
19世纪 浮雕双龙戏珠纹银方盒	19cm×12cm	74,750	华艺国际	2021-03-31
19世纪 银制浮雕竹纹竹节柄暖壶（原配小暖炉及托架）	高26cm	74,750	华艺国际	2021-03-31
19世纪 银制镂空钮大提梁壶	高31.5cm; 重1875g	59,800	北京保利	2021-06-07
19世纪 银制浮雕戏曲游神祥瑞图高足盘	直径19.5cm	57,500	华艺国际	2021-03-31
19世纪 藏六款银制四方形提梁壶、乳钉纹银壶配茶托（一组七件）	尺寸不一	28,750	北京保利	2021-06-07
19世纪 英国镀银及水晶玻璃带锁烟酒具	35cm×54cm×27cm	23,000	中国嘉德	2021-05-19
19世纪 银制提梁壶（共两把）	高19cm, 重233g; 高18cm, 重371g	23,000	北京保利	2021-06-07
19世纪 法国铜鎏金珐琅彩绘果盘	盘径24cm; 高18.5cm	20,700	西泠印社	2021-01-17
清末民初 银炉	高72.6cm	552,000	上海匡时	2021-07-08
清 乾隆御制金胎累丝嵌红宝石东珠盘龙文房香熏蒜头瓶	高32.5cm	5,750,000	北京保利	2021-06-08
清 金累丝点翠嵌宝龙凤纹发冠（一对）	高8.5cm, 重176.5g; 高10.5cm, 重144.4g	575,000	西泠印社	2021-01-16
清 金累丝嵌百宝太平有象摆件	高30cm; 重927g	460,000	西泠印社	2021-01-16
清 银制鎏金烧蓝嵌宝龙凤执壶	高41cm; 重2831g	437,000	西泠印社	2021-07-24
清 银烧蓝福寿纹经书盒	31.7cm×21.6cm×13.3cm	379,500	西泠印社	2021-01-16
清 金制梅兰竹菊延年益寿葵口盏（一组四件）	均高3cm、口径10.3cm; 总重440g	345,000	西泠印社	2021-01-16
清 金嵌百宝阿拉伯文盖罐（一对）	高15cm×2; 总重984g	322,000	西泠印社	2021-01-16
清 金制福寿如意云纹供盘（一对）	长17.5cm×2; 重277g; 重276.6g	287,500	西泠印社	2021-01-16
清 金制累丝凤凰（一对）	高15cm×2; 总重约424g	218,500	西泠印社	2021-07-24
清 银鎏金荷塘宝鸭香熏	高12.8cm	207,000	中贸圣佳	2021-05-21
清 银质双龙戏珠纹"圆明园"盖盒	长19.5cm; 宽12cm; 高6.3cm	207,000	中国嘉德	2021-11-30
清 金制凤鸟纹花形香盒（一对）	1.厚约2.4cm, 直径5.9cm; 2.厚约2.4cm, 直径6cm; 总重158g	161,000	西泠印社	2021-07-24
清 银质高浮雕人物故事茶壶	高23cm; 底径8.7cm	161,000	中国嘉德	2021-11-30
清 凤纹金饰	约重36.26g	149,500	西泠印社	2021-01-15

2021杂项拍卖成交汇总（续表）

（成交价RMB：1万元以上）

拍品名称	物品尺寸	成交价RMB	拍卖公司	拍卖日期
清 金制祥猴花卉纹盖盒（一对）	1.直径8cm, 重134.5g; 2.直径8cm, 重120g	149,500	西泠印社	2021-01-16
清 银鎏金点翠嵌宝凤冠	高31.5cm; 底径21.8cm; 重1110g	138,000	西泠印社	2021-01-16
清 银质烧蓝花鸟纹盖罐	高18.5cm; 底径8.8cm	138,000	中国嘉德	2021-11-30
清 金制累丝香囊（一组三件）	总长17cm; 总重69g	138,000	西泠印社	2021-07-24
清 银质龙纹香炉	高50cm; 耳径30.2cm	115,000	中国嘉德	2021-11-30
清 金制花卉纹盏托及盏（一组四件）	尺寸不一	115,000	西泠印社	2021-01-16
清 银质江海关赠英国人赫德炮（一对）	均长32cm、宽6.7cm; 高12.5cm	103,500	中国嘉德	2021-11-30
清 银鎏金嵌宝凤冠	高21.5cm; 通径27cm; 重1394g	102,350	西泠印社	2021-07-24
清 金质高浮雕蝙蝠喜字扁方	长32.8cm; 宽2.7cm	92,000	中国嘉德	2021-11-30
清 银錾花烧蓝嵌玉宝石罐（一组三只）	高10.8cm×3	92,000	广东崇正	2021-07-19
清 敬奉神明银制铠甲	宽23cm; 高42.5cm	86,250	浙江佳宝	2021-01-10
清 银质局部鎏金双龙耳六方香熏	高15.5cm; 耳径20.5cm	80,500	中国嘉德	2021-11-30
清 银质烧蓝花卉纹玉壶春	高19.8cm; 底径6cm	74,750	中国嘉德	2021-11-30
清 镶宝石金花饰（一对）	高5cm×2	69,000	古天一	2021-06-07
清 银质烧蓝托盘（四件）	均高3cm, 长13.2cm	69,000	中国嘉德	2021-11-30
清 银质龙纹大盘	长60.4cm; 宽34cm; 高7cm	69,000	中国嘉德	2021-11-30
清 银质局部鎏金镂空纹扳指	高3.5cm; 直径3.3cm	63,250	中国嘉德	2021-11-30
清 纯金“万寿无疆”扁方	长18cm; 重108g	63,250	保利厦门	2021-11-05
清 银质局部鎏金烧蓝八仙人物温酒器	高11.5cm; 底径5.4cm	57,500	中国嘉德	2021-11-30
清 金嵌绿松石花卉手镯	宽1.9cm; 外径7.9cm; 内径7cm; 重122g	57,500	西泠印社	2021-10-23
清 金质镂空龙首发簪	长19.2cm; 高1.4cm	51,750	中国嘉德	2021-11-30
清 金制累丝镂空双鱼挂饰	总长12.5cm; 鱼长6.5cm; 总重61g	48,300	西泠印社	2021-01-16
清 铜鎏金点翠嵌宝花卉纹领约	总长57cm; 直径19cm	48,300	西泠印社	2021-01-16
清 大清乾隆年制铜鎏金錾花龙凤纹方盒（一对）	1.高11.7cm; 2.高11.7cm	46,000	西泠印社	2021-07-24
清 领约	直径18cm; 长54cm	46,000	北京银座	2021-09-24
清 金质多宝嵌香筒	直径10.5cm; 重量62g	36,800	北京保利	2021-06-07
清 银制兽目交连纹八棱觚	带座高34cm; 高30cm; 重1878g	36,800	西泠印社	2021-07-24
清 旋纹金手镯		34,500	古天一	2021-06-07
清 金累丝五福拱寿头饰	直径7.6cm; 42g	34,500	古天一	2021-06-07
清 银阴刻龙纹茶壶（一组三件）		28,750	中贸圣佳	2021-09-26
清 银錾刻龙纹茶壶（一组三件）		28,750	中贸圣佳	2021-09-26
清 银鎏金无量佛七宝纹盖盒	高7.5cm; 直径10.3cm; 重302g	25,300	西泠印社	2021-07-24
清 银鎏金烧蓝嵌宝石葫芦形盖盒	高5.5cm; 长16cm; 宽10cm; 重179g	23,000	西泠印社	2021-07-24
清 玉雕龙柄银累丝镶宝手镜	直径12.5cm	20,700	朵云轩	2021-07-07
清 银制刻山林隐居图提梁壶	高21cm; 通径18cm; 总重674g	18,400	西泠印社	2021-07-24
民国 银质尊德堂香炉	长24.3cm; 宽15.4cm; 高36.5cm	80,500	中国嘉德	2021-11-30
民国 银制餐具（一组）	尺寸不一	48,300	朵云轩	2021-09-19
民国七年（1918年）银制奖杯	高22cm	28,750	华艺国际	2021-03-31
民国 银刻万寿山板	66cm×17.5cm	20,700	北京保利	2021-05-18
钟连盛 华夏盛世尊	长68cm; 宽68cm; 高99cm	12,800,000	香港威廉联合	2021-05-30
金质累丝百宝嵌双凤亭台楼阁手镯	高11cm; 直径8cm	2,185,000	中国嘉德	2021-05-18
极其精美罕有，全金金贝羽毛、全金素羽毛配上金金贝银羽毛项链	尺寸不一	1,380,000	华艺国际	2021-06-04
金质镂空透雕龙纹八棱盖盒	高7.6cm; 长17cm	977,500	中国嘉德	2021-05-18
goro's 罕见 金绳松石鹰配全金羽毛及银羽毛项链		920,000	华艺国际	2021-12-10
藏六造 饕餮兽首 三环翠玉摘 纯金金壶	高17cm; 重约672g	701,500	华艺国际	2021-06-03
金质嵌宝石圆雕双雀桃形酒杯	高6cm; 宽7cm	575,000	中国嘉德	2021-05-18
竹影堂荣真造 立筋繁花纹 纯金金壶	高18cm; 宽16cm; 重约524g	575,000	华艺国际	2021-06-03
goro's 金爪先金银羽毛吊坠项链		575,000	华艺国际	2021-12-10
饕餮纹 兽首金壶	高12cm; 宽18cm	549,700	华艺国际	2021-12-11
金质高浮雕“海八怪”胆瓶	高16.5cm; 底径5.9cm	483,000	中国嘉德	2021-05-18
全金上金羽毛吊坠项链	金羽毛17.6mm×14.5mm	460,000	华艺国际	2021-06-04
金质盘羊帽顶	高8.5cm; 底径5.5cm	460,000	中国嘉德	2021-05-18
绿松石金太阳花项链	绿松石金太阳花43.6mm×26mm	460,000	华艺国际	2021-06-04
辛酉冬月 二世秦藏六造龙首和式翡翠斋银壶	高17cm; 直径13cm	437,000	北京荣宝	2021-06-19
竹影堂荣真造 立筋繁花纹 纯金金壶	重约524g; 高18cm; 宽16cm	437,000	华艺国际	2021-12-11
霰打纹 金壶	高16.5cm; 宽15cm	437,000	华艺国际	2021-12-11
民国 与子同袍：錾刻凤戏牡丹纹大型银质花瓶	高69cm; 重5166g	414,000	华艺国际	2021-12-11
金质凤纹羽觞杯	长9.3cm	345,000	中国嘉德	2021-05-18
金质高浮雕荔枝纹盏托（一套）	托盘：直径17cm，高1cm；杯：高7cm，口径14.3cm	322,000	中国嘉德	2021-05-18
1991 王家卫 梦回白驼山	后冠：16cm×22cm×9cm；发簪：5.5cm×12cm	312,984	香港苏富比	2021-10-10
近代 英国 银犀牛	总重约3450g; 高15.5cm; 宽33cm	310,500	保利厦门	2021-05-05
金质花卉纹镂空提梁果盘	高4.7cm; 长22.5cm; 宽19.5cm	299,000	中国嘉德	2021-05-18
江户时期 芳久作雾霰纹侧把纯金急须	高8.1cm; 长13cm	253,000	西泠印社	2021-07-23
三世藏六造 阿古陀式 银酒铫（一对）	均高13cm、宽16cm、重约455g、458g	184,000	华艺国际	2021-06-03
三世藏六造 阿古陀式 银酒铫（一对）	均高13cm、宽16cm	184,000	华艺国际	2021-12-11
民国 福禄寿三星大型银质摆件	高32cm; 重1538g	184,000	华艺国际	2021-12-11
银质“张勋赠狄雷夫上士”人物故事奖杯	长29.5cm; 宽20cm 高55cm	172,500	中国嘉德	2021-05-18
民国 六榕寺大型银质摆件	长42cm; 高55cm; 重7350g	172,500	华艺国际	2021-12-11
金质累丝“双龙戏珠”头饰（一组三件）	单龙：长16cm; 宽5cm; 厚1cm	161,000	中国嘉德	2021-05-18
中川九世净益造 “秀国刀”梅兰竹菊四君子四方银壶	高13cm; 宽12cm; 重约482g	161,000	华艺国际	2021-06-03
明 金莲纹高足杯	高8.5cm; 直径7.5cm	138,000	十竹斋	2021-06-27
竹影堂荣真造 樱川纹 银壶	高24cm; 宽21cm	138,000	华艺国际	2021-12-11
ASPREY 银质国际象棋（一套）	棋盘约为37.5cm×37.5cm×1.5cm	97,750	北京保利	2021-06-07
银质百宝嵌执壶	高34.2cm; 底径10.3cm	86,250	中国嘉德	2021-05-18
银质茶壶（一组二只）	尺寸不一	80,500	中国嘉德	2021-05-18
金质桃形盖盒	长6.3cm; 宽6cm; 高3cm	80,500	中国嘉德	2021-05-18
昭和二十九年十一月二十七日日本银刻“松下幸之助”款“远历纪念”壶	总重约240g; 高12cm	79,350	保利厦门	2021-05-05
金质嵌宝石凤凰耳坠（一对）	均高6.5cm、宽2.2cm、厚2cm	57,500	中国嘉德	2021-05-18
银质羚羊饰物（一对）	均高8cm、厚1.8cm	57,500	中国嘉德	2021-05-18
纯金瓜子（一组十二件）	尺寸不一; 重99g	57,500	保利厦门	2021-11-05
银茶具（一组）	尺寸不一	55,200	北京保利	2021-10-30
银鸡（一对）	带座总重4230g; 均高27cm、宽35cm	54,050	保利厦门	2021-05-05
银质鎏金盖玛瑙供碗（一对）	均高13cm、口径12cm	51,750	中国嘉德	2021-05-18
1870年制 奥迪欧（Odiot）纯银美人鱼水晶酒壶	高36cm; 重量约1581g	49,450	西泠印社	2021-07-23
银质“Tiffany”天使烛台（一对）	均长23cm、宽18.7cm、高34.5cm	46,000	中国嘉德	2021-05-18
清 银鎏金鹤纹香熏（一对）	高44cm×2	46,000	十竹斋	2021-06-27
银骑马人物像（一组七件）	总重约1720g; 尺寸不一	46,000	保利厦门	2021-05-05
银质局部鎏金角端	总高19.1cm	43,700	中国嘉德	2021-05-18
宋 金镂空莲花钗	长13.6厘米	40,803	纽约苏富比	2021-09-22
金质耳坠（一对）	均直径2cm、高4cm	40,250	中国嘉德	2021-05-18
1880年 爱马仕（Hermès）/博艺府家（Puiforcat）纯银花卉饰中央汤盆套组	托盘直径33cm; 汤盆底径16.5cm; 总重量约2215g	40,250	西泠印社	2021-07-23
银质铜鎏金盖龙腿奁	高7.8cm; 托盘直径10cm	36,800	中国嘉德	2021-05-18
约1890年 法国黄铜珐琅赛马望远镜及歌剧望远镜	13cm×12cm; 6cm×10cm	36,800	中国嘉德	2021-05-19
金质绞丝手镯	直径7.5cm	34,500	中国嘉德	2021-05-18
约1820年 法国纯银水晶冰激凌餐具套组	罐高30.5cm; 宽24.5cm; 总重量1644g	34,500	西泠印社	2021-01-17
竹影堂荣真造 霰打纹 银壶	高13cm; 宽8.3cm; 重约204g	34,500	华艺国际	2021-06-03
银嵌宝犀牛（一对）	总重约1620g; 均高15cm、宽27cm	32,200	保利厦门	2021-05-05
K金首饰（一组九件）	尺寸不一	32,200	中国嘉德	2021-05-18
日本银壶	总重约520g; 高20cm	32,200	保利厦门	2021-05-05
日本银壶	总重约600g; 高16.5cm	29,900	保利厦门	2021-05-05
锤纹 翠摘 镀金银壶、八方锤纹 西施镀金银壶、八方锤纹 西施银壶一对	尺寸不一	28,750	华艺国际	2021-06-03

（成交价RMB：1万元以上）

拍品名称	物品尺寸	成交价RMB	拍卖公司	拍卖日期
银质局部鎏金竹节纹壶	高9.5cm；底径9cm	28,750	中国嘉德	2021-05-18
英格兰谢菲尔德 1897年 维多利亚晚期 珍珠贝母手柄银质餐具	高7cm；长50.5cm；宽30.5cm	28,750	西泠印社	2021-01-17
法国 约1910年 新艺术（ART NOUVEAU）时期 费里（FERRY）纯银花鸟饰酒杯套组	口径3.3cm；高4cm；总重量约337.87g	28,750	西泠印社	2021-01-17
银质越南皇帝御用龙纹四神兽香盒	尺寸不一	25,300	中国嘉德	2021-05-18
金质凤头钗	长12cm；宽4.8cm	25,300	中国嘉德	2021-05-18
鎏金纹银壶	长15.7cm；高21cm	25,300	辽宁省拍	2021-07-04
近代 日本 秀夆堂 银壶	总重约550g；高19cm	25,300	保利厦门	2021-05-05
尚美堂造·霰打纹·银急需	高7.8cm；宽16.5cm；重约221.2g	25,300	华艺国际	2021-06-03
1880年制 纯银卷叶纹花卉饰茶具三件套	尺寸不一	25,300	西泠印社	2021-07-23
银质鎏金仙人带饰（一套）	尺寸不一	23,000	中国嘉德	2021-05-18
银质龙首带钩	长19cm；高3cm	23,000	中国嘉德	2021-05-18
刀瓣纹银壶	长18.5cm；高22cm	23,000	辽宁省拍	2021-07-04
法国 约1910年制 罗塞尔（ROUSSEL）胡桃木手柄银质酒壶	底部直径13cm；高28cm	23,000	西泠印社	2021-01-17
法国 约1880年 1880年制 花鸟蝶衣饰纯银甜品餐具套组	尺寸不一；总重量约415.53g	23,000	西泠印社	2021-01-17
日本银壶	总重约450g；高21cm	23,000	保利厦门	2021-05-05
近代 日本 银川堂 银刻蛇皮纹提梁壶	总重约340g；高14cm	23,000	保利厦门	2021-05-05
银树桩梅花壶（三件）	尺寸不一	23,000	北京保利	2021-05-18
1879年制 卡地亚（CARTIER）/博艺府家（Puiforcat）乌木手柄纯银茶壶	底径9.5cm；宽24cm；重量约834g（不含壶柄）	21,850	西泠印社	2021-07-23
法国 约1880年制 纯银鎏金花卉饰甜点勺十八件套组	餐勺长12cm；总重量约358g	20,700	西泠印社	2021-01-17
近代 中国 银刻人物故事纹桃钮壶	总重约380g；高12cm；宽14.5cm	20,700	保利厦门	2021-05-05
法国 Tallois Mayence 950纯银及银镀金烈酒酒杯配托盘（一组十三件）	总重1166g；托盘高22cm；宽31cm；酒杯高5.5cm	20,700	保利厦门	2021-05-05
中川净益造·银急需	高9.5cm；宽15.2cm；重约198g	20,700	华艺国际	2021-06-03
1946年制 梅森·艾斯赫（Maison Eschwége）纯银小鸟盐盅七件套	高3.5cm；宽4.2cm；总重量约199g	20,700	西泠印社	2021-07-23
1906年制 奥迪欧（Odiot）纯银咖啡茶具四件套	尺寸不一	20,700	西泠印社	2021-07-23
清乾隆 金镶百宝斋戒葫芦佩	长7.5cm	3,335,000	北京保利	2021-12-05
珐琅器				
元 掐丝珐琅索耳鬲式炉	口径11.4cm；高5.5cm	862,500	中国嘉德	2021-05-18
元 掐丝珐琅狮子绣球盒	高2cm；直径12cm	34,500	古天一	2021-06-07
明初 铜胎掐丝珐琅缠枝莲托八吉祥纹藏草瓶	高25.6cm	2,300,000	永乐拍卖	2021-05-22
明早期 掐丝珐琅缠枝莲纹索耳鬲式炉	直径11cm；高6cm	747,500	中国嘉德	2021-11-28
明早期 铜胎掐丝珐琅贯耳瓶	高12cm	460,000	北京保利	2021-12-06
明早期 铜胎掐丝珐琅缠枝花卉纹烛台（一对）	高25cm×2	57,500	保利厦门	2021-11-05
明宣德 铜胎掐丝珐琅缠枝莲纹朝贯耳炉	长14.5cm	632,500	中鸿信	2021-07-14
明宣德 铜胎珐琅花卉纹折沿三足盘	直径17.5cm；高3.5cm	230,000	中贸圣佳	2021-12-29
明景泰 御制掐丝珐琅缠枝番莲纹盒	直径12.4cm	21,387,050	佳士得	2021-12-03
15世纪 掐丝珐琅番莲纹三足撇口炉	22.6cm	233,680	香港苏富比	2021-04-22
明万历 铜胎掐丝珐琅云龙捧寿纹盖炉	长31.3cm；宽21.8cm；高33.5cm	4,137,840	保利香港	2021-12-02
16世纪 铜胎掐丝珐琅狮子戏球纹托盘	长37.5cm	253,000	北京保利	2021-12-06
明万历 掐丝珐琅榴开百子圆盒	直径9cm	34,500	北京翰海	2021-06-05
明 铜胎掐丝珐琅莲纹贯耳瓶	高12.5cm	517,500	华艺国际	2021-03-31
明 掐丝珐琅摩羯纹渣斗	高11cm	368,000	中贸圣佳	2021-05-21
明 掐丝珐琅缠枝莲纹大铺首尊	高52cm	356,500	上海匡时	2021-07-08
明 铜胎掐丝珐琅莲托八宝执壶	高28cm	92,000	中鸿信	2021-07-14
明 大明景泰年制款掐丝珐琅八宝纹抱月瓶	高26cm	69,000	西泠印社	2021-01-16
明 掐丝珐琅凤穿牡丹纹玉壶春瓶	口径12.3cm；高40cm	66,700	浙江佳宝	2021-01-10
明至清 大明景泰年制款掐丝珐琅狮戏纹藏草瓶	高20cm	55,200	西泠印社	2021-01-16
明 铜胎银丝香球	直径12cm	48,300	广东崇正	2021-07-19
明至清 大明万历甲寅年造款铜胎掐丝珐琅龙纹香盘	高3.7cm；直径15.7cm	34,500	西泠印社	2021-07-24
明 铜胎掐丝珐琅莲瓣形盖盒	直径12.5cm	23,000	中鸿信	2021-07-14
明晚期 掐丝珐琅花鸟瑞兽纹铺首方尊	高39cm	276,000	中贸圣佳	2021-05-21
明末清初 铜胎掐丝珐琅仿圈	外径10.9cm；内径8.5cm	34,500	西泠印社	2021-01-16
清早期 珊瑚红地掐丝珐琅伏羲神农榴开百子大尊	高146cm	3,680,000	北京保利	2021-12-05

拍品名称	物品尺寸	成交价RMB	拍卖公司	拍卖日期
清康熙 掐丝珐琅缠枝莲纹夔龙耳象足盖炉	长33cm	1,539,375	佳士得	2021-12-03
清康熙 铜胎珐琅胡人献宝	高32.5cm	1,380,000	中贸圣佳	2021-07-07
清康熙 铜胎掐丝珐琅螭龙纹兽钮四足方炉	宽21.3cm	1,012,000	北京保利	2021-12-06
清康熙 铜胎掐丝珐琅镂雕龙纹象足大熏炉	高56cm	690,000	永乐拍卖	2021-05-22
清康熙 铜胎掐丝珐琅缠枝莲纹龙耳簋式炉	高9cm；宽17cm	460,000	保利厦门	2021-11-05
清康熙 铜胎掐丝珐琅缠枝番莲纹朝冠耳香炉	高30.7cm；宽32.7cm	322,000	永乐拍卖	2021-05-22
清康熙 铜胎掐丝珐琅兽面纹三足朝冠耳炉	宽22cm；高13cm	287,500	保利厦门	2021-11-05
清康熙 铜胎掐丝珐琅缠枝莲纹铺耳尊	高21.5cm	241,500	保利厦门	2021-11-05
清康熙 掐丝珐琅香盘	直径12.5cm	115,000	中贸圣佳	2021-05-21
清康熙 掐丝珐琅蚰耳炉	直径15cm；高12.5cm	46,000	中贸圣佳	2021-09-26
清雍正 铜胎画珐琅开光花鸟香盒	直径5.6cm	34,500	北京保利	2021-05-18
清雍正 铜胎画珐琅福寿双全山水图碗	直径16.5cm	28,750	华艺国际	2021-03-31
清乾隆 铜胎掐丝珐琅胡人献宝狮钮大熏炉	长111cm	9,200,000	北京保利	2021-12-05
清乾隆 铜胎珐琅大香炉	直径98cm；高161cm（带座）	7,532,500	中贸圣佳	2021-05-20
清乾隆 铜胎掐丝珐琅仿古铜鼎式朝冠耳三足炉	高69cm	6,670,000	北京保利	2021-06-07
清乾隆 御制掐丝珐琅寿字暗八仙拱宝珠寿字五爪龙纹长颈瓶	高30.5cm	6,367,320	佳士得	2021-05-28
清乾隆 掐丝珐琅双龙耳鹤足瑞鹿大香熏	高65cm	5,750,000	上海明轩	2021-12-30
清乾隆 铜胎掐丝珐琅太平有象驮宝塔成对	96cm×124cm×2	5,175,000	北京保利	2021-09-26
清乾隆 掐丝珐琅甪端熏炉（一对）	高51.5cm×2	4,968,000	佳士得	2021-05-28
清乾隆 掐丝珐琅胡人献宝 长方形熏炉（一对）	91m×40.5cm×63.5cm×2	4,600,000	中贸圣佳	2021-12-29
清乾隆 御制铜胎掐丝珐琅春寿宝盒	直径20.3cm	4,600,000	北京保利	2021-12-05
清乾隆 掐丝珐琅合卺杯	宽7.6cm；高8.5cm	4,600,000	辽宁省拍	2021-07-04
清乾隆 铜胎掐丝珐琅楼阁式大香炉	高89.5cm	3,680,000	永乐拍卖	2021-05-22
18世纪 御制掐丝珐琅饕餮纹仿古盖盉	总高39.7cm	3,312,000	佳士得	2021-05-28
清乾隆 铜胎掐丝珐琅缠枝莲纹太平有象炉	直径25.5cm；高45cm	2,875,000	中贸圣佳	2021-05-20
18世纪 掐丝珐琅缠枝莲纹五供（一套）	总高45.3cm	2,691,000	佳士得	2021-05-28
清乾隆 掐丝珐琅狮子	36.8cm×41cm	2,530,000	中国嘉德	2021-11-28
清乾隆 掐丝珐琅"六合同春"鹿鹤鱼藻纹大缸	直径62.2cm；高26.7cm	2,185,000	上海明轩	2021-12-30
清乾隆 铜胎掐丝珐琅太平有象八吉祥多宝盒	高20.8cm	2,070,000	永乐拍卖	2021-05-22
清乾隆 掐丝珐琅百花图广口包袱尊（一对）	高87cm×2	1,847,250	佳士得	2021-12-03
清乾隆 铜胎掐丝珐琅太平有象大香熏	高52cm	1,725,000	北京保利	2021-01-09
清乾隆 铜掐丝珐琅缠枝花卉纹佛前五供（一套）	觚高41cm×2；烛台高63cm×2；炉高44cm	1,667,500	广东崇正	2021-01-07
清乾隆 御制掐丝珐琅仿古缠枝莲纹铺首凤耳大凤尾尊	高66.5cm	1,656,000	佳士得	2021-05-28
清乾隆 掐丝珐琅大桃盆	直径71.6cm	1,564,920	香港苏富比	2021-10-13
清乾隆 掐丝珐琅鹤鹿纹双耳瓶（一对）	高90cm×2	1,495,000	上海明轩	2021-12-30
清乾隆 铜胎掐丝珐琅缠枝花卉纹双龙耳三足盖炉	高54cm	1,150,000	保利厦门	2021-11-05
清乾隆 錾胎珐琅饕餮纹鼎式炉	高43.2cm	1,127,000	上海明轩	2021-12-30
清乾隆 御制铜胎掐丝珐琅甪端香熏	高40.5cm	1,127,000	上海明轩	2021-12-30
清乾隆 铜胎珐琅白玉香亭	高39cm	1,092,500	中贸圣佳	2021-07-07
清乾隆 御制掐丝珐琅蝶恋花万菊锦纹太平有象尊	高38cm	1,035,000	佳士得	2021-05-28
清乾隆 铜胎掐丝珐琅缠枝莲纹象足熏炉（一对）	高25.3cm	977,500	永乐拍卖	2021-05-22
清乾隆 铜胎掐丝珐琅花鸟瑞兽纹瓜棱式手炉（一对）	19cm×14cm×2	920,000	中贸圣佳	2021-05-20
18世纪 铜胎掐丝珐琅冠上加冠执壶（一对）	高14.5cm×2	920,000	华艺国际	2021-06-05
清乾隆 铜胎画珐琅洋花碗	直径17.2cm	920,000	北京保利	2021-06-07
清乾隆 御制铜胎掐丝珐琅百花灵芝纹提篮式大香熏	高108cm	920,000	永乐拍卖	2021-09-25
清乾隆 铜胎画珐琅黄地花卉葡萄纹大碗（一对）	直径19cm	920,000	北京保利	2021-12-06
清乾隆 画珐琅缠枝莲纹鱼篓式尊	高8cm；重170g	908,500	上海匡时	2021-07-08

2021杂项拍卖成交汇总(续表)

(成交价RMB：1万元以上)

拍品名称	物品尺寸	成交价RMB	拍卖公司	拍卖日期
清乾隆 铜胎画珐琅蓝地开光“灵仙祝寿”图碗（一对）	直径12.5cm×2	862,500	华艺国际	2021-03-31
清乾隆 御制掐丝珐琅缠枝番莲纹象腿盲帽耳盖炉	高55cm	828,000	佳士得	2021-05-28
清乾隆 铜胎掐丝珐琅花卉纹瑞兽	长23.3cm	805,000	中贸圣佳	2021-07-07
18世纪 御制掐丝珐琅乳钉蝉纹镂空龙钮三足熏炉	高41.8cm	724,500	佳士得	2021-05-28
清乾隆 料胎黄地画珐琅宝相花纹尊	口径6.3cm；高18.2cm	701,500	浙江佳宝	2021-01-10
清乾隆 铜胎掐丝珐琅“万寿无疆”碗	直径15.3cm	690,000	北京保利	2021-12-06
清乾隆 铜胎掐丝珐琅八吉祥抱月瓶	高49cm	690,000	中鸿信	2021-07-14
18世纪 掐丝珐琅仿古纹狮面衔活环耳方壶	高27.5cm	672,750	佳士得	2021-05-28
18世纪 蓝地铜胎掐丝珐琅瑞果花鸟纹瓶（一对）	高98cm×2	667,000	永乐拍卖	2021-09-25
清乾隆 铜胎掐丝珐琅公鸡成对	高36.5cm×2	632,500	中鸿信	2021-07-14
清乾隆 掐丝珐琅万寿无疆碗	口径16.7cm；高4.9cm	598,000	浙江佳宝	2021-01-10
清乾隆 铜胎掐丝珐琅莲纹出戟花觚	高26.5cm	575,000	广东崇正	2021-07-19
清乾隆 铜胎画珐琅希腊神话蒜头瓶	高18cm	575,000	北京保利	2021-12-06
清乾隆 铜胎掐丝珐琅三足狮钮熏炉	高23.5cm	517,500	北京保利	2021-12-06
清乾隆 铜胎画珐琅斑竹药栏明瓦灯（一对）	高29.8cm×2	513,125	佳士得	2021-12-03
清十八世纪 铜胎掐丝珐琅水牛形盖盒	长17.5cm	345,000	永乐拍卖	2021-05-22
清乾隆 铜胎掐丝珐琅行云流水梵文杯	高3.5cm	345,000	华艺国际	2021-06-05
清乾隆 铜胎掐丝珐琅缠枝莲纹如意耳尊	高27cm	322,000	保利厦门	2021-11-05
清代乾隆 掐丝珐琅花浇（一对）	高27cm×2	322,000	上海匡时	2021-07-08
清乾隆 铜胎烧透明珐琅福禄纹九子攒盒	直径34.3cm；高9.3cm	310,500	广东崇正	2021-07-19
清乾隆 掐丝珐琅夔龙纹双联壁瓶	高15.4cm	287,500	中国嘉德	2021-11-29
清乾隆 掐丝珐琅蝠磬双凤纹灯笼瓶	高42cm	287,500	中贸圣佳	2021-03-26
清乾隆 掐丝珐琅双龙耳灵芝钮香熏	宽43cm	287,500	北京保利	2021-05-18
清乾隆 铜胎画珐琅花卉福寿图四方小盒	宽3.3cm	287,350	佳士得	2021-12-03
清乾隆 铜胎画珐琅缠枝莲纹瓜棱形围棋罐（一对）	直径15.5cm×2	253,000	北京保利	2021-06-08
清乾隆 铜画珐琅黄地宝相花纹盘（一对）	直径31cm×2	253,000	广东崇正	2021-07-19
清乾隆 掐丝珐琅花卉纹香熏	高35cm	253,000	中国嘉德	2021-11-29
清乾隆 掐丝珐琅双鱼法器	高39cm	253,000	中国嘉德	2021-11-29
清乾隆 铜掐丝珐琅四足香熏	高27cm	253,000	广东崇正	2021-01-07
清乾隆 铜胎掐丝珐琅海兽云龙纹四足鼎式炉	高45cm	253,000	上海匡时	2021-07-08
清乾隆 铜胎掐丝珐琅荷塘清趣图缸	高42.5cm；口径46.3cm	253,000	西泠印社	2021-07-24
清乾隆 掐丝珐琅六棱形蕉叶纹花插	宽20cm	230,000	中国嘉德	2021-11-29
清乾隆 铜胎掐丝珐琅狮子（一对）	长53cm×2	230,000	北京保利	2021-09-26
清乾隆（御制）铜胎掐丝珐琅缠枝莲朝冠耳三足炉	高9.5cm；口径8cm	230,000	中国嘉德	2021-11-29
清乾隆 铜胎掐丝珐琅缠枝莲朝冠耳三足炉	宽11cm	230,000	北京保利	2021-06-08
清乾隆 铜胎掐丝珐琅佛塔	高21cm	230,000	北京保利	2021-12-06
清乾隆 铜胎珐琅太平有象（一对）	高29cm×2	207,000	中贸圣佳	2021-07-07
清乾隆 掐丝珐琅花卉纹香盒	直径6.1cm	207,000	中国嘉德	2021-11-29
清乾隆 铜胎掐丝珐琅缠枝莲纹钟	直径14.5cm；高13.5cm	207,000	保利厦门	2021-11-05
清乾隆 铜胎掐丝珐琅盖盒	直径7.7cm	198,720	中国嘉德	2021-10-14
清乾隆 铜胎掐丝珐琅龙凤纹大瓶	高63.5cm	195,500	上海匡时	2021-07-08
清乾隆 铜胎嵌金银透明珐琅茶盏	宽16.3cm	184,000	中国嘉德	2021-11-29
清乾隆 掐丝珐琅缠枝莲纹筒式炉	直径9.8cm；高9cm	172,500	中国嘉德	2021-11-28
清乾隆 掐丝珐琅仿青铜器盉	高23cm	172,500	中贸圣佳	2021-12-29
清乾隆 铜胎掐丝珐琅饕餮纹提梁卣	高45.5cm	172,500	中鸿信	2021-07-14
清乾隆 铜胎掐丝珐琅瓶	高14.8cm	158,976	中国嘉德	2021-10-14
清乾隆 掐丝珐琅缠枝花卉纹瓶	高10.3cm	149,500	中国嘉德	2021-11-29
18世纪 掐丝珐琅莲纹烛台（一对）	高44.5cm×2	138,656	纽约佳士得	2021-03-18
清乾隆 掐丝珐琅花卉纹花觚（一对）	高34.5cm×2	138,000	中国嘉德	2021-11-29
清乾隆 铜掐丝珐琅珍珠树盆景（一对）	高57cm×2	138,000	广东崇正	2021-01-07
清乾隆 掐丝珐琅花卉纹瓶	高18cm	138,000	中国嘉德	2021-11-29
清乾隆 铜胎掐丝珐琅双耳香炉	高34cm	138,000	上海匡时	2021-07-08
清乾隆 铜胎掐丝珐琅缠枝莲纹盖盒	直径5cm	138,000	保利厦门	2021-11-05
清乾隆 掐丝珐琅嵌宝富贵吉祥大象	长36cm；高22cm（连座）	126,500	中贸圣佳	2021-09-26
清乾隆 铜胎画珐琅花鸟纹花盆	长29cm；高13cm	126,500	广东崇正	2021-01-07
18世纪 铜胎画珐琅山水花鸟图方尊（一对）	高24.5cm×2	115,000	华艺国际	2021-03-31
清乾隆 铜胎画珐琅卷草云蝠纹盘	直径14cm	115,000	中鸿信	2021-07-14
清乾隆 景泰蓝花蝶花篮	高14.8cm	115,000	北京保利	2021-10-30
清乾隆 铜胎画珐琅松石绿地福寿吉祥纹折沿盆	直径48.5cm	115,000	保利厦门	2021-11-05
清乾隆 铜胎掐丝珐琅双如意耳炉	宽14cm	115,000	北京保利	2021-12-06
清乾隆 錾胎填珐琅方胜形盒	长10.5cm	109,250	中国嘉德	2021-05-19

拍品名称	物品尺寸	成交价RMB	拍卖公司	拍卖日期
清乾隆 掐丝珐琅缠枝莲纹梅瓶	高14.5cm	109,250	中贸圣佳	2021-09-26
清乾隆 掐丝珐琅香炉烛台三件套	炉高27cm；烛台高31cm	97,750	中贸圣佳	2021-09-26
清乾隆 铜胎画珐琅黄地缠枝花卉开光“万寿无疆”碗	直径18.5cm	97,750	中国嘉德	2021-11-29
清乾隆 铜胎画珐琅黄地花卉纹圆香盒（一对）	直径6.4cm×2	92,000	中贸圣佳	2021-07-07
清乾隆 掐丝珐琅冰梅纹执壶	宽16.1cm	92,000	中国嘉德	2021-05-19
清乾隆 掐丝珐琅暗八仙纹炉	宽12.9cm	92,000	中国嘉德	2021-11-29
清乾隆 铜胎掐丝珐琅盘龙瓶	高58cm	92,000	中鸿信	2021-07-14
清乾隆 铜胎掐丝珐琅缠枝莲小瓶	高13.5cm	86,250	广东崇正	2021-07-19
清乾隆 料胎珐琅彩婴戏图瓶	高11cm	78,200	华艺国际	2021-04-01
清乾隆 掐丝珐琅花卉纹盖盒	直径23cm	69,000	中贸圣佳	2021-09-26
清乾隆 掐丝珐琅缠枝莲纹花觚	口径21.8cm；高43.5cm	69,000	浙江佳宝	2021-01-10
清乾隆 掐丝珐琅方胜瓶	高20cm	69,000	上海嘉禾	2021-07-22
清乾隆 景泰蓝帽架（乾隆款）	高19cm	68,100	北京保利	2021-08-09
清乾隆 掐丝珐琅盘架、佛龛面（两件）	长37.2cm；长16.2cm	63,250	中国嘉德	2021-05-19
清乾隆 铜胎掐丝珐琅缠枝莲纹凤耳炉	高27cm	63,250	中贸圣佳	2021-09-26
清乾隆 铜胎画珐琅八吉祥纹挂钟	17cm	63,250	中国嘉德	2021-11-29
清乾隆 铜胎掐丝珐琅鼎式炉	高19cm	63,250	广东崇正	2021-01-07
清乾隆 铜胎画珐琅福寿三多盖碗（一对）	直径8.5cm×2	57,500	北京保利	2021-12-06
清乾隆 铜胎掐丝珐琅饕餮纹文王鼎	高37cm	57,500	中贸圣佳	2021-09-26
清乾隆 铜胎掐丝珐琅饕餮蕉叶纹出戟小方觚	高12.2cm	57,500	中贸圣佳	2021-09-26
18世纪 铜胎画珐琅香山九老图长方盘	20cm×30.5cm	57,500	华艺国际	2021-03-31
18世纪 广东铜胎画珐琅山水图攒盒	直径32.5cm	57,500	华艺国际	2021-03-31
清乾隆 铜胎珐琅方瓶	高11cm	57,500	上海嘉禾	2021-07-22
清乾隆 景泰蓝菊花异形盖盒	长20.5cm	57,500	北京保利	2021-10-30
清乾隆 掐丝珐琅御题诗三星挂屏	113cm×58cm	56,000	上海联合	2021-11-21
清乾隆 掐丝珐琅缠枝花卉纹狮钮香炉	高21.5cm	55,200	北京保利	2021-05-18
清乾隆 铜胎画珐琅缠枝花卉团凤碗	直径11cm	46,000	北京保利	2021-05-18
清乾隆 铜掐丝珐琅渣斗	直径8.4cm；高8cm	46,000	广东崇正	2021-07-19
清乾隆 铜胎珐琅山子	高4cm	46,000	上海匡时	2021-07-08
清乾隆 铜鎏金烧蓝西番莲纹双联瓶	高21.5cm	43,700	中鸿信	2021-07-14
18世纪 铜胎画珐琅云龙纹提梁壶	高18.5cm	34,500	华艺国际	2021-03-31
清乾隆 掐丝珐琅花卉方盒	长6.1cm	34,500	北京翰海	2021-06-05
清乾隆 铜胎掐丝珐琅螭龙纹香盒	长9.5cm	34,500	中鸿信	2021-07-14
清乾隆 铜胎掐丝珐琅花卉四方瓶	高52cm	34,500	中鸿信	2021-07-14
18世纪 铜胎画珐琅高士图水仙盆	23cm×15.5cm	28,750	华艺国际	2021-03-31
清乾隆 铜胎画珐琅山水图凤头壶	高17.5cm	28,750	广东崇正	2021-07-19
清乾隆 铜胎掐丝珐琅凤首提梁壶	高31.5cm	25,300	中鸿信	2021-07-14
18世纪 铜胎画珐琅云龙纹圆盒（一对）	直径9.4cm×2	23,000	华艺国际	2021-03-31
清乾隆 铜胎掐丝珐琅缠枝莲纹三足炉	高7.8cm	23,000	中贸圣佳	2021-09-26
18世纪 铜胎画珐琅欧洲城堡图碗	直径12cm	23,000	华艺国际	2021-03-31
18世纪 铜胎画珐琅缠枝西番莲纹海棠形花盆（一对）	直径20cm×2	20,700	北京大羿	2021-06-02
清乾隆 铜胎画珐琅山水纹盘	直径16cm	20,700	广东崇正	2021-07-19
清中期 铜胎掐丝珐琅太平有象（一对）	高52.5cm×2	1,725,000	北京保利	2021-06-08
清嘉庆 掐丝珐琅百寿碗（一对）	直径9.9cm×2	460,000	中国嘉德	2021-11-29
清中期 掐丝珐琅百蝶纹梅瓶	高33.5cm	322,000	十竹斋拍卖（北京）	2021-05-29
清中期 掐丝珐琅缠枝莲双龙耳兽足大凤尾尊	高70cm	172,500	北京保利	2021-12-06
清中期 铜錾胎填珐琅粉红地番莲纹多穆壶	高45.5cm	151,740	保利香港	2021-04-21
清中期 掐丝珐琅西番莲纹瓶	高47cm	143,750	十竹斋拍卖（北京）	2021-05-29
清中期 掐丝珐琅花卉帽顶	高31cm	138,000	北京翰海	2021-06-05
清中期 掐丝珐琅兽面纹方鼎	高34.5cm	138,000	北京保利	2021-09-26
清中期 掐丝珐琅铜板	直径63.3cm	103,500	中贸圣佳	2021-12-29
清中期 掐丝珐琅万字锦地花鸟纹瓶	高28cm	34,500	中国嘉德	2021-03-30
清中期 掐丝珐琅贯耳小瓶	高12.5cm	21,565	北京保利	2021-08-09
19世纪 掐丝珐琅太平有象摆件（一对）	高22.2cm×2	564,438	佳士得	2021-12-03
清 掐丝珐琅麒麟（一对）	31.8cm×2cm×2	513,125	佳士得	2021-12-03
清晚期 掐丝珐琅团花锦地开光花蝶纹尊（一对）	高23cm×2	36,800	中国嘉德	2021-09-28
清晚期 掐丝珐琅菊花纹瓶（一对）	高22cm×2	34,500	中国嘉德	2021-09-28
清晚期 掐丝珐琅花卉纹菊瓣瓶	高30.8cm	23,000	中国嘉德	2021-09-28
清晚期 掐丝珐琅云龙纹、花卉纹将军罐各一件	高27cm；高18cm	20,700	中国嘉德	2021-09-28
清末 黄球记银胎珐琅花卉大瓶	高55.8cm	1,357,000	中贸圣佳	2021-07-07
清 铜胎掐丝珐琅缠枝莲纹出戟尊	高18.5cm	690,000	西泠印社	2021-01-16

（成交价RMB：1万元以上）

拍品名称	物品尺寸	成交价RMB	拍卖公司	拍卖日期
清 银胎广东珐琅餐具（一组共四十八件）	最大的宽22cm	576,288	中国嘉德	2021-10-14
清 铜胎掐丝珐琅阿拉伯文抱月瓶（一对）	高44cm×2	368,000	中贸圣佳	2021-12-29
清 铜胎珐琅童子	高18cm	322,000	北京翰海	2021-10-16
清 掐丝珐琅浮雕云蝠纹三镶如意	长44.5cm	299,000	中贸圣佳	2021-12-29
清 掐丝珐琅海水云龙纹瓶（一对）	高57.8cm×2	218,500	中贸圣佳	2021-03-26
清 掐丝珐琅百花鸟蝶纹缸	直径61.5cm；高51cm	207,000	中贸圣佳	2021-09-26
清 铜胎掐丝珐琅官帽架	高33cm	172,500	上海匡时	2021-07-08
清 大清乾隆年制铜胎掐丝珐琅龙纹钲	带座高54cm；高39cm	161,000	西泠印社	2021-01-16
清 铜掐丝珐琅狮子（一对）	高57cm×2	161,000	十竹斋拍卖（北京）	2021-05-29
清 乾隆御制款铜胎掐丝珐琅福寿纹磬	带架高68.5cm；磬高22cm	155,250	西泠印社	2021-01-16
清 铜胎掐丝珐琅嵌碧玉香亭成对	高57cm	149,500	中鸿信	2021-07-14
清 大明景泰年制款铜胎掐丝珐琅花浇	高13.2cm	138,000	西泠印社	2021-07-24
清 掐丝珐琅龙凤纹花口大盘	直径38cm	115,000	北京翰海	2021-06-05
清 铜胎掐丝珐琅兽面纹双耳尊	高18cm	115,000	上海匡时	2021-07-08
清 乾隆年制款铜掐丝珐琅四方盖炉（一对）	高61.6cm；高62cm	97,750	西泠印社	2021-10-23
清 铜胎掐丝珐琅暗八仙炉	直径8cm；高6.5cm	97,750	十竹斋拍卖（北京）	2021-05-29
清 大清乾隆年制款铜胎掐丝珐琅寿桃纹天球瓶（一对）	高53cm；高54cm	92,000	西泠印社	2021-10-23
清 大清乾隆年制铜胎掐丝珐琅螭龙纹包袱形双联壁瓶	高19cm；长12.5cm	92,000	西泠印社	2021-01-16
清 康熙年制款铜鎏金掐丝珐琅缠枝莲纹狮衔活环耳法盏炉	高8.2cm；口径11.2cm	92,000	西泠印社	2021-01-16
清 掐丝珐琅花卉狮钮香炉	高32.5cm	86,250	北京保利	2021-10-31
清 景泰蓝龙纹天球瓶	高62.8cm	84,000	上海联合	2021-11-21
清 掐丝珐琅八卦宝镜	直径24cm；高41.5cm	78,400	上海联合	2021-11-21
清 乾隆年制款铜鎏金珐琅甪端香熏（一对）	高11.8cm；高12cm	74,750	西泠印社	2021-01-16
清 乾隆年制款掐丝珐琅座南红双鱼摆件	带座高30.4cm；高20.5cm	74,750	西泠印社	2021-07-24
清 乾隆年制款铜胎掐丝珐琅缠枝莲纹烛台（一对）	高47cm；高47.5cm	69,000	西泠印社	2021-01-16
清 铜胎掐丝珐琅水仙盆（一对）	高10cm×2	66,700	上海匡时	2021-07-08
清 铜胎掐丝珐琅三足炉带盖	宽18.5cm	63,560	北京保利	2021-01-18
清 铜胎掐丝珐琅烛台（一对）	高46.5cm；高46.8cm	63,250	西泠印社	2021-10-23
清 铜胎掐丝珐琅缠枝莲纹天球瓶	高50cm	57,500	上海匡时	2021-07-08
清 铜胎掐丝珐琅缠枝莲纹双耳瓶	高29cm	57,500	上海匡时	2021-07-08
清 掐丝珐琅花鸟纹六方板	长70cm	55,200	中贸圣佳	2021-03-26
清 景泰蓝花卉八卦香熏	宽15cm	55,200	北京保利	2021-10-30
清 铜鎏金雕龙纹盖景泰蓝海棠形熏炉	长12.7cm	55,200	北京保利	2021-12-06
清 景泰蓝双耳炉	宽13.5cm	51,750	北京保利	2021-10-30
清 铜掐丝珐琅及画珐琅鼻烟壶（一组四件）	尺寸不一	48,300	中贸圣佳	2021-09-26
清 乾隆年制款铜胎画珐琅黄地团凤花卉纹碗（一对）	高5.9cm；高6cm	46,000	西泠印社	2021-07-24
清 铜景泰蓝五供	尺寸不一	46,000	西泠印社	2021-07-24
清 铜掐丝珐琅童子戏象摆件（一对）	长27.5cm×2	43,700	十竹斋拍卖（北京）	2021-05-29
清 铜胎掐丝珐琅嵌百宝龙首执壶	高41cm	43,700	中鸿信	2021-07-14
清 掐丝珐琅缠枝莲纹龙耳熏炉	高30.5cm	41,400	中贸圣佳	2021-03-26
清 掐丝珐琅团凤云龙纹转心瓶	高33.9cm	40,250	中贸圣佳	2021-03-26
清 掐丝珐琅缠枝莲纹盘	直径17cm	40,250	北京保利	2021-05-18
清 乾隆年制吉字款铜嵌玉出戟鼎式炉	通高22.5cm；长13.6cm；宽10.5cm	40,250	西泠印社	2021-07-24
清 乾隆年制款铜胎掐丝珐琅叶形香盘	高5cm；长19.5cm；宽13cm	32,200	西泠印社	2021-07-24
清 掐丝珐琅琮式香熏瓶	通高7.5cm；通径5cm	25,300	西泠印社	2021-01-16
清 乾隆年制款铜胎掐丝珐琅簋式炉	高18cm；通径23cm	23,000	西泠印社	2021-07-24
清 掐丝珐琅三世同堂笔筒	直径6cm；高10.5cm	20,700	江苏汇中	2021-05-14
清 乾隆年制款铜胎掐丝珐琅如意耳象足炉	高11cm；口径8cm	20,700	西泠印社	2021-07-24
清 乾隆年制款铜胎掐丝珐琅福寿纹三足香熏	高23.6cm	20,700	西泠印社	2021-07-24
民国 铜胎掐丝珐琅仙鹤成对	高20cm	184,000	中鸿信	2021-07-14
民国 掐丝珐琅花卉瓶（一对）	高28.5cm×2	20,700	北京保利	2021-01-09
20世纪 银质鎏金珐琅彩酒壶（一套）	尺寸不一	115,000	中国嘉德	2021-11-30
18K金珐琅彩绘镶珍珠双耳细颈瓶		10,143,000	佳士得	2021-05-22
1745年作 清乾隆御制黄玉瓜棱式羊首掐丝珐琅提梁壶	高21cm；重697g	2,530,000	江苏汇中	2021-05-14
17世纪 铜胎掐丝珐琅海水赶珠龙纹多穆壶（一对）	高61.6cm×2	1,101,687	纽约苏富比	2021-09-22
1846年制 赛弗尔（Sevres）宫廷珐琅彩手绘描金赏瓶（一对）	高83cm；底部直径23cm	184,000	西泠印社	2021-07-23
掐丝珐琅香盒	直径7.5cm；高3.5cm	161,000	辽宁省拍	2021-07-04
戴比尔斯 银质及珐琅 钻石沙漏	高度约为15cm	103,500	北京保利	2021-09-26
景泰蓝龙纹瓶	口径18.5cm；高43cm	66,700	辽宁省拍	2021-07-04
欧洲 银质雕花钢琴鸟音盒	15.5cm×8.5cm×10cm	63,250	北京保利	2021-12-05
20世纪60~70年代 农业学大寨掐丝珐琅花觚	高48.8cm	51,750	中贸圣佳	2021-12-30
掐丝珐琅狮纹大缸	直径60cm	51,750	北京保利	2021-10-31
20世纪60~70年代 学毛选掐丝珐琅花瓶	高43.2cm	41,400	中贸圣佳	2021-12-30
掐丝珐琅云蝠开光狮球纹绣墩（一对）	高44cm×2	36,800	中国嘉德	2021-09-28
掐丝珐琅松鹤延年图鼓墩（一对）	高50cm×2	32,200	中国嘉德	2021-09-28
20世纪60~70年代 现代人物景泰蓝盖罐（一对）	高21cm×2	29,900	中贸圣佳	2021-12-30
掐丝珐琅百蝶图绣墩（一对）	高52cm×2	25,300	中国嘉德	2021-03-30
掐丝珐琅云蝠开光狮球图绣墩（一对）	高44.5cm×2	23,000	中国嘉德	2021-03-30
掐丝珐琅朵花纹对联	118cm×33cm	23,000	中国嘉德	2021-09-28
掐丝珐琅缠枝花卉诗文双联笔筒	高10.5cm	23,000	中国嘉德	2021-03-30
铜鎏金嵌掐丝珐琅太平有象	高61cm（含座）	23,000	中国嘉德	2021-09-28
掐丝珐琅粉晶寿桃盆景	高82cm	20,700	北京保利	2021-01-09
鼻烟壶				
清早期 白玉“上用”款寿字纹方形烟壶	长3.51cm；宽2.4cm；高7.52cm	227,000	浙江佳宝	2021-01-10
清乾隆 白玉留皮御题诗烟壶	高8.3cm	1,265,000	北京保利	2021-06-08
清乾隆 翡翠碧玺钮鼻烟壶（一对）	高6.5cm×2	454,250	博美拍卖	2021-12-03
清乾隆 白玉留皮瓜瓞绵绵烟壶	7cm×5cm	322,000	十竹斋拍卖（北京）	2021-05-29
乾隆 白玉留皮蝴蝶瓜果烟壶	4.8cm×5.5cm	276,000	十竹斋拍卖（北京）	2021-05-29
清乾隆 白玉贴宝漆金采莲图鼻烟壶	高5.3cm；宽4.5cm	218,500	永乐拍卖	2021-05-22
清乾隆 白玉竹菊诗文鼻烟壶	高6.2cm；宽5.8cm	161,000	永乐拍卖	2021-12-01
清乾隆 白玉云蝠纹烟壶	高7.3cm	119,369	中国嘉德	2021-04-21
清乾隆 翡翠瓜瓞连绵纹鼻烟壶	高5.5cm；宽5.3cm	109,250	永乐拍卖	2021-05-22
清乾隆 白玉茄形鼻烟壶	高6cm	103,500	北京保利	2021-06-08
清乾隆 苏作玛瑙雕山水人物鼻烟壶	高5.8cm	97,750	中国嘉德	2021-11-29
清乾隆 白玉铺首衔环耳鼻烟壶	高7.1cm；宽4.35cm	63,250	永乐拍卖	2021-05-22
清乾隆 白玉瓜瓞绵绵烟壶	高5.5cm	57,500	北京保利	2021-10-30
清乾隆 白玉福寿桃形鼻烟壶	宽5cm；高5cm；厚2cm	43,700	永乐拍卖	2021-12-01
清乾隆 白玉鼻烟壶	高7.5cm	34,500	华艺国际	2021-12-11
清中期 黑白玉苏作浮雕人物鼻烟壶	高7.1cm	138,000	北京保利	2021-06-08
清嘉庆 白玉喜字方鼻烟壶	高4.8cm	63,250	北京保利	2021-06-08
清中期 玛瑙巧雕早生贵子鼻烟壶	高6.8cm	51,750	北京保利	2021-06-08
清中期 端石雕夔龙纹铺首鼻烟壶	高6.7cm	48,300	中国嘉德	2021-11-29
清中期 棕发晶鼻烟壶	高6.2cm	40,250	北京保利	2021-06-08
清中期 玛瑙巧雕马上封侯烟壶	高7cm	23,000	北京保利	2021-05-18
清道光 黄玉留皮山水烟壶	高7.8cm	345,000	北京保利	2021-10-30
清道光白玉折方形“行有恒堂”款鼻烟壶	高6.5cm；宽5.2cm	57,500	永乐拍卖	2021-05-22
清 白玉雕溪山访友鼻烟壶	8cm×4.9cm×2.1cm	126,500	西泠印社	2021-01-15
清 黄玉绳纹烟壶	高7.1cm	119,369	中国嘉德	2021-04-21
清 白玉折方鼻烟壶	高6.8cm；宽5.6cm	112,700	永乐拍卖	2021-12-01
清 白玉狮纹铺首鼻烟壶	高4.9cm；宽4.6cm	103,500	永乐拍卖	2021-12-01
清 水晶狮纹铺首鼻烟壶	高7cm；宽5.2cm	103,500	永乐拍卖	2021-12-01
清 白玉瓜瓞烟壶	高6.5cm；宽4.4cm	92,000	上海呗美	2021-05-30
清 白玉刻心经鼻烟壶	高5.9cm	82,800	西泠印社	2021-01-16
清 黄皮玛瑙俏色福纹鼻烟壶	高6.3cm	80,500	北京华辰	2021-06-19
清 白玉八仙过海鼻烟壶	宽5.1cm；高6.5cm；厚2.8cm	74,750	永乐拍卖	2021-12-01
清 白玉吉祥纹鼻烟壶	高7.1cm；宽6.2cm；厚2.7cm	74,750	永乐拍卖	2021-12-01
清 翡翠鼻烟壶	高6.3cm	69,000	中国嘉德	2021-11-29
清 黄玉雕松鹤延年鼻烟壶	高8cm	63,250	西泠印社	2021-07-24
清 黄玉雕松下问童子鼻烟壶	高8cm	57,500	西泠印社	2021-01-16
清 黄玉诗文烟壶	高7.6cm	55,200	中贸圣佳	2021-09-26
清 琥珀百子图烟壶	通高8.6cm	51,750	上海呗美	2021-05-30
清 洒金皮白玉烟壶	高7cm	46,000	中贸圣佳	2021-03-26
清 白玉烟壶	高7.5cm	46,000	北京保利	2021-10-30
清 黄玉匏形鼻烟壶	宽6.4cm；高6.4cm；厚3.5cm	39,100	永乐拍卖	2021-12-01
清 水晶梅兰山石纹鼻烟壶	高6.8cm；宽6.1cm；厚3.6cm	34,500	永乐拍卖	2021-12-01
清 白玉巧雕山水高士鼻烟壶	高6.6cm；宽5cm；厚2.2cm	33,350	永乐拍卖	2021-12-01
清 白玉巧雕松鹤延年鼻烟壶	高6.8cm；宽6.1cm；厚3.4cm	32,200	永乐拍卖	2021-12-01
清 玛瑙苏州工对弈图鼻烟壶	高6.5cm	28,750	永乐拍卖	2021-09-26
清 白玉团寿纹包袱纹鼻烟壶	高5.3cm；宽5.0cm	28,750	永乐拍卖	2021-05-22

2021杂项拍卖成交汇总(续表)

(成交价RMB：1万元以上)

拍品名称	物品尺寸	成交价RMB	拍卖公司	拍卖日期
清 白玉烟壶	高7cm	25,300	中贸圣佳	2021-03-26
清 翡翠鼻烟壶	高5cm	23,000	北京华辰	2021-06-19
清 黄玉留皮松下高士烟壶	高8cm	23,000	北京保利	2021-05-18
清 影子玛瑙年年有余鼻烟壶	宽4.7cm；高5.3cm；厚2.7cm	21,850	永乐拍卖	2021-12-01
清 黄玉寒江独钓烟壶	高7cm	20,700	中贸圣佳	2021-03-26
清 白玉烟壶	高6.8cm	20,700	中贸圣佳	2021-03-26
清 琥珀铺首耳鼻烟壶	高7cm；重45g	20,700	西泠印社	2021-04-10
清 水晶、翡翠、料器、铜鎏金等鼻烟壶（一组十一件）	尺寸不一，高7cm~9cm	20,700	西泠印社	2021-10-23
1736~1800年 白玉雕双龙纹铺首衔环耳鼻烟壶	高6.7cm	261,000	纽约佳士得	2021-03-18
1750~1880年 白玉大鼻烟壶	高7cm	244,688	纽约佳士得	2021-03-18
1736~1800年 白玉雕螭龙衔芝纹鼻烟壶	高6.3cm	228,375	纽约佳士得	2021-03-18
1770~1799年 御制涅白地玻璃粉彩蝈蝈纹鼻烟壶	高6cm	97,875	纽约佳士得	2021-03-18
白玉福寿鼻烟壶	5.8cm×4.2cm×1.8cm；重56.4g	42,560	上海联合	2021-06-27
玉鼻烟壶	高11cm	34,500	中唐拍卖	2021-10-26
8K翡翠锁芳菲鼻烟壶	高5cm	22,400	上海联合	2021-06-27
水晶烟壶	高8.5cm	20,700	辽宁省拍	2021-07-04
清乾隆 青花粉彩人物图鼻烟壶	高6.6cm	57,500	华艺国际	2021-06-04
清乾隆 粉彩"五侯"图烟壶	高7.3cm	23,000	北京保利	2021-06-08
清中期 青花御制三清茶诗文烟壶	高7.7cm	51,750	中国嘉德	2021-03-27
清嘉庆 粉彩高浮雕八宝烟壶	高8cm（连盖）	31,360	上海联合	2021-06-27
清嘉庆 瓷胎仿剔红狮嬉图鼻烟壶	高6.9cm	25,615	保利香港	2021-12-02
清道光 粉彩鸽犬图鼻烟壶	高5.4cm	51,750	北京保利	2021-06-08
清道光 粉彩钟馗捉鬼鼻烟壶	高9.5cm	46,000	广州泰风楼	2021-11-06
清道光 松石绿地粉彩西番莲纹鼻烟壶	高5.5cm	32,200	西泠印社	2021-07-25
清道光 粉彩清装人物纹烟壶	高6.3cm	28,750	中国嘉德	2021-03-28
清道光 粉彩蝈蝈烟壶	高7cm	28,750	北京保利	2021-06-08
清道光 粉彩鸽犬图铺首烟壶	高7.5cm	20,700	中国嘉德	2021-03-28
清道光 粉彩寒江独钓烟壶	高7cm	20,700	北京保利	2021-06-08
清晚期 青花釉里红鼻烟壶	尺寸不一	23,000	中贸圣佳	2021-09-25
清 紫砂胎画珐琅鼻烟壶	高7.4cm	40,250	永乐拍卖	2021-09-26
清 青花瓷五福临门插红鼻烟壶	高6.9cm	34,500	永乐拍卖	2021-09-26
清 青花 粉彩 套红料人物纹鼻烟壶（一组三件）	高6.7cm；高4.8cm；高7cm	25,300	广东崇正	2021-01-07
清 青花釉里红天水关图鼻烟壶	高9.5cm	23,000	北京华辰	2021-06-19
清 粉彩绘钟馗嫁妹图烟壶	高9.5cm	23,000	北京华辰	2021-06-19
20世纪80年代 何道洪制毛国强刻绿泥葫芦 鼻烟壶	高4.8cm；宽5cm	71,300	上海嘉禾	2021-07-22
清晚期 马少宣内画"猫蝶富贵"诗文烟壶	高6cm	23,000	北京保利	2021-06-08
清 马少宣内画连科及第诗文烟壶	高7cm	63,250	北京华辰	2021-06-19
民国 马少宣款内画西洋人物水晶鼻烟壶	高9.2cm	25,300	西泠印社	2021-07-24
清 周乐元 1885年作水晶内画鱼藻纹小烟壶	带盖高3.6cm	23,000	江苏汇中	2021-05-14
清雍正 仿翠钮涅白料金地珐琅彩福寿纹桃形鼻烟壶	高5.2cm	2,023,200	保利香港	2021-04-21
清乾隆 涅白料胎画珐琅洞石牡丹烟壶	高7.3cm	1,380,000	北京保利	2021-06-08
清乾隆 紫料鼻烟壶（官料）	高7.8cm	61,290	北京保利	2021-08-09
清乾隆 粉彩料器鼻烟壶	高5.2m	57,500	上海嘉禾	2021-07-22
清中期 套黑料渔樵耕读鼻烟壶	高6.7cm	47,670	北京保利	2021-08-09
清中期 涅白料珐琅彩耄耋图鼻烟壶	高5.6cm	47,290	保利香港	2021-12-02
清中期 黄料素身鼻烟壶	高6.5cm	28,750	北京保利	2021-06-08
清咸丰 海蓝宝料夔龙烟壶	高7.5cm	25,300	广东崇正	2021-01-07
清同治 蓝料胆式鼻烟壶	高8cm	25,300	广东崇正	2021-01-07
清 涅白地套红料刘海戏金蟾鼻烟壶	高6.5cm	57,500	北京华辰	2021-06-19
清 蓝料嵌螺钿双鸽图烟壶	高6cm	28,750	北京华辰	2021-06-19
清 三色套料一路连科鼻烟壶	高5.5cm	20,700	北京华辰	2021-06-19
1775~1799年 御制涅白地粉彩花卉纹玻璃鼻烟壶	高6cm	212,063	纽约佳士得	2021-03-18
清雍正 涅白胎珐琅彩婴戏图鼻烟壶		92,000	广东皇廷	2021-09-19
清乾隆 铜胎画珐琅西洋人物烟壶	高7cm	4,600,000	北京保利	2021-12-05
清乾隆 铜胎北京画珐琅西洋人物图鼻烟壶	高4.8cm	2,448,193	纽约苏富比	2021-09-22
清乾隆 金胎点翠团寿螭龙烟壶	高7cm	345,000	北京保利	2021-06-08
清乾隆 铜鎏金博古纹烟壶	高7.2cm	78,200	中贸圣佳	2021-03-26
清乾隆 御制铜胎画珐琅山水图鼻烟碟	直径4.8cm	73,406	纽约佳士得	2021-03-18
清乾隆 铜胎画珐琅五伦图鼻烟壶	高7.5cm	51,750	北京保利	2021-06-08
清中期 银烧蓝双联鼻烟壶	高4.5cm	23,835	北京保利	2021-08-09
清晚期 雕漆高士图烟壶	高7.8cm	40,250	北京保利	2021-06-08
清 各式瓷鼻烟壶（一组二十件）	尺寸不一	69,000	保利厦门	2021-11-05
清 掐丝珐琅开光花鸟纹鼻烟壶	高7.2cm	63,250	北京华辰	2021-06-19
清 金胎嵌宝石开光人物故事鼻烟壶	高6.7cm；重88g	57,500	北京保利	2021-06-08
清 银质鎏金双蝠捧寿鼻烟壶	高8.5cm	46,000	中国嘉德	2021-11-30
清 乾隆御制款铜胎掐丝珐琅鼻烟壶	高5.4cm	46,000	西泠印社	2021-07-24
清 铜胎画珐琅人物纹烟壶	高6cm	40,250	北京华辰	2021-06-19
清 蓝釉紫砂烟壶	长3.5cm；宽2.5cm；高6.3cm	32,200	中国嘉德	2021-11-28

古典家具

坐卧类

拍品名称	物品尺寸	成交价RMB	拍卖公司	拍卖日期
明 鸡翅木开光罗汉床	209cm×107cm×90cm	4,715,000	北京保利	2021-12-06
明末清初 黄花梨攒曲尺围子四柱架子床	长210cm；宽146cm；高213cm	14,375,000	北京保利	2021-12-05
清早期 黄花梨螭龙团花六柱架子床	长213.4cm；宽143.5cm；高236.2cm	9,775,000	北京保利	2021-06-08
清早期 黄花梨攒万字纹六柱架子床	长206.5cm；宽106.5cm；高205.5cm	8,165,000	北京保利	2021-06-08
清早期 黄花梨 四簇云纹围子 六柱架子床	长219.5cm；宽115.5cm；高214cm	3,680,000	中贸圣佳	2021-12-30
清早期 黄花梨螭龙纹六柱架子床	长212cm；宽147cm；高224.7cm	2,070,000	中贸圣佳	2021-05-21
清早期 黄花梨万字纹三弯腿龙纹罗汉床	203cm×96cm×72cm	805,000	北京荣宝	2021-06-19
清早期 铁力木有束腰马蹄足罗汉床	202cm×95cm×72cm	460,000	中国嘉德	2021-05-19
清早期 黄花梨直棂围子罗汉床	197.5cm×97cm×84cm	368,000	中鸿信	2021-07-14
清早期 黄花梨品字纹架子床	220cm×153cm×226cm	345,000	中鸿信	2021-07-14
清乾隆 紫檀浮雕螭龙捧寿罗汉床	220cm×140cm×93cm	5,520,000	中鸿信	2021-07-14
18世纪 黄花梨四合如意团螭纹围子六柱架子床	宽225.5cm；高231cm	3,105,000	佳士得	2021-05-28
17世纪/18世纪 黄花梨万字纹围子四面平六柱架子床	宽211cm；高216.5cm	2,587,500	佳士得	2021-05-28
18世纪早期 鸡翅木攒接围子罗汉床	长209cm；宽104cm；高90cm	151,740	保利香港	2021-04-21
清中期 铁力木三屏风书卷式束腰罗汉床	长216cm；宽139cm；高86.5cm	494,500	西泠印社	2021-01-16
清 黄花梨雕螭龙罗汉床	205cm×105cm×84cm	103,500	北京翰海	2021-10-16
清 黄花梨席面四柱架子床	207cm×107cm×192cm	74,750	北京翰海	2021-04-17
清 紫檀拐子龙纹罗汉床	210cm×126cm×95cm	57,500	北京翰海	2021-10-16
清 黄花梨螭龙寿字纹罗汉床	199cm×100cm×81cm	36,800	北京翰海	2021-04-17
清 紫檀雕龙纹罗汉床	208cm×109cm×77cm	32,200	北京翰海	2021-10-16
清 紫檀博古纹罗汉床	210cm×111cm×93cm	25,300	北京翰海	2021-04-17
清 黄花梨嵌绿石罗汉床式小座几	长27cm；宽12.5cm；高17.5cm	23,000	西泠印社	2021-01-15
清 黄花梨牡丹花鸟纹罗汉床	213cm×113cm×91cm	20,700	北京翰海	2021-10-16
清 花梨嵌螺钿罗汉床	214cm×120cm×77cm	20,700	北京保利	2021-05-18
民国 黄花梨六柱架子床	219cm×156cm×225cm	172,500	北京翰海	2021-10-16
民国 红木曲尺席面罗汉床	长200cm、宽87cm、高87cm	51,750	北京银座	2021-09-24
民国 黄花梨灵芝纹独板罗汉床	210cm×108cm×80cm	34,500	北京翰海	2021-04-17
当代 红酸枝有束腰鼓腿彭牙三屏风独板围子罗汉床及床上几 永华家具	202cm×86cm×81cm	920,000	中国嘉德	2021-11-30
当代 乌木、黑柿木三围板罗汉床 梓庆山房	206cm×104cm×73cm	92,000	中国嘉德	2021-11-30
黄花梨螭龙卷草纹罗汉床	204cm×120cm×79cm	6,900,000	上海嘉禾	2021-11-14
黄花梨六柱透雕螭龙瑞兽纹架子床	219.5cm×160cm×233cm	4,600,000	上海嘉禾	2021-11-14
包天伟手作 黄花梨曲尺罗汉床	床216cm×115cm×83cm；几45cm×70.5cm×20cm	4,255,000	上海嘉禾	2021-07-22
包天伟手作 黄花梨 曲尺三屏风罗汉床、床几（两件/套）	床203mm×102mm×78mm；几83mm×43.5mm×12cm	3,450,000	上海嘉禾	2021-11-14
金丝楠木罗汉床	202cm×106cm×83cm	1,300,000	北京中贝	2021-11-06
明晚期 黄花梨束腰榻	长197cm；宽105cm；高47.5cm	5,175,000	佳士得	2021-05-28
明晚期 黄花梨对卷云纹榻	191cm×80.7cm×44.5cm	2,990,000	北京保利	2021-06-08
清早期 黄花梨罗锅枨有束腰榻	长186cm；宽61cm；高50cm	1,840,000	中贸圣佳	2021-12-30
清早期 紫檀刀牙板凉榻席	199cm×68cm×51cm	126,500	中鸿信	2021-07-14
清 黄花梨有束腰三弯腿榻	202cm×108cm×50cm	2,782,080	中国嘉德	2021-10-12
清 吴铁珊铭楠木半榻清风文房匾	长156.5cm；宽54.5cm	92,000	西泠印社	2021-01-16
清 黄花梨螭龙卷草纹凉榻	197cm×84cm×47cm	63,250	北京翰海	2021-04-17
清 黄花梨螭龙纹席面榻	203cm×102cm×84cm	43,700	北京翰海	2021-10-16
清 黄花梨螭龙独板罗汉榻	210cm×105cm×74cm	34,500	北京翰海	2021-04-17
民国 红木嵌大理石美人榻	181cm×90cm×95cm	25,300	北京翰海	2021-10-16
清康熙 五屏式黄地填漆花卉纹宝座	宽83.8cm；高106cm	460,000	保利厦门	2021-11-05
清中期 金漆彩绘龙纹宝座	102cm×71cm×119cm	1,092,500	北京保利	2021-06-08
清中期 紫檀雕西番莲龙凤纹宝座（一对）	100cm×68cm×87cm×2	379,500	北京荣宝	2021-06-19
清 紫檀云龙纹宝座（两件）	108cm×76cm×117cm	57,500	北京翰海	2021-04-17
清 紫檀宝座腿板（五件）	长53cm；长79.5cm	51,750	北京保利	2021-10-31
民国 紫檀狮子纹宝座（两件）	117cm×78cm×117cm 77cm×35cm×17cm	20,700	北京翰海	2021-04-17
现代 和庆堂制小叶紫檀龙纹宝座（一对）	59cm×47cm×99cm×2	414,000	十竹斋拍卖（北京）	2021-05-29
当代 太和木作出品紫檀嵌金丝楠木松鹿图宝座	127cm×79cm×110cm	920,000	中鸿信	2021-07-14

2021杂项拍卖成交汇总（续表）

（成交价RMB：1万元以上）

拍品名称	物品尺寸	成交价RMB	拍卖公司	拍卖日期
现代元亨利制 紫檀雕龙纹大画案及宝座（一组）	长217cm; 宽106cm; 高90cm	1,150,000	华艺国际	2021-12-11
包天伟手作小叶紫檀卷书云龙纹宝座	105cm×74cm×102cm	667,000	上海嘉禾	2021-07-22
17世纪 黄花梨卷草纹圈椅	宽62.2cm; 高101.6cm	621,000	佳士得	2021-05-28
17世纪 黄花梨南官帽椅（一对）	长45cm; 宽59cm; 高97cm	197,040	保利香港	2021-12-02
明晚期 黄花梨四出头官帽椅	长52.1cm; 宽50.8cm; 高99.1cm	3,105,000	佳士得	2021-05-28
明 黄花梨南官帽椅（一对）	长57cm; 宽45cm; 高115cm	805,000	北京银座	2021-09-24
明晚期 黄花梨鸣凤纹大四出头官帽椅	长67.2cm; 宽51cm; 高130.5cm	7,820,000	中贸圣佳	2021-12-30
明晚期 黄花梨马蹄足大四出头官帽椅成对	60.3cm×47.6cm×119cm×2	6,440,000	中国嘉德	2021-05-19
明晚期 黄花梨高靠背官帽椅成对	65cm×65cm×102cm×2	3,775,680	中国嘉德	2021-10-12
明晚期 黄花梨灯挂椅	50.3cm×39cm×108.5cm	828,000	北京保利	2021-12-06
明末清初 黄花梨麒麟纹圈背交椅	宽73.7cm; 高106.6cm	54,627,300	佳士得	2021-05-28
明末清初 黄花梨麒麟引凤纹四出头官帽椅（一对）	65.4cm×49.5cm×107.6cm×2	23,575,000	北京保利	2021-12-05
明末清初 黄花梨罗锅枨方足四出头官帽椅（一对）	58cm×44cm×115cm×2	9,890,000	北京保利	2021-12-05
明末清初 黄花梨四出头嵌瘿木官帽椅成对	78cm×55.5cm×110cm×2	4,485,000	华艺国际	2021-12-11
明末清初 黄花梨圈椅成对	69.8cm×46.7cm×98cm×2	2,124,360	香港苏富比	2021-04-22
明末清初 黄花梨高靠背南官帽椅	宽61cm; 高123.2cm	2,070,000	佳士得	2021-05-28
明末清初 黄花梨券口靠背玫瑰椅（一对）	58cm×44cm×84cm×2	1,150,000	华艺国际	2021-12-11
清早期 黄花梨卷草纹四出头官帽椅（一对）	56.6cm×47.3cm×118.6cm×2	8,050,000	中贸圣佳	2021-05-21
清早期 黄花梨镶大理石四出头官帽椅（一对）	51.5cm×48.3cm×98cm×2	4,082,500	中贸圣佳	2021-05-21
清早期 黄花梨寿字纹南官帽椅（一对）	58cm×45cm×116cm×2	3,450,000	北京保利	2021-06-08
清早期 黄花梨四出头官帽椅（一对）	座高101.5cm×2	3,105,000	中贸圣佳	2021-12-30
清早期 黄花梨圈椅（一对）	长66.5cm; 宽58.5cm; 高99.5cm	2,990,000	北京保利	2021-09-26
清早期 黄花梨矮靠背南官帽椅（一对）	64cm×49cm×96.5cm×2	2,645,000	北京保利	2021-12-05
清早期黄花梨博古双螭龙纹圈椅成对	59.5cm×94.5cm×45cm×2	2,300,000	华艺国际	2021-12-11
清早期 黄花梨团螭纹圈椅（一对）	60.5cm×46.5cm×99cm×2	2,070,000	中贸圣佳	2021-05-21
清早期 黄花梨寿字纹高靠背南官帽椅	座宽57.5cm; 座深46cm; 通高117.5cm	2,070,000	中贸圣佳	2021-05-21
清早期 黄杨团螭纹梳背式玫瑰椅（一套四件）	长58cm; 宽45cm; 高93cm	1,840,000	中贸圣佳	2021-07-07
清早期 黄花梨灯挂椅成对	52cm×45cm×113cm×2	1,725,000	中国嘉德	2021-11-30
清早期 黄花梨圈椅成对	60cm×46cm×98cm×2	1,725,000	中国嘉德	2021-05-19
清早期 黄花梨高靠背南官帽椅	座宽57.5cm; 座深45cm; 通高118cm	1,610,000	中贸圣佳	2021-05-21
清早期 黄花梨有束腰圈椅（一对）	57cm×45cm×91cm×2	1,380,000	北京保利	2021-12-05
清早期 黄花梨南官帽椅（一对）	59cm×45cm×101cm×2	1,380,000	华艺国际	2021-06-05
清早期 黄花梨四出头官帽椅	60cm×49.5cm×115.7cm	1,150,000	中国嘉德	2021-11-30
清早期 黄花梨带拖泥圈椅（一对）	61cm×47cm×104cm×2	874,000	十竹斋拍卖（北京）	2021-04-25
清早期 黄花梨方材打洼南官帽椅	63cm×51cm×99cm	747,500	中国嘉德	2021-05-19
清早期 黄花梨交椅	54cm×45cm×110cm	632,500	北京荣宝	2021-06-19
清早期 黄花梨四出头官帽椅	58cm×46cm×110cm	552,000	保利厦门	2021-11-05
清早期 黄花梨双螭如意纹圈椅	座宽59cm; 座深46cm; 高97cm	494,500	中贸圣佳	2021-05-21
清初 黄花梨四出头官帽椅（一对）	高121cm×2	460,000	广东崇正	2021-01-07
清早期 黄花梨螭龙捧寿灯挂椅成对	49cm×39cm×102cm×2	287,500	中鸿信	2021-07-14
清早期 黄花梨禅椅	70.5cm×54cm×86cm	172,500	中鸿信	2021-07-14
清早期 黄花梨四出头官帽椅成对	62cm×53cm×119cm×2	92,000	中鸿信	2021-07-14
清早期 红木交椅	59cm×60cm×110cm	48,300	中国嘉德	2021-11-30
清早期 黄花梨龙纹圈椅	64cm×47cm×100cm	36,800	北京保利	2021-05-18
清乾隆 山中商会旧藏 紫檀云龙纹扶手椅六把	宽60.5cm; 深47cm; 高88.5cm	13,800,000	中贸圣佳	2021-05-20
清乾隆 紫檀雕西洋花束腰带托泥扶手椅（一对）	64.5cm×51.5cm×110.5cm×2	8,280,000	北京保利	2021-06-08
清乾隆 紫檀雕云龙纹扶手椅	45cm×51cm×92cm	4,945,000	华艺国际	2021-03-31
清乾隆 紫檀蝠磬纹方材南官帽椅（一对）	60.5cm×46cm×106.5cm×2	3,220,000	北京保利	2021-12-05
18世纪 黄花梨玫瑰椅（一对）	57.5cm×45cm×83.3cm×2	2,691,000	佳士得	2021-05-28
17世纪/18世纪 黄花梨双螭如意纹圈椅（一对）	68.6cm×46cm×98cm×2	2,070,000	佳士得	2021-05-28
17—18世纪 黄花梨圈椅一对	59cm×46.5cm×99.5cm	1,564,920	香港苏富比	2021-10-13
18世纪 黄花梨方材南官帽椅	宽59cm; 高100.3cm	1,552,500	佳士得	2021-05-28

拍品名称	物品尺寸	成交价RMB	拍卖公司	拍卖日期
18世纪 黄花梨南官帽椅（一对）	宽57.2cm; 高97.8cm	1,141,875	纽约佳士得	2021-03-18
17—18世纪 紫檀圈椅（一对）	长62.5cm; 宽68cm; 高100cm	758,700	保利香港	2021-04-21
17—18世纪 紫檀圈椅成对	长67.5cm; 宽63cm; 高100cm	708,120	保利香港	2021-04-21
18世纪 鸡翅木嵌楠木诗文扶手椅（一对）	60.7cm×50.2cm×82.3cm×2	611,719	纽约佳士得	2021-03-18
17—18世纪 黄花梨螭龙纹圈椅	宽64.2cm; 高97.2cm	407,813	纽约佳士得	2021-03-18
18世纪 核桃木扶手椅（一对）	宽62.7cm; 高93.4cm	48,938	纽约佳士得	2021-03-18
清中期 黄花梨瘿木座面梳背椅（一组四件）	60cm×48cm×98cm	1,322,500	永乐拍卖	2021-05-22
清中期 黄花梨透雕夔龙纹玫瑰椅（一对）	长61cm; 宽45cm; 高82cm	437,000	北京银座	2021-09-24
清中期 黄花梨南官帽椅（一对）	57.5cm×45cm×106cm	345,000	广东崇正	2021-07-19
清中期 红木方材南官帽椅成对	65.5cm×54.5cm×110cm×2	149,500	中国嘉德	2021-05-19
18世纪/19世纪 红木嵌瘿木扶手椅（一对）	宽54.5cm; 高89cm	65,250	纽约佳士得	2021-03-18
清晚期 黄花梨南官帽椅四具成堂	55.5cm×45cm×100cm×4	460,000	中国嘉德	2021-11-30
清晚期 紫檀雕戏曲人物圈椅（一对）	61.5cm×45cm×93.5cm×2	230,000	北京保利	2021-06-08
清 黄花梨双螭纹不出头圈椅	座宽58.3cm; 座深45.3cm; 高99cm	736,000	中贸圣佳	2021-05-21
清 红木卷书靠背扶手椅（附几）（一对）	椅长66cm; 宽49cm; 高105cm	713,000	中贸圣佳	2021-07-07
清 榉木藤靠背南官帽椅	宽61cm; 深52.1cm; 高103.2cm	632,500	北京保利	2021-06-08
清 黄花梨梳背式玫瑰椅	座宽56cm; 座深44.2cm; 高90cm	483,000	中贸圣佳	2021-12-30
清 黄花梨螭龙纹官帽椅（一对）	高113.7cm; 高113.7cm	402,500	西泠印社	2021-01-16
清 黄花梨寿字灯挂椅（一对）	46cm×40cm×100cm×2	368,000	北京荣宝	2021-12-02
清 黄花梨透雕福寿龙纹灯挂椅（一对）	49cm×39cm×102cm×2	368,000	北京荣宝	2021-12-02
清 黄花梨罗锅枨方足南官帽椅	座宽54.2cm; 座深43.5cm; 高96cm	345,000	中贸圣佳	2021-12-30
清 黑漆直背交椅（一对）	座宽53.5cm; 座深41cm; 高95.5cm	287,500	中贸圣佳	2021-05-21
清 黄花梨玫瑰椅	座宽57.5cm; 座深:43.5cm; 高85.5cm	287,500	中贸圣佳	2021-09-26
清 红木嵌云石官帽椅及嵌瘿木方桌（一组三件）	尺寸不一	218,500	西泠印社	2021-07-24
清 黄花梨席面四出头官帽椅（六件）	58.5cm×46cm×118cm; 45.5cm×37.5cm×75cm	184,000	北京翰海	2021-10-16
清 紫檀席面包圆玫瑰椅（一对）	58cm×45cm×82.5cm×2	172,500	北京荣宝	2021-06-19
清 红木圈椅成对	61.5cm×47.5cm×99cm×2	149,500	中国嘉德	2021-05-19
清 紫檀南官帽椅成对	66cm×48cm×103cm×2	138,000	中鸿信	2021-07-14
清 红木桌椅（一组三件）	桌高88cm; 长76cm; 宽76cm	115,000	西泠印社	2021-10-23
清 黄花梨席面南官帽椅（一对）	59cm×46cm×118cm×2	109,250	北京保利	2021-10-31
清 红木麒麟圈椅(紫檀)（一对）	60.5cm×48.5cm×102.5cm×2	97,750	北京保利	2021-10-30
清 黄花梨云头纹灯挂椅成对	52cm×42cm×107cm×2	92,000	中鸿信	2021-07-14
清 赵执信款随形奇木大禅座	高40cm; 长115cm; 宽110cm	78,200	西泠印社	2021-07-24
清 黄花梨四出头官帽椅（两件）	59cm×46cm×119cm×2	74,750	北京翰海	2021-10-16
清 黄花梨龙纹圈椅	60cm×47cm×101cm	69,000	北京保利	2021-10-31
清 黄花梨席面官帽椅(两件)	56cm×45cm×94cm×2	63,250	北京翰海	2021-10-16
清 黄花梨方材南官帽椅（一对）	座宽59cm; 座深:43cm; 高108.5cm	57,500	中贸圣佳	2021-09-26
清 红木嵌瘿木龙纹椅（一对）	55cm×44cm×111cm×2	40,250	北京保利	2021-10-30
清 铁力木太师椅（一组 八椅四几）	椅62cm×48cm×97cm×8; 几41cm×30cm×81cm×4	40,250	北京荣宝	2021-06-19
清 黄花梨圈椅(三件)	62cm×45cm×93cm; 45cm×35cm×74cm	40,250	北京翰海	2021-10-16
清 黄花梨高靠背南官帽椅（一对）	座宽59.5cm; 座深:45.5cm; 高122cm	36,800	中贸圣佳	2021-09-26
清 紫檀福庆如意纹太师椅(两件)	68cm×50cm×108cm×2	34,500	北京翰海	2021-04-17
清 黄花梨圈椅	座宽60cm; 座深:46cm; 高99.5cm	34,500	中贸圣佳	2021-09-26
清 红木云纹扶手椅（四件）	63cm×50cm×100cm×4	34,500	北京保利	2021-05-18
清 黄花梨席面纹玫瑰椅（一对）	60cm×47.5cm×81.5cm×2	28,750	北京保利	2021-10-31
清 黄花梨矮南官帽椅	座宽55cm; 座深:43cm; 高89cm	28,750	中贸圣佳	2021-09-26

2021杂项拍卖成交汇总(续表)

(成交价RMB：1万元以上)

拍品名称	物品尺寸	成交价RMB	拍卖公司	拍卖日期
清 红酸枝镶大理石两椅一几	61.5cm×44.5cm×101cm; 41.5cm×31cm×79cm	28,750	北京保利	2021-05-18
清 紫檀嵌景泰蓝太师椅(三件)	70cm×55cm×112cm; 50cm×50cm×81cm	25,300	北京翰海	2021-04-17
清 黄花梨四出头官帽椅(两件)	59cm×46cm×119cm	23,000	北京翰海	2021-04-17
清 紫檀嵌景泰蓝太师椅(三件)	70cm×55cm×110cm; 55cm×50cm×80cm	23,000	北京翰海	2021-10-16
清 黄花梨麒麟凤纹官帽椅(两件)	66cm×50cm×109cm	23,000	北京翰海	2021-10-16
清 紫檀官帽椅	62cm×48cm×108cm	23,000	北京保利	2021-05-18
清 红木嵌瘿木扶手椅(八件)	60cm×47cm×97cm	23,000	北京保利	2021-05-18
清 紫檀嵌楠木太师椅(三件)	78cm×62cm×108cm	20,700	北京翰海	2021-04-17
清 黄花梨螭龙寿字纹玫瑰椅(两件)	60cm×46cm×88cm	20,700	北京翰海	2021-04-17
清 黄花梨螭龙纹交椅	70cm×43cm×116cm	20,700	北京翰海	2021-04-17
清 紫檀螭龙纹圈椅(三件)	61cm×48cm×97cm; 43cm×34cm×72cm	20,700	北京翰海	2021-10-16
清末民国 黄花梨扇形螭龙纹南官帽椅成对	62cm×48.5cm×102cm×2	2,782,080	中国嘉德	2021-10-12
民国 硬木博古图扶手椅一组四张及束腰方几两张	宽60cm; 高98.5cm	207,000	佳士得	2021-05-28
民国 红木三围椅(一对)	59cm×50cm×92cm	51,750	北京保利	2021-10-30
民国 黄花梨禅椅	75cm×65cm×82cm	51,750	北京保利	2021-10-30
民国 紫檀花卉纹太师椅(三件)	66cm×52cm×106cm; 50cm×42cm×79cm	43,700	北京翰海	2021-04-17
民国 黄花梨四出头椅	51cm×42cm×107cm	43,700	北京保利	2021-10-30
民国 黄花梨南官帽椅	58cm×44cm×108cm	40,250	北京保利	2021-10-30
民国 黄花梨席面纹圈椅(两件)	61cm×43cm×92cm	32,200	北京翰海	2021-04-17
民国 黄花梨席面纹素圈椅(两件)	60cm×47cm×100cm	28,750	北京翰海	2021-04-17
民国 紫檀云头纹官帽椅(三件)	60cm×47cm×117cm	23,000	北京翰海	2021-04-17
民国 花梨木躺椅	90cm×56.5cm×93.5cm	23,000	北京保利	2021-10-30
民国 红木竹节纹扶手椅(两件)	59cm×48cm×92cm	20,700	北京翰海	2021-04-17
民国 黄花梨席面禅椅	74cm×74cm×83cm	20,700	北京翰海	2021-04-17
民国 紫檀云头纹南官帽椅(三件)	60cm×47cm×97cm; 43cm×33cm×72cm	20,700	北京翰海	2021-10-16
19—20世纪 黄花梨四出头官帽椅(一对)	高113cm; 宽60.3cm; 厚48.3cm	2,773,125	纽约佳士得	2021-03-18
19—20世纪 黄花梨四出头官帽椅(一对)	高115.6cm; 宽58.8cm; 厚54.8cm	1,141,875	纽约佳士得	2021-03-18
约20世纪60年代 芬·尤尔 FD112 椅	58cm×83.5cm×76cm	253,000	华艺国际	2021-12-10
20世纪 硬木云龙纹、花鸟纹椅各一把	68cm×69.8cm×140cm; 56cm×55cm×124cm	20,700	中国嘉德	2021-03-30
现代 黄花梨四出头官帽椅(一对)	长58cm; 宽47cm; 高110cm	345,000	北京银座	2021-09-24
现代 黄花梨龙纹圈椅(一对)	长57cm; 宽45cm; 高99cm	322,000	北京银座	2021-09-24
现代 黄花梨禅椅	25cm×75cm×84cm	57,500	北京荣宝	2021-12-02
当代 皮埃尔·让纳雷 袋鼠椅	56cm×77cm×68cm	345,000	中贸圣佳	2021-12-30
当代 黄花梨南官帽椅成对	55cm×42.5cm×102cm×2	322,000	中国嘉德	2021-05-19
当代 紫檀螭龙纹圈椅成对 河北邵氏古典家具	62cm×49cm×100cm×2	322,000	中国嘉德	2021-11-30
当代 皮埃尔·让纳雷 三人位扶手椅	76cm×146cm×72cm	322,000	中贸圣佳	2021-12-30
当代 太和木作出品APEC定制小叶紫檀双龙捧寿纹玫瑰椅成套	几46cm×38cm×70cm; 椅子61cm×46cm×88cm×2	322,000	中鸿信	2021-07-14
当代 汉斯·韦格纳 圆椅(一对)	63cm×53cm×76.1cm×2	172,500	中贸圣佳	2021-12-30
当代 太和木作出品交趾黄檀冰绽纹成对	108cm×47cm×198cm×2	172,500	中鸿信	2021-07-14
当代 皮埃尔·让纳雷 单人位扶手椅(一对)	52.2cm×70cm×76cm×2	161,000	中贸圣佳	2021-12-30
当代 紫檀南官帽椅 兰福红木	58cm×46cm×102cm	149,500	中国嘉德	2021-11-30
当代 紫檀嵌青花瓷板山字纹官帽椅	58.5cm×46cm×93.5cm×2	69,000	中鸿信	2021-07-14
当代 黄花梨双人椅	106cm×46cm×82cm	57,500	中鸿信	2021-07-14
当代 黑酸枝黑柿木四出头官帽椅	59.5cm×48cm×115cm	48,300	中国嘉德	2021-05-19
当代 乌木、黑柿木四出头官帽椅 梓庆山房	60cm×48cm×117cm	40,250	中国嘉德	2021-11-30
当代 阿恩·沃德 FD188号椅(一对)	64cm×56cm×86cm×2	34,500	中贸圣佳	2021-12-30
当代 赞比亚紫檀圈椅 平仄家居	60cm×48cm×84cm	34,500	中国嘉德	2021-11-30
当代 黑酸枝南官帽椅 平仄家居	60cm×47cm×91cm	34,500	中国嘉德	2021-11-30
当代 铁力木南官帽椅成对 万乾堂	61cm×48cm×96.5cm×2	23,000	中国嘉德	2021-11-30
清乾隆 御制紫檀雕西番莲纹束腰带托泥扶手椅(一对)	69.2cm×51.5cm×113cm×2	11,535,050	佳士得	2021-12-03
包天伟手作 小叶紫檀百子图书房四件套 1: 小叶紫檀百子图书房-书柜×2 2: 小叶紫檀百子图书桌 3: 小叶紫檀螭龙扶手椅	书桌196cm×89cm×85.5cm; 椅58cm×53cm×98cm; 书柜102.5cm×42cm×196cm×2	1,495,000	上海嘉禾	2021-11-14
包天伟手作 黄花梨藤面圈椅成对连几	椅72cm×62cm×101cm; 几38cm×48cm×73cm	1,380,000	上海嘉禾	2021-07-22
包天伟手作 黄花梨 高扶手南官帽椅成对连几 一套三件	椅66cm×57cm×97cm×2; 几46cm×36cm×66cm	1,380,000	上海嘉禾	2021-11-14
紫檀南宫椅成对连几	椅子65cm×50cm×9cm; 几46cm×34.5cm×76cm	977,500	上海嘉禾	2021-11-14
海南黄花梨 皇宫圈椅(老)(三件套)	圈椅63cm×50cm×100cm×2; 几48cm×38cm×72.5cm	805,000	上海嘉禾	2021-07-22
近代 黄花梨雕螭龙纹圈椅	62.5cm×49cm×103cm	690,000	十竹斋拍卖(北京)	2021-05-29
包天伟手作 黄花梨麒麟纹圈背交椅	70cm×65cm×102cm	460,000	上海嘉禾	2021-07-22
包天伟手作 小叶紫檀四出头官帽椅成对连几	椅66cm×48cm×110cm; 几36cm×45cm×72cm	276,000	上海嘉禾	2021-07-22
黄褐色TAURILLON H小牛皮及胡桃木LES NÉCESSAIRES D' HERMÈS长椅	163.5cm×44cm×46cm	269,100	佳士得	2021-05-21
包天伟手作 小叶紫檀安思远款圈椅两椅一几	椅62cm×55cm×92cm; 几37.5cm×46cm×67cm	264,500	上海嘉禾	2021-07-22
汉斯·韦格纳 约1944年设计 一对中式圈椅, 型号 4283	81.5cm×56.5cm×53cm	196,547	保利香港	2021-11-29
汉斯·韦格纳 1960年制造 牛扶手椅两张, 型号 AP46 及 AP47	97cm×92cm×94cm; 90cm×92cm×101cm	175,858	保利香港	2021-11-29
花梨木圈椅(一套三件)	62cm×48cm×99cm; 43cm×35cm×73cm	126,500	北京保利	2021-10-31
爱马仕2021棕色TAURILLON小牛皮及核桃木LES NÉCESSAIRES D' HERMÈS 'CABRIOLET' 椅子(一组两件)	68.5cm×72.5cm×64.5cm	118,224	保利香港	2021-12-01
安恩·雅各布森 天鹅椅	73cm×62cm×83cm	82,800	华艺国际	2021-12-10
爱马仕 2021 金色TAURILLON小牛皮及核桃木椅子(一组两件)	60cm×55cm×83.5cm	78,816	保利香港	2021-12-01
黄花梨圈椅(一对)	69cm×60cm×100cm	74,750	北京保利	2021-10-30
黄花梨靠背椅(一对)	47cm×39.5cm×101cm	74,750	北京保利	2021-10-30
芬·祖尔 1957年制造 扶手椅子一对, 型号 BO118	71.7cm×75cm×76cm	72,412	保利香港	2021-11-29
19世纪 维多小圆几配四椅	长48cm; 宽39cm; 高75cm	71,300	西泠印社	2021-07-23
1955—1956年 皮埃尔·让纳雷 休闲扶手椅(PJ-SI-29-A)	68cm×73.5cm×53cm	71,300	华艺国际	2021-11-12
紫檀雕洋莲书卷椅(一套三件)	66cm×52cm×106cm; 50cm×42cm×79cm	69,000	北京保利	2021-10-31
2021 爱马仕 大象灰色EVERLISSE TAURILLON牛皮、木及钢制CHAISE SELLIER扶手椅子(一组两件)	54cm×82.2cm×56.5cm	68,964	保利香港	2021-12-01
约1850年 英国维多利亚时代胡桃木躺椅	89cm×193cm×99cm	57,500	中国嘉德	2021-11-29
汉斯·瓦格纳 中国椅	57cm×55cm×83cm	57,500	华艺国际	2021-12-10
约1920年 英国 ART DECO(装饰艺术风格)餐桌配六椅	餐桌长158m; 餐椅长42cm	55,200	西泠印社	2021-01-17
黄花梨圈椅	62cm×54cm×92cm	51,750	北京保利	2021-10-30
2021 爱马仕 金色CALFSKIN牛皮及橡木软垫座椅(一组两件)	长55cm×56.4cm×86cm	49,260	保利香港	2021-12-01
约1955年 法国皮埃尔·让纳雷设计印度制写字椅	78cm×50cm×52cm	46,000	中国嘉德	2021-05-19
20世纪60年代 布鲁诺·马松 休闲长椅(佩尼利亚)	93cm×64cm×180cm	46,000	华艺国际	2021-11-12
1958年 布吉·莫根森 西班牙椅	57cm×82cm×62cm	43,700	华艺国际	2021-03-31
1955—1956年 皮埃尔·让纳雷 办公椅(PJ-SI-28-B)	77cm×55cm×50cm	40,250	华艺国际	2021-11-12
1960s年设计 Marcel Breuer Wassiyl Lounge Chair 瓦西里椅	约77cm×73cm×71cm	34,500	华艺国际	2021-12-10
奥莱·万夏 1938年制造 扶手椅一对	84cm×65cm×77cm×2	33,103	保利香港	2021-11-29
大红酸枝笔杆椅藤面椅(一对)	60cm×46cm×101cm×2	31,050	上海嘉禾	2021-07-22
紫檀南官帽椅(一套三件)	60cm×47.5cm×95.5cm; 45cm×35cm×73cm	25,300	北京保利	2021-10-31
花梨木禅椅	高84.5cm	25,056	罗芙奥	2021-07-17
近代 红木雕水龙纹太师椅(三件)	70cm×51cm×100cm; 45cm×45cm×76cm	23,000	北京翰海	2021-04-17
榆木梳背椅(一对)	高86cm(每件)	19,488	罗芙奥	2021-07-17
17世纪 黄花梨方凳(一对)	57cm×46.5cm×53cm×2	1,112,760	保利香港	2021-04-21
明末 黄花梨有束腰马蹄足四方禅凳成对	66cm×66cm×52cm×2	1,062,180	香港苏富比	2021-04-22
17世纪 黄花梨无束腰直枨长方凳	长47.5cm; 宽38cm; 高49cm	303,480	保利香港	2021-04-21
明末清初 黄花梨卷草纹三弯腿十字枨长方凳(一对)	55cm×46cm×53cm×2	3,680,000	中贸圣佳	2021-05-21
明末清初 黄花梨螭龙纹交机	长57cm; 宽37.5cm; 高53cm	2,875,000	北京保利	2021-06-08
明末清初 黄花梨有束腰马蹄足罗锅枨禅凳	长70.2cm; 宽70cm; 高52.2cm	1,012,000	北京保利	2021-12-05
明末清初 黄花梨四面平方凳	长55cm; 宽55cm; 高49.8cm	115,000	中贸圣佳	2021-12-30

拍品名称	物品尺寸	成交价RMB	拍卖公司	拍卖日期
清早期 黄花梨双脚踏式交杌	长62cm; 宽36.5cm; 高56.9cm	3,047,500	中贸圣佳	2021-05-21
清早期 黄花梨有束腰马蹄足罗锅枨禅凳（一对）	69cm×69cm×50.5cm×2	2,185,000	北京保利	2021-06-08
清早期 黄花梨罗锅枨春凳	长106.5cm; 宽35.8cm; 高52cm	1,610,000	中贸圣佳	2021-05-21
清早期 黄花梨有束腰马蹄足四面脚踏滚凳	65.5cm×65.5cm×23cm	1,391,040	中国嘉德	2021-10-12
清早期 黄花梨有束腰洼膛肚长方凳成对	51.5cm×39.5cm×50cm×2	782,000	中国嘉德	2021-11-30
清早期 黄花梨方形禅凳	62.5cm×62.5cm×49cm	460,000	中国嘉德	2021-05-19
清早期 黄花梨四面平长方凳	45cm×35cm×46cm	230,000	中国嘉德	2021-05-19
清早期 黄花梨打挖方凳	56cm×56cm×52.5cm	57,500	中鸿信	2021-07-14
清早期 枣木杌凳	19.7cm×10.6cm×12.4cm	49,680	中国嘉德	2021-10-12
17世纪/18世纪 紫檀交杌	长59cm; 宽39cm; 高48cm	2,070,000	佳士得	2021-05-28
18世纪 黄花梨打坐凳（一对）	63cm×63cm×51cm×2	1,213,920	保利香港	2021-04-21
17世纪/18世纪 黄花梨罗锅枨二人凳	宽139.1cm; 高50.8cm	879,750	佳士得	2021-05-28
18世纪 榉木长方凳（一对）	宽35.6cm; 高41.3cm	44,859	纽约佳士得	2021-03-18
清中期 紫檀束腰缠枝莲纹佛座	长48cm; 宽34.5cm; 高19.4cm	552,000	西泠印社	2021-07-24
清中期 紫檀如意纹方凳（一对）	50cm×50cm×51.5cm×2	345,000	北京保利	2021-10-30
18世纪/19世纪 黄花梨长方凳（一对）	宽54cm; 高54cm	1,468,125	纽约佳士得	2021-03-18
19世纪 黄花梨交杌（一对）	宽55.9cm; 高50.2cm	815,625	纽约佳士得	2021-03-18
18世纪/19世纪 黄花梨长方凳（一对）	宽52.1cm; 高50.1cm	530,156	纽约佳士得	2021-03-18
18世纪/19世纪 黄花梨霸王枨长方凳	宽109.2cm; 高51.5cm	285,469	纽约佳士得	2021-03-18
19世纪 紫檀方胜纹方凳（一对）	高52cm; 长49.5cm	65,250	纽约佳士得	2021-03-18
清晚期 红木云石面小圆桌及凳（一组五件）	高63cm（桌）; 高35cm（凳）	138,000	中国嘉德	2021-05-19
清 紫檀如意云头纹方凳（一对）	高48cm×2	1,115,500	华艺国际	2021-12-11
清 紫檀嵌瘿木有束腰螭龙赶珠纹方凳（一套）	43.5cm×43.5cm×50.5cm	494,500	华艺国际	2021-09-17
清 红木嵌云石鼓凳（一对）	1.高50.5cm; 2.高50.4cm	126,500	西泠印社	2021-04-10
清 黄花梨京装方凳	49.5cm×40cm×51cm	109,250	北京保利	2021-05-18
清 紫檀方胜卡子花方凳	长50cm; 宽50cm; 高53cm	92,000	中贸圣佳	2021-12-30
清 红木圆腿禅凳	长61.5cm; 宽61cm; 高45cm	51,750	中贸圣佳	2021-03-26
清 黄花梨嵌瘿木面小方凳	长27.5cm; 宽27.5cm; 高25cm	43,700	中贸圣佳	2021-03-26
清 黄花梨席面拐子龙纹方凳（两件）	53cm×53cm×50cm×2	43,700	北京翰海	2021-04-17
清 花梨嵌竹长条凳、嵌楠木小方凳（共两件）	107cm×37cm×48.5cm; 28cm×28cm×27cm	32,200	北京保利	2021-06-08
清 黄花梨六方禅凳	73cm×73cm×48cm	32,200	北京保利	2021-10-31
清 黄花梨禅凳	54cm×42.5cm×50cm	28,750	北京保利	2021-10-30
清 红木卷草纹方凳（一对）	41.5cm×41.5cm×51.5cm×2	25,300	北京保利	2021-12-06
民国 黄花梨靠凳	35cm×42cm×65cm	20,700	北京翰海	2021-10-16
当代 紫檀元石面西番莲纹鼓凳成对 汇盛隆	38cm×38cm×51cm×2	253,000	中国嘉德	2021-11-30
黄花梨方凳（一对）	高45.5cm×2	575,000	上海嘉禾	2021-11-14
黄花梨三弯腿长方凳	宽58.2cm; 高49.5cm	309,938	纽约佳士得	2021-03-18
18世纪 黄花梨有束腰罗锅枨马蹄足贰人凳	高51.4cm; 宽129.5cm	179,534	纽约苏富比	2021-09-22
20世纪80年代 剔红龙纹绣墩（一对）	高48cm×2	32,200	北京荣宝	2021-06-19
约1880年 法国胡桃木藤叶饰沙发（一对）	长80cm; 宽73cm; 高105cm	71,300	西泠印社	2021-01-17
约1890年 法式胡桃木金漆布艺沙发三件套组	沙发长126cm; 椅长65cm	46,000	西泠印社	2021-01-17
置物类				
民国 程意亭 珐琅彩兰花清供图瓷板嵌红木椅子（一套4把）	座宽51.5cm; 深42cm; 高101cm	816,500	中贸圣佳	2021-05-20
17世纪 黄花梨裹腿罗锅枨画桌	长158.2cm; 宽73cm; 高87.6cm	1,759,500	佳士得	2021-05-28
17世纪 黄花梨矮方桌	宽100.3cm; 高43.2cm	636,188	纽约佳士得	2021-03-18
17世纪 黄花梨螭龙纹炕桌	宽91.8cm; 高34.3cm	407,813	纽约佳士得	2021-03-18
17世纪 黄花梨卷草纹炕桌	宽104.7cm; 高32cm	244,688	纽约佳士得	2021-03-18
明 黄花梨镶瘿木面 高束腰外翻马蹄腿条桌	长71cm; 宽40.3cm; 高66cm	1,840,000	中贸圣佳	2021-07-07
明 黄花梨无束腰攒牙子方桌	长98.4cm; 宽98.3cm; 高84.7cm	1,773,360	保利香港	2021-12-02
明 黄花梨瘿木面高束腰香桌	65cm×65cm×78cm	1,150,000	保利厦门	2021-11-05
明黄花梨一腿三牙罗锅枨卡子花方桌	92cm×92cm×85cm	368,000	中鸿信	2021-07-14
明 黄花梨莲瓣纹独板束腰炕桌	长95.5cm; 宽63cm; 高28.2cm	368,000	西泠印社	2021-07-24
明 铁力木独板面凸榫长方桌	90.5cm×52.5cm×53.5cm	28,750	中国嘉德	2021-05-19
明 螺钿楼阁桥人物纹平桌	长47cm; 宽29cm; 高8cm	23,000	中贸圣佳	2021-09-26
明晚期 楠木四面平马蹄足小香桌	95cm×47cm×85cm	402,500	中国嘉德	2021-05-19
明末清初 黄花梨六方材霸王枨条桌成对	183cm×51.7cm×84.5cm×2	20,548,125	香港苏富比	2021-04-22

拍品名称	物品尺寸	成交价RMB	拍卖公司	拍卖日期
明末清初 黄花梨有束腰霸王枨马蹄足瘿木面香桌	81cm×44cm×78cm	2,070,000	中国嘉德	2021-05-19
明末清初 黄花梨插肩榫顶牙罗锅枨酒桌	94.5cm×65.5cm×80cm	1,840,000	中国嘉德	2021-11-30
明末清初 黄花梨裹腿做仿竹材画桌	长150cm; 宽66cm; 高87.6cm	1,495,000	北京保利	2021-06-08
明末清初 黄花梨半圆桌	长93.3cm; 宽46cm; 高83cm	1,265,000	中贸圣佳	2021-12-30
明末清初 黄花梨有束腰马蹄腿炕桌	长97cm; 宽62.5cm; 高29cm	690,000	华艺国际	2021-12-11
明末清初 黄花梨有束腰马蹄足半桌	长95.8cm; 宽48cm; 高83.7cm	575,000	北京保利	2021-06-08
明末清初 黄花梨高束腰加矮老装绦环板大炕桌	90cm×67.5cm×29cm	575,000	中国嘉德	2021-11-30
清早期 黄花梨螭纹荷叶式束腰罗锅枨方桌	长98cm; 宽98cm; 高86cm	3,737,500	中贸圣佳	2021-05-21
清早期 黄花梨夔龙纹四面平条桌	长173cm; 宽55.5cm; 高87cm	3,335,000	北京保利	2021-06-08
清早期 黄花梨高束腰条桌	长138.8cm; 宽53cm; 高79.7cm	2,990,000	北京保利	2021-09-26
清早期 黄花梨条桌	108cm×47cm×80.5cm	1,610,000	北京保利	2021-10-30
清早期 黄花梨方炕桌	长67cm; 宽67cm; 高23.5cm	1,380,000	中贸圣佳	2021-05-21
清早期黄花梨无束腰罗锅枨带屉香桌	68cm×48cm×71.5cm	1,192,320	中国嘉德	2021-10-12
清早期 黄花梨展腿式可拆卸折叠腿方桌	长94cm; 宽94cm; 高88cm	1,150,000	中贸圣佳	2021-05-21
清早期 黄花梨三屉书桌	长101.5cm; 宽53cm; 高83.7cm	1,150,000	中贸圣佳	2021-05-21
清早期 紫檀有束腰马蹄足拐子纹条桌	109.5cm×57.5cm×86cm	1,035,000	中国嘉德	2021-11-30
清早期 黄花梨铁力木圆包圆长方桌	长158.5cm; 宽51.5cm; 高85.5cm	1,035,000	北京保利	2021-12-05
清早期 黄花梨双螭纹罗锅枨方桌	长91.5cm; 宽91.5cm; 高84.5cm	920,000	中贸圣佳	2021-07-07
清早期黄花梨圆裹圆双环卡子花方桌	92.5cm×92.5cm×86.5cm	920,000	华艺国际	2021-12-11
清早期 戗金彩漆蝠寿锦纹半圆桌（一对）	直径54.5cm; 高81cm	805,000	中贸圣佳	2021-05-21
清早期 黄花梨嵌瘿木螭龙方桌	82cm×82cm×79.5cm	575,000	北京保利	2021-10-30
清早期 黄花梨内翻马蹄方桌	85cm×85cm×80cm	483,000	北京保利	2021-10-30
清早期黄花梨折叠有束腰三弯腿炕桌	59.5cm×45.5cm×27cm	460,000	中国嘉德	2021-11-30
清早期 黄花梨有束腰马蹄腿挖缺做拐子纹长炕桌	97.5cm×69.5cm×28cm	437,000	中国嘉德	2021-11-30
清早期 黄花梨三弯腿炕桌	长94.5cm; 宽58cm; 高27cm	345,000	中贸圣佳	2021-05-21
清早期 黄花梨壸门牙板三弯腿炕桌	长96.5cm; 宽66.5cm; 高28cm	345,000	中贸圣佳	2021-07-07
清早期 黄花梨高束腰炕桌	长89.8cm; 宽67.5cm; 高29cm	322,000	中贸圣佳	2021-03-26
清早期 黄花梨龙纹方桌	86.5cm×86.5cm×83cm	322,000	北京荣宝	2021-06-19
清早期 黄花梨无束腰顶牙罗锅枨喷面半桌	104.5cm×51.6cm×81.5cm	322,000	中国嘉德	2021-11-30
清早期 黄花梨有束腰罗锅枨条桌	125cm×57cm×64cm	253,000	中鸿信	2021-07-14
清早期 黄花梨有束腰三弯腿炕桌	71cm×50cm×27.5cm	230,000	中国嘉德	2021-05-19
清早期 黄花梨卷草龙纹霸王枨展腿方桌	98.5cm×98.5cm×86cm	172,500	中鸿信	2021-07-14
清早期 黄花梨刀牙板酒桌	75cm×46cm×78cm	138,000	中鸿信	2021-07-14
清早期 黄花梨束腰炕桌	长77.8cm; 宽36cm; 高15.5cm	109,250	西泠印社	2021-01-15
清早期 黄花梨三镶面板小炕桌	55.5cm×39.5cm×30cm	48,300	中鸿信	2021-07-14
清康熙 红木小桌	长70cm; 宽34cm; 高16cm	60,696	保利香港	2021-04-21
清雍正 紫漆描金缠枝花蝠纹长方桌	长158.5cm; 宽60cm; 高85cm	1,840,000	中贸圣佳	2021-07-07
17世纪/18世纪 黄花梨罗锅枨方桌	高85.6cm	1,957,500	纽约佳士得	2021-03-18
18世纪 天然木长方桌	长130cm; 宽64cm; 高83cm	1,150,000	北京保利	2021-06-08
清乾隆 紫檀蕉叶纹束腰琴桌	129.5cm×33.5cm×85cm	1,092,500	永乐拍卖	2021-05-22
清乾隆 御制紫檀拐子龙纹方桌	75cm×75cm×73cm	747,500	中鸿信	2021-07-14
17世纪/18世纪 黄花梨罗锅枨半桌	宽98.7cm; 高86cm	724,500	佳士得	2021-05-28
17世纪/18世纪 黄花梨罗锅枨方桌	长94.5cm; 宽94.5cm; 高82.5cm	374,376	保利香港	2021-12-02
清乾隆 木嵌青花缠枝莲托八宝纹瓷板圆桌	93cm×93cm×84cm	184,000	中国嘉德	2021-03-27
清乾隆 紫檀嵌银丝拐子龙纹供桌式几	长24.5cm; 宽13.8cm; 高9.5cm	161,000	华艺国际	2021-03-31
清中期 紫檀嵌黄花梨琴桌	125cm×42.5cm×32.5cm	1,127,000	北京保利	2021-12-06
清中期 紫檀雕夔龙纹方桌	长90cm; 宽90cm; 高81cm	1,035,000	北京银座	2021-09-24
清中期 黄花梨有束腰罗锅枨马蹄足矮桌	92.5cm×88.5cm×70.5cm	690,000	中国嘉德	2021-11-30
清中期 紫檀四面平拐子纹石面小画桌	92cm×58.5cm×82cm	517,500	中国嘉德	2021-11-30
清中期 黄花梨展腿龙纹方桌	长81cm; 宽81cm; 高80cm	322,000	北京银座	2021-09-24

2021杂项拍卖成交汇总(续表)

(成交价RMB：1万元以上)

拍品名称	物品尺寸	成交价RMB	拍卖公司	拍卖日期
清中期 红木石面长条桌	111.5cm×35cm×87cm	230,000	中国嘉德	2021-11-30
清中期 剔红人物故事炕桌	99cm×62cm×31cm	74,750	北京保利	2021-06-08
清中期 红木高束腰拐子纹长条桌	70.5cm×37cm×89cm	28,750	中国嘉德	2021-11-30
18世纪/19世纪 黄花梨活面方棋桌连象棋围棋盘、双陆棋盘、棋盒	宽92cm；高86.3cm	1,242,000	佳士得	2021-05-28
18世纪/19世纪 黄花梨三屉桌	宽135.3cm；高86.4cm	693,281	纽约佳士得	2021-03-18
19世纪 紫檀漆炕桌	长94.5cm；宽65cm；高34cm	404,640	保利香港	2021-04-21
清 黄花梨霸王枨长方桌	长138cm；宽55cm；高84cm	2,070,000	中贸圣佳	2021-05-21
清 黄花梨有束腰直枨马蹄腿如意云纹卡子花条桌	长208cm；宽57cm；高84.5cm	1,610,000	中贸圣佳	2021-03-26
清 紫檀兽面纹画桌	224.8cm×85.5cm×88cm	920,000	华艺国际	2021-03-31
清 黄花梨有束腰半桌	长97.5cm；宽47.5cm；高86.2cm	690,000	永乐拍卖	2021-05-22
清 黄花梨有束腰罗锅枨方桌	长103cm；宽100.5cm；高86.3cm	575,000	中贸圣佳	2021-09-26
清 黄花梨圆包圆半桌	98.5cm×47.5cm×82.5cm	552,000	北京荣宝	2021-06-19
清 黄花梨镶绿石面罗锅枨长方桌	长84cm；宽58.6cm；高81.2cm	517,500	中贸圣佳	2021-12-30
清 黄花梨罗锅枨花叶腿半桌	长104cm；宽51.8cm；高85cm	483,000	中贸圣佳	2021-09-26
晚清 黄花梨三屉书桌	宽138.5cm；高81.4cm	473,063	纽约佳士得	2021-03-18
清 黄花梨方桌	76cm×76cm×78cm	437,000	北京保利	2021-10-30
清 黄花梨三弯腿炕桌	长102cm；宽72.5cm；高28.5cm	402,500	中贸圣佳	2021-05-21
清 黄花梨酒桌	长90cm；宽65cm；高85cm	402,500	北京银座	2021-09-24
清 黄花梨霸王枨画桌	178cm×79cm×83cm	402,500	北京保利	2021-10-31
清 黄花梨嵌瘿木面小画桌	长108cm；宽72cm；高84cm	368,000	北京银座	2021-09-24
清 黄花梨带束腰内翻马蹄足炕桌	长98.4cm；宽62.9cm；高26.4cm	368,000	中贸圣佳	2021-09-26
清 黄花梨方桌	95.5cm×95.5cm×81cm	368,000	北京保利	2021-10-30
清 黄花梨带束腰内翻马蹄足炕桌	长98.4cm；宽62.9cm；高26.4cm	345,000	中贸圣佳	2021-03-26
清 黄花梨三弯腿炕桌	长97cm；宽60.5cm；高29.8cm	345,000	中贸圣佳	2021-05-21
清 紫檀雕卷草纹琴桌	长116cm；宽52cm；高75cm	345,000	北京银座	2021-09-24
清 黄花梨云头纹瘿木条桌	108cm×58cm×82cm	345,000	北京荣宝	2021-12-02
清 黄花梨嵌瘿木方桌	81.5cm×81.5cm×81cm	345,000	北京保利	2021-10-30
清 黄花梨嵌瘿木出榫罗锅枨方桌	91cm×91cm×83cm	287,500	中鸿信	2021-07-14
清 紫檀嵌黄杨万字纹束腰条桌	长125.2cm；宽42.2cm；高83.8cm	253,000	西泠印社	2021-01-16
清 黄花梨小酒桌	长77cm×38cm×82cm	230,000	北京保利	2021-06-08
清 红木琴桌	长120cm；宽42.7cm；高81cm	195,500	西泠印社	2021-07-24
清 黄花梨有束腰雕龙纹腿炕桌	长94.2cm；宽58.2cm；高31.2cm	172,500	中贸圣佳	2021-03-26
清 紫檀方桌	长84.8cm；宽84.4cm；高86cm	161,000	西泠印社	2021-07-24
清 紫檀高束腰带屉方桌	长101cm；宽49.7cm；高91.2cm	155,250	中贸圣佳	2021-09-26
清 紫檀雕螭龙条桌	134cm×41cm×88cm	138,000	北京荣宝	2021-06-19
清 黄花梨明式条桌	120cm×57cm×84cm	138,000	北京保利	2021-05-18
清 嵌螺钿松下人物图四角桌	长24.7cm；宽24.7cm；高34cm	126,500	中贸圣佳	2021-09-26
清 黄花梨刀牙板酒桌	88.5cm×61cm×79cm	115,000	中鸿信	2021-07-14
清 红木嵌云石画桌	长104.6cm；宽64.8cm；高83.5cm	109,250	西泠印社	2021-07-24
清 黄花梨小桌	91.5cm×51.5cm×41.5cm	92,000	北京保利	2021-01-09
清 花梨木夔龙纹画桌	195cm×79cm×82cm	92,000	北京保利	2021-10-31
清 黄花梨嵌大理石罗锅枨画桌	128cm×65cm×85cm	86,250	中鸿信	2021-07-14
清 红木嵌瓷板条桌	118.5cm×42cm×83cm	69,000	中鸿信	2021-07-14
清 紫檀嵌黄花梨万字文条桌	136.5cm×44.5cm×85cm	69,000	中鸿信	2021-07-14
清 红木竹节纹方桌	长95.5cm；宽95.5cm；高84cm	66,700	西泠印社	2021-10-23
清 黄花梨条桌	长91.5cm；宽39.5cm；高82.5cm	48,300	中贸圣佳	2021-09-26
清 红木嵌瘿木琴桌	长124cm；宽41cm；高83.6cm	48,300	西泠印社	2021-10-23
清 红木休闲桌(5件)	76cm×76cm×85cm；53cm×43cm×104cm	46,000	北京翰海	2021-04-17
清 黄花梨罗锅枨马蹄腿方桌	长90.5cm；宽87.5cm；高86.5cm	46,000	中贸圣佳	2021-09-26
清 花梨夔凤长条桌	134cm×38cm×82.5cm	46,000	北京保利	2021-10-30
清 硬木条桌	长93.5cm；宽50.8cm；高93.5cm	44,850	中贸圣佳	2021-09-26
清 红酸枝八仙桌	98cm×98cm×83cm	43,700	北京保利	2021-05-18
清 黄花梨螭龙纹半桌	116cm×57cm×85cm	40,250	北京翰海	2021-04-17
清 红木雕鹿衔灵芝纹大画桌	188cm×88cm×84cm	40,250	北京翰海	2021-10-16
清 红木镂雕竹节纹方桌	长79.8cm；宽79.8cm；高82cm	40,250	西泠印社	2021-10-23
清 黄花梨马蹄腿方桌	99cm×99cm×82cm	34,500	北京翰海	2021-04-17
清 黄花梨圆包圆方桌	93cm×93cm×85.5cm	29,900	北京翰海	2021-10-16
清 红木罗锅枨马蹄腿方桌	长98cm；宽98cm；高86.5cm	28,750	中贸圣佳	2021-09-26
清 黄花梨螭龙卷草纹方桌	92cm×92cm×83cm	28,750	北京翰海	2021-10-16
清 红木拉钱纹方桌	83cm×98cm×98cm	28,750	北京保利	2021-05-18
清 黄花梨圆包圆条桌	81cm×42cm×86cm	25,300	北京翰海	2021-10-16
清 黄花梨螭龙纹条桌	118cm×58cm×83cm	25,300	北京翰海	2021-10-16
清 黄花梨端砚石方桌	87cm×87cm×82cm	23,000	北京翰海	2021-10-16
清 紫檀刀牙板小酒桌	109cm×69cm×87cm	23,000	北京翰海	2021-10-16
清 红木麻将桌	83cm×83cm×83cm	23,000	中鸿信	2021-07-14
清 黄花梨香蕉腿案桌	长38cm	20,700	北京翰海	2021-04-17
清 黄花梨罗锅枨半桌	97cm×47cm×86cm	20,700	北京翰海	2021-10-16
清 紫檀绳纹嵌玉条桌	104cm×43cm×82cm	20,700	北京翰海	2021-10-16
清 紫檀拼万字纹锦地画桌	162cm×74cm×87cm	20,700	北京翰海	2021-10-16
清 红木四方茶几、铁力木炕桌	炕桌长79.2cm；茶几长44.2cm	18,400	中贸圣佳	2021-09-26
民国 紫檀小供桌	80.5cm×38cm×82cm	69,000	北京保利	2021-10-30
民国 紫檀四方桌	89cm×43cm×76cm	57,500	华艺国际	2021-04-01
民国 花梨木如意足条桌	143cm×55cm×83cm	57,500	北京保利	2021-10-31
民国 红木嵌云石六角桌（一对）	长95cm；高82cm	46,000	北京银座	2021-09-24
民国 红木嵌大理石圆桌	76cm×76cm×86cm	20,700	北京翰海	2021-10-16
现代 积庆堂制黄花梨条桌	106cm×48cm×85cm	299,000	北京保利	2021-09-26
现代 积庆堂制小叶紫檀如意纹条桌	138cm×38cm×86cm	253,000	十竹斋拍卖（北京）	2021-05-29
现代 紫檀锦地拼万字纹条桌	101cm×39cm×81cm	138,000	北京荣宝	2021-06-19
当代 紫檀原木随形长方桌	110cm×56cm×83cm	184,000	中国嘉德	2021-05-19
当代 紫檀圆裹圆顶牙罗锅枨圆腿条桌 御乾堂	128cm×40cm×80cm	92,000	中国嘉德	2021-11-30
当代 乌木、黑柿木霸王枨大画桌 梓庆山房	198cm×73cm×77cm	80,500	中国嘉德	2021-11-30
当代 黑酸枝一腿三牙三色大漆茶桌 平仄家居	194cm×90cm×74cm	69,000	中国嘉德	2021-11-30
黄花梨条案桌	131.8cm×46cm×80cm	1,552,500	上海嘉禾	2021-11-14
紫檀蟠螭纹琴桌	106cm×36cm×79cm	920,000	上海嘉禾	2021-11-14
黄花梨画桌	90cm×61cm×85cm	897,000	上海嘉禾	2021-11-14
紫檀回纹工琴桌	107cm×36cm×37cm	897,000	上海嘉禾	2021-11-14
圆餐桌一套	120cm×78cm	800,000	北京中贝	2021-11-06
紫檀画桌	123cm×56cm×81cm	575,000	上海嘉禾	2021-11-14
老红木圆桌（一套六件）	尺寸不一	499,500	北京乔禧	2021-05-16
紫檀带束腰罗锅枨半桌	长110.5cm；宽53cm；高82.5cm	276,000	中贸圣佳	2021-03-26
黄花梨画桌	119cm×43cm×83cm	218,500	上海嘉禾	2021-11-14
约1890年 法国路易十五风格铜鎏金细木镶嵌写字桌	71cm×89cm×54cm	207,000	中国嘉德	2021-11-29
约1890年 法国铜鎏金西阿拉黄檀木及桃花心木沙龙桌	高75cm	207,000	中国嘉德	2021-11-29
1960年 皮埃尔·让纳雷作 办公桌(PJ-BU-02-A)	71.5cm×84cm×121.4cm	138,000	华艺国际	2021-11-12
1890年 法国路易十五风格可伸展游戏牌桌	74cm×90cm×45cm	115,000	中国嘉德	2021-11-29
紫檀牙板四仙桌	65cm×65cm×78cm	115,000	北京保利	2021-10-31
大红酸枝竹节桌（五件套）	桌87cm×87cm×79cm；凳38cm×38cm×45cm	101,200	上海嘉禾	2021-07-22
黄褐色TAURILLON H小牛皮及胡桃木LES NÉCESSAIRES D'HERMÈS单桌	42.1cm×44cm	77,625	佳士得	2021-05-21
约1950年 奥莱·万夏制造 嵌套桌子三张	55cm×59.6cm×39.6cm	77,585	保利香港	2021-11-29
约1890年 法国路易十五风格铜鎏金理石面沙龙桌	高74cm	63,250	中国嘉德	2021-11-29
1890年 法式理石台面硕果饰中央桌	长132cm；宽75cm；高77cm	59,800	西泠印社	2021-07-23
19世纪 英国花环饰胡桃木轻浮雕餐桌	长110cm；宽50cm；高95cm	57,500	西泠印社	2021-07-23
1955年 海尔格·维斯特加德·约翰逊作 咖啡桌	50.5cm×177.5cm×59.5cm	56,895	保利香港	2021-11-29
约1820年 英国椴木开合式牌桌及茶桌（一对）	74.5cm×100cm×2	55,200	中国嘉德	2021-05-19
大红酸枝书案（茶桌）（一张）	145cm×68cm×81cm	34,500	上海嘉禾	2021-07-22
约1967年 奥莱·万夏作 为罗马丹麦科学与艺术学院图书馆设计之折叠桌	58cm×120.8cm×48cm	33,103	保利香港	2021-11-29
硬木嵌掐丝珐琅缠枝莲纹条桌	113.5cm×40cm×80cm	25,300	中国嘉德	2021/9/28
1940年 芬·祖尔制造 写字桌，型号FJ40	74.5cm×65cm×64cm	19,655	保利香港	2021-11-29
元漆器花台、长方小几（一组两件）	长59.8cm；长29.5cm	161,000	中贸圣佳	2021-09-26
明 黄花梨夔龙纹五屏风式镜台	66cm×51cm×30cm	598,000	永乐拍卖	2021-05-22
明 黑漆棱花形花台	直径41cm；高44cm	161,000	中贸圣佳	2021-09-26
明 黑漆花台	长31cm；宽36cm；高40.2cm	126,500	中贸圣佳	2021-09-26

(成交价RMB：1万元以上)

拍品名称	物品尺寸	成交价RMB	拍卖公司	拍卖日期
明 嵌螺钿人物纹花台	长46cm; 宽35cm; 高47.8cm	92,000	中贸圣佳	2021-09-26
明 嵌螺钿亭台人物纹花台	长43.5cm; 宽37.5cm; 高57.5cm	86,250	中贸圣佳	2021-09-26
明 嵌螺钿赏画人物花台	长65.5cm; 宽42cm; 高18.5cm	55,200	中贸圣佳	2021-09-26
明 嵌螺钿亭台人物纹云形小几	长45.5cm; 宽26.5cm; 高25.5cm	46,000	中贸圣佳	2021-09-26
明 嵌螺钿山水纹花台	长38.5cm; 宽38.5cm; 高54.8cm	43,700	中贸圣佳	2021-09-26
明末清初 黄花梨四面平台座式小几	长31.2cm; 宽15.8cm; 高9.5cm	414,000	中贸圣佳	2021-05-21
清早期 黄花梨麒麟纹镜台	长60cm; 宽32.5cm; 高56.5cm	253,000	中贸圣佳	2021-05-21
清乾隆 紫檀嵌博古纹台屏	高72.3cm	287,500	中国嘉德	2021-11-29
清中期 红木台几式圆座	高13.5cm; 直径20.8cm	43,700	十竹斋拍卖(北京)	2021-05-29
19世纪 红木灯台	宽26.8cm; 高120.6cm	309,938	纽约佳士得	2021-03-18
约19世纪 英国韦奇伍德 蓝瓷浮雕饰铜鎏金理石台面小几	长68cm; 宽41cm; 高78cm	63,250	西泠印社	2021-01-17
清 黄花梨镂雕三屏风草龙纹镜台	长32.5cm; 宽27cm; 高58cm	483,000	西泠印社	2021-01-15
清 剔红回纹台几	38cm×14cm×15cm	402,500	华艺国际	2021-03-31
清 紫檀满工六方台	84cm×84cm×84cm	195,500	北京翰海	2021-10-16
清 大漆素面长方台	长40.5cm; 宽30.5cm; 高16.8cm	161,000	中贸圣佳	2021-09-26
清 铁力木写字台成套	桌168cm×80cm×80cm; 椅62cm×51cm×109cm	55,200	中鸿信	2021-07-14
清 朱漆嵌螺钿长方台	长63cm; 宽36cm; 高17.8cm	51,750	中贸圣佳	2021-09-26
清 鸡翅木嵌云石写字台	长130cm; 宽29cm; 高86cm	29,900	北京银座	2021-09-24
清 花梨木麒麟送子图五屏式镜台	高58.5cm	23,000	中国嘉德	2021-09-28
民国 黄花梨架台	160cm×43cm×70cm	32,200	北京保利	2021-10-30
晚清至民国 酸枝多宝阁台座(三件)	最大的宽52cm	19,872	中国嘉德	2021-10-12
当代 榉木紫檀茶台	68cm×35cm×14cm	34,500	中国嘉德	2021-05-19
约1900年 英国伯尔胡桃木配牛皮面写字台	73.5cm×153cm×86cm	287,500	中国嘉德	2021-05-19
约1890年 法国路易十六风格桃花心木高台架	高110cm	80,500	中国嘉德	2021-11-29
陈明伟《庭园晴窗》台屏	73cm×50cm; 重10kg	69,000	上海嘉禾	2021-07-22
1910年制 路易十六风格铜鎏金和日本漆画装饰郁金香木和紫芯苏木镶花桃花心木秘书台	长61cm; 宽43cm; 高119cm	55,200	西泠印社	2021-07-23
明 黄花梨插肩榫平头案	长90cm; 宽42cm; 高76.5cm	7,762,500	中贸圣佳	2021-05-21
明 黄花梨刀牙板条案(一对)	170.7cm×51.7cm×74cm; 170.4cm×51.5cm×79.7cm	3,565,000	中贸圣佳	2021-05-21
明 黄花梨如意云纹板足独板面小翘头案	长37.5cm; 宽14.7cm; 高13cm	828,000	中贸圣佳	2021-05-21
明 铁力木龙纹独板大翘头案	374cm×50cm×93cm	517,500	中国嘉德	2021-11-30
明晚期 柞榛木拐子龙纹画案	长172cm; 宽67.5cm; 高88cm	207,000	西泠印社	2021-07-24
明 黄花梨嵌楠木翘头案上案	长72cm; 高19cm	172,500	北京荣宝	2021-06-19
明 黄花梨平头案	长76cm; 宽45cm; 、高75cm	138,000	西泠印社	2021-01-16
明 黄花梨小翘头案	10.5cm×8.6cm×29.5cm	138,000	广东崇正	2021-07-19
明 紫檀案头小箱	14.7cm×11cm×8cm	36,800	北京保利	2021-06-08
明 铁力木独板面夹头榫平头案	100cm×65cm×84.5cm	25,300	中国嘉德	2021-05-19
明 大漆嵌绿石案屏	高50cm	23,000	中鸿信	2021-07-14
明晚期 黄花梨夹头榫独板面画案	221cm×64.5cm×83.5cm	4,945,000	中国嘉德	2021-11-30
明晚期 黄花梨夹头榫大画案	长213cm; 宽64cm; 高80cm	1,840,000	华艺国际	2021-12-11
明末清初 黄花梨独板架几式巨型供案	长453cm; 宽56cm; 通高93cm	115,000,000	北京保利	2021-12-05
明末清初 黄花梨无束腰马蹄腿独板大翘头案	242.5cm×52.5cm×93.5cm	8,970,000	中国嘉德	2021-11-30
明末清初 黄花梨独板夹头榫带托螭龙纹翘头供案	215.5cm×46.8cm×88.5cm	5,520,000	西泠印社	2021-07-24
明末清初 黄花梨如意云牙头夹头榫带托泥翘头案	190cm×46cm×81cm	4,600,000	华艺国际	2021-12-11
明末清初 黄花梨平头案	宽207.1cm; 高82.8cm	1,966,500	佳士得	2021-05-28
明末清初 黄花梨圆脚画案	84cm×56cm×183cm	1,805,706	香港苏富比	2021-04-22
明末清初 黄花梨刀牙板平头案	长149cm; 宽51.5cm; 高81.5cm	1,150,000	北京保利	2021-12-05
明末清初 黄花梨卷云纹翘头案	长108.5cm; 宽40.5cm; 高90cm	920,000	北京保利	2021-12-05
明末清初 黄花梨瓜棱腿平头案	长109.5cm; 宽66.5cm; 高80.5cm	782,000	中贸圣佳	2021-03-26
明末清初 黄花梨夹头榫云纹平头案	120cm×37.5cm×80cm	690,000	中国嘉德	2021-05-19
明末清初 黄花梨夹头榫平头案	长110.5cm; 宽46.5cm; 高76.7cm	517,500	华艺国际	2021-12-11
清早期 黄花梨螭龙纹独板面翘头案	长251.5cm; 宽45.3cm; 高92.5cm	9,775,000	北京保利	2021-12-05
清早期 黄花梨寿字纹独板面架几案	长262.5cm; 宽44cm; 高93cm	8,050,000	北京保利	2021-06-08
清早期 黄花梨独板面螭龙纹翘头案	长201.5cm; 宽37.8cm; 高84.4cm	2,932,500	中贸圣佳	2021-09-26
清早期 黄花梨小香案	长105cm; 宽44cm; 高80.5cm	2,300,000	中贸圣佳	2021-07-07
清早期 紫檀剑腿翘头案	122cm×30cm×82cm	1,987,200	中国嘉德	2021-10-12
清早期 黄花梨如意牙头翘头案	长209cm; 宽50.8cm; 高82.5cm	1,782,500	中贸圣佳	2021-07-07
清早期 黄花梨凤穿牡丹纹独板面翘头案	长175.5cm; 宽35cm; 高92cm	1,667,500	中贸圣佳	2021-05-21
清早期黄花梨带屉无束腰圆腿小香案	60.5cm×38.8cm×80.5cm	1,150,000	中国嘉德	2021-05-19
清早期 黄花梨螭龙纹翘头案	长180cm; 宽41cm; 高90cm	1,150,000	中贸圣佳	2021-05-21
清早期 黄花梨刀牙板平头案	长172.2cm; 宽49.2cm; 高85cm	805,000	中贸圣佳	2021-12-30
清早期 黄花梨箭腿翘头案	150cm×45.5cm×84cm	632,500	北京荣宝	2021-06-19
清早期 黄花梨翘头案	128.5cm×39.5cm×87.5cm	460,000	北京保利	2021-10-30
清早期 黄花梨夹头榫小平头案	89cm×37.5cm×77.7cm	345,000	中国嘉德	2021-11-30
清早期黄花梨插肩榫灵芝纹小翘头案	36cm×14.8cm×14cm	172,500	华艺国际	2021-03-31
清初 木根随形茶案	长183cm; 宽87cm; 高30cm	166,750	西泠印社	2021-01-16
清早期 黄花梨案上几	长38.5cm; 宽14.8cm; 高14.8cm	161,000	中贸圣佳	2021-09-26
清早期黄花梨独板如意云头纹案上案	89cm×29cm×34cm	92,000	中鸿信	2021-07-14
清康熙 款彩许后奉案图八扇屏风	宽40cm; 高182.8cm	122,344	纽约佳士得	2021-03-18
清乾隆 紫檀夔龙纹条案	长204.5cm; 宽49.5cm; 高86.5cm	3,680,000	北京保利	2021-06-08
18世纪 黄花梨螭龙纹翘头案	166.5cm×44.5cm×91.5cm	2,936,250	纽约佳士得	2021-03-18
17世纪/18世纪 黄花梨带屉小平头案	宽74.9cm; 高70.5cm	407,813	纽约佳士得	2021-03-18
清乾隆 大漆彩绘三镶青花粉彩瓷板平头案	127cm×40.5cm×84cm	80,500	保利厦门	2021-11-05
清乾隆 紫檀嵌粉青釉龙纹面案几	26.5cm×14.2cm×11.7cm	48,300	中国嘉德	2021-11-29
清中期 黄花梨螭龙灵芝纹带托泥翘头案	长167cm; 宽45cm; 高92cm	4,830,000	北京保利	2021-12-05
清中期 紫檀绳纹带托泥条案	长187.5cm; 宽43cm; 高82.5cm	2,070,000	北京保利	2021-12-05
清中期 紫檀海水龙纹平头案	长139cm; 宽40.5cm; 高83cm	1,782,500	北京保利	2021-06-08
清中期 黄花梨翘头案	长190cm; 宽46.5cm; 高84.5cm	805,000	永乐拍卖	2021-05-22
清中期 红木螭龙纹大画案	长178cm×120cm×83cm	402,500	北京保利	2021-06-08
清中期 红木拐子纹条案	172cm×50.5cm×107.5cm	230,000	中国嘉德	2021-11-30
清中期 "葵生"款黑漆洒螺钿有束腰马蹄足方形案上案	47.5cm×46.5cm×16cm	184,000	中国嘉德	2021-11-30
清中期 红木架几案	215cm×38.3cm×88cm	149,500	中国嘉德	2021-05-19
清中期 紫檀螭龙纹案上几	36.5cm×18cm×8.2cm	36,800	中国嘉德	2021-11-30
清中期 剔红山水文人雅集图长方案几	59cm×30.7cm×15.8cm	30,645	北京保利	2021-08-08
18世纪/19世纪 黄花梨透雕螭龙纹翘头案	宽178.4cm; 高89cm	1,794,375	纽约佳士得	2021-03-18
19世纪 日式平头案	长170cm; 宽35cm; 高83.5cm	20,232	保利香港	2021-04-21
清早中期 紫檀卷云纹牙头平头案	长101.6cm; 宽35cm; 高82cm	2,185,000	中贸圣佳	2021-12-30
清 奇木供案	长138cm; 宽74cm; 高81cm	977,500	西泠印社	2021-01-16
清 黄花梨霸王枨四面平画案	185cm×88cm×58cm	920,000	中鸿信	2021-07-14
清 黄花梨鸡翅木平头案	长158.5cm; 宽43cm; 高83cm	809,280	保利香港	2021-04-21
清 黄花梨圆抱圆画案	长172cm; 宽73cm; 高84cm	621,000	北京银座	2021-09-24
清 黄花梨瓜棱腿可折叠平头案	长108cm; 宽49cm; 高81.2cm	523,250	中贸圣佳	2021-12-30
清 紫檀夔龙纹下卷式书案	104.5cm×44cm×80cm	448,500	北京保利	2021-06-08
清 紫檀卷草纹画案	长160cm; 宽70cm; 高79cm	402,500	北京银座	2021-09-24
清 红木平头案	长211.5cm; 宽42cm; 高75cm	402,500	中贸圣佳	2021-09-26
清 黄花梨展腿平头案	长142cm; 宽49cm; 高82cm	368,000	北京银座	2021-09-24
清 黄花梨明式平头案	101cm×49.5cm×83cm	345,000	北京荣宝	2021-06-19
清 紫檀嵌黄花梨案上几	长60cm; 宽41cm; 高12.5cm	253,000	永乐拍卖	2021-05-22
清 紫檀嵌云石双环圆抱圆平头案	长123cm; 宽53cm; 高82cm	230,000	北京银座	2021-09-24

2021杂项拍卖成交汇总(续表)

(成交价RMB：1万元以上)

拍品名称	物品尺寸	成交价RMB	拍卖公司	拍卖日期
清 黄花梨花鸟纹三弯腿翘头供案	长185.5cm; 宽46.5cm; 高132.5cm	230,000	中贸圣佳	2021-09-26
清 红木龙纹长条案(紫檀)	138.5cm×36cm×85cm	230,000	北京保利	2021-10-30
清 黄花梨螭龙纹案上万历柜	40cm×25cm×69cm	184,000	北京荣宝	2021-06-19
清 红木罗锅枨平头案	长194cm; 宽53cm; 高90cm	184,000	北京银座	2021-09-24
清 黄花梨霸王枨画案	178cm×79cm×82cm	172,500	北京翰海	2021-04-17
清 黄花梨翘头案	长30cm	172,500	上海匡时	2021-07-08
清 黄花梨宝剑腿插肩榫翘头案	114cm×37.5cm×85cm	149,500	中鸿信	2021-07-14
清 紫檀螭虎绳纹大画案	248cm×108cm×84cm	126,500	北京翰海	2021-04-17
清 红木拐子龙纹八宝大条案	410cm×53cm×116cm	103,500	北京翰海	2021-04-17
清 黄花梨架几案	164cm×67.5cm×82.5cm	103,500	中鸿信	2021-07-14
清 黄花梨裹腿枨案上几	长33.8cm; 宽16cm; 高11.7cm	82,800	中贸圣佳	2021-03-26
清 紫檀雕西番莲画案	176cm×80cm×85cm	80,500	北京翰海	2021-04-17
清 黄花梨云头独板翘头案	200cm×42cm×85cm	80,500	北京翰海	2021-04-17
清 黄花梨独板平头案	227cm×52cm×84cm	80,500	北京翰海	2021-04-17
清 红木大供案	252cm×52cm×132cm	80,500	北京保利	2021-05-18
清 朱彝尊款黄杨木诗文书卷式案上几	长42cm; 宽19cm; 高6.5cm	80,500	西泠印社	2021-07-24
清 铁力木架几案	340cm×55cm×89cm	69,000	北京翰海	2021-04-17
清 紫檀如意云头瓜棱腿翘头案	95cm×32cm×81.5cm	69,000	中鸿信	2021-07-14
清 黄花梨案上几	长33cm; 宽16.5cm; 高8.5cm	57,500	中贸圣佳	2021-09-26
清 黄花梨圆包圆画案	168cm×75cm×80cm	57,500	北京翰海	2021-10-16
清 黄花梨嵌紫檀万字纹小画案	133cm×62cm×81cm	57,500	中鸿信	2021-07-14
清 黄花梨云头纹霸王枨画案	196cm×89cm×82cm	46,000	北京翰海	2021-10-16
清 铁犁木翘头案	260cm×42cm×88cm	40,250	北京保利	2021-05-18
清 紫檀龙纹案几	长61cm; 宽41cm; 高14cm	40,250	西泠印社	2021-07-24
清 大漆描金花卉香案	52cm×52cm×95cm	36,800	北京保利	2021-05-18
清 紫檀雕西番莲平头案	260cm×52cm×99cm	34,500	北京翰海	2021-04-17
清 红木龙纹供案	114cm×223cm×55cm	34,500	北京保利	2021-05-18
清 铁力木下卷案	长210cm; 宽47cm; 高88cm	32,200	北京银座	2021-09-24
清 紫檀刀牙打洼条案	197cm×50cm×82cm	29,900	北京翰海	2021-04-17
清 黄花梨螭龙纹独板翘头案	245cm×50cm×94cm	29,900	北京翰海	2021-10-16
清 黄花梨刀牙板带托泥画案	192cm×85cm×81cm	28,750	北京翰海	2021-04-17
清 花梨翘头案	90cm×32cm×85cm	28,750	北京保利	2021-05-18
清 红木长条案	169cm×55.5cm×74cm	28,750	北京保利	2021-10-30
清 红木案上多宝阁(一对)	70cm×23cm×95cm	25,300	北京保利	2021-05-18
清 紫檀龙纹翘头案	262cm×47cm×99cm	25,300	北京翰海	2021-10-16
清 红木嵌大理石供案	84cm×45cm×88cm	25,300	北京保利	2021-05-18
清 铁力木长条案	254cm×40.5cm×96cm	25,300	北京保利	2021-10-30
清 黄花梨香蕉腿铜角案桌	40cm×25.5cm×10cm	25,300	北京保利	2021-10-31
清 黄花梨案上四平小顶箱柜(两件)	35cm×14cm×51cm	23,000	北京翰海	2021-04-17
清 黄花梨嵌大理石罗锅枨画案	126cm×64cm×85cm	23,000	北京翰海	2021-04-17
清 紫檀雕灵芝纹画案	199cm×99cm×85cm	23,000	北京翰海	2021-04-17
清 黄花梨云头纹翘头案	190cm×45cm×81cm	23,000	北京翰海	2021-10-16
清 紫檀卷草纹翘头案	128cm×40cm×84cm	23,000	北京翰海	2021-10-16
清 黄花梨开光马蹄腿画案	197cm×85cm×85cm	20,700	北京翰海	2021-04-17
清 黄花梨三屉翘头案	121cm×38cm×84cm	20,700	北京翰海	2021-10-16
清 红木云头纹独板下卷案	250cm×55cm×90cm	20,700	北京翰海	2021-10-16
清 紫檀云头纹带托泥小画案	160cm×62cm×80cm	20,700	北京翰海	2021-10-16
清 黄花梨明式打洼画案	145cm×66cm×83cm	20,700	北京翰海	2021-10-16
清 黄花梨圆包圆罗锅枨平头案	190cm×55cm×85cm	20,700	北京翰海	2021-10-16
清 黄花梨云头纹画案	200cm×86cm×83cm	20,700	北京翰海	2021-10-16
清 大漆描金博古供案	129cm×220cm×48cm	20,700	北京保利	2021-05-18
清 红木回纹翘头案	101cm×34cm×85cm	20,700	北京保利	2021-10-30
民国 黄花梨嵌石螭龙纹画案	174.5cm×76.5cm×85cm	287,500	北京保利	2021-10-30
民国 紫檀福庆有余纹架几案	300cm×50cm×92cm	74,750	北京翰海	2021-10-16
民国 红木瓜果纹供案	218cm×47cm×105cm	55,200	北京翰海	2021-10-16
民国 紫檀拐子龙纹条案	173cm×57cm×83cm	23,000	北京翰海	2021-10-16
现代 积庆堂制紫檀云蝠纹条案	194cm×52cm×93cm	897,000	十竹斋拍卖(北京)	2021-05-29
现代 黄花梨大翘头案	长234cm; 宽46cm; 高92cm	747,500	北京银座	2021-09-24
现代 积庆堂制小叶紫檀绳纹条案	178cm×43cm×86cm	690,000	十竹斋拍卖(北京)	2021-05-29
现代 积庆堂制紫檀雕云纹条案	138cm×38cm×86cm	287,500	北京保利	2021-09-26
现代 积庆堂制小叶紫檀画案	165cm×73cm×82cm	253,000	十竹斋拍卖(北京)	2021-05-29
现代 黄花梨剑腿平头案	长100cm; 宽37.5cm; 高81cm	161,000	北京银座	2021-09-24
现代 越南黄花梨霸王枨画案	178cm×79cm×83cm	149,500	北京荣宝	2021-06-19
现代 紫檀龟背纹地拐子龙纹平头案	长110cm; 宽37cm; 高81cm	97,750	北京银座	2021-09-24
当代 紫檀刀牙板大画案 兰福红木	180cm×80cm×83cm	552,000	中国嘉德	2021-11-30
当代 越南黄花梨木剑腿独板翘头案	159.5cm×33cm×84.5cm	207,000	中国嘉德	2021-05-19
当代 黑酸枝黑柿木画案	165.5cm×59.5cm×80.5cm	103,500	中国嘉德	2021-05-19
当代 金丝楠罗锅枨带矮老竹节纹画案	158.5cm×79.5cm×80.5cm	74,750	中国嘉德	2021-05-19
当代 王聚腾 寄系列·花梨木案	110cm×69cm×78cm	69,000	中贸圣佳	2021-12-30
当代 紫檀夹头榫小香案 敦睦堂	78cm×36cm×77cm	69,000	中国嘉德	2021-11-30
当代 白酸枝夹头榫圆腿平头案	176cm×77cm×82cm	32,200	中国嘉德	2021-05-19
当代 金丝楠木嵌瘿木面书案 万乾堂	109cm×50cm×81.5cm	20,700	中国嘉德	2021-11-30
包天伟手作 黄花梨素面束腰大画案	242cm×100cm×82cm	4,255,000	上海嘉禾	2021-07-22
包天伟手作 黄花梨独板面四面平式平条案	190cm×62cm×78cm	2,645,000	上海嘉禾	2021-07-22
黄花梨束腰马蹄足条案	132cm×46cm×80cm	2,530,000	上海嘉禾	2021-11-14
黄花梨霸王枨条案	148cm×58cm×84cm	2,530,000	上海嘉禾	2021-11-14
包天伟手作 黄花梨棂格平头案	204cm×71cm×76cm	2,300,000	上海嘉禾	2021-11-14
17世纪/18世纪 黄花梨夹头榫如意云纹牙头翘头案	宽139.7厘米; 高80厘米	979,277	纽约苏富比	2021-09-22
紫檀雕如意拐子纹大画案	长255cm; 宽83cm; 高88cm	805,000	北京银座	2021-09-24
20世纪80年代 雕漆《牡丹双凤》仿明式翘头案	136cm×88cm×39cm	632,500	北京荣宝	2021-06-19
紫檀云龙纹大画案	长217cm; 宽97cm; 高85cm	632,500	北京银座	2021-09-24
伍炳亮作黄花梨夹头榫圆腿画案	长153cm; 宽61cm; 高81cm	414,000	北京银座	2021-09-24
黄花梨小条案(一对)	98cm×21.5cm×79cm	322,000	北京保利	2021-10-30
包天伟手作 小叶紫檀拼黄花梨束腰马蹄足条案	85cm×40cm×78cm	184,000	上海嘉禾	2021-07-22
包天伟手作 小叶紫檀瘿木面卷云纹翘头案	118cm×36cm×81cm	155,250	上海嘉禾	2021-07-22
包天伟手作 小叶紫檀腰马蹄足条案	810mm×420mm×860mm	149,500	上海嘉禾	2021-11-14
黄花梨翘头案	110cm×38cm×81cm	28,750	北京保利	2021-10-31
明嘉靖 硬木嵌青花仙人祝寿图瓷板小方几	长20cm	166,750	中贸圣佳	2021-06-07
明万历 戗金彩漆龙纹几	长31cm×31cm×48cm	460,000	北京保利	2021-06-08
17世纪 黄花梨螭龙纹六方香几	57.2cm×49.2cm×88.9cm	16,638,750	纽约佳士得	2021-03-18
明 黄花梨如意灵芝纹随形矮几	高47cm	2,760,000	中贸圣佳	2021-05-21
明 黄花梨高束腰四足方香几	高87cm; 宽51cm	1,242,000	佳士得	2021-05-28
明 黄花梨有屉炕几	长72.6cm; 宽32cm; 高20.9cm	598,000	华艺国际	2021-12-11
明 黑漆高束腰三弯腿长方香几	长40cm; 宽25.5cm; 高41cm	517,500	中贸圣佳	2021-07-07
明 朱漆长几	长53.2cm; 宽23cm; 高12cm	161,000	中贸圣佳	2021-09-26
明 嵌螺钿人物纹长几	长64.5cm; 宽38.2cm; 高18cm	86,250	中贸圣佳	2021-09-26
明 嵌螺钿仕女纹长方几	长56.8cm; 宽32.3cm; 高17.4cm	86,250	中贸圣佳	2021-09-26
明 嵌螺钿人物纹长方几	长56.5cm; 宽34.8cm; 高15.8cm	63,250	中贸圣佳	2021-09-26
明 嵌螺钿人物长方几	长56cm; 宽36.2cm; 高15.6cm	63,250	中贸圣佳	2021-09-26
明 嵌螺钿岁寒三友人物花几	长65cm; 宽41.5cm; 高22cm	28,750	中贸圣佳	2021-09-26
明 嵌螺钿六角花几	长46.5cm; 宽28.5cm; 高23cm	28,750	中贸圣佳	2021-09-26
明 嵌螺钿松竹人物花几	长40.8cm; 宽31.5cm; 高54cm	28,750	中贸圣佳	2021-09-26
明 嵌螺钿开光人物纹长几	长60.5cm; 宽38cm; 高34.5cm	25,300	中贸圣佳	2021-09-26
明 黑漆螺钿庭院雅集长方几	33.8cm×57cm	23,000	华艺国际	2021-04-01
明末清初 黄花梨镶瘿木三弯腿小几	长26cm; 宽18cm; 高6cm	1,437,500	北京保利	2021-06-08
明末清初 黄花梨有束腰齐牙条虎爪足炕几	101cm×64.8cm×30cm	509,846	香港苏富比	2021-04-22
明末清初黄花梨带托泥剑腿龙纹花几	52.5cm×52.5cm×86cm	379,500	北京保利	2021-10-31
清早期 黄花梨独板高束腰五足带托泥圆香几	高84.8cm; 直径80.5cm	20,700,000	中国嘉德	2021-11-30
清早期 红漆彩绘描金高束腰 葵花形六足香几(一对)	高76cm×2	3,335,000	中贸圣佳	2021-07-07
清早期 紫檀瘿木面小几	35.5cm×17.5cm×11.2cm	1,610,000	中国嘉德	2021-11-30
清早期 紫檀高束腰三弯腿镶拼面六角炕几	99cm×99cm×30cm	1,589,760	中国嘉德	2021-10-12
清早期 黄花梨三弯腿矮长方几	长104.5cm; 宽35cm; 高45cm	690,000	中贸圣佳	2021-05-21
清早期 紫檀炕几	59.5cm×30.8cm×18cm	402,500	华艺国际	2021-03-31
清早期 黄花梨小几	43.6cm×24.3cm×10.7cm	230,000	中国嘉德	2021-11-29
清早期 紫檀嵌云石方几	18.5cm×30.5cm×17.5cm	126,500	华艺国际	2021-03-31
清早期 紫檀西番莲方几	18.6cm×18.6cm×9.5cm	57,500	华艺国际	2021-09-17
清早期 紫檀嵌银丝吉庆纹几	19cm×8cm×5.5cm	43,700	广东崇正	2021-07-19
清早期 黄花梨嵌云石小方几	长18.5cm; 宽18.5cm; 高7cm	32,200	西泠印社	2021-07-24
清康熙 铜胎珐琅缠枝莲纹香几	高78.6cm	2,990,000	中贸圣佳	2021-12-29
清康熙 硬木百宝嵌芦雁螭龙纹茶几	90.5cm×44cm×27.5cm	253,000	北京保利	2021-06-08
清康熙 黑漆百宝嵌蝶恋花翘头小香几	36cm×28.5cm×10cm	92,000	古天一	2021-06-07

(成交价RMB：1万元以上)

拍品名称	物品尺寸	成交价RMB	拍卖公司	拍卖日期
清雍正 御制黄花梨嵌楠木流云纹琴几	长102.2cm；宽38cm；高33.2cm	943,000	北京保利	2021-06-08
清雍正 剔红海棠形花几	长37.5cm；宽31cm；高45cm	51,750	中贸圣佳	2021-09-26
清乾隆 紫檀高束腰带托泥错银丝香几成对	53cm×39cm×89cm×2	11,500,000	中国嘉德	2021-05-19
清乾隆 紫檀西番莲纹高束腰展腿式长方几	长53cm；宽37.5cm；高93.8cm	5,750,000	北京保利	2021-12-05
清乾隆 紫檀嵌玉炕几(内带暗箱)	74cm×42cm×32.5cm	2,185,000	华艺国际	2021-06-05
清乾隆 御制紫檀云龙纹卷几	42cm×16.5cm×7cm	1,725,000	中鸿信	2021-07-14
清乾隆 紫檀夔龙纹长方几（一对）	长44cm；宽44cm；高86.5cm	1,495,000	中贸圣佳	2021-05-21
18世纪 黄花梨方形三弯腿香几	长45cm；宽44.5cm；高84cm	1,182,240	保利香港	2021-12-02
清乾隆 紫檀有束腰万字拐子龙纹炕几	85.5cm×50cm×33.5cm	920,000	华艺国际	2021-12-11
清乾隆 紫檀嵌银丝几	28.5cm×19cm×13cm	115,000	北京保利	2021-10-30
清乾隆 紫檀嵌银丝卷几	18.8cm×7.9cm×5.4cm	34,500	中国嘉德	2021-11-29
清中期 瞿子冶等诸家题铭、朱桐生刻金石红木如意八边形赏石几	34cm×28.6cm×37cm	586,500	北京保利	2021-12-05
清中期 紫檀拐子龙纹长方几（一对）	42cm×14.5cm×12cm	448,500	华艺国际	2021-03-31
清中期 黄花梨卷草纹展腿香几	长63cm；宽38cm；高80cm	437,000	永乐拍卖	2021-05-22
清中期 紫檀嵌云石几	长34cm；高20cm	120,750	华艺国际	2021-12-11
清中期 红木有束腰带托泥花几	50cm×50cm×129cm	86,250	中国嘉德	2021-11-30
清中期 紫檀方几	35cm×17.5cm×17.5cm	69,000	华艺国际	2021-09-17
清中期 紫檀高束腰三弯腿小几	37.2cm×23.2cm×14cm	46,000	中国嘉德	2021-05-19
清中期 紫檀雕花卉纹托泥几	17.5cm×11.5cm	20,700	保利厦门	2021-11-05
18世纪/19世纪 黄花梨炕几	184.2cm×35.6cm×36.8cm	10,531,350	纽约佳士得	2021-03-18
18世纪/19世纪 黄花梨圆矮几	高33cm；直径85.1cm	5,363,550	纽约佳士得	2021-03-18
清 黄花梨独板圆香几	长56cm；宽56cm；高85cm	1,610,000	北京银座	2021-09-24
清 剔红锦地福寿纹长方几	97cm×58cm×36cm	460,000	北京荣宝	2021-06-19
清 黄花梨瓜棱腿小方几	长29.5cm；宽29.5cm；高11cm	356,500	中贸圣佳	2021-05-21
清 黄花梨嵌瘿木面方香几	长62cm；宽62cm；高81cm	345,000	北京银座	2021-09-24
清 紫檀回纹香几	80cm×60cm×37cm	322,000	华艺国际	2021-03-31
清 剔红雕回纹小几	21cm×15cm×7.8cm	287,500	北京保利	2021-06-08
清 黄花梨独板小香几	长64cm；宽28cm；高77cm	230,000	北京银座	2021-09-24
清 剔红松下高士图六边形几	长59.5cm；宽40.5cm；高25cm	161,000	中贸圣佳	2021-09-26
清 紫檀嵌瘿木西番莲纹香几成对	51cm×37cm×85cm×2	138,000	中鸿信	2021-07-14
清 剔红亭阁山水纹长方几	长63.5cm；宽40.5cm；高21cm	126,500	中贸圣佳	2021-09-26
清 大漆长方几	长60.3cm；宽34.3cm；高11cm	126,500	中贸圣佳	2021-09-26
清 黄杨瘿木随形几	宽54cm	108,960	北京保利	2021-08-08
清中晚期 红木勾连纹卷几	长93.5cm；宽34cm；高89.5cm	103,500	中贸圣佳	2021-05-21
清 柏木嵌黄花梨面随形几	高97.3cm	103,500	中贸圣佳	2021-12-30
清 湘妃竹圆香几	29cm×68cm	103,500	保利厦门	2021-11-05
清 黄杨木随形几	高32.2cm	103,500	华艺国际	2021-12-11
清 黄花梨雕双龙捧寿纹下卷书几	151cm×55cm×50cm	97,750	北京翰海	2021-10-16
清 花梨木镂空螭龙捧寿方几成对	60.5cm×60.5cm×117cm×2	92,000	中鸿信	2021-07-14
清 红木如意博古纹炕几	长177cm；宽31cm；高52cm	92,000	北京银座	2021-09-24
清 黄杨随形几	长50.5cm	92,000	北京保利	2021-06-08
清 黄杨木树根随形小几	直径32cm；高11cm	92,000	北京保利	2021-06-08
清 红木灵芝龙纹牙板下卷几	长137cm；宽40cm；高82.5cm	86,250	中贸圣佳	2021-03-26
清 红木嵌瘿木卷几	长92.2cm；宽44cm；高85cm	74,750	中贸圣佳	2021-03-26
清 剔红香几	长42.5cm；宽15.2cm；高14cm	63,250	中贸圣佳	2021-09-26
清 红木套几（一组三件）	高27.6cm；高25.2cm；高22.4cm	57,500	西泠印社	2021-10-23
清 漆嵌螺钿教子图长方几	长63cm；宽33cm；高28cm	51,750	中贸圣佳	2021-09-26
清 奇木随形大花几	高62cm；长60cm；宽34cm	48,300	西泠印社	2021-01-16
清 紫檀文房几	长43.8cm；宽25.8cm；高10.2cm	47,150	中贸圣佳	2021-05-21
清 紫檀拐子龙纹几	长39cm；宽20cm；高11cm	46,000	西泠印社	2021-04-10
清 紫檀西番莲纹凭几	长67.5cm；宽21.1cm；高14.8cm	40,250	西泠印社	2021-01-16
清 嵌螺钿人物纹四方几	长32.5cm；宽32.5cm；高20.2cm	36,800	中贸圣佳	2021-09-26

拍品名称	物品尺寸	成交价RMB	拍卖公司	拍卖日期
清 龙眼木树桩形香几	长28.5cm；宽23.5cm；高22cm	36,800	西泠印社	2021-01-16
清 龙眼木卷几	长43cm；宽17cm；高6cm	36,800	北京保利	2021-06-08
清 瘿木卷云足炕几	长60.5cm；宽40.6cm；高25cm	34,500	中贸圣佳	2021-03-26
清 红木卷云纹几	高34.5cm；直径34cm	34,500	西泠印社	2021-04-10
清 紫檀盆景三联托泥几	直径15cm；高11cm	32,200	保利厦门	2021-11-05
清 大漆高束腰花几	长28cm；宽28cm；高40.5cm	28,750	中贸圣佳	2021-09-26
清 金玉满堂款黄杨木镂雕花卉瑞兽纹小几	长10.5cm；宽10cm；高19.5cm	28,750	西泠印社	2021-01-16
清 黄杨木随形香几	长29cm；宽22cm；高57cm	28,750	西泠印社	2021-01-16
清 木雕干枝梅随形几	直径24cm	28,750	中鸿信	2021-07-14
清 黄花梨独板琴几	138cm×41cm×36cm	28,750	中鸿信	2021-07-14
清 黄花梨两抽几	71cm×39cm×42cm	25,300	北京保利	2021-10-30
清 黄杨根雕香几	高40.5cm	25,300	北京保利	2021-12-06
清 乌木嵌瘿木浮雕卷云纹几（一对）	高19.5cm；高19.5cm	23,000	西泠印社	2021-04-10
清 铁力木下卷大条几	255.7cm×77cm×80.5cm	23,000	北京保利	2021-10-31
清 紫檀嵌瘿木福云香几（两件）	42cm×42cm×100cm×2	20,700	北京翰海	2021-04-17
清 紫檀嵌瘿木小几	长27.5cm；宽14.5cm；高7.7cm	20,700	西泠印社	2021-07-24
清 红木托几（一组六件）	尺寸不一	20,700	西泠印社	2021-10-23
清 黄花梨素面独板琴几	137cm×41cm×36cm	18,400	北京翰海	2021-04-17
清 鹿角制树桩型小几	长7.8cm；宽7cm；高9.2cm	18,400	西泠印社	2021-07-24
清 黄花梨卷几	6.5cm×36.5cm	18,400	华艺国际	2021-12-11
元代/民国 紫檀嵌剔黑牡丹纹面板香几	64cm×39cm×75.5cm	368,000	华艺国际	2021-03-31
民国 雕漆花几	高47cm	32,200	北京保利	2021-10-30
民国 黄花梨竹腿大炕几	91.5cm×45cm×57cm	23,000	北京保利	2021-10-30
民国 紫檀嵌大理石竹节香几（两件）	54cm×35cm×81cm	20,700	北京翰海	2021-04-17
民国 红木拐子龙纹花几（两件）	40cm×40cm×110cm	20,700	北京翰海	2021-10-16
现代 黄花梨文房四件套	尺寸不一	805,000	北京银座	2021-09-24
当代 皮埃尔·让纳雷 长茶几	121.5cm×46cm×40.3cm	149,500	中贸圣佳	2021-12-30
当代 紫檀、金丝楠宋式香几	58cm×58cm×113cm	80,500	中国嘉德	2021-05-19
清 紫檀镂雕八吉祥纹香几	宽45.5cm；高80cm	461,813	佳士得	2021-12-03
黄花梨花几（一对）	30cm×30cm×60cm	287,500	北京保利	2021-10-30
黄花梨圆香几（一对）	直径44cm；高105cm	207,000	北京银座	2021-09-24
19世纪 法式下午茶沙发及茶几套组	尺寸不一	57,500	西泠印社	2021-07-23
黄花梨方几	16.5cm×7cm×32.5cm	57,500	华艺国际	2021-09-17
让-皮埃尔-亚历山大·塔汉 拿破仑三世时期铜鎏金装饰安波拉木和西阿拉黄檀木细工镶嵌桃花心木花几	长58cm；宽38cm；高81cm	46,000	西泠印社	2021-07-23
19世纪 细木镶嵌珍贵材质套几	长57cm；宽37cm；高74cm	46,000	西泠印社	2021-07-23
1955—1956年 芬·居尔 茶几	46cm×60cm×175cm	46,000	华艺国际	2021-11-12
约1860年 法国加布里埃尔·维亚多胡桃木雕花小几	41cm×41cm×76cm	28,750	西泠印社	2021-01-17
19世纪 胡桃木小几（一对）	长39cm；宽39cm；高85cm	25,300	西泠印社	2021-07-23
清 紫檀花几（一对）	长11.5cm；宽11.5cm；高21cm	20,700	十竹斋	2021-06-27
明 罐形木凳	高46cm；直径38cm	253,000	北京保利	2021-06-08
清早期 瘿木坐墩（一对）	最大的高43.5cm	99,360	中国嘉德	2021-10-14
清康熙 佛供莲花座（一对）	高52.5cm	74,750	北京中汉	2021-03-26
清乾隆 紫檀莲瓣卷草纹器座	长25.5cm	287,500	中国嘉德	2021-05-19
清乾隆 紫檀西番莲纹炉座	直径18cm	241,500	广东崇正	2021-07-19
清乾隆 紫檀螭龙纹宝瓶式灯座	长27.5cm；宽27.5cm；高33.7cm	172,500	中贸圣佳	2021-09-26
清乾隆 紫檀御制汉蟠虺鼎器座	长25.4cm	161,000	中国嘉德	2021-05-19
清乾隆至嘉庆 懋勤殿款紫檀器座	长15cm；高4.4cm	161,000	中贸圣佳	2021-12-29
清乾隆 紫檀雕龙纹佛座	长25.5cm	80,500	北京保利	2021-01-09
清乾隆 乾隆御玩款紫檀器座	直径23.2cm；高5.2cm	69,000	中贸圣佳	2021-12-29
清乾隆 紫檀云蝠纹座	长17cm；高7.2cm	55,200	十竹斋拍卖（北京）	2021-05-29
清乾隆 紫檀御玩座	高12cm	55,200	中贸圣佳	2021-09-26
清乾隆 "乾隆御玩" 紫檀六角形底座	14.5cm×14.5cm×4.1cm	28,750	中国嘉德	2021-11-30
清中期 莲花紫檀座（一对）	直径16.1cm；高9.5cm	48,300	中贸圣佳	2021-12-29
清光绪 金漆木雕瑞狮屏风座（一对）	55cm×30cm×135cm×2	138,000	广东崇正	2021-01-07
17世纪/19世纪 袖珍红木座子（五件）	高16.5cm	57,094	纽约佳士得	2021-03-18
18世纪/19世纪 木及竹雕座子（四件）	宽11.7cm	44,859	纽约佳士得	2021-03-18
18世纪/19世纪 木雕座子（七件）	长11.4cm	40,781	纽约佳士得	2021-03-18
18世纪/19世纪 木嵌石座子（四件）	宽9.2cm	28,547	纽约佳士得	2021-03-18
18世纪/19世纪 硬木嵌桦木座子（三件）	高14.9cm	26,100	纽约佳士得	2021-03-18
18世纪/19世纪 袖珍硬木座子（两件）	高16.5cm	26,100	纽约佳士得	2021-03-18
清 紫檀镶黄花梨面须弥座	长24.2cm；宽18.5cm	253,000	北京保利	2021-06-08
清 紫檀束腰镂空三连座、卷口镂空六方座（共两件）	宽37cm；宽21cm	241,500	北京保利	2021-06-08

2021杂项拍卖成交汇总(续表)

(成交价RMB：1万元以上)

拍品名称	物品尺寸	成交价RMB	拍卖公司	拍卖日期
清 紫檀镂空菊瓣纹三弯腿座	宽20.5cm	230,000	北京保利	2021-06-08
清 紫檀高束腰莲纹座	宽17.2cm	195,500	北京保利	2021-06-08
清 紫檀镂空五蝠捧寿座（一对）	宽17cm×2	161,000	北京保利	2021-06-08
清 紫檀莲花座	宽11.8cm	93,070	北京保利	2021-08-08
清 紫檀镂空海棠形座	宽23.2cm	92,000	北京保利	2021-06-08
清 紫檀 黄花梨木座（一组六件）	尺寸不一	80,500	广东崇正	2021-01-07
清 紫檀镂空夔凤纹座	宽17cm	74,750	北京保利	2021-06-08
清 紫檀葵口镂空如意座	宽17cm	74,750	北京保利	2021-06-08
清 紫檀整挖兽面纹如意座	宽17cm	69,000	北京保利	2021-06-08
清 紫檀如意头器座一对	宽8.5cm×2	63,560	北京保利	2021-08-08
清 紫檀六角座	高6cm	63,250	中贸圣佳	2021-09-26
清 花梨木如意纹底座	长18cm	63,250	广东崇正	2021-01-07
清 紫檀葵口如意座	宽24.5cm	63,250	北京保利	2021-06-08
清 紫檀如意纹木座	长18.5cm	59,800	广东崇正	2021-01-07
清 紫檀整挖炉座	宽16.8cm	59,020	北京保利	2021-08-08
清 紫檀束腰镂空座	宽12.5cm	56,750	北京保利	2021-08-08
清 紫檀葵口三弯腿如意座	宽16.5cm	55,615	北京保利	2021-08-08
清 紫檀镂空西番莲如意座	宽13cm	54,480	北京保利	2021-08-08
清 紫檀束腰八棱座(高浮雕)	宽20.5cm	54,480	北京保利	2021-08-08
清 花梨木如意纹大座	长25cm	51,750	广东崇正	2021-01-07
清 紫檀镂空菊瓣纹如意座	宽18.5cm	51,750	北京保利	2021-06-08
清 紫檀镂雕螭龙纹器座	长14.5cm	48,300	中国嘉德	2021-09-26
清 紫檀六方镂空如意大座	宽17.5cm	47,670	北京保利	2021-08-08
清 紫檀嵌金银丝六方小座一对	宽9cm×2	45,400	北京保利	2021-08-08
清 紫檀一把莲三足炉座	宽14.5cm	45,400	北京保利	2021-08-08
清 紫檀如意头五足座	宽20cm	45,400	北京保利	2021-08-08
清 紫檀雕花器座两件	宽19.7cm；宽18cm	44,265	北京保利	2021-08-08
清 紫檀镂空缠枝莲如意座	宽15cm	40,860	北京保利	2021-08-08
清 红木镂雕梅花纹座	长25cm；高8cm	40,250	西泠印社	2021-04-10
清 紫檀镂空葵口菱花如意座	宽18.2cm	37,455	北京保利	2021-08-08
清 紫檀八角座	直径16.3cm	36,800	广东崇正	2021-01-07
清 紫檀嵌银丝方座	宽12cm	36,320	北京保利	2021-08-08
清 紫檀镂空夔龙纹葵口座	宽20cm	34,500	北京保利	2021-06-08
清 紫檀须弥座	长17.5cm	32,200	广东崇正	2021-01-07
清 黄花梨方座	长17.5cm	32,200	广东崇正	2021-01-07
清 红木器座	长42.5cm；宽42.5cm；高29.5cm	29,900	中贸圣佳	2021-03-26
清 黄花梨如意纹底座	长19cm	28,750	广东崇正	2021-01-07
清 黄花梨木座（两件）	长5.5cm；长8cm	28,750	广东崇正	2021-01-07
清 楠木铜炉座及楠木圆束腰壶门炉座	17.5cm×17.5cm×4.6cm	28,750	中国嘉德	2021-05-19
清 红木整挖如意头座	宽16.5cm	28,750	北京保利	2021-06-08
清 红木方座	长20cm	23,000	广东崇正	2021-01-07
清 黄花梨木座（一组两件）	长10cm；长10cm	23,000	广东崇正	2021-01-07
清 红木六方束腰壶门垂云足器座	25.5cm×21.5cm×5.9cm	23,000	中国嘉德	2021-05-19
清 黄花梨底座	直径15.5cm	23,000	广东崇正	2021-07-19
清 黄花梨如意纹底座	长19cm	20,700	广东崇正	2021-01-07
清 镂空如意纹木座 黄花梨镂空小木座	长6.8cm；长7.5cm	20,700	广东崇正	2021-01-07
清 黄花梨底座（一组两件）	长10.8cm；长7.5cm	20,700	广东崇正	2021-01-07
清 木座、瓷座（九件）	尺寸不一	20,700	朵云轩	2021-09-19
石座镜	长65cm；宽38cm	46,000	辽宁省拍	2021-07-04
花梨木底座（一组两件）	长9.8cm；长10.5cm	28,750	广东崇正	2021-01-07
清早期 黄花梨方形都承盘	25cm×25cm×4cm	27,853	中国嘉德	2021-04-21
清中期 黄花梨长方形文盘	37cm×37cm	74,750	广东崇正	2021-07-19
清 酸枝雕佛手纹茶盘	宽55cm	34,776	中国嘉德	2021-10-14
清 黄花梨卷云纹文盘 酸枝文盘	25cm×19cm×2.5cm；31.5cm×20.5cm×1cm	26,450	广东崇正	2021-01-07
清 黄花梨文盘（一组两件）	27cm×17cm×1.5cm；29.6cm×19.7cm×4cm	20,700	广东崇正	2021-01-07
清 紫檀文承盘（两件）	6.5cm×13cm×1cm；19cm×12cm×2.2cm	18,400	广东崇正	2021-01-07
清末民国 红木石面双屉承盘	41.2cm×36.5cm×5cm	51,667	中国嘉德	2021-10-12
清末民国 瘿木都承盘	35cm×29.5cm×3cm	37,757	中国嘉德	2021-10-12
黄花梨香盘	长20.5cm	57,500	华艺国际	2021-09-17
18世纪/19世纪 黄花梨罗汉床，黄花梨炕桌及红木脚踏一对(经改装)	高76.8cm；高23.8cm；高14.7cm	407,813	纽约佳士得	2021-03-18
储藏类				
17世纪 楠木嵌黄花梨黄杨木顶箱柜（一对）	125cm×62.5cm×278cm×2	4,370,000	保利厦门	2021-11-05
明晚期 黄花梨花棱腿圆角柜连原底座	柜79.3cm×42.6cm×128.3cm；底座79.3cm×42.6cm×52cm	5,671,800	佳士得	2021-05-28
明 黄花梨镶瘿木三抹门圆角柜	长75.8cm；宽44.5cm；高117.5cm	1,610,000	中贸圣佳	2021-05-21
明 黑漆厚螺钿鸟雀牡丹纹方角柜	长108.5cm；宽56.5cm；高178cm	1,150,000	中贸圣佳	2021-05-21
明 大漆百宝嵌婴戏图方角柜	97cm×43cm×175.5cm	1,127,000	中国嘉德	2021-05-19
明晚期 黄花梨方材圆角柜	长71.1cm；宽40cm；高102.8cm	2,070,000	北京保利	2021-06-08
明末清初 黄花梨螭龙捧寿纹万历柜（一对）	132cm×64cm×203cm×2	17,825,000	北京保利	2021-06-08
明末清初 黄花梨无闩杆方角柜成对	111.5cm×55cm×172cm×2	5,520,000	中国嘉德	2021-11-30
明末清初 黄花梨圆角柜	长105.5cm；宽49.5cm；高197cm	4,600,000	北京保利	2021-12-05
明末清初 黄花梨小方角柜	长56.3cm；宽34.8cm；高71.2cm	345,000	中贸圣佳	2021-12-30
清早期 紫檀镶瘿木圆角柜	长73.5cm；宽39cm；高110cm	2,070,000	中贸圣佳	2021-12-30
清早期 黄花梨小四件柜成对	49cm×28cm×88cm×2	2,070,000	中国嘉德	2021-05-19
清早期 黄花梨面条柜	长91cm；宽44cm；高164.8cm	1,265,000	中贸圣佳	2021-12-30
清早期 大漆描金花卉纹上格双层亮格柜成对	82cm×42cm×182cm×2	1,035,000	中国嘉德	2021-05-19
清早期 黑漆百宝嵌花鸟图顶箱柜	长126.5cm；宽42.5cm；高241.5cm	690,000	中贸圣佳	2021-05-21
清早期 黄花梨游戏柜	36cm×25cm×39.5cm	417,312	中国嘉德	2021-10-12
清早期 紫檀嵌云石亮格柜	16.2cm×33.5cm×59cm	161,000	华艺国际	2021-03-31
清早期 黄花梨文玩小柜	长45.3cm；宽34.6cm；高24.2cm	57,500	中贸圣佳	2021-12-29
清早期 黄花梨小万历柜成对	40cm×25cm×69cm×2	46,000	中鸿信	2021-07-14
清康熙 黄花梨框黑漆描金苍龙教子图方角柜	长157.5cm；宽55cm；高173.5cm	5,290,000	北京保利	2021-12-05
清康熙 黑漆嵌八宝小柜	长42.5cm；宽25cm；高63.5cm	1,322,500	中贸圣佳	2021-12-30
清雍正 黄花梨云龙纹门连方角柜(一对)	宽84.5cm；宽53.5cm；高147cm	1,552,500	佳士得	2021-05-28
清乾隆 黑漆胡人献宝柜（一对）	94cm×44cm×147cm×2	5,980,000	北京保利	2021-12-06
清乾隆 紫檀镶鸂鶒木苍龙教子图小方角柜	61cm×30cm×83cm	3,105,000	北京保利	2021-06-07
17世纪/18世纪 黄花梨顶箱柜	159.7cm×67.3cm×279.4cm	2,691,000	佳士得	2021-05-28
17世纪/18世纪 黄花梨方角柜（一对）	宽80cm；高147.5cm	2,691,000	佳士得	2021-05-28
清乾隆 贴黄花梨镶西洋铜饰嵌粉彩湖水绿婴戏图瓷板立柜	长91.5cm；宽42cm；高165cm	1,182,240	保利香港	2021-12-02
18世纪 黄花梨方角柜	宽139.1cm；宽94.6cm	611,719	纽约佳士得	2021-03-18
清乾隆 紫檀浮雕博古纹书柜	长75.8cm；宽40.5cm；高81.5cm	563,500	中贸圣佳	2021-12-30
清乾隆 紫檀多宝柜	长53.9cm；宽19.2cm；高54.9cm	517,500	中贸圣佳	2021-09-26
18世纪 樟木大四件柜（一对）	长168cm；宽69.5cm；高290cm	455,220	保利香港	2021-04-21
清乾隆 紫檀四季柜	高47cm	287,500	中国嘉德	2021-05-19
18世纪 黄花梨炕柜	宽45.7cm；高60.9cm	285,469	纽约佳士得	2021-03-18
清乾隆 紫檀多宝小柜（一对）	50cm×16cm×59cm	85,100	中鸿信	2021-07-14
清中期 红木雕花四件柜成对	140cm×63cm×294cm×2	4,600,000	中国嘉德	2021-05-19
清中期 紫檀嵌银丝描金彩绘多宝柜	94cm×43.2cm×194.5cm	1,150,000	中国嘉德	2021-11-30
清中期 黄花梨包镶大四件柜成对	142cm×60.5cm×268.5cm×2	920,000	中国嘉德	2021-11-30
清中期 硬木瓜棱腿面条柜（一对）	79cm×44cm×143cm×2	632,500	中贸圣佳	2021-07-07
清中期 剔红博古纹多宝柜	58.5cm×25.5cm×63.5cm	483,000	中国嘉德	2021-11-29
清中期 黄花梨面条柜	长82cm；宽42cm；高175cm	448,500	北京银座	2021-09-24
清中期 红木描金卷草纹嵌玉佩小顶箱柜（一对）	长37cm；高61cm	166,750	中贸圣佳	2021-12-30
清中期 鸂鶒木多宝柜	80cm×41.5cm×195.5cm	69,000	中国嘉德	2021-11-30
19世纪 黄花梨炕柜（一对）	宽53.5cm；高69.8cm	636,188	纽约佳士得	2021-03-18
19世纪 黄花梨小方角柜	宽59cm；高76cm	362,250	佳士得	2021-05-28
19世纪 法国保罗·索马尼(Paul Sormani)工坊设计路易十五风格铜鎏金神兽饰桃花心木细木镶嵌三斗柜	长116cm；宽55cm；高91cm	195,500	西泠印社	2021-01-17
18世纪/19世纪 黄花梨方角炕柜	宽35.6cm；高43.9cm	146,813	纽约佳士得	2021-03-18
19世纪 法国 梅森·克里格(Maison Krieger)路易十六风格立体花环饰胡桃木展示柜	长88cm；宽45cm；高188cm	86,250	西泠印社	2021-01-17
19世纪 法国 轻浮雕神话人物绘面胡桃木展示柜	长105cm；宽43cm；高198cm	69,000	西泠印社	2021-01-17
19世纪 法国 格里玛德(GRIMARD)路易十六风格胡桃木镂空雕花展示柜	长80cm；宽42cm；高190cm	63,250	西泠印社	2021-01-17
19世纪 法国 路易十五风格铜鎏金镶嵌太阳神饰网格书柜	长108cm；宽41cm；高121cm	57,500	西泠印社	2021-01-17
约19世纪 法国 描金彩绘花鸟蝶衣图小立柜	长53cm；宽36.5cm；高104cm	36,800	西泠印社	2021-01-17
清晚期 红木带座万历柜成对	柜子80.2cm×36.8cm×150cm×2；座81.4cm×38.1cm×35cm×2	322,000	中国嘉德	2021-05-19
清晚期 红木嵌乌木博古图人物纹柜	96cm×45.5cm×181cm	57,500	中国嘉德	2021-11-30
清 紫檀黄花梨方角柜（一对）	82cm×50.5cm×129cm×2	1,840,000	北京保利	2021-12-05
清 黄花梨顶箱柜（一对）	83cm×49cm×192.5cm×2	1,794,000	中贸圣佳	2021-03-26
清 黄花梨明式圆角柜（一对）	73cm×38cm×110cm×2	920,000	中鸿信	2021-07-14

2021杂项拍卖成交汇总(续表)

(成交价RMB：1万元以上)

拍品名称	物品尺寸	成交价RMB	拍卖公司	拍卖日期
清 红木双龙戏珠纹四方书柜	长88.2cm; 宽39cm; 高161.2cm	414,000	西泠印社	2021-07-24
清 紫檀云龙纹小顶箱柜（一对）	长39cm; 宽19cm; 高66cm	345,000	北京银座	2021-09-24
晚清 程门 费晓楼款 雕刻花卉侍女图红木柜	长112cm; 宽47.8cm; 高195.5cm	322,000	中贸圣佳	2021-12-30
清 黄花梨面条柜（一对）	85cm×45cm×155cm×2	287,500	北京荣宝	2021-06-19
清 黄花梨瓜棱腿卡子花书柜成对	88cm×41cm×183cm×2	184,000	中鸿信	2021-07-14
清 黄花梨书柜(两件)	84cm×42cm×184cm×2	184,000	北京翰海	2021-10-16
清 黄花梨顶箱柜上箱（一对）	长104cm; 宽54cm; 高81cm	172,500	中贸圣佳	2021-03-26
清 黄花梨万字纹书柜成对	90cm×44cm×180cm×2	138,000	中鸿信	2021-07-14
清 黄花梨云龙纹顶箱柜(两件)	118cm×59cm×236cm×2	126,500	北京翰海	2021-04-17
清 黄花梨三屉柜	152cm×48cm×93.5cm	115,000	北京保利	2021-10-30
清 鸡翅木嵌黄杨攒格子书柜（一对）	长86cm; 宽52.5cm; 高147.8cm	109,250	中贸圣佳	2021-03-26
清 黄花梨镂空梅花圆角柜成对	88cm×43cm×172cm×2	103,500	中鸿信	2021-07-14
清 黄花梨小圆角柜	39.5cm×22.5cm×59cm	103,500	中鸿信	2021-07-14
清 花梨木雕云龙纹顶箱大柜	118cm×59cm ×236cm×2	103,500	中鸿信	2021-07-14
清 黄花梨贴皮顶箱大柜	171cm×70cm×286cm	92,000	北京保利	2021-05-18
清 黄花梨嵌瘿木书柜	长32cm; 宽21.5cm; 高52.5cm	86,250	西泠印社	2021-10-23
清 黄花梨方角柜	长86cm; 宽43.5cm; 高131.5cm	80,500	中贸圣佳	2021-09-26
清 红木雕盘肠纹书柜（一对）	82cm×42cm×183cm×2	74,750	北京保利	2021-10-31
清 紫檀雕西番莲顶箱柜(两件)	120cm×60cm×236cm×2	74,750	北京翰海	2021-04-17
清 红木雕曲尺纹书柜（一对）	82cm×42cm×183cm×2	69,000	北京荣宝	2021-06-19
清 黄花梨竹节梅花纹圆角柜(两件)	84cm×39cm×172cm×2	69,000	北京翰海	2021-04-17
清 黄花梨诗文书柜(两件)	90cm×40cm×186cm×2	69,000	北京翰海	2021-10-16
清 黄花梨四面平顶箱柜(两件)	119cm×59cm×238cm×2	69,000	北京翰海	2021-10-16
清 红木两厅大柜	126cm×56cm×196cm	59,800	北京保利	2021-05-18
清 榉木书柜	上柜高166cm; 底柜高34.5cm	55,200	西泠印社	2021-07-24
清 紫檀八宝纹顶箱柜(两件)	100cm×50cm×200cm×2	51,750	北京翰海	2021-04-17
清 紫檀螭龙纹方角柜(两件)	105cm×50cm×190cm×2	51,750	北京翰海	2021-10-16
清 紫檀卡子花圆角柜(两件)	86cm×44cm×160cm×2	46,000	北京翰海	2021-04-17
清 紫檀书柜（一对）	95cm×40cm×185cm×2	43,700	北京保利	2021-10-31
清 黄花梨圆角书柜(两件)	82cm×42cm×183cm×2	40,250	北京翰海	2021-04-17
清 紫檀博古纹万历柜(两件)	87cm×32cm×177cm×2	34,500	北京翰海	2021-10-16
清 鸡翅木瑞兽纹圆腿小柜	长44.5cm; 宽26.5cm; 高54.5cm	32,200	中贸圣佳	2021-03-26
清 红木两厅大柜	124cm×53cm×189cm	32,200	北京保利	2021-05-18
清 雪斋款红木刻竹石纹诗文扇柜	长37.8cm; 宽37.6cm; 高19.8cm	32,200	西泠印社	2021-07-24
清 紫檀雕龙寿字亮格柜(两件)	90cm×40cm×185cm×2	29,900	北京翰海	2021-04-17
清 紫檀雕四季花卉书柜（一对）	84cm×35cm×168cm×2	28,750	北京保利	2021-10-31
清 紫檀素面面条柜(两件)	90cm×55cm×185cm×2	28,750	北京翰海	2021-10-16
清 黄花梨面条柜(两件)	80cm×42cm×120cm×2	25,300	北京翰海	2021-10-16
清 紫檀螭龙纹面条柜(两件)	74cm×39cm×143cm×2	25,300	北京翰海	2021-10-16
清 紫檀松竹梅方角柜(两件)	38cm×25cm×50cm×2	23,000	北京翰海	2021-10-16
清 黄花梨螭龙纹小方角柜	63cm×34cm×91cm	20,700	北京翰海	2021-04-17
清 紫檀卷草纹双层万历柜(两件)	95cm×40cm×185cm×2	20,700	北京翰海	2021-04-17
清 黄花梨螭龙纹圆角柜(两件)	71cm×38cm×120cm×2	20,700	北京翰海	2021-04-17
清 红酸枝竹节三层大柜	246cm×116cm×56cm	20,700	北京保利	2021-05-18
民国 花梨木雕螭龙纹顶箱柜（一对）	123cm×60cm ×240cm×2	287,500	北京荣宝	2021-12-02
民国 花梨木顶箱大柜（一对）	120cm×55cm×240cm×2	57,500	北京保利	2021-05-18
民国 黄花梨素面圆角柜(两件)	92cm×47cm×93cm×2	34,500	北京翰海	2021-04-17
民国 紫檀拐子龙纹高足方角柜(两件)	96cm×48cm×197cm×2	25,300	北京翰海	2021-04-17
民国 紫檀螭龙纹万历柜(两件)	112cm×55cm×187cm×2	23,000	北京翰海	2021-04-17
民国 红木螭龙纹万历柜(两件)	85cm×35cm×174cm×2	20,700	北京翰海	2021-10-16
现代 黄花梨顶箱柜（一对）	长114cm; 宽58cm; 高236cm	1,897,500	北京银座	2021-09-24
现代 黄花梨棱窗纹书柜（一对）	长92cm; 宽39cm; 高182cm	322,000	北京银座	2021-09-24
当代 紫檀博古图顶箱柜成对	86.5cm×38cm ×185.5cm×2	138,000	中鸿信	2021-07-14
当代 太和木作出品交趾黄檀小圆角柜成对	64cm×38.5cm ×103.5cm×2	115,000	中鸿信	2021-07-14
当代 缅甸花梨木千工格顶箱柜成对 鲁作家具博物馆制 韵生堂	100cm×60cm ×220cm×2	78,200	中国嘉德	2021-11-30
当代 乌木、黑柿木无束腰霸王枨二十四屉柜 梓庆山房	90cm×41cm×86.5cm	69,000	中国嘉德	2021-11-30
当代 金丝楠木直棂格茶柜 万乾堂	81cm×41.5cm×136cm	36,800	中国嘉德	2021-11-30
黄花梨面条柜	79.5cm×40cm×155cm	2,070,000	上海嘉禾	2021-11-14
包天伟手作 黄花梨顶箱柜(两件)	112.5cm×58cm ×235cm×2	2,070,000	上海嘉禾	2021-11-14
近代 金丝楠龙纹大顶箱柜(两件)	147cm×60cm×258cm	632,500	北京翰海	2021-04-17
19世纪 德国Polyphon定制音乐柜	长45cm; 宽85cm; 高228cm	621,000	西泠印社	2021-07-23

拍品名称	物品尺寸	成交价RMB	拍卖公司	拍卖日期
1860年 文艺复兴风格高浮雕神话人物饰高柜	长158cm; 宽182cm; 高250cm	575,000	西泠印社	2021-07-23
近代 黄花梨螭龙纹独板顶箱柜(两件)	120cm×60cm ×240cm×2	402,500	北京翰海	2021-04-17
约1890年 法国帝国风格铜鎏金及桃花心木大边柜	160cm×220cm×45cm	402,500	中国嘉德	2021-11-29
约1890年 弗朗索瓦·林克 法国路易十六风格椴木及铜鎏金玻璃展示柜	160cm×110cm	322,000	中国嘉德	2021-05-19
约1890年 弗朗索瓦·林克 法国路易十六风格马丁漆桃花心木及铜鎏金展示柜	147cm×60cm×37cm	253,000	中国嘉德	2021-05-19
约1900年 法国过渡时期风格铜鎏金及桃花心木玻璃展柜	高148cm	230,000	中国嘉德	2021-11-29
1880年 法国圣莫伯特铜鎏金镶嵌卷叶纹饰边柜（一对）	长138cm; 宽45cm; 高121cm	218,500	西泠印社	2021-07-23
约1905年 法国路易十五风格桃花心木及随形铜鎏金玻璃柜	高168cm	218,500	中国嘉德	2021-11-29
1880年 比利时细木贴面神话人物饰多宝立柜	长93cm; 宽48cm; 高190cm	201,250	西泠印社	2021-07-23
1900年 意大利文艺复兴风格立柜	长110cm; 宽52cm; 高228cm	184,000	西泠印社	2021-07-23
约1890年 法国路易十六风格铜鎏金及桃花心木小边柜	89cm×107cm×35cm	149,500	中国嘉德	2021-11-29
紫檀雕龙纹顶箱大柜（一对）	118cm×59cm ×236cm×2	138,000	北京保利	2021-10-31
约1860年 法国黑檀木细木镶嵌神话人物饰双柱立柜	长85cm; 宽45cm; 高162cm	103,500	西泠印社	2021-01-17
清 紫檀龙纹嵌竹丝文房柜	长40cm; 宽17cm; 高61cm	98,900	十竹斋	2021-06-27
约1900年 法国路易十五风格铜鎏金细木镶嵌两屉边柜	73cm×140cm×47cm	97,750	中国嘉德	2021-11-29
约1900年 法国路易十六风格铜鎏金细木镶嵌半月柜	76cm×90cm×47cm	86,250	中国嘉德	2021-11-29
约1900年 法国路易十六风格铜鎏金细木镶嵌唱片柜	高90cm	80,500	中国嘉德	2021-11-29
19世纪 铜鎏金花卉饰细木镶嵌酒柜	长74cm; 宽45cm; 高80cm	78,200	西泠印社	2021-07-23
1900年 法国铜鎏金卷叶纹花卉饰二斗柜	长148cm; 宽58cm; 高89cm	74,750	西泠印社	2021-07-23
约1880年 法国路易十五风格马丁漆画桃花心木三角柜	长80cm; 宽47cm; 高111cm	73,600	西泠印社	2021-01-17
约1890年 法国文艺复兴风格鹰首饰胡桃木展示柜	长85cm; 宽38cm; 高165cm	72,450	西泠印社	2021-01-17
约1890年 法国胡桃木花环藤叶饰展示柜	长85cm; 宽38cm; 高165cm	69,000	西泠印社	2021-01-17
约1880年 法国路易十五风格黑黄檀细木镶嵌拼花立柜	长77cm; 宽43cm; 高144cm	51,750	西泠印社	2021-01-17
19世纪 胡桃木轻浮雕描金边柜	长105cm; 宽50cm; 高112cm	46,000	西泠印社	2021-07-23
约1880年 法式建筑风格花卉饰高浮雕双柱立柜	长84cm; 宽50cm; 高152cm	36,800	西泠印社	2021-01-17
1920年 法国大理石斗柜	114cm×54cm×89.5cm.	34,500	北京荣宝	2021-06-19
约1880年 法国文艺复兴风格花卉饰胡桃木餐边柜	长85cm; 宽43cm; 高185cm	34,500	西泠印社	2021-01-17
紫檀嵌百宝宫车文房柜	长29cm; 宽19cm; 高36cm	20,700	江苏汇中	2021-05-14
清早期 黄花梨联二橱	长151.5cm; 宽57cm; 高86.5cm	4,025,000	中贸圣佳	2021-05-21
清康熙 黑漆嵌宝方角橱（一对）	118.3cm×56.2cm ×188.8cm×2	3,335,000	中贸圣佳	2021-12-30
清乾隆 红漆描金人物书橱（一对）	长88.5cm; 宽41cm; 高123cm	943,000	中贸圣佳	2021-12-30
清乾隆 紫檀博古橱	长78.6cm; 宽31.7cm; 高107cm	690,000	永乐拍卖	2021-05-22
清光绪 金漆木雕瑞兽博古纹椟仔	36cm×20cm×48cm	69,000	广东崇正	2021-01-07
清光绪 金漆木雕丹凤朝阳椟仔	32cm×20cm×51cm	54,050	广东崇正	2021-01-07
当代 越南黄花梨木五屉橱	142.5cm×49cm ×81.5cm	345,000	中国嘉德	2021-05-19
明嘉靖 大漆描金海水云龙纹长方箱	长77cm	69,000	中鸿信	2021-07-14
明 紫檀小箱	41cm×23.8cm×18.6cm	34,500	广东崇正	2021-01-07
明 黄花梨书箱	32.5cm×16cm×8.5cm	24,640	上海联合	2021-06-27
明末清初 黄花梨带镜架官皮箱	长28cm; 宽23cm; 高28cm	230,000	北京保利	2021-06-08
明末清初 黄花梨盝顶官皮箱	33.5cm×24cm×33cm	207,000	中国嘉德	2021-11-30
明末清初 黄花梨大书箱	44.2cm×25cm×22.8cm	86,250	中国嘉德	2021-05-19
明末清初 黄花梨百宝嵌婴戏图五屉官皮箱	32cm×23cm×34cm	79,579	中国嘉德	2021-04-21
清早期 黄花梨百宝嵌花鸟图官皮箱	长35cm; 宽23.5cm; 高37.5cm	1,725,000	中贸圣佳	2021-07-07
清早期 黄花梨轿箱	75.7cm×17.7cm×14cm	690,000	北京荣宝	2021-06-19
清早期 黄花梨大书箱	86.5cm×53cm×91.3cm	517,500	中国嘉德	2021-05-19

2021杂项拍卖成交汇总(续表)

(成交价RMB：1万元以上)

拍品名称	物品尺寸	成交价RMB	拍卖公司	拍卖日期
清早期 黄花梨百宝嵌花鸟图平顶官皮箱	长34cm；宽23cm；高33.5cm	437,000	中贸圣佳	2021-12-30
清早期 紫檀文具箱	26cm×32cm	368,000	北京荣宝	2021-06-19
清早期 黄花梨嵌多宝婴戏图官皮箱	长34cm；宽23.5cm；高33cm	368,000	西泠印社	2021-07-24
清早期 黄花梨独板面灵芝纹铜面叶书箱	长36cm；宽34cm；高15.5cm	253,000	华艺国际	2021-12-11
清早期 紫檀官皮箱	34.7cm×26cm×37cm	218,500	十竹斋拍卖（北京）	2021-05-29
清早期 紫檀长方箱	长50.8cm；宽33.1cm；高25cm	195,500	中贸圣佳	2021-12-30
清早期 紫檀穿带箱	14cm×8.5cm×13.5cm	178,848	中国嘉德	2021-10-12
清早期 黄花梨轿箱	长63.7cm；宽16.5cm；高12.1cm	161,000	中贸圣佳	2021-05-21
清早期 黄花梨书箱	40cm×39cm×37cm	161,000	北京保利	2021-06-08
清早期 黄花梨五屉官皮箱	35.2cm×29.6cm×38cm	138,000	中国嘉德	2021-05-19
清早期 黄花梨书箱	34cm×22cm×19cm	119,369	中国嘉德	2021-04-21
清早期 黄花梨官皮箱	32cm×23.8cm×33cm	115,000	十竹斋拍卖（北京）	2021-05-29
清早期 黄花梨嵌百宝人物官皮箱	31.5cm×22cm×28.5cm	115,000	北京保利	2021-05-18
清早期 黄花梨三屉方官皮箱	27.2cm×26cm×26cm	92,000	中国嘉德	2021-11-30
清早期 黄花梨书箱	37cm×20cm×13.4cm	80,500	中国嘉德	2021-05-19
清早期 黄花梨书箱	46cm×24.5cm×21cm	74,750	中国嘉德	2021-11-30
清早期 黄花梨大书箱	46cm×25cm×22cm	74,606	中国嘉德	2021-04-21
清早期 黄花梨刻富贵长寿轿箱	长74.5cm；宽18cm；高16cm	73,775	十竹斋拍卖（北京）	2021-04-25
清早期 黄花梨官皮箱	32cm×23.5cm×32cm	51,750	中国嘉德	2021-09-28
清早期 黄花梨书箱	36cm×21cm×14cm	37,800	中国嘉德	2021-04-21
清早期 黄花梨轿箱	58.5cm×16cm×12.5cm	36,800	中鸿信	2021-07-14
清早期 黄花梨卷草纹提箱	23cm×28cm	34,500	华艺国际	2021-04-01
清康熙 御制大漆彩绘龙纹宝箱	86.5cm×56cm×56.5cm	115,000	中鸿信	2021-07-14
清乾隆 楠木云龙纹大长方箱	长90cm；宽64cm；高58cm	3,105,000	北京保利	2021-12-05
清乾隆 紫檀嵌玉四簇西番莲纹带屉百宝箱	长37.3cm；宽19cm；高27.5cm	1,610,000	中贸圣佳	2021-05-20
18世纪 黄花梨盝顶官皮箱	32cm×23cm×33cm	63,250	保利厦门	2021-11-05
清中期 紫檀盝顶官皮箱	32cm×24cm×33.2cm	230,000	中国嘉德	2021-05-19
清中期 紫檀轿箱	73.5cm×17.5cm×13.5cm	218,500	中国嘉德	2021-05-19
清中期 紫檀带屉文具箱	38cm×21cm×17cm	84,553	中国嘉德	2021-04-21
清中期 黄花梨官皮箱	31.5cm×23cm×32cm	74,750	北京保利	2021-05-18
清中期 红木三屉药箱	26cm×25cm×26cm	49,737	中国嘉德	2021-04-21
清中期 楠木刻龙纹奉天诰命宝箱	47cm×23cm×38cm	23,000	北京保利	2021-10-31
清道光 韩应陛自用文房箱	27.5cm×32cm	161,000	华艺国际	2021-12-11
19世纪 西藏木质彩绘财宝天王藏箱	123cm×72.5cm×49cm.	218,500	中国嘉德	2021-05-19
清光绪 吴大澂书箱（一对）	69cm×30.5cm×33cm	92,000	华艺国际	2021-03-31
清晚期 紫檀镜奁	32cm×26cm×17cm	19,895	中国嘉德	2021-04-21
清 黄花梨大书箱	长66.5cm；宽41.4cm；高30.2cm	575,000	中贸圣佳	2021-12-30
清 黄花梨文具箱	长44.2cm；宽34cm；高36.8cm	460,000	中贸圣佳	2021-05-21
清 瘿木书箱	长57cm；宽31cm；高60cm	402,500	北京保利	2021-06-08
清 黄花梨嵌百宝官皮箱	长33cm；宽26.5cm；高30.8cm	322,000	中贸圣佳	2021-09-26
晚清 花梨官皮箱（一对）	宽34.3cm；高35.6cm	309,938	纽约佳士得	2021-03-18
清 紫檀内廷书箱（一对）	长33cm；宽21.2cm；高13cm	276,000	北京保利	2021-06-08
清 黄花梨嵌百宝绶带鸟花卉图文具箱	长38cm；宽20.5cm；高12cm	207,000	西泠印社	2021-07-24
清 紫檀雕西番莲经箱	长24.5cm；宽14.5cm；高19cm	207,000	中贸圣佳	2021-12-29
清 黄花梨官箱	长36.5cm；宽29.5cm；高37cm	161,000	中贸圣佳	2021-03-26
清 黄花梨盝顶官皮箱	长32.2cm；宽24cm；高34cm	115,000	西泠印社	2021-01-15
清 紫檀小官箱	长22.2cm；宽15cm；高21.6cm	109,250	中贸圣佳	2021-03-26
清 紫檀冰箱	27cm×26cm×28cm	69,000	北京翰海	2021-04-17
清 黄花梨书箱	长42.5cm；宽23.8cm；高21cm	57,500	西泠印社	2021-01-15
清 瘿木长方箱	长36cm；宽21cm；高123cm	57,500	北京保利	2021-06-08
清 贴黄宝相花纹书箱	长26.5cm；宽13.5cm；高32cm	55,200	西泠印社	2021-01-16
清 姚元之铭樟木嵌黄花梨框金石文字书箱（一对）	长40.5cm；宽21.2cm；高21.2cm	49,450	西泠印社	2021-01-16
清 黄花梨官箱	长32cm；宽23cm；高29.8cm	46,000	中贸圣佳	2021-09-26
清 黑漆嵌螺钿屉箱	长32cm	46,000	华艺国际	2021-03-31
清 黄花梨官皮箱	37.5cm×28cm×34cm	43,700	北京保利	2021-05-18
清 黄花梨屉紫檀小药箱	长18.8cm；宽12.3cm；高14.7cm	41,400	中贸圣佳	2021-03-26
清 楠木嵌宝花鸟书箱	53cm×35.5cm×28.5cm	40,250	北京保利	2021-05-18
清 紫檀雕螭龙纹满工书箱	46cm×28cm×22cm	36,800	北京保利	2021-10-31
清中晚期 紫檀小箱	27cm×14cm×8cm	34,816	中国嘉德	2021-04-21
清 黄花梨官皮箱	32cm×24cm×35cm	34,500	北京保利	2021-10-30
清 紫檀官皮箱	宽32cm	29,808	中国嘉德	2021-10-12
清 黄花梨官皮箱	35cm×26.5cm×37cm	23,000	北京保利	2021-10-30
清 黄花梨官皮箱	23cm×30.5cm×32cm	20,700	北京保利	2021-10-30
民国 周炼霞旧藏 唐云、江寒汀画钱瘦铁刻梅花诗文木质文具箱	长30.3cm；宽20cm；高20.8cm	112,700	西泠印社	2021-07-24
民国 黄花梨小书箱	33cm×17cm×12cm	31,832	中国嘉德	2021-04-21
晚清民国 硬木官皮箱和酸枝方盒（各一件）	最大的宽13.4cm	29,808	中国嘉德	2021-10-12
黄花梨镶嵌官皮箱（两件）	32.8cm×35.5cm×24cm	805,000	上海嘉禾	2021-11-14
紫檀雕龙凤纹长方箱	21cm×28cm×43cm	575,000	上海嘉禾	2021-11-14
黄花梨轿箱	74.8cm×17.3cm×13cm	552,000	上海嘉禾	2021-11-14
包天伟手作 黄花梨螭龙捧寿纹百宝箱	42.5cm×24cm×15.5cm	241,500	上海嘉禾	2021-07-22
紫檀箱	长48cm；宽25cm；高48cm	149,500	辽宁省拍	2021-07-04
紫檀药箱	23.5cm×23.3cm×16.3cm	149,500	上海嘉禾	2021-11-14
20世纪60~70年代 黄杨雕人物樟木箱	长102cm；宽53.5cm；高48.3cm	126,500	中贸圣佳	2021-12-30
"穆如清风"邓散木刻扇箱	38cm×34cm×42cm	69,000	华艺国际	2021-12-11
小叶紫檀螭龙祈福官皮箱	30cm×22cm×23cm	46,000	上海嘉禾	2021-07-22
江户时期（1603~1868）金莳绘砚箱内梨地 月夜山景图 笔墨付	长23cm；宽25cm；高5.5cm	28,750	北京荣宝	2021-06-19
约1840年 英国维多利亚早期橡木存酒箱/红酒冷藏箱	45cm×55cm×81cm	28,750	中国嘉德	2021-11-29
明至清 紫檀倭角盖盒	长13.5cm；宽9cm；高7cm	34,500	西泠印社	2021-01-16
清早期 黄花梨两撞提盒	33cm×17cm×18cm	71,621	中国嘉德	2021-04-21
清早期 黄花梨整挖圆形盖盒	直径11.2cm；高8.4cm	69,000	中国嘉德	2021-05-19
清早期 黄花梨拜盒	34cm×15.5cm×8cm	34,816	中国嘉德	2021-04-21
清中/清早期 黄花梨竹节式两撞盒	直径11.2cm；高12.5cm	34,500	广东崇正	2021-01-07
清早期 黄花梨小方盒	11cm×11cm×9cm	29,842	中国嘉德	2021-04-21
清早期 黄花梨带屉小香盒	8cm×8cm×6.5cm	25,300	中国嘉德	2021-11-30
清乾隆 紫檀龙纹屉匣	35cm×24cm×10.4cm	57,500	中国嘉德	2021-05-19
清 紫檀端方及吴大澂铭古玉玺盒	9.3cm×9.8cm×9.2cm	195,500	北京保利	2021-12-06
清 黄花梨三层提梁盒	55.3cm×21.5cm×17cm	138,000	广东崇正	2021-07-19
清 紫檀和酸枝两撞提盒（各一件）	最大的宽11.6cm	84,456	中国嘉德	2021-10-12
清 黄花梨提盒	长40cm；宽21.5cm；高22cm	69,000	西泠印社	2021-01-15
清 黄花梨小提盒	长17.2cm；宽16.5cm；高19.5cm	46,000	西泠印社	2021-01-16
清 紫檀两撞提盒（一对）	长16.5cm；宽12cm；高14.3cm	40,250	浙江佳宝	2021-01-10
清 紫檀两撞提盒	宽16.3cm	29,808	中国嘉德	2021-10-12
清 黄花梨拜盒	宽23.8cm	27,821	中国嘉德	2021-10-12
清 黄花梨提盒	36cm×18.5cm×22cm	25,300	北京保利	2021-05-18
晚清民国 硬木方盒（两件）	最大的宽10.3cm	21,859	中国嘉德	2021-10-12
清 黄花梨寿面朝珠盒	直径25.7cm；高11.5cm	32,200	十竹斋	2021-06-27
清早期 黄花梨小佛龛	34cm×27cm×43cm	460,000	中国嘉德	2021-11-30
清早期 黄花梨小型佛龛	42cm×23cm×52cm	248,400	中国嘉德	2021-10-12
清乾隆 紫檀嵌铜鎏金宝相花纹亭式佛龛	高78cm	1,207,500	中国嘉德	2021-11-29
清中期 紫檀黄花梨双层佛龛	长59.5cm；宽37.5cm；高112cm	517,500	中贸圣佳	2021-07-07
清 黄花梨佛龛	长39cm；宽23cm；高51cm	74,750	北京银座	2021-09-24
湘妃竹佛龛	50cm×44cm	172,500	上海嘉禾	2021-11-14
支架类				
清早期 黄花梨云龙纹衣架	长137cm；宽41.5cm；高145cm	4,140,000	北京保利	2021-12-05
清早期 黄花梨螭龙纹高盆架	长44.5cm；宽44.5cm；高169cm	1,610,000	北京保利	2021-12-05
清乾隆 紫檀描金花卉多宝阁	89cm×42cm×165cm	1,265,000	中国嘉德	2021-05-19
清乾隆 黑漆描金博古架	76.5cm×35cm×95.5cm	667,000	北京保利	2021-06-08
清乾隆 紫檀满彻多宝格	长31cm；宽19.3cm；高57cm	322,000	中贸圣佳	2021-03-26
清乾隆 紫檀博古架（一对）	长65.5cm；宽11.7cm；高48.5cm	195,500	华艺国际	2021-12-11
清中期 红漆螺钿缠枝花纹多宝格	长71cm；宽33.8cm；高135cm	2,990,000	中贸圣佳	2021-05-21
清中期 紫檀云龙纹独梃高盆架	长53.5cm；宽51cm；高161.5cm	2,070,000	北京保利	2021-12-05
清中期 紫檀回字纹博古架	28cm×17.5cm×21cm	138,000	华艺国际	2021-03-31
清中期 红木雕博古图架	63cm×16cm×24.5cm	104,880	台北艺珍	2021-11-07
清中期 红木磬架及灵璧石磬	108cm×53cm×166cm	69,000	中国嘉德	2021-11-30
清晚期 黄花梨龙凤百鸟多宝阁（一对）	157cm×66cm×206cm×2	126,500	北京保利	2021-05-18
清 黄花梨笔管式围栏三层书架	长87cm；宽42cm；高174cm	2,300,000	中贸圣佳	2021-12-30

(成交价RMB：1万元以上)

拍品名称	物品尺寸	成交价RMB	拍卖公司	拍卖日期
清 紫檀云龙纹小多宝格（一对）	50cm×20.1cm ×96.3cm×2	1,840,000	中贸圣佳	2021-12-30
清 红木满雕故事文房博古架	长145cm; 宽48cm; 高190cm	667,000	北京银座	2021-09-24
清早中期 紫檀框黑漆描金山水花卉纹多宝格	长102cm; 宽37cm; 高164cm	667,000	中贸圣佳	2021-05-21
清 黄花梨龙纹书架	长100cm; 宽48cm; 高178cm	437,000	北京银座	2021-09-24
清 黄花梨亮格小书架	长60cm; 宽40cm; 高91cm	184,000	北京银座	2021-09-24
清 黄花梨嵌紫檀层板架格(两件)	81cm×38cm×181cm×2	138,000	北京翰海	2021-04-17
清 黄花梨嵌紫檀层板架格（一对)	81cm×38cm×181cm×2	103,500	北京保利	2021-10-31
清 黄花梨嵌紫檀层板书架(两件)	84cm×41cm×171cm×2	97,750	北京翰海	2021-10-16
清 红木缠枝莲书架	105cm×38.5cm×162cm	74,750	北京保利	2021-10-30
清 紫檀雕螭龙纹多宝格(两件)	100cm×40cm×200cm×2	69,000	北京翰海	2021-04-17
清 紫檀雕回龙纹多宝格	88cm×40cm×190cm	46,000	北京翰海	2021-10-16
清 红木多宝阁（一对）	43.5cm×11.5cm×57cm×2	40,250	北京保利	2021-10-30
清 黄花梨螭龙纹帖架	展开长41.5cm; 宽36cm; 高33.2cm	20,700	西泠印社	2021-10-23
民国 红木亮格书架（一对）	长86cm; 宽36cm; 高189cm	46,000	北京银座	2021-09-24
民国 紫檀雕团龙纹多宝格（一对）	长39cm; 宽18cm; 高58cm	43,700	北京银座	2021-09-24
民国 紫檀亮格书架(两件)	83cm×36cm×190cm×2	23,000	北京翰海	2021-04-17
民国 紫檀卷草纹博古架(两件)	44cm×12cm×58cm×2	20,700	北京翰海	2021-10-16
现代 积庆堂制小叶紫檀博古架	50cm×20cm×70cm×2	55,200	十竹斋拍卖（北京）	2021-05-29
现代 红木竹节博古纹多宝格（一对）	长39cm; 宽19cm; 高66cm	18,400	北京银座	2021-09-24
当代 黑柿木、金丝楠木三层带屉书架成对 梓庆山房	80cm×36cm×180cm×2	51,750	中国嘉德	2021-11-30
当代 白酸枝四层带屉书架 鲁作家具博物馆制 韵生堂	95cm×36cm×195cm	34,500	中国嘉德	2021-11-30
黄花梨博古架	75.5cm×35.5cm×130.5cm	2,185,000	上海嘉禾	2021-11-14
博古书架	230cm×340cm×40cm	1,500,000	北京中贝	2021-11-06
紫檀云龙纹博古架（一对）	125cm×42cm×219cm×2	989,000	北京银座	2021-09-24
包天伟手作 小叶紫檀明式架格成对	88cm×37cm×178cm	690,000	上海嘉禾	2021-07-22
1950年 汉斯·魏格纳 沙发(GE-7)	73cm×88cm×200cm	57,500	华艺国际	2021-11-12
紫檀多宝格（一对）	长50.6cm; 宽26cm	46,000	永乐拍卖	2021-09-26
紫檀雕万字纹书架（一对）	90cm×36cm×189cm×2	40,250	北京保利	2021-05-18
紫檀花卉多宝格	57cm×19cm×62.5cm	40,250	北京保利	2021-10-30
明晚期 黄花梨六角形回纹火盆架	46cm×40cm×56cm	2,484,000	中国嘉德	2021-10-12
明末清初 黄花梨六足面盆架	高133cm	531,090	香港苏富比	2021-04-22
明末清初 天然木雕古藤磬架及“长白”铭英石磬	106cm×30cm×76cm	437,000	中国嘉德	2021-11-30
清早期 黄花梨攒海棠花纹高盆架	长47cm; 宽38.5cm; 高147cm	575,000	中贸圣佳	2021-12-30
清早期 黄花梨卷草纹火盆	50cm×40cm×25cm	74,750	中鸿信	2021-07-14
清早期 楠木雕卷草花卉蝠纹框	186cm×134cm	63,250	中国嘉德	2021-11-29
清早期 黄花梨帖架	44cm×41cm×6cm	51,726	中国嘉德	2021-04-21
清乾隆 御制紫檀西番莲纹长方宫灯（一对）	高73.4cm×2	4,140,000	佳士得	2021-05-28
清乾隆 紫檀嵌玻璃宫灯	高85.5cm	230,000	中贸圣佳	2021-03-26
清乾隆 紫檀花卉纹框	105cm×79cm	48,300	北京保利	2021-01-09
清乾隆 紫檀镂空饰彩漆人物羊角灯	高37.8cm	46,000	中国嘉德	2021-11-29
清中期 紫檀嵌白玉龙穿花盘架	长19cm; 宽15cm; 高29cm	94,300	浙江佳宝	2021-01-10
清晚期 红木落地镜	85.8cm×50.5cm×179cm	287,500	中国嘉德	2021-05-19
清 黄花梨花卉纹衣架	宽193.5cm; 高161cm	414,000	佳士得	2021-05-28
清 黄花梨龙纹衣架	长177cm; 宽37cm; 高162cm	345,000	北京银座	2021-09-24
清 紫檀满工雕龙纹大地镜	151cm×97cm×230cm	230,000	北京翰海	2021-10-16
清 紫檀嵌金银画框	102cm×59.5cm	218,500	北京保利	2021-06-08
清 紫檀兽面纹磬架	44cm×23cm×61cm	207,000	北京保利	2021-06-08
清 紫檀木挂玉架	高22.5cm	109,250	北京保利	2021-06-08
清 黄花梨如意头大画架	宽53cm; 高88cm	92,000	西泠印社	2021-01-15
清 紫檀小支架	长31.8cm; 高16.1cm	55,200	中贸圣佳	2021-09-26
清 紫檀描金小磬架	高18.8cm	46,000	中贸圣佳	2021-09-26
清 花梨木宫灯(一对)	高86cm×2	23,835	北京保利	2021-08-08
清 黄花梨螭龙纹衣架	160cm×50cm×159cm	20,700	北京翰海	2021-04-17
清 黄花梨如意纹帖架	长33cm; 宽33cm; 高27.5cm	19,550	西泠印社	2021-07-24
民国 老红木镜框（一组四件）	111cm×37cm×4	31,050	朵云轩	2021-09-19
当代 太和木作出品紫檀嵌黄花梨万字纹六方花架成对	高97.5cm×2	172,500	中鸿信	2021-07-14
清 黄花梨帖架	长38.4cm; 宽32cm; 高62cm	71,300	十竹斋	2021-06-27
20世纪80年代 剔红山水纹茶棚	83.5cm×37cm×79cm	48,300	北京荣宝	2021-06-19
19世纪 羊首饰胡桃木花架	长36cm; 宽36cm; 高123cm	23,000	西泠印社	2021-07-23
硬木福寿纹宫灯（一对）	高47.5cm×2	20,700	中国嘉德	2021-09-26

拍品名称	物品尺寸	成交价RMB	拍卖公司	拍卖日期
屏风类				
东汉/清乾隆 御赏嵌“延年”龙凤纹璧紫檀插屏	通高30.8cm; 璧直径 23.8cm	45,328,953	香港苏富比	2021-04-22
明万历 黑漆薄螺钿花鸟图复框式座屏	长54cm; 宽16cm; 高59.2cm	1,610,000	中贸圣佳	2021-05-21
明 黄花梨嵌云石座屏	高135cm; 66.2cm×50.3cm	1,035,000	西泠印社	2021-07-24
明 黑漆镶纹胎板复框式座屏	长38cm; 宽22.5cm; 高43.5cm	713,000	中贸圣佳	2021-05-21
明 鸡翅木嵌云石霜风寒露大座屏	长68cm; 宽22cm; 高72cm	195,500	西泠印社	2021-01-16
明 大明万历乙未年制款漆制龙纹嵌螺钿大插屏	长91cm; 宽20.8cm; 高78.5cm	63,250	西泠印社	2021-04-10
明 白玉龙纹带板座屏	长5.2cm; 框长13cm; 高14.3cm	23,000	中贸圣佳	2021-05-21
明晚期 黄杨木石面座屏	40.5cm×20cm×46.7cm	207,000	中国嘉德	2021-11-30
明末清初 汪士元藏阮元铭紫檀嵌云石寒山雪霁插屏	长43.3cm; 宽21.2cm; 高48.5cm	149,500	西泠印社	2021-01-16
清早期 黄花梨云石螭龙纹插屏	55cm×28cm×79.6cm	805,000	中国嘉德	2021-11-30
清早期 大理石挂屏	80.5cm×78.5cm×3cm	552,000	中国嘉德	2021-05-19
清早期黄花梨祁阳石“海屋添筹”小座屏	45.8cm×23cm×64.5cm	460,000	中国嘉德	2021-11-30
清早期 榉木框绿石大座屏	90cm×81cm	345,000	北京保利	2021-10-31
清早期 黄花梨嵌云石座屏	64cm×49cm	322,000	北京保利	2021-10-30
清早期 黄花梨嵌绿石“孔子问道”卷草纹插屏	长36.4cm; 宽15.2cm; 高47cm	253,000	华艺国际	2021-12-11
清早期 黄花梨石板插屏	长50.5cm; 宽26.3cm; 高64cm	207,000	中贸圣佳	2021-09-26
清早期 白玉龙纹座屏	长6.2cm; 框长12.7cm; 高12.5cm	20,700	中贸圣佳	2021-05-21
清雍正 墨彩加粉彩山水花卉纹双面插屏	瓷板长23.7cm; 高16.4cm; 通高26.2cm	506,000	中贸圣佳	2021-12-29
清雍正 青花螭龙捧寿开光粉彩山水花鸟纹插屏	长24.5cm; 瓷板24cm×16.5cm	345,000	中国嘉德	2021-09-26
清雍正 粉彩花蝶纹墨彩山水人物纹瓷板插屏	高32.5cm; 瓷板23.5cm×19cm	57,500	中国嘉德	2021-03-28
清乾隆 唐英制镶嵌雕瓷诗文镶竹高节幽姿图插屏	长74cm; 宽29.3cm; 高63.2cm	4,140,000	中贸圣佳	2021-05-20
清乾隆 刺绣山水五屏风式座屏	277.5cm×120.7cm ×60.6cm	3,450,000	北京保利	2021-06-07
清乾隆 粉彩百鹿图座屏	瓷板宽66.5cm; 高89.3cm	1,437,500	北京诚轩	2021-11-28
清乾隆 青白玉“御制三星图颂”插屏	29cm×19.1cm	813,758	香港苏富比	2021-10-13
清乾隆 碧玉梅花纹圆插屏一对	22.7cm×2	730,296	香港苏富比	2021-10-13
清乾隆 紫檀百宝嵌御题诗菊花插屏	长67.3cm; 宽26.5cm; 高69.6cm	667,000	中贸圣佳	2021-03-26
清乾隆 青花三星祝寿图插屏	通高70cm	632,500	中贸圣佳	2021-12-29
清乾隆 紫檀嵌瓷仿铜胎画珐琅锦鸡牡丹图双面瓷镜插屏	瓷板长21.2cm; 插屏长22.5cm	517,500	中贸圣佳	2021-05-20
清乾隆 紫檀嵌大理石座屏	43cm×36.5cm	460,000	北京保利	2021-10-30
清乾隆 白玉双面“狮子林”插屏	25.5cm×18.8cm; 36.6cm×30cm	437,000	中国嘉德	2021-05-18
清乾隆 硬木嵌斗彩福庆绵长粉彩百子婴戏图瓷板插屏	高58.8cm; 瓷板36.8cm×28.5cm	241,500	中国嘉德	2021-03-27
清乾隆 白玉雕“大吉大利”插屏（一对）	高16.5cm×2	230,000	北京荣宝	2021-06-19
清乾隆 紫檀插屏底座	长61.5cm	161,000	中国嘉德	2021-05-19
清乾隆 紫檀嵌玉童子献宝图小座屏	长29cm; 宽8.5cm; 高28cm	115,000	中贸圣佳	2021-05-21
清乾隆 紫檀嵌黄杨木插屏座、紫檀器座两件共三件	尺寸不一	86,250	中国嘉德	2021-05-19
清乾隆 粉彩山水西洋人物纹瓷板插屏	高35.5cm; 瓷板21.3cm×16.5cm	74,750	中国嘉德	2021-03-27
清乾隆 红木座屏式衣帽架	高45cm	57,500	北京保利	2021-06-08
清乾隆 硬木雕夔龙纹博古插屏	长66cm; 宽21cm; 高70.5cm	46,000	中贸圣佳	2021-09-26
清乾隆 紫檀龙纹插屏框	106cm×65.5cm	34,500	北京保利	2021-01-09
清乾隆 釉里红山水人物纹瓷插屏	长31cm; 瓷板22.5cm×17.5cm	32,200	中国嘉德	2021-09-27
清乾隆（宫廷）拐子龙纹酸枝插屏座（一对）	55cm×27cm×2	26,220	台北艺珍	2021-11-07
清乾隆 嵌瓷婴戏图座屏	宽64.5cm; 高81.5cm	23,000	中贸圣佳	2021-09-25
清中期 紫檀、乌木镶大理石插屏	长57cm; 宽29.2cm	1,725,000	中贸圣佳	2021-12-30
清中期 大理石圆形挂屏	直径76.5cm; 石面直径68.5cm	517,500	中国嘉德	2021-05-19
清中期 黄花梨嵌大理石插屏	45.5cm×22.5cm×73cm	172,500	北京保利	2021-12-06
清中期 紫檀嵌婴戏御题诗文插屏	高33cm	92,000	中鸿信	2021-07-14
清中期 黄花梨镶绿端插屏	高41.5cm(连座)	39,200	上海联合	2021-06-27
清中期 鸡翅木座屏	58cm×26cm×80.5cm	36,800	中国嘉德	2021-05-19
清中期 紫檀嵌云石山水图插屏	高24.3cm	36,800	广东崇正	2021-07-19
19世纪 缂丝群仙祝寿图屏	160cm×89cm	367,031	纽约佳士得	2021-03-18
18世纪/19世纪 刺绣群仙祝寿图屏	348cm×138.5cm	146,813	纽约佳士得	2021-03-18

2021杂项拍卖成交汇总(续表)

(成交价RMB：1万元以上)

拍品名称	物品尺寸	成交价RMB	拍卖公司	拍卖日期
19世纪 大理石插屏	高44.5cm; 31cm×23.5cm	63,250	保利厦门	2021-11-05
清早中期 黄花梨镶绿石插屏	长34.5cm; 宽16.5cm; 高38cm	920,000	北京保利	2021-06-08
清 阮伯元款云石挂屏（四件）	长45cm; 宽33cm	506,000	朵云轩	2021-07-07
清 沉香木插屏	高51.5cm	327,750	十竹斋拍卖（北京）	2021-05-29
清 紫檀嵌白玉山中访友图座屏	带座高39.5cm; 长25cm; 宽17cm	230,000	西泠印社	2021-01-16
清 紫檀嵌碧玉山中访友插屏	38.2cm×27cm×58.5cm	172,500	西泠印社	2021-10-23
清 白玉高士图插屏	19.5cm×25.5cm	138,000	十竹斋拍卖（北京）	2021-05-29
清 紫檀嵌理石鹤鹿同春插屏	16cm×11.6cm	138,000	华艺国际	2021-03-31
清 大理石雕挂屏	长30cm×26cm	138,000	北京保利	2021-06-08
清 雕漆山水紫檀插屏	高36cm	126,500	上海匡时	2021-07-08
清 紫檀浮雕双龙纹嵌云石插屏	长41.5cm; 宽24cm; 高69cm	103,500	西泠印社	2021-01-15
清 紫檀嵌端石大插屏	108cm×38cm×86cm	97,750	北京荣宝	2021-06-19
清 沈烜款衣白山人题“苍山秋烟”大理石紫檀框插屏	长28cm; 宽14cm; 高32cm	97,750	北京保利	2021-06-08
清 瞿子冶款红木嵌云石插屏	带座长51cm×21.2×72.7cm	97,750	西泠印社	2021-10-23
清 白玉山水人物插屏	长19cm; 宽12.6cm	92,000	中贸圣佳	2021-03-26
清 黄易铭红木嵌云石插屏	长47cm; 宽21cm; 高75cm	92,000	西泠印社	2021-07-24
清 白玉山林牧马图红木插屏	长18.5cm; 宽9cm; 高33cm	80,500	西泠印社	2021-01-16
清 铜鎏金嵌玉三星图插屏	高68cm	80,500	北京保利	2021-10-31
清 白玉浸色光鉴堂制款龙纹插屏	16.2cm×6.2cm; 高23.5cm	74,750	中国嘉德	2021-05-19
清 云岫晚翠紫檀嵌云石插屏	长29cm; 宽15cm; 高37cm	63,250	西泠印社	2021-01-16
清 红木镶白玉水月观音图插屏	长10cm; 宽9cm; 高19.6cm	57,500	浙江佳宝	2021-01-10
清 祁阳石雕“海屋添筹”紫檀内边外红木嵌螺钿大插屏	长47.5cm×23.3cm×74.5cm	55,200	北京保利	2021-06-08
清 紫檀嵌云石插屏	长21.5cm; 宽15cm; 高40.5cm	55,200	西泠印社	2021-07-24
清 红木嵌寿山石人物插屏	长39.6cm; 宽16cm; 高41cm	48,300	西泠印社	2021-04-10
清 红木嵌大理石晴雪阮江座屏	45cm×38.5cm	46,000	北京保利	2021-10-30
清 红木嵌云石插屏	长42cm; 宽18.5cm; 高58.5cm	43,700	西泠印社	2021-01-15
清 红木嵌山水人物瓷插屏	长10.5cm; 宽6cm; 高19cm	43,700	西泠印社	2021-07-24
清 紫檀嵌云石插屏	带座长38.5cm; 宽20cm; 高50.8cm	43,700	西泠印社	2021-10-23
清 红木嵌百宝博古图插屏	宽58cm; 高76.5cm	41,400	浙江佳宝	2021-01-10
清 红木嵌黄杨木福云纹插屏	117cm×35cm×97cm	40,250	北京翰海	2021-04-17
清 碧玉长眉罗汉插屏	高30.5cm	40,250	十竹斋拍卖（北京）	2021-05-29
清 黄花梨嵌松花石山水纹插屏	长35cm; 宽16.5cm; 高46.3cm	40,250	浙江佳宝	2021-01-10
清 紫檀嵌大理石插屏	108cm×38cm×85cm	36,800	北京翰海	2021-04-17
清 紫檀云石插屏	长46.8cm; 宽22cm; 高73.2cm	36,800	中贸圣佳	2021-09-26
清 黄杨木嵌蕨叶化石座屏	长40.4cm; 宽19.8cm; 高46cm	36,800	西泠印社	2021-01-16
清 黄花梨嵌云石小插屏	高26cm	32,200	华艺国际	2021-12-11
清 沈惟康制红木嵌白石彩绘“天官”桌屏	高36cm	30,348	保利香港	2021-04-21
清 白玉泛舟图插屏	高18.5cm	28,750	十竹斋拍卖（北京）	2021-05-29
清 黄花梨嵌大理石插屏	82cm×39cm×98cm	28,750	北京翰海	2021-10-16
清 大理石酸枝插屏	直径35.5cm	28,750	广东崇正	2021-01-07
清 红木嵌云石插屏	长48cm; 宽19cm; 高53cm	23,000	北京银座	2021-09-24
清 祁阳石巧雕花卉插屏	14.7cm×11.3cm×23.9cm	23,000	北京保利	2021-06-08
清 紫砂泥绘山水图红木插屏	长22cm; 宽14cm	23,000	上海嘉禾	2021-07-22
清 紫檀夔凤纹插屏座	长41.6cm	23,000	北京保利	2021-10-31
清 紫檀夔龙纹插屏座	长36.5cm	23,000	北京保利	2021-10-31
清 漆制龙纹插屏	长62.2cm; 宽22.2cm; 高60cm	23,000	西泠印社	2021-10-23
清 紫檀嵌百宝松鹤延年插屏	高60cm	20,700	北京九歌	2021-06-13
清 青金石百宝嵌插屏	宽22cm; 高34cm	20,700	北京九歌	2021-06-13
清 紫檀如意纹座屏	高89cm	20,700	北京保利	2021-10-30
清 祁阳石俏雕巡幸图挂屏	长22.3cm; 宽25.8cm	20,232	保利香港	2021-04-21
晚清 粉彩人物故事瓷板插屏	长20cm; 宽13cm	19,550	中贸圣佳	2021-09-25
清末民国 黄花梨石面大插屏	136cm×53.5cm×97cm	1,380,000	中国嘉德	2021-11-30
民国 鸡翅木大理石座屏	79cm×27cm×77cm	253,000	北京保利	2021-06-08

拍品名称	物品尺寸	成交价RMB	拍卖公司	拍卖日期
民国 青花山水楼阁图瓷板插屏	瓷板32.5cm×32.5cm; 插屏55cm×23.8cm×69.5cm	115,000	中贸圣佳	2021-05-20
现代 粉彩福禄寿瓷板座屏	通高47cm	41,400	北京荣宝	2021-06-19
当代 黄花梨大插屏	长92cm; 宽50cm; 高142.3cm	575,000	中贸圣佳	2021-09-26
当代 方毅 粉彩素心劲节双面釉薄胎插屏	瓷板长21.5cm; 插屏长36.7cm	36,800	中贸圣佳	2021-12-30
当代 鸿韵堂叶烈清 博古图花卉扇形瓷板座屏	瓷板长65cm; 框长69.2cm	34,500	中贸圣佳	2021-12-30
宫廷御用紫檀嵌六棱型博古纹插屏	122cm×33cm×190cm	7,130,000	上海嘉禾	2021-11-14
2014年 王锡良 清凉台上云雾赏奇峰书画双面釉插屏	屏长88.8cm; 宽28.8cm; 高82.7cm	1,380,000	中贸圣佳	2021-12-30
1873年 王少维 浅绛山水瓷板插屏	瓷板34.5cm×26cm; 插屏47cm×19cm×63.8cm	920,000	中贸圣佳	2021-05-20
1924年 潘匋宇 粉彩松荫高士图瓷板插屏	瓷板长44.8cm; 框长35.2cm	828,000	中贸圣佳	2021-12-30
清 祁阳石雕人物故事插屏	长57.5cm; 宽44cm	575,000	十竹斋	2021-06-27
黄花梨铜胎珐琅插屏	71.5cm×66cm×24cm	517,500	上海嘉禾	2021-11-14
翡翠描金绘八仙人物纹插屏（两件）	高62cm（带座）	460,000	北京华辰	2021-12-08
1938年 汪野亭 粉彩青绿山水图瓷板插屏	瓷板长25.8cm; 框长41cm	368,000	中贸圣佳	2021-12-30
1937年 段子安 粉彩品茶图瓷板插屏	瓷板31.5cm×21.5cm; 插屏44cm×20cm×65cm	207,000	中贸圣佳	2021-05-20
20世纪60年代 剔红菊花蝴蝶纹插屏	108cm×82cm	89,700	北京荣宝	2021-06-19
清 云石插屏	长28.5cm; 宽28.5cm	72,450	十竹斋	2021-06-27
清 祁阳石插屏	长56.5cm; 宽41.5cm	63,250	十竹斋	2021-06-27
黄跟宝 文房清供·老红木云石插屏	75cm×46cm	57,500	上海嘉禾	2021-07-22
清 黄杨木山水人物插屏	长42.5cm; 宽32.5cm	51,750	十竹斋	2021-06-27
清 红木嵌玉五龙插屏	长52cm; 宽32.5cm	41,400	十竹斋	2021-06-27
清 祁阳石插屏	长36.5cm; 宽26.7cm	29,900	十竹斋	2021-06-27
清 云石巧雕芦雁插屏	长23cm; 宽31cm	26,450	十竹斋	2021-06-27
清 云石插屏	长63cm; 宽3.65cm	24,150	十竹斋	2021-06-27
刘涛 沉香山水插屏	47cm×27cm（连座）	18,480	上海联合	2021-06-27
明末清初 紫檀嵌绿石条桌式砚屏	长21cm; 高28cm	57,500	西泠印社	2021-01-16
清早期 紫檀嵌百宝菊花寿字砚屏	高23.5cm	172,500	十竹斋拍卖（北京）	2021-05-29
清初 封门青田石指日高升砚屏	长14.5cm	86,250	华艺国际	2021-06-05
清中期 红木嵌竹雕“宝瓶春色”砚屏	高26cm（连座）	39,200	上海联合	2021-06-27
清道光 粤绣名家陈青莲款百鸟闹春桌屏	直径33cm	80,500	中贸圣佳	2021-05-21
清光绪 祁阳石石榴小砚屏（硬木座）	19cm×10.5cm×29.3cm	27,240	北京保利	2021-08-08
清 菊花石巧作砚屏清供	高29.9cm	230,000	中贸圣佳	2021-09-25
清 黄花梨嵌石犀牛望月山水人物图砚屏	长31.5cm; 宽16cm; 高33cm	57,500	西泠印社	2021-01-16
清 紫檀雕拐子龙纹砚屏架	长19.5cm; 宽9.5cm; 高18cm	57,500	永乐拍卖	2021-05-22
清 搅胎砚屏	高50.2cm	55,200	中贸圣佳	2021-09-25
清 白玉澄观斋诗文凤鸣岐山书卷式砚屏	长10.4cm; 高10.5cm（连座）	55,200	广东崇正	2021-01-07
清 紫檀嵌银丝及镂雕古玉龙纹砚屏	高20cm	46,000	广东崇正	2021-01-07
清 仙崖和尚石质砚屏	高18cm	34,500	北京荣宝	2021-06-19
清 紫檀嵌云石砚屏	长23.5cm; 宽11cm; 高24cm	29,900	西泠印社	2021-04-10
清 祁阳石砚屏	板长18.1cm; 整体长23.4cm	23,000	中贸圣佳	2021-03-26
民国 恽宝惠刻白铜砚屏	屏长11cm; 屏高15.7cm	299,000	中贸圣佳	2021-12-29
民国 珐琅彩双面绘瓷砚屏	15cm×9cm×27.2cm	115,000	中贸圣佳	2021-05-20
清 贝壳雕百鸟朝凤砚屏（一对）	长22cm; 宽16.2cm	32,200	十竹斋	2021-06-27
民国 王震画刘海戏金蟾图碧玉砚屏	长20cm; 宽10cm; 厚1.7cm	32,200	十竹斋	2021-06-27
明万历 缂金地神仙人物挂屏	46cm×180cm	563,500	中贸圣佳	2021-12-30
明嘉万 飞凤妆花缎挂屏	60cm×124cm	391,000	中贸圣佳	2021-12-30
明 缂金地神仙人物挂屏	47cm×177cm	287,500	中贸圣佳	2021-05-21
明代 红地刺绣龙纹衣饰挂屏	85cm×62cm	218,500	中贸圣佳	2021-12-30
明末清初 石青地织金升龙挂屏	33cm×90cm	28,750	中贸圣佳	2021-12-30
明末清初 顾绣鹦鹉蟠桃图挂轴	48cm×198cm	851,000	中贸圣佳	2021-07-07
明末清初 顾绣一路连科绣屏	41cm×108cm	667,000	中贸圣佳	2021-12-30
明末清初 顾绣花鸟四条屏	41cm×90cm	402,500	中贸圣佳	2021-07-07
明末清初 妆花缎织金行龙挂屏	65cm×22cm	23,000	中贸圣佳	2021-12-30
清早期 黄花梨雕云龙纹挂屏	104.7cm×40cm	517,500	华艺国际	2021-06-05
清早期 刺绣喜鹊登梅挂屏	30cm×62cm	57,500	中贸圣佳	2021-12-30
清早期 盘金绣冠上加冠挂屏	68cm×78cm	23,000	中贸圣佳	2021-12-30
清早期 明黄地织锦龙纹挂屏	105cm×105cm	23,000	北京保利	2021-06-08
清康熙 缂丝鹿鹤同春挂屏	53cm×120cm	115,000	中贸圣佳	2021-12-30
清雍正 刺绣博古图屏	45cm×98cm	184,000	中贸圣佳	2021-05-21
清雍正 蓝地刺绣金龙纹挂屏	46cm×35cm	103,500	中贸圣佳	2021-12-30
清乾隆 掐丝珐琅御制诗洋菊图挂屏	142.5cm×83.5cm	7,659,000	佳士得	2021-05-28
清乾隆 紫檀百宝嵌大挂屏	79.5cm×140.5cm	6,325,000	北京保利	2021-06-07

2021杂项拍卖成交汇总（续表）

（成交价RMB：1万元以上）

拍品名称	物品尺寸	成交价RMB	拍卖公司	拍卖日期
清乾隆 紫檀百宝嵌框缂丝龙舟竞渡葫芦挂屏（一对）	高100cm×2	5,290,000	北京保利	2021-12-05
清乾隆 御制紫檀嵌八宝清供图大挂屏	长140.5cm；高79cm	4,600,000	中贸圣佳	2021-12-29
清乾隆 刺绣玉堂富贵图挂屏	143cm×50cm	2,990,000	中贸圣佳	2021-07-07
清乾隆四十三年 御制"宝符国瑞"御题诗文万年青图挂屏	111cm×61cm	1,955,000	中鸿信	2021-07-14
清乾隆 葫芦形百宝嵌挂屏	宽66cm；高11cm	1,840,000	北京保利	2021-06-07
清乾隆 紫檀框楠木雕鸳鸯松鹤图挂屏（一对）	直径79.5cm×2	1,380,000	北京保利	2021-09-26
清乾隆 紫檀嵌百宝御题诗挂屏	106cm×72.5cm	1,322,500	北京保利	2021-01-09
清乾隆 唐英制粉彩四季花卉四屏	157cm×82.5cm	1,150,000	中贸圣佳	2021-12-29
清乾隆 紫檀框黑漆百宝嵌喜上眉梢图题诗挂屏	长87cm；高146cm	1,035,000	中贸圣佳	2021-05-21
清乾隆 紫檀框绢本诗文山水画成对	108.5cm×69.7cm×3cm×2	805,000	中国嘉德	2021-05-19
清乾隆 粉彩仙人乘槎挂屏	66.4cm×35.6cm	722,282	香港苏富比	2021-04-22
清乾隆 紫檀雕西番莲八宝纹挂屏	125cm×97.5cm	552,000	中国嘉德	2021-11-29
清乾隆 玻璃画仕女图挂屏	长70cm；宽45cm	460,000	中贸圣佳	2021-09-26
清乾隆 紫檀大漆地百宝嵌岁朝清供挂屏	宽102cm；高76cm	437,000	十竹斋拍卖（北京）	2021-05-29
清乾隆 紫檀框蓝漆地嵌百宝博古图挂屏（一对）	宽56.5cm；高88cm	425,500	永乐拍卖	2021-05-22
清乾隆 青花釉里红高浮雕云龙纹挂屏	长36cm；宽30.3cm	391,000	中贸圣佳	2021-07-07
清乾隆 剔彩十六应真图圆挂屏	直径29cm	345,000	华艺国际	2021-06-05
清乾隆 紫檀框大漆镶百宝"鸿禧"挂屏成对	120cm×80cm×2	345,000	华艺国际	2021-12-11
清乾隆 紫檀框红漆百宝嵌绶带梅花图挂屏	长73.2cm；高63cm	345,000	中贸圣佳	2021-12-30
清乾隆 紫檀嵌玉庭院图挂屏（一对）	宽65.7cm×2	298,422	中国嘉德	2021-04-23
清乾隆 紫檀双连环纹挂屏框	88.5cm×59cm	253,000	北京保利	2021-06-08
清乾隆 蓝色地宫廷绣湖石花鸟挂屏	55cm×200cm	230,000	中贸圣佳	2021-05-21
清乾隆 蓝色地宫廷绣梅花绶带挂屏	55cm×200cm	230,000	中贸圣佳	2021-05-21
清乾隆 紫檀嵌玉"迎禧接福"挂屏	高57cm	184,000	华艺国际	2021-06-05
清乾隆 "王杰"作七言白瓷对联	140cm×66.5cm	126,500	保利厦门	2021-11-05
清乾隆 "唐英"款嵌白瓷诗文挂屏	39cm×60cm	57,500	北京荣宝	2021-06-19
清乾隆 粉彩山水亭台楼阁图挂屏	直径（瓷板）26cm；（带框）50.5cm×50.5cm	57,500	北京中汉	2021-11-28
清乾隆 鸡翅木山水屏芯	框88cm×60cm	32,200	中国嘉德	2021-05-19
清乾隆 金线织锦双龙戏珠纹挂屏（一对）	67cm×23cm×2	23,000	中贸圣佳	2021-12-30
清中期 剔犀嵌百宝太平有象挂屏（一对）	68cm×89cm×2	782,000	保利厦门	2021-11-05
清中期 紫檀松鼠葡萄纹框黑漆描金群仙贺寿图挂屏	长84cm；宽66.5cm	517,500	中贸圣佳	2021-05-21
清中期 红木框大理石"苍壁凌霄""山潭晓露"挂屏（一对）	长91cm；宽61cm	212,750	中贸圣佳	2021-07-07
清嘉庆 吉祥如意雕漆挂屏（一对）	高61cm	207,000	上海匡时	2021-07-08
清中期 黄花梨四言对联	16.5cm×70cm×2	207,000	中国嘉德	2021-11-30
清嘉庆 苏绣湖石绶带绣屏	43cm×172cm	207,000	中贸圣佳	2021-12-30
清中期 大红地绣五彩博古图挂屏	65cm×140cm	161,000	中贸圣佳	2021-07-07
清中期 红地孔雀羽绣蟠桃会挂屏	185cm×62cm	161,000	中贸圣佳	2021-07-07
清中期 董其昌书"登平嘉世"匾额	276cm×93cm	138,000	中国嘉德	2021-11-30
清嘉庆 石青地苏绣花卉纹挂屏（一对）	40cm×60cm×2	103,500	中贸圣佳	2021-12-30
清中期 粉彩人物诗文瓷板挂屏四扇	69cm×31.4cm×4	92,000	中国嘉德	2021-03-29
清中期 红木嵌石花开富贵圆挂屏	直径94cm	86,250	中国嘉德	2021-11-30
清中期 御制"灵仙祝寿"纹挂屏	框84cm×37cm；画心71cm×21cm	57,500	华艺国际	2021-03-31
清中期 青花山水人物纹瓷板挂屏	63cm×27.5cm；瓷板58.8cm×23.5cm	55,200	中国嘉德	2021-03-29
清中期 红地刺绣婴戏图条屏	52cm×188cm	55,200	中贸圣佳	2021-05-21
清中期 青花山水人物纹瓷板挂屏	62.5cm×27.5cm；瓷板58.5cm×23.5cm	34,500	中国嘉德	2021-09-27
清中期 "福""寿""喜"嵌瓷挂屏	23cm×23cm×3	32,200	北京荣宝	2021-06-19
清中期 木雕金漆九龙挂屏	宽60cm	19,295	北京保利	2021-08-08
清道光 刺绣寿星图挂屏	48cm×89cm	287,500	中贸圣佳	2021-07-07
清道光 纳纱龙纹挂屏	长92cm；高43cm	18,400	北京银座	2021-09-24
19世纪 硬木镂空嵌花鸟纹广绣屏风（一扇四屏）	89.5cm×47.5cm（屏心）；251.2cm×173cm（全屏）	184,000	华艺国际	2021-03-31
19世纪 硬木嵌花鸟纹广绣屏风（一扇四屏）	144cm×60.5cm（屏心）；292cm×117.5cm（全屏）	115,000	华艺国际	2021-03-31
19世纪 广绣花鸟诗文条屏（一套四件）	112cm×30cm（连框）；104cm×21cm（画心）	71,300	华艺国际	2021-03-31
清光绪 打籽八仙绣屏	69cm×176cm	59,800	中贸圣佳	2021-12-30
19世纪 广绣花鸟纹四条屏	（屏心）111cm×48.5cm	46,000	华艺国际	2021-03-31
清晚期 粤绣百鸟图挂屏	（画心）73cm×110cm；100cm×146cm×5cm	115,000	中国嘉德	2021-11-29

拍品名称	物品尺寸	成交价RMB	拍卖公司	拍卖日期
清晚期 吴昌硕楠木七言联	86.5cm×15.8cm×2	57,500	中国嘉德	2021-11-30
清晚期 粉彩生肖动物图挂屏	26cm×38.7cm（瓷板）	20,700	北京诚轩	2021-05-18
清 金漆木雕戏曲人物故事挂屏（一套三十九件）	尺寸不一	1,150,000	广东崇正	2021-01-07
清 红木饰各式瓷壁瓶挂屏（一组两件）	长128.5cm；宽66.8cm	632,500	西泠印社	2021-07-24
清 红木饰各式瓷壁瓶挂屏（一组两件）	长123cm；宽59.5cm	575,000	西泠印社	2021-07-24
清 百鸟迎春图广绣大挂屏（一对）	高360cm×2	506,000	华艺国际	2021-03-31
清 嵌螺钿挂屏	宽33.2cm；高75cm	425,500	中贸圣佳	2021-09-26
清 粤绣山水挂屏（一对）	40cm×125cm×2	322,000	中贸圣佳	2021-05-21
清 黑漆嵌百宝"世代寿考图"屏	长74cm；宽95.5cm	253,000	中贸圣佳	2021-03-26
清 王文治临宋四家帖挂屏（一套四件）	长109cm；宽42cm	218,500	中贸圣佳	2021-12-30
清 粤绣黎爱莲款"三公富贵"图挂屏	70cm×100cm	218,500	中贸圣佳	2021-12-30
清 鸡翅木嵌玉山水人物图挂屏	长58cm；宽45.3cm；高28cm	138,000	西泠印社	2021-10-23
清 诗文花卉挂屏（一对）	长78cm	126,500	中贸圣佳	2021-03-26
清 石林题紫檀框嵌云石挂屏（一组四件）	长84cm；宽19.5cm	126,500	西泠印社	2021-01-16
清 汪昱款云石刻诗文挂屏（一对）	直径45cm	115,000	中贸圣佳	2021-03-26
清 大漆嵌螺钿诗文四条屏	126cm×98cm	115,000	北京保利	2021-10-31
清 楠木大漆"醉书堂"挂屏	长43cm	109,250	北京保利	2021-10-31
清 楠木嵌百宝挂屏	长121.5cm；宽47.5cm	103,500	十竹斋拍卖（北京）	2021-04-25
清 掐丝珐琅寿字挂屏	137.5cm×78cm	103,500	中国嘉德	2021-11-29
晚清 刺绣猿戏图四条屏	45cm×120cm	92,000	中贸圣佳	2021-12-30
清中期 红地湖石花鸟绣屏	53cm×148cm	69,000	中贸圣佳	2021-12-30
清 缂丝人物故事挂屏（一对）	23cm×31cm	63,250	中贸圣佳	2021-12-30
清 粤绣百鸟朝凤纹大挂屏	175cm×295cm	63,250	中贸圣佳	2021-05-21
清 粤绣丹凤朝阳挂屏	43cm×75cm	57,500	中贸圣佳	2021-05-21
清 阮元铭红木嵌云石挂屏（一组两件）	长134.5cm；宽59cm	55,200	西泠印社	2021-01-15
清 黑地花果纹绣屏	88cm×65.2cm	52,900	中贸圣佳	2021-12-30
清 粤绣花鸟寿桃条屏	39cm×142cm	51,750	中贸圣佳	2021-05-21
清 紫檀器物罩	长18cm	51,750	北京保利	2021-10-31
清 虚谷款"读古"木匾	长71.7cm；宽24cm	51,750	西泠印社	2021-10-23
清 百宝嵌博古挂屏（一对）	高49cm；长59cm	46,000	朵云轩	2021-07-07
清末 米色纱绣梅雀图红木嵌螺钿挂屏	高46cm；宽65cm	46,000	永乐拍卖	2021-05-22
清 阮元铭红木嵌云石挂屏（一组两件）	长134.5cm；长134.5cm	43,700	西泠印社	2021-10-23
清 花鸟纹粤绣条屏（一对）	42.5cm×126cm×2	40,250	中贸圣佳	2021-05-21
清 朱漆地刻黑字"鸿禧"挂屏	112cm×52cm	38,590	北京保利	2021-08-08
清 大漆嵌白玉诗文挂屏	54cm×86cm	32,200	中鸿信	2021-07-14
清 万字龙纹缂丝挂屏（一对）	34cm×64cm×2	28,750	中贸圣佳	2021-12-30
清 黑漆描金人物故事图挂屏	2cm×200cm×16cm	28,750	广东崇正	2021-01-07
清 周梅谷制青铜纹饰挂屏	68cm×20cm	28,750	华艺国际	2021-06-05
清 刺绣花鸟纹挂屏	180cm×32cm	23,000	中国嘉德	2021-03-30
清 大漆嵌百宝博古图挂屏	直径85cm	23,000	中鸿信	2021-07-14
清 红木嵌寿山石清供图挂屏	高77cm；宽27cm	18,400	西泠印社	2021-10-23
民国 "花香扑鼻"大漆匾	95cm×28.5cm	207,000	中国嘉德	2021-11-30
民国 金漆木雕周文王访贤图 郭子仪祝寿图挂屏（两件）	124cm×78.5cm×2	178,250	广东崇正	2021-01-07
民国 金漆木雕花鸟纹挂屏（两件）	185.5cm×60cm×2	105,800	广东崇正	2021-01-07
民国 金漆木雕红楼人物故事大挂屏	194.5cm×107.5cm×2	69,000	广东崇正	2021-01-07
民国 红木百宝嵌挂屏（一对）	高117cm×78cm×2	57,500	北京荣宝	2021-06-19
民国 杏柳春燕刺绣挂屏	45cm×193cm	36,800	中贸圣佳	2021-07-07
民国 粉彩花鸟纹瓷板挂屏	47.5cm×30.2cm；瓷板42cm×25cm	25,300	中国嘉德	2021-03-28
民国 粉彩罗汉图挂屏（一组四件）	瓷板20cm×9cm；带框25.5cm×14.5cm	25,300	中贸圣佳	2021-03-25
民国 粉彩诗文人物条屏	框长115cm；宽30.5cm；瓷板长82cm；宽22cm	25,300	中贸圣佳	2021-09-25
民国十七年（1928年）熊甫卿绘粉彩花神图瓷板挂屏（一对）	40.7cm×27.7cm；瓷板37.2cm×24.2cm	23,000	中国嘉德	2021-09-28
民国 黄地粉彩西番莲纹大吉挂屏（一对）	高29.3cm	23,000	中贸圣佳	2021-09-25
民国 段子安风格粉彩山水人物纹瓷板挂屏	59cm×44cm；瓷板47.4cm×33cm	23,000	中国嘉德	2021-03-28
20世纪60~70年代 智取威虎山人物故事黄杨木雕挂屏	110.5cm×54.5cm	632,500	中贸圣佳	2021-12-30
漆嵌百宝博古纹挂屏（四件一组）	高102cm	460,000	北京华辰	2021-12-08
万书琴 四大美女挂屏	长94cm；宽43cm	115,000	十竹斋	2021-01-09
近代 黄花梨灵芝纹中堂（四件）	285cm×51cm×114cm；98cm×98cm×82cm；71cm×54cm×110cm	103,500	北京翰海	2021-10-16
20世纪60~70年代 少数民族人物漆雕双面屏风（一套）	长43cm；高147.6cm	103,500	中贸圣佳	2021-12-30
20世纪80年代 雕漆《瑞鹤图》挂屏	120cm×90cm	92,000	北京荣宝	2021-06-19
20世纪60~70年代 新疆舞挂屏（四片）	91.3cm×40.8cm×4	63,250	中贸圣佳	2021-12-30

2021杂项拍卖成交汇总(续表)

(成交价RMB：1万元以上)

拍品名称	物品尺寸	成交价RMB	拍卖公司	拍卖日期
竹林七贤石板	长44cm; 宽30cm(含框)	57,500	辽宁省拍	2021-07-04
20世纪60~70年代 广东螺钿镶嵌农耕图挂屏(一套)	99.5cm×49cm	40,250	中贸圣佳	2021-12-30
20世纪60~70年代新疆舞挂屏(两片)	91.4cm×40.5cm×2	29,900	中贸圣佳	2021-12-30
清 木雕香山九老图挂屏	长107cm; 宽61cm	26,450	十竹斋	2021-06-27
硬木框漆嵌百宝博古图挂屏(一对)	120cm×35cm×2	20,700	中国嘉德	2021-09-26
于右任 书法文房扇形屏	长60cm; 宽20cm	20,430	浙江佳宝	2021-01-10
明末清初 黄花梨螭龙纹十二条屏	323cm×58cm×12	3,105,000	华艺国际	2021-12-11
清康熙 顾绣狩猎图十二扇屏风 配乾隆制紫檀框	295cm×48.8cm×12	13,800,000	北京保利	2021-06-07
清雍正至乾隆 硬木嵌瓷唐英风格青花墨彩亭阁山水博古图十条屏	长138cm; 宽28cm	632,500	中贸圣佳	2021-05-20
清乾隆 紫檀嵌大理石福寿八吉祥清供图十扇围屏	366.4cm×180cm	7,287,735	香港苏富比	2021-04-22
清乾隆 黑漆描金内嵌佛说阿弥陀无量寿经福寿十二屏风	宽34cm; 高161cm	2,990,000	北京保利	2021-06-07
清乾隆 雕填漆云龙花鸟纹八扇屏	45cm×205cm×8	1,495,000	北京保利	2021-12-06
清乾隆 御制高堆绫绣十六应真四扇屏	29cm×118cm×4	920,000	中贸圣佳	2021-05-21
清乾隆 紫檀嵌百宝隔扇四扇	55.5cm×246cm×4	805,000	中国嘉德	2021-05-19
清乾隆 红木嵌云石楠木题诗六条屏	122.5cm×30cm×6	184,000	保利厦门	2021-11-05
清咸丰 王素铭款彩春夏秋冬四扇屏风	长141cm; 宽41.5cm	69,000	浙江佳宝	2021-01-10
清晚期 红木嵌瓷花鸟纹(四条屏)	31.6cm×118.5cm×4	46,000	中贸圣佳	2021-03-26
清晚期 吴彩霞绣庄作湘绣清供图四扇屏	172cm×139cm	28,750	中国嘉德	2021-09-28
清 紫檀螭龙纹屏风(一套十二片)	长56cm; 宽3cm; 高316cm	1,955,000	北京银座	2021-09-24
清 黄花梨螭龙捧寿十二扇屏	55cm×330cm×12	460,000	中鸿信	2021-07-14
清 红木龙纹屏风	220cm×50cm×2	287,500	十竹斋拍卖(北京)	2021-05-29
清 红酸枝四扇屏风	174cm×35cm×4	161,000	南京经典	2021-07-18
清 紫檀屏风八扇	长40.5cm; 高113.8cm	138,000	中贸圣佳	2021-09-26
清 黄花梨螭龙纹屏风(十二件)	275cm×53cm×12	103,500	北京翰海	2021-04-17
清中晚期 翡翠山水人物屏风		97,750	十竹斋拍卖(北京)	2021-05-29
清 紫檀四条屏框	86cm×27cm×4	93,070	北京保利	2021-08-08
清 红木嵌人物故事瓷板八联屏风	总长232cm; 高139.5cm	92,000	西泠印社	2021-07-24
清 红酸枝嵌楠木屏风一组十二扇	长47cm; 高254cm	51,750	中贸圣佳	2021-09-26
清 描漆花鸟屏风(一组四件)	长103cm; 宽35cm	26,450	西泠印社	2021-04-10
婴戏图屏风两张	166cm×172cm×2	126,500	泰和嘉成	2021-06-06
约1920年日本纸本金叶六曲山水屏风	136cm×302cm	115,000	中国嘉德	2021-05-19
雕漆嵌玉博古纹屏风(一套)	长38cm; 高215cm	80,500	北京银座	2021-09-24
近代 红地刺绣八条屏	44cm×204cm×8	57,500	中贸圣佳	2021-05-21
黄花梨木板	长度203cm; 宽度41.5cm; 重40kg	1,380,000	永乐拍卖	2021-12-03
佛教文物				
造像				
2世纪 犍陀罗释迦牟尼坐像	高23cm	20,700	西泠印社	2021-01-15
13世纪 阿弥陀佛	高38cm	3,680,000	华艺国际	2021-06-05
13世纪 合金铜嵌金嵌银金刚亥母像	高19cm	1,955,000	古天一	2021-06-07
13世纪 黄财神	高20.3cm	1,552,500	华艺国际	2021-03-31
13世纪 银金刚萨埵立像	高27.5cm	1,150,000	北京保利	2021-06-07
13世纪 铜鎏金菩萨立像	高20cm	1,058,000	北京保利	2021-06-07
13世纪 不动佛像	高29cm	690,000	中贸圣佳	2021-05-21
13世纪 阿弥陀佛像	高30cm	690,000	中贸圣佳	2021-05-21
13世纪 合金铜释迦牟尼佛像	高33.5cm	690,000	古天一	2021-06-07
13世纪 释迦牟尼	高61cm	563,500	华艺国际	2021-12-11
13世纪 观音	高8.8cm	506,000	上海国时	2021-07-08
13世纪 阿閦佛坐像	高36cm	483,000	华艺国际	2021-06-04
13世纪 释迦牟尼像	高17cm	402,500	中贸圣佳	2021-12-30
12~13世纪 力士像	高23cm	345,000	中贸圣佳	2021-05-21
13世纪 六臂日月观音像	高20cm	345,000	中贸圣佳	2021-05-21
12~13世纪 黄财神	高11.3cm	333,500	上海国时	2021-07-08
13世纪 宝生佛	高37.5cm	322,000	华艺国际	2021-12-11
13世纪 黄财神	高11cm	316,250	上海国时	2021-07-08
13世纪 合金铜嵌银眼释迦牟尼佛像	高28cm	310,500	古天一	2021-06-07
13世纪 合金铜金刚萨埵立像	高12cm	207,000	古天一	2021-06-07
13世纪尼泊尔铜鎏金强巴佛弥勒佛像	高11.5cm	172,500	朵云轩	2021-07-07
13世纪 宝生佛	高13.5cm	161,000	华艺国际	2021-12-11
13世纪 黑财神	高8.5cm	69,000	上海国时	2021-07-08
西魏大统五年 铜释迦牟尼佛坐像	高28.2cm	14,171,220	香港苏富比	2021-10-12
3~4世纪 犍陀罗佛立像	高72cm	318,317	中国嘉德	2021-04-21
3~4世纪 犍陀罗佛像	高48.7cm	218,843	中国嘉德	2021-04-21
北魏 铜弥勒佛立像	高40.2cm	1,294,848	中国嘉德	2021-04-21
北魏 铜鎏金一佛二菩萨立像	高11.1cm	365,148	香港苏富比	2021-10-12
北魏 铜阿弥陀佛坐像	高11.1cm	250,387	香港苏富比	2021-10-12
北魏末至北齐 铜鎏金飞天像	宽6.9cm	229,522	香港苏富比	2021-10-12
北魏至唐 石佛头、飞天残像、石佛头、石雕佛身像(一组四件)	最大的高20.2cm	109,296	中国嘉德	2021-10-14

拍品名称	物品尺寸	成交价RMB	拍卖公司	拍卖日期
3~5世纪 犍陀罗时期 石雕菩萨像	高75cm	165,600	台北艺珍	2021-11-07
北齐至隋 铜鎏金释迦牟尼佛坐像	高13.6cm	1,564,920	香港苏富比	2021-10-12
北齐 铜鎏金菩萨立像	高19.9cm	489,375	纽约佳士得	2021-03-18
北齐 石雕佛头	高29cm	447,120	中国嘉德	2021-10-14
北齐 石雕缠枝莲纹佛座	宽18.4cm	84,456	中国嘉德	2021-10-14
北齐 石雕佛头	高10cm	31,832	中国嘉德	2021-04-21
隋至唐初 铜鎏金阿弥陀佛坐像	高11.1cm	3,129,840	香港苏富比	2021-10-12
隋 铜鎏金菩萨立像	高10.2cm	83,462	香港苏富比	2021-10-12
隋 铜鎏金佛立像	高6cm	41,731	香港苏富比	2021-10-12
唐 铜鎏金莲华手观音坐像	高16.6cm	10,664,640	香港苏富比	2021-10-12
唐 大理石雕半跏趺坐菩萨像	高92cm	8,269,830	中国嘉德	2021-04-21
唐 铜鎏金菩萨坐像	高11.4cm	1,669,248	香港苏富比	2021-10-12
唐 铜鎏金观世音菩萨立像	高15.3cm	625,968	香港苏富比	2021-10-12
唐 石雕释迦坐像	高47cm	402,500	西泠印社	2021-01-15
唐 铜鎏金弥勒佛坐像	高9.5cm	312,984	香港苏富比	2021-10-12
唐至辽 铜鎏金千手千眼观世音菩萨立像	高5.7cm	292,118	香港苏富比	2021-10-12
唐 铜鎏金观世音菩萨立像	高9.5cm	99,112	香港苏富比	2021-10-12
唐 袖珍铜鎏金僧人立像	高6.7cm	89,719	纽约佳士得	2021-03-18
唐 铜鎏金尊者立像	高7.6cm	88,679	香港苏富比	2021-10-12
唐 铜鎏金供养人立像	高8cm	62,597	香港苏富比	2021-10-12
唐 红砂岩佛头	高19.3cm	51,726	中国嘉德	2021-04-21
7~8世纪 释迦牟尼	高10cm	977,500	中贸圣佳	2021-07-07
7~8世纪 铜鎏金释迦牟尼及供养菩萨(一对)	高11cm; 高4.5cm	667,000	十竹斋拍卖(北京)	2021-05-29
8世纪 黑石释迦牟尼造像	高17cm	92,000	广东崇正	2021-01-06
7~8世纪 释迦牟尼	高20cm	21,850	上海国时	2021-07-08
9世纪 红陶神像	高68cm	1,403,000	古天一	2021-06-07
8~9世纪 铜提瓶观音立像(带座)	高17.3cm; 重128g	92,000	广东崇正	2021-07-19
8~9世纪 铜鎏金力士像	高7.8cm; 重97.3g	34,500	广东崇正	2021-07-19
五代至辽 铜药师佛坐像	高8.9cm	99,112	香港苏富比	2021-10-12
宋 铜鎏金魁星像	高10.5cm	51,750	佳士得	2021-05-28
元徽二年铜鎏金莲华手观音立像	高6.4cm	41,731	香港苏富比	2021-10-12
10世纪 铜鎏金佛立像	高10.8cm	172,500	古天一	2021-06-07
辽 铜鎏金佛像	高12.5cm; 重492g	2,300,000	中国嘉德	2021-11-30
辽 罗汉头像	高28.4cm	178,848	中国嘉德	2021-10-14
辽 铜阿弥陀佛坐像	长20cm	172,500	广东崇正	2021-01-06
辽金 铜鎏金板凳佛站像	重335g; 通高15cm	32,456	香港福羲国际	2021-05-08
11世纪 弥勒像	高34.5cm	4,623,000	中贸圣佳	2021-07-07
10世纪/11世纪 站姿弥勒	高18.5cm	1,667,500	华艺国际	2021-03-31
11世纪 大理国铜鎏金四臂观音像	高22.5cm	920,000	北京大羿	2021-05-17
10~11世纪 铜鎏金倚坐弥勒像	高9.8cm	115,000	朵云轩	2021-07-07
11世纪 铜鎏金大日如来佛	高5cm	78,200	古天一	2021-06-07
11世纪 大理国铜释迦牟尼佛坐像	高8.8cm	57,500	古天一	2021-06-07
11世纪 释迦牟尼	高11.2cm	34,500	华艺国际	2021-03-31
金代 地藏王	高11.7cm	126,500	中贸圣佳	2021-03-26
12世纪 自在弥勒像	高10.2cm	1,207,500	中贸圣佳	2021-12-30
11~12世纪 救八难十一面四臂观音像	高14cm	1,104,000	中贸圣佳	2021-12-30
11世纪/12世纪 自在文殊菩萨	高13.5cm	977,500	华艺国际	2021-03-31
12世纪 绿度母像	高11.1cm	690,000	中贸圣佳	2021-07-07
12世纪 大幻金刚	高15cm	667,000	中贸圣佳	2021-07-07
12世纪 金刚萨埵	高13.3cm	632,500	中贸圣佳	2021-07-07
12世纪 莲花手观音	高34cm	437,000	华艺国际	2021-06-04
12世纪 无量寿佛	61cm×31cm	345,000	上海国时	2021-07-08
12世纪 菩萨头像	高24cm	299,000	北京中汉	2021-03-26
12世纪 大理风格罗汉	高17cm	103,500	中贸圣佳	2021-09-26
12世纪 达摩像	高20.5cm	63,250	中贸圣佳	2021-09-26
元 铜鎏金释迦牟尼坐像	高38cm	12,650,000	西泠印社	2021-01-16
元 阿弥陀佛	高32.5cm	8,682,500	北京中汉	2021-05-18
元 文殊菩萨	高30cm	3,335,000	华艺国际	2021-06-04
元 自在观音	高35cm	1,230,500	中贸圣佳	2021-12-30
元 大势至菩萨	高21cm	1,173,000	上海国时	2021-07-08
元 送子观音像	高75.6cm	1,092,500	中贸圣佳	2021-09-26
元 铜菩萨坐像	高29.7cm	920,000	西泠印社	2021-01-15
元 阿弥陀佛	高34cm	920,000	华艺国际	2021-12-11
元 二臂玛哈嘎拉像	高19cm	805,000	中贸圣佳	2021-07-07
元 地藏菩萨像	高22.6cm	793,500	中贸圣佳	2021-05-21
元 雷震子像	高51.5cm	690,000	中贸圣佳	2021-12-30
元 地藏王菩萨	高31cm	690,000	上海国时	2021-07-08
元 铜鎏金观音像	高12.5cm	690,000	中鸿信	2021-07-14
元 杨柳观音	高17.6cm	667,000	北京中汉	2021-11-28
元 铜地藏菩萨坐像	高44cm	575,000	西泠印社	2021-01-15
元 释迦牟尼佛像	高15.5cm	552,000	中贸圣佳	2021-05-21
元 弥勒菩萨	高15.5cm(佛); 高18.3cm(连座)	517,500	北京中汉	2021-05-18
元 铜鎏金观音立像	高9cm	483,000	西泠印社	2021-01-16
元 菩萨像	高16.6cm	322,000	北京中汉	2021-05-18
元 观音菩萨像	高32.2cm	322,000	中贸圣佳	2021-12-30
元 铜加彩地藏坐像	高42.6cm	322,000	西泠印社	2021-01-15
元 地藏王菩萨	高33.5cm	299,000	华艺国际	2021-12-11
元 释迦牟尼像	高37.5cm	287,500	中贸圣佳	2021-05-21
元 文殊菩萨像	高23.5cm	287,500	中贸圣佳	2021-05-21

(成交价RMB：1万元以上)

拍品名称	物品尺寸	成交价RMB	拍卖公司	拍卖日期
元 罗汉坐像	高11.5cm	287,500	北京中汉	2021-11-28
元 地藏菩萨像	高36cm	276,000	中贸圣佳	2021-12-30
元 释迦牟尼成道像	高18.5cm	264,500	华艺国际	2021-12-11
元 观音菩萨像	高31.2cm	230,000	北京中汉	2021-05-18
元 铜漆金释迦牟尼	高33.5cm	189,750	永乐拍卖	2021-09-26
元 观音菩萨像	高20.7cm	184,000	中贸圣佳	2021-12-30
元 文殊菩萨像	高16cm	172,500	中贸圣佳	2021-05-21
元 铜鎏金释迦牟尼坐像	高18.5cm	161,000	永乐拍卖	2021-09-26
元 铜菩萨坐像	高20cm	138,000	西泠印社	2021-01-15
元 铜漆金大势至菩萨	高29.9cm	120,750	永乐拍卖	2021-09-26
元 善财童子、龙女（一对）	(童子)高17.3cm; (龙女)高17cm	115,000	北京中汉	2021-11-28
元 骑吼观音	高19.5cm	115,000	北京中汉	2021-11-28
元 铜自在坐观音坐像	高32.5cm	115,000	西泠印社	2021-07-24
元 铜诞生佛立像	高13.5cm	92,000	西泠印社	2021-07-24
元 莲花手观音	高10.2cm	81,650	北京中汉	2021-11-28
元 观音像	高26.8cm	80,500	中贸圣佳	2021-09-26
元 铜释迦牟尼百佛牌	11.5cm×7.2cm	63,250	保利厦门	2021-11-05
元 过去七佛	高11.3cm	57,500	北京中汉	2021-05-18
元 铜达摩	高20.7cm	57,500	永乐拍卖	2021-09-26
元 铜雕观音像	高11cm	43,130	北京保利	2021-01-18
元 观音像	高17.8cm	25,300	中贸圣佳	2021-09-26
13世纪 铜鎏金释迦坐像	高38.5cm	2,760,000	西泠印社	2021-07-24
13世纪 大理国时期 铜释迦牟尼佛坐像	高31cm	2,012,500	十竹斋拍卖（北京）	2021-05-29
13世纪 铜鎏金无量寿佛坐像	高15.5cm	287,500	西泠印社	2021-07-24
13世纪 护经板	长68.5cm	34,500	北京中汉	2021-05-18
12~13世纪 莲花手观音	高26.1cm	28,750	北京中汉	2021-03-26
14世纪 马拉王朝铜鎏金文殊菩萨	高42.5cm	57,500,000	北京保利	2021-06-07
14世纪 铜鎏金释迦牟尼	高51cm	13,800,000	北京保利	2021-12-05
13~14世纪 铜鎏金绿度母	高44.2cm	7,935,000	北京保利	2021-12-05
14世纪 西藏铜鎏金弥勒菩萨（嵌银镶宝石）	高29cm	6,670,000	中国嘉德	2021-05-19
14世纪 铜鎏金双身胜乐金刚	高30cm	6,210,000	北京保利	2021-06-07
14世纪 释迦牟尼	高35.5cm	4,772,500	华艺国际	2021-03-31
14世纪 释迦牟尼	高51cm	4,370,000	华艺国际	2021-06-04
13~14世纪（丹萨梯寺）西藏合金铜双身密集金刚像	雕像31cm; 底座10.3cm	3,450,000	中国嘉德	2021-11-29
14世纪 铜鎏金释迦牟尼	高49cm	3,392,500	北京保利	2021-12-05
14世纪 铜鎏金吉天颂恭仁钦贝像	高25cm	3,220,000	北京保利	2021-12-05
14世纪 绿度母	高18cm	1,380,000	北京中汉	2021-11-28
14世纪 丹萨替寺铜鎏金佛板	27cm×32cm	1,380,000	华艺国际	2021-12-11
14世纪 西藏合金铜一世噶玛巴都松钦巴（嵌红铜）	高21cm	1,380,000	中国嘉德	2021-05-19
14世纪 铜鎏金普巴金刚像	高23.5cm	1,380,000	十竹斋拍卖（北京）	2021-05-29
14世纪 铜鎏金释迦牟尼立像	高28cm	1,380,000	十竹斋拍卖（北京）	2021-05-29
14世纪 释迦牟尼	高28.3cm	1,265,000	华艺国际	2021-03-31
14世纪 铜鎏金密集文殊金刚	高13.3cm	1,150,000	北京保利	2021-12-05
14世纪 铜鎏金嵌银绿度母像	高11cm	1,058,000	古天一	2021-06-07
14世纪 铜鎏金财续佛母坐像	高17cm	897,000	古天一	2021-06-07
14世纪 文殊菩萨	高16.8cm	690,000	华艺国际	2021-12-11
14世纪 无量寿佛像	高22.3cm	632,500	中贸圣佳	2021-12-30
14世纪 释迦牟尼	高21.5cm	609,500	上海匡时	2021-07-08
14世纪 铜鎏金嵌宝石金刚总持像	高28.5cm	402,500	十竹斋拍卖（北京）	2021-05-29
14世纪 铜鎏金释迦牟尼坐像	高12cm; 宽9cm	333,500	浙江佳宝	2021-01-10
13~14世纪 合金铜莲花手观音坐像	高19.5cm	322,000	古天一	2021-06-07
14世纪 坐姿弥勒	高14cm	322,000	中贸圣佳	2021-07-07
14世纪 合金铜四臂大黑天像	高7.5cm	287,500	古天一	2021-06-07
14世纪 铜鎏金宝冠释迦牟尼佛坐像	高21cm	253,000	十竹斋拍卖（北京）	2021-05-29
14世纪 铜鎏金莲花手菩萨立像	高14.5cm	253,000	古天一	2021-06-07
14世纪 大日如来像	高17cm	230,000	中贸圣佳	2021-05-21
14世纪 铜鎏金药师佛坐像	高24.3cm	230,000	西泠印社	2021-07-24
13~14世纪 合金铜度母立像	高21cm	207,000	古天一	2021-06-07
14世纪 金刚萨埵	高14cm	207,000	华艺国际	2021-03-31
14世纪 不空绢索观音	高13.7cm	195,500	中贸圣佳	2021-07-07
14世纪 铜鎏金释迦牟尼坐像	高15cm	184,000	西泠印社	2021-07-24
14世纪 西藏合金铜阿底峡像	高15cm	172,500	中国嘉德	2021-05-19
14世纪 尼泊尔（迦舍摩罗）合金铜释迦牟尼佛	高16.5cm	172,500	中国嘉德	2021-11-29
13~14世纪 毗湿奴像	高19cm	172,500	中贸圣佳	2021-12-30
13~14世纪 铜拉达克式男相观音坐像	高18.8cm; 宽15cm	172,500	浙江佳宝	2021-01-10
14世纪 铜鎏金释迦牟尼像	宽11.3cm; 高14.8cm	149,500	浙江佳宝	2021-01-10
14世纪 铜鎏金财续佛母	高19cm	138,000	永乐拍卖	2021-09-26
14世纪 四臂观音像	高17.5cm	126,500	中贸圣佳	2021-05-21
13~14世纪 尼泊尔马拉王朝铜鎏金宝冠释迦牟尼	高11cm	115,000	广东崇正	2021-01-06
13~14世纪 尼泊尔铜鎏金释迦牟尼坐像	高10.7cm; 高18.5cm	92,000	中国嘉德	2021-05-19

拍品名称	物品尺寸	成交价RMB	拍卖公司	拍卖日期
14世纪 铜鎏金佛塔	高39cm	86,250	中贸圣佳	2021-09-26
14世纪 铜鎏金无量寿佛坐像	高12.5cm	57,500	西泠印社	2021-01-15
14世纪 铜鎏金金刚萨埵立像	高13cm	48,300	古天一	2021-06-07
14世纪 铜鎏金止贡巴	高8.3cm	48,300	华艺国际	2021-09-17
14世纪 铜泥金释迦牟尼	高13.5cm	34,500	华艺国际	2021-09-17
13~14世纪 铜释迦牟尼	高10.5cm	23,000	北京诚轩	2021-05-18
14世纪 尼藏风格般若佛母	高14cm	20,700	朵云轩	2021-07-07
明早期 释迦牟尼说法像	高51cm	1,380,000	华艺国际	2021-03-31
明早期 关公坐像	高49cm	1,150,000	华艺国际	2021-06-04
明早期 宝冠释迦牟尼	高42cm	1,012,000	华艺国际	2021-03-31
明或明以前 观音	高15.5cm	667,000	上海匡时	2021-07-08
明或明以前 释迦牟尼	高8.8cm	598,000	上海匡时	2021-07-08
明早期 药师佛	高31cm	575,000	华艺国际	2021-12-11
明或明以前 观音	高24.3cm	460,000	上海匡时	2021-07-08
明早期 坐姿狮吼观音	高28cm	368,000	华艺国际	2021-12-11
明或明以前 释迦牟尼	高23.5cm	345,000	上海匡时	2021-07-08
元末明初 水月观音像	高33cm	264,500	中贸圣佳	2021-05-21
明早期 铜漆金须弥座释迦牟尼诞生像	高26cm	264,500	北京保利	2021-06-08
明或明以前 星日马	高33cm	264,500	上海匡时	2021-07-08
元末明初 送子观音	高22.3cm	172,500	华艺国际	2021-06-04
明早期 铜鎏金无量寿佛	高19.8cm	92,000	浙江佳宝	2021-01-10
明早期 武财神赵公明像	高17.8cm	74,750	中贸圣佳	2021-09-26
明早期 铜鎏金释迦牟尼坐像	高15.5cm	57,500	浙江佳宝	2021-01-10
明或明以前 罗汉	高10cm	57,500	上海匡时	2021-07-08
明早期 铸铜排佛	11.8cm×10.4cm ×0.6cm; 重427.7g	57,500	中国嘉德	2021-11-30
明早期 铜漆金天王	高29cm	32,200	华艺国际	2021-09-17
明早期 铜鎏金弥勒菩萨像	高32.5cm	23,000	中鸿信	2021-07-14
明洪武 阿弥陀接引佛	高23.2cm	2,645,000	中贸圣佳	2021-12-29
明洪武二十九年(1396年) 释迦牟尼坐像	高5.7cm	92,000	北京中汉	2021-11-28
明永乐 铜鎏金千尊佛母像	高70cm	27,025,000	上海嘉禾	2021-07-22
明永乐 无量寿佛	高18.5cm	15,870,000	上海匡时	2021-07-08
明永乐 宫廷 铜鎏金金刚萨埵	高18.5cm	7,647,500	中国嘉德	2021-05-19
明永乐 永乐四臂秘密文殊	高21.5cm	6,670,000	上海匡时	2021-07-08
明永乐 铜鎏金文殊菩萨	高25.8cm	5,635,000	北京保利	2021-06-08
明永乐(宫廷) 铜鎏金释迦牟尼佛	高15cm	4,025,000	中国嘉德	2021-11-29
明永乐 铜鎏金不动佛、大黑天、地狱主一组三尊	高6.2cm; 高6.2cm; 高6.3cm	3,565,000	永乐拍卖	2021-05-22
明永乐 文殊师利菩萨坐像	高15.3cm	2,300,000	华艺国际	2021-12-11
明永乐 四臂观音双身像	高7cm	1,150,000	中贸圣佳	2021-05-21
明永乐 菩萨像	高7cm	1,150,000	中贸圣佳	2021-05-21
明永乐 铜鎏金金刚萨埵	高10.8cm	977,500	北京保利	2021-06-07
明永乐 绿度母	高6.1cm	897,000	中贸圣佳	2021-07-07
明永乐 朱漆戗金八宝莲瓣纹经板（一副）	72cm×26.5cm×2	575,000	华艺国际	2021-12-11
明永乐 铜鎏金欢喜佛坐像	高21.5cm	253,000	中鸿信	2021-07-14
明永乐 铜观音坐像	高19cm	69,000	西泠印社	2021-01-15
明宣德 御制铜鎏金自在观音坐像	高150cm	126,500,000	北京保利	2021-06-07
明宣德十年（1435年）铜鎏金南海水月观音坐像	高78cm; 宽51cm	46,000,000	中国嘉德	2021-05-19
明宣德 金刚手菩萨像	高26cm	9,775,000	中贸圣佳	2021-05-21
明宣德 铜局部彩绘不动佛坐像	高55cm	4,830,000	十竹斋拍卖（北京）	2021-05-29
明宣德 催破金刚像	高25.5cm	2,058,500	中贸圣佳	2021-12-30
明宣德 铜鎏金阿弥陀佛坐像	高28.5cm	1,380,000	十竹斋拍卖（北京）	2021-05-29
明宣德 铜漆金大日如来	高24cm	368,000	中贸圣佳	2021-09-26
明宣德 铜阿閦佛	高40.5cm	368,000	中鸿信	2021-07-14
明宣德 大日如来	高25.2cm	345,000	华艺国际	2021-03-31
明宣德 观音	高34.5cm	195,500	华艺国际	2021-03-31
明正统 铜鎏金不空成就佛	高34.2cm	2,300,000	中国嘉德	2021-11-29
明天顺四年（1460年）地藏菩萨像	高27cm	184,000	中贸圣佳	2021-05-21
15世纪 弥勒立像	高53.5cm	7,475,000	北京中汉	2021-11-28
15世纪 铜鎏金仿大理观音坐像	高37cm	4,945,000	北京保利	2021-12-05
15世纪 铜鎏金释迦牟尼佛像	高49cm	4,600,000	古天一	2021-06-07
15世纪 铜鎏金药师佛	高33.5cm	3,450,000	北京保利	2021-06-07
14世纪/15世纪 四臂观音	高43cm	3,220,000	华艺国际	2021-06-04
14~15世纪 丹萨替供养天女	高32cm	3,047,500	中贸圣佳	2021-07-07
15世纪 胜乐金刚像	高16cm	2,277,000	中贸圣佳	2021-12-30
14~15世纪 宝生佛像	高27cm	1,725,000	中贸圣佳	2021-05-21
15世纪 宝冠释迦牟尼	高37cm	1,610,000	华艺国际	2021-06-04
15世纪 西藏铜鎏金胜乐金刚像	高28.6cm	1,380,000	中国嘉德	2021-11-29
15世纪 铜鎏金观音坐像	高28cm	1,128,875	佳士得	2021-12-03
15世纪 绿度母像	高40cm	943,000	中贸圣佳	2021-05-21
15世纪 西藏铜鎏金财宝天王像	高16cm	920,000	中国嘉德	2021-11-29
15世纪 铁鋄金八宝纹嘎乌	高11cm	897,000	古天一	2021-06-07
15世纪 金刚无我母像	高23.5cm	862,500	中贸圣佳	2021-05-21
15世纪 释迦牟尼	高28.5cm	805,000	华艺国际	2021-03-31
15世纪 西藏铜鎏金释迦牟尼佛	高27.5cm	747,500	中国嘉德	2021-11-29
15世纪 文殊菩萨像	高30cm	678,500	中贸圣佳	2021-05-21

2021杂项拍卖成交汇总(续表)

(成交价RMB：1万元以上)

拍品名称	物品尺寸	成交价RMB	拍卖公司	拍卖日期
15世纪 绿度母	高21cm	563,500	华艺国际	2021-12-11
15世纪 阿閦如来	高17.5cm	552,000	中贸圣佳	2021-07-07
14~15世纪 西藏铜鎏金无量寿佛(嵌宝石)	高19.5cm	483,000	中国嘉德	2021-05-19
15世纪 阿弥陀佛	高24.8cm	460,000	北京中汉	2021-05-18
明成化 铜鎏金大势至菩萨	高26.5cm	460,000	中鸿信	2021-07-14
15世纪 黄财神像	高18.5cm	437,000	中贸圣佳	2021-05-21
14~15世纪 尼藏风格金刚总持	高30cm	437,000	朵云轩	2021-07-07
15世纪 银身鎏金座白度母坐像	高12cm	368,000	古天一	2021-06-07
15世纪 铜鎏金罗汉师徒像	高15.5cm	345,000	十竹斋拍卖(北京)	2021-05-29
14~15世纪 大日如来	高21cm	345,000	上海匡时	2021-07-08
15世纪 铜鎏金地藏菩萨	高30.5cm	345,000	朵云轩	2021-07-07
15世纪 西藏铜鎏金四臂观音像	高20cm	322,000	中国嘉德	2021-11-29
15世纪 大成就者帝洛巴与腰鼓天女像	高14cm	253,000	中贸圣佳	2021-05-21
15世纪 不动佛像	高20.5cm	253,000	中贸圣佳	2021-05-21
15世纪 释迦牟尼	高18cm	253,000	北京中汉	2021-11-28
明成化 铜鎏金大成就者	高22cm	253,000	中鸿信	2021-07-14
15世纪 铜鎏金长寿佛像(外漆金内鎏金)	高37cm	234,600	台北艺珍	2021-11-07
14~15世纪 宗喀巴大师亲制 象鼻财神擦擦	高16cm	230,000	古天一	2021-06-07
15世纪 铜四臂观音	高26cm	230,000	永乐拍卖	2021-09-26
15世纪 鎏金雪山大士	高18cm	207,000	朵云轩	2021-07-07
15世纪 不动明王像	高13.5cm	195,500	中贸圣佳	2021-05-21
15世纪 莲花手观音	高25cm	195,500	中贸圣佳	2021-07-07
15世纪 宗喀巴大师	高15.5cm	172,500	中贸圣佳	2021-07-07
15世纪 金刚亥母	高10.7cm	149,500	中贸圣佳	2021-07-07
15世纪 金刚手	高15.5cm	149,500	中贸圣佳	2021-07-07
明成化 鎏金佛像	高28cm	149,500	中贸圣佳	2021-09-26
15世纪 西藏铜鎏金金刚亥母	高19.5cm	149,500	朵云轩	2021-07-07
15世纪 密集金刚	高12.8cm	138,000	中贸圣佳	2021-07-07
15世纪 铜鎏金上师像	高18.5cm	126,500	古天一	2021-06-07
15世纪 米拉日巴	高10cm	126,500	中贸圣佳	2021-07-07
15世纪 西藏铜鎏金金刚手菩萨像	高4.3cm	103,500	中国嘉德	2021-11-29
15世纪 铜鎏金释迦牟尼像	高22.5cm	92,000	十竹斋拍卖(北京)	2021-05-29
15世纪 西藏鎏金金刚总持	高15.2cm	92,000	朵云轩	2021-07-07
15世纪 铜鎏金上师像	高10.5cm	86,250	古天一	2021-06-07
14~15世纪 上师像	高14.4cm	86,250	中贸圣佳	2021-09-26
15世纪 绿度母像	高11cm	80,500	中贸圣佳	2021-05-21
明早期(15世纪) 铜鎏金大日如来	高13.2cm	80,500	北京诚轩	2021-05-18
15世纪 铜鎏金无量寿佛像	高24cm	80,500	北京大羿	2021-05-17
15世纪 尼泊尔风格黑石黑财神	高3.5cm	80,500	朵云轩	2021-07-07
15世纪 铜鎏金释迦牟尼成道像	高20cm	69,000	十竹斋拍卖(北京)	2021-05-29
15世纪 铜鎏金上师像	高21cm	69,000	十竹斋拍卖(北京)	2021-05-29
15世纪 莲华生像	高13.3cm	69,000	中贸圣佳	2021-09-26
15世纪 黑石黄财神造像	高15cm	69,000	广东崇正	2021-01-06
14~15世纪 西藏铜锤鍱菩萨像	56.5cm×41cm	51,750	中国嘉德	2021-11-29
15世纪 西藏铜鎏金锤鍱背光	高21cm	46,000	中国嘉德	2021-05-19
15世纪 释迦牟尼	高12cm	46,000	华艺国际	2021-03-31
15世纪 铜鎏金供养天女	高8cm	41,400	台北艺珍	2021-11-07
15世纪 铜鎏金绿度母	高11.8cm	34,500	北京保利	2021-06-08
15世纪 佛手	27.7cm长	32,200	北京中汉	2021-03-26
明弘治四年(1491年) 观音菩萨比丘应身像	高41.5cm	6,095,000	中贸圣佳	2021-05-21
明正德九年(1514年) 博野县助佛一尊	高22cm	92,000	中鸿信	2021-07-14
明嘉靖 大势至菩萨	高37.5cm	460,000	中贸圣佳	2021-09-26
明嘉靖 铜漆金卧佛	长30cm	253,000	华艺国际	2021-09-17
明中期 铜忠义武财神像	高43cm	63,250	中鸿信	2021-07-14
明万历 罗汉像	高85cm	2,300,000	上海匡时	2021-07-08
16世纪 铜鎏金胜乐金刚	高37cm	1,437,500	北京保利	2021-09-26
15~16世纪 六臂大黑天像	高40cm	1,035,000	中贸圣佳	2021-12-30
16世纪 双身金刚萨埵	高23cm	805,000	上海匡时	2021-07-08
15~16世纪 西藏铜鎏金无量寿佛坐像	高26cm(不含座)	772,800	台北艺珍	2021-11-07
16世纪 上乐金刚	高31.2cm	621,000	上海匡时	2021-07-08
16世纪 阿旺罗桑嘉措像	高12cm	529,000	中贸圣佳	2021-12-30
16世纪 伐阇罗弗多罗尊者像	高18cm	437,000	中贸圣佳	2021-05-21
16世纪 金刚亥母	高21cm	339,250	上海匡时	2021-07-08
16世纪 铜鎏金嵌银桑杰雅钧像	高13.5cm	322,000	北京大羿	2021-05-17
16世纪 独雄大威德	高7.4cm	264,500	中贸圣佳	2021-07-07
16世纪 金刚无我佛母	高19.8cm	247,250	上海匡时	2021-07-08
16世纪 萨迦班智达	高19.2cm	230,000	中贸圣佳	2021-07-07
15~16世纪 铜布顿大师像	高17cm	230,000	北京大羿	2021-05-17
15~16世纪 西藏鎏金释迦牟尼佛	高19.8cm	195,500	朵云轩	2021-07-07
16世纪 五方佛皇冠	高27cm	195,500	华艺国际	2021-12-11
15~16世纪 尼泊尔马拉王朝铜鎏金释迦坐像	佛高31cm	172,500	西泠印社	2021-01-15

拍品名称	物品尺寸	成交价RMB	拍卖公司	拍卖日期
16世纪 巴沽拉尊者像	高12.5cm	161,000	中贸圣佳	2021-05-21
16世纪 上师	高18cm	161,000	上海匡时	2021-07-08
16世纪 西藏铜鎏金伐那婆斯尊者像(原封底)	高16.3cm	149,500	中国嘉德	2021-05-19
16世纪 西藏合金铜弥勒菩萨	高21cm	149,500	中国嘉德	2021-05-19
15~16世纪 局部铜鎏金钺刀(配铁柄)	高27cm	138,000	华艺国际	2021-12-11
16世纪 绿度母像	高17.9cm	126,500	中贸圣佳	2021-12-30
15~16世纪 佛塔	高12.8cm	126,500	中贸圣佳	2021-12-30
16世纪 泥塑彩绘菩萨头像	高98.7cm	122,344	纽约佳士得	2021-03-18
15~16世纪西藏 铜鎏金阿閦佛	直径12cm	115,000	广东崇正	2021-01-06
16世纪 铜上师像	高18cm	115,000	华艺国际	2021-06-04
16世纪 铜鎏金药师佛坐像	高20cm; 宽11cm	103,500	浙江佳宝	2021-01-10
16世纪 铜嵌红铜金刚萨埵坐像	高16.3cm	103,500	西泠印社	2021-07-24
16世纪 金刚亥母像	高19.8cm	92,000	中贸圣佳	2021-12-30
16世纪 铜鎏金金刚总持像	高22cm	82,800	台北艺珍	2021-11-07
16世纪 上师像	高32cm	80,500	中贸圣佳	2021-09-26
16世纪 礼佛供器	高15cm	78,200	中贸圣佳	2021-07-07
16世纪 经板	72cm×27.8cm	69,000	上海匡时	2021-07-08
15~16世纪 雪狮像	高9cm	63,250	中贸圣佳	2021-05-21
16世纪 铜鎏金增长天王	高13.5cm	59,800	古天一	2021-06-07
16世纪 铜鎏金四臂观音	高15.4cm	57,500	北京保利	2021-06-08
16世纪 铜鎏金释迦牟尼佛像	高12cm	55,200	台北艺珍	2021-11-07
16世纪 铜鎏金十一面观音像	高20cm	51,750	浙江佳宝	2021-01-10
16世纪 铜上师像	高19.5cm	48,300	华艺国际	2021-06-04
16世纪 无量寿佛像	高22.6cm	46,000	中贸圣佳	2021-09-26
16世纪 铜鎏金金刚总持像	高16.5cm	41,400	台北艺珍	2021-11-07
16世纪 大随求佛母	高15.5cm	40,250	华艺国际	2021-12-11
16世纪 铜鎏金上师像	高5.3cm	28,750	中贸圣佳	2021-09-26
16世纪 铜鎏金莲花手观音	高13.5cm	28,750	北京保利	2021-12-06
16世纪 铜无量寿佛	高11.2cm	25,300	华艺国际	2021-09-17
16世纪 双色铜莲华生坐像	高16cm	23,000	十竹斋拍卖(北京)	2021-05-29
17世纪 蒙古 扎纳巴扎尔 铜鎏金无量寿佛	高32.2cm	12,420,000	永乐拍卖	2021-05-22
17世纪 西藏 铜鎏金五世班禅洛桑益西	高18.5cm	12,075,000	永乐拍卖	2021-05-22
17世纪 蒙古 扎纳巴扎尔 铜鎏金四臂观音	高25.8cm	11,385,000	永乐拍卖	2021-05-22
17世纪 蒙古 扎纳巴扎尔 铜鎏金红财神	高19.8cm	10,580,000	永乐拍卖	2021-05-22
16~17世纪 尼泊尔马拉时期鎏金嵌宝燃灯古佛	高77.5cm	9,200,000	朵云轩	2021-07-07
17世纪 铜鎏金药师佛	高29.5cm	5,980,000	北京保利	2021-06-07
17世纪 铜鎏金莲师日光像	高29.5cm	5,175,000	北京大羿	2021-05-17
17世纪 密集金刚像	高24.5cm	4,485,000	中贸圣佳	2021-12-30
17世纪 蒙古 铜鎏金金刚手、黑财神、地狱主一组三尊	高6.2cm; 高5.1cm; 高5.1cm	2,645,000	永乐拍卖	2021-05-22
17世纪 铜嵌金、银、珍珠 文殊菩萨像(雪堆白)	高21cm	2,530,000	古天一	2021-06-07
17世纪 铜鎏金马头明王	高24.5cm	1,725,000	北京保利	2021-06-07
17世纪 雪堆白密集金刚像	高13cm	1,150,000	古天一	2021-06-07
17世纪 大日如来	高16cm	1,127,000	华艺国际	2021-06-04
17世纪 大威德金刚像	高36cm	1,012,000	华艺国际	2021-06-04
17世纪 释迦牟尼	高22cm	805,000	华艺国际	2021-12-11
17世纪 五世达赖喇嘛	高24.5cm	690,000	华艺国际	2021-06-04
17世纪 释迦牟尼	高23cm	632,500	华艺国际	2021-06-04
16~17世纪 西藏铜鎏金雪狮像	34cm×39cm	506,000	中国嘉德	2021-11-29
17世纪 铜鎏金四臂文殊像	高25.5cm	460,000	古天一	2021-06-07
17世纪 哲布尊丹巴像	高22.5cm	460,000	中贸圣佳	2021-12-30
17世纪 白度母像	高15cm	414,000	中贸圣佳	2021-05-21
16~17世纪 曲杰·顿珠仁钦像	高17.4cm	402,500	中贸圣佳	2021-12-30
17世纪 金刚亥母	高22cm	276,000	上海匡时	2021-07-08
明末 铜漆鎏金元始天尊坐像	整体50.5cm	275,856	保利香港	2021-12-02
17世纪 铜鎏金无量寿佛坐像	高36cm	230,000	西泠印社	2021-01-15
17世纪 扎纳巴扎尔风格铜鎏金释迦牟尼佛	高18.2cm	207,000	朵云轩	2021-07-07
17世纪 铜鎏金无量寿佛像	高34.5cm	172,500	中国嘉德	2021-03-30
17世纪 铜鎏金达摩多罗像	高18cm	172,500	古天一	2021-06-07
17世纪 杨柳枝观音像	高16.3cm	172,500	中贸圣佳	2021-12-30
17世纪 铜鎏金吉祥天母	宽14cm; 高16cm	161,000	浙江佳宝	2021-01-10
17世纪 铜鎏金四臂玛哈嘎拉	高19cm	151,800	台北艺珍	2021-11-07
17世纪 宝生佛	高19cm	149,500	华艺国际	2021-06-04
16~17世纪 铜鎏金红财神	高10.6cm	149,500	北京保利	2021-06-08
17世纪 莲师日光像	高16.5cm	143,750	中贸圣佳	2021-05-21
明末 观音菩萨像	高39cm	138,000	中贸圣佳	2021-05-21
明末 铜雕观音像	高21cm	138,000	北京荣宝	2021-06-19
17世纪 双色铜胜乐金刚像	高17cm	138,000	北京大羿	2021-05-17
17世纪 铜鎏金五世达赖坐像	高45cm	126,500	中贸圣佳	2021-09-26
17世纪 西藏铜鎏金噶举派四世嘉察活佛像	高16.5cm	126,500	中国嘉德	2021-11-29
17世纪 大白伞盖佛母	高16.5cm	126,500	华艺国际	2021-03-31

(成交价RMB：1万元以上)

拍品名称	物品尺寸	成交价RMB	拍卖公司	拍卖日期
17世纪 西藏铜鎏金空行母	高21.5cm	115,000	中国嘉德	2021-05-19
17世纪 铜鎏金释迦牟尼佛像	高12.6cm	110,400	台北艺珍	2021-11-07
17世纪 喀尔喀蒙古铜鎏金释迦牟尼	高22cm	98,520	保利香港	2021-12-02
17世纪 文殊菩萨像	高10cm	94,300	中贸圣佳	2021-05-21
17世纪 铜鎏金尊胜佛母像	高22cm	88,320	台北艺珍	2021-11-07
17世纪 四世班禅像	高12cm	86,250	中贸圣佳	2021-05-21
17世纪 莲花手菩萨立像	高26.3cm	66,700	北京保利	2021-12-06
17世纪 铜鎏金金刚上师像	高15cm	63,250	中鸿信	2021-07-14
17世纪 铜鎏金财宝天王	高13.5cm	57,500	浙江佳宝	2021-01-10
17世纪 铜鎏金释迦牟尼	高12.5cm	57,500	北京保利	2021-12-06
17世纪 铜鎏金大鹏金翅鸟	高13cm	50,580	保利香港	2021-04-21
17世纪 莲华生像	高18cm	46,000	中贸圣佳	2021-09-26
17世纪 铜鎏金释迦牟尼佛	高14.5cm	40,250	中鸿信	2021-07-14
17世纪 铜鎏金智行佛母	高43cm	34,500	中鸿信	2021-07-14
17世纪 铜鎏金弥勒菩萨	高10.5cm	28,750	华艺国际	2021-09-17
17世纪 铜鎏金佛母	宽8.3cm; 高16cm	19,295	浙江佳宝	2021-01-10
明 阿弥陀佛	高130cm	33,465,000	上海匡时	2021-07-08
明 地藏王菩萨像	高95.5cm	6,325,000	中贸圣佳	2021-05-21
明 铜鎏金药师佛坐像	高81cm	4,312,500	西泠印社	2021-01-15
明 铜鎏金释迦牟尼	高20.5cm	3,335,000	北京保利	2021-06-07
明 关公组像	高74.5cm; 长84.5cm	3,277,500	华艺国际	2021-12-11
明 文殊菩萨	高48cm	2,875,000	上海匡时	2021-07-08
明 弥勒佛像	高91.5cm	2,587,500	中贸圣佳	2021-12-30
明 铜鎏金释迦牟尼佛坐像	通高18cm	2,318,250	香港福羲国际	2021-05-08
明代 毗卢遮那佛	高64cm	2,185,000	中贸圣佳	2021-12-30
明 铜鎏金释迦牟尼	高17cm	1,840,000	华艺国际	2021-06-05
明 石叟制铜错银丝观音立像	高33.5cm	1,725,000	中贸圣佳	2021-05-20
明 铜鎏金三头六臂持普巴金刚	通高18cm	1,669,140	香港福羲国际	2021-05-08
明 阿弥陀佛像	高50.5cm	1,587,000	中贸圣佳	2021-12-30
明 阿弥陀佛	高51cm	1,495,000	上海匡时	2021-07-08
明 铜漆金阿弥陀佛坐像	高66cm	1,495,000	西泠印社	2021-07-24
明 铜佛造像		1,472,000	环球艺术	2021-08-02
明 大威德金刚	高17.7cm	1,403,000	上海匡时	2021-07-08
明 自在观音	高34.5cm	1,322,500	中贸圣佳	2021-07-07
明 观音菩萨像	高40cm	1,150,000	中贸圣佳	2021-12-30
明 铜观音菩萨立像	高108cm	1,092,500	西泠印社	2021-07-24
明 大肚弥勒佛	高41cm	1,035,000	华艺国际	2021-06-04
明 观音菩萨像	高19.5cm	1,035,000	中贸圣佳	2021-05-21
明 铜漆金准提菩萨坐像	高80cm	1,035,000	西泠印社	2021-07-24
明 韦驮	高53cm	977,500	华艺国际	2021-03-31
明 铜漆金文殊观音(一组)	高34.5cm; 高34cm	920,000	西泠印社	2021-01-15
明 铜鎏金观音坐像	高70cm	920,000	中鸿信	2021-07-14
明 鬼子母像	高10.3cm	805,000	中贸圣佳	2021-12-30
明 善财童子	高94cm	782,000	北京中汉	2021-11-28
明 观音	高49cm	747,500	上海匡时	2021-07-08
明 夹纻狮吼观音	高116cm	713,000	西泠印社	2021-07-24
明 合金铜文殊菩萨像	高27.3cm	690,000	中国嘉德	2021-11-29
明 铜漆金阿弥陀佛坐像	高56cm	690,000	西泠印社	2021-01-15
明 关公坐像	高40cm	690,000	华艺国际	2021-12-11
明永宣 文殊菩萨像	高40.5cm	667,000	中贸圣佳	2021-09-26
明 自在观音	高42.5cm	667,000	华艺国际	2021-12-11
明 钱塘陈彦清造款菩萨像	高27.7cm	632,500	中贸圣佳	2021-12-30
明 夹纻金漆白衣观音造像	高68cm	632,500	广东崇正	2021-01-06
明 铜鎏金大势至菩萨坐像	高39cm	632,500	西泠印社	2021-01-15
明 释迦牟尼(带背光)	高75cm; 释迦高22.5cm	632,500	华艺国际	2021-03-31
明 观音	高62cm	632,500	上海匡时	2021-07-08
明 铜鎏金童子拜观音	高21.5cm	632,500	中鸿信	2021-07-14
明 夹纻自在观音像	高68cm	517,500	中贸圣佳	2021-12-30
明 铜文殊菩萨坐像	高45.5cm	517,500	西泠印社	2021-01-15
明 阿嵯耶	高36.6cm	517,500	上海匡时	2021-07-08
明 释迦牟尼	高14.5cm	517,500	华艺国际	2021-12-11
明 铜观音菩萨坐像	高38.5cm	483,000	西泠印社	2021-01-15
明 宝冠释迦牟尼	高47cm	483,000	华艺国际	2021-03-31
明 大肚弥勒佛像	高17.5cm	460,000	中贸圣佳	2021-05-21
明 护法狮	高5.7cm	460,000	中贸圣佳	2021-12-30
明 铜观音立像	高14cm	460,000	西泠印社	2021-01-15
明 释迦牟尼佛与二弟子像	高22cm; 高37cm; 高22cm	460,000	上海匡时	2021-07-08
明宫廷 夹纻释迦说法像	高47cm	460,000	西泠印社	2021-07-24
明 金铸刘海戏金蟾像	长2.5cm; 高4cm; 重13.6g	448,500	浙江佳宝	2021-01-10
明 木胎佛龛(一组)	高27.8cm	448,500	西泠印社	2021-01-15
明 石叟款铜错银丝观音像	高21cm	437,000	中贸圣佳	2021-12-29
明 药师佛	高52cm	437,000	上海匡时	2021-07-08
明 铜鎏金观音立像	带座高19.5cm; 高13.5cm	437,000	西泠印社	2021-07-24
明 夹纻观音坐像	高52cm	437,000	西泠印社	2021-07-24
明 铜鎏金佛像	19.5cm×16cm	437,000	上海嘉禾	2021-11-14
明 观音立像	高45cm	414,000	华艺国际	2021-03-31
明 朱雀像	高45cm	414,000	上海匡时	2021-07-08

拍品名称	物品尺寸	成交价RMB	拍卖公司	拍卖日期
明 普贤菩萨像	高10cm	402,500	中贸圣佳	2021-05-21
明 阿弥陀佛像	高30.5cm	402,500	中贸圣佳	2021-09-26
明 达摩渡海像	高42.3cm	402,500	中贸圣佳	2021-12-30
明 狮吼观音像	高27.5cm	379,500	中贸圣佳	2021-12-30
明 京作夹纻阿弥陀佛	高100cm	379,500	西泠印社	2021-07-24
明 观音	高46.5cm	368,000	上海匡时	2021-07-08
明 观音坐像	高39cm	345,000	华艺国际	2021-03-31
明 铜鎏金观音坐像	高38.5cm; 重5.84kg	345,000	广东崇正	2021-07-19
明 风帽观音	高26.6cm	345,000	上海匡时	2021-07-08
明 铜观音坐像	高62cm	345,000	西泠印社	2021-07-24
明 铜净瓶观音	高18.5cm	345,000	北京保利	2021-12-06
明 铜泥金韦驮立像	高66cm	333,500	北京保利	2021-06-08
明 干漆夹纻观音坐像	高52cm	322,000	西泠印社	2021-01-15
明 铜托塔天王韦驮(一组)	高30cm; 高30.3cm	322,000	西泠印社	2021-07-24
明 文殊菩萨	高32.2cm	310,500	上海匡时	2021-07-08
明 合掌菩萨像	高21.6cm	287,500	中贸圣佳	2021-05-21
明 金累丝羽人像	高16cm	287,500	中鸿信	2021-07-14
明 送子观音像	高38cm	276,000	中贸圣佳	2021-12-30
明 铜大日如来坐像	高35cm	276,000	西泠印社	2021-01-15
明 铜鎏金仙人像	高8.6cm	253,000	古天一	2021-06-07
明 铜漆金观音(一组)	高25cm	253,000	西泠印社	2021-01-15
明 铜东方硕立像	高34cm	253,000	中鸿信	2021-07-14
明 铜鎏金上师造像	高14cm	253,000	上海嘉禾	2021-07-22
明 天王像	高26.5cm	230,000	中贸圣佳	2021-05-21
明 释迦牟尼佛像	高11cm; 背光21cm	230,000	中贸圣佳	2021-05-21
明 观音像	高18.2cm	230,000	中贸圣佳	2021-07-07
明 铜观音坐像	高28cm	230,000	西泠印社	2021-01-15
明 铜弥勒坐像	高39cm	230,000	西泠印社	2021-01-15
明 铜菩萨坐像	高21.5cm	218,500	西泠印社	2021-07-24
明 铜关公坐像	高29cm	218,500	西泠印社	2021-07-24
明 石叟制嵌银丝达摩坐像	高17cm	207,000	中贸圣佳	2021-05-21
明 铜鎏金释迦牟尼佛像	高19cm	207,000	古天一	2021-06-07
明 铜鎏金关帝像	高38cm	207,000	北京保利	2021-12-06
明 青龙护法	高51cm	201,250	中贸圣佳	2021-09-26
明 铜泥金观音菩萨像	高15.5cm	195,500	中国嘉德	2021-11-29
明 观音菩萨像	高12.5cm	172,500	中贸圣佳	2021-05-21
明 菩萨像	高19cm	172,500	中贸圣佳	2021-05-21
明 铜鎏金释迦牟尼坐像	高17.8cm	172,500	中国嘉德	2021-11-29
明 天王力士佛	高9.3cm	172,500	华艺国际	2021-06-05
明 药师佛	佛30cm; 座高7.9cm	172,500	上海匡时	2021-07-08
明 铜观音菩萨像	高52cm	172,500	中鸿信	2021-07-14
明 铜药师佛造像	高14.5cm	172,500	上海嘉禾	2021-07-22
明 铜大势至菩萨坐像	高34.3cm	172,500	西泠印社	2021-07-24
明 铜文官坐像	高35cm	172,500	西泠印社	2021-07-24
明 铜文殊坐像	高36.5cm	172,500	西泠印社	2021-07-24
明 药师佛	高33.6cm	166,750	上海匡时	2021-07-08
明 文殊菩萨像	高24cm	161,000	中贸圣佳	2021-05-21
明 杨柳观音	高25cm	161,000	上海匡时	2021-07-08
明 地藏菩萨像	高21cm	149,500	中贸圣佳	2021-05-21
明 铜鎏金如意观音像	高17.8cm	149,500	中国嘉德	2021-11-29
明 铜鎏金六臂准提立像	高29.5cm	149,500	西泠印社	2021-01-15
明 天官	高42cm	149,500	上海匡时	2021-07-08
明 铜释迦坐像	高32cm	138,000	西泠印社	2021-01-15
明 观音	高25.4cm	138,000	上海匡时	2021-07-08
明 (西藏)铜鎏金长寿佛	高19.5cm	138,000	中鸿信	2021-07-14
明 (西藏)铜鎏金密集金刚双修像	高21cm	138,000	中鸿信	2021-07-14
明 铜鎏金药师佛	重1480g	137,940	香港福羲国际	2021-07-25
明 释迦牟尼佛像	高14.3cm	126,500	中贸圣佳	2021-12-30
明 释迦牟尼坐像	高9.2cm	115,000	北京中汉	2021-11-28
明 铜释迦牟尼坐像	高30cm	115,000	广东崇正	2021-07-19
明 "嘉靖伍年"款地藏菩萨坐像	高28cm	115,000	西泠印社	2021-07-24
明 铜漆金文官(一对)	高38.5cm; 38cm	109,250	西泠印社	2021-07-24
明 持经观音像	高9cm	109,250	中贸圣佳	2021-05-21
明 童子戏弥勒坐像	高30.3cm	109,250	北京中汉	2021-11-28
明 白衣观音像	高16cm	103,500	中贸圣佳	2021-05-21
明 铜鎏金财神像	高57cm	103,500	中鸿信	2021-07-14
明 铜泥金释迦牟尼佛坐像	高80cm	97,750	中鸿信	2021-07-14
明 铜鎏金观音立像	高15.5cm	97,750	北京保利	2021-10-31
明 铜漆金弥勒菩萨像	高30cm	94,300	北京大羿	2021-05-17
明 铜宝冠弥勒佛	高32cm	92,000	广东崇正	2021-01-07
明永宣 铜泥金观音菩萨坐像	高25cm	92,000	西泠印社	2021-01-15
明 铜男相观音坐像	高25.5cm	92,000	西泠印社	2021-01-15
明 龙女献宝立像	高41cm	92,000	华艺国际	2021-03-31
明 韩湘子坐像	高16.5cm	92,000	华艺国际	2021-03-31
明 佛首(配底座)	高13cm	92,000	上海嘉禾	2021-07-22
明 铜菩萨立像	高25.4cm	92,000	西泠印社	2021-07-24
明或以前 灰岩菩萨头像	高41.2cm	89,719	纽约佳士得	2021-03-18
明代 玉漆金释迦牟尼佛像	高12cm	82,800	台北艺珍	2021-11-07
明 水月观音像	高20cm	80,500	中贸圣佳	2021-05-21
明 无量寿佛	高33cm	80,500	中贸圣佳	2021-09-26
明 释迦牟尼佛	高14.5cm	80,500	北京中汉	2021-11-28

2021杂项拍卖成交汇总（续表）

（成交价RMB：1万元以上）

拍品名称	物品尺寸	成交价RMB	拍卖公司	拍卖日期
明 大日如来像	高16cm	78,200	中贸圣佳	2021-09-26
明 铜释迦牟尼	通高16.8cm	75,407	香港福羲国际	2021-07-25
明 铜鎏金辛饶米沃	高12.1cm	74,750	永乐拍卖	2021-09-26
明 铜鎏金阿閦佛	高38.5cm	69,000	中鸿信	2021-07-14
明 风帽观音像	高16.8cm	63,250	中贸圣佳	2021-09-26
明 铜药师佛像	高29.8cm	63,250	中贸圣佳	2021-09-26
明 韦驮立像	高39.3cm	63,250	北京中汉	2021-11-28
明 四臂佛	长5.7cm; 高8.1cm	58,650	中贸圣佳	2021-03-26
明 力士挂坠	高8.5cm	57,500	北京中汉	2021-11-28
明 铜释迦坐像	高33cm	57,500	西泠印社	2021-01-15
明 铜释迦牟尼佛	高37.5cm	57,500	中鸿信	2021-07-14
明 铜泥金孔子像	高27cm	57,500	中鸿信	2021-07-14
明 错金铜释迦佛	高11.6cm	55,200	中贸圣佳	2021-03-26
明 准提佛母像	高16cm	55,200	中贸圣佳	2021-12-30
明 铜释迦说法像	高10.5cm	55,200	西泠印社	2021-01-15
明 铜鎏金释迦牟尼说法像	高13.5cm	55,200	华艺国际	2021-04-01
明 弥勒菩萨像	高16.6cm	46,000	中贸圣佳	2021-09-26
明 铜弥勒坐像	高19.5cm	46,000	西泠印社	2021-01-15
明 铜宝冠弥勒坐像	高18cm	46,000	西泠印社	2021-01-15
明 铜鎏金雪山大士	高19cm	46,000	北京保利	2021-10-31
明 观音像	高22cm	43,700	中贸圣佳	2021-09-26
明 祖师像	高12.5cm	43,700	中贸圣佳	2021-09-26
明 弥勒佛像	高15.9cm	40,250	中贸圣佳	2021-09-26
明 铜迦叶立像	高30.5cm	40,250	西泠印社	2021-01-15
明 铜鎏金释迦牟尼像	高16.5cm	40,250	北京保利	2021-05-18
明 铜弥勒佛	高17.5cm	40,250	华艺国际	2021-09-17
明 善财童子	高14.5cm	36,800	华艺国际	2021-03-31
明 男相观音	高16.8cm	34,500	北京中汉	2021-05-18
明 铜漆金观音	高22.5cm	34,500	北京保利	2021-01-09
明或以前 铜鎏金舍利宝函	9.5cm×9.5cm×9.5cm	34,500	广东崇正	2021-01-07
明 铜韦驮立像	高30cm	34,500	西泠印社	2021-01-15
明 铜普贤菩萨坐像	高26cm	34,500	西泠印社	2021-07-24
明 铜站姿湿婆	高27.5cm	34,500	华艺国际	2021-09-17
明 铜鎏金释迦牟尼	高34cm	34,050	北京保利	2021-08-09
明 四臂观音像	高11cm	32,200	中贸圣佳	2021-09-26
明 铜送子观音坐像	高30.5cm	32,200	西泠印社	2021-07-24
明 铜鎏金金刚萨埵	高12.5cm	28,750	华艺国际	2021-04-01
明 铜鎏金观音坐像	高34cm	28,750	北京保利	2021-12-06
明 铜漆金财神	高17cm	28,750	北京保利	2021-12-06
明 铜韦驮立像	高39.8cm	27,240	十竹斋拍卖（北京）	2021-04-25
明 铜鎏金弥勒	高11.5cm	25,300	华艺国际	2021-04-01
明 观音像	高22cm	23,000	中贸圣佳	2021-09-26
明/清 袖珍佛教造像（一组五件）	高4.4cm	22,838	纽约佳士得	2021-03-18
明 铜释迦小像	高7.5cm	20,700	中国嘉德	2021-03-30
明 铜漆金童子拜观音	高17.8cm	20,700	中贸圣佳	2021-09-26
明 弥勒佛像	高9.5cm	20,700	中贸圣佳	2021-12-30
明 铜鎏金指天指地佛立像	高17cm	20,700	广东崇正	2021-01-07
明 铜鎏金观音坐像	高36cm	20,700	西泠印社	2021-01-15
明 铜观音坐像	高26cm	20,700	西泠印社	2021-01-15
明 观音像	高27cm	19,550	中贸圣佳	2021-09-26
明晚期 铜鎏金迦叶、阿难尊者	高34.5cm	460,000	北京诚轩	2021-11-28
明晚期 铜漆金莲花座准提观音	高34cm	115,000	北京保利	2021-12-06
明晚期 铜鎏金弥勒	高29cm	57,500	北京保利	2021-05-18
明末清初 铜嵌银丝观音坐像	高16.5cm	172,500	西泠印社	2021-01-15
明末清初 自在观音	高21cm	115,000	华艺国际	2021-03-31
清早期 铜错银观音坐像	高19cm	690,000	保利厦门	2021-11-05
清早期铜嵌银"玉堂石叟"款观音坐像	高36.5cm	287,500	西泠印社	2021-01-15
清初 铜鎏金魁星	高14cm	74,750	华艺国际	2021-09-17
清早期 铜观音立像	高28.2cm	71,300	北京保利	2021-06-08
清早期 铜嵌金白毫观音立像	高17.5cm	57,500	北京保利	2021-06-08
清早期 文殊菩萨	高15.4cm	48,300	北京中汉	2021-05-18
清早期 铜观音像	高23cm	40,250	中国嘉德	2021-03-28
清早期 铜释迦牟尼佛	高65cm	23,000	中鸿信	2021-07-14
清康熙 铜鎏金无量寿佛	高42cm	11,500,000	华艺国际	2021-12-11
清康熙 宝源佛母	高36cm	9,200,000	北京中汉	2021-11-28
清康熙 铜鎏金四臂观音	高34cm	4,600,000	北京保利	2021-06-07
清康熙 铜鎏金释迦牟尼天降立像	高31.5cm	2,990,000	中国嘉德	2021-05-19
清康熙 旃檀佛	高24.5cm	1,495,000	上海匡时	2021-07-08
清康熙 旃檀佛像	高24.5cm	1,495,000	中贸圣佳	2021-12-30
清康熙 财续佛母	高27cm	1,380,000	华艺国际	2021-06-04
清康熙 绿度母像	高23cm	1,380,000	中贸圣佳	2021-05-21
清康熙 除盖障菩萨像	高21.6cm	1,150,000	中贸圣佳	2021-12-30
清康熙 释迦牟尼成道像	高30cm	1,058,000	华艺国际	2021-12-11
清康熙 铜鎏金释迦牟尼佛像	高42cm	805,000	古天一	2021-06-07
清康熙 铜鎏金药师佛像	高16cm	632,500	十竹斋拍卖（北京）	2021-05-29
清康熙 宗喀巴	高19.5cm	517,500	华艺国际	2021-06-04
清康熙 四臂观音像	高29cm	460,000	中贸圣佳	2021-12-30
清康熙 瘦骨罗汉坐像	高23.5cm	460,000	华艺国际	2021-03-31
清康熙 铜鎏金黄财神	高9.3cm	402,500	永乐拍卖	2021-09-26

拍品名称	物品尺寸	成交价RMB	拍卖公司	拍卖日期
清康熙 宗喀巴	高18cm	356,500	华艺国际	2021-03-31
清康熙 八臂十一面观音	高40cm	345,000	华艺国际	2021-03-31
清康熙 金刚萨埵像	高16cm	333,500	中贸圣佳	2021-05-21
清康熙 莲花王	高11.2cm	322,000	华艺国际	2021-06-04
清康熙 铜鎏金扎纳巴扎尔风格弥勒站佛	高48cm	253,000	中鸿信	2021-07-14
清康熙 药师佛像	高34cm	230,000	中贸圣佳	2021-05-21
清康熙 四臂观音	高21cm	230,000	上海匡时	2021-07-08
清康熙 铜鎏金金刚萨埵坐像	高13.1cm	230,000	西泠印社	2021-07-24
清康熙 铜鎏金四臂观音	高13.5cm	184,000	中国嘉德	2021-05-19
清康熙 铜鎏金锤鍱弥勒坐像	高42cm	172,500	广东崇正	2021-01-07
清康熙 夹纻罗汉	高26cm	109,250	中贸圣佳	2021-09-26
清康熙 铜鎏金长寿佛（一对）	高10cm	82,800	台北艺珍	2021-11-07
清康熙 铜鎏金阿弥陀佛	高11cm	80,500	中国嘉德	2021-05-19
清康熙 夹纻弥勒佛造像	高18cm	80,500	广东崇正	2021-01-06
清康熙 铜鎏金大日如来佛	高15.2cm	74,750	中国嘉德	2021-11-29
清康熙 宝冠释迦牟尼	高18.6cm	71,300	上海匡时	2021-07-08
清康熙 铜鎏金释迦牟尼像	高16.3cm	57,500	中贸圣佳	2021-09-26
清康熙 铜鎏金无量寿佛（三尊）	高7.5cm×3	57,500	广东崇正	2021-01-07
清康熙 大白伞盖佛母	高3.3cm	57,500	华艺国际	2021-03-31
清康熙 文殊菩萨像	高12.1cm	32,200	中贸圣佳	2021-09-26
清康熙 木胎漆金大日如来	高16cm	28,750	华艺国际	2021-06-04
清康熙铜鎏金扎纳巴扎尔风格药师佛	高14cm	23,000	中鸿信	2021-07-14
清雍正 铜鎏金马头胜乐金刚	高31cm	3,220,000	永乐拍卖	2021-05-22
清雍正 铜鎏金绿度母坐像	高16.5cm	253,000	广东崇正	2021-01-07
清乾隆 宫廷御制（1786年）铜合金胜乐金刚像	81.5cm×58.5cm×37.3cm	34,500,000	中国嘉德	2021-11-29
清乾隆三十六年 瓷胎金彩仿铜鎏金无量寿佛	高16cm	3,450,000	北京保利	2021-06-07
清乾隆 上师像	高88cm	3,243,000	中贸圣佳	2021-12-30
清乾隆 铜鎏金六世班禅	高52cm	2,990,000	北京保利	2021-06-07
清乾隆 铜释迦牟尼佛	高20.5cm	2,990,000	华艺国际	2021-12-11
清乾隆 弥勒菩萨像	高61cm	2,875,000	中贸圣佳	2021-05-21
清乾隆 铜鎏金贝格遮造像	总高32cm	2,691,000	佳士得	2021-05-28
清乾隆 铜鎏金龙尊王佛	高32.2cm	2,530,000	中国嘉德	2021-05-19
17~18世纪 铜鎏金弥勒佛坐像	高46.4cm	2,277,000	佳士得	2021-05-28
清乾隆 宫廷 铜鎏金关公坐像	高30.2cm	2,070,000	西泠印社	2021-07-24
18世纪 绿度母像	高32cm	2,047,000	中贸圣佳	2021-12-30
清乾隆 铜鎏金驴面胜乐金刚立像	高31cm	1,955,000	西泠印社	2021-07-24
17~18世纪 西藏合金铜米拉日巴像（嵌金银、局部鎏金）	高13cm	1,840,000	中国嘉德	2021-11-29
清乾隆 六臂大黑天	高36.5cm	1,322,500	上海匡时	2021-07-08
清乾隆 铜鎏金财宝天王（泛亚收藏）	高17cm	1,265,000	中国嘉德	2021-05-19
清乾隆 双身白上乐金刚	高40.5cm	1,265,000	华艺国际	2021-06-04
清乾隆 铜鎏金释迦坐像	高34.5cm	1,265,000	西泠印社	2021-07-24
清乾隆 大威德金刚	高23cm	1,207,500	上海匡时	2021-07-08
清乾隆 摩利支天佛母像	高15.7cm	1,207,500	中贸圣佳	2021-12-30
18世纪 财宝天王像	高20cm	1,207,500	中贸圣佳	2021-12-30
清乾隆 外修阎魔敌像	高37.5cm	1,150,000	中贸圣佳	2021-05-21
清乾隆 铜鎏金六臂玛哈嘎拉像	高22cm	1,150,000	北京大羿	2021-05-17
清乾隆 上乐金刚	高33.5cm	1,012,000	上海匡时	2021-07-08
清乾隆 六品佛楼铜泥金颦眉佛母像	高20cm	920,000	北京大羿	2021-05-17
清乾隆 大威德金刚像	高32.3cm	920,000	中贸圣佳	2021-12-30
18世纪 双色铜无量寿佛（嵌金银）	高20.5cm	920,000	华艺国际	2021-06-04
17~18世纪 锤鍱鎏金嵌宝石须弥福寿四臂观音	高46cm	920,000	朵云轩	2021-07-07
17世纪/18世纪 蒙古铜鎏金离车毗式弥勒佛坐像	高21cm	718,375	佳士得	2021-12-03
18世纪 尊胜塔	高24cm	690,000	中贸圣佳	2021-05-21
清乾隆（宫廷）铜鎏金月光菩萨像	高18cm	690,000	中国嘉德	2021-11-29
清乾隆 御制识文描金嵌杂宝佛龛	68cm×41cm×32cm	690,000	中国嘉德	2021-11-28
清乾隆 铜鎏金尊胜佛母坐像	高25cm	690,000	西泠印社	2021-01-15
清乾隆 铜鎏金上乐金刚	高16.8cm	644,000	华艺国际	2021-09-17
清乾隆 六臂大黑天	高25cm	598,000	华艺国际	2021-06-04
清乾隆 铜鎏金大威德金刚	高18.5cm	552,000	北京保利	2021-12-06
清乾隆 佛母像	高24.8cm	517,500	中贸圣佳	2021-09-26
清乾隆 财宝天王	高15cm	517,500	华艺国际	2021-03-31
清乾隆 八臂十一面观音	高30cm	517,500	华艺国际	2021-06-04
清乾隆 铜鎏金独雄大威德金刚	高16.3cm	483,000	中国嘉德	2021-05-19
清乾隆 大日如来像	高15cm	460,000	中贸圣佳	2021-05-21
清乾隆 干催碎佛母像	高14.2cm	460,000	中贸圣佳	2021-12-30
18世纪 铜鎏金弥勒菩萨	高34cm	460,000	北京保利	2021-09-26
清乾隆 阿弥陀佛像	22cm	437,000	中贸圣佳	2021-05-21
清乾隆（内蒙古）铜鎏金嵌宝石宗喀巴像	高34.5cm	437,000	中国嘉德	2021-11-29
清乾隆 铜鎏金无量寿佛	高23.5cm	402,500	中国嘉德	2021-11-29
清乾隆 自在观音像	高18.5cm	391,000	中贸圣佳	2021-12-30
清乾隆 财宝天王	高17.2cm	379,500	华艺国际	2021-06-04
清乾隆 铜鎏金黄财神像	高17cm	368,000	中国嘉德	2021-11-29
清乾隆 四臂观音像	高23.6cm	368,000	中贸圣佳	2021-12-30
清乾隆 文殊菩萨像	高23.3cm	368,000	中贸圣佳	2021-12-30

(成交价RMB：1万元以上)

拍品名称	物品尺寸	成交价RMB	拍卖公司	拍卖日期
清乾隆 双身尸陀林主像	高16.5cm	368,000	华艺国际	2021-03-31
清乾隆 大威德金刚	高16.5cm	368,000	华艺国际	2021-12-11
清乾隆 六品佛楼铜泥金“多瓦那达沙天”	高19cm	345,000	北京保利	2021-09-26
清乾隆宫廷 铜泥金弥勒菩萨(六品佛楼)	高13.3cm	322,000	中国嘉德	2021-05-19
清乾隆 白上乐金刚双身像	高10.5cm	322,000	华艺国际	2021-06-04
清乾隆 铜鎏金释迦牟尼	高16.2cm	322,000	北京保利	2021-06-08
清乾隆 尊胜佛母像	高31cm	310,500	中贸圣佳	2021-05-21
18世纪 铜鎏金财宝天王像	高17cm	310,500	古天一	2021-06-07
清乾隆 铜鎏金胜乐金刚	高20cm	287,500	中国嘉德	2021-05-19
清乾隆 铜鎏金十一面观音像	高32.5cm	287,500	中国嘉德	2021-11-29
清乾隆 铜鎏金三世章嘉像	高32.8cm	287,500	中国嘉德	2021-11-29
清乾隆 六品佛楼狮子幢母	9.5cm×7.6cm×12.5cm	287,500	北京保利	2021-06-08
18世纪 碧霞元君像	高17cm	253,000	中贸圣佳	2021-05-21
清乾隆 铜鎏金金刚手菩萨像	高16.5cm	253,000	十竹斋拍卖(北京)	2021-05-29
18世纪 燃灯佛	高23.5cm	241,500	中贸圣佳	2021-07-07
清乾隆 铜鎏金叶衣佛母	高18cm	230,000	十竹斋拍卖(北京)	2021-05-29
18世纪 菩萨站像	高68cm	230,000	中贸圣佳	2021-07-07
清乾隆 站姿财宝天王	高12cm	230,000	华艺国际	2021-03-31
清乾隆 铜鎏金多闻天王像	高19cm	230,000	北京大羿	2021-05-17
清乾隆 尊者像	高16cm	230,000	华艺国际	2021-06-04
清乾隆 莲华生上师造像	高17cm	230,000	上海嘉禾	2021-07-22
清乾隆 铜合金局部鎏金密集金刚双生像	高17.5cm	224,250	十竹斋拍卖(北京)	2021-04-25
清乾隆 铜鎏金碧霞元君	高17.3cm	218,500	中国嘉德	2021-05-19
清乾隆宫廷 铜鎏金观音菩萨	高11.3cm	207,000	中国嘉德	2021-05-19
清乾隆 铜鎏金菩萨立像	高23.2cm	207,000	中国嘉德	2021-11-29
18世纪 喀尔喀蒙古铜鎏金释迦牟尼佛像	高18cm	207,000	北京大羿	2021-05-17
清乾隆 铜鎏金关公坐像	高17.3cm	195,500	中国嘉德	2021-05-19
清乾隆 铜鎏金大日如来佛	高16.6cm	195,500	中国嘉德	2021-05-19
清乾隆 铜鎏金吉祥天母像	高17.7cm	195,500	中国嘉德	2021-11-29
清乾隆 持国天王像	高18cm	195,500	华艺国际	2021-03-31
18世纪 无量寿佛	高21cm	195,500	华艺国际	2021-06-04
17~18世纪 阎魔敌	高17.8cm	195,500	上海国时	2021-07-08
清乾隆 铜鎏金锤鍱尊者像两尊	高16.8; 高17cm	184,000	中国嘉德	2021-05-19
清乾隆 铜鎏金妙音佛母像	高16cm	172,500	中国嘉德	2021-05-19
清乾隆 铜鎏金宗喀巴像	高17.8cm	172,500	中国嘉德	2021-05-19
清乾隆 铜局部泥金无量寿佛像	高19cm	172,500	十竹斋拍卖(北京)	2021-05-29
18世纪 铜鎏金无量寿佛	高17cm	172,500	古天一	2021-06-07
清乾隆 吉祥天母与护法组像	高5cm; 长6cm	172,500	华艺国际	2021-03-31
清乾隆 铜鎏金无量寿佛	高18cm	172,500	北京保利	2021-09-26
17~18世纪 绿度母像	高20cm	161,000	中贸圣佳	2021-05-21
18世纪 弥勒菩萨坐像	高23.5cm	161,000	中贸圣佳	2021-07-07
清乾隆 关公坐像	高23cm	161,000	华艺国际	2021-03-31
清乾隆 阎魔敌	高16.8cm	161,000	华艺国际	2021-06-04
清乾隆 铜鎏金绿度母像	高16.5cm	149,500	中国嘉德	2021-11-29
清乾隆 铜鎏金上师像	高17.5cm	138,000	中国嘉德	2021-05-19
18世纪 阎魔敌像	高18cm	138,000	中贸圣佳	2021-05-21
18世纪 格鲁派上师像	高18cm	138,000	中贸圣佳	2021-05-21
17~18世纪 释迦牟尼佛	高17.5cm	138,000	北京中汉	2021-05-18
清乾隆 铜鎏金释迦牟尼说法像	高17.5cm	138,000	十竹斋拍卖(北京)	2021-05-29
清乾隆 铜鎏金喇嘛像和无量寿佛二尊	高18cm; 高10.5cm	138,000	中国嘉德	2021-11-29
清乾隆 铜鎏金设彩宗喀巴像	高16.6cm; 宽12.5cm	138,000	浙江佳宝	2021-01-10
清乾隆 马头明王	高18cm	138,000	华艺国际	2021-12-11
17~18世纪 胜乐金刚像	高17cm	132,250	中贸圣佳	2021-12-30
清乾隆 铜鎏金无量寿佛	高24cm	126,500	中国嘉德	2021-05-19
清乾隆 铜鎏金释迦牟尼佛	高22.5cm	126,500	中国嘉德	2021-05-19
清乾隆 铜鎏金斗战胜佛	高18cm	126,500	十竹斋拍卖(北京)	2021-05-29
18世纪 铜鎏金武财神赵公明像	高10.5cm	126,500	古天一	2021-06-07
清乾隆 大日如来像	高23.5cm	126,500	中贸圣佳	2021-12-30
18世纪 尼泊尔帕拉风格八臂度母	高57.5cm	126,500	中鸿信	2021-07-14
清乾隆 铜鎏金十一面观音	高25cm	115,000	中国嘉德	2021-05-19
清乾隆 铜鎏金八骏财神	高10.5cm	115,000	中国嘉德	2021-05-19
清乾隆 宫廷 铜鎏金嵌宝石莲花底座	宽11.5cm	115,000	中国嘉德	2021-05-19
清乾隆 铜鎏金造像一组三尊 供养菩萨	高10cm; 高5.8cm; 高2.7cm	115,000	中国嘉德	2021-05-19
18世纪 索波拉华尊者像	高11cm	115,000	中贸圣佳	2021-05-21
18世纪 银嵌宝石朵玛	高29cm	115,000	古天一	2021-06-07
清乾隆 铜鎏金六臂玛哈嘎拉像	宽14cm; 高17.5cm	115,000	浙江佳宝	2021-01-10
18世纪 “十六罗汉”错金银铜板像	宽20.5cm	113,500	北京保利	2021-01-18
18世纪 尊胜佛母像	高17cm	105,800	中贸圣佳	2021-05-21
清乾隆 铜鎏金骑狼护法	高19cm	103,500	中国嘉德	2021-05-19
18世纪 西藏铜鎏金狮吼莲师	高16.6cm	103,500	中国嘉德	2021-05-19
清乾隆 释迦牟尼	高17cm	103,500	中贸圣佳	2021-09-26
清乾隆 铜鎏金释迦牟尼佛	高16cm	103,500	中国嘉德	2021-11-29
清乾隆 铜鎏金黄财神	高12.3cm	97,750	中国嘉德	2021-05-19
清乾隆 铜鎏金大红司命	高17.5cm	97,750	北京保利	2021-06-08
17~18世纪 铜鎏金释迦牟尼	高16.7cm	97,750	北京保利	2021-06-08
清乾隆 铜鎏金白度母	高16.8cm	92,000	中国嘉德	2021-05-19
18世纪 铜鎏金哈香尊者	高9.5cm	92,000	古天一	2021-06-07
清乾隆 铜鎏金文殊菩萨像	高16.6cm	92,000	中国嘉德	2021-11-29
清乾隆 铜泥金“隆寓天”像	高15.5cm	92,000	中鸿信	2021-07-14
清乾隆 铜泥金“花大鹏”像	高17cm	92,000	中鸿信	2021-07-14
18世纪 释迦牟尼佛像	高15cm	86,250	中贸圣佳	2021-05-21
清乾隆 财宝天王	高17cm	86,250	北京中汉	2021-05-18
清乾隆 铜鎏金关公像	高11.5cm; 宽6.9cm	82,800	浙江佳宝	2021-01-10
清乾隆 铜鎏金月光观音坐像	高11cm; 宽7.1cm	82,800	浙江佳宝	2021-01-10
17~18世纪 鎏金红铜尊胜菩萨坐像	高20cm	81,563	纽约佳士得	2021-03-18
清乾隆 铜鎏金上师像	高16.5cm	80,500	中国嘉德	2021-05-19
18世纪 铜鎏金尊胜佛母像	高11cm	80,500	古天一	2021-06-07
18世纪 铜鎏金迦诺迦跋黎堕阇尊者	高9.5cm	80,500	古天一	2021-06-07
清乾隆 铜鎏金无量寿佛	高17cm	80,500	中国嘉德	2021-11-29
清乾隆 铜鎏金一世达赖喇嘛根敦主巴	高16.5cm	80,500	北京诚轩	2021-11-28
清乾隆 铜鎏金泽那梅扎像	高18cm	80,500	北京大羿	2021-05-17
清乾隆 铜鎏金八骏财神	高18cm	80,500	北京保利	2021-06-08
17~18世纪 西藏雪堆白风格金刚总持	高10.5cm	80,500	朵云轩	2021-07-07
18世纪 铜鎏金宗喀巴像	高24.5cm	74,750	十竹斋拍卖(北京)	2021-05-29
18世纪 铜鎏金迦诺迦跋黎堕阇尊者	高10cm	74,750	古天一	2021-06-07
清乾隆 弥勒菩萨	高15cm	74,750	中贸圣佳	2021-09-26
清乾隆 铜泥金虚空目菩萨像	高19.5cm	74,750	中鸿信	2021-07-14
18世纪 六世达赖喇嘛仓央嘉措	高13.5cm	74,750	华艺国际	2021-12-11
清乾隆 铜鎏金空行母像	高17cm	69,000	十竹斋拍卖(北京)	2021-05-29
18世纪 铜鎏金罗怙罗尊者像	高9.5cm	69,000	古天一	2021-06-07
清乾隆 双身密集金刚	高6cm	69,000	华艺国际	2021-03-31
18世纪 紫檀彩绘财宝天王像	高18cm	69,000	北京大羿	2021-05-17
18世纪 合金铜泥金文殊菩萨像	高19.5cm	69,000	中鸿信	2021-07-14
清乾隆 铜鎏金骑猪护法	高11.3cm	63,250	中国嘉德	2021-05-19
清乾隆 铜鎏金六臂玛哈嘎拉像	高16cm	63,250	中国嘉德	2021-11-29
清乾隆 铜鎏金地狱王阎魔天	高10.8cm; 宽9.6cm	63,250	浙江佳宝	2021-01-10
清乾隆 铜鎏金多臂菩萨像	高15.6cm	59,800	中国嘉德	2021-11-29
18世纪 铜鎏金哈香尊者	高9.5cm	57,500	古天一	2021-06-07
清乾隆 铜鎏金药师佛	高10cm	57,500	北京保利	2021-06-08
清乾隆 铜鎏金吉祥天母、胜乐金刚随身及嘎乌(两件)	高6.2cm; 高6cm	57,500	北京保利	2021-06-08
18世纪 铜鎏金释迦牟尼佛头	高25cm	57,500	中鸿信	2021-07-14
清乾隆 铜鎏金释迦牟尼佛	高10cm	51,750	北京华辰	2021-06-19
清乾隆 无量寿佛	高15.1cm	51,750	北京中汉	2021-11-28
清 铜鎏金药师像	高15.5cm	48,300	中国嘉德	2021-03-30
清乾隆 合金铜阿弥陀佛	高10cm	48,300	中国嘉德	2021-05-19
18世纪 白哈尔像	高4.5cm	48,300	中贸圣佳	2021-05-21
清乾隆 合金铜无量寿佛	高13cm	46,000	中国嘉德	2021-05-19
清乾隆 铜鎏金无量寿佛	高11cm	46,000	北京保利	2021-06-08
18世纪 铜鎏金无量寿佛	高11cm	43,700	古天一	2021-06-07
清乾隆 铜鎏金大威德金刚	高6.3cm	43,700	中贸圣佳	2021-09-26
清乾隆 铜鎏金眼光圣母像和吉象研墨台各一件	高18cm; 高10cm	43,700	中国嘉德	2021-11-29
清乾隆 铜鎏金玛哈嘎拉	高3.4cm	43,700	广东崇正	2021-01-07
清乾隆 铜鎏金无量寿佛	高11.5cm	43,700	华艺国际	2021-04-01
18世纪 铜鎏金金刚手菩萨像	高10.5cm	40,250	古天一	2021-06-07
18世纪 铜鎏金阿弥陀佛像	高10.5cm	40,250	古天一	2021-06-07
清乾隆 铜鎏金释迦像	高15.5cm	40,250	北京保利	2021-10-31
清乾隆 铜鎏金金刚萨埵像	高11.3cm	39,100	北京保利	2021-10-31
清乾隆 铜鎏金佛塔	高11.6cm	36,800	中国嘉德	2021-11-29
清乾隆 铜鎏金象鼻护法佛座	长14cm	36,800	北京保利	2021-06-08
18世纪 铜鎏金释迦牟尼	高22cm	36,800	北京保利	2021-12-06
18世纪 铜鎏金蒙古佛塔	高20cm	34,500	中贸圣佳	2021-09-26
清乾隆 铜鎏金无量寿坐佛	高18cm	34,500	西泠印社	2021-01-15
18世纪 铜鎏金扎派无量寿佛	高8.5cm	34,500	西泠印社	2021-01-15
清乾隆 铜鎏金文殊像	高18cm	34,500	北京保利	2021-10-31
18世纪 铜鎏金释迦小佛	高11.5cm	32,200	中国嘉德	2021-03-30
清乾隆 泥金无量寿佛擦擦	长7.9cm	32,200	中国嘉德	2021-03-30
18世纪 蒙古铜鎏金大红司命主擦擦	高6.8cm	32,200	中国嘉德	2021-05-19
18世纪 绿度母像	高14.8cm	32,200	中贸圣佳	2021-09-26
18世纪 白度母像	高16.5cm	32,200	中贸圣佳	2021-09-26
18世纪 铜鎏金妙音天女站像	高17.8cm	28,750	华艺国际	2021-09-17
18世纪 铜鎏金狮面佛母像	高11cm	25,300	十竹斋拍卖(北京)	2021-05-29
18世纪 铜鎏金无量寿佛小像	高10.3cm	25,300	中国嘉德	2021-09-28
18世纪 铜鎏金菩萨像	高16cm	25,300	中国嘉德	2021-09-28
清乾隆 合金铜四臂护法双身像	高16.5cm	23,000	中国嘉德	2021-05-19
18世纪 黄财神像	高10.5cm	23,000	中贸圣佳	2021-09-26

2021杂项拍卖成交汇总(续表)

(成交价RMB：1万元以上)

拍品名称	物品尺寸	成交价RMB	拍卖公司	拍卖日期
清乾隆 铜鎏金无量寿佛	高11.3cm	23,000	北京保利	2021-01-09
18世纪 铜鎏金大威德像	高16cm	23,000	广东崇正	2021-01-07
18世纪 铜鎏金护法小像	高9.2cm	20,700	中国嘉德	2021-03-30
18世纪 铜鎏金释迦像	高30cm	20,700	中国嘉德	2021-09-28
18世纪 铜鎏金绿度母像	高16cm	20,700	中国嘉德	2021-09-28
清乾隆 铜鎏金度母	高12.8cm	20,700	北京保利	2021-05-18
18世纪 铜鎏金佛、铜宗喀巴像（共两尊）	高10cm; 高10.5cm	20,700	北京保利	2021-12-06
清乾隆 铜鎏金佛像	高17cm	20,430	北京保利	2021-08-09
清乾隆 铜鎏金四臂观音像	高16.5cm	18,400	中贸圣佳	2021-09-26
清中期 铜鎏金财宝天王坐像	高22cm	575,000	永乐拍卖	2021-05-22
清中期 铜鎏金宗喀巴	高16cm	115,000	北京保利	2021-06-08
清中期 铜鎏金金刚总持	高28.6cm	109,250	北京保利	2021-06-08
清中期 铜鎏金白度母	高16.5cm	86,250	北京保利	2021-06-08
清中期 铜鎏金佛	高27cm	74,750	北京银座	2021-09-24
清中期 铜鎏金上乐金刚	高7.3cm	74,750	北京保利	2021-10-31
清中期 铜鎏金宗喀巴像	高16.5cm	46,000	北京保利	2021-10-31
清中期 铜鎏金财神、护法随身佛（两件）	高2.8cm; 高3.1cm	43,700	北京保利	2021-06-08
清中期 铜漆金阿弥陀佛	高39cm	24,150	中鸿信	2021-07-14
清中期 铜无量寿佛	高17.5cm	23,000	北京保利	2021-01-09
清中期 铜象首人身像	高14cm	23,000	北京保利	2021-10-31
19世纪 铜泥金观音像	高35cm	977,500	中国嘉德	2021-03-30
19世纪或以后 铜鎏金佛塔	高157.3cm	489,375	纽约佳士得	2021-03-18
19世纪 蒙古白铁镶红铜尸陀林主	高11cm	83,742	保利香港	2021-12-02
19世纪 莲花手观音及眷属	高17cm	43,700	华艺国际	2021-12-11
19世纪 铜鎏金阿弥陀佛	高13cm	40,250	中国嘉德	2021-03-30
19世纪 合金铜弥勒菩萨	高55.5cm	23,000	北京保利	2021-06-08
清 铜鎏金无量寿佛坐像	重1800g; 通高18cm	1,854,600	香港福羲国际	2021-05-08
清 铜鎏金弥勒像	高14cm	1,150,000	古天一	2021-06-07
清 绿度母	高34.5cm	724,500	上海匡时	2021-07-08
清 铜自在观音坐像	高9.6cm	575,000	古天一	2021-06-07
清 铜鎏金思惟菩萨	高7.5cm	483,000	古天一	2021-06-07
清 夹纻韦驮立像	高116cm	448,500	西泠印社	2021-07-24
清 铜佛	高17cm	437,000	北京翰海	2021-10-16
清 六品帝释天	高18.3cm	437,000	上海匡时	2021-07-08
清 铜释迦牟尼坐像	底径16.8cm; 通高38.5cm	389,466	香港福羲国际	2021-05-08
清 铜鎏金莲花手观音像	高240cm	368,000	中鸿信	2021-07-14
清 铜鎏金观音造像	重3480g; 通高26cm	352,374	香港福羲国际	2021-05-08
清 铜佛	高22cm	322,000	北京翰海	2021-10-16
清 大红司命主	高17.3cm	322,000	上海匡时	2021-07-08
清 旃檀佛	高22.5cm	310,500	上海匡时	2021-07-08
清 宝生佛	高17.8cm	287,500	上海匡时	2021-07-08
清 金制三世佛（一组三件）	高约17.8cm; 宽约13.5cm; 总重359g	287,500	西泠印社	2021-07-24
清 铜镶银石叟观音	高37.7cm	287,500	永乐拍卖	2021-09-26
清 铜鎏金无量寿佛配银烧蓝龛	佛高12cm; 龛高23cm	287,500	北京保利	2021-12-06
清 铜鎏金明妃像	高29.4cm	281,750	十竹斋拍卖（北京）	2021-04-25
清 铜鎏金道士坐像	高16cm	264,500	上海匡时	2021-07-08
清 铜鎏金韦驮坐像	高53.5cm	253,000	西泠印社	2021-01-15
清 上师	高19.3cm	230,000	上海匡时	2021-07-08
清 铜鎏金释迦牟尼坐像	高34.5cm	207,000	西泠印社	2021-07-24
清 铜鎏金无量寿佛坐像	高24cm	207,000	西泠印社	2021-07-24
清 吉祥天母	高18cm	195,500	上海匡时	2021-07-08
清 铜鎏金十一面观音坐像	高53cm	184,000	北京保利	2021-06-08
清 铜鎏金佛像	高49cm	172,500	北京翰海	2021-04-17
清 铜鎏金一佛二菩萨坐像	高45cm	172,500	西泠印社	2021-07-24
清 关公骑马像	高47.5cm	149,500	上海匡时	2021-07-08
清 石叟款观音像	高49.5cm	138,000	中贸圣佳	2021-05-21
清 铜鎏金药师坐像	高20cm	138,000	西泠印社	2021-01-15
清 关公一组	高21cm; 高16.8cm; 高21cm	138,000	上海匡时	2021-07-08
清 胡人献宝烛台	高42cm	138,000	上海匡时	2021-07-08
清 铜鎏金长寿佛像	高16cm	132,480	台北艺珍	2021-11-07
清 佛立像	高13.6cm	126,500	北京中汉	2021-11-28
清 观音立像	高9.5cm	126,500	北京中汉	2021-11-28
清 弟子像	高13cm	115,000	北京中汉	2021-11-28
清 檀香木观音坐像	高34cm	115,000	西泠印社	2021-01-15
清（西藏）铜鎏金喇嘛像	高46cm	115,000	中鸿信	2021-07-14
清 铜三世佛及尊者（一组五件）	尺寸不一	115,000	西泠印社	2021-07-24
清 铜佛	高17cm	109,250	北京翰海	2021-10-16
清 托履达摩	高12.4cm	105,800	上海匡时	2021-07-08
清 铜鎏金道教天尊像	高11.5cm	103,500	古天一	2021-06-07
清 铜佛	高16cm	103,500	北京翰海	2021-10-16
清 吉祥天母	高15cm	103,500	北京中汉	2021-11-28
清 铜鎏金蒙古风格无量寿佛坐像	高16.8cm; 重1163.9g	103,500	西泠印社	2021-07-24
清 铜鎏金旃檀佛	高23cm	97,750	北京保利	2021-06-08
清 银鎏金累丝嵌宝佛龛	高20cm; 长15cm; 宽8cm; 重1661g	97,750	西泠印社	2021-07-24
清 铜鎏金高士立像	高13cm	94,300	古天一	2021-06-07
清 铜鎏金无量寿佛	高18.5cm	92,000	西安力邦	2021-06-27
清 铜佛	高18cm	92,000	北京翰海	2021-10-16
清 漆金夹纻观音立像	高46cm	92,000	西泠印社	2021-01-15
清 铜鎏金关公坐像	高25cm	92,000	中鸿信	2021-07-14
清 吉祥天母像	高18.7cm	89,700	中贸圣佳	2021-09-26
清 铜佛	高20cm	80,500	北京翰海	2021-10-16
清 铜鎏金佛像	高10cm	80,500	北京翰海	2021-10-16
清 铜鎏金释迦说法像	高42cm	80,500	北京保利	2021-10-31
清 铜鎏金白度母	高22.5cm	78,200	北京保利	2021-10-31
清 无量寿佛像	高20.2cm	74,750	中贸圣佳	2021-09-26
清 铜张仙立像	高28cm	74,750	北京保利	2021-06-08
清 铜鎏金阿閦佛坐像	高15.4cm; 重1073g	74,750	西泠印社	2021-07-24
清 铜文殊菩萨坐像	高15.8cm	74,750	西泠印社	2021-07-24
清 铜鎏金释迦牟尼	高13.5cm	74,750	永乐拍卖	2021-09-26
清 铜鎏金坐佛	高61cm	69,000	北京翰海	2021-04-17
清 无量寿佛	高16.8cm	69,000	中贸圣佳	2021-09-26
清 铜鎏金摩利支天坐像	高17.5cm	69,000	西泠印社	2021-01-15
清 铜鎏金无量寿佛	高17cm	69,000	北京保利	2021-06-08
清 铜十一面观音立像	通高15.5cm	66,211	香港福羲国际	2021-07-25
清 铜鎏金米拉日巴像	高14cm	63,250	中国嘉德	2021-03-30
清 铜鎏金佛塔	高41cm	63,250	中贸圣佳	2021-03-26
清 铜佛	高16.5cm	63,250	北京翰海	2021-10-16
清 铜鎏金关公	高22cm	60,696	保利香港	2021-04-21
清 铜宗喀巴坐像	高17cm	58,650	西泠印社	2021-07-24
清 铜弥勒佛	高32cm	57,500	十竹斋拍卖（北京）	2021-04-25
清 铜鎏金佛像	高16.5cm	57,500	北京翰海	2021-10-16
清 铜佛	高17cm	57,500	北京翰海	2021-10-16
清 铜雪山大士像	高29cm	55,200	中鸿信	2021-07-14
清 铜宫廷燃灯佛	高16cm	55,200	永乐拍卖	2021-09-26
清 六臂白玛哈嘎拉	高12.6cm	51,750	中贸圣佳	2021-09-26
清 铜鎏金弥勒坐像	高17cm	51,750	西泠印社	2021-07-24
清 铜鎏金释迦牟尼说法像	高8cm	49,737	中国嘉德	2021-04-21
清 铜佛	高16.5cm	48,300	北京翰海	2021-10-16
清 铜鎏金吉祥天母	高17.5cm	48,300	北京保利	2021-10-31
清 铜佛	高12cm	46,000	北京翰海	2021-10-16
清 铜鎏金观音坐像	高23.5cm	46,000	西泠印社	2021-04-10
清 铜鎏金大红司命主	高11.9cm	46,000	永乐拍卖	2021-09-26
清 铜鎏金药师佛	通高18cm	44,141	香港福羲国际	2021-07-25
清 能食空行母	高8.5cm	43,700	中贸圣佳	2021-09-26
清 铜鎏金佛像	高10.7cm	43,700	北京翰海	2021-10-16
清 铜鎏金造像	佛25cm; 通高28cm	43,700	中鸿信	2021-07-14
清 铜观音像	高30cm	40,250	北京翰海	2021-10-16
清 观音坐像	高30.5cm	36,800	中贸圣佳	2021-09-26
清 铜佛	高19.5cm	36,800	北京翰海	2021-10-16
清 铜鎏金欢喜佛坐像两尊	高17.5cm; 高18.5cm	36,800	中鸿信	2021-07-14
清 金制释迦牟尼像	高10.3cm; 重37.4g	36,800	西泠印社	2021-07-24
清 铜鎏金男相观音像	带座高14.5cm; 高11.5cm	34,500	西泠印社	2021-01-15
清 铜弥勒立像	高19cm	34,500	西泠印社	2021-01-15
清 铜鎏金金刚总持	高17.8cm	34,500	北京保利	2021-06-08
清 金随身佛	高3.5cm; 重约27.3g	34,500	中鸿信	2021-07-14
清 铜鎏金文殊像	高15.5cm	32,200	西泠印社	2021-04-10
清 铜鎏金释迦随身佛	高4.3cm	29,842	中国嘉德	2021-04-21
清 铜鎏金菩萨坐像	高37cm	28,750	中鸿信	2021-07-14
清 铜魁星像	高26cm	28,750	中鸿信	2021-07-14
清 仿康熙风格无量寿佛	高18cm	28,750	中鸿信	2021-07-14
清 铜鎏金财神像	高26.5cm	28,750	西泠印社	2021-07-24
清 铜鎏金四臂观音像	高9.5cm	28,750	北京保利	2021-10-31
清 铜鎏金四臂观音坐像	高18cm	28,750	西泠印社	2021-10-23
清 铜鎏金金刚手擦擦	高5cm	27,600	台北艺珍	2021-11-07
清 铜佛	高17cm	25,300	北京翰海	2021-10-16
清 胡人立像	高31.5cm	23,000	北京中汉	2021-03-26
清 铜鎏金上师坐像	高14cm	23,000	北京华辰	2021-06-19
清 苯教祖师像	高18.4cm	23,000	北京中汉	2021-09-28
清 铜鎏金护法像	高21.5cm	23,000	中国嘉德	2021-09-28
清 铜佛	高25cm	23,000	北京翰海	2021-10-16
清 银铜鎏金象鼻财神	高10.7cm	23,000	永乐拍卖	2021-09-26
清 铜鎏金财神	高11.6cm	23,000	永乐拍卖	2021-09-26
清 铜鎏金戏狮罗汉	高22.3cm	23,000	永乐拍卖	2021-09-26
清 铜远行佛母坐像	高16cm	23,000	西泠印社	2021-10-23
清 铜鎏金文殊菩萨盒	高4.4cm	21,850	永乐拍卖	2021-09-26
清 铜鎏金无量寿佛附红木佛龛	佛龛长17.5cm×14cm×38cm; 佛高16cm	21,850	北京保利	2021-12-06
清 银嵌宝法轮、太平有象（一对）	高27cm; 高26cm	20,700	北京保利	2021-05-18
清 银制药师佛随身佛坐像	高4.5cm; 总重49.3g	20,700	西泠印社	2021-07-24
民国 炉钧釉无量寿佛	高73cm	172,500	华艺国际	2021-03-31
大理 银鎏金阿嵯耶观音	高29cm	9,027,500	永乐拍卖	2021-12-02
铜漆金观音菩萨	连座高23.5cm	8,280,000	永乐拍卖	2021-12-02
渤海国 铜鎏金释迦牟尼	高25cm	4,830,000	永乐拍卖	2021-12-02

拍品名称	物品尺寸	成交价RMB	拍卖公司	拍卖日期
阿弥陀佛坐像	高20cm	3,220,000	华艺国际	2021-03-31
铜鎏金弥勒佛	底长24cm; 高31.5cm	1,150,000	辽宁省拍	2021-07-04
紫金琍玛乃琼护法	高18.5cm	920,000	永乐拍卖	2021-12-02
普巴金刚	高19cm	920,000	永乐拍卖	2021-12-02
铜弥勒佛	高18cm	713,000	永乐拍卖	2021-12-02
尼泊尔早期 释迦牟尼佛	高16cm	690,000	北京中汉	2021-05-18
清康熙 铜鎏金黄财神	高15.5cm	609,500	十竹斋	2021-06-27
克什米尔 十一面观音像	高14.8cm	517,500	永乐拍卖	2021-12-02
铜苯教双修护法	高11cm	483,000	永乐拍卖	2021-12-02
铜释迦牟尼	高14.5cm	460,000	永乐拍卖	2021-12-02
铜鎏金水月观音坐像	高23.5cm	460,000	永乐拍卖	2021-12-02
统一新罗 铜鎏金释迦立像	高19cm	287,500	西泠印社	2021-01-15
站姿大黑天	高16.5cm	287,500	华艺国际	2021-03-31
铜"乾符三年"款罗汉坐像	高11.5cm	230,000	西泠印社	2021-07-24
民国 弥勒佛大型银质摆件	高42cm; 重5145g	218,500	华艺国际	2021-12-11
十七世期宗喀巴	长12.5cm; 高17cm	207,000	辽宁省拍	2021-07-04
铜鎏金达摩多罗尊者	高17.5cm	207,000	永乐拍卖	2021-12-02
清 铜鎏金广目天王像	高13.8cm	195,500	十竹斋	2021-06-27
铜漆金天王	高24cm	172,500	永乐拍卖	2021-12-02
铜佛像	高28cm	161,000	辽宁省拍	2021-07-04
汉传佛像	24cm×17cm	138,000	浙江当代	2021-05-22
清 铜鎏金锤鍱持刀财神	高26.5cm	132,250	十竹斋	2021-06-27
铜鎏金菩萨坐像	高20cm	115,000	御宝嘉和	2021-05-30
释迦牟尼佛	底长17cm; 高24.5cm	115,000	辽宁省拍	2021-07-04
清 铜鎏金道教人物立件	高17.2cm	115,000	十竹斋	2021-06-27
清 铜鎏金立像观音	高61cm	92,000	十竹斋	2021-06-27
铜地藏王佛龛	高12.7cm	92,000	永乐拍卖	2021-12-02
铜接引佛	高20.5cm	86,250	永乐拍卖	2021-12-02
铜鎏金真武大帝	高71cm	82,800	台北艺珍	2021-11-07
铜佛	底长9.3cm; 高13cm	80,500	辽宁省拍	2021-07-04
铜鎏金金刚亥母	高8.5cm	69,000	永乐拍卖	2021-12-02
铜护法像	高17.6cm	57,500	永乐拍卖	2021-12-02
清 铜鎏金观音	高19cm	51,750	十竹斋	2021-06-27
清 铜鎏金释迦立像	高49.5cm	46,000	十竹斋	2021-06-27
铜佛	底长8cm; 高11.5cm	43,700	辽宁省拍	2021-07-04
铜鎏金释迦像	高24cm	40,250	中国嘉德	2021-03-30
西藏漆金护经板	16cm×55cm	40,250	华艺国际	2021-06-02
清 铜鎏金大成就者	高22.8cm	36,800	十竹斋	2021-06-27
清 铜佛坐像	高22.8cm	34,500	十竹斋	2021-06-27
铜鎏金无量寿佛像	高19.3cm	32,200	中国嘉德	2021-03-30
清 铜鎏金六臂骑狮护法	高26cm	32,200	十竹斋	2021-06-27
明 铜持卷佛	高24cm	31,050	十竹斋	2021-06-27
铜佛	底长8cm; 高11cm	28,750	辽宁省拍	2021-07-04
铜观音像	高38cm	25,300	中国嘉德	2021-09-28
明 铜观音坐像	高25.7cm	25,300	十竹斋	2021-06-27
清 铜关公立像	高25.8cm	25,300	十竹斋	2021-06-27
清中期 铜鎏金无量寿佛	高11.3cm	21,850	十竹斋	2021-06-27
清 铜鎏金六臂黑天	高17.5cm	20,700	十竹斋	2021-06-27
清 铜六臂骑狮护法	高19.3cm	20,700	十竹斋	2021-06-27
明 铜观音坐像	高20.3cm	20,700	十竹斋	2021-06-27
法器				
10世纪 天铁嵌金、红铜兽面纹五股忿怒金刚杵	长15.5cm	1,495,000	北京保利	2021-12-05
9~10世纪 铜佛塔	高13.8cm; 宽5.8cm	92,000	朵云轩	2021-07-07
10~11世纪 北印度帕拉黑石雕佛塔	高58cm	287,500	朵云轩	2021-07-07
12世纪 九股金刚杵	长21cm	276,000	中贸圣佳	2021-05-21
12世纪 铜鎏金九股金刚杵	高21cm	40,250	朵云轩	2021-07-07
元 九股金刚杵	长14.5cm	299,000	北京中汉	2021-11-28
元 金刚铃杵一套	长17.9cm(杵); 高19cm(铃)	287,500	北京中汉	2021-05-18
元 金刚铃	高31.7cm	46,000	北京中汉	2021-05-18
明早期 合金铜礼佛供器	高45cm	805,000	中国嘉德	2021-05-19
明 铜鎏金钺刀	高19.5cm	126,500	北京保利	2021-06-08
明 金嵌水晶佛塔	高12cm	94,300	华艺国际	2021-04-01
明至清 铜鎏金金刚橛	长19cm; 重887.4g	57,500	西泠印社	2021-01-15
明 褐漆佛钵	高7.5cm; 通径13.5cm	20,700	西泠印社	2021-07-24
清康熙 菩提佛塔	高48cm	690,000	华艺国际	2021-03-31
清乾隆 御制金彩瓷法轮	高28cm	1,380,000	保利厦门	2021-11-05
18世纪 铜鎏金金刚橛	高23.5cm	1,035,000	古天一	2021-06-07
18世纪 金刚杵	长24.5cm	276,000	上海匡时	2021-07-08
18世纪 西藏铜鎏金右旋海螺	长22cm	218,500	中国嘉德	2021-05-19
清乾隆五年 左旋白法螺	宽14.5cm	89,527	中国嘉德	2021-04-21
18世纪 桑旦木金刚橛	高51cm	69,000	朵云轩	2021-07-07
17~18世纪 西藏合金铜金刚橛	高21cm	63,250	中国嘉德	2021-05-19
18世纪 铜鎏金法杖	高52cm	52,900	北京诚轩	2021-11-28
18世纪 德格金刚铃	高20cm	40,250	朵云轩	2021-07-07
清乾隆 金珐摩尼宝供(一对)	高21.5cm	36,800	中国嘉德	2021-05-19
18世纪 铜鎏金佛塔	高18.5cm	25,300	北京保利	2021-12-06
清 铜鎏金佛塔	高75cm	253,000	西泠印社	2021-07-24
清 银鎏金佛教八宝摆件(一组八件)	高约35~38cm; 总重约18584g	138,000	西泠印社	2021-07-24

拍品名称	物品尺寸	成交价RMB	拍卖公司	拍卖日期
清 铜鎏金金刚橛	长36.5cm	126,500	永乐拍卖	2021-09-26
清 木胎佛供(一对)	高44.4cm	92,000	西泠印社	2021-01-15
清 金星料法螺配铜鎏金座	长15cm	74,750	北京保利	2021-06-08
清 铜胎佛塔(佛弟子陆锦敬造)	高22cm	48,300	西泠印社	2021-01-15
清 铜鎏金喇嘛塔	高16cm; 宽9.5cm	46,000	北京华夏天天	2021-09-25
清 沉香法螺	长28cm	40,250	北京保利	2021-06-08
唐卡				
12~13世纪 黑水城风格毗卢遮那佛唐卡 镜片	55cm×45cm	575,000	广东崇正	2021-01-06
13世纪 上师唐卡	40cm×31cm	333,500	中贸圣佳	2021-05-21
13世纪 药师佛唐卡	(画心)高16.5cm; 宽13.4cm	172,500	北京诚轩	2021-11-28
13~14世纪 缂丝金刚萨埵唐卡	高92cm; 宽83cm	2,300,000	朵云轩	2021-07-07
13~14世纪 米拉日巴唐卡	33cm×26cm	230,000	中贸圣佳	2021-05-21
14世纪 西藏棉布矿物颜料释迦牟尼唐卡	21.5cm×17.5cm	172,500	中国嘉德	2021-05-19
14世纪 忿怒金刚手唐卡	37cm×29cm	172,500	古天一	2021-06-07
明早期 十王图之五殿阎罗大王	155cm×83cm	230,000	华艺国际	2021-06-04
14世纪/15世纪 宝冠释迦牟尼唐卡	画心108.5cm×94cm	1,840,000	华艺国际	2021-03-31
15世纪 红阎魔敌唐卡	40cm×31cm	552,000	古天一	2021-06-07
15世纪 大黑天唐卡	72cm×60.5cm	333,500	上海匡时	2021-07-08
15世纪 阿閦佛唐卡	95cm×73.5cm	287,500	古天一	2021-06-07
15世纪 西藏棉布矿物颜料胜乐金刚唐卡	57.5cm×42.5cm.	92,000	中国嘉德	2021-05-19
15世纪/16世纪 彩绘绢本迦诺迦伐蹉尊者唐卡	79cm×50.5cm	4,347,000	佳士得	2021-05-28
16世纪 无量寿坛城唐卡	54cm×39cm	138,000	华艺国际	2021-06-04
16世纪 普巴金刚坛城唐卡	56.5cm×52cm	86,250	中贸圣佳	2021-05-21
17世纪 财宝天王黑卡	83cm×61.5cm	1,012,000	古天一	2021-06-07
17世纪 密集金刚唐卡	94cm×64.5cm	782,000	华艺国际	2021-12-11
17世纪 蓝地描金坛城唐卡	66cm×47cm	218,500	北京荣宝	2021-06-19
17世纪 三面八臂马头明王	46.5cm×33cm	201,250	北京荣宝	2021-06-19
17世纪 上师唐卡	47cm×33cm	109,250	北京荣宝	2021-06-19
17世纪 马头金刚黑卡	57cm×42cm	92,000	北京荣宝	2021-06-19
17世纪 马头金刚唐卡	86cm×65cm	77,280	台北艺珍	2021-11-07
17世纪 莲华生大师	73cm×51cm	57,500	北京荣宝	2021-06-19
16~17世纪 带插图梵文佛经(一套)	40.5cm×10.5cm	28,750	中贸圣佳	2021-05-21
明 绢本持经卷观音坐像	123cm×168cm	207,000	西泠印社	2021-07-24
明 佛画娑婆三圣	68cm×87.5cm	63,250	西泠印社	2021-07-24
明末清初 五明王像	长167cm; 宽73.5cm	34,500	北京中汉	2021-03-26
清早期 白度母唐卡	55cm×33.5cm(画心); 110cm×51cm(画轴)	184,000	华艺国际	2021-03-31
18世纪 寂静四十二尊唐卡	68cm×46.2cm	2,990,000	古天一	2021-06-07
清乾隆 无量寿佛唐卡	98cm×70cm	2,185,000	华艺国际	2021-12-11
18世纪 法海雷音如来唐卡	58cm×38.5cm	1,840,000	古天一	2021-06-07
18世纪 阿弥陀佛极乐世界唐卡	146.5cm×113cm	1,322,500	上海匡时	2021-07-08
清乾隆 御制巴古拉尊者唐卡	82cm×54cm	1,150,000	北京保利	2021-06-07
18世纪 吉祥天母唐卡	87cm×61.5cm	1,150,000	上海匡时	2021-07-08
18世纪 十一面八臂观音唐卡	画心160cm×107cm	1,127,000	华艺国际	2021-03-31
18世纪 法界语自在文殊坛城唐卡	57cm×44cm	920,000	古天一	2021-06-07
18世纪 米拉日巴唐卡	82cm×54cm	667,000	古天一	2021-06-07
18世纪 玛尔巴上师唐卡	71.5cm×55cm	632,500	北京保利	2021-12-06
18世纪 迦诺迦跋黎堕阇尊者唐卡	63cm×44cm	517,500	古天一	2021-06-07
18世纪 普巴金刚唐卡	142.5cm×190cm	506,000	北京荣宝	2021-06-19
18世纪 释迦牟尼佛传故事唐卡	80cm×60cm	460,000	古天一	2021-06-07
18世纪 达赖喇嘛源流之一世 达赖喇嘛根敦朱巴唐卡	72cm× 46cm	402,500	中贸圣佳	2021-05-21
18世纪 无量寿妆金唐卡	101cm×71cm	356,500	华艺国际	2021-12-11
清乾隆 无量寿佛唐卡	63cm×44.6cm	345,000	中贸圣佳	2021-05-21
18世纪 双身大轮金刚手坛城唐卡	75cm×53cm	345,000	华艺国际	2021-06-04
18世纪 阿弥陀佛唐卡	82.5cm×57.5cm	339,250	上海匡时	2021-07-08
18世纪 财神八骏唐卡	64cm×40cm	327,750	中贸圣佳	2021-05-21
18世纪 释尊十二相成道画传唐卡	76.5cm×46.5cm	322,000	上海匡时	2021-07-08
18世纪 金刚持唐卡	89cm×63cm	287,500	中贸圣佳	2021-05-21
18世纪 大威德金刚十三尊坛城唐卡	76cm× 50cm	287,500	中贸圣佳	2021-05-21
18世纪 宗喀巴五照见之大成就者唐卡	64cm×43cm	287,500	古天一	2021-06-07
18世纪 阿閦佛刺绣唐卡	76cm×31cm	287,500	古天一	2021-06-07
18世纪 释迦牟尼与二弟子唐卡	140cm×85cm	276,000	华艺国际	2021-06-04
18世纪 尊胜佛母唐卡	84cm×54cm	230,000	中贸圣佳	2021-05-21
18世纪 双身胜乐金刚唐卡	69cm×48.5cm	230,000	古天一	2021-06-07
18世纪 胜乐金刚唐卡	63cm×43cm	230,000	古天一	2021-06-07
18世纪 四罗汉唐卡	66cm×43.5cm	230,000	古天一	2021-06-07
18世纪 无量寿唐卡	78cm×43.5cm(画心); 147.5cm×65cm(画轴)	230,000	华艺国际	2021-03-31
18世纪 中阴文武百尊六联唐卡	124cm×38cm	218,500	古天一	2021-06-07
18世纪 黑财神	70cm×39cm	195,500	上海匡时	2021-07-08
18世纪 释迦牟尼佛与二弟子唐卡	57.5cm×38.5cm	184,000	中贸圣佳	2021-05-21
18世纪 莲华生大士唐卡	70cm×46cm	172,500	古天一	2021-06-07
18世纪 大威德金刚唐卡	65cm×43cm	172,500	古天一	2021-06-07
18世纪 静息观音唐卡	67cm×48cm	172,500	古天一	2021-06-07
18世纪 黑金六臂玛哈嘎拉唐卡	高75cm; 宽52cm	172,500	朵云轩	2021-07-07

2021杂项拍卖成交汇总（续表）

（成交价RMB：1万元以上）

拍品名称	物品尺寸	成交价RMB	拍卖公司	拍卖日期
18世纪 大白伞盖佛母坛城唐卡	39.5cm×39cm	161,000	中贸圣佳	2021-05-21
18世纪 佛本生故事唐卡	87cm×57cm	126,500	中贸圣佳	2021-05-21
18世纪 修双身描金唐卡	81cm×60cm	126,500	北京荣宝	2021-06-19
18世纪 西藏棉布矿物颜料不空成就佛红卡	66cm×45.5cm.	115,000	中国嘉德	2021-05-19
18世纪 尊胜佛母唐卡	71.5cm×52cm	115,000	古天一	2021-06-07
18世纪 格鲁派大胜胜海红观音唐卡	64cm×40cm	115,000	古天一	2021-06-07
18世纪 不动明王黑金唐卡	43cm×59cm	109,250	北京荣宝	2021-06-19
18世纪 文殊菩萨唐卡	60cm×48cm	103,500	十竹斋拍卖（北京）	2021-05-29
18世纪 双层佛帘宗喀巴唐卡	46.5cm×32.5cm	97,750	北京荣宝	2021-06-19
18世纪 狮面佛母唐卡	52cm×34cm	92,000	中贸圣佳	2021-05-21
18世纪 罗汉唐卡（一组两张）	42cm×29.8cm; 42cm×32cm	92,000	中贸圣佳	2021-05-21
17–18世纪 大殊胜嘿茹迦唐卡	70cm×48.5cm	86,250	中贸圣佳	2021-05-21
18世纪 大威德金刚唐卡	65cm×48cm	80,500	古天一	2021-06-07
18世纪 西藏棉布矿物颜料四尊者唐卡	82.5cm×53cm.	74,750	中国嘉德	2021-05-19
18世纪 三世章嘉国师唐卡	55cm×42cm	74,750	华艺国际	2021-06-04
18世纪 西藏棉布矿物颜料阿弥陀佛唐卡	87.5cm×59.5cm	63,250	中国嘉德	2021-11-29
清乾隆 阿弥陀佛极乐世界唐卡	123cm×85cm	63,250	广东崇正	2021-07-19
18世纪 六道轮回唐卡	54cm×39.5cm	51,750	上海匡时	2021-07-08
清乾隆 韦驮天王	长146cm；宽81.5cm	46,000	北京中汉	2021-03-26
18世纪 金刚萨托唐卡	60cm×54cm	46,000	北京荣宝	2021-06-19
18世纪 西藏棉布矿物颜料释迦牟尼佛本生故事唐卡	73.5cm×56cm.	43,700	中国嘉德	2021-05-19
18世纪 骑羊护法唐卡	52cm×34cm	43,700	中贸圣佳	2021-09-26
清乾隆 马头金刚唐卡	(画心)75cm×51.3cm	39,100	北京中汉	2021-11-28
18世纪 白度母唐卡	62cm×41.5cm	34,500	北京荣宝	2021-06-19
18世纪 大威德金刚黑卡	(画心)65cm×48cm	28,750	北京中汉	2021-11-28
18世纪 十一面八臂观音唐卡	52.2cm×37cm	26,450	中贸圣佳	2021-05-21
18世纪 吉祥天母唐卡	38.5cm×27.8cm	25,300	北京中汉	2021-05-18
清中期 宫廷刺绣释迦牟尼唐卡	273cm×183cm	632,500	广东崇正	2021-07-19
清中期 堆绫袖宗喀巴大师唐卡	65cm×78cm	264,500	中贸圣佳	2021-12-30
清中期 阿弥陀佛唐卡 镜片	180cm×141cm	36,800	广东崇正	2021-01-06
清中期 白马寺风格释迦牟尼唐卡镜片	75cm×53.5cm	20,700	广东崇正	2021-01-06
19世纪 九世噶玛巴	64.5cm×47.8cm	333,500	上海匡时	2021-07-08
19世纪 大威德金刚唐卡	89.5cm×67cm	287,500	中贸圣佳	2021-05-21
19世纪 西藏棉布矿物颜料尊胜佛母塔唐卡	164.5cm×90cm	253,000	中国嘉德	2021-11-29
19世纪 大白伞盖唐卡	90cm×64cm	86,250	中贸圣佳	2021-09-26
18~19世纪 释迦牟尼佛唐卡	60cm×41.5cm	80,500	中贸圣佳	2021-05-21
19世纪 西藏棉布矿物颜料格萨尔王唐卡	70.5cm×50.5cm	74,750	中国嘉德	2021-05-19
18~19世纪 宗喀巴师徒三尊唐卡	47.5cm×33cm	69,000	中贸圣佳	2021-05-21
18~19世纪 阿閦佛唐卡	68.5cm×48.5cm	69,000	中贸圣佳	2021-09-26
西藏19世纪 棉布矿物颜料彩绘马头明王唐卡	78cm×61cm.	63,250	中国嘉德	2021-05-19
18~19世纪 释迦牟尼佛唐卡	82cm×53cm	52,900	中贸圣佳	2021-03-26
19世纪 九宫八卦图唐卡	65cm×29.5cm	46,000	中贸圣佳	2021-05-21
19世纪 弥勒净土唐卡	62cm×86cm	46,000	上海匡时	2021-07-08
18~19世纪 喜金刚唐卡	57.5cm×40.5cm	34,500	中贸圣佳	2021-05-21
19世纪 哈香尊者唐卡	39cm×27.5cm	33,350	中贸圣佳	2021-05-21
19世纪 文武百尊之忿怒五十八尊唐卡	67cm×48.5cm	32,200	中贸圣佳	2021-09-26
19世纪 护法诸供唐卡	53cm×34.5cm	23,000	北京荣宝	2021-06-19
19世纪 那诺空行母唐卡	43cm×31cm	20,700	中贸圣佳	2021-05-21
清 千手观音唐卡	长109cm；宽79cm	92,000	十竹斋拍卖（北京）	2021-05-29
清 六道轮回唐卡	86cm×68cm	68,970	香港福羲国际	2021-07-25
清 无量寿佛唐卡	81cm×58cm	57,500	北京中汉	2021-11-28
清 释迦牟尼与十八罗汉唐卡	57cm×37cm	55,200	中贸圣佳	2021-09-26
清 弥勒兜率天说法唐卡	81cm×53cm	55,200	中贸圣佳	2021-09-26
清 御制织锦释迦牟尼说法图大唐卡	145cm×105cm	42,560	上海联合	2021-11-21
清 宗喀巴唐卡	147cm×49.5cm	36,800	华艺国际	2021-06-04
清 织锦释迦牟尼唐卡	22cm×27.5cm	34,500	中贸圣佳	2021-05-21
清 宗喀巴唐卡	长64.5cm；宽42cm	34,500	十竹斋拍卖（北京）	2021-05-29
清 唐卡十一面观音立像	68.7cm×50.5cm	34,500	西泠印社	2021-07-24
清 西方净土唐卡	86cm×62cm	32,200	中贸圣佳	2021-09-26
清 唐卡文殊像	62.5cm×48.5cm	32,200	西泠印社	2021-07-24
清 莲华生唐卡	87.5cm×57cm	28,750	中贸圣佳	2021-09-26
清 坛城唐卡	长40.5cm；宽33cm	23,000	十竹斋拍卖（北京）	2021-05-29
清 罗汉唐卡	118cm×74.5cm	23,000	中贸圣佳	2021-09-26
清 释迦牟尼皈依境唐卡	70.5cm×49cm	23,000	中贸圣佳	2021-09-26
清 绿度母唐卡	31cm×24.8cm	19,550	中贸圣佳	2021-09-26
20世纪 米拉日巴	57cm×42cm	55,200	北京荣宝	2021-06-19
19~20世纪 西藏棉布矿物颜料空行母坛城唐卡	66cm×49cm	34,500	中国嘉德	2021-11-29

拍品名称	物品尺寸	成交价RMB	拍卖公司	拍卖日期
莲华生大师法相图	900mm×460mm, 430mm×300mm, 180mm×125mm	46,500,000	香港贞观	2021-09-30
清乾隆 1793年作 钦命中正殿绘罗古罗尊者像 镜框	画像82.5cm×56cm	5,750,000	华艺国际	2021-06-05
清嘉庆 1799年作 钦命中正殿绘无量寿佛像 镜框	画心85.5cm×56.5cm	5,750,000	华艺国际	2021-06-05
明正德九年 北京宫廷 内修阎魔敌唐卡	66cm×41.5cm	5,175,000	永乐拍卖	2021-12-02
王牟云驰 敦煌壁画 画框	138cm×69cm	5,000,000	北京传世	2021-06-24
王牟云驰 阿里古格王朝一宝生佛画框	70cm×48cm	5,000,000	北京传世	2021-06-24
王牟云驰 水月观音 画框	70cm×48cm	4,000,000	北京传世	2021-06-24
王牟云驰 克孜尔说法图 画框	68cm×68cm	4,000,000	北京传世	2021-06-24
释迦牟尼十八罗汉堆绣唐卡	135cm×98cm	3,967,500	永乐拍卖	2021-12-02
王牟云驰 五方佛 画框	121cm×91cm	3,680,000	北京传世	2021-06-24
王牟云驰 财宝天王 画框	121cm×91cm	3,300,000	北京传世	2021-06-24
祖师传记图	57cm×89cm	690,000	北京荣宝	2021-12-02
米拉日巴	76cm×57cm	345,000	北京荣宝	2021-12-02
阿弥陀佛	50cm×75cm	253,000	北京荣宝	2021-12-02
六臂玛哈嘎拉	72cm×49cm	230,000	北京荣宝	2021-12-02
阿弥陀佛极乐世界	65cm×46cm	195,500	北京荣宝	2021-12-02
格鲁派皈依境唐卡 镜心	84cm×125cm	115,000	中国嘉德	2021-03-30
大威德金刚唐卡 镜心	49cm×35cm	103,500	中国嘉德	2021-03-30
不动佛唐卡 镜心	161cm×129cm	92,000	中国嘉德	2021-03-30
祖师像	41cm×62cm	92,000	北京荣宝	2021-12-02
铜鎏金佛手、净水壶及唐卡一张	尺寸不一	69,000	中国嘉德	2021-05-19
四臂玛哈嘎拉唐卡 镜心	53cm×33cm	69,000	中国嘉德	2021-03-30
金刚佛母	61cm×88cm	69,000	北京荣宝	2021-12-02
自在观音	40cm×54cm	57,500	北京荣宝	2021-12-02
红唐自在观音	47cm×71cm	55,200	北京荣宝	2021-12-02
药师琉璃光王佛唐卡 镜心	145cm×116cm	46,000	中国嘉德	2021-03-30
莲华生大师唐卡 镜心	51cm×33cm	46,000	中国嘉德	2021-03-30
无量寿佛	57cm×81cm	46,000	北京荣宝	2021-12-02
白度母	60cm×75cm	34,500	北京荣宝	2021-12-02
十一面观音	76cm×61cm	34,500	北京荣宝	2021-12-02
众生礼佛唐卡 立轴	67cm×47cm	34,500	北京荣宝	2021-12-02
功德光尊者唐卡 立轴	94cm×58cm	28,750	中国嘉德	2021-03-30
阎摩德迦威德怒王唐卡 镜心	158cm×104cm	25,300	中国嘉德	2021-03-30
千手千眼观世音菩萨唐卡 镜心	58cm×40cm	23,000	中国嘉德	2021-03-30
大威德金刚唐卡 立轴	63cm×50cm	23,000	中国嘉德	2021-03-30
黄财神唐卡	51cm×37cm	23,000	北京荣宝	2021-12-02
千手十一面观音像唐卡 镜框	59cm×39cm	23,000	上海驰翰	2021-03-05
唐卡 镜心	103cm×91cm	21,884	中国嘉德	2021-04-22
法称尊者唐卡 立轴	94cm×58cm	20,700	中国嘉德	2021-03-30
文房用品				
笔				
15世纪 剔红牡丹纹笔管兼笔帽	长25.4cm	102,625	佳士得	2021-12-03
明 剔彩花卉纹笔	长22.5cm	115,000	北京保利	2021-06-08
清康熙 黑漆螺嵌金笔	长20.7cm	66,700	中贸圣佳	2021-12-29
清乾隆 御笔"表正万方"	长23cm；锋长4.8cm	345,000	华艺国际	2021-12-11
清乾隆 嘉树轩置款银錾刻福寿云龙纹毛笔	长30.5cm；总重111g	25,300	西泠印社	2021-07-24
清中期 紫毫玉兰蕊（二十支）	长27.2cm	115,000	广东崇正	2021-07-19
清 瓷笔管一支、黑漆嵌螺钿毛笔一支等（共四支）	尺寸不一	437,000	中贸圣佳	2021-09-26
清 竹制玉兰蕊笔（一套二十只）	尺寸不一	161,000	北京保利	2021-12-06
清 龙纹、花卉纹瓷制毛笔及红木笔架（一组三件）	1.瓷笔长26.5cm; 2.瓷笔长27.3cm; 3.笔架长9.4cm	32,200	西泠印社	2021-07-24
万宝龙 红色珐琅钢笔	长度约为13.5cm	25,300	北京保利	2021-06-07
万宝龙 银鎏金蓝珐琅钢笔	长度约为14cm	20,700	北京保利	2021-06-07
笔 筒				
清早期 黄花梨仿树瘤笔海	直径25.5cm；高21.5cm	402,500	中贸圣佳	2021-12-30
清康熙 尚均制寿山石雕喜鹊登梅纹笔筒	直径10.5cm；高13.2cm	172,500	广东崇正	2021-07-19
清雍正/乾隆 杨季初 秋山行旅彩色堆泥绘笔筒	直径15.5cm；高15.2cm	3,622,500	中贸圣佳	2021-12-30
清乾隆 御制水村图紫砂笔筒	高14.3cm；直径17.9cm	4,715,000	北京保利	2021-06-07
清乾隆 云山款段泥梅桩形笔筒	高18cm	437,000	北京保利	2021-06-07
清乾隆 剔红花鸟图笔筒	高12.2cm；高（含座）15.2cm	368,000	中国嘉德	2021-11-29
清乾隆 剔红归牧图笔筒	高11.3cm	172,500	中国嘉德	2021-11-28
清乾隆 铜鎏金浮雕开光海浪云龙纹笔筒	直径10.6cm；高13.8cm	126,500	北京中汉	2021-09-28
清中期 寿山石刻诗文笔筒	高11.5cm	43,700	北京翰海	2021-06-05
清晚期王东石制二石款玉成窑小笔筒	高9cm	57,500	北京保利	2021-06-07
清 铜鎏金浮雕春色满堂笔筒	高19.7cm	517,500	北京保利	2021-06-08
清 文房（笔筒，墨）（一组四件）	尺寸不一	34,500	中鸿信	2021-07-14

（成交价RMB：1万元以上）

拍品名称	物品尺寸	成交价RMB	拍卖公司	拍卖日期
民国 跋陶题"菊花怪石"图内挂釉笔筒	高14.5cm	32,200	北京保利	2021-06-07
当代 王翔制铭山水图六方鼓型笔筒	直径18.5cm	57,500	中国嘉德	2021-05-18
当代 张重庆制刻长乐笔筒	17cm×13cm	43,700	西泠印社	2021-01-16
当代 张正中制巧色树段笔筒	高13.5cm	40,250	中国嘉德	2021-05-18
当代 华健制 黄自英刻 六方笔筒	高11.5cm	23,000	上海嘉禾	2021-07-22
李涵鸣制笔筒	高11cm; 宽17cm	126,500	江苏观宇	2021-04-25
笔架				
元 铜鸿仪鹭序笔架山	18cm×7cm×13cm	218,500	中贸圣佳	2021-05-21
元 铜鎏金封侯五峰笔架	长20.5cm; 高15.5cm	78,200	古天一	2021-06-07
明早期 铜笔山	长20.5cm	264,500	中国嘉德	2021-05-18
明或更早 铜笔架山	长16cm	109,250	华艺国际	2021-04-01
明 铜福山寿海笔架山	长19.5cm	74,750	中鸿信	2021-07-14
明 铜九峰笔架	21.5cm×6cm	48,300	上海嘉禾	2021-07-22
明 铜花鸟纹笔架	长14cm	46,000	上海匡时	2021-07-08
明 铜山形笔架	带座长18cm; 高5.4cm; 高4.2cm	34,500	西泠印社	2021-01-16
明 石雕山水庭院山子笔架	高12.2cm; 长27.1cm	34,500	西泠印社	2021-07-24
明 石制七峰笔架	长16.8cm; 高6.9cm	32,200	浙江佳宝	2021-01-10
清早期 白料童子笔架	长12cm	115,000	北京保利	2021-01-09
清早期 瓷塑狮形笔架	高8.7cm	23,000	中贸圣佳	2021-06-07
清乾隆 錾胎填珐琅山形笔架	长7cm	80,500	中国嘉德	2021-05-19
清乾隆 核雕笔架山子	直径8.5cm; 高6cm	28,750	上海嘉禾	2021-07-22
清中期 黄蜡石山形笔架	长15cm	138,000	中国嘉德	2021-11-29
清 沉香松鼠葡萄纹笔架	15cm×4.5cm×3cm	86,250	北京保利	2021-06-08
清 乾隆年制款铜点金树枝形笔架	长 25.3cm; 高4cm; 重324g	80,500	西泠印社	2021-01-16
清 嘉庆御制款铜鎏金太狮少狮笔架山	长16cm; 高8cm; 重1024g	34,500	西泠印社	2021-01-16
清 九峰铜笔架山	长15.2cm	28,750	中贸圣佳	2021-03-26
清 瞿龛款红丝石笔架	长10.5cm; 高8.3cm	20,700	西泠印社	2021-07-24
清 寿山石寿星笔架	长17cm; 高9.5cm	18,400	广东崇正	2021-01-07
湖石笔架	16cm×6cm×7cm	207,000	北京荣宝	2021-06-19
陈国增、孙权 梅花笔架	34cm×27cm	40,250	上海嘉禾	2021-07-22
水丞 砚滴				
汉 青铜龟形水丞	宽15.3cm	39,790	中国嘉德	2021-04-21
唐 蓝彩水丞	直径5.5cm	19,895	中国嘉德	2021-04-23
清乾隆 洪武年制暗刻缠枝纹水盂	高7.7cm	40,250	十竹斋拍卖（北京）	2021-05-29
明宣德 铜鎏金嵌宝瑞兽水丞	宽12.5cm	596,844	中国嘉德	2021-04-21
明 铜犀牛式水丞（滴为后配）	长10.2cm	489,375	纽约佳士得	2021-03-18
明 金质龙首水丞	长11.5cm; 高5.5cm	460,000	中国嘉德	2021-11-30
明 白覆轮莲苞式水盂	直径11cm	218,500	北京保利	2021-06-08
明 铜牛形水丞	高5cm	40,250	华艺国际	2021-06-05
明 铜双龙耳香瓶、辟邪水滴（两件）	长7cm; 高9.5cm	34,500	北京保利	2021-06-08
明 铜辟邪水丞	直径长10.5cm	25,300	北京保利	2021-06-07
明 胡文明款局部鎏金花卉纹水盂	高3.6cm; 口径6cm	24,150	中贸圣佳	2021-03-26
明 铜辟邪水丞	长13.2cm	19,895	中国嘉德	2021-04-21
清早期 蜜蜡佛手形水丞	长8.9cm; 宽7.6cm; 高3.4cm	43,700	浙江佳宝	2021-01-10
清雍正至乾隆 白料胎画珐琅蟠螭纹水丞	宽5.5cm	2,760,000	北京保利	2021-12-05
清雍正 涅白料画珐琅绳纹开光夔龙纹小水丞	直径3.6cm; 高2cm	2,630,160	保利香港	2021-04-21
清乾隆 雪花地套宝石红料连生贵子水盂	高5.2cm	552,000	中贸圣佳	2021-05-20
清乾隆 涅白地套蓝料西番莲纹水盂	高4cm	437,000	中贸圣佳	2021-05-20
清乾隆 白地套红料二龙戏珠大水洗	高7cm	345,000	北京保利	2021-06-08
18世纪 掐丝珐琅缠枝莲纹双联笔筒及水丞	高14cm	289,800	佳士得	2021-05-28
清乾隆 松石绿地套双色料龙纹水盂	直径13cm	109,250	中国嘉德	2021-05-19
清中期 灵璧石随形水盂	长11cm	86,250	中贸圣佳	2021-05-21
道光 黄地刻二甲传如水盂	直径5.5cm	92,000	十竹斋拍卖（北京）	2021-05-29
清 六舟铭随形端砚·水盂	13cm×9cm×4cm	230,000	西泠印社	2021-07-24
清 铜童子抱缸水盂	高5.5cm; 口径5.8cm	32,200	中贸圣佳	2021-03-26
清 寿山石雕缠枝莲纹水盂	带座长8.5cm; 宽5.5cm; 高4.3cm; 高2.3cm	23,000	西泠印社	2021-01-16
芝形水盂	20cm×17cm×10cm	1,150,000	北京荣宝	2021-06-19
清 云龙纹水盂	长7.8cm	59,800	十竹斋	2021-06-27
清同治 道光蓝地云鹤纹钵盂	高7cm; 直径19.2cm	46,000	十竹斋	2021-06-27
清 景泰蓝水盂	直径6.5cm	43,700	十竹斋	2021-06-27
元 铜白泽形砚滴	高6cm	115,000	北京中汉	2021-03-26
元 铜辟邪砚滴	高4.3cm	57,500	北京中汉	2021-09-28
明早期 铜鹿形水滴	高9cm	57,500	上海匡时	2021-07-08
明 铜鸭形水注	长8.3cm; 高3.7cm	310,500	中贸圣佳	2021-12-29
明 铜龟形砚滴	长13cm; 高5cm	287,500	中贸圣佳	2021-12-29
明 铜辟邪式水滴	长16.9cm	154,969	纽约佳士得	2021-03-18
明 青瓷壶形砚滴	高4.5cm	86,250	中贸圣佳	2021-05-20
明治时期【二世秦藏六】作 盉式纯银水注	高17cm; 直径15cm	74,750	北京荣宝	2021-06-19
明 铜嵌银丝水注	长10cm; 宽6cm; 高6.5cm	41,400	江苏汇中	2021-05-14
清康熙 1676年 沈存周制锡制瓜形水滴	高8.9cm	718,375	佳士得	2021-12-03
清道光 官模子"介尔景福"方匏盂	直径7.3cm	230,000	中贸圣佳	2021-12-29
清 紫砂桃形水滴	高4cm	28,750	上海匡时	2021-07-08
笔掭				
清乾隆 染牙"事事如意"笔掭	宽19cm	248,400	中国嘉德	2021-10-14
18世纪/19世纪 端石雕云龙戏珠纹笔掭	宽9.5cm	105,990	纽约苏富比	2021-09-27
笔洗				
明 铜云龙纹洗	高1.2cm; 直径7.7cm	52,900	西泠印社	2021-01-16
明 铜方洗连座	长13.2cm; 宽10.5cm; 高5.3cm	26,450	中贸圣佳	2021-09-26
清初 "孝文"款段泥洒红陶洗	4.8cm×13.6cm	207,000	中贸圣佳	2021-05-20
清乾隆 铜胎珐琅海兽纹蝠足洗	直径25.8cm; 高13.7cm	460,000	中贸圣佳	2021-12-29
清乾隆 蓝料方笔洗	长11.2cm	345,000	北京保利	2021-12-06
清乾隆 仿漆雕瓷双螭洗	直径14.2cm	32,200	华艺国际	2021-09-17
清中期 翠雕云龙纹葵口洗	宽14.5cm	230,000	北京保利	2021-01-09
清晚期 掐丝珐琅百花纹洗	直径15.5cm	20,700	中国嘉德	2021-09-28
清 翡翠水洗	长10.8cm	138,000	华艺国际	2021-12-11
清 紫砂桃核式洗	长15.7cm	92,000	中贸圣佳	2021-12-29
清 铁浮雕大洗	长105cm; 宽58cm; 高45.5cm	28,325	保利香港	2021-04-21
清 荷叶洗	长15.5cm	23,000	中贸圣佳	2021-09-26
清 青蛙荷叶洗	长17.3cm	20,700	中贸圣佳	2021-09-26
民国 玉屏刻铁画轩制段泥特大水洗（原共箱）	宽32cm×高7cm	57,500	江苏观宇	2021-04-25
清 鸣远连生乐事水洗	长11.3cm; 高5.5cm	402,500	中贸圣佳	2021-12-30
笔洗	17.2cm×17.2cm×6cm	41,400	北京得逸	2021-07-31
铜笔洗	直径11cm; 高7.5cm	28,750	辽宁省拍	2021-07-04
臂搁				
明 廷璧款竹臂搁	长33.8cm; 宽5.7cm	103,500	中贸圣佳	2021-12-29
清 玲珑山馆藏 石涛款苏小妹读书图臂搁	长42.6cm; 宽5.8cm	264,500	中贸圣佳	2021-12-29
清 翡翠雕螳螂竹节形臂搁	长19.7cm	241,500	北京中汉	2021-11-28
清 张希黄风格山水臂搁	长20cm; 宽5.6cm	103,500	中贸圣佳	2021-12-29
清 何绍基款石梧图竹臂搁	长42.3cm; 宽8.3cm	103,500	中贸圣佳	2021-12-29
清 胡铁梅竹臂搁	长29.2cm; 宽6.5cm	57,500	中贸圣佳	2021-12-29
镇纸				
汉 铜错金银熊虎镇纸	长6.8cm	365,148	香港苏富比	2021-10-13
汉 铜虎噬熊镇纸	直径7.3cm	244,688	纽约佳士得	2021-03-18
汉 铜虎镇纸	宽7cm	65,250	纽约佳士得	2021-03-18
汉 石豹子镇纸	宽10.2cm	29,842	中国嘉德	2021-04-21
唐 白大理石刻狮形镇纸	高14.4cm	99,474	中国嘉德	2021-04-21
唐 砾石狮镇纸	高18cm	79,488	中国嘉德	2021-10-14
唐 石刻犬形镇纸	直径11.2cm	39,790	中国嘉德	2021-04-21
宋至明 铜骆驼镇纸	7.4cm	53,109	香港苏富比	2021-04-22
元 铜谛听镇纸	高2.5cm; 长10cm	92,000	古天一	2021-06-07
元 铜童子骑瑞兽镇纸	长5.8cm	32,200	古天一	2021-06-07
明 铜鎏金嵌松石羊镇纸	高6cm	575,000	中贸圣佳	2021-12-29
明 铜鎏金瑞兽形镇纸	长7cm	530,442	纽约苏富比	2021-09-22
明 董柝藏铜错金卧虎镇纸	带座长9.7cm; 高5.3cm; 高4cm; 重325g	138,000	西泠印社	2021-07-24
明 铜麒麟镇纸	长6.9cm; 宽3.4cm; 高4.5cm	126,500	中国嘉德	2021-11-28
明 铜狮形镇纸	高6cm	86,250	中贸圣佳	2021-12-29
明 大明宣德年制款铜狮形镇纸	高5.8cm; 长11cm; 重1142g	74,750	西泠印社	2021-01-16
明 铜马形镇纸	高7cm	69,000	中贸圣佳	2021-12-29
明 铜瑞兽镇纸	长8cm	69,000	上海匡时	2021-07-08
明 铜鎏金伏狮镇纸	高5.5cm; 长7.7cm; 重514g	57,500	西泠印社	2021-01-16
明 铜胡人戏象镇纸	高6cm	57,500	上海匡时	2021-07-08
明 铜鎏金羊形镇	长5.9cm; 高4.1cm	34,500	中贸圣佳	2021-12-29
明至清 铜刘海、狮子镇纸（两件）	长8cm; 长6.5cm	34,500	北京保利	2021-06-08
明 铜错金银虎噬熊纹席镇	长6.5cm; 宽5.9cm; 高4.2cm; 重428g	20,700	西泠印社	2021-07-24
清早期 铜牧牛童子镇纸、马上封侯镇纸两件, 铜骆驼席镇一件, 共三件	长5.9cm; 长6.7cm; 长6cm	149,500	中国嘉德	2021-11-29
17~18世纪 田黄雕九龙镇纸	长8cm; 重915g	348,159	中国嘉德	2021-04-21
清乾隆 铜错金银象形镇纸	高6cm	115,000	上海匡时	2021-07-08
清乾隆 汪沦原题铭镇尺墨	15cm×2.1cm×0.9cm; 重39.3g	57,500	西泠印社	2021-01-15
清乾隆 铜螭虎钮镇纸	长8.6cm	44,850	北京中汉	2021-09-28
清中期 楠木嵌白玉兔诗文镇纸	长37cm	690,000	北京保利	2021-12-06
清中期翡翠雕双螭龙镇尺成对（附证书）	长23cm	345,000	华艺国际	2021-12-11
清中期 铜瑞兽形镇	长6.2cm; 宽3.6cm; 高3.7cm	46,000	中贸圣佳	2021-09-26
清 李嘉福自用五彩芙蓉石浮雕螭龙丛竹诗文镇纸	长15cm; 宽8.8cm	782,000	西泠印社	2021-01-15

2021杂项拍卖成交汇总（续表）

（成交价RMB：1万元以上）

拍品名称	物品尺寸	成交价RMB	拍卖公司	拍卖日期
清 小松款贴黄刻清香幽隐图诗文镇纸	27cm×5.2cm×1cm	310,500	西泠印社	2021-07-24
清 翡翠螭双牛镇	长5.4cm×宽4.8cm×高1cm	241,500	北京诚轩	2021-11-28
清 铜虎镇纸	高5cm；长7cm	115,000	古天一	2021-06-07
清 水晶"乾"卦饕餮纹镇纸	长19.1cm	115,000	北京保利	2021-12-06
清 铜胡人骑狮镇纸	高5cm	97,750	古天一	2021-06-07
清 孟广钧款红木镇纸	长31.9cm；宽6cm	55,200	中贸圣佳	2021-12-29
清 铜鎏金马上封侯镇纸	直径长7.5cm；重389g	32,200	北京保利	2021-06-07
清 书侣供石镇纸	带座高4cm；长9.4cm	28,750	西泠印社	2021-07-24
清 紫晶瑞兽镇纸	长6.5cm	25,300	北京翰海	2021-06-05
清 铜瑞兽形镇	长6.8cm	23,000	中贸圣佳	2021-09-26
民国 艺铁画款随形镇纸	高16cm	149,500	上海匡时	2021-07-08
民国 姚茫父 白铜镇尺（一对）	长26.3cm	92,000	中贸圣佳	2021-12-29
狻猊瑞兽镇纸	高3.8cm；宽5.9cm	379,500	永乐拍卖	2021-05-22
清 碧玺镇纸	高4.4cm	32,200	十竹斋	2021-06-27
盒				
明 剔红茶花印盒	长5.7cm	339,898	香港苏富比	2021-04-22
明 局部鎏金瑞果纹墨盒配嵌玉盖	直径8.3cm	184,000	中贸圣佳	2021-03-26
明 澄泥门字砚配嵌玉砚盒	长25.1cm；宽15.9cm	25,300	中贸圣佳	2021-03-26
清康熙 描金龙衔芝草纹墨、海水飞马纹墨、"云海钟灵"墨五方及仿定印盒（一组四件）	尺寸不一	253,000	上海明轩	2021-12-30
清乾隆 铜胎掐丝珐琅缠枝莲纹印盒	直径6cm	92,000	中鸿信	2021-07-14
清乾隆 无款紫泥龙印纹印泥盒	宽8cm×高3.5cm	74,750	江苏观宇	2021-04-25
清中期 刺绣章纹龙片	53cm×45cm	20,700	中贸圣佳	2021-05-21
清晚期/民国 澄泥竹节山石铭文砚带原红木盒	2.5cm×8cm×16cm	32,200	广东崇正	2021-01-07
清 贴黄长方文具盒	长29cm；宽16cm；高5cm	51,750	西泠印社	2021-01-16
清 寅生款文具盒	17.8cm×7.2cm×7cm	46,000	上海嘉禾	2021-07-22
晚清 张伯英款刻曹真残碑铜墨盒	长9.5cm；宽9.5cm；高4.2cm	20,700	西泠印社	2021-07-24
民国 鹿鸣款白铜墨盒	长9.5cm	43,700	中国嘉德	2021-05-19
金质云龙钮银底玺印匣	高13.2cm；直径9.5cm	1,840,000	中国嘉德	2021-05-18
潘垒 仿清嘉庆御制黑漆描金龙纹砚台盒	39.5cm×34.5cm×7.3cm；重32.55g	82,800	上海嘉禾	2021-07-22
张学良 1930年作 就职中华民国陆海空军副司令纪念墨盒	8.1cm×2cm	28,750	西泠印社	2021-07-25
张丹 海棠增寿印盒		24,150	十竹斋	2021-06-27
玺				
明 金兽钮"淮阳王玺"	高3cm；重约78.6g	57,500	中鸿信	2021-07-14
清康熙 昌化鸡血石云龙纹玺	5.2cm×5.2cm×10cm	109,250	中贸圣佳	2021-05-21
清雍正 青田石"宝亲王宝""随安室"宝玺（一组两方）	2.2cm×2.1cm×3.8cm；1.5cm×3.4cm×3.8cm	5,520,000	中国嘉德	2021-05-18
清雍正 寿山芙蓉螭钮"宝亲王宝"玺	3.2cm×3.2cm×5.2cm	1,955,000	北京保利	2021-12-05
清乾隆 御制寿山芙蓉石苍龙教子钮"古稀天子之宝"宝玺	6.4cm×6.4cm×6cm	28,750,000	北京保利	2021-06-07
清乾隆 乾隆帝御宝田黄石卷书式玺	2.6cm×1.2cm×4.1cm	5,354,676	香港苏富比	2021-10-13
清乾隆 御制寿山石"与民用勤"玺	1.9cm×1.9cm×4.5cm	3,450,000	北京保利	2021-06-07
清嘉庆 御制昌化石三螭龙钮"含英咀华"宝玺	3.2cm×3.2cm×5cm；重80g	1,725,000	北京保利	2021-12-05
印章				
汉 龟钮套印（一组两枚）	2.3cm	73,406	纽约佳士得	2021-03-18
元 兽钮印	高10cm	322,000	中贸圣佳	2021-07-07
明洪武 嵩县千户所官印	长7.2cm；宽7cm；高8.4cm	34,500	中贸圣佳	2021-09-26
明 寿山乌鸦皮田黄石方章	2.7cm×2.6cm×3.7cm	2,070,000	中贸圣佳	2021-05-21
明 何震刻青田石米万钟自用印	5.9cm×2.1cm×3.2cm	805,000	西泠印社	2021-07-25
明 紫檀印章	高5cm	253,000	古天一	2021-06-07
明 螭钮铜印	4.7cm×4.9cm×3.9cm	161,000	西泠印社	2021-01-15
明 金质兽钮印章	高3cm；印台直径1.5cm	161,000	中国嘉德	2021-11-30
明 螭钮印	高2.5cm	82,800	辽宁省拍	2021-07-04
明 铜鎏金鼠钮印	长2.5cm；宽2cm；高4.1cm	80,500	中贸圣佳	2021-05-21
明至清 铜印九方、铜炉一尊	尺寸不一	55,200	西泠印社	2021-07-25
明 铜瑞兽钮印章	1.9cm×1.9cm	34,500	广东崇正	2021-01-07
明 古狮戏球钮铜印	3cm×3cm×4.4cm	34,500	西泠印社	2021-01-15
明 铜错银丝狮子戏球钮印及铜兽钮印（一组两件）	1. 高3.1cm；长2.8cm；宽2cm；2. 高2.7cm；长2.4cm；宽2.2cm	23,000	西泠印社	2021-07-24
明 莫是龙自用龟钮铜印	2.8cm×3.2cm×3.1cm	20,700	西泠印社	2021-07-25
明晚期 寿山田黄石山水薄意随形章	6.2cm×3.2cm×3.8cm	368,000	中贸圣佳	2021-05-21
清早期 杨玉璇 寿山田黄石太狮少狮钮章	2.9cm×2.5cm×6.4cm	1,667,500	中贸圣佳	2021-12-30
清早期 寿山田黄石双螭钮牛坤自用印	2.6cm×2.6cm×4.6cm	1,380,000	中贸圣佳	2021-05-21
清早期 钟刚中篆刻周尚均风格田黄凤钮张之英自用印	高5.4cm；重44.3g	575,000	华艺国际	2021-06-05
清早期 尚均为阮元制田黄胡人戏狮钮印	2.2cm×2.2cm×4.1cm	402,500	中国嘉德	2021-11-29
清早期 田黄冻盘螭钮葫芦形章料	长4cm；重20.5g	253,000	北京保利	2021-12-06
清早期 寿山坑头石古兽钮章	3.2cm×1.6cm×6.5cm	36,800	中贸圣佳	2021-05-21
清早期 铜双螭钮印	长4cm	32,200	中国嘉德	2021-03-30
清早期 寿山石太狮少狮钮章	3.8cm×3.8cm×4.1cm	20,700	中贸圣佳	2021-05-21
清顺治 御制青玉龙钮"直皇后"玉宝	13.9cm×13.8cm×14.6cm	2,770,875	佳士得	2021-12-03
清康熙 佚名刻青田石 黄杨木高士奇用印（一组三方）	尺寸不一	1,150,000	北京保利	2021-06-07
清康熙 田黄瑞兽钮御赐香山洛社款田黄印	高4cm，重57g	974,938	佳士得	2021-12-03
清康熙 周彬制将军洞芙蓉石夔龙纹博古钮朱轼自用印	3.9cm×3.9cm×4.5cm	437,000	北京保利	2021-12-06
清康熙 寿山芙蓉石三螭钮对章	5.2cm×5.1cm×9.7cm×2	230,000	中国嘉德	2021-05-19
清康熙 尚均制寿山石罗汉洗象钮印章	8.8cm×3.3cm×2.1cm	115,000	广东崇正	2021-01-07
清雍正 张在辛刻张廷玉自用芙蓉石双狮钮方章	3.6cm×3.6cm×6.5cm	667,000	北京保利	2021-06-07
清雍正 黄寿山石兽钮康熙帝皇十七子胤礼用印（各14克）（一对）	高3cm；重14g	414,000	佳士得	2021-05-28
清雍正 张在辛刻张廷玉自用芙蓉石狮钮闲章	长2.5cm；宽2.5cm；高6cm	138,000	北京保利	2021-06-08
清 乾隆御用寿山石盘螭钮章	直径2.3cm；高4.4cm	5,577,500	西泠印社	2021-07-25
清乾隆 御制乾隆三十二体之龙书篆寿山石大印（一对）	5.7cm×5.7cm×4.5cm×2	517,500	北京保利	2021-06-08
清乾隆 仇垲刻寿山石闲章（一对）	长3.5cm×3.5cm×5.5cm	322,000	北京保利	2021-06-08
清乾隆 御制田黄"爱新觉罗永璋"自用方章	2.5cm×2.5cm×8cm；重约128.7g	299,000	中鸿信	2021-07-14
清乾隆 卫承芳制赤壁图印章	长4cm；宽3.2cm；高7.3cm	287,500	中贸圣佳	2021-05-21
清乾隆 和珅用青田石"苍龙教子"方章成对	高5.5cm×2	149,500	中鸿信	2021-07-14
清乾隆 赵次闲刊赠平堂田黄狮钮印	长3.2cm；重30g	55,200	中鸿信	2021-07-14
清嘉庆 1813年 定亲王鸡血石自用印章（一套五方）	高12.2cm×5	1,744,625	佳士得	2021-12-03
清中期 田黄石松鹿贺寿纹章	3cm×3.1cm×8.9cm；重188.8g	1,150,000	西泠印社	2021-07-25
清中期 佚名刻田黄覆斗钮仿玉璧纹方章	2.5cm×2.5cm×2.5cm；重37.5g	345,000	北京保利	2021-12-06
清嘉庆 御制田黄"澄观斋"六面平方章	2.5cm×2.5cm×4.6cm；约70.9g	322,000	中鸿信	2021-07-14
清中期 寿山田黄牧牛印	高4.5cm	86,250	华艺国际	2021-06-05
清中期 白芙蓉螭龙章料、鸡血石雕螭龙章料（两件）	长2.7cm×2.7cm×4.8cm；长1.9cm×1.2cm×2.7cm	48,300	北京保利	2021-06-08
清道光 行有恒堂 琉璃印章	长2.8cm；宽2.8cm；高4.5cm	230,000	中贸圣佳	2021-05-21
清道光 赵之谦刊曾国藩寿山石兽钮章	2.8cm×1.5cm×4.8cm；重约32.3g	25,300	中鸿信	2021-07-14
19世纪 田黄何绍基自用印（52克）	高4.5cm；重52g	496,800	佳士得	2021-05-28
清光绪丙午年（1906年）赵叔孺刻田黄凤钮陈宝琛用印（17克）	高3cm；重17g	248,400	佳士得	2021-05-28
清光绪 龚心钊自用寿山石双狮钮印	2.6cm×2.6cm×6.5cm	230,000	华艺国际	2021-06-05
清光绪 芙蓉石佛手钮溥侗自用印	3.7cm×3.7cm×6.7cm	218,500	北京保利	2021-12-06
19世纪 田黄竹节随形印	高4.1cm	77,484	纽约佳士得	2021-03-18
清晚期 "御赐大年长德"绿箬通芙蓉石狮钮庞莱臣用印	6.8cm×4.5cm×5.5cm	943,000	北京保利	2021-06-08
清宣统 寿山石龙钮方章	1.8cm×1.8cm×2.7cm；重约15.4g	20,700	中鸿信	2021-07-14
清 田黄石古兽钮章	2.1cm×2cm×4.7cm；重33.2g	1,955,000	西泠印社	2021-07-25
清 田黄石随形章	高6.1cm；重196g	1,380,000	北京保利	2021-06-08
清 寿山田黄石扁章	长3.5cm；宽2.3cm；高5.3cm	1,265,000	中贸圣佳	2021-05-20
清 寿山田黄石太狮少狮钮方章	2.9cm×2.5cm×6.3cm；重83.8g	1,150,000	中国嘉德	2021-05-19
清 寿山田黄石薄意方章	3cm×3cm×6.7cm；重140g	1,150,000	中国嘉德	2021-05-19
清 陈鸿寿刻青田石袁廷梼自用印	1.7cm×1.7cm×2.9cm	1,058,000	西泠印社	2021-01-15
清 陈鸿寿刻青田石自用闲章	2.4cm×2.4cm×5.2cm	977,500	西泠印社	2021-07-25
清 黄金黄田黄冻鹿钮章（38克）	3cm×1.8cm×4cm	920,000	朵云轩	2021-07-07
清 1910年作 吴昌硕刻青田石张弁群自用印	3cm×3cm×7cm	862,500	西泠印社	2021-01-15
清 赵之谦刻火烧石曹籀自用印	1.5cm×1.4cm×2.7cm	862,500	西泠印社	2021-07-25
清 1873年作 赵之谦等刻王廷训自用印（八方）	尺寸不一	862,500	西泠印社	2021-07-25
清 田黄石素方章	2.1cm×2.1cm×5.9cm；总重62.5g	862,500	西泠印社	2021-01-15
清 田黄石云龙纹章	2.6cm×2.2cm×8cm；重105.5g	862,500	西泠印社	2021-01-15
清 杨玉璇作寿山牛角冻石子母螭钮章	2.1cm×2.1cm×6.2cm	747,500	西泠印社	2021-01-15
清 陈曼生刻闲章	1.8cm×1.8cm×3cm	690,000	朵云轩	2021-12-31
清 田黄太狮少狮钮印	高4.2cm	667,063	佳士得	2021-12-03

(成交价RMB：1万元以上)

拍品名称	物品尺寸	成交价RMB	拍卖公司	拍卖日期
清 奚冈刻古兽钮寿山石袁廷梼自用印	2.7cm×1.2cm×2.6cm	632,500	西泠印社	2021-01-15
清 吴让之刻寿山芙蓉石闲章	2.8cm×2.9cm×4.2cm	632,500	西泠印社	2021-07-25
清 铜八思巴文官印	高9cm	632,500	古天一	2021-06-07
清 王尔度刻田黄石螭龙钮龚照瑗自用印	高3.3cm; 直径2.9cm; 重35.9g	598,000	华艺国际	2021-06-05
清 1885年作 吴昌硕刻寿山芙蓉石钟以敬自用对章	1cm×1cm×2.7cm×2	529,000	西泠印社	2021-07-25
清 吴昌硕刻多字印	4cm×4cm×4.8cm	517,500	朵云轩	2021-12-31
清 寿山田黄石薄意祥云钮印章	3cm×2.1cm×6.2cm; 重87.4g	517,500	中国嘉德	2021-11-30
清 1810年作 董洵款田黄石闲章(三方)	3.5cm×1.4cm×4.6cm; 2cm×2.1cm×2.7cm; 3cm×1.5cm×3.6cm; 重51.3g; 重29.7g; 重38.2g	517,500	西泠印社	2021-07-25
清 鸡血石谢灵运诗句闲章(一对)	高6.7cm×2	513,125	佳士得	2021-12-03
清 盛宣怀田黄印章一组四方	尺寸不一	506,000	北京保利	2021-06-08
清 1848年作 赵之琛刻寿山芙蓉石古兽钮章	3.2cm×1.7cm×6.6cm	460,000	西泠印社	2021-01-15
清 田黄石兽钮椭圆章	高5.3cm; 重50g	460,000	北京保利	2021-06-08
清 龚自珍刊赠潘世恩田黄方章	2.7cm×2.7cm×5.5cm; 重约93.3g	437,000	中鸿信	2021-07-14
清 桂馥刻田黄冻卧牛钮纪晓岚用印	长2.2cm×2cm×2.3cm; 重20g	414,000	北京保利	2021-06-08
清 吴昌硕刻吴秋农自用印	2.2cm×2.2cm×4.3cm	379,500	朵云轩	2021-07-07
清 寿山芙蓉石太狮少狮钮大方章	6.6cm×6.6cm×11.6cm	368,000	中国嘉德	2021-05-19
清 寿山田黄石兽钮方章	2.7cm×2.7cm×5cm; 重55.6g	368,000	中国嘉德	2021-11-30
清 1866年作 徐三庚刻青田石沈树镛自用印	2.7cm×2.4cm×5cm	345,000	西泠印社	2021-07-25
清 田黄雕夔凤纹平顶方章	3.4cm×5.1cm×5.3cm; 重100g	345,000	北京保利	2021-06-08
清 黄牧甫刻斋馆印	2cm×2cm×3.2cm	345,000	朵云轩	2021-07-07
清 刘墉用"御赐海岱高门第"田黄石印章	3cm×1.5cm×5.2cm; 重51.7g	345,000	中国嘉德	2021-11-30
清 田黄长方印	高5.4cm	328,400	佳士得	2021-12-03
清 吴昌硕刻吴秋农自用对章	1.9cm×1.8cm×3.8cm×2	322,000	朵云轩	2021-07-07
清 钱松刻寿山石章	1.8cm×1.9cm×3.4cm	322,000	西泠印社	2021-07-25
清 黄士陵刻花石薄意寿山芙蓉石陈日康自用印	2.3cm×2.3cm×6.4cm	322,000	西泠印社	2021-07-25
清 黄文瀚自用田黄石子母兽钮章	2cm×2cm×3.3cm; 重24.7g	322,000	西泠印社	2021-01-15
清 寿山田黄石印章	3.6cm×1.8cm×3.7cm; 重35g	322,000	中国嘉德	2021-05-19
清 田黄石天禄钮长方章	长2.5cm×1.7cm×4.7cm; 重28g	322,000	北京保利	2021-06-08
1941年、1944年、1946年、1977年作 黄士陵、虞受言、叶大根等刻许蓉藻、许家玉、许莘农三代自用印及藏印(三十四方)	尺寸不一	322,000	西泠印社	2021-07-25
清 1887年作 徐三庚刻单螭穿环钮寿山牛角冻石龚心钊自用印	2.3cm×1.5cm×4.6cm	299,000	西泠印社	2021-01-15
清 仇垲刻寿山石对章	3.5cm×3.5cm×5.6cm×2	287,500	西泠印社	2021-01-15
清 林则徐铭寿山冻石寿纹对章	2.6cm×2.6cm×8.5cm	287,500	广东崇正	2021-07-19
清 吴昌硕刻子母兽钮寿山俏色高山石徐望之自用印	2.5cm×2.5cm×5.6cm	287,500	西泠印社	2021-07-25
清 陈豫钟刻青田石吴式旋自用印	1.2cm×1.2cm×5.6cm	287,500	西泠印社	2021-07-25
清 杨玉璇款高山石穿花凤纹鱼跃龙门钮印	1.6cm×3.8cm×6.6cm	276,000	中国嘉德	2021-05-18
清 铜龙钮方印	高5cm; 4.8cm×5cm	253,000	古天一	2021-06-07
清 徐三庚刻寿山石蔡鸿鉴自用印	1.9cm×1.8cm×4.8cm	253,000	西泠印社	2021-07-25
清 寿山白芙蓉石兽钮印章	3.2cm×3.2cm×4.8cm	253,000	中国嘉德	2021-11-30
清 田黄石狮钮章	2.2cm×1.8cm×3cm; 重19.3g	230,000	西泠印社	2021-01-15
清 田黄石雕双螭龙钮方章	6cm×6cm×3.8cm; 重约296g	230,000	中鸿信	2021-07-14
清 田黄雕兽钮椭圆印章	长2.2cm; 宽1.2cm; 高2.6cm	218,500	中贸圣佳	2021-03-25
清 1868年作 陆泰、任伯年刻任伯年自用印(三方)	1.5cm×1.5cm×3.3cm; 1.7cm×1.7cm×2.2cm; 1.7cm×1.7cm×2.3cm	212,750	西泠印社	2021-01-15
清 田黄石云龙薄意章	2.9cm×1.9cm×3.9cm; 重40.2g	207,000	西泠印社	2021-01-15
晚清 吴琛款诗文田黄印(53克)	高3.4cm; 重53g	207,000	佳士得	2021-05-28
清 尚均制寿山石胡人骑象闲章	长3cm; 宽1.9cm; 高8.6cm	184,000	西泠印社	2021-07-24
清 寿山田黄石印章	4.5cm×1.5cm×6cm; 重73g	184,000	中国嘉德	2021-11-30
清 尚均制寿山石胡人骑象闲章	长3cm; 宽1.9cm; 高8.6cm	178,250	西泠印社	2021-10-23

拍品名称	物品尺寸	成交价RMB	拍卖公司	拍卖日期
清 吴云自用寿山田黄石兽钮印章	3.3cm×2.3cm×2.6cm; 重28g	172,500	中国嘉德	2021-05-19
清 胡镢刻古兽钮寿山芙蓉石赵于密自用印	2.5cm×2.5cm×3.6cm	166,750	西泠印社	2021-01-15
清 昌化鸡血石云凤纹章	2.9cm×2.9cm×8.5cm	161,000	西泠印社	2021-01-15
清 钱松、陈祖望等刻寿山、青田石戴熙自用印(三方)	2.5cm×1.4cm×3.3cm; 2.4cm×2.4cm×5.5cm; 2.4cm×2.4cm×2.7cm	161,000	西泠印社	2021-07-25
清 田黄方印材	长1.7cm; 宽1.6cm; 高4.5cm	149,500	中贸圣佳	2021-05-21
清 寿山石印章	长4.7cm; 高4.7cm	149,500	中贸圣佳	2021-09-26
清 谢士骥作钮, 赵叔孺刻古兽钮寿山石朱启钤自用印	2.5cm×1.6cm×4.2cm	149,500	西泠印社	2021-01-15
清 赵之琛跋, 戴熙刻寿山石双鱼钮自用印	3.8cm×1.8cm×4.6cm	149,500	西泠印社	2021-07-25
清 胡菊邻田黄兽钮章	长2.8cm×1cm×2.8cm; 重14g	138,000	北京保利	2021-06-08
清 徐三庚刻藏书印	2.5cm×2.5cm×6.1cm	138,000	朵云轩	2021-07-07
清 林元珠雕田白精工套章(四方)	尺寸不一	138,000	朵云轩	2021-07-07
清 1877年作 胡镢刻青田石桥钮章	2.8cm×2.8cm×3cm	138,000	西泠印社	2021-07-25
清 1934年作 杨玉璇作钮, 王钊刻寿山芙蓉石古兽钮章	2.8cm×2.8cm×2.9cm	138,000	西泠印社	2021-07-25
清 田黄薄意山水方章	高7cm; 重101g	126,500	北京翰海	2021-06-05
清 徐三庚刊田黄鳌龙钮方章	5cm×3cm×5cm; 重约146.1g	126,500	中鸿信	2021-07-14
清 徐三庚刻青田石章	2.2cm×1.7cm×3.8cm	126,500	西泠印社	2021-07-25
清 徐三庚刻寿山芙蓉石孙憙自用印	1.5cm×1.5cm×3cm	126,500	西泠印社	2021-07-25
清 黄士陵刻昌化石章	3cm×3cm×5.1cm	126,500	西泠印社	2021-07-25
清 田黄石灵芝薄意章	2cm×1.9cm×4.9cm; 重45.3g	120,750	西泠印社	2021-07-25
清 周彬刻高山石蝉钮黄莘田自用印	高4.8cm	115,000	华艺国际	2021-03-31
清 周尚均款 寿山牛角冻石罗汉洗象钮印章	2.7cm×2.7cm×5.8cm	115,000	中国嘉德	2021-05-19
清 1839年作 赵之琛刻寿山石闲章	2.3cm×2.3cm×5.2cm	115,000	西泠印社	2021-01-15
清 胡镢刻青田石闲章	1.9cm×1.8cm×3.7cm	112,700	西泠印社	2021-01-15
清 1864年作 徐三庚刻青田石许威自用印	1.9cm×1.9cm×5.1cm	109,250	西泠印社	2021-01-15
清 胡镢刻夔龙博古钮寿山石汤临泽自用印	1.5cm×1.5cm×2.9cm	109,250	西泠印社	2021-01-15
清 田黄石梅石薄意随形章	4.2cm×2.6cm×3.6cm; 重46.5g	109,250	西泠印社	2021-07-25
清 寿山石古兽钮章	3.1cm×3.1cm×3.4cm	109,250	西泠印社	2021-07-25
清 尚均作寿山寺坪石博古钮扁方章	2.6cm×1.1cm×6.2cm	109,250	西泠印社	2021-07-25
清 田黄石子母狮钮章	2.9cm×1.8cm×3.1cm; 重30.8g	103,500	西泠印社	2021-01-15
清 田黄石海水龙纹方章	5.1cm×5.1cm×7.5cm; 重约399.3g	103,500	中鸿信	2021-07-14
清 寿山芙蓉石人物钮方章	4.3cm×1.9cm×7.3cm	97,750	中国嘉德	2021-05-19
清 徐三庚等刻寿山白芙蓉、湖广石印章(七方)	尺寸不一	92,000	西泠印社	2021-01-15
清 寿山芙蓉石五螭钮章	4.7cm×4.5cm×8cm	92,000	西泠印社	2021-01-15
清 严坤刻芙蓉石马钮吴荣光自用印	高5.3cm	92,000	华艺国际	2021-03-31
清 寿山石印章(十四方)	尺寸不一	92,000	上海匡时	2021-07-08
清 田黄石凤钮章	2.2cm×2.2cm×3.9cm; 重43.2g	92,000	西泠印社	2021-07-25
清 赵叔孺刻"睿吾识斋"	4.7cm×4cm	86,250	中贸圣佳	2021-05-21
清 1864年作 徐三庚刻青田石许威自用印	1.9cm×1.9cm×4.1cm	86,250	西泠印社	2021-01-15
清 徐三庚刻青田石许威自用印	1.6cm×1.6cm×4cm	86,250	西泠印社	2021-01-15
清 田黄冻石双螭拱璧钮章	2.5cm×1.2cm×3.8cm; 重16.6g	86,250	西泠印社	2021-07-25
清 寿山掘性杜陵石山水薄意随形章	5.7cm×3.5cm×4.5cm	86,250	西泠印社	2021-07-25
清 1892年作 赵穆刻青田石自用印	1.8cm×1.8cm×2.8cm	82,800	西泠印社	2021-07-25
清 西谷刊赠曾国荃田黄冻方章	3cm×2.7cm×4.3cm; 重约74.4g	80,500	中鸿信	2021-07-14
清 寿山黄芙蓉石古兽钮章	2.9cm×3cm×5.5cm	80,500	西泠印社	2021-07-25
清 田黄印章	高3.1cm; 重12g	79,488	中国嘉德	2021-10-14
清 金农原刻, 钱泳重刻寿山芙蓉石闲章	3.1cm×3.1cm×5.3cm	74,750	西泠印社	2021-01-15
清 1840年作 丁杜刻青田石章	1.8cm×1.6cm×2.9cm	71,300	西泠印社	2021-07-25
清 汪文彬等自用寿山石古兽钮章(三方)	2.6cm×2.6cm×5cm; 2.8cm×2.8cm×5.4cm; 2.2cm×2.2cm×7.8cm	71,300	西泠印社	2021-07-25
清 1811年作 孙均刻寿山石闲章	2.1cm×1.9cm×4.5cm	69,000	西泠印社	2021-01-15
清 寿山将军洞芙蓉石螭龙钮方章	4.7cm×4.5cm×8.3cm	69,000	中国嘉德	2021-05-19
清 寿山石兽钮印章	3.5cm×3.5cm×3.6cm	69,000	中国嘉德	2021-05-19
清 龚心铭自用寿山善伯洞石卧狮钮引首章	高4.7cm	69,000	华艺国际	2021-06-05
清 胡镢刻青田石蔡鼎昌自用印	1.9cm×1.2cm×4.7cm	69,000	西泠印社	2021-07-25
清 黄锡禧自用竹根印	4.7cm×3.6cm×3.9cm	69,000	西泠印社	2021-07-25
清 陈豫钟刻寿山方章	长3.2cm×1.8cm×4.8cm	63,250	北京保利	2021-06-08

2021杂项拍卖成交汇总(续表)

(成交价RMB：1万元以上)

拍品名称	物品尺寸	成交价RMB	拍卖公司	拍卖日期
清 孙钖晋刻青田石章	2.4cm×1.8cm×3.8cm	63,250	西泠印社	2021-07-25
清 田黄浅刻龙纹印章	2.8cm×1.8cm×3.5cm; 重40g	57,500	十竹斋拍卖(北京)	2021-05-29
清 徐三庚刻寿山、昌化鸡血石章(二方)	1.1cm×1.3cm×2.8cm; 1.8cm×1cm×4.1cm	57,500	西泠印社	2021-01-15
清 杨东樵自用 寿山田黄盘龙钮印	高3.2cm	57,500	华艺国际	2021-03-31
清 薄意田黄印章	2.8cm×1.6cm×4cm	57,500	广东崇正	2021-07-19
清 御赐李鸿章螭钮纹连章	8cm×3.3cm×8cm	57,500	中鸿信	2021-07-14
清 高野侯刊田黄兽钮方章	1.7cm×1.7cm×3.7cm; 重约18.4g	57,500	中鸿信	2021-07-14
清 田黄“德日新”马钮章	高3.7cm; 重约17.2g	57,500	中鸿信	2021-07-14
清 赵穆刻青田石章	5.1cm×1cm×2.1cm	55,200	西泠印社	2021-01-15
清 胡镢刻莱州石杨晋自用印	1.5cm×1.5cm×4.5cm	55,200	西泠印社	2021-07-25
清 徐惟琨跋,袁小邨刻火烧石闲章	2.5cm×2.5cm×2.6cm	55,200	西泠印社	2021-07-25
清 寿山石古兽钮章	5cm×5cm×9.4cm	51,750	西泠印社	2021-01-15
清 田黄石章(三方)	尺寸不一	51,750	西泠印社	2021-07-25
清 煨石螭钮章	5.9cm×3.4cm×3.2cm	51,750	西泠印社	2021-07-25
清 1899年作 胡镢刻昌化鸡血石章	1.5cm×1.5cm×4.4cm	48,300	西泠印社	2021-01-15
清 紫檀雕兽钮亲贤爱民印	长6.9cm; 宽6.8cm; 高9.8cm	48,300	西泠印社	2021-07-24
清 寿山坑头石凤钮章	2.9cm×1.5cm×6.1cm	48,300	西泠印社	2021-07-25
清 寿山石羊钮对章	2cm×2cm×7.7cm; 2cm×2cm×7.4cm	46,000	西泠印社	2021-01-15
清 1832年作 杨澥刻寿山石对章	2.8cm×2.8cm×6.6cm; 2.8cm×2.8cm×6.7cm	46,000	西泠印社	2021-07-25
清 寿山石太狮少狮钮印章	3.7cm×3.6cm×6.8cm	46,000	中国嘉德	2021-05-19
清 黄芙蓉螭虎钮椭圆章	高7cm	46,000	北京保利	2021-06-08
清 徐三庚刊兽钮田黄方章	2.5cm×2cm×3.5cm; 重约27.3g	46,000	中鸿信	2021-07-14
清 张辛刻寿山芙蓉石凤钮章	3.2cm×1.7cm×6cm	46,000	西泠印社	2021-07-25
清 寿山芙蓉石章(三方)	3.2cm×2.7cm×4.4cm; 4cm×1.8cm×6.6cm; 3cm×1.7cm×5.2cm	46,000	西泠印社	2021-07-25
清 方介堪 钱君匋等为潘然刻寿山石印章(一组六方)	尺寸不一	44,850	广东崇正	2021-07-19
清 赵仲穆刻吴秋农自用印(五方)	尺寸不一	43,700	朵云轩	2021-07-07
清 寿山芙蓉石古兽钮章(二方)	3cm×3cm×4.7cm; 3.1cm×3.2cm×5.1cm	43,700	西泠印社	2021-07-25
清 铜印杂件(十二枚)	尺寸不一	43,700	朵云轩	2021-09-19
清 铜龟钮印章(一对)	长1:3.2cm; 高1:3.3cm; 长2:2cm; 高2:4.1cm	42,550	中贸圣佳	2021-05-21
清 丁敬款青田石印	高6.5cm	40,250	中国嘉德	2021-09-26
清 胡开文制印章形墨(四锭)	尺寸不一; 重量不一	40,250	西泠印社	2021-07-24
清 1893年 赵穆刻青田石章(三方)	2.2cm×2.2cm×4cm×2; 2.2cm×2.2cm×2.7cm	40,250	西泠印社	2021-07-25
清 1877年作 钟权刻青田石汪鸣皋自用印	2.1cm×2.2cm×6.9cm	40,250	西泠印社	2021-07-25
清 尚均款拐子龙纹钮白芙蓉印章(一对)	高8.6cm; 高8.6cm	36,800	西泠印社	2021-01-16
清 铜印钮及铜雕摆件(一组17件)	尺寸不一	36,800	中国嘉德	2021-05-19
清 芙蓉石赵次闲狮钮印章	1.4cm×3.2cm×3.6cm	36,800	广东崇正	2021-01-07
清 徐星州刻闲章	2.4cm×2.4cm×6.5cm	36,800	朵云轩	2021-07-07
清 竹根闲章	5.4cm×5.4cm×4cm	36,800	西泠印社	2021-07-25
清 1847年、1875年作 胡良铨、梁清刻昌化、青田石吴鸿勋、虞应樾自用印(二对)	2cm×2cm×5.9cm×2; 1.8cm×1.8cm×5.8cm×2	34,500	西泠印社	2021-01-15
清 寿山白高山石云龙薄意对章	1.8cm×1.8cm×11.5cm×2	34,500	西泠印社	2021-01-15
清 1866年作 陈祖望刻寿山石对章	1.4cm×1.4cm×4.2cm×2	34,500	西泠印社	2021-07-25
清 徐康刻桥钮青田石沙馥自用印	2.2cm×2.2cm×2.5cm	34,500	西泠印社	2021-01-15
清 黄寿山石荷塘清趣薄意章	3.8cm×3.6cm×5.7cm	34,500	西泠印社	2021-01-15
清 寿山白芙蓉石羊钮章	4.1cm×4.1cm×6.3cm	34,500	西泠印社	2021-01-15
清 以敬刊双狮钮方章	2cm×2cm×3.3cm; 重约21.3g	34,500	中鸿信	2021-07-14
清 端方刊赠叶赫那拉·桂祥田黄方章	1.3cm×1.2cm×7.7cm; 重约31g	34,500	中鸿信	2021-07-14
清 1883年作 吴诰刻青田石章	2.5cm×1.8cm×2.4cm	34,500	西泠印社	2021-07-25
清 1857年作 张光浛刻昌化石自用印	2.1cm×2cm×5.8cm	34,500	西泠印社	2021-07-25
清 田黄石菊花薄意章	2.1cm×0.9cm×3.7cm; 重14.4g	34,500	西泠印社	2021-07-25
清 寿山芙蓉石古兽钮章	3.3cm×3.3cm×6.6cm	34,500	西泠印社	2021-07-25
清 1897年作 徐绥臣刻青田石何蒙孙自用对章	2.7cm×2.7cm×6.4cm×2	32,200	西泠印社	2021-07-25
清 寿山石兽钮三联章	2.7cm×2.7cm×7.8cm×2; 2.7cm×1.3cm×7.5cm	32,200	中国嘉德	2021-05-19
清 杨澥、邓尔雅刻青田石阮元等自用印(二方)	1.6cm×1.6cm×5.3cm; 1.5cm×1.5cm×4.2cm	32,200	西泠印社	2021-07-25
清 白瓷古兽钮闲章(二方)	3.3cm×3.3cm×5cm; 2.9cm×2.9cm×4.9cm	32,200	西泠印社	2021-07-25
清 寿山石印章(一组四十方)	尺寸不一	31,050	中鸿信	2021-07-14
清 名家刻田黄印章四枚	尺寸不一	28,750	北京九歌	2021-06-13

拍品名称	物品尺寸	成交价RMB	拍卖公司	拍卖日期
清 寿山连江黄石兽钮章	长3.7cm; 宽2cm; 高6.2cm	28,750	中贸圣佳	2021-09-26
清 寿山芙蓉石古兽钮扁章	长4cm; 宽2.5cm; 高4.3cm	28,750	中贸圣佳	2021-09-26
清 寿山芙蓉石羊钮方章	4.1cm×4.1cm×6.4cm	28,750	中国嘉德	2021-05-19
清 寿山冻石兽钮方章	1.3cm×1.1cm×4.1cm; 重36g	28,750	北京保利	2021-06-08
清 赵之琛刻青田石章	1.1cm×1.1cm×3cm	28,750	西泠印社	2021-07-25
清 程庭鹭刻青田石章	1.1cm×1.1cm×3cm	28,750	西泠印社	2021-07-25
清 1804年作 寿山、昌化石章(五方)	尺寸不一	28,750	西泠印社	2021-07-25
清 寿山石章(七方)	尺寸不一	28,750	西泠印社	2021-07-25
清 郭兰枝刻“虚斋审定”印(带原盒)	高3.4cm	26,450	华艺国际	2021-06-05
清 童大年等刻吴秋农自用印(八方)	尺寸不一	25,300	朵云轩	2021-07-07
清 寿山、昌化石章(八方)	尺寸不一	25,300	西泠印社	2021-07-25
清 寿山、青田石章(十六方)	尺寸不一	25,300	西泠印社	2021-07-25
清 寿山、青田石章(九方)	尺寸不一	25,300	西泠印社	2021-07-25
清 杨澥刻青田石闲章	2.8cm×2.8cm×2.9cm	23,000	西泠印社	2021-01-15
清 徐坊自用寿山石凤钮章	4.8cm×4.8cm×9cm	23,000	西泠印社	2021-01-15
清 寿山芙蓉石古兽钮章	2.8cm×2.9cm×4.9cm	23,000	西泠印社	2021-01-15
清 黄任铭寿山高山水晶冻石山水薄意随形章	4.3cm×1.6cm×8.5cm	23,000	西泠印社	2021-01-15
清 寿山芙蓉石花卉薄意章(三方)	2.8cm×2.8cm×9.8cm×2; 3.4cm×1.4cm×9.4cm	23,000	西泠印社	2021-01-15
清 赵古泥刻云蝠纹印章	高6.2cm	23,000	华艺国际	2021-03-31
清 讴罗盦等芙蓉章(三方)	2.4cm×2cm×4.6cm; 1.9cm×1.9cm×5.6cm; 2.5cm×2.5cm×5.2cm	23,000	北京保利	2021-06-08
清 琥珀雕猴印章 琥珀雕狮印章 蜜蜡挂件	尺寸不一	23,000	十竹斋	2021-06-27
清 丁丙刻青田石章	2.3cm×2.3cm×4.8cm	23,000	西泠印社	2021-07-25
清 寿山坑头石古兽钮章	2.8cm×2.8cm×6.4cm	23,000	西泠印社	2021-07-25
清 寿山高山石俏色麒麟纹随形章	7.8cm×3.1cm×6.3cm	23,000	西泠印社	2021-07-25
清 寿山白芙蓉石螭钮章	3.2cm×2.5cm×3.4cm	23,000	西泠印社	2021-07-25
清 朱彝尊自用青田石对章	2.2cm×2.1cm×3.2cm×2	20,700	西泠印社	2021-07-25
清 吕留良自用楚石章	3.1cm×3.1cm×6.4cm	20,700	西泠印社	2021-01-15
清 钟以敬刻闲章	2.1cm×1.3cm×3.1cm	20,700	朵云轩	2021-07-07
清 钟以敬刻寿山石章	1.8cm×1.8cm×3.9cm	20,700	西泠印社	2021-07-25
清 寿山石狮钮闲章(一组两件)	1.高8cm; 长3.7cm; 宽3.7cm; 2.高8cm; 长3.7cm; 宽3.7cm	19,550	西泠印社	2021-01-16
民国 龚心钊旧藏田黄石印章	2.9cm×2.5cm×4.9cm; 重73g	2,012,500	北京保利	2021-06-08
民国 齐白石刻五彩善伯洞石三螭钮赵继鼐用印(一对)	2.8cm×2.8cm×6.6cm×2	1,782,500	北京保利	2021-06-08
晚清/民国 王冰铁刻田黄薄意椭圆形袁克文用印	高6.9cm; 重81g	828,000	佳士得	2021-05-28
民国 寿山红芙蓉杜月笙自用印(一对)	5.2cm×5.2cm×9cm×2	690,000	北京保利	2021-06-08
民国 黄寿山石薄意岁岁平安龚心铭自用印	高7cm	492,600	佳士得	2021-12-03
民国 田黄石薄意“林清卿”随形章	4cm×2cm×3.8cm; 重66g	345,000	北京保利	2021-12-06
民国 邓尔疋刻芙蓉石、寿山石张之英自用印(十方一组)	尺寸不一	310,500	华艺国际	2021-06-05
民国 越丞刻银制印章	高7.5cm	287,500	上海匡时	2021-07-08
民国 林元珠雕三螭方章	2.4cm×2.4cm×6.5cm	287,500	朵云轩	2021-07-07
民国 田黄章(一对)	1cm×1cm×4.7cm×2; 重25g	287,500	北京保利	2021-12-06
民国 陈巨来刻芙蓉石兽钮张学良自用印(71克)	高4.9cm; 重71g	269,100	佳士得	2021-05-28
民国 沈悫为林思进刻田黄山形印	高6cm	230,000	中国嘉德	2021-09-28
民国 林清卿刻黄寿山薄意溥侗自用印	3.7cm×1.8cm×4.2cm	230,000	北京保利	2021-12-06
民国 林清卿作田黄薄意田园风景图纹随形章	高4.5cm; 重109g	218,500	华艺国际	2021-03-31
民国 田黄雕薄意“游春主人”方章	2cm×2cm×7.5cm; 重约77.4g	218,500	中鸿信	2021-07-14
民国 林元珠雕迷翠寮螭钮对章	2.1cm×2.1cm×7cm×2	207,000	朵云轩	2021-07-07
民国 陈巨来刻田黄冻鱼钮椭圆章唐绍元用印	长2.4cm×1.5cm×2.5cm; 重12g	195,500	北京保利	2021-06-08
民国 钟刚中刻芙蓉石、寿山石、青田石张之英自用印(六方一组)	尺寸不一	172,500	华艺国际	2021-06-05
民国 齐白石篆刻章	2.3cm×2.3cm×6cm	172,500	朵云轩	2021-07-07
民国 齐白石 芙蓉石“沧海楼”印章	2.8cm×2.8cm×5.2cm	172,500	北京保利	2021-12-06
民国 田黄夔凤纹印章	高3.5cm; 重19.5g	126,500	十竹斋拍卖(北京)	2021-05-29
民国 陆子冈等 唐绍元自用印四方(一组)	尺寸不一	126,500	北京保利	2021-06-08
民国 王冰铁刻田黄冻素章盛宣怀用印	2.3cm×0.5cm×3.5cm; 重12.6g	126,500	北京保利	2021-12-06

2021杂项拍卖成交汇总（续表）

（成交价RMB：1万元以上）

拍品名称	物品尺寸	成交价RMB	拍卖公司	拍卖日期
民国 冯康侯刻高山石博古钮张之英自用印（一对）	高9.5cm	115,000	华艺国际	2021-06-05
民国 王福庵为汪精卫刻昌化石方章一方、未刻鸡血红石方章一对		112,700	广东崇正	2021-01-07
民国 陈巨来刻张石铭自用印	2.5cm×2.5cm×6cm	101,200	朵云轩	2021-12-31
民国 冯康侯刻梅兰芳自用印	4.2cm×1.6cm×12.8cm	97,750	朵云轩	2021-07-07
民国 赵叔孺刊赠张治中田黄方章	高4.5cm；重约78.8g	97,750	中鸿信	2021-07-14
民国 唐醉石为汪精卫刻寿山石方章一方、未刻青田石印章一方		94,300	广东崇正	2021-01-07
民国 陈半丁刻鸡血印章（一对）	高9cm	92,000	北京保利	2021-01-09
民国 刘玉林刻高山石博古钮张之英自用印（一对）	高6.2cm	80,500	华艺国际	2021-06-05
民国 汪屺为汪精卫刻青田石方章两方		80,500	广东崇正	2021-01-07
吴昌硕 清末民国 寿山石方章	高4cm；1.8cm×1.8cm	78,200	古天一	2021-06-07
民国 黄金荣赠张仁奎群螭钮方章	2.4cm×3.4cm×2.9cm；重约43.79g	63,250	中鸿信	2021-07-14
民国 吴昌硕刊自用印	3cm×3.5cm×4.5cm；重约106.15g	55,200	中鸿信	2021-07-14
民国汪屺为汪精卫刻白芙蓉石印章一方、邹梦禅为陈璧君刻黄杨木方章一对		51,750	广东崇正	2021-01-07
民国 童大年刻龚心钊自用印	1.6cm×1.6cm×4cm	51,750	朵云轩	2021-07-07
民国 赵古泥刻吴湖帆收藏印	2.6cm×1.3cm×5.2cm	46,000	朵云轩	2021-07-07
民国 寿山白芙蓉石瑞兽钮印（陈巨来）	高5.1cm	41,400	华艺国际	2021-03-31
民国 常炳彝款鸡血印章	高3.7cm	39,100	北京保利	2021-01-09
民国 昌化鸡血对章	1.7cm×1.7cm×4.5cm×2	36,800	朵云轩	2021-07-07
民国 吕凤子刊田黄方章	2.6cm×1.8cm×2.3cm；重约28.2g	34,500	中鸿信	2021-07-14
民国 绿松石寿桃钮方章	长1.3cm；宽1.3cm；高2cm	32,200	中贸圣佳	2021-03-25
民国 邓尔疋、冯康侯等刻田黄石、寿山石张之英自用印（五方一组）	尺寸不一	32,200	华艺国际	2021-06-05
民国 王福庵牛角冻章	2.6cm×2.6cm×6.9cm	32,200	北京保利	2021-06-08
民国 赵古泥刻吴湖帆自用印	1.5cm×1.4cm×3.6cm	32,200	朵云轩	2021-07-07
民国 云合楼用田黄鱼化龙钮印章	2.7cm×2.7cm×8.7cm	29,900	北京九歌	2021-06-13
民国 寿山石鹿钮对章	2cm×2cm×7.7cm×2	28,750	中国嘉德	2021-05-19
民国 叶恭绰款寿山石自用印（两方）	2cm×2.5cm；2.2cm×3.2cm	28,750	广东崇正	2021-01-07
民国 寿山高山石薄意方章	1.8cm×1.8cm×9.4cm	28,750	中国嘉德	2021-05-19
民国 钱瘦铁刻斋馆印	2.6cm×2cm×3.7cm	28,750	朵云轩	2021-07-07
民国 钱瘦铁刻闲章	2cm×2cm×4.2cm	25,300	朵云轩	2021-07-07
民国陈巨来款寿山芙蓉石花卉纹印章	高6.1cm	21,850	华艺国际	2021-04-01
民国 从碧山房藏田黄胡人献瑞钮印章	2.2cm×2.2cm×6.8cm	18,400	北京九歌	2021-06-13
20世纪 冯康侯刻将军洞芙蓉石鱼钮引首章唐绍元用印	5.5cm×2.5cm×9.5cm	172,500	北京保利	2021-06-08
20世纪 陈巨来刻寿山石鱼脑冻闲章	2.8cm×2.8cm×3.6cm	115,000	北京保利	2021-06-08
20世纪 陈巨来刻龙龟寿山方章	2.5cm×2.5cm×4cm	51,750	北京保利	2021-06-08
近现代 王福庵刻吴朝枢自用对章	3.6cm×2.5cm×1.2cm	172,500	华艺国际	2021-03-31
近现代 王福庵刻吴朝枢自用印	4.1cm×7cm×1.5cm	172,500	华艺国际	2021-03-31
现代 陈巨来刻寿山石山水梅花印章	高4.2cm	115,000	华艺国际	2021-03-31
近现代 王福庵刻吴朝枢自用印	7.8cm×3.8cm×1cm	115,000	华艺国际	2021-03-31
近现代 严坤刻芙蓉石吴荣光自用印	长3.6cm；高2.2cm	92,000	华艺国际	2021-03-31
近现代 陈巨来等刻严庆祥自用印（五方）	尺寸不一	57,500	朵云轩	2021-07-07
近现代 蒋维崧刻闲章	1.9cm×1.9cm×5.7cm	23,000	朵云轩	2021-07-07
近现代 朱复戡篆刻章（三方）	尺寸不一	19,550	朵云轩	2021-07-07
巴林鸡血四联章	3.1cm×3.1cm×15.8cm	6,900,000	北京荣宝	2021-06-19
陈巨来刻青田石自用两面印	2.4cm×2.4cm×1.4cm	5,405,000	中国嘉德	2021-11-30
巴林鸡血石章	3.1cm×3cm×11.9cm	4,830,000	西泠印社	2021-07-25
吴让之刻陈宝晋用青田石印章	3.9cm×3.7cm×7.7cm	4,255,000	中国嘉德	2021-11-30
巴慰祖刻自用印共二十方	尺寸不一	3,450,000	中贸圣佳	2021-05-21
巴林鸡血王万山红遍浮雕大方章	7.5cm×7.5cm×11.5cm	3,450,000	朵云轩	2021-07-07
丁敬为王德溥刻"容大"	1.5cm×1.5cm×2.6cm	3,220,000	中贸圣佳	2021-05-21
吴昌硕刻寿山芙蓉石印章	3.2cm×3.2cm×10.4cm	2,990,000	中国嘉德	2021-05-19
雅安绿石章（三方）	5cm×5cm×5.8cm；3.8cm×3.8cm×7.4cm；3.8cm×3.8cm×12.5cm	2,760,000	西泠印社	2021-01-15
巴林鸡血芙蓉红方章	3cm×3cm×13cm	2,300,000	北京荣宝	2021-06-19
巴林鸡血石方章	3cm×3cm×13cm	2,300,000	北京荣宝	2021-06-19
巴林福黄冻五子弥勒钮大方章	8.3cm×8.3cm×16cm	2,070,000	朵云轩	2021-12-31
张大千、张善孖自用印（一组）	尺寸不一	2,012,500	华艺国际	2021-06-05
齐白石刻寿山石鳌龙钮对章	2.5cm×2.5cm×8.9cm×2	1,840,000	中国嘉德	2021-05-19
巴林鸡血偏头章	3cm×3cm×17.5cm	1,725,000	北京荣宝	2021-06-19
巴林鸡血章	4.2cm×4.2cm×21.5cm	1,725,000	北京荣宝	2021-06-19
陈巨来刻青田石自用对章	2.4cm×2.4cm×2cm×2	1,667,500	中国嘉德	2021-11-30
巴林鸡血章	3cm×3cm×13.7cm	1,610,000	北京荣宝	2021-06-19
1920年作 齐白石刻双螭钮寿山芙蓉石曹锟自用闲章	3.6cm×3.6cm×4.3cm	1,552,500	西泠印社	2021-01-15
巴林鸡血石方章	3cm×3cm×18cm	1,495,000	北京荣宝	2021-06-19
巴林鸡血章	3cm×3cm×15cm	1,437,500	北京荣宝	2021-06-19
老坑牛角冻鸡血石章	3.4cm×3.4cm×11cm	1,380,000	西泠印社	2021-01-15

拍品名称	物品尺寸	成交价RMB	拍卖公司	拍卖日期
巴林鸡血偏头章	3cm×3cm×14.6cm	1,380,000	北京荣宝	2021-06-19
巴林鸡血石方章	3cm×3cm×15cm	1,380,000	北京荣宝	2021-06-19
巴林鸡血章	3.2cm×3.2cm×16.4cm	1,380,000	北京荣宝	2021-06-19
巴林鸡血石方章	2.8cm×2.8cm×12.3cm	1,150,000	北京荣宝	2021-06-19
清 铜鎏金九龙钮印	长17.5cm；宽17.3cm；高8cm；重3720g	1,127,000	十竹斋	2021-06-27
1898年 吴昌硕刻寿山石狮钮胡德斋用印（一对）	1.9cm×1.9cm×5.3cm×2	1,127,000	北京保利	2021-06-08
1932年作 齐白石刻古兽钮寿山石李宏锟自用对章	3.1cm×3.1cm×8cm×2	1,092,500	西泠印社	2021-01-15
齐白石刻 寿山石印章	2.6cm×2.6cm×5.7cm	1,092,500	中国嘉德	2021-05-19
陈巨来刻"珠谿"青田石自用印章	1.9cm×1.9cm×3.7cm	1,092,500	中国嘉德	2021-11-30
齐白石刻寿山石双螭钮章	4.5cm×4.6cm×7.1cm	1,092,500	西泠印社	2021-01-15
陈巨来刻"巨来画松"青田石自用印章	2.3cm×2cm×2.9cm	1,035,000	中国嘉德	2021-11-30
巴林鸡血石方章	3cm×3cm×15.5cm	1,000,500	北京荣宝	2021-06-19
赵之谦为谭献刻"谭献"	1.9cm×1.9cm×3.7cm	977,500	中贸圣佳	2021-12-30
巴林鸡血芙蓉方章	2.9cm×2.9cm×18.5cm	966,000	北京荣宝	2021-06-19
齐白石刻李宏锟用寿山石古兽钮对章	3.1cm×3.1cm×8.1cm×2	920,000	中国嘉德	2021-11-30
巴林鸡血石方章	3cm×3cm×15.3cm	920,000	北京荣宝	2021-06-19
巴林鸡血偏头章	3cm×3cm×19cm	920,000	北京荣宝	2021-06-19
巴林鸡血章	3cm×3cm×15cm	920,000	北京荣宝	2021-06-19
巴林鸡血石方章	3cm×3cm×14.5cm	874,000	北京荣宝	2021-06-19
巴林鸡血石方章	2.9cm×2.9cm×18.5cm	862,500	北京荣宝	2021-06-19
陈达 寿山黄荔枝石甲骨文方章	3cm×3cm×10.3cm	805,000	中贸圣佳	2021-12-30
吴昌硕刻青田石蒋汝藻自用印	2.2cm×2.2cm×7.8cm	805,000	西泠印社	2021-01-15
2007年作 韩天衡刻寿山月尾石古兽钮闲章	4.8cm×4cm×6.9cm	805,000	西泠印社	2021-07-25
巴林粉冻鸡血石方章	3cm×3cm×15cm	805,000	北京荣宝	2021-06-19
荔枝洞双狮戏球钮方章	3.1cm×3.1cm×10cm	782,000	朵云轩	2021-07-07
红白荔枝洞林文举薄意方章	2.5cm×2.5cm×8.6cm	759,000	朵云轩	2021-12-31
荔枝洞古兽子母章（二方）	3.5cm×3.5cm×7.5cm；3.1cm×3.1cm×5.5cm	759,000	朵云轩	2021-12-31
赵次闲刻寿山石印章	3.5cm×3.5cm×8.7cm	747,500	中国嘉德	2021-05-19
陈鸿寿刻寿山石印章	1.3cm×1.3cm×4.7cm	747,500	中国嘉德	2021-05-19
巴林鸡血石方章	3cm×3cm×14.7cm	736,000	北京荣宝	2021-06-19
华健（林海钟刻绘）印方		690,000	十竹斋	2021-06-27
陈巨来刻"读了唐诗读半山"寿山芙蓉石自用印章	2.1cm×2.1cm×5.5cm	690,000	中国嘉德	2021-11-30
吴昌硕刻寿山芙蓉石葛昌楹自用印	2.7cm×2.7cm×5cm	690,000	西泠印社	2021-01-15
林清卿作田黄石山水薄意章	2.9cm×3cm×6.2cm；重120.5g	690,000	西泠印社	2021-07-25
昌化鸡血石章	3.2cm×3.1cm×11.5cm	690,000	西泠印社	2021-07-25
陈巨来刻青田石自用四面印	1.9cm×1cm×2.6cm	690,000	中国嘉德	2021-11-30
郭功森雕三色荔枝洞狮钮方章	3cm×3cm×10.2cm	667,000	朵云轩	2021-07-07
齐白石刻凤钮寿山石熊佛西自用印	3.4cm×3.4cm×6.8cm	655,500	西泠印社	2021-01-15
巴林粉冻鸡血石方章	3cm×3cm×15cm	632,500	北京荣宝	2021-06-19
巴林鸡血石大方章	5.5cm×5.5cm×15.5cm	632,500	北京荣宝	2021-06-19
1889年作 吴昌硕为杨岘刻"岘（见山）"	2.5cm×2.5cm×4.3cm	632,500	中贸圣佳	2021-12-30
1927年、1929年作 赵叔孺、陈巨来、费龙丁刻寿山白芙蓉石张仲英自用印（六方）	尺寸不一	632,500	西泠印社	2021-01-15
尚均款高山坑头冻瑞兽钮印（一对）	高4.8cm×2	615,750	佳士得	2021-12-03
荔枝洞双螭钮方章	2.8cm×2.8cm×12cm	598,000	朵云轩	2021-12-31
"文信君印"	2.5cm×2.5cm×2cm	598,000	中贸圣佳	2021-05-21
巴林鸡血石方章	2.9cm×2.9cm×20cm	598,000	北京荣宝	2021-06-19
天然翡翠"扭转乾坤"印章，老蒋玉雕艺术		591,120	天成国际	2021-11-26
巴林鸡血章	3cm×3cm×13.2cm	586,500	北京荣宝	2021-06-19
吴昌硕刻 昌化鸡血石对章	2cm×2cm×5.3cm×2	575,000	中国嘉德	2021-05-19
齐白石 王泽宽自用印章（一对）	2.7cm×2.7cm×9.7cm×2	575,000	永乐拍卖	2021-05-21
王福庵刻 寿山石印章	2cm×1.9cm×4.2cm	575,000	中国嘉德	2021-05-19
吴湖帆赠陈巨来 吴大澂旧藏铜印（一组六件）	尺寸不一	575,000	中国嘉德	2021-11-30
陈巨来刻"安持"青田石自用印章	2.9cm×1.3cm×2.5cm	552,000	中国嘉德	2021-11-30
陈鸿寿刻"顽仙"	2.5cm×2.5cm×6.1cm	529,000	中贸圣佳	2021-12-30
1939年作 高野侯刻双螭钮寿山芙蓉石方节厂自用对章	3.2cm×3.2cm×6.9cm×2	517,500	西泠印社	2021-01-15
巴林鸡血石章	3cm×3cm×14cm	517,500	北京荣宝	2021-06-19
巴林鸡血石方章	3cm×3cm×14.5cm	517,500	北京荣宝	2021-06-19
1920年作 吴昌硕刻寿山石杨苍白自用印	2.4cm×2.4cm×6.4cm	517,500	西泠印社	2021-01-15
林永昌 寿山田黄石螭龙印章	4.6cm×5.8cm×2.4cm；重100.2g	515,200	上海联合	2021-06-27
赵叔孺刻寿山石薄意印章	2.3cm×2.2cm×5.6cm	506,000	中国嘉德	2021-05-19
赵叔孺、陈巨来刻 陈巨来自用寿山芙蓉石印章（三件）	1.1cm×0.9cm×4.1cm；1.7cm×1.7cm×4.7cm×2	483,000	中国嘉德	2021-11-30
齐白石刻"忘忧庐"	3.4cm×3.4cm×6.7cm	471,500	中贸圣佳	2021-05-21

2021杂项拍卖成交汇总(续表)

(成交价RMB：1万元以上)

拍品名称	物品尺寸	成交价RMB	拍卖公司	拍卖日期
陈达作寿山荔枝冻石梅竹双清薄意章	2.7cm×2.7cm×7.8cm	460,000	西泠印社	2021-07-25
1942年作 林元珠作钮、王褆刻寿山牛角冻石鳌龙钮对章	2.8cm×2.8cm ×8.9cm×2	460,000	西泠印社	2021-01-15
1888年作 吴昌硕为徐士恺刻“士恺之印”	1.2cm×1.2cm×4.5cm	460,000	中贸圣佳	2021-05-21
1919年作 吴昌硕刻桃钮寿山石陈浏自用闲章	3cm×2.9cm×4.9cm	460,000	西泠印社	2021-01-15
陈巨来刻吴湖帆自用闲章	4.1cm×4.1cm×10.6cm	460,000	西泠印社	2021-01-15
石秀作昌化鸡血石万山红遍薄意方章	2.3cm×2.3cm×11.8cm	460,000	西泠印社	2021-07-25
齐白石太狮少狮钮芙蓉石印章	长4cm; 宽4cm; 高7cm	460,000	保利厦门	2021-11-05
陈巨来刻 “安持千万”橄榄核自用印章	1.3cm×1.3cm×1.5cm	460,000	中国嘉德	2021-11-30
1925年作 李尹桑刻子母兽钮寿山白芙蓉石谭延闿自用对章	4.7cm×4.7cm×9.2cm×2	437,000	西泠印社	2021-01-15
1937年作 齐白石刻寿山石恽竹泉自用印（两方）	2cm×2cm×4.7cm; 2cm×2cm×4.5cm	437,000	西泠印社	2021-07-25
陈巨来刻 “巨来之印”寿山石自用印章	1.7cm×1.7cm×2.8cm	437,000	中国嘉德	2021-11-30
陈巨来刻 青田石自用两面印	1.5cm×1.5cm×6.6cm	437,000	中国嘉德	2021-11-30
徐三庚刻寿山石章（三方）	2.4cm×2.4cm×4.9cm×2; 2cm×1.2cm×2.5cm	414,000	西泠印社	2021-01-15
田黄薄意陈宝琛用章	长3.2cm; 宽1.6cm; 高4.5cm; 重54g	402,500	广东崇正	2021-01-06
昌化鸡血石素方章	2.6cm×2.6cm×11.3cm	402,500	西泠印社	2021-07-25
吴昌硕刻 金杰用寿山石兽钮印章	2.4cm×1.9cm×2.9cm	402,500	中国嘉德	2021-11-30
吴昌硕刻“晚香居士”	2cm×2cm×4.1cm	391,000	中贸圣佳	2021-12-30
1917年作 吴昌硕刻青田石俞应望自用对章	2.4cm×2.4cm×6.5cm×2	368,000	西泠印社	2021-07-25
清 程邃刻田黄石素方章	2.1cm×2cm×5.7cm; 重60.3g	368,000	西泠印社	2021-07-25
林文举作田黄石花鸟薄意随形章	2.6cm×2cm×5.6cm; 重45.7g	368,000	西泠印社	2021-07-25
赵叔孺、周希丁等刻 何其巩用寿山石、青田石印章（一组八件）	尺寸不一	368,000	中国嘉德	2021-11-30
吴大澂旧藏 古铜印（一组八件）	尺寸不一	368,000	中国嘉德	2021-11-30
王福庵刻 林元珠制钮 寿山牛角冻石鳌龙钮对章	2.8cm×2.8cm×9cm×2	345,000	中国嘉德	2021-11-30
巴林鸡血方章	3cm×3cm×12.7cm	345,000	北京荣宝	2021-06-19
1798年作 陈鸿寿为叶以照刻“叶以照印”	1.5cm×1.5cm×4.4cm	345,000	中贸圣佳	2021-12-30
“傅苐”	1.8cm×1.8cm×1.2cm	345,000	中贸圣佳	2021-12-30
齐白石刻凤纹博古钮寿山石刘半农自用印	3.5cm×3.5cm×7cm	345,000	西泠印社	2021-01-15
钱瘦铁刻 张大千用寿山石印章	3.1cm×2.7cm×7.6cm	345,000	中国嘉德	2021-05-19
齐白石刻 寿山石印章	1.2cm×1cm×1.6cm	345,000	中国嘉德	2021-05-19
昌化老坑刘关张鸡血方章	2.4cm×2.4cm×6.9cm	345,000	朵云轩	2021-07-07
韩天衡 篆刻闲章	3.8cm×3.8cm×7cm	345,000	上海嘉禾	2021-07-22
胡匊邻刻 青田石印章	2.9cm×2.3cm×5.3cm	345,000	中国嘉德	2021-11-30
荔枝洞博古方章	2.7cm×2.7cm×12.5cm	345,000	朵云轩	2021-12-31
乙丑年(1925年) 赵叔孺刻寿山石薄意龚心铭自用印（一对）	高11.3cm	328,400	佳士得	2021-12-03
沙孟海刻子母兽钮寿山石周骏彦自用对章	4cm×4cm×10.5cm×2	322,000	西泠印社	2021-07-25
1914年作 金城刻貔貅钮寿山白芙蓉石世续自用对章	3cm×3cm×5.5cm×2	322,000	西泠印社	2021-07-25
傅抱石刻博古钮寿山石冯亦代、郑安娜夫妇自用对章	1.5cm×1.5cm×8cm×2	322,000	西泠印社	2021-07-25
陈巨来刻寿山石闲章	4cm×2.4cm×6.9cm	322,000	西泠印社	2021-01-15
巴林水草冻鸡血方章	3.4cm×3.4cm×19cm	322,000	朵云轩	2021-07-07
赵叔孺刻云龙薄意寿山石周湘云自用闲章	2.3cm×2.2cm×4.4cm	322,000	西泠印社	2021-07-25
昌化冻地鸡血石素方章	2.4cm×2.4cm×10.6cm	322,000	西泠印社	2021-07-25
陈巨来刻 寿山石自用印章	2.2cm×2.2cm×3.4cm	322,000	中国嘉德	2021-11-30
陈巨来刻 “安持千万”黄杨木制自用印章	1.3cm×1.3cm×3.8cm	322,000	中国嘉德	2021-11-30
吴昌硕刻 青田素方章	5cm×2.4cm×2.4cm	317,952	中国嘉德	2021-10-13
1836年作 赵次闲刻“勤斋书画”	2.1cm×2.1cm×5.8cm	310,500	中贸圣佳	2021-05-21
寿山田黄石梅花纹方章	3cm×2.2cm×5.5cm	310,500	中贸圣佳	2021-12-30
1940年作 齐白石刻寿山高山石古兽钮章	3cm×3cm×7cm	299,000	西泠印社	2021-07-25
陈巨来刻 “东方红”寿山石印章	5cm×2.9cm×6.3cm	299,000	中国嘉德	2021-11-30
青田蓝星石葡萄钮章	4.4cm×4.5cm×9.8cm	287,500	西泠印社	2021-01-15
吴昌硕刻“籀书誃”	1.8cm×1.8cm×5.3cm	287,500	中贸圣佳	2021-12-30
“晋归义胡王”	2.5cm×2.5cm×2.6cm	287,500	中贸圣佳	2021-12-30
郭懋介 寿山田黄石薄意方章	2.5cm×2.5cm×4.1cm	287,500	中贸圣佳	2021-12-30
齐白石刻 寿山石印章	3.7cm×3.6cm×2.9cm	287,500	中国嘉德	2021-05-19
1922年作 吴臧龛刻青田石王震自用印	3cm×3cm×5.5cm	287,500	西泠印社	2021-07-25
昌化大红袍鸡血石章（三方）	尺寸不一	287,500	西泠印社	2021-07-25
赵之琛刻 青田石印章	1.6cm×1.6cm×3.7cm	287,500	中国嘉德	2021-11-30
陈巨来刻 “安持”青田石自用印章	1.3cm×1.3cm×2cm	287,500	中国嘉德	2021-11-30
陈巨来刻 “思在江湖”寿山石象钮印章	3.1cm×1.7cm×4.7cm	287,500	中国嘉德	2021-11-30
1942年作 王褆刻寿山芙蓉石象钮闲章	3cm×3cm×8.8cm	264,500	西泠印社	2021-01-15
来楚生刻青田石自用闲章	2.1cm×2.2cm×5.3cm	264,500	西泠印社	2021-07-25
1916年作 吴昌硕刻古兽钮寿山芙蓉石蒯寿枢自用印	3.2cm×3.1cm×5.4cm	264,500	西泠印社	2021-01-15
1947年 陈巨来刻青田石溥心畬自用印（一对）	1.4cm×1.4cm×5.4cm	253,000	北京保利	2021-06-08
来楚生刻 青田石印章	3.7cm×3.7cm×2.1cm	253,000	中国嘉德	2021-05-19
陈巨来刻 “牟道人”寿山高山石自用印章	1.4cm×1.4cm×2.9cm	253,000	中国嘉德	2021-11-30
1954、1963年作 陈巨来刻寿山芙蓉石徐伯郊自用印（三方）	尺寸不一	241,500	西泠印社	2021-01-15
寿石工 张学良印（两方）石	直径5cm×2; 高6cm×2	241,500	中鸿信	2021-07-15
荔枝洞双螭穿环钮章	2.1cm×2.1cm×9.5cm	241,500	朵云轩	2021-12-31
胡镢刻“王麟书印”	3.3cm×3.3cm×5.3cm	230,000	中贸圣佳	2021-05-21
1948年作 王褆刻寿山白芙蓉石曾绍杰自用对章	1.6cm×1.6cm×3.6cm×2	230,000	西泠印社	2021-01-15
1865年作 徐三庚刻“蔡氏道腴轩秘玩真迹书画印”	3.6cm×2.1cm×4.7cm	230,000	中贸圣佳	2021-05-21
徐三庚为阮静山刻“阮静印信、古香作画”	2.8cm×2.8cm×6cm	230,000	中贸圣佳	2021-05-21
鲎箕白田盘螭钮沈树镛用印	2.3cm×2.3cm×5.8cm	230,000	中贸圣佳	2021-05-21
1927年作 齐白石刻青田石章	3.1cm×3.1cm×7.1cm	230,000	西泠印社	2021-01-15
齐白石刻寿山石山水薄意章	2.2cm×2.2cm×8.3cm	230,000	西泠印社	2021-01-15
1945年作 王褆刻寿山石章	2.7cm×2.2cm×4.3cm	230,000	西泠印社	2021-01-15
童衍方刻闲章	4cm×4cm×9.3cm	230,000	朵云轩	2021-07-07
林文举作寿山荔枝冻石时珍采药薄意章	2.8cm×2.8cm×13.2cm	230,000	西泠印社	2021-07-25
昌化鸡血石大红袍方章	1.8cm×1.8cm×9.2cm	230,000	中国嘉德	2021-11-30
陈巨来刻 “牟”青田石自用印章	0.9cm×0.7cm×1.8cm	230,000	中国嘉德	2021-11-30
冰糖地荔枝洞古兽方章	2.5cm×2.5cm×6.8cm	230,000	朵云轩	2021-12-31
石秀 寿山田黄石薄意双鲤跃龙门章	3.3cm×1.8cm×4cm; 重49g	224,000	上海联合	2021-06-27
郑则评 寿山芙蓉石 牛气冲天钮章	3.3cm×2.8cm×14.3cm; 重337.9g	224,000	上海联合	2021-11-21
巴林鸡血石小方章	2.3cm×2.3cm×10.2cm	218,500	北京荣宝	2021-06-19
清 徐三庚刻青田石闲章	2.3cm×1.6cm×2.8cm	218,500	西泠印社	2021-07-25
陈巨来刻 “印中冯妇”寿山芙蓉石自用印章	1.6cm×1.6cm×3.6cm	218,500	中国嘉德	2021-11-30
陈巨来刻 黄杨木自用印章	1.1cm×1.1cm×2.9cm	218,500	中国嘉德	2021-11-30
陈巨来刻 “离披乱前”青田石印章	2.3cm×2.3cm×6.5cm	218,500	中国嘉德	2021-11-30
1842年作 赵次闲刻“焚香独坐”	2cm×2cm×4.8cm	212,750	中贸圣佳	2021-05-21
1960年作 方去疾刻青田石古兽钮闲章	3.6cm×3.6cm×7.6cm	207,000	西泠印社	2021-07-25
王镛刻“出入大吉”	2.5cm×2.5cm×8.4cm	207,000	中贸圣佳	2021-12-30
吴昌硕刻 寿山石印章	2.6cm×2.6cm×5.4cm	207,000	中国嘉德	2021-05-19
汪启淑刻寿山田黄石（一组五方）	尺寸不一	207,000	上海嘉禾	2021-07-22
齐白石刻 昌化鸡血石印章	1.9cm×1.8cm×1.2cm	207,000	中国嘉德	2021-11-30
郑则评 寿山荔枝冻 如意钮章	12.3cm×2.8cm×2.3cm; 重181.8g	201,600	上海联合	2021-11-21
昌化鸡血石对章	2.3cm×2.3cm×12.2cm×2	195,500	西泠印社	2021-07-25
周亮工刻“衣冠常带御炉香”	3.5cm×3.5cm×7.5cm	195,500	中贸圣佳	2021-12-30
齐白石刻古兽钮寿山石李宏锟自用印	2.3cm×2.3cm×5.9cm	195,500	西泠印社	2021-01-15
齐白石刻广东绿石易君左自用闲章	2.5cm×1.7cm×5.9cm	195,500	西泠印社	2021-01-15
1954年作 陈巨来刻寿山芙蓉石徐伯郊自用印	3cm×1.4cm×3.1cm	195,500	西泠印社	2021-01-15
1934年作 陈巨来刻古兽钮寿山芙蓉石郑爰居自用印	2.5cm×2.5cm×7.6cm	195,500	西泠印社	2021-07-25
1939年作 陈巨来刻青田石闲章	2.9cm×1.3cm×4.6cm	195,500	西泠印社	2021-07-25
方介堪刻寿山石汪亚尘自用对章	2.7cm×2.7cm×6.1cm×2	189,750	西泠印社	2021-01-15
吴昌硕刻寿山芙蓉石古兽钮对章	1.9cm×1.9cm×5.8cm×2	184,000	西泠印社	2021-01-15
1918年作 陈师曾刻古兽钮寿山芙蓉石罗复堪自用对章	2.2cm×2.2cm×4.5cm×2	184,000	西泠印社	2021-07-25
吴昌硕刻青田石李国松自用印	1.4cm×1.4cm×4.6cm	184,000	西泠印社	2021-01-15
陈子奋、刘心僧刻 寿山田黄石、芙蓉石印章（一组两件）	3.6cm×2cm×5cm; 2.3cm×2.3cm×4.7cm; 重48.9g	184,000	中国嘉德	2021-05-19
巧色水洞高山螭钮大方章	5.8cm×5.8cm×8.8cm	184,000	朵云轩	2021-07-07
清 1843年作 杨澥刻马钮寿山黄芙蓉石陈其泰自用闲章	3.9cm×2cm×6.9cm	184,000	西泠印社	2021-07-25
陈巨来刻古兽钮青田石赵士鸿自用对章	1.8cm×1.8cm ×6.3cm×2	172,500	西泠印社	2021-01-15
童大年刻 何其巩用寿山芙蓉石兽钮对章	4.4cm×4.4cm ×7.6cm×2	172,500	中国嘉德	2021-11-30
1948年作 齐白石刻“陈明仁”	1.8cm×1.8cm×5.1cm	172,500	中贸圣佳	2021-05-21
巴林鸡血石章	3cm×3cm×14cm	172,500	北京荣宝	2021-06-19
巴林鸡血石方章	3cm×3cm×14cm	172,500	北京荣宝	2021-06-19

(成交价RMB：1万元以上)

拍品名称	物品尺寸	成交价RMB	拍卖公司	拍卖日期
石开刻 寿山石兽钮印章	3.8cm×3.8cm×9.1cm	172,500	中国嘉德	2021-05-19
昌化鸡血石大红袍方章	1.3cm×1.3cm×8cm	172,500	中国嘉德	2021-05-19
来楚生刻 青田石印章	2.8cm×2.8cm×3.8cm	172,500	中国嘉德	2021-05-19
李鸿章 田黄印/调鼎凝厘田黄印	1.5cm×1.5cm; 2.2cm×0.9cm	172,500	上海嘉禾	2021-07-22
清 1886年作 吴昌硕刻寿山石螭钮闲章	2.1cm×2.1cm×6.3cm	172,500	西泠印社	2021-07-25
清 1863年作 徐三庚刻寿山月尾紫石古狮戏球钮章	1.9cm×1.8cm×5.8cm	172,500	西泠印社	2021-07-25
童衍方刻昌化石八仙组印	3cm×2.9cm ×2.5cm×8	172,500	西泠印社	2021-07-25
徐三庚刻 施善昌用青田石印章	4.2cm×4.2cm×7.7cm	172,500	中国嘉德	2021-11-30
王学刻 三方四面青田石套印	4.8cm×4.8cm×4.8cm; 3.2cm×3.2cm×3.2cm; 2.2cm×2.1cm×2.2cm	172,500	中国嘉德	2021-11-30
吴昌硕刻 寿山凤钮印章	4.6cm×2.7cm×2.7cm	168,912	中国嘉德	2021-10-13
1912年作 金城刻寿山白芙蓉石自用对章	1.2cm×1.2cm×3.8cm×2	161,000	西泠印社	2021-07-25
1979年作 熊伯齐为孙大光先生刻田黄自用印二方	高6cm; 长2.5cm	161,000	中国嘉德	2021-09-26
1936年作 林元珠作钮, 吴振平刻寿山石子母兽钮章	5.7cm×5.7cm×13.7cm	161,000	西泠印社	2021-01-15
王福庵刻 唐醉石自用寿山石两面印	3.4cm×1.4cm×3.8cm	161,000	中国嘉德	2021-05-19
齐白石刻寿山牛角冻石吴心谷自用印	2.2cm×2.2cm×3.7cm	161,000	西泠印社	2021-07-25
齐白石刻 青田石印章	3.1cm×3.1cm×8.5cm	161,000	中国嘉德	2021-11-30
赵之琛刻 青田石印章	1.5cm×1.5cm×5.1cm	161,000	中国嘉德	2021-11-30
陈巨来刻 郭德华用寿山石印章（一组三件）	2.1cm×1.7cm×6.1cm; 3cm×3cm×7.1cm; 2.6cm×2.6cm×6.7cm	161,000	中国嘉德	2021-11-30
吴昌硕为闵泳翊刻“园丁课兰”	3cm×3cm×5.4cm	149,500	中贸圣佳	2021-05-21
清 1890年作 黄士陵刻寿山石三阳开泰钮闲章	2.3cm×2.3cm×6.3cm	149,500	西泠印社	2021-07-25
清 顾苓刻寿山石鼻钮闲章	1.5cm×1.6cm×1.9cm	149,500	西泠印社	2021-07-25
昌化鸡血石章	2.5cm×2.5cm×7.1cm	149,500	西泠印社	2021-07-25
陈巨来刻 “拈花一笑”寿山石印章	1.8cm×0.6cm×3.7cm	149,500	中国嘉德	2021-11-30
三色荔枝洞素方章	2.7cm×2.7cm×11.2cm	149,500	朵云轩	2021-12-31
齐白石刻 黄寿山龙钮章	5.3cm×2.4cm×2.4cm	149,040	中国嘉德	2021-10-13
崔晓晓 瓷印	3.5cm×3.7cm	148,185	香港贞观	2021-06-20
1972年作 来楚生刻“鸡肖形印”	1.5cm×1.5cm×5.8cm	143,750	中贸圣佳	2021-05-21
巴林白玉红鸡血章	2.3cm×2.3cm×10.5cm	138,000	北京荣宝	2021-06-19
1932年作 唐醉石刻青田石易均室自用闲章	2.3cm×2.3cm×5.6cm	138,000	西泠印社	2021-01-15
童大年刻寿山石章	2.7cm×2.8cm×5.3cm	138,000	西泠印社	2021-01-15
昌化鸡血石章	2.3cm×2.3cm×10.2cm	138,000	西泠印社	2021-01-15
林清卿作寿山杜陵石海棠薄意章	1.6cm×1.6cm×8.1cm	138,000	西泠印社	2021-07-25
陈巨来刻 “焦挺”寿山芙蓉石自用印章	1.4cm×1.4cm×5.3cm	138,000	中国嘉德	2021-11-30
陈巨来刻 洪洁求用寿山芙蓉石兽钮印章	2.3cm×1.1cm×4.4cm	138,000	中国嘉德	2021-11-30
宋岗 老挝田黄 仿乾隆九读田黄章之二读	6cm×6.1cm×7.1cm; 量426.2g	134,400	上海联合	2021-11-21
周鸿作寿山黄芙蓉石胡人洗象钮对章	3.2cm×3.2cm×6.8cm×2	126,500	西泠印社	2021-07-25
1983年作 韩天衡刻青田石古兽钮章	2.4cm×2.4cm×8.9cm	126,500	西泠印社	2021-01-15
来楚生刻寿山芙蓉石狮钮章	1.8cm×1.8cm×4.7cm	126,500	西泠印社	2021-07-25
唐子农刻 兽钮印章	8.1cm×8.1cm×6.7cm	126,500	中国嘉德	2021-11-30
邓散木刻 高尚之用青田石闲章	4.1cm×4.1cm×7.8cm	126,500	中国嘉德	2021-11-30
1910年 王冰铁刻田黄冻素章盛宣怀用印	1.9cm×0.9cm×2.9cm; 重13.4g	126,500	北京保利	2021-12-06
1940年作 杨千里刻古兽钮寿山高山石吴待秋自用对章	1.4cm×1.4cm×6.6cm×2	115,000	西泠印社	2021-01-15
清 1900年作 王大炘刻青田石对章	3.3cm×3.3cm×7.4cm×2	115,000	西泠印社	2021-07-25
石涛作 寿山结晶芙蓉石古凤钮对章	2cm×2cm×11.8cm×2	115,000	中国嘉德	2021-11-30
巴林鸡血石章	3cm×3cm×13.9cm	115,000	北京荣宝	2021-06-19
巴林鸡血石方章	3cm×3cm×15.5cm	115,000	北京荣宝	2021-06-19
郭功森 寿山杜陵石螭虎钮章	3.4cm×3.2cm×8cm	115,000	中贸圣佳	2021-12-30
郭祥雄 寿山鲎箕石麒麟钮章	2.5cm×1.6cm×9cm	115,000	中贸圣佳	2021-12-30
清乾隆 寿山芙蓉石古兽钮椭圆章	3.6cm×2.2cm×5.3cm	115,000	中贸圣佳	2021-12-30
齐白石刻昌化石章	1.9cm×1.8cm×5.6cm	115,000	西泠印社	2021-01-15
张大千刻凤纹寿山高山石姚云江自用印	2.3cm×2.3cm×7.3cm	115,000	西泠印社	2021-01-15
林清卿作寿山石梅竹薄意随形章	4.2cm×3cm×7.2cm	115,000	西泠印社	2021-01-15
唐子农刻闲章	6.7cm×6.5cm×5cm	115,000	朵云轩	2021-07-07
清 1830年作 伊念曾刻寿山石山水薄意闲章	3.6cm×3.6cm×7.5cm	115,000	西泠印社	2021-07-25
高野侯刻古兽钮寿山芙蓉石唐文治自用印	3.2cm×3.2cm×6.8cm	115,000	西泠印社	2021-07-25
吴子建刻 青田石印章	2.4cm×2.4cm×5.5cm	115,000	中国嘉德	2021-11-30
徐三庚刻 寿山高山石印章	1.5cm×1.5cm×5cm	115,000	中国嘉德	2021-11-30
陈巨来刻 洪洁求用寿山芙蓉石印章	2.3cm×0.9cm×4.3cm	115,000	中国嘉德	2021-11-30
韩天衡（款）昌化鸡血石方章	2.2cm×2.2cm×10cm	112,700	中贸圣佳	2021-05-21
林清卿 寿山田黄石薄意随形章	2.4cm×1.8cm×4cm	109,250	中贸圣佳	2021-05-21
1902年作 吴昌硕为闵泳翊刻“松园长寿”	2cm×2cm×4.5cm	109,250	中贸圣佳	2021-05-21
巴林福黄冻偏头章	3.3cm×3.3cm×15.7cm	109,250	北京荣宝	2021-06-19
来楚生刻 青田石佛像印	3.1cm×0.9cm×5.6cm	109,250	中国嘉德	2021-05-19
韩天衡刻寿山石闲章	2.4cm×2.4cm×5.4cm	109,250	西泠印社	2021-07-25
昌化鸡血石章	2.2cm×2.2cm×8.3cm	109,250	西泠印社	2021-07-25
各式印章（五十八方）	尺寸不一	109,250	北京保利	2021-10-31
刘博琴刻寿山高山玛瑙石螭钮对章	3.1cm×3.1cm×6cm×2	103,500	西泠印社	2021-07-25
陈巨来刻 洪洁求用青田石对章	1.2cm×1.2cm ×3.9cm×2	103,500	中国嘉德	2021-11-30
1938年作 高野侯刻寿山白芙蓉石云纹薄意闲章	3.2cm×1.9cm×5.3cm	103,500	西泠印社	2021-01-15
1918年作 徐新周刻青田石闲章	2.2cm×2.2cm×6.6cm	103,500	西泠印社	2021-01-15
昌化鸡血石章	1.9cm×1.9cm×7.3cm	103,500	西泠印社	2021-01-15
吴让之刻 青田石印章	2.2cm×2.2cm×3.5cm	103,500	中国嘉德	2021-05-19
1943年作 来楚生刻青田石潘逸盦自用印	2.7cm×1.5cm×6.2cm	103,500	西泠印社	2021-07-25
1934年作 陈巨来刻古兽钮寿山芙蓉石郑爰居自用印	2.1cm×2.1cm×4.9cm	103,500	西泠印社	2021-07-25
韩天衡刻 寿山石印章	3.7cm×2.4cm×6.2cm	103,500	中国嘉德	2021-11-30
陈巨来刻 “星火燎原”寿山石印章	2.8cm×2.8cm×9.2cm	103,500	中国嘉德	2021-11-30
唐醉石刻 寿山高山石印章（一组两件）	1.6cm×1.5cm×8.4cm; 2.9cm×1cm×6.5cm	101,200	中国嘉德	2021-05-19
林云曦 老挝水洞 花开富贵钮章	7.3cm×4.3cm×4.2cm; 重260g	100,800	上海联合	2021-11-21
陈巨来刻古兽钮田黄石周铭谦自用印	1.7cm×1.2cm×2.4cm; 重9.4g	97,750	西泠印社	2021-01-15
冯康侯刻 寿山高山石云钮印章	2.2cm×2.2cm×6.6cm	97,750	中国嘉德	2021-05-19
1804年作 清 孙星衍刻寿山石自用印	2.2cm×2.2cm×4.1cm	97,750	西泠印社	2021-07-25
陈巨来刻古兽钮寿山芙蓉石郑爰居自用印	3.5cm×2.1cm×4.3cm	97,750	西泠印社	2021-07-25
1921年作 齐白石刻青田石朱心佛自用印	1.5cm×1.5cm×4.7cm	97,750	西泠印社	2021-07-25
林清卿作田黄石海棠薄意随形章	2.4cm×1.8cm×3.8cm; 重23.4g	97,750	西泠印社	2021-07-25
赵次闲刻“心藏心写”	1.7cm×1.7cm×2.7cm	96,600	中贸圣佳	2021-05-21
章杰 福临六方		94,300	十竹斋	2021-06-27
1936年作 马一浮刻寿山石对章	4.6cm×4.6cm×10.2cm×2	92,000	西泠印社	2021-01-15
昌化藕粉冻地鸡血对章	2.1cm×2.1cm×9.3cm×2	92,000	朵云轩	2021-07-07
1962年作 钱瘦铁刻青田石谢觉哉自用对章	3.5cm×3.6cm×7.6cm×2	92,000	西泠印社	2021-07-25
“丹”	1.1cm×1.1cm×3cm	92,000	中贸圣佳	2021-05-21
赵之谦款为朱学勤篆“结一庐”	3.1cm×1.5cm×5.6cm	92,000	中贸圣佳	2021-05-21
巴林鸡血石方章	3cm×3cm×13cm	92,000	北京荣宝	2021-06-19
顿立夫款坑头田黄薄意山水人物纹印	高4.8cm	92,000	中国嘉德	2021-09-28
陈巨来刻寿山芙蓉石凤钮章	3.5cm×1.5cm×4.7cm	92,000	西泠印社	2021-01-15
钱瘦铁刻青田石自用印	1.7cm×1.7cm×5.8cm	92,000	西泠印社	2021-01-15
田黄石荷塘清趣薄意章	2.3cm×1.4cm×4.6cm; 重30.1g	92,000	西泠印社	2021-01-15
唐子农刻 巴林石印章	7cm×6.8cm×6.7cm	92,000	中国嘉德	2021-05-19
近代 唐云画徐孝穆刻白书章上款豆荚端砚	高1.8cm; 长14cm; 宽8cm	92,000	西泠印社	2021-07-24
1939年作 邓散木刻寿山石古兽钮章	2.4cm×2.4cm×6.3cm	92,000	西泠印社	2021-07-25
来楚生刻青田石潘逸盦自用印	1.8cm×1.8cm×4.9cm	92,000	西泠印社	2021-07-25
陈梅松雕刻 冰种紫翡自在观音像印章		89,700	西泠印社	2021-01-16
邱雁芳刻 陈达字 雅安绿薄意与天地共长生方章	7.2cm×2.5cm×2.5cm; 重123.5g	89,600	上海联合	2021-06-27
巴林鸡血福黄章	3.2cm×3.2cm×12.8cm	86,250	北京荣宝	2021-06-19
1936年作 钱瘦铁刻酱油青田石自用印	1.5cm×1.5cm×3.2cm	86,250	西泠印社	2021-01-15
林大榕作田黄石消夏钮章	2.6cm×1.6cm×4.8cm; 重36.6g	86,250	西泠印社	2021-01-15
钱君匋刻寿山石印章（一对）	1.8cm×1.8cm×8cm×2	82,800	广东崇正	2021-01-07
清康熙 寿山牛角冻石兽钮对章	2.9cm×2.9cm×6.8cm×2	80,500	中贸圣佳	2021-12-30
陈巨来刻昌化鸡血石周铭谦自用对章	0.8cm×0.8cm ×5.4cm×2	80,500	西泠印社	2021-01-15
1981年作 王壮为刻子母兽钮寿山石朱昌言自用对章	3.5cm×3.5cm×12.3cm×2	80,500	西泠印社	2021-01-15
1919年作 何墨为康有为刻“康有为印”	3.9cm×3.9cm×7cm	80,500	中贸圣佳	2021-12-30
1944年作 陈巨来刻 “海曙楼”	2.4cm×2.4cm×7cm	80,500	中贸圣佳	2021-12-30
冯康侯刻 寿山芙蓉石博古钮印章	3.7cm×2.3cm×4.6cm	80,500	中国嘉德	2021-05-19
昌化牛角冻地鸡血方章	2.2cm×2.2cm×7.2cm	80,500	朵云轩	2021-07-07
田黄石梅纹薄意随形章	2.5cm×1.5cm×4.5cm; 重21.9g	80,500	西泠印社	2021-07-25
1946年作 陈巨来刻古兽钮寿山芙蓉石周铭谦自用印	2.6cm×2.6cm×3.7cm	74,750	西泠印社	2021-01-15
陈巨来刻青田石周铭谦自用印	1.5cm×1.4cm×3.9cm	74,750	西泠印社	2021-01-15
赵叔孺刻 青田石印章	1.9cm×1.9cm×5.2cm	74,750	中国嘉德	2021-05-19

2021杂项拍卖成交汇总(续表)

(成交价RMB：1万元以上)

拍品名称	物品尺寸	成交价RMB	拍卖公司	拍卖日期
近代 陈巨来刻胡适自用田黄石章	高3.8cm；重224g	74,606	中国嘉德	2021-04-21
寿山鸡母窝 三连素章	尺寸不一	72,800	上海联合	2021-06-27
1950年作 韩登安刻昌化石陈云彰自用印	2.4cm×2.4cm×4.1cm	71,300	西泠印社	2021-07-25
林清卿 寿山芙蓉石薄意对章	1.9cm×1.9cm×8.6cm×2	69,000	中贸圣佳	2021-12-30
寿山高山石博古钮对章	2.2cm×2.2cm×8.7cm×2	69,000	西泠印社	2021-01-15
齐白石款双螭钮寿山石印（一对）	高6cm	69,000	华艺国际	2021-03-31
林寿堪作寿山善伯洞石丹凤朝阳、梅竹双清薄意对章	3cm×3cm×11.5cm×2	69,000	西泠印社	2021-07-25
吴朴堂为刘安溥刻"乌程刘安溥章"	4cm×1.3cm×6.3cm	69,000	中贸圣佳	2021-05-21
巴林粉冻鸡血章	3.1cm×3.1cm×8.2cm	69,000	北京荣宝	2021-06-19
巴林鸡血石偏头章	3cm×3cm×13.7cm	69,000	北京荣宝	2021-06-19
林清卿 寿山石薄意方章	2cm×2cm×8.6cm	69,000	中贸圣佳	2021-12-30
陈巨来刻古兽钮寿山石周铭谦自用印	1.3cm×1.3cm×2.6cm	69,000	西泠印社	2021-01-15
1947年作 陈巨来刻寿山石古兽钮章	2.5cm×2.5cm×4.4cm	69,000	西泠印社	2021-01-15
童衍方刻 青田石印章	4.3cm×4.3cm×5cm	69,000	中国嘉德	2021-05-19
寿山汶洋石钮章（一组三件）	3.8cm×1.7cm×6.4cm；4cm×1.8cm×5.2cm；3.2cm×1.6cm×7.3cm	69,000	中国嘉德	2021-05-19
国立中央研究院印章九种		69,000	西泠印社	2021-07-25
来楚生刻寿山、青田石潘逸盦自用印二方	1.9cm×0.9cm×3.6cm；1.7cm×1.7cm×3.2cm	69,000	西泠印社	2021-07-25
1945年作 齐白石刻寿山高山朱砂石闲章	2.7cm×2.7cm×5.1cm	69,000	西泠印社	2021-07-25
清 钟以敬刻寿山石兽钮章	1.2cm×1.2cm×2.9cm	69,000	西泠印社	2021-07-25
1928年作 陈半丁刻田黄石竹节章	1.2cm×1.1cm×3.6cm；重10.6g	69,000	西泠印社	2021-07-25
1944年作 王禔刻寿山石子母兽钮章	2.4cm×2.4cm×5.6cm	69,000	西泠印社	2021-07-25
"祥瑞如意"糯冰紫翡印章		69,000	西泠印社	2021-07-25
"多子多福"糯冰紫翡印章		66,700	西泠印社	2021-07-25
寿山迷翠寮石古兽钮对章	1.9cm×1.9cm×7.6cm×2	63,250	西泠印社	2021-07-25
孙大光先生自用鸡血石印九方	尺寸不一	63,250	中国嘉德	2021-09-26
1913年作 钟以敬刻寿山芙蓉石古兽钮闲章	2.6cm×2.6cm×5.1cm	63,250	西泠印社	2021-01-15
昌化鸡血石方章	1.4cm×1.4cm×6.4cm	63,250	中国嘉德	2021-05-19
寿山田黄石竹节钮章	4.5cm×2.7cm×3.3cm；重52g	63,250	中国嘉德	2021-05-19
1935年作 齐白石 篆刻"彭文之印"	3.5cm×3.5cm×8.5cm	63,250	上海嘉禾	2021-07-22
徐新周刻寿山石闲章	2.4cm×2.4cm×6.3cm	63,250	西泠印社	2021-07-25
清 1817年作 高垲刻寿山芙蓉石古兽钮章	2.2cm×1.4cm×3.4cm	63,250	西泠印社	2021-07-25
王禔刻寿山芙蓉石马钮章	2.6cm×1.2cm×3.8cm	63,250	西泠印社	2021-07-25
1944年作 王禔刻寿山石闲章	1.4cm×1.4cm×5.9cm	63,250	西泠印社	2021-07-25
叶潞渊刻寿山高山石盘螭钮章	2.5cm×7.3cm	63,250	西泠印社	2021-07-25
金城刻青田石闲章	1.8cm×1.6cm×2.7cm	59,800	西泠印社	2021-01-15
陈麒之 寿山峨眉石太狮少狮钮章	4.5cm×4.5cm×7.9cm	57,500	中贸圣佳	2021-05-21
郭祥忍 寿山白芙蓉石螭龙钮章	3.5cm×3.5cm×6.5cm	57,500	中贸圣佳	2021-05-21
寿山田黄石薄意扁章	2.1cm×0.9cm×3.6cm	57,500	中贸圣佳	2021-05-21
寿山黄芙蓉石古兽钮章	3cm×3cm×4.6cm	57,500	中贸圣佳	2021-05-21
1936年作 邓尔雅为张之英刻"手左""左擎"	2.1cm×2.9cm×6.4cm；3.2cm×1.7cm×4.3cm	57,500	中贸圣佳	2021-05-21
吴湖帆刻自用印"吴万宝藏"	2cm×2cm×4.9cm	57,500	中贸圣佳	2021-12-30
王福庵为常云湄刻"常氏云湄"	2.3cm×2.2cm×4.5cm	57,500	中贸圣佳	2021-12-30
1944年作 王福庵为严振绪刻"严振绪印、随盦"	1.6cm×1.6cm×5.7cm×2	57,500	中贸圣佳	2021-12-30
韩登安为黄洁刻自用印（五方）	尺寸不一	57,500	中贸圣佳	2021-12-30
吴昌硕为韩德均刻"韩德均印"	2.7cm×2.7cm×5.4cm	57,500	中贸圣佳	2021-12-30
来楚生刻"肖型印"	4cm×3.8cm×6cm	57,500	中贸圣佳	2021-12-30
寿山田黄石"刘海戏蟾"钮章	2cm×1.9cm×4.3cm	57,500	中贸圣佳	2021-12-30
林亨云 寿山焓红石双雄印章	7cm×7cm×14.3cm	57,500	中贸圣佳	2021-12-30
郭祥忍 寿山高山石螭虎钮章	2.6cm×2.6cm×5.6cm	57,500	中贸圣佳	2021-12-30
清中期 寿山牛角冻石太狮少狮钮椭圆章	高12cm	57,500	中贸圣佳	2021-12-30
1950年作 陈巨来刻寿山石周铭谦自用印	1.3cm×1.3cm×2.6cm	57,500	西泠印社	2021-01-15
1948年作 张宗祥刻寿山石王驾吾自用印	1.3cm×1.3cm×5.1cm	57,500	西泠印社	2021-01-15
邓尔雅刻梅钮青田石易均室自用印	2.5cm×1.3cm×3.8cm	57,500	西泠印社	2021-01-15
1940年作 张志鱼刻寿山石闲章	2.6cm×2.6cm×10cm	57,500	西泠印社	2021-01-15
青田菜花黄石松下高士薄意章	3.5cm×3.5cm×10.5cm	57,500	西泠印社	2021-01-15
郭功森作寿山桃花芙蓉石古狮戏球钮章	3.1cm×3.1cm×7.5cm	57,500	西泠印社	2021-01-15
吴子建刻 寿山牛角冻石牛钮印章	2.3cm×2.2cm×2.8cm	57,500	中国嘉德	2021-05-19
寿山品种石钮章（一组一百件）	尺寸不一	57,500	中国嘉德	2021-05-19
邓散木刻 寿山田黄石印章	1.4cm×1.4cm×4.2cm；重20.8g	57,500	中国嘉德	2021-05-19
近代 王福庵篆吴朴堂刻闲章	2.6cm×1.4cm×4.5cm	57,500	朵云轩	2021-07-07
汶洋万象更新钮章	5.5cm×3.9cm×8cm	57,500	朵云轩	2021-07-07
陈巨来刻青田石吴辟疆自用印	3cm×1.9cm×4.5cm	57,500	西泠印社	2021-07-25

拍品名称	物品尺寸	成交价RMB	拍卖公司	拍卖日期
田黄石双螭钮章	1.5cm×1.6cm×4.6cm；重23.5g	57,500	西泠印社	2021-07-25
林清卿作寿山高山海棠薄意章	1.4cm×1.4cm×4.5cm	57,500	西泠印社	2021-07-25
石伟 玉印		56,350	十竹斋	2021-06-27
邱雁芳 老挝田黄薄意青云不及白云高方章	8.5cm×2.5cm×2.5cm；重130.9g	56,000	上海联合	2021-06-27
钟以敬为郭相虞刻"颂嘉、郭相虞"	2.8cm×2.8cm×5.5cm	55,200	中贸圣佳	2021-12-30
陈巨来刻古兽钮寿山芙蓉石周铭谦自用印	2.2cm×1.3cm×3.1cm	55,200	西泠印社	2021-01-15
赵叔孺刻青田石章	1.9cm×1.9cm×8.1cm	55,200	西泠印社	2021-01-15
1961年作 韩登安刻寿山石鱼钮章	2.2cm×2.3cm×5.7cm	55,200	西泠印社	2021-01-15
田黄石三螭钮章	1.4cm×1.6cm×4cm；重19.1g	55,200	西泠印社	2021-01-15
冯康侯刻青田石闲章	2.3cm×2.3cm×4.7cm	55,200	西泠印社	2021-07-25
田黄石山水薄意随形章	2.9cm×1.4cm×4.3cm；重30.1g	55,200	西泠印社	2021-07-25
巴林福黄朱砂冻偏头章	2.7cm×2.7cm×13.7cm	52,900	北京荣宝	2021-06-19
1921年作 丁佛言刻寿山石对章	1.8cm×1.8cm×7cm×2	51,750	西泠印社	2021-07-25
1941年作 张志鱼刻寿山芙蓉石云龙钮闲章	4.4cm×2cm×8.6cm	51,750	西泠印社	2021-01-15
昌化鸡血石章	1.8cm×1.8cm×7.6cm	51,750	西泠印社	2021-01-15
曾杲刻 银制龟钮印章	2.8cm×2.8cm×2.6cm	51,750	中国嘉德	2021-05-19
清 1842年作 陈祖望刻青田石章	2.9cm×1.4cm×3.2cm	51,750	西泠印社	2021-07-25
清 青田石闲章	2cm×2.1cm×4cm	51,750	西泠印社	2021-07-25
1932年作 叶潞渊刻莱州石自用印	2.1cm×2.1cm×4.6cm	51,750	西泠印社	2021-07-25
寿山汶洋石 薄意群仙图对章	8.2cm×4.1cm×2cm；重188.9g；8.2cm×4.1cm×2cm；重185.2g	50,400	上海联合	2021-06-27
方介堪刻寿山石瑞兽钮印章	2.4cm×2.5cm×7.5cm	49,450	广东崇正	2021-01-07
寿山石"鲁迅"铭印章	高8.5cm	48,300	广东崇正	2021-01-07
邓散木刻 寿山石兽钮印章	4.2cm×2cm×5.5cm	48,300	中国嘉德	2021-05-19
齐白石刻 昌化鸡血石印章	2.2cm×2.2cm×6.7cm	48,300	中国嘉德	2021-05-19
徐新周刻 青田石印章	2.1cm×2.1cm×3.8cm	48,300	中国嘉德	2021-05-19
1944年作 来楚生刻青田石潘逸盦自用印（二方）	1.1cm×1.1cm×5.1cm；1.1cm×1.1cm×5.3cm	48,300	西泠印社	2021-07-25
陈麒之作寿山牛角冻石螭钮章	7.2cm×3.8cm×6.2cm	48,300	西泠印社	2021-07-25
1912年作 徐晓邨刻青田石袁绍濂自用对章	3.3cm×3.3cm×11.5cm×2	46,000	西泠印社	2021-01-15
郭祥忍 寿山芙蓉石狮钮章	3.2cm×3.2cm×5.9cm	46,000	中贸圣佳	2021-05-21
寿山田黄石螭虎钮章	1.7cm×1.6cm×2.6cm	46,000	中贸圣佳	2021-05-21
张越丞为宝熙刻"御赐世泽堂"	4cm×1.5cm×6.5cm	46,000	中贸圣佳	2021-05-21
巴林福黄冻章	2.9cm×2.9cm×14cm	46,000	北京荣宝	2021-06-19
巴林白玉红鸡血方章	3.5cm×3.5cm×8cm	46,000	北京荣宝	2021-06-19
巴林鸡血石方章	3cm×3cm×12.5cm	46,000	北京荣宝	2021-06-19
昌化鸡血石方章	2.2cm×2.2cm×9.3cm	46,000	中贸圣佳	2021-12-30
齐白石刻青田石赵辅自用印	2.4cm×1.3cm×4.5cm	46,000	西泠印社	2021-01-15
齐白石刻桥钮寿山石但懋辛自用印	1.7cm×1.7cm×2.8cm	46,000	西泠印社	2021-01-15
昌化鸡血石章	2.1cm×2.1cm×7.2cm	46,000	西泠印社	2021-01-15
寿山田黄石薄意方章	2.3cm×1.4cm×4.6cm；重30.2g	46,000	中国嘉德	2021-05-19
冯康侯刻 寿山芙蓉石印章	3.2cm×1.5cm×4.3cm	46,000	中国嘉德	2021-05-19
冯康侯刻 昌化鸡血石印章	3.1cm×1.5cm×5.3cm	46,000	中国嘉德	2021-05-19
陈雷刻 胡澍自用青田石印章（一组两件）	1.9cm×1.9cm×4.5cm；1.2cm×1.2cm×2.4cm	46,000	中国嘉德	2021-05-19
张铭刻闲章	2cm×2cm×4cm	46,000	朵云轩	2021-07-07
来楚生刻青田石潘逸盦自用印（二方）	1cm×1.1cm×5.2cm；1.1cm×1.1cm×5cm	46,000	西泠印社	2021-07-25
齐白石刻寿山石章	2.2cm×2.2cm×7.1cm	46,000	西泠印社	2021-07-25
齐白石刻青田石成访莘自用印	2.3cm×2.3cm×6.7cm	46,000	西泠印社	2021-07-25
吴昌硕篆徐新周刻青田石章	2.1cm×2cm×6.3cm	46,000	西泠印社	2021-07-25
唐醉石刻杨昭隽自用印	2.9cm×2.2cm×3.7cm	46,000	西泠印社	2021-07-25
田黄石山水薄意随形章	3.9cm×1.2cm×4.4cm；重30.5g	46,000	西泠印社	2021-07-25
昌化鸡血石章（十二方）	尺寸不一	46,000	西泠印社	2021-07-25
谢麟作寿山艾叶绿石胡人洗象钮章	3.8cm×3.5cm×12.7cm	46,000	西泠印社	2021-07-25
近代 陈巨来款寿山石印章（一对）	每个高7cm	44,712	中国嘉德	2021-10-14
李尹桑为商笙伯刻"与石田同已巳"	2.5cm×2.5cm×6.3cm	43,700	中贸圣佳	2021-05-21
鲁大东刻《金刚经》偈语	6cm×6cm×8.3cm	43,700	中贸圣佳	2021-12-30
陈巨来为沈觐冕刻寿山石章	高6.6cm；长1.8cm；宽1.7cm	43,700	广东崇正	2021-01-06
1954年作 韩登安、童衍方刻寿山石王驾吾自用印（二方）	1cm×1cm×4.3cm；2.5cm×2.5cm×4.8cm	43,700	西泠印社	2021-01-15
徐新周刻青田闲章	2.3cm×1.4cm×6.2cm	43,700	西泠印社	2021-01-15
来楚生刻寿山石古兽钮闲章	2.5cm×2.5cm×4.2cm	43,700	西泠印社	2021-01-15
寿石工刻昌化鸡血石梁启超自用印	2.1cm×2.1cm×5.6cm	43,700	西泠印社	2021-01-15
1972年作 徐云叔刻青田石高络园自用印（二方）	3cm×1.5cm×5.4cm；2.7cm×2.7cm×3.9cm	43,700	西泠印社	2021-01-15
刘一闻刻 寿山芙蓉石印章	3.2cm×1.8cm×5.5cm	43,700	中国嘉德	2021-05-19
高式熊刻 三羊开泰钮印章	4.5cm×4.5cm×8.2cm	43,700	中国嘉德	2021-05-19
陈巨来刻青田石闲章	2.2cm×2.2cm×6.5cm	43,700	西泠印社	2021-07-25

(成交价RMB：1万元以上)

拍品名称	物品尺寸	成交价RMB	拍卖公司	拍卖日期
韩天衡刻寿山石古兽钮章	2.6cm×2.6cm×5cm	43,700	西泠印社	2021-07-25
吴子建刻寿山石闲章	高3.4cm；长2.5cm；宽2.5cm	41,400	广东崇正	2021-01-06
吴让之刻寿山石章	高4.7cm；长1.4cm；宽1.4cm	41,400	广东崇正	2021-01-06
潘玉茂款田黄薄意花卉纹印	高7.4cm	40,250	中国嘉德	2021-09-28
王福庵为王宠惠刻“亮畴”	1.8cm×1.8cm×3.7cm	40,250	中贸圣佳	2021-12-30
赵叔孺为孙成刻“盐官孙成”	3cm×3cm×2.8cm	40,250	中贸圣佳	2021-12-30
韩登安刻寿山石王驾吾自用印	3.1cm×3.1cm×7.4cm；书法50cm×34.5cm	40,250	西泠印社	2021-01-15
王大炘刻古兽钮寿山芙蓉石倪田自用印	2.5cm×2.2cm×4.1cm	40,250	西泠印社	2021-01-15
茆帆刻古兽钮闲章	2.7cm×2.7cm×7.3cm	40,250	西泠印社	2021-01-15
冯康侯刻 寿山石印章	2.7cm×2.7cm×3.9cm	40,250	中国嘉德	2021-05-19
赵叔孺刻 寿山石印章	2.4cm×2.1cm×2.6cm	40,250	中国嘉德	2021-05-19
徐新周刻 寿山石印章	2.5cm×1.1cm×6.2cm	40,250	中国嘉德	2021-05-19
近代 巧色高山钮章（三方）	尺寸不一	40,250	朵云轩	2021-07-07
善伯洞博古章	2.3cm×2.3cm×10cm	40,250	朵云轩	2021-07-07
白芙蓉番人洗象钮方章	4.2cm×4.2cm×7.5cm	40,250	朵云轩	2021-07-07
猪油白高山素方章	3.7cm×3.7cm×7.7cm	40,250	朵云轩	2021-07-07
1938年作 高野侯刻酱油青田石陈汉第自用印	1.7cm×1.6cm×3cm	40,250	西泠印社	2021-07-25
高络园刻寿山石松鼠葡萄钮闲章	4.7cm×4.7cm×7.7cm	40,250	西泠印社	2021-07-25
江强 寿山高山朱砂瑞兽钮章	11.6cm×3.3cm×2.6cm；重191.6g	39,200	上海联合	2021-06-27
方介堪刻“眉寿”	3.6cm×1.9cm×1.8cm	39,100	中贸圣佳	2021-05-21
寿山杜陵石螭虎钮对章	2.1cm×1.4cm×7.4cm×2	36,800	中国嘉德	2021-05-19
林文宝制 寿山杜陵石薄意对章	2.2cm×2.2cm×10cm×2	36,800	中国嘉德	2021-05-19
郭祥忍 寿山芙蓉石麒麟钮章	3cm×2.8cm×4.7cm	36,800	中贸圣佳	2021-05-21
赵次闲为潘鼎刻“潘鼎私印”	2cm×2cm×6cm	36,800	中贸圣佳	2021-05-21
巴林鸡血石方章	3cm×3cm×8cm	36,800	北京荣宝	2021-06-19
王福庵刻“芳远”	1cm×1cm×4.9cm	36,800	中贸圣佳	2021-12-30
方介堪刻寿山石鸟虫篆章	高3.7cm；长2.1cm；宽2.1cm	36,800	广东崇正	2021-01-06
田黄薄意印章 寿山石印章（一组三枚）	尺寸不一	36,800	广东崇正	2021-01-07
1943年作 陈巨来刻青田石章	1.6cm×1.6cm×4.6cm	36,800	西泠印社	2021-01-15
徐伯郊自用寿山芙蓉石古兽钮章	2.2cm×2.2cm×7.1cm	36,800	西泠印社	2021-01-15
1936年作 方介堪刻兽钮寿山石王有林自用印	2.1cm×2.3cm×4.7cm	36,800	西泠印社	2021-01-15
茅大为刻 兽钮印章	3.2cm×3.2cm×2.7cm	36,800	中国嘉德	2021-05-19
寿山芙蓉石钮章（一组五十件）	尺寸不一	36,800	中国嘉德	2021-05-19
郭祥雄刻 寿山水洞高山石兽钮方章	3.6cm×2.5cm×4.3cm	36,800	中国嘉德	2021-05-19
陈巨来刻 寿山石兽钮印章	2cm×2cm×5.3cm	36,800	中国嘉德	2021-05-19
陈师曾刻 寿山芙蓉石兽钮印章	2cm×1.2cm×3.8cm	36,800	中国嘉德	2021-05-19
袁慧敏刻闲章	2.8cm×2.8cm×8.3cm	36,800	朵云轩	2021-07-07
陆康 芙蓉石刻“人患志之不立”兽钮印章	3cm×2.9cm×5.5cm	36,800	上海嘉禾	2021-07-22
1910年作 徐新周刻寿山石鳌龙钮闲章	2.5cm×1.7cm×4.2cm	36,800	西泠印社	2021-07-25
1917年作 徐新周刻博古钮寿山石蒋东初等自用印（二方）	3.5cm×3.5cm×7.1cm；2.7cm×2.7cm×6.2cm	36,800	西泠印社	2021-07-25
杨浣石、刘博琴、徐之谦等刻寿山石章（五方）	尺寸不一	36,800	西泠印社	2021-07-25
昌化鸡血石章	1.9cm×1.9cm×8.2cm	36,800	西泠印社	2021-07-25
叶潞渊刻 青田石对章	1.5cm×1.5cm×5.2cm×2	34,500	中国嘉德	2021-05-19
沙孟海 昌化石对章	长2.4cm；宽2.4cm；高7.1cm	34,500	江苏汇中	2021-05-14
印章	30mm×30mm×130mm	34,500	南京经典	2021-07-18
寿山田黄石薄意“悠闲自得”方章	1.7cm×1.7cm×4cm	34,500	中贸圣佳	2021-05-21
寿山田黄石椭圆章	2cm×1.5cm×5.4cm	34,500	中贸圣佳	2021-05-21
林清卿 寿山高山石花卉薄意方章	1.8cm×1.8cm×4.5cm	34,500	中贸圣佳	2021-05-21
1930年作 韩登安为沈蔚文刻“旧秀州沈氏”	1.8cm×1.8cm×4.6cm	34,500	中贸圣佳	2021-05-21
1934年作 赵叔孺刻“思虑通审”“志气和平”	2.6cm×2.6cm×7.3cm	34,500	中贸圣佳	2021-05-21
1921年作 徐星周刻“丹徒萧氏金石书画记”	2.4cm×2.4cm×5.6cm	34,500	中贸圣佳	2021-05-21
巴林鸡血石章	3cm×3cm×13.7cm	34,500	北京荣宝	2021-06-19
高野侯刻寿山石闲章	高4.6cm；长2.5cm；宽2.5cm	34,500	广东崇正	2021-01-06
王绍尊、徐柏涛刻楚图南用印（两方）	王2.5cm×2.5cm×7cm；徐6cm×3cm×5cm	34,500	广东崇正	2021-01-07
陈巨来刻古兽钮寿山芙蓉石周铭谦自用印	2.7cm×1.4cm×5.1cm	34,500	西泠印社	2021-01-15
1946年作 陈巨来刻青田石周铭谦自用印	1.6cm×1.6cm×4.3cm	34,500	西泠印社	2021-01-15
童大年刻寿山石子母狮钮章	2.4cm×2.4cm×5.1cm	34,500	西泠印社	2021-01-15
钱君匋刻青田石章	5.1cm×3.8cm×4cm	34,500	西泠印社	2021-01-15
昌化鸡血石章	2cm×2cm×4.7cm	34,500	西泠印社	2021-01-15
林元珠作寿山石童子牧牛钮章	2.6cm×2.6cm×9.1cm	34,500	西泠印社	2021-01-15
曹佑福刻 佛像肖形印	10.9cm×10.9cm×4.5cm	34,500	中国嘉德	2021-05-19

拍品名称	物品尺寸	成交价RMB	拍卖公司	拍卖日期
冯康侯刻 寿山高山石兽钮印章	1.5cm×1.5cm×5.7cm	34,500	中国嘉德	2021-05-19
冯康侯刻 寿山石蝉钮印章	3.3cm×1.5cm×3.8cm	34,500	中国嘉德	2021-05-19
高络园自用青田石印章（一组十二件）	尺寸不一	34,500	中国嘉德	2021-05-19
赵次闲刻 青田石印章	1.4cm×1.4cm×3cm	34,500	中国嘉德	2021-05-19
清 赵叔孺款瓷印	长3.9cm；宽3.9cm；高2.5cm	34,500	十竹斋	2021-06-27
1944年作 邓散木、来楚生刻潘逸盦自用印四方	尺寸不一	34,500	西泠印社	2021-07-25
吴朴刻寿山芙蓉石马钮章	1.7cm×1.7cm×6.3cm	34,500	西泠印社	2021-07-25
王大炘刻寿山石王同愈自用闲章	2.9cm×0.9cm×3.4cm	34,500	西泠印社	2021-07-25
余任天刻青田石章（二方）	2cm×2cm×4cm；1.4cm×1.4cm×5cm	34,500	西泠印社	2021-07-25
郭功森、郭祥忍作寿山石螭钮章（二方）	1.6cm×1.7cm×4.9cm；2.6cm×2.6cm×2.6cm	34,500	西泠印社	2021-07-25
温立武作寿山芙蓉石子母兽钮章	3.4cm×3.4cm×6.7cm	34,500	西泠印社	2021-07-25
虎皮水印对联等一批	尺寸不一	33,350	华艺国际	2021-06-02
冯康侯、新关钦哉合作 青田石对章	4cm×4cm×12.6cm×2	32,200	中国嘉德	2021-05-19
1938年作 王福庵为楼望杰刻“杰”	1.5cm×1.6cm×2.6cm	32,200	中贸圣佳	2021-05-21
杨龙石刻“归来重整旧生涯”	2.7cm×2.7cm×2.7cm	32,200	中贸圣佳	2021-05-21
孙大光先生自用印（十三方）	尺寸不一	32,200	中国嘉德	2021-09-26
易大厂刻寿山石章	高5.3cm；长1.6cm；宽1.6cm	32,200	广东崇正	2021-01-06
1937年作 方介堪刻古兽钮寿山白芙蓉石谭祖任自用印	1.9cm×2cm×5.6cm	32,200	西泠印社	2021-01-15
2010年作 朱昆明刻青田石云纹薄意闲章	3.1cm×1.2cm×6.4cm	32,200	西泠印社	2021-01-15
寿山白芙蓉石兽钮方章	3.7cm×1.9cm×7cm	32,200	中国嘉德	2021-05-19
李尹桑等刻青田石印章（一组三件）	1.8cm×1.8cm×5.1cm；2.4cm×1.8cm×5cm；4.8cm×2.8cm×6.8cm	32,200	中国嘉德	2021-05-19
清 1817年作 陆筠刻寿山芙蓉石古兽钮章	3cm×3cm×6.4cm	32,200	西泠印社	2021-07-25
清 林佶铭寿山石章	3.2cm×1.7cm×6.3cm	32,200	西泠印社	2021-07-25
1942年作 邓大川刻寿山石章	2.4cm×2.4cm×5.3cm	32,200	西泠印社	2021-07-25
1956年、1960年作 钱瘦铁刻兽钮寿山石项季翰自用印（二方）	2cm×2cm×4.1cm；2.3cm×2.3cm×3.4cm	32,200	西泠印社	2021-07-25
1935年、1939年作 邓散木刻寿山石章（二方）	1.1cm×1.1cm×4.7cm；2.2cm×2.2cm×5.9cm	32,200	西泠印社	2021-07-25
1951年、1963年、1964年、1978年、1981年、1982年、1996年作 邓散木、周哲文、都冰如等刻冯亦代自用印（十一方）	尺寸不一	32,200	西泠印社	2021-07-25
陈巨来刻寿山石谢伯殳自用印	3.2cm×1.5cm×3.2cm	32,200	西泠印社	2021-07-25
寿山坑头晶石玉兰薄意章	3.8cm×1.9cm×6.3cm	32,200	西泠印社	2021-07-25
六面印	5.6cm×5.6cm×3.4cm	31,050	中贸圣佳	2021-12-30
巧色月尾绿母子情钮大方章	4.5cm×4.5cm×6.5cm	29,900	朵云轩	2021-07-07
陈銮 老挝石少狮太狮钮章	3cm×2.5cm×4.8cm；重67.8g	29,120	上海联合	2021-06-27
赵古泥刻 墨晶石对章	1.8cm×1.8cm×6.5cm×2	28,750	中国嘉德	2021-05-19
白芙蓉太平有象钮对章	2.2cm×2.2cm×7.4cm×2	28,750	朵云轩	2021-07-07
韩天衡 青田石刻“尹口羊印”对章	2.4cm×2.4cm×5.8cm；2.5cm×2.5cm×6.3cm	28,750	上海嘉禾	2021-07-22
1915年作 徐新周刻寿山石赑屃钮章对章	2.6cm×2.6cm×8.2cm×2	28,750	西泠印社	2021-07-25
1938年作 沈中刻子母兽钮寿山石曾天宇自用对章	5.8cm×5.8cm×15.2cm×2	28,750	西泠印社	2021-07-25
寿山艾叶绿石子母兽钮对章	3.6cm×3.6cm×6.3cm×2	28,750	西泠印社	2021-07-25
20世纪50~60年代 中华人民共和国日史藏书铜印章	高7.3cm	28,750	中贸圣佳	2021-12-30
1917年作 赵古泥刻“虞山福地小藏书家”	3.5cm×1.4cm×2.9cm	28,750	中贸圣佳	2021-12-30
1942、1946年作 马太龙、王仁辅、姚晏平刻寿山、青田石赵敬予自用印（四方）	尺寸不一	28,750	西泠印社	2021-01-15
钱君匋刻寿山石闲章（三方）	2.4cm×2.4cm×6.9cm×2；2.4cm×1.5cm×6.8cm	28,750	西泠印社	2021-01-15
石开刻寿山石古兽钮章	3.3cm×3cm×4.4cm	28,750	西泠印社	2021-01-15
汪黎特刻 青田石印章	4cm×2.1cm×4.5cm	28,750	中国嘉德	2021-05-19
昌化鸡血石章（一组十件）	尺寸不一	28,750	中国嘉德	2021-05-19
冯康侯刻 张韶石用寿山芙蓉石太狮少狮钮印章	3.5cm×3.5cm×7.4cm	28,750	中国嘉德	2021-05-19
邓尔雅刻 寿山石印章	1.3cm×1.3cm×3.8cm	28,750	中国嘉德	2021-05-19
唐醉石刻 昌化石印章	1.5cm×1.5cm×3.5cm	28,750	中国嘉德	2021-05-19
王福庵铭寿山石瑞兽钮印章	2.7cm×2.7cm×4.7cm	28,750	广东崇正	2021-07-19
青田黄金条古兽套章（三方）	尺寸不一	28,750	朵云轩	2021-07-07
王个簃刻寿山石章	1.7cm×1.5cm×3.5cm	28,750	西泠印社	2021-07-25
徐午峰刻寿山牛角冻石闲章	2.5cm×2.5cm×5.4cm	28,750	西泠印社	2021-07-25
唐醉石刻寿山石闲章	1.4cm×1.4cm×5.8cm	28,750	西泠印社	2021-07-25
1919年作 陈师曾刻寿山石汪荣宝自用印	2cm×2cm×4.9cm	28,750	西泠印社	2021-07-25
2016年作 高式熊刻子母兽钮闲章	4.3cm×4.3cm×3.8cm	28,750	西泠印社	2021-07-25

2021杂项拍卖成交汇总(续表)

(成交价RMB：1万元以上)

拍品名称	物品尺寸	成交价RMB	拍卖公司	拍卖日期
广东绿石双凤钮章	4.6cm×4.6cm×11.2cm	28,750	西泠印社	2021-07-25
寿山石章（二十二方）	尺寸不一	28,750	西泠印社	2021-07-25
1938年作 王福庵刻"任逸不羁"	2.2cm×2.2cm×4.9cm	27,600	中贸圣佳	2021-05-21
巴林鸡血石如意钮对章	1.8cm×1.8cm×6cm×2	25,300	中国嘉德	2021-05-19
寿山黄汶洋石螭龙扁章	3cm×1.8cm×5.8cm	25,300	中贸圣佳	2021-05-21
鸡血石章料	高11.8cm	25,300	北京保利	2021-01-09
1971年作 来楚生刻寿山石章（二方）	1.4cm×1.4cm×4.2cm; 2cm×2cm×3.8cm	25,300	西泠印社	2021-01-15
1943年作 邓散木刻青田石闲章	2.5cm×2.5cm×5.6cm	25,300	西泠印社	2021-01-15
1937年作 寿石工刻寿山芙蓉石古兽钮闲章	3.3cm×1.9cm×5.7cm	25,300	西泠印社	2021-01-15
品种石钮章（一组十五件）	尺寸不一	25,300	中国嘉德	2021-05-19
邓尔雅刻 寿山石印章	2.2cm×2.2cm×6cm	25,300	中国嘉德	2021-05-19
李尹桑刻 青田石印章	2.2cm×2.2cm×2.8cm	25,300	中国嘉德	2021-05-19
王福庵刻 寿山石印章	2.7cm×2.7cm×8.1cm	25,300	中国嘉德	2021-05-19
吴朴堂刻 昌化鸡血石印章	2.6cm×1.4cm×4.7cm	25,300	中国嘉德	2021-05-19
单晓天、金禹民、沈受觉等刻 寿山石、青田石印章（一组八件）	尺寸不一	25,300	中国嘉德	2021-05-19
巧色芙蓉古兽大方章	5.6cm×5.6cm×7cm	25,300	朵云轩	2021-07-07
封门青狮钮套章（三方）	尺寸不一	25,300	朵云轩	2021-07-07
1942年作 单晓天等刻寿山、昌化鸡血石陈运彰自用印（二方）	2cm×0.9cm×5.4cm; 2.1cm×2.1cm×5.6cm	25,300	西泠印社	2021-07-25
钱瘦铁、邓散木刻寿山、青田石章（二方）	3.3cm×1.2cm×8cm; 2cm×2cm×6.2cm	25,300	西泠印社	2021-07-25
寿山石章（十五方）	尺寸不一	25,300	西泠印社	2021-07-25
寿山石章（二十二方）	尺寸不一	25,300	西泠印社	2021-07-25
邱燕芳 老挝石双鱼吉庆钮章	4.2cm×4.2cm×3.8cm; 重135.8g	24,640	上海联合	2021-06-27
1946年作 童大年刻博古钮寿山石顾瑗自用对章	2.4cm×2.4cm×7.4cm×2	23,000	西泠印社	2021-01-15
寿山水坑桃花冻石子母兽钮对章	2.3cm×2.3cm×6.8cm×2	23,000	西泠印社	2021-01-15
1918年作 徐新周刻寿山石蒋东初自用对章	4.1cm×4.1cm×8cm×2	23,000	西泠印社	2021-07-25
寿山结晶芙蓉石素章	2cm×2cm×8.1cm	23,000	中贸圣佳	2021-05-21
寿山坑头石云龙纹钮方章	2.5cm×2.5cm×6.5cm	23,000	中贸圣佳	2021-05-21
寿山石云龙纹钮章	2.6cm×2.6cm×7cm	23,000	中贸圣佳	2021-05-21
邹涛刻"无咎"	2.3cm×2.2cm×5.5cm	23,000	中贸圣佳	2021-05-21
王福庵为吴郁生刻"钝斋心赏"	2cm×2cm×2cm	23,000	中贸圣佳	2021-05-21
来楚生为张永恺刻"岂斋"	2.3cm×2.3cm×5.3cm	23,000	中贸圣佳	2021-05-21
韩登安为沈蔚文刻"沈牡丹"	1.5cm×1.5cm×5cm	23,000	中贸圣佳	2021-05-21
童大年为沈蔚文刻"沈蔚文"	1.8cm×0.8cm×3.5cm	23,000	中贸圣佳	2021-05-21
陈巨来刻"双江阁"	3.9cm×1.6cm×3cm	23,000	中贸圣佳	2021-05-21
金铁芝刻"白云山馆"	4.2cm×1.8cm×8cm	23,000	中贸圣佳	2021-05-21
陈巨来为张永恺刻"张永恺"	2.3cm×2.3cm×8.5cm	23,000	中贸圣佳	2021-12-30
1942年作 王福庵为顾城刻"顾城"	1cm×1cm×2.5cm	23,000	中贸圣佳	2021-12-30
1938年作 王福庵刻"欣和"	1cm×1cm×2.5cm	23,000	中贸圣佳	2021-12-30
单毓同自用印（三方）	尺寸不一	23,000	中贸圣佳	2021-12-30
寿山田黄石素章	1.5cm×1.5cm×3.6cm	23,000	中贸圣佳	2021-12-30
陈麒之 西安绿兽钮扁章	3.6cm×2.8cm×6.7cm	23,000	中贸圣佳	2021-12-30
冯康侯篆刻李供林自用及藏印（一组十八方）石/木/牛角	尺寸不一	23,000	广东崇正	2021-01-06
王福庵刻寿山石章	高3.4cm; 长1.4cm; 宽1.4cm	23,000	广东崇正	2021-01-06
陈巨来刻单螭穿环钮寿山石周渭石自用印	1.1cm×0.8cm×4.9cm	23,000	西泠印社	2021-01-15
赵叔孺刻寿山石古兽钮章	1.8cm×1.4cm×5.1cm	23,000	西泠印社	2021-01-15
1932年作 韩登安刻青田石章	2cm×2cm×4.2cm	23,000	西泠印社	2021-01-15
陈子奋刻寿山芙蓉石章	3.3cm×1.4cm×1.3cm	23,000	西泠印社	2021-01-15
1925年作 朱其石刻青田石刘文玠自用印	2.8cm×2.2cm×4.3cm	23,000	西泠印社	2021-01-15
黄少牧刻寿山石胡人驭兽钮章	2.5cm×2.5cm×6.7cm	23,000	西泠印社	2021-01-15
顿立夫刻寿山石古兽钮闲章	3cm×1.8cm×5.4cm	23,000	西泠印社	2021-01-15
叶潞渊自用寿山芙蓉石花卉纹章	3.4cm×1.2cm×4.5cm	23,000	西泠印社	2021-01-15
2016年作 高式熊刻老挝石灵芝古兽钮闲章	3.3cm×3.3cm×6cm	23,000	西泠印社	2021-01-15
吴振华、陈左夫刻 寿山石、青田石印章（一组三件）	尺寸不一	23,000	中国嘉德	2021-05-19
巴林鸡血石方章（一组两件）	2.3cm×2.3cm×6.5cm; 2.4cm×2.4cm×5.7cm	23,000	中国嘉德	2021-05-19
唐醉石刻 昌化鸡血石印章	2.3cm×2.3cm×7.6cm	23,000	中国嘉德	2021-05-19
方介堪刻 寿山石、青田石印章（两件）	1.1cm×1.1cm×5.9cm; 1.7cm×1.3cm×4.7cm	23,000	中国嘉德	2021-05-19
钱瘦铁刻 寿山石印章（一组两件）	4.5cm×2.2cm×4.3cm; 4.6cm×1.2cm×5.6cm	23,000	中国嘉德	2021-05-19
胡匊邻刻 昌化鸡血石印章	2.5cm×1cm×4.2cm	23,000	中国嘉德	2021-05-19
丁二仲、高野侯、童大年等刻 寿山石印章（一组三件）	2.7cm×2.7cm×5.7cm; 2.4cm×2.4cm×3.5cm; 1cm×1cm×4.4cm	23,000	中国嘉德	2021-05-19
汪黎特刻闲章	2.9cm×2.9cm×9.4cm	23,000	朵云轩	2021-07-07
三色芙蓉瑞兽钮方章	4.5cm×4.5cm×7cm	23,000	朵云轩	2021-07-07
白高山顶螭钮方章	2.3cm×2.3cm×10.1cm	23,000	朵云轩	2021-07-07
巧色芙蓉五螭穿环钮章	5.7cm×5.7cm×8.2cm	23,000	朵云轩	2021-07-07
张善孖作印面，盛秉筠刻广东绿石章	2.4cm×1.5cm×4.6cm	23,000	西泠印社	2021-07-25
2014年作 高式熊刻寿山石古兽钮闲章	3.3cm×3.2cm×8.5cm	23,000	西泠印社	2021-07-25
2020年作 茅大容刻云和小顺石龙钮闲章	3.8cm×3.7cm×16.8cm	23,000	西泠印社	2021-07-25
1976年作 谢梅奴刻寿桃钮寿山石吴冠君自用印	2.3cm×2.3cm×6.6cm	23,000	西泠印社	2021-07-25
1944年作 王禔刻昌化鸡血石章	1.5cm×1.5cm×6.9cm	23,000	西泠印社	2021-07-25
叶潞渊刻广东绿石沈莱舟自用印	2.4cm×1.4cm×4.2cm	23,000	西泠印社	2021-07-25
1941年、1990年作 张志鱼、王北岳刻寿山石章（二方）	2.7cm×2.7cm×8.2cm; 3.4cm×2cm×4.3cm	23,000	西泠印社	2021-07-25
林清卿作寿山石牡丹薄意章	1.5cm×1.5cm×8.6cm	23,000	西泠印社	2021-07-25
寿山黄芙蓉石古兽钮章	3.5cm×3.5cm×7.1cm	23,000	西泠印社	2021-07-25
青田石章	2.4cm×2.4cm×13cm	23,000	西泠印社	2021-07-25
寿山石章（二十二方）	尺寸不一	23,000	西泠印社	2021-07-25
阿峰 印度龙蛋石旋龟钮章	5.2cm×3.5cm×2.4cm; 重71.7g	22,400	上海联合	2021-06-27
2014年作 高式熊刻老挝石绳钮闲章	3.5cm×3.4cm×6.9cm	21,850	西泠印社	2021-01-15
吴让之（款）寿山芙蓉石方章	1.3cm×1.3cm×2.3cm	20,700	中贸圣佳	2021-05-21
李刚田刻"雅玩"	2.4cm×2.4cm×8cm	20,700	中贸圣佳	2021-12-30
隐谷刻寿山石费彝民自用印章	3cm×3cm×10.5cm	20,700	广东崇正	2021-01-07
小川刻寿山石费彝民自用印章	2.4cm×2.4cm×6cm	20,700	广东崇正	2021-01-07
殷赟飞刻天青石兽钮印章	3.9cm×3cm×2.9cm	20,700	中国嘉德	2021-05-19
巴林鸡血石兽钮印章	3cm×2.1cm×7.6cm	20,700	中国嘉德	2021-05-19
徐同柏刻寿山石兽钮印章	2.5cm×2.5cm×5.9cm	20,700	中国嘉德	2021-05-19
陈风子刻寿山芙蓉石印章	2.8cm×2.8cm×4.6cm	20,700	中国嘉德	2021-05-19
清 铁剪金兽钮印	高5.5cm; 直径5.1cm	20,700	十竹斋	2021-06-27
清 田黄薄意人物印	长3.3cm; 宽2.3cm	20,700	十竹斋	2021-06-27
罗启程刻闲章	3.1cm×3.1cm×6.8cm	20,700	朵云轩	2021-07-07
高山环冻素方章	2.8cm×2.8cm×9.3cm	20,700	朵云轩	2021-07-07
黄金耀古兽扁方章	4cm×2.3cm×6.9cm	20,700	朵云轩	2021-07-07
1944年作 童大年刻寿山石闲章	2.7cm×2.7cm×6.9cm	20,700	西泠印社	2021-07-25
1974年作 潘主兰刻寿山石闲章（二方）	2.8cm×2.1cm×8.3cm; 2.7cm×2.7cm×6.5cm;	20,700	西泠印社	2021-07-25
唐醉石刻寿山高山石杨昭隽自用印	1.9cm×1.9cm×5.2cm	20,700	西泠印社	2021-07-25
1945年、1982年作 陈子奋、单晓天刻寿山高山石章（三方）	1.2cm×1.2cm ×4.9cm×2; 2.2cm×2.2cm×6.9cm	20,700	西泠印社	2021-07-25
张石园篆盛秉筠刻寿山芙蓉石邓振瀛自用印	2.7cm×2.7cm×3.7cm	20,700	西泠印社	2021-07-25
1935年作 沈达等刻寿山石章（二方）	2.7cm×2.7cm×5.4cm; 3cm×2.9cm×5.5cm	20,700	西泠印社	2021-07-25
韩天衡刻莱州石章	2cm×2cm×4.7cm	20,700	西泠印社	2021-07-25
昌化鸡血石章（三方）	1.3cm×1.3cm×5.3cm; 1.4cm×1.3cm×5.9cm; 1.4cm×1.4cm×5.8cm	20,700	西泠印社	2021-07-25
青田石章（五方）	尺寸不一	20,700	西泠印社	2021-07-25
寿山石章（二十二方）	尺寸不一	20,700	西泠印社	2021-07-25
寿山汶洋石节节高升印章	5.6cm×2.5cm×1.9cm; 重81.3g	20,160	上海联合	2021-06-27
墨				
明万历 墨宝墨	长5.8cm; 重30g	43,700	华艺国际	2021-04-01
明崇祯 吴叔大制千秋光蒲璧墨	4.8cm×4.3cm×0.8cm; 重21.2g	218,500	西泠印社	2021-07-24
明 程君房制天府御香墨	10.2cm×3.3cm×1.5cm; 重41.7g	195,500	西泠印社	2021-01-15
明 方于鲁制古狻猊墨	直径8cm	120,750	北京保利	2021-06-08
明 百子图墨	直径14.6cm; 重570g	48,300	华艺国际	2021-04-01
明 百子图墨	长12.5cm; 重235g	43,700	华艺国际	2021-04-01
明 长尾甲旧藏，程君房制天禄永昌墨	6.2cm×5.5cm×1cm; 重32g	34,500	西泠印社	2021-01-15
明 浴砚斋狮子纹墨	5.7cm×3.3cm×0.9cm; 重19g	32,200	西泠印社	2021-07-24
明 汪氏家藏龙呈墨	长11.5cm	25,300	华艺国际	2021-04-01
清早期 曹素功制"紫英"墨、琥型墨（两方）	长6cm; 长4.2cm	253,000	北京保利	2021-06-08
清早期 方维甸贡棉花图墨（八锭）	长11.9cm; 重67g	143,750	华艺国际	2021-03-31
清康熙 吴天章妙翰流芳什锦墨（八锭）	尺寸不一	632,500	华艺国际	2021-03-31
清康熙 豹囊藂赏集锦墨（八锭）	5.9cm×2.8cm×0.9cm ×8; 每锭重16.5g	552,000	西泠印社	2021-01-15
清康熙 康熙詹公五心一斋集锦墨（一盒十锭）	尺寸不一	460,000	华艺国际	2021-03-31
清康熙 梁世勋万年松贡墨	9cm×2.3cm×1cm; 重30.5g	207,000	西泠印社	2021-07-24
清康熙 曹素功制青麟髓墨（二锭）	6.8cm×2.6cm×0.9cm ×2; 每锭重18g	149,500	西泠印社	2021-07-24
清康熙 青麟髓墨(二锭)	高7cm	126,500	北京翰海	2021-12-18

2021杂项拍卖成交汇总(续表)

(成交价RMB：1万元以上)

拍品名称	物品尺寸	成交价RMB	拍卖公司	拍卖日期
清康熙 吴天章制黄庭流韵墨	7.4cm×3.6cm×0.8cm;重23.4g	86,250	西泠印社	2021-07-24
清康熙 吴天章凤纹贡墨	6.8cm×2.2cm×0.9cm;重17.8g	77,050	西泠印社	2021-07-24
清康熙 澄碧斋吴尹友琴式墨	8.3cm×1.9cm×0.8cm;重16.1g	63,250	西泠印社	2021-07-24
清乾隆 “龙香”御墨(一套共十方)	尺寸不一	10,350,000	北京保利	2021-12-05
清乾隆 十色八卦贡墨(一盒十锭)	尺寸不一	1,092,500	华艺国际	2021-03-31
清乾隆 御题关槐山水诗御墨	直径14cm	828,000	北京保利	2021-12-06
清乾隆 御制“众香国”、“青圭”、“蟠云”墨一函四方	长11.1cm; 长9.1cm; 长8.5cm; 长6.8cm	747,500	中国嘉德	2021-11-28
清乾隆 御制耕织图墨(耕部一盒二十四锭)	长5.7~10.8cm;重19~43g	644,000	华艺国际	2021-03-31
清乾隆 乾隆三十年关槐山水御墨	长14.5cm; 重400g	529,000	华艺国际	2021-03-31
清乾隆 御墨“春华秋实”	长18cm	460,000	北京保利	2021-12-06
清乾隆 御制墨(两块)	长9.5cm; 长12.2cm	437,000	中贸圣佳	2021-05-21
清乾隆 御制重排石鼓文套墨(一盒十锭)	4.5cm×3.5cm×10;每锭重72g	437,000	西泠印社	2021-07-24
清乾隆 御制罗汉赞墨一套十八笏	长8.3cm	368,000	中国嘉德	2021-09-28
清乾隆 御题诗文砚形朱砂墨	高10.1cm; 重346g	356,500	北京翰海	2021-06-05
清乾隆 御制十六罗汉墨(带黑漆描金龙纹原装漆盒)(一套八件)	高30cm; 高9.6cm	348,159	中国嘉德	2021-04-21
清乾隆 程一卿御制热河图诗通景墨 一盒八锭	9.5cm×2.5cm; 每锭33g	322,000	华艺国际	2021-12-11
清乾隆 御制春华秋实墨	18cm×8.7cm×2.2cm;重467g	270,250	西泠印社	2021-07-24
清乾隆 养心殿御制咏墨诗墨	长8.8cm; 重122g	230,000	华艺国际	2021-03-31
清乾隆 御制剑彘形墨	9.4cm×2.4cm×1.3cm	138,000	中国嘉德	2021-11-29
清乾隆 一统万年清墨(八锭)	长7.1cm; 重15g	138,000	华艺国际	2021-03-31
清乾隆 艳友御墨	长9cm; 45g	132,250	华艺国际	2021-04-01
清乾隆 御制“艳友”花卉纹墨	8.7cm×2.9cm×1.1cm	126,500	中国嘉德	2021-11-29
清乾隆 内殿轻煤御墨	高8.2cm	126,500	北京翰海	2021-12-18
清乾隆 淳化宣御墨	高11.5cm	109,250	北京翰海	2021-12-18
清乾隆 御题诗墨	直径12cm; 高1.7cm;重249.2g	109,250	西泠印社	2021-01-15
清乾隆 御制黄山图诗墨(六锭)	长7.2cm; 重15g	109,250	华艺国际	2021-03-31
清乾隆三十年 关槐山水御墨	直径14.5cm	103,500	华艺国际	2021-12-11
清乾隆 海天初月砚形墨	13.7cm×9cm×2.4cm;重394g	97,750	西泠印社	2021-07-24
清乾隆三十年 御制“关槐山水”诗图圆墨	高14.2cm; 重392g	92,000	广东崇正	2021-07-19
清乾隆 阙里孔氏藏墨(八锭)	7cm×1.5cm×1.1cm×8;每锭重16g	89,700	西泠印社	2021-01-15
清乾隆 汪心农制云液墨(安持精舍藏墨)	长9.5cm; 重31g	82,800	华艺国际	2021-04-01
清乾隆 贮墨大龙漆盒	38.8cm×28cm×4.5cm	74,750	华艺国际	2021-04-01
清乾隆 汪近圣御制咏墨诗墨“颐和轩”	12cm×8cm×1.5cm;重177g	66,700	华艺国际	2021-04-01
清乾隆 汪近圣制江山胜揽墨(一函六锭)	长5.6cm; 重18g	57,500	华艺国际	2021-03-31
清乾隆 御制文渊阁诗墨	17.6cm×5cm×1.7cm;重195g	57,500	西泠印社	2021-07-24
清乾隆 紫玉光御墨	高8.7cm	43,700	北京翰海	2021-06-05
清乾隆 仿明凤九雏墨	长10cm; 重137g	40,250	华艺国际	2021-04-01
清乾隆 用佐文房孰比伦墨	6.7cm×6.7cm×1.5cm;重77.9g	34,500	西泠印社	2021-01-15
清乾隆 八宝云纹贡朱墨	长8.2cm; 重77g	25,300	华艺国际	2021-04-01
清乾隆 云龙纹朱砂墨	长8cm	23,000	中国嘉德	2021-03-30
清乾隆 方维甸贡棉花图墨	11.9cm×5.6cm×1.2cm;重115g	23,000	西泠印社	2021-07-24
清嘉庆 嘉庆御园墨(十六锭)	高4.6~10.5cm	345,000	北京翰海	2021-12-18
清中期 九鼎龙纹圆墨	直径12.1cm	161,000	北京翰海	2021-06-05
清嘉庆 汪近圣制李兆洛墨(二锭)	10.1cm×1.5cm×1.4cm×2;每锭重29.6g	97,750	西泠印社	2021-07-24
清嘉庆 凤凰山馆钞书墨(二锭)	高11.1cm	80,500	北京翰海	2021-06-05
清嘉庆 琴德篨墨	高10.2cm	63,250	北京翰海	2021-06-05
清嘉庆 舸斋书画墨	高7.4cm	48,300	北京翰海	2021-06-05
清嘉庆 方维甸棉花图墨	12cm×5.8cm×1.4cm;重135g	40,250	华艺国际	2021-04-01
清中期 东阁延辉朱砂墨(四锭)	高7.1cm; 重129g	36,800	北京翰海	2021-06-05
清中期 曹素功制“天瑞”套墨九方	5.6cm×2.2cm	28,375	北京保利	2021-08-09
清嘉庆 园图墨(一盒)	尺寸不一	23,000	广东崇正	2021-07-19
清嘉庆 铁保录御制民生在勤诗墨	10.4cm×3.4cm×1.2cm;重71g	20,700	西泠印社	2021-01-15
清中期 “含经味道”“含碧堂”“镂月闲云”三块	镂月长8cm; 重48g;含经长9.7cm; 重50g;含碧长9.8cm; 重71g	20,700	华艺国际	2021-04-01
清道光 岁寒三友图墨(八锭)	高7.8cm	172,500	北京翰海	2021-06-05
清道光 小友山房珍藏墨(四锭)	7.7cm×2cm×0.8cm×4;每锭重15.5g	28,750	西泠印社	2021-01-15

拍品名称	物品尺寸	成交价RMB	拍卖公司	拍卖日期
清道光 御用文焕斋摹古宝墨	长8.6cm; 直径1.1cm;重11.6g	23,000	西泠印社	2021-01-15
清同治 张絅伯旧藏 杜小舫填词墨	19cm×1.7cm×1.3cm;重26.3g	55,200	西泠印社	2021-07-24
清同治 太素斋墨(二锭)	8.9cm×2.2cm×1.9cm×2;每锭重26g	23,000	西泠印社	2021-01-15
清光绪 黄士陵赠端方墨	8.5cm×1.7cm×0.7cm×2;每锭重16.6g	80,500	西泠印社	2021-01-15
清光绪 黄士陵赠端方墨	8.5cm×1.7cm×0.8cm;重16.4g	57,500	西泠印社	2021-07-24
清光绪 万年红墨	高9.8cm; 重98g	48,300	北京翰海	2021-06-05
清光绪 万年红墨(二锭)	高9.5cm; 重211g	43,700	北京翰海	2021-06-05
清光绪 各式旧墨(三盒)	尺寸不一	36,800	北京保利	2021-06-08
清光绪 龙香剂墨(二锭)	9.1cm×3.1cm×0.9cm×2;每锭重38.5g	33,350	西泠印社	2021-07-24
清光绪 詹大有制五老图墨	尺寸不一;重量不一	32,200	西泠印社	2021-01-15
清光绪 万年红墨　炼金锭墨(二锭)	高9.3cm; 高4.5cm;重113g	32,200	北京翰海	2021-06-05
清光绪二年(1876年) 万年红云蝠纹朱砂墨一套四方	长7.6cm	25,300	中国嘉德	2021-03-30
清光绪 金地“千秋光”墨(八方)	长5.8cm	23,000	北京保利	2021-06-08
清光绪 胡开文制丽文兰友墨(四锭)	8cm×2.2cm×0.9cm×4;每锭重15g	23,000	西泠印社	2021-07-24
清晚期 诗梦轩珍藏、近思书屋、玉屑珠英墨等二十二笏	尺寸不一	69,000	中国嘉德	2021-09-28
清宣统 郁周氏珠英玉屑墨(一对)	长12.5cm; 71g	57,500	华艺国际	2021-04-01
清晚期 胡开文广户氏造大富贵亦寿考墨(一套五方)	长9.8cm	25,300	中国嘉德	2021-03-30
清 乾隆御墨(一匣六锭)	38.5cm×28cm	575,000	华艺国际	2021-12-11
清 汪近圣制黄山图墨(一套两盒)	7.1cm×1.8cm×0.8cm	483,000	中国嘉德	2021-05-19
清 龚氏藏墨(十六锭)	长10cm; 重33g	356,500	华艺国际	2021-03-31
清 程公瑜尊胜幢(二锭)	高6cm	287,500	北京翰海	2021-12-18
清 青圭墨(二锭)	6.9cm×2cm×1cm×2;每锭重19.5g	218,500	西泠印社	2021-07-24
清 程正路黄山图墨(二匣十八锭)	长9cm; 重27g; 长9cm; 重21g	218,500	华艺国际	2021-03-31
清 桐膏墨(八锭)	高7.5cm	218,500	北京翰海	2021-06-05
清 散墨(一组二十三块)	长5~13cm; 重12~72g	184,000	华艺国际	2021-04-01
清 五百斤油“蕙圃藏烟”(一套)	长7.8cm	172,500	华艺国际	2021-04-01
清 冯康候藏松烟墨(一套三十二锭)	长6.2~12.2cm;重34~66g	143,750	华艺国际	2021-03-31
清 新安大好山水墨(十六锭)	高8.7cm	126,500	北京翰海	2021-06-05
清 黄山图墨(十锭)	高9.1cm	115,000	北京翰海	2021-06-05
清 薇露浣墨(八锭)		97,750	北京翰海	2021-04-17
清 随形描金墨(一组三件)	尺寸不一	92,000	中鸿信	2021-07-14
清 墨苑萃珍提梁墨	长7.7~8.3cm; 重15~22g	86,250	华艺国际	2021-04-01
清 胡开文西湖四十五景墨一匣	尺寸不一	80,500	中国嘉德	2021-05-19
清 左宗棠八宝奇珍套墨	尺寸不一; 重量不一	74,750	西泠印社	2021-07-24
清 御制“咏墨诗”墨一组	尺寸不一	71,300	十竹斋拍卖(北京)	2021-05-29
清 西湖十景墨(一套)	长9.7cm; 重50g	71,300	华艺国际	2021-04-01
清 庆云露墨(二锭)	高6.2cm	69,000	北京翰海	2021-06-05
清 濑金墨(八锭)		63,250	北京翰海	2021-04-17
清 云蝠朱砂墨(八锭)	长8cm×8	63,250	北京翰海	2021-04-17
清 萑苇书屋珍藏墨(二锭)	高9.8cm×2	63,250	北京翰海	2021-06-05
清 千岁苓圆墨	直径12cm	57,500	北京翰海	2021-06-05
清 五百斤油墨(七锭)	高7.8cm×7	55,200	北京翰海	2021-06-05
清 铭园图墨(一组)	长7.9~10cm; 重49~60g	48,300	华艺国际	2021-04-01
清 旧墨(一盒十笏)	尺寸不一	48,300	中鸿信	2021-07-14
清 查二妙堂墨(一盒)	长7.7cm; 重15g	46,000	华艺国际	2021-04-01
清 王俊卿琴书墨(二锭)	高7.5cm; 高7.7cm	46,000	北京翰海	2021-06-05
清 千秋光墨(八锭)	高7cm×8	46,000	北京翰海	2021-06-05
清 曹素功制天瑞墨(九锭)	4.6cm×2.6cm×0.9cm×9; 每锭重14.5g	43,700	西泠印社	2021-01-15
清 汪近圣制萑苇书屋珍藏墨(二锭)	10.1cm×1.6cm×0.7cm×2; 每锭重15.5g	43,700	西泠印社	2021-01-15
清 胡子卿制富贵寿考套墨	10.5cm×2cm×0.7cm×5; 每锭重约26.5g	43,700	西泠印社	2021-07-24
清 凤纹墨(一对)	高8.5cm×2	40,250	十竹斋拍卖(北京)	2021-05-29
清 非烟墨(八锭)	高6.9cm×8	40,250	北京翰海	2021-06-05
清 黄山图旧墨(九锭)		37,950	北京翰海	2021-04-17
清 曹引泉制紫玉光墨(二锭)	9cm×2.1cm×1.2cm×2;每锭重33.3g	36,800	西泠印社	2021-01-15
清 凤凰云色墨(五锭)	高5.7cm×5	36,800	北京翰海	2021-06-05
清 潇湘八景墨(八锭)		34,500	北京翰海	2021-04-17
清 曹素功五百斤油墨(八锭)	7.1cm×1.7cm×0.8cm×8;每锭重15.7g	34,500	西泠印社	2021-01-15
清 翰苑清赏、棉花图贡墨(二套)	尺寸不一	34,500	华艺国际	2021-04-01

2021杂项拍卖成交汇总(续表)

(成交价RMB：1万元以上)

拍品名称	物品尺寸	成交价RMB	拍卖公司	拍卖日期
清 圣朝雨露、棉花图、百寿图墨(三锭)	尺寸不一	32,200	西泠印社	2021-01-15
清 五老图墨(一盒)	尺寸不一	32,200	华艺国际	2021-04-01
清 曹素功制文苑精华套墨(十方)	尺寸不一	32,200	北京保利	2021-06-08
清 御制文渊阁诗墨	14.4cm×6.4cm×1.3cm;重131.2g	32,200	广东崇正	2021-07-19
清 旧墨四锭	尺寸不一	29,900	朵云轩	2021-07-07
清 万年红朱墨(安徽巡抚贡墨)	长8.2cm;重83g	28,750	华艺国际	2021-04-01
清 龙德墨	长14cm	25,300	北京翰海	2021-04-17
清 "夫子壁"墨一套	尺寸不一	25,300	十竹斋拍卖(北京)	2021-05-29
清 千秋光墨	5.9cm×2.6cm×0.7cm;重15.6g	25,300	西泠印社	2021-01-15
清 普乐升平贡墨	长13.2cm	25,300	华艺国际	2021-04-01
清 胡子卿宝苑堂藏墨等(一盒)	长7.7~9.5cm;重16~25g	25,300	华艺国际	2021-04-01
清 青麟髓墨	高4.6cm	25,300	北京翰海	2021-06-05
清 隃麋小墨	高8cm	25,300	北京翰海	2021-06-05
清 王震芝兰墨、徐世昌退耕堂墨(二锭)	9.6cm×4.1cm×1cm;重60g;10.7cm×3.4cm×1.2cm;重66g	25,300	西泠印社	2021-07-24
清 御制天宝墨	直径10cm	23,000	北京翰海	2021-04-17
清 御制咏墨诗(一锭)	直径9cm	23,000	广东崇正	2021-01-07
清 龙宾十二墨(四锭)	9.9cm×2.2cm×1.1cm×4;每锭重36.7g	23,000	西泠印社	2021-01-15
清 龙翔凤舞、玉堂宝翰、宜书宜画、开天容墨(四锭)	尺寸不一	23,000	西泠印社	2021-01-15
清 百寿图、紫玉光、三鳣书屋等墨(六锭)	尺寸不一;重量不一	23,000	西泠印社	2021-01-15
清 状元及第、香草庵主人珍赏墨(四锭)	8.7cm×1.9cm×0.9cm×2;每锭重21g;9.1cm×2.3cm×0.5cm×2;每锭重16.5g	23,000	西泠印社	2021-01-15
清 昌溪吴氏家传状元墨(一组四笏)	高1.1cm;长10.5cm;宽2.6cm	23,000	西泠印社	2021-01-16
清 御园图墨(一组)	尺寸不一	23,000	华艺国际	2021-04-01
清 曹素功制山水墨	高9.6cm	23,000	北京翰海	2021-06-05
清 旧墨四锭	尺寸不一	23,000	朵云轩	2021-07-07
清 淳化轩摹古宝墨	1cm×15cm×2;每锭重20g	23,000	西泠印社	2021-07-24
清 知其白、万杵元霜、富贵图墨(十锭)	尺寸不一;重量不一	23,000	西泠印社	2021-07-24
清 东陵熊少泉墨、法龙、黄山松烟、万年枝墨五锭	尺寸不一;重量不一	23,000	西泠印社	2021-07-24
清 瀛洲图墨(九锭)		20,700	北京翰海	2021-04-17
清 旧墨(七锭)		20,700	北京翰海	2021-04-17
清 "随月读书楼"墨一套	尺寸不一	20,700	十竹斋拍卖(北京)	2021-05-29
清 "龙德"墨一套	尺寸不一	20,700	十竹斋拍卖(北京)	2021-05-29
清 手卷墨(两套二十锭)	尺寸不一;重量不一	20,700	西泠印社	2021-01-15
清 乌龙 五百斤 龙香阮辑五墨(一组)	尺寸不一;重量不一	20,700	广东崇正	2021-07-19
清 金台刘氏墨、五百斤油、听泉、琴式墨(四锭)	尺寸不一;重量不一	20,700	西泠印社	2021-07-24
清 古隃麋、铜柱、富贵寿考等墨(五锭)	尺寸不一;重量不一	20,700	西泠印社	2021-07-24
清 青麟髓、骊龙珠等墨(五锭)	尺寸不一;重量不一	20,700	西泠印社	2021-07-24
清 胡开文翰苑珍藏手卷墨	长4.8~12.4cm;重11~25g	18,400	华艺国际	2021-04-01
清末民国 旧墨(十三锭)	尺寸不一;重量不一	28,750	西泠印社	2021-01-15
民国 梅兰芳定版墨(一对)	长13.2cm;重68g	23,000	华艺国际	2021-04-01
清末民国 康有为白心草堂、法龙、周永孚墨(五锭)	尺寸不一;重量不一	21,850	西泠印社	2021-01-15
董洵刻"纸墨相发"	1.8cm×1.8cm×4.2cm	74,750	中贸圣佳	2021-12-30
御制文渊阁墨	长16.3cm;重183.2g	69,000	广东崇正	2021-07-19
旧墨(二十四锭)	尺寸不一;重量不一	63,250	西泠印社	2021-07-24
黄山墨(二盒)	尺寸不一	51,750	朵云轩	2021-09-19
清 汪节庵制金台刘氏墨	长7.3cm	32,200	北京保利	2021-06-06
清龙纹暗八仙朱砂墨	长7.6cm	25,300	北京保利	2021-06-06
曹素功瑞禾墨	8.8cm×7.1cm×1.9cm;重89.3g	25,300	广东崇正	2021-07-19
"薇露浣"仿古墨(一组八锭)	0.8cm×2.5cm×6cm×8	23,000	广东崇正	2021-01-07
纸				
清 "宫"字款汪六吉等宣纸七刀	尺寸不一	115,000	华艺国际	2021-12-11
民国 汪六吉宣纸一刀	69cm×133cm	34,500	广东崇正	2021-07-19
现代 荣宝斋2008年红星乾隆贡宣十刀		230,000	北京荣宝	2021-12-02
宫廷纸(40张)纸本	尺寸不一	264,500	中贸圣佳	2021-03-26
清内府手绘龙纹蜡笺(八块)	156cm×78.5cm×8	149,500	中贸圣佳	2021-05-21
民国 空白对联宣纸一组	尺寸不一	74,750	北京保利	2021-06-06
官字款曹大吉号宣纸	84cm×153cm	65,550	华艺国际	2021-06-02
乾隆年仿金粟山藏经纸 镜心	30cm×55cm	51,750	中贸圣佳	2021-09-25
套版剪帖 借券一组	尺寸不一	48,300	中贸圣佳	2021-05-21
20世纪70~80年代 十竹斋制四尺洒金笺、豆腐笺、云母笺	1.长123cm;宽64.5cm;2.长131cm;宽67.5cm	46,000	北京九歌	2021-06-13
周炼霞用纸一批 乾隆金粟山纸 清秘阁等(一组)	尺寸不一	43,700	广东崇正	2021-07-19
近代各类宣纸、乾隆纸、蜡笺等(一组)	尺寸不一	39,100	西泠印社	2021-04-10
道光十六年安徽巡抚色卜星额进贡紫地洒金雨蜡笺 镜心	170cm×83.5cm	36,800	中贸圣佳	2021-09-25
清吴三泰敬进双龙戏珠纹刻画宣 镜心	132cm×65cm	36,800	中贸圣佳	2021-09-25
清代民国 宣纸十五张	尺寸不一	31,050	华艺国际	2021-06-02
合肥十竹斋制双龙戏珠纹刻画宣五张 镜心	127cm×64cm×5	26,450	中贸圣佳	2021-09-25
洒金笺 玉版宣一包	尺寸不一	25,300	华艺国际	2021-06-02
民国 旧装裱粉色洒金宣	206cm×59cm	20,700	北京保利	2021-06-06
端砚				
元至明 云龙戏珠眉纹歙砚	24cm×20cm×3cm	86,250	西泠印社	2021-07-24
元 鹅形歙砚	长15cm	69,000	华艺国际	2021-04-01
元 鱼龙纹歙砚	长27.6cm;宽21cm	55,200	中贸圣佳	2021-03-26
元 端石"布字款"抄手砚	15.8cm×9.6cm×2.4cm	34,500	广东崇正	2021-07-19
明早期 海天旭日端砚	直径29.5cm	747,500	华艺国际	2021-06-05
明 紫檀错银丝寒梅暗香盖砚	长9.2cm	339,898	香港苏富比	2021-04-22
明 河西笛洲藏 古铜琴砚	14.1cm×4.8cm×2.1cm	207,000	西泠印社	2021-01-15
明 绿端石"兰亭修禊"砚	31.5cm×23.9cm×9.1cm	172,500	广东崇正	2021-07-19
明 歙石云龙寿山大砚	长27.5cm	149,500	北京保利	2021-12-06
明 水岩端石随形砚	14.5cm×16cm×4cm	138,000	中国嘉德	2021-11-30
明 郑板桥铭文白端砚	直径15.5cm;高3.5cm	126,500	上海呗美	2021-03-28
明 吴莱款嵌玉石覆瓦式砚	长28.6cm;宽17cm	115,000	中贸圣佳	2021-07-07
明 垢道人程邃铭黄道周手泽端石砚	宽12.3cm	115,000	北京保利	2021-06-08
明 端石五鹤图砚	直径22.8cm	115,000	北京保利	2021-12-06
明 仔石龙虎斗端砚	22cm×20cm×3.5cm	115,000	朵云轩	2021-12-31
明 王世贞铭随形仔石端砚	17cm×12.5cm×2.4cm	103,500	西泠印社	2021-01-15
明 秦皇六年古砖砚	长33cm	87,400	华艺国际	2021-03-31
明至清 兰亭修禊图端砚	长25cm;宽18.8cm;高9cm	80,500	西泠印社	2021-01-16
明 琴式龙纹端砚	长17.2cm	69,000	华艺国际	2021-04-01
明 歙石荷叶砚(带天地盖)	35cm×26cm×8cm	69,000	广东崇正	2021-07-19
明 白端高弘图款随形砚	长24cm;高10cm	46,000	广东崇正	2021-01-07
明 随形云龙纹砚	长21cm;宽20.5cm	46,000	中贸圣佳	2021-12-29
明 龙池长方端砚	24.5cm×15.8cm×2.8cm	46,000	西泠印社	2021-01-15
明 端石平板砚(带嵌玉盖)	长17.8cm	46,000	华艺国际	2021-04-01
明 刘世学铭砣矶石砚	19.9cm×11.3cm×2.9cm	46,000	西泠印社	2021-07-24
明 澄泥灵龟砚	15cm×8.7cm×5cm	34,500	朵云轩	2021-07-07
明 鲁得之铭长方淌池端砚	16.4cm×10.8cm×3cm	34,500	西泠印社	2021-07-24
明 祁阳石如意纹玉带缠腰砚	长16.2cm	32,200	华艺国际	2021-04-01
明 戴进款禅砚	长25cm;宽15cm;高7.8cm	32,200	华艺国际	2021-06-04
明 卧牛形歙砚	11.4cm×15.8cm×2cm	28,750	西泠印社	2021-07-24
明 钟锟铭太史式端砚	20.2cm×11.3cm×6.1cm	25,300	西泠印社	2021-07-24
明早中期 荷叶式履形歙砚	直径12cm	23,000	北京诚轩	2021-05-18
明 歙砚(二方)	15.6cm×8.3cm×5.3cm;15.1cm×11.3cm×3cm	23,000	西泠印社	2021-01-15
明 漆砂砚配黑漆嵌宝梅花纹盒	盒长14.2cm;砚长12.8cm	20,700	中贸圣佳	2021-09-26
明 歙石圆形莲蓬砚	直径18cm;高4cm	20,700	广东崇正	2021-01-07
明 韩世昌款云龙纹长方端砚	高2.7cm;长21.5cm;宽14.5cm	20,700	西泠印社	2021-04-10
明 铜鎏金刻花龙纹砚	长15.5cm;宽7.1cm;高2.8cm	18,400	中贸圣佳	2021-03-26
明晚期 紫檀嵌银丝嵌白玉雕螭龙纹长方砚	长7.8cm	368,000	北京保利	2021-12-06
明末清初 龙纹澄泥砚	高3.8cm;长16.5cm;宽12.5cm	23,000	西泠印社	2021-04-10
清早期 珍珠灵璧小砚山	长13cm;高7.4cm	667,000	中贸圣佳	2021-12-29
清早期 灵璧小砚山	高6cm	552,000	中贸圣佳	2021-12-29
清早期 "汝奇铭"耕月砚原配盒(紫檀)	长18.3cm	287,500	华艺国际	2021-06-05
清早期 王石谷藏云月砚	高17.3cm	149,211	中国嘉德	2021-04-21
清早期 汝奇制随形端砚	长13cm	126,500	中国嘉德	2021-05-19
清早期 周少白刻铭端石山水纹砚	高18cm	87,400	华艺国际	2021-03-31
清早期 "成亲王"仿汉镜砚	直径8.3cm	86,250	华艺国际	2021-03-31
清早期 山西角石石笋砚	长19.4cm	69,000	北京保利	2021-06-08
清早期 张廷济款"丹凤朝阳"端砚	长15.5cm	40,250	华艺国际	2021-04-01
清早期 回纹端砚	长17cm	25,300	华艺国际	2021-04-01
清早期 澄泥笔掭	长10cm	25,300	中鸿信	2021-07-14
清康熙 御制松花石镶嵌鱼龙砚	长17.2cm	7,590,000	北京保利	2021-12-05
清康熙 御制松花石赐砚	长14.6cm	3,910,000	北京保利	2021-06-07
清康熙 御铭风纹囊括松花石砚	11.5cm×9.1cm×1.5cm	1,380,000	西泠印社	2021-01-15
清康熙 御铭门字形松花石砚	12.8cm×7.9cm×1.8cm	575,000	西泠印社	2021-01-15

(成交价RMB：1万元以上)

拍品名称	物品尺寸	成交价RMB	拍卖公司	拍卖日期
清康熙 御铭螭龙纹松花石砚	16.2cm×11cm×1.8cm	368,000	西泠印社	2021-07-24
清康熙 御铭松花石砚	长12.5cm	356,500	北京保利	2021-12-06
清康熙 祁阳石汉壶尊砚(带原盒)	长21.5cm	36,800	华艺国际	2021-04-01
清雍正 松花石灵芝池砚(原配大漆盒)	长11.5cm	218,500	北京保利	2021-06-08
清雍正 御制俏色瓜瓞绵绵松花砚	长12cm	32,200	中鸿信	2021-07-14
清乾隆 御铭三十六洞天端砚	10.3cm×6.2cm×5.4cm	6,670,000	西泠印社	2021-01-15
清乾隆 金农铭闵廉风歙石石卵砚	长14.5cm	2,760,000	北京保利	2021-06-07
清乾隆 御铭仿石渠端砚	宽12.7cm	1,012,000	北京保利	2021-12-06
清乾隆 袁香亭进贡大西洞端石对砚	长17.6cm; 长16.8cm	920,000	北京保利	2021-12-06
清乾隆 御制乾隆四十七年赏赐费墀铭歙砚	长15.9cm	872,313	佳士得	2021-12-03
清乾隆 松花灵磐御题诗砚配松花卷草纹盖盒	15cm×10cm×1.9cm	747,500	广东崇正	2021-07-19
清乾隆 高凤翰铭夔龙纹澄泥砚	13.8cm×21.4cm×4.2cm	575,000	中国嘉德	2021-11-28
清乾隆 紫砂澄泥御题"仿魏兴和砖"砚	长14.1cm	575,000	北京保利	2021-06-08
清乾隆 御制仿古青铜螭虎纹诗文石渠砚	14.5cm×14.5cm×7.5cm	552,000	西泠印社	2021-01-15
清乾隆 端石仿唐石渠砚	长12.8cm	460,000	北京保利	2021-06-08
清乾隆 端石勾云纹淌池仿古砚	长16cm; 宽10cm; 高3cm	437,000	十竹斋拍卖(北京)	2021-05-29
清乾隆 御制五龙图白端砚	长17cm; 宽12cm; 高2.5cm	437,000	华艺国际	2021-12-11
清乾隆 白端雕五龙闹海长方砚配紫檀砚盒	长17.1cm; 宽12cm; 高2.4cm	414,000	中贸圣佳	2021-05-21
清乾隆 永命寿昌歙州龙尾砚	长23cm	345,000	华艺国际	2021-03-31
清乾隆 "宝晋斋"御题瓜瓞澄泥砚附紫檀嵌银丝天地盖	长18.5cm	218,500	中鸿信	2021-07-14
清乾隆 仿汉石渠阁瓦歙石御铭砚	长15.3cm	207,000	北京保利	2021-06-08
清乾隆 松花石螭龙纹砚	长10.1cm	207,000	华艺国际	2021-06-05
清乾隆 御制松花石雕夔凤纹砚附原盒	高8.2cm	172,500	中鸿信	2021-07-14
清乾隆 宣和御制仿古龙凤纹砚台	长18cm	115,000	上海匡时	2021-07-08
清乾隆 漆砂玉兔朝月砚带漆盒	直径11.2cm; 高1cm	97,750	广东崇正	2021-01-07
清乾隆 仿唐观象歙砚(原配黄花梨盒)	长16cm	74,750	华艺国际	2021-04-01
清乾隆 御铭仿唐观象歙砚	14.4cm×14.4cm×1.4cm	69,000	西泠印社	2021-01-15
清乾隆 硬木嵌玉龙纹盒，乾隆御题歙石仿宋德寿殿犀纹砚	长14cm	69,000	北京保利	2021-09-26
清乾隆 端石巧作柳荫牧马砚	长14.6cm	51,750	北京保利	2021-01-09
清乾隆 云纹澄泥砚	长13cm; 宽12cm	40,250	北京银座	2021-09-24
清乾隆 古泉款灵芝纹白端砚	高2.3cm; 长14.5cm; 宽10.5cm	34,500	西泠印社	2021-07-24
清嘉庆 御赐潘世恩玉兔朝元砚	直径10.6cm	184,000	北京保利	2021-12-06
清中期 苏篁郙制百宝嵌杏花双燕图漆砂砚盒	长14cm; 宽8.5cm; 高2.7cm	63,250	中贸圣佳	2021-05-21
清中期 端石老坑阮元款人物肖像诗文砚	12cm×7.5cm×3.1cm	63,250	广东崇正	2021-07-19
清中期 端石伊念曾肖像铭文砚带原配黄花梨盖盒	2.3cm×17cm×25.5cm	55,200	广东崇正	2021-01-07
清中期 张廷济铭端砚	长15.5cm	36,800	华艺国际	2021-06-04
清中期 端石老坑锦地袁桐款诗文砚	12cm×9.5cm×1.7cm	36,800	广东崇正	2021-07-19
清中期 聘三款诗文端砚和方浚颐款诗文端砚(各一方)	长18.4cm; 长14.9cm	34,776	中国嘉德	2021-10-12
清嘉庆/道光 端石改琦肖像端砚带原配紫檀盒	1.2cm×8.5cm×13.3cm	32,200	广东崇正	2021-01-07
清中期 瓜瓞绵绵端砚	9.1cm×6.7cm×2.3cm	25,300	北京诚轩	2021-05-18
清道光 红丝石御赏小砚	长8.8cm	241,500	北京保利	2021-12-06
清道光 卢葵生制宝瓶漆沙砚(原配漆盒)	长11.3cm	115,000	华艺国际	2021-06-05
清道光 端石松皮砚(原配黄花梨盒)	16cm×11cm×2.5cm	109,250	古天一	2021-06-07
清道光 乔熙制仿四王山水漆砂砚	直径9.8cm	80,500	华艺国际	2021-03-31
清道光 端砚	长17cm; 宽12cm	46,000	北京银座	2021-09-24
清道光 端石李廷钰铭文砚带原配红木嵌玉盖盒	3cm×18cm×22cm	34,500	广东崇正	2021-01-07
清道光 邓奎刻铭随形端砚	长8.5cm; 宽7.5cm; 高1.4cm	31,050	中贸圣佳	2021-05-21
清光绪 光绪铭歙砚	长14.3cm	63,250	北京保利	2021-06-08
清光绪 简经纶铭"道重诗书"云纹端砚	长22.8cm	28,750	华艺国际	2021-03-31
清晚期 王东石制陈山农刻玉成窑紫砂圆砚	9.7cm×1.7cm	230,000	西泠印社	2021-07-24
清《沈氏砚林》著录吴昌硕铭林吉人圭璋砚	长20.8cm; 最窄处9.8cm; 最宽处15.2cm; 厚2.8cm	8,970,000	中贸圣佳	2021-05-21
清 吴昌硕吴嘉谟铭沈石友藏蕉绿樱红砚	13.6cm×10.7cm×2.2cm	4,427,500	西泠印社	2021-07-24
清《沈氏砚林》著录吴昌硕铭沈石友藏精卫衔残砚	长12.4cm; 宽11.2cm	3,335,000	中贸圣佳	2021-12-29

拍品名称	物品尺寸	成交价RMB	拍卖公司	拍卖日期
清 董沧门作李馥铭居业堂较书砚	18.8cm×12.5cm×4.1cm	1,207,500	西泠印社	2021-07-24
清 纪晓岚铭斗池端砚	12.7cm×8.3cm×2.3cm	1,035,000	西泠印社	2021-01-15
清 尤袤、钱泳、赵叔孺铭带眼水波纹随形端砚	高3.7cm; 长13cm; 宽10cm	1,012,000	西泠印社	2021-01-15
清 顾二娘款端石多子多福砚	长20.5cm	920,000	中国嘉德	2021-05-18
清 朱为弼铭 紫玉端砚	长11.8cm; 宽9cm; 高1.7cm	897,000	中国嘉德	2021-11-28
清 乾隆御题仿青铜夔凤纹石渠端砚	高7cm; 长14.7cm; 宽14.7cm	529,000	西泠印社	2021-07-24
清 陈豫钟铭夔龙纹澄泥砚	17.5cm×13.8cm×3.4cm	517,500	西泠印社	2021-01-15
清 "岫君"款巧雕江水渔翁图歙砚	19cm×14.2cm×6.7cm	517,500	广东崇正	2021-07-19
清 乾隆御铭仿青铜砚	12.8cm×12.8cm×7cm	460,000	华艺国际	2021-12-11
清 袁枚铭凤纹端砚	13.8cm×10.5cm×1.8cm	437,000	西泠印社	2021-07-24
清 多福天来竹节形端砚	25.7cm×16cm×5cm	437,000	西泠印社	2021-07-24
清 吴昌硕铭王大炘刻竹节端砚	19.4cm×12.8cm×2.2cm	437,000	西泠印社	2021-07-24
清 袁枚铭梅花暄春端砚	带座高8cm; 砚高5.7cm; 长17.7cm; 宽15cm	391,000	西泠印社	2021-07-24
清 梁章钜、钱泳铭夔龙纹长方淌池端砚	14.1cm×9.3cm×2.8cm	345,000	西泠印社	2021-01-15
清 乾隆御铭龙凤纹松花砚	砚高1.8cm; 盒高2.8cm	322,000	西泠印社	2021-07-24
清 云纹长方老坑端砚	21.8cm×17cm×3.1cm	299,000	西泠印社	2021-01-15
清 红丝石太平有象砚	长11.5cm	289,800	佳士得	2021-05-28
清 阮元、阜秉恬铭夔龙纹长方端砚	17.3cm×11.1cm×2.5cm	287,500	西泠印社	2021-01-15
清 康熙年制款苍龙教子松花砚	高1.3cm; 长10.1cm; 宽7.2cm	253,000	西泠印社	2021-07-24
清 阮元铭琅嬛仙馆制溪山行旅端石砚山	带座高29.8cm	253,000	西泠印社	2021-07-24
清 杨澥铭宋宣和供御蕉叶白抄手端砚	21.7cm×12.5cm×8.5cm	230,000	西泠印社	2021-07-24
清 澄泥高士纹圆砚	直径12.3cm	230,000	北京保利	2021-12-06
清 卢葵生制嵌百宝漆砂砚	长10.9cm	218,500	中国嘉德	2021-11-29
清 孔广陶铭 板式端砚	长24.3cm; 宽16.2cm; 高5.8cm	218,500	中国嘉德	2021-11-28
清 梁同书铭括囊端砚	15.5cm×12cm×1.4cm	212,750	西泠印社	2021-01-15
清 鳝鱼黄澄泥砚	长20.6cm; 宽16.5cm	207,000	中贸圣佳	2021-12-29
清 卢葵生仕女绿端砚	9.6cm×7.9cm×2.1cm	207,000	西泠印社	2021-01-15
清 澄泥牛转乾坤海水云龙纹砚	22cm×17.5cm×4.4cm	172,500	中国嘉德	2021-05-19
清 乾隆御制款仿汉未央砖海天初月端砚	高3cm; 长14.5cm; 宽9.4cm	172,500	西泠印社	2021-01-16
清 乾隆御铭仿汉未央砖海天初月澄泥砚	高2cm; 长14.5cm; 宽9.7cm	172,500	西泠印社	2021-01-16
清 吴大澂铭 古钟形端砚	长18.5cm	172,500	上海匡时	2021-07-08
清 黄两泉刻蔡铣绘老坑砚	16cm×10.5cm×2cm	172,500	华艺国际	2021-12-11
清 秦祖永藏云龙纹方形大歙砚	27.7cm×27.7cm×4.3cm	166,750	西泠印社	2021-07-24
清 松花石御铭砚	高28.1cm	159,158	中国嘉德	2021-04-21
清 吴三锡铭长方淌池端砚	长18.5cm	158,700	朵云轩	2021-07-07
清 钱瘦铁赠王一平梅花砚配钱瘦铁画梅徐孝穆刻紫檀砚盒	长9.8cm; 宽7.3cm	149,500	中贸圣佳	2021-12-29
清 巨然款青石镂雕随形砚	长30.2cm; 宽21.3cm	138,000	中贸圣佳	2021-09-26
清 钩弋汉云陵瓦砚	直径13cm; 高1.6cm	138,000	中国嘉德	2021-11-28
清 "问陶"款坐禅读经端砚	长17cm; 宽11.5cm; 高3.3cm	138,000	上海呗美	2021-03-28
清 蒋仁铭汉延光三年砖砚	29cm×15.8cm×5cm	138,000	朵云轩	2021-12-31
清 金农、小像铭文端砚	长15cm; 宽10.5cm; 高3cm	126,500	上海呗美	2021-03-28
清 黎二樵双铭 一目端砚	长14cm; 宽10cm; 高2.5cm	115,000	中国嘉德	2021-11-28
清 翁同龢、竹居士铭孙吴砖砚	15.2cm×9.6cm×4.4cm	115,000	西泠印社	2021-07-24
清 端溪云龙纹板砚	长18.4cm	109,421	中国嘉德	2021-04-21
清 蔡振武藏瑶华馆著书砚	15.6cm×10.3cm×1.8cm	109,250	西泠印社	2021-01-15
清 朱石梅制铭锡盒、改琦自用夔龙纹腰圆端砚	13cm×8.7cm×1.7cm	109,250	西泠印社	2021-07-24
清 沈树镛、张辛铭、徐同柏藏万岁不败汉砖砚	35.4cm×17.5cm×5.3cm	109,250	西泠印社	2021-07-24
清 卢葵生制荷塘清趣漆砂砚	14.7cm×10.7cm×1.9cm	103,500	西泠印社	2021-07-24
清 杨雪渔铭并题 蜇虹云月砚	长16cm; 宽11.3cm; 高2.3cm	103,500	中国嘉德	2021-11-28
清 吴三锡铭长方淌池端砚	18.6cm×11.9cm×3.1cm	103,500	西泠印社	2021-01-15
清 山高水长随形石砚	带座高10.5cm; 带座长25cm	101,200	西泠印社	2021-01-16
清 大西洞钟形双面砚	长20cm	101,200	朵云轩	2021-07-07
清 袁骐铭长方抄手端砚	19.2cm×12.4cm×3.9cm	97,750	西泠印社	2021-01-15
清 仿汉未央宫东阁瓦砚	25.1cm×16cm×4.2cm	97,750	西泠印社	2021-01-15
清 瓜瓞绵绵图洮河石砚	高1.2cm; 长8.2cm; 宽5cm	97,750	西泠印社	2021-01-16
清 俞曲园铭文砚	长27.8cm	97,750	北京保利	2021-06-08
清 朱为弼抄手砚	长16.3cm	92,000	中国嘉德	2021-05-19
清 澄泥猫趣砚	12.8cm×11.7cm×2.6cm	92,000	中国嘉德	2021-05-19
清 汝奇款双龙戏珠纹随形端砚	11.9cm×10.7cm×1.8cm	92,000	西泠印社	2021-01-15

2021杂项拍卖成交汇总(续表)

(成交价RMB：1万元以上)

拍品名称	物品尺寸	成交价RMB	拍卖公司	拍卖日期
清 顾二娘制簸箕纹澄泥砚	高1.8cm; 长12.3cm; 宽9.1cm	92,000	西泠印社	2021-01-16
清 端石仿犀皮御题诗砚台	7.5cm×13.5cm×1.8cm	92,000	广东崇正	2021-07-19
清 陆增祥藏长宜子孙砖砚	33.5cm×17cm×6.4cm	92,000	西泠印社	2021-07-24
清 归去来兮辞抄手端砚	19.8cm×10.8cm×5.8cm	92,000	西泠印社	2021-07-24
清 浮雕罗汉图带眼端砚	高4cm; 长24.2cm; 宽17.8cm	87,400	西泠印社	2021-01-16
清 天眼西洞云龙纹端砚	高4.5cm; 长22cm; 宽19.5cm	86,250	西泠印社	2021-01-16
清 陈端友制树桩蝉纹绿端砚	高6.5cm; 长19cm; 宽15cm	86,250	西泠印社	2021-01-16
清 高凤翰铭随形端砚	12.1cm×12.1cm×4.1cm	80,500	西泠印社	2021-07-24
清 方熏款带嵌玉盖端砚和张问陶款池鱼水波端砚（各一方）	长24cm; 长16.3cm	77,501	中国嘉德	2021-10-12
清 龚心湛旧藏竹节端砚	直径14cm; 高2cm	75,900	朵云轩	2021-07-07
清 端石钟形砚	长14.5cm	74,750	十竹斋拍卖（北京）	2021-05-29
清 陆增祥藏未央砖砚	16.7cm×15cm×1.6cm	74,750	西泠印社	2021-07-24
清 计楠铭凤凰纹长方端砚	18.1cm×11.7cm×3.5cm	69,000	西泠印社	2021-01-15
清 萧韶、姜树铭端石桃形砚	14.5cm×10.5cm×1.7cm	69,000	中国嘉德	2021-05-19
清 卢葵生制漆砂砚	长12.5cm	69,000	朵云轩	2021-07-07
清 雍正年制款瓜果纹松花砚	高1.7cm; 长7.2cm; 宽4.7cm	69,000	西泠印社	2021-07-24
清 王澍铭随形大端砚	长43cm	66,700	朵云轩	2021-07-07
清 叶云谷藏冰纹大西洞砚（一对）	最大的长22.5cm	64,584	中国嘉德	2021-10-14
清 漆盒端石诗文砚	19.3cm×12.3cm×3.6cm	63,250	中国嘉德	2021-05-19
清 菊花石巧作随形砚	长23cm	63,250	中贸圣佳	2021-09-25
清 梁运昌铭长方抄手端砚	19.2cm×11.1cm×3.3cm	63,250	西泠印社	2021-01-15
清 云纹高眼端砚	21.7cm×13.7cm×4cm	63,250	西泠印社	2021-07-24
清 荷叶形端砚	长6.5cm	59,616	中国嘉德	2021-10-12
清 端溪丹凤朝阳砚	长16.4cm	59,616	中国嘉德	2021-10-14
清 澄泥铜镜砚	直径10.8cm; 高1cm	57,500	广东崇正	2021-01-07
清 “澹石山房珍赏”款云纹端砚	长15.3cm	57,500	华艺国际	2021-03-31
清 活眼仔石端砚(紫檀盒)	长19.7cm	57,500	北京保利	2021-06-08
清 乾隆御制宋端石仿唐石渠砚	13.4cm×13.4cm×6.4cm	57,500	广东崇正	2021-07-19
清 郭尚先铭 罗汉洗象鳝鱼黄澄泥砚	长31cm	57,500	上海匡时	2021-07-08
清 蒋士铨铭龙纹端砚	15.7cm×10.4cm×2.4cm	57,500	西泠印社	2021-07-24
清 张熊藏竹溪六逸长方卧牛池端砚	27.5cm×17.9cm×3.8cm	57,500	西泠印社	2021-07-24
清 小山铭夔龙纹门字池端砚	15.9cm×10.6cm×2.9cm	55,200	西泠印社	2021-07-24
清 仿青铜歃器纹长方端砚	20cm×12cm×3cm	55,200	西泠印社	2021-07-24
清 秋叶纹随形端砚	16.7cm×13cm×3cm	55,200	西泠印社	2021-07-24
清 蕉叶纹端砚	长17.8cm	54,648	中国嘉德	2021-10-12
清 席振逵铭瓜形端砚	长9.5cm	54,050	朵云轩	2021-07-07
清 李端向款随形端砚	高3.5cm; 长13cm; 宽9cm	52,900	西泠印社	2021-01-16
清 徐世昌铭诗文铜雀瓦砚	高5.5cm; 长31cm; 宽21cm	52,900	西泠印社	2021-01-16
清 荷鹤图澄泥砚	高1.5cm; 长14.5cm; 宽10.9cm	52,900	西泠印社	2021-04-10
清 吴让之刻铭澄泥砚	长19.5cm; 宽11.5cm	52,900	朵云轩	2021-07-07
清 芑孙藏随形仔石端砚	9cm×8.2cm×2.7cm	52,900	西泠印社	2021-07-24
清 “邓石如”款端溪楚镜砚	直径13.5cm	51,750	古天一	2021-06-07
清 麻子坑端石凤凰池大砚	长23.2cm	51,750	中国嘉德	2021-09-28
清 水归洞端石青花云蝠纹砚(带红木盒)	22.5cm×15cm×2.2cm	51,750	广东崇正	2021-01-07
清 蕉叶端砚	17.5cm×10cm	51,750	上海嘉禾	2021-07-22
清 钱陈群铭瓦当形砚	18.5cm×12cm	51,750	上海嘉禾	2021-07-22
清 朱景英铭随形澄泥砚	12.8cm×9.4cm×1.8cm	51,750	西泠印社	2021-07-24
清 卢坤款端石板砚和端砚（各一方）	长19cm; 长19cm	51,667	中国嘉德	2021-10-12
清 刻金石铭文端石砚	长15.6cm; 宽9.5cm; 高4.7cm	48,300	中贸圣佳	2021-05-21
清 太平有象长方端砚	15.8cm×10.5cm×2.1cm	48,300	西泠印社	2021-01-15
清 端石降龙罗图纹砚	15.7cm×9.6cm×1.5cm	48,300	中国嘉德	2021-05-19
清 书卷式端砚和云月纹端砚（各一件）	长17cm; 长14.5cm	47,693	中国嘉德	2021-10-12
清 素板砚（两方）	长27.7cm; 长18.1cm	47,693	中国嘉德	2021-10-12
清 风字形紫砂砚	11.5cm×10.8cm×1.9cm	46,000	西泠印社	2021-01-15
清白端砚	长15cm; 宽10.2cm; 高1.8cm	46,000	上海呗美	2021-03-28
清 何绍基铭端石“二十四眼”抄手砚	18.3cm×11.5cm×7.9cm	46,000	广东崇正	2021-07-19
清 龙友铭老坑冰纹平板端砚	长13.5cm	46,000	朵云轩	2021-07-07
清 乾隆款海兽纹仿唐八棱澄泥砚	高2.8cm; 通径10.5cm	46,000	西泠印社	2021-07-24
清 石渠大歙砚	高5.5cm; 长31.8cm; 宽31cm	46,000	西泠印社	2021-07-24
清 河西笛洲藏 恽彦琦铭云纹随形端砚	13.2cm×14.2cm×2.6cm	46,000	西泠印社	2021-07-24
清 计芬藏金蟾吐瑞随形端砚	10.5cm×13cm×2.5cm	46,000	西泠印社	2021-07-24
清 云龙纹随形端砚	15.6cm×10.8cm×1.8cm	46,000	西泠印社	2021-07-24

拍品名称	物品尺寸	成交价RMB	拍卖公司	拍卖日期
清 “名标第一”端砚和端石板砚（各一方）	长17.7cm; 长15.5cm	44,712	中国嘉德	2021-10-12
清 端石“叶恭绰”款仿青铜砚(带盒)	18cm×12cm×3.5cm	43,700	广东崇正	2021-01-07
清 砚田作鱼龙纹长方歙砚	10.5cm×6.4cm×1cm	43,700	西泠印社	2021-01-15
清 夔龙纹瓶形端砚	13.5cm×10cm×1.5cm	43,700	西泠印社	2021-01-15
清 海天旭日纹随形端砚	高4.4cm; 长25cm; 宽22cm	43,700	西泠印社	2021-04-10
清 汪复庆铭百眼天池端砚	23cm×11.5cm×3.7cm	43,700	中国嘉德	2021-05-19
清 端石老坑柏园款诗文砚	10.5cm×10.5cm×1.2cm	43,700	广东崇正	2021-07-19
清 卢葵生制芦雁图诗文漆砂砚	高2.8cm; 长10.9cm; 宽10.9cm	43,700	西泠印社	2021-07-24
清 陈观酉铭海上仙山纹随形端砚	11.6cm×10.1cm×1.8cm	43,700	西泠印社	2021-07-24
清 陈希濂铭长方淌池端砚	16.9cm×11.2cm×2.6cm	43,700	西泠印社	2021-07-24
清 柳清源铭森甫书瓜瓞绵绵随形端砚	11.2cm×8cm×1.2cm	43,700	西泠印社	2021-07-24
清 徐林铭晋泰元二年汉砖砚	10.5cm×17.9cm×4.4cm	43,700	西泠印社	2021-07-24
清 康绍镛制仿古铜镜式金星歙砚	径9.9cm×1.2cm	43,700	西泠印社	2021-07-24
清 纪昀款鱼化龙端砚和云月石眼素端砚（各一方）	长19.3cm; 长9.6cm	41,731	中国嘉德	2021-10-12
清 傅栻铭端砚	长15cm	40,250	中国嘉德	2021-05-19
清 祥云常驻砚	长13.8cm; 宽10cm	40,250	中贸圣佳	2021-12-29
清 朱彝尊款长方端砚	17.6cm×12.5cm×3.7cm	40,250	西泠印社	2021-01-15
清 井田随形老坑端砚	17.5cm×18cm×8.7cm	40,250	西泠印社	2021-01-15
清 河图洛书方形端砚	14.1cm×14.1cm×3.1cm	40,250	西泠印社	2021-01-15
清 梁鼎芬“玉湉词主”款端石瓜蝶砚	16cm×9.5cm×1.6cm	40,250	中国嘉德	2021-05-19
清 庄缙度铭永奉无疆汉瓦当砚	16cm×2.3cm	40,250	西泠印社	2021-07-24
清 抄手端砚	25cm×13cm×4.2cm	40,250	西泠印社	2021-07-24
清 青藤老人款端溪有眼龙凤呈祥砚	长24.4cm	39,790	中国嘉德	2021-04-21
清 香草斋铭长方淌池绿端砚	7.9cm×5.6cm×1cm	39,100	西泠印社	2021-07-24
清 端石灵芝纹砚带红木盒	2.5cm×13cm×15cm	37,950	广东崇正	2021-01-07
清 高塏铭蕉叶守宫纹随形端砚	13.4cm×10.7cm×1.8cm	36,800	西泠印社	2021-01-15
清 金邠卿铭汉富贵砖砚	13.3cm×10.8cm×5.7cm	36,800	西泠印社	2021-01-15
清 风字端砚	14.3cm×12.7cm×3.5cm	36,800	西泠印社	2021-01-15
清 端石仿汉细纹圆壶砚连天地盖	长12.3cm	36,800	中鸿信	2021-07-14
清 鸲鹆眼仔石端砚	13.6cm×14cm×2.2cm	36,800	西泠印社	2021-07-24
清 端石松菊纹砚配嵌玉砚盒	长18.5cm; 宽12.6cm	34,500	中贸圣佳	2021-03-26
清 刻铭文石鼓砚	直径11.8cm; 高4cm	34,500	中贸圣佳	2021-03-26
清 澄泥淌池砚	长17cm	34,500	十竹斋拍卖（北京）	2021-05-29
清 吴鸿勋款端石诗文天成砚	长21.5cm	34,500	中国嘉德	2021-09-28
清 梁诗正款端石喜蛛莲叶砚	长15.3cm	34,500	中国嘉德	2021-09-28
清 顾二娘款灵芝端砚	长11.5cm; 宽8.3cm	34,500	中贸圣佳	2021-09-26
清 端石玉兔朝月御题诗砚	2.2cm×11cm×10.5cm	34,500	广东崇正	2021-01-07
清 拭庵铭随形竹节端砚	17.3cm×10.3cm×2.2cm	34,500	西泠印社	2021-01-15
清 阮伯元注大戴礼砚	16.1cm×10.9cm×2.8cm	34,500	西泠印社	2021-01-15
清 苍岩款夔龙纹门字池抄手端砚	19.8cm×12.3cm×3.8cm	34,500	西泠印社	2021-01-15
清 万其谊铭绿玉金星歙砚	13.4cm×10.8cm×2.4cm	34,500	西泠印社	2021-01-15
清 仿青铜纹石渠端砚	12.1cm×11.8cm×3cm	34,500	西泠印社	2021-01-15
清 鹅池抄手绿端砚	29.3cm×18cm×9.8cm	34,500	西泠印社	2021-01-15
清 东井清泉长方端砚	33.9cm×24cm×5cm	34,500	西泠印社	2021-01-15
清 椭圆形淌池端砚	14.4cm×11cm×2.1cm	34,500	西泠印社	2021-01-15
清 端石老坑荷叶式砚	18.3cm×15.2cm×2.6cm	34,500	广东崇正	2021-07-19
清 李振裕铭井田澄泥砚	长20cm	34,500	朵云轩	2021-07-07
清 擘经室藏第十五砚	16.3cm×10cm×3.5cm	34,500	西泠印社	2021-07-24
清 风字形端砚	13.7cm×11.6cm×2.2cm	34,500	西泠印社	2021-07-24
清 花鸟纹云月池长方端砚	21.6cm×15.8cm×1.5cm	34,500	西泠印社	2021-07-24
清 蒋廷锡款端石回池砚	长15.6cm	32,200	中国嘉德	2021-09-28
清 紫云仙馆藏云纹端砚	12.6cm×13.8cm×2.7cm	32,200	西泠印社	2021-01-15
清 海兽纹长方抄手多眼端砚	11cm×5.9cm×3.3cm	32,200	西泠印社	2021-01-15
清 端砚（二方）	14.3cm×9.7cm×1.9cm; 15cm×10.3cm×2cm	32,200	西泠印社	2021-01-15
清 端石老坑夔龙纹“张荫桓”款铭文砚	15.4cm×10.1cm×2.1cm	32,200	广东崇正	2021-07-19
清 端石博古纹方形砚	11cm×11cm×4.5cm	32,200	广东崇正	2021-07-19
清 乔光烈铭随形仔石端砚	13.5cm×13cm×1.8cm	32,200	西泠印社	2021-07-24
清 王启曾铭长方平板豆斑砚	19.5cm×13.4cm×2.2cm	32,200	西泠印社	2021-07-24
清 汪福庆作太平有象长方歙砚	12.8cm×8.1cm×1.1cm	32,200	西泠印社	2021-07-24
清 云蝠纹端砚和虫趣纹端砚（各一件）	长18.5cm; 长16.5cm	31,795	中国嘉德	2021-10-12
清 仿竹节端砚和仿山石端砚（各一件）	长21.5cm; 长14cm	31,795	中国嘉德	2021-10-12
清 居巢款端石水坑板砚	长18cm	31,795	中国嘉德	2021-10-12
清 端砚（两方）	长17.5cm; 长12cm	31,795	中国嘉德	2021-10-12
清 端石钟形砚带天地盖	2.2cm×10cm×15.5cm	31,050	广东崇正	2021-01-07
清 端石“王翚”款云纹砚(带盒)	21cm×16.5cm×2.5cm	29,900	广东崇正	2021-01-07
清 端石老坑龟驮碑图砚	23.6cm×14.7cm×7.3cm	29,900	广东崇正	2021-07-19
清 南村款抄手砚	16.5cm×10cm	29,900	朵云轩	2021-09-19
清 老坑端石“伊秉绶”款砚(带盒)	11cm×10cm×1.5cm	28,750	广东崇正	2021-01-07
清 匋斋藏桃形瓦当砚	7.8cm×7.4cm×1.5cm	28,750	西泠印社	2021-01-15
清 卧牛池随形端砚	22.1cm×14.7cm×3.3cm	28,750	西泠印社	2021-01-15

(成交价RMB：1万元以上)

拍品名称	物品尺寸	成交价RMB	拍卖公司	拍卖日期
清 高凤翰、陈奕禧、林在峨、董沧门款井田砚	高5.4cm; 长18cm; 宽13.5cm	28,750	西泠印社	2021-04-10
清 步瀛款端石海水云纹砚	14.5cm×9.8cm×1.7cm	28,750	中国嘉德	2021-05-19
清 显亲王书铭文螭龙纹抄手砚	长21cm	28,750	北京保利	2021-06-08
清 汪恭铭太史砚(大漆盒)	长19.5cm	28,750	北京保利	2021-06-08
清 白端夔龙纹砚	18.4cm×11.7cm×3cm	28,750	广东崇正	2021-07-19
清 月汀主人铭松鹤纹长方端砚	17cm×11.3cm×2.4cm	28,750	西泠印社	2021-07-24
清 李汝谦铭瓜瓞绵绵随形端砚	13.7cm×10.7cm×1.3cm	28,750	西泠印社	2021-07-24
清 乔光烈铭长方门字池白端砚	10.5cm×8cm×2.5cm	28,750	西泠印社	2021-07-24
清 随形梅桩端砚	16.1cm×10.3cm×3cm	28,750	西泠印社	2021-07-24
清 平板端砚	14.8cm×9.8cm×1.7cm	28,750	西泠印社	2021-07-24
清 端砚（二方）	16.6cm×7.5cm×1.8cm; 16.2cm×9.7cm×3cm	28,750	西泠印社	2021-07-24
清 周梦坡铭端砚	长8cm; 宽5.5cm	28,750	朵云轩	2021-09-19
清 瓜果形端砚	长16.5cm	27,821	中国嘉德	2021-10-12
清 端石瓜形砚(带盒)	13.5cm×10.5cm×1.8cm	26,450	广东崇正	2021-01-07
清 凤鸟绳结纹端砚	高2.3cm; 长16.5cm; 宽10.5cm	26,450	西泠印社	2021-04-10
清 “岫君”款山水纹端砚	27.5cm×18cm	25,300	古天一	2021-06-07
清 孙葆元款夔龙纹白端砚	长9.5cm; 宽6.8cm	25,300	中贸圣佳	2021-12-29
清 端石随形石子砚	16cm×16cm×5cm	25,300	广东崇正	2021-01-07
清 荷叶纹瓦当砚	径17.3cm×2.6cm	25,300	西泠印社	2021-01-15
清 金蟾吐瑞随形端砚	25.5cm×18.2cm×2.5cm	25,300	西泠印社	2021-01-15
清 夔龙纹双环端砚	21.9cm×13.4cm×2.1cm	25,300	西泠印社	2021-01-15
清 半月形诗文砖砚	高4.7cm; 长15cm; 宽8.2cm	25,300	西泠印社	2021-01-16
清 翁方纲铭云纹端砚	长12.8cm	25,300	朵云轩	2021-07-07
清 赵怡铭瓜瓞绵绵长方端砚	12.7cm×9.3cm×1cm	25,300	西泠印社	2021-07-24
清 金佩芬铭芷香女史填词砚	9.8cm×9.8cm×2.9cm	25,300	西泠印社	2021-07-24
清 云纹长方端砚	24.5cm×16cm×3.9cm	25,300	西泠印社	2021-07-24
清 端石螭龙纹砚	29.5cm×18cm×3cm	23,000	十竹斋拍卖（北京）	2021-05-29
清 鱼化龙纹端砚	长24.5cm	23,000	北京保利	2021-01-09
清 歙砚御砚成亲王款	16cm×16cm×3.2cm	23,000	广东崇正	2021-01-07
清 端石云龙纹砚(带盒)	21.5cm×14.5cm×2cm	23,000	广东崇正	2021-01-07
清 麻子坑端石七星砚(带盒)	19cm×13cm×2cm	23,000	广东崇正	2021-01-07
清 麻子坑端石云蝠纹双面砚(带盒)	22cm×14.5cm×1.5cm	23,000	广东崇正	2021-01-07
清 梁同书款门字池长方端砚	18.5cm×11.4cm×4.5cm	23,000	西泠印社	2021-01-15
清 岑子屏铭蕉叶纹端砚	15.3cm×10.4cm×1.8cm	23,000	西泠印社	2021-01-15
清 吴庆坻铭云龙纹长方端砚	13.6cm×9.4cm×1.9cm	23,000	西泠印社	2021-01-15
清 沈宗骞铭蕉叶歙砚	13.7cm×10.1cm×1.1cm	23,000	西泠印社	2021-01-15
清 高眼双面玉兰端砚	12.8cm×12.2cm×2.3cm	23,000	西泠印社	2021-01-15
清 龙纹随形苴却石砚	14.5cm×7.2cm×1.5cm	23,000	西泠印社	2021-01-15
清 云蝠纹随形端砚	33.5cm×25.5cm×3.4cm	23,000	西泠印社	2021-01-15
清 梁仪作一苇渡江长方端砚	15.6cm×10.2cm×2.4cm	23,000	西泠印社	2021-01-15
清 太平有象长方歙砚	14.1cm×11.8cm×1.9cm	23,000	西泠印社	2021-01-15
清 邵志纯铭端石竹节砚	18cm×15cm×3.8cm	23,000	中国嘉德	2021-05-19
清 吴大澂刻砚铭带盒端砚	长15cm; 宽10cm; 高2.3cm	23,000	江苏汇中	2021-05-14
清 白端随形砚	长21cm	23,000	江苏汇中	2021-05-14
清 玉雕螭龙纹砚(紫檀盖)	长9cm	23,000	华艺国际	2021-06-04
清 端石“牛气冲天”砚(原红木盒)	长22.5cm	23,000	北京保利	2021-06-08
清 端石老坑张伯英款五牛图砚	11.6cm×7.5cm×2.6cm	23,000	广东崇正	2021-07-19
清 吴曼公旧藏平板端砚	长23cm	23,000	朵云轩	2021-07-07
清 八大山人款端砚	长15.5cm	23,000	中鸿信	2021-07-14
清 长生无极汉瓦当砚	16.8cm×17.2cm×3.3cm	23,000	西泠印社	2021-07-24
清 容斋藏双龙纹淌池端砚	17.8cm×11.5cm×3.2cm	23,000	西泠印社	2021-07-24
清 王石甫铭长方抄手端砚	15.6cm×10cm×3.6cm	23,000	西泠印社	2021-07-24
清 申锡制货布紫砂砚	13.9cm×8.5cm×1.5cm	23,000	西泠印社	2021-07-24
清 钟形端砚	16cm×12.3cm×2.3cm	23,000	西泠印社	2021-07-24
清 汪士元藏云龙纹平板端砚	14.5cm×17cm×2.5cm	23,000	西泠印社	2021-07-24
清 仕女图随形老坑端砚	15.1cm×11.7cm×1.7cm	23,000	西泠印社	2021-07-24
清 石樵款端砚	长14.4cm; 宽10.5cm; 高3.5cm	22,700	十竹斋拍卖（北京）	2021-04-25
清 金农款诗文双环两面端砚	长17.2cm	22,700	北京保利	2021-08-09
清 王福庵款端石花卉纹大砚	长23.6cm	20,700	中国嘉德	2021-03-30
清 吴隐款端石卧牛砚	长20.8cm	20,700	中国嘉德	2021-09-28
清 端石“马荃”款鹅形砚(带盒)	11cm×8cm×1.5cm	20,700	广东崇正	2021-01-07
清 端石随形叶形砚	直径19cm; 高4cm	20,700	广东崇正	2021-01-07
清 端石“钱坫”款牛首砚(带盒)	17.5cm×12cm×2.4cm	20,700	广东崇正	2021-01-07
清 袁承绂铭夔龙纹长方端砚	20.2cm×13.3cm×3.3cm	20,700	西泠印社	2021-01-15
清 云龙随形端砚	18cm×13.2cm×4.5cm	20,700	西泠印社	2021-01-15
清 龙凤纹随形端砚	16.6cm×11.6cm×3.7cm	20,700	西泠印社	2021-01-15
清 竹纹平板端砚	17.8cm×11.9cm×2cm	20,700	西泠印社	2021-01-15
清 豆斑砚	14.1cm×4.3cm×1.3cm	20,700	西泠印社	2021-01-15
清 浮雕云蝠纹端砚	高3cm; 长19cm; 宽12.7cm	20,700	西泠印社	2021-01-16
清 马首端砚	高5.4cm; 长19.5cm; 宽11.9cm	20,700	西泠印社	2021-04-10
清 端石孙木淮藏大雁图砚	9.8cm×6.2cm×1.9cm	20,700	广东崇正	2021-07-19
清 柿形如意随形端砚	长15.5cm	20,700	朵云轩	2021-07-07

拍品名称	物品尺寸	成交价RMB	拍卖公司	拍卖日期
清 苗席珍铭风字形双足端砚	15.4cm×12.4cm×1.9cm	20,700	西泠印社	2021-07-24
清 平板端砚	23.8cm×15.4cm×2.3cm	20,700	西泠印社	2021-07-24
清 端溪螭龙纹砚	长22.7cm	19,872	中国嘉德	2021-10-14
清 端石冯敏昌款铭文砚带原配红木盒	20.5cm×17cm×3cm	19,550	广东崇正	2021-01-07
清 端石随形海天云纹砚(带盒)	19cm×22.5cm×3cm	18,400	广东崇正	2021-01-07
清 端石“何丹山”款蕉叶砚(带盒)	17.5cm×19cm×1.8cm	18,400	广东崇正	2021-01-07
清 白端灵芝铭文纹砚	18.2cm×12cm×3.2cm	18,400	广东崇正	2021-07-19
清 螭龙纹端砚	长18cm	17,885	中国嘉德	2021-10-12
民国 “积福歌仙人图”端砚	长22.5cm	307,875	佳士得	2021-12-03
民国 老坑端石随形淌池砚	48cm×30cm×4.3cm	218,500	广东崇正	2021-07-19
民国 张石园藏 陈端友作 仿唐海兽葡萄镜黄蠖村砚	直径10.5cm	195,500	中贸圣佳	2021-03-26
民国 弘一铭紫檀盖红丝砚	高4cm; 长20cm; 宽11cm	184,000	西泠印社	2021-01-16
民国 黄宾虹铭随形歙砚	9.3cm×9.3cm×1.2cm	115,000	中国嘉德	2021-05-19
民国 大西洞老坑端石砚板	28.5cm×18cm×2.2cm	92,000	广东崇正	2021-07-19
民国 杨沂孙铭端砚	高2.5cm; 长14.7cm; 宽8.5cm	86,250	西泠印社	2021-04-10
民国 端石老坑“白石翁画 西厓刻”款虫趣图平板砚	长18cm	86,250	广东崇正	2021-07-19
民国 端石方介堪刻于寒之友社铭文砚带原配紫檀天地盖	2.5cm×7.3cm×8.2cm	34,500	广东崇正	2021-01-07
民国 澄泥蕉叶砚(石楠生款瘿木盒)	22.5cm×15.1cm×2.4cm	34,500	广东崇正	2021-07-19
民国 陈端友款蚕桑端砚	长8cm	34,500	朵云轩	2021-07-07
民国 红丝石海兽纹铜镜砚	直径10.5cm	32,200	中国嘉德	2021-09-28
民国 鞠人款铭文澄泥砚	3.8cm×12cm×20cm	29,900	广东崇正	2021-01-07
民国 澄泥八棱砚及墨残件	16.8cm×16.8cm×2.7cm; 墨尺寸不一	25,300	中国嘉德	2021-05-19
民国 许之衡款铭文端石砚	13cm×20.2cm×2.8cm	25,300	广东崇正	2021-07-19
民国 沈曾植铭端石随形砚(带盒)	14.5cm×14cm×3cm	23,000	广东崇正	2021-07-19
民国 鳝鱼黄澄泥多子多福砚	长13.6cm	20,700	中国嘉德	2021-03-30
民国 郑孝胥铭端砚	长14.8cm	20,700	朵云轩	2021-07-07
近现代 程十发制澄泥百兔砚	砚桌 125cm×91.5cm×94cm; 砚116cm×85cm×13cm	368,000	华艺国际	2021-03-31
吴昌硕铭沈石友藏精卫衔残随形端砚	12.7cm×12cm×2.9cm	4,025,000	西泠印社	2021-01-15
齐白石铭王绍尊藏益寿有余方形端砚	18.3cm×18.3cm×6.3cm	1,725,000	西泠印社	2021-01-15
王褆缩摹石鼓文端砚	9.7cm×14.9cm×2.5cm	644,000	西泠印社	2021-07-24
随形平板老坑端砚	30cm×18.2cm×3.6cm	345,000	西泠印社	2021-07-24
沈石友铭随形端砚	20.2cm×13cm×2.7cm	322,000	西泠印社	2021-01-15
赵之谦 刻汉代刘熊碑砚板	15.5cm×10.7cm×1.3cm	253,000	中鸿信	2021-07-15
近代 如意纹老坑端砚等（五件）	尺寸不一	126,500	朵云轩	2021-07-07
“仓硕第五砚”砖砚	10.5cm×6.8cm×4.7cm	86,250	广东崇正	2021-07-19
端石“云纹”平板砚	27.3cm×19.2cm×2.1cm	82,800	广东崇正	2021-07-19
近代 唐云书画沈觉初刻徐盼秋上款云蝠纹红丝砚	高1.6cm; 长11cm; 宽10.7cm	78,200	西泠印社	2021-01-16
仿唐八楞澄泥砚	直径10.5cm; 高3.5cm	69,000	辽宁省拍	2021-07-04
近代 程十发画沈觉初刻牧羊少女图石砚	长26.5cm; 宽15cm; 高5.5cm	63,250	西泠印社	2021-07-24
梅纹长方天青端砚	25.5cm×15.8cm×2.3cm	48,300	西泠印社	2021-07-24
彭慰高铭端石平板砚(带盒)	19cm×11cm×3.4cm	43,700	广东崇正	2021-07-19
汪士慎款书法端砚	长15cm; 宽9.5cm; 高2.8cm	43,700	十竹斋	2021-06-27
清 刻福寿纹端砚	长30cm; 宽23.5cm; 高3.5cm	40,250	十竹斋	2021-06-27
龚展作春秋第一鼎长方端砚	20.5cm×13.5cm×2.9cm	36,800	西泠印社	2021-01-15
清 澄泥龙纹砚	长17.3cm; 宽12cm; 高2.4cm	36,800	十竹斋	2021-06-27
唐云铭随形端砚	10.9cm×9.5cm×1.8cm	34,500	西泠印社	2021-01-15
清 端石刻字砚	长17.3cm; 宽14cm; 高5.7cm	34,500	十竹斋	2021-06-27
老坑五蝠祥云大端砚	21cm×20.71cm×3.1cm	34,500	朵云轩	2021-07-07
福禄万代带眼双面端砚	17.4cm×12.5cm×2.8cm	34,500	西泠印社	2021-07-24
8寸水牛砚	长20.5cm; 宽11.5cm; 高4.3cm	32,200	辽宁省拍	2021-07-04
林正青刻 砚台、印章（一组两件）	3.3cm×1.8cm×7.9cm; 19.8cm×12.4cm×3.6cm	32,200	中国嘉德	2021-05-19
清 紫檀天地盖琴形砚	长9cm; 宽4.5cm; 高1.7cm	32,200	十竹斋	2021-06-27
龚展作竹根形澄泥砚	24.3cm×19.7cm×4.6cm	28,750	西泠印社	2021-01-15
陈豫钟铭双龙纹端砚(带红木盒)	18cm×12.5cm×1.6cm	28,750	广东崇正	2021-07-19
清 绿端卧牛砚	长19.7cm; 宽12.3cm; 高4.3cm	28,750	十竹斋	2021-06-27
叶宗意 太师少师砚	19.4cm×10.2cm×2.2cm	26,880	上海联合	2021-06-27
梅花坑端石平板砚(带盒)	17.5cm×13.5cm×3.2cm	25,300	广东崇正	2021-07-19
近代 陆俨少款刻山水图云纹端砚	长16.2cm; 宽16cm; 高2.5cm	25,300	西泠印社	2021-07-24

2021杂项拍卖成交汇总(续表)

(成交价RMB：1万元以上)

拍品名称	物品尺寸	成交价RMB	拍卖公司	拍卖日期
谢稚柳书画 歙砚	长15cm; 宽12.5cm; 高1.8cm	23,000	江苏汇中	2021-05-14
陈子奋铭随形端砚	12.3cm×6.7cm×1.5cm	23,000	西泠印社	2021-07-24
带眼仔石端砚	15cm×14cm×3.2cm	23,000	西泠印社	2021-07-24
民国 七研斋主人款 小端砚砚板	长6.2cm; 宽3.8cm; 高0.8cm	19,550	十竹斋	2021-06-27
清乾隆 掐丝珐琅莲纹文房陈设器(一组)	尺寸不一	2,760,000	上海明轩	2021-12-30
清中期 文房用具（一组三件）	长7.1cm; 长10.1cm; 长10.6cm	31,050	中贸圣佳	2021-09-25
清中期 竹黄裁纸刀	长33cm	28,750	北京保利	2021-06-08
清晚期 单色釉文房（六件）	尺寸不一	20,700	中国嘉德	2021-09-29
清 吴昌硕为任伯年铭“画奴”熨纸石	8.4cm×6cm×1.5cm	644,000	西泠印社	2021-01-15
清 黄花梨文具匣	长24cm; 宽23.5cm; 高11.3cm	59,800	西泠印社	2021-07-24
徐雯制“书香茶”文房器紫砂（一组三件）	尺寸不一	356,500	北京保利	2021-12-05
松华斋, 舒莲记素扇面（三十二件）		105,800	华艺国际	2021-12-11
张大千定制大风堂空白扇面	尺寸不一	57,500	华艺国际	2021-06-02
欧洲 黄金镶青金石及祖母绿裁纸刀	长度约为21cm	40,250	北京保利	2021-06-07
钱 币				
古钱币				
先秦 “齐返邦长法化”背“上”一枚	高186.1mm	1,552,500	北京保利	2021-06-08
早期桥梁币一组35枚		253,000	永乐拍卖	2021-05-22
早期贝币一组56枚		115,000	永乐拍卖	2021-05-22
早期鱼币一组35枚		115,000	永乐拍卖	2021-05-22
“莒冶祝”齐明刀		115,000	永乐拍卖	2021-05-22
“晋化”小直刀		115,000	永乐拍卖	2021-05-22
“阴晋半釿”桥足布	高42mm	82,800	永乐拍卖	2021-05-22
先秦　五字刀“节墨之法化”背“日”一枚	高185mm	74,750	北京保利	2021-06-08
先秦　平肩空首布“高”一枚		31,050	北京保利	2021-06-08
先秦　平肩空首布“智”一枚		29,900	北京保利	2021-06-08
先秦　平肩空首布“宗”一枚		28,750	北京保利	2021-06-08
先秦　平肩空首布“高”一枚		28,750	北京保利	2021-06-08
先秦　平肩空首布“伐”一枚		25,300	北京保利	2021-06-08
“吉”字尖首刀		19,550	永乐拍卖	2021-05-22
先秦 平肩空首布“同”	高90mm	21,565	北京保利	2021-08-05
先秦 方足布一组, “渔阳、皮氏、北屈、长子、齐贝、襄垣, 宅阳, 安阳, 藺”		20,430	北京保利	2021-08-05
汉“一刀平五千”一枚		55,200	北京保利	2021-06-08
“节墨之法化”背“安邦”五字刀		138,000	永乐拍卖	2021-12-01
“一刀平五千”金错刀		69,000	永乐拍卖	2021-12-01
先秦齐刀“节墨之法化”背“上”一枚		46,000	北京保利	2021-12-06
“契刀五百”陶范		39,100	永乐拍卖	2021-12-01
“齐法化”背“上”三字刀		36,800	永乐拍卖	2021-12-01
“共”字平肩空首布		34,500	永乐拍卖	2021-12-01
“鱼纹”大尖首刀		32,200	永乐拍卖	2021-12-01
先秦 方足布“兹城”一枚		32,200	北京保利	2021-12-06
汉“一刀平五千”一枚	高76mm	97,750	北京保利	2021-06-08
新莽　一刀平五千	通长74.4mm; 厚4.3mm	66,700	中国嘉德	2021-05-21
十国 楚 马殷　天策府宝	直径42.2mm; 厚4.7mm	529,000	中国嘉德	2021-05-21
“封坪”圜钱		97,750	永乐拍卖	2021-12-01
“寿星童子献瑞”背十二生肖挂花		89,700	永乐拍卖	2021-12-01
“龟龄鹤算”背右月挂花		80,500	永乐拍卖	2021-12-01
新莽　“大泉五十”铜母范	边长 86.0mm×84.2mm	59,800	中国嘉德	2021-12-13
新莽　“货泉”铜母范	边长 59.2mm×59.5mm	40,250	中国嘉德	2021-12-13
“得壹元宝”背上仰月	直径36.3mm	120,750	永乐拍卖	2021-05-22
唐　银“开元通宝”一枚		21,850	北京保利	2021-06-08
五代十国 永安一百	直径31mm	241,500	西泠印社	2021-07-23
五代十国 南唐 李璟　永通泉货	直径32.5mm; 厚1.5mm	80,500	中国嘉德	2021-05-21
五代十国 后唐 李嗣源　天成元宝	直径24mm; 厚1.2mm	74,750	中国嘉德	2021-05-21
五代十国 南唐 李璟　永通泉货	直径39mm; 厚2mm	63,250	中国嘉德	2021-05-21
五代十国 南汉 刘龚　干亨通宝	直径24.1mm; 厚1.3mm	36,800	中国嘉德	2021-05-21
五代十国 后蜀 孟昶　广政通宝	直径24mm; 厚1.5mm	34,500	中国嘉德	2021-05-21
宋“嘉定元宝折十”一枚		143,750	北京保利	2021-12-06
唐 史思明　得壹元宝背上仰月	直径36.4mm	51,750	中国嘉德	2021-12-13
北宋 皇宋通宝九迭篆	直径24.5mm	690,000	西泠印社	2021-07-23
“靖康通宝”银质小平宫钱	23.3mm×1.2mm	161,000	永乐拍卖	2021-05-22
北宋 靖康通宝折二篆书	直径30.2mm	149,500	西泠印社	2021-07-23
北宋 大观通宝折三铁母	直径32.9mm	57,500	西泠印社	2021-07-23
“崇宁通宝”铁母		33,350	永乐拍卖	2021-05-22
“至和重宝”折二		21,850	永乐拍卖	2021-05-22

拍品名称	物品尺寸	成交价RMB	拍卖公司	拍卖日期
北宋 徽宗　崇宁通宝小平	直径24.9, mm; 厚1.6mm	20,700	中国嘉德	2021-05-21
南宋 “天下太平”手雕宫钱	直径76.3mm	644,000	西泠印社	2021-07-23
南宋 太平通宝	直径15.5mm; 重4.2g	345,000	西泠印社	2021-07-23
南宋 临安府行用准三佰文省铜质钱牌	通长69mm	92,000	西泠印社	2021-07-23
南宋 宁宗　嘉定通宝背八小平母钱	直径25.9mm; 厚1.5mm	28,750	中国嘉德	2021-05-21
南宋 宁宗　庆元通宝背六折二母钱	直径31.3mm; 厚1.9mm	23,000	中国嘉德	2021-05-21
“建炎通宝”折二母钱		23,000	永乐拍卖	2021-05-22
宋　十二生肖背龟鹤齐寿压胜钱	直径69.6mm; 厚3mm	57,500	中国嘉德	2021-05-21
宋 仙人图背十二生肖一对	直径56.6mm–57mm	51,750	西泠印社	2021-07-23
“宣和通宝”背“陕”小平		28,750	永乐拍卖	2021-05-22
辽 天庆元宝折十	直径41.1mm	460,000	西泠印社	2021-07-23
辽　畲龙谢钟背家国永安压胜钱	直径29.1mm; 厚3.1mm	69,000	中国嘉德	2021-05-21
辽 天赞通宝背双月	直径24mm	40,250	西泠印社	2021-07-23
西夏 元德通宝	直径24.8mm	46,000	西泠印社	2021-07-23
“大定通宝”折十试铸	43.2mm×3.8mm	3,680,000	永乐拍卖	2021-05-22
金 贞祐通宝折二	直径29.1mm	287,500	西泠印社	2021-07-23
金 宣宗 贞祐通宝折三	直径34.3mm; 厚1.9mm	78,200	中国嘉德	2021-05-21
金 阜昌元宝小平篆书	直径26.1mm	63,250	西泠印社	2021-07-23
金 章宗 泰和重宝篆书折十	直径45.2mm; 厚3.4mm	59,800	中国嘉德	2021-05-21
金 章宗 泰和重宝篆书折十	直径45.3mm; 厚3.5mm	55,200	中国嘉德	2021-05-21
金“泰和重宝”篆书折十型一枚		46,000	北京保利	2021-06-08
金 泰和重宝篆书折十	直径45mm	40,860	北京保利	2021-08-05
金 章宗　泰和重宝篆书折十	直径45.5mm; 厚3.6mm	34,500	中国嘉德	2021-05-21
金 阜昌重宝折三楷书	直径34.7mm	34,500	西泠印社	2021-07-23
金 泰和重宝篆书折十	直径45.7mm	30,645	北京保利	2021-08-05
金 章宗　泰和重宝篆书折十	直径45.3mm; 厚2.9mm	29,900	中国嘉德	2021-05-21
“泰和通宝”背上月		20,700	永乐拍卖	2021-05-22
元 徐天启通宝折三篆书	直径31.9mm	690,000	西泠印社	2021-07-23
元 至正之宝背吉权钞伍钱	直径78.9mm	172,500	西泠印社	2021-07-23
元“阜昌通宝”楷书、篆书折二型一枚		155,250	北京保利	2021-06-08
元 至正之宝背吉权钞壹钱	直径50.8mm	126,500	西泠印社	2021-07-23
元 天佑通宝背五	直径41.3mm	74,750	西泠印社	2021-07-23
元 天佑通宝背叁	直径34.5mm	63,250	西泠印社	2021-07-23
“至正之宝”背“吉·权钞壹钱”		63,250	永乐拍卖	2021-05-22
元 泰和重宝篆书折十合背	直径44.3mm	57,500	西泠印社	2021-07-23
元 龙凤通宝折三	直径34mm	57,500	西泠印社	2021-07-23
元 至正通宝背十壹两重	直径48.6mm	51,750	西泠印社	2021-07-23
元 徐天启通宝折三	直径32.8mm	51,750	西泠印社	2021-07-23
元 龙凤通宝折二	直径28.9mm	46,000	西泠印社	2021-07-23
元 徐天启通宝小平	直径23.5mm	46,000	西泠印社	2021-07-23
元 元贞通宝	直径22mm	40,250	西泠印社	2021-07-23
元 龙凤通宝小平	直径23.8mm	28,750	西泠印社	2021-07-23
“至正通宝”背“寅”小平		27,600	永乐拍卖	2021-05-22
“天佑通宝”背“叁”		25,300	永乐拍卖	2021-05-22
元 天佑通宝折三、折五一对	直径33.4~39.4mm	23,000	西泠印社	2021-01-17
元 大元通宝泰合背	直径45.1mm	20,700	西泠印社	2021-07-23
“天下太平”大型镇库钱		1,955,000	永乐拍卖	2021-12-01
“魁”字背“双凤麒麟图”大型挂花		1,150,000	永乐拍卖	2021-12-01
“六泉十布”一套十六枚		759,000	永乐拍卖	2021-12-01
“寿勿病”酒令钱		345,000	永乐拍卖	2021-12-01
“永通泉货”背老刻花		138,000	永乐拍卖	2021-12-01
元铸　泰和重宝合背	直径43.1mm	36,800	中国嘉德	2021-12-13
西夏 崇宗　元德通宝	直径24.8mm	34,500	中国嘉德	2021-12-13
“泰和重宝”篆书折十		34,500	永乐拍卖	2021-12-01
南宋 高宗　建炎重宝	直径33.7mm	33,350	中国嘉德	2021-12-13
明 洪武通宝背广三	直径33.2mm	230,000	西泠印社	2021-07-23
明 洪武通宝背十广	直径43.7mm	115,000	西泠印社	2021-07-23
明 洪武通宝背十福	直径45.6mm	57,500	西泠印社	2021-07-23
明 太祖 洪武通宝背十福	直径46.8mm; 厚3.3mm	32,200	中国嘉德	2021-05-21
明 “五龙捧圣”背神仙图饰大型压胜钱	直径82.7mm; 厚3.8mm	172,500	中国嘉德	2021-05-21
明 嘉靖通宝开炉大钱	直径53.2mm	149,500	西泠印社	2021-07-23
明 崇祯通宝折十光背	直径43.8mm	138,000	西泠印社	2021-07-23
明 天启通宝镇十	直径44.7mm	103,500	西泠印社	2021-07-23
明“天启通宝”背“密十一两”一枚		55,200	北京保利	2021-06-08
明 大中通宝背浙一套五枚	直径24.3~45.8mm	40,250	西泠印社	2021-07-23
明“天启通宝”背“府”折十型一枚		40,250	北京保利	2021-06-08
明 天启通宝背十一两	直径48.1mm	38,590	北京保利	2021-08-05
明“大中通宝”背“十浙”“十豫”二枚		34,500	北京保利	2021-06-08
明 天启通宝背十一两一对	直径47.4mm	23,000	西泠印社	2021-01-17
清 世祖　顺治通宝背二	直径27.6mm; 厚1.5mm	20,700	中国嘉德	2021-05-21
清 川炉　康熙通宝满汉台	直径28mm; 厚1.4mm	19,550	中国嘉德	2021-05-21
“雍正通宝”背“宝黔”折二型		46,000	永乐拍卖	2021-05-22
清 世宗　雍正通宝背宝黔折二	直径29.3mm; 厚1.6mm	28,750	中国嘉德	2021-05-21
清 雍正通宝宝巩广穿小字	直径26.3mm	26,450	西泠印社	2021-07-23
清高宗 “乾隆通宝”背宝源小平祖钱	直径26.1mm	172,500	中国嘉德	2021-05-21
清 乾隆通宝宝苏小平样钱	直径28.1mm	54,050	西泠印社	2021-01-17

(成交价RMB：1万元以上)

拍品名称	物品尺寸	成交价RMB	拍卖公司	拍卖日期
清 乾隆通宝背天下太平宫钱	直径36.1mm；厚2.3mm	48,300	中国嘉德	2021-05-21
清 乾隆通宝宝云雕母	直径25.9mm	46,000	西泠印社	2021-07-23
清 乾隆通宝天下太平宫钱(细字板)	直径36.7mm	40,250	西泠印社	2021-07-23
清 乾隆通宝天下太平宫钱	直径35.4mm	34,500	西泠印社	2021-07-23
清"嘉庆通宝"背"天下太平"一枚	直径63mm	448,500	北京保利	2021-06-08
清 嘉庆通宝天下太平宫钱	直径35.5mm	34,500	西泠印社	2021-07-23
清 嘉庆通宝宝苏小平特宽缘样钱	直径28.5mm	20,700	西泠印社	2021-07-23
清 道光通宝天下太平宫钱	直径45.8mm	34,500	西泠印社	2021-07-23
清宣宗 道光通宝背宝泉出头宝母钱	直径23.7mm；厚1.8mm	23,000	中国嘉德	2021-05-21
清 咸丰重宝宝泉当五十雕母	直径58.6mm	2,530,000	西泠印社	2021-07-23
清 咸丰重宝宝直当十雕母	直径38mm	1,127,000	西泠印社	2021-07-23
清 咸丰通宝宝苏斜山丰广穿小平雕母	直径24.5mm	736,000	西泠印社	2021-07-23
清 咸丰元宝宝河当千	直径62.8mm	690,000	西泠印社	2021-07-23
清 咸丰通宝宝福局背二十壹两五钱试铸样	直径50.9mm	644,000	西泠印社	2021-07-23
清 咸丰元宝宝巩当千	直径66.9mm	517,500	西泠印社	2021-07-23
清 咸丰元宝宝陕当千官戳	直径70.6mm	437,000	西泠印社	2021-07-23
清 咸丰重宝宝福二十边计重一两进呈样钱	直径47.4mm	333,500	西泠印社	2021-07-23
清 咸丰元宝宝河当五百	直径57.8mm	264,500	西泠印社	2021-07-23
清 咸丰重宝宝福局缘计重当百	直径72.3mm	264,500	西泠印社	2021-07-23
清 咸丰元宝宝泉当千长千版试铸样钱	直径66.1mm	253,000	西泠印社	2021-07-23
"咸丰重宝"背"宝德当百"		230,000	永乐拍卖	2021-05-22
清 咸丰元宝宝陕当五百	直径63.9mm	207,000	西泠印社	2021-07-23
清 咸丰元宝宝蓟当百	直径54.8mm	207,000	西泠印社	2021-07-23
清 咸丰通宝宝福局背当二十异书样钱	直径45mm	195,500	西泠印社	2021-07-23
清 文宗 咸丰通宝背宝泉五文试铸样钱	直径28mm；厚2.1mm	172,500	中国嘉德	2021-05-21
清 咸丰重宝宝苏当五十样钱	直径62mm	172,500	西泠印社	2021-07-23
清 咸丰通宝宝福局背当五十大字宽缘木质样钱或母钱	直径71.9mm	172,500	西泠印社	2021-07-23
清 咸丰重宝宝泉当五十样钱	直径55.3mm	149,500	西泠印社	2021-07-23
清 文宗 咸丰重宝宝福五十外记重二两五钱	直径58.1mm；厚5.5mm	138,000	中国嘉德	2021-05-21
清 咸丰元宝宝苏当百大满宝	直径59.9mm	138,000	西泠印社	2021-07-23
清 咸丰元宝宝苏当百行楷	直径59.3mm	120,750	西泠印社	2021-07-23
清 咸丰重宝宝泉星月当千	直径59.9mm	103,500	西泠印社	2021-07-23
清 咸丰元宝宝苏当百撇咸刻花	直径61.2mm	103,500	西泠印社	2021-07-23
清 文宗 咸丰重宝宝福一百	直径70.9mm；厚7.1mm	97,750	中国嘉德	2021-05-21
清 咸丰通宝天下太平宫钱	直径45.2mm	92,000	西泠印社	2021-07-23
清 咸丰元宝宝泉当千大字短尾宝	直径63.5mm	92,000	西泠印社	2021-07-23
清 咸丰通宝一统天下宫钱	直径45.9mm	82,800	西泠印社	2021-07-23
清 咸丰重宝宝源当五十试铸样钱	直径43.2mm	80,500	西泠印社	2021-07-23
清 咸丰重宝宝福一百	直径68.7mm	80,500	西泠印社	2021-07-23
清代宝桂局"咸丰重宝"当五十一枚	直径55mm	74,750	北京诚轩	2021-05-21
清 咸丰元宝宝泉当千	直径62mm	74,750	西泠印社	2021-07-23
清 咸丰重宝宝福五十边计重二两五钱	直径58.1mm	74,750	西泠印社	2021-07-23
清 咸丰元宝宝源当千	直径62mm	69,000	西泠印社	2021-07-23
清 咸丰重宝宝泉当十铁母	直径38.5mm	69,000	西泠印社	2021-07-23
清代宝泉局"咸丰元宝"当千一枚	直径62.5mm	66,700	北京诚轩	2021-05-21
清 咸丰通宝宝福一百	直径71.9mm	57,500	西泠印社	2021-07-23
清"咸丰元宝宝泉当千"一枚		57,500	北京保利	2021-06-08
"咸丰重宝"背"宝泉当十"母钱		55,200	永乐拍卖	2021-05-22
清 咸丰元宝宝泉当千出头宝	直径61mm	55,200	西泠印社	2021-07-23
清 咸丰重宝、通宝宝福五十一对	直径57~57.4mm	52,900	西泠印社	2021-07-23
清 咸丰元宝宝泉当千大样	直径64.1mm	51,750	西泠印社	2021-07-23
清 咸丰制钱一组十九枚		51,750	中国嘉德	2021-05-21
"咸丰重宝"背"宝源当十"母钱		51,750	永乐拍卖	2021-05-22
清 文宗 咸丰通宝宝福一百	直径71.4mm；厚7.4mm	47,150	中国嘉德	2021-05-21
清 文宗 咸丰重宝宝福一百	直径70.9mm；厚7.5mm	46,000	中国嘉德	2021-05-21
清 咸丰元宝宝苏当百大二元	直径57mm	46,000	西泠印社	2021-07-23
清"咸丰元宝宝泉五百"一枚		46,000	北京保利	2021-06-08
清 文宗 咸丰重宝宝福五十外记重二两五钱	直径57.8mm；厚5.9mm	43,700	中国嘉德	2021-05-21
清"咸丰元宝宝源五百"一枚		43,700	北京保利	2021-06-08
清 文宗 咸丰元宝宝泉当五百	直径59.8mm；厚3.4mm	40,250	中国嘉德	2021-05-21
清 文宗 咸丰通宝宝福一百	直径71.4mm；厚8.9mm	40,250	中国嘉德	2021-05-21
清"咸丰元宝宝泉五百"刻花一枚		40,250	北京保利	2021-06-08
清 咸丰通宝宝苏小平斜山丰样钱	直径28.4mm	39,100	西泠印社	2021-07-23
清 咸丰元宝宝源当五百	直径56.1mm	36,800	西泠印社	2021-07-23
清 咸丰重宝宝苏当二十	直径39.5mm	36,800	西泠印社	2021-07-23
"咸丰重宝"背"宝泉当十"铁母		36,800	永乐拍卖	2021-05-22

拍品名称	物品尺寸	成交价RMB	拍卖公司	拍卖日期
宝福局"咸丰重宝"背"宝福一十"一组十三枚		36,800	永乐拍卖	2021-05-22
清 文宗 咸丰通宝背宝泉小平戴书铁母	直径23mm；厚1.8mm	34,500	中国嘉德	2021-05-21
清 咸丰元宝宝泉当五百	直径59.3mm	34,500	西泠印社	2021-07-23
清 咸丰元宝宝苏当百撇咸细字	直径59.7mm	33,350	西泠印社	2021-07-23
清代宝福局"咸丰重宝"二十外"计重一两"一枚	直径46.9mm	32,200	北京诚轩	2021-05-21
清代宝川局"咸丰重宝"当十母钱一枚	直径37mm	32,200	北京诚轩	2021-05-21
清 咸丰元宝宝苏当百撇咸	直径60.4mm	26,450	西泠印社	2021-07-23
清"咸丰通宝宝福一百"一枚		25,300	北京保利	2021-06-08
"咸丰元宝"背"宝苏当百"		23,000	永乐拍卖	2021-05-22
清 咸丰重宝宝源当十大样鎏金刻花	直径37.7mm	21,850	西泠印社	2021-07-23
清 咸丰重宝宝苏当五十大宝盖	直径53.7mm	20,700	西泠印社	2021-07-23
清 文宗 咸丰重宝宝福二十，外记重一两	直径47.6mm；厚4.1mm	18,400	中国嘉德	2021-05-21
清"咸丰元宝宝德当百"一枚		18,400	北京保利	2021-06-08
清 光绪通宝宝福局大型方孔机制铝质鎏银大型样币	直径17.5mm	103,500	西泠印社	2021-07-23
清 宝吉局造光绪通宝金样钱	直径26.8mm；重30.7g	92,000	西泠印社	2021-01-17
清 光绪重宝宝泉右上星当拾母钱	直径28.5mm	80,500	西泠印社	2021-07-23
清 光绪通宝天下太平宫钱	直径47.2mm	66,700	西泠印社	2021-07-23
清 光绪通宝天下太平宫钱	直径45.3mm	48,300	西泠印社	2021-07-23
1890年"光绪通宝"背满文"宝广"机制方孔黄铜币试铸样币一枚		46,000	北京诚轩	2021-05-20
1896年"光绪通宝"背满文"宝宁"机制方孔黄铜币试铸样币一枚		43,700	北京诚轩	2021-05-20
1890年"光绪通宝"背满文"宝苏"机制方孔黄铜币一枚		19,550	北京诚轩	2021-05-20
清 宣统通宝宝福局方孔机制双倍加厚型重轮样币	直径16mm；厚度1.4mm	92,000	西泠印社	2021-07-23
清 富寿康宁篆书宫钱	直径59mm；重170.3g	460,000	西泠印社	2021-01-17
清 祺祥通宝宝源小平	直径28.1mm	414,000	西泠印社	2021-07-23
清 祺祥重宝宝源当十	直径35.8mm	218,500	西泠印社	2021-07-23
清 祺祥重宝背同治重宝	直径34.9mm	161,000	西泠印社	2021-07-23
清 鹰洋一组一百五十七枚	直径39mm	126,500	西泠印社	2021-07-23
清 咸丰通宝宝苏当五样钱	直径30.9mm	109,250	西泠印社	2021-01-17
清 咸丰重宝宝福局当五背上星试铸样钱	直径33.7mm	103,500	西泠印社	2021-01-17
清 五福背封神公方孔压胜钱	直径49.6mm；厚3.1mm	86,250	中国嘉德	2021-05-21
清 咸丰通宝宝福一百	直径71.7mm	82,800	西泠印社	2021-01-17
清 咸丰通宝宝福一百黄铜广穿小样	直径65.9mm	80,500	西泠印社	2021-01-17
清 咸丰重宝宝福一百	直径71.1mm	74,750	西泠印社	2021-01-17
清 宝桂当十合面钱	直径40mm	69,000	西泠印社	2021-07-23
清 同治通宝天下太平宫钱	直径40.4mm	63,250	西泠印社	2021-07-23
清 咸丰重宝宝福五十外计重二两五钱	直径58mm	41,995	北京保利	2021-08-05
清 同治重宝宝巩当十部颁样	直径33.86mm	40,250	西泠印社	2021-01-17
清 咸丰元宝宝源当百母钱	直径48.3mm	40,250	西泠印社	2021-01-17
清 大观通宝行书压胜钱	直径28.9mm	33,350	西泠印社	2021-07-23
清初 吴三桂 利用通宝背横壹分	直径42.5mm；厚2mm	23,000	中国嘉德	2021-05-21
清 咸丰重宝宝源当十样钱	直径37.5mm	23,000	西泠印社	2021-01-17
清 咸丰重宝宝泉当十铁母	直径38.4mm	20,700	西泠印社	2021-01-17
1912年袁世凯像共和纪念十文铜币一枚		598,000	北京诚轩	2021-05-19
民国 闽省通用二文试铸样钱	直径26.3mm	161,000	西泠印社	2021-01-17
民国十四年(1925年)四川省造伍分白铜样币		126,500	中国嘉德	2021-05-22
民国十四年四川背嘉禾伍分镍币白铜样币一枚		80,500	北京诚轩	2021-05-20
民国十九年四川党徽梅花图贰分铜辅币试铸样币一枚		74,750	北京诚轩	2021-05-20
民国 福建通宝三文试铸样钱	直径23.9mm	69,000	西泠印社	2021-01-17
1919年云南省造唐继尧像纪念铜币黄铜五十文一枚		40,250	北京诚轩	2021-05-19
民国三十年孙中山像背布图十分镍币铜质样币一枚		39,100	北京诚轩	2021-05-19
民国 福建通宝二文黄铜样钱	直径24.5mm	34,500	西泠印社	2021-07-23
民国三十八年孙中山像背台湾省地图壹角银币黄铜样币一枚		34,500	北京诚轩	2021-05-20
民国 福建通宝一文宽缘大样试铸币	直径21.5m	34,500	西泠印社	2021-07-23
民国 福建通宝一文一对	直径20mm×2	23,000	西泠印社	2021-07-23
民国时期常州龙虎塘壹角铜质代用币一枚		23,000	北京诚轩	2021-05-20
清 咸丰重宝宝泉当五十直读试铸样钱一枚		989,000	北京保利	2021-12-06

2021杂项拍卖成交汇总(续表)

(成交价RMB：1万元以上)

拍品名称	物品尺寸	成交价RMB	拍卖公司	拍卖日期
贵霜 伽腻色迦一世释迦佛像金币、铜币一对	直径12.2~25.7mm;金币重2g;铜币重16.9g	437,000	西泠印社	2021-01-17
"咸丰重宝"背"宝苏当三十"样钱		368,000	永乐拍卖	2021-12-01
清 "咸丰元宝宝巩当五百"一枚		276,000	北京保利	2021-12-06
"崇祯通宝"折十光背开炉大钱		230,000	永乐拍卖	2021-12-01
"咸丰重宝"背"宝泉当十"缶宝小字铁母、铁钱两枚		230,000	永乐拍卖	2021-12-01
清代宝源局"光绪通宝"小平雕母一枚	直径23.6mm	218,500	北京诚轩	2021-12-02
"应感通宝"		189,750	永乐拍卖	2021-12-01
清 文宗 咸丰元宝克勤郡王当五百母钱	直径55.7mm	184,000	中国嘉德	2021-12-13
"咸丰重宝"背"宝福一百"		184,000	永乐拍卖	2021-12-01
"咸丰重宝"背"宝泉当十"戴书铁母		172,500	永乐拍卖	2021-12-01
清 文宗 咸丰元宝宝陕当五百	直径64.2mm	161,000	中国嘉德	2021-12-13
清代宝泉局"咸丰元宝"当千样钱一枚	直径63.7mm	155,250	北京诚轩	2021-12-02
"咸丰元宝"背"宝泉星月当百"母钱		155,250	永乐拍卖	2021-12-01
"咸丰元宝"背"宝泉星月当千"		155,250	永乐拍卖	2021-12-01
"咸丰元宝"背"宝巩当百"母钱		149,500	永乐拍卖	2021-12-01
清 文宗 咸丰元宝宝泉当五百	直径57.1mm	138,000	中国嘉德	2021-12-13
清 文宗 咸丰通宝宝福一百异书试铸	直径66.7mm	138,000	中国嘉德	2021-12-13
咸丰重宝宝福重一百，GBCA 美90	直径69.7mm	138,000	华艺国际	2021-12-11
清 "咸丰元宝宝河当百"样钱一枚		138,000	北京保利	2021-12-06
"万姓快活"背人物杂技一组二枚		138,000	永乐拍卖	2021-05-22
"崇祯通宝"背"二"折十开炉大钱		126,500	永乐拍卖	2021-12-01
"咸丰元宝"背"宝泉当百"矮脚元异书		126,500	永乐拍卖	2021-12-01
"咸丰重宝"背"宝巩当五十"直巩母钱		126,500	永乐拍卖	2021-12-01
清 满文"天聪通宝"折十型一枚		126,500	北京保利	2021-12-06
"圣宋通宝"背"当伍"		115,000	永乐拍卖	2021-12-01
"咸丰元宝"背"宝源当千"		115,000	永乐拍卖	2021-12-01
"咸丰元宝"背"宝泉当千"异书		115,000	永乐拍卖	2021-12-01
清 文宗 咸丰元宝宝泉当五百	直径59.2mm	105,800	中国嘉德	2021-12-13
清代宝泉局克勤郡王"咸丰元宝"背星月当百母钱一枚	直径50.2mm	103,500	北京诚轩	2021-12-02
"雍正通宝"背"宝武"母钱		103,500	永乐拍卖	2021-12-01
"咸丰重宝"背"宝济当五十"		97,750	永乐拍卖	2021-12-01
清 文宗 咸丰重宝宝福一十边记重五钱母钱	直径36.6mm	92,000	中国嘉德	2021-12-13
"咸丰重宝"背"宝福五十"计重"二两五钱"		92,000	永乐拍卖	2021-12-01
"至元通宝"背玉银质供养钱		82,800	永乐拍卖	2021-12-01
"泰和重宝"篆书折十		80,500	永乐拍卖	2021-12-01
清 "同治通宝三多九如"宫钱一枚		80,500	北京保利	2021-12-06
清 "咸丰重宝宝福五十外计重二两五钱"一枚		80,500	北京保利	2021-12-06
清 文宗 咸丰元宝宝泉当五百大样	直径58.8mm	78,200	中国嘉德	2021-12-13
咸丰重宝宝福内计一十大字大样	直径38mm	78,200	华艺国际	2021-12-11
1899年奉天机器局造光绪通宝紫铜当十钱重二钱四分机制方孔铜币一枚		74,750	北京诚轩	2021-12-01
清 "乾隆通宝宝泉"宫钱一枚		74,750	北京保利	2021-12-06
清 "顺治通宝"背"大清"一枚		74,750	北京保利	2021-12-06
清 文宗 咸丰元宝宝源当五百	直径56.5mm	71,300	中国嘉德	2021-12-13
金 章宗 泰和重宝	直径45.1mm	69,000	中国嘉德	2021-12-13
清 世宗 雍正通宝宝云母钱	直径26.8mm	69,000	中国嘉德	2021-12-13
"泰和重宝"篆书折十		69,000	永乐拍卖	2021-12-01
"乾隆通宝"宝苏局小平双联钱		69,000	永乐拍卖	2021-12-01
清代宝泉局克勤郡王"咸丰元宝"背星月当千一枚	直径60.5mm	59,800	北京诚轩	2021-12-02
清 文宗 咸丰元宝宝泉当五百	直径56.6mm	59,800	中国嘉德	2021-12-13
"至正通宝"背"十 壹两重"		59,800	永乐拍卖	2021-12-01
"咸丰重宝"背"宝泉当十"阔缘铁母		57,500	永乐拍卖	2021-12-01
"咸丰元宝"背"宝苏当百"大二元		57,500	永乐拍卖	2021-12-01
"咸丰重宝"背"宝陕当五十"		57,500	永乐拍卖	2021-12-01
"咸丰重宝"背"宝德当五十"		57,500	永乐拍卖	2021-12-01
清 "咸丰重宝宝云当十"母钱一枚		57,500	北京保利	2021-12-06
历代马钱一组四十六枚		57,500	永乐拍卖	2021-05-22
清 文宗 咸丰通宝宝福一百	直径70.8mm	52,900	中国嘉德	2021-12-13
清 文宗 咸丰重宝宝福五十边记重二两五钱	直径58.3mm	52,900	中国嘉德	2021-12-13
清 文宗 咸丰元宝宝源当五百	直径56.1mm	51,750	中国嘉德	2021-12-13
清 文宗 咸丰通宝宝福一百	直径71.5mm	51,750	中国嘉德	2021-12-13
"咸丰元宝"背"宝苏当百"断笔咸		51,750	永乐拍卖	2021-12-01
清 仁宗 嘉庆通宝宝泉大样背花钱	直径29.9mm	48,300	中国嘉德	2021-12-13
"咸丰元宝"背"宝泉当五百"		47,150	永乐拍卖	2021-12-01
清 仁宗 嘉庆通宝背天下太平宫钱	直径35.9mm	46,000	中国嘉德	2021-12-13
清 文宗 咸丰元宝宝泉当五百	直径57.8mm	46,000	中国嘉德	2021-12-13

拍品名称	物品尺寸	成交价RMB	拍卖公司	拍卖日期
"重和通宝"		46,000	永乐拍卖	2021-12-01
"咸丰重宝"背"宝泉当十"异书铁母		46,000	永乐拍卖	2021-12-01
"咸丰元宝"背"宝泉当五百"		43,700	永乐拍卖	2021-12-01
"至治通宝"小平大、小字一对		40,250	永乐拍卖	2021-12-01
"大观通宝"银质宫廷赏赐钱		40,250	永乐拍卖	2021-12-01
清 "咸丰通宝宝福一百"一枚		40,250	北京保利	2021-12-06
"元德通宝"		39,100	永乐拍卖	2021-12-01
清 文宗 咸丰重宝宝苏当三十	直径46.1mm	36,800	中国嘉德	2021-12-13
"咸丰通宝"背"宝泉"小平母钱		36,800	永乐拍卖	2021-12-01
"咸丰重宝"背"宝苏当三十"		36,800	永乐拍卖	2021-12-01
"咸丰重宝"背"宝河当五十"修刀类母钱		36,800	永乐拍卖	2021-12-01
"康熙通宝"背"满汉陕"部颁式套子钱		34,500	永乐拍卖	2021-12-01
"嘉庆通宝"背"宝苏"小平母钱		34,500	永乐拍卖	2021-12-01
"嘉庆通宝"背"宝泉"大样母钱		34,500	永乐拍卖	2021-12-01
"咸丰重宝"背"宝源当五十"大样		34,500	永乐拍卖	2021-12-01
"咸丰重宝"背"宝苏当三十"		34,500	永乐拍卖	2021-12-01
徐寿辉 "天启通宝"折三		34,500	永乐拍卖	2021-05-22
清 文宗 咸丰重宝一组两枚	直径45.6mm;直径40.9mm	33,350	中国嘉德	2021-12-13
"咸丰重宝"背"宝泉当十"试铸母钱		32,200	永乐拍卖	2021-12-01
"咸丰元宝"背"宝苏当百"		32,200	永乐拍卖	2021-12-01
"咸丰重宝"背"宝福五十"		32,200	永乐拍卖	2021-12-01
"道光通宝"背"天下太平"宫钱		32,200	永乐拍卖	2021-12-01
"大清通宝 顺治 康熙 雍正 乾隆"背八卦纹		32,200	永乐拍卖	2021-12-01
清 "道光通宝天下太平"大型宫钱一枚		32,200	北京保利	2021-12-06
花 钱				
"永通万国"背"将军"手雕花钱		32,200	永乐拍卖	2021-05-22
"永通万国"背"五男二女"花钱		21,850	永乐拍卖	2021-05-22
宋 麻姑献寿背符文花钱	直径80mm	322,000	西泠印社	2021-07-23
宋"松下童子十二生肖"花钱一枚		39,100	北京保利	2021-06-08
宋 真武出行花钱	直径68.7mm	39,100	西泠印社	2021-07-23
宋 地藏王救母背十二生肖花钱	直径57.2mm	33,350	西泠印社	2021-07-23
宋 太上咒真武花钱	直径75.4mm	26,450	西泠印社	2021-07-23
宋"张天师抓妖"花钱一枚		25,300	北京保利	2021-06-08
"长行大吉"光背花钱	直径45.3mm	115,000	永乐拍卖	2021-05-22
辽 龟鹤齐寿花钱	直径61.2mm	69,000	西泠印社	2021-07-23
辽 皇帝万岁背双龙花钱	直径58.7mm	51,750	西泠印社	2021-07-23
辽 一母九子大型花钱	直径57.1mm	26,450	西泠印社	2021-07-23
元 释迦佛出家图镂空花钱	通长67.2mm	64,400	西泠印社	2021-01-17
明 宜兄宜弟花钱	直径76.6mm	448,500	西泠印社	2021-07-23
明 金制花钱(一组三件)	直径2.2cm;直径2.6cm;直径3.8cm;总重70g	92,000	西泠印社	2021-07-24
明 水族花钱一对	直径64.1~67.5mm	20,700	西泠印社	2021-07-23
明 团寿大型花钱	直径67.6mm	20,700	西泠印社	2021-07-23
清 乾隆万年背龙凤大型花钱	直径73.2mm;重94.7g	287,500	西泠印社	2021-01-17
清 刘海戏金蟾花钱摆件一对	高145~230mm	207,000	西泠印社	2021-07-23
清 封侯挂印背四美花钱	直径35.8mm	64,400	西泠印社	2021-07-23
清 富贵寿考吉人天相花钱	直径59.3mm	63,560	北京保利	2021-08-05
清 五子登科背人物花钱	直径51.8mm	57,500	西泠印社	2021-07-23
清 佛教六字真言、龙飞凤舞花钱一对	直径49.9~50.7mm	46,000	西泠印社	2021-07-23
清"一本万利聚宝盆"花钱一枚		44,850	北京保利	2021-06-08
清 状元及第背福鹿花钱	直径53.1mm	41,400	西泠印社	2021-01-17
清 一本万利顺风大吉花钱	直径52.8mm	34,500	西泠印社	2021-01-17
清 三星拱照背宝泉花钱	直径28.0mm	34,500	西泠印社	2021-01-17
清 一本万利背一帆风顺花钱	直径48.8mm	34,500	西泠印社	2021-01-17
清"黄金万两招财进宝"花钱一枚		28,750	北京保利	2021-06-08
清 佛道教银鎏金八卦生肖挂饰花钱	通长59.2mm	25,300	西泠印社	2021-01-17
清 "正大光明"背"延年益寿"花钱一枚	直径42.7mm	24,150	北京诚轩	2021-05-21
清 福禄寿喜合背花钱	直径56.9mm	24,150	西泠印社	2021-07-23
清 富贵珐琅彩花钱	直径70.8mm	24,150	西泠印社	2021-07-23
清 诸神回避背驱邪降福挂花钱	通长57mm;厚2.1mm	23,000	中国嘉德	2021-05-21
清 寿比南山麟趾呈祥浙炉花钱	直径36.4mm	23,000	西泠印社	2021-01-17
清 连中三元魁星点斗花钱	直径51.5mm	20,700	西泠印社	2021-01-17
清 状元及第背福禄刻花花钱	直径50.6mm	20,700	西泠印社	2021-01-17
清 天干地支川炉花钱	直径51.8mm	20,700	西泠印社	2021-07-23
清 招财进宝黄金万两桃形花钱	通长61.1mm	18,400	西泠印社	2021-01-17
"元神 鸡"星官图背双龙戏珠花钱		345,000	永乐拍卖	2021-12-01
太上咒背真武符文 大型花钱	60mm×3.1mm	287,500	永乐拍卖	2021-05-22
"平安吉庆"背吉祥纹花钱		120,750	永乐拍卖	2021-12-01
清代花钱钱树		105,800	永乐拍卖	2021-12-01
"麻姑献寿"背十二生肖花钱		101,200	永乐拍卖	2021-12-01
"福德长寿"背"本命星官"生肖虎花钱		97,750	永乐拍卖	2021-05-22

(成交价RMB：1万元以上)

拍品名称	物品尺寸	成交价RMB	拍卖公司	拍卖日期
“十二生肖”背“大威德明王”大型花钱		92,000	永乐拍卖	2021-05-22
“龟鹤齐寿”背十二生肖花钱		92,000	永乐拍卖	2021-12-01
“周处斩蛟”背“田真哭荆”花钱		86,250	永乐拍卖	2021-12-01
“福禄祯祥十二生肖”背“诗福存天”龙虎斗圆孔大型花钱		86,250	永乐拍卖	2021-12-01
民国 许济赠嘉伦将军金质花钱四枚一组附带原盒	尺寸不一	74,750	华艺国际	2021-12-11
宋 龟鹤齐寿大型花钱	直径60.7mm	69,000	中国嘉德	2021-12-13
宋 福德长寿背本命元神生肖鸡花钱	直径56.3mm	69,000	中国嘉德	2021-12-13
“百贴之宝”花钱		69,000	永乐拍卖	2021-05-22
“福禄祯祥”背吉祥图花钱		66,700	永乐拍卖	2021-12-01
“五福天来”背“四季平安”手雕花钱		66,700	永乐拍卖	2021-12-01
“十二地支生肖文字”背龙纹八卦花钱		63,250	永乐拍卖	2021-12-01
宋至民国 吉语花钱一组五枚		59,800	中国嘉德	2021-12-13
“天下太平”背十二生肖花钱		59,800	永乐拍卖	2021-12-01
“山鬼”背八卦方孔花钱		59,800	永乐拍卖	2021-05-22
老刻花人物花钱一套十枚		57,500	永乐拍卖	2021-12-01
“天赐鸿禧”背吉祥图案花钱		55,200	永乐拍卖	2021-12-01
“连科及第”背“三元”花钱		51,750	永乐拍卖	2021-12-01
“七星玄武”背符文花钱		48,300	永乐拍卖	2021-12-01
“为善最乐”背“双龙戏珠”吉语花钱		48,300	永乐拍卖	2021-05-22
“天干文字”背“十二地支生肖图文”花钱母钱		46,000	永乐拍卖	2021-12-01
“一百零八寿”花钱		46,000	永乐拍卖	2021-12-01
“双龙”背“双凤”花钱		44,850	永乐拍卖	2021-12-01
宋元 钱文、吉语花钱一组五枚		43,700	中国嘉德	2021-12-13
“忍冬纹”刻画花钱		43,700	永乐拍卖	2021-12-01
“长命富贵”背“犀牛望月”花钱		43,700	永乐拍卖	2021-12-01
“千秋万岁”花钱		40,250	永乐拍卖	2021-12-01
“麻姑献寿”背十二生肖花钱		40,250	永乐拍卖	2021-12-01
“福寿延长”符文背星官图生肖牛花钱		40,250	永乐拍卖	2021-12-01
“同治六年七月 福州南城上梁用”花钱		40,250	永乐拍卖	2021-12-01
“四海升平”背“万方乐利”浙炉花钱		40,250	永乐拍卖	2021-12-01
“威凤祥麟”宽缘大样花钱		40,250	永乐拍卖	2021-12-01
“天下太平”素背花钱	直径61mm	40,250	永乐拍卖	2021-12-01
“开通关煞”背八卦花钱		40,250	永乐拍卖	2021-05-22
“本命星官 蛇”背“符咒文”花钱		39,100	永乐拍卖	2021-12-01
“本命星官 猴”背“符咒文”花钱		39,100	永乐拍卖	2021-12-01
清 五毒背神怪故事花钱	直径48.5mm	36,800	中国嘉德	2021-12-13
“家国永安”素背花钱		36,800	永乐拍卖	2021-12-01
“清净圣贤”供养花钱		36,800	永乐拍卖	2021-12-01
“太上咒”背真武符文花钱		36,800	永乐拍卖	2021-12-01
“山鬼”背“八卦”方孔花钱		36,800	永乐拍卖	2021-12-01
“山鬼”背八卦花钱		36,800	永乐拍卖	2021-05-22
“福禄缘神”背“长命富贵”符文花钱		35,650	永乐拍卖	2021-12-01
福文背七星点灯方孔花钱	直径71mm	34,500	华艺国际	2021-12-11
“本命星官 鼠”背“生肖符文”花钱		34,500	永乐拍卖	2021-12-01
“长生不老”背人物故事花钱		34,500	永乐拍卖	2021-12-01
“白马驮经”背“泗州大圣”花钱		34,500	永乐拍卖	2021-12-01
“胡人乐舞”背十二生肖花钱		34,500	永乐拍卖	2021-12-01
“十二生肖”供养花钱一套		34,500	永乐拍卖	2021-12-01
“金玉满堂”背双龙花钱		34,500	永乐拍卖	2021-12-01
“顺风大吉”背“一本万利”花钱		34,500	永乐拍卖	2021-12-01
“六合同春”背“宝泉”花钱		34,500	永乐拍卖	2021-12-01
“福如东海”背“寿胜南山”苏炉吉语花钱		34,500	永乐拍卖	2021-12-01
“独占鳌头”背“文星高照”花钱		34,500	永乐拍卖	2021-12-01
“福寿康宁”光背吉语花钱		34,500	永乐拍卖	2021-05-22
“五铢”背五毒花钱		34,500	永乐拍卖	2021-05-22
宋元 天下太平背十二生肖花钱	直径56mm	33,350	中国嘉德	2021-12-13
“麻姑献寿”背“十二生肖”花钱		33,350	永乐拍卖	2021-12-01
“龟龄鹤寿”背“双龙戏珠”花钱		33,350	永乐拍卖	2021-12-01
“十二生肖图案”双面花钱		33,350	永乐拍卖	2021-12-01
人鱼镂空图案挂花		32,200	永乐拍卖	2021-12-01
“十二生肖”花钱		32,200	永乐拍卖	2021-12-01
“福禄长命”背人物故事花钱		32,200	永乐拍卖	2021-12-01
“长命富贵 金玉满堂”背“五子登科 状元及第”花钱		32,200	永乐拍卖	2021-12-01
“天下太平”素背大型花钱		32,200	永乐拍卖	2021-05-22
宋辽 龙奋谢钟花钱	直径32.1mm	31,050	中国嘉德	2021-12-13
“驱邪降福”背钟馗捉鬼方孔苏炉花钱		31,050	永乐拍卖	2021-05-22
“状元及第”背“福”鹿吉语花钱		28,750	永乐拍卖	2021-05-22
梵文六字真言手雕花钱		23,000	永乐拍卖	2021-05-22
“太上老君 急急如令 雷霆 降精杀鬼”背“敕令符文”四出苏炉道教花钱		23,000	永乐拍卖	2021-05-22

拍品名称	物品尺寸	成交价RMB	拍卖公司	拍卖日期
“福寿双全”背十二生肖大型吉语花钱		23,000	永乐拍卖	2021-05-22
“状元及第 一品当朝”背“福”鹿吉语花钱		23,000	永乐拍卖	2021-05-22
“大泉五十”背四出上月下星花钱		21,850	永乐拍卖	2021-05-22
“长生保命”背“和合二仙”吉语花钱		18,400	永乐拍卖	2021-05-22
金银锭				
元 金叶子	通长87.5mm; 重40g	138,000	西泠印社	2021-07-23
元 南王二郎壹两金叶子	重39.2g	80,500	西泠印社	2021-01-17
元 小李记金牌	通长16.6mm; 重3.8g	57,500	西泠印社	2021-07-23
明 “□记”束腰型二两金锭		333,500	中国嘉德	2021-05-22
清乾隆“臣记”“三益王铺”十两金锭		713,000	中国嘉德	2021-05-22
清 润德款湖南龟宝型十两金元宝	重365.6g	1,725,000	西泠印社	2021-01-17
清 南元足金叶子一组四件	总重188.2g	425,500	西泠印社	2021-07-23
清 南元足金金叶子(方戳、圆戳)一对	总重68g	172,500	西泠印社	2021-01-17
清 南元足金金叶子(方戳)一对	总重63.4g	149,500	西泠印社	2021-01-17
清 江苏镇江京江、京口壹两金条一对	总重62.6g	97,750	西泠印社	2021-01-17
清 南元足金金叶子(方戳)	重49.5g	97,750	西泠印社	2021-01-17
清 南元足金叶子	重38.5g	80,500	西泠印社	2021-07-23
清 南元足金叶子	重33.7g	69,000	西泠印社	2021-07-23
清末民初 “壬 杨庆和 长记 天 足赤”一两金锭		23,000	永乐拍卖	2021-05-22
清末民初 “壬 杨庆和 长记 天 足赤”一两金锭		21,850	永乐拍卖	2021-05-22
民国 上海老凤祥十两金条	通长126.9mm; 重315g	460,000	西泠印社	2021-07-23
民国浙江“宋正顺 赤金”十两金锭		333,500	中国嘉德	2021-05-22
民国 兰州庆云号十两金条	通长61.9mm; 重315.3g	299,000	西泠印社	2021-07-23
1945年“中央造币厂铸 民国三十四年7月”布图五两金条		264,500	中国嘉德	2021-05-22
民国“辛”“杨庆和 发记 天 足赤”双排戳十两金锭		230,000	中国嘉德	2021-05-22
民国 江苏扬州宝庆协记足赤恒福、寿字空心吉语金元宝两对共四枚	总重28.2g	207,000	西泠印社	2021-01-17
民国 上海中央造币厂布图十两金条		207,000	中国嘉德	2021-05-22
民国 陕西宝鸡老宝华华足赤五两金条	通长55.8mm; 重151.9g	207,000	西泠印社	2021-07-23
民国 天津文华加炼赤金五两金条	通长43.7mm; 重156.2g	207,000	西泠印社	2021-07-23
民国中央造币厂制孙像布图五两金条	重156.3g	195,500	西泠印社	2021-01-17
民国 上海裘天宝天足赤壹两金元宝	重31.3g	184,000	西泠印社	2021-01-17
民国 卅四年中央造币厂铸布图三两金条	重93.1g	172,500	西泠印社	2021-01-17
民国 大丰恒足赤五两金砖	重156g	155,250	西泠印社	2021-01-17
民国 甘肃兰州永庆丰上上足赤三两金条	重104.5g	149,500	西泠印社	2021-01-17
民国 上海大丰恒天焓赤壹两金元宝	通长35.8mm; 重31.4g	126,500	西泠印社	2021-07-23
1945年“中央造币厂铸 民国三十四年”布图三两金条		109,250	中国嘉德	2021-05-22
民国 上海辛裘天宝天足赤壹两金元宝	通长25.7mm; 重31.4g	103,500	西泠印社	2021-07-23
民国中央造币厂布图五两金条		101,200	中国嘉德	2021-05-22
民国西北地区“三阳 上上 足赤”五两金锭		94,300	中国嘉德	2021-05-22
民国 香港信行银号伍两金条		92,000	中国嘉德	2021-05-22
民国 云南德胜祥足金赤叶	重31.2g	92,000	西泠印社	2021-01-17
民国 布图壹两、中央造币厂半两、壹两金条一组三枚	总重78.74g	92,000	西泠印社	2021-01-17
民国 布图壹两、中央造币厂半两金条一对一组三枚	总重62.24g	80,500	西泠印社	2021-01-17
民国 江苏泰州双喜吉语壹两金饼	重31.22g	80,500	西泠印社	2021-01-17
民国 布图壹两、半两、中央造币厂制半两金条一组三枚	总重62.53g	79,350	西泠印社	2021-01-17
民国 布图半两一对、中央造币厂造半两金条一组三枚	总重46.9g	69,000	西泠印社	2021-01-17
民国 上海千元永足赤壹两金条	通长27.1mm; 重31.1g	69,000	西泠印社	2021-07-23
民国三十四年重庆中央造币厂铸厂徽布图一两厂条一枚		64,400	北京诚轩	2021-05-21
民国三十四年重庆中央造币厂铸厂徽布图一两厂条一枚		63,250	北京诚轩	2021-05-21
民国 布图壹两、中央造币厂半两金条一对	总重47.13g	58,650	西泠印社	2021-01-17
民国 上海永丰余福焓赤壹两金条	通长26.9mm; 重31.2g	57,500	西泠印社	2021-07-23
民国 上海壹两金条	重31.2g	57,500	西泠印社	2021-01-17
民国 联成兴半两金元宝	重15.2g	57,500	西泠印社	2021-01-17

2021杂项拍卖成交汇总(续表)

(成交价RMB：1万元以上)

拍品名称	物品尺寸	成交价RMB	拍卖公司	拍卖日期
民国 江苏合净公会监炼壹两金条	通长26.3mm;重31g	51,750	西泠印社	2021-07-23
民国时期天津天丰金店金锭二枚套装		51,750	北京诚轩	2021-05-21
民国时期“沈阳华兴 赤金 赤金”一两、半两金锭二枚套装		51,750	北京诚轩	2021-05-21
民国 纯金一两金块(一组三件)	尺寸不一;重93.5g	51,750	保利厦门	2021-11-05
民国上海“上海永丰 壹两 加炼足赤”一两金锭		48,300	中国嘉德	2021-05-22
民国 上海方九霞双喜壹两金条	重31.2g	47,150	西泠印社	2021-01-17
民国江苏“合净 恒和 焓赤 公会监炼”一两金锭		46,000	中国嘉德	2021-05-22
民国“登录商标 金瑞山 足赤”“寅”一两金锭		46,000	中国嘉德	2021-05-22
民国 上海庆福星天记壹两金条	重31.2g	46,000	西泠印社	2021-01-17
民国 上海东来升慎壹两金条	重31.2g	46,000	西泠印社	2021-01-17
民国 贰两金条	重62.4g	46,000	保利厦门	2021-11-05
民国 台北金瑞芳焓赤老称壹两金条	通长25.4mm;重37.4g	43,700	西泠印社	2021-07-23
民国天津“天津正阳 加炼 黄金”二两金锭		43,700	中国嘉德	2021-05-22
民国三十四年重庆中央造币厂铸厂徽布图一两厂条一枚		43,700	北京诚轩	2021-05-21
民国 布图壹两金条	重31.4g	41,400	西泠印社	2021-01-17
民国 上海生源永足赤壹两金条	通长26.8mm;重31.3g	40,250	西泠印社	2021-07-23
民国 天津鸿源壹两金锭	通长20.7mm;重31.1g	40,250	西泠印社	2021-07-23
民国 天津三义壹两金锭	通长21.1mm;重31.3g	40,250	西泠印社	2021-07-23
民国 天津裕昌壹两金锭	通长21.3mm;重31.1g	40,250	西泠印社	2021-07-23
民国 香港东盛老金铺壹两金锭	直径24mm;重37.6g	40,250	西泠印社	2021-07-23
民国 江苏南京老天宝壹两金条	重31.7g	40,250	西泠印社	2021-01-17
民国 浙江嘉兴申天宝壹两金条	重31g	40,250	西泠印社	2021-01-17
民国 上海辛新天宝壹两金条	重31.5g	40,250	西泠印社	2021-01-17
民国 上海永丰余福焓赤壹两金条	重31.3g	40,250	西泠印社	2021-01-17
民国 中央造币厂造壹两金条	重32g	40,250	西泠印社	2021-01-17
民国 布图壹两金条	重32g	40,250	西泠印社	2021-01-17
民国时期上海中央造币厂铸厂徽布图一两厂条一枚		37,950	北京诚轩	2021-05-21
民国 江苏泰兴焓赤壹两金条	重31.2g	37,950	西泠印社	2021-01-17
民国 上海老天宝半两金条	通长23.1mm;重15.6g	36,800	西泠印社	2021-07-23
民国 上海天丰恒裕记半两金条	通长23.6mm;重15.5g	36,800	西泠印社	2021-07-23
民国 中央造币厂造壹两厂条	通长25.7mm;重30.4g	36,800	西泠印社	2021-07-23
民国上海“大丰恒 天 焓赤”一两金锭		36,800	中国嘉德	2021-05-22
民国 上海裘天宝壹两金条	重31.2g	36,800	西泠印社	2021-01-17
民国广州“宏泰 福 足赤”一两金锭		34,500	中国嘉德	2021-05-22
民国上海“永丰馀 福 焓赤”一两金锭		34,500	中国嘉德	2021-05-22
民国上海“上海祥和 壹两 足赤”一两金锭		34,500	中国嘉德	2021-05-22
民国 中央造币厂造布图壹两厂条	通长26.8mm;重31.1g	33,350	西泠印社	2021-07-23
民国中央造币厂布图一两金条		33,350	中国嘉德	2021-05-22
民国上海“上海祥和 壹两 足赤”一两金锭		33,350	中国嘉德	2021-05-22
民国天津“天津天兴德 赤金 赤金”一两金锭		33,350	中国嘉德	2021-05-22
民国天津“天津庆成 加炼 金料”一两金锭		33,350	中国嘉德	2021-05-22
民国 上海永丰足赤壹两金条	重31.1g	33,350	西泠印社	2021-01-17
民国 中央造币厂制壹两金条	重31.3g	33,350	西泠印社	2021-01-17
民国“登録商标 台北金瑞山 寅 足赤”一两金锭		32,200	中国嘉德	2021-05-22
民国江苏“合净 公和 焓赤 公会监炼”“956”字样一两金锭		32,200	中国嘉德	2021-05-22
民国时期“天津物华 赤金 赤金”一两金锭一枚		32,200	北京诚轩	2021-05-21
民国上海“泰康永 甲 天 足赤”一两金锭		29,900	中国嘉德	2021-05-22
民国时期上海“裘天宝 福 足赤”一两金锭一枚		29,900	北京诚轩	2021-05-21
民国时期山西“太原宝诚 金店 足赤”一两金锭一枚		29,900	北京诚轩	2021-05-21
民国香港汇丰银行一两金锭		28,750	中国嘉德	2021-05-22
民国时期上海中央造币厂铸厂徽布图一两厂条一枚		28,750	北京诚轩	2021-05-21
民国 上海祥和壹两金条	重31.1g	28,750	西泠印社	2021-01-17
民国上海“宏泰 天 足赤”一两金锭		27,600	中国嘉德	2021-05-22
民国上海“宝成 恒 足赤”一两金锭		27,600	中国嘉德	2021-05-22
民国 上海中央造币厂造一两金条		27,600	中国嘉德	2021-05-22
民国时期上海中央造币厂铸厂徽布图一两厂条一枚		27,600	北京诚轩	2021-05-21
民国时期上海“裘天宝 丰 天足赤1000”一两金锭一枚		27,600	北京诚轩	2021-05-21
民国青岛“青岛震华 十足赤”一两金锭		26,450	中国嘉德	2021-05-22
民国时期上海“泰康润 泰 焓赤1000”一两金锭一枚		26,450	北京诚轩	2021-05-21
民国“金瑞山”一两金条“台银”“验”		25,300	中国嘉德	2021-05-22
民国上海“盈丰永 盈丰永 焓赤”一两金锭		25,300	中国嘉德	2021-05-22
民国 上海中央造币厂布图一两金条		25,300	中国嘉德	2021-05-22
民国上海“鸿兴永 壹两 足赤”一两金锭		25,300	中国嘉德	2021-05-22
民国时期上海中央造币厂铸一两厂条一枚		25,300	北京诚轩	2021-05-21
民国中央造币厂布图一两金条		24,150	中国嘉德	2021-05-22
民国时期“澳门诚信十足金条1000”中心圆孔一两金锭一枚		23,000	北京诚轩	2021-05-21
民国 明德金部标准金条壹两金锭	重37.5g	23,000	西泠印社	2021-01-17
民国 中央造币厂布图半两厂条	通长27.9mm;重15.4g	21,850	西泠印社	2021-07-23
民国中央造币厂制半两金条		21,850	中国嘉德	2021-05-22
民国时期上海中央造币厂铸半两厂条一枚		21,850	北京诚轩	2021-05-21
民国 中央造币厂造布图半两厂条	通长19.3mm;重15.5g	20,700	西泠印社	2021-07-23
民国“沈阳瑞祥 加炼 赤金”壹两金锭		20,700	北京保利	2021-06-08
明 湖南知县曹行健辰溪县三十八年 京库金十五两·金匠向林	重536g	897,000	华艺国际	2021-12-11
明 嘉靖三十六年 十月内户部造足色金壹锭十两重	重366g	575,000	华艺国际	2021-12-11
民国三十九年(1950年)孙中山像背古币足金壹钱样币(LM1036)		414,000	中国嘉德	2021-12-12
中央造币厂铸布图十两金条		379,500	永乐拍卖	2021-12-01
清 兰州庆云足赤上上十两金锭	重315g	322,000	华艺国际	2021-12-11
成都“天一 庆记 足赤”五两金锭		184,000	永乐拍卖	2021-12-01
清 东北张相国·民国年 月日造·长春鸿兴金店·五十两金锭, 极美品	重1714g	161,000	华艺国际	2021-12-11
民国香港“利昌”“汇丰银行 千足黄金五两庄”“999.9”五两金条		138,000	中国嘉德	2021-12-13
民国香港“利昌”“汇丰银行 千足黄金五两庄”“999.9”五两金条		126,500	中国嘉德	2021-12-13
中央造币厂铸布图五两金条		115,000	永乐拍卖	2021-12-01
民国时期“澳门祥信 大丰监验 伍两”金条一枚		103,500	北京诚轩	2021-12-02
近代 江西“招财进宝”吉语二两金锭		92,000	北京保利	2021-12-06
民国时期“兰州老凤祥 上上 足赤295”三两金条一枚		86,250	北京诚轩	2021-12-02
现代 香港周大福珠宝金行千足纯金司码伍两金条		86,250	中国嘉德	2021-05-22
“常州懋大 焓赤 天 2000”二两金条		80,500	永乐拍卖	2021-12-01
“正隆元宝”金质小平		69,000	永乐拍卖	2021-12-01
“上 老凤祥 天 足赤”一两金锭		69,000	永乐拍卖	2021-12-01
“天津天华 十足叶金”一两金锭		69,000	永乐拍卖	2021-12-01
民国 泰县 天宝成泰天足赤半两金锭, CCG MS62	重31.3g	51,750	华艺国际	2021-12-11
1949~1950年“台银 金瑞山 验”一两、五钱、二钱、一钱金条四枚全套		47,150	北京诚轩	2021-11-30
1949~1950年台北“登禄商标 寅 0999”一两金锭一枚		46,000	北京诚轩	2021-12-02
民国广州“西广元 加炼 足金”半两、一两金锭一组二枚		43,700	中国嘉德	2021-12-13
“上 裘天宝 天 足赤”一两金锭		43,700	永乐拍卖	2021-12-01
民国时期“昌记永 足赤 99 壹两”金锭一枚		41,400	北京诚轩	2021-12-02
民国广州“广州广信祥 加炼 足金”半两、一两金锭一组二枚		40,250	中国嘉德	2021-12-13
清代天津“天津天兴德 赤金 赤金”半两、一两金锭一组二枚		40,250	中国嘉德	2021-12-13
民国时期“佛山隆记裕成金铺 永远保证九九赤金”一两金锭一枚		36,800	北京诚轩	2021-12-02
民国时期上海中央造币厂铸厂徽布图半两厂条一枚		36,800	北京诚轩	2021-11-30
民国中央造币厂布图一两金条		36,800	永乐拍卖	2021-12-01
民国上海“永康顺 永康顺 足赤”一两金锭		34,500	中国嘉德	2021-12-13
民国上海“永丰馀 福 焓赤”一两金条		34,500	中国嘉德	2021-12-13
民国上海“生源永 生源永 足赤”一两金锭		32,200	中国嘉德	2021-12-13
民国上海“裘天宝 丰 天足赤”一两金锭		32,200	中国嘉德	2021-12-13
民国上海“裘天宝 辛 天 足赤”一两金锭		32,200	中国嘉德	2021-12-13
“方九霞 庚 上 天 足赤 1000”一两金条		32,200	永乐拍卖	2021-12-01

2021杂项拍卖成交汇总(续表)

(成交价RMB：1万元以上)

拍品名称	物品尺寸	成交价RMB	拍卖公司	拍卖日期
1950年台北"登禄商标 寅 1001"一两金锭一枚		29,900	北京诚轩	2021-05-21
中央造币厂铸厂徽布图半两厂条一枚		21,850	北京诚轩	2021-05-21
现代 香港景福珠宝有限公司千足金壹两金锭		19,550	中国嘉德	2021-05-22
现代 香港景福珠宝有限公司千足金壹两金锭		18,400	中国嘉德	2021-05-22
唐代素面五十两船形银锭一枚	重1783.9g	138,000	北京诚轩	2021-05-21
南宋"霸西面南 陈康铺 京销细渗钞铺黎金 广东钞库 梁严强 陈彦昭"十二两半银锭	重439g	80,500	北京保利	2021-06-08
南宋"霸南街东 汪张宅 重贰拾伍两"六排戳银锭一枚		63,250	北京诚轩	2021-05-21
南宋"京销正渗"六排戳十两银锭一枚	重384.4g	55,200	北京诚轩	2021-05-21
南宋"周通五花押"四排戳二十五两银锭一组二枚		46,000	中国嘉德	2021-05-22
南宋"霸西王二郎"六排戳十二两半银锭		36,800	中国嘉德	2021-05-22
南宋"京销银"六排戳二十两银锭		34,500	中国嘉德	2021-05-22
南宋"京销锭银"四排戳二十五两银锭		28,750	中国嘉德	2021-05-22
南宋"新州解发 绍兴十一年 越州纲银重拾贰两半 匠罗瑞"银锭		28,750	永乐拍卖	2021-05-22
南宋"张四官人记 梁平验 广州经制银"十二两半银锭一枚		23,000	北京诚轩	2021-05-21
南宋"京销锭银"五排戳十二两半银锭一枚		23,000	北京诚轩	2021-05-21
金 贰拾肆两壹钱中型银锭	长117mm; 重964g	1,794,000	西泠印社	2021-01-17
金代"善 五十两 秤子王彦 行人口仲仁 花银"五十两银锭	重2005g	322,000	永乐拍卖	2021-05-22
元代"至元十四年 扬州 两浙运司盐课"背"元宝"五十两银锭一枚	重1915.9g	747,500	北京诚轩	2021-05-21
元代"茂林记 茂林记 茂林记"三戳十两银锭一枚		80,500	北京诚轩	2021-05-21
元 迪功郎录事参朱(王夹)十二两半银锭	重461.7g	64,400	西泠印社	2021-01-17
元 平准库"花银 花银 鲁叔章"三两银锭一枚		48,300	北京诚轩	2021-05-21
元代"彭君祥造"六两银锭一枚		48,300	北京诚轩	2021-05-21
元代"林铺 林铺"葫芦印五两银锭一枚		40,250	北京诚轩	2021-05-21
元代"真花银"四排戳十二两半银锭		34,500	中国嘉德	2021-05-22
元代"孙忠盛记"十两银锭一枚		26,450	北京诚轩	2021-05-21
元 十两素面银锭	重482.8g	23,000	西泠印社	2021-01-17
明 "银作局 花银叁拾两"束腰银锭	重1127.7g	345,000	永乐拍卖	2021-05-22
明代安徽"定远县"五十两银锭一枚	重1866g	126,500	北京诚轩	2021-05-21
明代两广地区素面四十两银锭一枚		92,000	北京诚轩	2021-05-21
明代素面五十两银锭一枚		86,250	北京诚轩	2021-05-21
明代"金花银 金花银"十两银锭一枚		57,500	北京诚轩	2021-05-21
明"彰明县二十五两"银锭		44,850	北京保利	2021-06-08
明　平安无事贰拾伍两银锭		34,500	北京保利	2021-06-08
明代素面二十五两银锭一枚		32,200	北京诚轩	2021-05-21
明"邛州 崇祯十年 匠张寅"拾两银锭		28,750	北京保利	2021-06-08
明"茶艮四两八钱匠李会"五两银锭		21,850	永乐拍卖	2021-05-22
清 太宗 天聪汗钱背十一两(满文)	直径44.9mm;厚3mm	149,500	中国嘉德	2021-05-21
清代江西"乾隆六十年六月 南城县伍拾两 匠危昭"方宝一枚	重1884.1g	920,000	北京诚轩	2021-05-21
清代河南"乾隆五十八年 中牟县匠徐士"五十两银锭	重1876.6g	460,000	中国嘉德	2021-05-22
清代广东"嘉庆五年 监饷 五月源昌"十两砝码锭一枚	重360.1g	138,000	北京诚轩	2021-05-21
清代山西"道光二十八年十二月 五台县 余蔚宗"五十两银锭一枚		287,500	北京诚轩	2021-05-21
清代山西"道光年月 祁县 李常泰"五十两银锭一枚		230,000	北京诚轩	2021-05-21
清代山西"道光□年庆月 太谷县 源丰泰"五十两银锭一枚		218,500	北京诚轩	2021-05-21
清代安徽"道光年月 太平县 匠苏伟"五十两银锭		195,500	中国嘉德	2021-05-22
清代四川"道光二十六年 南川县"双戳十两圆锭一枚		63,250	北京诚轩	2021-05-21
清代广东"道光三十年 五月日 粤海关"十两砝码锭		48,300	中国嘉德	2021-05-22
清 四川"漳明县 道光三年"双戳十两圆锭		23,000	永乐拍卖	2021-05-22
清代湖南"咸丰六年 三月 浏阳县钱公慎"五十两银锭一枚	重1871.5g	2,300,000	北京诚轩	2021-05-21
清代湖南"咸丰□元年 武冈州 咸丰□元年 地丁银"五十两银锭一枚	重1860.1g	2,070,000	北京诚轩	2021-05-21
清代山西"咸丰□年□月 曲沃县 徐永顺"五十两银锭一枚		368,000	北京诚轩	2021-05-21
清代山西"咸丰年月 忻州 义和号"五十两银锭一枚		345,000	北京诚轩	2021-05-21
清代山西"咸丰年月 阳曲县 赵开源"五十两银锭		299,000	中国嘉德	2021-05-22
清代四川"咸丰六年 名山县"双戳十两圆锭一枚		86,250	北京诚轩	2021-05-21
清代广东"咸丰元年 粤海关 咸丰元年"十两砝码锭一枚		80,500	北京诚轩	2021-05-21
清代云南"咸丰二年 咸丰二年"双戳十两银锭		57,500	中国嘉德	2021-05-22
清代江西"咸丰三年 南昌 咸丰三年"十两砝码锭一枚		46,000	北京诚轩	2021-05-21
清代安徽"光绪年月 淮北厘局 匠玉聚源号"五十两银锭一枚	重1875.3g	1,092,500	北京诚轩	2021-05-21
清代湖北"光绪二十六年 九□月 湖北厘金 官钱局"五十两银锭一枚	重1864.2g	517,500	北京诚轩	2021-05-21
清代江苏"光绪二十六年九月 两淮京饷 聚盛周钧"五十两阴刻锭一枚		506,000	北京诚轩	2021-05-21
清代山东"光绪年月 东海关 匠鲁协中"五十两银锭		402,500	中国嘉德	2021-05-22
清代湖北"光绪二十六年 五月 湖北盐饷 官钱局"五十两银锭		402,500	中国嘉德	2021-05-22
清代湖北"光绪廿五年 湖北盐厘局"五十两银锭一枚		368,000	北京诚轩	2021-05-21
清代上海"光绪廿五年 萃源 俄国道胜银行 二 二"五十两银锭一枚		322,000	北京诚轩	2021-05-21
清代黑龙江"光绪年月日 江省庆丰银号"五十两大翅宝一枚		322,000	北京诚轩	2021-05-21
清代山西"光绪廿九年十二月 介休县 文聚兴 红封平"五十两银锭		287,500	中国嘉德	2021-05-22
清代河北"光绪年月 怀来县 信成义"五十两银锭		264,500	中国嘉德	2021-05-22
清代吉林"光绪年月日 宽城广顺浤王名杨"五十两大翅宝一枚		264,500	北京诚轩	2021-05-21
清代山东"光绪年月日 安丘县 元升化银炉"五十两银锭一枚		230,000	北京诚轩	2021-05-21
清代山西"光绪年吉月 太谷县 源泰长 周行镜宝" "集" "集" 五十两银锭		184,000	中国嘉德	2021-05-22
清代辽宁"光绪年月 营口恒义"五十两大翅宝一枚		184,000	北京诚轩	2021-05-21
清 河南许昌市鄢陵县喻恒盛光绪年月五十两银锭	重1872g	172,500	西泠印社	2021-07-23
清 上海"协泰丰 光绪廿六年 华俄道胜银行 肆"五十两银锭		161,000	永乐拍卖	2021-05-22
清代"光绪年月 光绪年月"五十两银锭		149,500	中国嘉德	2021-05-22
清代山东"光绪年月 光绪年月 临清州"五十两银锭		138,000	中国嘉德	2021-05-22
清代吉林"光绪年月匠马清 吉林敦升源"五十两大翅宝一枚		138,000	北京诚轩	2021-05-21
清代山东"光绪年月 德州卫 匠许镛"十两钱粮小宝一枚		132,250	北京诚轩	2021-05-21
清代河北"光绪年月 蔚州 南广裕"五十两银锭		115,000	中国嘉德	2021-05-22
清代山东"光绪□年十月 即墨县匠刘元泰"十两钱粮小宝一枚		80,500	北京诚轩	2021-05-21
清代四川光绪"三十年捐输 绵竹县 匠恒足生"三戳十两圆锭一枚		57,500	北京诚轩	2021-05-21
清代四川光绪"三十四年捐输 票厘局 三十四年捐输"三戳十两圆锭一枚		55,200	北京诚轩	2021-05-21
清 四川光绪年泉昌裕十两银锭	重396.6g	51,750	西泠印社	2021-01-17
清代广西"光绪廿七年 九月日 怀远县 李瑞和 库银"十两砝码锭一枚		43,700	北京诚轩	2021-05-21
清代四川"光绪廿六年富官引局 德昌荣 广福祥"三戳十两圆锭一枚		34,500	北京诚轩	2021-05-21
清 早期云南"光绪五年 裕盛字号"三两牌坊锭		28,750	中国嘉德	2021-05-22
清 宣统年月山东临清州五十两银锭	重1859.2g	299,000	西泠印社	2021-07-23
清代安徽"宣统□年月 省号 舒富润"五十两银锭一枚		207,000	北京诚轩	2021-05-21
清代辽宁"宣统三年 镇口玉顺"五十两大翅宝一枚		195,500	北京诚轩	2021-05-21
清代山西"宣统廿年元月 太古县 谦源胜 周行镜宝"五十两银锭		172,500	中国嘉德	2021-05-22
清代直隶"宣统年月 蔚州 万顺隆"五十两银锭一枚		161,000	北京诚轩	2021-05-21

2021杂项拍卖成交汇总（续表）

（成交价RMB：1万元以上）

拍品名称	物品尺寸	成交价RMB	拍卖公司	拍卖日期
清代直隶“宣统年月蔚州德瑞隆”五十两银锭一枚		126,500	北京诚轩	2021-05-21
清代湖北“宣统三年八月新关”五两圆锭一枚		92,000	北京诚轩	2021-05-21
清代广东“宣统元年 东江县 五月 王秉昌”十两砝码锭一枚		74,750	北京诚轩	2021-05-21
清代四川“宣统年月峨眉县 匠恒足生”三戳十两圆锭		32,200	中国嘉德	2021-05-22
清代江苏“二十四年四月 吴江县 方道济 杨德”五十两阴刻锭一枚		517,500	北京诚轩	2021-05-21
清 安徽淮南市凤台县永合顺五十两银锭	重1833.3g	322,000	西泠印社	2021-07-23
清代安徽“准(淮)厘资生荣 准(淮)厘资生荣”五十两银锭一枚		322,000	北京诚轩	2021-05-21
清代陕西“陕公估 西安省 陕公估”五十两银锭一枚		322,000	北京诚轩	2021-05-21
清 四川“天津卫 天津卫 平”双戳十两圆锭		287,500	永乐拍卖	2021-05-22
清 浙江湖州长兴公和拾玖年五两银锭	重177.2g	264,500	西泠印社	2021-01-17
清 浙江吉利五两吉语银锭	重186g	264,500	西泠印社	2021-01-17
清 浙江福禄寿喜十两银锭	重311.9g	264,500	西泠印社	2021-07-23
清代陕西“足色纹银 西安省 足色纹银”五十两银锭一枚		207,000	北京诚轩	2021-05-21
清 浙江诸暨十四年孙沛五两银锭	重179g	207,000	西泠印社	2021-07-23
清代“喜 喜 囍 喜 喜”五两吉语方锭一枚		195,500	北京诚轩	2021-05-21
清代广东“广宁 广义”十两砝码锭		184,000	中国嘉德	2021-05-22
清 “囍”字十两吉语锭		155,250	永乐拍卖	2021-05-22
清代陕西“统税局 统税局”双戳十两圆锭一枚		149,500	北京诚轩	2021-05-21
清 “久泰丰 上海 福”五十两银锭		149,500	永乐拍卖	2021-05-22
清代江苏“庆福新记 囍 庆福新记”三两吉语方锭一枚		138,000	北京诚轩	2021-05-21
清代上海“源源 三”五十两银锭		135,700	中国嘉德	2021-05-22
清代山东“同升银炉 土药 同升银炉”十两银锭一枚		132,250	北京诚轩	2021-05-21
清 辽宁“成记 皮口大聚炉 皮口大聚炉”五十两银锭		126,500	中国嘉德	2021-05-22
清 浙江海宁县匠杨成十两银锭	重349.4g	126,500	西泠印社	2021-01-17
清 新疆 “道验”五十两银锭		120,750	中国嘉德	2021-05-22
清代广西“同治十年十月日 全州 黄富国 黄同胜”十两砝码锭		115,000	中国嘉德	2021-05-22
清代山东“山东盐课 张松坪”十两银锭一枚		115,000	北京诚轩	2021-05-21
清代云南“课裕盐丰 课裕盐丰 课裕盐丰”二两小三槽锭一枚		115,000	北京诚轩	2021-05-21
清 浙江乌程盈丰拾三年五两银锭	重180.0g	115,000	西泠印社	2021-01-17
清 甘肃正宁路朝鸣二两银锭	重56g	106,950	西泠印社	2021-01-17
清代浙江“廿五年 余姚 李成”五两圆锭一枚		103,500	北京诚轩	2021-05-21
清 浙江丽水松阳肆年信义五两银锭	重180g	103,500	西泠印社	2021-07-23
清 甘肃秦州赵秉礼二两银锭	重67.6g	97,750	西泠印社	2021-01-17
清 山西“太谷县 谦源胜 宣统年元月”五十两银锭		97,750	永乐拍卖	2021-05-22
清代“百福太平 太平”一两吉语圆锭		94,300	中国嘉德	2021-05-22
清 甘肃街泉县十两银锭	直径367.8g	92,000	西泠印社	2021-01-17
清 甘肃天水裴兴成记五两银锭	重171.4g	87,400	西泠印社	2021-01-17
清 浙江绍兴上虞六年五两银锭	重183.8g	86,250	西泠印社	2021-01-17
清 浙江衢州石门拾九年永信五两银锭	重170g	80,500	西泠印社	2021-07-23
清代陕西“差徭 褒城 张全”五两槽锭		74,750	中国嘉德	2021-05-22
清代浙江“拾八年 新昌 协丰”五两圆锭一枚		74,750	北京诚轩	2021-05-21
清代贵州“贵州官钱局”一两小圆锭一枚		74,750	北京诚轩	2021-05-21
清代云南“庆顺□银 庆顺□银 庆顺□银”三两小三槽锭一枚		74,750	北京诚轩	2021-05-21
清代四川“保宁府 纹银地丁”双戳十两圆锭一枚		74,750	北京诚轩	2021-05-21
清 浙江桐乡市石门廿一年五两银锭	重167g	74,750	西泠印社	2021-01-17
清 浙江衢州龙游陆年振昌五两银锭	重178.5g	74,750	西泠印社	2021-01-17
清 浙江衢州西安元年李成五两银锭	重190g	74,750	西泠印社	2021-07-23
清代云南“宝义号 色银”三两牌坊锭,双梁均打“喜”字		71,300	中国嘉德	2021-05-22
清代云南“雷庆源号 腊月纹银”五两记月牌坊锭一枚		71,300	北京诚轩	2021-05-21
清代“甘肃 永顺祥号”三两槽锭一枚		69,000	北京诚轩	2021-05-21
清 四川喜字荣兴楼十两吉语银锭	重343g	65,550	西泠印社	2021-07-23
清代湖南“官局”三两圆锭		63,250	中国嘉德	2021-05-22

拍品名称	物品尺寸	成交价RMB	拍卖公司	拍卖日期
清代云南“庆盛畬记 足色盐课”五两大三槽锭一枚		63,250	北京诚轩	2021-05-21
清 四川“南部县 二十二年 匠福泰号”双排戳十两圆锭		59,800	永乐拍卖	2021-05-22
清代四川“税课 税课”双戳十两圆锭一枚		57,500	北京诚轩	2021-05-21
清代福建“六年九月 建安县 戴恒升”十两圆锭一枚		57,500	北京诚轩	2021-05-21
清代四川“大滇边”单戳十两圆锭一枚		57,500	北京诚轩	2021-05-21
清 浙江杭州淳安县元年李成遂安五两银锭	重183.7g	57,500	西泠印社	2021-01-17
清 四川“巴县 廿一年匠喻协昌”双戳十两圆锭		57,500	永乐拍卖	2021-05-22
清 浙江三元五两银锭	重182.4g	57,500	西泠印社	2021-07-23
清代四川“捐输 七年匠和泰”双戳十两圆锭一枚		55,200	北京诚轩	2021-05-21
清代山西“晋泰银号 午 天”五两腰锭一枚		55,200	北京诚轩	2021-05-21
清 浙江海宁五两银锭	重177g	55,200	西泠印社	2021-01-17
清代太极图一两银锭		51,750	中国嘉德	2021-05-22
清代广西“迁江县课”五两单槽锭一枚		51,750	北京诚轩	2021-05-21
清 四川成都十两银锭	重320.4g	51,750	西泠印社	2021-01-17
清 四川南郑县十两银锭	重361.9g	51,750	西泠印社	2021-01-17
清 四川璧山县三十一年匠兴隆号十两银锭	重364.9g	51,750	西泠印社	2021-01-17
清 四川“内江县 二十三年捐输 匠裕国泉”三排戳十两圆锭		51,750	永乐拍卖	2021-05-22
清代云南“德义夏记 足色盐课”五两大三槽锭一枚		48,300	北京诚轩	2021-05-21
清代直隶“十足色 囍”十二两银锭一枚		48,300	北京诚轩	2021-05-21
清代河南“睢邑 地丁”五两槽锭一枚		48,300	北京诚轩	2021-05-21
清代陕西“丹邑 魏记”三两槽锭一枚		48,300	北京诚轩	2021-05-21
清代浙江“念六年 会稽 沈仁”五两圆锭一枚		48,300	北京诚轩	2021-05-21
清代湖南“星□垣 傅聚顺”十两砝码锭一枚		48,300	北京诚轩	2021-05-21
清代陕西“龙驹寨 街市银”四两槽锭一枚		46,000	北京诚轩	2021-05-21
清代浙江“四年 秀水 元隆”五两圆锭一枚		46,000	北京诚轩	2021-05-21
清代“湖北下游 滇捐总局”五两圆锭一枚		46,000	北京诚轩	2021-05-21
清代四川“税课”单戳十两圆锭一枚		46,000	北京诚轩	2021-05-21
清 四川彭山盐本十两银锭	重377g	46,000	西泠印社	2021-01-17
清代直隶“大清行 公十足”十两银锭一枚		44,850	北京诚轩	2021-05-21
清代直隶“十足色 匠宝丰”十两银锭一枚		43,700	北京诚轩	2021-05-21
清代直隶“聚增号 十足色 宝兴隆”十两银锭一枚		43,700	北京诚轩	2021-05-21
清代山西“晋泰银号 申 人”五两腰锭一枚		43,700	北京诚轩	2021-05-21
清代四川“太平县 太平县”双戳十两圆锭一枚		43,700	北京诚轩	2021-05-21
清 甘肃匠李永兴八两银锭	重248.8g	41,400	西泠印社	2021-01-17
清 四川三台县匠恒足生二十七年捐输十两银锭	重353g	41,400	西泠印社	2021-01-17
清代四川“梓潼县 梓潼县”双戳十两圆锭一枚		40,250	北京诚轩	2021-05-21
清 浙江宁波奉化朱贵云柒年五两银锭	重186.4g	39,100	西泠印社	2021-01-17
清 浙江绍兴嵊县廿年五两银锭	重190.4g	39,100	西泠印社	2021-01-17
清代四川“二十九年 二十九年 富顺楼”三戳十两圆锭		36,800	中国嘉德	2021-05-22
清代云南“鸿钧泰记 汇号纹银”五两牌坊锭一枚		35,650	北京诚轩	2021-05-21
清代直隶“聚增号 公十足”十两银锭		34,500	中国嘉德	2021-05-22
清代山西“晋泰银号 午天”五两腰锭		34,500	中国嘉德	2021-05-22
清代云南“万泰元记 汇号纹银”五两牌坊锭一枚		34,500	北京诚轩	2021-05-21
清代云南“黑井刘元吉”三戳五两牌坊锭		33,350	中国嘉德	2021-05-22
清代四川“天顺祥”单戳十两圆锭		33,350	中国嘉德	2021-05-22
清代云南“衡镒课锭 衡镒课锭 衡镒课锭”五两大三槽锭一枚		33,350	北京诚轩	2021-05-21
清 四川“福泰 福泰”双戳十两圆锭		33,350	永乐拍卖	2021-05-22
清代直隶“聚增号 三益和 十足色”十两银锭		32,200	中国嘉德	2021-05-22

2021杂项拍卖成交汇总(续表)

(成交价RMB:1万元以上)

拍品名称	物品尺寸	成交价RMB	拍卖公司	拍卖日期
清代云南"裕泰公议"二两单槽锭一枚		32,200	北京诚轩	2021-05-21
清 江苏太和永五两银锭	重168.5g	32,200	西泠印社	2021-01-17
清代云南"成林昌号 汇号纹银"五两牌坊锭一枚		31,050	北京诚轩	2021-05-21
清代云南"陈元昌号 汇号纹银"五两牌坊锭一枚		29,900	北京诚轩	2021-05-21
清代云南"宝铨泰记 汇号纹银"五两牌坊锭一枚		29,900	北京诚轩	2021-05-21
清代云南"李永裕号 叁月纹银"五两记月牌坊锭一枚		29,900	北京诚轩	2021-05-21
清 四川"邛州 三十二年 地丁匠足生"拾两银锭		29,900	北京保利	2021-06-08
清代四川"薛记 金顺光"十两圆锭		28,750	中国嘉德	2021-05-22
清代山西"晋泰银号 午天"五两腰锭		28,750	中国嘉德	2021-05-22
清代四川"盐课 盐课"双戳十两圆锭一枚		28,750	北京诚轩	2021-05-21
清代云南"李源鑫号 陆月纹银"五两记月牌坊锭一枚		28,750	北京诚轩	2021-05-21
清代四川"渝盐厘局 源积通 德庆荣"三戳十两圆锭一枚		28,750	北京诚轩	2021-05-21
清代四川"遂宁县 遂宁县"双戳十两圆锭一枚		28,750	北京诚轩	2021-05-21
清代云南"万泰朵记 汇号纹银"五两牌坊锭一枚		28,750	北京诚轩	2021-05-21
清代云南"永利祥"单戳十两圆锭一枚		28,750	北京诚轩	2021-05-21
清 四川雅安县足色纹银十两银锭	重369.5g	28,750	西泠印社	2021-01-17
清代陕西"厘金局 厘金局"双戳十两圆锭		27,600	中国嘉德	2021-05-22
清代云南"永成字号 永成字号 永成字号"四两大三槽锭一枚		27,600	北京诚轩	2021-05-21
清代云南"庆盛干记 汇号纹银"五两牌坊锭一枚		27,600	北京诚轩	2021-05-21
清代云南"宝来庆记 公议纹银"五两牌坊锭一枚		27,600	北京诚轩	2021-05-21
清代四川"同治十三年 内江县"双戳十两圆锭一枚		26,450	北京诚轩	2021-05-21
清代河南"丰顺"五两腰锭一枚		26,450	北京诚轩	2021-05-21
清代云南"万春号 万春号"四两双槽锭一枚		26,450	北京诚轩	2021-05-21
清 浙江鼎裕五两银锭	重186.7g	26,450	西泠印社	2021-01-17
清代山西"晋泰银号 辛 亥 口 天"五两腰锭一枚		25,300	北京诚轩	2021-05-21
清代河南"厘税局"五两腰锭一枚		25,300	北京诚轩	2021-05-21
清代河南"会镇 德泰"四两槽锭一枚		25,300	北京诚轩	2021-05-21
清代山西"晋泰银号 亥 羊"五两腰锭一枚		25,300	北京诚轩	2021-05-21
清代四川"綦岸商"单戳十两圆锭一枚		25,300	北京诚轩	2021-05-21
清代四川"洪顺祥"单戳十两圆锭一枚		25,300	北京诚轩	2021-05-21
清代四川"裕森祥"单戳十两圆锭一枚		25,300	北京诚轩	2021-05-21
清代云南"元昌利记 汇号纹银"五两牌坊锭一枚		25,300	北京诚轩	2021-05-21
清代云南"庆源隆记 汇号纹银"五两牌坊锭一枚		25,300	北京诚轩	2021-05-21
清代云南"戴天源号 汇号纹银"五两牌坊锭一枚		25,300	北京诚轩	2021-05-21
清代云南"庆盛畲记 肆月纹银"五两记月牌坊锭一枚		25,300	北京诚轩	2021-05-21
清代山西"晋泰银号 午天"五两腰锭		24,150	中国嘉德	2021-05-22
清代四川"叙州府 叙州府"双戳五两圆锭一枚		24,150	北京诚轩	2021-05-21
清代"饷"字一两银锭		23,000	中国嘉德	2021-05-22
清代山西"晋泰银号 卯中"五两腰锭		23,000	中国嘉德	2021-05-22
清代陕西"西安省 永兴庆 兴平商会"五两槽锭		23,000	中国嘉德	2021-05-22
清代陕西"王成"五两槽锭一枚		23,000	北京诚轩	2021-05-21
清 四川永祥福十两银锭	重364.3g	23,000	西泠印社	2021-01-17
清 四川"永昌公 杜裕昌"双戳十两圆锭		23,000	永乐拍卖	2021-05-22
清 四川"益泰玉"单戳十两圆锭		23,000	永乐拍卖	2021-05-22
清代山西"晋泰银号 酉台"五两腰锭		21,850	中国嘉德	2021-05-22
清代四川"永裕楼 永裕楼"双戳十两圆锭		21,850	中国嘉德	2021-05-22
清代云南"周宝铨号 捌月纹银"上梁"公估冯看讫"五两牌坊锭		21,850	中国嘉德	2021-05-22
清代四川"义发益 匠国泰"双戳十两圆锭一枚		21,850	北京诚轩	2021-05-21
清代四川"德玉楼 德玉楼"双戳十两圆锭一枚		21,850	北京诚轩	2021-05-21
清代四川"永丰楼 永丰楼"双戳十两圆锭一枚		21,850	北京诚轩	2021-05-21
清代云南"同昌公记 汇号纹银"五两牌坊锭一枚		21,850	北京诚轩	2021-05-21
清 四川"安计商 太和合"双戳十两圆锭		21,850	永乐拍卖	2021-05-22
清 四川"雷波厅 雷波厅"双戳十两圆锭		21,850	永乐拍卖	2021-05-22
清 四川"汉源 何记德昌 何记德昌"三排戳十两圆锭		21,850	永乐拍卖	2021-05-22
清代云南"万泰朵记 汇号纹银"上梁"官公估童畲看讫"五两牌坊锭		20,700	中国嘉德	2021-05-22
清代云南"同裕祥记 公议纹银"五两牌坊锭一枚		20,700	北京诚轩	2021-05-21
清代云南"谢正昌号 汇号纹银"五两牌坊锭一枚		20,700	北京诚轩	2021-05-21
清代陕西"干武厘局"四两槽锭一枚		20,700	北京诚轩	2021-05-21
清代陕西"癸巳 长安 任义"四两槽锭一枚		20,700	北京诚轩	2021-05-21
清代陕西"□金局"单戳十两圆锭一枚		20,700	北京诚轩	2021-05-21
清代山西"晋泰银号 未"五两腰锭一枚		20,700	北京诚轩	2021-05-21
清代山西"晋泰银号 丑 同"五两腰锭一枚		20,700	北京诚轩	2021-05-21
清代四川"雷波厅 雷波厅"双戳十两圆锭一枚		20,700	北京诚轩	2021-05-21
清代四川"永昌公 唐全盛"双戳十两圆锭一枚		20,700	北京诚轩	2021-05-21
清代四川"金利生记"单戳十两圆锭一枚		20,700	北京诚轩	2021-05-21
清代四川"光玉公"单戳十两圆锭一枚		20,700	北京诚轩	2021-05-21
清代云南"福兴畲记 汇号纹银"五两牌坊锭一枚		20,700	北京诚轩	2021-05-21
清代云南"福兴庆记 汇号纹银"五两牌坊锭一枚		20,700	北京诚轩	2021-05-21
清 陕西五两槽锭一组三枚	总重498g	20,700	西泠印社	2021-01-17
清 四川"会理州 会理州"双戳十两圆锭		20,700	永乐拍卖	2021-05-22
清 四川"刘焕清 刘焕清"双戳十两圆锭		20,700	永乐拍卖	2021-05-22
清代四川"永裕楼 永裕楼"双戳十两圆锭		19,550	中国嘉德	2021-05-22
清代四川"雅安县"单戳十两圆锭		19,550	中国嘉德	2021-05-22
清代山西"卫同心"五两腰锭,加盖"福""福"		19,550	中国嘉德	2021-05-22
清代四川"钰源炉"单戳十两圆锭一枚		19,550	北京诚轩	2021-05-21
清代云南"成林昌号 汇号纹银"五两牌坊锭一枚		19,550	北京诚轩	2021-05-21
清 四川"宁培森记"单戳十两圆锭		19,550	永乐拍卖	2021-05-22
清 云南"雷庆源号 汇号纹银"五两牌坊锭		19,550	永乐拍卖	2021-05-22
清代四川"雷波厅 雷波厅"双戳十两圆锭		18,400	中国嘉德	2021-05-22
清代云南"张同昌号 汇号纹银"上梁"公估童畲陈看"五两牌坊锭		18,400	中国嘉德	2021-05-22
清代陕西"礼泉县 匠德元"四两槽锭一枚		18,400	北京诚轩	2021-05-21
清代四川"中坝商炉江"单戳十两圆锭一枚		18,400	北京诚轩	2021-05-21
清 十两银锭	重382.8g	18,400	西泠印社	2021-01-17
清 四川"天宝兴"单戳十两圆锭		18,400	永乐拍卖	2021-05-22
清末民初"永兴楼 永兴楼"双戳十两圆锭		18,400	中国嘉德	2021-05-22
民国 新疆"伊犁宁远 美丽银局 癸酉年造"五十两银锭	重1473.3g	299,000	永乐拍卖	2021-05-22
民国"丰盛泰银炉 民国五年"五十两银锭		207,000	永乐拍卖	2021-05-22
民国"伊宁 玉泰银局 民国年月"五十两银锭		207,000	永乐拍卖	2021-05-22
民国时期西北地区"民国甲子年 林盛官银局"五十两银锭一枚		195,500	北京诚轩	2021-05-21
民国时期上海"同顺 叁 叁 国勋"五十两夷场新一枚		195,500	北京诚轩	2021-05-21

2021杂项拍卖成交汇总(续表)

(成交价RMB：1万元以上)

拍品名称	物品尺寸	成交价RMB	拍卖公司	拍卖日期
民国 河南"林盛官银局 民国甲子年"五十两银锭		195,500	永乐拍卖	2021-05-22
民国时期新疆"民国丙寅年 新疆伊宁 德生祥银局"五十两银锭一枚		184,000	北京诚轩	2021-05-21
民国河南"民国八年 荣泰长号"五十两银锭		172,500	中国嘉德	2021-05-22
民国时期河南"中华民国年月 陈州府 崔祥云"五十两银锭一枚		161,000	北京诚轩	2021-05-21
民国时期西北地区"民国甲子年 林盛官银局"五十两银锭一枚		161,000	北京诚轩	2021-05-21
民国时期山西"民国年月 平遥县 德蔚隆"五十两银锭一枚		149,500	北京诚轩	2021-05-21
民国 内蒙古"民国年月 西包镇 德兴号 足色"伍拾两银锭		142,600	北京保利	2021-06-08
民国时期日本壹百两银锭		105,800	中国嘉德	2021-05-22
民国 二百两银锭	重7100g	55,615	北京保利	2021-08-05
民国时期贵州"榕江裕兴恒"单戳十两圆锭一枚		46,000	北京诚轩	2021-05-21
民国 银锭（二枚）	高3cm	40,250	朵云轩	2021-09-19
民国时期贵州"榕江裕兴恒"单戳十两圆锭一枚		29,900	北京诚轩	2021-05-21
民国时期四川"民国元年 祥记造 十足票银"三戳十两圆锭一枚		23,000	北京诚轩	2021-05-21
民国时期云南"壬子年"二两半单槽锭一枚		19,550	北京诚轩	2021-05-21
民国山西"晋丰"单戳十两圆锭		19,550	永乐拍卖	2021-05-22
清代"一本万利 招财童子至 利市仙官来"五十两开炉吉语锭一枚	重1884.2g	1,150,000	北京诚轩	2021-12-02
清代湖北"光绪五年 五月 襄阳卫 公济益"五十两银锭一枚		805,000	北京诚轩	2021-12-02
民国时期山西"民国年月 五台山 福全永"五十两银锭一枚		770,500	北京诚轩	2021-12-02
清代湖北"江汉关 光绪九年 有成号匠罗芝"五十两银锭		575,000	中国嘉德	2021-12-13
临州阳场卖银三十斤炉五百两银锭专副监事制	重约500两	552,000	华艺国际	2021-12-11
山西"一本万利 太谷县源逢湧 光绪八卦图年庆月 壹 镜宝"五排连戳五十两银锭		517,500	永乐拍卖	2021-12-01
清 四川达县 昭信分局 宝源通 三排戳十两银锭，大唐评级美93	重370g	517,500	华艺国际	2021-12-11
民国 山西官钱局甲中华民国 甲镜宝五十两银锭，CCG UNC	重1876g	517,500	华艺国际	2021-12-11
新疆"新疆省银行造"五十两银锭		437,000	永乐拍卖	2021-12-01
清 云南临清直隶州 五十三年 三月分 五十两银锭	重1881g	437,000	华艺国际	2021-12-11
清代江苏"光绪二十五年十二月 两淮京饷 庆同裕 高和"五十两银锭一枚		414,000	北京诚轩	2021-12-02
清 江西万年县 光绪二十五五月匠余顺长卢五十两银锭，极美品	重1880g	408,250	华艺国际	2021-12-11
清末上海"同甡 工来生 工来生"五十两银锭		402,500	中国嘉德	2021-12-13
清 山西宁河县 道光年 月道光年 月五十两银锭，极美品	重1886g	402,500	华艺国际	2021-12-11
清 山西碛口镇 兴裕厚 咸丰年 月五十两银锭，CCG AU58	重1847g	402,500	华艺国际	2021-12-11
清 山西太谷县 聚成义 同治年 义月 贰 行公五十两银锭，CCG UNC	重1824g	370,300	华艺国际	2021-12-11
清代江苏"二十七年七月 金坛县 泰恩 倪陞"五十两银锭一枚		368,000	北京诚轩	2021-12-02
清代西北地区"洪泰兴银局 洪泰兴银局"五十两银锭一枚		356,500	北京诚轩	2021-12-02
清代山西"灵石县 咸丰年月 王殿元 柒"五十两银锭		345,000	中国嘉德	2021-12-13
西夏二两银锭　大唐评级88分	重56g	345,000	华艺国际	2021-12-11
唐 大利县渔利银五十八两一钱 库监冯梁，美品	重2105g	345,000	华艺国际	2021-12-11
清 河北巨鹿县 匠巨成 咸丰三年 四月五十两银锭，CCG AU	重1886g	333,500	华艺国际	2021-12-11
元 银作局 花银三十两银锭，大唐评级美95	重1127.7g	322,000	华艺国际	2021-12-11
清代山西"太谷县 道光年月日 邵文英"五十两银锭		287,500	中国嘉德	2021-12-13
清代山西"光绪年月 五台山 庆恒昌"五十两银锭		287,500	中国嘉德	2021-12-13
清 广东嘉庆十一年 会隆 五月全记三排戳十两砝码型银锭，极美品	重401g	278,300	华艺国际	2021-12-11
清代河南"宣统年月 富顺银局"五十两银锭一枚		264,500	北京诚轩	2021-12-02
清 四川洪雅县 当面打针双排戳十两银锭，大唐评级美93	重363g	264,500	华艺国际	2021-12-11
清代西北地区"同昌□银局 同昌□银局"五十两银锭一枚		253,000	北京诚轩	2021-12-02
山西"太谷县 源泰长 增民国八卦图年月 周行镜宝"五排连戳五十两银锭		247,250	永乐拍卖	2021-12-01
山西"介休县 公元和 咸丰年吉月"三排连戳五十两银锭		241,500	永乐拍卖	2021-12-01
清早期山西"应州 陈玉林"五十两银锭一枚		230,000	北京诚轩	2021-12-02
清代江苏"吴县 咸丰年月 连升"五十两银锭		230,000	中国嘉德	2021-12-13
新疆"民国乙丑 塔城 光华银炉"五十两银锭		230,000	永乐拍卖	2021-12-01
清 山西太谷县 全吉 同治年 月五十两银锭，CCG UNC	重1847g	230,000	华艺国际	2021-12-11
"铅山道"铸文五十两银锭		218,500	永乐拍卖	2021-12-01
清 山东滋阳县 光绪廿三年 四月泰和炉五十两银锭，CCG AU55	重1888g	218,500	华艺国际	2021-12-11
清代江西"光绪贰拾陆年冬月 万年县 伍拾两 匠聂恒"方宝一枚		207,000	北京诚轩	2021-12-02
清代湖北"光绪□年月 武穴镇 祥兴乾通商 淮盐锞"五十两银锭一枚		207,000	北京诚轩	2021-12-02
民国时期吉林"民国年月日 长春益发银行 杨晓山"五十两大翅宝一枚		207,000	北京诚轩	2021-12-02
清代安徽"光绪十六年十一月 六安州 陈万兴"五十两银锭一枚		195,500	北京诚轩	2021-12-02
内蒙古"西包头 纯一号 宝 宣统年月日 纯"五排连戳五十两银锭		195,500	永乐拍卖	2021-12-01
清 湖北麻城县 四十八年 吉月 筹饷五十两银锭，极美品	重1866g	195,500	华艺国际	2021-12-11
清代山西"宣统年月 归化城 武连钰"五十两银锭一枚		184,000	北京诚轩	2021-12-02
清代山西"宣统年月 原平镇 永兴成"五十两银锭一枚		184,000	北京诚轩	2021-12-02
山西"归化城 三和昌 民国年月宝"四排连戳五十两银锭		184,000	永乐拍卖	2021-12-01
四川"夹江县 嘉庆八年"双戳十两圆锭		184,000	永乐拍卖	2021-12-01
南宋 银锭五十八两六钱，极美品	重1940g	184,000	华艺国际	2021-12-11
清 山东盐课 李金城双排戳十两银锭，华夏评级，AU+银	重411g	184,000	华艺国际	2021-12-11
清 山东王记戳 五十两银锭，华夏评级UNC+	重1883g	184,000	华艺国际	2021-12-11
清代吉林"光绪三十一年 匠高明 宽城同顺成"五十两大翅宝一枚		178,250	北京诚轩	2021-12-02
东北"匠高明 辛未光绪三十一年 宽城同顺城"五十两银锭		172,500	永乐拍卖	2021-12-01
江苏"江都县鲜 银五十两 银匠王正"三排连戳五十两银锭		172,500	永乐拍卖	2021-12-01
浙江"上虞 源盛 二十年"三排连戳五两圆锭		172,500	永乐拍卖	2021-12-01
浙江"元隆 秀水 二十年"五两圆锭		172,500	永乐拍卖	2021-12-01
浙江"海宁 永利 十六年"三排连戳五两圆锭		172,500	永乐拍卖	2021-12-01
河北"东口 三益永 光绪年月"三排连戳五十两银锭		172,500	永乐拍卖	2021-12-01
清 东北天利长 康德年 月日 滨江特别市 五十两银锭，极美品	重1866g	172,500	华艺国际	2021-12-11
清 上海义丰 上海 义丰三戳五十两银锭，CCG AU	重1891g	172,500	华艺国际	2021-12-11
清 河北成安县 匠天成 咸丰年 月天五十两银锭，GBCA XF45	重1823.8g	172,500	华艺国际	2021-12-11
明 四川德阳县徽完 黎州赊失 未买米价银五十两一定 知县焦烺吏周朋 银匠周銮五十两银锭，极美品	重1922g	172,500	华艺国际	2021-12-11
清 山东成记戳 五十两银锭，方乾评级MS62	重1871g	172,500	华艺国际	2021-12-11
浙江"仁和 万茂 拾三年"三排连戳五两圆锭		166,750	永乐拍卖	2021-12-01
浙江"平阳 敦裕 贰年"三排连戳五两圆锭		166,750	永乐拍卖	2021-12-01
清代山东"光绪年月 东海关 匠鲁协中"五十两银锭一枚		161,000	北京诚轩	2021-12-02
清代四川"元年十一月 夔关 万祥泰 囍"四戳十两圆锭一枚		161,000	北京诚轩	2021-12-02
新疆"道验 道验"五十两银锭		161,000	永乐拍卖	2021-12-01
浙江"元隆 秀水 廿二年"三排连戳五两圆锭		161,000	永乐拍卖	2021-12-01

(成交价RMB：1万元以上)

拍品名称	物品尺寸	成交价RMB	拍卖公司	拍卖日期
浙江“东阳李成”三排连戳五两圆锭		161,000	永乐拍卖	2021-12-01
清 山东惠邑 福顺昌 福顺昌三排戳十两银锭，方乾评级MS61	重383.9g	161,000	华艺国际	2021-12-11
清 东北吉林庆源长 吉林庆源长双排戳五十两银锭，极美品	重1846g	161,000	华艺国际	2021-12-11
民国时期新疆“民国年月 伊宁 玉泰银局”五十两银锭一枚		149,500	北京诚轩	2021-12-02
清代云南“蒙化课 银匠李煜”十两大长槽锭一枚		149,500	北京诚轩	2021-12-02
清代河南“光绪年月 光绪年月”五十两银锭		149,500	中国嘉德	2021-12-13
清代云南“宝铨九九银”三排戳三两牌坊锭		149,500	中国嘉德	2021-12-13
上海“宏久 陸 陸日香书”五十两银锭		149,500	永乐拍卖	2021-12-01
“光绪年月 定远县 赵州 福兴 周兴东 课银 库”七戳五十两银锭		149,500	永乐拍卖	2021-12-01
清 山东盐课 昌茂双排戳十两银锭，CCG UNC	重389.9g	149,500	华艺国际	2021-12-11
清 广东顺德县 咸丰四年 三月银匠江广源三排戳十两砝码型银锭，CCG AU58	重374.7g	149,500	华艺国际	2021-12-11
清代山西“光绪年月 慎源永记”五十两银锭一枚		143,750	北京诚轩	2021-12-02
元 至治三年 五十两银锭，极美品	重1744g	140,300	华艺国际	2021-12-11
清代上海“光绪廿六年 萃泰 俄国道胜银行”五十两银锭一枚		138,000	北京诚轩	2021-12-02
清代新疆“道验 道验”五十两银锭一枚		138,000	北京诚轩	2021-12-02
清代“双蝠捧寿图”一两吉语束腰银锭		138,000	中国嘉德	2021-12-13
清代广西“永淳县 同治十一年 四月日 黄富国 黄同胜”十两砝码锭376克		138,000	中国嘉德	2021-12-13
清代山东“山东盐课 韩金城”十两银锭		138,000	中国嘉德	2021-12-13
明 衡阳县 徽完 崇祯十四年 分轻赏银五十两，方乾评级MS 63	重709g	138,000	华艺国际	2021-12-11
南宋 霸北街东 韩五郎 二十五两银锭，华夏评级UNC	重943.2g	132,250	华艺国际	2021-12-11
清 上海增记五十两银锭，方乾评级MS60	重1827g	132,250	华艺国际	2021-12-11
清代云南“福源足银 福源足银”五十两银锭一枚		126,500	北京诚轩	2021-12-02
清 东北匠高明 光绪三十一年 宽城同顺成 五十两银锭，极美品	重1905g	126,500	华艺国际	2021-12-11
清 东北匠高明 光绪三十一年 宽城同顺成 辛未五十两银锭，CCG AU	重1768g	126,500	华艺国际	2021-12-11
清 河北 元氏县 张显东五十两银锭，方乾评级AU58+	重1858g	126,500	华艺国际	2021-12-11
清代山西“同治年□月 祁县 王仁平”五十两银锭一枚		120,750	北京诚轩	2021-12-02
清代四川“德阳县 倾销局 德阳县”三戳十两圆锭一枚		120,750	北京诚轩	2021-12-02
民国“京都银铸 京都银铸”五十两协饷银锭		115,000	中国嘉德	2021-12-13
清代山东“临淄 天祥银炉 天祥银炉”十两银锭		115,000	中国嘉德	2021-12-13
清 东北天利长 康德年 月日 滨江特别市 五十两银锭，极美品	重1906g	115,000	华艺国际	2021-12-11
清代云南“陈元昌号 足色盐课”五两大三槽锭一枚		112,700	北京诚轩	2021-12-02
清代四川光绪“三十年津贴 定远县 匠周源义”三戳十两圆锭一枚		109,250	北京诚轩	2021-12-02
“京销锭银 陈孙铺 京销锭银 郴州起义淳祐五年秋季纲银赴淮西总数交纳 京销锭银 重贰拾伍两 京销锭银”重997g		109,250	永乐拍卖	2021-12-01
浙江“仁和 公 十六年”三排连戳五两圆锭		109,250	永乐拍卖	2021-12-01
清 山西祁县许宪 道光年 月五十两银锭，极美品	重1851g	109,250	华艺国际	2021-12-11
唐 二十五两银锭，极美品	重978g	103,500	华艺国际	2021-12-11
清代云南“周宝铨号 冬月纹银”五两记月牌坊锭一枚		101,200	北京诚轩	2021-12-02
清代广西“临全”十两砝码锭一枚		97,750	北京诚轩	2021-12-02
清代云南“镒元龚记 贰月纹银”五两记月牌坊锭一枚		97,750	北京诚轩	2021-12-02
清代“山东盐课 裕盛公”十两银锭一枚		92,000	北京诚轩	2021-12-02
清代云南“癸未三月 庆泰纹银”五两牌坊锭一枚		92,000	北京诚轩	2021-12-02
四川“筠连县 匠陈裕春”双戳十两圆锭		92,000	永乐拍卖	2021-12-01
清 广东粤海关 五月日 五月日三排戳十两银锭，GBCA AU58	重360.5g	89,700	华艺国际	2021-12-11
清 浙江万茂 仁和 拾二年 三戳五两银锭，大唐评级美93	重178.1g	88,550	华艺国际	2021-12-11
清代云南“任恒泰号 贰月纹银”五两记月牌坊锭一枚		86,250	北京诚轩	2021-12-02
四川“隆昌县 三十一年津贴 匠恒足生”三排连戳十两圆锭		86,250	永乐拍卖	2021-12-01
四川“百川通记”单戳十两圆锭		86,250	永乐拍卖	2021-12-01
四川“绵竹县 地丁纹银”十两银锭		86,250	永乐拍卖	2021-12-01
明 通城县 嘉靖五年 二十两银锭，方乾评级AU	重1862g	86,250	华艺国际	2021-12-11
清代云南“庆盛畲记 叁月纹银”五两记月牌坊锭一枚		82,800	北京诚轩	2021-12-02
清 四川纳计商 黄正顺双排戳十两银锭，大唐评级美88	重365.4g	82,800	华艺国际	2021-12-11
南宋“京销锭银 广州经制银 重贰拾伍两”银锭一枚		80,500	北京诚轩	2021-12-02
清代四川“富顺县 咸丰拾年”十两圆锭		80,500	中国嘉德	2021-12-13
四川“德阳县 二十八年匠 王裕国泉”三排连戳十两圆锭		80,500	永乐拍卖	2021-12-01
清代广西“同治三年 五月日 浔州府 黄同胜 黄有恒”十两砝码锭一枚		78,200	北京诚轩	2021-12-02
清 四川江油县 五十八年 四排十两戳银锭，大唐评级美93	重363g	78,200	华艺国际	2021-12-11
明代素面五十两银锭一枚		74,750	北京诚轩	2021-12-02
清代云南“雷庆源号 正月纹银”五两记月牌坊锭一枚		74,750	北京诚轩	2021-12-02
山东“福生炉 福生炉 福生炉”三戳十两银锭		74,750	永乐拍卖	2021-12-01
唐 五十两银锭，极美品	重1609g	74,750	华艺国际	2021-12-11
清 云南昭通府单槽五两银锭，GBCA AU	重188.4g	74,750	华艺国际	2021-12-11
清 华俄银行 库平壹两 十足色三排戳一两银锭，极美品	重41g	74,750	华艺国际	2021-12-11
清代江西“万载县 万载县”双戳十两圆锭		71,300	中国嘉德	2021-12-13
明代“胜”字五两银锭一枚		69,000	北京诚轩	2021-12-02
清代四川“广安州 同治元年 匠恒泰”十两圆锭		69,000	中国嘉德	2021-12-13
四川“东川府 足”十两圆锭		69,000	永乐拍卖	2021-12-01
四川“资州 宣统二年 匠兴顺源”三排连戳十两圆锭		69,000	永乐拍卖	2021-12-01
四川“成都县 二十年匠 聚盛和号”三排连戳十两圆锭		69,000	永乐拍卖	2021-12-01
南宋 京销锭银 重12两半银锭，极美品	重378g	69,000	华艺国际	2021-12-11
清代四川光绪“二十三年捐输 内江县 匠裕国泉”三戳十两圆锭一枚		66,700	北京诚轩	2021-12-02
清代云南“裕国便民九八”二两小三槽锭一枚		66,700	北京诚轩	2021-12-02
四川“南溪县 王裕国泉 二十九年捐输”三排连戳十两圆锭		66,700	永乐拍卖	2021-12-01
清 四川盐库 三十四年 罗裕亨三排戳十两银锭，大唐评级美88	重342.3g	66,700	华艺国际	2021-12-11
清 山东惠邑 福顺昌 福顺昌三排戳十两银锭，大唐评级美90	重385.3g	66,700	华艺国际	2021-12-11
清 云南宝盛字号 宝盛字号 宝盛字号三排戳五两牌坊型银锭，GBCA AU58	重129.5g	66,700	华艺国际	2021-12-11
清 四川白蜡公司 光绪三十年 匠兴顺源三排戳十两银锭，大唐评级美80	重387.6g	64,400	华艺国际	2021-12-11
清 浙江嘉善 振元十七年 三戳五两银锭，GBCA AU55	重186.6g	64,400	华艺国际	2021-12-11
清 河北公十足 义膳源 宝元祥三排戳十两银锭，大唐评级美93	重386g	63,250	华艺国际	2021-12-11
清 山东惠邑 福顺昌双排戳十两银锭，大唐评级美93	重367.8g	63,250	华艺国际	2021-12-11
清代云南“雷庆泰号 柒月纹银”五两记月牌坊锭一枚		59,800	北京诚轩	2021-12-02
清代云南“陈宝生号 捌月纹银”五两记月牌坊锭一枚		59,800	北京诚轩	2021-12-02
四川“汉州 二十年地丁 匠涂裕盛新”四排连戳十两圆锭		59,800	永乐拍卖	2021-12-01
清 河北源丰润 聚增号 十足色三排戳十两银锭，极美品	重373.1g	59,800	华艺国际	2021-12-11

2021杂项拍卖成交汇总(续表)

(成交价RMB：1万元以上)

拍品名称	物品尺寸	成交价RMB	拍卖公司	拍卖日期
清代河南“灵宝县”一两银锭		57,500	中国嘉德	2021-12-13
四川“会罗县 公估足银”双戳十两圆锭		57,500	永乐拍卖	2021-12-01
“承安二年 提举解盐司银锭陆两银官王其 库官吴良 归德铺”六两银锭		57,500	永乐拍卖	2021-12-01
湖北“荆州府 荆州府”双戳十两圆锭		57,500	永乐拍卖	2021-12-01
四川“中江县 三十年份 匠裕泰德崇豫公”四排戳十两圆锭		57,500	永乐拍卖	2021-12-01
四川“汇票”单戳十两银锭		57,500	永乐拍卖	2021-12-01
清 四川光绪三十四年 口县盐本 商光大美 匠裕成明三排戳十两银锭，方乾评级AU	重377g	57,500	华艺国际	2021-12-11
四川“渝盐厘局 庆丰元 大生同”三排戳十两圆锭		56,350	永乐拍卖	2021-12-01
四川“天金州 足色白银”双戳十两圆锭		55,200	永乐拍卖	2021-12-01
四川“蒲江县塩本 商德全隆 匠德全新”三排连戳十两圆锭		55,200	永乐拍卖	2021-12-01
四川“荣县 盐厘”双戳十两圆锭		55,200	永乐拍卖	2021-12-01
四川“东乡县 十六年捐输 匠义利牲”三排连戳十两圆锭		55,200	永乐拍卖	2021-12-01
宋 天字号课银库使买拾两银锭十二两半，极美品	重352g	55,200	华艺国际	2021-12-11
清 四川康定 兴康分金炉 三排戳十两银锭，大唐评级美90	重373g	55,200	华艺国际	2021-12-11
清 四川引厘局 聚盛和号 二十年 匠 三排戳十两银锭，大唐评级美90	重336g	55,200	华艺国际	2021-12-11
清 四川廿一年 盐课 江计商 裕亨通三排戳十两银锭，华夏评级XF	重347.5g	55,200	华艺国际	2021-12-11
清 四川正汇票 同兴福双排戳十两银锭，大唐评级美88	重392.4g	55,200	华艺国际	2021-12-11
广东南海县光绪X年银匠冼名华造十两砝码银锭，华夏评级XF	重369g	55,200	华艺国际	2021-12-11
清 浙江福顺单戳五两银锭，大唐评级美96	重187.3g	52,900	华艺国际	2021-12-11
清 浙江隆聚 □□ □ 三戳五两银锭，大唐评级96	重189.4g	52,900	华艺国际	2021-12-11
清代浙江“肆年 临海 性诚”五两圆锭一枚		51,750	北京诚轩	2021-12-02
清代贵州“官商银局”单戳十两圆锭一枚		51,750	北京诚轩	2021-12-02
“大元泰定三年顺昌铸银锭二两 为朱成捐海慧寺修庙宇 为供奉神佛布施功德 以求庇护求佛”二两银锭		51,750	永乐拍卖	2021-12-01
四川“万县 宣统元年 匠张恒益”三排连戳十两圆锭		51,750	永乐拍卖	2021-12-01
清 四川长寿县计岸 正兴恒荣记 己丑 三月 四排戳十两银锭，大唐评级美88	重357g	51,750	华艺国际	2021-12-11
清 北京顺天府川锭型十两银锭，方乾评级AU58	重361.9g	51,750	华艺国际	2021-12-11
清 四川双流县 引厘局 三排戳十两银锭，大唐评级美85	重358g	51,750	华艺国际	2021-12-11
清 四川地丁双排十两银锭，大唐评级美90	重355.4g	50,600	华艺国际	2021-12-11
四川“遂宁县 足色地丁”十两银锭		48,300	永乐拍卖	2021-12-01
清 山西鲜炉五两银锭，大唐评级美88	重156.6g	48,300	华艺国际	2021-12-11
清代直隶“聚增号 十足色 三益”十两银锭一枚		47,150	北京诚轩	2021-12-02
清代河南“会镇 真 和顺”三两槽锭一枚		46,000	北京诚轩	2021-12-02
四川“仁寿塩本 商永和公 匠鑫聚敏”三排连戳十两圆锭		46,000	永乐拍卖	2021-12-01
浙江“鼎裕”五两圆锭		46,000	永乐拍卖	2021-12-01
浙江“福顺”五两圆锭		46,000	永乐拍卖	2021-12-01
清 四川富阳县 匠俞国良双排戳十两银锭，大唐评级美88	重328.1g	46,000	华艺国际	2021-12-11
清代四川光绪“十六年捐输 涪州谢恒足生”三戳十两圆锭一枚		44,850	北京诚轩	2021-12-02
清代四川“光绪二十一年 大邑县 匠恒足生”三戳十两圆锭一枚		44,850	北京诚轩	2021-12-02
清代四川“夹江县 宣统三年 兴隆号”十两圆锭		44,850	中国嘉德	2021-12-13
清代四川光绪“二十九年地丁 崇宁县 匠周源义”三戳十两圆锭一枚		43,700	北京诚轩	2021-12-02
清代直隶“恒记”十两银锭一枚		43,700	北京诚轩	2021-12-02
清代山西“晋泰银号 卯 中”五两腰锭一枚		43,700	北京诚轩	2021-12-02
清代山西“晋泰银号 午 天”五两腰锭一枚		43,700	北京诚轩	2021-12-02
元茂林铺记双排十两银锭		43,700	永乐拍卖	2021-12-01
四川“滇边商 黄乾福永”双戳十两圆锭		43,700	永乐拍卖	2021-12-01
清 四川三十四年 资州票厘 罗裕川亨三排十两银锭，极美品	重368g	43,700	华艺国际	2021-12-11
清 四川新繁县 宣统三年 捐输 匠裕泰德三排戳十两银锭，大唐评级美88	重365.4g	43,700	华艺国际	2021-12-11
清 四川荣昌县 地丁纹银双排戳五两银锭，大唐评级美88	重213g	43,700	华艺国际	2021-12-11
陕西十足色 十足色 囍字十两银锭	重347g	43,700	华艺国际	2021-12-11
清 四川富顺县 同泰银局 双排戳十两银锭，大唐评级美88	重327g	42,550	华艺国际	2021-12-11
清代云南“源济课锭 源济课锭”四两双槽锭一枚		41,400	北京诚轩	2021-12-02
清代四川光绪“二十四年捐输 什邡县 匠周源义”三戳十两圆锭一枚		41,400	北京诚轩	2021-12-02
四川“万县 四年匠恒丰裕”双戳十两圆锭		41,400	永乐拍卖	2021-12-01
云南“足色鲜银”三排戳五两牌坊锭		41,400	永乐拍卖	2021-12-01
清代云南“万庆课锭 万庆课锭 万庆课锭”五两大三槽锭一枚		40,250	北京诚轩	2021-12-02
清代直隶“匠源丰 十足色 百川”十两银锭一枚		40,250	北京诚轩	2021-12-02
清代云南“童福盛号 捌月纹银”五两记月牌坊锭一枚		40,250	北京诚轩	2021-12-02
清代云南“郭源泰号 肆月纹银”上梁“公估童看讫”五两牌坊锭		40,250	中国嘉德	2021-12-13
清代四川“四川地丁”单戳十两圆锭		40,250	中国嘉德	2021-12-13
四川“仁寿县 仁寿县”双排戳十两圆锭		40,250	永乐拍卖	2021-12-01
浙江“鼎裕 泾”五两圆锭		40,250	永乐拍卖	2021-12-01
清 四川长寿县 足色纹银 双排戳十两银锭，大唐评级美93	重330g	40,250	华艺国际	2021-12-11
清 四川地丁单排戳十两银锭，华夏评级XF	重348g	40,250	华艺国际	2021-12-11
平安无事十两银锭		39,100	永乐拍卖	2021-12-01
四川”仁寿县 兴隆号 十七年匠“十两圆锭		39,100	永乐拍卖	2021-12-01
民国时期贵州“赤水县 赤水镒顺号”双戳十两圆锭一枚		37,950	北京诚轩	2021-12-02
清 四川新都盐本 协顺公 协泰森三排戳十两银锭，华夏评级XF	重340g	37,950	华艺国际	2021-12-11
清代广东“道光廿九年 粤海关 道光廿九年”十两砝码锭一枚		36,800	北京诚轩	2021-12-02
清代云南“王学圣 王学圣”五两双槽锭一枚		36,800	北京诚轩	2021-12-02
明代“目”字五两银锭一枚		36,800	北京诚轩	2021-12-02
清代陕西“十二年 韩城 刘明”四两槽锭一枚		36,800	北京诚轩	2021-12-02
清代陕西“厘金 厘金”双戳十两圆锭		36,800	中国嘉德	2021-12-13
南宋 街东面西 王昇 重二十五两银锭，南安军资库银，极美品	重956g	36,800	华艺国际	2021-12-11
清 四川泸州五十年 地丁 黄全盛四排十两银锭，极美品	重340g	36,800	华艺国际	2021-12-11
清 四川德阳县 三十四年 地丁 匠涂裕盛 三排十两银锭，极美品	重368g	36,800	华艺国际	2021-12-11
清 四川天泰金益 鄷厘局曾 双排戳十两银锭，GBCA AU98	重349.2g	36,800	华艺国际	2021-12-11
清 四川“四川地丁 太平县”双排戳十两银锭，大唐评级美90	重330.7g	36,800	华艺国际	2021-12-11
清 四川捐输 足色纹银双排戳十两银锭，大唐评级美88	重383.3g	36,800	华艺国际	2021-12-11
清 四川禄 禄双戳吉语十两银锭，大唐评级美95	重319g	36,800	华艺国际	2021-12-11
广东光绪二十六年官银匠冼名X异地铸造，十两砝码银锭，华夏评级XF	重288g	36,800	华艺国际	2021-12-11
湖南“星垣 裕顺长”十两砝码银锭		35,650	永乐拍卖	2021-12-01
清代四川“宣统二年捐输 彭县 匠裕泰德”三戳十两圆锭一枚		34,500	北京诚轩	2021-12-02
清代云南“陈元昌号 正月纹银”五两记月牌坊锭一枚		34,500	北京诚轩	2021-12-02
清代直隶“全聚厚 公议十足”十两银锭一枚		34,500	北京诚轩	2021-12-02

2021杂项拍卖成交汇总（续表）

（成交价RMB：1万元以上）

拍品名称	物品尺寸	成交价RMB	拍卖公司	拍卖日期
清代四川"匠杨吉波 仁寿县 匠杨吉波"三戳十两圆锭一枚		34,500	北京诚轩	2021-12-02
清代云南"周宝铨号 汇号纹银"五两牌坊锭一枚		34,500	北京诚轩	2021-12-02
四川"光绪年 泉昌裕"十两圆锭		34,500	永乐拍卖	2021-12-01
上海"福泰 福泰 天发"三排连戳十两圆锭		34,500	永乐拍卖	2021-12-01
湖南"星垣 裕顺长"十两砝码银锭		34,500	永乐拍卖	2021-12-01
四川"金堂县 足色纹银"十两圆锭		34,500	永乐拍卖	2021-12-01
四川"富顺县 纹银"双戳十两圆锭		34,500	永乐拍卖	2021-12-01
四川"岳池县 永兴楼 光绪三十年"三排连戳十两圆锭		34,500	永乐拍卖	2021-12-01
四川"绵州"单戳十两圆锭		34,500	永乐拍卖	2021-12-01
四川"泸州 泸州"双戳十两圆锭		34,500	永乐拍卖	2021-12-01
"至元五年李那郎铸银锭五钱供奉海慧寺 求神佛布施功德 求庇护降福王氏"五钱银锭		34,500	永乐拍卖	2021-12-01
贵州"遵义府"单戳十两圆锭		34,500	永乐拍卖	2021-12-01
广西"桂林府"单戳十两圆锭		34,500	永乐拍卖	2021-12-01
陕西"厘金局 厘金局"双排戳十两银锭		34,500	永乐拍卖	2021-12-01
浙江"鼎裕"五两圆锭		34,500	永乐拍卖	2021-12-01
南宋 霸北街南 相五郎伍 重二十五两银锭，秋季茶税银，极美品	重962g	34,500	华艺国际	2021-12-11
清 四川七年 地丁 蓬溪县双排戳十两银锭，大唐评级美85	重371g	34,500	华艺国际	2021-12-11
清 四川永兴楼双排戳十两银锭，方乾评级MS	重336.6g	34,500	华艺国际	2021-12-11
清 四川富官盐局 广元县三排戳十两银锭，大唐评级美88	重340.8g	34,500	华艺国际	2021-12-11
清 四川第一楼 第一楼双排戳十两银锭，方乾评级MS	重325; 4g	34,500	华艺国际	2021-12-11
清代山西"晋泰银号 卯中"五两腰锭一枚		33,350	北京诚轩	2021-12-02
契丹文五两银锭		33,350	永乐拍卖	2021-12-01
元花银十两银锭，极美品	重386g	33,350	华艺国际	2021-12-11
清 云南光绪捌年 庆泰纹银三排戳五两牌坊型银锭，方乾AU58	重218.9g	33,350	华艺国际	2021-12-11
清代浙江"十七年四月山阴 德义"五两圆锭一枚		32,200	北京诚轩	2021-12-02
清代云南"建水县"二两单槽锭一枚		32,200	北京诚轩	2021-12-02
民国时期云南"民国年造 汇号纹银"五两牌坊锭一枚		32,200	北京诚轩	2021-12-02
京铺锭银二十五两		32,200	永乐拍卖	2021-12-01
四川"叙州府 叙州府"双戳十两圆锭		32,200	永乐拍卖	2021-12-01
广东"广州府"单戳十两圆锭		32,200	永乐拍卖	2021-12-01
四川"荣县 二十八年地丁 匠恒足生"三排连戳十两圆锭		32,200	永乐拍卖	2021-12-01
明 大邑县完二年 分银二十两半银锭，极美品	重769g	32,200	华艺国际	2021-12-11
清 四川峨眉计岸 匠彭义昇双排十两银锭，极美品	重377g	32,200	华艺国际	2021-12-11
清 四川光绪四年 富官引局 大生厚 匠张裕泰三排十两银锭，极美品	重340g	32,200	华艺国际	2021-12-11
清 四川裕国通商 单排十两银锭，GBCA AU	重339.6g	32,200	华艺国际	2021-12-11
元花银十两银锭，极美品	重382g	31,050	华艺国际	2021-12-11
清 四川大滇边 单排戳十两银锭，大唐评级美83	重348g	31,050	华艺国际	2021-12-11
机制币				
1907年丁未大清银币壹圆铜质样币一枚		977,500	北京诚轩	2021-05-19
1902年安徽省造光绪元宝中心满文"宝安"五文铜币一枚，Y-35/CL-AH.08		241,500	北京诚轩	2021-05-20
1902年安徽省造光绪元宝中心满文"宝皖"十文铜币一枚		161,000	北京诚轩	2021-05-20
1904年四川省造光绪元宝当二十黄铜币一枚		138,000	北京诚轩	2021-05-19
1904年河南省造光绪元宝中心阴太极十文铜币黄铜试铸样币一枚		92,000	北京诚轩	2021-05-20
1904年四川省造光绪元宝当二十黄铜币一枚		63,250	北京诚轩	2021-05-19
1906年丙午户部大清铜币中心"浙"十文一枚		56,350	北京诚轩	2021-05-20
1905年乙巳江南省造光绪元宝十文铜币一枚		55,200	北京诚轩	2021-05-20
1902年安徽省造光绪元宝十文铜币一枚		51,750	北京诚轩	2021-05-20
1904年四川省造光绪元宝当二十黄铜币一枚		48,300	北京诚轩	2021-05-19
1906年丙午户部大清铜币中心"鄂"十文一枚		48,300	北京诚轩	2021-05-20
1903年浙江省造光绪元宝当十铜币一枚		46,000	北京诚轩	2021-05-20
1900年福建官局造光绪元宝五文铜币一枚		46,000	北京诚轩	2021-05-20
1903年浙江省造光绪元宝当十铜币一枚		36,800	北京诚轩	2021-05-20
1906年丙午户部大清铜币中心"鄂"二文一枚		34,500	北京诚轩	2021-05-20
1905年福建官局造光绪元宝闽关十文铜币一枚		28,750	北京诚轩	2021-05-20
1903年癸卯江南省造光绪元宝十文铜币一枚		27,600	北京诚轩	2021-05-20
1903年浙江省造光绪元宝当十铜币一枚		25,300	北京诚轩	2021-05-20
1906年湖北省造光绪元宝一文铜币一枚		23,000	北京诚轩	2021-05-20
1903年浙江省造光绪元宝黄铜当十铜币一枚		23,000	北京诚轩	2021-05-20
清 户部光绪元宝二十文铜元	直径34.2mm	20,700	西泠印社	2021-07-23
1900年福建官局造光绪元宝十文铜币一枚		20,700	北京诚轩	2021-05-20
1906年新省光绪元宝市银二分五厘铜币一枚		19,550	北京诚轩	2021-05-20
1907年丁未户部大清铜币中心"宁"十文一枚		18,400	北京诚轩	2021-05-20
1903年四川官局造光绪元宝二十文铜币一枚		18,400	北京诚轩	2021-05-20
1909年己酉大清铜币中心"汴"五文试铸样币一枚		517,500	北京诚轩	2021-05-20
宣统三年大清铜币十文一枚		74,750	北京诚轩	2021-05-19
宣统年造大清铜币一厘一枚		55,200	北京诚轩	2021-05-19
清至民国 铜币、银币一组五枚	直径38.7~54.6mm	23,000	西泠印社	2021-07-23
1912年中华民国河南双旗嘉禾伍百文铜币试铸样币一枚	直径45.2mm；厚3mm	943,000	北京诚轩	2021-05-20
民国二十五年广东省造五羊图壹仙铜币一枚		667,000	北京诚轩	2021-05-20
1926~1928年四川十文型马兰黄铜币一枚		460,000	北京诚轩	2021-05-20
民国二十五年广东省造五羊图壹仙铜币一枚		448,500	北京诚轩	2021-05-20
1926~1928年四川十文型马兰黄铜币一枚		276,000	北京诚轩	2021-05-20
民国时期四川十文型马兰黄铜币一枚		212,750	北京诚轩	2021-05-20
民国时期四川五文型马兰黄铜币一枚		212,750	北京诚轩	2021-05-20
民国时期四川五文型马兰铜币一枚		172,500	北京诚轩	2021-05-20
民国时期四川十文型马兰黄铜币一枚		138,000	北京诚轩	2021-05-20
民国时期四川二十文型马兰白铜币一枚		97,750	北京诚轩	2021-05-20
民国时期四川十文型马兰黄铜币一枚		82,800	北京诚轩	2021-05-20
民国时期四川五文型马兰铜币一枚		74,750	北京诚轩	2021-05-20
民国时期四川十文型马兰铜币一枚		69,000	北京诚轩	2021-05-20
民国时期四川五文型马兰白铜币一枚		63,250	北京诚轩	2021-05-20
民国时期四川十文型马兰铜币一枚		59,800	北京诚轩	2021-05-20
民国时期四川十文型马兰黄铜币一枚		57,500	北京诚轩	2021-05-20
1924~1926年四川五文型马兰铜币一枚		49,450	北京诚轩	2021-05-20
民国二十八年党徽布图大"桂"字壹分铜币一枚		48,300	北京诚轩	2021-05-19
1931年皖西北苏维埃造伍拾文黄铜币一枚		46,000	北京诚轩	2021-05-19
民国时期四川十文型马兰黄铜币一枚		40,250	北京诚轩	2021-05-20
1924~1926年四川五文型马兰铜币一枚		37,950	北京诚轩	2021-05-20
民国元年四川醒狮图五文型铜币一枚		36,800	北京诚轩	2021-05-20
1934年川陕省苏维埃造五百文铜币一枚		34,500	北京诚轩	2021-05-19
民国元年军政府造四川铜币五文一枚		34,500	北京诚轩	2021-05-20
民国时期四川五文型马兰铜币一枚		33,350	北京诚轩	2021-05-20
1934年川陕省苏维埃造五百文铜币一枚		28,750	北京诚轩	2021-05-19
民国元年军政府造四川铜币黄铜二十文、十文各一枚		20,700	北京诚轩	2021-05-20
民国元年军政府造四川铜币五文一枚		20,700	北京诚轩	2021-05-20
1899年湖北省造光绪元宝库平七钱二分、三钱六分、一钱四分四厘、七分二厘、三分六厘银币铜质样币五枚全套		4,255,000	北京诚轩	2021-12-01

2021杂项拍卖成交汇总（续表）

（成交价RMB：1万元以上）

拍品名称	物品尺寸	成交价RMB	拍卖公司	拍卖日期
1932年中华民国河南双旗嘉禾伍百文铜币试铸样币一枚		931,500	北京诚轩	2021-12-01
宣统三年大清铜币二十文试铸样币一枚		828,000	北京诚轩	2021-11-30
1926~1928年四川十文型马兰黄铜币一枚		632,500	北京诚轩	2021-12-01
民国时期四川十文型“青蚨飞去复飞来”马兰黄铜币一枚		529,000	北京诚轩	2021-12-01
1908年铜币一文背二文部颁龙试铸样币一枚		460,000	北京诚轩	2021-11-30
宣统年造大清铜币一分试铸样币一枚		425,500	北京诚轩	2021-11-30
1906年丙午户部大清铜币中心“浙”十文样币一枚		368,000	北京诚轩	2021-12-01
1906年光绪年造丙午户部大清铜币中心“川”当制钱二文铜元		345,000	中国嘉德	2021-12-12
1908年光绪戊申中心“总”一文背二文部颁龙铜币试铸样币一枚		276,000	北京诚轩	2021-11-30
1906年丙午户部大清铜币中心“川滇”二十文一枚		253,000	北京诚轩	2021-12-01
民国时期四川十文型“青蚨飞去复飞来”马兰白铜币一枚		189,750	北京诚轩	2021-12-01
民国二十一年云南省造壹仙铜币一枚		184,000	北京诚轩	2021-12-01
1912年袁世凯像共和纪念十文铜币一枚		172,500	北京诚轩	2021-11-30
1903年四川官局造光绪元宝五文铜币一枚		161,000	北京诚轩	2021-12-01
1906年丙午户部大清铜币中心“湘”十文一枚		161,000	北京诚轩	2021-12-01
民国三十八年孙中山像背台湾省地图壹角银币铜质试铸样币一枚		126,500	北京诚轩	2021-12-01
民国十五年四川省造中心“川”边铸一百文黄铜币一枚		126,500	北京诚轩	2021-12-01
1924~1926年四川五文型马兰铜币一枚		126,500	北京诚轩	2021-12-01
1926~1928年四川十文型马兰黄铜币一枚		115,000	北京诚轩	2021-12-01
1926~1928年四川二十文型马兰黄铜币一枚		109,250	北京诚轩	2021-12-01
宣统三年大清铜币五文试铸样币一枚		92,000	北京诚轩	2021-11-30
民国时期四川十文型马兰铜币一枚		92,000	北京诚轩	2021-12-01
民国元年四川醒狮图五文型铜币一枚		86,250	北京诚轩	2021-12-01
1902年福建官局造光绪元宝二十文铜币一枚		85,100	北京诚轩	2021-12-01
民国时期四川十文型马兰铜币一枚		74,750	北京诚轩	2021-12-01
民国三十一年孙中山像背布图半圆镍币铜质样币一枚		69,000	北京诚轩	2021-11-30
民国七年广东省造贰仙黄铜币一枚		69,000	北京诚轩	2021-12-01
1932年中华苏维埃共和国五分铜币（Y-507）		69,000	中国嘉德	2021-12-12
宣统三年大清铜币十文一枚		63,250	北京诚轩	2021-11-30
1900年广东省造光绪元宝壹分铜币一枚		63,250	北京诚轩	2021-12-01
1904年河南省造光绪元宝十文铜币黄铜试铸样币一枚		63,250	北京诚轩	2021-12-01
云南省造大清铜币二十文臆造币一枚		59,800	北京诚轩	2021-11-30
1906年丙午户部大清铜币中心“川滇”十文一枚		58,650	北京诚轩	2021-12-01
宣统三年大清铜币十文一枚		55,200	北京诚轩	2021-11-30
民国时期四川五文型马兰黄铜币一枚		48,300	北京诚轩	2021-12-01
厦门劝业银行壹角铜质钞版		48,300	永乐拍卖	2021-12-02
民国二十年河南省造党徽嘉禾五十文铜币一枚		46,000	北京诚轩	2021-12-01
中华民国元年四川醒狮五文铜币		46,000	中国嘉德	2021-12-12
1902年湖南省造光绪元宝当十黄铜元一枚		43,700	北京诚轩	2021-12-01
1912年四川马兰五文型铜元		43,700	中国嘉德	2021-12-12
1905年江南省造乙巳光绪元宝每元当制钱十文铜元		43,700	中国嘉德	2021-12-12
1932年中华苏维埃共和国五分铜币一枚		36,800	北京诚轩	2021-11-30
1912年四川马兰五文型铜元		36,800	中国嘉德	2021-12-12
1912年四川马兰十文型铜元		36,800	中国嘉德	2021-12-12
1919年云南省造唐继尧像五十文纪念铜币		36,800	中国嘉德	2021-12-12
1906年丙午户部大清铜币二文一枚		34,500	北京诚轩	2021-11-30

拍品名称	物品尺寸	成交价RMB	拍卖公司	拍卖日期
民国十年广西省造贰毫银币铜质样币一枚		34,500	北京诚轩	2021-12-01
1912年四川马兰五文型铜元		34,500	中国嘉德	2021-12-12
民国时期常州龙虎塘壹角铜质代用币一枚		32,200	北京诚轩	2021-12-01
民国十九年四川省造中心“川”边铸一百文黄铜币一枚		32,200	北京诚轩	2021-12-01
1906年丙午户部大清铜币中心“直”五文一枚		32,200	北京诚轩	2021-12-01
唐代四川“西充”四两银饼一枚		28,750	北京诚轩	2021-05-21
明 司礼监十两银元宝	重337.1g	103,500	西泠印社	2021-07-23
明 二两、三两银元宝一组三枚	总重188.7g	83,950	西泠印社	2021-01-17
明 原光素面十两银元宝	重286.3g	69,000	西泠印社	2021-01-17
明 茶课二两银元宝	重51g	57,500	西泠印社	2021-01-17
明 二两、三两银元宝一组二枚	总重169.7g	51,750	西泠印社	2021-01-17
明 二两、三两银元宝一组三枚	总重194.7g	51,750	西泠印社	2021-01-17
明 五两银元宝一对	总重316.9g	28,750	西泠印社	2021-01-17
明平安无事锭三两、五两银元宝一对	总重273.9g	24,150	西泠印社	2021-07-23
明四川温江元年五两银元宝	重179.1g	20,700	西泠印社	2021-07-23
明 湖北黄陂五两银元宝	重196.3g	20,700	西泠印社	2021-07-23
明 湖北施州仓五两银元宝	重180.4g	20,700	西泠印社	2021-07-23
明 湖北竹山县五两银元宝	重179.1g	20,700	西泠印社	2021-07-23
乾隆六十年（1795年）西藏乾隆宝藏一钱大型银币一枚		51,750	北京诚轩	2021-05-20
乾隆五十九年（1794年）西藏乾隆宝藏一钱银币一枚		40,250	北京诚轩	2021-05-20
嘉庆八年（1803年）西藏嘉庆宝藏一钱银币一枚		78,200	北京诚轩	2021-05-20
道光年铸库平柒弍足纹银饼臆造老公银饼一枚		184,000	北京诚轩	2021-05-19
道光年铸库平柒弍足纹银饼臆造老公银饼一枚		97,750	北京诚轩	2021-05-19
道光三年（1823年）西藏道光宝藏一钱银币一枚		92,000	北京诚轩	2021-05-20
道光二年（1822年）西藏道光宝藏一钱银币一枚		74,750	北京诚轩	2021-05-20
1853年台湾“府库军饷 足纹通行”如意银饼一枚		59,800	北京诚轩	2021-05-20
1896年湖北省造“本省”光绪元宝库平七钱二分银币一枚		4,197,500	中国嘉德	2021-05-22
1898年无纪年江南省造光绪元宝库平七钱二分银币一枚		2,012,500	北京诚轩	2021-05-20
清 东三省造光绪元宝库平七钱二分银币	直径39mm	1,219,000	西泠印社	2021-07-23
1906年丙午户部大清银币“中”字伍钱样币一枚		805,000	北京诚轩	2021-05-19
光绪三十三年东三省造光绪元宝库平七钱二分银币一枚		724,500	北京诚轩	2021-05-20
1907年丁未大清银币伍角样币一枚		690,000	北京诚轩	2021-05-19
清光绪三十四年（1908年）北洋造光绪元宝库平七钱二分银币（LM465）		667,000	中国嘉德	2021-05-22
1902~1911年四川省造第一期光绪像一卢比银币一枚		586,500	北京诚轩	2021-05-20
1906年丙午户部大清银币“中”字贰钱样币一枚		563,500	北京诚轩	2021-05-19
1890年喜敦版广东省造光绪元宝库平三钱六分银币一枚		529,000	北京诚轩	2021-05-20
1904年光绪三十年湖北省造大清银币库平壹两双龙银币一枚		517,500	北京保利	2021-06-08
1899年己亥吉林省造光绪元宝库平七钱二分银币一枚		460,000	北京诚轩	2021-05-20
1902年壬寅吉林省造光绪元宝库平七钱二分银币一枚		460,000	北京诚轩	2021-05-20
1906年丙午户部大清银币“中”字壹钱样币一枚		460,000	北京诚轩	2021-05-19
光绪三十三年北洋造光绪元宝库平七钱二分银币一枚		460,000	北京诚轩	2021-05-20
清 光绪十三年六月湖北随州公济益五十两银元宝	重1858.9g	448,500	西泠印社	2021-01-17
1903年癸卯吉林省造光绪元宝库平七钱二分银币一枚		414,000	北京诚轩	2021-05-19
1904年光绪三十年湖北省造大清银币库平壹两双龙银币一枚		414,000	北京保利	2021-06-08
1901年辛丑吉林省造光绪元宝库平七钱二分银币一枚		356,500	北京诚轩	2021-05-20
光绪三十三年东三省造光绪元宝库平三钱六分银币一枚		356,500	北京诚轩	2021-05-20
1903年癸卯江南省造光绪元宝库平七钱二分银币一枚		345,000	北京诚轩	2021-05-20

(成交价RMB：1万元以上)

拍品名称	物品尺寸	成交价RMB	拍卖公司	拍卖日期
光绪二十五年奉天机器局造一圆银币一枚		333,500	北京诚轩	2021-05-20
1908年湖南省造"长沙乾益字号""省平足纹柒钱"银饼(LM409)		299,000	中国嘉德	2021-05-22
1906年丙午户部大清银币"中"字伍钱样币一枚		299,000	北京诚轩	2021-05-19
光绪二十四年奉天机器局造五角银币一枚		287,500	北京诚轩	2021-05-20
光绪三十一年北洋造光绪元宝库平一钱四分四厘银币一枚		287,500	北京诚轩	2021-05-20
1898年无纪年吉林省造光绪元宝库平七钱二分银币一枚		276,000	北京诚轩	2021-05-20
1907年丁未大清银币壹圆样币一枚		276,000	北京诚轩	2021-05-19
1901年辛丑吉林省造光绪元宝库平七钱二分银币一枚		276,000	北京诚轩	2021-05-20
1907年喀什大清银币湘平壹两一枚		276,000	北京诚轩	2021-05-20
清 山东邱县光绪年月顺昌银炉五十两银元宝	重1884.5g	276,000	西泠印社	2021-01-17
清 吉林光绪三十一年辛未匠高明宽城同顺成五十两银元宝	重1905.4g	264,500	西泠印社	2021-01-17
1904年甲辰吉林省造光绪元宝库平七钱二分银币一枚		253,000	北京诚轩	2021-05-19
1901年四川省造光绪元宝库平七钱二分银币一枚		253,000	北京诚轩	2021-05-20
1904~1912年四川省造光绪像四分之一卢比银币一枚		253,000	北京诚轩	2021-05-20
1894年新疆阿城光绪银元伍钱一枚		241,500	北京诚轩	2021-05-20
1902~1911年四川省造第一期光绪像一卢比银币一枚		230,000	北京诚轩	2021-05-20
光绪二十四年奉天机器局造一圆银币一枚		230,000	北京诚轩	2021-05-20
台湾制造光绪元宝库平七钱二分臆造银币		230,000	永乐拍卖	2021-05-22
1898年光绪二十四年安徽省造光绪元宝库平七钱二分银币一枚		230,000	北京保利	2021-06-08
1905年乙巳江南省造光绪元宝库平七钱二分银币一枚		224,250	北京诚轩	2021-05-19
清光绪三十年(1904年)湖北省造大清银币库平一两(LM180)		218,500	中国嘉德	2021-05-22
1900年庚子江南省造光绪元宝库平七钱二分银币一枚		207,000	北京诚轩	2021-05-20
1902~1911年四川省造第一期光绪像一卢比银币一枚		207,000	北京诚轩	2021-05-20
清 河北蔚州大德生光绪年月五十两银元宝	重1873.3g	207,000	西泠印社	2021-01-17
1905年新疆饷银五钱银币一枚		195,500	北京诚轩	2021-05-19
1900年庚子吉林省造光绪元宝中心太极图库平七钱二分银币一枚		195,500	北京诚轩	2021-05-20
1901年辛丑吉林省造光绪元宝库平七钱二分银币一枚		189,750	北京诚轩	2021-05-19
1901年辛丑江南省造光绪元宝库平七钱二分银币一枚		189,750	北京诚轩	2021-05-20
1902年壬寅吉林省造光绪元宝库平七钱二分银币一枚		184,000	北京诚轩	2021-05-19
1898年戊戌江南省造光绪元宝库平七钱二分银币一枚		172,500	北京诚轩	2021-05-20
1905年乙巳吉林省造光绪元宝库平七钱二分银币一枚		172,500	北京诚轩	2021-05-20
1898年光绪二十四年奉天机器局造一圆银币一枚		161,000	北京保利	2021-06-08
1901年四川省造光绪元宝库平七钱二分银币一枚		155,250	北京诚轩	2021-05-20
光绪二十五年北洋造光绪元宝库平七钱二分银币一枚		149,500	北京诚轩	2021-05-19
光绪二十三年北洋机器局造壹圆银币一枚		149,500	北京诚轩	2021-05-20
慈禧像云南恭进臆造银币一枚		143,750	北京诚轩	2021-05-19
1895年湖北省造光绪元宝库平七钱二分银币一枚		143,750	北京诚轩	2021-05-20
1902年壬寅吉林省造光绪元宝库平七钱二分银币一枚		140,300	北京诚轩	2021-05-20
1907年丁未大清银币伍角样币一枚		138,000	北京诚轩	2021-05-19
四川省造光绪像大型卢比臆造银币一枚		138,000	北京诚轩	2021-05-19
1900年庚子吉林省造光绪元宝中心花篮库平七钱二分银币一枚		138,000	北京诚轩	2021-05-20
1904年甲辰江南省造库平七钱二分银币一枚		138,000	北京保利	2021-06-08

拍品名称	物品尺寸	成交价RMB	拍卖公司	拍卖日期
1905年乙巳吉林省造光绪元宝库平七钱二分银币一枚		132,250	北京诚轩	2021-05-19
光绪二十四年北洋机器局造壹圆银币一枚		126,500	北京诚轩	2021-05-20
1902年壬寅吉林省造光绪元宝库平三钱六分银币一枚		126,500	北京诚轩	2021-05-20
1906年丙午户部大清银币"中"字壹钱样币一枚		115,000	北京诚轩	2021-05-19
光绪乙酉年造隆裕皇后朝服像臆造银币一枚		115,000	北京诚轩	2021-05-19
1902~1911年四川省造第一期光绪像一卢比银币一枚		115,000	北京诚轩	2021-05-20
清光绪二十二年(1896年)北洋机器局造贰角银币		110,400	永乐拍卖	2021-05-22
光绪二十四年北洋机器局造壹圆银币一枚		109,250	北京诚轩	2021-05-20
1891年广东省造光绪元宝库平七钱二分银币(LM133)		103,500	中国嘉德	2021-05-22
1890年广东省造光绪元宝库平七钱二分银币一枚		103,500	北京诚轩	2021-05-20
1899年浙江省造魏碑体光绪元宝库平一钱四分四厘银币一枚		103,500	北京诚轩	2021-05-20
1908年造币总厂光绪元宝库平一钱四分四厘银币一枚		97,750	北京诚轩	2021-05-19
四川省造光绪朝服像大型卢比臆造银币一枚		97,750	北京诚轩	2021-05-19
光绪三十四年北洋造光绪元宝库平七钱二分银币一枚		97,750	北京诚轩	2021-05-20
1907年丁未吉林省造光绪元宝库平七钱二分银币一枚		97,750	北京保利	2021-06-08
1890年喜敦版广东省造光绪元宝库平七钱二分银币一枚		94,300	北京诚轩	2021-05-20
1898年无纪年吉林省造光绪元宝库平七钱二分银币一枚		92,000	北京诚轩	2021-05-19
光绪三十三年东三省造光绪元宝库平三钱六分银币一枚		92,000	北京诚轩	2021-05-20
清 云南湖北省造光绪元宝边境贸易银锭	重316.3g	92,000	西泠印社	2021-01-17
1904年光绪三十年湖北省造大清银币库平壹两双龙银币一枚		92,000	北京保利	2021-06-08
1895年湖北省造光绪元宝库平七钱二分银币一枚		89,700	北京诚轩	2021-05-20
1906年湖南官钱局造省平足纹壹两银饼一枚		89,700	北京诚轩	2021-05-20
光绪二十五年北洋造光绪元宝库平七钱二分银币一枚		87,400	北京诚轩	2021-05-20
1895年湖北省造光绪元宝库平七钱二分银币一枚		86,250	北京诚轩	2021-05-20
1904-1912年四川省造光绪像二分之一卢比银币一枚		86,250	北京诚轩	2021-05-20
1907年东三省造光绪元宝库平三钱六分银币(LM488)		82,800	中国嘉德	2021-05-22
光绪二十四年奉天机器局造一圆银币一枚		82,800	北京诚轩	2021-05-20
清光绪二十五年(1899年)奉天机器局造一圆银币(LM478)		80,500	中国嘉德	2021-05-22
1899年浙江省造魏碑体光绪元宝库平七分二厘银币一枚		80,500	北京诚轩	2021-05-20
清 光绪八年吉林机器官局监造厂平半两银币	直径30mm	74,750	西泠印社	2021-07-23
1908年造币总厂光绪元宝库平七钱二分银币一枚		74,750	北京诚轩	2021-05-19
1902~1911年四川省造第一期光绪像一卢比银币一枚		74,750	北京诚轩	2021-05-20
光绪三十一年北洋造光绪元宝库平一钱四分四厘银币一枚		74,750	北京诚轩	2021-05-20
光绪三十四年北洋造光绪元宝库平七钱二分银币一枚		74,750	北京诚轩	2021-05-20
1895年湖北省造光绪元宝库平三钱六分银币一枚		71,300	北京诚轩	2021-05-20
1901年四川省造光绪元宝库平七钱二分银币一枚		71,300	北京诚轩	2021-05-20
1900年庚子吉林省造光绪元宝中心太极图库平七钱二分银币一枚		71,300	北京诚轩	2021-05-20
1907年(回历1325年)喀什大清银币湘平壹两(LM744)		69,000	中国嘉德	2021-05-22
1907年丁未大清银币壹角样币一枚		69,000	北京诚轩	2021-05-19
1902~1911年四川省造第一期光绪像一卢比银币一枚		69,000	北京诚轩	2021-05-20
光绪三十三年北洋造光绪元宝库平七钱二分银币一枚		69,000	北京诚轩	2021-05-20

2021杂项拍卖成交汇总(续表)

(成交价RMB：1万元以上)

拍品名称	物品尺寸	成交价RMB	拍卖公司	拍卖日期
1898年无纪年吉林省造光绪元宝库平一钱四分四厘银币一枚		69,000	北京诚轩	2021-05-20
1908年造币总厂光绪元宝库平七钱二分银币一枚		67,850	北京诚轩	2021-05-19
清光绪三十四年(1908年)北洋造光绪元宝库平七钱二分银币(LM466)		66,700	中国嘉德	2021-05-22
清 湖北省造光绪元宝库平七钱二分银币	直径39mm	64,400	西泠印社	2021-01-17
1898年无纪年吉林省造光绪元宝库平三钱六分银币一枚		64,400	北京诚轩	2021-05-20
光绪二十五年北洋造光绪元宝库平七钱二分银币一枚		63,250	北京诚轩	2021-05-20
光绪三十三年东三省造光绪元宝库平七分二厘银币一枚		63,250	北京诚轩	2021-05-20
1898年无纪年吉林省造光绪元宝库平三钱六分银币一枚		63,250	北京诚轩	2021-05-20
1900年庚子吉林省造光绪元宝中心太极图库平七钱二分银币一枚		63,250	北京诚轩	2021-05-20
1908年江南省造"无纪年"光绪元宝库平七钱二分银币一枚		63,250	北京保利	2021-06-08
1898年无纪年江南省造光绪元宝库平三钱六分银币一枚		59,800	北京诚轩	2021-05-20
1899年己亥吉林省造光绪元宝库平七钱二分银币一枚		59,800	北京诚轩	2021-05-20
1899年安徽省造光绪元宝库平三分六厘银币(LM209)		57,500	中国嘉德	2021-05-22
光绪十六年山西官炉造足纹壹两银币一枚		57,500	北京诚轩	2021-05-20
1902~1911年四川省造第一期光绪像一卢比银币一枚		55,200	北京诚轩	2021-05-20
1904年甲辰奉天省造光绪元宝库平一钱四分四厘银币一枚		55,200	北京诚轩	2021-05-20
1898年无纪年吉林省造光绪元宝库平三钱六分银币一枚		55,200	北京诚轩	2021-05-20
1901年辛丑吉林省造光绪元宝库平三钱六分银币一枚		54,050	北京诚轩	2021-05-20
1907年云南省造光绪元宝(老云南)库平一钱四分四厘银币(LM420)		51,750	中国嘉德	2021-05-22
光绪二十五年北洋造光绪元宝库平七钱二分银币一枚		51,750	北京诚轩	2021-05-20
1908年 光绪三十四年北洋造光绪元宝库平七钱二分银币一组五枚		49,450	北京保利	2021-06-08
清光绪二十三年(1897年)北洋机器局造壹圆银币(LM444)		48,300	中国嘉德	2021-05-22
1897年无纪年安徽省造光绪元宝库平七分二厘银币一枚		48,300	北京诚轩	2021-05-20
1898年戊戌江南省造光绪元宝库平七钱二分银币一枚		48,300	北京诚轩	2021-05-20
1898年无纪年吉林省造光绪元宝库平三钱六分银币一枚		48,300	北京诚轩	2021-05-20
1908年造币总厂光绪元宝库平七钱二分银币一枚		48,300	永乐拍卖	2021-05-22
1897年江南省造"无纪年"光绪元宝库平七钱二分银币一枚		48,300	北京保利	2021-06-08
光绪二十九年北洋造光绪元宝库平七钱二分银币一枚		47,150	北京诚轩	2021-05-20
1908年造币总厂光绪元宝库平七钱二分银币二枚		46,000	北京诚轩	2021-05-19
光绪三十三年东三省造光绪元宝库平一钱四分四厘银币一枚		46,000	北京诚轩	2021-05-20
1907年(回历1325年)喀什大清银币湘平壹两(LM744)		43,700	中国嘉德	2021-05-22
1908年造币总厂光绪元宝库平七钱二分银币二枚		43,700	北京诚轩	2021-05-19
光绪二十三年北洋机器局造壹圆银币一枚		43,700	北京诚轩	2021-05-20
光绪二十五年北洋造光绪元宝库平三分六厘银币一枚		43,700	北京诚轩	2021-05-20
1903年癸卯吉林省造光绪元宝库平三钱六分银币一枚		43,700	北京诚轩	2021-05-20
1905年乙巳吉林省造光绪元宝库平七钱二分银币一枚		43,700	北京诚轩	2021-05-20
1900年庚子江南省造光绪元宝库平三分六厘银币一枚		42,550	北京诚轩	2021-05-20
清 四川省造光绪元宝库平七钱二分银币(兔龙版)	直径39mm	41,400	西泠印社	2021-01-17
光绪二十五年北洋造光绪元宝库平七钱二分银币一枚		40,250	北京诚轩	2021-05-20
1898年无纪年吉林省造光绪元宝库平三钱六分银币一枚		40,250	北京诚轩	2021-05-20
1898年无纪年吉林省造光绪元宝库平七钱二分银币一枚		40,250	北京诚轩	2021-05-20
1905年乙巳吉林省造光绪元宝库平三钱六分银币一枚		40,250	北京诚轩	2021-05-20
1895年湖北省造光绪元宝库平七钱二分银币一枚		36,800	北京诚轩	2021-05-20
1900年庚子江南省造光绪元宝库平七分二厘银币一枚		36,800	北京诚轩	2021-05-20
1904年甲辰江南省造光绪元宝库平七钱二分银币一枚		36,800	北京诚轩	2021-05-20
光绪二十三年北洋机器局造壹圆银币一枚		36,800	北京诚轩	2021-05-20
光绪二十五年北洋造光绪元宝库平七钱二分银币一枚		36,800	北京诚轩	2021-05-20
1898年无纪年吉林省造光绪元宝库平七钱二分银币一枚		36,800	北京诚轩	2021-05-20
1899年己亥吉林省造光绪元宝库平一钱四分四厘银币一枚		36,800	北京诚轩	2021-05-20
1898年无纪年江南省造光绪元宝库平三分六厘银币一枚		34,500	北京诚轩	2021-05-20
1904年甲辰江南省造光绪元宝库平七钱二分银币一枚		34,500	北京诚轩	2021-05-20
1904~1912年四川省造光绪像四分之一卢比银币一枚		34,500	北京诚轩	2021-05-20
1898年无纪年吉林省造光绪元宝库平三钱六分银币一枚		34,500	北京诚轩	2021-05-20
清 江南省造光绪元宝壬寅、癸卯库平七钱二分银币一对	直径39mm	32,200	西泠印社	2021-07-23
1898年无纪年江南省造光绪元宝库平七钱二分银币一枚		32,200	北京诚轩	2021-05-20
1902~1911年四川省造第一期光绪像一卢比银币四枚		32,200	北京诚轩	2021-05-20
光绪三十四年北洋造光绪元宝库平七钱二分银币一枚		32,200	北京诚轩	2021-05-20
1898年光绪二十四年北洋机器局造壹圆银币一枚		32,200	北京保利	2021-06-08
1900年庚子吉林省造光绪元宝中心花篮库平一钱四分四厘银币一枚		29,900	北京诚轩	2021-05-20
清光绪二十三年(1897年)北洋机器局造壹圆银币(LM444)		28,750	中国嘉德	2021-05-22
1898年江南省造戊戌光绪元宝库平七钱二分银币(LM217)一组二枚		28,750	中国嘉德	2021-05-22
清光绪二十九年(1903年)北洋造光绪元宝库平七钱二分银币(LM462)		28,750	中国嘉德	2021-05-22
1890年广东省造光绪元宝、1909年广东省造宣统元宝库平七钱二分银币各一枚		28,750	北京诚轩	2021-05-20
1895年湖北省造光绪元宝库平三分六厘银币一枚		28,750	北京诚轩	2021-05-20
1901年辛丑江南省造光绪元宝库平七钱二分银币一枚		28,750	北京诚轩	2021-05-20
1903年福建省造光绪元宝库平一钱四分四厘银币一枚		28,750	北京诚轩	2021-05-20
光绪三十四年北洋造光绪元宝库平七钱二分银币一枚		28,750	北京诚轩	2021-05-20
光绪三十三年东三省造光绪元宝库平七分二厘银币一枚		28,750	北京诚轩	2021-05-20
清光绪三十四年(1908年)北洋造光绪元宝库平七钱二分银币		28,750	永乐拍卖	2021-05-22
清光绪三十四年(1908年)北洋造光绪元宝库平七钱二分银币(LM465)		27,600	中国嘉德	2021-05-22
1902~1911年四川省造第一期光绪像一卢比银币一枚		26,450	北京诚轩	2021-05-20
1898年无纪年吉林省造光绪元宝库平三钱六分银币一枚		26,450	北京诚轩	2021-05-20
1898年无纪年吉林省造光绪元宝库平七分二厘银币一枚		26,450	北京诚轩	2021-05-20
1898年戊戌江南省造光绪元宝库平七钱二分银币一枚		25,300	北京诚轩	2021-05-20
1904年甲辰江南省造光绪元宝库平七钱二分银币一枚		25,300	北京诚轩	2021-05-20
1898年无纪年吉林省造光绪元宝库平三钱六分银币一枚		25,300	北京诚轩	2021-05-20
1900年庚子吉林省造光绪元宝中心太极图库平七分二厘银币一枚		25,300	北京诚轩	2021-05-20
1907年东三省造光绪元宝库平三钱六分银币一枚		25,300	北京保利	2021-06-08

（成交价RMB：1万元以上）

拍品名称	物品尺寸	成交价RMB	拍卖公司	拍卖日期
清光绪三十四年（1908年）北洋造光绪元宝库平七钱二分银币（LM465）		24,150	中国嘉德	2021-05-22
1898年无纪年吉林省造光绪元宝库平三钱六分银币一枚		24,150	北京诚轩	2021-05-20
1905年乙巳江南省造库平七钱二分银币一枚		24,150	北京保利	2021-06-08
清 造币总厂光绪元宝库平七钱二分银币	直径39.2mm	23,000	西泠印社	2021-01-17
清光绪二十三年（1897年）北洋机器局造壹圆银币（LM444）		23,000	中国嘉德	2021-05-22
1890年喜敦版广东省造光绪元宝库平三钱六分银币一枚		23,000	北京诚轩	2021-05-20
1898年无纪年江南省造光绪元宝库平七分二厘银币一枚		23,000	北京诚轩	2021-05-20
1904年甲辰江南省造光绪元宝库平七钱二分银币一枚		23,000	北京诚轩	2021-05-20
光绪二十四年北洋机器局造壹圆银币一枚		23,000	北京诚轩	2021-05-20
光绪三十四年北洋造光绪元宝库平七钱二分银币一枚		23,000	北京诚轩	2021-05-20
1902年壬寅吉林省造光绪元宝库平一钱四分四厘银币一枚		23,000	北京诚轩	2021-05-20
1903年癸卯江南省造库平七钱二分银币一枚		23,000	北京保利	2021-06-08
1901年江南省造辛丑光绪元宝库平七钱二分银币（LM241）		21,850	中国嘉德	2021-05-22
清光绪二十三年（1897年）北洋机器局造壹圆银币（LM444）		21,850	中国嘉德	2021-05-22
1908年造币总厂光绪元宝库平七钱二分银币一枚		21,850	北京诚轩	2021-05-19
1898年无纪年江南省造光绪元宝库平一钱四分四厘银币一枚		20,700	北京诚轩	2021-05-20
光绪二十六年北洋造光绪元宝库平七钱二分银币一枚		20,700	北京诚轩	2021-05-20
光绪三十四年北洋造光绪元宝库平七钱二分银币一枚		20,700	北京诚轩	2021-05-20
1904年甲辰奉天省造光绪元宝库平一钱四分四厘银币一枚		20,700	北京诚轩	2021-05-20
1898年无纪年吉林省造光绪元宝库平三钱六分银币一枚		20,700	北京诚轩	2021-05-20
清光绪三十四年（1908年）北洋造光绪元宝库平七钱二分银币		20,700	永乐拍卖	2021-05-22
清光绪二十五年（1899年）北洋造光绪元宝库平七钱二分银币（LM454）		19,550	中国嘉德	2021-05-22
1901年四川省造光绪元宝库平七钱二分银币一枚		19,550	北京诚轩	2021-05-20
清光绪二十五年（1899年）北洋造光绪元宝库平一钱四分四厘银币		19,550	永乐拍卖	2021-05-22
1904年江南省造甲辰光绪元宝库平七钱二分银币（LM257）		18,400	中国嘉德	2021-05-22
清光绪三十四年（1908年）北洋造光绪元宝库平七钱二分银币（LM465）		18,400	中国嘉德	2021-05-22
1898年无纪年江南省造光绪元宝库平一钱四分四厘银币一枚		18,400	北京诚轩	2021-05-20
光绪三十四年北洋造光绪元宝库平七钱二分银币一枚		18,400	北京诚轩	2021-05-20
1898年无纪年吉林省造光绪元宝库平七分二厘银币四枚		18,400	北京诚轩	2021-05-20
清光绪三十四年（1908年）北洋造光绪元宝库平七钱二分银币		18,400	永乐拍卖	2021-05-22
1908年光绪三十四年北洋造光绪元宝库平七钱二分银币一组三枚		18,400	北京保利	2021-06-08
宣统三年大清银币"长须龙"版壹圆样币一枚		5,750,000	北京诚轩	2021-05-19
宣统三年大清银币"立龙"伍角样币一枚		2,875,000	北京诚轩	2021-05-19
宣统三年大清银币"反龙"版壹圆样币一枚		1,840,000	北京诚轩	2021-05-19
1910年新疆饷银一两银币一枚		1,357,000	北京诚轩	2021-05-20
宣统年造大清银币壹圆"$1"一枚		632,500	北京诚轩	2021-05-19
1910年新疆饷银五钱银币一枚		517,500	北京诚轩	2021-05-20
宣统三年大清银币壹角一枚		483,000	北京诚轩	2021-05-19
1910年新疆饷银五钱银币一枚		333,500	北京诚轩	2021-05-20

拍品名称	物品尺寸	成交价RMB	拍卖公司	拍卖日期
宣统年造大清银币伍角"1/2DOL."一枚		322,000	北京诚轩	2021-05-19
宣统年造大清银币壹角"1/10DOL."一枚		201,250	北京诚轩	2021-05-19
1909年云南省造宣统元宝库平三钱六分银币一枚		195,500	北京诚轩	2021-05-20
宣统三年大清银币壹角一枚		189,750	北京诚轩	2021-05-19
1909年西藏大狮子图桑康果木一两银币一枚		184,000	北京诚轩	2021-05-20
宣统三年（1911年）大清银币贰角（LM40）		161,000	中国嘉德	2021-05-22
宣统年造宣统皇帝像背云南水龙图臆造银币一枚		161,000	北京诚轩	2021-05-19
宣统三年大清银币壹圆一枚		161,000	北京诚轩	2021-05-19
宣统三年大清银币壹圆一枚		138,000	北京诚轩	2021-05-19
宣统三年大清银币壹圆一枚		97,750	北京诚轩	2021-05-19
宣统三年（1911年）大清银币壹圆（LM37）		94,300	中国嘉德	2021-05-22
宣统年造大清银币伍角"1/2DOL."一枚		89,700	北京诚轩	2021-05-19
宣统三年大清银币壹圆一枚		86,250	北京诚轩	2021-05-19
1909年云南省造宣统元宝库平七钱二分银币一枚		86,250	北京诚轩	2021-05-20
宣统三年大清银币贰角一枚		80,500	北京诚轩	2021-05-19
1910年西藏宣统宝藏一钱银币一枚		80,500	北京诚轩	2021-05-20
1909年湖北省造宣统元宝库平七钱二分银币一枚		74,750	北京诚轩	2021-05-20
1909年广东省造宣统元宝库平七钱二分银币（LM138）		69,000	中国嘉德	2021-05-22
1911年新疆喀什宣统元宝五钱银币一枚		63,250	北京诚轩	2021-05-20
宣统三年大清银币壹圆一枚		59,800	北京诚轩	2021-05-19
1909年云南省造宣统元宝库平七钱二分银币（LM425）		57,500	中国嘉德	2021-05-22
宣统三年大清银币壹圆一枚		57,500	北京诚轩	2021-05-19
1909年湖北省造宣统元宝库平七分二厘银币一枚		57,500	北京诚轩	2021-05-20
1911年辛亥福建都督府造中华元宝中心"闽"库平一钱四分四厘银币		57,500	永乐拍卖	2021-05-22
宣统三年大清银币贰角一枚		48,300	北京诚轩	2021-05-19
宣统三年大清银币壹角一枚		48,300	北京诚轩	2021-05-19
1910年西藏宣统宝藏二钱银币一枚		46,000	北京诚轩	2021-05-20
宣统三年大清银币壹圆一枚		43,700	北京诚轩	2021-05-19
1911年新疆喀什宣统元宝伍钱银币一枚		40,250	北京诚轩	2021-05-20
宣统三年（1911年）大清银币壹圆（LM37）		36,800	中国嘉德	2021-05-22
1909年湖北省造宣统元宝库平七钱二分银币一枚		34,500	北京诚轩	2021-05-20
1909年云南省造宣统元宝库平三钱六分银币一枚		34,500	北京诚轩	2021-05-20
1909年湖北省造宣统元宝库平七分二厘银币一枚		33,350	北京诚轩	2021-05-20
1909年造币分厂宣统元宝中心阳"吉"库平一钱四分四厘银币一枚		32,200	北京诚轩	2021-05-19
宣统三年大清银币壹圆一枚		32,200	北京诚轩	2021-05-19
1909年湖北省造宣统元宝库平七钱二分银币一枚		29,900	北京诚轩	2021-05-20
1911年云南省造库平三钱六分半圆银币一组75枚		28,750	北京保利	2021-06-08
宣统三年大清银币壹角一枚		26,450	北京诚轩	2021-05-19
宣统三年大清银币壹角一枚		25,300	北京诚轩	2021-05-19
1909年湖北省造宣统元宝库平七钱二分银币一枚		25,300	北京诚轩	2021-05-20
1910年新疆饷银一两银币一枚		23,000	北京诚轩	2021-05-20
1909年湖北省造宣统元宝库平七钱二分银币（LM187）		21,850	中国嘉德	2021-05-22
清 宣统三年大清银币壹圆银币一对	直径39mm	20,700	西泠印社	2021-07-23
宣统三年（1911年）大清银币壹圆（LM37）		20,700	中国嘉德	2021-05-22
宣统三年大清银币壹圆一枚		20,700	北京诚轩	2021-05-19
1909年湖北省造宣统元宝库平七钱二分银币、宣统三年大清银币壹圆各一枚		20,700	北京诚轩	2021-05-19
清 山东日进斗金招财童子至利市仙官来五十两银元宝	重1867.6g	552,000	西泠印社	2021-01-17
清 新疆省银行造五十两银元宝	重1813g	345,000	西泠印社	2021-01-17
清代福建漳州军饷足纹通行银饼一枚		287,500	北京诚轩	2021-05-20
清 咸丰年间福建泉州军饷足纹背泉局详奉宪定通行银饼	直径38.9mm；重26.4g	264,500	西泠印社	2021-01-17

2021杂项拍卖成交汇总(续表)

(成交价RMB：1万元以上)

拍品名称	物品尺寸	成交价RMB	拍卖公司	拍卖日期
清 湖南裕湘银局五十两银元宝	重1819.3g	264,500	西泠印社	2021-01-17
清 东北宝和兴十两银元宝	重392g	109,250	西泠印社	2021-01-17
清至民国 银币、银盘一组八枚	通长18.2~89mm	57,500	西泠印社	2021-07-23
清 银币一组六枚	直径15.5~23.8mm	46,000	西泠印社	2021-07-23
清 山东单倾元隆兴十两银元宝	重387.5g	35,650	西泠印社	2021-01-17
清 山东单槽贞十两银元宝	重371.7g	34,500	西泠印社	2021-01-17
清 山东十两银元宝	重380g	32,200	西泠印社	2021-07-23
清 小鹿头一两银币	直径40.4mm	28,750	西泠印社	2021-07-23
清代银币一组三枚		28,750	北京诚轩	2021-05-20
清 山东十两银元宝	重354.2g	24,150	西泠印社	2021-07-23
清 半两银元宝一组四枚	总重56.8g	23,000	西泠印社	2021-01-17
清 银币一组三枚	直径38.8~39.5mm	20,700	西泠印社	2021-01-17
清代民国时期银币一组五枚		20,700	北京诚轩	2021-05-19
民国十八年意大利"A.MOTTLINC."签字版孙中山像背三帆船壹元银币样币一枚		4,025,000	北京诚轩	2021-05-19
1916年袁世凯像中华帝国洪宪纪元飞龙"L.GIORGI"签字版纪念银币样币一枚		3,335,000	北京诚轩	2021-05-19
民国三年袁世凯头像钢模母币	高3.9cm	1,932,000	中鸿信	2021-07-15
1932年鄂豫皖省苏维埃政府工农银行造壹圆银币一枚		1,840,000	北京诚轩	2021-05-19
民国十八年奥地利版孙中山像背三帆船壹元银币样币一枚		1,840,000	北京诚轩	2021-05-19
民国十八年美国版孙中山像背三帆船壹元银币样币一枚		1,840,000	北京诚轩	2021-05-19
民国十八年日本版孙中山像背三帆船壹元银币样币一枚		1,782,500	北京诚轩	2021-05-19
1914年袁世凯像共和纪念"冲天冠"版壹圆银币样币一枚		1,667,500	北京诚轩	2021-05-19
1912年黎元洪像戴帽开国纪念壹圆银币一枚		1,552,500	北京诚轩	2021-05-19
1914年袁世凯像共和纪念壹圆银币一枚		1,437,500	北京诚轩	2021-05-19
1923年曹锟文装像宪法成立纪念银币一枚		1,242,000	北京诚轩	2021-05-19
民国十六年造孙中山像陵墓壹圆银币样币一枚		1,127,000	北京诚轩	2021-05-19
民国十二年造龙凤壹圆银币一枚		1,058,000	北京诚轩	2021-05-19
民国十七年贵州省政府造贵州银币壹圆一枚		897,000	北京诚轩	2021-05-20
1916年袁世凯像中华帝国洪宪纪元飞龙纪念银币一枚		839,500	北京保利	2021-06-08
1934年中华苏维埃共和国川陕省造币厂造壹圆银币一枚		759,000	北京诚轩	2021-05-19
民国十七年(1928年)贵州省政府造七钱二分(壹圆)汽车银币(LM609)		747,500	中国嘉德	2021-05-22
民国十二年造龙凤壹圆银币一枚		690,000	北京诚轩	2021-05-19
民国十年徐世昌像仁寿同登纪念银币一枚		632,500	北京诚轩	2021-05-19
民国 1921年徐世昌文装纪念银币	直径39mm	621,000	西泠印社	2021-07-23
1943年云南省"大鹿头"正银一两银币一枚		598,000	北京诚轩	2021-05-20
民国 1916年袁世凯飞龙银币	直径39mm	586,500	西泠印社	2021-07-23
民国 1928年贵州省造汽车银币	直径39mm	586,500	西泠印社	2021-07-23
1923年曹锟文装像宪法成立纪念银币一枚		575,000	北京诚轩	2021-05-19
1912年黎元洪像无帽开国纪念壹圆银币一枚		552,000	北京诚轩	2021-05-19
民国十八年(1929年)孙中山像壹元银质样币(LM93)		517,500	中国嘉德	2021-05-22
民国十七年甘肃省造孙中山像壹圆银币一枚		517,500	北京诚轩	2021-05-20
民国三年(1914年)袁世凯像中圆银币(LM64)		483,000	中国嘉德	2021-05-22
民国十二年造龙凤壹圆银币一枚		483,000	北京诚轩	2021-05-19
民国十年徐世昌像仁寿同登纪念银币一枚		471,500	北京诚轩	2021-05-19
1914年袁世凯像共和纪念壹圆银币一枚		460,000	北京诚轩	2021-05-19
民国 1934年苏维埃壹圆地球银币	直径38mm	448,500	西泠印社	2021-07-23
民国三年袁世凯像壹圆银币一枚		437,000	北京诚轩	2021-05-19
1918年唐继尧正面像拥护共和纪念库平三钱六分银币一枚		414,000	北京诚轩	2021-05-19
1912年孙中山像开国纪念壹圆银币一枚		402,500	北京诚轩	2021-05-19
1912年黎元洪像开国纪念中圆臆造银币一枚		402,500	北京保利	2021-06-08

拍品名称	物品尺寸	成交价RMB	拍卖公司	拍卖日期
1912年黎元洪像戴帽开国纪念壹圆银币一枚		391,000	北京诚轩	2021-05-19
1943年法属印度支那制造云南(大鹿头版)银币正银一两(LM436)		379,500	中国嘉德	2021-05-22
民国三年(1914年)甘肃省造袁世凯像壹圆银币(LM617)		379,500	中国嘉德	2021-05-22
民国十年袁世凯像壹圆银币一枚		379,500	北京诚轩	2021-05-19
民国三十八年(1949年)贵州省造壹圆竹子银币(LM612)		368,000	中国嘉德	2021-05-22
1924年段祺瑞像中华民国执政纪念银币金质样币一枚		368,000	北京诚轩	2021-05-19
1934年中华苏维埃共和国川陕省造币厂造壹圆银币		368,000	永乐拍卖	2021-05-22
民国八年袁世凯像壹圆银币一枚		356,500	北京诚轩	2021-05-19
1929年民国十八年意大利版孙中山像背三帆船壹圆银币样币一枚		345,000	北京保利	2021-06-08
民国三年袁世凯像中圆银币一枚		345,000	北京诚轩	2021-05-19
1923年曹锟文装像宪法纪念银币一枚		345,000	北京保利	2021-06-08
1912年孙中山像开国纪念壹圆银币一枚		333,500	北京诚轩	2021-05-19
1934年中华苏维埃共和国川陕省造币厂造壹圆银币一枚		333,500	北京诚轩	2021-05-19
民国 三年苏维埃版袁世凯像银币	直径39mm	322,000	西泠印社	2021-07-23
民国九年袁世凯像壹圆银币一枚		299,000	北京诚轩	2021-05-19
民国二十一年孙中山像背帆船三鸟壹圆银币一枚		299,000	北京诚轩	2021-05-19
1912年孙中山像开国纪念壹圆银币一枚		299,000	北京诚轩	2021-05-19
1924年段祺瑞像中华民国执政纪念银币一枚		299,000	北京诚轩	2021-05-19
1912年孙中山像开国纪念壹圆银币一枚		287,500	北京诚轩	2021-05-19
民国二十二年孙中山像背帆船壹圆银币一枚		287,500	北京诚轩	2021-05-19
民国三十八年新疆省造币厂铸壹圆银币一枚		276,000	北京诚轩	2021-05-20
1929年民国十八年日本利版孙中山像背三帆船壹圆银币样币一枚		276,000	北京保利	2021-06-08
民国 1916年袁世凯飞龙银币	直径39mm	264,500	西泠印社	2021-07-23
1912年孙中山像开国纪念壹圆银币一枚		264,500	北京诚轩	2021-05-19
民国三年袁世凯像壹圆银币一枚		264,500	北京诚轩	2021-05-19
1932年鄂豫皖省苏维埃政府造壹圆银币(LM888)		253,000	中国嘉德	2021-05-22
民国三年(1914年)甘肃省造袁世凯像壹圆银币(LM617)		230,000	中国嘉德	2021-05-22
民国三年袁世凯像中圆银币一枚		212,750	北京诚轩	2021-05-19
民国二十一年(1932年)孙中山像三鸟壹圆银币(LM108)		207,000	中国嘉德	2021-05-22
1912年孙中山像开国纪念壹圆银币一枚		207,000	北京诚轩	2021-05-19
1914年袁世凯像共和纪念壹圆银币一枚		207,000	北京诚轩	2021-05-19
1923年曹锟文装像宪法成立纪念银币一枚		201,250	北京诚轩	2021-05-19
民国三年袁世凯像壹圆银币一枚		195,500	北京诚轩	2021-05-19
民国二十一年孙中山像背帆船三鸟壹圆银币一枚		184,000	北京诚轩	2021-05-19
民国二十三年孙中山像背帆船壹圆银币一枚		178,250	北京诚轩	2021-05-19
民国 黎元洪戴帽开国纪念银币	直径39mm	172,500	西泠印社	2021-01-17
1932年民国二十一年孙中山像背帆船上三鸟壹圆银币一枚		172,500	北京保利	2021-06-08
民国二十一年孙中山像背帆船三鸟壹圆银币一枚		166,750	北京诚轩	2021-05-19
1916年袁世凯像中华帝国洪宪纪元飞龙纪念银章(LM942)		161,000	中国嘉德	2021-05-22
民国 河北蔚州万盛隆五十两银元宝	重1853.0g	161,000	西泠印社	2021-01-17
民国三年袁世凯像中圆银币一枚		155,250	北京诚轩	2021-05-19
民国八年袁世凯像壹圆银币一枚		155,250	北京诚轩	2021-05-19
1914年袁世凯像共和纪念壹圆银币一枚		155,250	北京保利	2021-06-08
民国三年袁世凯像壹圆银币一枚		149,500	北京诚轩	2021-05-19
民国二十二年孙中山像背帆船壹圆银币一枚		149,500	北京诚轩	2021-05-19
民国二十三年孙中山像背帆船壹圆银币一枚		149,500	北京诚轩	2021-05-19
民国三十八年新疆省造币厂铸壹圆银币一枚		149,500	北京诚轩	2021-05-20

（成交价RMB：1万元以上）

拍品名称	物品尺寸	成交价RMB	拍卖公司	拍卖日期
1914年袁世凯像共和纪念壹圆银币一枚		149,500	北京保利	2021-06-08
民国八年袁世凯像壹圆银币一枚		140,300	北京诚轩	2021-05-19
民国十六年造孙中山侧面像总理纪念贰角银币样币一枚		138,000	北京诚轩	2021-05-19
民国八年袁世凯像壹圆银币一枚		132,250	北京诚轩	2021-05-19
民国 二十三年孙中山像五彩船洋银币	直径39mm	126,500	西泠印社	2021-01-17
民国三年袁世凯像中圆银币一枚		126,500	北京诚轩	2021-05-19
民国 丙辰纪念袁世凯帝装像银币	直径39mm	115,000	西泠印社	2021-07-23
民国三年袁世凯像中圆银币一枚		115,000	北京诚轩	2021-05-19
民国八年袁世凯像壹圆银币一枚		115,000	北京诚轩	2021-05-19
民国三十八年贵州省造"黔"字廿分银币一枚		115,000	北京诚轩	2021-05-20
民国三十八年新疆省造币厂铸壹圆银币一枚		115,000	北京诚轩	2021-05-20
民国三年袁世凯像壹圆、中圆、贰角、壹角银币各一枚		110,400	北京诚轩	2021-05-19
民国二十一年孙中山像背帆船三鸟壹圆银币一枚		109,250	北京诚轩	2021-05-19
1943年云南省"富"字一两正银银币一枚		103,500	北京诚轩	2021-05-20
民国 三年、九年袁世凯头像银币（东北奉系军阀无O版）一对	直径39mm	97,750	西泠印社	2021-01-17
民国九年袁世凯像壹圆银币一枚		97,750	北京诚轩	2021-05-19
民国二十二年孙中山像背帆船壹圆银币一枚		97,750	北京诚轩	2021-05-19
1929年民国十八年奥地利版孙中山像背三帆船壹圆银币样币一枚		97,750	北京保利	2021-06-08
1924年段祺瑞像中华民国执政纪念银币一枚		94,300	北京诚轩	2021-05-19
民国二十一年（1932年）孙中山像三鸟壹圆银币（LM108）		92,000	中国嘉德	2021-05-22
1916年袁世凯像中华帝国洪宪纪元飞龙纪念银章（LM942）		92,000	中国嘉德	2021-05-22
1927年孙中山像开国纪念壹圆银币一枚		92,000	北京诚轩	2021-05-19
民国三年袁世凯像壹圆银币一枚		92,000	北京诚轩	2021-05-19
民国九年袁世凯像壹圆银币一枚		92,000	北京诚轩	2021-05-19
1924年段祺瑞像中华民国执政纪念银币一枚		92,000	北京保利	2021-06-08
民国二十二年孙中山像背帆船壹圆银币一枚		86,250	北京诚轩	2021-05-19
民国二十三年孙中山像背帆船壹圆银币一枚		86,250	北京诚轩	2021-05-19
民国九年袁世凯像"鄂造"贰角银币一枚		86,250	北京诚轩	2021-05-20
民国三年、九年、十年袁世凯像壹圆银币一组四十五枚		82,800	中国嘉德	2021-05-22
民国三年、九年、十年袁世凯像壹圆银币一组四十五枚		80,500	中国嘉德	2021-05-22
1912年黎元洪像无帽开国纪念壹圆银币一枚		80,500	北京诚轩	2021-05-19
民国八年袁世凯像壹圆银币一枚		80,500	北京诚轩	2021-05-19
民国二十二年孙中山像背帆船壹圆银币一枚		80,500	北京诚轩	2021-05-19
民国三十八年广西省造象鼻山贰角银币一枚		80,500	北京诚轩	2021-05-20
民国三年袁世凯像壹圆银币一枚		78,200	北京诚轩	2021-05-19
民国九年袁世凯像壹圆银币一枚		75,900	北京诚轩	2021-05-19
民国三年袁世凯像壹圆银币一枚		74,750	北京诚轩	2021-05-19
民国八年广西省造贰毫银币一枚		74,750	北京诚轩	2021-05-20
1943年云南省"富"字半两正银银币一枚		74,750	北京诚轩	2021-05-20
民国 吉林省民国年月日造张相国长春鸿兴金店五十两银元宝	重1886.9g	74,750	西泠印社	2021-01-17
1923年曹锟武装像宪法纪念银币一枚		74,750	北京保利	2021-06-08
民国三年袁世凯像壹圆银币一枚		69,000	北京诚轩	2021-05-19
民国九年袁世凯像壹圆银币一枚		69,000	北京诚轩	2021-05-19
民国十年袁世凯像壹圆银币一枚		69,000	北京诚轩	2021-05-19
民国二十三年孙中山像背帆船壹圆银币一枚		69,000	北京诚轩	2021-05-19
民国二十三年孙中山像背帆船壹圆银币八枚		69,000	北京诚轩	2021-05-19
民国十五年龙凤贰角银币一枚		69,000	北京诚轩	2021-05-19
民国三年袁世凯像壹圆银币一枚		66,700	北京诚轩	2021-05-19
民国二十二年孙中山像背帆船壹圆银币一枚		65,550	北京诚轩	2021-05-19
民国 袁世凯像共和纪念银币	直径38.8mm	64,400	西泠印社	2021-01-17
1912年孙中山像开国纪念贰角银币一枚		64,400	北京诚轩	2021-05-19
民国三年袁世凯像壹圆银币一枚		63,250	北京诚轩	2021-05-19
民国十五年龙凤壹角银币一枚		63,250	北京诚轩	2021-05-19
民国 孙中山开国纪念银币一组三十八枚	直径约39.3mm	57,500	西泠印社	2021-01-17
1912年黎元洪像无帽开国纪念壹圆银币一枚		57,500	北京诚轩	2021-05-19
民国三年袁世凯像壹圆银币一枚		57,500	北京诚轩	2021-05-19
民国二十三年孙中山像背帆船壹圆银币一枚		57,500	北京诚轩	2021-05-19
孙中山骑马像背中华民国开国纪念壹圆臆造银币一枚		57,500	北京诚轩	2021-05-19
民国元年军政府造四川银币壹圆一枚		57,500	北京诚轩	2021-05-20
民国元年（1912年）军政府造四川银币壹圆（LM366）		55,200	中国嘉德	2021-05-22
民国十年（1921年）袁世凯像壹圆银币（LM79）		55,200	中国嘉德	2021-05-22
民国三年袁世凯像壹圆银币一枚		55,200	北京诚轩	2021-05-19
民国十三年（1924年）福建省造贰毫银币		55,200	永乐拍卖	2021-05-22
民国三年（1914年）袁世凯像中圆银币（LM64）		51,750	中国嘉德	2021-05-22
1912年黎元洪像无帽开国纪念壹圆银币一枚		51,750	北京诚轩	2021-05-19
民国三年袁世凯像壹圆银币一枚		51,750	北京诚轩	2021-05-19
民国二十二年孙中山像背帆船壹圆银币一枚		51,750	北京诚轩	2021-05-19
1923年曹锟文装像宪法纪念银币一枚		51,750	北京保利	2021-06-08
民国三年袁世凯像壹圆银币一枚		49,450	北京诚轩	2021-05-19
民国八年袁世凯像壹圆银币一枚		49,450	北京诚轩	2021-05-19
民国十年袁世凯像壹圆银币一枚		49,450	北京诚轩	2021-05-19
民国九年（1920年）袁世凯像壹圆银币（LM77）		48,300	中国嘉德	2021-05-22
民国三年袁世凯像壹圆银币一枚		48,300	北京诚轩	2021-05-19
民国三年、十年袁世凯像壹圆银币各一枚		48,300	北京诚轩	2021-05-19
民国三年袁世凯像中圆银币一枚		48,300	北京诚轩	2021-05-19
1921年民国十年徐世昌像仁寿同登纪念银币一枚		48,300	北京保利	2021-06-08
民国 三年袁世凯头像银币（军阀版）	直径39mm	46,000	西泠印社	2021-01-17
1927年孙中山像开国纪念壹圆银币一枚		46,000	北京诚轩	2021-05-19
民国三年袁世凯像壹圆银币一枚		46,000	北京诚轩	2021-05-19
民国二十三年孙中山像背帆船壹圆银币一枚		46,000	北京诚轩	2021-05-19
1921年民国十年徐世昌像仁寿同登纪念银币一枚		46,000	北京保利	2021-06-08
民国三年（1914年）袁世凯像中圆银币（LM64）		43,700	中国嘉德	2021-05-22
1927年孙中山像开国纪念壹圆银币一枚		43,700	北京诚轩	2021-05-19
民国三年袁世凯像壹圆银币一枚		43,700	北京诚轩	2021-05-19
民国二十三年孙中山像背帆船壹圆银币一枚		43,700	北京诚轩	2021-05-19
1943年云南省"小鹿头"正银一两银币一枚		42,550	北京诚轩	2021-05-20
民国三年袁世凯像壹圆银币一枚		41,400	北京诚轩	2021-05-19
民国 三年袁世凯像壹圆银币	直径39mm	40,250	西泠印社	2021-07-23
民国三年（1914年）袁世凯像中圆银币（LM64）		40,250	中国嘉德	2021-05-22
民国二十三年孙中山像背帆船壹圆银币一枚		40,250	北京诚轩	2021-05-19
民国三年、九年袁世凯像壹圆银币各一枚		39,100	北京诚轩	2021-05-19
1943年云南省"富"字半两正银银币一枚		37,950	北京诚轩	2021-05-20
1927年孙中山像开国纪念壹圆银币一枚		36,800	北京诚轩	2021-05-19
民国三年袁世凯像壹圆银币一枚		36,800	北京诚轩	2021-05-19
民国二十三年孙中山像背帆船壹圆银币一枚		36,800	北京诚轩	2021-05-19
1930~1935年四川省造第三期光绪像一卢比银币一枚		36,800	北京诚轩	2021-05-20
民国 三年袁世凯像中圆银币一枚		35,650	北京诚轩	2021-05-19
民国 三年袁世凯像中元银币	直径32mm	34,500	西泠印社	2021-07-23
1927年孙中山像开国纪念壹圆银币一枚		34,500	北京诚轩	2021-05-19
民国三年袁世凯像壹圆银币一枚		34,500	北京诚轩	2021-05-19
民国三年袁世凯像中圆银币一枚		34,500	北京诚轩	2021-05-19

2021杂项拍卖成交汇总(续表)

(成交价RMB：1万元以上)

拍品名称	物品尺寸	成交价RMB	拍卖公司	拍卖日期
民国八年袁世凯像壹圆银币一枚		34,500	北京诚轩	2021-05-19
民国九年袁世凯像壹圆银币一枚		34,500	北京诚轩	2021-05-19
民国二十三年孙中山像背帆船壹圆银币一枚		34,500	北京诚轩	2021-05-19
1930~1935年四川省造第三期光绪像一卢比银币一枚		34,500	北京诚轩	2021-05-20
1912年黎元洪像无帽开国纪念壹圆银币一枚		34,500	北京保利	2021-06-08
清至民国 银币一组四枚	直径38~39mm	32,200	西泠印社	2021-01-17
民国三年袁世凯像壹圆银币一枚		32,200	北京诚轩	2021-05-19
民国二十三年孙中山像背帆船壹圆银币一枚		32,200	北京诚轩	2021-05-19
1927年孙中山像开国纪念壹圆银币一枚		31,050	北京诚轩	2021-05-19
民国九年(1920年)袁世凯像壹圆银币(LM77)		29,900	中国嘉德	2021-05-22
民国三年袁世凯像壹圆银币一枚		29,900	北京诚轩	2021-05-19
民国九年袁世凯像精发版壹圆银币三枚、二十三年孙中山像背帆船壹圆银币一枚		29,900	北京诚轩	2021-05-19
民国十年袁世凯像壹圆银币一枚		29,900	北京诚轩	2021-05-19
民国二十三年孙中山像背帆船壹圆银币一枚		29,900	北京诚轩	2021-05-19
1930~1935年四川省造第三期光绪像一卢比银币一枚		29,900	北京诚轩	2021-05-20
民国元年军政府造四川银币五角一枚		29,900	北京诚轩	2021-05-20
民国三年(1914年)袁世凯像天津版壹圆银币		29,900	永乐拍卖	2021-05-22
1912年黎元洪像无帽开国纪念壹圆银币一枚		29,900	北京保利	2021-06-08
1943年法属印度支那制造云南小鹿头银币正银一两(LM435)		28,750	中国嘉德	2021-05-22
民国三年袁世凯像壹圆银币一枚		28,750	北京诚轩	2021-05-19
民国三年袁世凯像壹角银币一枚		28,750	北京诚轩	2021-05-19
民国九年袁世凯像壹圆银币一枚		28,750	北京诚轩	2021-05-19
1914–1916年袁世凯像贰角银币一组40枚		28,750	北京保利	2021-06-08
民国二十三年(1934年)孙中山像壹圆银币(LM110)		27,600	中国嘉德	2021-05-22
民国二十三年孙中山像背帆船壹圆银币一枚		27,600	北京诚轩	2021-05-19
民国 四川军政府造壹圆银币	直径38mm	26,450	西泠印社	2021-07-23
民国十年(1921年)袁世凯像壹圆银币(LM79)		26,450	中国嘉德	2021-05-22
民国八年袁世凯像壹圆银币一枚		26,450	北京诚轩	2021-05-19
民国二十三年孙中山像背帆船壹圆银币一枚		26,450	北京诚轩	2021-05-19
民国 银币一组十八枚	直径38.7~39.3mm	25,300	西泠印社	2021-07-23
民国四年殖边银行银元券库伦拾圆一枚		25,300	北京诚轩	2021-05-21
1912年孙中山像开国纪念贰角银币一枚		25,300	北京诚轩	2021-05-19
民国三年袁世凯像壹圆银币一枚		25,300	北京诚轩	2021-05-19
民国九年袁世凯像壹圆银币一枚		25,300	北京诚轩	2021-05-19
民国十年袁世凯像壹圆银币一枚		25,300	北京诚轩	2021-05-19
民国二十二年孙中山像背帆船壹圆银币一枚		25,300	北京诚轩	2021-05-19
民国二十三年孙中山像背帆船壹圆银币一枚		25,300	北京诚轩	2021-05-19
民国二十一年云南省造双旗半圆银币一枚		25,300	北京诚轩	2021-05-20
民国十年(1921年)袁世凯像壹圆银币(LM79)		24,150	中国嘉德	2021-05-22
民国三年(1914年)袁世凯像壹圆银币(LM63)		24,150	中国嘉德	2021-05-22
民国三年袁世凯像壹圆银币一枚		24,150	北京诚轩	2021-05-19
1921年民国十年袁世凯像壹圆银币		24,150	北京保利	2021-06-08
1927年孙中山像开国纪念壹圆银币一枚		23,000	北京诚轩	2021-05-19
民国三年袁世凯像壹圆银币一枚		23,000	北京诚轩	2021-05-19
民国三年袁世凯像贰角银币一枚		23,000	北京诚轩	2021-05-19
民国九年袁世凯像壹圆银币一枚		23,000	北京诚轩	2021-05-19
民国二十三年孙中山像背帆船壹圆银币一枚		23,000	北京诚轩	2021-05-19
1930–1935年四川省造第三期光绪像一卢比银币一枚		23,000	北京诚轩	2021-05-20
民国三年(1914年)袁世凯像壹圆银币(LM63)		21,850	中国嘉德	2021-05-22
民国三年袁世凯像壹圆银币一枚		21,850	北京诚轩	2021-05-19
1921年 中华民国十年袁世凯像壹圆银币		21,565	北京保利	2021-08-05
民国 银币一组三枚	直径31.3~39.1mm	20,700	西泠印社	2021-07-23
民国九年(1920年)袁世凯像壹圆银币(LM77)		20,700	中国嘉德	2021-05-22
民国三年(1914年)袁世凯像壹圆银币(LM63)		20,700	中国嘉德	2021-05-22
1927年孙中山像开国纪念壹圆银币一枚		20,700	北京诚轩	2021-05-19
民国三年袁世凯像壹圆银币一枚		20,700	北京诚轩	2021-05-19
民国三、八年袁世凯像壹圆银币各一枚		20,700	北京诚轩	2021-05-19
民国九年袁世凯像壹圆银币一枚		20,700	北京诚轩	2021-05-19
民国九年袁世凯像壹圆银币二枚、十年三枚		20,700	北京诚轩	2021-05-19
民国二十三年孙中山像背帆船壹圆银币一枚		20,700	北京诚轩	2021-05-19
民国十五年龙凤壹角银币一枚		20,700	北京诚轩	2021-05-19
民国十七年广东省造孙中山像贰毫银币一枚		20,700	北京诚轩	2021-05-20
民国六年(1917年)迪化银圆局造壹两银币(LM837)		19,550	中国嘉德	2021-05-22
民国三年(1914年)袁世凯像壹圆银币(LM63)		19,550	中国嘉德	2021-05-22
民国三年袁世凯像壹圆银币一枚		19,550	北京诚轩	2021-05-19
民国二十三年(1934年)孙中山像背帆船壹圆银币三枚		19,550	永乐拍卖	2021-05-22
民国七年(1918年)迪化银圆局造壹两银币(LM839)		18,400	中国嘉德	2021-05-22
民国三年袁世凯像壹圆银币一枚		18,400	北京诚轩	2021-05-19
民国三、八、九、十年袁世凯像壹圆银币各一枚		18,400	北京诚轩	2021-05-19
民国二十三年孙中山像背帆船壹圆银币一枚		18,400	北京诚轩	2021-05-19
现代 中国人民银行三英战吕布银币	直径70mm；重约140g	57,500	西泠印社	2021-01-17
民国十五年张作霖戎装像陆海军大元帅纪念银币样币一枚		25,990,000	北京诚轩	2021-11-30
民国十八年孙中山像背地球双旗图壹圆银币试铸样币一枚		12,650,000	北京诚轩	2021-11-30
1898年戊戌江南省造光绪元宝"珍珠龙"版库平七钱二分银币一枚		8,050,000	北京诚轩	2021-12-01
光绪丁未年 造大清金币一两银质龙面试样，PCGS SP58，(马定祥旧藏，存世孤品)	重31g	7,245,000	华艺国际	2021-12-11
宣统三年大清银币"长须龙"版壹圆样币一枚		6,727,500	北京诚轩	2021-11-30
民国三十八年贵州省造壹圆银币一枚		5,807,500	北京诚轩	2021-12-01
1901年四川省造光绪元宝库平七钱二分银币一枚		5,750,000	北京诚轩	2021-12-01
光绪三十三年东三省造光绪元宝库平七钱二分银币一枚		5,232,500	北京诚轩	2021-12-01
宣统三年大清银币"反龙"版壹圆样币一枚		3,967,500	北京诚轩	2021-11-30
光绪二十四年安徽省造光绪元宝A.S.T.C.版库平七钱二分银币一枚		3,335,000	北京诚轩	2021-12-01
清代台湾道光年铸库平柒弍足纹银饼一枚		3,277,500	北京诚轩	2021-12-01
民国十二年造龙凤壹圆银币一枚		2,702,500	北京诚轩	2021-11-30
民国十八年意大利版孙中山像背三帆船壹元银币样币一枚		2,645,000	北京诚轩	2021-11-30
民国十八年意大利"A.MOTTI.INC."签字版孙中山像背三帆船壹元银币样币一枚		2,587,500	北京诚轩	2021-11-30
1903年癸卯奉天省造光绪元宝库平七钱二分银币一枚		2,357,500	北京诚轩	2021-12-01
清光绪十年(1884年)吉林机器官局监制厂平弍钱银币(LM508)		2,300,000	中国嘉德	2021-12-12
民国十二年造龙凤壹圆银币一枚		2,242,500	北京诚轩	2021-11-30
1906年丙午户部大清银币"中"字壹两样币一枚		2,012,500	北京诚轩	2021-11-30
1904年光绪三十年湖北省造双龙大清银币库平一两一枚		1,897,500	北京保利	2021-12-06
1914年袁世凯像共和纪念"冲天冠"版壹圆银币样币一枚		1,863,000	北京诚轩	2021-11-30
光绪二十四年安徽省造光绪元宝A.S.T.C.版库平三钱六分银币一枚		1,840,000	北京诚轩	2021-12-01

(成交价RMB：1万元以上)

拍品名称	物品尺寸	成交价RMB	拍卖公司	拍卖日期
民国三年袁世凯像七分脸壹圆银币样币一枚		1,702,000	北京诚轩	2021-11-30
1898年无纪年江南省造光绪元宝库平七钱二分银币一枚		1,667,500	北京诚轩	2021-12-01
民国三年袁世凯像中圆“LGIORGI”签字版银币样币一枚		1,587,000	北京诚轩	2021-11-30
1889年广东省造光绪元宝库平三钱六分五厘银币一枚		1,552,500	北京诚轩	2021-12-01
1904年光绪三十年湖北省造双龙大清银币库平一两一枚		1,495,000	北京保利	2021-12-06
民国十八年英国版孙中山像背三帆船壹元银币样币一枚		1,437,500	北京诚轩	2021-11-30
1916年袁世凯像洪宪纪元“冲天冠”版飞龙纪念银币样币一枚		1,437,500	北京诚轩	2021-11-30
1899年浙江省造魏碑体光绪元宝库平三钱六分银币一枚		1,437,500	北京诚轩	2021-12-01
1927年民国十六年造孙中山像陵墓壹圆银币样币一枚		1,403,000	北京保利	2021-12-06
光绪三十年湖北省造大清银币库平一两一枚		1,322,500	北京诚轩	2021-12-01
民国十八年美国版孙中山像背三帆船壹元银币样币一枚		1,265,000	北京诚轩	2021-11-30
1916年唐继尧侧面像拥护共和纪念库平三钱六分银币一枚		1,265,000	北京诚轩	2021-11-30
民国十年徐世昌像仁寿同登纪念银币一枚		1,207,500	北京诚轩	2021-11-30
民国十二年造龙凤壹圆银币一枚		1,150,000	北京诚轩	2021-11-30
1916年袁世凯像中华帝国洪宪纪元飞龙纪念银币一枚		1,104,000	北京保利	2021-12-06
1923年曹锟戎装像宪法成立纪念银币一枚		1,092,500	北京诚轩	2021-11-30
1890年喜敦版广东省造光绪元宝库平三钱六分银币样币一枚		1,092,500	北京诚轩	2021-12-01
1914年袁世凯像共和纪念壹圆银币一枚		1,069,500	北京诚轩	2021-11-30
1908年戊申吉林造光绪元宝中心满文库平七钱二分银币一枚		1,058,000	北京诚轩	2021-12-01
1898年戊戌江南省造光绪元宝“珍珠龙”库平七钱二分银币一枚		977,500	北京保利	2021-12-06
1943年云南省“大鹿头”正银一两银币一枚		943,000	北京诚轩	2021-12-01
1907年丁未大清银币壹圆样币一枚		920,000	北京诚轩	2021-11-30
宣统年造大清银币壹圆“$1”一枚		920,000	北京诚轩	2021-11-30
民国十年徐世昌像仁寿同登纪念银币一枚		920,000	北京诚轩	2021-11-30
民国九年袁世凯像“鄂造”贰角银币一枚		920,000	北京诚轩	2021-12-01
民国十八年英国版孙中山像背三帆船壹元银币样币一枚		908,500	北京诚轩	2021-11-30
光绪二十九年户部光绪元宝库平一两银币金质样币一枚		897,000	北京诚轩	2021-11-30
民国三年袁世凯像“甘肃”加字壹圆银币一枚		897,000	北京诚轩	2021-12-01
民国三年袁世凯像中圆银币一枚		862,500	北京诚轩	2021-11-30
民国十二年造龙凤壹圆银币一枚		839,500	北京诚轩	2021-11-30
光绪三十三年东三省造光绪元宝库平三钱六分银币一枚		828,000	北京诚轩	2021-12-01
1924年段祺瑞像中华民国执政纪念银币一枚		782,000	北京诚轩	2021-11-30
民国十年徐世昌像仁寿同登纪念银币一枚		759,000	北京诚轩	2021-11-30
1934年中华苏维埃共和国川陕省造币厂造壹圆银币一枚		724,500	北京诚轩	2021-11-30
1916年袁世凯像中华帝国洪宪纪元飞龙纪念银币一枚		713,000	北京诚轩	2021-11-30
民国十八年英国版孙中山像背三帆船壹元银币样币一枚		701,500	北京诚轩	2021-11-30
1914年袁世凯像共和纪念“LGIORGI”签字版壹圆银币样币一枚		701,500	北京诚轩	2021-11-30
1912年黎元洪像无帽开国纪念壹圆银币一枚		690,000	北京诚轩	2021-11-30
民国十八年英国版孙中山像背三帆船壹元银币样币一枚		690,000	北京诚轩	2021-11-30
民国十八年日本版孙中山像背三帆船壹元银币样币一枚		690,000	北京诚轩	2021-11-30
民国十八年奥地利版孙中山像背三帆船壹元银币样币一枚		690,000	北京诚轩	2021-11-30
1916年袁世凯像中华帝国洪宪纪元飞龙纪念银币一枚		690,000	北京诚轩	2021-11-30
1898年无纪年江南省造光绪元宝库平七钱二分银币一枚		690,000	北京诚轩	2021-12-01
1904年甲辰吉林省造光绪元宝库平七钱二分银币一枚		690,000	北京诚轩	2021-12-01
光绪二十五年奉天机器局造一圆银币一枚		667,000	北京诚轩	2021-12-01
民国十六年造孙中山像陵墓壹圆银币样币一枚		644,000	北京诚轩	2021-11-30
1905年乙巳吉林省造光绪元宝库平七钱二分银币一枚		644,000	北京诚轩	2021-12-01
1898年无纪年江南省造光绪元宝库平三钱六分银币一枚		632,500	北京诚轩	2021-12-01
光绪三十四年北洋造光绪元宝库平七钱二分银币一枚		632,500	北京诚轩	2021-12-01
1903年癸卯奉天省造光绪元宝库平七钱二分银币一枚		632,500	北京保利	2021-12-06
1924年段祺瑞像中华民国执政纪念银币一枚		609,500	北京诚轩	2021-11-30
光绪三十三年东三省造光绪元宝库平七钱二分银币一枚		609,500	北京诚轩	2021-12-01
1924年段祺瑞像中华民国执政纪念银币一枚		598,000	北京诚轩	2021-11-30
1890年广东省造光绪元宝库平三分六厘银币一枚		598,000	北京诚轩	2021-12-01
民国十八年英国版孙中山像背三帆船壹元银币样币一枚		586,500	北京诚轩	2021-11-30
1898年戊戌江南省造光绪元宝库平七钱二分银币一枚		586,500	北京诚轩	2021-12-01
1907年丁未大清银币壹圆样币一枚		575,000	北京诚轩	2021-11-30
1924年段祺瑞像中华民国执政纪念银币一枚		575,000	北京诚轩	2021-11-30
宣统年造大清银币壹角“1/10DOL.”一枚		552,000	北京诚轩	2021-11-30
宣统年造大清银币伍角“1/2DOL.”一枚		517,500	北京诚轩	2021-11-30
1912年孙中山像开国纪念壹圆银币一枚		517,500	北京诚轩	2021-11-30
1912年黎元洪像戴帽开国纪念壹圆银币一枚		517,500	北京诚轩	2021-11-30
1914年袁世凯像共和纪念壹圆银币一枚		483,000	北京诚轩	2021-11-30
光绪三十一年北洋造光绪元宝库平一钱四分四厘银币一枚		483,000	北京诚轩	2021-12-01
1902年壬寅吉林省造光绪元宝库平七钱二分银币一枚		483,000	北京诚轩	2021-12-01
1949年新疆省造币厂铸壹圆银币一枚		483,000	北京诚轩	2021-05-20
1906年丙午户部大清银币“中”字贰钱样币一枚		471,500	北京诚轩	2021-11-30
1923年曹锟文装像宪法成立纪念银币一枚		471,500	北京诚轩	2021-11-30
民国二十一年孙中山像背帆船三鸟壹圆银币一枚		471,500	北京诚轩	2021-11-30
宣统三年大清银币“反龙”版壹圆样币一枚		460,000	北京诚轩	2021-11-30
宣统年造大清银币壹圆“$1”一枚		460,000	北京诚轩	2021-11-30
民国十八年英国版孙中山像背三帆船壹元银币样币一枚		460,000	北京诚轩	2021-11-30
1923年曹锟文装像宪法成立纪念银币一枚		460,000	北京诚轩	2021-11-30
1923年曹锟戎装像宪法成立纪念银币一枚		460,000	北京诚轩	2021-11-30
1905年乙巳江南省造光绪元宝库平七钱二分银币一枚		460,000	北京诚轩	2021-12-01
民国十七年贵州省政府造贵州银币壹圆一枚		448,500	北京诚轩	2021-12-01
宣统年造大清银币伍角“1/2DOL.”一枚		437,000	北京诚轩	2021-11-30
1914年袁世凯像共和纪念壹圆银币一枚		437,000	北京诚轩	2021-11-30
民国七年迪化银圆局造壹两银币一枚		437,000	北京诚轩	2021-12-01
民国三十八年广西省造象鼻山贰角银币一枚		431,250	北京诚轩	2021-12-01
1912年孙中山像开国纪念壹圆银币一枚		425,500	北京诚轩	2021-11-30
1908年湖南长沙乾益字号省平足纹柒钱银饼一枚		414,000	北京诚轩	2021-12-01
1912年黎元洪像开国纪念壹圆银币一枚		414,000	北京保利	2021-12-06
1906年丙午户部大清银币“中”字贰钱样币一枚		402,500	北京诚轩	2021-11-30
民国三年袁世凯像中圆银币一枚		402,500	北京诚轩	2021-11-30

2021杂项拍卖成交汇总(续表)

(成交价RMB：1万元以上)

拍品名称	物品尺寸	成交价RMB	拍卖公司	拍卖日期
1923年曹锟戎装像宪法成立纪念银币一枚		402,500	北京诚轩	2021-11-30
光绪三十年湖北省造大清银币库平一两一枚		402,500	北京诚轩	2021-12-01
1912年黎元洪像开国纪念壹圆银币一枚		402,500	北京保利	2021-12-06
1916年袁世凯像中华帝国洪宪纪元飞龙纪念银币一枚		391,000	北京诚轩	2021-11-30
1912年黎元洪像戴帽开国纪念壹圆银币一枚		379,500	北京诚轩	2021-11-30
民国十八年美国版孙中山像背三帆船壹元银币样币一枚		379,500	北京诚轩	2021-11-30
民国十八年英国版孙中山像背三帆船壹元银币样币一枚		379,500	北京诚轩	2021-11-30
1914年袁世凯像共和纪念壹圆银币一枚		379,500	北京诚轩	2021-11-30
1910年新疆省造饷银五钱银币一枚		379,500	北京保利	2021-12-06
宣统年造大清银币贰角伍分"1/4DOL."一枚		368,000	北京诚轩	2021-11-30
光绪二十五年奉天机器局造五角银币一枚		368,000	北京诚轩	2021-11-30
1916年袁世凯像中华帝国洪宪纪元飞龙纪念银币一枚		368,000	北京诚轩	2021-11-30
1908年湖南长沙乾益字号省平足纹壹两银饼一枚		368,000	北京诚轩	2021-12-01
1899年光绪二十五年奉天机器局造一圆银币一枚		368,000	北京保利	2021-12-06
1912年黎元洪像无帽开国纪念壹圆银币一枚		356,500	北京诚轩	2021-11-30
1903年癸卯奉天省造光绪元宝库平七钱二分银币一枚		356,500	北京诚轩	2021-11-30
1907年新疆饷银五钱银币一枚		356,500	北京诚轩	2021-12-01
1900年光绪二十六年北洋造光绪元宝库平七钱二分银币一枚		356,500	北京保利	2021-12-06
1912年孙中山像开国纪念壹圆银币一枚		345,000	北京诚轩	2021-11-30
1907年云南省造光绪像双面英文一卢比银币一枚		345,000	北京诚轩	2021-11-30
1912年黎元洪像无帽开国纪念壹圆银币一枚		322,000	北京诚轩	2021-11-30
宣统年造大清银币壹角"1/10DOL."镍质样币一枚		322,000	北京诚轩	2021-11-30
民国二十一年孙中山像背帆船三鸟壹圆银币一枚		310,500	北京诚轩	2021-11-30
1901年辛丑吉林省造光绪元宝库平七钱二分银币一枚		310,500	北京诚轩	2021-12-01
1927年孙中山像开国纪念壹圆银币一枚		310,500	北京保利	2021-12-06
民国十年徐世昌像仁寿同登纪念银币一枚		299,000	北京诚轩	2021-11-30
1909年广东省造宣统元宝库平七钱二分银币一枚		299,000	北京诚轩	2021-12-01
1902年壬寅江南省造光绪元宝库平七钱二分银币一枚		299,000	北京诚轩	2021-12-01
1943年云南省"富"字一两正银银币一枚		299,000	北京诚轩	2021-12-01
光绪二十四年北洋机器局造壹圆银币一枚		299,000	北京诚轩	2021-12-01
光绪二十五年北洋造光绪元宝库平七钱二分银币一枚		299,000	北京诚轩	2021-12-01
1916年袁世凯像中华帝国洪宪纪元飞龙纪念银章(LM942)		299,000	中国嘉德	2021-12-12
民国二十一年孙中山像背帆船三鸟壹圆银币一枚		287,500	北京诚轩	2021-11-30
1916年袁世凯像中华帝国洪宪纪元飞龙纪念银币一枚		287,500	北京诚轩	2021-11-30
1923年曹锟文装像宪法成立纪念银币一枚		287,500	北京诚轩	2021-11-30
1904~1912年四川省造光绪像二分之一卢比银币一枚		287,500	北京诚轩	2021-12-01
1901年辛丑吉林省造光绪元宝库平七钱二分银币一枚		287,500	北京诚轩	2021-12-01
光绪三十三年东三省造光绪元宝库平七钱二分银币一枚		276,000	北京诚轩	2021-12-01
民国十八年英国版孙中山像背三帆船壹元银币样币一枚		264,500	北京诚轩	2021-11-30
1905年乙巳吉林省造光绪元宝库平七钱二分银币一枚		264,500	北京诚轩	2021-11-30
民国二十一年孙中山像背帆船三鸟壹圆银币一枚		264,500	北京诚轩	2021-11-30

拍品名称	物品尺寸	成交价RMB	拍卖公司	拍卖日期
民国三十八年贵州省造"黔"字廿分银币一枚		264,500	北京诚轩	2021-12-01
民国二十三年(1934年)孙中山像壹圆银币(LM110)		264,500	中国嘉德	2021-12-12
甲子二月十六日两湖巡阅使萧耀南五秩纪念臆造银章一枚		264,500	北京诚轩	2021-05-19
宣统三年大清银币壹圆一枚		253,000	北京诚轩	2021-11-30
民国三年袁世凯像中圆银币一枚		253,000	北京诚轩	2021-11-30
民国十七年贵州省政府造贵州银币壹圆一枚		253,000	北京诚轩	2021-12-01
1910年新疆饷银一两银币一枚		253,000	北京诚轩	2021-12-01
1912年孙中山像开国纪念壹圆银币一枚		253,000	北京保利	2021-12-06
1907年新疆喀什大清银币湘平壹两一枚		253,000	北京保利	2021-12-06
古希腊布鲁同地区利基翁城邦四德拉克马银币		253,000	永乐拍卖	2021-05-22
1908年造币总厂光绪元宝七钱二分银币(LM11)		247,250	中国嘉德	2021-12-12
1904~1912年四川省造光绪像四分之一卢比银币一枚		241,500	北京诚轩	2021-12-01
1907年(回历1325年)喀什大清银币湘平壹两(LM744)		241,500	中国嘉德	2021-12-12
光绪三十三年东三省造光绪元宝库平七钱二分银币一枚		230,000	北京诚轩	2021-12-01
1906年丙午吉林省造光绪元宝库平七钱二分银币一枚		230,000	北京诚轩	2021-12-01
民国十七年甘肃省造孙中山像壹圆银币一枚		230,000	北京诚轩	2021-12-01
1907年新疆饷银五钱银币一枚		230,000	北京诚轩	2021-12-01
清光绪三十年(1904年)湖北省造大清银币库平一两(LM180)		230,000	中国嘉德	2021-12-12
新疆饷银一两银币		230,000	永乐拍卖	2021-12-01
民国十年袁世凯像壹圆银币一枚		224,250	北京诚轩	2021-11-30
宣统三年大清银币贰角一枚		218,500	北京诚轩	2021-11-30
1912年黎元洪像无帽开国纪念壹圆银币一枚		218,500	北京诚轩	2021-11-30
民国三年袁世凯像壹圆银币一枚		218,500	北京诚轩	2021-11-30
1914年袁世凯像共和纪念壹圆银币一枚		218,500	北京诚轩	2021-11-30
光绪二十三年北洋机器局造壹圆银币一枚		218,500	北京诚轩	2021-12-01
光绪二十四年北洋机器局造壹圆银币一枚		218,500	北京诚轩	2021-12-01
1910年新疆饷银一两银币一枚		218,500	北京诚轩	2021-12-01
民国十五年龙凤壹角银币一枚		212,750	北京诚轩	2021-11-30
甲子二月十六日两湖巡阅使萧耀南五秩纪念臆造银章一枚		212,750	北京诚轩	2021-11-30
1898年无纪年江南省造光绪元宝库平七钱二分银币一枚		207,000	北京诚轩	2021-11-30
光绪乙酉年造隆裕皇后朝服像臆造银币一枚		207,000	北京诚轩	2021-11-30
1902年壬寅江南省造光绪元宝库平七钱二分银币一枚		207,000	北京诚轩	2021-12-01
1943年云南省"大鹿头"正银一两银币一枚		207,000	北京诚轩	2021-12-01
1898年无纪年吉林省造光绪元宝库平七钱二分银币一枚		207,000	北京诚轩	2021-12-01
民国三年袁世凯像"甘肃"加字壹圆银币一枚		207,000	北京诚轩	2021-12-01
1912年黎元洪像无帽开国纪念壹圆银币一枚		201,250	北京诚轩	2021-11-30
1914年袁世凯像共和纪念壹圆银币一枚		201,250	北京诚轩	2021-11-30
1908年造币总厂光绪元宝库平七钱二分银币一枚		195,500	北京诚轩	2021-11-30
1912年孙中山像开国纪念壹圆银币一枚		195,500	北京诚轩	2021-11-30
1907年丁未大清银币伍角样币一枚		195,500	北京诚轩	2021-11-30
民国二十一年孙中山像背帆船三鸟壹圆银币一枚		195,500	北京诚轩	2021-11-30
1901年辛丑江南省造光绪元宝库平七钱二分银币一枚		195,500	北京诚轩	2021-12-01
光绪二十三年北洋机器局造壹圆银币一枚		195,500	北京诚轩	2021-12-01
光绪二十六年北洋造光绪元宝库平七钱二分银币一枚		195,500	北京诚轩	2021-12-01
民国元年新疆饷银一两银币一枚		195,500	北京诚轩	2021-12-01
光绪八年吉林机器官局监造厂平壹两臆造银币一枚		189,750	北京诚轩	2021-11-30

拍品名称	物品尺寸	成交价RMB	拍卖公司	拍卖日期
1908年造币总厂光绪元宝库平一钱四分四厘银币一枚		184,000	北京诚轩	2021-11-30
1912年孙中山像开国纪念壹圆银币一枚		184,000	北京诚轩	2021-11-30
民国三年袁世凯像壹圆银币一枚		184,000	北京诚轩	2021-11-30
黎元洪像戴帽开国纪念中圆臆造银币一枚		184,000	北京诚轩	2021-11-30
1916年袁世凯像中华帝国洪宪纪元飞龙纪念银币一枚		184,000	北京诚轩	2021-11-30
1924年段祺瑞像中华民国执政纪念银币一枚		184,000	北京诚轩	2021-11-30
光绪乙酉年造光绪皇帝朝服像臆造银币一枚		184,000	北京诚轩	2021-11-30
1902~1911年四川省造第一期光绪像一卢比银币一枚		184,000	北京诚轩	2021-12-01
1911年云南省造光绪元宝库平七钱二分银币一枚		184,000	北京诚轩	2021-12-01
光绪三十三年北洋造光绪元宝库平七钱二分银币一枚		184,000	北京诚轩	2021-12-01
1907年西藏八思巴文章嘎银币一枚		184,000	北京诚轩	2021-12-01
1911年宣统三年大清银币壹圆一枚		184,000	北京保利	2021-12-06
1914年袁世凯像共和纪念壹圆银币一枚		181,700	北京诚轩	2021-11-30
光绪二十四年奉天机器局造壹圆银币一枚		178,250	北京诚轩	2021-11-30
光绪二十四年北洋机器局造壹圆银币一枚		178,250	北京诚轩	2021-12-01
1904年甲辰吉林省造光绪元宝库平七钱二分银币一枚		178,250	北京诚轩	2021-12-01
1905年乙巳吉林省造光绪元宝库平七钱二分银币一枚		178,250	北京诚轩	2021-12-01
四川省造光绪像大型卢比臆造银币一枚	直径38mm	172,500	北京诚轩	2021-11-30
民国八年袁世凯像壹圆银币一枚		172,500	北京诚轩	2021-11-30
民国十年袁世凯像壹圆银币一枚		172,500	北京诚轩	2021-11-30
民国二十三年孙中山像背帆船壹圆银币一枚		172,500	北京诚轩	2021-11-30
1914年袁世凯像共和纪念壹圆银币一枚		172,500	北京诚轩	2021-11-30
1895年湖北省造光绪元宝库平三分六厘银币一枚		172,500	北京诚轩	2021-12-01
民国三十八年孙中山像背台湾省地图伍角银币试铸样币一枚		172,500	北京诚轩	2021-12-01
民国元年军政府造四川银币五角一枚		172,500	北京诚轩	2021-12-01
1949年新疆省造币厂铸壹圆银币一枚		172,500	北京诚轩	2021-12-01
1911年宣统三年大清银币壹圆一枚		172,500	北京保利	2021-12-06
1912年黎元洪像开国纪念壹圆银币一枚		172,500	北京保利	2021-12-06
民国元年军政府造四川银币一角一枚		166,750	北京诚轩	2021-12-01
光绪二十四年北洋机器局造壹圆银币一枚		166,750	北京诚轩	2021-12-01
光绪二十九年户部光绪元宝库平二钱银币金质样币一枚		161,000	北京诚轩	2021-11-30
宣统三年大清银币贰角一枚		161,000	北京诚轩	2021-11-30
1912年孙中山像开国纪念贰角银币一枚		161,000	北京诚轩	2021-11-30
民国十一年一月一日湖南省宪成立纪念壹圆银币一枚		161,000	北京诚轩	2021-11-30
1898年无纪年吉林省造光绪元宝库平七钱二分银币一枚		161,000	北京诚轩	2021-11-30
民国十七年张作霖文装像大元帅纪念臆造银币一枚		161,000	北京诚轩	2021-11-30
冯国璋戎装像背三旗七星图臆造纪念银币一枚		161,000	北京诚轩	2021-11-30
1914年袁世凯像共和纪念壹圆银币一枚		161,000	北京诚轩	2021-11-30
1916年唐继尧侧面像拥护共和纪念库平三钱六分银币一枚		161,000	北京诚轩	2021-11-30
1918年唐继尧正面像拥护共和纪念库平三钱六分银币一枚		161,000	北京诚轩	2021-11-30
1912-1916年四川省造第二期光绪像一卢比银币一枚		161,000	北京诚轩	2021-12-01
1909年西藏狮子图桑康果木一两银币一枚		161,000	北京诚轩	2021-12-01
民国六年迪化银圆局造壹两银币一枚		161,000	北京诚轩	2021-12-01
1903年奉天省造癸卯光绪元宝库平七钱二分银币（LM483）		161,000	中国嘉德	2021-12-12
民国二十一年（1932年）孙中山像三鸟壹圆银币（LM108）		161,000	中国嘉德	2021-12-12
宣统三年大清银币壹圆一枚		155,250	北京诚轩	2021-11-30
光绪二十四年奉天机器局造五角银币一枚		155,250	北京诚轩	2021-11-30
1890年广东省造光绪元宝库平七钱二分银币一枚		155,250	北京诚轩	2021-12-01
1890年广东省造光绪元宝库平一钱四分四厘银币一枚		155,250	北京诚轩	2021-12-01
1904年甲辰江南省造光绪元宝库平七钱二分银币一枚		155,250	北京诚轩	2021-12-01
1943年云南省"富"字一两正银银币一枚		155,250	北京诚轩	2021-12-01
民国元年新疆饷银一两银币一枚		155,250	北京诚轩	2021-12-01
宣统年造大清银币伍角"1/2DOL"一枚		149,500	北京诚轩	2021-11-30
民国十七年甘肃省造孙中山像壹圆臆造银币一枚		149,500	北京诚轩	2021-11-30
1905年乙巳吉林省造光绪元宝库平七钱二分银币一枚		149,500	北京诚轩	2021-12-01
清代山东"德州卫 同治年月 银匠陈魁"十两元宝型银锭		149,500	中国嘉德	2021-12-13
1904年甲辰江南省造光绪元宝库平七钱二分银币一枚		149,500	北京保利	2021-12-06
民国三年袁世凯像中圆银币一枚		138,000	北京诚轩	2021-11-30
1904年甲辰江南省造光绪元宝库平七钱二分银币一枚		138,000	北京诚轩	2021-11-30
光绪二十四年奉天机器局造五角银币一枚		138,000	北京诚轩	2021-11-30
民国二十一年孙中山像背帆船三鸟壹圆银币一枚		138,000	北京诚轩	2021-11-30
1890年喜敦版广东省造光绪元宝库平七钱二分银币一枚		138,000	北京诚轩	2021-12-01
1895年湖北省造光绪元宝库平三钱六分银币一枚		138,000	北京诚轩	2021-12-01
1899年己亥江南省造光绪元宝库平三分六厘银币一枚		138,000	北京诚轩	2021-12-01
光绪二十二年北洋机器局造半角银币一枚		138,000	北京诚轩	2021-12-01
1901年辛丑吉林省造光绪元宝库平七钱二分银币一枚		138,000	北京诚轩	2021-12-01
1907年丁未吉林省造光绪元宝库平三钱六分银币一枚		138,000	北京诚轩	2021-12-01
1907年喀什大清银币湘平壹两一枚		138,000	北京诚轩	2021-12-01
民国十五年（1926年）龙凤壹角银币		138,000	永乐拍卖	2021-12-01
1911年云南省造光绪元宝库平七钱二分银币		138,000	永乐拍卖	2021-12-01
2002~2013年 十二生肖1公斤银币十二枚一组，（附带证书）	重12kg	138,000	华艺国际	2021-12-11
1895~1907年湖北省造光绪元宝库平七钱二分银币一枚		138,000	北京保利	2021-12-06
1898年光绪二十四年奉天机器局造壹圆银币一枚		138,000	北京保利	2021-12-06
宣统三年大清银币壹圆一枚		126,500	北京诚轩	2021-11-30
民国二十三年孙中山像背帆船壹圆银币一枚		126,500	北京诚轩	2021-11-30
1902年壬寅江南省造光绪元宝库平七钱二分银币一枚		126,500	北京诚轩	2021-12-01
光绪二十五年北洋造光绪元宝库平七钱二分银币一枚		126,500	北京诚轩	2021-12-01
光绪二十四年奉天机器局造一圆银币一枚		126,500	北京诚轩	2021-12-01
1906年丙午吉林省造光绪元宝库平七钱二分银币一枚		126,500	北京诚轩	2021-12-01
1908年造币总厂光绪元宝七钱二分银币（LM11）		126,500	中国嘉德	2021-12-12
1912年孙中山像开国纪念壹圆银币一枚		120,750	北京诚轩	2021-11-30
1934年中华苏维埃共和国川陕省造币厂造壹圆银币一枚		120,750	北京诚轩	2021-11-30
光绪三十四年北洋造光绪元宝库平七钱二分银币一枚		117,300	北京诚轩	2021-12-01
光绪二十九年户部光绪元宝库平一钱银币金质样币一枚		115,000	北京诚轩	2021-11-30
1912年黎元洪像无帽开国纪念壹圆银币一枚		115,000	北京诚轩	2021-11-30

2021杂项拍卖成交汇总(续表)

(成交价RMB:1万元以上)

拍品名称	物品尺寸	成交价RMB	拍卖公司	拍卖日期
1916年唐继尧侧面像拥护共和纪念库平三钱六分银币一枚		115,000	北京诚轩	2021-11-30
1918年唐继尧正面像拥护共和纪念库平三钱六分银币一枚		115,000	北京诚轩	2021-11-30
新疆喀造中华民国饷银壹两背双旗臆造银币一枚		115,000	北京诚轩	2021-11-30
明治二十九年(1896年)大日本一圆银币一枚		115,000	北京诚轩	2021-11-30
1899年己亥江南省造光绪元宝库平七钱二分银币一枚		115,000	北京诚轩	2021-12-01
1900年庚子江南省造光绪元宝库平七钱二分银币一枚		115,000	北京诚轩	2021-12-01
光绪二十四年北洋机器局造五角银币一枚		115,000	北京诚轩	2021-12-01
1903年癸卯奉天省造光绪元宝库平七钱二分银币一枚		115,000	北京诚轩	2021-12-01
1902年壬寅吉林省造光绪元宝库平七钱二分银币一枚		115,000	北京诚轩	2021-12-01
1904年甲辰吉林省造光绪元宝库平三钱六分银币一枚		115,000	北京诚轩	2021-12-01
1910年新疆饷银一两银币一枚		115,000	北京诚轩	2021-12-01
1900年庚子江南省造光绪元宝库平七钱二分银币		115,000	永乐拍卖	2021-12-01
1906年丙午吉林省造光绪元宝七钱二分银币一枚		115,000	北京保利	2021-12-06
光绪二十四年安徽省造光绪元宝A.S.T.C.版库平七钱二分银币一枚		112,700	北京诚轩	2021-12-01
民国三年袁世凯像壹圆银币一枚		110,400	北京诚轩	2021-11-30
1908年造币总厂光绪元宝库平七钱二分银币一枚		109,250	北京诚轩	2021-11-30
1912年黎元洪像无帽开国纪念壹圆银币一枚		109,250	北京诚轩	2021-11-30
民国九年袁世凯像壹圆银币一枚		109,250	北京诚轩	2021-11-30
1890年喜敦版广东省造光绪元宝库平七钱二分银币一枚		109,250	北京诚轩	2021-12-01
1890年喜敦版广东省造光绪元宝库平三钱六分银币一枚		109,250	北京诚轩	2021-12-01
1908年湖南长沙乾益字号省平足纹柒钱银饼一枚		109,250	北京诚轩	2021-12-01
光绪二十五年北洋造光绪元宝库平七钱二分银币一枚		109,250	北京诚轩	2021-12-01
民国六年迪化银圆局造壹两银币一枚		109,250	北京诚轩	2021-12-01
袁世凯帝服像背立龙“丙辰纪念”大型臆造银币一枚		109,250	北京诚轩	2021-05-19
宣统三年大清银币壹圆一枚		103,500	北京诚轩	2021-11-30
1912年黎元洪像无帽开国纪念壹圆银币一枚		103,500	北京诚轩	2021-11-30
1931年中国苏维埃造列宁像工农银行壹圆臆造银币一枚		103,500	北京诚轩	2021-11-30
1899年己亥江南省造光绪元宝库平七钱二分银币一枚		103,500	北京诚轩	2021-12-01
光绪三十四年北洋造光绪元宝库平七钱二分银币一枚		103,500	北京诚轩	2021-12-01
1903年癸卯奉天省造光绪元宝库平七钱二分银币一枚		103,500	北京诚轩	2021-12-01
1902年壬寅吉林省造光绪元宝库平三钱六分银币一枚		103,500	北京诚轩	2021-12-01
1907年无纪年喀什造大清银币湘平五钱一枚		103,500	北京诚轩	2021-12-01
1897年江南省造光绪元宝库平三分六厘银币(LM214)		103,500	中国嘉德	2021-12-12
1895年湖北省造光绪元宝库平三钱六分银币一枚		101,200	北京诚轩	2021-12-01
光绪二十四年安徽省造光绪元宝库平七钱二分银币一枚		101,200	北京诚轩	2021-12-01
1905年乙巳吉林省造光绪元宝库平七钱二分银币一枚		101,200	北京诚轩	2021-12-01
1927年孙中山像开国纪念壹圆银币一枚		97,750	北京诚轩	2021-11-30
民国三年袁世凯像中圆银币一枚		97,750	北京诚轩	2021-11-30
1901年辛丑吉林省造光绪元宝库平七钱二分银币一枚		97,750	北京诚轩	2021-11-30
1898年戊戌江南省造光绪元宝库平七钱二分银币一枚		97,750	北京诚轩	2021-12-01
1902~1911年四川省造第一期光绪像一卢比银币一枚		97,750	北京诚轩	2021-12-01
1898年无纪年吉林省造光绪元宝库平七钱二分银币一枚		97,750	北京诚轩	2021-12-01
1909年西藏宣统桑康果木一两银币一枚		97,750	北京诚轩	2021-12-01

拍品名称	物品尺寸	成交价RMB	拍卖公司	拍卖日期
1919年云南省造拥护共和纪念金币当银币拾圆(LM1057)		97,750	中国嘉德	2021-12-12
《第29届奥林匹克运动会金银币套装》十八枚		96,600	北京保利	2021-06-08
1908年造币总厂光绪元宝库平七钱二分银币一枚		94,300	北京诚轩	2021-11-30
1908年云南省造光绪元宝库平七钱二分银币一枚		94,300	北京诚轩	2021-11-30
1899年江南省造己亥光绪元宝库平七钱二分银币(LM222)		94,300	中国嘉德	2021-12-12
1903年奉天省造癸卯光绪元宝库平七钱二分银币(LM483)		94,300	中国嘉德	2021-12-12
1908年造币总厂光绪元宝库平七钱二分银币一枚		92,000	北京诚轩	2021-11-30
1904年甲辰吉林省造光绪元宝库平七钱二分银币一枚		92,000	北京诚轩	2021-11-30
1934年中华苏维埃共和国川陕省造币厂造壹圆银币一枚		92,000	北京诚轩	2021-11-30
1897年无纪年安徽省造光绪元宝库平七钱二分银币一枚		92,000	北京诚轩	2021-12-01
光绪二十四年北洋机器局造壹圆银币一枚		92,000	北京诚轩	2021-12-01
光绪三十一年北洋造光绪元宝库平一钱四分四厘银币一枚		92,000	北京诚轩	2021-12-01
1903年癸卯吉林省造光绪元宝库平三钱六分银币一枚		92,000	北京诚轩	2021-12-01
1907年新疆饷银二钱银币一枚		92,000	北京诚轩	2021-12-01
1908年造币总厂光绪元宝库平七钱二分银币一枚		89,700	北京诚轩	2021-11-30
1890年喜敦版广东省造光绪元宝库平三钱六分银币一枚		89,700	北京诚轩	2021-12-01
1943年云南省“富”字半两正银银币一枚		88,550	北京诚轩	2021-12-01
1908年造币总厂光绪元宝库平七钱二分银币一枚		86,250	北京诚轩	2021-11-30
民国三年袁世凯像壹圆银币一枚		86,250	北京诚轩	2021-11-30
民国八年袁世凯像壹圆银币一枚		86,250	北京诚轩	2021-11-30
1901年四川省造光绪元宝库平三钱六分银币一枚		86,250	北京诚轩	2021-12-01
1904年甲辰吉林省造光绪元宝库平三钱六分银币一枚		86,250	北京诚轩	2021-12-01
1907年新疆饷银五钱银币一枚		86,250	北京诚轩	2021-12-01
1904年江南省造甲辰光绪元宝库平七钱二分银币(LM257)		86,250	中国嘉德	2021-12-12
四川省造光绪像银币		86,250	中国嘉德	2021-12-12
光绪三十四年(1908年)北洋造光绪元宝库平七钱二分银币		86,250	永乐拍卖	2021-12-01
洪宪纪元袁世凯戎装骑马像背前门城楼图臆造银币一枚		86,250	北京诚轩	2021-05-19
清 宣统三年 郡王衔多罗贝勒载银章	40mm	82,800	华艺国际	2021-12-11
1909年湖北省造宣统元宝库平七钱二分银币一枚		82,800	北京诚轩	2021-12-01
1899年浙江省造魏碑体光绪元宝库平三分六厘银币一枚		82,800	北京诚轩	2021-12-01
1908年造币总厂光绪元宝库平七钱二分银币一枚		80,500	北京诚轩	2021-11-30
宣统三年大清银币壹圆一枚		80,500	北京诚轩	2021-11-30
丁未广东省造光绪银币背龙马图臆造币一枚		80,500	北京诚轩	2021-11-30
民国三年袁世凯像壹圆银币一枚		80,500	北京诚轩	2021-11-30
1900年庚子江南省造光绪元宝库平七钱二分银币一枚		80,500	北京诚轩	2021-11-30
1904年甲辰江南省造光绪元宝库平七钱二分银币一枚		80,500	北京诚轩	2021-12-01
民国元年军政府造四川银币二角一枚		80,500	北京诚轩	2021-12-01
1898年无纪年湖南省造光绪元宝库平七分二厘银币一枚		80,500	北京诚轩	2021-12-01
1909年云南省造宣统元宝库平三钱六分银币一枚		80,500	北京诚轩	2021-12-01
光绪二十四年北洋机器局造壹圆银币一枚		80,500	北京诚轩	2021-12-01
1903年癸卯奉天省造光绪元宝库平七钱二分银币一枚		80,500	北京诚轩	2021-12-01
1905年乙巳吉林省造光绪元宝库平三钱六分银币一枚		80,500	北京诚轩	2021-12-01
1909年西藏宣统桑康果木一两银币一枚		80,500	北京诚轩	2021-12-01
嘉庆元年(1796年)西藏嘉庆宝藏一钱银币一枚		80,500	北京诚轩	2021-12-01
民国二十一年(1932年)孙中山像三鸟壹圆银币(LM108)		80,500	中国嘉德	2021-12-12

(成交价RMB：1万元以上)

拍品名称	物品尺寸	成交价RMB	拍卖公司	拍卖日期
光绪二十五年(1899年)湖北银元局银元壹大元		80,500	永乐拍卖	2021-12-02
黄兴像背双旗壹圆臆造银币一枚		80,500	北京诚轩	2021-05-19
宣统三年大清银币贰角一枚		78,200	北京诚轩	2021-11-30
民国三年袁世凯像壹圆、中圆、贰角、壹角银币各一枚		78,200	北京诚轩	2021-11-30
1901年辛丑吉林省造光绪元宝库平七钱二分银币一枚		78,200	北京诚轩	2021-11-30
民国二十二年孙中山像背帆船壹圆银币一枚		78,200	北京诚轩	2021-11-30
1943年云南省"富"字一两正银银币一枚		78,200	北京诚轩	2021-12-01
1905年乙巳吉林省造光绪元宝库平三钱六分银币一枚		78,200	北京诚轩	2021-12-01
1878年新疆喀什光绪银钱五分银币一枚		75,900	北京诚轩	2021-12-01
1908年造币总厂光绪元宝库平七分二厘银币一枚		74,750	北京诚轩	2021-11-30
民国二十二年孙中山像背帆船壹圆银币一枚		74,750	北京诚轩	2021-11-30
民国二十三年孙中山像背帆船壹圆银币一枚		74,750	北京诚轩	2021-11-30
1918年唐继尧正面像拥护共和纪念库平三钱六分银币一枚		74,750	北京诚轩	2021-11-30
1890年喜敦版广东省造光绪元宝库平七钱二分银币一枚		74,750	北京诚轩	2021-12-01
1898年无纪年江南省造光绪元宝库平七钱二分银币一枚		74,750	北京诚轩	2021-12-01
1901年辛丑江南省造光绪元宝库平七钱二分银币一枚		74,750	北京诚轩	2021-12-01
1912年福建银币厂造中华元宝库平七分二厘银币一枚		74,750	北京诚轩	2021-12-01
民国二十一年云南省造双旗半圆银币一枚		74,750	北京诚轩	2021-12-01
1898年无纪年吉林省造光绪元宝库平七钱二分银币一枚		74,750	北京诚轩	2021-12-01
1900年庚子吉林省造光绪元宝中心太极图库平七钱二分银币一枚		74,750	北京诚轩	2021-12-01
1910年大清银币伍角(1/2 Dol)(LM25)		74,750	中国嘉德	2021-12-12
民国二十三年(1934年)孙中山像壹圆银币(LM110)		74,750	中国嘉德	2021-12-12
1908年光绪三十四年北洋造光绪元宝库平七钱二分银币一枚		74,750	北京保利	2021-12-06
民国三年袁世凯像中圆银币一枚		73,600	北京诚轩	2021-11-30
民国三年袁世凯像壹圆银币一枚		71,300	北京诚轩	2021-11-30
1901年辛丑吉林省造光绪元宝库平七钱二分银币一枚		71,300	北京诚轩	2021-12-01
民国六年迪化银圆局造壹两银币一枚		71,300	北京诚轩	2021-12-01
1902年壬寅江南省造光绪元宝库平七钱二分银币一枚		70,150	北京诚轩	2021-12-01
宣统三年大清银币壹圆一枚		69,000	北京诚轩	2021-11-30
1912年孙中山像开国纪念贰角银币一枚		69,000	北京诚轩	2021-11-30
民国十一年一月一日湖南省宪成立纪念壹圆银币一枚		69,000	北京诚轩	2021-11-30
李鸿章纪念背双龙团"寿"图壹两臆造银币一枚		69,000	北京诚轩	2021-11-30
1909年湖北省造宣统元宝库平七钱二分银币一枚		69,000	北京诚轩	2021-12-01
1898年戊戌江南省造光绪元宝库平七钱二分银币一枚		69,000	北京诚轩	2021-12-01
1908年云南省造光绪元宝库平一钱四分四厘银币一枚		69,000	北京诚轩	2021-12-01
1943年云南省"富"字一两正银银币一枚		69,000	北京诚轩	2021-12-01
1904年甲辰吉林省造光绪元宝库平三钱六分银币一枚		69,000	北京诚轩	2021-12-01
1907年新疆饷银五钱银币一枚		69,000	北京诚轩	2021-12-01
民国十五年(1926年)龙凤贰角银币		69,000	中国嘉德	2021-12-12
1927年孙中山像开国纪念壹圆银币一枚		66,700	北京诚轩	2021-11-30
1899年己亥江南省造光绪元宝库平七钱二分银币一枚		66,700	北京诚轩	2021-11-30
四川省造光绪像一卢比银币一组二十枚		66,700	北京诚轩	2021-12-01
光绪三十四年北洋造光绪元宝库平七钱二分银币一枚		66,700	北京诚轩	2021-12-01
1907年丁未吉林省造光绪元宝库平一钱四分四厘银币一枚		66,700	北京诚轩	2021-12-01
1908年造币总厂光绪元宝七钱二分银币(LM11)		66,700	中国嘉德	2021-12-12

拍品名称	物品尺寸	成交价RMB	拍卖公司	拍卖日期
民国三年(1914年)袁世凯像中圆银币		66,700	永乐拍卖	2021-12-01
波西斯四德银币	重15.5g	64,400	西泠印社	2021-01-17
民国 驻屯军袁像银元改制纪念银章	直径31mm	63,250	华艺国际	2021-12-11
宣统三年大清银币壹圆一枚		63,250	北京诚轩	2021-11-30
民国三年袁世凯像中圆银币一枚		63,250	北京诚轩	2021-11-30
民国九年袁世凯像壹圆银币一枚		63,250	北京诚轩	2021-11-30
1934年(B)香港贸易银元"站人"壹圆银币一枚		63,250	北京诚轩	2021-11-30
1909年广东省造宣统元宝库平七钱二分银币一枚		63,250	北京诚轩	2021-12-01
1904年甲辰江南省造光绪元宝库平七钱二分银币一枚		63,250	北京诚轩	2021-12-01
民国元年军政府造四川银币壹圆一枚		63,250	北京诚轩	2021-12-01
1943年云南省"富"字一两、半两正银银币各一枚		63,250	北京诚轩	2021-12-01
光绪二十九年北洋造光绪元宝库平七钱二分银币一枚		63,250	北京诚轩	2021-12-01
光绪三十四年北洋造光绪元宝库平七钱二分银币一枚		63,250	北京诚轩	2021-12-01
光绪二十五年奉天机器局造五角银币一枚		63,250	北京诚轩	2021-12-01
1903年癸卯奉天省造光绪元宝库平七钱二分银币一枚		63,250	北京诚轩	2021-12-01
1906年丙午吉林省造光绪元宝库平七钱二分银币一枚		63,250	北京诚轩	2021-12-01
1907年新疆饷银五钱银币一枚		63,250	北京诚轩	2021-12-01
1907年新疆饷银二钱银币一枚		63,250	北京诚轩	2021-12-01
1908年光绪三十四年北洋造光绪元宝库平七钱二分银币一枚		63,250	北京保利	2021-12-06
宣统三年大清银币壹圆一枚		60,950	北京诚轩	2021-11-30
1912年黎元洪像无帽开国纪念壹圆银币一枚		59,800	北京诚轩	2021-11-30
民国三年袁世凯像壹圆银币一枚		59,800	北京诚轩	2021-11-30
1901年四川省造光绪元宝库平七钱二分银币一枚		59,800	北京诚轩	2021-12-01
1901年江南省造辛丑光绪元宝库平七钱二分银币(LM244)		59,800	中国嘉德	2021-12-12
民国八年(1919年)袁世凯像壹圆银币(LM76)		59,800	中国嘉德	2021-12-12
大清壹两台湾军饷银币，臆造币		59,800	中国嘉德	2021-12-12
宣统年造大清银币伍角"1/2DOL."一枚		58,650	北京诚轩	2021-11-30
民国八年袁世凯像壹圆银币一枚		58,650	北京诚轩	2021-11-30
1949年新疆省造币厂铸壹圆银币一枚		58,650	北京诚轩	2021-12-01
1933年中华苏维埃共和国贰角银币一枚		57,500	北京诚轩	2021-11-30
1909年广东省造宣统元宝库平七钱二分银币一枚		57,500	北京诚轩	2021-12-01
1894年福建省造光绪元宝库平一钱四分四厘银币一枚		57,500	北京诚轩	2021-12-01
1901年四川省造光绪元宝库平七钱二分银币一枚		57,500	北京诚轩	2021-12-01
1909年四川省造宣统元宝库平七钱二分银币一枚		57,500	北京诚轩	2021-12-01
乾隆五十九年(1794年)西藏乾隆宝藏一钱银币一枚		57,500	北京诚轩	2021-12-01
1907年新疆饷银五钱银币一枚		57,500	北京诚轩	2021-12-01
民国元年新疆饷银伍钱银币一枚		57,500	北京诚轩	2021-12-01
民国三年(1914年)袁世凯像中圆银币(LM64)		57,500	中国嘉德	2021-12-12
民国九年(1920年)袁世凯像壹圆银币(LM77)		57,500	中国嘉德	2021-12-12
1905年乙巳江南省造光绪元宝库平七钱二分银币一枚		55,200	北京诚轩	2021-11-30
民国元年军政府造四川银币二角一枚		55,200	北京诚轩	2021-12-01
1911年云南省造光绪元宝库平七分二厘银币一枚		55,200	北京诚轩	2021-12-01
光绪二十三年北洋机器局造壹圆银币一枚		55,200	北京诚轩	2021-12-01
1905年乙巳吉林省造光绪元宝库平三钱六分银币一枚		55,200	北京诚轩	2021-12-01
1907年喀什大清银币湘平壹两一枚		55,200	北京诚轩	2021-12-01
民国六年迪化银圆局造壹两银币一枚		55,200	北京诚轩	2021-12-01
民国七年迪化银圆局造壹两银币一枚		55,200	北京诚轩	2021-12-01
民国三十八年新疆省造币厂铸壹圆银币一枚		55,200	北京诚轩	2021-12-01
清光绪三十一年(1905年)北洋造光绪元宝库平一钱四分四厘银币(LM463)		55,200	中国嘉德	2021-12-12

2021杂项拍卖成交汇总(续表)

(成交价RMB：1万元以上)

拍品名称	物品尺寸	成交价RMB	拍卖公司	拍卖日期
新疆饷银一两银币		55,200	永乐拍卖	2021-12-01
1901年四川省造光绪元宝库平七钱二分银币一枚		52,900	北京诚轩	2021-12-01
清 宣统三年 奉天省万国鼠疫研究会纪念银章	直径32mm	51,750	华艺国际	2021-12-11
1908年造币总厂光绪元宝库平七钱二分银币一枚		51,750	北京诚轩	2021-11-30
宣统三年大清银币壹圆一枚		51,750	北京诚轩	2021-11-30
民国三年袁世凯像中圆银币一枚		51,750	北京诚轩	2021-11-30
光绪三十四年北洋造光绪元宝库平七钱二分银币一枚		51,750	北京诚轩	2021-11-30
民国九年袁世凯像壹圆银币一枚		51,750	北京诚轩	2021-11-30
民国十年袁世凯像壹圆银币一枚		51,750	北京诚轩	2021-11-30
1909年四川省造宣统元宝库平七钱二分银币一枚		51,750	北京诚轩	2021-12-01
1908年云南省造光绪元宝库平七钱二分银币一枚		51,750	北京诚轩	2021-12-01
1907年新疆饷银五钱银币一枚		51,750	北京诚轩	2021-12-01
民国三十八年新疆省造币厂铸壹圆银币一枚		51,750	北京诚轩	2021-12-01
1901年四川省造光绪元宝库平七钱二分银币		51,750	永乐拍卖	2021-12-01
古希腊·仙女金币、银币一对	直径14.8~15.3mm; 金币重3.6g; 银币重2.6g	51,750	西泠印社	2021-01-17
民国三年袁世凯像壹圆银币一枚		50,600	北京诚轩	2021-11-30
1912年孙中山像开国纪念壹圆银币一枚		49,450	北京诚轩	2021-11-30
光绪二十四年奉天机器局造一圆银币一枚		49,450	北京诚轩	2021-11-30
民国九年袁世凯像壹圆银币一枚		49,450	北京诚轩	2021-11-30
1901年辛丑江南省造光绪元宝库平七钱二分银币一枚		49,450	北京诚轩	2021-12-01
民国元年军政府造四川银币壹圆一枚		49,450	北京诚轩	2021-12-01
宣统三年大清银币壹圆一枚		48,300	北京诚轩	2021-11-30
1912年孙中山像开国纪念贰角银币一枚		48,300	北京诚轩	2021-11-30
1890年喜敦版广东省造光绪元宝库平三钱六分银币一枚		48,300	北京诚轩	2021-11-30
1898年戊戌江南省造光绪元宝“珍珠龙”版库平七钱二分银币一枚		48,300	北京诚轩	2021-11-30
1898年无纪年吉林省造光绪元宝库平七钱二分银币一枚		48,300	北京诚轩	2021-11-30
民国二十三年孙中山像背帆船壹圆银币一枚		48,300	北京诚轩	2021-11-30
壬子中华民国江西银币壹圆臆造币一枚		48,300	北京诚轩	2021-11-30
1902年壬寅江南省造光绪元宝库平七钱二分银币一枚		48,300	北京诚轩	2021-12-01
1901年四川省造光绪元宝库平七钱二分银币一枚		48,300	北京诚轩	2021-12-01
光绪三十四年北洋造光绪元宝库平七钱二分银币一枚		48,300	北京诚轩	2021-12-01
1907年喀什大清银币湘平壹两一枚		48,300	北京诚轩	2021-12-01
1907年新疆饷银五钱银币一枚		48,300	北京诚轩	2021-12-01
清代直隶“宝元祥 十足色”十两元宝型银锭		48,300	中国嘉德	2021-12-13
1903年江南省造癸卯光绪元宝库平七钱二分银币(LM251)		48,300	中国嘉德	2021-12-12
1904年甲辰江南省造光绪元宝库平七钱二分银币一枚		48,300	北京保利	2021-12-06
光绪三十四年北洋造光绪元宝库平七钱二分银币一枚		47,150	北京诚轩	2021-12-01
1907年丁未大清银币壹角样币一枚		46,000	北京诚轩	2021-11-30
宣统三年大清银币壹圆一枚		46,000	北京诚轩	2021-11-30
民国三年袁世凯像中圆银币一枚		46,000	北京诚轩	2021-11-30
民国八年袁世凯像壹圆银币一枚		46,000	北京诚轩	2021-11-30
民国十年袁世凯像壹圆银币一枚		46,000	北京诚轩	2021-11-30
民国十五年龙凤贰角、壹角银币各一枚		46,000	北京诚轩	2021-11-30
民国二十三年孙中山像背帆船壹圆银币二枚		46,000	北京诚轩	2021-11-30
1933年中华苏维埃共和国贰角银币一枚		46,000	北京诚轩	2021-11-30
1904年甲辰江南省造光绪元宝库平七钱二分银币一枚		46,000	北京诚轩	2021-12-01
1900年庚子吉林省造光绪元宝中心太极图库平七钱二分银币一枚		46,000	北京诚轩	2021-12-01
1904年甲辰吉林省造光绪元宝库平七钱二分银币一枚		46,000	北京诚轩	2021-12-01
1905年乙巳吉林省造光绪元宝库平七钱二分银币一枚		46,000	北京诚轩	2021-12-01
嘉庆二十五年(1820年)西藏嘉庆宝藏一钱银币一枚		46,000	北京诚轩	2021-12-01
民国三十八年新疆省造币厂铸壹圆银币一枚		46,000	北京诚轩	2021-12-01
民国三年(1914年)袁世凯像中圆银币(LM64)		46,000	中国嘉德	2021-12-12
1901年四川省造光绪元宝库平七钱二分银币		46,000	永乐拍卖	2021-12-01
1916年唐继尧侧面像拥护共和纪念库平三钱六分银币一枚		46,000	北京保利	2021-12-06
2003年中国人民银行发行水月观音1公斤精制纪念银币		46,000	永乐拍卖	2021-05-22
1996年 中国著名古典文学名著《三国演义》第二组5盎司纪念银币		46,000	北京保利	2021-06-08
宣统三年大清银币壹圆一枚		44,850	北京诚轩	2021-11-30
1901年四川省造光绪元宝库平七钱二分银币一枚		44,850	北京诚轩	2021-12-01
光绪三十四年北洋造光绪元宝库平七钱二分银币一枚		44,850	北京诚轩	2021-12-01
清代 德国攻占胶州湾纪念银章	直径31mm	43,700	华艺国际	2021-12-11
1909年造币分厂宣统元宝中心阳“吉”库平一钱四分四厘银币一枚		43,700	北京诚轩	2021-11-30
民国三年袁世凯像壹角银币一枚		43,700	北京诚轩	2021-11-30
民国九年袁世凯像壹圆银币一枚		43,700	北京诚轩	2021-11-30
民国二十二年孙中山像背帆船壹圆银币一枚		43,700	北京诚轩	2021-11-30
1901年四川省造光绪元宝库平七钱二分银币一枚		43,700	北京诚轩	2021-12-01
1902~1911年四川省造第一期光绪像一卢比银币一枚		43,700	北京诚轩	2021-12-01
光绪二十五年北洋造光绪元宝库平七钱二分银币一枚		43,700	北京诚轩	2021-12-01
光绪三十四年北洋造光绪元宝库平七钱二分银币一枚		43,700	北京诚轩	2021-12-01
1901年辛丑吉林省造光绪元宝库平三钱六分银币一枚		43,700	北京诚轩	2021-12-01
1909年西藏格桑章嘎银币一枚		43,700	北京诚轩	2021-12-01
1910年新疆饷银一两银币一枚		43,700	北京诚轩	2021-12-01
1907年新疆饷银二钱银币一枚		43,700	北京诚轩	2021-12-01
宣统三年(1911年)大清银币壹圆(LM37)		43,700	中国嘉德	2021-12-12
“圣宋元宝”银质宫廷赏赐钱		43,700	永乐拍卖	2021-12-01
光绪三十四年(1908年)北洋造光绪元宝库平七钱二分银币		43,700	永乐拍卖	2021-12-01
中华民国元年(1912年)新疆饷银一两银币		43,700	永乐拍卖	2021-12-01
民国 光绪三十四年 湖北省造双龙银币银盘	重96g	43,700	华艺国际	2021-12-11
1921年黎元洪像开国纪念壹圆银币一枚		43,700	北京保利	2021-12-06
阿契美尼德王朝·金银币一对	直径15.1mm; 金币重8.2g; 银币重4.4g	43,700	西泠印社	2021-01-17
1899年己亥江南省造光绪元宝库平三分六厘银币一枚		42,550	北京诚轩	2021-12-01
民国元年新疆饷银伍钱银币一枚		42,550	北京诚轩	2021-12-01
四川省造慈禧像大型卢比臆造银币一枚		42,550	北京诚轩	2021-05-19
1909年云南省造宣统元宝库平七钱二分银币一枚		41,400	北京诚轩	2021-11-30
1943年云南省“富”字一两正银银币一枚		41,400	北京诚轩	2021-11-30
1902~1911年四川省造第一期光绪像一卢比银币一枚		41,400	北京诚轩	2021-12-01
1904~1912年四川省造光绪像四分之一卢比银币一枚		41,400	北京诚轩	2021-12-01
光绪三十四年北洋造光绪元宝库平七钱二分银币一枚		41,400	北京诚轩	2021-12-01
1907年新疆饷银五钱银币一枚		41,400	北京诚轩	2021-12-01
宣统三年大清银币壹圆一枚		40,250	北京诚轩	2021-11-30
民国三年袁世凯像壹圆银币一枚		40,250	北京诚轩	2021-11-30
民国三年袁世凯像中圆银币一枚		40,250	北京诚轩	2021-11-30
民国三年袁世凯像贰角银币一枚		40,250	北京诚轩	2021-11-30
光绪三十三年北洋造光绪元宝库平七钱二分银币一枚		40,250	北京诚轩	2021-11-30
光绪三十四年北洋造光绪元宝库平七钱二分银币一枚		40,250	北京诚轩	2021-11-30
民国三年袁世凯像壹圆银币三枚，十年一枚		40,250	北京诚轩	2021-11-30

(成交价RMB：1万元以上)

拍品名称	物品尺寸	成交价RMB	拍卖公司	拍卖日期
1909年湖北省造宣统元宝库平七钱二分银币一枚		40,250	北京诚轩	2021-12-01
1897年无纪年安徽省造光绪元宝库平三分六厘银币一枚		40,250	北京诚轩	2021-12-01
1902年壬寅江南省造光绪元宝库平七钱二分银币一枚		40,250	北京诚轩	2021-12-01
1904年甲辰江南省造光绪元宝库平七钱二分银币一枚		40,250	北京诚轩	2021-12-01
1909年四川省造宣统元宝库平七钱二分银币一枚		40,250	北京诚轩	2021-12-01
1908年云南省造光绪元宝库平七钱二分银币一枚		40,250	北京诚轩	2021-12-01
1908年云南省造光绪元宝库平三钱六分银币一枚		40,250	北京诚轩	2021-12-01
道光三年(1823年)西藏道光宝藏一钱银币一枚		40,250	北京诚轩	2021-12-01
1911年喀什饷银五钱银币一枚		40,250	北京诚轩	2021-12-01
清光绪二十六年(1900年)北洋造光绪元宝库平七钱二分银币(LM459)		40,250	中国嘉德	2021-12-12
1933~1939年四川省造光绪像银币(LM357)		40,250	中国嘉德	2021-12-12
1898年戊戌安徽省造光绪元宝库平七钱二分银币(LM207)		40,250	中国嘉德	2021-12-12
1907年云南省造光绪元宝(老云南)库平七钱二分银币(LM418)		40,250	中国嘉德	2021-12-12
1943年法属印度支那制造云南富字一两正银银币(LM433)		40,250	中国嘉德	2021-12-12
民国三年(1914年)袁世凯像壹圆银币(LM63C)		40,250	中国嘉德	2021-12-12
1908年光绪三十四年北洋造光绪元宝库平七钱二分银币一枚		40,250	北京保利	2021-12-06
1901~1908年四川省造光绪元宝库平七钱二分银币一枚		40,250	北京保利	2021-12-06
1929年(B)香港贸易银元“站人”壹圆银币一枚		39,100	北京诚轩	2021-11-30
光绪二十九年北洋造光绪元宝库平七钱二分银币一枚		39,100	北京诚轩	2021-12-01
光绪三十四年北洋造光绪元宝库平七钱二分银币一枚		39,100	北京诚轩	2021-12-01
古希腊·塞琉西王朝银币	重17.10g	39,100	西泠印社	2021-01-17
宣统三年大清银币壹圆一枚		37,950	北京诚轩	2021-11-30
民国三年、十年袁世凯像壹圆银币各三枚		37,950	北京诚轩	2021-11-30
民国三年袁世凯像壹圆银币一枚		37,950	北京诚轩	2021-11-30
1895年湖北省造光绪元宝库平三钱六分银币一枚		37,950	北京诚轩	2021-11-30
1901年四川省造光绪元宝库平七钱二分银币一枚		37,950	北京诚轩	2021-12-01
光绪三十四年北洋造光绪元宝库平七钱二分银币一枚		37,950	北京诚轩	2021-12-01
1901年辛丑吉林省造光绪元宝库平三钱六分银币一枚		37,950	北京诚轩	2021-12-01
1907年新疆饷银五钱银币一枚		37,950	北京诚轩	2021-12-01
民国三年(1914年)袁世凯像壹圆银币		37,950	中国嘉德	2021-12-12
1934年民国二十三年孙中山像背帆船壹圆银币一组三枚		37,950	北京保利	2021-12-06
1932年皖西北特区苏维埃银行银币券壹圆一枚		36,800	北京诚轩	2021-12-02
1908年造币总厂光绪元宝库平七钱二分银币一枚		36,800	北京诚轩	2021-11-30
民国三年袁世凯像中圆银币一枚		36,800	北京诚轩	2021-11-30
1898年戊戌江南省造光绪元宝库平七钱二分银币一枚		36,800	北京诚轩	2021-11-30
民国八年袁世凯像壹圆银币一枚		36,800	北京诚轩	2021-11-30
民国十年袁世凯像壹圆银币一枚		36,800	北京诚轩	2021-11-30
民国十五年龙凤贰角银币一枚		36,800	北京诚轩	2021-11-30
1909年湖北省造宣统元宝库平七钱二分银币一枚		36,800	北京诚轩	2021-12-01
1911年辛亥福建都督府造中华元宝中心“闽”库平一钱四分四厘银币一枚		36,800	北京诚轩	2021-12-01
1902~1911年四川省造第一期光绪像一卢比银币一枚		36,800	北京诚轩	2021-12-01
1904~1912年四川省造光绪像四分之一卢比银币一枚		36,800	北京诚轩	2021-12-01
光绪二十九年北洋造光绪元宝库平七钱二分银币一枚		36,800	北京诚轩	2021-12-01
光绪三十四年北洋造光绪元宝库平七钱二分银币一枚		36,800	北京诚轩	2021-12-01
1906年丙午吉林省造光绪元宝库平三钱六分银币一枚		36,800	北京诚轩	2021-12-01
乾隆五十九年(1794年)西藏乾隆宝藏一钱银币一枚		36,800	北京诚轩	2021-12-01
乾隆六十年(1795年)西藏乾隆宝藏一钱银币一枚		36,800	北京诚轩	2021-12-01
1917年西藏狮子图雪阿果木五钱银币一枚		36,800	北京诚轩	2021-12-01
1907年新疆饷银五钱银币一枚		36,800	北京诚轩	2021-12-01
1910年新疆饷银一钱银币一枚		36,800	北京诚轩	2021-12-01
民国二十三年(1934年)孙中山像壹圆银币(LM110)		36,800	中国嘉德	2021-12-12
1900年庚子吉林省造光绪元宝库平七钱二分银币一枚		36,800	北京保利	2021-12-06
民国三年袁世凯像壹圆银币一枚		35,650	北京诚轩	2021-11-30
1908年造币总厂光绪元宝库平七分二厘银币一枚		35,650	北京诚轩	2021-11-30
1933年中华苏维埃共和国贰角银币一枚		35,650	北京诚轩	2021-11-30
民国九年袁世凯像壹圆银币一枚		35,650	北京诚轩	2021-11-30
1897年无纪年安徽省造、1908年造币总厂光绪元宝库平一钱四分四厘银币各一枚		34,500	北京诚轩	2021-11-30
1909年广东省造宣统元宝库平七钱二分银币一枚		34,500	北京诚轩	2021-11-30
民国九年袁世凯像壹圆银币一组十枚		34,500	北京诚轩	2021-11-30
民国十年袁世凯像壹圆银币一枚		34,500	北京诚轩	2021-11-30
1860~1897年墨西哥“鹰洋”银币一组四十四枚		34,500	北京诚轩	2021-11-30
1933年中华苏维埃共和国贰角银币一枚		34,500	北京诚轩	2021-11-30
民国元年军政府造四川银币五角一枚		34,500	北京诚轩	2021-12-01
光绪二十三年北洋机器局造壹圆银币一枚		34,500	北京诚轩	2021-12-01
1903年癸卯吉林省造光绪元宝库平七分二厘银币一枚		34,500	北京诚轩	2021-12-01
1907年丁未吉林省造光绪元宝库平三钱六分银币一枚		34,500	北京诚轩	2021-12-01
1891年西藏久阿尼阿银币一枚		34,500	北京诚轩	2021-12-01
嘉庆二十五年(1820年)西藏嘉庆宝藏一钱银币一枚		34,500	北京诚轩	2021-12-01
道光二年(1822年)西藏道光宝藏一钱银币一枚		34,500	北京诚轩	2021-12-01
1918年西藏狮子图桑康果木一两银币一枚		34,500	北京诚轩	2021-12-01
1907年喀什大清银币湘平伍钱一枚		34,500	北京诚轩	2021-12-01
1907年新疆饷银四钱银币一枚		34,500	北京诚轩	2021-12-01
民国元年新疆饷银一两银币一枚		34,500	北京诚轩	2021-12-01
民国三十八年新疆省造币厂铸壹圆银币一枚		34,500	北京诚轩	2021-12-01
1908年造币总厂光绪元宝七钱二分银币(LM11)		34,500	中国嘉德	2021-12-12
清光绪三十四年(1908年)北洋造光绪元宝库平七钱二分银币(LM465)		34,500	中国嘉德	2021-12-12
1904年江南省造甲辰光绪元宝库平七钱二分银币(LM257)		34,500	中国嘉德	2021-12-12
1898年四川省造光绪元宝库平七钱二分银币(LM345)		34,500	中国嘉德	2021-12-12
民国二十二年(1933年)孙中山像壹圆银币(LM109)		34,500	中国嘉德	2021-12-12
民国二十三年(1934年)孙中山像壹圆银币(LM110)		34,500	中国嘉德	2021-12-12
1914年袁世凯像壹圆银币一枚		34,500	北京保利	2021-12-06
1921年民国十年袁世凯像壹圆银币一枚		34,500	北京保利	2021-12-06
1897年江南省造无纪年光绪元宝库平七钱二分银币一枚		34,500	北京保利	2021-12-06
1908年光绪三十四年北洋造光绪元宝库平七钱二分银币一枚		34,500	北京保利	2021-12-06
宣统三年大清银币壹圆一枚		33,350	北京诚轩	2021-11-30
民国三年袁世凯像壹圆银币一枚		33,350	北京诚轩	2021-11-30
1904年甲辰吉林省造光绪元宝库平七钱二分银币一枚		33,350	北京诚轩	2021-11-30
民国二十三年孙中山像背帆船壹圆银币一枚		33,350	北京诚轩	2021-11-30
1895年湖北省造光绪元宝库平七钱二分银币一枚		33,350	北京诚轩	2021-12-01
1895年湖北省造光绪元宝库平七分二厘银币一枚		33,350	北京诚轩	2021-12-01
1904年甲辰江南省造光绪元宝库平七钱二分银币一枚		33,350	北京诚轩	2021-12-01
唐“西充”银饼一组三枚		33,350	中国嘉德	2021-12-13

2021杂项拍卖成交汇总(续表)

(成交价RMB:1万元以上)

拍品名称	物品尺寸	成交价RMB	拍卖公司	拍卖日期
清光绪三十四年(1908年)北洋造光绪元宝库平七钱二分银币(LM465)		33,350	中国嘉德	2021-12-12
1904年江南省造甲辰光绪元宝库平七钱二分银币(LM257)		33,350	中国嘉德	2021-12-12
民国六年(1917年)迪化银圆局造壹两银币(LM837)		33,350	中国嘉德	2021-12-12
1911年云南省造光绪元宝(新云南无英文)库平七钱二分银币(LM421)		33,350	中国嘉德	2021-12-12
1898年戊戌江南省造光绪元宝库平七钱二分银币一枚		33,350	北京保利	2021-12-06
古希腊·巴克特里亚王朝银币	重16.88g	33,350	西泠印社	2021-01-17
1908年造币总厂光绪元宝库平七钱二分银币一枚		32,200	北京诚轩	2021-11-30
宣统三年大清银币壹角一枚		32,200	北京诚轩	2021-11-30
民国三年袁世凯像中圆银币一枚		32,200	北京诚轩	2021-11-30
1908年造币总厂光绪元宝库平一钱四分四厘银币一枚		32,200	北京诚轩	2021-11-30
1898年戊戌江南省造光绪元宝库平七钱二分银币一枚		32,200	北京诚轩	2021-11-30
民国元年军政府造四川银币一角一枚		32,200	北京诚轩	2021-11-30
光绪二十三年北洋机器局造壹圆银币一枚		32,200	北京诚轩	2021-11-30
民国八年袁世凯像壹圆银币一枚		32,200	北京诚轩	2021-11-30
民国九年袁世凯像壹圆银币一枚		32,200	北京诚轩	2021-11-30
1904年甲辰江南省造光绪元宝库平七钱二分银币二枚		32,200	北京诚轩	2021-11-30
民国十五年龙凤贰角银币一枚		32,200	北京诚轩	2021-11-30
1904年甲辰江南省造光绪元宝库平七钱二分银币一枚		32,200	北京诚轩	2021-12-01
1909年云南省造宣统元宝库平七钱二分银币一枚		32,200	北京诚轩	2021-12-01
1898年无纪年吉林省造光绪元宝库平七钱二分银币一枚		32,200	北京诚轩	2021-12-01
乾隆六十年(1795年)西藏乾隆宝藏一钱银币一枚		32,200	北京诚轩	2021-12-01
道光四年(1824年)西藏道光宝藏一钱银币一枚		32,200	北京诚轩	2021-12-01
西藏兰萨文章嘎银币一枚		32,200	北京诚轩	2021-12-01
1905年喀什光绪元宝伍钱银币一枚		32,200	北京诚轩	2021-12-01
1907年新疆饷银五钱银币一枚		32,200	北京诚轩	2021-12-01
民国元年新疆饷银一两银币一枚		32,200	北京诚轩	2021-12-01
民国六年迪化银圆局造壹两银币一枚		32,200	北京诚轩	2021-12-01
民国十五年(1926年)龙凤壹角银币(LM83)		32,200	中国嘉德	2021-12-12
1927~1934年孙中山像开国纪念壹圆银币二枚、二十三年孙中山像背帆船壹圆银币四枚		32,200	北京保利	2021-12-06
无纪年新疆库车造回文五分天罡银币一枚		32,200	北京诚轩	2021-05-20
民国十年袁世凯像壹圆银币一枚		31,050	北京诚轩	2021-11-30
1908年造币总厂光绪元宝七钱二分银币(LM11)		31,050	中国嘉德	2021-12-12
宣统三年(1911年)大清银币壹圆(LM37)(一组三枚)		31,050	中国嘉德	2021-12-12
1934年民国二十三年孙中山像背帆船壹圆银币一枚		31,050	北京保利	2021-12-06
银币一组五枚		28,750	中国嘉德	2021-05-22
银币一组		24,150	中国嘉德	2021-05-22
银币一组八枚		23,000	中国嘉德	2021-05-22
古希腊·阿西娜猫头鹰四德拉克马银币	重17.16g	23,000	西泠印社	2021-07-23
古希腊雅典猫头鹰四德拉克马银币(全头樱版)		19,550	中国嘉德	2021-05-22
拜占庭·金币一对	直径21~26.5mm;总重8.1g	48,300	西泠印社	2021-01-17
拜占庭·金币一对	直径22~22.6mm;总重8.9g	47,150	西泠印社	2021-01-17
拜占庭·金币一对	直径19.8~21.7mm;总重8.9g	41,400	西泠印社	2021-01-17
公元457-484年丝绸之路金币萨珊王朝金币		32,200	永乐拍卖	2021-05-22
1911年中华革命军筹饷中华民国金币壹拾员两枚连号		40,250	中国嘉德	2021-05-22
清 1834年墨西哥金币	直径34mm	46,000	西泠印社	2021-07-23
清 1862年法国拿破仑三世金币	直径34mm	23,000	西泠印社	2021-07-23
清 1879年法国宪法金币	直径34mm	23,000	西泠印社	2021-07-23
1916年袁世凯像中华帝国洪宪纪元飞龙"L.GIORGI"签字版拾圆纪念金币样币一枚		4,600,000	北京诚轩	2021-05-19
民国1921年徐世昌文装纪念金质样币	直径39mm	2,875,000	西泠印社	2021-07-23
民国1924年段祺瑞和平纪念金质样币	直径39mm	2,185,000	西泠印社	2021-07-23
民国1924年段祺瑞和平纪念金质样币	直径39mm	2,127,500	西泠印社	2021-07-23
民国1923年曹锟戎装纪念金质样币	直径38mm	2,070,000	西泠印社	2021-07-23
民国1916年袁世凯像飞龙金质样币	直径21mm	770,500	西泠印社	2021-07-23
民国1912年孙中山像开国纪念金质样币	直径23.1mm	517,500	西泠印社	2021-07-23
民国1919年袁世凯像拾元金质样币	直径22mm	345,000	西泠印社	2021-07-23
民国1920年唐继尧像拾圆金币	直径23mm	322,000	西泠印社	2021-07-23
民国1920年唐继尧像伍圆金币	直径19mm	322,000	西泠印社	2021-07-23
1919年唐继尧像拥护共和纪念拾圆金币一枚		299,000	北京诚轩	2021-05-19
民国1919年西藏色章果木金币	直径26.6mm	264,500	西泠印社	2021-07-23
民国1920年唐继尧像伍圆金币	直径19mm	230,000	西泠印社	2021-07-23
1920年唐继尧像拥护共和纪念伍圆金币一枚		230,000	北京诚轩	2021-05-19
民国1920年西藏色章果木金币	直径25.5mm;重10.1g	207,000	西泠印社	2021-07-23
民国时期成都庆记天一福金号狮子宝塔图市称壹两整金章一枚		178,250	北京诚轩	2021-05-20
民国1920年西藏色章果木金币	直径26.6mm;重10.8g	172,500	西泠印社	2021-07-23
1920年唐继尧像拥护共和纪念伍圆金币一枚		105,800	北京诚轩	2021-05-19
民国时期南京老方九霞银楼"福记"十足赤金金币		40,250	中国嘉德	2021-05-22
1920年唐继尧像拥护共和纪念伍圆金币一枚		40,250	北京诚轩	2021-05-19
民国1929年墨西哥金币	直径35.8mm	23,000	西泠印社	2021-07-23
民国1927年奥地利金币	直径33mm	20,700	西泠印社	2021-07-23
1985年 联合国妇女十年 纪念100元纪念金质样币一枚 NGC PF67ULTRA CAMEO(撤销发行,实铸4枚)	重8g	7,935,000	华艺国际	2021-12-11
1920年西藏色章果木二十两金币一枚		1,242,000	北京诚轩	2021-12-01
清 光绪十四年 贵州官炉局造半两金币,完未品	19g	517,500	华艺国际	2021-12-11
1993年 孔雀开屏500元纪念金币一枚NGC PF69ULTRA CAMEO		517,500	华艺国际	2021-12-11
1919年唐继尧正面像拥护共和拾圆金币一枚		368,000	北京保利	2021-12-06
1984年熊猫纪念金币一枚	直径70mm	333,500	北京诚轩	2021-05-20
民国三十九年孙中山像背布图足金壹钱金质试铸样币一枚		322,000	北京诚轩	2021-11-30
1925年云南"滇"字拾元金币一枚		299,000	北京保利	2021-12-06
1920年唐继尧像拥护共和纪念伍圆金币一枚		276,000	北京诚轩	2021-11-30
2008年第二十九届奥林匹克运动会第一组、二组、三组1/3盎司金币六枚		207,000	中国嘉德	2021-05-22
现代 三国纪念金币一组四枚	直径32mm	172,500	西泠印社	2021-07-23
现代 桂林山水纪念金币	通长76mm	172,500	西泠印社	2021-07-23
1993-2004年梅花形生肖纪念金币十二枚全套	直径27mm	138,000	北京诚轩	2021-05-20
现代 抗战纪念金币一对	直径32mm	138,000	西泠印社	2021-07-23
古希腊埃及地区托勒密王朝八德拉克马追思金币		138,000	中国嘉德	2021-05-22
袁世凯帝服像背立龙"丙辰纪念"小型臆造金币一枚		132,250	北京诚轩	2021-05-19
1981年中国出土文物青铜器纪念金币四枚全套	直径33mm、27mm、22mm、22mm	126,500	北京诚轩	2021-11-30
现代 纪念金币一组七枚	直径21.5~27mm	126,500	西泠印社	2021-07-23
现代 龙凤纪念金币	直径40mm	115,000	西泠印社	2021-07-23
1994年 婴戏图50元纪念金币两枚一组, NGC PF69ULTRA CAMEO		103,500	华艺国际	2021-12-11
1995年《三国演义》系列(第一组)纪念金币四枚套装	每枚直径32mm	103,500	北京诚轩	2021-05-20
1982、86、88、89、90、2001、05、07、13、16年1/10盎司普制熊猫金币一组十枚		103,500	中国嘉德	2021-05-22
2012年 京剧脸谱-关羽2000元5盎司金币一枚 NGC PF69ULTRA CAMEO		97,750	华艺国际	2021-12-11
1984年 中国人民银行生肖鼠8克金币一枚		92,000	北京保利	2021-12-06
现代 台湾光复纪念金币一对	直径27mm	80,500	西泠印社	2021-07-23
现代 1993年孙像天下为公1盎司金币	直径32mm	80,500	西泠印社	2021-07-23
1994年熊猫纪念金币五枚全套	直径32mm、27mm、22mm、18mm、14mm	78,200	北京诚轩	2021-05-20
1995年 麒麟100元纪念金币一枚, NGC PF69ULTRA CAMEO		69,000	华艺国际	2021-12-11

2021杂项拍卖成交汇总(续表)

(成交价RMB：1万元以上)

拍品名称	物品尺寸	成交价RMB	拍卖公司	拍卖日期
1995年 三国演义一组-诸葛亮100元纪念金币一枚, NGC PF69ULTRA CAMEO		69,000	华艺国际	2021-12-11
1983年 中国人民银行生肖猪8克金币一枚		59,800	北京保利	2021-12-06
1981年 辛亥革命70周年 400元纪念金币一枚, NGC PF69ULTRA CAMEO		57,500	华艺国际	2021-12-11
蒙古·伊尔汗国金币一组五枚	直径20.5~26.9mm	57,500	西泠印社	2021-07-23
1982年熊猫纪念金币四枚全套	直径32mm、27mm、22mm、18mm	51,750	北京诚轩	2021-05-20
1982年 中国人民银行生肖狗8克金币一枚		48,300	北京保利	2021-12-06
1994年 麒麟100元纪念金币一枚, NGC PF69ULTRA CAMEO		46,000	华艺国际	2021-12-11
现代 孙像壹仟元、贰仟元金币一对	直径23~32mm	46,000	西泠印社	2021-07-23
贵霜·胡维色迦湿婆像金币	直径20mm; 重7.8g	46,000	西泠印社	2021-01-17
白衣大食·倭玛、古尔、恺加三王朝金币一组三枚	直径17.8~32.8mm; 总重17g	43,700	西泠印社	2021-01-17
1999年国画大师张大千1/2盎司长方形纪念金币		43,700	中国嘉德	2021-05-22
莫卧儿王朝·金币一组三枚	直径19.3~20.5mm; 总重32.6g	41,400	西泠印社	2021-01-17
2021年熊猫精制纪念金币50克首发认证版		40,860	北京保利	2021-01-17
1996年 双金属熊猫50元、25元、10元纪念金币三枚一组, NGC PF69ULTRA CAMEO		40,250	华艺国际	2021-12-11
德里苏丹·金币一对	直径25.1~26.7mm; 总重21.8g	40,250	西泠印社	2021-01-17
现代 国际和平年纪念金币	直径23mm; 重10.917g	40,250	西泠印社	2021-07-23
德里苏丹·金币一对	直径23.8~24.6mm; 总重23.8g	39,100	西泠印社	2021-01-17
贵霜·胡维色迦太阳神像金币	直径20.6mm; 重8g	39,100	西泠印社	2021-01-17
贵霜·背神像金币	直径18.4mm; 重6.7g	39,100	西泠印社	2021-01-17
莫卧儿、拜占庭·金币一对	直径19.3~20mm; 总重15g	37,950	西泠印社	2021-01-17
1977~1980年苏联发行第22届奥林匹克运动会纪念金币六枚套装	每枚直径30mm	35,650	北京诚轩	2021-05-20
1979年国际儿童年纪念金币一枚	直径27mm	34,500	北京诚轩	2021-11-30
1979年中华人民共和国成立三十周年纪念金币四枚全套	直径27mm	34,500	北京诚轩	2021-11-30
1994年 麒麟双金属25元纪念金币一枚, NGC PF69ULTRA CAMEO		34,500	华艺国际	2021-12-11
1996年 麒麟100元纪念金币一枚, NGC PF69ULTRA CAMEO		34,500	华艺国际	2021-12-11
1983年熊猫纪念金币五枚全套	直径32mm、27mm、22mm、18mm、14mm	34,500	北京诚轩	2021-05-20
1973年以色列独立二十五周年纪念金币三枚套装二套	直径33mm、27mm、22mm	34,500	北京诚轩	2021-05-20
苏丹 提普苏丹王朝等金币一组八枚	直径6.6~23.8mm	34,500	西泠印社	2021-01-17
1987年韩国发行第24届奥林匹克运动会纪念金币四枚	每枚直径35mm; 每枚直径27mm	33,350	北京诚轩	2021-05-20
小月氏·寄多罗王朝等金币一组六枚	直径12.6~25.2mm	33,350	西泠印社	2021-01-17
贵霜·伽腻色迦二世湿婆像金币	直径20.3mm; 重8g	33,350	西泠印社	2021-01-17
1993年熊猫纪念金币五枚全套	直径32mm、27mm、22mm、18mm、14mm	32,200	北京诚轩	2021-05-20
1979年中华人民共和国成立三十周年纪念金币四枚全套	每枚直径27mm	32,200	北京诚轩	2021-05-20
1984年熊猫纪念金币五枚	直径32mm、27mm、22mm、18mm、14mm	32,200	北京诚轩	2021-05-20
回历1242年丝绸之路金币印度-奥德邦币海达尔王金币		32,200	永乐拍卖	2021-05-22
1981年 中国人民银行生肖鸡8克金币一枚		31,050	北京保利	2021-12-06
1983、1988年熊猫纪念金币五枚	尺寸不一	31,050	北京诚轩	2021-05-20
1984年(第一组)、1988年(第五组)、1989年(第六组)、1990年(第七组)、1991年(第八组)中国杰出历史人物纪念金币各一枚	每枚直径23mm	31,050	北京诚轩	2021-05-20
1993年熊猫纪念金币五枚全套	直径32mm、27mm、22mm、18mm、14mm	29,900	北京诚轩	2021-05-20
1979年中华人民共和国成立三十周年纪念金币四枚全套	每枚直径27mm	29,900	北京诚轩	2021-05-20
1990年熊猫"P"版纪念金币五枚全套	直径32mm、27mm、22mm、18mm、14mm	29,900	北京诚轩	2021-05-20
1991年熊猫"P"版纪念金币五枚全套	直径32mm、27mm、22mm、18mm、14mm	29,900	北京诚轩	2021-05-20
1994年俄罗斯发行芭蕾舞姿纪念钯金币三枚套装	直径37mm、30mm、25mm	29,900	北京诚轩	2021-05-20
黑衣大食·加兹尼、阿巴斯王朝金币一组五枚	直径17.9~24mm; 总重19.2g	29,900	西泠印社	2021-01-17
1985年熊猫纪念金币五枚全套	直径32mm、27mm、22mm、18mm、14mm	28,750	北京诚轩	2021-05-20
1986年熊猫"P"版纪念金币五枚全套	直径32mm、27mm、22mm、18mm、14mm	28,750	北京诚轩	2021-05-20
1990年熊猫"P"版纪念金币五枚全套	直径32mm、27mm、22mm、18mm、14mm	28,750	北京诚轩	2021-05-20
绿衣大食·法蒂梅王朝等金币一组四枚	直径21~24.2mm; 总重17.2g	28,750	西泠印社	2021-01-17
古印度·卡拉丘里等四王朝大吉祥天女像金币一组四枚	直径17.1~19mm; 总重16.9g	28,750	西泠印社	2021-01-17
古希腊本都王国亚历山大大帝头像金币一枚		28,750	北京保利	2021-06-08
1986年熊猫"P"版纪念金币五枚全套	直径32mm、27mm、22mm、18mm、14mm	26,450	北京诚轩	2021-05-20
1996年中国熊猫金币发行十五周年纪念金币二枚	每枚直径32mm	26,450	北京诚轩	2021-05-20
贵霜·波调一世湿婆像金币	直径21.8mm; 重8g	26,450	西泠印社	2021-01-17
阿契美尼德王朝金币一枚		26,450	北京保利	2021-06-08
1982年熊猫纪念金币一枚	直径32mm	25,300	北京诚轩	2021-05-20
1987年熊猫"P"版纪念金币五枚全套	直径32mm、27mm、22mm、18mm、14mm	25,300	北京诚轩	2021-05-20
1988年熊猫"P"版纪念金币五枚全套	直径32mm、27mm、22mm、18mm、14mm	25,300	北京诚轩	2021-05-20
1988年熊猫纪念金币二枚	每枚直径32mm	25,300	北京诚轩	2021-05-20
1989年熊猫"P"版纪念金币五枚全套	直径32mm、27mm、22mm、18mm、14mm	25,300	北京诚轩	2021-05-20
1989年熊猫纪念金币五枚全套	直径32mm、27mm、22mm、18mm、14mm	25,300	北京诚轩	2021-05-20
1989己巳(蛇)年新加坡生肖纪念金币五枚全套	直径32.1mm、27mm、21.95mm、17.95mm、13.92mm	24,150	北京诚轩	2021-05-20
1990年新加坡狮子图纪念金币五枚全套	直径32mm、27mm、22mm、18mm、14mm	24,150	北京诚轩	2021-05-20
1966年不丹国王吉格梅·旺楚克像纪念金币三枚	直径35mm、28mm、22mm	24,150	北京诚轩	2021-05-20
1986、1987年韩国发行第24届奥林匹克运动会纪念金币各一枚	每枚直径35mm	24,150	北京诚轩	2021-05-20
1991~1993年挪威发行第17届冬季奥林匹克运动会纪念金币四枚套装	每枚直径27mm	24,150	北京诚轩	2021-05-20
1995年中国古典文学名著《三国演义》第一组—刘备1盎司金币		24,150	中国嘉德	2021-05-22
2010年熊猫纪念金币五枚全套	直径32mm、27mm、22mm、18mm、14mm	23,000	北京诚轩	2021-05-20
2011年熊猫纪念金币五枚全套	直径32mm、27mm、22mm、18mm、14mm	23,000	北京诚轩	2021-05-20
1994年澳大利亚袋鼠纪念金币五枚全套	直径32mm、24mm、19mm、16mm、14mm	23,000	北京诚轩	2021-05-20
1987年熊猫"P"版纪念金币五枚全套	直径32mm、27mm、22mm、18mm、14mm	23,000	北京诚轩	2021-05-20
1997年迎春图系列(第一组)纪念金币十枚	每枚直径18mm	23,000	北京诚轩	2021-05-20
2018年澳大利亚狗年生肖纪念金币三枚	直径38mm、29mm、21mm	23,000	北京诚轩	2021-05-20
1986、1987年韩国发行第24届奥林匹克运动会纪念金币各二枚	每枚直径27mm	23,000	北京诚轩	2021-05-20
2005年意大利发行第20届冬季奥林匹克运动会纪念金币四枚套装二套	直径28mm; 每枚直径21mm	23,000	北京诚轩	2021-05-20
现代 贰仟元金币	直径32mm	23,000	西泠印社	2021-07-23
1992年壬申年(猴)8克生肖精制金币		23,000	永乐拍卖	2021-05-22
1977~1980年前苏联发行第22届奥林匹克运动会纪念铂金币五枚套装	每枚直径28mm	21,850	北京诚轩	2021-05-20
巴克特里亚·金币一对	直径10.8~13.4mm; 总重4.4g	20,700	西泠印社	2021-01-17
1969年安圭拉独立二周年纪念金币一枚	直径48mm	20,700	北京诚轩	2021-05-20
1988年熊猫纪念铂金币一枚	直径32mm	19,550	北京诚轩	2021-05-20
1996年熊猫纪念金币一枚	直径32mm	19,550	北京诚轩	2021-05-20
2014年俄罗斯发行第22届冬季奥林匹克运动会纪念金币三枚套装二套	每枚直径22.6mm	19,550	北京诚轩	2021-05-20
1996、1997年法国发行第16届世界杯足球赛纪念金币四枚套装		19,550	北京诚轩	2021-05-20
1990年(第一组)、1992年(第三组)、1994年(第四组)世界文化名人纪念金币各一枚	每枚直径23mm	18,400	北京诚轩	2021-05-20
1992壬申(猴)年生肖纪念金币一枚	直径23mm	18,400	北京诚轩	2021-05-20
1995年恐龙纪念金币一枚	直径27mm	18,400	北京诚轩	2021-05-20

2021杂项拍卖成交汇总(续表)

(成交价RMB：1万元以上)

拍品名称	物品尺寸	成交价RMB	拍卖公司	拍卖日期
光绪三十二年(1906年)许景澄像大型铜质纪念章一枚		69,000	北京诚轩	2021-05-19
1893年上海开埠五十周年银质纪念章一枚		25,300	北京诚轩	2021-05-19
光绪二十六年江南制造局造小口径毛瑟枪银章		23,000	中国嘉德	2021-05-22
1914年袁世凯像中华民国共和纪念币壹圆(LM858)		517,500	中国嘉德	2021-05-22
民国十年(1921年)徐世昌纪念币(LM864)		471,500	中国嘉德	2021-05-22
民国十三年(1924年)曹锟宪法成立纪念章(LM959)		207,000	中国嘉德	2021-05-22
1912年黎元洪像(戴帽)中华民国开国纪念币壹圆银币(LM43)		207,000	中国嘉德	2021-05-22
民国二十六年蒋委员长肖像背"民众努力 还我河山"银质纪念章一枚		172,500	北京诚轩	2021-05-19
民国十二年(1923年)曹锟宪法成立纪念章(LM958)		161,000	中国嘉德	2021-05-22
1914年袁世凯像中华民国共和纪念币壹圆(LM858)		149,500	中国嘉德	2021-05-22
民国十二年(1923年)曹锟宪法成立纪念章(LM958)		115,000	中国嘉德	2021-05-22
1914年袁世凯像中华民国共和纪念币壹圆(LM858)		101,200	中国嘉德	2021-05-22
1914年袁世凯像中华民国共和纪念币壹圆(LM858)		94,300	中国嘉德	2021-05-22
民国九年(1920年)倪嗣冲纪念章(LM954)		86,250	中国嘉德	2021-05-22
民国十九年春中央造币厂工竣纪念铜质纪念章一枚		78,200	北京诚轩	2021-05-19
中华民国二年十月十日第一任大总统袁世凯就任纪念章		71,300	中国嘉德	2021-05-22
民国 孙中山开国纪念币(错英文版)	直径38mm	51,750	西泠印社	2021-01-17
民国 中华民国开国纪念币上五星版银币	直径38mm	47,150	西泠印社	2021-07-23
1928年孙中山像中华民国开国纪念币壹圆银币(LM49)		46,000	中国嘉德	2021-05-22
北洋政府宪法成立纪念章		40,250	中国嘉德	2021-05-22
民国十八年三月十二日孙中山先生安葬纪念大型纪念章一枚		40,250	北京诚轩	2021-05-19
中华民国十二年(1923年)国庆纪念银章		36,800	中国嘉德	2021-05-22
中华民国沪军都督陈其美赠"好义急公"光复纪念银章		26,450	中国嘉德	2021-05-22
中华民国十年(1921年)十月十日第二任大总统徐世昌就任纪念章		25,300	中国嘉德	2021-05-22
中华民国江南造币厂纪念章		19,550	中国嘉德	2021-05-22
民国十年袁世凯像壹圆、1928年孙中山像开国纪念币壹圆银币一组二枚		19,550	中国嘉德	2021-05-22
民国十年徐世昌像仁寿同登无"纪念币"加刻英文姓名银币一枚		3,450,000	北京诚轩	2021-11-30
民国十年徐世昌像仁寿同登无"纪念币"银币一枚		1,552,500	北京诚轩	2021-11-30
1985年 熊猫壹圆铜质纪念币(少量发行币)NGC PF69ULTRA CAMEO评级最高分	重15g	644,000	华艺国际	2021-12-11
1924年段祺瑞像中华民国执政纪念章(LM865)		322,000	中国嘉德	2021-12-12
民国九年安庆造币厂造倪嗣冲像银质纪念章一枚		230,000	北京诚轩	2021-11-30
1914年袁世凯像中华民国共和纪念币壹圆(LM858)		218,500	中国嘉德	2021-12-12
洪宪元年湖南开国纪念币当十铜元一枚		212,750	北京诚轩	2021-12-01
1896年光绪、慈禧像银质纪念章一枚		207,000	北京诚轩	2021-11-30
1923年曹锟戎装像银质纪念章一枚		126,500	北京诚轩	2021-11-30
民国三年 黑龙江省背双旗金质纪念章	重18g	103,500	华艺国际	2021-12-11
2000年日本漫画家手冢治虫作品金质纪念章十三枚套装	每枚直径30mm	94,300	北京诚轩	2021-05-20
民国二十六年蒋委员长肖像背"民众努力 还我山河"铜质纪念章一枚		80,500	北京诚轩	2021-11-30
民国七年广东督军莫荣新赠"护法"纪念章一枚		78,200	北京诚轩	2021-11-30
民国七年十月十日第二任大总统徐世昌就任纪念章一枚		74,750	北京诚轩	2021-11-30
民国二年(1913年)十月十日第一任大总统袁世凯就任大总统纪念章		71,300	中国嘉德	2021-12-12
1943年开罗会议纪念章一枚		66,700	北京诚轩	2021-11-30
1896年光绪、慈禧像银质纪念章一枚		63,250	北京诚轩	2021-11-30
民国三十二年五月中央造币厂桂林分厂五周年纪念章一枚		59,800	北京诚轩	2021-11-30
民国 曹锟武装银质小型纪念章	直径38mm	58,650	华艺国际	2021-12-11
1943年开罗会议纪念章一枚		57,500	北京诚轩	2021-11-30
1912年黎元洪像(无帽)中华民国开国纪念币壹圆银币(LM45)		57,500	中国嘉德	2021-12-12
民国 大总统徐世昌赠协约国战胜纪念章(附原盒)	直径79mm	49,450	华艺国际	2021-12-11
2001年中国人民银行发行纪念辛亥革命90周年流通纪念币(样币)		46,000	中国嘉德	2021-05-22
2004年中国人民银行发行台湾风光鹅銮鼻、日月潭流通纪念币		46,000	中国嘉德	2021-05-22
1924年两湖巡阅使萧耀南五秩纪念章一枚		40,250	北京诚轩	2021-11-30
2005年中国人民银行发行鸡(乙酉年)流通纪念币(样币)		40,250	中国嘉德	2021-05-22
1843年"亚裔"合金质纪念章一枚		36,800	北京诚轩	2021-11-30
民国 大总统徐世昌就任银质珐琅纪念章	直径60mm	35,650	华艺国际	2021-12-11
2003年中国人民银行发行羊(癸未年)流通纪念币(样币)		33,350	中国嘉德	2021-05-22
中央造币厂开铸三十周年纪念章一枚		32,200	北京诚轩	2021-11-30
2006~2008年中国发行第29届奥林匹克运动会纪念币六枚套装二套		28,750	北京诚轩	2021-05-20
1989年美国钱币协会第98届年会钯金质纪念章一枚	直径34mm	21,850	北京诚轩	2021-05-20
1972年日本山阳新干线通车金质纪念章一枚	直径34mm	18,400	北京诚轩	2021-05-20
1997年日本发行第18届冬季奥林匹克运动会纪念币三枚套装三套	直径26mm; 直径30mm; 直径26.5mm	18,400	北京诚轩	2021-05-20
民国二十五年孙中山像背布图廿分、拾分、伍分精制镍币各一枚		184,000	北京诚轩	2021-11-30
纸币				
元代至元通行宝钞贰贯		207,000	中国嘉德	2021-05-22
洪武大明通行宝钞壹贯一枚		63,250	北京诚轩	2021-05-21
洪武大明通行宝钞壹贯一枚		59,800	北京诚轩	2021-05-21
洪武年间大明通行宝钞壹贯		41,400	中国嘉德	2021-05-22
明洪武年大明宝钞壹贯		40,250	北京保利	2021-06-08
明 大明通行宝钞壹贯纸钞	长340mm; 宽220mm	23,000	西泠印社	2021-01-17
咸丰三年六月十五日户部官票京师试行版手写壹两一枚		253,000	北京诚轩	2021-05-21
咸丰七年(1857年)户部官票伍两一枚		92,000	永乐拍卖	2021-05-22
咸丰五年(1855年)户部官票拾两		57,500	中国嘉德	2021-05-22
咸丰四年户部官票壹两一枚		48,300	北京诚轩	2021-05-21
咸丰四年(1854年)户部官票叁两一枚		44,850	永乐拍卖	2021-05-22
咸丰五年户部官票壹两一枚		32,200	北京诚轩	2021-05-21
咸丰五年(1855年)大清宝钞伍百文		28,750	中国嘉德	2021-05-22
咸丰四年(1854年)户部官票壹两		28,750	中国嘉德	2021-05-22
咸丰肆年(1854年)大清宝钞壹千伍百文		24,150	中国嘉德	2021-05-22
咸丰七年大清宝钞贰千文连号两枚		23,000	北京保利	2021-06-08
咸丰五年大清宝钞伍百文一枚		20,700	北京诚轩	2021-05-21
咸丰四年大清宝钞贰千文一枚		19,550	永乐拍卖	2021-05-22
咸丰四年大清宝钞贰千文一枚		18,400	北京诚轩	2021-05-21
光绪三十二年(1906年)大清户部银行兑换券"天津改开封"伍圆		24,150	中国嘉德	2021-05-22
光绪三十二年(1906年)大清户部银行兑换券"天津改开封"拾圆		19,550	中国嘉德	2021-05-22
宣统元年(1909年)交通银行"上海"拾圆单正、反样票		69,000	中国嘉德	2021-05-22
宣统元年交通银行银元票广东伍圆一枚		25,300	北京诚轩	2021-05-21
清代无年份(约1910年)天津华俄道胜银行银两票伍百两加盖改作哈尔滨华俄道胜银行银元票伍百圆一枚		126,500	北京诚轩	2021-05-21
清代无年份(约1909年)北洋天津银号李鸿章像银两票拾两一枚		92,000	北京诚轩	2021-05-21
清代无年份(约1909年)北洋天津银号李鸿章像银两票叁两样票一枚		51,750	北京诚轩	2021-05-21
清代无年份(约1909年)北洋天津银号李鸿章像银元票叁圆一枚		37,950	北京诚轩	2021-05-21
清代无年份(约1909年)北洋天津银号李鸿章像银元票壹圆一枚		25,300	北京诚轩	2021-05-21
1949年浙东行政公署金库券伍分、伍角、壹圆全套三枚	通长90~129mm	862,500	西泠印社	2021-01-17
民国元年(1912年)交通银行拾圆"天津"样票		138,000	中国嘉德	2021-05-22
民国 晋察边区银行纸币一组六十九枚		138,000	西泠印社	2021-01-17
民国二年交通银行美钞版银元券伍拾圆流通票加盖改作样票一枚		92,000	北京诚轩	2021-05-21

2021杂项拍卖成交汇总(续表)

(成交价RMB：1万元以上)

拍品名称	物品尺寸	成交价RMB	拍卖公司	拍卖日期
民国二年浙江地方银行银元券壹圆正、反单面试色样票各一枚		80,500	北京诚轩	2021-05-21
民国十六年中南银行五族妇女图国币券壹元一枚		80,500	北京诚轩	2021-05-21
民国元年(1912年)交通银行伍圆样票		74,750	中国嘉德	2021-05-22
民国 九年中国通商银行壹圆纸币	通长123mm	69,000	西泠印社	2021-07-23
民国二年浙江地方银行银元券拾圆正、反单面试色样票各一枚		69,000	北京诚轩	2021-05-21
民国三十三年(1944年)中央银行壹百圆		63,250	中国嘉德	2021-05-22
民国 七年吉林永衡官银钱号纸币	通长143mm	57,500	西泠印社	2021-07-23
1934年闽浙赣苏维埃银行闽北分行壹角		57,500	中国嘉德	2021-05-22
民国三十一年中国银行美钞版法币券壹仟圆二枚连号		57,500	北京诚轩	2021-05-21
民国二年浙江地方银行银元券伍圆正、反单面试色样票各一枚		57,500	北京诚轩	2021-05-21
1943年法属印度支那制造云南富字一两正银(LM433)		55,200	中国嘉德	2021-05-22
民国十二年交通银行美钞版银元券奉天壹圆、伍圆、拾圆流通票加盖改作样票各一枚		47,150	北京诚轩	2021-05-21
民国 十八年中国通商银行壹圆纸币	通长140mm	46,000	西泠印社	2021-07-23
民国元年(1912年)交通银行壹圆样票		46,000	中国嘉德	2021-05-22
民国元年黄帝像中国银行兑换券壹圆一枚		46,000	北京诚轩	2021-05-21
民国二年交通银行美钞版银元券拾圆流通票加盖改作样票一枚		40,250	北京诚轩	2021-05-21
1914-1946年民国纸币PMG评级冠军分集一册十枚		37,950	北京保利	2021-06-08
民国二年交通银行美钞版银元券伍圆流通票加盖改作样票一枚		36,800	北京诚轩	2021-05-21
民国三年(1914年)交通银行"青岛"壹圆、伍圆、拾圆样票各一枚		35,650	中国嘉德	2021-05-22
1943年法属印度支那制造云南富字一两正银(LM433)		31,050	中国嘉德	2021-05-22
民国时期殖边银行纸币一组三枚		29,900	中国嘉德	2021-05-22
民国 二十二年四明银行壹圆纸币	通长135mm	28,750	西泠印社	2021-07-23
民国 湘鄂赣省工农银行贰佰文铜元纸币	长99mm; 宽58mm	21,850	西泠印社	2021-01-17
民国十三年交通银行华德路版国币券样票四种五枚		21,850	北京诚轩	2021-05-21
民国七年(1918年)中国银行"北京"壹圆、伍圆、拾圆样票各一枚		19,550	中国嘉德	2021-05-22
民国元年黄帝像中国银行兑换券壹圆一枚		18,400	北京诚轩	2021-05-21
现代 第二版人民币拾圆纸币	长209mm; 宽83mm	218,500	西泠印社	2021-01-17
现代 第三版人民币枣红壹角纸币一组连号十枚	长113mm; 宽50mm	78,200	西泠印社	2021-01-17
现代 第三版人民币背绿壹角纸币一组连号十枚	长104mm; 宽50mm	40,250	西泠印社	2021-01-17
现代 第二版人民币绿叁圆纸币	长160mm; 宽73mm	36,800	西泠印社	2021-01-17
现代 第二版人民币红伍圆纸币	长165mm; 宽75mm	34,500	西泠印社	2021-01-17
现代 第一版人民币一组八十七枚	通长112mm-149mm	977,500	西泠印社	2021-07-23
1951年第一版人民币伍佰圆瞻德城		667,000	北京保利	2021-06-08
咸丰九年(1859年)大清宝钞贰千文五十枚连号		655,500	中国嘉德	2021-12-13
1949第一版人民币壹万圆军舰一枚		483,000	北京保利	2021-12-06
1948年第一版人民币伍拾圆"驴子与矿车"一枚		322,000	北京诚轩	2021-05-21
1953~1956年第二版人民币壹分至拾圆全套十五枚		287,500	北京保利	2021-12-06
1949年第一版人民币壹佰圆"大帆船"一枚		247,250	北京诚轩	2021-05-21
1953年第二版人民币拾圆一枚		230,000	北京诚轩	2021-05-21
1949年中国人民银行发行第一版人民币壹佰圆大帆船		230,000	中国嘉德	2021-12-13
1960年第三版人民币贰圆车工五星水印一百枚连号		209,300	北京保利	2021-06-08
1949年第一版人民币壹佰圆蓝北海重号错钞二枚		207,000	北京保利	2021-12-06
1948年第一版人民币壹仟圆双马耕地狭长版一枚		207,000	北京保利	2021-12-06
1951年中国人民银行发行第一版人民币壹万圆"骆驼队"		172,500	中国嘉德	2021-05-22
吉林永衡官银钱总号前发行及未发行纸币样本券一册		166,750	中国嘉德	2021-05-22
1948年第一版人民币壹仟圆双马耕地狭长版		149,500	北京保利	2021-12-06
1953~1956年第二版人民币壹分至拾圆全套十五枚		149,500	北京保利	2021-12-06
COL 新中国纸币一组九十七枚		138,000	中国嘉德	2021-12-12
1949年第一版人民币伍拾圆"红火车"一枚		126,500	北京诚轩	2021-05-21
1951年第一版人民币壹万圆"牧马"正、反单面样票各一枚		115,000	北京诚轩	2021-12-02
1962年第三版人民币背绿、背绿水印,枣红壹角补号券各一枚		115,000	北京保利	2021-12-06
1949年第一版人民币伍拾圆"蓝火车"一枚		115,000	北京诚轩	2021-05-21
1953年第二版人民币红色伍圆民族大团结连号二枚		115,000	北京保利	2021-06-08
洪武大明通行宝钞壹贯一枚	34.3cm×22.5cm	109,250	北京诚轩	2021-12-02
1950年第一版人民币伍万圆新华门		109,250	北京保利	2021-06-08
1948年第一版人民币壹佰圆"汽车与火车"一枚		86,250	北京诚轩	2021-05-21
民国三十七年(1948年)中国人民银行发行第一版人民币贰佰圆排云殿		80,500	中国嘉德	2021-12-13
1950年中国人民银行发行第一版人民币伍万圆新华门		78,200	中国嘉德	2021-12-13
民国三十年江淮银行国币券壹圆样票一枚		74,750	北京诚轩	2021-12-02
1950年中国人民银行发行第一版人民币伍万圆"收割机"		74,750	中国嘉德	2021-05-22
1951年中国人民银行发行第一版人民币壹仟圆"马饮水"		71,300	中国嘉德	2021-05-22
1962年第三版人民币"背绿有水印"壹角二枚连号		71,300	中国嘉德	2021-05-22
光绪二十八年横滨正金银行银两票天津伍拾两样票一枚		69,000	北京诚轩	2021-12-02
1949年第一版人民币拾圆工农英文水印一枚		69,000	北京保利	2021-12-06
1962年第三版人民币"背绿有水印"壹角二枚连号		69,000	中国嘉德	2021-05-22
宣统元年(1909年)大清银行兑换券李鸿章像营口壹圆		66,700	永乐拍卖	2021-12-02
咸丰四年户部官票叁两一枚		63,250	北京保利	2021-12-06
1953年中国人民银行发行第二版人民币叁圆		63,250	中国嘉德	2021-05-22
1949年第一版人民币壹仟圆三台拖拉机		63,250	北京保利	2021-06-08
1953年第二版人民币红伍圆一枚		62,100	北京诚轩	2021-05-21
1953年中国人民银行发行第二版人民币叁圆		60,950	中国嘉德	2021-05-22
1949年上海大东版飞雁无面值样票一枚		59,800	北京保利	2021-12-18
1949年第一版人民币伍拾圆红火车		57,500	北京保利	2021-06-08
光绪三十二年(1906年)安徽裕皖官钱局钱票铜元足钱壹千文		56,350	永乐拍卖	2021-12-02
1949年第一版人民币贰佰圆"炼钢"一枚		56,350	北京诚轩	2021-05-21
民国十三年香港国民商业储蓄银行有限公司上海壹圆、伍圆、拾圆、伍拾圆正、反单面样票各一枚		55,200	北京诚轩	2021-12-02
民国三十七年(1948年)中国人民银行发行第一版人民币贰拾圆驴子火车样票二枚		55,200	中国嘉德	2021-12-13
1949年第一版人民币壹仟圆"运煤与耕田"一枚		52,900	北京诚轩	2021-05-21
咸丰四年(1854年)九月初四日户部官票壹两		51,750	中国嘉德	2021-12-13
1950年中国人民银行发行第一版人民币伍万圆"新华门"		51,750	中国嘉德	2021-05-22
1972年第三版人民币伍角一百枚连号		51,750	北京诚轩	2021-05-21
民国三十八年(1949年)中国人民银行发行第一版人民币拾圆工人农民九枚连号		48,300	中国嘉德	2021-12-13
民国三十八年(1949年)中国人民银行发行第一版人民币贰佰圆割稻单正、反样票二枚		48,300	中国嘉德	2021-12-13
洪武大明通行宝钞壹贯一枚	34.2cm×22.4cm	46,000	北京诚轩	2021-12-02
咸丰四年户部官票叁两一枚		46,000	北京保利	2021-12-06
1911年中华革命军筹饷局中华民国金币券壹拾圆一枚		43,700	北京诚轩	2021-12-02
民国三十八年(1949年)中国人民银行发行第一版人民币伍佰圆正阳门样票二枚		43,700	中国嘉德	2021-12-13
1962年中国人民银行发行第三版人民币"背绿水印"壹角		43,700	中国嘉德	2021-12-13
1949年第一版人民币伍拾圆"红火车"正、反单面样票各一枚		40,250	北京诚轩	2021-12-02
现代 第二版人民币红伍圆纸币	通长165mm	40,250	西泠印社	2021-07-23

2021杂项拍卖成交汇总(续表)

(成交价RMB：1万元以上)

拍品名称	物品尺寸	成交价RMB	拍卖公司	拍卖日期
现代 第二版人民币绿叁圆纸币	通长160mm	40,250	西泠印社	2021-07-23
民国三十八年(1949年)中国人民银行发行第一版人民币伍圆六和塔蓝色、棕色各一枚		36,800	中国嘉德	2021-12-13
大明通行宝钞壹贯		34,500	中国嘉德	2021-12-13
洪武年间大明通行宝钞壹贯		34,500	永乐拍卖	2021-12-02
民国三十四年(1945年)华中银行贰拾圆样票		32,200	中国嘉德	2021-12-13
民国三十七年(1948年)中国人民银行发行第一版人民币壹佰圆耕地工厂样票二枚		32,200	中国嘉德	2021-12-13
光绪丁未年(1907年)安徽裕皖官钱局钱票银元伍圆		32,200	永乐拍卖	2021-12-02
民国二十五年(1936年)岳西县、望江县、太湖县、宿松县、舒城县、庐江县兑换券各一枚		32,200	永乐拍卖	2021-12-02
民国三十八年(1949年)中国人民银行发行第一版人民币贰拾圆推煤车样票两枚		31,050	中国嘉德	2021-12-13
民国三十八年(1949年)中国人民银行发行第一版人民币伍拾圆蓝火车		31,050	中国嘉德	2021-12-13
1951年第一版人民币伍仟圆"牧羊"正、反单面样票各一枚		28,750	北京诚轩	2021-05-21
1949年第一版人民币伍拾圆"蓝火车"样票一枚		25,300	北京诚轩	2021-05-21
1962年第三版人民币"背绿水印"壹角一枚		25,300	北京诚轩	2021-05-21
1949年第一版人民币伍拾圆"红火车"正、反单面样票各一枚		24,150	北京诚轩	2021-05-21
1951年中国人民银行发行第一版人民币伍仟圆"绵羊"单正、反样票		23,000	中国嘉德	2021-05-22
1949年第一版人民币壹佰圆黄北海印章宽距		23,000	北京保利	2021-06-08
1999年第五版人民币伍拾圆样票一枚		20,700	北京诚轩	2021-05-21
1953年第二版人民币叁圆十枚连号		816,500	北京诚轩	2021-12-02
1953年第二版人民币叁圆一枚		379,500	北京诚轩	2021-12-02
1949年第一版人民币伍拾圆"压路机"一枚		230,000	北京诚轩	2021-12-02
1949年江淮五专属财经处本票伍角、壹圆、伍圆各一枚		230,000	永乐拍卖	2021-12-02
1953年第二版人民币拾圆一枚		161,000	北京诚轩	2021-12-02
1949年第一版人民币壹佰圆大帆船一枚		138,000	北京保利	2021-12-06
1953年第一版人民币伍仟圆渭河桥一枚		138,000	北京保利	2021-12-06
1960~1965年第三版人民币壹角至拾圆全套二十四枚		138,000	北京保利	2021-12-06
1950年第一版人民币伍万圆"收割机"一枚		126,500	北京诚轩	2021-12-02
1949年第一版人民币伍拾圆列车一枚		126,500	北京保利	2021-12-06
1949年第一版人民币伍佰圆农民与小桥一枚		115,000	北京保利	2021-12-06
1949年第一版人民币伍拾圆红火车一枚		109,250	北京保利	2021-12-06
1949年第一版人民币壹仟圆"秋收"一枚		97,750	北京诚轩	2021-12-02
1948年第一版人民币壹佰圆万寿山一枚		97,750	北京保利	2021-12-06
1949年第一版人民币伍拾圆工农一枚		92,000	北京保利	2021-12-06
1949年第一版人民币壹万圆军舰一枚		92,000	北京保利	2021-12-06
1949年第一版人民币壹佰圆黄北海一枚		86,250	北京保利	2021-12-06
1949年第一版人民币壹万圆"军舰"一枚		80,500	北京诚轩	2021-12-02
1950年第一版人民币伍万圆"新华门"一枚		78,200	北京诚轩	2021-12-02
1949年第一版人民币贰佰圆割稻一枚		69,000	北京保利	2021-12-06
1949年第一版人民币伍佰圆正阳门一枚		69,000	北京保利	2021-12-06
1949年第一版人民币壹佰圆"北海与角楼"蓝面一枚		63,250	北京诚轩	2021-12-02
1949年第一版人民币伍佰圆正阳门一枚		63,250	北京保利	2021-12-06
1949年第一版人民币贰拾圆打场一枚		57,500	北京保利	2021-12-06
1949年第一版人民币壹佰圆"红轮船"一枚		51,750	北京诚轩	2021-12-02
1949年第一版人民币拾圆黄火车一枚		51,750	北京保利	2021-12-06
1949年第一版人民币拾圆工农票样一枚		48,300	北京保利	2021-12-06
1948年第一版人民币壹佰圆耕地与工厂一枚		42,550	北京保利	2021-12-06
1949年第一版人民币伍佰圆"收割机"一枚		41,400	北京诚轩	2021-12-02
1949年第一版人民币贰拾圆蓝色六和塔连号二枚		41,400	北京保利	2021-12-06
1949年第一版人民币壹佰圆帆船一枚		41,400	北京保利	2021-12-06
1949年第一版人民币贰拾圆棕色六合塔同号票样正反面各一枚		40,250	北京保利	2021-12-06
1953年第二版人民币叁圆井冈山一枚		40,250	北京保利	2021-12-06
1949年第一版人民币伍佰圆收割机一枚		36,800	北京保利	2021-12-06
1949年第一版人民币壹仟圆钱塘江一枚		36,800	北京保利	2021-12-06
1949年第一版人民币壹仟圆秋收一枚		36,800	北京保利	2021-12-06
1953年第二版人民币贰圆二枚连号		34,500	北京诚轩	2021-12-02
1949年第一版人民币贰佰圆排云殿一枚		34,500	北京保利	2021-12-06
1949年第一版人民币伍佰圆收割机一枚		34,500	北京保利	2021-12-06
1949年第一版人民币伍佰圆农民与小桥一枚		34,500	北京保利	2021-12-06
1949年第一版人民币伍佰圆农民与小桥一枚		32,200	北京保利	2021-12-06
1953年第二版人民币伍圆红色民族大团结一枚		32,200	北京保利	2021-12-06
票 证				
民国 中华苏维埃共和国经济建设公债券伍圆、三圆、贰圆、壹圆、伍角全套五件	通长147mm	57,500	西泠印社	2021-01-17
民国 三十七年沪太长途汽车股份有限公司股款收据三十八枚、三十五年东南汽车股份有限公司增资股款收据六枚共四十四枚	通长220~220.3mm	46,000	西泠印社	2021-01-17
民国 中华苏维埃共和国国家银行西北分行贰角借谷票	长148mm；宽60mm	26,450	西泠印社	2021-01-17
1914年民国三年湖南实业银行股票五股		21,850	北京保利	2021-06-08
1941年民国三十年滇黔绥靖公署云南制革厂股份有限公司股票一件		18,400	北京保利	2021-06-08
1956年邮电部退票单贴一件，单上附贴黄军邮800元两枚(叠贴)		23,000	北京保利	2021-06-20
证 章				
元 出门税金牌	通长22mm；重3.8g	97,750	西泠印社	2021-01-17
1908年戊申造币总厂开铸三年金质纪念牌		103,500	北京保利	2021-06-08
清 造办处制大清御赏奖赐武功赏牌	通长260mm；重151g	299,000	西泠印社	2021-01-17
清 藏传佛教九世班禅曲吉尼玛赐福金牌	通长61.5mm；总重84.8g	287,500	西泠印社	2021-01-17
清 造办处制大内御前行走腰牌	通长73.5mm；总重34.7g	138,000	西泠印社	2021-01-17
清 二等第三双龙宝星勋章		71,300	中国嘉德	2021-05-22
清代大清钦差大臣赏给功牌一枚		71,300	北京诚轩	2021-05-19
清代大清帝国钦差出使英国大臣李经方颁赠银质赏牌一枚		46,000	北京诚轩	2021-05-19
清代三等三级御赐双龙宝星勋章一枚		43,700	永乐拍卖	2021-05-22
民国元年直隶都督张(锡銮)像"GIORGI"签字版银质二等纪念牌一枚		621,000	北京诚轩	2021-05-19
北洋政府时期二等文虎勋章		138,000	中国嘉德	2021-05-22
民国时期一等同光勋章		103,500	中国嘉德	2021-05-22
1912年二月十三日大中华民国袁世凯孙中山像铜章		29,900	中国嘉德	2021-05-22
民国 六等文虎勋章	直径5.5cm	20,700	中贸圣佳	2021-09-26
民国陆军第三师师长吴佩孚将军两湖巡阅使直鲁豫巡阅副使念奖章		18,400	中国嘉德	2021-05-22
民国十年(1921年)徐世昌纪念金章(LM1125)		3,680,000	中国嘉德	2021-12-12
民国 一等白鹰勋章、副章一组(附绶带、原盒)	尺寸不一	1,288,000	华艺国际	2021-12-11
清 造办处大清御赏奖赐武功赏牌	重150g	609,500	华艺国际	2021-12-11
清 大清钦差通商大臣李鸿章金质给功牌(附原赏给文书材料一组、原盒)	37g	586,500	华艺国际	2021-12-11
清 大清钦差大臣赏给功牌单面金质样章(伯明翰厂代铸，林国明收录)，仅见孤品	13g	253,000	华艺国际	2021-12-11
1955年中华人民共和国一级解放勋章(赠品)		230,000	中国嘉德	2021-12-12

(成交价RMB：1万元以上)

拍品名称	物品尺寸	成交价RMB	拍卖公司	拍卖日期
2013年 毛主席120周年诞辰 500克纪念金章一枚 NGC PF70ULTRA CAMEO	重500g	230,000	华艺国际	2021-12-11
清 大清国宝双龙宝星头等三级勋章一套·附原盒(大版)、花房义质戎装像,大版带盒,仅见品	尺寸不一	218,500	华艺国际	2021-12-11
1955年中华人民共和国二级八一勋章(赠品)		172,500	中国嘉德	2021-12-12
清 光绪像保皇会同志金质徽章及保皇会成员名片、来往书信一组	尺寸不一	172,500	华艺国际	2021-12-11
清 大清国宝双龙宝星二等三级勋章一套·附原盒(大版)、执照整套	尺寸不一	115,000	华艺国际	2021-12-11
民国 青天白日勋章·附带四十年代老照片(印铸局版)	重57g	109,250	华艺国际	2021-12-11
光绪三十三年吉林将军达勋章一枚		103,500	北京诚轩	2021-12-01
1955年中华人民共和国二级独立自由勋章		103,500	中国嘉德	2021-05-22
清 大清钦差大臣赏给银质功牌·附国外李鸿章肖像海报	重42g	74,750	华艺国际	2021-12-11
清 大清钦差大臣赏给银质功牌	45mm	69,000	华艺国际	2021-12-11
中国工农红军第三集团军出入证章	40mm	69,000	华艺国际	2021-12-11
民国 大绥采玉勋章·附林森题赠劳合先生徽鉴往来卡函(THE UNIVERSITY COMPANIES鉴定证书)	尺寸不一	66,700	华艺国际	2021-12-11
清 大清国宝双龙宝星二等二级勋章一套·附原盒(大版)	尺寸不一	59,800	华艺国际	2021-12-11
民国 安徽督军定武尚将军·长江巡阅使银质珐琅徽章	43mm	57,500	华艺国际	2021-12-11
清 两广总督张仁俊赏功银质奖章	37mm	57,500	华艺国际	2021-12-11
民国时期成都庆记天一福金号狮子宝塔图市称壹两整金章一枚		57,500	北京诚轩	2021-12-01
民国时期成都庆记天一福金号狮子宝塔图壹两金章一枚		57,500	北京诚轩	2021-12-01
1979年 北京风光1/2盎司金章四枚一组, NGC PF69(其中八达岭为UC,其余三枚CA)	重68g	57,500	华艺国际	2021-12-11
佚名 毛泽东像章	21cm×25cm	57,500	北京华辰	2021-06-19
民国 景星勋章一枚	90mm	55,200	华艺国际	2021-12-11
1986年壹角、贰角、五角、壹圆(纪念版)金章		48,300	中国嘉德	2021-12-12
清 大清国宝双龙宝星二等勋章	90mm	46,000	华艺国际	2021-12-11
宣统元年郡王衔海军大臣贝勒载洵颁赠奖牌		46,000	中国嘉德	2021-12-12
民国 北洋总统冯国璋任职纪念奖章及照片（一组）	尺寸不一	46,000	华艺国际	2021-12-11
1988年中央军委制发中国人民解放军二级红星功勋荣誉章样章		46,000	中国嘉德	2021-05-22
清 造币总厂戊申(1908年)开铸三年纪念牌		43,700	中国嘉德	2021-12-12
清 龙纹顺丰美公嘉禾金章一枚·极美品	重38g	43,700	华艺国际	2021-12-11
民国 国民政府武官甲种三等勋章(3号)	90mm	40,250	华艺国际	2021-12-11
清 光绪像中国商务公司赠双金属材质勋章(附原盒,绶带)	40mm	40,250	华艺国际	2021-12-11
COL《共和国的历史篇章》邮集一部		40,250	中国嘉德	2021-12-12
1955年中华人民共和国三级独立自由勋章(赠品)		36,800	中国嘉德	2021-12-12
民国 徐永昌绶蒋孝天·襟绶采玉勋章,(附徐永昌老照片)	60mm	34,500	华艺国际	2021-12-11
清 八国联军(美国)盘龙图铜鎏金奖章	35mm	34,500	华艺国际	2021-12-11
民国时期成都庆记天一福金号狮子宝塔图市称壹两整金章一枚		34,500	北京诚轩	2021-12-01
中华民国元年(1912年)北京政府二等嘉禾勋章		34,500	中国嘉德	2021-12-12
中华民国元年(1912年)南京临时政府湖南义勇军奖牌		34,500	中国嘉德	2021-12-12
清 天津欢迎展览会钦差大臣奖牌	32mm	32,200	华艺国际	2021-12-11
美国NBA球星埃尔文·约翰逊亲笔签名奥运会纪念奖牌	33.5cm×33.5cm	28,750	中国嘉德	2021-05-18
1988年中央军委制发中国人民解放军独立功勋荣誉章样章		23,000	中国嘉德	2021-05-22
1955年中华人民共和国三级解放勋章		23,000	中国嘉德	2021-05-22
钱币其他				
郡国“五铢”钱范	长276mm, 宽78mm	322,000	永乐拍卖	2021-05-22
明内官内使凭此出门背关防铜质腰牌	通长54.2mm	115,000	西泠印社	2021-01-17
清 康熙通宝钱树	通长400mm	195,500	西泠印社	2021-07-23
清 光绪二十四年户部有关宝源局制钱用铜文档咨文		36,800	中国嘉德	2021-05-21
清 光绪二十四年户部有关京师制钱文档咨文		32,200	中国嘉德	2021-05-21
清 光绪二十四年户部有关宝源局制钱用铜文档咨文		20,700	中国嘉德	2021-05-21
清 吉语钱树	通长530mm	322,000	西泠印社	2021-07-23
清 吉祥如意、福贵双全双龙首钱树残件	通长180mm	195,500	西泠印社	2021-07-23
吉语开炉钱树一株(含25枚吉语子钱),极美品	550.5mm	324,300	华艺国际	2021-12-11
汉 龙纹五铢钱范 陶垒记(陶斋藏)	220.3mm	230,000	华艺国际	2021-12-11
“奉敕煞鬼”道教符牌		207,000	永乐拍卖	2021-12-01
民国元年(1912年)国民党加拿大总支部中华民国开创大总统孙中山先生急公好义		138,000	中国嘉德	2021-12-12
民国三十七年(1948年)救国公债券壹仟万圆		80,500	永乐拍卖	2021-12-02
清末民初木制钱庄天平、砝码一组	长64cm	71,300	中国嘉德	2021-12-13
民国十六年(1927年)安徽省近期金库证券伍圆		56,350	永乐拍卖	2021-12-02
民国元年(1912年)国民党加拿大总支部中华民国开创大总统孙中山先生急公好义		51,750	中国嘉德	2021-12-12
民国时期印刷石质钞版五件		48,300	中国嘉德	2021-12-13
咸亨半两砝码		28,750	永乐拍卖	2021-05-22
邮 品				
★ 全国山河一片红(撤销发行)邮票四方连		5,750,000	中国嘉德	2021-12-12
★ 大龙邮票1分银、3分银、5分银二十五枚全张三全		1,495,000	中国嘉德	2021-05-22
1968年全国山河一片红8分新票一枚		1,357,000	北京保利	2021-12-19
1980年庚申年T46猴票新票80枚整版		1,220,125	北京保利	2021-01-17
苏曼殊 1915年7月19、20日作 致章士钊罕见明信片	14cm×9cm	943,000	西泠印社	2021-01-16
1968年毛主席题词赠给日本劳工友好8分新票一枚		943,000	北京保利	2021-06-20
1968年全面胜利万岁8分新票一枚		839,500	北京保利	2021-12-19
东北区1949年沈阳寄晋绥兴县转北平“免费邮件”挂号封,东北邮电管理局敬赠(庆祝全国解放区职工代表大会)免费邮件西式封,加贴解放东北纪念1500元邮票一枚		517,500	北京保利	2021-06-20
应祚智 世界艺术巨匠应祚智的世界邮票一套 画心	5cm×33cm×65cm	500,000	北京传世	2021-06-24
★ 无产阶级“文化大革命”的全面胜利万岁(俗称“全面胜利”)未发行邮票一枚		460,000	中国嘉德	2021-05-22
1968年毛主席题词赠给日本劳工友好8分旧票一枚		437,000	北京保利	2021-12-19
○ 全国山河一片红(撤销发行)邮票一枚		345,000	中国嘉德	2021-05-22
○ 纪94梅兰芳有齿邮票五十枚全张八全		345,000	中国嘉德	2021-12-12
★ 特74中国人民解放军邮票四十枚全张八全		322,000	中国嘉德	2021-12-12
1968年全国山河一片红8分旧票一枚		322,000	北京保利	2021-06-20
1949年纪3工联会议纪念限东北贴用原版新票带厂铭四方连		317,800	北京保利	2021-08-04
1967年文6毛主席与世界人民“黑人民众”新票版张28枚		299,000	北京保利	2021-06-20
1967年文2毛主席万岁“四海”新票整版25枚		289,425	北京保利	2021-08-04
1995年义务兵专用邮票(红军邮)不通齿新票整版50枚		287,500	北京保利	2021-06-20
1967年文2毛主席万岁“军帽”新票整版25枚		283,750	北京保利	2021-08-04
1967年文2毛主席万岁“蓝天”新票整版28枚		266,725	北京保利	2021-08-04
1967年文2毛主席万岁“蓝天”8分新票版张28枚		264,500	北京保利	2021-06-20
1967年文7毛主席诗词新票全套四方连		253,000	北京保利	2021-12-19
1995年义务兵专用邮票(红军邮)超宽图幅试印新票新一枚		253,000	北京保利	2021-06-20
1953年纪20伟大的苏联十月革命三十五周年纪念发行撤销新票全套四枚		247,250	北京保利	2021-12-19
1953年纪20十月革命未发行新票四枚全		238,350	北京保利	2021-08-04
1946年自延安通讯站杨家岭寄山西雁门军区军邮封,此封由陕甘宁边区延安杨家岭发出		230,000	北京保利	2021-12-19

2021杂项拍卖成交汇总（续表）

（成交价RMB：1万元以上）

拍品名称	物品尺寸	成交价RMB	拍卖公司	拍卖日期
1968年文9中国共产党中央革命委员会毛泽东同志支持美国黑人抗暴斗争声明新票版张35枚		218,500	北京保利	2021-06-20
1967年文7毛主席诗词新票全套14枚		218,500	北京保利	2021-12-19
1995年义务兵专用邮票（红军邮）20分无齿左下直角边新票一枚		207,000	北京保利	2021-06-20
★ 纪20伟大"苏联"（撤销发行）邮票四枚全		184,000	中国嘉德	2021-05-22
★ 纪94梅兰芳舞台艺术邮票四方连八全		184,000	中国嘉德	2021-05-22
1968年文6毛主席接见外国来宾复版新票25枚		174,790	北京保利	2021-01-17
COL《建筑顶部造型》极限邮集一部		172,500	中国嘉德	2021-12-12
FDC 1955年上海寄天津挂号封四件		172,500	中国嘉德	2021-12-12
1962年纪94梅兰芳舞台艺术无齿新票全套8枚		172,500	北京保利	2021-12-19
1968年文12毛主席去安源新票25枚整版		170,250	北京保利	2021-01-17
1953年紫军邮新票带边纸四方连		170,250	北京保利	2021-08-04
1967年文2毛主席万岁"站像"新票整版28枚		164,575	北京保利	2021-08-04
1967年文3在延安文艺座谈会上的讲话发表廿五周年新票四方连		161,000	北京保利	2021-12-19
1967年文2毛主席万岁"公报"4分新票版张25枚		161,000	北京保利	2021-06-20
1968年文5毛主席的革命文艺路线胜利万岁新票全套四方连		161,000	北京保利	2021-12-19
★ 纪94梅兰芳舞台艺术无齿邮票八枚全		161,000	中国嘉德	2021-05-22
1968年文12毛主席去安源8分新票版张25枚		161,000	北京保利	2021-06-20
1897年张家口经北京寄美国红印花邮资片，日本万国邮联2钱邮资片由张家口寄出，贴红印花加盖当壹分一枚		155,250	北京保利	2021-12-18
1967年文2毛主席万岁"大招手"新票整版28枚		153,225	北京保利	2021-08-04
1967年文2毛主席万岁《站像》8分新票版张28枚		149,500	北京保利	2021-12-19
1995年义务兵专用邮票（红军邮）新票一枚		149,500	北京保利	2021-06-20
1967年文2毛主席万岁"大招手"新票整版		147,550	北京保利	2021-01-17
1967年文2毛主席万岁"公报"新票28枚整版		136,200	北京保利	2021-01-17
胡适1910年罕见实寄封	19cm×14.5cm	126,500	西泠印社	2021-07-25
1962年纪92（8-1）蔡伦公元前错体新票一枚		126,500	北京保利	2021-12-19
1967年文1毛主席语录"招手"8分新票版张40枚		120,750	北京保利	2021-06-20
1949年北京发行《人民日报》二期		115,000	中国嘉德	2021-12-12
1995年义务兵专用邮票（红军邮）不通齿直十连		103,500	北京保利	2021-06-20
1963年特57黄山新票全套四方连		101,200	北京保利	2021-12-19
1912年清四次双片加盖"中华民国"重庆挂号寄德国，完整双片加贴蟠龙加盖宋字"中华民国"半分双连、5分及7分各一枚		92,000	北京保利	2021-06-20
1949~1967年老纪特新票邮集二本约860枚		92,000	北京保利	2021-06-20
1967~1970年文革邮票大全集		92,000	永乐拍卖	2021-05-22
清代民国新中国邮票一箱		92,000	北京保利	2021-06-19
《中国编号邮票》传统五框邮集一部		92,000	北京保利	2021-06-20
1962年纪94梅兰芳舞台艺术无齿新票带厂铭八枚全		89,665	北京保利	2021-01-17
C 1973年上海寄苏州封		86,250	中国嘉德	2021-05-22
清二次邮资片1899年上海寄本埠		86,250	北京保利	2021-06-19
1947年孙中山像云南加盖改值国币50元邮资双片昆明航空寄上海完整来回实寄，正片及回片分别加贴孙中山像国币改值邮票50元、100元各一枚		86,250	北京保利	2021-06-20
1967年文1毛主席语录"红边"新票整版		83,990	北京保利	2021-01-17
COL 1949~1967年纪特邮票收藏集		82,800	中国嘉德	2021-12-12
1964年纪106中华人民共和国成立十五周年新票半版10套		82,800	北京保利	2021-12-19
★ 文12毛主席去安源二十五枚全张		80,500	中国嘉德	2021-05-22
★ 文19金训华五十枚全张不同刷色二件		80,500	中国嘉德	2021-05-22

拍品名称	物品尺寸	成交价RMB	拍卖公司	拍卖日期
吴敬恒 英敛之 黄郛 张继 等 1908~1931年作 致章士钊夫妇有关欧洲工人运动萌芽及辛亥革命蓄势待发等明信片二十二帧	14cm×8.5cm×22（明信片）；13.5cm×8.5cm（照片）	80,500	西泠印社	2021-01-16
1904年南昌寄北京挂号红条封，背贴蟠龙1分邮票七枚		80,500	北京保利	2021-06-19
FDC 1963年特59熊猫日本邮趣协会首日实寄封二全		74,750	中国嘉德	2021-12-12
1960年特38金鱼新票全套四方连		74,750	北京保利	2021-12-19
1962年纪94梅兰芳舞台艺术小型张新一枚		74,750	北京保利	2021-12-19
1963年纪97革命的社会主义的古巴万岁新票全套四方连		74,750	北京保利	2021-12-19
FDC 1958年上海本埠挂号封		71,300	中国嘉德	2021-12-12
1962年纪94梅兰芳舞台艺术新票全套四方连		71,300	北京保利	2021-12-19
1962年纪94B梅兰芳舞台艺术新票八枚全		70,370	北京保利	2021-08-04
C 1946年大连寄本埠挂号邮简		69,000	中国嘉德	2021-05-22
C 1946年河北口东镇寄北平国共通邮封		69,000	中国嘉德	2021-12-12
1897年再版慈寿新票全套9枚		69,000	北京保利	2021-12-18
华北区1948年晋绥兴县寄柳林中式封，中华邮政代办所汇票专用封正贴晋绥毛像木戳手盖改值红500元/3元蓝邮票一枚		69,000	北京保利	2021-12-19
1962年纪94梅兰芳舞台艺术有齿新票全套8枚		69,000	北京保利	2021-12-19
1962年纪94梅兰芳舞台艺术无齿新票全套8枚		69,000	北京保利	2021-12-19
1949~1967年老纪特信销邮集一本		69,000	北京保利	2021-06-20
M/S 纪94M梅兰芳舞台艺术小型张新一枚		66,700	中国嘉德	2021-05-22
1980年T46庚申猴年生肖新票四方连带色标		63,560	北京保利	2021-08-04
FDC 1952年上海寄以色列挂号封		63,250	中国嘉德	2021-12-12
西北区1950年凉州寄德国假票实寄封，正贴西北区孙像加盖伪加盖"人民邮政（廿）"200元、500元、100元各一枚，1000元两枚		63,250	北京保利	2021-12-19
1980年T46庚申年猴8分新票四方连		63,250	北京保利	2021-12-19
★ 特38金鱼邮票四方连十二全		63,250	中国嘉德	2021-05-22
1952年纪20伟大的苏联十月革命三十五周年纪念旧票全套4枚		63,250	北京保利	2021-06-20
1967年文2毛主席万岁"坐像"带厂铭数字新票四方连		61,290	北京保利	2021-08-04
FDC 1962年纪94M梅兰芳小型张中国集邮公司首日封		59,800	中国嘉德	2021-12-12
中南区1949年洛阳军区北一厂寄山西阳城封，正贴鲁山版毛泽东像无齿20元一枚，合符各局互寄邮资		59,800	北京保利	2021-12-19
1980年T46庚申年猴8分新票四方连		59,800	北京保利	2021-12-19
1967年文4毛主席万寿无疆"4分"新票整版70枚		59,020	北京保利	2021-01-17
FDC 1966年纪122（3-2）鲁迅中国集邮公司首日实寄封		57,500	中国嘉德	2021-12-12
★ 特15首都名胜邮票七十枚全张五全		57,500	中国嘉德	2021-12-12
1960年特44菊花新票全套18枚		57,500	北京保利	2021-12-19
1968年文10毛主席最新指示新票全套横五联，带右色标纸边，源泰95分		57,500	北京保利	2021-12-19
1956年孙中山诞生九十周年影写版学习样张全套3枚		57,500	北京保利	2021-12-19
M/S 纪94M梅兰芳舞台艺术小型张新一枚		57,500	中国嘉德	2021-05-22
邮票设计设画稿一册		57,500	永乐拍卖	2021-05-22
清四次邮资双片1910年天津寄芬兰，去片加贴宣统纪念3分一枚		57,500	北京保利	2021-06-19
○ 华北火车图包裹印纸二十六枚		55,200	中国嘉德	2021-12-12
FDC 1951年上海挂号寄香港邮简		55,200	中国嘉德	2021-12-12
1960年特44菊花新票全套四方连		55,200	北京保利	2021-12-19
1968年文10毛主席最新指示新票五枚全套		52,210	北京保利	2021-08-04
C 1933年迪化寄杨柳青航空封		51,750	中国嘉德	2021-05-22
COL T46~T159第一轮生肖邮票厂铭四方连十二全		51,750	中国嘉德	2021-12-12
C 1935年寄美国轮船邮件封		51,750	中国嘉德	2021-05-22
清二次邮资双片1903年天津寄德国，贴蟠龙1分、2分、4分各一枚		51,750	北京保利	2021-06-19
1967年文1毛主席语录"招手"新票带厂铭四方连		51,075	北京保利	2021-08-04
○ 山东战邮牛耕图邮票绿1角一枚		50,600	中国嘉德	2021-12-12

2021杂项拍卖成交汇总（续表）

（成交价RMB：1万元以上）

拍品名称	物品尺寸	成交价RMB	拍卖公司	拍卖日期
★ 1974~1991年JT邮票及小型张大全套		50,600	中国嘉德	2021-12-12
C 1903年新兵堡寄德国封		48,300	中国嘉德	2021-05-22
1903年浙江新昌寄英国封，正贴蟠龙2分五枚，计符国际平信邮资10分		48,300	北京保利	2021-12-19
1962年纪94梅兰芳舞台艺术小型张盖销一枚		48,300	北京保利	2021-12-19
COL 纪、特、文、编邮票一册		48,300	中国嘉德	2021-05-22
198091年十二生肖新票全套四方连		48,300	北京保利	2021-06-20
周自齐 朱诵韩 唐在复 褚民谊 罗文干 郑毓秀 魏道明 等 1921~1923年作 致陈箓有关外交出使的明信片一批	13.5cm×8.5cm（大多数）	48,300	西泠印社	2021-07-25
1967年文2毛主席万岁“坐像”带直角边数字新票四方连		47,670	北京保利	2021-08-04
1967年文1毛主席语录“招手”新票带左下角数字直角边四方连		46,535	北京保利	2021-08-04
○ 第二次胶戳宽距加盖“冀东”改值邮票4000元/7000元一枚		46,000	中国嘉德	2021-12-12
★ 山东战邮普通邮票1角（战）一枚		46,000	中国嘉德	2021-12-12
1963年特56蝴蝶新票全套20枚		46,000	北京保利	2021-12-19
1980年T46庚申年猴8分新票四方连		46,000	北京保利	2021-12-19
咸丰五年广东巡抚叶名琛、柏桂联名奏折		46,000	中国嘉德	2021-05-22
C 1973年上海本埠封		46,000	中国嘉德	2021-05-22
FDC 中国集邮公司纪94梅兰芳无齿邮票首日封二全		46,000	中国嘉德	2021-05-22
★ 纪94梅兰芳舞台艺术无齿邮票八枚全		46,000	中国嘉德	2021-05-22
★ T46庚申年（猴）四方连		46,000	中国嘉德	2021-05-22
清一次邮资片1897年苏州寄阿根廷		46,000	北京保利	2021-06-19
1923年第三版帆船1分半邮资片枣庄寄菲律宾，加贴帆船5分邮票一枚		46,000	北京保利	2021-06-19
华东区1949年安徽宁国寄屯溪“邮资已付”临时邮票封，背贴“宁国国内邮资已付”三格红色戳记临时邮票		46,000	北京保利	2021-06-20
1995年义务兵专用邮票（红军邮）20分新票横双连		46,000	北京保利	2021-06-20
1967年文7毛主席诗词“满江红”新票整版35枚		45,968	北京保利	2021-01-17
1968年文7毛主席诗词“写作”新票28枚整版		45,400	北京保利	2021-01-17
1969年普无号解放军10分细齿组外品新票双连		44,265	北京保利	2021-08-04
FDC 1967年纪124钻井队中国集邮公司首日实寄封		43,700	中国嘉德	2021-12-12
★ T46庚申年（猴）四方连		43,700	中国嘉德	2021-12-12
1960年特38金鱼新票全套12枚		43,700	北京保利	2021-12-19
清一次邮资片1903年吉安寄英国，加贴蟠龙1分、2分各一枚		43,700	北京保利	2021-06-19
1968年文5文艺革命路线“海港”新票28枚整版		40,860	北京保利	2021-01-17
★山东战邮中共七代大会邮票四方连		40,250	中国嘉德	2021-12-12
COL 新中国小型张一组三百三十五枚		40,250	中国嘉德	2021-12-12
1963年特57黄山新票全套16枚		40,250	北京保利	2021-12-19
1955年普8甲冶金工人上海版8分新票一枚		40,250	北京保利	2021-12-19
1968年文9支持美国黑人抗暴斗争声明抗爆新票四方连		40,250	北京保利	2021-12-19
1953年紫军邮800元新票一枚		40,250	北京保利	2021-12-19
1968年文10毛主席语录新票全套横五连		40,250	北京保利	2021-12-19
C 1906年上海寄杭州挂号公文封		40,250	中国嘉德	2021-05-22
C 1903年雅州寄美国封		40,250	中国嘉德	2021-05-22
PR 纪37（3-1）、（3-2）中共八大无齿印样横双连二件		40,250	中国嘉德	2021-05-22
清一次邮资片1898年广东寄荷兰挂号，加贴石印版蟠龙4分三枚及1分一枚		40,250	北京保利	2021-06-19
清一次邮资片1902年桂林寄比利时，加贴蟠龙邮票1分三枚		40,250	北京保利	2021-06-19
清二次邮资片1905年广州寄美国，片上加贴蟠龙1分、2分各一枚		40,250	北京保利	2021-06-19
清二次邮资片1903年阳江寄阿根廷，加贴蟠龙2分、1分各一枚		40,250	北京保利	2021-06-19
华东区1945年中共第七次全国代表大会纪念新票横六连一件		40,250	北京保利	2021-06-20
1949年纪1庆祝中华人民政治协商会议原版新票全套版张，共100套		40,250	北京保利	2021-06-20
★ 晋冀鲁豫边区嘉禾图毛泽东像邮票30元对倒五连		36,800	中国嘉德	2021-12-12
★○ 晋绥第一版毛泽东像邮票九枚全		36,800	中国嘉德	2021-12-12
FDC 1956年贴特15首都风光邮票首日实寄封二全		36,800	中国嘉德	2021-12-12
★ 特71工业战线妇女邮票八方连五全		36,800	中国嘉德	2021-12-12
★ T46至T159第一轮生肖邮票四方连十二全		36,800	中国嘉德	2021-12-12
清代、民国、解放区、新中国邮票一箱		36,800	北京保利	2021-12-18
1897年北京寄德国慈寿封，小型西式封贴慈寿小字加盖改值10分一枚		36,800	北京保利	2021-12-18
★ T46-T159第一轮生肖邮票四方连十二全		36,800	中国嘉德	2021-05-22
1906年河南正阳寄苏州双挂号红条封，贴蟠龙1分十方连及2分一枚		36,800	北京保利	2021-06-19
清一次邮资片1902年厦门挂号寄美国，加贴蟠龙5分一枚、4分两枚		36,800	北京保利	2021-06-19
清二次邮资双片之正片1903年萍乡寄德国，加贴蟠龙1分直三连		36,800	北京保利	2021-06-19
FDC 1951年上海寄荷兰封		34,500	中国嘉德	2021-12-12
光绪三十四年（1908年）省垣寄呼兰府文报局公文封		34,500	北京保利	2021-12-18
华东区1945年抗日战争纪念5元、10元、20元无齿新票各一枚		34,500	北京保利	2021-12-19
华北区1949年10月1日北京寄美国平信封，背贴华北区中国共产党诞生二十八周年纪念毛主席像邮票100元两枚及50元一枚，合计符邮资250元（邮资段1949.10.1-10.25）		34,500	北京保利	2021-12-19
1967年文2毛主席万岁新票全套8枚		34,500	北京保利	2021-12-19
1960年特44菊花新票全套18枚		34,500	北京保利	2021-12-19
1963年特54儿童无齿新票全套右上直角边四方连		34,500	北京保利	2021-12-19
FDC 1956年上海航空寄香港纪33M古代科学家首日实寄封二全		34,500	中国嘉德	2021-05-22
PS 普9天安门图美术邮资封（8-1957）和平鸽		34,500	中国嘉德	2021-05-22
○ 纪20（4-1）、（4-2）伟大“苏联”（撤销发行）邮票二枚		34,500	中国嘉德	2021-05-22
民国华北六区加盖新旧票邮集一部约820枚		34,500	北京保利	2021-06-19
清三次邮资片1907年山东坊子寄德国特殊版式，加贴蟠龙1分三枚（掉票一枚）		34,500	北京保利	2021-06-19
清三次邮资双片之回片1908年钦州寄瑞士，此片由钦州戊申腊月十七发出，加贴蟠龙1分及贴票失落各一枚		34,500	北京保利	2021-06-19
1913年邮政总局部官方样票存档贴片一页		34,500	北京保利	2021-06-19
大清山东省商务局藤草帽税叁分大全张八十二枚		34,500	北京保利	2021-06-19
1949年南京寄美国金元航平封，贴上海大东平版孙中山像金元邮票5000元八枚及1000元一枚		34,500	北京保利	2021-06-19
清三次邮资片1908年广东深圳寄兴宁		34,500	北京保利	2021-06-19
1949年蒙碧火车邮局寄昆明银圆封，正贴孙中山像“滇省贴用”改作半开银圆12分一枚		34,500	北京保利	2021-06-20
华中区1945年苏中第一版有面值20分新票版张24枚		34,500	北京保利	2021-06-20
1968年北京寄西德航空印刷品封，北京集邮总公司封，贴文7才饮8分及文9抗暴声明		34,500	北京保利	2021-06-20
1968年河南寄湖北文革机要改退封，背贴文10全国三枚		34,500	北京保利	2021-06-20
1962年纪94梅兰芳舞台艺术有齿首日封上海挂号寄本埠		34,500	北京保利	2021-06-20
1967年文1毛主席语录“金边”新票带厂铭直角边五连一件		34,050	北京保利	2021-01-17
1980年T44齐白石画作选新票50枚整版		34,050	北京保利	2021-01-17
1963年人民文学出版社出版《毛主席诗词》		33,350	中国嘉德	2021-05-22
1968年文10毛主席语录新票五连全套		32,915	北京保利	2021-01-17
1967年文7毛主席诗词长征新票整版45枚		32,915	北京保利	2021-08-04
★ 晋冀鲁豫边区嘉禾图毛泽东像邮票双连十三全		32,200	中国嘉德	2021-12-12
FDC 第一轮生肖邮票手绘封十二件		32,200	中国嘉德	2021-12-12

2021杂项拍卖成交汇总(续表)

(成交价RMB：1万元以上)

拍品名称	物品尺寸	成交价RMB	拍卖公司	拍卖日期
1940年湖南大福平经沙鱼涌秘密邮路寄挪威,贴北京版烈士像13分三枚、1分一枚,香港大东版孙中山像5分二枚		32,200	北京保利	2021-12-19
1967~1968年文7毛主席诗词新票全套14枚		32,200	北京保利	2021-12-19
PS 清代实寄邮资明信片十一件		32,200	中国嘉德	2021-05-22
1897年红印花加盖大字2分新票四方连		32,200	北京保利	2021-06-19
1949年昆明寄台北航空邮路受阻航平封,贴上海大东版国内航空费单位邮票及孙中山像金圆重庆加盖银圆5分各一枚		32,200	北京保利	2021-06-19
1903年威海卫寄德国转日本改退封,贴蟠龙10分一枚		32,200	北京保利	2021-06-19
华北区1949年孙中山像加盖暂作3元邮资片成府寄本埠,加贴华北区票不同三枚		32,200	北京保利	2021-06-20
1950~1974年纪特文革,编号,普改票信销邮集一部约490枚		32,200	北京保利	2021-06-20
林语堂 1922年作 早年留德期间致胡适信封	15.5cm×12cm	32,200	西泠印社	2021-07-25
1950~1951年天安门图普1-5新票大全套35枚		31,050	北京保利	2021-12-19
PPC 1898年广州寄福州图画明信片		29,900	中国嘉德	2021-05-22
河南巡抚于荫霖请安奏折二件		29,900	中国嘉德	2021-05-22
1967年文7毛主席诗词"独立"新票整版35枚		28,943	北京保利	2021-01-17
C 清代蟠龙邮票实寄封片九件		28,750	中国嘉德	2021-05-22
★ 普无号10分解放军邮票细齿四方连		28,750	中国嘉德	2021-05-22
张大千致情人山田喜美子明信片	15cm×10.5cm	28,750	北京保利	2021-06-07
1902年伦敦版高值新票一组7枚		28,750	北京保利	2021-06-19
1911年江苏伍佑寄南京挂号红条封,背贴蟠龙票5分两枚、1分、2分各一枚		28,750	北京保利	2021-06-19
清一次邮资片1900年北京寄埃及		28,750	北京保利	2021-06-19
1946年上海永宁三次加盖国币250元粗齿新票25方连		28,750	北京保利	2021-06-19
1936年云南云祥寄云南府缴回封,贴烈士像1分、20分各一枚		28,750	北京保利	2021-06-19
清一次邮资片1901年威海卫寄奥地利,加贴蟠龙4分一枚		28,750	北京保利	2021-06-19
清三次邮资片1908年广东龙川寄深圳		28,750	北京保利	2021-06-19
1950年纪6中华人民共和国开国一周年纪念首日封上海寄云南改退,贴纪6(5-3)大旗800元一枚		28,750	北京保利	2021-06-20
1956年特16东汉画像砖、特17储蓄双首日航空挂号封北京寄英国,背加贴普8邮票三枚		28,750	北京保利	2021-06-20
1962年纪94梅兰芳舞台艺术首有齿首日封一套2件		28,750	北京保利	2021-06-20
1963年特57黄山首日挂号封全套4件北京寄香港北京10月15日首日戳		28,750	北京保利	2021-06-20
1952年普4红框邮简哈尔滨寄肇东,此简背:邮寄信函		28,750	北京保利	2021-06-20
1962年纪94梅兰芳舞台艺术有齿新票全套8枚		28,750	北京保利	2021-06-20
1967年文1毛主席语录全套11枚带边纸		28,375	北京保利	2021-08-04
1897年初版慈禧寿辰加盖大字短距改值2分旧票一枚		27,600	北京保利	2021-06-19
★ T46庚申年(猴)一枚		26,450	中国嘉德	2021-05-22
1975年T8批林批孔新票50枚整版全套		26,105	北京保利	2021-01-17
1962年纪94梅兰芳舞台艺术带厂铭盖销四方连全套		26,105	北京保利	2021-08-04
1967年文2毛主席万岁"坐像"带左右厂铭新票四方连各一件		26,105	北京保利	2021-08-04
FDC 中国集邮公司特54儿童无齿邮票首日封三全		25,300	中国嘉德	2021-05-22
"英国铁娘子"撒切尔夫人(Margaret Thatcher)亲笔签名香港回归主题首日封一组共4枚,附证书	尺寸不一	25,300	北京保利	2021-06-07
华北区1949年五一劳动节纪念有齿新票全套版张,共100套		25,300	北京保利	2021-06-20
1968年广州寄德国文革航空封,正贴文2游行、四海各8分一枚、文7沁园春8分三枚,背贴文2坐像10分带左边数字及普13(2分)各一枚		25,300	北京保利	2021-06-20
1956年特14康藏青藏公路航空平信首日封北京寄香港,贴特14全套邮票		25,300	北京保利	2021-06-20
1949~1967年老纪特盖销邮集二本约860枚		25,300	北京保利	2021-06-20
1968年文5革命现代京剧《白毛女》8分新票一枚		25,300	北京保利	2021-06-20
1967年文6毛主席与世界人民新票四方连		25,300	北京保利	2021-06-20
1967年文7毛主席诗词"雪"新票带边纸四方连		24,970	北京保利	2021-08-04
1967年文7毛主席诗词独立新票整版		24,970	北京保利	2021-08-04
1967年文7毛主席诗词天高新票整版45枚		24,970	北京保利	2021-08-04
清代广东巡抚叶名琛奏折副折		24,150	中国嘉德	2021-05-22
1932年第七版帆船2分邮资片加盖"限新省发寄"新疆图壁寄荷兰,加贴帆船限新省贴用8分邮票一枚		24,150	北京保利	2021-06-20
大清工部双龙对剖邮票邮集一部16页		23,000	北京保利	2021-06-19
C 1898年重庆寄上海封		23,000	中国嘉德	2021-05-22
C 1901年广州寄美国旧金山侨批总包封		23,000	中国嘉德	2021-05-22
C 1913年广东龙冈墟寄瑞士封		23,000	中国嘉德	2021-05-22
清代邮政大臣盛宣怀题词一件		23,000	中国嘉德	2021-05-22
C 1949年江苏句荣寄武进挂号封		23,000	中国嘉德	2021-05-22
★ 文2"公报"邮票三枚		23,000	中国嘉德	2021-05-22
1980年T.46庚申年猴邮票设计画稿一件		23,000	永乐拍卖	2021-05-22
民国邮票一批约20000枚		23,000	北京保利	2021-06-19
民国时期实寄封片一组约57件		23,000	北京保利	2021-06-19
1895年烟台寄美国封,贴烟台书信馆烽火图1分邮票		23,000	北京保利	2021-06-19
清四次邮资片1912年北京挂号寄德国,此片邮资符上遮贴蟠龙加盖"中华民国"宋体2分、10分各一枚,楷体红字1分两枚		23,000	北京保利	2021-06-19
清四次邮资片1911年上海寄英国,邮资符遮贴俄国客邮斜盖4文币邮票一枚		23,000	北京保利	2021-06-19
1910年英国寄四川欠资退回封,贴英国爱德华七世半便士一枚		23,000	北京保利	2021-06-20
1928年个旧寄云南府火车邮局双挂号封,红框封正盖"R火车邮局(一)第2359号个壁"四格长框挂号戳,并手注"AR",背贴帆船限滇省贴用邮票2分一枚、4分三枚		23,000	北京保利	2021-06-20
1948年孙中山像西川加盖国币50元邮资片成都寄福州,加贴孙中山国币200元一枚		23,000	北京保利	2021-06-20
华东区1946年山东索县寄寿光十四区封,贴山东战邮第二版毛泽东像邮票5角直双连(带上右直角边)		23,000	北京保利	2021-06-20
1950年西康会理寄杭州挂号封,红框封背贴上海大东版银圆单位邮票国内挂号费及西川孙中山像"蓉"区国内平信单位邮票各一枚		23,000	北京保利	2021-06-20
1955年特13第一个五年计划首日封上海挂号寄香港,贴特13(18-1-9)前半套邮票九枚		23,000	北京保利	2021-06-20
1956年纪37(3-3)中国共产党第八次全国代表大会首日封北京航空寄英国,贴纪37全套三枚及纪38孙中山二全		23,000	北京保利	2021-06-20
1949~1950年普、改、航、欠、军、新旧票一册约330枚		23,000	北京保利	2021-06-20
1964年纪106中华人民共和国成立十五周年纪念新票四方连,原胶未贴		23,000	北京保利	2021-06-20
1953年紫军邮新票一枚		22,700	北京保利	2021-08-04
清三次邮资片1908年上海寄本埠		21,850	北京保利	2021-06-19
1925年个旧寄云南府火车邮局挂号封,中式三框格封正盖"个壁火车第1147号"挂号戳,背贴帆船1分一枚、4分两枚		21,850	北京保利	2021-06-20
1964年山西寄日本航空封,贴特61牡丹小型张、牡丹15-5、普13邮票3分及10分各一枚		21,850	北京保利	2021-06-20
1951年特1国徽上海首日挂号寄香港,海邮政局集邮组中式公函贴全套邮票五枚		21,850	北京保利	2021-06-20
1964年特61M牡丹小型张新票一枚		21,565	北京保利	2021-08-04
1963年特57黄山带厂铭盖销四方连16枚全套		21,565	北京保利	2021-08-04
1972年N49-52红旗渠新票56枚整版		20,998	北京保利	2021-01-17
光绪三十二年分发江苏试拥道潘永龄感恩奏折		20,700	中国嘉德	2021-05-22

(成交价RMB：1万元以上)

拍品名称	物品尺寸	成交价RMB	拍卖公司	拍卖日期
★ 编号邮票大全套		20,700	中国嘉德	2021-05-22
清代蟠龙新票一组约136枚		20,700	北京保利	2021-06-19
丁未年(1907年)营口寄奉天民信局红条封		20,700	北京保利	2021-06-19
1960~1961年特44菊花日本邮趣协会首日封全套6件		20,700	北京保利	2021-06-20
1964年纪106新中国成立15周年小型张首日封上海挂号寄本埠，盖上海10月20日首日戳及10月21日到达戳		20,700	北京保利	2021-06-20
J、T信销盖等一部二本约1000枚，含T46猴及部分小型J41M		20,700	北京保利	2021-06-20
1968年文9中国共产党中央革命委员会毛泽东同志支持美国黑人抗暴斗争声明新票四方连		20,700	北京保利	2021-06-20
1967年文2毛主席万岁"坐像"带左上右上直角边新票四方连各一件		20,430	北京保利	2021-08-04
★○ 蟠龙加盖"中华民国""临时中立"邮票七枚		19,550	中国嘉德	2021-05-22
清代有关庚子赔款事宜奏稿二件		19,550	中国嘉德	2021-05-22
★ 文2"蓝天"邮票二枚		19,550	中国嘉德	2021-05-22
1984年T.100峨眉风光邮票未采用手绘画稿		19,550	永乐拍卖	2021-05-22
1894年初版慈寿玖分银新票四方连		19,550	北京保利	2021-06-19
1895年天津寄德国万寿封，西式封背舌贴"天津亨达利"封口纸，旁贴初版万寿九分银一枚		19,550	北京保利	2021-06-19
1903年开封府寄北京红条封，正贴蟠龙1分一枚		19,550	北京保利	2021-06-19
1910年湖南冷水滩寄德国双挂号红条封		19,550	北京保利	2021-06-19
1904年蒙自寄法国挂号明信片，片贴蟠龙邮票半分、5分各双连，1分、2分各一枚		19,550	北京保利	2021-06-19
1966年特75妇女新票50枚整版全套		19,295	北京保利	2021-01-17
1976年T18工农兵上大学新票40枚整版全套		19,295	北京保利	2021-01-17
清代光绪年间奏折副折		18,400	中国嘉德	2021-05-22
乾隆五十八年永定河河营守备文档二件		18,400	中国嘉德	2021-05-22
C 1917年扬州寄苏州封		18,400	中国嘉德	2021-05-22
★ 文2"毛林坐像"邮票一枚		18,400	中国嘉德	2021-05-22
1983年T.81民族乐器邮票10分"琵琶"彩色手绘画稿		18,400	永乐拍卖	2021-05-22
T103M梅花小型张画稿"台阁与凝馨"画稿一幅		18,400	永乐拍卖	2021-05-22
清代大龙新票全套三枚		18,400	北京保利	2021-06-19
1882年阔边大龙新票全套三枚		18,400	北京保利	2021-06-19
1901年顺德府寄德国西式挂号悼念封，正贴蟠龙1分、4分、5分，10分各一枚		18,400	北京保利	2021-06-19
1909年陕西兴平寄韩城挂号红条封，背贴蟠龙2分带左边过桥票及5分各一枚		18,400	北京保利	2021-06-19
1913年伦敦版帆船盖张勋复辟邮戳一组7枚		18,400	北京保利	2021-06-19
1936年云南云祥寄云南府缴回封，贴伦敦版孙中山像5分四枚(一枚有残损)、烈士像1分一枚		18,400	北京保利	2021-06-19
1939年云南镇雄寄云南府火灾双挂号封，正贴伦敦版孙中山像暂作改值10分两枚、烈士像1分一枚		18,400	北京保利	2021-06-19
宣统元年(1909年)浙江兰溪寄宁波挂号官封，当戴花翎特用知直隶州署理兰溪县正堂李递宁波邮政总局，贴蟠龙5分、鲤鱼3角各一枚		18,400	北京保利	2021-06-19
1950年纪5卫世界和平双挂号首日封上海寄香港，近代邮社广告封正贴纪5保卫世界和平全套3枚，合符邮资3200元，盖上海8月1日首日发戳		18,400	北京保利	2021-06-20
1951年纪12太平天国金田起义百年纪念首日封上海挂号寄香港，上海邮政局集邮组中式公函，贴纪12全套四枚		18,400	北京保利	2021-06-20
20世纪50~60年代纪念新票一组47套		18,400	北京保利	2021-06-20
1967年文1毛主席语录新票全套11枚		18,400	北京保利	2021-06-20
1967年文7毛主席诗词满江红新票整版35枚		18,160	北京保利	2021-08-04
1971年N20~23亚非乒乓球邀请赛新票50枚整版		17,593	北京保利	2021-01-17
古籍善本				
写本写经				

拍品名称	物品尺寸	成交价RMB	拍卖公司	拍卖日期
宋人写本《续高僧传》手卷	24.5cm×1500cm	23,000,000	北京保利	2021-12-04
梁启超 题赠 徐新六 唐 摩诃般若波罗蜜经(梁启超、张元济、黄宾虹、高吹万、吴徵、徐乃昌、周庆云等十八家题跋)	经23.8cm×569cm	11,960,000	北京保利	2021-12-04
元 干赤延祐五年(戊午)作《金刚般若波罗蜜经》经折装册页(三十四开)	21.5cm×23cm×34	5,520,000	永乐拍卖	2021-12-02
明初 佚名《大方广佛华严经卷第四十二》经折装册页(八十六开)	24cm×11cm×86	5,405,000	永乐拍卖	2021-12-02
明洪武福建佛教祖庭报恩光孝禅寺磁青泥金写本《妙法莲华经》七卷	尺寸不一	5,290,000	北京荣宝	2021-06-19
王国维《宋代之金石学》手稿 册页(六开)	29cm×41.5cm×6	5,060,000	北京保利	2021-06-05
蒙文《般若十万颂》	经页23.5cm×67.5cm	4,623,000	华艺国际	2021-06-02
陈巨来《安持人物琐忆》手稿	12.6cm×20cm×13	4,485,000	中国嘉德	2021-11-30
《大乘入楞伽经卷第五》	27cm×931cm	4,312,500	华艺国际	2021-03-31
罗振玉旧藏 南北朝写经《大智度论卷二十四》背唐乾宁四年历日	28cm×154cm	4,025,000	中国嘉德	2021-05-20
北宋写经 后秦龟兹国三藏法师鸠摩罗什译《妙法莲华经》卷	710cm×23cm	3,737,500	十竹斋拍卖(北京)	2021-05-29
爱因斯坦 等 中外名人留言册一本附黑格尔手稿一页	尺寸不一	3,680,000	华艺国际	2021-12-11
张大千 1972年作《张大千回顾展》序稿(十四幅)镜片	89.5cm×35.5cm×14	3,622,500	佳士得	2021-05-27
朱自清《中国新文学研究纲要》手稿	27cm×20cm	3,507,500	上海嘉禾	2021-07-22
明神宗荣妃发愿泥金写《金刚般若波罗蜜经》		3,450,000	中国嘉德	2021-05-20
8世纪《金刚经》手卷	25.7cm×755cm	3,335,000	北京荣宝	2021-06-19
7世纪《妙法莲华经》卷第三	25.2cm×762.8cm	3,220,000	北京伍伦	2021-08-01
《大般若波罗蜜经》卷第四百五十四	27cm×1012cm	3,128,000	华艺国际	2021-06-02
《观世音菩萨普门品经》一卷	25.7cm×16.6cm×27	2,990,000	永乐拍卖	2021-05-20
徐志摩 1925年8月23日作 白话诗集代表作《翡冷翠的一夜》罕见初稿《起造一座墙》	30cm×24.5cm	2,990,000	西泠印社	2021-07-25
《大清穆宗毅皇帝圣训卷》七十六至八十	43cm×28cm	2,760,000	泰和嘉成	2021-12-11
吴湖帆 手抄文稿三册 册页	24.5cm×15.5cm	2,530,000	华艺国际	2021-12-11
林徽因 1936年10月29日作 致梁思懿、周念慈罕见诗稿二种	26.5cm×20.5cm×2	2,357,500	西泠印社	2021-07-25
陈洪绶 乙亥(1635年)年作 观音 心经册 册页六页 题跋六页	陈27cm×13cm×6; 题跋27cm×13cm×6	2,242,500	广东崇正	2021-01-06
《思益梵天所问经》小字抄本(首尾全本)	27cm×493cm	2,185,000	北京保利	2021-06-06
绢本 清乾隆 磁青泥金《佛说一切如来金刚寿命陀罗尼经》	166cm×18.6cm	2,070,000	十竹斋拍卖(北京)	2021-05-29
元延祐五年征东行中书省员外郎"斡赤从仕无"发愿磁青泥金写本《金刚般若波罗蜜经》	800cm×26cm×1	1,897,500	北京荣宝	2021-06-19
乾隆帝 御制《抑斋记》手稿 镜片三帧		1,831,032	香港苏富比	2021-10-12
8世纪《行书经论》	28cm×164.6cm	1,817,000	北京伍伦	2021-08-01
《思益梵天所问经》(首尾全本)	25.2cm×953cm	1,782,500	北京保利	2021-06-06
朱自清《中国新文学研究纲要》通篇批注最后定稿稿本	21.5cm×15.5cm(册)	1,782,500	西泠印社	2021-07-25
吴作人 手抄近代革命格言 册页(十四开)	尺寸不一	1,725,000	中国嘉德	2021-05-19
刘墉 清 乾隆四十六年(辛丑)作 楷书《致月华心经》镜心	7.5cm×35.5cm	1,725,000	永乐拍卖	2021-12-02
吴宝炜 谢仰曾 题跋 金粟山大藏经《大般若波罗蜜多经》卷第三百五十一	20cm×25.5cm	1,610,000	中国嘉德	2021-12-11
丰子恺 1946~1957年作 代表作《缘缘堂随笔》文稿		1,587,000	西泠印社	2021-01-16
7世纪《大智度论》卷第八十三	23.8cm×206cm	1,495,000	北京伍伦	2021-08-01
佛说宝雨经(武周新字本)	25.5cm×680cm	1,449,000	北京保利	2021-12-04
鸠摩罗什 译(姚秦)《金刚般若波罗蜜经》究竟无我分第十七至应化非真分第三十二	11.3cm×24cm	1,437,500	中国嘉德	2021-05-20
南天竺《般若菩提悉昙》十八章	804cm×30cm	1,380,000	中贸圣佳	2021-12-29
《大智度论》卷第六十	25.5cm×185cm	1,127,000	西泠印社	2021-07-23
敦煌写经《大般若波罗蜜多经卷第三百六十二》	26cm×795.5cm	1,104,000	西泠印社	2021-01-14
茅盾 1978~1981年作 最后的著作《回忆录》完整原稿	A3cm×135; A4cm×815	1,092,500	西泠印社	2021-07-25
弘一 行书《大方广佛华严经》立轴	67cm×21cm	931,500	中贸圣佳	2021-07-06
《大般若波罗蜜多经》卷第一百五十六(兴福寺永恩具经,日本重要文化财)	25.2cm×773cm	920,000	北京保利	2021-06-06
沈曾植 王蘧常 等《海日楼遗稿》镜心	尺寸不一	862,500	中国嘉德	2021-05-21
蔡襄 撰《钦定四库全书 端明集》存六卷	27.5cm×17cm×1	851,000	北京荣宝	2021-06-19
季羡林 约1932~1985年作 1932年以来中早年重要稿本一批	约A4(大多数)	782,000	西泠印社	2021-07-25

2021杂项拍卖成交汇总（续表）

（成交价RMB：1万元以上）

拍品名称	物品尺寸	成交价RMB	拍卖公司	拍卖日期
周信芳 1924年作 1930年作 1948年作 民国时期珍贵日记三册	19.5cm×13cm×36	759,000	朵云轩	2021-07-08
北宋毗卢藏比丘尼智觉刊本《大方广佛华严经合论》卷第二	11cm×28cm	747,500	中国嘉德	2021-05-20
思溪藏《因明入正理论》一卷《显识论》一卷	30cm×11.5cm	736,000	十竹斋拍卖（北京）	2021-05-29
林纾亲笔译稿遗珍（未刊）（三百四十六页）（三百四十六页选二十一页）	书35.6cm×24.5cm；手稿29.3cm×21cm	701,500	北京保利	2021-06-06
《戒因缘经》卷十	30.6cm×11.2cm	690,000	永乐拍卖	2021-05-20
郑振铎《中国文学史初稿》《晚清散文选》手稿及资料一批	尺寸不一	690,000	华艺国际	2021-12-10
钱谦益撰《钱牧斋初学集诗注》十六卷	22.6cm×14cm	632,500	中贸圣佳	2021-05-21
宋人写经《佛说月明菩萨经》镜心	26cm×52cm	632,500	华艺国际	2021-12-11
戴衢亨《御制石刻蒋衡书十三经于辟雍序》	15.5cm×13.5cm×8cm	609,500	华艺国际	2021-06-02
艾萨克·牛顿 约1710~1720年作 剖析早期基督教会领导结构的珍贵手稿	29cm×18cm	598,000	西泠印社	2021-01-16
胡怀琛 未刊书稿四种，蒋瑞藻 校字，太虚 柳亚子 于右任等 近代三十余名家题咏 手卷两卷	23.5cm×236.5cm；23.5cm×558cm	592,250	上海嘉禾	2021-07-22
宋国纵恭写皇上七旬万寿颂	20.5cm×12cm	575,000	泰和嘉成	2021-12-11
《御制石鼓歌》	7.3cm×24.3cm	575,000	华艺国际	2021-06-02
印光法师《净土三经》四卷	引首31cm×116.5cm；写经1417cm×14.9cm；跋38cm×16.5cm	575,000	永乐拍卖	2021-12-02
叶恭绰《淮海长短句》出版底稿及资料等一组	47cm×37cm	575,000	华艺国际	2021-12-10
金刚般若波罗蜜经	32cm×12cm	563,500	北京荣宝	2021-12-02
林长民 马君武 余绍宋 等 1925年作《中华民国宪法案》草案及会议记录	约27.5cm×20.5cm×700	552,000	西泠印社	2021-01-16
黄宾虹《善斋吉金录·玺印卷》叙言手稿	27.5cm×18cm×4	552,000	上海嘉禾	2021-07-22
《退补斋甘肃从政见闻录》未刊稿	27.6cm×18.7cm	517,500	永乐拍卖	2021-05-20
莫是龙行书诗文稿	25cm×16cm×26cm	517,500	华艺国际	2021-06-02
大清光绪二十四年岁次戊戌时宪书一卷（皇帝案头枕边的生活指南书）	32.3cm×20.5cm	517,500	北京保利	2021-12-04
赵万里 过录王国维批顾炎武文集	开本28cm×17.5cm	506,000	西泠印社	2021-07-23
《观世音菩萨普门品经》一卷《广大圆满无碍大悲心大陀罗尼》一卷	32.3cm×11.4cm	483,000	永乐拍卖	2021-05-20
北宋崇宁藏《大般若波罗蜜多经卷》第二百五十五	11.3cm×29.5cm	460,000	中国嘉德	2021-05-20
清张照《心经》	24cm×14cm	460,000	北京荣宝	2021-12-02
张大千手书所藏书画目录一册 册页（八开十三页）	23.5cm×16cm×13	460,000	广东崇正	2021-01-07
吴湖帆题签周炼霞旧藏《美人书六卷》	开本28.5cm×18cm	460,000	西泠印社	2021-01-14
容闳 等 1854年作 耶鲁大学1854年届毕业纪念题辞册	24.5cm×20.5cm（册）	460,000	西泠印社	2021-01-16
周梦坡批校 褚德彝《续古玉图考》未定稿本	34cm×35cm	460,000	北京保利	2021-06-06
康有为《周礼正文》注疏未刊稿本	25.5cm×14.5cm（批注本，册页尺寸）；31cm×18cm×127（钞本）	460,000	西泠印社	2021-07-25
溥儒题签 陈巨来《安持精舍印话》手稿	12.6cm×20cm×13	460,000	中国嘉德	2021-11-30
现代 王世襄袁荃猷日记	19.5cm×26cm	460,000	中国嘉德	2021-11-30
文澜阁藏钦定四库全书《云庄集》卷三	27.5cm×17cm	442,750	泰和嘉成	2021-12-11
实叉难陀 译《大方广佛华严经卷》第六十一	11.2cm×24.5cm	437,000	中国嘉德	2021-12-11
《般若波罗蜜多心经》	29.5cm×12.5cm	437,000	北京荣宝	2021-12-02
朱彝尊 经义考稿本 册页（共十一页）	28cm×23cm×9；29cm×17cm×2	437,000	西泠印社	2021-01-15
俞樾晚年重要笔记手稿《右台仙馆笔记》卷十五	半框17.2cm×13.2cm；开本24cm×15cm	437,000	西泠印社	2021-07-23
邓尔雅 1930年作 手书《渔童樵青》集联册	25cm×13cm（册页）	425,500	西泠印社	2021-01-16
《大般若波罗蜜多经卷》第五百九十	29.5cm×11cm	419,750	北京荣宝	2021-12-02
文澜阁本《四库全书·御制乐善堂全集定本》二十四至二十六卷	26cm×16cm	414,000	永乐拍卖	2021-05-20
1933年作 弘一 四弘誓愿手稿 镜框	23.5cm×18cm	414,000	上海匡时	2021-07-08
胡适 手稿一批 镜心	28cm×39cm	414,000	中鸿信	2021-07-15
潘伯鹰稿本	27cm×18cm	402,500	华艺国际	2021-06-02
伊秉绶 癸酉（1813年）作 行书自作文稿 册页（三开）	22cm×25.5cm×3	402,500	中国嘉德	2021-12-12
王世襄 批校《刻竹小言》稿本	19.5cm×13.5cm（册页）	379,500	西泠印社	2021-01-16
中尊寺磁青泥金写本《金光明经》	25cm×560cm×1	356,500	北京荣宝	2021-06-19
《妙法莲华经卷》第四	985cm×25.5cm	345,000	中贸圣佳	2021-12-29
《大方广佛华严经》卷四十八	33cm×13cm	345,000	永乐拍卖	2021-05-20
柳亚子《迷楼集》手稿	23cm×15cm	345,000	上海嘉禾	2021-07-22
钱玄同 手书章炳麟《广论语骈枝》	29cm×21.5cm×15	345,000	西泠印社	2021-07-25
耿嘉祚、王永宁、袁廷梼、孙古云、泷和亭藏《宋人罗汉册》	23.5cm×18.3cm	345,000	永乐拍卖	2021-12-02
《大方广佛华严经》八十卷	32.5cm×12.5cm	345,000	永乐拍卖	2021-12-02
《玉梨魂》	28cm×20cm	333,500	华艺国际	2021-06-02
冯景隆《金刚般若波罗蜜经》长卷		333,000	北京乔禧	2021-05-16
周作人《钱玄同的复古与反复古》稿本	27cm×19cm	322,000	北京荣宝	2021-12-02
潘伯鹰 章士钊 谢稚柳 1934~1964年作跋《玄隐庐诗》重要稿本六册	尺寸不一	322,000	西泠印社	2021-01-16
沈曾植《海日楼诗文》稿册	32cm×22cm（册页尺寸）	322,000	西泠印社	2021-07-25
《华严法界观通玄记》	34.5cm×11cm	310,500	北京荣宝	2021-12-02
敦煌写经《大乘无量寿经》	30cm×167cm	310,500	西泠印社	2021-01-14
梁实秋 1979年作 致韩菁清《闲愁琐记》罕见日记文稿	26.5cm×19cm×9	310,500	西泠印社	2021-01-16
王世襄 1987、2000年作 书自作《鸽铃赋》及范成大绝句二种	29.5cm×21cm×7	310,500	西泠印社	2021-07-25
启功 等《清代名人书札》出版底稿	A4	310,500	西泠印社	2021-07-25
启功《论怀素自叙帖》十六开手稿并出版校样	35.5cm×25.5cm	299,000	华艺国际	2021-06-02
泥金书《金刚经》《双面绘写》	30cm×7.7cm	299,000	北京保利	2021-06-06
《妙法莲华经·观世音菩萨普门品第二十五》手卷	26.5cm×598cm	287,500	北京荣宝	2021-12-02
郑振铎 1953年作《楚辞图》完整出版底稿五册		287,500	西泠印社	2021-01-16
梁思成 等 营造学社及北京城市建设委员会相关建筑文献一批	105cm×67cm（画稿）；2至13寸（照片）	287,500	西泠印社	2021-01-16
黄宾虹 包天笑 顾颉刚 范烟桥 陈子彝 等 诗文信札五种	尺寸不一	287,500	西泠印社	2021-01-16
弘法大师、菅原道真	尺寸不一	276,000	北京荣宝	2021-12-02
刑部说帖	半框16.6cm×11.5cm；开本24.2cm×15.5cm	276,000	西泠印社	2021-01-14
世宗宪皇帝位前各项祭器花样尺寸绘图清册	32cm×33cm	276,000	华艺国际	2021-06-02
金丽兼手抄《郑所南心史》不分卷	25.5cm×15cm	276,000	北京保利	2021-06-06
沈尹默 戊子（1948年）作 行书《般若波罗蜜多心经》册页	29.5cm×204cm	264,500	中鸿信	2021-07-14
文澜阁本《四库全书 横浦集》卷十二	27.5cm×17.5cm	264,500	永乐拍卖	2021-12-02
施蛰存题戴望舒译《西班牙一小时》稿本、初印未刊本	尺寸不一	253,000	中贸圣佳	2021-05-21
《大般若波罗蜜多经》卷第五百八	25cm×890cm	253,000	十竹斋拍卖（北京）	2021-05-29
老约翰·施特劳斯 1843年7月12日作圆舞曲《瓦尔哈拉烤面包》手稿	24cm×16cm	253,000	西泠印社	2021-07-25
瞿鸿禨《超览楼文存》等一组	尺寸不一	241,500	华艺国际	2021-06-02
梁实秋致韩菁清《清秋副刊》罕见文稿6页		241,500	华艺国际	2021-06-02
瓷青描金小字版《妙法莲华经》残简	28.1cm×75.4cm	241,500	北京保利	2021-06-06
《膳房做法册》《广东菜谱》《养生保命录》等古籍九种	尺寸不一	241,500	北京保利	2021-06-06
1930年作 陆澹安稿钞本二种（行书《水浒传的版本和演变》七开、行书《巫山奇遇》十二开）	尺寸不一	241,500	上海嘉禾	2021-07-22
沈曾植《中俄合办东省铁路公司合同》及相关文稿七页	尺寸不一	241,500	西泠印社	2021-07-25
清光绪十八年壬辰科二甲第四十一名朱家宝殿试卷	11.5cm×27cm	230,000	中国嘉德	2021-12-11
厉鹗 撰书 考举试卷	13cm×27.5cm	230,000	中国嘉德	2021-12-11
文澜阁藏钦定四库全书《横浦集》卷十、十一	27.5cm×17cm	230,000	泰和嘉成	2021-12-11
罗振玉、沈仲涛等递藏《观象玩占四十八卷》异本全本	25.7cm×17.1cm	230,000	北京保利	2021-06-06
北宋崇宁藏《大般若波罗蜜多经卷第六十》	29.5cm×11.3cm	230,000	北京保利	2021-06-06
碛砂藏《大般若波罗蜜多经卷第五百五十九（光九）》	31cm×11.2cm	230,000	北京保利	2021-06-06
现代 王世襄《中国古代家具》序手稿	27cm×38cm	230,000	中国嘉德	2021-11-30
鸠摩罗什 译（姚秦）《妙法莲华经》卷第一	1130cm×27.3cm	218,500	中国嘉德	2021-05-20
张廷济手书《辑庭王翁孝友图书后》手卷	130cm×21.8cm	218,500	中贸圣佳	2021-05-21
贡噶活佛 手书药师佛心咒及旧照二种	34.5cm×21cm；约六寸（照片）	218,500	西泠印社	2021-01-16
《妙法莲华经》卷六	985cm×17cm	218,500	永乐拍卖	2021-05-20

(成交价RMB：1万元以上)

拍品名称	物品尺寸	成交价RMB	拍卖公司	拍卖日期
海宁张明善《苕坡诗草》	开本26cm×16.5cm	218,500	西泠印社	2021-07-23
刘海粟文稿	尺寸不一	218,500	华艺国际	2021-12-10
徐乃昌金石题跋稿本	27.2cm×16.8cm	207,000	中贸圣佳	2021-05-21
《妙法莲华经》卷三	22.7cm×1070cm	207,000	中贸圣佳	2021-05-21
现代 王世襄《刻竹小言》稿本	13.5cm×20cm	207,000	中国嘉德	2021-11-30
《潍县金石志》八卷	28cm×17.7cm	207,000	永乐拍卖	2021-12-02
清崇德元年至乾隆十四年德参济旺世袭罔替满汉合璧诰命	380cm×30.5cm	201,250	中国嘉德	2021-12-11
高上玉皇本行集经	39.5cm×14.5cm	201,250	北京荣宝	2021-12-02
梁实秋 致韩菁清罕见情诗四首	21.5cm×16cm; 21.5cm×11cm×2; 17cm×10.5cm	195,500	西泠印社	2021-01-16
《柳亚子文集》编纂文献一批	尺寸不一	195,500	上海嘉禾	2021-07-22
14世纪《观普贤经》手卷	763cm×28cm	184,000	北京荣宝	2021-12-02
高上玉皇本行集经	32cm×12cm	184,000	北京荣宝	2021-12-02
罗振玉《傅岻孙自传》稿本长卷 软片	21.5cm×1710cm	184,000	上海嘉禾	2021-07-23
钱玄同《新出三体石经考》写样	26.5cm×17cm	184,000	永乐拍卖	2021-12-02
杜甫 辽重熙十三年耶律丸款钞本《杜诗》手卷	1210cm×26.5cm	178,250	北京荣宝	2021-12-02
成亲王 撰书 乾隆皇帝文治神功圣迹册	28cm×16cm	172,500	中国嘉德	2021-05-20
明崇祯汪栩写本《黄庭经》	28.5cm×10cm	172,500	北京荣宝	2021-12-02
法文手抄彩绘本手稿《日课经》	17.5cm×12.7cm	172,500	北京荣宝	2021-12-02
明内府彩绘《埤雅》	开本33cm×25cm	172,500	西泠印社	2021-01-14
刘海粟 约1934年作《中国现代画派及其源流》文稿	尺寸不一	172,500	西泠印社	2021-01-16
佚名《唐人写经》镜心	26.5cm×56.5cm	172,500	中国嘉德	2021-05-20
《大方广佛华严经》存五卷	35cm×12.2cm	172,500	永乐拍卖	2021-05-20
刘海粟亲笔手书1925年《盘盘阁题画》随录一册共31页	24cm×19cm	172,500	北京保利	2021-06-07
俞平伯 1965年作 为谢国桢书《瞿园》跋语	25cm×35cm×2	172,500	西泠印社	2021-07-25
余光中 1978~1986年作 诗稿九首	45cm×26cm(册)	172,500	西泠印社	2021-07-25
瞿鸿禨《恩遇恭纪》	26.4cm×18cm	172,500	永乐拍卖	2021-12-02
卫生秘要钞一卷(钞本)	28cm×1082cm	172,500	北京保利	2021-12-04
罗常培 1930年作 代表作《厦门音系》稿本		166,750	西泠印社	2021-01-16
中国书画函授大学资料一批	尺寸不一	166,750	华艺国际	2021-12-10
潘伯鹰《玄隐庐剩稿》稿本	27cm×16cm(册)	161,000	西泠印社	2021-01-16
《大般若波罗蜜多经》卷五百二十九	836cm×25cm	161,000	永乐拍卖	2021-12-02
查声山先生墨迹	26.1cm×15.8cm	149,500	中贸圣佳	2021-05-21
《大般若波罗蜜多经》卷五百二十九	800cm×26cm	149,500	中贸圣佳	2021-05-21
1958年作《康生关于陕晋文物工作的讲稿》	25.5cm×36.8cm	149,500	北京伍伦	2021-08-01
胡适 1929年5月2日作 题赠徐振飞康有为诗集	36.5cm×25cm(册)	149,500	西泠印社	2021-01-16
章太炎 1933年作 批注《大总统黎公碑》稿本	29cm×16cm(册)	149,500	西泠印社	2021-01-16
石鲁 石鲁简介手稿一页	22cm×30cm	149,500	广东崇正	2021-07-19
章太炎《齐物论释》相关哲学论著稿本	33cm×24cm×12	149,500	西泠印社	2021-07-25
李达 夏鼐 方壮猷 等 约1944~1964年作 有关考古学、社会学研究的信札及史学书稿一批	A4大小(绝大多数)	149,500	西泠印社	2021-07-25
童第周手稿一批	尺寸不一	149,500	华艺国际	2021-12-10
北元宣光时期写本《诸法无行经》(泥金写绘)	30cm×1224cm	149,500	北京保利	2021-12-04
朱高炽 撰《天元玉历祥异赋》	35.2cm×18.5cm×4	143,750	北京荣宝	2021-06-19
《发起菩萨殊胜志乐经》	106cm×25.5cm	143,750	北京荣宝	2021-12-02
金西厓《刻竹小言》序言原稿	26cm×18cm×2	143,750	西泠印社	2021-01-16
姚伯麟《抗战诗史》手稿等一批	尺寸不一	143,750	华艺国际	2021-06-02
《金光明经》卷第一	25cm×560cm	140,300	中贸圣佳	2021-12-29
膳房做法册	23cm×17cm	138,000	泰和嘉成	2021-12-11
《佛说大阿弥陀经》	29.5cm×2400cm	138,000	北京荣宝	2021-12-02
林散之 沙孟海 谢稚柳 关山月 唐云 王世襄 田世光 朱屺瞻 徐邦达 李桦 周着初 吴冠中 等 自撰《美术辞林》简历及珍贵照片、文稿一批	约A4	138,000	西泠印社	2021-07-25
理查德·施特劳斯 歌剧《达娜厄的爱情》创作手稿	35cm×26.5cm	138,000	西泠印社	2021-07-25
《地藏菩萨本愿经》	34.5cm×12.2cm	138,000	永乐拍卖	2021-12-02
谢觉哉《山东视察》等手稿资料一批	尺寸不一	138,000	华艺国际	2021-12-10
梁思成 山西善化寺手稿 镜心	59cm×41cm	132,250	中鸿信	2021-07-15
地理学家谢钟英精钞《水道提纲》二十八卷	25.5cm×13.5cm	132,250	华艺国际	2021-12-10
罗常培 1935年作《书音韵学古籍提要四种》	39cm×28cm×11; 28cm×11cm; 28cm×5cm	126,500	西泠印社	2021-01-16
潘伯鹰 章士钊 郦承铨 批阅《观画录》等重要金石书画鉴赏文稿六种		126,500	西泠印社	2021-01-16
《佛说大集会正法经》	37.5cm×13.5cm	126,500	华艺国际	2021-06-02

拍品名称	物品尺寸	成交价RMB	拍卖公司	拍卖日期
刘海粟亲笔手书1930年初级中学图画教科书《水彩画法》原稿一册共162页,附出版物	34cm×22cm	126,500	北京保利	2021-06-07
冯雪峰 杨宪益 王作民 等 有关鲁迅著译注释的信札文稿一批	A4大小(绝大多数)	126,500	西泠印社	2021-07-25
《菩萨善戒经》卷三	28.7cm×11.3cm	126,500	永乐拍卖	2021-12-02
潘伯鹰 有关金石书画题跋的《文存》稿本	34cm×21cm(册)	120,750	西泠印社	2021-01-16
查阜西 1959年作《琴学小史》文稿	尺寸不一	120,750	西泠印社	2021-01-16
大方等大集经卷第二十 手卷	1054cm×20cm	115,000	北京荣宝	2021-12-02
《善见毗婆沙律》	31cm×11.2cm	115,000	北京荣宝	2021-12-02
乔大壮 黄曾樾 吴闿生 曾克端 等 1936、1939年作 批阅潘伯鹰《玄隐庐诗》稿本	50.5cm×40cm(册)	115,000	西泠印社	2021-01-16
陈毅 清《谈虎偶录感怀三首》手稿本(一册)线装	26.5cm×20cm	115,000	广东精诚所至	2021-01-22
水文地质学研究手稿、文献	尺寸不一	115,000	华艺国际	2021-12-10
郑振铎批授业弟子课业一批	尺寸不一	115,000	华艺国际	2021-12-10
翁方纲 勾摹(清)《唐刘仁愿记功碑图》	35.5cm×92.5cm	109,250	中国嘉德	2021-05-20
《弓箭图说》《易筋经》	30cm×18cm	109,250	永乐拍卖	2021-12-02
《大般若波罗蜜经》卷第四百九十九	769cm×23.5cm	103,500	北京荣宝	2021-06-19
菩提流支 译《深密解脱经》六卷	12.5cm×18.5cm	103,500	中国嘉德	2021-12-11
《妙法莲华经》授手卷 存十卷	33cm×13cm	103,500	北京荣宝	2021-12-02
《孟承封书折》	22.3cm×13cm	103,500	中贸圣佳	2021-12-29
《大般若波罗蜜多经》卷第四百七十六	25cm×11.3cm	103,500	中贸圣佳	2021-12-29
潘伯鹰《杂钞》稿本	27cm×16cm(册)	103,500	西泠印社	2021-01-16
章太炎 约1927年作 为连横作《台湾通史题辞》初稿	26.5cm×17cm×3	103,500	西泠印社	2021-07-25
李可染 谢稚柳 唐云 关良 关山月 陈逸飞 吴冠中 等 1980年刘海粟八十五岁庆祝画展留言册		103,500	西泠印社	2021-10-23
潘伯鹰稿本三种	尺寸不一	103,500	华艺国际	2021-12-10
圆瑛《般若波罗蜜多心经》镜心	28cm×43cm	98,520	保利香港	2021-11-28
何香凝《廖先生被囚》《何香凝诗》诗文批校稿三种	21cm×12.5cm(册); 27cm×19.5cm×18	97,750	西泠印社	2021-07-25
《为孙滋溪油画写生录作序》手稿	31cm×88cm	97,750	华艺国际	2021-12-10
大清咸丰三年岁次癸丑月五星相距时宪书	28.5cm×17cm	92,000	泰和嘉成	2021-12-11
李棪《东林党籍考》原稿一册 纸本	29cm×19cm	92,000	广东崇正	2021-01-06
陈乃干 约1960年作 校阅惠栋《汉书纂录》等抄稿三种	30cm×17cm×3(册)	92,000	西泠印社	2021-01-16
潘伯鹰《东堂杂钞》稿本	27cm×19.5cm(册)	92,000	西泠印社	2021-01-16
潘伯鹰 彭醇士 郦承铨 李天马 批阅《潘伯鹰文存》		92,000	西泠印社	2021-01-16
谢无量 1956年9月作《致彭举自作离别诗稿》	25cm×15.5cm	92,000	西泠印社	2021-01-16
徐悲鸿 行书《发刊辞》稿 镜心	27cm×25.5cm×2	92,000	中国嘉德	2021-05-19
崇德老人自订年谱底稿	尺寸不一	92,000	华艺国际	2021-06-02
刘峙 抗战期间有关时政谈话的亲笔文稿、批阅稿及相关文献	A4大小(绝大多数)	92,000	西泠印社	2021-07-25
顾圣婴 1950~1953年作 罕见早年中西女中课业文稿一批	尺寸不一	92,000	西泠印社	2021-07-25
莫言 早期《打靶歌》完整文稿	38cm×26cm×6	92,000	西泠印社	2021-07-25
人文社杂志订阅通知书贴存簿(朱自清)	尺寸不一	92,000	华艺国际	2021-12-10
王介臣 撰《吟草删余不分卷》	21cm×14.5cm	89,700	中贸圣佳	2021-05-21
马一浮《题画未刊文稿》	尺寸不一	89,700	西泠印社	2021-01-16
梁诗正《书抚州永安禅院僧堂记》(杨学洄题识)	35.9cm×23.2cm	89,700	北京保利	2021-06-06
支谦 译(孙吴)《佛说菩萨本业经一卷》	10.5cm×22.5cm	86,250	中国嘉德	2021-05-20
昙摩伽陀耶舍 译《(萧齐)无量义经十功德品第三》	394cm×23cm	86,250	中国嘉德	2021-05-20
刘锦藻 撰《皇朝续文献通考》	28.9cm×16.8cm	86,250	中贸圣佳	2021-05-21
少林寺武功秘籍一批	尺寸不一	86,250	北京荣宝	2021-06-19
《大般若波罗蜜多经卷》六十二	24.5cm×796cm	86,250	北京荣宝	2021-12-02
《大般涅经》7册	35.5cm×12cm	86,250	北京荣宝	2021-12-02
夏承焘 黄君坦 惠均 1976年作《刻竹小言》未刊题辞三种	34cm×29cm×4	86,250	西泠印社	2021-01-16
潘伯鹰《日用妙圆宝历》稿本	28.5cm×20.5cm(册)	86,250	西泠印社	2021-01-16
梁思成 手绘河北独乐寺手稿 镜心	66cm×40.5cm	86,250	中鸿信	2021-07-15
沈曾植 诗文稿六页	尺寸不一	86,250	西泠印社	2021-07-25
元监本《春秋》	29.4cm×16.9cm	86,250	北京保利	2021-12-04
《大般若波罗蜜多经》卷六十五	970cm×25.5cm	82,800	永乐拍卖	2021-05-20
张謇 费师洪 南通师范学堂礼仪训稿	23cm×16.5cm	82,800	西泠印社	2021-07-25
艾灵顿公爵 约20世纪40年代作 罕见《苹果篮》未刊乐谱手稿	31.5cm×24cm	80,500	西泠印社	2021-01-16
陈巨来 临帖手稿集锦	尺寸不一	80,500	中国嘉德	2021-11-30
陈甲林旧藏《台山唱和集》等浙江文献一组	尺寸不一	78,200	西泠印社	2021-01-14

2021杂项拍卖成交汇总(续表)

(成交价RMB：1万元以上)

拍品名称	物品尺寸	成交价RMB	拍卖公司	拍卖日期
《道元真经》	28.3cm×18.2cm	77,050	中贸圣佳	2021-12-29
于荫霖 撰书《请安折》(朱批二处)	9cm×21.5cm	74,750	中国嘉德	2021-12-11
张子谦草书横幅 软片	68.5cm×34.5cm	74,750	中贸圣佳	2021-12-29
小仲马 1880年3月8日作《怀念阿道夫·勒蒙》完整文稿	25.5cm×20.5cm×11	74,750	西泠印社	2021-01-16
《四十二手眼图》	26.3cm×12.2cm	74,750	北京保利	2021-12-04
《弘法大师真迹心经》	24cm×36cm×1	71,300	北京荣宝	2021-06-19
《大般若波罗蜜多经》卷第八十一	820cm×24cm	69,000	中国嘉德	2021-03-27
王云 泥金小楷《佛说无量寿经》二卷	25cm×16cm	69,000	十竹斋拍卖(北京)	2021-05-29
杨霆垣手稿《提庵诗稿》一册 四十一页 册页	26cm×22cm	69,000	广东崇正	2021-01-07
《园冶》三卷	开本27cm×18.5cm	69,000	西泠印社	2021-01-14
许伯建 抄校潘伯鹰《玄隐庐诗》稿本一批	尺寸不一	69,000	西泠印社	2021-01-16
《撷华山馆文钞》	26cm×16cm	69,000	上海驰翰	2021-07-06
清 李文田《北朝造像目录》稿本 一函一册(23页)古籍	40cm×28.5cm	69,000	广东精诚所至	2021-07-21
绍兴何一坤《经香草堂读书日记》手稿本	半框13cm×10cm; 开本19.5cm×13cm	69,000	西泠印社	2021-07-23
黄道平 黄仲良 黄季良 1889~1955年作 有关清末留美幼童及中法战争等信札文献	尺寸不一	69,000	西泠印社	2021-07-25
姜东舒 约1980~2003年作 书法、诗文稿及往来信札文献一批	A4(绝大多数)	69,000	西泠印社	2021-07-25
古人写经集锦 手卷	25cm×350cm	69,000	华艺国际	2021-09-17
《金汤借箸十二筹》十二卷	24.6cm×16cm	69,000	永乐拍卖	2021-12-02
王国维1923年作《道德经》镜片(八开)	25.8cm×18.5cm×8	66,700	江苏汇中	2021-12-01
刘星炜 书(清)《御制诗初集卷》三十一	14.5cm×10cm	63,250	中国嘉德	2021-05-20
《朱厚锟日记》	尺寸不一	63,250	中贸圣佳	2021-05-21
谢钟英 绘《大清一统舆图》十六卷	31.6cm×20cm	63,250	中贸圣佳	2021-05-21
《樊川诗集》不分卷	24.6cm×15.9cm	63,250	中贸圣佳	2021-05-21
《妙法莲华经》卷第一	811cm×30cm	63,250	中贸圣佳	2021-12-29
《妙法莲华经》卷第五	825cm×26cm	63,250	中贸圣佳	2021-12-29
《济生总录》卷第二百六十五至二百六十七	28.9cm×16.8cm	63,250	中贸圣佳	2021-12-29
翦伯赞《两汉的艺术》手稿 镜心	25.5cm×17.5cm×26	63,250	中国嘉德	2021-05-19
《佛说佛名经》存六卷	30cm×12cm	63,250	永乐拍卖	2021-12-02
孙毓修 撰《小绿天藏书笔记存》卷二、《石屑录》不分卷	尺寸不一	59,800	中贸圣佳	2021-05-21
曹元弼《不远复斋日记》	36.5cm×25.5cm	59,800	泰和嘉成	2021-12-11
《说帖》钞本	27.7cm×17.2cm	59,800	北京保利	2021-06-06
张廷济 为平湖钱天树题《洛神十三行》底稿	24.5cm×14cm×2	59,800	西泠印社	2021-07-23
杜堮《进呈诗》	22.3cm×18cm	57,500	中国嘉德	2021-05-20
清 康有为《墨西哥游记》附康同璧整理稿	28cm×20cm; 28cm×33cm	57,500	十竹斋拍卖(北京)	2021-05-29
宋 周紫芝撰《太仓稊米集》	24cm×16cm	57,500	十竹斋拍卖(北京)	2021-05-29
梅贻琦等《直隶高等学堂赴京投考游美生员清折》	21cm×95cm	57,500	十竹斋拍卖(北京)	2021-05-29
《妙法莲华经》提姿达多品第十二	27.8cm×212cm×1	57,500	北京荣宝	2021-06-19
10世纪《文选集注》断简	2.8cm×26.5cm	57,500	北京伍伦	2021-08-01
《大般若波罗蜜多经》卷五百七十八	24.5cm×955cm	57,500	北京荣宝	2021-12-02
《大般若波罗蜜多经卷》第四百八十五	24.5cm×808cm	57,500	北京荣宝	2021-12-02
张照写刻本《高尚玉皇本行集经》卷中	31.6cm×12.6cm	57,500	北京荣宝	2021-12-02
杭州因果寺《妙法莲华经》七卷	31cm×12cm	57,500	北京荣宝	2021-12-02
启功《书法入门》前言手稿	38cm×26cm	57,500	北京荣宝	2021-12-02
清康熙三十五年谕领侍卫内大臣	34.2cm×31cm	57,500	中贸圣佳	2021-12-29
晚清嘉兴名医陈其瑞稿本《本草撮要十卷》	开本23.3cm×14.8cm	57,500	西泠印社	2021-01-14
严水龙 2020年作《微书一心经》镜框	9cm×22cm	57,500	保利厦门	2021-05-06
黄易《秦汉瓦当》稿本等三种	36.7cm×24.3cm	57,500	永乐拍卖	2021-05-20
唐云藏《钦定全唐文》卷二百二十八	28.3cm×17.4cm	57,500	永乐拍卖	2021-05-20
大清咸丰三年岁次癸丑月五星相距时宪书	28cm×17.5cm	57,500	华艺国际	2021-06-02
冯国华稿本《积极除奸与长期抗战》	27.5cm×19cm	57,500	华艺国际	2021-06-02
海宁管元耀辑录《论诗汇编不分卷》	半框18cm×12.7cm; 开本30cm×18.7cm	57,500	西泠印社	2021-07-23
谢觉哉 王定国 等 诗稿及抗战回忆文献一批	A4大小(绝大多数)	57,500	西泠印社	2021-07-25
黄慕兰 自传及回忆文稿一批	A4大小(绝大多数)	57,500	西泠印社	2021-07-25
1949年作 西湖博物馆杭州解放前夕《历史文化部日记》	26.5cm×18cm(册)	57,500	西泠印社	2021-07-25
李可染 叶浅予 萧娴 沈鹏 何海霞等 20世纪80年代作《中国书画》毛笔题签及出版底稿一批	35.5cm×25.5cm×200; 余尺寸不一	57,500	西泠印社	2021-07-25
董作宾《孔诞今考》文稿	27cm×78cm	57,500	永乐拍卖	2021-12-02

拍品名称	物品尺寸	成交价RMB	拍卖公司	拍卖日期
题赠本《冰心选集》	18.5cm×13cm	57,500	华艺国际	2021-12-10
题赠本《冰心作品选》	18.5cm×15cm	57,500	华艺国际	2021-12-10
中世纪手抄本插画巨幅彩色版画集	56cm×39cm	57,500	北京保利	2021-12-04
大方 临帖诗词八种	尺寸不一	57,500	北京保利	2021-12-04
《妙法莲华经》	1017cm×24.8cm	55,200	永乐拍卖	2021-05-20
《山东省志》七卷	28.7cm×15.7cm	55,200	永乐拍卖	2021-05-20
佛说金刚咒《文昌帝君阴骘文》	14cm×9cm	51,750	北京荣宝	2021-12-02
吴伯箫《毛主席在延安》手稿	38cm×26.5cm	51,750	北京荣宝	2021-12-02
吴云 批校《太白诗钞》不分卷	24.4cm×13.3cm	51,750	中贸圣佳	2021-12-29
罗常培 手稿三页	27.5cm×21cm×3	51,750	广东崇正	2021-01-07
凌叔华 陈从周 1982、1983年作《谈徐志摩遗文》文稿二种		51,750	西泠印社	2021-01-16
高鸿钧写经	15cm×8cm	51,750	永乐拍卖	2021-05-20
旧钞本《铜壶漏箭制度》一卷《准斋心制几漏图式》一卷(旧山楼、曹大铁递藏)	36.5cm×20cm	51,750	北京保利	2021-06-06
汤贻汾等 观保诗稿五页 信札	尺寸不一	51,750	广东崇正	2021-07-19
吴梅《牡丹亭》、《长生殿》等工尺谱四册 册页(五十三开选八一百零三页)	8.4cm×14.3cm×103	51,750	广东崇正	2021-07-19
冼玉清《碧琅玕馆诗抄》《海南访问杂诗》稿本二册 线装	尺寸不一	51,750	广东精诚所至	2021-07-21
赵朴初 白光 等 1990年作 为德明法师作题词册	18cm×12.5cm(册页尺寸)	51,750	西泠印社	2021-07-25
《世补斋医书》三十三卷	24.4cm×15cm	51,750	永乐拍卖	2021-12-02
磁库蓝册略节	14.7cm×7.6cm	39,100	中贸圣佳	2021-12-29
《佛教人名大辞典》	约53.5cm×25.5cm	34,500	中贸圣佳	2021-12-29
正取备取三旗学生榜底	14.2cm×7.6cm	33,350	中贸圣佳	2021-12-29
《陕西布政使杨名飏奏折》	21.5cm×10cm	33,350	中贸圣佳	2021-12-29
翔凤阁器物档	20.5cm×12.1cm	32,200	中贸圣佳	2021-12-29
《大梵先天斗姥长生宝忏》三卷	28.7cm×15.3cm	26,450	中贸圣佳	2021-12-29
圣荣分位礼节等	尺寸不一	25,300	中贸圣佳	2021-12-29
吕海寰 要函存查	23cm×19cm	23,000	中贸圣佳	2021-12-29
祝由科	27.5cm×14.3cm	21,850	中贸圣佳	2021-12-29
《药性大全》六卷	25cm×16.5cm	20,700	中贸圣佳	2021-12-29
历代刻本				
真德秀 撰 宋《大学衍义》四十三卷	29.8cm×18.6cm	517,500	中贸圣佳	2021-12-29
林希逸 注 宋《鬳斋考工记解》二卷	27.2cm×18.6cm	74,750	中贸圣佳	2021-12-29
周守忠 撰 宋《养生杂纂》存卷六至十	24.1cm×13.5cm	71,300	中贸圣佳	2021-12-29
周密 撰 宋《癸辛杂识》前集一卷后集一卷续集二卷别集二卷	26.8cm×17cm	23,000	中贸圣佳	2021-12-29
李焘 撰 宋《说文解字》十二卷	28.8cm×19.5cm	18,400	中贸圣佳	2021-12-29
脱脱修 元《宋史》存四卷	27.8cm×18.1cm	25,300	中贸圣佳	2021-12-29
李贤 等 修 明《大明一统志》九十卷	27cm×16.9cm	644,000	中贸圣佳	2021-12-29
沈桐校 明《唐书》二百卷	27.5cm×17.9cm	402,500	中贸圣佳	2021-12-29
顾元庆 编 明《顾氏明朝四十家小说》三十一种	28.5cm×17.3cm	402,500	中贸圣佳	2021-12-29
胡广等辑明《周易传义大全》二十四卷	23.8cm×13.9cm	143,750	中贸圣佳	2021-12-29
李贽 撰明《李氏丛书》十一种	27cm×16.8cm	78,200	中贸圣佳	2021-12-29
顾从德 辑 明《集古印谱》六卷	23.9cm×16.6cm	74,750	中贸圣佳	2021-12-29
赵崡 撰 明《石墨镌华》八卷	26cm×16cm	69,000	中贸圣佳	2021-12-29
胡广 等 撰 明《诗经大全》二十卷(诗序一卷图一卷)	23.6cm×15cm	57,500	中贸圣佳	2021-12-29
许胥臣 编 明《夏书禹贡广览卷》上	26cm×16.6cm	51,750	中贸圣佳	2021-12-29
朱权 编 明《通鉴博论存卷》上	33cm×18.5cm	43,700	中贸圣佳	2021-12-29
张介宾 撰 明《类经》存十三卷	24cm×16.8cm	36,800	中贸圣佳	2021-12-29
陈文烛 撰 明《二酉园文集》存六卷	25cm×15.5cm	23,000	中贸圣佳	2021-12-29
周铭编 清《林下词选》十四卷	26.5cm×17.5cm	759,000	中贸圣佳	2021-12-29
李卫 等修 清《敕修浙江通志》二百八十卷	27.4cm×16.9cm	184,000	中贸圣佳	2021-12-29
世祖福 临 撰 清《万寿诗》一卷	24.8cm×15.3cm	82,800	中贸圣佳	2021-12-29
褚德彝 沈涛 撰 题跋 清《交翠轩笔记》四卷	26cm×15.2cm	51,750	中贸圣佳	2021-12-29
钱仪吉 纂 清《碑集传》一百六十卷	29.4cm×17.3cm	51,750	中贸圣佳	2021-12-29
顾嗣立 删补 清《昌黎先生诗集注》十一卷附本传年谱	29.4cm×18.7cm	48,300	中贸圣佳	2021-12-29
张大受 撰 清《匠门书屋文集》三十卷	26.8cm×17.5cm	40,250	中贸圣佳	2021-12-29
马注 撰 清《清真指南》十卷	25.9cm×15.4cm	36,800	中贸圣佳	2021-12-29
叶堂 订 清《纳书楹曲谱》二十二卷	27.8cm×17.7cm	34,500	中贸圣佳	2021-12-29
纪昀 编 清《阅微草堂笔记》二十四卷	26.5cm×15.3cm	34,500	中贸圣佳	2021-12-29
陈弘谋 纂 清《大学衍义辑要》六卷补十二卷	27.6cm×18cm	32,200	中贸圣佳	2021-12-29
吴绮 选 清《宋金元诗永》二十卷、《补遗》二卷	28cm×17.3cm	32,200	中贸圣佳	2021-12-29
桂馥 撰 清 札朴十卷	25.5cm×16.4cm	23,000	中贸圣佳	2021-12-29
钱谦益 笺注 清《杜工部集》二十卷	25.9cm×16.7cm	23,000	中贸圣佳	2021-12-29
孔继涵 辑 清《算经十书》	29.4cm×17cm	23,000	中贸圣佳	2021-12-29
缪荃孙 纂 清《续碑集传》八十六卷	27.9cm×17.5cm	20,700	中贸圣佳	2021-12-29
姚章 辑 清《周易本义引蒙》十二卷	24.7cm×15.4cm	18,400	中贸圣佳	2021-12-29
孔继涵 辑 清《算经十书》	24cm×15.3cm	18,400	中贸圣佳	2021-12-29

2021杂项拍卖成交汇总(续表)

(成交价RMB：1万元以上)

拍品名称	物品尺寸	成交价RMB	拍卖公司	拍卖日期
宋 元 司马光 撰 胡三省注释《资治通鉴音注》二百九十四卷、《资治通鉴释文辨误》十二卷	26.5cm×17cm	29,900,000	十竹斋拍卖(北京)	2021-05-29
《朱文公校昌黎先生集四十卷外集十卷传一卷遗文一卷》	26.5cm×15cm	20,930,000	华艺国际	2021-12-11
《增节司马温公资治通鉴》四十三至四十六卷	24.8cm×14.9cm	16,330,000	永乐拍卖	2021-05-20
明万历二十一年金陵胡承龙刻明重修本《本草纲目》五十二卷、图二卷	29.1cm×17.4cm	11,500,000	北京伍伦	2021-08-01
天禄琳琅旧藏《国语》二十一卷(三国吴韦昭注)	28.9cm×18.8cm	10,350,000	中贸圣佳	2021-05-21
光明禅师李惠月写《大方广佛华严经卷第七十五》(尊名泥金银写本)	30.8cm×1188cm	8,855,000	北京保利	2021-12-04
天禄琳琅旧藏《六经图》	41cm×29.5cm	8,740,000	中贸圣佳	2021-12-29
清乾隆《御题耕织图》	27cm×33.5cm	7,475,000	中贸圣佳	2021-05-21
天禄琳琅藏宋版《后村居士集》卷第四十三、四十四	23cm×14.5cm	6,037,500	泰和嘉成	2021-12-11
天禄琳琅藏《通鉴总类》卷第八	33cm×19.5cm	4,715,000	泰和嘉成	2021-12-11
弘一手批《四分律册及藏本华严经卷》等一组	尺寸不一	4,197,500	华艺国际	2021-06-02
容庚旧藏 清康熙十八年《芥子园画传初集》原刊初印本五册全	26cm×16cm	4,048,000	广东精诚所至	2021-01-22
《圣朝混一方舆胜览》	18.8cm×12.5cm	3,450,000	北京荣宝	2021-06-19
《增修互注礼部韵略》五卷(元刻元印全帙)	28.5cm×17cm	3,185,500	北京保利	2021-06-06
《圣迹图》	36cm×30.8cm	2,875,000	中贸圣佳	2021-12-29
宋刻本《资治通鉴纲目》卷第三十五	37.5cm×23cm	2,875,000	北京保利	2021-06-06
天禄琳琅藏《文选》卷第三十二、三十三	32cm×21.5cm	2,587,500	泰和嘉成	2021-12-11
元官版大藏经初印孤本《等集众德三昧经》卷上	开本32.3cm×11.3cm	2,357,500	西泠印社	2021-01-14
《西清古鉴》四十卷附《钱录》十六卷	43cm×28cm	2,300,000	泰和嘉成	2021-12-11
《芥子园画传初集》(原刊初印本)	29cm×19cm	2,300,000	华艺国际	2021-12-10
清宫天禄琳琅旧藏《新编事文类聚翰墨全书》(存一册)	半框15.8cm×10.6cm；开本18.8cm×12.6cm	2,093,000	西泠印社	2021-07-23
明成化内府白棉纸本《资治通鉴纲目》59卷附凡例1卷48册全,《续资治通鉴纲目》27卷16册全,盛宣怀愚斋旧藏	37cm×20.5cm	2,070,000	广东崇正	2021-07-19
六家文选 六十卷 梁 昭明太子撰；唐 李善等六臣注	33.5cm×20cm	2,012,500	华艺国际	2021-12-10
《上清灵宝大成济度金书》四十卷目录一卷(道教东华灵宝派科仪之集大成者)	28.3cm×16.5cm	1,633,000	北京保利	2021-12-04
《慈悲道场忏法卷第一》	30.2cm×13cm	1,552,500	中贸圣佳	2021-05-21
《千手千眼观世音菩萨大悲心陀罗尼》	28cm×11cm	1,552,500	泰和嘉成	2021-12-11
宋江贽撰《少微通鉴节要》五十卷外纪四卷	30.9cm×19.1cm	1,495,000	中贸圣佳	2021-05-21
《金光明最胜王经序品》卷一	33cm×12cm	1,437,500	永乐拍卖	2021-05-20
《养正图解》不分卷附清高宗《御题养正图诗》一卷仁宗《御题养正图赞》一卷	32.5cm×19.5cm	1,380,000	泰和嘉成	2021-12-11
大字本四十六套(部分牛皮纸原装)	尺寸不一	1,322,500	北京保利	2021-12-04
王安石 撰《临川先生集》一百卷	25.5cm×18cm	1,265,000	北京荣宝	2021-06-19
《芥子园画传》二集	26cm×17.8cm	1,265,000	华艺国际	2021-06-02
宋刻《通鉴纪事本末》卷第二十五	41cm×26cm	1,150,000	北京保利	2021-06-06
《新刻全像三宝太监西洋记通俗演义》二十卷一百回	24.5cm×16cm	1,069,500	华艺国际	2021-12-10
《甘珠尔》	20cm×66.5cm	1,035,000	泰和嘉成	2021-12-11
北宋吴越王刻本《雷峰塔藏经一卷》(李瑞清、蔡经炜绘题)	引首15.3cm×93cm；经7.1cm×213.8cm；跋10cm×66cm	1,035,000	北京保利	2021-06-06
《朱批谕旨》	30cm×18.5cm	1,012,000	泰和嘉成	2021-12-11
《梵文经咒》	直径约20.6cm	977,500	北京伍伦	2021-08-01
清《大乘要道密集册》	18cm×9cm×2cm	920,000	古天一	2021-06-07
魏徵《隋书》	28cm×19.5cm	920,000	北京荣宝	2021-12-02
《增修陆状元集百家注资治通鉴详节》存卷五十八至六十一	25.0cm×16.2cm	920,000	华艺国际	2021-06-02
拙政园主人徐树启等发愿捐资刻图文本《大方广佛华严经》八十卷附《普贤行愿品》全套	36cm×12.5cm	920,000	华艺国际	2021-06-02
《重校正唐文粹》一百卷	29.3cm×17.1cm	920,000	北京保利	2021-06-06
《梅花喜神谱》二卷(缪荃孙、徐乃昌、吕贞白、黄裳等递藏)		920,000	华艺国际	2021-12-10
《古逸丛书》初集、二集、三集	尺寸不一	897,000	北京荣宝	2021-06-19
王国维 1924年作 跋敦煌出土《晋开运刻毗沙门天王像》影印本 立轴	54.5cm×38.5cm	897,000	西泠印社	2021-01-16
《御制词谱》四十卷	26cm×16cm	874,000	泰和嘉成	2021-12-11
《西山先生真文忠公文章正宗》	24.5cm×14cm	862,500	泰和嘉成	2021-12-11
《纂图互注扬子法言》	23.5cm×14.5cm	862,500	泰和嘉成	2021-12-11

拍品名称	物品尺寸	成交价RMB	拍卖公司	拍卖日期
杨丽泉辑《增像评林西天竺国藏板佛教源流高僧传宗》八卷	25.2cm×15.6cm	851,000	中贸圣佳	2021-05-21
不空译《千手千眼观世音菩萨大悲心陀罗尼》不分卷	14cm×24.5cm	805,000	中国嘉德	2021-12-11
《书传大全》十卷	36cm×21.5cm	805,000	华艺国际	2021-06-02
《慈悲道场忏法卷第三附忏法传》音释	30.2cm×13cm	782,000	中贸圣佳	2021-05-21
《金光明最胜经卷第八》	33cm×10.5cm	782,000	华艺国际	2021-06-02
清 陶湘编《喜咏轩丛书四编》	30.4cm×18.2cm	747,500	北京保利	2021-09-25
《六臣注文选》六十卷	26.5cm×16cm	736,000	华艺国际	2021-12-10
郭象注《南华经》十六卷	25.8cm×16.9cm	690,000	中贸圣佳	2021-05-21
沈石友题跋 唐韦应物著《韦苏州集》十卷、拾遗一卷	24.3cm×17cm	690,000	十竹斋拍卖(北京)	2021-05-29
董诰、沈贞写绘合璧《金刚经》	20cm×8.8cm	690,000	中贸圣佳	2021-12-29
陈望道译《共产党宣言》罕见之最早正确版	开本18cm×12.2cm	667,000	西泠印社	2021-01-14
徐祖正批《景刊宋金元明本词》	30cm×22cm	667,000	华艺国际	2021-06-02
《印史》	28.8cm×18.5cm	667,000	华艺国际	2021-12-10
《唐皮日休文薮》	24cm×15.5cm	644,000	泰和嘉成	2021-12-11
初印本宋版碛砂藏《大般若波罗蜜多经卷第二十四》	半框24.5cm×11cm；开本30cm×11cm	644,000	西泠印社	2021-01-14
《盐铁论》	18.1cm×28.8cm	632,500	北京伍伦	2021-08-01
南宋初年福州刻毗卢藏本《分别善恶报应经二卷》(单经全)	开本29cm×11cm	632,500	西泠印社	2021-01-14
翁树培手校《泉志》十五卷	30cm×18cm	632,500	华艺国际	2021-12-10
《少微通鉴节要》五十卷、外纪四卷	31cm×20cm	615,250	泰和嘉成	2021-12-11
柳宗元撰《河东先生集四十五卷外集二卷龙城集二卷附录二卷集传一卷》	27cm×18cm	575,000	中贸圣佳	2021-05-21
朱熹 编《资治通鉴纲目》	32.8cm×19.1cm×294	575,000	北京荣宝	2021-06-19
《观音忏法》一卷	13.3cm×28.3cm	575,000	中国嘉德	2021-12-11
《古逸丛书》	31cm×22cm	575,000	泰和嘉成	2021-12-11
班固撰《前汉书》	31.5cm×23.5cm	575,000	北京荣宝	2021-12-02
《欧阳先生文粹》	24.6cm×17.8cm	575,000	北京荣宝	2021-12-02
《养正图解》	30cm×19cm	575,000	华艺国际	2021-06-02
《百衲本二十四史》	9.5cm×13.5cm	563,500	华艺国际	2021-06-02
清 张玉书等纂修《佩文韵府》一百零六卷	23cm×14.3cm	552,000	上海驰翰	2021-07-06
《礼记集说》存二十八卷	34cm×21.5cm	552,000	永乐拍卖	2021-12-02
高棅编《唐诗品汇九十卷拾遗十卷》	28cm×18.3cm	529,000	中贸圣佳	2021-05-21
高诱注《吕氏春秋》二十六卷	13.5cm×27.8cm	517,500	中国嘉德	2021-12-11
《御定全唐诗录》一百卷	22cm×14cm	517,500	泰和嘉成	2021-12-11
杜甫《集千家注杜工部诗集 二十卷 文集二卷 附录一卷》	27cm×12cm	517,500	北京荣宝	2021-12-02
明 方子鲁撰《方氏墨谱》	半框尺寸23.8cm×14.2cm	517,500	上海驰翰	2021-03-05
宋司马光撰、元胡三省音注、明张一桂校正、明吴勉学续校《音注资治通鉴》二百九十四卷	半框尺寸21.5cm×13.5cm	517,500	上海驰翰	2021-03-05
盛宣怀藏《通志略》五十二卷	27.3cm×17.5cm	517,500	永乐拍卖	2021-05-20
《淮南鸿烈解》二十一卷	27.5cm×17.5cm	517,500	永乐拍卖	2021-05-20
钱遵王、刘世珩、刘之泗、苏锡昌等藏《楚辞补注》十七卷(《四部丛刊》影印底本)	32cm×18.5cm	517,500	永乐拍卖	2021-12-02
《春秋经传集解》三十卷	27.5cm×17cm	517,500	永乐拍卖	2021-12-02
《佛说弥勒菩萨上生经》刘宋沮渠京声译	28.5cm×9.6cm	511,750	中贸圣佳	2021-12-29
王伯群旧藏 篆文六经四书 六十一卷	15.5cm×25.5cm	506,000	中国嘉德	2021-05-20
《破山寺志》	29cm×17cm	506,000	泰和嘉成	2021-12-11
《国语》二十一卷	26cm×17.3cm	494,500	北京荣宝	2021-06-19
唐云旧藏 南朝梁沈约撰《宋书》一百卷	31cm×18cm	483,000	十竹斋拍卖(北京)	2021-05-29
方功惠碧琳琅馆藏《虚斋看太极图说一卷》	半框18.5cm×13.5cm；开本25.5cm×15.5cm	483,000	西泠印社	2021-01-14
《空同集先生集》六十三卷	26cm×17cm	483,000	永乐拍卖	2021-05-20
《悲慈王十忏妙法》	30.3cm×10cm	471,500	中贸圣佳	2021-05-21
《古文渊鉴》	29cm×18cm	471,500	泰和嘉成	2021-12-11
《太玄经》	27cm×17.5cm	471,500	泰和嘉成	2021-12-11
苏轼撰 高启 等评点《苏长公合作》八卷	14.3cm×21cm	460,000	中国嘉德	2021-05-20
梁延年编《圣谕像解》二十卷	30.8cm×19cm	460,000	中贸圣佳	2021-05-21
陆九渊撰《象山先生全集三十六卷附录一卷》	29cm×17.5cm	460,000	北京荣宝	2021-06-19
《六经图》	42.8cm×28.2cm	460,000	泰和嘉成	2021-12-11
《资治通鉴纲目》五十九卷	32.2cm×20.2cm	460,000	中贸圣佳	2021-12-29
《大般若波罗蜜多经卷第四百九十三》	30.2cm×11.1cm	460,000	中贸圣佳	2021-12-29
《文宽夫文集四十卷》	半框20.2cm×14.5cm；开本28cm×16.5cm	460,000	西泠印社	2021-01-14
《远西奇器图说录最三卷新制诸器图说一卷》(我国第一部物理学专著)	27.6cm×16.4cm	460,000	北京保利	2021-06-06
《西谛书目》著录本《新镌京板工师雕斫正式鲁班经匠家镜》三卷(郑振铎旧藏并题)	26.1cm×16.7cm	460,000	北京保利	2021-06-06

2021杂项拍卖成交汇总(续表)

(成交价RMB：1万元以上)

拍品名称	物品尺寸	成交价RMB	拍卖公司	拍卖日期
御定上人旧藏 元官藏结衔等《镰仓诸刹残本合卷》七奇合璧(《译场列位》著录本)	28cm×11cm	460,000	北京保利	2021-06-06
《楚国文宪公雪楼程先生文集》三十卷、附录一卷	32.5cm×21cm	460,000	永乐拍卖	2021-12-02
《韩子迂评》二十卷、附录一卷	30.5cm×19.3cm	460,000	华艺国际	2021-12-10
《太上洞玄灵宝高上玉皇本行集经》三卷(宫廷原装稀见本)	41.5cm×14.2cm	460,000	北京保利	2021-12-04
韩道昭撰《大明正德乙亥重刊改并五音集韵》十五卷	38.5cm×22.8cm	448,500	中贸圣佳	2021-05-21
桐乡汪庭坚校刊丁敬旧藏《装潢志一卷》	半框16.5cm×11.5cm;开本26.5cm×16.8cm	448,500	西泠印社	2021-07-23
《喜咏轩丛书五编》(全)	30cm×28.3cm	448,500	北京保利	2021-12-04
葛长庚撰《白玉蟾海琼摘稿》十卷	29.1cm×17.4cm	442,750	中贸圣佳	2021-09-28
棋盘装《盛京舆图》	77cm×51cm	437,000	中贸圣佳	2021-05-21
《戎昱诗集》	28.5cm×18cm	437,000	泰和嘉成	2021-12-11
《吕览》	29cm×18.5cm	437,000	北京荣宝	2021-12-02
傅东华旧藏《说文长笺》一百卷、《六书长笺》七卷、首二卷、解题一卷、凡例一卷	27.5cm×17cm	437,000	华艺国际	2021-06-02
《钦定元王恽承华事略补图》六卷	24.7cm×17.4cm	437,000	北京保利	2021-06-06
王道明、潘遵祁藏《世说新语补》二十卷,《释名》一卷	29.5cm×17.5cm	437,000	永乐拍卖	2021-12-02
《刘向说苑》二十卷	27.7cm×17.8cm	437,000	永乐拍卖	2021-12-02
《梵文经咒》	直径约8.7cm	414,000	北京伍伦	2021-08-01
《御选元诗》	25.5cm×16.5cm	414,000	泰和嘉成	2021-12-11
苏轼撰、钟惺评选《东坡文选》二十卷	15.5cm×20.7cm	402,500	中国嘉德	2021-05-20
苏洵等撰《三苏先生文粹》七十卷	26cm×17.5cm	402,500	中贸圣佳	2021-05-21
刘于义等修《陕西通志》一百卷	28.5cm×17.9cm	402,500	中贸圣佳	2021-05-21
陶潜撰、汤汉等笺注《陶渊明集》十卷	27.5cm×17.2cm	402,500	北京荣宝	2021-06-19
朱熹 撰《古香斋新刻袖珍御纂朱子全书大学三卷》	14.8cm×10cm	402,500	北京荣宝	2021-06-19
《御选唐宋文醇》五十八卷	29cm×19cm	402,500	泰和嘉成	2021-12-11
《甘珠尔·大般涅槃经》卷二	21.5cm×72cm	402,500	泰和嘉成	2021-12-11
《两汉策要》十二卷	30.5cm×18.5cm	402,500	泰和嘉成	2021-12-11
元刻本《资治通鉴纲目》六卷(存卷四十、四十九、五十、五十三、五十四、五十六)	26cm×15cm	402,500	北京保利	2021-06-06
宋陆游评、明凌稚隆批《吕氏春秋》二十六卷	27cm×16.5cm	402,500	上海驰翰	2021-07-06
《重校正唐文粹》一百卷	26.5cm×16.8cm	402,500	北京保利	2021-12-04
《资治通鉴二百九十四卷附释文辨误十二卷》	18cm×17.5cm	391,000	华艺国际	2021-12-10
韩愈撰《昌黎先生集》四十卷	25.5cm×17.3cm	379,500	中贸圣佳	2021-05-21
李白愈、杨齐贤、萧士赟集注《分类补注李太白诗》二十五卷	26.5cm×16.5cm	379,500	北京荣宝	2021-06-19
《通志》二百卷	29.4cm×18.2cm	379,500	北京保利	2021-06-06
《四书图说 孟子第五册》	40cm×23.5cm	373,750	泰和嘉成	2021-12-11
姚铉纂《重校正唐文粹》一百卷	25.3cm×15.9cm	368,000	中贸圣佳	2021-05-21
《十三经同函》	28cm×17.8cm	368,000	北京荣宝	2021-12-02
《苏东坡诗集注》三十二卷附年谱一卷	20cm×123cm	368,000	华艺国际	2021-06-02
《佛顶心陀罗尼经》三卷	35.8cm×13cm	368,000	永乐拍卖	2021-12-02
《影宋本百川学海十集》一百七十七卷	28.9cm×18.9cm	368,000	永乐拍卖	2021-12-02
王荫嘉藏《楚辞》十七卷、附录一卷	29.7cm×18cm	368,000	永乐拍卖	2021-12-02
鲁迅 刘半农题《梅兰芳歌曲谱》	33.5cm×22cm	368,000	华艺国际	2021-12-10
《资治通鉴纲目前编十三卷正编四十三卷续编二十七卷》	34.5cm×20.3cm	356,500	中贸圣佳	2021-05-21
《苏州府志一百五十卷首三卷》(江苏苏州)	28.5cm×17cm	356,500	北京荣宝	2021-06-19
《二十五史》	20.5cm×13cm	356,500	华艺国际	2021-06-02
《百衲本二十四史》	9.5cm×13.5cm	345,000	中国嘉德	2021-05-20
凌汝亨辑评《管子》二十四卷	26.4cm×16.7cm	345,000	中贸圣佳	2021-05-21
《四部备要本二十四史》	19.2cm×13.4cm	345,000	中贸圣佳	2021-05-21
《影印宋碛砂藏经》	26.9cm×14.7cm	345,000	中贸圣佳	2021-05-21
《释迦如来历代事迹》不分卷	41cm×33.5cm	345,000	中贸圣佳	2021-05-21
扬雄纂《扬子法言》十卷	27cm×18cm	345,000	北京荣宝	2021-06-19
玄奘译《大般若波罗蜜多经》卷第四百四	11cm×25cm	345,000	中国嘉德	2021-12-11
《御选语录》	25cm×17cm	345,000	泰和嘉成	2021-12-11
罗振常题跋《诗传大全》卷第三	24cm×16cm	345,000	泰和嘉成	2021-12-11
《般若波罗蜜多八千颂》	20cm×61cm	345,000	泰和嘉成	2021-12-11
《增刊校正王状元集注分类东坡先生诗》二十五卷《东坡纪年录》一卷	25.5cm×16cm	345,000	永乐拍卖	2021-05-20
清 商丘宋编《御批资治通鉴纲目全书	半框19cm×13cm	345,000	上海驰翰	2021-07-06
《景刊宋金元明词》	33.2cm×22.2cm	345,000	永乐拍卖	2021-12-02
苏曼殊题赠西充白坚《南画集》	45cm×31.5cm	345,000	华艺国际	2021-12-10
《御选唐宋文醇五十八卷》(四色套印本)	27.9cm×17.8cm	345,000	北京保利	2021-12-04
张元济等编《四部丛刊》	20cm×13.2cm	333,500	中贸圣佳	2021-05-21
杨倞撰《荀子二十卷》	25.5cm×17cm×6	333,500	北京荣宝	2021-06-19
张九韶编《理学类编》	28.5cm×19.5cm×4	333,500	北京荣宝	2021-06-19
《古香斋鉴赏袖珍春明梦余七十卷》	17cm×11cm	333,500	泰和嘉成	2021-12-11
明毛晋汲古阁初印本《宋六十名家词》二十七种	半框19cm×14.5cm;开本25.2cm×17.6cm	333,500	西泠印社	2021-01-14
《武备志二百四十卷》	25cm×16cm	333,500	北京保利	2021-12-04
《钦定王元恽承华事略补图》	42.5cm×22cm	327,750	泰和嘉成	2021-12-11
徐倬等编《御定全唐诗录一百卷》	11.6cm×16.5cm	322,000	中国嘉德	2021-03-27
释宝成编《释氏源流应化事迹》	39.8cm×23.1cm	322,000	中贸圣佳	2021-05-21
宋洪迈著《容斋五笔》七十四卷	25.8cm×16.8cm	322,000	十竹斋拍卖(北京)	2021-05-29
《十三经注疏》	27.5cm×17.2cm	322,000	北京荣宝	2021-06-19
孟浩然撰刘辰翁 评《孟浩然诗集》二卷	14.5cm×21cm	322,000	中国嘉德	2021-12-11
《御制全韵诗》	23cm×14.5cm	322,000	泰和嘉成	2021-12-11
《御选唐宋文醇五十八卷》	27.5cm×17.5cm	322,000	泰和嘉成	2021-12-11
《御制日讲春秋解义》	27cm×18cm	322,000	泰和嘉成	2021-12-11
《渊鉴斋御纂朱子全书》	27cm×17.5cm	322,000	泰和嘉成	2021-12-11
双龙宝星勋章等设计稿	30.8cm×18.5cm	322,000	泰和嘉成	2021-12-11
《焠掌录》《说铃》等三种	尺寸不一	322,000	泰和嘉成	2021-12-11
叶恭绰旧藏双百鹿斋刻书五种	33cm×22cm	322,000	华艺国际	2021-06-02
清代禁毁书《牧斋初学集一百一十卷》	半框21cm×14.7cm;开本25.8cm×17cm	322,000	西泠印社	2021-07-23
楚辞 十七卷 附录 一卷	30cm×17cm	322,000	永乐拍卖	2021-12-02
《武英殿版二十四史》三千二百一十三卷	15.7cm×12cm	322,000	永乐拍卖	2021-12-02
清世祖爱新觉罗·福临撰《御制资政要览三卷》	24.7cm×16.7cm	310,500	北京保利	2021-09-25
祝寿慈、王鳌旧藏《王文恪公集》三十六卷、《名公笔记》一卷、《鹃音》一卷、《白社诗草》一卷	14.2cm×21.5cm	299,000	中国嘉德	2021-05-20
《景宋本寒山子诗》两种	35cm×24cm	299,000	华艺国际	2021-06-02
《仁寿本二十五史》	13.7cm×9.5cm	299,000	永乐拍卖	2021-12-02
《古文渊鉴六十四卷》	29.7cm×17.2cm	293,250	中贸圣佳	2021-12-29
满文《资治通鉴纲目》	33.7cm×19.8cm	293,250	北京保利	2021-06-06
阮宗孔删注《张陆二先生批评战国策抄》四卷	30.7cm×17.7cm	287,500	中贸圣佳	2021-05-21
虞潢 编著并书《草书圣化》二卷	23.8cm×13.6cm	287,500	中贸圣佳	2021-05-21
赵城金藏《般若波罗蜜多理……大曼荼罗义述》扉画	29.2cm×27.5cm	287,500	中贸圣佳	2021-05-21
冯有翼编《秦汉文钞》	29cm×18cm×8	287,500	北京荣宝	2021-06-19
《钦定明鉴三十四卷首一卷》	28.5cm×18cm	287,500	泰和嘉成	2021-12-11
满文《御批资治通鉴纲目》	33cm×20cm	287,500	泰和嘉成	2021-12-11
陈仲鱼批校《钱注杜工部集》二十卷	27cm×16cm	287,500	泰和嘉成	2021-12-11
宋刻《诸儒校正东汉详节》单叶	半框16.2cm×11cm;整叶18.3cm×24.2cm	287,500	西泠印社	2021-07-23
徐乃昌批《一切经音义》二十五卷	29.6cm×18.2cm	287,500	永乐拍卖	2021-12-02
康生藏《新纂门目五臣音注扬子法言》十卷	27cm×18.1cm	287,500	永乐拍卖	2021-12-02
《词苑英华》(初印本)	26cm×17cm	287,500	华艺国际	2021-12-10
《丹铅总录》十六卷	31.8cm×18.7cm	287,500	华艺国际	2021-12-10
朱熹《四书章句集注》存二十卷	17cm×24.5cm	276,000	中国嘉德	2021-05-20
孙星衍 编《平津馆丛书》	24.5cm×16cm	276,000	中贸圣佳	2021-05-21
列子 著《列子冲虚真经》	27.5cm×16cm	276,000	北京荣宝	2021-06-19
《新乡县志》一组八种(河南新乡)	尺寸不一	276,000	北京荣宝	2021-06-19
扬雄《扬子法言》	27.5cm×18.5cm	276,000	北京荣宝	2021-12-02
叶恭绰旧藏《南巡盛典》	29.5cm×18.5cm	276,000	华艺国际	2021-06-02
《慈悲道场忏法》十卷	34.8cm×12.3cm	276,000	永乐拍卖	2021-12-02
顾櫰自藏本《重刊校正笠泽丛书四卷 补遗诗一卷 续补遗一卷》	29.5cm×17.5cm	264,500	十竹斋拍卖(北京)	2021-05-29
《御制资政要览》三卷	35cm×21.5cm	264,500	泰和嘉成	2021-12-11
《金声玉振集》	24.3cm×16.4cm	264,500	泰和嘉成	2021-12-11
《二程全书遗书二十五卷附录一卷外书十二卷》	29.4cm×16.5cm	264,500	北京保利	2021-06-06
《世说新语》八卷	26.7cm×17.9cm	264,500	北京保利	2021-12-04
杨继洲撰《针灸大成》十卷	27.1cm×17.5cm	258,750	中贸圣佳	2021-05-21
朱熹撰《论语集注》十卷序说一卷	30.1cm×19.7cm	253,000	中贸圣佳	2021-05-21
《佩文韵府一百六卷》	21.8cm×13.9cm	253,000	中贸圣佳	2021-05-21
《医书三十六种》	尺寸不一	253,000	中贸圣佳	2021-05-21
《大明三藏法数》五十卷	30cm×19cm	253,000	北京荣宝	2021-06-19
高宗弘历撰《御制诗初集目录四卷正文存四十一卷 二集目录十卷》	25cm×14.8cm	253,000	北京荣宝	2021-06-19
《四妇人集》等五种	尺寸不一	253,000	泰和嘉成	2021-12-11
庄周《南华真经》	27.8cm×17.3cm	253,000	北京荣宝	2021-12-02
《御制诗三集》	27cm×17cm	253,000	北京荣宝	2021-12-02
《御注道德经》	31.5cm×20cm	253,000	华艺国际	2021-06-02
陈巨来、黄宾虹题识《安持老人集锦册》(小林斗盦题签)	24.7cm×18cm	253,000	中国嘉德	2021-11-30

(成交价RMB：1万元以上)

拍品名称	物品尺寸	成交价RMB	拍卖公司	拍卖日期
《东坡先生志林》五卷	26.2cm×17cm	253,000	永乐拍卖	2021-12-02
书画题跋类古籍一组	尺寸不一	253,000	华艺国际	2021-12-10
明焦竑撰、丁云鹏绘图《养正图解》	半框尺寸 23.5cm×15.5cm	241,500	上海驰翰	2021-03-05
王琰等撰《钦定春秋传说汇纂》三十八卷卷首二卷	28.3cm×18.1cm	235,750	中贸圣佳	2021-05-21
《太上洞玄灵宝高上玉皇本行集经》	41.5cm×14cm	235,750	华艺国际	2021-06-02
朱彝尊著《曝书亭集》八十卷、《笛渔小稿》十卷	13.5cm×19.5cm	230,000	中国嘉德	2021-03-27
《渊鉴类函》四百五十卷、目录四卷	12cm×17.3cm	230,000	中国嘉德	2021-05-20
韩愈撰《朱文公校昌黎先生集》存十八卷	26cm×16cm×7	230,000	北京荣宝	2021-06-19
胡广撰《性理大全书》存六十卷	33cm×21cm×13	230,000	北京荣宝	2021-06-19
《御制资政要览》三卷后序一卷	29cm×17.5cm	230,000	泰和嘉成	2021-12-11
《秦更年旧藏竹里秦汉瓦当文存》不分卷	30cm×17cm	230,000	泰和嘉成	2021-12-11
《大明天元玉历祥异图说》	26cm×16.5cm	230,000	泰和嘉成	2021-12-11
《重订大板黏头海篇心镜》二十卷	30.5cm×18cm	230,000	北京荣宝	2021-12-02
圣文德《四部语录乙部注疏》	28.5cm×20.3cm	230,000	北京荣宝	2021-12-02
元刻本《金陵新志十五卷》初印单叶	半框24.3cm×18cm; 整幅41.5cm×54cm	230,000	西泠印社	2021-01-14
苏继卿旧藏《大佛顶如来密因修证了义诸菩萨万行首楞严经卷第六》	28cm×16cm	230,000	华艺国际	2021-06-02
清 李光地等撰《御纂周易折中》二十三卷	半框22.5cm×15.5cm	230,000	上海驰翰	2021-07-06
胡璧城批校闵刻套印《三经评注五卷》	半框 20.5cm×15.2cm; 开本27.2cm×18.7cm	230,000	西泠印社	2021-07-23
谢启昆主持《广西通志二百八十卷》	26.7cm×16.3cm	224,250	中贸圣佳	2021-05-21
明 方以智撰《方子流寓草》九卷	25.4cm×15.8cm	224,250	中贸圣佳	2021-07-06
《汲古阁六十种曲存五十九种》	23.6cm×15.1cm	218,500	中贸圣佳	2021-05-21
脱脱等纂《宋史》四百九十六卷	25.9cm×17cm	218,500	中贸圣佳	2021-05-21
来钦之注《楚辞》五卷	24.8cm×15.9cm	218,500	中贸圣佳	2021-05-21
宋苏轼著《东坡集》四十卷	27cm×17cm	218,500	十竹斋拍卖(北京)	2021-05-29
李瑶《投壶谱》	25.5cm×15cm	218,500	北京荣宝	2021-12-02
《列朝诗集》八十一卷	25cm×15cm	218,500	永乐拍卖	2021-12-02
《画史会要》五卷　四库全书底本同板	27.5cm×16.5cm	218,500	华艺国际	2021-12-10
《宗镜录》卷四十一至第五十	37cm×12.5cm	218,500	华艺国际	2021-12-10
司马光撰《司马温公文集》八十二卷	30.5cm×18.8cm	207,000	中贸圣佳	2021-05-21
李善等六家注《六家文选》六十卷	32.5cm×22.5cm×60	207,000	北京荣宝	2021-06-19
顾野王撰《玉篇》三十卷	27.2cm×18.6cm×3	207,000	北京荣宝	2021-06-19
《佩文斋广群芳谱一百卷》	25cm×16cm	207,000	泰和嘉成	2021-12-11
《御制诗初集十卷二集十卷》	31.5cm×20.5cm	207,000	泰和嘉成	2021-12-11
顾从义《历代帝王法帖释文考异》	30.7cm×23.6cm	207,000	北京荣宝	2021-12-02
杨融博批点《秦汉文钞》六卷	30.5cm×18cm	207,000	北京荣宝	2021-12-02
昆图斯·贺拉斯·弗拉库斯《贺拉斯诗集注》	30cm×20cm	207,000	北京荣宝	2021-12-02
《鸿雪因缘图记》初集、二集、三集	半框19cm×13.5cm; 开本29.5cm×17cm	207,000	西泠印社	2021-01-14
《起运三昧水忏法》三卷	33.6cm×12.1cm	207,000	永乐拍卖	2021-05-20
《大乘起信论疏》二卷 科文一卷	33.7cm×11.3cm	207,000	永乐拍卖	2021-05-20
《钦定古今图书集成》	27cm×17.5cm	207,000	华艺国际	2021-06-02
《御制资政要览三卷 资政要览后序一卷》(蝴蝶装)	29.5cm×17.5cm	207,000	华艺国际	2021-06-02
双色批校本《荀子》二十卷	26cm×17.5cm	207,000	华艺国际	2021-06-02
《圣谕像解》二十卷	29.3cm×18.2cm	207,000	永乐拍卖	2021-12-02
《北平笺谱》	32cm×22cm	207,000	永乐拍卖	2021-12-02
甘鹏云藏《宋大家王文公文钞》十六卷	28.2cm×17.9cm	207,000	永乐拍卖	2021-12-02
《韦苏州集》十卷(吴文溥批)	28.3cm×17.6cm	207,000	北京保利	2021-12-04
《知不足斋丛书》《续知不足斋丛书》	尺寸不一	201,250	中贸圣佳	2021-05-21
《拾全图》	59.5cm×29cm	201,250	中贸圣佳	2021-12-29
《续高僧传卷第十九》	30.5cm×11.3cm	201,250	华艺国际	2021-12-10
鲍彪校注《战国策谭棷》十卷 附录一卷	14.8cm×22cm	195,500	中国嘉德	2021-05-20
孟郊撰《孟东野诗集》十卷	27.5cm×18cm	195,500	中贸圣佳	2021-05-21
明清刻本三十一种	尺寸不一	195,500	中贸圣佳	2021-05-21
司马光《资治通鉴》	25cm×16.5cm×114cm	195,500	北京荣宝	2021-12-02
清 李光地撰《御纂性理精义》十二卷	半框尺寸 22cm×15.5cm	195,500	上海驰翰	2021-03-05
密韵楼三种	33cm×22cm	195,500	华艺国际	2021-06-02
《鸿雪因缘图记》初集、二集、三集	30cm×17cm	195,500	华艺国际	2021-06-02
《东坡先生易传》九卷	22.4cm×15.4cm	195,500	北京保利	2021-06-06
宋鲍彪校注、元吴师道重校、明穆文熙编《战国策》十卷	24.6cm×14.7cm	195,500	北京保利	2021-09-25
宋朱申注释、明顾梧芳校正《春秋左传详节句解》三十五卷	20.8cm×14.7cm	195,500	北京保利	2021-09-25
徐乃昌藏《东巡八赋》一卷	32.5cm×18.5cm	195,500	永乐拍卖	2021-12-02
嵇曾筠等撰《浙江通志》二百四十卷	23.8cm×16cm	189,750	中贸圣佳	2021-05-21

拍品名称	物品尺寸	成交价RMB	拍卖公司	拍卖日期
钱泰吉、六舟题陈奕禧手录《李笠翁尺牍》	开本24.5cm×14.5cm	189,750	西泠印社	2021-07-23
宋释子淳撰、释庆环辑《丹霞淳禅师颂古集》一卷	26cm×15cm	184,000	十竹斋拍卖(北京)	2021-05-29
宋朱熹 程颐撰《周易二十四卷 附上下篇义一卷 图说一卷 五赞一卷 筮仪一卷》	25.5cm×17.5cm	184,000	十竹斋拍卖(北京)	2021-05-29
清 纪昀著《阅微草堂笔记》二十四卷	26cm×15.5cm	184,000	十竹斋拍卖(北京)	2021-05-29
《道德宝章》	39.5cm×23.5cm	184,000	泰和嘉成	2021-12-11
《周易本义》	37cm×21cm	184,000	泰和嘉成	2021-12-11
《钦定元王恽承华事略补图》六卷	45cm×24cm	184,000	永乐拍卖	2021-05-20
《满汉合璧三国志》存十六卷	25cm×17.4cm	184,000	北京保利	2021-06-06
《真西山心经一卷政经一卷》	34cm×21cm	184,000	北京保利	2021-06-06
《佩文斋咏物诗选》四百八十六卷	23.4cm×14.4cm	184,000	北京保利	2021-06-06
《花营锦阵》(签题锦屏梅)	29.2cm×23cm	184,000	中贸圣佳	2021-07-06
徐时栋、冯真群递藏初刻初印《焠掌录》二卷 清钱塘汪启淑辑	27cm×17cm	184,000	南京经典	2021-07-18
《红楼梦》一百二十卷	18.6cm×12.1cm	184,000	永乐拍卖	2021-12-02
《金瓶梅》一百回	17.6cm×11cm	184,000	永乐拍卖	2021-12-02
《太上玄灵北斗本命延生真经》一卷附《北斗长生聪明密咒》一卷《太上灵宝天尊说禳灾度厄真经》一卷《元始天尊说北方真武妙经》一卷附《玄帝百字圣号》一卷《太上说平安蠲经》一卷《太上正一天尊说镇宅消灾龙虎妙经》一卷(明初最原始的保存状态)	32cm×59cm	184,000	北京保利	2021-12-04
清溪道人编《新镌批评出像通俗演义禅真后史》十集六十回	14cm×20.5cm	178,250	中国嘉德	2021-05-20
令狐德棻编《周书》五十卷	29cm×19cm×6	178,250	北京荣宝	2021-06-19
《资治通鉴纲目全编》	26.8cm×17cm	178,250	北京荣宝	2021-12-02
碛砂藏《阿毗婆沙论卷第一百四(沛四)》	31.1cm×817.6cm	178,250	北京保利	2021-06-06
门无子撰《韩子迂评》二十卷附录一卷	14.5cm×21cm	172,500	中国嘉德	2021-05-20
罗贯中撰 李渔评《三国志像》	28.8cm×20.5cm	172,500	中国嘉德	2021-05-20
《医方选要》十卷	28.5cm×18cm	172,500	中贸圣佳	2021-05-21
张英、王士禛等纂《渊鉴类函》四百五十卷目录四卷	22.4cm×14.3cm	172,500	中贸圣佳	2021-05-21
《通鉴纪事本末》卷七	32.4cm×24cm	172,500	中贸圣佳	2021-05-21
明 瞿汝稷辑《指月录》三十二卷	28cm×17cm	172,500	十竹斋拍卖(北京)	2021-05-29
明 李默著《紫阳文公先生年谱》五卷	27cm×16.5cm	172,500	十竹斋拍卖(北京)	2021-05-29
宣宗朱瞻基《五伦书卷之六十二》	40cm×24cm×1	172,500	北京荣宝	2021-06-19
康麟《雅音会编》十二卷	27.5cm×16.8cm×12	172,500	北京荣宝	2021-06-19
徐千学撰《古文渊鉴》六十四卷	28cm×16.5cm×25	172,500	北京荣宝	2021-06-19
《明史》	28.5cm×17.5cm	172,500	泰和嘉成	2021-12-11
《古文约选》	29cm×19cm	172,500	泰和嘉成	2021-12-11
《文心雕龙》	29.5cm×18.5cm	172,500	泰和嘉成	2021-12-11
《李明仲营造法式》	34cm×23cm	172,500	泰和嘉成	2021-12-11
《虢国夫人游春图》	53cm×145cm	172,500	北京荣宝	2021-12-02
《簪花仕女图》	51cm×188cm	172,500	北京荣宝	2021-12-02
《事文类聚》	30.5cm×18cm	172,500	北京荣宝	2021-12-02
《李明仲营造法式》三十四卷	33.4cm×22.5cm	172,500	中贸圣佳	2021-12-29
明 万历版《大广益会玉篇》三十卷(八册全)	30.5cm×20cm	172,500	广东精诚所至	2021-01-22
《太上玄灵北斗本命延生真经》一卷	1200cm×23cm	172,500	永乐拍卖	2021-05-20
《大乘本生心地观经》八卷	33.2cm×12cm	172,500	永乐拍卖	2021-05-20
《明史稿》三百一十卷 目录三卷	27.7cm×17.4cm	172,500	永乐拍卖	2021-05-20
唐王士源撰《孟浩然诗集》二卷	半框20cm×15cm	172,500	上海驰翰	2021-07-06
蒋元龙旧藏《中州集十卷 首一卷 乐府一卷》	半框19cm×13.5cm; 开本27cm×17.5cm	172,500	西泠印社	2021-07-23
《毛泽东选集》试刻样	30.2cm×18.3cm	172,500	永乐拍卖	2021-12-02
夹带《书经集传》六卷	4.45cm×3cm	172,500	永乐拍卖	2021-12-02
罗士珏藏《御定全金诗增补中州集》七十二卷 首二卷	24.5cm×15.5cm	172,500	永乐拍卖	2021-12-02
《南斋集》六卷词二卷(徐乃昌旧藏)	27.9cm×17.4cm	172,500	北京保利	2021-12-04
《重刊宋本十三经注疏附校勘记》	26cm×15.9cm	166,750	中贸圣佳	2021-05-21
孙家鼐撰《钦定书经图说》五十卷	32.5cm×21.5cm×16	166,750	北京荣宝	2021-06-19
《重刊明成化本东坡七集一百一十卷》	30cm×17.7cm	166,750	中贸圣佳	2021-12-29
李如一录、赵宧光校元刻本《中州集首一卷中州乐府一卷》金元好问撰	26cm×16.8cm	166,750	南京经典	2021-07-18
实叉难陀译《大方广佛华严经》存六十五卷	12.2cm×27cm	161,000	中国嘉德	2021-05-20
王应麟 撰《玉海二百卷辞学指南四卷附刻十三种》	27.6cm×16.8cm	161,000	中贸圣佳	2021-05-21
《宋元学案补遗一百卷 首一卷 别附三卷》	25.6cm×15cm	161,000	中贸圣佳	2021-05-21
明清刻本十种	尺寸不一	161,000	中贸圣佳	2021-05-21
周振汉绘《谨遵圣谕辟邪全图》	34.5cm×28.8cm	161,000	中贸圣佳	2021-05-21

2021杂项拍卖成交汇总（续表）

(成交价RMB：1万元以上)

拍品名称	物品尺寸	成交价RMB	拍卖公司	拍卖日期
梁诗正等编《西清古鉴》四十卷附《钱录》十六卷	42.2cm×26.9cm	161,000	中贸圣佳	2021-05-21
明 陈继儒著《眉公先生晚香堂小品》二十四卷	26.5cm×17cm	161,000	十竹斋拍卖（北京）	2021-05-29
明 袁宏道著《梨云馆类定袁中郎全集》二十四卷	27.5cm×17.5cm	161,000	十竹斋拍卖（北京）	2021-05-29
玄烨选、陈廷敬等辑注《御选唐诗》三十二卷 目录三卷	23.5cm×14cm×34	161,000	北京荣宝	2021-06-19
《徽州府志》（安徽）	25cm×15.5cm×30	161,000	北京荣宝	2021-06-19
《梦窗甲乙丙丁稿》两种	26cm×15.5cm	161,000	泰和嘉成	2021-12-11
《法书考》《都城纪胜》	24cm×15cm	161,000	泰和嘉成	2021-12-11
《丹麦国王克里斯蒂安四世传记》	39cm×26cm	161,000	泰和嘉成	2021-12-11
列御寇《列子》	28cm×17.3cm	161,000	北京荣宝	2021-12-02
王通《文中子》	27cm×18cm	161,000	北京荣宝	2021-12-02
韩非《韩非子》	27cm×17cm	161,000	北京荣宝	2021-12-02
《大般若波罗蜜多经卷第四百四十五》	30.1cm×11.3cm	161,000	中贸圣佳	2021-12-29
明 张所望辑《苏文忠公尺牍》四卷《黄文节公尺牍》四卷	半框尺寸19cm×12.5cm	161,000	上海驰翰	2021-03-05
《西汉会要》七十卷	23cm×15cm	161,000	永乐拍卖	2021-05-20
林纾译《巴黎茶花女遗事》《黑奴吁天录》两种	尺寸不一	161,000	华艺国际	2021-06-02
叶潞渊长跋多批钤印《双钩鹤铭》等墨拓珂罗版二十三种（叶潞渊旧藏）	尺寸不一	161,000	北京保利	2021-06-06
《文章正绪论》二十卷	30cm×17cm	161,000	永乐拍卖	2021-12-02
《李明仲营造法式》三十六卷	34cm×23.6cm	161,000	北京保利	2021-12-04
《十竹斋书画谱》	31.5cm×36.7cm	155,250	中贸圣佳	2021-05-21
《光绪嘉兴县志》（红印校样本）	半框19cm×13.5cm；开本30cm×16cm	155,250	西泠印社	2021-07-23
玄烨撰《御制诗第二集十卷》	13.5cm×18.8cm	149,500	中国嘉德	2021-03-27
雍正帝胤禛辑《御录经海一滴》六卷	13cm×17.5cm	149,500	中国嘉德	2021-05-20
般剌蜜帝译《大佛顶如来密因修证了义诸菩萨万行首楞严经》十卷	12.2cm×25.7cm	149,500	中国嘉德	2021-05-20
陈深批点《楚辞十七卷》	27cm×17.6cm	149,500	中贸圣佳	2021-05-21
祝穆等撰《新编古今事文类聚》二百三十六卷	27.2cm×16.8cm	149,500	中贸圣佳	2021-05-21
刘士镛选《文致》不分卷	31.7cm×18.2cm	149,500	中贸圣佳	2021-05-21
蔡汝楠撰《自知堂集》二十四卷	26.5cm×16cm	149,500	中贸圣佳	2021-05-21
《二十四史》	19.9cm×13.1cm	149,500	中贸圣佳	2021-05-21
明清刻本十四种	尺寸不一	149,500	中贸圣佳	2021-05-21
郑若曾撰《筹海图编》十三卷	30.6cm×18.4cm	149,500	中贸圣佳	2021-05-21
情痴反正道人撰《肉蒲团》六卷二十回	19.5cm×12.5cm	149,500	中贸圣佳	2021-05-21
周树人撰《鲁迅全集》十卷	18.5cm×29.5cm	149,500	中国嘉德	2021-12-11
民国十八年（1929年）陶湘辑《涉园墨萃》两函十四册	30cm×18.4cm	149,500	中国嘉德	2021-11-29
《御制数表》	19cm×12cm	149,500	泰和嘉成	2021-12-11
《持世经卷第一》	30.5cm×11.4cm	149,500	中贸圣佳	2021-12-29
《韩非子二十卷识误三卷》	25.5cm×17cm	149,500	中贸圣佳	2021-12-29
《广东书局重刊武英殿版十三经》三百四十六卷全	半框22cm×15.5cm；开本26cm×17cm	149,500	西泠印社	2021-01-14
许论《九边图论》一卷	27cm×18cm	149,500	永乐拍卖	2021-12-02
《新增说文韵府群玉》二十卷	26.6cm×16cm	149,500	永乐拍卖	2021-12-02
《史记》一百三十卷附方望溪批点《史记》四卷（朱疆村通篇精校本）	24.5cm×15.5cm	149,500	北京保利	2021-12-04
陈熙庠撰《一斋居士诗续集》九卷	13cm×19cm	138,000	中国嘉德	2021-05-20
申时行等撰《大明会典》二百二十八卷	26.9cm×17.4cm	138,000	中贸圣佳	2021-05-21
《十三经注疏》	23.7cm×15cm	138,000	中贸圣佳	2021-05-21
明清刻本二十五种	尺寸不一	138,000	中贸圣佳	2021-05-21
陈衍等纂《福建通志》五十一卷	29.3cm×18.5cm	138,000	中贸圣佳	2021-05-21
河北盐山刘驹贤旧藏《新纂门目五臣音注扬子法言》十卷	26cm×17cm	138,000	十竹斋拍卖（北京）	2021-05-29
《周易》	35cm×21cm	138,000	泰和嘉成	2021-12-11
《史通训故补》二十卷	26cm×15.5cm	138,000	泰和嘉成	2021-12-11
《秦汉瓦图记四卷补遗一卷诗一卷》	26cm×18cm	138,000	泰和嘉成	2021-12-11
《十三经注疏》三百三十三卷	25.2cm×15.8cm	138,000	中贸圣佳	2021-12-29
黄钧川学斋旧藏《新纂门目五臣音注扬子法言》十卷	半框20cm×14.5cm；开本26.8cm×18.3cm	138,000	西泠印社	2021-01-14
《西京职官印录》二卷	半框19cm×12.7cm；开本27cm×16cm	138,000	西泠印社	2021-01-14
《中说》十卷	27.5cm×17.2cm	138,000	永乐拍卖	2021-05-20
清安徽桐城吴闿生评选《古今诗范》十六卷（一函四厚册）	32cm×20cm	138,000	中鸿信	2021-07-15
沙孟海题姜西溟旧藏兰亭二种	33.5cm×17cm；31cm×18cm	138,000	西泠印社	2021-07-25
《新刻临川王介甫先生集》一百卷	27cm×16cm	138,000	永乐拍卖	2021-12-02
《画学心法》二卷	26cm×16.3cm	138,000	华艺国际	2021-12-10
《真西山心经 政经》（原装原函）	34cm×22cm	138,000	华艺国际	2021-12-10
徐乃昌藏《屈原赋注》十二卷《通释》二卷 音义三卷	32.7cm×21.7cm	138,000	华艺国际	2021-12-10
《绝妙好词笺》	27.6cm×16.7cm	138,000	北京保利	2021-12-04
庄子郭注十卷（晚明杭州著名社团"小筑社"出版物遗存）	27.7cm×17cm	138,000	北京保利	2021-12-04
马端临撰《文献通考》三百四十八卷	25.5cm×16.4cm	132,250	中贸圣佳	2021-05-21
西夏文《佛说父母恩重经》	36.9cm×20.5cm	132,250	中贸圣佳	2021-05-21
唐文治三色批注《诗经读本》	28cm×17.5cm	132,250	华艺国际	2021-06-02
周作人藏《翠娱阁明四家小品》八卷	26cm×16.8cm	132,250	永乐拍卖	2021-12-02
《国语》二十卷《战国策》三十三卷《札记》两卷	30cm×18cm	132,250	华艺国际	2021-12-10
朱熹集注《孟子》七卷	14.5cm×20cm	126,500	中国嘉德	2021-05-20
顺治帝福临撰《御制资政要览》三卷 后序一卷	24cm×18.5cm	126,500	中国嘉德	2021-05-20
李攀龙撰《沧溟先生集》三十卷	26cm×16cm	126,500	中贸圣佳	2021-05-21
李三才编《李何二先生诗》四十八卷	27.8cm×17.8cm	126,500	中贸圣佳	2021-05-21
潘季驯撰《河防一览》十四卷	26.8cm×16.9cm	126,500	中贸圣佳	2021-05-21
脱脱撰《宋史》四百九十六卷	27.6cm×17.1cm	126,500	中贸圣佳	2021-09-28
《三国志》版画	22.5cm×1455cm	126,500	华艺国际	2021-06-02
《春秋公羊注疏》二十八卷	30cm×16.3cm	126,500	北京保利	2021-06-06
汉郑氏笺、唐孔颖达《礼记注疏》六十三卷	25.5cm×16cm	126,500	上海驰翰	2021-07-06
宋刻本《致堂读史管见三十卷》单叶	半框19.5cm×14.5cm；开本25cm×16.5cm	126,500	西泠印社	2021-07-23
《观音菩萨六字大明王神咒》一卷《佛说大藏经总》一卷	15cm×6.2cm	126,500	永乐拍卖	2021-12-02
《金刚药师观音三经》	35.5cm×13cm	126,500	永乐拍卖	2021-12-02
《河防一览》十四卷	27cm×16.8cm	126,500	永乐拍卖	2021-12-02
十八尊者	36cm×50cm	126,500	华艺国际	2021-12-10
李时珍撰《本草纲目》五十二卷图三卷	25cm×16cm	120,750	中贸圣佳	2021-05-21
《达仁堂药目》等十三种	尺寸不一	120,750	中贸圣佳	2021-05-21
宋元间刻碛砂藏本《普曜经卷第五》一函一册	30.5cm×11cm	120,750	广东精诚所至	2021-01-22
《御批通鉴辑览》	半框17.2cm×13.2cm	120,750	上海驰翰	2021-07-06
马国翰辑《玉函山房辑佚书》	12.5cm×17.5cm	115,000	中国嘉德	2021-03-27
元好问辑《中州集》十卷 首一卷《中州乐府》一卷	13.5cm×19cm	115,000	中国嘉德	2021-05-20
裴松之注《怿宝惠过录何义门批三国志六十五卷》	29.7cm×18.3cm	115,000	中贸圣佳	2021-05-21
杨慎评点《草堂诗余五卷》	26.3cm×17cm	115,000	中贸圣佳	2021-05-21
严可均辑《全上古三代秦汉三国六朝文》七百六十四卷	29.8cm×17.5cm	115,000	中贸圣佳	2021-05-21
元明善本丛书八种	26.5cm×15cm	115,000	中贸圣佳	2021-05-21
宋王黼等撰《泊如斋重修宣和博古图录三十卷》	27cm×17cm	115,000	十竹斋拍卖（北京）	2021-05-29
清 焦秉贞绘、朱圭刻《御制耕织图》	33cm×27cm	115,000	十竹斋拍卖（北京）	2021-05-29
阴时夫辑《韵府群玉》	26.5cm×16cm×20	115,000	北京荣宝	2021-06-19
邵雍撰《伊川击壤集二十卷 附集外诗一卷》	32.5cm×19.5cm×16	115,000	北京荣宝	2021-06-19
马端临撰《文献通考》三百四十八卷	23.8cm×16cm×160	115,000	北京荣宝	2021-06-19
宣宗朱瞻基撰《五伦书》存四卷	19cm×29.5cm	115,000	中国嘉德	2021-12-11
《周易本义》	31cm×19.5cm	115,000	泰和嘉成	2021-12-11
《佩文斋咏物诗选》	26cm×17cm	115,000	泰和嘉成	2021-12-11
《韵府拾遗》一百六卷	23cm×15cm	115,000	泰和嘉成	2021-12-11
《书传大全》存卷一至卷五	36.5cm×22cm	115,000	泰和嘉成	2021-12-11
《晁具茨诗集》十五卷读书随记一卷	21cm×12.5cm	115,000	泰和嘉成	2021-12-11
《文选尤》	30cm×18.5cm	115,000	泰和嘉成	2021-12-11
《名山图》一卷	29.3cm×17.2cm	115,000	泰和嘉成	2021-12-11
《山海经释义》十八卷图像一卷	28.9cm×17.5cm	115,000	泰和嘉成	2021-12-11
郑玄《周礼注疏》存三十八卷	29.5cm×18cm	115,000	北京荣宝	2021-12-02
胡广等辑《中庸》	36.5cm×22.5cm	115,000	北京荣宝	2021-12-02
《十三经注疏》三百三十三卷	23.3cm×14.9cm	115,000	中贸圣佳	2021-12-29
《经史证类大观本草》三十一卷	29cm×17.3cm	115,000	中贸圣佳	2021-12-29
武福鼐题藏《杜工部集》二十卷 首一卷	29.5cm×18cm	115,000	永乐拍卖	2021-05-20
《李明仲营造法式》三十四卷	33cm×23.5cm	115,000	华艺国际	2021-06-02
汉郑氏笺、唐孔颖达《毛诗注疏》二十卷	25.5cm×16cm	115,000	上海驰翰	2021-07-06
《新刻张太岳诗文集》四十七卷	29cm×17cm	115,000	永乐拍卖	2021-12-02
《灵星小舞曲》一卷	32.8cm×22.7cm	115,000	永乐拍卖	2021-12-02
《古文渊鉴》六十四卷	28.7cm×17cm	115,000	永乐拍卖	2021-12-02
孙毓修《全唐诗》九百卷 目录二卷	22cm×13cm	115,000	永乐拍卖	2021-12-02
张伯英批《右军书范》二种	32.5cm×22cm	115,000	华艺国际	2021-12-10
《文美斋诗笺谱》	29.5cm×19.5cm	115,000	华艺国际	2021-12-10
《御纂性理精义》十二卷	29.4cm×21cm	115,000	华艺国际	2021-12-10
《影宋台州本荀子》二十卷	31.5cm×21.7cm	115,000	华艺国际	2021-12-10
《大般若波罗蜜多经卷第二百六十九》（泥金写本）	25.7cm×852cm	115,000	北京保利	2021-12-04
《佛说无量寿经》二卷（上下全）	上29cm×1139cm；下29cm×1165cm	115,000	北京保利	2021-12-04
《东坡先生全集七十五卷》	26cm×17.7cm	115,000	北京保利	2021-12-04
《节孝先生集》三十卷附录三卷	25.4cm×16.4cm	115,000	北京保利	2021-12-04
《道言内外秘诀全书》五十六种六十三卷	27.5cm×17cm	115,000	北京保利	2021-12-04
《聚学轩丛书》	29.7cm×17.4cm	112,700	中贸圣佳	2021-05-21
清 王希廉评《红楼梦一百二十回》	19.5cm×12.5cm	112,700	十竹斋拍卖（北京）	2021-05-29

（成交价RMB：1万元以上）

拍品名称	物品尺寸	成交价RMB	拍卖公司	拍卖日期
张廷济亲笔校改《清仪阁杂咏不分卷》	半框17.5cm×13.8cm；开本25.5cm×15.8cm	112,700	西泠印社	2021-07-23
顾氏画谱	19cm×27.2cm	109,250	中国嘉德	2021-05-20
张士保 绘图 云台二十八将图	25.5cm×17.5cm	109,250	北京荣宝	2021-06-19
金刚药师观音三经全部	35.5cm×13cm	109,250	北京荣宝	2021-06-19
《大般若波罗蜜多经》卷第三百九十一至卷第四百	32.8cm×12.8cm	109,250	北京保利	2021-06-06
《钦定书经图说》六十卷	32.2cm×21.2cm	109,250	永乐拍卖	2021-12-02
邵章批《两当轩诗钞十四卷 悔存词钞二卷》	28.5cm×18.5cm	109,250	华艺国际	2021-12-10
《观音菩萨三十二相普门品经》	34.5cm×1500cm	109,250	华艺国际	2021-12-10
《重修政和经史证类备用本草》存二十卷	32.8cm×19.3cm	103,500	中贸圣佳	2021-05-21
阮升基等修《宜兴县旧志》十卷首末各一卷	24.5cm×15.6cm	103,500	中贸圣佳	2021-05-21
刘源绘《凌烟阁功臣图》	27.2cm×16.3cm	103,500	中贸圣佳	2021-05-21
张凤翼《文选纂注》十二卷	25.5cm×17cm	103,500	北京荣宝	2021-06-19
谭元春选《东坡全集七十五卷 东坡诗选十二卷 年谱一卷 宋史本传一卷全》	25.5cm×16cm	103,500	北京荣宝	2021-06-19
《孟子集注》	36cm×22cm	103,500	泰和嘉成	2021-12-11
《康熙字典》	28.5cm×18.3cm	103,500	北京荣宝	2021-12-02
《杜诗选》六卷	31.2cm×19cm	103,500	永乐拍卖	2021-05-20
叶潞渊长跋多批钤印《兰亭序》、题签《天冠山诗帖》等书法字帖六种（叶潞渊旧藏）	尺寸不一	103,500	北京保利	2021-06-06
《钦定书经图说》五十卷	32.3cm×21.4cm	103,500	北京保利	2021-06-06
《康熙字典》四十二卷	28.5cm×18.3cm	103,500	北京保利	2021-06-06
《明诗别裁集》十二卷	27.3cm×18.3cm	103,500	北京保利	2021-06-06
《新纂门目五臣音注扬子法言》十卷	20.4cm×14.4cm	103,500	北京保利	2021-06-06
《广金石韵府》五卷	28.3cm×17.5cm	103,500	永乐拍卖	2021-12-02
《根本说一切有部目一羯磨》卷八	30cm×11.4cm	103,500	永乐拍卖	2021-12-02
《新刊名臣碑传琬琰集》卷十二、十三	28.5cm×16.5cm	102,350	华艺国际	2021-06-02
《十三经注疏》	25cm×14.3cm	101,200	中贸圣佳	2021-05-21
太医院校注《妇人良方大全》二十四卷	27cm×17.6cm	101,200	永乐拍卖	2021-05-20
《御录经海一滴》六卷	24.5cm×16cm	100,050	泰和嘉成	2021-12-11
《资治通鉴》卷第十六	27.8cm×17.7cm	98,900	中贸圣佳	2021-09-28
桂泰辑《安阳县志》二十八卷 首一卷《安阳县金石录》十二卷	14.5cm×17cm	97,750	中国嘉德	2021-05-20
程颢程颐撰《二程全书》六十八卷	14.8cm×21cm	97,750	中国嘉德	2021-05-20
茅坤编《唐宋八大家文抄》	26.3cm×16.7cm	97,750	中贸圣佳	2021-05-21
张玉书等编《康熙字典》	26cm×17cm	97,750	中贸圣佳	2021-05-21
《全唐诗》	23.2cm×15.4cm	97,750	中贸圣佳	2021-05-21
胡正言辑《十竹斋画谱》	59.5cm×26.5cm	97,750	中国嘉德	2021-09-26
杜甫撰、刘辰翁评点《杜子美诗集》二十卷	14cm×20.5cm	97,750	中国嘉德	2021-12-11
御定仿宋相台岳氏本毛诗郑笺卷十九、二十	32cm×20.5cm	97,750	泰和嘉成	2021-12-11
《圣祖仁皇帝庭训格言》一卷	29cm×19cm	97,750	泰和嘉成	2021-12-11
王闿运手稿《东游宴集诗序》	158cm×33.3cm	97,750	中贸圣佳	2021-12-29
《绝妙好词》七卷	29cm×16.5cm	97,750	永乐拍卖	2021-12-02
《鉴古斋墨薮》	30cm×18.5cm	97,750	华艺国际	2021-12-11
《中庸或问》一卷（蓝绫包背原装）	32cm×19cm	97,750	北京保利	2021-12-04
《吴湖帆影宋梅花喜神谱二册》（吴湖帆签赠叶潞渊 叶氏题跋本）（叶潞渊旧藏）	33.4cm×23cm	94,300	北京保利	2021-06-06
宋山阴徐积撰《节孝先生文集三十卷语录一卷附载一卷事实一卷》	25cm×16.5cm	94,300	上海驰翰	2021-07-06
王欣夫批昌黎先生集	26.5cm×15.5cm	94,300	中贸圣佳	2021-07-06
《梅村家藏稿》五十八卷补遗一卷年谱四卷附乐府三种（清）吴伟业撰	30.1cm×18.2cm	94,300	中贸圣佳	2021-07-06
《榕村诗选》八卷	28cm×17.7cm	94,300	北京保利	2021-12-04
李时珍撰《本草纲目》五十二卷图三卷	24.2cm×16cm	93,150	中贸圣佳	2021-05-21
谢陛 撰《季汉书》五十六卷	13.5cm×20.7cm	92,000	中国嘉德	2021-03-27
《罗祖五部经》六卷	13.5cm×29.5cm	92,000	中国嘉德	2021-05-20
冯时行 撰（宋）傅增湘藏园抄本《缙云集》四卷 附录一卷	13.5cm×17.3cm	92,000	中国嘉德	2021-05-20
罗愿 撰《新刻尔雅翼》三十二卷	23.7cm×16.5cm	92,000	中贸圣佳	2021-05-21
《古今名医图》	127cm×44cm	92,000	中贸圣佳	2021-05-21
师范 纂修 滇系十二卷	26.3cm×17.8cm	92,000	中贸圣佳	2021-05-21
《吕氏春秋》二十六卷	24cm×17cm	92,000	十竹斋拍卖（北京）	2021-05-29
宋江西南丰 曾巩著《宋大家曾文定公文抄》十卷	28cm×18.5cm	92,000	十竹斋拍卖（北京）	2021-05-29
明 钱塘钟人杰辑《性理大全会通》七十卷 续编四十二卷	25.7cm×16.5cm	92,000	十竹斋拍卖（北京）	2021-05-29
《列女传》十六卷	29.5cm×18cm	92,000	十竹斋拍卖（北京）	2021-05-29
祝穆编《新编方舆胜览》卷第六十九	26.8cm×16cm	92,000	北京荣宝	2021-06-19
王安石撰《新刻临川王介甫先生诗文集》一百卷	25.4cm×16cm	92,000	北京荣宝	2021-06-19
刘祜辑《文章正论》十五卷 绪论五卷	30cm×17cm	92,000	北京荣宝	2021-06-19

拍品名称	物品尺寸	成交价RMB	拍卖公司	拍卖日期
《四书章句集注》二十八卷	32cm×20cm	92,000	泰和嘉成	2021-12-11
《清高宗御制诗余集二十卷》	28cm×17cm	92,000	泰和嘉成	2021-12-11
《满汉文御制劝善要言》	37cm×22.5cm	92,000	泰和嘉成	2021-12-11
《峤雅》	25cm×16.5cm	92,000	泰和嘉成	2021-12-11
《归云楼题画诗》	32.5cm×22cm	92,000	泰和嘉成	2021-12-11
《梅村家藏稿》	30.8cm×18.8cm	92,000	泰和嘉成	2021-12-11
《新刊出像补订参采史鉴南宋志传通俗演义题评》存卷一至五、九、十	25.1cm×16.6cm	92,000	泰和嘉成	2021-12-11
《五经图》十二卷	29.8cm×17.8cm	92,000	泰和嘉成	2021-12-11
康有为旧藏《初学记》	30cm×20cm	92,000	泰和嘉成	2021-12-11
利类思《超性学要》	26cm×16.2cm	92,000	北京荣宝	2021-12-02
王应麟《玉海》存二卷 书口彩绘本	26.3cm×16.7cm	92,000	北京荣宝	2021-12-02
德文手抄彩绘本手稿	14cm×10.8cm	92,000	北京荣宝	2021-12-02
《御选唐诗》三十二卷	23.3cm×14.2cm	92,000	中贸圣佳	2021-12-29
《容斋五笔》	29.2cm×18.5cm	92,000	中贸圣佳	2021-12-29
《春秋左传》三十卷	27cm×17cm	92,000	永乐拍卖	2021-05-20
《康熙字典》四十二卷	25.7cm×16.5cm	92,000	永乐拍卖	2021-05-20
《全上古三代秦汉三国六朝文》七百四十六卷	26cm×16.5cm	92,000	永乐拍卖	2021-05-20
《盛明杂剧初集 二集》	33cm×22cm	92,000	华艺国际	2021-06-02
《大方等大集月藏经》十卷	32.8cm×11.3cm	92,000	北京保利	2021-06-06
宋李昉等奉敕编纂《太平御览》存四卷（一函二册）	28cm×17.5cm	92,000	中鸿信	2021-07-15
《大藏经》十二卷（一套十二卷）	65cm×11.5cm	92,000	中鸿信	2021-07-15
《宣和博古图录》三十卷	29.3cm×18cm	92,000	永乐拍卖	2021-12-02
《颜氏家训》二卷	29.2cm×18.5cm	92,000	永乐拍卖	2021-12-02
《分类补注李太白诗》二十五卷 年谱一卷	28cm×18cm	92,000	永乐拍卖	2021-12-02
杨岘批跋 陈三立旧藏《巢经巢诗钞》九卷	28.5cm×18cm	92,000	华艺国际	2021-12-10
《雪庄西湖渔唱》七卷	24.8cm×15.9cm	92,000	北京保利	2021-12-04
《袁中郎先生十集》	28.2cm×17.4cm	92,000	北京保利	2021-12-04
《国朝耆献类征》七百二十卷（存159册）	26.6cm×15.5cm	90,800	北京保利	2021-01-20
俞庆澜编《宿松县志》五十六卷（安徽宿松）	25.5cm×15cm	89,700	北京荣宝	2021-06-19
《十竹斋书画谱》	30cm×16.5cm	89,700	中贸圣佳	2021-09-28
《红楼梦新证》	29.3cm×18.5cm	89,700	中贸圣佳	2021-12-29
《徐霞客游记》	26.5cm×15.3cm	89,700	中贸圣佳	2021-12-29
宋张栻著《南轩先生文集》	半框尺寸 19.3cm×14cm	89,700	上海驰翰	2021-03-05
唐陆贽撰、清王汝骧、张泰基校《唐陆宣公集》二十二卷	半框尺寸 18.5cm×13cm	89,700	上海驰翰	2021-03-05
《礼记旁训》六卷	30.7cm×18.6cm	89,700	永乐拍卖	2021-05-20
清黎庶昌辑《古逸丛书》十种	开本31cm×22.5cm	89,700	西泠印社	2021-07-23
《管子》二十四卷	26cm×17cm	89,700	华艺国际	2021-12-10
彭定求、曹寅等辑《全唐诗》	10.7cm×13.8cm	86,250	中国嘉德	2021-03-27
钟惺辑《东坡文选》二十卷	14cm×18.8cm	86,250	中国嘉德	2021-03-27
毕沅撰《续资治通鉴》二百二十卷	28.5cm×18cm	86,250	中贸圣佳	2021-05-21
《莽男儿》存第一至第十三回	23cm×13cm	86,250	中贸圣佳	2021-05-21
陆陇其辑《四书大全》	15cm×20.2cm	86,250	中国嘉德	2021-12-11
《平定廓尔喀得胜图之攻克济龙》	50cm×87cm	86,250	泰和嘉成	2021-12-11
《平定准噶尔回部得胜图之阿尔楚尔之战》	51cm×90cm	86,250	泰和嘉成	2021-12-11
《平定准噶尔回部得胜图之格拉研营之战》	50.5cm×89cm	86,250	泰和嘉成	2021-12-11
《平定准噶尔回部得胜图之霍斯库鲁克之战》	50.5cm×89cm	86,250	泰和嘉成	2021-12-11
《坡仙集》十六卷	26cm×17cm	86,250	北京荣宝	2021-12-02
朱熹《中庸或问》	35cm×21.4cm	86,250	北京荣宝	2021-12-02
清光绪丙申（1896年）内府影宋刻大字本《真西山心经·政经》一函二册	34cm×21cm	86,250	广东精诚所至	2021-01-22
《楝亭藏书十二种》	22.5cm×13.4cm	86,250	北京保利	2021-06-06
《佛说大涅槃经》	21cm×9cm	86,250	永乐拍卖	2021-12-02
朱天梵题《谭浏阳全集》	25.5cm×15cm	86,250	华艺国际	2021-12-10
《带经堂集》九十二卷	25.5cm×16.6cm	86,250	北京保利	2021-12-04
《焠掌录》二卷	26cm×16cm	83,950	华艺国际	2021-06-02
叶德辉跋《世说新语》六卷附佚文考证	26.5cm×15.8cm	83,950	南京经典	2021-07-18
《归莲梦》四卷十二回	19.6cm×10.9cm	82,800	中贸圣佳	2021-09-28
《五经图》六卷	49.3cm×33cm	82,800	中贸圣佳	2021-12-29
《大佛顶首楞严经十卷》（存八卷）	33.2cm×12.1cm	82,800	北京保利	2021-06-06
孙孟延兰枝馆旧藏张廷济《桂馨堂集十三卷》	开本23.5cm×15cm	82,800	西泠印社	2021-07-23
朱熹集注《论语》十卷	14cm×20cm	80,500	中国嘉德	2021-03-27
《佩文斋广群芳谱》一百卷目录二卷	11.7cm×16.7cm	80,500	中国嘉德	2021-05-20
《宋百家诗存》十卷	28.2cm×18.4cm	80,500	中贸圣佳	2021-05-21
茅坤编《唐宋八大家文钞》	25.1cm×17.1cm	80,500	中贸圣佳	2021-05-21
叶恭绰满批梦窗词选笺释	26.1cm×15.1cm	80,500	中贸圣佳	2021-05-21
万福麟等纂修《黑龙江志稿》六十二卷首一卷附大事记四卷	30.3cm×17.7cm	80,500	中贸圣佳	2021-05-21

2021杂项拍卖成交汇总(续表)

(成交价RMB：1万元以上)

拍品名称	物品尺寸	成交价RMB	拍卖公司	拍卖日期
清 李光地等撰《御纂性理精义》十二卷	30cm×19.5cm	80,500	十竹斋拍卖(北京)	2021-05-29
三藏法师玄奘译《阿毗达磨大毗婆沙论》卷五十一至六十	33cm×13cm	80,500	北京荣宝	2021-06-19
朱文治辑《广文字会宝》	32cm×18cm	80,500	北京荣宝	2021-06-19
姚思廉撰《陈书》三十六卷	28.9cm×17.8cm	80,500	北京荣宝	2021-06-19
顺治帝福临撰《御制资政要览三卷》	21cm×13cm	80,500	北京荣宝	2021-06-19
顺治帝福临撰康生旧藏《御制资政要览三卷附后序一卷》	25cm×15cm	80,500	北京荣宝	2021-06-19
郭元釪辑《御定全金诗中州集》七十四卷	24cm×15.5cm	80,500	北京荣宝	2021-06-19
仁宗颙琰撰《御制文初集》十卷	29.5cm×18cm	80,500	北京荣宝	2021-06-19
《钦定全唐文》存七卷	32cm×19cm	80,500	泰和嘉成	2021-12-11
《御定仿宋相台岳氏本春秋经传集解》三十卷	28cm×17cm	80,500	泰和嘉成	2021-12-11
《大乘妙法莲华经》七卷	28.5cm×9cm	80,500	泰和嘉成	2021-12-11
《文苑英华》存九卷 书口彩绘本	28cm×18cm	80,500	北京荣宝	2021-12-02
《千金翼方》三十卷、《备急千金要方》三十卷	30.7cm×18.2cm	80,500	中贸圣佳	2021-12-29
《百万塔陀罗尼无垢净光经之相轮陀罗尼卷》唐土硬黄纸刊本	5cm×31cm	80,500	广东崇正	2021-01-06
《新旧唐书互证》二十卷	半框20.5cm×14.5cm;开本27cm×16.5cm	80,500	西泠印社	2021-01-14
《太上感应篇集传》四卷	32.7cm×22cm	80,500	永乐拍卖	2021-05-20
《李明仲营造法式》三十四卷	30cm×19.9cm	80,500	北京保利	2021-06-06
《韦苏州集》十卷	30cm×18.5cm	80,500	北京保利	2021-06-06
唐文治《毛诗读本二十卷》出版底稿	28cm×17.5cm	80,500	永乐拍卖	2021-12-02
《新评绣像红楼梦全传一百二十回》	18cm×11.5cm	80,500	北京保利	2021-12-04
倪文蔚等纂修《荆州府志》八十卷首一卷	29.5cm×16.5cm	79,350	中贸圣佳	2021-05-21
陈仁锡评《资治通鉴纲目》五十九卷 前编 二十五卷 续编 存十八卷	14.7cm×20.8cm	78,200	中国嘉德	2021-05-20
"文革"大字本等七种	尺寸不一	78,200	中贸圣佳	2021-05-21
王象晋撰《二如亭群芳谱》三十五卷	25cm×16cm	78,200	中贸圣佳	2021-05-21
王圻、王思义父子撰《三才图会人事》第一卷	28.3cm×19cm	78,200	北京荣宝	2021-06-19
郭璞撰《图注山海经》	25.2cm×16cm×2	78,200	北京荣宝	2021-06-19
《壬癸集》	30cm×22cm	78,200	泰和嘉成	2021-12-11
《尝试集》	18cm×13cm	78,200	泰和嘉成	2021-12-11
《经史证类大观本草》三十一卷	30cm×17.7cm	78,200	北京荣宝	2021-12-02
《鲁迅全集》十卷	29.5cm×18.5cm	78,200	中贸圣佳	2021-12-29
《洪武正韵》十六卷	14.7cm×21.5cm	74,750	中国嘉德	2021-03-27
龙云主修《新纂云南通志》二百六十六卷	13.2cm×19.7cm	74,750	中国嘉德	2021-03-27
线装书一批	尺寸不一	74,750	中贸圣佳	2021-05-21
许蕙龢绘《兰蕙同心录不分卷》	21.9cm×14.9cm	74,750	中贸圣佳	2021-05-21
张廷玉等奉敕修《明史》	25.5cm×17cm	74,750	中贸圣佳	2021-05-21
《前四史》	30.2cm×20.2cm	74,750	中贸圣佳	2021-05-21
朱琰编《学诗津逮八种十卷》	23.3cm×12.9cm	74,750	中贸圣佳	2021-05-21
《通志·宗室传》	23.6cm×33.2cm	74,750	北京伍伦	2021-08-01
韦应物撰《韦苏州集十卷 拾遗一卷》	14.7cm×21.3cm	74,750	中国嘉德	2021-09-26
《江南名胜图》二册、《行宫座落图说》一册	26cm×16cm	74,750	泰和嘉成	2021-12-11
唐韩愈撰《昌黎先生集》四十卷外集十卷	半框尺寸 20cm×13cm	74,750	上海驰翰	2021-03-05
周作人旧藏《毛诗名物略》四卷	26cm×16.4cm	74,750	华艺国际	2021-06-02
曹大铁批 仿宋刻《陶渊明诗》(旧山楼、曹大铁递藏)	26.9cm×16.6cm	74,750	北京保利	2021-06-06
徐志摩《爱眉小札》	开本30cm×17.5cm	74,750	西泠印社	2021-07-23
《尚友录》二十二卷	23.8cm×15.6cm	74,750	永乐拍卖	2021-12-02
《点石斋画报》	24.8cm×14.6cm	74,750	永乐拍卖	2021-12-02
太医院校注《妇人良方大全》二十四卷	25cm×15.4cm	74,750	永乐拍卖	2021-12-02
民国《九华堂诗笺》(一箱)		74,750	华艺国际	2021-12-11
《韩柳年谱》八卷	29.6cm×17.4cm	74,750	北京保利	2021-12-04
《弦雪居重订遵生八笺》十九卷目录一卷 明 高濂 编、钟惺伯 阅	22.5cm×13.6cm	72,450	南京经典	2021-07-18
施元之注《施注苏诗四十二卷总目二卷续补遗二卷》	25.9cm×17.7cm	71,300	中贸圣佳	2021-05-21
陈仁锡评《资治通鉴纲目》前编二十五卷正编五十九卷续编二十七卷	26.5cm×16.8cm	71,300	中贸圣佳	2021-05-21
郑樵撰《通志二百卷》	28.1cm×18.2cm	71,300	中贸圣佳	2021-05-21
《大方广佛华严经》	33.5cm×12.2cm	71,300	中贸圣佳	2021-05-21
《十竹斋书画谱》	25cm×14.5cm×16	71,300	北京荣宝	2021-06-19
朱之洪 编《巴县志》二十三卷 文征四卷(重庆)	26cm×16cm×24	71,300	北京荣宝	2021-06-19
《引凤箫四卷十六回》	19.8cm×11.7cm	71,300	中贸圣佳	2021-09-28
影印版 碛砂藏《金刚般若波罗蜜经》	31cm×516cm	71,300	北京荣宝	2021-12-02
《唐韩昌黎集四十卷外集十卷遗文一卷附录一卷》蒋之翘注	24.6cm×16.1cm	71,300	中贸圣佳	2021-07-06
《纯阳真人浑成集》二卷 唐 吕纯阳撰	34.2cm×12.8cm	71,300	南京经典	2021-07-18
《荆川文集》十八卷	28.7cm×18cm	71,300	永乐拍卖	2021-12-02
《焦山志》《鸡足山志补》等方志二十一种	尺寸不一	71,300	华艺国际	2021-12-10
晋郭璞注 明叶自本,郎金奎校订《尔雅》二卷	半框尺寸 21cm×13cm	70,150	上海驰翰	2021-03-05
刘向编集《楚辞》十七卷	14cm×20.5cm	69,000	中国嘉德	2021-03-27
司马光撰《司马温公集略》存十三卷	14cm×19.4cm	69,000	中国嘉德	2021-05-20
陆游撰《渭南文集》五十卷	26.5cm×17cm	69,000	中贸圣佳	2021-05-21
《钦定外藩蒙古回部王公表传》	35.2cm×23.3cm	69,000	中贸圣佳	2021-05-21
常璩撰《华阳国志》十二卷	27.5cm×16cm	69,000	中贸圣佳	2021-05-21
王者辅等纂修《宣化府志》四十二卷首一卷	21.8cm×16.4cm	69,000	中贸圣佳	2021-05-21
汪士鋐等辑《黄山志续集》八卷	26.1cm×17.3cm	69,000	中贸圣佳	2021-05-21
李玉宣 等纂修《重修成都县志》十六卷首一卷	27.7cm×18.5cm	69,000	中贸圣佳	2021-05-21
《张三丰先生全集》	21.4cm×12.6cm	69,000	中贸圣佳	2021-05-21
唐杨士勋疏《春秋谷梁注疏》二十卷	27cm×16cm	69,000	十竹斋拍卖(北京)	2021-05-29
明郑晓著《皇明同姓诸王传表二卷传三卷》	27.5cm×19cm	69,000	十竹斋拍卖(北京)	2021-05-29
《考工记》二卷	27cm×17.8cm	69,000	北京荣宝	2021-06-19
李日华撰 蒋士铨批校《紫桃轩杂缀四卷 又缀三卷》	24.5cm×15.5cm	69,000	北京荣宝	2021-06-19
宋濂等撰《元史》二百一十卷	27.8cm×16.9cm	69,000	中贸圣佳	2021-09-28
洪迈撰《容斋随笔 十六卷 续笔十六卷 三笔十六卷 四笔十六卷 五笔十卷》	18.5cm×29.2cm	69,000	中国嘉德	2021-12-11
王圻、王思义《三才图会器用图绘》四卷	32cm×18cm	69,000	北京荣宝	2021-12-02
《红楼梦图咏》	29.5cm×17cm	69,000	北京荣宝	2021-12-02
郑樵《通志》存一卷	35cm×24cm	69,000	北京荣宝	2021-12-02
《行宫座落图》	27cm×17cm	69,000	北京荣宝	2021-12-02
圣安博《论责任》	20.6cm×14.3cm	69,000	北京荣宝	2021-12-02
Pomponius Laetus庞波尼乌斯·莱特斯 Romanae Historiae Compendium《罗马史概要》	24cm×14.5cm	69,000	北京荣宝	2021-12-02
鲍宗汉旧藏《中庸或问一卷》	半框27cm×18cm;开本35cm×21.5cm	69,000	西泠印社	2021-01-14
《翠娱阁评选四名家小品》八卷	26cm×16.8cm	69,000	永乐拍卖	2021-05-20
《洪北江全集》二百二十二卷	29.6cm×17.1cm	69,000	永乐拍卖	2021-05-20
《永乐大典两万两千八百七十七卷》(存卷一万九千四百十六至一万九千四百二十六)	30.8cm×18.5cm	69,000	北京保利	2021-06-06
《推篷寤语余录》一卷 明李豫亨撰(程十发旧藏)	26.1cm×16.7cm	69,000	中贸圣佳	2021-07-06
明薛瑄撰《文清公薛先生文集》二十四卷(一夹板十二册)	26cm×15.5cm	69,000	中鸿信	2021-07-15
1948年题 民国 叶恭绰编《清代学者像传》(珂罗版)一函四册 古籍	38cm×25cm	69,000	广东精诚所至	2021-07-21
密韵楼影宋刻本《草窗韵语六卷》	半框20cm×13.5cm;开本33cm×22.3cm	69,000	西泠印社	2021-07-23
《黄山谷全集》三十九卷	31.6cm×21.3cm	69,000	永乐拍卖	2021-12-02
《金刚般若波罗蜜经解注》等六种	29cm×18cm	69,000	永乐拍卖	2021-12-02
《佛说观世音菩萨救苦经》一卷	25.8cm×9cm	69,000	永乐拍卖	2021-12-02
《大方广圆觉修多罗了义经》一卷	36cm×13cm	69,000	永乐拍卖	2021-12-02
《黑龙江志稿》六十二卷 首一卷 附大事记四卷	30.3cm×17.6cm	69,000	永乐拍卖	2021-12-02
《广博物志》五十卷	30cm×18.2cm	69,000	永乐拍卖	2021-12-02
杨宝镛金石寿批《广艺舟双楫》六卷	22cm×15cm	69,000	华艺国际	2021-12-10
《焦山鼎铭考》一卷	26cm×14.5cm	69,000	北京保利	2021-12-04
《成哲亲王遗翰》	35cm×23cm	66,700	泰和嘉成	2021-12-11
《六经全图》六卷	52cm×34.9cm	66,700	泰和嘉成	2021-12-11
《后汉书》一百二十卷	30cm×17.6cm	66,700	中贸圣佳	2021-12-29
《瀛奎律髓》四十九卷	25.2cm×15.5cm	66,700	永乐拍卖	2021-05-20
清 袁大化修《新疆图志》一百一十六卷	27cm×20cm	64,400	十竹斋拍卖(北京)	2021-05-29
《资治通鉴纲目》五十九卷	27.6cm×17.6cm	64,400	中贸圣佳	2021-09-28
历南溪旧藏《豫饥铁泪图》	29.6cm×13.5cm	64,400	华艺国际	2021-06-02
洪亮吉撰《洪北江全集》	14.2cm×19cm	63,250	中国嘉德	2021-03-27
吴见思撰 潘眉评《杜诗论文》五十六卷	14.2cm×20cm	63,250	中国嘉德	2021-05-20
顺治帝福临撰《御制资政要览》三卷	16.8cm×24.5cm	63,250	中国嘉德	2021-05-20
《太上玄灵北斗本命延生真经》	尺寸不一	63,250	中国嘉德	2021-05-20
《辽阳县志》四十卷 首 一卷	13cm×20cm	63,250	中国嘉德	2021-05-20
方功惠题记、卢元昌注《杜诗阐》三十三卷	13.5cm×18.5cm	63,250	中国嘉德	2021-05-20
朱熹撰、朱玉辑《朱子文集大全类编》一百一十卷	14.5cm×20cm	63,250	中国嘉德	2021-05-20
郭正域评《评选韩昌黎文》一卷	26.9cm×17.5cm	63,250	中贸圣佳	2021-05-21
凌稚隆辑校《史记评林》一百三十卷	27.7cm×17.3cm	63,250	中贸圣佳	2021-05-21
朱熹撰《周易本义十二卷易图一卷五赞一卷筮仪一卷》	27.1cm×15.5cm	63,250	中贸圣佳	2021-05-21

拍品名称	物品尺寸	成交价RMB	拍卖公司	拍卖日期
《通志卷六十三》	34.5cm×24.5cm	63,250	中贸圣佳	2021-05-21
《永乐南藏十种》	34.3cm×11.3cm	63,250	中贸圣佳	2021-05-21
宋释延寿撰《智觉禅师心赋》存卷一	26.5cm×16.5cm	63,250	十竹斋拍卖(北京)	2021-05-29
明 顾鼎臣辑《明状元图考》三卷	28.5cm×17cm	63,250	十竹斋拍卖(北京)	2021-05-29
李诫撰《李明仲营造法式》三十六卷	32cm×22.5cm×8	63,250	北京荣宝	2021-06-19
曹士珩撰《道元一气》四卷	27cm×23cm×5	63,250	北京荣宝	2021-06-19
笑笑生撰《金瓶梅词话》一百回	20.5cm×13.5cm×21	63,250	北京荣宝	2021-06-19
孙思邈撰《备急千金要方》三十卷《千金翼方》三十卷	15.8cm×20.7cm; 13.5cm×20.5cm	63,250	中国嘉德	2021-09-26
释如愚 知音《妙法莲华经知音》七卷	13.5cm×19.7cm	63,250	中国嘉德	2021-09-26
《百子全书》	15cm×19.5cm	63,250	中国嘉德	2021-12-11
《春秋公羊注疏》存二十五卷	25cm×15cm	63,250	北京荣宝	2021-12-02
《高常侍集》《尚白斋秘籍》《何仲默集》等三种	尺寸不一	63,250	中贸圣佳	2021-12-29
《泛槎图》《续泛槎图》《续泛槎图三集》	27cm×18cm	63,250	中贸圣佳	2021-12-29
宋刻《回溪先生史韵卷第三十二》残叶	半框22.5cm×16.5cm; 整幅27cm×35cm	63,250	西泠印社	2021-01-14
《明状元图考》三卷	29.5cm×18.5cm	63,250	华艺国际	2021-06-02
《案成审秋比较成案二十四卷》清英祥辑	25.2cm×15.5cm	63,250	中贸圣佳	2021-07-06
《草窗韵语》六卷 宋 周密 撰	33cm×22.3cm	63,250	南京经典	2021-07-18
吴引孙藏《画家三昧》八卷	30cm×17.2cm	63,250	永乐拍卖	2021-12-02
《钦定古今图书集成 脏腑部卷二十一》	28cm×17.5cm	63,250	永乐拍卖	2021-12-02
路大荒藏《红雪楼九种曲》	27cm×16.5cm	63,250	永乐拍卖	2021-12-02
《本草纲目》五十二卷图三卷序例二卷	25.8cm×15.7cm	63,250	永乐拍卖	2021-12-02
《椒石画册》(初刻初印本)	29cm×18cm	63,250	华艺国际	2021-12-10
《清光绪朝内府爵秩全览》	29cm×18.6cm	63,250	北京保利	2021-12-04
陆增祥撰《八琼室金石补正一百三十卷祛伪一卷元金石偶存一卷目录三卷札记四卷》	28cm×17.3cm	62,100	中贸圣佳	2021-05-21
李遵唐、陈作哲撰《闻喜县志十二卷志斠三卷志补四卷志续四卷》	26.5cm×17.1cm	62,100	中贸圣佳	2021-05-21
祝寿慈 如山旧藏《龙川文集》三十卷 首一卷 宋 婺州陈亮撰	27cm×17.4cm	60,950	南京经典	2021-07-18
《平定台湾得胜图——生擒逆首林爽文》	50.5cm×87.1cm	59,800	中贸圣佳	2021-05-21
《历代画像传》	29cm×19.5cm	59,800	中贸圣佳	2021-05-21
《惊梦啼》六回	20.4cm×12.8cm	59,800	中贸圣佳	2021-09-28
赵城金藏本《楞严经》	尺寸不一	59,800	中贸圣佳	2021-09-28
《山谷诗集注 二十卷 外集诗注十七卷 别集诗注二卷》	31.2cm×21.4cm	59,800	永乐拍卖	2021-05-20
《郑纪常画谱》	半框18.3cm×13cm; 开本27cm×16cm	59,800	西泠印社	2021-07-23
《词综》三十卷 补遗六卷	26cm×16.9cm	59,800	永乐拍卖	2021-12-02
满汉文《重刻清文虚字指南编》二卷、《大清律例汇辑便览》、《接生学讲义》等法律政治医书类古籍一批	尺寸不一	59,800	北京保利	2021-12-04
《原板初印芥子园画谱三集》	尺寸不一	59,800	北京保利	2021-12-04
《左文襄公全集》清 左宗棠著	18.8cm×13cm	58,650	南京经典	2021-07-18
《萝轩变古笺谱》	15cm×21.3cm	57,500	中国嘉德	2021-03-27
梁思成、林徽因旧藏 清代宫室旋子彩画、椽头彩画示意图	35.7cm×27cm; 35.2cm×27cm	57,500	中国嘉德	2021-05-20
范祖禹撰、吕祖谦注《东莱先生音注唐鉴》二十四卷	13.5cm×19.7cm	57,500	中国嘉德	2021-05-20
《康熙字典》十二集 字母等韵法一卷 备考一卷 补遗一卷	14cm×19cm	57,500	中国嘉德	2021-05-20
般若译(唐)《大方广佛华严经行愿品忏法》三卷	12cm×26cm	57,500	中国嘉德	2021-05-20
黄裳题跋、陈文述撰《碧城仙馆诗钞》十卷	14.7cm×19.5cm	57,500	中国嘉德	2021-05-20
《唐宋元明名画大观》(特辑版)	41cm×55.5cm	57,500	中国嘉德	2021-05-20
陈梦雷等辑《钦定古今图书集成博物汇编艺术典零种》	27.6cm×18.3cm	57,500	中贸圣佳	2021-05-21
郭茂倩辑《乐府诗集》一百卷目录二卷	25.8cm×15.2cm	57,500	中贸圣佳	2021-05-21
李白撰《李翰林分类诗七卷赋一卷》	25cm×16cm	57,500	中贸圣佳	2021-05-21
马国翰辑《玉函山房辑佚书》	24.1cm×15.1cm	57,500	中贸圣佳	2021-05-21
《新编古列女传八卷》	25.5cm×16cm	57,500	十竹斋拍卖(北京)	2021-05-29
《虞阳旌表姓氏录》五卷《虞阳旌表姓氏续录》十卷	26cm×16.2cm	57,500	十竹斋拍卖(北京)	2021-05-29
孙梃、孙榕《致孙楫信札册》(共二十五页)	尺寸不一	57,500	北京荣宝	2021-06-19
《圣贤图赞》三卷	24cm×17cm×4	57,500	北京荣宝	2021-06-19
陈祥道撰《礼书》存二十二册	26.3cm×16.7cm×22	57,500	北京荣宝	2021-06-19
尹喜撰《性命双修万神圭旨》四卷	29cm×23cm×4	57,500	北京荣宝	2021-06-19
《太上玉皇满愿宝忏》	33cm×11.4cm×5	57,500	北京荣宝	2021-06-19
穆文熙编《批点史记节略》	33.5cm×18.8cm×10	57,500	北京荣宝	2021-06-19
大村西崖编《中国名画集》八册	36cm×25.5cm×8	57,500	北京荣宝	2021-06-19
《通志·列传》	23.6cm×33.2cm	57,500	北京伍伦	2021-08-01
商浚校《东坡先生志林》十二卷	14cm×21.5cm	57,500	中国嘉德	2021-09-26
李白撰、王琦辑注《李太白全集》三十六卷	15.2cm×21.3cm	57,500	中国嘉德	2021-12-11
司马迁撰《史记》一百三十卷	15cm×21.5cm	57,500	中国嘉德	2021-12-11
杨慎评点《草堂诗余》五卷	14.5cm×20cm	57,500	中国嘉德	2021-12-11
《清圣祖御制诗初集十卷二集十卷》	27cm×16.5cm	57,500	泰和嘉成	2021-12-11
《浣花拜石轩镜铭集录》	33cm×22cm	57,500	泰和嘉成	2021-12-11
《范文正公集》	32cm×39cm	57,500	泰和嘉成	2021-12-11
《李卓吾先生批评三国志绣像》	29.1cm×17.5cm	57,500	泰和嘉成	2021-12-11
《玉茗堂还魂记二卷》	31.8cm×18.4cm	57,500	泰和嘉成	2021-12-11
《广陵散谱》	36.5cm×23cm	57,500	泰和嘉成	2021-12-11
《通鉴纪事本末》	26.5cm×17cm	57,500	北京荣宝	2021-12-02
法文Exemplorum Memorabilium Cum Ethnicorum《基督大事记》书口彩绘本	16cm×11cm	57,500	北京荣宝	2021-12-02
《诗法五卷》	25.3cm×14.5cm	57,500	中贸圣佳	2021-12-29
《太上三洞三十六部尊经三卷》	28.2cm×17.2cm	57,500	中贸圣佳	2021-12-29
《泊如斋重修考古图十卷》	30.5cm×18.4cm	57,500	中贸圣佳	2021-12-29
沈树镛旧藏《黄小松先生嵩麓访碑记》	26.5cm×17cm	57,500	中贸圣佳	2021-12-29
《小校经阁金石文字》十八卷	开本45.5cm×26.5cm	57,500	西泠印社	2021-01-14
妙法莲华经知音七卷	半框19.5cm×13.7cm; 开本25.8cm×16.5cm	57,500	西泠印社	2021-01-14
《经义考三百卷》	半框20cm×15cm; 开本25cm×16cm	57,500	西泠印社	2021-01-14
《经史证类大观本草》三十一卷	半框20.5cm×14.5cm; 开本29cm×17.5cm	57,500	西泠印社	2021-01-14
民国己巳(1929年)版《顺德县续志》十册	28cm×18cm	57,500	广东精诚所至	2021-01-22
《杜工部集》二十卷	30.5cm×17cm	57,500	永乐拍卖	2021-05-20
《芥子园画传初集》存卷五	31.5cm×20cm	57,500	华艺国际	2021-06-02
《广川词录二十五卷》(神田喜一郎旧藏)	28.9cm×17.3cm	57,500	北京保利	2021-06-06
《至大重修宣和博古图录三十卷》(存六卷)	37cm×27.7cm	57,500	北京保利	2021-06-06
《金石索十二卷》	35cm×24.5cm	57,500	北京保利	2021-06-06
宋苏洵、苏轼、苏辙撰 明钱穀辑《静观室三苏文选十六卷》	半框21cm×14cm	57,500	上海驰翰	2021-07-06
宋文天祥著 明钟越撰辑并评《宋文文山先生全集》二十一卷(一夹板九册)	26cm×17cm	57,500	中鸿信	2021-07-15
宋叶廷珪辑《海录碎事》卷第十上下(一函二厚册)	28cm×17cm	57,500	中鸿信	2021-07-15
《韩昌黎全集四十卷 遗文一卷 集传一卷》唐 韩愈撰	25.4cm×16.4cm	57,500	南京经典	2021-07-18
朱醉竹题签《古今韵会举要小补三十卷》	半框21cm×14.5cm; 开本27cm×17cm	57,500	西泠印社	2021-07-23
朱孔阳旧藏《清代学者象传第一集》	开本38cm×24.5cm	57,500	西泠印社	2021-07-23
《荀子》二十卷	26cm×17.7cm	57,500	永乐拍卖	2021-12-02
《罗浮山志会编》二十二卷 首一卷	25.3cm×15cm	57,500	永乐拍卖	2021-12-02
《曹氏墨林·墨林初集》	34cm×18.5cm	57,500	华艺国际	2021-12-11
《御制用白居易新乐府成五十章并效其体》		57,500	华艺国际	2021-12-10
《弈潜斋集谱初编二编》(全)	36cm×26.3cm	57,500	北京保利	2021-12-04
戚继光著《合刻纪效新书十八卷练兵实纪九卷 杂集六卷》	24.7cm×16cm×20	56,350	北京荣宝	2021-06-19
《五礼通考二百六十二卷附读礼通考一百二十卷》(存12函60册)(版画)	27.9cm×16.9cm	55,615	北京保利	2021-01-20
乾隆御制《敬胜斋法帖卷四》	1000cm×30cm	55,200	中国嘉德	2021-05-20
张伯行撰《困学录集粹》八卷	14.3cm×19.3cm	55,200	中国嘉德	2021-05-20
徐倬编《全唐诗录一百卷》	21.5cm×15cm	55,200	中贸圣佳	2021-05-21
杜甫 著《集千家注杜工部诗集二十卷杜工部文集二卷》	27.5cm×17cm	55,200	中贸圣佳	2021-05-21
《平定台湾得胜图——渡海凯旋》	50.5cm×83.3cm	55,200	中贸圣佳	2021-05-21
《皇朝经世文续编一百二十卷》	20.5cm×13cm	55,200	中贸圣佳	2021-05-21
梁廷枏等撰《恭送介春节相述职入觐诗不分卷》	29.3cm×18cm	55,200	中贸圣佳	2021-05-21
北宋杭州朱绍安单刻经《大方广佛华严经》	59cm×32.5cm	55,200	十竹斋拍卖(北京)	2021-05-29
宋祝穆辑《新编古今事文类聚续集》二十八卷	25cm×17cm	55,200	十竹斋拍卖(北京)	2021-05-29
胡广 撰《礼记集说大全》三十卷	26cm×16.3cm×13	55,200	北京荣宝	2021-06-19
虞大复校《春秋集传大全》三十七卷 首一卷	26cm×16.2cm×16	55,200	北京荣宝	2021-06-19
勒方锜纂《丹徒县志》六十卷(江苏镇江)	25cm×16cm×32	55,200	北京荣宝	2021-06-19
《钦定书经图说》二函十六册	32.5cm×23cm	55,200	广东崇正	2021-01-07
《百花诗笺谱》	开本29.5cm×18.5cm	55,200	西泠印社	2021-01-14
《滦州志》十八卷 首一卷	25.6cm×16cm	55,200	永乐拍卖	2021-05-20
《初唐四杰集》三十七卷	23.8cm×15.4cm	55,200	永乐拍卖	2021-05-20

2021杂项拍卖成交汇总(续表)

(成交价RMB：1万元以上)

拍品名称	物品尺寸	成交价RMB	拍卖公司	拍卖日期
秦康祥旧藏《二十四孝图说》	32.5cm×21.5cm	55,200	华艺国际	2021-06-02
《萍因蕉梦十二图题辞二卷 附松阴诗逸一卷》	26cm×16.5cm	55,200	华艺国际	2021-06-02
吴湖帆签赠叶潞渊《梅景画笈》等画谱一批(叶潞渊旧藏)	尺寸不一	55,200	北京保利	2021-06-06
《钦定四库全书总目》二百卷	19.4cm×12.7cm	55,200	北京保利	2021-06-06
《读书堂杜工部诗集批注二十卷 文集批注二卷 杜工部编年诗史谱目一卷》清张溍评注	25.5cm×15.8cm	55,200	南京经典	2021-07-18
郑道干旧藏《唐四家诗八卷》	半框17.5cm×13.5cm;开本26.5cm×17.5cm	55,200	西泠印社	2021-07-23
《周原新出金文集萃》	开本48cm×36cm	55,200	西泠印社	2021-07-23
《文苑英华》存六十三卷	26cm×18cm	55,200	永乐拍卖	2021-12-02
《寒云日记》	27.8cm×16cm	55,200	永乐拍卖	2021-12-02
《宝古堂重修考古图》十卷(多图)	29.7cm×18.1cm	55,200	北京保利	2021-12-04
《平定台湾得胜图——大武垅之战》	50.5cm×82.7cm	54,050	中贸圣佳	2021-05-21
高宗弘历 撰《御制文二集》十四卷	22cm×14cm	52,900	中贸圣佳	2021-05-21
欧阳修撰《唐书》二百二十五卷《释音》二十五卷	28cm×17.2cm	52,900	中贸圣佳	2021-09-28
《徐公文集》三十卷	33.3cm×22.4cm	52,900	永乐拍卖	2021-05-20
《仪礼注疏》十七卷唐贾公彦疏	28.7cm×17.4cm	52,900	中贸圣佳	2021-07-06
《适园丛书》十二集七十二种 乌程张钧衡 辑	22.7cm×14cm	52,900	南京经典	2021-07-18
张玉书等编撰《康熙字典》	13.7cm×19.5cm	51,750	中国嘉德	2021-03-27
杨倞注《荀子》二十卷	14cm×19.5cm	51,750	中国嘉德	2021-05-20
《破邪显证钥匙卷上》等七种	尺寸不一	51,750	中国嘉德	2021-05-20
谢维喈辑《九华山志》十卷 首 一卷 末 一卷	13cm×19.5cm	51,750	中国嘉德	2021-05-20
欧阳修撰《欧阳文忠公集》一百五十三卷 附录 五卷	16.5cm×22.5cm	51,750	中国嘉德	2021-05-20
赵与时撰《宾退录》十卷	31.3cm×21cm	51,750	中贸圣佳	2021-05-21
宋濂等撰《元史》存卷七十七至一百十三、一百六十一至二百一十卷	27.7cm×17.4cm	51,750	中贸圣佳	2021-05-21
徐琪著《岭南实事记》二十卷	29.6cm×17.7cm	51,750	中贸圣佳	2021-05-21
沈德潜等辑《明诗别裁集》十二卷	28.2cm×17.2cm	51,750	中贸圣佳	2021-05-21
汪近圣撰《鉴古斋墨薮》四卷附录一卷	30.2cm×18.2cm	51,750	中贸圣佳	2021-05-21
《三劫三千佛名经》	32cm×11cm	51,750	十竹斋拍卖(北京)	2021-05-29
郭象 注《南华真经》十卷	22.5cm×17cm×10	51,750	北京荣宝	2021-06-19
《钱骖园考订资治通鉴纲目五十九卷 续二十六卷》	14.5cm×22cm	51,750	中国嘉德	2021-09-26
《御制资政要览三卷》	21.5cm×13cm	51,750	泰和嘉成	2021-12-11
李贺撰《歌诗编四卷集外诗一卷》	33cm×22.1cm	51,750	中贸圣佳	2021-12-29
《资治通鉴附释文辨误》	29.4cm×17.4cm	51,750	中贸圣佳	2021-12-29
瀛海王应鲸点阅《淮南鸿烈解二十一卷》	半框20.3cm×14.5cm;开本27cm×16.8cm	51,750	西泠印社	2021-01-14
《盛明杂剧》十八种	32.6cm×22.2cm	51,750	永乐拍卖	2021-05-20
《三国志》六十五卷	28cm×17.8cm	51,750	华艺国际	2021-06-02
清汉文钞本刻本及零种一组	尺寸不一	51,750	北京保利	2021-06-06
《御制清文鉴》《御制增订清文鉴》《古文》	25.3cm×18.3cm;26.2cm×19.5cm;23.1cm×14.9cm	51,750	北京保利	2021-06-06
《西昌县志》十二卷	33.3cm×21.3cm	51,750	北京保利	2021-06-06
《两罍轩彝器图释》十二卷	30cm×17.5cm	51,750	北京保利	2021-06-06
《读例存疑》五十四卷	26.8cm×16.7cm	51,750	北京保利	2021-06-06
初刻初印《椒石画册》清 潘岚 绘		51,750	南京经典	2021-07-18
《昭明文选》六十卷	29.3cm×17.2cm	51,750	永乐拍卖	2021-12-02
《小蓬莱阁金石文字》	29cm×18cm	51,750	永乐拍卖	2021-12-02
《性理大全》七十卷	21cm×14.5cm	51,750	永乐拍卖	2021-12-02
《唐王建诗集》八卷	26.5cm×17.8cm	51,750	永乐拍卖	2021-12-02
《皇明名臣记》三十卷	26cm×18.5cm	51,750	永乐拍卖	2021-12-02
《春秋集传大全》存二卷	37cm×22cm	51,750	永乐拍卖	2021-12-02
《宝庆府志》一百四十三卷	27.3cm×18.4cm	51,750	永乐拍卖	2021-12-02
《南海先生诗集》四卷	35cm×22cm	51,750	永乐拍卖	2021-12-02
《桂林山水图》(初印本)		51,750	华艺国际	2021-12-10
《带经堂集七编九十二卷》	24.3cm×15.5cm	51,750	北京保利	2021-12-04
王其淦等 修《武进阳湖县志三十卷首一卷》(江苏常州)	26cm×16cm×20	50,600	北京荣宝	2021-06-19
《钦定钱录十六卷》梁诗正等撰	29.8cm×17.8cm	50,600	中贸圣佳	2021-07-06
《吴友如画宝十三集》	25.5cm×20cm	48,300	中贸圣佳	2021-12-29
《聊斋志异新评》	20cm×13cm	48,300	中贸圣佳	2021-12-29
胡安国 传《春秋》三十卷	26.9cm×17.6cm	46,000	中贸圣佳	2021-12-29
武慕姚、皮锡瑞撰 题跋《驳五经异义疏证十卷》	27.5cm×16.8cm	46,000	中贸圣佳	2021-12-29
周鲁封辑《五知斋琴谱》八卷	24.6cm×15.7cm	43,700	中贸圣佳	2021-12-29
《集千家注杜工部诗集》二十卷	27.5cm×17cm	43,700	中贸圣佳	2021-12-29
西夏文佛经	24.8cm×10.3cm	43,700	中贸圣佳	2021-12-29
《梅庵琴谱》	30cm×17.9cm	40,250	中贸圣佳	2021-12-29
《太上灵宝朝天谢罪忏》十卷	34.3cm×11.5cm	40,250	中贸圣佳	2021-12-29
冯素宾批校《文选》六十卷	25.5cm×16.5cm	37,950	中贸圣佳	2021-12-29
《西游真诠》二十卷一百回	16.9cm×11.5cm	37,950	中贸圣佳	2021-12-29
《唐诗品汇》存八十三卷拾遗十卷	23.1cm×15cm	36,800	中贸圣佳	2021-12-29
《杜工部集》二十卷	28.5cm×17cm	36,800	中贸圣佳	2021-12-29
《大佛顶如来密因修证了义诸菩萨万行首楞严经》十卷	28cm×17.8cm	34,500	中贸圣佳	2021-12-29
郑孝胥撰《海藏楼诗》十三卷	33.1cm×22.1cm	32,200	中贸圣佳	2021-12-29
《前后汉书》	28.2cm×17.7cm	32,200	中贸圣佳	2021-12-29
《梦坡室获古丛编》十二卷	38.3cm×24.5cm	32,200	中贸圣佳	2021-12-29
《新刊五美缘全传八十回》	15cm×10.5cm	32,200	中贸圣佳	2021-12-29
《林兰香八卷六十四回》	16.1cm×11.1cm	32,200	中贸圣佳	2021-12-29
《监本春秋公羊注疏卷第十二》	20.4cm×16.8cm	29,900	中贸圣佳	2021-12-29
《乌兰誓涑水钞》等四种	18.7cm×10.4cm	29,900	中贸圣佳	2021-12-29
《明辨斋丛书四集二十五种》	22.9cm×13.5cm	28,750	中贸圣佳	2021-12-29
《般若波罗蜜多心经讲义》	29.2cm×21cm	28,750	中贸圣佳	2021-12-29
密教的基本教义《华严宗教义始末记》《神道抄》等一批	尺寸不一	28,750	中贸圣佳	2021-12-29
《悟真篇三注》三卷	24.2cm×15.5cm	28,750	中贸圣佳	2021-12-29
《广舆记》二十四卷	25.7cm×17.4cm	28,750	中贸圣佳	2021-12-29
利玛窦口译《几何原本》十五卷	30cm×18.6cm	27,600	中贸圣佳	2021-12-29
曾毅题跋《戬寿堂所藏殷墟文字》	34cm×23.3cm	26,450	中贸圣佳	2021-12-29
盛昱撰《郁华阁遗集》四卷	33.9cm×21cm	25,300	中贸圣佳	2021-12-29
《千手千眼观世音菩萨广大圆满无碍大悲心忏》	29.1cm×12.1cm	25,300	中贸圣佳	2021-12-29
《泉南指谱重编》	26.5cm×17cm	23,000	中贸圣佳	2021-12-29
《苦功悟道经》	38.7cm×13.5cm	23,000	中贸圣佳	2021-12-29
褚德彝题跋《真迹日录》	18.7cm×11.8cm	23,000	中贸圣佳	2021-12-29
《清词玉屑》十二卷	25.7cm×15.3cm	20,700	中贸圣佳	2021-12-29
盛康辑《皇朝经世文续编》一百二十卷	20.4cm×12.9cm	20,700	中贸圣佳	2021-12-29
《琴学丛书》	28.9cm×18.8cm	20,700	中贸圣佳	2021-12-29
《大方广佛华严经卷第六十六》	34.8cm×12.2cm	20,700	中贸圣佳	2021-12-29
《大方广佛华严经卷第六》	35.8cm×12.2cm	20,700	中贸圣佳	2021-12-29
《千手千眼大悲心咒行法》	32cm×12cm	20,700	中贸圣佳	2021-12-29
《翼城县志》二十八卷	26.1cm×17.4cm	20,700	中贸圣佳	2021-12-29
《笠翁十种曲》存三种	24.4cm×15.4cm	20,700	中贸圣佳	2021-12-29
庞元济辑《虚斋名画录十六卷续录四卷》	25.9cm×15.1cm	20,700	中贸圣佳	2021-12-29
《大方广佛华严经卷第四十三》	34.5cm×12.1cm	19,550	中贸圣佳	2021-12-29
《大方广佛华严经卷第十六》	35.8cm×12.1cm	19,550	中贸圣佳	2021-12-29
《牡丹亭》等八种	25.5cm×15.5cm	18,400	中贸圣佳	2021-12-29
《碑帖印谱》				
傅栻辑 清《西泠六家印存》六卷	19.6cm×12cm	69,000	中贸圣佳	2021-12-29
宋拓《宋御府拓定武兰亭卷——游相兰亭甲之一》	尺寸不一	57,500,000	北京保利	2021-12-04
鲍彪校注 天禄琳琅旧藏《战国策》存二卷	22.6cm×14.4cm	21,850,000	华艺国际	2021-06-05
唐颜真卿《争坐位帖》	31cm×15cm	7,820,000	永乐拍卖	2021-12-02
高士奇等诸家旧藏、王铎题签《宋拓唐怀仁集王羲之书圣教序》	开本33cm×19.5cm	5,980,000	西泠印社	2021-07-23
伊秉绶、阮元、张廷济、孙星衍等题《周虢叔大林钟》	131.5cm×60cm	5,290,000	华艺国际	2021-06-02
赵叔孺题，溥儒、江寒汀等绘，陈巨来自钤《安持精舍印存》	21cm×13.7cm	3,852,500	中国嘉德	2021-11-30
王世贞等递藏宋拓《群玉堂帖》	33.2cm×17cm	3,450,000	永乐拍卖	2021-12-02
宋拓《唐虞恭公温彦博碑》(陆恭、汪玉龄、陈寿昌等题藏)		3,335,000	北京保利	2021-06-06
王国维 1923年作《齐国差跋》《颂壶跋》立轴	140cm×50cm	3,105,000	佳士得	2021-05-26
《兰亭序》	23.3cm×61.5cm	2,990,000	华艺国际	2021-06-02
吴湖帆家藏毛公鼎铭拓片	136.5cm×65.5cm	2,990,000	华艺国际	2021-06-02
宋拓《定武兰亭》镜心	26cm×66cm; 跋1: 124cm×9cm; 跋2: 26cm×9cm	2,645,000	永乐拍卖	2021-05-20
端方旧藏碑帖善本四种	44cm×27cm	2,587,500	华艺国际	2021-06-02
最旧本 唐颜真卿书《颜氏家庙碑》早于龚心钊本、巴黎苏富比端方旧藏本 早于故宫藏天放楼本、故宫藏张效彬本 所见最旧拓，初装原册四镶大裱	36.7cm×24.5cm	2,357,500	北京保利	2021-12-04
张伯英 题跋《北魏鲁郡太守张猛龙碑并碑阴及额》	14cm×24cm	1,897,500	中国嘉德	2021-12-11
溥儒 楷书《皇清一品夫人多罗特氏墓志铭》镜心	20.6cm×89.3cm	1,897,500	中国嘉德	2021-11-30
小玲珑山馆旧藏 王虚舟、张廷济、戴熙等四家题跋 唐欧阳询书《九成宫醴泉铭》	25cm×10cm	1,897,500	北京保利	2021-12-04
《御制三希堂石渠宝笈法帖》	28.6cm×17.6cm	1,840,000	中贸圣佳	2021-12-29
《许瀚年谱》《增广许瀚年谱》著录本 翁方纲、黄小松、许瀚、王献唐四家题藏 汉、《西狭颂并额》(清初拓、最高考据本、是以不连石花本)	38cm×21cm	1,495,000	北京保利	2021-12-04
旧拓定武五字不损本兰亭	33.5cm×18cm	1,437,500	北京荣宝	2021-06-19

(成交价RMB:1万元以上)

拍品名称	物品尺寸	成交价RMB	拍卖公司	拍卖日期
宋拓《唐九成宫醴泉铭》潘奕隽题跋本	开本32cm×19cm	1,380,000	西泠印社	2021-01-14
陈子清旧藏《手拓金石册》	尺寸不一	1,207,500	中国嘉德	2021-05-19
江步青录 钱坫释文 赵之琛旧藏《周曶鼎铭文拓本》	45cm×41cm	1,035,000	中国嘉德	2021-12-11
端方旧藏李葆恂等题跋《秦权》全角		897,000	华艺国际	2021-06-02
陈介祺、吴湖帆题记 吴氏四欧堂藏《簠斋千化范拓本集》	19cm×33cm	874,000	中国嘉德	2021-12-11
方若题跋、张伯英题签唐《麓山寺碑》南宋拓黄仙鹤本	36.5cm×22.5cm	862,500	北京保利	2021-12-04
翁方纲、叶德辉题跋陆恭松下清斋藏本《宋拓晋唐小楷二种》	开本34cm×18cm	828,000	西泠印社	2021-01-14
祝鸿元、党晴梵题跋《新莽嘉量全角拓》	115cm×48cm	828,000	西泠印社	2021-07-23
郑文焯题跋 马宗霍旧藏《大鹤山人金石题识》	尺寸不一	805,000	中国嘉德	2021-05-20
严可均、康生、谷牧旧藏 朱拓先秦《石鼓文》	62.5cm×46.5cm×9; 76cm×46.5cm.	805,000	中国嘉德	2021-05-20
张雨、唐树义旧藏 莫友芝题识 宋拓朱释本《十七帖》(僧权二字全本)	13cm×25cm	805,000	中国嘉德	2021-05-20
张廷济跋商周金文册册页(十六开)	尺寸不一	805,000	中国嘉德	2021-12-12
沈廷芳旧藏 晋王献之书《洛神赋十三行》碧玉版·出土极初拓(玉佩、怅、神、飞等多处最早考据)	14.9cm×9.1cm	805,000	北京保利	2021-12-04
邓石如旧藏《宣和集古印史八卷》	半框19.2cm×12.8cm; 开本26.8cm×17.6cm	759,000	西泠印社	2021-07-23
吴昌硕 己酉(1909年)作《题梁中大同造像拓本》立轴	99cm×33.5cm	747,500	中国嘉德	2021-05-20
赵中令藏跋 唐《道因法师碑》	30cm×24.8cm	690,000	中国嘉德	2021-05-20
颜鲁公《小字麻姑仙坛记》	24cm×13cm	632,500	华艺国际	2021-06-02
《宋拓虞恭公碑》册页(十五开)	尺寸不一	632,500	中国嘉德	2021-12-12
《宋拓庙堂碑》册页(二十二开)	拓本25.5cm×15cm×44; 后页127.5cm×30cm; 后页232.5cm×19cm	632,500	中国嘉德	2021-12-12
党晴梵旧藏《六朝墓志拓本百种》	开本27cm×16cm	598,000	西泠印社	2021-07-23
邵章藏陈介祺拓《曹望憘造像记》	138cm×69cm	598,000	永乐拍卖	2021-12-02
翁同龢题跋、翁同书朱批 汉《景君铭》清初拓(残字未损,市字余石本)	26.7cm×10.7cm	598,000	北京保利	2021-12-04
吴昌硕、顾沄题跋 周大盂鼎铭文未剔本	107cm×44cm	575,000	中国嘉德	2021-05-20
《兰亭修禊图》拓本	33cm×1470cm	575,000	泰和嘉成	2021-12-11
吴昌硕《题东魏兴和程荣造像》立轴	60.5cm×45.5cm	575,000	中国嘉德	2021-05-20
《讱葊集古印存》	28.7cm×19cm	575,000	华艺国际	2021-06-02
天下第一碑 唐玄宗御书《纪泰山铭》	560cm×1200cm	575,000	北京保利	2021-12-04
大康题耑、启功题诗长跋 先秦《散氏盘铭》并器形	诗堂26.5cm×66cm; 器118.5cm×66cm	552,000	北京保利	2021-12-04
许莘农旧藏 唐颜真卿书《小字麻姑仙坛记并背七家小楷》明拓南城真本(传世稀见,带七家小楷者尤罕见)	24cm×13cm	552,000	北京保利	2021-12-04
汉《杨淮表记》摩崖早期拓本	198cm×63cm	483,000	西泠印社	2021-01-14
柳亚子、陆贯真、张光蕙、姚石子、周斌、廖道传、高旭、刘泽湘、蔡哲夫等跋,蔡哲夫题 杨惠胜等造像拓片 镜片	100.5cm×41.5cm	483,000	西泠印社	2021-07-24
袁克文题初拓《董美人墓志》册页(四开)	字28.5cm×26cm×3; 拓片50.5cm×46cm	483,000	中国嘉德	2021-12-12
蔡守旧藏、黄宾虹手拓《北魏广川王侯太妃造啰舍那尊者造像》	66.2cm×30.4cm(画心)	460,000	华艺国际	2021-03-31
唐颜真卿书《勤礼碑》初拓(故字未损本,又称坑沿本,著录、出版物中仅三见)	28.5cm×17.5cm	448,500	北京保利	2021-12-04
陈介祺旧藏《东汉君车画像石》朱拓本	133.3cm×101cm; 碑阴134cm×96cm	437,000	中国嘉德	2021-12-11
明《拓石鼓文》册页(十开)	拓本56cm×62.5cm×10; 前页30cm×32.5cm; 后页30cm×32.5cm	437,000	中国嘉德	2021-12-12
《兰亭序》十六种	尺寸不一	425,500	中国嘉德	2021-12-11
张廷济、赵之琛、释达受等跋 徐同柏藏元代虹桥题柱铭拓	27cm×22.5cm; 拓片21cm×62cm	402,500	中国嘉德	2021-12-11
唐《大智禅师碑》	30.3cm×19.2cm	402,500	永乐拍卖	2021-12-02
方节厂辑《苦铁印选四卷》	半框17cm×9.8cm; 开本26.5cm×15.3cm	391,000	西泠印社	2021-07-23
龚自珍楷书跋虞世南《庙堂碑》唐拓本 横披	33.5cm×119.5cm	391,000	中国嘉德	2021-12-12
徐乃昌旧藏《六舟手拓金文砖瓦小品册》	31.2cm×17cm	391,000	北京保利	2021-12-04
查慎行、陈奕禧等五家题跋启功题签《唐颜真卿书祭侄文稿》拓本	开本31cm×16.8cm	379,500	西泠印社	2021-01-14
吴湖帆旧藏秦权拓片四种	34cm×23cm	373,750	华艺国际	2021-12-10
赵烈文旧藏《麻姑仙坛记》中字本	124cm×56.5cm	368,000	中贸圣佳	2021-05-21
姚华题签 潘祖荫旧藏《齐子仲姜镈全形拓》	68cm×77.5cm	368,000	中国嘉德	2021-12-11
吴昌硕 题古器物拓片 立轴	46cm×34cm	368,000	中国嘉德	2021-05-20
吴湖帆、莫祁题跋《九成宫醴泉铭》	33.5cm×17cm	368,000	华艺国际	2021-06-02
汪大燮旧藏 唐颜真卿《多宝塔碑》整纸拓本	97.5cm×186.5cm.	345,000	中国嘉德	2021-05-20
党晴梵题跋故宫传拓《散氏盘铭》	题跋68cm×57cm; 拓片79cm×45.3cm	345,000	西泠印社	2021-07-23
袁克文题识 陈巨来旧藏《十钟山房印举》	26.3cm×15.2cm×12	345,000	中国嘉德	2021-11-30
黄宾虹批校手钤《集古玺印存》	开本19.9cm×13cm	333,500	西泠印社	2021-07-23
沙孟海题 旧拓《星凤楼帖》一册(七开)选四 册页	拓本37cm×19cm; 题跋30cm×18cm×2	327,750	广东精诚所至	2021-01-22
朱拓《贾智渊妻张宝珠造像》	217cm×313cm	322,000	中贸圣佳	2021-05-21
皇象书 明拓本《天发神谶碑》	32cm×21cm×49	322,000	北京荣宝	2021-06-19
朱翼盦旧藏水前拓瘗鹤铭	28cm×14cm×29	322,000	北京荣宝	2021-06-19
《毛公鼎铭文及全形拓本》	177.5cm×82.5cm	299,000	永乐拍卖	2021-12-02
《讱庵集古印存》三十二卷	开本29cm×18.5cm	287,500	西泠印社	2021-01-14
黄宾虹、邓尔雅、潘飞声等六家题跋蔡守旧藏《汉王稚子阙》	94cm×42cm	287,500	西泠印社	2021-07-23
马裕藻题跋《周散氏盘铭文拓》	47cm×78cm	276,000	中国嘉德	2021-12-11
《古今名人印谱六集》	26cm×15.5cm	276,000	华艺国际	2021-06-02
吴湖帆题周奇字瓦当等拓片	27cm×35cm	276,000	华艺国际	2021-12-10
罗复堪旧藏,秦公、韩锐题跋 文物商店1988年东京大阪两次展览、两次著录 汉《祀三公山碑》乾嘉拓(熹字未损早本)	147.5cm×68cm	276,000	北京保利	2021-12-04
张儆彬释 周大克鼎铭文潘祖荫拓本	33cm×32.5cm; 跋20.5cm×26cm	253,000	中国嘉德	2021-12-11
邹适庐题跋 戚叔玉旧藏周大盂鼎铭文未剔本	40cm×36cm; 跋13cm×23cm	253,000	中国嘉德	2021-12-11
梁于渭、王引之等题《周散氏盘铭文拓本》	48.5cm×53.5cm	253,000	中国嘉德	2021-12-11
《汉杨孟文石门颂》	开本34.8cm×20.8cm	253,000	西泠印社	2021-01-14
吴湖帆题跋 陈巨来自钤《二十八将军印斋》	26.1cm×14.9cm	253,000	中国嘉德	2021-11-30
康熙帝御笔临董其昌书《金刚经》内府乌金拓本	开本27cm×12.8cm	247,250	西泠印社	2021-01-14
《乾隆御书般若波罗蜜多心经拓卷》	26.6cm×132cm	244,025	北京保利	2021-01-20
《唐王居士砖塔铭》	开本30.7cm×17.5cm	241,500	西泠印社	2021-07-23
刘朝望题跋《周虢季子白盘铭文拓》	34cm×65cm	230,000	中国嘉德	2021-12-11
陈陔拓《曹望憘造像》	134cm×66cm	230,000	泰和嘉成	2021-12-11
张延奂题跋罗纹纸至精拓本《唐褚遂良书雁塔圣教序》	开本32.5cm×18cm	230,000	西泠印社	2021-01-14
李葆恂题跋潘季孺旧藏《吴大澂手拓题识窓斋古器三种》	34.5cm×114cm	230,000	西泠印社	2021-01-14
姚华题跋、杨昭儁旧藏《北齐无量义经》	开本30.5cm×14cm	230,000	西泠印社	2021-01-14
谈月色手拓《南汉光孝寺西铁塔》全角拓 镜片	高660cm; 上宽95cm; 下宽165cm	230,000	广东精诚所至	2021-01-22
吴昌硕《题虢季子白盘铭文》立轴	72.5cm×44cm	230,000	中国嘉德	2021-05-20
《梅景书屋印选》	29.5cm×20.5cm	230,000	华艺国际	2021-06-02
目耕斋藏历代名人印稿(叶潞渊旧藏)	20.5cm×13.5cm	230,000	北京保利	2021-06-06
1921年作 高天梅、陈去病、程大璋等题跋 谈月色拓龙隐砚 镜片	100cm×36cm	230,000	上海嘉禾	2021-07-22
党晴梵题跋《吴大澂藏秦金权全角拓》	124cm×34cm	230,000	西泠印社	2021-07-23
毛昌杰、党晴梵题跋《周大盂鼎铭》	168cm×46cm	230,000	西泠印社	2021-07-23
汉《武梁祠画像》	29.8cm×16.5cm	230,000	永乐拍卖	2021-12-02
明中晚期拓贵字本 唐颜真卿书《东方朔画赞碑》阴阳并双额大全(原装旧裱两大册)	36.5cm×24.5cm	230,000	北京保利	2021-12-04
明拓御正御史本 唐颜真卿书《颜氏家庙碑》陈定山、台静农、赵中令递藏 宋锦面·明装方册	29cm×20.2cm	230,000	北京保利	2021-12-04
毛氏公厝鼎拓本	63cm×53cm; 66cm×35cm×2	218,500	西泠印社	2021-01-14
吴让之、高学治、王思僩、周梦坡等诸家题跋 沈梧旧藏 晋王羲之《颖上本黄庭经兰亭序》	30.5cm×14cm	218,500	北京保利	2021-12-04
汉君车墨拓	136cm×95cm	207,000	中贸圣佳	2021-05-21
袁克文题赠蔡哲夫 唐颜鲁公残石	68.5cm×98.5cm	207,000	中国嘉德	2021-12-11
新安休邑程衙发刻古今印章	28cm×17cm	207,000	泰和嘉成	2021-12-11
《华延年室集印》	17.4cm×10.7cm	207,000	中贸圣佳	2021-12-29
释达受拓赠吴廷康《竟宁雁足镫》等金文小品三种	尺寸不一	207,000	西泠印社	2021-01-14
盍斋藏印 陈巨来刻印	板框15.5cm×8.7cm; 开本38.8cm×17.3cm	207,000	西泠印社	2021-01-15

2021杂项拍卖成交汇总(续表)

(成交价RMB：1万元以上)

拍品名称	物品尺寸	成交价RMB	拍卖公司	拍卖日期
党晴梵题跋《西周函皇父鼎》全角拓	153cm×81cm	207,000	西泠印社	2021-07-23
宝熙题跋铜量元犁范拓本	145cm×43.5cm	207,000	永乐拍卖	2021-12-02
宋《淳化阁帖》	30.2cm×18.5cm	207,000	永乐拍卖	2021-12-02
吴云题《郑文公碑》	38cm×21cm	207,000	华艺国际	2021-12-10
罗振玉题跋《周邢侯簋全形并铭文拓本》	62.5cm×131cm	195,500	中国嘉德	2021-12-11
端方、张祖翼、金城等题跋《端方藏新莽量全形拓》	60.5cm×105.3cm	195,500	中国嘉德	2021-12-11
费念慈题跋 隋元智及夫人姬氏墓志合册	11.7cm×22.2cm	184,000	中国嘉德	2021-05-20
王懿荣题跋《许延暄拓周叔向父禹簋全形拓》	44cm×98.5cm	184,000	中国嘉德	2021-12-11
唐希陶旧藏《北魏刘根造像记朱拓本》	159cm×51.7cm	184,000	中国嘉德	2021-12-11
唐《雁塔圣教序》	146cm×73cm	178,250	中贸圣佳	2021-09-28
明拓《兰亭修禊图》	33cm×1780cm	172,500	泰和嘉成	2021-12-11
沈尹默、王鹏运题跋《晖福寺碑》	28cm×15cm	172,500	泰和嘉成	2021-12-11
阮元手拓汪洵题跋《散氏盘》	128cm×65cm	172,500	泰和嘉成	2021-12-11
陈介祺题《秦权》	80cm×30cm	172,500	泰和嘉成	2021-12-11
赵烈文天放楼旧藏《唐欧阳询书皇甫诞碑》	开本31cm×17.2cm	172,500	西泠印社	2021-01-14
嘉庆帝御笔《普陀宗乘之庙瞻礼纪事》乌金拓长卷	31.3cm×710.5cm	172,500	西泠印社	2021-01-14
康熙御笔石刻	30cm×36cm	172,500	华艺国际	2021-06-02
读雪斋鉴收精拓本	32cm×22.5cm	172,500	永乐拍卖	2021-12-02
汉画拓片、魏李氏和邑造像碑等碑拓五十九种	尺寸不一	170,200	北京保利	2021-12-04
吴湖帆旧藏父丁鬲拓片八种	34cm×23cm	166,750	华艺国际	2021-12-10
吴昌硕题跋 建兴三年孙氏造砖拓	40cm×75cm	161,000	中国嘉德	2021-12-11
《西泠八家印选》(三十册本)	开本29cm×13cm	161,000	西泠印社	2021-07-23
原装旧裱 华美大手卷 先秦《石鼓文》清乌金拓 山本竟山旧藏	51.5cm×622cm	161,000	北京保利	2021-12-04
西汉《居摄二坟坛》三种	62cm×34cm	161,000	北京保利	2021-12-04
翁同龢旧藏、朱铸禹递藏 唐颜真卿书《多宝塔碑》明拓(王可托本)	36cm×26.2cm	161,000	北京保利	2021-12-04
英和选辑《松雪斋法书墨刻六卷》	开本28.8cm×14cm	155,250	西泠印社	2021-07-23
历代闺秀法帖精拓《玉台名翰》及《西泠四印人手札帖拓卷》	27cm×782cm	153,225	北京保利	2021-01-20
棱伽山民藏跋 唐虞世南书庙堂碑	13.8cm×26.3cm	149,500	中国嘉德	2021-05-20
陶北溟、朱鼎荣、秦更年题跋 唐《虞恭公温彦博碑并额》	12cm×21.5cm	149,500	中国嘉德	2021-05-20
涿拓《快雪堂帖》	29.2cm×13.3cm	149,500	中贸圣佳	2021-05-21
罗继祖藏 陈介祺旧藏汉瓦登拓片集	10.5cm×13.5cm	149,500	中国嘉德	2021-12-11
翁方纲、桂馥等跋《翁方纲手拓苏东坡跋超然台题名》	38.5cm×32.5cm	149,500	中国嘉德	2021-12-11
易均室 瓦当 四屏立轴	36cm×17.5cm×4	149,500	泰和嘉成	2021-12-11
谢稚柳、费兆锟等题跋诸家鉴藏《唐怀仁集王羲之书圣教序》	开本32.5cm×15.5cm	149,500	西泠印社	2021-01-14
《续齐鲁古印攈》	26.7cm×15.5cm	149,500	华艺国际	2021-06-02
《十钟山房印举》《簠斋藏古录》等四种	尺寸不一	149,500	永乐拍卖	2021-12-02
《延禧堂忆旧帖》全卷(西园寺公一藏)	卷上:27.9cm×941cm, 卷下:27.9cm×873cm	141,875	北京保利	2021-01-20
慈禧“宜春”拓片	188cm×97cm	138,000	中贸圣佳	2021-05-21
启功题跋《唐李辅光墓志铭》(清乾隆拓本)	15.5cm×27.2cm	138,000	北京伍伦	2021-08-01
东武王氏藏吉金拓	17.2cm×27cm	138,000	中国嘉德	2021-12-11
《瘦梅锲简:张志鱼竹刻扇骨拓片集》	20cm×36cm	138,000	中国嘉德	2021-12-11
《端方陶斋藏砖集拓册》	开本51.5cm×33.3cm	138,000	西泠印社	2021-07-23
邵潜为朱之儒所制印存	30cm×18cm	138,000	永乐拍卖	2021-12-02
《御刻三希堂法帖》三十二卷	27.5cm×17.6cm	138,000	永乐拍卖	2021-12-02
1922年、1938年作 王国维、马衡 题《淳化阁帖》拓本 册页	尺寸不一	138,000	北京保利	2021-12-03
端方题跋蒋吟秋题签《秦汉日晷拓本》	124cm×41cm	132,250	西泠印社	2021-01-14
陈子清题陈介祺藏瓦当拓片四种		132,250	华艺国际	2021-12-10
吴湖帆旧藏癸乙爵等拓片八种	34cm×23cm	132,250	华艺国际	2021-12-10
林霄题跋 唐颜真卿《西亭记》残碑拓片	尺寸不一	126,500	中国嘉德	2021-05-20
端方 题跋 古玺印四条屏	28.7cm×117cm	126,500	中国嘉德	2021-12-11
易大厂、王蘧跋 萧山祇园寺西塔藏显德五年夏承厚造舍利铜塔拓本	31cm×46cm	126,500	中国嘉德	2021-12-11
查阜西手绘《勾摹诸葛石琴拓》	138cm×65cm	126,500	中贸圣佳	2021-12-29
陶斋藏砖拓本	51.2cm×33.4cm	126,500	中贸圣佳	2021-12-29
陈介祺题跋《秦石铜权》全角拓	79cm×30cm	126,500	西泠印社	2021-01-14
明拓《唐故云麾将军李思训碑》	开本31.5cm×16.5cm	126,500	西泠印社	2021-07-23
曹元忠手拓、程铭敬题“柳如是妆镜”等拓本三种	35cm×120cm	126,500	西泠印社	2021-07-23
黄士陵、王文焘题藏周《虢盉铭》	97cm×32cm	126,500	北京保利	2021-12-04
金陵出土晋墓志一套	尺寸不一	126,500	北京保利	2021-12-04
《三希堂法帖》	29.7cm×18cm	120,750	中贸圣佳	2021-05-21
旧拓《汉熹平石经》(丙、乙)二册册页	27cm×19cm	120,750	广东精诚所至	2021-01-22

拍品名称	物品尺寸	成交价RMB	拍卖公司	拍卖日期
朱友耕旧藏 唐颜真卿书《臧怀恪碑》	41cm×30cm	120,750	北京保利	2021-12-04
姚华 颖拓佛像(一对)镜心	50cm×20cm×2	115,000	北京保利	2021-06-05
王秀仁、李墨香 清至民国拓本四张	尺寸不一	115,000	中贸圣佳	2021-05-20
关百益题跋、吴大澂篆书《郑工碑墨迹》	33cm×19.5cm	115,000	十竹斋拍卖(北京)	2021-05-29
端方、李葆恂等题跋 褚德彝旧藏汉中岳庙前石人冠顶题字	40.5cm×101cm	115,000	中国嘉德	2021-12-11
陆恢题跋北魏曹望憘造像底座画像题记管复初拓本	69cm×138cm	115,000	中国嘉德	2021-12-11
查阜西题跋《中和琴拓》	145cm×54cm	115,000	中贸圣佳	2021-12-29
周希丁精拓《楚王酓忎鼎》全角	138cm×69cm	115,000	西泠印社	2021-01-14
叶潞渊朱笔题、钱君匋题《长征印谱》等二十种(叶潞渊旧藏)	尺寸不一	115,000	北京保利	2021-06-06
《郑文公碑》《大基山诗帖》等十三种	34.5cm×21cm	115,000	北京保利	2021-06-06
陈介祺旧拓“十钟山房”藏钟(八幅)	尺寸不一	115,000	中鸿信	2021-07-15
唐颜真卿《八关斋会报德记》	265cm×47cm×8	115,000	永乐拍卖	2021-12-02
穆儒丐、谈国桓、王家鼎题跋唐《李秀碑》	28.4cm×15.5cm	115,000	永乐拍卖	2021-12-02
吴湖帆旧藏《宝尊拓片》四种	34cm×23cm	115,000	华艺国际	2021-12-10
明拓本《戏鸿堂法帖》册页十六册	28cm×13.7cm×16	112,888	佳士得	2021-11-29
王祖锡旧藏并通篇题识《商周秦汉吉金铭文拓本》	开本35cm×19.6cm	112,700	西泠印社	2021-07-23
牧具敦、城虢仲敦等金文拓片四件	33cm×19cm	112,700	华艺国际	2021-12-10
王祖锡题《商立戈父丁彝 齐侯匜 周旅簋盖等金文拓片》	33cm×37cm	112,700	华艺国际	2021-12-10
陈桐君题跋 周大盂鼎铭文未剔本	44cm×119.5cm	109,250	中国嘉德	2021-05-20
六舟拓赠朱熊《萧山祇园砖佛题名拓本》等三种	尺寸不一	109,250	西泠印社	2021-01-14
《纪泰山铭》	开本52.5cm×41cm	109,250	西泠印社	2021-07-23
王祖锡题《汉残钟 晋太康熨斗 汉三升銗拓片》	33cm×18cm	109,250	华艺国际	2021-12-10
庄眉叔旧藏北魏《高贞碑》乾嘉拓(王字未损早本)	39cm×24cm	109,250	北京保利	2021-12-04
《魏正始石经》《都唯那大像碑》《风穴寺碑等碑拓》二十八种	尺寸不一	109,250	北京保利	2021-12-04
罗复堪题《三老碑》	113.7cm×60.8cm	105,800	中贸圣佳	2021-05-21
《洛神赠珠》《敦煌乐舞》等彩拓70幅	64cm×65cm	105,800	北京保利	2021-06-06
陈梦家、孙壮等跋 宋交子铜板拓片	45cm×68cm	103,500	中国嘉德	2021-12-11
戚叔玉题签甘元焕旧藏《天发神谶碑》	298cm×71.5cm; 176.5cm×71.5cm; 113cm×71.5cm	103,500	西泠印社	2021-01-14
邓尔雅、刘半农题 清拓汉《礼器碑》一册 册页	31cm×17.5cm	103,500	广东精诚所至	2021-01-22
梁鼎芬《题天山草堂图》(印本二帧)、《焦山石碑拓片》立轴	(1)54cm×41cm; (2)54cm×39cm; (3)38cm×41cm	103,500	中国嘉德	2021-05-20
姚华题赠陈师曾《齐鲁封泥考存不分卷》	半框12.5cm×8cm; 开本22cm×15.5cm	103,500	西泠印社	2021-07-23
陈介祺藏秦瓦量拓本	25.8cm×18.5cm	103,500	永乐拍卖	2021-12-02
陆和九、陶北溟跋汉《武梁祠题签》	31.5cm×20.3cm	103,500	北京保利	2021-12-04
《大隋河东郡首山栖严道场舍利塔碑》《当利里社碑等碑》拓二十九种	尺寸不一	103,500	北京保利	2021-12-04
唐《伊阙佛龛碑摩崖并额》	14.7cm×24.8cm	97,750	中国嘉德	2021-12-11
北魏《曹望憘造像拓本》	131cm×68cm	97,750	西泠印社	2021-01-14
明代《邵潜为朱之儒所治印存》(原钤本)一册	30cm×18cm	97,750	广东精诚所至	2021-01-22
潘景郑题签、陈巨来自钤《安持印集》	10.2cm×7.7cm	97,750	中国嘉德	2021-11-30
罗振玉题签 汉《熹平石经》罗振玉六经堪藏石自拓	34cm×25cm	97,750	北京保利	2021-12-04
启功题签并旧藏《孙过庭书谱》册页	29cm×14cm	94,300	十竹斋拍卖(北京)	2021-05-29
《传家宝卷》之五《安乐铭拓》《尹宙碑》等碑拓三十一种	尺寸不一	94,300	北京保利	2021-12-04
秦《泰山刻石》	80cm×66cm	93,150	中贸圣佳	2021-09-28
明《兰亭修禊图》	1695cm×32.5cm	92,000	中国嘉德	2021-05-20
《三代古陶文字》	33.3cm×22.2cm	92,000	中贸圣佳	2021-05-21
王文焘、罗振玉、赵叔孺题签/题识《周宗周钟拓》	64cm×117cm	92,000	中国嘉德	2021-12-11
姚华、陆和九题跋/题签《汉西狭颂碑》	22cm×36cm	92,000	中国嘉德	2021-12-11
晋《王献之十三行帖》	7cm×15.5cm	92,000	中国嘉德	2021-12-11
叶名沣旧藏高凤翰《砚史》	29cm×24cm	92,000	泰和嘉成	2021-12-11
刘光鼐题跋刘钧仲手拓《树瘿供春壶》全角	33.5cm×68cm	92,000	西泠印社	2021-01-14
《随喜室集印初编》(齐白石早年印谱)	开本29.5cm×13cm	92,000	西泠印社	2021-01-14
黄宾虹《吉金拓片册》册页	尺寸不一	92,000	中国嘉德	2021-05-19
《明拓明益王重刻大兰亭图》	1436cm×35cm	92,000	华艺国际	2021-06-02
陈介祺旧藏《周毛公鼎并铭文》全角拓	125cm×62cm	92,000	北京保利	2021-06-06
清拓《郙阁颂》钱松、黄宾虹等旧藏,清乾嘉间拓本(“校致攻坚”四字微损本)册页	31cm×16cm	92,000	广东精诚所至	2021-07-21

(成交价RMB：1万元以上)

拍品名称	物品尺寸	成交价RMB	拍卖公司	拍卖日期
楞伽山民题跋《汉石门颂》	开本32cm×19.8cm	92,000	西泠印社	2021-07-23
朱士林辑《汉马蔺馆印留》钤印本十册	29.4cm×13.3cm×10	92,000	中国嘉德	2021-11-30
溥儒题 陈巨来自钤《二琴精舍印集》	27.2cm×18.9cm	92,000	中国嘉德	2021-11-30
陈介祺信札、陈氏藏拓四种	尺寸不一	92,000	永乐拍卖	2021-12-02
陈子清题《编钟 砖令等拓片四件》	32cm×19cm	92,000	华艺国际	2021-12-10
父丙觯、炖定、剑鼻、父己觚拓片四件		92,000	华艺国际	2021-12-10
褚德彝题跋 东汉《三老碑》清 陈渭泉拓本	113.5cm×62cm	92,000	北京保利	2021-12-04
云麾将军碑(任淇、洪丕谟题记,黄小松题跋)	19.3cm×16.5cm	92,000	北京保利	2021-12-04
谢府君神道碑、大唐开元九年造像碑等碑拓三十六种	尺寸不一	92,000	北京保利	2021-12-04
党晴梵题跋《雍姒簋全角拓》	69cm×35cm	89,700	西泠印社	2021-07-23
姚华题跋《真赏斋帖三卷》	开本35.8cm×20cm	89,700	西泠印社	2021-07-23
高凤翰《砚谱》四卷		89,700	华艺国际	2021-12-10
雍正御笔拓	241cm×37cm; 231cm×37cm; 130cm×41cm	86,250	中国嘉德	2021-03-27
易忠箓 题 汉石阙 镜片	128cm×49cm	86,250	泰和嘉成	2021-12-11
晋孙登公和铁琴拓	155cm×56cm	86,250	中贸圣佳	2021-12-29
葛昌楹批《传朴堂藏印精华》	18.7cm×11.7cm	86,250	中贸圣佳	2021-12-29
《古泥印选》《赵古泥先生印稿》民国钤拓本(两种三册)	19.4cm×13cm×2; 19.7cm×14.3cm	86,250	中国嘉德	2021-05-19
《窸斋古印选》等陈子清旧藏印谱三种	尺寸不一	86,250	西泠印社	2021-07-23
党晴梵题跋《西周师眉簋(窸簋)全角拓》	67cm×32cm	86,250	西泠印社	2021-07-23
吴大澂辑《十六金符斋印存》钤印本 一函五册	29.4cm×17.7cm×5	86,250	中国嘉德	2021-11-30
民国《童子雕篆》(原钤本)四册一夹板	26cm×14cm	82,800	广东精诚所至	2021-01-22
旧拓《汉谷城张君表颂》(一册)册页	34cm×18cm	82,800	广东精诚所至	2021-01-22
党晴梵题跋《春秋子璋钟全角拓》	167cm×44cm	82,800	西泠印社	2021-07-23
陈介祺旧藏北魏《曹望禧造像》	131cm×68cm	82,800	永乐拍卖	2021-12-02
御制原教	35.6cm×20.8cm	81,650	中贸圣佳	2021-05-21
周进密 旧藏 瓦当、铜镜、古泉集拓	尺寸不一	80,500	中国嘉德	2021-05-20
周希丁传拓故宫藏青铜器全角四种	69cm×35cm×4	80,500	西泠印社	2021-01-14
陈介祺藏雁足镫等汉器全角四条屏	115cm×33cm×4	80,500	西泠印社	2021-01-14
《二百兰亭斋古铜印存》	29.5cm×17.5cm	80,500	华艺国际	2021-06-02
《松窗遗印》	20cm×14.2cm	80,500	华艺国际	2021-06-02
白蕉 行书题邓散木印拓 镜心	30cm×132cm	80,500	北京保利	2021-06-06
晋《宝贤堂法帖》(紫檀木夹装)	39.5cm×32cm	80,500	北京保利	2021-06-06
党晴梵题跋丁辅仁手拓《商罍全角》	135cm×66cm	80,500	西泠印社	2021-07-23
清 吴紫瑜题古砚拓本册 册页	32cm×34cm×8	80,500	西泠印社	2021-07-24
初拓本·邦字未损本 曹魏《曹真碑并阴》	99cm×77cm	80,500	北京保利	2021-12-04
稀见名品 北魏《太武帝东巡御射碑》	113.5cm×62cm	80,500	北京保利	2021-12-04
《泰山经石峪》	尺寸不一	78,200	中国嘉德	2021-12-11
佚名《集王三藏圣教序》册页(二十开)	26cm×15cm×20	78,200	永乐拍卖	2021-05-20
唐《圣教序》	32.6cm×15.1cm	78,200	北京保利	2021-06-06
明拓 唐·柳公权书·《玄秘塔碑》罗纹纸精装·带原函套	35.7cm×21.8cm	78,200	北京保利	2021-12-04
张鲁厂 编《钟斋申印存》	9cm×16cm	74,750	中国嘉德	2021-03-27
沈曾植跋十七帖	31.7cm×16.7cm	74,750	中贸圣佳	2021-05-21
徐紫珊、日下部鸣鹤 递藏《泰山经石峪》拓字集联	50cm×166cm	74,750	中国嘉德	2021-12-11
吴廷康 手拓 香林八节琴拓	159cm×55cm	74,750	中贸圣佳	2021-12-29
胡佐卿旧藏金文集拓册	开本38.5cm×27.5cm	74,750	西泠印社	2021-01-14
唐大达法师碑铭	开本34cm×17cm	74,750	西泠印社	2021-01-14
旧拓《维摩经》拓片 立轴	138cm×52cm	74,750	广东精诚所至	2021-01-22
龙门造像拓片(四十八张选三张)	尺寸不一	74,750	北京保利	2021-06-06
《八关斋功德记碑帖》	37cm×24cm	74,750	北京保利	2021-06-06
西泠印社辑《吴让之印存》钤印本一函十册	29.2cm×13cm×10	74,750	中国嘉德	2021-11-30
吴乃琛、张祖翼、戚叔玉递藏并题 曹魏《范式碑并额阴全拓》乾嘉初拓·高字未损本·淡墨精打	145cm×67cm; 141cm×67cm	74,750	北京保利	2021-12-04
龚心钊自藏批校本《瞻麓斋鬻后所存古印谱》	半框13.5cm×10cm; 开本26.5cm×16.5cm	71,300	西泠印社	2021-01-14
乾隆御笔心经及罗汉图(拓本)	148cm×54cm	71,300	北京保利	2021-06-06
莫伯骥旧藏《岳雪楼鉴真法帖十二卷》	开本37cm×195cm	71,300	西泠印社	2021-07-23
龙门石龛碑、大象碑、乙瑛碑等碑拓二十一种	尺寸不一	71,300	北京保利	2021-12-04
清 袖珍《孝经》拓本两套十二册	3.4cm×2.2cm	69,328	纽约佳士得	2021-03-18
改琦 旧藏 唐《伊阙佛龛碑》	12.5cm×24.5cm	69,000	中国嘉德	2021-05-20
潘伯鹰题签 阁帖第十 册页	29.5cm×16cm	69,000	十竹斋拍卖(北京)	2021-05-29

拍品名称	物品尺寸	成交价RMB	拍卖公司	拍卖日期
周大盂鼎等钟鼎彝器铭文拓	尺寸不一	69,000	中国嘉德	2021-12-11
陈介祺 旧藏 秦汉瓦当拓本	34cm×125cm	69,000	中国嘉德	2021-12-11
清夜闻钟琴拓	158cm×55.5cm	69,000	中贸圣佳	2021-12-29
张廷济、徐乃昌、孙鼎等旧藏吉金杂拓六十四种	尺寸不一	69,000	西泠印社	2021-01-14
《黄牧甫印存》	开本30.5cm×13.4cm	69,000	西泠印社	2021-01-14
《泥道人印存》《赵古泥印集》民国钤拓本(两种三册)	20.3cm×10.4cm; 25.8cm×15.4cm×2	69,000	中国嘉德	2021-05-19
海隅山馆 旧藏 姬周彝鼎并铭文全角拓(罗复堪等题跋)	27cm×58.5cm	69,000	北京保利	2021-06-06
伊藤滋旧藏 清初拓唐柳公权《玄秘塔碑》册页	35cm×17cm	69,000	广东精诚所至	2021-07-21
党晴梵题跋《卣全角拓》	67cm×32cm	69,000	西泠印社	2021-07-23
党晴梵藏《吴大澂商鼎全角拓》	59cm×24cm	69,000	西泠印社	2021-07-23
党晴梵题跋《殷戊斝全角拓》	89cm×48cm	69,000	西泠印社	2021-07-23
清初拓·颜字本 唐·颜真卿书·《八关斋会报德记》	36.5cm×23cm	69,000	北京保利	2021-12-04
《诒晋斋书》四卷	开本36cm×25.5cm	66,700	西泠印社	2021-01-14
《大清万年一统地理全图》	29.5cm×135cm	63,250	中国嘉德	2021-03-27
《晚清四大家印谱存》卷一	11cm×17cm	63,250	中国嘉德	2021-03-27
山本竟山、长尾甲 题跋 宋《淳化阁帖》卷第十	18.5cm×24.5cm	63,250	中国嘉德	2021-12-11
邹适庐、褚德彝等题跋 晋左将军玉符	34.5cm×68cm	63,250	中国嘉德	2021-12-11
金石寿、朱剑芒等题识 叶恭绰旧藏明朱舜水犀角杯铭拓	16cm×29.7cm	63,250	中国嘉德	2021-12-11
清《幸草亭砚谱》	长30cm;宽18cm; 高2cm	63,250	中国嘉德	2021-11-28
武梁祠画像拓本	尺寸不一	63,250	泰和嘉成	2021-12-11
《淳化阁帖》	29cm×17cm	63,250	中贸圣佳	2021-12-29
《吴让之印存》	21cm×12cm	63,250	中贸圣佳	2021-12-29
《种榆仙馆印谱》		63,250	中贸圣佳	2021-12-30
近代·顾景舟·"壶缘"拓片	长1:16cm;宽5.8cm; 长2:15.5cm;宽2.5cm	63,250	中贸圣佳	2021-12-30
李尹桑跋 蔡守题秦汉吉金文字拓片 立轴	32cm×15cm; 32cm×21cm; 50cm×4.5cm	63,250	广东崇正	2021-01-06
启功题 清顺治拓《淳化阁帖》八册(缺二、六册)册页	33cm×19cm	63,250	广东精诚所至	2021-01-22
《殷契佚存》	33.5cm×22cm	63,250	华艺国际	2021-06-02
汉成山宫渠钭全角拓	65cm×45.5cm	63,250	西泠印社	2021-07-23
石鼓文拓本		63,250	华艺国际	2021-12-10
郑文焯题《时珍墓志》	76cm×60cm	63,250	北京保利	2021-12-04
《淳化阁帖》	33.5cm×21.8cm	59,800	中贸圣佳	2021-05-21
北魏马鸣寺碑	152cm×93cm	59,800	中贸圣佳	2021-09-28
党晴梵题跋《西周散季簋全角拓》	89cm×49cm	59,800	西泠印社	2021-07-23
赵之谦、王襄递、王襄藏、题跋 魏《李苞 晋潘宗伯、韩仲元通阁道题记》	51cm×179cm	57,500	中国嘉德	2021-05-20
李墨香 清 陈鸣远四方壶全角拓(吴大澂旧藏)		57,500	中贸圣佳	2021-05-20
陈运彰题跋 广州拱北楼铜漏壶拓本 立轴	55.5cm×60.5cm	57,500	十竹斋拍卖(北京)	2021-05-29
"淇竹流风"古琴拓	35.5cm×123cm	57,500	中国嘉德	2021-09-26
黄养辉 题《东海庙碑》拓片 立轴	174cm×90cm	57,500	中贸圣佳	2021-09-25
陈介祺 旧藏 汉器拓四条屏	33.5cm×110cm	57,500	中国嘉德	2021-12-11
拟山园帖	28cm×15.5cm	57,500	泰和嘉成	2021-12-11
《西泠四家印谱》附四家印谱	26cm×15.5cm	57,500	泰和嘉成	2021-12-11
《进呈祝寿印谱》	30.5cm×28.5cm	57,500	北京荣宝	2021-12-02
李尹桑题《隋张信造阿弥陀像》横批	49.5cm×116cm	57,500	广东崇正	2021-01-06
盛昱旧藏周卣全角拓	79cm×36cm	57,500	西泠印社	2021-01-14
《松雪堂印萃》	半框21cm×12cm; 开本29.5cm×16.2cm	57,500	西泠印社	2021-01-14
石鼓文拓本	开本36cm×18.2cm	57,500	西泠印社	2021-01-14
《淳化阁帖》潘刻本拓本	33cm×20cm	57,500	华艺国际	2021-06-02
潘祖荫旧藏 初拓周大克鼎并铭文全角拓	216.5cm×90cm	57,500	北京保利	2021-06-06
丁丑(1997)年作 沙曼翁 题拓汉画像《女娲补天图》镜片	135.5cm×62.5cm	57,500	朵云轩	2021-07-07
越王勾践剑铭等拓片一组	尺寸不一	57,500	南京经典	2021-07-18
清 李文田题签、鉴藏 旧拓《重登云峰山记》册页	33cm×24cm	57,500	广东精诚所至	2021-07-21
陈介祺旧藏秦瓦量集册	开本31.5cm×19.5cm	57,500	西泠印社	2021-07-23
颜真卿《八关斋会报德记》	开本34cm×12.5cm	57,500	西泠印社	2021-07-23
党晴梵题跋《吴大澂窸斋旧藏戈头全角拓》	62cm×42cm	57,500	西泠印社	2021-07-23
吴大澂题签《龙门造像十品》	开本30cm×16cm	57,500	西泠印社	2021-07-23
唐张庭珪书《鲁孔夫子庙碑》拓本	开本43.6cm×24.6cm	57,500	西泠印社	2021-07-23
端方旧藏《汉叔阳食堂画像题记》等二种	尺寸不一	57,500	西泠印社	2021-07-23
杨天骥等题跋《魏齐造像集拓三十余种》	开本37cm×19cm	57,500	西泠印社	2021-07-23

2021杂项拍卖成交汇总(续表)

(成交价RMB：1万元以上)

拍品名称	物品尺寸	成交价RMB	拍卖公司	拍卖日期
张伯英题初拓《诒晋斋法书十六卷》	开本28.3cm×14cm	57,500	西泠印社	2021-07-23
清拓 北齐葛今龙造像 立轴	56cm×37cm	57,500	朵云轩	2021-09-18
舒同题跋青铜器全形拓	135cm×34cm	57,500	永乐拍卖	2021-12-02
御题棉花图	32cm×34cm	57,500	华艺国际	2021-12-10
金兰坡长跋 西周·《遽伯睘簋铭文并全形》	117cm×48cm	57,500	北京保利	2021-12-04
《御制三希堂石渠宝笈法帖》赵孟頫书卷(西园寺公一题)	24cm×908cm	56,750	北京保利	2021-01-20
周銮诒 题跋 虢叔钟铭等金石文字十种	尺寸不一	55,200	中国嘉德	2021-05-20
陈介祺藏古封泥	4.5cm×5cm	55,200	中国嘉德	2021-12-11
行书"横经造士"拓片 魏碑拓片四轴 镜心、立轴	71.5cm×171cm；131cm×49.5cm×4	55,200	中国嘉德	2021-05-20
滨虹草堂藏古玺印	18.5cm×11cm	55,200	华艺国际	2021-06-02
宋元明犀象玺印留真	27cm×16cm	55,200	华艺国际	2021-06-02
党晴梵题跋《鱼作父己尊全角拓》	60cm×34cm	55,200	西泠印社	2021-07-23
徐森玉 手摹铜器 屏轴	82.5cm×23cm	55,200	朵云轩	2021-09-19
经亨颐藏《意园古今官印勼》八卷	32.2cm×17cm	55,200	永乐拍卖	2021-12-02
《玉皇心印经》一卷	27.5cm×7.8cm	55,200	永乐拍卖	2021-12-02
溥心畬题跋批注《宋拓定武本兰亭序·博文堂印本》	30cm×14.5cm	55,200	北京保利	2021-12-04
唐·《怀仁集王圣教序》明初拓本三奥字本 尚字不坏 缺前三开·以影本补足	33.4cm×23cm	55,200	北京保利	2021-12-04
易忠箓长跋 唐·李北海书·《任令则碑并额》	280cm×115cm	55,200	北京保利	2021-12-04
《孔宙碑》《孔彪碑》等碑拓二十九种	尺寸不一	55,200	北京保利	2021-12-04
唐《李玄靖碑》	尺寸不一	52,900	中贸圣佳	2021-09-28
赵朴初 题签 宋拓《茶录》	19cm×33cm	51,750	中国嘉德	2021-05-20
陆和九 题签 汉龟兹左将军刘平国摩崖	45cm×49cm.；22.5cm×25.5cm.	51,750	中国嘉德	2021-05-20
罗玉咸 辑拓 汉瓦吴砖砚室集拓	29.5cm×19.9cm	51,750	中贸圣佳	2021-05-21
琅琊台刻石	74.8cm×69.5cm	51,750	中贸圣佳	2021-05-21
李国森 题跋 韵石制壶拓	68.5cm×66.5cm	51,750	中国嘉德	2021-09-26
云峰山全套	尺寸不一	51,750	中贸圣佳	2021-09-28
龙门刻石等六十余种	尺寸不一	51,750	中贸圣佳	2021-09-28
陈介祺 旧藏 二百镜斋藏镜拓	20.5cm×20.5cm	51,750	中国嘉德	2021-12-11
万中立 题赠端方 周三家彝全形拓	52.7cm×89.3cm	51,750	中国嘉德	2021-12-11
李尹桑 藏跋 北魏女官王阿善造像拓本	127.3cm×50.5cm	51,750	中国嘉德	2021-12-11
楚潭涵秋琴拓	160cm×54.5cm	51,750	中贸圣佳	2021-12-29
吴廷康 手拓 松风一榻琴拓(文天祥遗琴)	160cm×54cm	51,750	中贸圣佳	2021-12-29
宋拓《定武兰亭序》	开本33.8cm×16cm	51,750	西泠印社	2021-01-14
旧拓 北朝小楷精拓各种(一册)册页	30cm×15cm	51,750	广东精诚所至	2021-01-22
《含翠轩印存》四卷	20cm×12.3cm	51,750	永乐拍卖	2021-05-20
《淳化阁帖》十卷	31.2cm×23cm	51,750	永乐拍卖	2021-05-20
张珩、刘复 题 包世臣碑帖 册页	26.5cm×15cm×59	51,750	十竹斋	2021-06-27
大盂鼎铭文	36cm×37.5cm	51,750	北京保利	2021-12-04
陈佩秋 题朱砂拓片"南无阿弥陀佛"镜心	135.5cm×32cm	50,600	中鸿信	2021-07-14
吴廷康 手拓 周必大虞廷清韵琴拓	158cm×56cm	48,300	中贸圣佳	2021-12-29
吴廷康 手拓 玉涧流泉琴拓	160cm×54cm	48,300	中贸圣佳	2021-12-29
金玉尔音琴拓	152cm×54cm	46,000	中贸圣佳	2021-12-29
诸葛石琴真拓	141cm×55.5cm	46,000	中贸圣佳	2021-12-29
汉西狭颂附五瑞图	尺寸不一	46,000	中贸圣佳	2021-12-29
看篆楼鉴藏古铜印	18.4cm×12.2cm	44,850	中贸圣佳	2021-12-29
《白石印草》	30.1cm×13.4cm	43,700	中贸圣佳	2021-12-29
《天发神谶碑》	36.7cm×23.4cm	40,250	中贸圣佳	2021-12-29
《西泠四家印谱》		40,250	中贸圣佳	2021-12-30
灵籁琴拓 镜心	155cm×55cm	37,950	中贸圣佳	2021-12-29
南皮张氏幽谷寒泉琴拓	156cm×52.5cm	36,800	中贸圣佳	2021-12-29
元《道教碑》	32.8cm×19.8cm	36,800	中贸圣佳	2021-12-29
谭泽闿题跋唐《颜鲁公三表真迹》	39cm×19.5cm	32,200	中贸圣佳	2021-12-29
齐维卫尊佛造像	134cm×63cm	28,750	中贸圣佳	2021-12-29
《澄秋馆封泥考存》	27cm×16.5cm	25,300	中贸圣佳	2021-12-29
南皮张氏秋月琴拓	155cm×51.5cm	23,000	中贸圣佳	2021-12-29
琴剑拓片	107cm×27cm×2	23,000	中贸圣佳	2021-12-29
汉梁武祠画像拓本	尺寸不一	20,700	中贸圣佳	2021-12-29
张廷济、陈介祺等名家拓片	29cm×18.3cm	20,700	中贸圣佳	2021-12-29
方介堪题赠《介堪印谱》	21.2cm×14.2cm	20,700	中贸圣佳	2021-12-29
《观自得斋集缶庐印谱》	24.5cm×14.7cm	20,700	中贸圣佳	2021-12-29
唐《颜家庙碑》	30.5cm×18.4cm	18,400	中贸圣佳	2021-12-29
《飞鸿堂印谱》五集	26cm×15.4cm	18,400	中贸圣佳	2021-12-29
陶氏家藏印稿	23.4cm×12.3cm	18,400	中贸圣佳	2021-12-29
书札文牍				
齐白石 致张次溪等人信札 镜心	尺寸不一	26,450,000	北京保利	2021-06-05
史可伯《中秋贺寿札》镜框	30cm×62.5cm	23,000,000	华艺国际	2021-12-11
祝允明 约1514年作 楷书诗文手札卷 手卷	尺寸不一	21,850,000	北京荣宝	2021-06-19

拍品名称	物品尺寸	成交价RMB	拍卖公司	拍卖日期
陈垣 陈垣先生重要著作及稿本	尺寸不一	7,130,000	北京荣宝	2021-12-02
林语堂 手迹碎金 镜心	尺寸不一	6,912,600	中国嘉德	2021-04-22
纪晓岚、刘墉、于敏中、王杰、钱陈群、钱伯坰、谢墉、王际华、王芑孙、彭元瑞、陆费墀、施源、英廉等致董邦达、董诰父子信札册册页(五十二页)	尺寸不一	4,600,000	西泠印社	2021-01-15
王士禛、陈允衡等 清初名人信札卷手卷	总长607.5cm	4,140,000	中国嘉德	2021-12-12
文徵明 手札九篇 手卷	本幅26.5cm×465cm	3,450,000	华艺国际	2021-12-11
咸丰九年骆秉章呈光绪帝奏折88件、夹片39件，共127件，均含朱批，附带原夹板		3,392,500	北京保利	2021-12-05
梁实秋 1974~1987年作 致韩菁清重要情书近三百通		2,990,000	西泠印社	2021-01-16
清乾隆 孙嘉淦呈乾隆帝"清代第一奏折"《三习一弊疏》，含朱批	23cm×230cm	2,012,500	北京保利	2021-12-05
文震孟 书札三通 册片(三开)	27cm×10.5cm×4；28.8cm×19cm	1,782,500	中国嘉德	2021-05-18
赵之谦 尺牍 册页片(十一开十四通)	尺寸不一	1,725,000	朵云轩	2021-07-07
王世襄 1975、1976年作 致金西厓有关整理出版《刻竹小言》全过程的重要信札三十四通		1,667,500	西泠印社	2021-01-16
李大钊 致宁绍先亲笔书信(附封)	尺寸不一	1,667,500	北京保利	2021-12-04
弘治皇帝 1499年作 敕封王恕继室诰命 手卷	30.5cm×291cm	1,642,000	佳士得	2021-11-29
娄坚 书札四通 册片(二开)	29cm×10.5cm×4	1,380,000	中国嘉德	2021-05-18
泰戈尔、徐志摩 1929、1930年作 致蒋百里信札及批校佛经	25.5cm×15cm(册)；22cm×15cm	1,322,500	西泠印社	2021-07-25
董其昌 致陈继儒、王时敏札 册片	24.3cm×18.8cm×2	1,207,500	中国嘉德	2021-05-18
董其昌 致陈继儒札 册片(四开)	24.3cm×18.8cm×4	1,207,500	中国嘉德	2021-05-18
娄坚 书札四通 册片(二开)	29cm×10cm×4	1,207,500	中国嘉德	2021-05-18
吴大澂京师往来信札资料	28.5cm×20cm	1,138,500	华艺国际	2021-06-02
陈寅恪 1943年8月25日作 抗战期间论代表作《唐代政治史述论稿》正误及再版的重要信札	24cm×14cm	1,104,000	西泠印社	2021-07-25
黄汝亨 书札二通 册页(八开)	28cm×27.5cm×8	1,092,500	中国嘉德	2021-05-18
查士标 早年罕见信札及罕见小楷册 册页(共二十页)	尺寸不一(册页尺寸28.5cm×16.5cm)	1,058,000	西泠印社	2021-07-24
徐悲鸿 白蕉书信六通	尺寸不一	1,035,000	北京翰海	2021-12-17
王穉登 明 信札 手卷	29cm×290cm	1,035,000	佳士得	2021-05-26
董其昌 书札二通 册页(二开)	24.3cm×18.8cm×4	977,500	中国嘉德	2021-05-18
叶道芬、黄彭年等题跋《翁方纲致诸名家尺牍册》	开本29cm×16.3cm	943,000	西泠印社	2021-01-14
宋荦 明代 行书信札卷 手卷	尺寸不一	931,500	永乐拍卖	2021-12-02
吕耀斗致蒋廷黻信札	28.5cm×17cm	920,000	北京荣宝	2021-12-02
1621年作 明天启元年 敕命圣旨	30.5cm×190cm	920,000	上海明轩	2021-12-30
王榖祥 致文徵明札 册片	24.2cm×12.2cm；24.2cm×13.5cm	920,000	中国嘉德	2021-05-18
佚名 李氏旧藏江西诸家信札	尺寸不一	805,000	华艺国际	2021-06-02
袁世凯居仁判牍(袁克定题识 王辑唐、野崎诚近递藏 附吴弱男信札一通五页)	31.5cm×17.5cm	759,000	北京保利	2021-06-06
列宁 亲笔签名信函	23.5cm×21.6cm	690,000	中国嘉德	2021-05-18
诰命	30cm×320cm	690,000	北京荣宝	2021-12-02
董其昌、刘墉、赵之谦、顾麟士等明清人手札册 册页(十六开)	尺寸不一	690,000	中国嘉德	2021-05-18
陈毅 "赠缅甸友人"诗文手稿 信札	18cm×20.5cm×2	690,000	保利厦门	2021-11-05
黄宾虹 致顾飞手札 册页(八开)	26cm×20cm×8	690,000	中国嘉德	2021-12-10
康有为、梁启超、沈曾植 致翁率平信札集卷 手卷	尺寸不一	655,500	中贸圣佳	2021-07-06
林则徐书札、刘绎书札(二通)	23cm×12.4cm	655,500	北京保利	2021-12-04
康有为 致姚君悫信札卷 手卷	康书165cm×17.8cm；题跋102.5cm×17.8cm	644,000	广东崇正	2021-01-07
康有为 约1913~1923年作 致伍宪子等论孙中山及政治活动的重要信札六通	尺寸不一	644,000	西泠印社	2021-07-25
屠隆 致庄仲肩札 册片(三开)	尺寸不一	632,500	中国嘉德	2021-05-18
吴昌硕 致莫永贞信札	信札48.5cm×25.5cm；信封25.5cm×16cm	621,000	西泠印社	2021-07-25
章士钊 致周总理信 书信(一通一页)	30.5cm×83cm	616,032	中国嘉德	2021-10-13
王国维致王秉恩书札及朱兰、乔晋芳书札(三通)	22.5cm×12.5cm	609,500	北京保利	2021-12-04
崇实 撰书(清)为奏川、滇、黔、陕、甘等地军务折	9.7cm×21cm	598,000	中国嘉德	2021-05-20
翁同龢 家书卷 手卷	589cm×23cm	598,000	西泠印社	2021-01-15
王懿荣、黄绍箕、杨锐、王仁堪、邵松年等 致丁立钧书札册	尺寸不一	575,000	中国嘉德	2021-12-10

2021杂项拍卖成交汇总（续表）

（成交价RMB：1万元以上）

拍品名称	物品尺寸	成交价RMB	拍卖公司	拍卖日期
顺治圣谕	115cm×43.5cm	575,000	北京荣宝	2021-12-02
张廷济 信札诗文册 册页（十四页）	尺寸不一（册页31.5cm×18.5cm）	575,000	西泠印社	2021-01-15
屠隆 与庄仲肩谈道札 册片（四开）	尺寸不一	575,000	中国嘉德	2021-05-18
李流芳 娄坚 书札各一通 册片（二开）	尺寸不一	575,000	中国嘉德	2021-05-18
孙文 1912年作 致盛宣怀信札 信札	尺寸不一	575,000	永乐拍卖	2021-05-20
胡适 约1920、1924年作 重要著作《尝试后集》、词作《鹊桥仙·七夕》罕见初稿，及批阅胡适上款信札一批	23cm×14cm（诗稿）；A4（绝大多数）	575,000	西泠印社	2021-07-25
赵之谦 信札册 册页(七通十六页)	23cm×15cm×19	575,000	北京保利	2021-09-25
恽寿平 明代 昨别帖 信札	19.5cm×11.2cm	575,000	永乐拍卖	2021-12-02
吴昌硕 1899年作 致储南强手札卷 手卷	17.5cm×136.5cm	575,000	永乐拍卖	2021-12-02
包世臣、奚冈、洪亮吉、吴让之、吴锡麒等人信札册	33cm×19.2cm	563,500	中贸圣佳	2021-05-21
王原祁 明末清初 崇川帖 信札	25.5cm×12.1cm	563,500	永乐拍卖	2021-12-02
焦竑致李登信札	28cm×27.5cm	552,000	中国嘉德	2021-05-20
吴昌硕、郑文焯、林纾、彭聚星 致成多禄信札册 册页（十六页）	尺寸不一（册页33cm×21cm）	552,000	西泠印社	2021-01-15
董其昌 书札二通 册片	24.3cm×18.8cm×2	517,500	中国嘉德	2021-05-18
刘墉 致刘臻家书册 册页（四十三页）	尺寸不一（册页尺寸31cm×18cm）	517,500	西泠印社	2021-07-24
郁达夫 1938年7月19日作 抗战期间致刘开渠重要信札	27cm×16.5cm	517,500	西泠印社	2021-07-25
张伯驹 1972年作 致张牧石有关周恩来、陈毅及入文史馆经过的重要长信	31.5cm×26cm×3	494,500	西泠印社	2021-01-16
查升 罕见家书册 册页（共三十七页）	尺寸不一（册页35cm×19cm）	483,000	西泠印社	2021-01-15
彭年 致少泉札 册片	25.5cm×13.8cm	483,000	中国嘉德	2021-05-18
王穉登 书札二通 册片	29cm×20cm; 27cm×10.5cm	483,000	中国嘉德	2021-05-18
宋珏、莫是龙 书札二通 册片	21.9cm×17cm; 21.9cm×17.6cm	483,000	中国嘉德	2021-05-18
赵熙致父亲家书一册11通43页	24cm×15cm	483,000	北京保利	2021-06-07
陆润庠 致春岩老伯信札二十四通 册页（共五十页）	尺寸不一（册页尺寸28.5cm×19cm）	483,000	西泠印社	2021-07-24
马裕藻 约1941年作 抗战中致马泰有关爱因斯坦等家书六通	27.5cm×17.5cm×7	483,000	西泠印社	2021-07-25
文徵明 书札 四开	尺寸不一	477,981	香港苏富比	2021-04-19
清代各大臣致杨岳斌信札	45cm×31cm	460,000	泰和嘉成	2021-12-11
明嘉靖七年七月十六日恩封黄孔昭诰命	30cm×167cm	460,000	华艺国际	2021-06-02
袁枚 致高景藩信札 镜片（一帧二页）	22.5cm×17.5cm; 24cm×18cm	460,000	西泠印社	2021-07-24
黄道周、刘基、倪元璐等 名贤忠烈尺牍册 册页（约一百八十页）	尺寸不一（册页29cm×17.5cm）	460,000	西泠印社	2021-10-24
黄宾虹致俞叔渊信札	29.5cm×22cm×4	460,000	永乐拍卖	2021-12-02
吴雯、康乃心、吕履恒等五家信札册	32.3cm×13.3cm	460,000	永乐拍卖	2021-12-02
恽向 明代 愚见帖 信札	13cm×13cm×2	460,000	永乐拍卖	2021-12-02
沈桂芬、程学恂、宋延春、吴俊等清人手札册页（七十八页选十二页）	尺寸不一	448,500	北京保利	2021-06-06
黄宾虹 1941年作 致陈柱论古画鉴藏及刊行画论的重要长信	27.5cm×25cm; 27.5cm×18.5cm; 27.5cm×15cm	448,500	西泠印社	2021-07-25
焦竑致李登信札	17.7cm×26.5cm	437,000	中国嘉德	2021-05-20
蒲松龄 行书《聊斋诗兴》札一通二页 镜心	28cm×16cm×2	437,000	中贸圣佳	2021-05-21
彭玉麐 约1853、1864年作 致沈葆桢、徐用福信札册 册页（共三十页）	约23cm×12cm×30	437,000	西泠印社	2021-01-15
姚鼐 长信一通 信札（一通四页）	21cm×10.5cm×4	437,000	西泠印社	2021-01-15
赵之谦 道日回门二札 立轴	23cm×12.5cm; 25cm×11cm	437,000	中国嘉德	2021-05-18
齐白石 致帅铭初信札 镜心	28cm×42cm	437,000	中国嘉德	2021-05-19
梁鼎芬 致曾习经手札五十一页（五十一选十）	尺寸不一	425,500	广东崇正	2021-01-07
端方 1891、1892年作 致王懿荣等有关金石收藏信札四十五页 镜片·画心（共四十五页）	22.5cm×12.5cm×10; 25.5cm×18cm×35	425,500	西泠印社	2021-07-24
曾国藩、李榕、曾文正批李榕书牍手卷	23cm×140cm	414,000	中贸圣佳	2021-05-21
吴昌硕 己亥(1899)作 致储南强信札卷 手卷	17.5cm×136.5cm	414,000	十竹斋拍卖（北京）	2021-05-29
陈诚 1936年作 "西安事变"前夕致蒋介石等有关张学良联共抗日的重要秘信六通	尺寸不一	414,000	西泠印社	2021-01-16
杨度 1905年作 致端方有关湖南留日学生及粤汉铁路信札	28cm×22cm×3	414,000	西泠印社	2021-07-25
严复致严伯鋆英文信札	13.3cm×21.5cm	402,500	中国嘉德	2021-12-10
潘祖荫 信札集册 册页（十八开）	尺寸不一	402,500	中贸圣佳	2021-12-29
高二适 致章士钊手札 手卷	33cm×123cm	402,500	南京经典	2021-01-10
陈继儒 致董其昌书札三通 册片（二开）	24.3cm×18.8cm×2; 24.3cm×16.1cm×2	402,500	中国嘉德	2021-05-18
翁方纲、梁同书、许兆椿等 国朝名人尺牍 册页（十七开）	尺寸不一	402,500	中贸圣佳	2021-07-06
黄宾虹 1941年作 致陈柱有关绘画史重要论断的信札	29cm×17cm; 29cm×15.5cm	402,500	西泠印社	2021-07-25
张大千致陈巨来信札	55.4cm×25.7cm×2	402,500	中国嘉德	2021-11-30
董其昌 明 信札 散册页（四对开）	22cm×11cm×4	389,975	佳士得	2021-11-29
严复致伍光建英文信札	13.8cm×22.2cm	368,000	中国嘉德	2021-12-10
陈寅恪 孔融之死	32.5cm×21cm	368,000	泰和嘉成	2021-12-11
梁公隽旧藏 梁鼎芬遗墨册	尺寸不一	368,000	广东崇正	2021-01-07
萧红 1936年9月2日作 致萧军罕见情书	22cm×18.5cm	368,000	西泠印社	2021-01-16
屠隆 致庄仲肩书札一通 册片	28.5cm×14cm×2	368,000	中国嘉德	2021-05-18
陈继儒 致董其昌三札 册片	24.3cm×18.8cm×2	368,000	中国嘉德	2021-05-18
康有为、沈曾植 往来信札 镜心	18cm×64cm; 22cm×11cm×3	368,000	中国嘉德	2021-05-19
康有为 行书信札 镜心	17.5cm×45.5cm	368,000	中国嘉德	2021-05-21
曾国荃、胡家玉、周家楣、李榕等 致孙翼谋信札册 册页（三十八页）	尺寸不一（册页尺寸32cm×17.5cm）	368,000	西泠印社	2021-07-24
清乾隆至道光年间 山西代州郎家诰命敕命四件（四幅）手卷	尺寸不一	368,000	上海驰翰	2021-11-15
梁漱溟 致章士钊信札 书信（一通二页）	25.5cm×17cm×2	347,760	中国嘉德	2021-10-13
潘伯鹰 致章士钊信札 信札五通 书信（五通七页）	尺寸不一	347,760	中国嘉德	2021-10-13
钱宏、焦竑、刘象先、林古度、凤祥 明清翰墨集锦 信札	尺寸不一	347,760	中国嘉德	2021-10-13
熊十力致王孟荪、徐复观信札	尺寸不一	345,000	中国嘉德	2021-05-20
王懿荣父子兄弟书札册	尺寸不一	345,000	中国嘉德	2021-12-10
王文治王梦楼先生手札册页（十开）	尺寸不一	345,000	中贸圣佳	2021-12-29
吴大澄 1881年作 致远庵信札册 册页（十四页）	23cm×12.5cm×14	345,000	西泠印社	2021-01-15
沈钧儒 有关奉军攻打北京等家书四通	尺寸不一	345,000	西泠印社	2021-01-16
张大千 致陆丹林有关请谢玉岑为溥儒作《象传》的信札	27cm×16.5cm×4	345,000	西泠印社	2021-01-16
赵南星 信札二页 镜心	27.5cm×11cm×2	345,000	中国嘉德	2021-05-18
王慎中 信札一页 镜心	26cm×36cm	345,000	中国嘉德	2021-05-18
陈继儒 致董其昌二札 册片	24.3cm×18.8cm; 24.3cm×17.1cm	345,000	中国嘉德	2021-05-18
赵时春 书札一通三开 册片	25cm×16.5cm×6	345,000	中国嘉德	2021-05-18
章太炎 1921年4月20日作 致张继论孙中山及南北局势的长篇信札	26.5cm×17.5cm×8	345,000	西泠印社	2021-07-25
钱瘦铁、白蕉、钱瘦铁白蕉书札 册页（七开）	尺寸不一	345,000	上海嘉禾	2021-11-14
钱载、袁枚 行书诗札 镜心	20cm×26cm	333,500	中贸圣佳	2021-07-06
黄宾虹 1937年作 致陈柱请求保存金石稿本的重要信札二通	30cm×17.5cm×3	333,500	西泠印社	2021-07-25
张大千 古画摄影清单及致张目寒重要信札	75cm×18.5cm	333,500	西泠印社	2021-07-25
丰子恺 致郑子瑜信札二通四页（附信封）镜心	28cm×40cm×4	327,750	中鸿信	2021-07-15
1478年《摇篮本》圣纪·罗斯福总统夫人赠宋美龄 册页	29.5cm×21.2cm	327,750	中鸿信	2021-07-15
严复致严伯鋆英文信札	20.2cm×25.3cm	322,000	中国嘉德	2021-12-10
总理各国事务衙门清档	21.3cm×26.5cm	322,000	中国嘉德	2021-12-11
颜伯卿、陈启成 医案、医方稿本信札等一组	尺寸不一	322,000	中贸圣佳	2021-12-29
梁同书 1866年作 书札三十六开 册页	尺寸不一	322,000	华艺国际	2021-03-31
祝允明 书札一通 册片（二开）	尺寸不一	322,000	中国嘉德	2021-05-18
康有为 清庄士敦代表游说经过函 手卷	17.5cm×141cm	322,000	上海嘉禾	2021-07-22
徐悲鸿 致沈茂如有关"巴黎中国美术展览会"信札 镜框	29.5cm×45cm	322,000	华艺国际	2021-12-11
文徵明 致提学相公先生札 六开		318,654	香港苏富比	2021-04-19
郁达夫 致李孤帆信札一通 镜心	24cm×30.5cm	310,500	十竹斋拍卖（北京）	2021-05-29
沈景修、费延厘、殷兆镛、顾元熙等诗词唱和信札册	尺寸不一（册页29.5cm×17cm）	310,500	西泠印社	2021-07-25
孙中山致黎元洪信札（谈及《和平统一宣言》）	25.8cm×17cm	304,750	北京保利	2021-12-04
嘉庆帝 致朱珪贺岁札二帧 册页	16cm×8cm×2	299,000	中国嘉德	2021-05-18
弘一 致周啸麟罕见早年信札	30cm×26cm	299,000	西泠印社	2021-07-25
名贤 清 清人信札 信札	18.5cm×12cm×16	299,000	永乐拍卖	2021-12-02
汤贻汾、胡林翼、李星沅书札(四通)	24cm×11cm	299,000	北京保利	2021-12-04
溥儒 致文玙女士通信集 书信	尺寸不一	298,080	中国嘉德	2021-10-13
张弼 致陆渊之信札 信札	26.5cm×55.5cm	298,080	中国嘉德	2021-10-13
张大千 致张岳军先生四月二十九日函（两幅）镜框	35.5cm×89.5cm×2	289,800	佳士得	2021-05-27

2021杂项拍卖成交汇总(续表)

(成交价RMB：1万元以上)

拍品名称	物品尺寸	成交价RMB	拍卖公司	拍卖日期
杜月笙致顾祝同信札	尺寸不一	287,500	中贸圣佳	2021-05-21
周作人致郑子瑜信札	12.5cm×23.2cm	287,500	中国嘉德	2021-12-10
潘祖荫、王凯泰、应宝时等 致潘曾玮信札册 信札册(共五十四页)	尺寸不一(册页34cm×21cm)	287,500	西泠印社	2021-01-15
丰子恺 致郑晓沧信札 镜心(三页)	28cm×18cm×3	287,500	中国嘉德	2021-05-19
赵之谦 等 信札册 册页(十四开)	尺寸不一	287,500	永乐拍卖	2021-05-20
黄宾虹 1937年10月29日作 致陈柱有关抗战局势及新安画派的信札	27cm×15.5cm×2	287,500	西泠印社	2021-07-25
严复致严伯鋆英文信札	20.2cm×25.3cm	276,000	中国嘉德	2021-12-10
高二适 致杨秀峰书札 镜心	30cm×82cm	276,000	北京保利	2021-06-05
清 诸家 信札 册页(四十八开)	33.5cm×24cm×48	266,825	佳士得	2021-11-29
刘宗周 行书信札一通二页 镜心	26cm×20cm×2	264,500	中贸圣佳	2021-05-21
沈尹默行书 为陈巨来、赛金花致瓯隐书札 镜片	25cm×41cm	264,500	泰和嘉成	2021-12-11
韩菁清 1974~1981年作 致梁实秋的最早见刊情书一批		264,500	西泠印社	2021-01-16
吴昌硕、郑文焯 诗文信札稿	尺寸不一	264,500	西泠印社	2021-07-25
章炳麟致黎元洪信札	27.8cm×13cm	264,500	北京保利	2021-12-04
熊十力致徐复观信札	20.5cm×16.7cm；40.5cm×21cm	253,000	中国嘉德	2021-05-20
焦竑致李登信札	10cm×27.2cm	253,000	中国嘉德	2021-05-20
焦竑书札一通	10.5cm×28.2cm	253,000	中国嘉德	2021-05-20
洪钧致吴大澂兄弟尺牍册	尺寸不一	253,000	中国嘉德	2021-05-20
张学良 题赠张闾瑛箴言	33.5cm×69cm	253,000	中国嘉德	2021-12-10
高二适 1976年作 最晚年致卞孝萱长信 画心(带信封一枚)	115cm×24.5cm	253,000	西泠印社	2021-01-15
邹韬奋、刘凤生、岑德彰、龚钺等上海圣约翰大学毕业生致刘俊生信札册 册页(三十八页)	32.5cm×21cm(册页)	253,000	西泠印社	2021-01-16
茅盾 1974年作 论家事及为侄子安排工作的信札二通	23cm×19.5cm×2；21cm×15cm×4	253,000	西泠印社	2021-01-16
淡归今释致张岱手札两通(六舟旧藏)	26cm×11cm	253,000	华艺国际	2021-06-02
梁实秋致韩菁清情书、家书16页并一信封		253,000	华艺国际	2021-06-02
袁世凯、奕劻、鹿传霖、戴鸿慈、徐世昌、叶赫那拉·那桐等 签署宣统年间有关辛亥革命等军机处电旨三十七件	41cm×22cm×2；22cm×20.5cm×35	253,000	西泠印社	2021-07-25
侯震旸 明代 缔姻帖 信札	25cm×26.4cm	253,000	永乐拍卖	2021-12-02
伍廷芳、盛宣怀、盛昱等 致吕海寰、徐士銮有关科举、收藏和对外交涉信札册	23.5cm×14cm(册)	241,500	西泠印社	2021-07-25
赵之谦、严保庸 信札二通 信札(二通四页)	23.5cm×12.5cm×2；24.5cm×13cm×2	241,500	西泠印社	2021-01-15
曾国藩、彭玉麟 1868年作 行书 致张裕钊诗札 镜片	32.5cm×30.5cm×2	241,500	西泠印社	2021-04-11
聂大年 致郑环信札一通 镜片	17.5cm×14.5cm	241,500	西泠印社	2021-10-24
蔡锷致黎元洪信札	26cm×16.5cm	241,500	北京保利	2021-12-04
缪荃孙、周星诒、毓隆 题跋 俞樾、管礼耕、黄以周、马渊林四家书札册	尺寸不一	230,000	中国嘉德	2021-05-20
吴士鉴 题跋 王懿荣父子金石手稿书札册	尺寸不一	230,000	中国嘉德	2021-05-20
胡适致刘修业关于《西游记》及白话小说研究的长信	20.2cm×27.3cm	230,000	中国嘉德	2021-05-20
钟瑞、陈镕、何璟、马新贻等 书札二册 册页二本(十六开、二十七开)	尺寸不一	230,000	中贸圣佳	2021-12-29
王文治 致陈淮、玉山札册(十二页) 册页	20.5cm×12.3cm×9；15.5cm×9cm×3	230,000	广东崇正	2021-01-07
王稺登 致是卿札 册片	28.8cm×13.3cm×2	230,000	中国嘉德	2021-05-18
张大千 张大千致王济远书信 镜心	36cm×89.5cm	230,000	永乐拍卖	2021-05-21
章士钊 致冒广生信札 手卷	28cm×116cm	230,000	中贸圣佳	2021-07-06
张道藩致蒋碧薇信札、朱了洲致蒋碧薇信札一批 镜心	尺寸不一	230,000	中鸿信	2021-07-14
丰子恺 1946年12月27日作 致阮毅成有关省立嘉兴师范校长人选的信札	26cm×18.5cm×2	230,000	西泠印社	2021-07-25
托尔斯泰 1894年11月作 英文亲笔信	27cm×21cm(信札)；17.5cm×12cm(照片)	230,000	西泠印社	2021-07-25
缪昌期 明代 康和帖 信札	22cm×39.5cm	230,000	永乐拍卖	2021-12-02
姜采 明代 遄行帖 信札	21.5cm×17cm	230,000	永乐拍卖	2021-12-02
朱衮 致"九溪"翁信札一通 镜心	22cm×80cm	224,250	中贸圣佳	2021-05-21
朱衍绪、朱朗然、朱道然、朱定基、朱兰 家书诗稿一批 册页(共约二百五十页)	尺寸不一	218,500	西泠印社	2021-04-10
清顺治十四年 山东泰安乡贤王嘉宝、王度父子四品诰命 手卷	29cm×265cm	218,500	上海驰翰	2021-11-15
严复 致吴汝纶信札一通两页	22.5cm×12.5cm	207,000	保利厦门	2021-05-06
清乾隆四十五年陕西延绥镇总兵周鼎曾祖父母之诰命 手卷	30cm×380cm	207,000	上海驰翰	2021-11-15
刘墉 奏折一通 六开册	23cm×11.5cm×6	201,814	香港苏富比	2021-04-19
茅盾 1963年10月25日作 致王积贤有关改稿及参加社会活动的信札	18.5cm×10cm	201,250	西泠印社	2021-01-16
章士钊 致李宗仁信 书信(一通一页)	24cm×60cm	198,720	中国嘉德	2021-10-13
孙家鼐、邵章、郭则沄、丁其慰、袁克恒、颜惠庆、孙多钰、潘承业、徐宗浩等致周学熙夫妇荣寿册等七种	尺寸不一	195,500	中贸圣佳	2021-05-21
严复致严伯鋆英文信札	11.5cm×18.5cm	195,500	中国嘉德	2021-12-10
翁同龢 行书手札 横披	26cm×65cm	195,500	广东崇正	2021-01-07
瑛宝 致老师刘墉信札册 册页(十一通十四页)	尺寸不一(册页30cm×17cm)	195,500	西泠印社	2021-01-15
金庸、余光中、林太乙、黄沾等 致董桥有关编辑出版的的信札一批		195,500	西泠印社	2021-01-16
翁同龢 致翁熙孙、翁顺孙家书十一通 画心(十八页)	23.5cm×13cm×14；24cm×15.5cm×4	195,500	西泠印社	2021-07-24
沈钧儒 致阮毅成有关荐举人才及痛失爱妻的信札三通	30.5cm×21cm×2；27cm×14.5cm×3	195,500	西泠印社	2021-07-25
弘一 致仁希居士有关书赠佛偈及普陀习静的信札	21cm×9cm	195,500	西泠印社	2021-07-25
夏承焘 1941~1944年作 抗战中致蒋礼鸿信札及词稿	尺寸不一	195,500	西泠印社	2021-07-25
王世襄 1991年2月12日作 致孙孚凌有关汪曾祺及美食的信札	26.5cm×16cm×2	195,500	西泠印社	2021-07-25
清道光八年 山西晋中杨履谦及妻、继妻五品诰命 镜片	30cm×171cm	195,500	上海驰翰	2021-11-15
叶恭绰 致汪兆镛、汪孝博等信札、不匮鼎跋 八通十四开	27cm×16cm×5；27cm×17cm×6；30cm×20cm×3	191,192	香港苏富比	2021-04-21
蓬瀛仙迹手札册	30.6cm×14cm	189,750	北京保利	2021-12-04
严复致严伯鋆英文信札	20.2cm×25.3cm	184,000	中国嘉德	2021-12-10
李鸿章、陈崇礼、赵尔巽等 名家信札 册页(三十八开)	尺寸不一	184,000	南京经典	2021-01-10
陆小曼、孙维世等 致张正宇有关第二届全国美展等信札六通		184,000	西泠印社	2021-01-16
顾梦游 致翼老书札二通 册页	27.8cm×10.7cm×2	184,000	中国嘉德	2021-05-18
黄宾虹 致帅铭初信札 镜心	27cm×17.5cm；信封15cm×7cm	184,000	中国嘉德	2021-05-19
张宗祥 1922年1月1日作 致陈垣有关梁士诒内阁的花笺长信	25.5cm×15.5cm×3	184,000	西泠印社	2021-07-25
熊十力 1949年11月18日作 解放初期致唐君毅、胡秋原有关个人抉择及著作出版的重要信札	36cm×26.5cm	184,000	西泠印社	2021-07-25
章士钊、杨东莼 1972年12月作 致主席罕见长信二通	38.5cm×26cm×14；26cm×16cm	184,000	西泠印社	2021-07-25
吴昌硕 书自作诗札二通	20.5cm×13.5cm；34cm×13.5cm	184,000	西泠印社	2021-07-25
《中国古典绘画的精神》手稿	27cm×19.5cm	184,000	华艺国际	2021-12-10
孙中山致黎元洪信札(《民国日报》刊载、《孙中山全集》著录)	26cm×16.8cm	184,000	北京保利	2021-12-04
清顺治至乾隆 五色织锦任命圣旨	416cm×31cm	177,336	香港苏富比	2021-10-13
戴笠 1943、1945年作 致潘其武有关蒋介石、毛人凤及中美合作的信札二通	28.5cm×20cm；28cm×20.5cm×2；27cm×19cm	172,500	西泠印社	2021-01-16
伏尔泰 1762年7月16日作 致门徒有关支持百科全书派学者及号召文学界团结的重要亲笔信	30cm×20cm	172,500	西泠印社	2021-01-16
高二适 草书致方智锴信札 镜心	26cm×103cm	172,500	中国嘉德	2021-05-21
梁启超致梁启勋书	21.5cm×14cm；21.5cm×7.5cm；21.5cm×27cm	172,500	永乐拍卖	2021-05-20
周作人致郑子瑜书	33cm×14.5cm	172,500	永乐拍卖	2021-05-20
雍正元年 圣旨 手卷	29cm×228cm	172,500	广东小雅斋	2021-07-20
李朗 诗札四通 镜心(四开)	20.5cm×24.5cm×4	172,500	中贸圣佳	2021-07-06
陆润庠、李经羲、张之万等 名人书札册 册页(八开)	尺寸不一	172,500	中贸圣佳	2021-07-06
茅盾 致总理信札四通 镜心	28.5cm×15cm×4	172,500	中鸿信	2021-07-15
袁昶、张士珩、杨葆光等 致李滨信札册 线装册(二册,共一百二十五页)	尺寸不一(线装册尺寸27.5cm×18.5cm×2)	172,500	西泠印社	2021-07-24
梁启超 1916年10月20日作 致梁启勋家书	25.5cm×23cm×3	172,500	西泠印社	2021-07-25
吴梅、吴重憙、叶瀚、孙雄、王季烈、潘承谋等 致高德馨诗文信札约七十通	32cm×23cm(册)；余尺寸不一	172,500	西泠印社	2021-07-25
爱因斯坦 1916年10月15日作 有关敦促烟草商人承认接纳私生子的亲笔信	35cm×22.5cm	172,500	西泠印社	2021-07-25
翁方纲 致黄易手札册 册页(十三开)	20.5cm×10.5cm×26	172,500	中国嘉德	2021-12-12
琉球国诏书	65cm×18cm	172,500	永乐拍卖	2021-12-02

(成交价RMB：1万元以上)

拍品名称	物品尺寸	成交价RMB	拍卖公司	拍卖日期
文震孟 明代 高斋帖 信札	25.5cm×24.5cm	172,500	永乐拍卖	2021-12-02
汪琬 明代 门人帖 信札	18.3cm×52.5cm×2	172,500	永乐拍卖	2021-12-02
徐石麒 明代 至得帖 信札	24cm×14cm; 24cm×17cm	172,500	永乐拍卖	2021-12-02
清乾隆五十年 浙江名宦湖州知府善庆之父母五品诰命 手卷	30cm×283cm	172,500	上海驰翰	2021-11-15
傅抱石 致田宜生信札 镜心	26cm×19cm	172,500	北京保利	2021-12-03
致黎元洪呈文	尺寸不一	172,500	北京保利	2021-12-04
孙中山致黎元洪信札(《民国日报》刊载、《孙中山全集》著录)	26cm×16.5cm	172,500	北京保利	2021-12-04
嘉庆二年七月初八日 乾隆帝御笔朱批嘉庆帝手谕	24cm×66cm	172,500	北京保利	2021-12-05
沈雁冰、关山月、费新我等致罗元贞信札诗稿一组	尺寸不一	161,000	中国嘉德	2021-05-20
章太炎致马宗霍信札	41.2cm×31.4cm	161,000	中贸圣佳	2021-05-21
严复致严伯鋆英文信札	11.4cm×17.6cm	161,000	中国嘉德	2021-12-10
爱迪生 约1922~1928年作 致儿子查尔斯家书一批		161,000	西泠印社	2021-01-16
张大千 致张丽诚信札(一通二纸)镜心	24cm×33cm×2	161,000	北京保利	2021-06-05
黄宾虹 约1935年作 致陈柱有关宴会的信札	28.5cm×17.5cm	161,000	西泠印社	2021-07-25
黎元洪致黎绍基信札(12月10日)	27.5cm×17cm	161,000	北京保利	2021-12-04
陈衡哲 致陆慧殊有关与胡适绯闻的信札	21.5cm×14cm×2	155,250	西泠印社	2021-01-16
黎元洪电文原稿及电报(与冯国璋相关)(七通)	尺寸不一	155,250	北京保利	2021-12-04
孙中山、唐绍仪致丁佛言信札	26cm×16.7cm	155,250	北京保利	2021-12-04
严复致严伯鋆英文信札	11.5cm×18.5cm	149,500	中国嘉德	2021-12-10
夏孙桐 题跋 乔松年致文楠仁兄信札册	尺寸不一	149,500	中国嘉德	2021-12-10
高颖琦 请粮帖 镜片	42cm×25.5cm	149,500	西泠印社	2021-01-15
赵申乔、赵申季 家书卷 手卷	180cm×26.5cm; 63cm×26.5cm	149,500	西泠印社	2021-01-15
邵洵美、欧阳予倩、贺天健、郑逸梅、钱瘦铁、庞薰琹、黄永玉等约1944~1976年作 致张正宇信札近百通		149,500	西泠印社	2021-01-16
张伯驹 1975年8月5日作 致宋谋玚有关脂砚及《红楼梦》考证的信札	44cm×25.5cm	149,500	西泠印社	2021-01-16
梁启超致梁启勋书	26.5cm×21.5cm	149,500	永乐拍卖	2021-05-20
1751年作 清乾隆 五色织锦诰命 手卷	30cm×268cm	149,500	上海嘉禾	2021-07-22
许樾 信札二通 镜片(共五帧)	23.5cm×7.5cm; 22.5cm×17cm; 23cm×13cm×3	149,500	西泠印社	2021-07-24
黄宾虹 1930年作 致陈柱有关借阅《国粹学报》的信札	26.5cm×15.5cm	149,500	西泠印社	2021-07-25
郭沫若 1955年5月23日作 致刘大年有关中国科学院学部成立大会的信札	26.5cm×19cm×2	149,500	西泠印社	2021-07-25
恽世临 1863~1865年作 有关湖南时政的奏折十三件	21.5cm×9.5cm×10; 21cm×9.5cm×3	149,500	西泠印社	2021-07-25
黄 沾 1994、1996年作 致崔颂明论主持人修养及许世英的信札二通	36.5cm×26.5cm×4	149,500	西泠印社	2021-07-25
清光绪四年 平定新疆回乱英雄山东曲阜桂锡桢之父母一品诰命 手卷	31cm×405cm	149,500	上海驰翰	2021-11-15
清乾隆至道光年间 云骑尉三代世袭诰命(五色织锦)	29.5cm×398cm	149,500	北京保利	2021-12-04
陈丹青 1983年作 致刘海粟有关陈丹青纽约个展的重要信札	50cm×44cm	143,750	西泠印社	2021-10-23
赵朴初 1974年作 致白土吾夫信札信札(一通二页)	信28cm×18.5cm; 信封12cm×23cm	139,104	中国嘉德	2021-10-13
陆师道 与王道行札 一开	23.8cm×28.8cm	138,083	香港苏富比	2021-04-19
熊十力致徐复观信札	23.3cm×31cm	138,000	中国嘉德	2021-05-20
许穀 致"大桂国约翁"信札一通 镜心	27cm×52cm	138,000	中贸圣佳	2021-05-21
沈尹默致沈士远信札和沈兼士《雪景诗》镜片	29cm×16cm×2	138,000	泰和嘉成	2021-12-11
三毛 致潘素琴信笺 信札照片	28.5cm×21.5cm; 12.5cm×8.5cm×3	138,000	中贸圣佳	2021-12-29
熊十力致吴铁声信札一通一页 邹梦禅 致吴铁声信札二通二页(含一封)	尺寸不一	138,000	广东崇正	2021-01-07
茅盾 致王湜华信札一通一页连封	26.5cm×19.5cm	138,000	广东崇正	2021-01-07
海明威 1944年2月24日作 二战期间致岳母有关战地报道的家书	27.5cm×21.5cm	138,000	西泠印社	2021-01-16
翁同龢、吴锡麒、张廷济等 书札三十九开 册页	尺寸不一	138,000	华艺国际	2021-03-31
赵之谦 公文一则 立轴	画心25cm×12.5cm; 题跋25cm×6cm	138,000	西泠印社	2021-04-11
冯梦祯 书札二通 册片	26.7cm×15.6cm; 26.7cm×15.2cm	138,000	中国嘉德	2021-05-18
陈皋 致汪士慎诗札	22cm×17cm	138,000	西泠印社	2021-07-23

拍品名称	物品尺寸	成交价RMB	拍卖公司	拍卖日期
柳诒征 1942~1944年作 抗战时期致阮毅成论学者流亡经历的信札四通	尺寸不一	138,000	西泠印社	2021-07-25
黄侃 1928年3月13日作 致黄焯有关章太炎及书籍、器具运宁的家书	27.5cm×16cm×2; 27.5cm×14cm	138,000	西泠印社	2021-07-25
慈禧皇太后、载沣 约1901~1909年作 御批有关清末中外交涉及时局的奏折九件	21cm×9.5cm×9 (折页尺寸)	138,000	西泠印社	2021-07-25
沈曾植、沈颎父子有关张之万及清末时政等信札文稿五种	尺寸不一	138,000	西泠印社	2021-07-25
小仲马 十六通亲笔信等	尺寸不一	138,000	西泠印社	2021-07-25
黄宾虹 致次乾信札两通 镜心	25.5cm×14cm×2	138,000	北京保利	2021-12-03
傅山 清 书法信札 镜框	12.7cm×25cm×2	133,413	佳士得	2021-11-29
熊十力致张丕介、徐复观信札	20cm×29.2cm; 39.5cm×29.2cm	126,500	中国嘉德	2021-05-20
康有为、吴汝纶等致井上哲次郎信札	尺寸不一	126,500	中国嘉德	2021-05-20
张汉卿、姚必成、徐寿康、吴鉴泉、朱春泉、毛怀等 致鉴泉、耀如等信札册 册页 (三十开)	尺寸不一	126,500	中贸圣佳	2021-09-25
吴重熹致李鸿藻书札册	尺寸不一	126,500	中国嘉德	2021-12-10
慈禧皇太后、光绪帝、奕劻、张之洞、袁世凯、鹿传霖、徐世昌等 辛亥以前电旨、请安折七种	尺寸不一	126,500	西泠印社	2021-01-16
洪钧 约1887年作 致顾勉甫有关除服及安徽地区盐务争端的长信	23cm×13cm×10	126,500	西泠印社	2021-01-16
叶圣陶 1983年10月31日作 致俞平伯论诗及八十大寿的长信	27cm×19cm×2	126,500	西泠印社	2021-01-16
刘墉 致英和信札卷 镜片(一帧六挖)	尺寸不一	126,500	西泠印社	2021-04-11
周作人致郑子瑜书	33cm×14.5cm	126,500	永乐拍卖	2021-05-20
清嘉庆 织锦诰命"正白旗汉军佐领"	353cm×30.5cm	126,500	北京保利	2021-06-08
印光 致方圣照信札 横披	85cm×19.5cm	126,500	西泠印社	2021-07-24
张锡銮、罗荣光、王崇烈等 致增韫、张锡銮等信札册 册页(共一百零三页)	尺寸不一(线装册尺寸26cm×18cm)	126,500	西泠印社	2021-07-24
章士钊 约1952、1966年作 致殷德贞有关国内时政的家书四通	尺寸不一	126,500	西泠印社	2021-07-25
胡风 1950年2月15日作 致徐放论《起点》杂志及个人行为特色的罕见信札	28cm×19cm	126,500	西泠印社	2021-07-25
马一浮 1946年3月16日作 致钟泰有关复性书院迁址杭州的信札	27.5cm×22cm×2	126,500	西泠印社	2021-07-25
潘天寿 致马国权有关顾恺之画论的重要信札	20.5cm×14.5cm×2	126,500	西泠印社	2021-07-25
陈寅恪致王荣初信札	26cm×19cm	126,500	永乐拍卖	2021-12-02
梁启超致黎元洪信札(封附人名签)	26.2cm×16.6cm	126,500	北京保利	2021-12-04
张勋致黎元洪信札	24.8cm×15.2cm	126,500	北京保利	2021-12-04
沈周 信札 镜心	25cm×41cm	120,750	中贸圣佳	2021-03-26
清嘉庆 嘉庆二十四年奉天诰命	127cm×31cm	120,750	北京保利	2021-01-09
黎元洪 致黎绍基信札一通三页	26cm×17cm×3	120,750	保利厦门	2021-05-06
清 陈其锟、陈官兰、梁鼎芬、史佩玱、梁国瑚、梁国琮、张维屏、王铭鼎等致鲍俊信札一册(共三十四开) 册页	尺寸不一	120,750	广东精诚所至	2021-07-21
达尔文 约1854年7月12日作 致律师绍特有关财产管理的信札	24.5cm×20cm	120,750	西泠印社	2021-07-25
罗振玉致王秉恩书札及张维屏、单懋谦书札(三通)	23.8cm×16.1cm	120,750	北京保利	2021-12-04
瞿宣颖、高二适、陈器伯 信札四通书信(四通六页)	尺寸不一	119,232	中国嘉德	2021-10-13
清顺治八年(1651)写本 八年恩封杨名显二等阿达哈哈番诰命五色织锦 手卷	30.5cm×267cm	118,224	保利香港	2021-11-28
太虚 信札一通两页	尺寸不一	115,000	十竹斋拍卖(北京)	2021-05-29
严复致上海中西女塾友人英文信札	13.8cm×21.3cm	115,000	中国嘉德	2021-12-10
梁思成致陈叔通信札	22.5cm×32cm	115,000	中国嘉德	2021-12-10
傅抱石致吕斯百信札	19cm×27cm	115,000	中国嘉德	2021-12-10
奕劻等 奏为美国圣路易斯世界博览会简派正副监督前往事折及片(朱批二处)	9.5cm×21.5cm	115,000	中国嘉德	2021-12-11
钱泳 家书册 册页(二十六页)	尺寸不一(册页39cm×23cm)	115,000	西泠印社	2021-01-15
张謇、汪鸣銮、戴鸿慈、周馥、那桐、俞廉三、李佩恂致端方有关清末内外时局的重要信札册 册页(共二十四页)	32cm×18cm(册页)	115,000	西泠印社	2021-01-15
陈衡哲 约1928年5月14日作 致陆慧殊有关短篇小说处女作《小雨点》的信札	24.5cm×16.5cm×3	115,000	西泠印社	2021-01-16

2021杂项拍卖成交汇总(续表)

(成交价RMB：1万元以上)

拍品名称	物品尺寸	成交价RMB	拍卖公司	拍卖日期
赵朴初 致赵国青信札、调寄鹧鸪天镜心	12.8cm×41.5cm;26.5cm×19cm	115,000	中国嘉德	2021-05-19
周作人致郑子瑜书	25.5cm×15.5cm	115,000	永乐拍卖	2021-05-20
弘一致词源居士信札	22.9cm×12cm	115,000	北京保利	2021-06-06
弘一致李芳远居士信札	22cm×17cm	115,000	北京保利	2021-06-06
光复军第五抚慰区冀南区副指挥部布告(一张)	63cm×36cm	115,000	中鸿信	2021-07-15
张景渠、陈其元、洪观、林钧等 致陈政钥、赵佑宸等信札册 线装册(共约一百一十五页)	尺寸不一(册页尺寸26cm×19cm)	115,000	西泠印社	2021-07-24
梁实秋、黎锦熙等 约1947~1954年作 致商务印书馆有关出版事宜信札十三通	A4(大多数)	115,000	西泠印社	2021-07-25
熊十力 致顾颉刚论中国哲学研究所信札	29.5cm×26.5cm	115,000	西泠印社	2021-07-25
沈从文、启功 致王家琦有关古代史、古代艺术考证的信札及文献一批	信笺尺寸23cm×12.5cm	115,000	西泠印社	2021-07-25
弗洛伊德 1923年作 关心与安慰学生夫妇的信札二通	22cm×15cm×2	115,000	西泠印社	2021-07-25
陈毅 1959年作 "咏三峡"诗文手稿信札	26cm×19cm	115,000	保利厦门	2021-11-05
启功 书法手札册 册页	27.5cm×40cm×12	115,000	江苏汇中	2021-11-30
王懿荣等 手札册 册页(八开)	23.5cm×12cm×15	115,000	中国嘉德	2021-12-12
巴金致张慧珠信札	26cm×18cm	115,000	华艺国际	2021-12-10
乾隆三十七年迈拉逊、曹秀先、吴绍诗呈乾隆帝引见折，含朱批	25cm×230cm	115,000	北京保利	2021-12-05
清乾隆十一年 山西皇商范氏家族敕命二件(二幅)手卷	30cm×239cm;30cm×240cm	112,700	上海驰翰	2021-11-15
高士奇 1703年作 致老师信 信札	17.5cm×52.5cm	109,296	中国嘉德	2021-10-13
恽世临 奏为破格优奖湖南历次办理土匪出力人员等事折及片(墨批十一处)	9.5cm×21.5cm	109,250	中国嘉德	2021-12-11
周作人 致柳志斌信札一通一页连封	14.5cm×32.5cm	109,250	广东崇正	2021-01-07
居巢 致张嘉谟有关购买鼻烟的信札 镜片(一帧二页)	23.5cm×12.5cm×2	109,250	西泠印社	2021-01-15
钱基博 1947年作 致张令杭信札及《文学纲领》序文原稿	25.5cm×23cm;26cm×14.5cm	109,250	西泠印社	2021-01-16
梁启超 约1918年作 致梁启勋有关姚华及碑学等信札	23.5cm×12.5cm×2	109,250	西泠印社	2021-01-16
梁启超致梁启勋书	25.5cm×16cm	109,250	永乐拍卖	2021-05-20
周作人致郑子瑜书	29.5cm×20.5cm	109,250	永乐拍卖	2021-05-20
中央美院1945~1980年文献一批	尺寸不一	109,250	华艺国际	2021-06-02
林庚白 未刊诗集及相关信札	尺寸不一	109,250	上海嘉禾	2021-07-22
周作人 1938年作 致胡适信封	16.5cm×8cm	109,250	西泠印社	2021-07-25
沈鹏 约1986~1988年作 致姜东舒有关书协事务、出版诗集及书画论艺的信札六通	多为28cm×16cm	109,250	西泠印社	2021-07-25
康有为致黎元洪信札(政治时局相关)	27cm×24cm	109,250	北京保利	2021-12-04
文徵明 致芝堂函 两开	26cm×12.2cm×2	106,218	香港苏富比	2021-04-19
文嘉 尺牍 一开	28.7cm×29.8cm	106,218	香港苏富比	2021-04-19
张集馨、黄鞠、吴云、王相、李经方等 致南樵等信札册 册页(十七开)	尺寸不一	105,800	中贸圣佳	2021-09-25
袁枚有关著书、纳妾家书一通	24.5cm×15.7cm	105,800	西泠印社	2021-01-14
袁树、袁涛等 名人尺牍册 册页(三十三页)	尺寸不一(册页33cm×17cm)	105,800	西泠印社	2021-01-15
熊十力致王世高、徐复观、颂乔信札	19cm×28cm	103,500	中国嘉德	2021-05-20
乾隆朝诰命 立轴	30cm×268cm	103,500	中贸圣佳	2021-05-21
张一麐、李品镐、叶恭绰、黄霖等致李金藻、志赓先生等信札册 册页(十七开)	尺寸不一	103,500	中贸圣佳	2021-09-25
吴作人致吕斯百信札	35.5cm×23.7cm	103,500	中国嘉德	2021-12-10
汤贻汾 致朱维清有关设计园林的信札册 册页(共十四页)	尺寸不一(册页20.5cm×10cm)	103,500	西泠印社	2021-01-15
赵申乔、赵申季 家书卷 手卷	180cm×26.5cm;63cm×26.5cm	103,500	西泠印社	2021-04-11
周作人致郑子瑜书	29.5cm×20.5cm	103,500	永乐拍卖	2021-05-20
张大千致李乔峰信札一通，附原信封	54cm×20cm	103,500	北京保利	2021-06-07
雍正六年(1728) 雍正六年册封邓钟岳圣旨 手卷	33cm×347cm	103,500	中鸿信	2021-07-15
梅贻琦签发郑一善毕业证书(一张)	44cm×48cm	103,500	中鸿信	2021-07-15
马叙伦 1938年作 抗战期间致阮毅成信札二通	28cm×17.5cm×5	103,500	西泠印社	2021-07-25
沙孟海 约1983~1988年作 致柴子英有关西泠印社及印学著作的信札	A4cm×9	103,500	西泠印社	2021-07-25
戈公振 致王一之、李昭实夫妇三通六页	尺寸不一	103,500	华艺国际	2021-12-10
黄宾虹 致次乾信札两通 镜心	尺寸不一	103,500	北京保利	2021-12-03
张履、汪廷儒、王相、雷葆廉、吴清鹏、时庆莱等 致南樵等信札册 册页(二十二开)	尺寸不一	101,200	中贸圣佳	2021-09-25

拍品名称	物品尺寸	成交价RMB	拍卖公司	拍卖日期
姚雪垠 1981~1995年作 致姜东舒有关文艺创作的信札三十通		101,200	西泠印社	2021-01-16
梁启超致梁启勋书	25cm×15cm	101,200	永乐拍卖	2021-05-20
严复致严伯鋆英文信札	13.3cm×17.7cm	97,750	中国嘉德	2021-12-10
钱穆 致袁睽九信札一通一页	28cm×20.9cm	97,750	广东崇正	2021-01-07
蒋汝藻、恽毓嘉等 致苏州吴让之信札四十二通	开本30cm×17.7cm	97,750	西泠印社	2021-01-14
李瀚章、李宗羲 致左宗棠信札册 册页(共十二页)	22.5cm×12.5cm×6;24cm×12cm×6	97,750	西泠印社	2021-01-15
梁启超 约1916年作 致梁启勋有关时局变化与其父莲涧先生之家书	26.5cm×17.5cm	97,750	西泠印社	2021-01-16
康有为致梁启勋书	22cm×27.5cm×2	97,750	永乐拍卖	2021-05-20
梁启超致梁启勋书	30cm×20.5cm	97,750	永乐拍卖	2021-05-20
乾隆三十六年奉天诰命	189cm×30cm	97,750	永乐拍卖	2021-05-20
赵朴初 诗签手札 镜心	尺寸不一	97,750	北京保利	2021-06-05
高凤翰 1738年作 病体进退帖 镜片	28.5cm×16.5cm	97,750	西泠印社	2021-07-24
施存统、黄凌霜、张丰胄等 往来信札一批	约A4	97,750	西泠印社	2021-07-25
钱穆 致罗香林、郑孝颖有关筹备中国文史研究所信札	27.5cm×21cm;26.5cm×20cm	97,750	西泠印社	2021-07-25
黎元洪 致黎绍基信札一通三页	26cm×17cm×3	94,300	保利厦门	2021-05-06
梁启超致梁启勋书	25.5cm×16cm	94,300	永乐拍卖	2021-05-20
吴冠中致德依信札及创作手稿	尺寸不一	94,300	华艺国际	2021-12-10
清 汤右曾及诸家 信札七通 散册页(二十二开)	23.5cm×12.8cm	93,150	佳士得	2021-05-26
进化论奠基人查尔斯·达尔文 亲笔信函	17.8cm×22cm	92,000	中国嘉德	2021-05-18
张之洞致刘坤一电稿	26cm×24.2cm	92,000	中贸圣佳	2021-05-21
吕凤子 致张正吟信札一通 镜心	31cm×18cm	92,000	十竹斋拍卖(北京)	2021-05-29
黄胄 致杨波信札一通 镜心	34cm×39cm	92,000	十竹斋拍卖(北京)	2021-05-29
钱玄同 致夏宇众信札 镜心	17cm×27.5cm	92,000	十竹斋拍卖(北京)	2021-05-29
陶行知 致吴国桢信札一通 镜心	29cm×19.5cm	92,000	十竹斋拍卖(北京)	2021-05-29
奕劻等 奏为外务部征款以资设立同文馆事折(朱批一处)	9.5cm×21.5cm	92,000	中国嘉德	2021-12-11
张恨水 1957年11月6日作 晚年致郑拾风有关章回小说创作的信札	26.5cm×19cm	92,000	西泠印社	2021-01-16
李瑞清 致筱崎都香佐有关古书画鉴定的信札五通	26.5cm×16.5cm×11;25.5cm×16.5cm	92,000	西泠印社	2021-01-16
沈鹏 约1983~2008年作 致姜东舒论诗词书法的信札文稿一批		92,000	西泠印社	2021-01-16
达尔文 1858年12月8日作 致希金斯有关房租财产打理的信札	20cm×12.5cm	92,000	西泠印社	2021-01-16
吴昌硕 为洪尔振作 致洪尔振信札一通一页	23cm×12.5cm	92,000	西泠印社	2021-04-10
康有为 致黎元洪信札一通六页，附原信封	26.5cm×16.5cm×6	92,000	保利厦门	2021-05-06
张大千 致经章札 手卷	23cm×88.5cm	92,000	广东崇正	2021-07-18
张之洞致文廷式信札六通八页 镜片	25cm×13.5cm×8	92,000	广东崇正	2021-07-19
田汉 致筹备委员会信札一通三页	21cm×15cm×3	92,000	广东崇正	2021-07-19
褚廷管 年侄帖 镜片	29cm×13cm	92,000	西泠印社	2021-07-24
缪荃孙、李桓、汪洵等 致杨葆光等知交手札册 册页(共八十九页)	尺寸不一(册页尺寸28.5cm×17cm)	92,000	西泠印社	2021-07-24
林森 抗战期间致陈树滋有关铨叙及推毂的信札四通	32.5cm×25cm×3;26cm×11.5cm	92,000	西泠印社	2021-07-25
茅以升 1933~1934年作 抗战初期有关江淮水灾等信札三通	28.5cm×17.5cm×5	92,000	西泠印社	2021-07-25
高斯 1818年7月12日作 有关为哥廷根皇家天文台添置中天望远镜的亲笔信	23cm×17.5cm	92,000	西泠印社	2021-07-25
周作人致郑子瑜信札	24cm×17.5cm	92,000	永乐拍卖	2021-12-02
清乾隆三十六年 山东东平守御所领宝维藩之父母诰命 手卷	30cm×186cm	92,000	上海驰翰	2021-11-15
朱自清 致赵万里信札两通 镜心	尺寸不一	92,000	北京保利	2021-12-04
赵之谦书札(一通)	22.3cm×12.1cm	92,000	北京保利	2021-12-04
赵朴初致国忱、泽西信札	26.1cm×18.8cm	89,700	中贸圣佳	2021-05-21
周作人致郑子瑜信札	25.5cm×15.5cm	89,700	永乐拍卖	2021-12-02
黄侃致潘重规书札	32cm×24cm	89,700	永乐拍卖	2021-12-02
章士钊 致殷德贞信札 信札(四通六页附信封)	尺寸不一	87,437	中国嘉德	2021-10-13
清嘉庆封赠镶黄旗二等伯三等侍卫李元亮建威将军及妻一品夫人满汉文五色诰命	380cm×30.8cm	86,250	中贸圣佳	2021-09-28
杨彦邦、蔡登镛等 致伯尹等信札册 册页(二十五开)	尺寸不一	86,250	中贸圣佳	2021-09-25
黄翼升、程畹、欧阳利见、巴炳堂、刘秉璋、桂嵩庆等信札册册页(三十开)	尺寸不一	86,250	中贸圣佳	2021-09-25

(成交价RMB：1万元以上)

拍品名称	物品尺寸	成交价RMB	拍卖公司	拍卖日期
陈其锟、梁国瑚、陈官兰等 致鲍俊信札册 三十四页册页	34cm×21cm	86,250	广东崇正	2021-01-06
陆锡熊、陆瀛龄、陆庆尧 松江府陆氏家族诗文信札 镜片(三帧四页)	25cm×11.5cm×2; 26.5cm×20cm; 24cm×20.5cm	86,250	西泠印社	2021-01-15
沈曾植 信札二通四页 镜片	24cm×11.5cm; 23cm×12.3cm×3	86,250	广东崇正	2021-07-18
康熙五十六年圣旨诰命 手卷	32cm×255cm	86,250	中鸿信	2021-07-15
林语堂 1944年作 致王云五有关代表作《京华烟云》《啼笑皆非》国内出版的信札二通	22.5cm×14cm; 19.5cm×12cm; 余尺寸不一	86,250	西泠印社	2021-07-25
邵裴子 致何炳松有关为商务印书馆校阅复兴教科书的长信	25.5cm×16.5cm×6; 25.5cm×13.5cm	86,250	西泠印社	2021-07-25
赵朴初 1987年12月1日作 致游骧等有关宁波七塔寺方丈月西的信札	24cm×17cm	86,250	西泠印社	2021-07-25
俞剑华、罗尗子等 1957~1963年作 论出版《陈师曾》《中国画家人名大辞典》等信札一批	尺寸不一	86,250	西泠印社	2021-07-25
周作人致郑子瑜信札	25.8cm×18.6cm	86,250	永乐拍卖	2021-12-02
康有为致黎元洪信札(发表于《时报》)	长19cm×95cm; 短19cm×36cm	86,250	北京保利	2021-12-04
蔡元培致黎元洪信札(有关留法高等预备学校筹建)	25cm×15.6cm	86,250	北京保利	2021-12-04
林长民致黎元洪信札(提醒勿听浮言)	23.7cm×15.4cm	86,250	北京保利	2021-12-04
袁克定、袁克恒致黎元洪信札(二通)	尺寸不一	86,250	北京保利	2021-12-04
祁世长、张锡庚、张兆兰、李经方等致苇白、怡庄等信札册 册页(二十四开)	尺寸不一	82,800	中贸圣佳	2021-09-25
王欣夫、钱葆青、庄受祺、王景禧等致卢木斋、李金藻等信札册 册页(十八开)	尺寸不一	82,800	中贸圣佳	2021-09-25
石鲁 致亚明信札 信札	尺寸不一	82,800	中贸圣佳	2021-12-29
梁启超致梁启勋书	25cm×15cm	82,800	永乐拍卖	2021-05-20
周作人致郑子瑜信札	26.5cm×19.2cm	82,800	永乐拍卖	2021-12-02
清咸丰四年朝守御所千总衔赵棠之父母、本身与妻室诰命(二幅)手卷	32cm×183cm; 32cm×244cm	82,800	上海驰翰	2021-11-15
章士钊 致殷德贞信札 信札(五通六页附信封)	尺寸不一	81,475	中国嘉德	2021-10-13
熊十力便条及信封	13.5cm×26cm	80,500	中国嘉德	2021-05-20
孙毓修、曹允源、李之鼎 致陈乃干论古籍校勘、刊行及流通的信札册 册页(共二十三页)	32.5cm×19cm (册页)	80,500	西泠印社	2021-01-16
钱钟书 约1987年9月4日作 致柳曾符有关为柳诒征作纪念文章的信札	26cm×19cm×2;	80,500	西泠印社	2021-01-16
吴启周 致于仲芳有关业下各产业账目信札 十三通十六页	27cm×17.5cm×16	80,500	西泠印社	2021-04-10
黎元洪 致黎绍基信札一通两页	26cm×17cm×2	80,500	保利厦门	2021-05-06
陈大齐、毛以亨 约1940、1947年作 致阮毅成论考选制度等信札二通	28cm×17.5cm×2; 27.5cm×19.5cm×5	80,500	西泠印社	2021-07-25
梁鼎芬、章梫、刘承干、吕贞白等 郑逸梅上款及旧藏信札一批		80,500	西泠印社	2021-07-25
赵朴初 致周绍良有关中国佛教协会人事调动的信札	34cm×17cm	80,500	西泠印社	2021-07-25
莫奈 1924年2月20日作 晚年有关索还肖像照的亲笔信	20cm×13cm	80,500	西泠印社	2021-07-25
清嘉庆二十一年捐职卫守备赵养身之祖父母、继祖母诰命 手卷	30cm×256cm	80,500	上海驰翰	2021-11-15
李宣龚致王一之八通二十三页	尺寸不一	80,500	华艺国际	2021-12-10
蔡元培致黎元洪信札(孔德学校求捐)	25.5cm×16cm	80,500	北京保利	2021-12-04
黎元洪致黎绍基信札(12月14日)	27.5cm×17cm	80,500	北京保利	2021-12-04
黎元洪致黎绍基信札(11月27日)	27.5cm×17cm	80,500	北京保利	2021-12-04
章士钊 致殷德贞信札 信札(五通五页附信封)	尺寸不一	79,488	中国嘉德	2021-10-13
王文治 信札三通 手卷	22cm×124.5cm	79,350	中贸圣佳	2021-03-26
梁启超致梁启勋书	25cm×16.5cm	78,200	永乐拍卖	2021-05-20
御批请安奏折	24.1cm×10.6cm	78,200	北京保利	2021-12-04
梁鼎芬 清 行草书手札 十二通十四开(选十二开) 镜片	22cm×12cm×14	75,900	广东精诚所至	2021-01-22
熊十力致徐复观信札	28.5cm×29cm	74,750	中国嘉德	2021-05-20
奕劻等 奏为简派刘坤一于《庚子赔款》保票零票签字等事折及片(朱批四处)	9.5cm×21.8cm	74,750	中国嘉德	2021-12-11
张之洞督广公牍	10.7cm×18.5cm; 10.7cm×18.2cm	74,750	中国嘉德	2021-12-11
张大千 致张目寒信札 镜心	27cm×16cm×6	74,750	中贸圣佳	2021-12-29
康有为、端方、夏敬观等 诗文信札册 画心·镜片(共二十三页)		74,750	西泠印社	2021-01-16

拍品名称	物品尺寸	成交价RMB	拍卖公司	拍卖日期
欧阳予倩 1960年作 致久保田万太郎信札	25.5cm×15cm×2	74,750	西泠印社	2021-01-16
于非闇、赖少其、许姬传等 信札九通	尺寸不一	74,750	中国嘉德	2021-05-19
李瑞清 致筱崎都香佐信札(一通二页) 镜心	25cm×57.5cm×2	74,750	北京保利	2021-06-05
柳亚子、周泽甫、朱云章 致梅龚彬等信札	尺寸不一	74,750	上海嘉禾	2021-07-22
叶圣陶 1966年4月11日作 致朱文叔有关离京赴沪的信札	18.5cm×11cm×2	74,750	西泠印社	2021-07-25
钱钟书 致蒋礼鸿有关批评《敦煌变文字义通释》的论学信札	30cm×26.5cm	74,750	西泠印社	2021-07-25
黑格尔 1830年9月8日作 晚年双重签名奖学金证书	35cm×21.5cm	74,750	西泠印社	2021-07-25
傅雷 1956年2月9日作 致刘英伦有关刘海粟的重要信札	25cm×22cm; 余尺寸不一	74,750	西泠印社	2021-10-23
清道光十四年 礼部精膳司员外郎特克慎及妻五品诰命 镜片	32cm×250cm	74,750	上海驰翰	2021-11-15
刘墉 致五哥札 手卷	引首19cm×51cm; 书法15cm×49cm; 题跋19cm×50cm	74,750	北京保利	2021-12-04
茅坤 与张子瑶札 两开	尺寸不一	74,353	香港苏富比	2021-04-19
清道光八年守备直隶定县马善宝及妻五品诰命 镜片	32cm×194cm	72,450	上海驰翰	2021-11-15
沈曾植 致梁鼎芬信札	23.8cm×11.5cm×2	71,300	西泠印社	2021-01-14
王杰 信札一通 镜片(六页)	19.5cm×14cm×5	71,300	西泠印社	2021-04-11
清光绪驻美国大臣伍廷芳有关出使美国支用归装川资等事宜奏折夹片,含朱批	21cm×38cm	71,300	北京保利	2021-12-05
熊十力致唐君毅、胡秋原信札	49.5cm×20cm	69,000	中国嘉德	2021-05-20
彭醇士致徐复观信札	尺寸不一	69,000	中国嘉德	2021-05-20
王国维致山田茂助实寄封	21.5cm×8.5cm; 20.5cm×8cm	69,000	中国嘉德	2021-05-20
清嘉庆诰命	261cm×30.5cm	69,000	中国嘉德	2021-09-26
顾廷龙、钱定一、章克标 友朋致郑逸梅书信及清末民初名家书札	尺寸不一	69,000	中国嘉德	2021-12-10
周作人 1965年11月24日作 致张次溪有关《莞乡烟水录》的信札	27.5cm×15cm	69,000	西泠印社	2021-01-16
袁克文、叶恭绰、孙揆均 致俞逸芬、丁福保有关《晶报》《艳秋阁印存》及中医学等信札	20cm×16cm×2; 28cm×16cm; 25.5cm×14.5cm	69,000	西泠印社	2021-01-16
王杰 信札一通 镜片(五页)	19.5cm×14cm×5	69,000	西泠印社	2021-04-11
梁启超致梁启勋书	26cm×17cm×2	69,000	永乐拍卖	2021-05-20
清代戴鸿慈、夏敬庄、章高元、黄燮清、信勤、徐镐、爱新觉罗·承熙等信札一组三十通八十页	尺寸不一	69,000	北京保利	2021-06-07
张大千致凌云超信札一通 片	45cm×69cm	69,000	广东小雅斋	2021-07-20
周作人 致佟韦信札一页	28cm×18cm	69,000	广东崇正	2021-07-19
陈垣 1926年11月12日作 致陈乃干有关著作发表及销售的信札	23cm×15.5cm	69,000	西泠印社	2021-07-25
顾颉刚 1938年6月5日作 致李锐才有关西北考察行程及财务的信札	27.5cm×17cm×3	69,000	西泠印社	2021-07-25
杨守敬 约1906年作 致梁鼎芬有关刻书及家累的长信	25cm×15cm×10	69,000	西泠印社	2021-07-25
顾颉刚、傅斯年、俞平伯等 信札文稿四种	尺寸不一	69,000	西泠印社	2021-07-25
钱穆 致汤定宇有关处世哲学与养生的信札	尺寸不一	69,000	西泠印社	2021-07-25
柳诒征 1947、1948年作 抗战复员后致蒋礼鸿、盛静霞夫妇论杭宁学人近状的信札三通	29cm×20cm; 28.5cm×20.5cm×2	69,000	西泠印社	2021-07-25
王世襄、周汝昌 2004年作 有关南浔金氏故居和《刻竹小言》的信札、书法三种	95cm×34cm; 71cm×14.5cm; 26cm×18.5cm	69,000	西泠印社	2021-07-25
吕凤子 约1955~1957年作 致杨道敏等有关《中国画法研究》的信札五通	尺寸不一	69,000	西泠印社	2021-07-25
清咸丰十一年 刑部广东司主事鲍勖之父母四品诰命 手卷	30cm×321cm	69,000	上海驰翰	2021-11-15
清道光三年 捐职刘敦荣之祖父母、父母敕命二件(二幅) 手卷	31cm×181cm; 30.5cm×234cm	69,000	上海驰翰	2021-11-15
茅盾、叶圣陶等 致曹正义信件 镜心	尺寸不一	69,000	华艺国际	2021-12-11
张伯英、方地山等致杨学洛信札册	尺寸不一	69,000	华艺国际	2021-12-10
黎元洪致段祺瑞信札(附大总统令)	25cm×15.3cm	69,000	北京保利	2021-12-04
黎元洪家族内往来信件、日记等(五组)	尺寸不一	69,000	北京保利	2021-12-04
孙文 致黎元洪信札一通三页,附原信封	27cm×17cm×3	67,850	保利厦门	2021-05-06
章士钊 致殷德贞信札 信札(一通四页附信封)	22cm×9.5cm×4	67,565	中国嘉德	2021-10-13

2021杂项拍卖成交汇总（续表）

（成交价RMB：1万元以上）

拍品名称	物品尺寸	成交价RMB	拍卖公司	拍卖日期
梁启超致梁启勋书	26cm×16cm	66,700	永乐拍卖	2021-05-20
汪康年 约1909年作 致王舟瑶有关远东通信社的信札	23cm×17cm×2	66,700	西泠印社	2021-07-25
梁启超致梁启勋书	23.5cm×13cm	64,400	永乐拍卖	2021-12-02
南怀瑾 信札	19cm×13cm×5	64,400	上海驰翰	2021-11-15
张学良致陶鹏飞信札	19.2cm×26.5cm	63,250	中国嘉德	2021-05-20
黄侃致章太炎信札	35cm×30.3cm	63,250	中贸圣佳	2021-05-21
孙梃、刘世安 致杏孙信札册 册页（十二开）	尺寸不一	63,250	中贸圣佳	2021-09-25
李苦禅致李玉芝信札（附李燕题跋）	68.3cm×33.5cm; 68.3cm×22.7cm	63,250	中国嘉德	2021-12-10
黄侃 信札一通四页	26cm×17.5cm×4	63,250	广东崇正	2021-01-07
梁思成、陈从周、王京簠 致杨嘉佑信札三通三页附一封	尺寸不一	63,250	广东崇正	2021-01-07
王秉恩、梁鼎芬、林世焘 致张之洞等信札册 册页（共二十四页）	28cm×20cm（册页）	63,250	西泠印社	2021-01-15
陈康鼎、陈震福、陈颐寿、沈维钧等 致陈献夏（1909~1967）有关近代宁波商帮的家书一批 约七十通一百四十五页（带信封十八枚）	尺寸不一	63,250	西泠印社	2021-04-10
梁启勋《曼殊室随笔》三、四集	25.5cm×17cm; 36cm×25cm×52	63,250	永乐拍卖	2021-05-20
梁启超致梁启勋书	26cm×17cm	63,250	永乐拍卖	2021-05-20
杜月笙 资料一批 信札	尺寸不一	63,250	中鸿信	2021-07-15
清乾隆朱藻奏请兴修河防奏折（有朱批）等公文、资料八种	尺寸不一	63,250	西泠印社	2021-07-23
王懋竑、王懋讷、朱泽澐 致王箴传家书六通 镜片（七帧十一页）	尺寸不一	63,250	西泠印社	2021-07-24
邵裴子 致阮毅成有关陈叔通及推介友人的信札三通	尺寸不一	63,250	西泠印社	2021-07-25
张謇、周家禄 1882年作 致严家让有关江宁三牌楼案等信札三通	尺寸不一	63,250	西泠印社	2021-07-25
胡重、蒯嘉珍、李龄寿等 信札册	尺寸不一（册页29cm×15cm）	63,250	西泠印社	2021-07-25
李苦禅 约1961、1966年作 致刘国瑞有关画展及旧学的信札二通	43cm×27cm×2; 49cm×45cm	63,250	西泠印社	2021-07-25
张伯驹 致刘海粟有关青岛晤谈的信札	29.5cm×20cm	63,250	西泠印社	2021-10-23
沈鹏 1985年4月14日作 致刘海粟有关刘海粟书法诗词的长信	28cm×16.5cm×6; 17cm×10cm	63,250	西泠印社	2021-10-23
戴廷奏折		63,250	永乐拍卖	2021-12-02
张之洞书札及祁贡、曹联桂书札（三通）	24.5cm×15.1cm	63,250	北京保利	2021-12-04
黄兴致黎元洪信札	28.5cm×19cm	63,250	北京保利	2021-12-04
黎元洪致黎绍基信札（11月20日）	27.5cm×17cm	63,250	北京保利	2021-12-04
光绪十五年 张之洞呈光绪帝陈事折，含朱批	21cm×324cm	63,250	北京保利	2021-12-05
张大千 家书 手卷	引首 26.5cm×67.5cm; 字26.5cm×66.6cm	59,800	广东崇正	2021-01-07
蒋光鼐 1948年4月20日作 致谢昭杰有关爱女蒋抗日参加全运会的信札	30cm×20cm×2	59,800	西泠印社	2021-01-16
董作宾 1934年2月28日作 致李济有关主持殷墟发掘及傅斯年的信札	27cm×17cm×3	59,800	西泠印社	2021-07-25
梁启超致梁启勋书	24cm×10cm	59,800	永乐拍卖	2021-12-02
周学熙、黎绍基、陈一甫、吴仰曾等人关于开平煤矿的来往书札文件一组	尺寸不一	59,800	北京保利	2021-12-04
雍正十三年十二月三日 张廷玉呈雍正帝奏题本，含御笔朱批	24cm×156cm	59,800	北京保利	2021-12-05
申时行 尺牍 一开	24.4cm×21.4cm	58,420	香港苏富比	2021-04-19
龙榆生 1956年作 致章士钊诗稿 书信（一通一页）	22cm×86.5cm	57,629	中国嘉德	2021-10-13
章士钊 致殷德贞信札 信札（2通2页附信封）	尺寸不一	57,629	中国嘉德	2021-10-13
内府恭备穆宗毅皇帝、孝哲毅皇后梓宫奉安办买木箱并盘费燃支折四件	尺寸不一	57,500	中国嘉德	2021-05-20
唐廷枢信札	25cm×11.5cm	57,500	中贸圣佳	2021-05-21
潘祖荫、李恩庆、吕佺孙致陈介祺尺牍册	33.5cm×22cm	57,500	中贸圣佳	2021-05-21
八千卷楼主 丁丙、丁立诚 家书一批 镜心	尺寸不一	57,500	十竹斋拍卖（北京）	2021-05-29
吴作人、贝聿珞等 致上官绍瑾同学录 册页	11cm×8.5cm	57,500	十竹斋拍卖（北京）	2021-05-29
奕劻 等 奏为意大利罗马万国农业会合同请用御宝折（朱批一处）	9.5cm×21.4cm	57,500	中国嘉德	2021-12-11
光绪二十一年贰月"钦命太子少保福建台湾巡抚部院兼管海关学政头品顶戴 台湾布政使司霍伽春巴图鲁唐景崧"致全台善后局"札文"一件		57,500	中国嘉德	2021-12-12

拍品名称	物品尺寸	成交价RMB	拍卖公司	拍卖日期
三毛 签名书书	21cm×15cm	57,500	中贸圣佳	2021-12-29
晚清名贤致王文在信札十通三十页（附八信封）（三十页选七页二封）	尺寸不一	57,500	广东崇正	2021-01-07
徐用仪、李兴锐、吴长庆、翁曾源等 致卫荣光有关台海局势及左宗棠收复失地的信札一批 十五通四十六页	尺寸不一	57,500	西泠印社	2021-01-15
许伯建 致潘伯鹰夫妇信札及《潘伯鹰先生小传》文稿		57,500	西泠印社	2021-01-16
俞平伯 朱东润 王运熙 致陈建根有关出版《唐宋词选释》等信札文献五种	尺寸不一	57,500	西泠印社	2021-01-16
刘海粟、黄葆芳、章巽等 20世纪七八十年代作 致姚楠有关题签及著作出版的信札文稿一批	71.5cm×48.5cm; 33cm×19.5cm（画心）；余A4	57,500	西泠印社	2021-01-16
叔本华 1853年2月26日作 致古籍拍卖商有关签名本收藏等的信札	26.5cm×21.5cm	57,500	西泠印社	2021-01-16
刘海粟1977年作 致朱复戡信札 画心	27cm×44cm	57,500	西泠印社	2021-04-10
蔡元培 致黎元洪信札一通两页，附原信封	26.5cm×17cm	57,500	保利厦门	2021-05-06
黎元洪 致黎绍基信札一通一页	26cm×17cm	57,500	保利厦门	2021-05-06
张大千 致山田喜美子信札、诗稿二帧 镜心	35cm×42cm×2	57,500	中国嘉德	2021-05-19
梁启超致梁启勋书	23cm×12.5cm×2	57,500	永乐拍卖	2021-05-20
同治年间诰命（两道）	31.7cm×143.5cm; 31.7cm×149cm	57,500	北京保利	2021-06-06
刘海粟致邵宇信札一通，附手递封	22cm×62.5cm	57,500	北京保利	2021-06-07
佚名 信札 镜片	26cm×45cm	57,500	广东小雅斋	2021-07-20
赵光 致伍春岚札册 册页十二开二十三页，跋一页	尺寸不一	57,500	广东崇正	2021-07-19
武中奇 信札两通带封 镜片	25cm×39cm; 22cm×41cm	57,500	十竹斋	2021-06-27
1973年作 吴作人 信札二通 镜片	28cm×79.5cm	57,500	上海嘉禾	2021-07-22
钱维乔、袁枚、王芑孙等 信札册 册页（十二页）	尺寸不一	57,500	西泠印社	2021-07-24
洪钧 致顾寿乔论经营盐号及为人的长信	23.5cm×12cm×5	57,500	西泠印社	2021-07-25
王世襄、翁万戈 1982~1998年作 有关竹刻艺术及海外交流的往来信札一批	A4大小（绝大多数）	57,500	西泠印社	2021-07-25
蒋士铨 致潘西凤札 册页（二开四页）	22cm×16cm×4	57,500	北京保利	2021-09-25
三毛 1987年作 致傅韵芬有关荷西罕见长信 信札	26cm×21.5cm	57,500	保利厦门	2021-11-05
清嘉庆二十五年 山西代州贤吏郎千里之父母敕命 手卷	30cm×133cm	57,500	上海驰翰	2021-11-15
张大千 致王振祖行书信札 一通一开 镜片	28cm×69.5cm	57,500	广东精诚所至	2021-12-04
光绪十五年二月十二日 张之洞呈光绪帝奏折，含朱批	21cm×90cm	57,500	北京保利	2021-12-05
袁世凯、张之洞呈光绪帝、慈禧请安折一组两件，均含朱批	21cm×9.5cm; 21cm×19cm	57,500	北京保利	2021-12-05
民国元年 孙文亲笔签名吕志伊委任状	33cm×29cm	57,500	北京保利	2021-12-05
1988年7月10日 三毛致杨式美有关大陆及《红楼梦》等事宜信札一通一页，附原信封及资料照片（一组）	27cm×21cm	57,500	北京保利	2021-12-05
法国印象派画家莫奈 亲笔信函	20.6cm×26.3cm	55,200	中国嘉德	2021-05-18
清同治十年 王右箴父母五色织锦诰命	169cm×32cm	55,200	西泠印社	2021-01-14
钱泳、平翰、潘榞 信札册 册页（十二页）	尺寸不一	55,200	西泠印社	2021-01-15
清同治 奉天诰命	202cm×32.5cm	55,200	北京保利	2021-05-18
高凤翰手札两开	29cm×16.5cm	55,200	华艺国际	2021-06-02
梁启超致胞弟梁启勋家书一通	30cm×21cm	55,200	北京保利	2021-06-07
李鸿藻书、桂坫跋 手札一通 镜心	23cm×13cm×2	55,200	中贸圣佳	2021-07-06
危素 行书手札 立轴	26cm×17cm	55,200	中鸿信	2021-07-15
张宗祥 1947年12月8日作 致阮毅成有关郑文礼与陶寿芬的信札	29cm×21cm×2	55,200	西泠印社	2021-07-25
高尔基 约1900年作 有关作品瑞典语翻译授权书的亲笔信	27cm×21cm	55,200	西泠印社	2021-07-25
刘墉 手札册 册页（六通七页）	尺寸不一	55,200	中国嘉德	2021-12-12
周克文与谢稚柳、陈佩秋、杨仁凯等往来信札及美术史研究文稿	尺寸不一	55,200	华艺国际	2021-12-10
组织机构致黎元洪信札（十通）	尺寸不一	55,200	北京保利	2021-12-04
黎元洪致黎绍基信札（1月15日）	27.5cm×17cm	55,200	北京保利	2021-12-04
光绪十四年十一月十三日 陈彝呈光绪帝奏折，含朱批	21cm×123cm	55,200	北京保利	2021-12-05
光绪帝御批奕劻等奏请自办修浚黄浦河道事 镜心	22cm×128cm	53,345	北京保利	2021-08-06
梁同书 致思亭信札三通 八开	尺寸不一	53,109	香港苏富比	2021-04-19

2021杂项拍卖成交汇总（续表）

（成交价RMB：1万元以上）

拍品名称	物品尺寸	成交价RMB	拍卖公司	拍卖日期
李鸿藻 手札一通 镜心	22.5cm×13.5cm×2	52,900	中贸圣佳	2021-07-06
徐乃昌、翁斌孙、费念慈、邵松年致瞿良士信札十一通十七页	尺寸不一	52,900	南京经典	2021-07-18
饶宗颐 致刘海粟有关请作校词图小卷的信札	27.5cm×21cm	52,900	西泠印社	2021-10-23
董其昌（款）庚子（1600）作 行书信札一通 手卷	28cm×547cm	51,750	中国嘉德	2021-03-30
何绍基 吃面帖一通一页 镜心	23cm×12.5cm	51,750	中贸圣佳	2021-05-21
郑介民致唐炳源信札	29.4cm×20.7cm	51,750	中贸圣佳	2021-05-21
梁漱溟书札	21cm×10cm	51,750	中贸圣佳	2021-05-21
孟小冬 致杜美霞家书 信札	21cm×27.5cm	51,750	中贸圣佳	2021-12-29
清嘉庆至民国广东三水“万成户”相关文献一批（98帧）	尺寸不一	51,750	广东精诚所至	2021-01-22
黎绍基 致黎元洪信札一通六页	25cm×16cm×6	51,750	保利厦门	2021-05-06
梁思成致陈叔通信札	31.6cm×22.4cm	51,750	永乐拍卖	2021-05-20
中法振业银行所存档案、银票、信函等金融文献（数百张）	尺寸不一	51,750	北京保利	2021-06-06
梁启超致胞弟梁启勋家书一通	42cm×28cm	51,750	北京保利	2021-06-07
李鸿藻 手札一通 镜心	22cm×12cm×2	51,750	中贸圣佳	2021-07-06
豫师 手札一通 镜心	23cm×12cm	51,750	中贸圣佳	2021-07-06
招子庸 手札一通 镜心	23cm×12cm	51,750	中贸圣佳	2021-07-06
黄遵楷家书散页 一百九十三帧 镜片	尺寸不一	51,750	广东精诚所至	2021-07-21
邹鲁 1925年作 致易培基有关国共合作及建设广东大学的重要信札	27cm×15.5cm×3	51,750	西泠印社	2021-07-25
司徒乔 1954~1957年作 论出版《司徒乔新疆写生选集》的最晚年信札一批	尺寸不一	51,750	西泠印社	2021-07-25
清光绪十九年 山西襄汾县尉朝霞父母五品诰命 手卷	30cm×222cm	51,750	上海驰翰	2021-11-15
蔡元培致黎元洪信札（谢绍敏相关）	25.4cm×16cm	51,750	北京保利	2021-12-04
民国二年~五年军费表、庶务司呈前军需局经发各军队机关薪饷等项缮单等民国初期财政文献一组	尺寸不一	51,750	北京保利	2021-12-04
嘉庆二十三年七月十六日 赛冲阿、诚安呈嘉庆帝奏折，含朱批	21cm×130cm	51,750	北京保利	2021-12-05
章士钊 致殷德贞信札 信札（四通七页附信封）	尺寸不一	51,667	中国嘉德	2021-10-13
《古今词选》二册	45cm×15cm×2	34,500	中贸圣佳	2021-12-29
王世襄 致彭醇士信札 信札	34.5cm×45.5cm	34,500	中贸圣佳	2021-12-29
孟小冬、谭砚华 致杜美霞家书 信札	21cm×27.5cm×2	32,200	中贸圣佳	2021-12-29
梁实秋 致韩菁清情书一通 镜心	21cm×27cm	32,200	中贸圣佳	2021-12-29
陈启成、徐传根、颜伯卿医方信札等一批	尺寸不一	32,200	中贸圣佳	2021-12-29
梁实秋 致刘英士信札 信札	19cm×27cm	28,750	中贸圣佳	2021-12-29
金庸 致周洪昌信札 信札	30cm×21cm	20,700	中贸圣佳	2021-12-29
任命书等文件五份	尺寸不一	20,700	中贸圣佳	2021-12-29
近代书刊				
圣经博物馆（926种）	尺寸不一	3,611,000	北京保利	2021-12-04
陈修龄《尧的春天》		2,800,000	北京传世	2021-09-22
《解斋瓷乘》样书	43cm×31cm	736,000	华艺国际	2021-12-10
1493年拉丁文初版《纽伦堡编年史》（摇篮本）（奥斯曼帝国王子旧藏）	44cm×31.5cm	598,000	北京保利	2021-12-04
1474年摇篮本《良心集》 阿斯塔纳努斯撰	41.3cm×29cm	517,500	北京保利	2021-09-25
俾斯麦八十岁生辰签名贺寿集、生日彩绘及西方经典著作版画集十六种（十六种选七种）	尺寸不一	483,000	北京保利	2021-06-06
《鲁迅全集》纪念本	19cm×14cm	437,000	华艺国际	2021-12-10
卢浮宫巨幅版画全集	56cm×45cm	368,000	北京保利	2021-06-06
意大利卡尔达尼解剖学巨幅版画集	71cm×51cm×4cm; 35cm×25cm×5cm	345,000	北京保利	2021-06-06
世界博览会巨幅手绘版画全套（五十五幅选十六幅）	61cm×45cm	345,000	北京保利	2021-06-06
中国昆虫自然史彩色版画集	31cm×24cm	322,000	北京保利	2021-12-04
《二十四史》（《古今图书集成》排印字排本）400册全	20cm×13.5cm	310,500	北京保利	2021-06-06
巴黎建筑艺术	44.5cm×33cm	287,500	北京保利	2021-06-06
周恩来 1971年作 有关中美建交的签赠本	33.5cm×27cm	276,000	西泠印社	2021-07-25
梁丽成 致泰戈尔 画心	42cm×62cm	250,000	北京传世	2021-06-24
青年杂志1~6期含创刊号	24.7cm×18.6cm	230,000	中贸圣佳	2021-05-21
法国御制古董版画集	43cm×29cm	207,000	北京保利	2021-06-06
1888年《铜版西清古鉴》二十四册		179,438	纽约佳士得	2021-03-18
纂组英华	55cm×41cm	172,500	华艺国际	2021-06-02
路易十三至第一帝国时期的铁艺制品	44.5cm×32.5cm	172,500	北京保利	2021-06-06
帝国时期卢浮宫巨幅版画集	60.5cm×45cm	138,000	北京保利	2021-06-06
法国各地区中世纪及文艺复兴时期古堡	45cm×33cm	126,500	北京保利	2021-06-06

拍品名称	物品尺寸	成交价RMB	拍卖公司	拍卖日期
爱华德欧洲古典艺术纹饰巨幅彩色版画集	47cm×34cm	126,500	北京保利	2021-06-06
中国朝书画册（唐—清）册页	尺寸不一	126,500	中鸿信	2021-07-15
启功《启功书法作品选》等启功签名本三种	尺寸不一	115,000	北京荣宝	2021-12-02
世界名画中的裸体艺术巨幅版画集	49.5cm×35cm	115,000	北京保利	2021-06-06
索尔比植物学手工上色版画集	26cm×19cm	115,000	北京保利	2021-09-25
手绘花卉纹饰巨幅彩色版画集	54cm×35.5cm	94,300	北京保利	2021-09-25
欧洲中国皇舆全览图巨幅版画集	53cm×40cm	92,000	北京保利	2021-06-06
法国卢浮宫藏鲁本斯作品巨幅版画集	62cm×43cm	92,000	北京保利	2021-06-06
希腊、罗马诸神巨幅古版画集	47cm×30cm	92,000	北京保利	2021-06-06
凡尔赛宫巨幅版画集	63cm×45cm	92,000	北京保利	2021-12-04
顾维钧 宋美龄等 1943年作 访美期间签名本及节目单等四种	尺寸不一	86,250	西泠印社	2021-01-16
清宫瓷器档案全集（一套）		83,950	中贸圣佳	2021-09-25
原版初印《芥子园画谱》初集、二集、三集	尺寸不一	80,500	华艺国际	2021-06-02
法国文艺复兴时期的山庄、城堡、酒店	48cm×34cm	80,500	北京保利	2021-06-06
法国皇室藏画版画集	50cm×34cm	80,500	北京保利	2021-06-06
英国贵族古堡庄园巨幅版画集	56cm×38cm	74,750	北京保利	2021-06-06
罗马新古典主义建筑大奖赛作品集	33.5cm×46cm	74,750	北京保利	2021-06-06
比利时第一位国王-利奥波德一世加冕25周年庆典手工上色版画集	54.5cm×37cm	74,750	北京保利	2021-06-06
绅士和内阁馆长的藏书：哥特式、中式和现代风格的家具设计版画集	49cm×31.5cm	74,750	北京保利	2021-06-06
英国皇家御制经典纹饰艺术巨幅彩色版画集	63cm×51cm	74,750	北京保利	2021-06-06
法国古建筑雕塑装饰巨幅版画集	46cm×33cm	74,750	北京保利	2021-06-06
故宫藏瓷	39.8cm×28cm	71,300	中贸圣佳	2021-05-21
法国皇宫、城堡、教堂建筑艺术版画集	34cm×26cm	69,000	北京保利	2021-06-06
18、19世纪法国古典主义建筑与装饰	53cm×37cm	69,000	北京保利	2021-06-06
《前线》杂志九期（七册）	27cm×20cm	69,000	中鸿信	2021-07-15
1960年题 李可染题跋《李可染水墨山水写生画集》	38cm×26cm	69,000	广东精诚所至	2021-07-21
拉斐尔肖像作品巨幅版画集	75cm×57cm	69,000	北京保利	2021-12-04
恽代英译《阶级争斗》（一册）	19cm×13cm	67,850	中鸿信	2021-07-15
马尔西著、李汉俊译《资本论入门》（一册）	17.5cm×12cm	67,850	中鸿信	2021-07-15
美国费城世博会艺术珍品彩色版画集	50cm×36cm	63,250	北京保利	2021-06-06
布冯自然史手工上色版画全集	26.5cm×18cm	63,250	北京保利	2021-06-06
吴湖帆题赠、陈蝶衣旧藏 吴湖帆、齐白石、徐悲鸿名家民国珂罗版画集十七种	尺寸不一	57,500	十竹斋拍卖（北京）	2021-05-29
官话和合本《新约圣经》书口彩绘本	18.5cm×13cm	57,500	北京荣宝	2021-12-02
古斯塔夫·艾克《中国花梨家具图考》（1944年原版）		57,500	中贸圣佳	2021-12-30
16~17世纪文艺复兴建筑枫丹白露宫巨幅版画集	54cm×37.5cm	57,500	北京保利	2021-06-06
孙杰著《东北抗日联军第四军》（一册）	19cm×12.5cm	57,500	中鸿信	2021-07-15
辜鸿铭 1919年6月22日作 签赠美国作家拉莫特《春秋大义》初版初印本	21cm×14cm（册）	55,200	西泠印社	2021-01-16
疯人	19cm×13cm	51,750	泰和嘉成	2021-12-11
西班牙建筑艺术杰出作品	52.5cm×39cm	51,750	北京保利	2021-06-06
勇士画报8—南进渡江专集（一册）	27cm×19.5cm	51,750	中鸿信	2021-07-15
校注项氏历代名瓷图谱	39.8cm×27.6cm	36,800	中贸圣佳	2021-12-29
紫玉金砂杂志 全92册（含创刊号）	29.5cm×21cm（单册/16开）	36,800	中贸圣佳	2021-12-30
《北京荣宝斋新记诗笺谱》	31.7cm×21.3cm	26,450	中贸圣佳	2021-12-29
查阜西先生关于民族音乐撰文遗稿	尺寸不一	25,300	中贸圣佳	2021-12-29
舆图照片				
谢满禄 1882~1884年作 19世纪北京摄影个人之最（1419张）	小9cm×5.5cm；大13cm×18cm	4,945,000	中贸圣佳	2021-05-20
怀特兄弟 20世纪20年代《燕京胜迹》原版艺术摄影作品、玻璃底片（照片108张、幻灯片31张）		1,322,500	中贸圣佳	2021-12-30
37位美国电影艺术与科学学院创始成员签名照（1册37张）	25cm×20cm×37cm	667,000	中鸿信	2021-07-15
清末京汉铁路修建影像（一册五十张）	26cm×33.5cm×50	517,500	中鸿信	2021-07-15
唐诗礼 1947~1949年作 “最后的时光”南京、上海等地政治、经济、民生底片（707张）	小6cm×6cm；大10cm×12.5cm	437,000	中贸圣佳	2021-12-30
赵定明等 1914年作 叶恭绰与曹汝霖等合影及叶恭绰肖像照（4张）	小9cm×6cm；大34cm×25cm	402,500	中贸圣佳	2021-05-20
梁时泰 19世纪90年代 妙高山醇亲王奕譞园寝十一联张蛋白全景照	22.5cm×298cm	345,000	中贸圣佳	2021-12-30

2021杂项拍卖成交汇总（续表）

（成交价RMB：1万元以上）

拍品名称	物品尺寸	成交价RMB	拍卖公司	拍卖日期
佚名 1917年作 汉粤川铁路湘鄂线路工风景摄影第二册（62张）	相册32cm×26cm；照片28cm×22cm	345,000	中贸圣佳	2021-05-20
舆地图	144.7cm×57cm×6	345,000	中贸圣佳	2021-05-21
《行水金鉴——〈京杭大运河图〉》手绘底稿（手卷）	26cm×1070cm	345,000	中鸿信	2021-07-15
1922年作 南通二吾照相馆 丁辅之藏南通实业家张謇实业教育慈善风景相册（121张）	小6cm×4cm；大17cm×12cm	253,000	中贸圣佳	2021-12-30
甘博、佩克哈默等 20世纪20年代北京大幅风景民俗散页（118张）	小10.5cm×7cm；大25cm×36cm	230,000	中贸圣佳	2021-12-30
佚名 1900年代 海上名苑张子标补萝居影集（61张）	小14cm×10cm；大21.5cm×29cm	230,000	中贸圣佳	2021-05-20
20世纪10年代~20世纪20年代孙中山各时期肖像及重要合影相册五册（361张）	小5.5cm×8cm；大20cm×25.5cm	230,000	中贸圣佳	2021-12-30
欧内斯特·巴赫拉等 1930~1960年代好莱坞明星8×10英寸大画幅底片（254张）	25cm×20cm	230,000	中贸圣佳	2021-12-30
佚名 1897年作 李鸿章自题肖像照	28cm×23cm	195,500	中贸圣佳	2021-05-20
法朗士、罗曼·罗兰、瓦雷里、柯莱特等 法国文学家签名照一百一十余帧	13.5cm×8.5cm（大多数）	195,500	西泠印社	2021-01-16
1901年作 上海业余马戏团蛋白相册（48张）	小11cm×15.5cm；大22cm×27cm	184,000	中贸圣佳	2021-12-30
恩斯特·奥尔默 1873年作 圆明园大水法等旧影（3张）	小18cm×24cm；大19.5cm×25cm	172,500	中贸圣佳	2021-05-20
20世纪30年代~20世纪40年代 大连亚东写真馆等 南满铁路在华摄制中国重要城市影像合集（1114张）	小6cm×4.5cm；大21cm×27cm	172,500	中贸圣佳	2021-05-20
孟昭瑞、吕厚民等 1940~1960年代刘少奇大幅展览照片（140张）	46cm×37cm	172,500	中贸圣佳	2021-05-20
杜修贤 1960~1976年作 红色摄影原版样片一组（84张）	小8.5cm×12.5cm；大26.5cm×19cm	172,500	中贸圣佳	2021-05-20
20世纪00年代 清末北京大幅记事相册（50张）	22cm×29cm	172,500	中贸圣佳	2021-12-30
林徽因梁思成钤印建筑构件图纸、建筑图样底稿、《营造法式》等文献	尺寸不一	172,500	北京保利	2021-06-06
佚名 20世纪10年代 民国云冈石窟大幅相册（60张）	21cm×26cm	132,250	中贸圣佳	2021-05-20
旧影、文献一批	尺寸不一	126,500	华艺国际	2021-12-10
1924年作 兆芳照相馆 振泰纺织公司、达丰染织公司两厂摄影相册（54张）	小7cm×29cm；大23cm×28cm	120,750	中贸圣佳	2021-12-30
佚名 1916年作 孙中山早年大幅肖像照	51cm×42cm	115,000	中贸圣佳	2021-05-20
郎静山 1966年作 苍松高士	35.5cm×28cm	115,000	中贸圣佳	2021-05-20
苏德新等 1940~1981年作 曹禺旧藏重要证件、早期肖像、信札等一组（60张照片、1张长卷、11份文稿）	小9cm×7.5cm；大20cm×150cm	115,000	中贸圣佳	2021-05-20
毕特·佛雷克 1953年作 奥黛丽·赫本签名照	30.5cm×24cm	115,000	中贸圣佳	2021-05-20
于右任私人旧藏照片、信札等一组（一批）	尺寸不一	115,000	中鸿信	2021-07-15
川崎正雄 20世纪30年代~20世纪40年代 杭州等地底片（768张）	小4.5cm×6cm；大6cm×83cm	109,250	中贸圣佳	2021-12-30
汤姆·凯利 1949年作 天鹅绒上的梦露	97.5cm×75cm	108,100	中贸圣佳	2021-05-20
1932年作 申报摄影社 第一次上海事变十九路军抗敌影集（280张）	9cm×14cm	97,750	中贸圣佳	2021-05-20
佚名 20世纪50年代 马克思、恩格斯、列宁、毛泽东标准像（4张）	50cm×40cm	97,750	中贸圣佳	2021-05-20
金西厓 旧藏 家族旧照及竹刻文献一批	尺寸不一	97,750	西泠印社	2021-01-16
吕厚民 等 20世纪50年代~20世纪70年代 上海人美藏周恩来活动原版照片（90张）	小8cm×8cm；大14cm×20cm	93,150	中贸圣佳	2021-05-20
穆默·冯·施瓦茨恩斯坦茨 20世纪00年代 清末北京各地风景建筑影像（18张）	22cm×28cm	92,000	中贸圣佳	2021-05-20
谢满禄 1882年作 圆明园知过堂	12cm×17.5cm	92,000	中贸圣佳	2021-05-20
郎静山 1961年作 张大千、郎静山、川口盛成合影	17cm×14.5cm	92,000	中贸圣佳	2021-05-20
阿尔伯特·马林 1911年作 辛亥革命武昌起义相册（154张）	小10.5cm×8cm；大11cm×15cm	92,000	中贸圣佳	2021-12-30
雷锋 1961年作 签赠照片	10.7cm×8.2cm	92,000	上海嘉禾	2021-07-22
董必武、司徒美堂、王宠惠、李璜等 1945年5月27日作 联合国宪章大会中国代表团部分成员合影	50cm×30cm（约二十寸）	92,000	西泠印社	2021-07-25
袁克文题赠陈巨来《奇双会》剧照镜心	31cm×24cm	92,000	中国嘉德	2021-11-30
袁克文题赠陈巨来《群英会》剧照镜心	31cm×24cm	92,000	中国嘉德	2021-11-30
1912年作 汉口永清照相馆 孙中山等中华民国临时政府内阁合影	14.5cm×19.5cm	86,250	中贸圣佳	2021-12-30
励志社 20世纪40年代~20世纪70年代蒋介石各时期影像大全套（1800张）	尺寸不一	86,250	中贸圣佳	2021-12-30
高尔基 致作家好友大幅签名照	17.5cm×13cm（照片）；24cm×20cm（卡纸）	86,250	西泠印社	2021-01-16
应县古塔建筑手绘图	152cm×72cm	86,250	北京保利	2021-12-04
卓别林、劳埃德、嘉宝等 首届奥斯卡奖颁布前夕三十七位美国电影艺术与科学学院创始成员签名照合册	36cm×29cm（相册）；25.5cm×20cm×37（相片）	82,800	西泠印社	2021-01-16
佚名 20世纪30年代 法国旅行者北京游记书稿及照片一组（283张）	小4.5cm×6cm；大17cm×22cm	80,500	中贸圣佳	2021-05-20
张景琪 20世纪30年代 画意摄影作品（12张）	小15cm×11cm；大34cm×25cm	80,500	中贸圣佳	2021-12-30
20世纪10年代~20世纪20年代民国初唐继尧、蔡锷等人在云南记事照片（14张）	17cm×23cm	80,500	中贸圣佳	2021-12-30
蓝志贵 1961年作 牧女	画面50.7cm×40.7cm；相纸61cm×50.5cm	75,900	中贸圣佳	2021-05-20
20世纪30年代 民国济南邮局大幅照片（14张）	小20cm×26cm；大22cm×28.5cm	75,900	中贸圣佳	2021-12-30
佚名 20世纪20年代 金西厓藏金北楼遗墨照片一套（153张）	小15.5cm×7cm；大28.5cm×15.5cm	74,750	中贸圣佳	2021-05-20
陈正青 1950年作 毛主席在天安门参加建国一周年庆典	50cm×40.5cm	74,750	中贸圣佳	2021-05-20
尤素福·卡什 1950年作 伊丽莎白女王、菲利普亲王（2张）	25cm×20cm	71,300	中贸圣佳	2021-12-30
尤素福·卡什 1943年作 宋美龄	34.5cm×27cm	71,300	中贸圣佳	2021-12-30
1890年作 上海公泰照相馆 外滩长卷八联张（8张）	19cm×220cm	69,000	中贸圣佳	2021-05-20
方苏雅 1899~1904年作 清末云南官员、百姓人像照片（10张）	小12.5cm×17.5cm；大17cm×23cm	69,000	中贸圣佳	2021-05-20
托马斯·查尔德 1877年作 圆明园远瀛观等旧影（2张）	小19.3cm×22.7cm；大19.3cm×24.2cm	69,000	中贸圣佳	2021-05-20
佚名 1931年作 金城银行汉口分行新屋纪念相册（28张）	小14cm×20.5cm；大28cm×23cm	69,000	中贸圣佳	2021-05-20
詹布鲁恩 1913年作 隆裕太后葬礼相册（76张）	9cm×14cm	69,000	中贸圣佳	2021-05-20
佚名 1912年作 孙中山、戴季陶等民国名人相册（114张）	小4.5cm×4.5cm；大14cm×19cm	69,000	中贸圣佳	2021-05-20
廖承志 1959年作《中国》豪华刺绣版	39cm×33cm	69,000	中贸圣佳	2021-05-20
黄道中西合图	99cm×75cm×2	69,000	中贸圣佳	2021-05-21
山本赞七郎 1904~1909年作 段祺瑞、袁世凯等晚清重臣合影（5张）	21cm×27cm	69,000	中贸圣佳	2021-12-30
1918年作 徐世昌总统就职典礼合影	13cm×19cm	69,000	中贸圣佳	2021-12-30
1934年作 沪江照相馆 阮玲玉肖像照	14cm×9.5cm	69,000	中贸圣佳	2021-12-30
陶冷月 民国时期摄山水名胜旧照四十帧		69,000	西泠印社	2021-01-16
20世纪10年代 陈宝琛、罗振玉、梁鼎芬等清末帝师合影	22cm×28cm	67,850	中贸圣佳	2021-12-30
高尔基 罕见斯拉夫文签名照	13.5cm×9cm	66,700	西泠印社	2021-07-25
小约翰·施特劳斯 致建筑设计师夫人签名照	16.5cm×10.5cm	63,250	西泠印社	2021-07-25
荒木经惟 花人生系列-2	50.8cm×61cm	61,290	北京保利	2021-01-15
1923~1948年作 商务印书馆、大东书局等 民国各地旅行指南（25册）	小13cm×9cm；大19cm×17.5cm	60,950	中贸圣佳	2021-05-20
1960~1962年作 上海复兴公园摄影等 千龄盛会——海上书画家合影（3张）	10.5cm×15cm	57,500	中贸圣佳	2021-05-20
吴印咸 1942年作 运筹帷幄	50cm×37cm	57,500	中贸圣佳	2021-05-20
吕相友 1966年作 毛主席接见群众	56cm×39cm	57,500	中贸圣佳	2021-05-20
郑景康 1957年作 齐白石肖像照	43cm×30cm	57,500	中贸圣佳	2021-05-20
小川一真 等 1897~1898年作《图说日本》十册（256张）	40cm×31.5cm	57,500	中贸圣佳	2021-05-20
拉斯洛·维林格尔 1949年作 玛丽莲·梦露签名照	25cm×20cm	57,500	中贸圣佳	2021-05-20
《坤舆万国全图》	165cm×365cm	57,500	泰和嘉成	2021-12-11
刘旭沧 20世纪30年代 风景及人像作品（7张）	小8.5cm×13cm；大20cm×29.5cm	57,500	中贸圣佳	2021-12-30
19世纪60年代 清末法国耶稣会士在上海CDV（48张）	8.5cm×5.5cm	57,500	中贸圣佳	2021-12-30
袁毅平 1961年作 东方红	76cm×91.5cm	57,500	中贸圣佳	2021-12-30
20世纪50年代~20世纪80年代 诗人陈明远照片一组（326张照片、478张底片、24份文件、13本日记、3个证件）	小3cm×4cm；大13cm×16.5cm	57,500	中贸圣佳	2021-12-30
荒木经惟 花人生系列-1	50.8cm×61cm	56,750	北京保利	2021-01-15
郎静山 1934年作 晓汲清江	57cm×54cm	55,200	中贸圣佳	2021-05-20
董作宾、吴金鼎等 约1933~1960年作 致李济信札旧照一批	尺寸不一	55,200	西泠印社	2021-07-25
共和党本部欢迎孙中山先生等晚清民初人物影像集	18cm×24.2cm	55,200	华艺国际	2021-12-10
荒木经惟 花人生系列-3	50.8cm×61cm	52,210	北京保利	2021-01-15

（成交价RMB：1万元以上）

拍品名称	物品尺寸	成交价RMB	拍卖公司	拍卖日期
郎静山 1956年作 仙山楼阁	35.5cm×28cm	51,750	中贸圣佳	2021-12-30
胡适 1961年9月4日作 签赠毛子水合影	12cm×9.5cm	51,750	西泠印社	2021-07-25
郎静山 1955年作 望湖秋色	49.5cm×39cm	46,000	中贸圣佳	2021-12-30
20世纪50年代奥黛丽·赫本亲笔签名照	25.5cm×20.5cm	44,850	中贸圣佳	2021-12-30
唐纳德·曼尼 20世纪20年代 收却纶竿落照红	35cm×48.5cm	43,700	中贸圣佳	2021-12-30
1927年作 艳芳照相馆 鲁迅、许广平、蒋经三合影	57cm×41.5cm	42,550	中贸圣佳	2021-12-30
陈传霖 1936年作 征之疲乏	25cm×35.5cm	36,800	中贸圣佳	2021-12-30
简庆福 20世纪50年代 束缚	40cm×50cm	36,800	中贸圣佳	2021-12-30
缤纶照相馆 19世纪70年代 清末戏曲人物CDV（10张）	9cm×6cm	36,800	中贸圣佳	2021-12-30
1870~1890年 雅真照相馆等 广州船景（10张）	小19cm×27cm；大22cm×27.5cm	36,800	中贸圣佳	2021-12-30
汪孟舒 1927年作 绵绵瓜瓞	19cm×28cm	34,500	中贸圣佳	2021-12-30
张充仁 20世纪30年代 树	27cm×21cm	34,500	中贸圣佳	2021-12-30
刘海粟 20世纪30年代 柿子	30cm×23cm	34,500	中贸圣佳	2021-12-30
阿芳19世纪70年代清末梧州全景三联张	20cm×83cm	34,500	中贸圣佳	2021-12-30
1926年作 郑王府内景照片（16张）	13.5cm×19.5cm	34,500	中贸圣佳	2021-12-30
1923年作 民国顺直水利委员会治理河道资料及照片（50张）	小7cm×11.5cm；大27.5cm×21cm	34,500	中贸圣佳	2021-12-30
1924年作 美华&宝记照相馆 徐汇公学校欢迎刚总主教合影（长卷）	25cm×150cm	34,500	中贸圣佳	2021-12-30
20世纪20年代容丰照相馆张宗昌签赠照	26cm×18cm	34,500	中贸圣佳	2021-12-30
1860年作《滇越铁路》（2册）	37cm×25cm	34,500	中贸圣佳	2021-12-30
詹姆士·利卡尔顿 1901年作 立体镜中的中国（100张）	9cm×18cm	32,200	中贸圣佳	2021-12-30
1949年作 手捧山茶花的伊丽莎白·泰勒亲笔签名照	33cm×26cm	32,200	中贸圣佳	2021-12-30
20世纪30年代 美国海军在华私人相册（387张）	小6cm×8.5cm；大12cm×17.5cm	28,750	中贸圣佳	2021-12-30
1934年作 光华照相馆 张伯苓、王世杰等中华全国体育协进会全体董事合影	22.5cm×28.5cm	28,750	中贸圣佳	2021-12-30
吴印咸 1939年作 白求恩大夫	26.5cm×22.5cm	28,750	中贸圣佳	2021-12-30
1876~1883年作 洛克与维特费尔德照相馆《十九世纪名人肖像》（7册）	28.5cm×22.5cm	28,750	中贸圣佳	2021-12-30
查尔斯·杜宾 1860年作 通往皇城之路玻璃底片	8.5cm×17cm	25,300	中贸圣佳	2021-12-30
薛子江 1948年作 圆润净洁	29cm×37.5cm	24,150	中贸圣佳	2021-12-30
何铁华 20世纪30年代 旗袍	23cm×29.5cm	23,000	中贸圣佳	2021-12-30
司徒博 20世纪30年代 远眺	24cm×30.5cm	23,000	中贸圣佳	2021-12-30
吴印咸 20世纪30年代 莲花	28cm×21.5cm	23,000	中贸圣佳	2021-12-30
黄仲长 20世纪30年代 帆影	28.5cm×22cm	23,000	中贸圣佳	2021-12-30
陈复礼 20世纪60年代 晨雾	38.5cm×50cm	23,000	中贸圣佳	2021-12-30
20世纪20年代 民国南京风景及金陵女校照片一组（35张）	9cm×13.5cm	23,000	中贸圣佳	2021-12-30
1922年作 张学良、靳云鹏等二次直奉战争照片（42张）	小5.5cm×7cm；大12cm×14cm	23,000	中贸圣佳	2021-12-30
1951年作 于右任签赠照	29.5cm×23.5cm	23,000	中贸圣佳	2021-12-30
1980年作 袁隆平参加国际水稻大会底片一组（305张）	2.5cm×3.5cm	23,000	中贸圣佳	2021-12-30
1946~1951年作 中国大学年刊、交通大学、南开复校周年纪念刊、人民沪江、圣约翰大学（5册）	小26.5cm×19cm；大27.5cm×20cm	23,000	中贸圣佳	2021-12-30
吴印咸 20世纪30年代 光影	23cm×30cm	20,700	中贸圣佳	2021-12-30
刘旭沧 20世纪30年代 沙莉肖像	18cm×14.5cm	20,700	中贸圣佳	2021-12-30
约翰·詹布鲁恩 20世纪20年代 颐和园画中游大幅照片	38cm×25.5cm	20,700	中贸圣佳	2021-12-30
吴景略古琴艺术生涯等照片资料	尺寸不一	20,700	中贸圣佳	2021-12-29
水祥云 20世纪40年代 鹤	24cm×37.5cm	18,400	中贸圣佳	2021-12-30
金石声 20世纪30年代 向日葵和盘子/向日葵、书和眼镜（2张）	10.5cm×15cm	18,400	中贸圣佳	2021-12-30
20世纪20年代 "中国防疫先驱"伍连德肖像照	20.5cm×14cm	18,400	中贸圣佳	2021-12-30
1931年作《大东书局十五周年纪念》	26.5cm×19cm	18,400	中贸圣佳	2021-12-30
印刷文物				
《权力的游戏》主要人物与乔治·马丁签名	84cm×145cm×8cm	402,500	上海嘉禾	2021-07-22
美国富豪签名	80cm×108cm	345,000	上海嘉禾	2021-07-22
爱因斯坦笔记与签名	61cm×78cm	230,000	上海嘉禾	2021-07-22
拿破仑·波拿巴签名	70cm×64cm	230,000	上海嘉禾	2021-07-22
钱松喦《延安颂》	135cm×216cm	218,500	泰和嘉成	2021-12-11
巴勃罗·毕加索签名的画板	88cm×66cm	207,000	上海嘉禾	2021-07-22
安迪沃霍尔斯签名	49cm×71cm	184,000	上海嘉禾	2021-07-22
朵云诗笺	尺寸不一	172,500	中贸圣佳	2021-12-29
华特·迪士尼亲笔签名米老鼠素描	71cm×100cm	138,000	上海嘉禾	2021-07-22
乾隆角花笺五张（饾版拱花）	27cm×23.5cm	103,500	华艺国际	2021-06-02
清 龙继栋撰 钦定古今图书集成考证二十四卷	28.5cm×18cm	82,800	上海驰翰	2021-07-06

拍品名称	物品尺寸	成交价RMB	拍卖公司	拍卖日期
KAWS 藤原浩 2012年作 亲笔签名限量海报		63,250	华艺国际	2021-06-04
教皇洪序、圣母传等四种	30.2cm×17.8cm	60,950	永乐拍卖	2021-12-02
王世襄题签 清 陈洪绶撰《宝纶堂集》	28cm×17.5cm	57,500	十竹斋拍卖（北京）	2021-05-29
百花齐放	25.4cm×32.2cm	57,500	泰和嘉成	2021-12-11
清 窦镇辑《国朝书画家笔录》	半框尺寸18.5cm×13cm	51,750	上海驰翰	2021-03-05
天津杨柳青义成永改良十二相年画	104cm×57cm	29,900	中贸圣佳	2021-12-29
《贻古堂帖》四卷（附笺纸）	28.9cm×15.6cm	19,550	中贸圣佳	2021-12-29
古籍善本其他				
清中期·唐云题时大彬壶旧拓片楠木板册页（过云楼）	一册长25.7cm；宽16cm	402,500	中贸圣佳	2021-12-30
列宁 1914年11月1日作 亲笔图书借阅卡	12cm×10.5cm（信札）；42cm×32cm（镜框）	322,000	西泠印社	2021-07-25
陶 陶殿试卷	43cm×13.5cm	230,000	北京荣宝	2021-12-02
卢沟桥事变号外（一张附当日《河南民报》原报纸一份）	19cm×27.5cm	115,000	中鸿信	2021-07-15
《故宫周刊》	38cm×26cm	63,250	中贸圣佳	2021-09-28
2005年UD公司出品终极系列勒布朗·詹姆斯（LeBron James）签名卡一张		63,250	北京诚轩	2021-12-02
佳 酿				
2013年贵州茅台酒（精品）（原箱）		7,153,000	永乐拍卖	2021-05-22
2013年产原箱特别茅台酒120瓶（20箱×6瓶）	500ml/瓶	7,130,000	中国嘉德	2021-05-18
2012年贵州茅台酒（原箱）		5,060,000	永乐拍卖	2021-05-22
2015年产原箱陈酿茅台酒60瓶（10箱×6瓶）	500ml/瓶	4,830,000	中国嘉德	2021-05-18
1958年产五星牌贵州茅台酒 2瓶（同一生产日期）	540ml/瓶	4,370,000	北京荣宝	2021-06-19
2018年原箱暑期茅台酒180瓶（30箱×6瓶）	500ml/瓶	2,760,000	中国嘉德	2021-05-18
1993年"珍品"贵州茅台酒		2,300,000	永乐拍卖	2021-12-03
2011年茅台酒（十大青铜器）10瓶	500ml/瓶	2,070,000	西泠印社	2021-07-23
2013年产原箱特别茅台酒		1,955,000	中国嘉德	2021-05-18
1957年贵州茅台酒（土陶瓶/简体）1瓶	500ml	1,725,000	华艺国际	2021-06-03
2020年产大瓶装贵州茅台酒·元青花 1瓶	750ml	1,495,000	中国嘉德	2021-05-18
1985年产原箱五星牌地方国营茅台酒 12瓶	540ml/瓶	1,437,500	中国嘉德	2021-05-18
2000年贵州茅台酒 100瓶	500ml/瓶	1,437,500	永乐拍卖	2021-05-22
2013年贵州茅台酒（精品）（原箱）		1,437,500	永乐拍卖	2021-12-03
2006年贵州茅台酒（原箱）		1,380,000	永乐拍卖	2021-12-03
2006年茅台陈年酒（15）100瓶	500ml/瓶	1,345,500	永乐拍卖	2021-05-22
1972年产葵花牌"全棉纸"贵州茅台酒 2瓶（同一生产日期）	500ml/瓶	1,150,000	北京荣宝	2021-06-19
1957年产五星牌茅台酒 1瓶	540ml	1,150,000	中国嘉德	2021-05-18
1986年产原箱全棉纸五星牌地方国营茅台酒 12瓶	540ml/瓶	1,092,500	中国嘉德	2021-05-18
2010年产原箱文化研究会会员专用120瓶	500ml/瓶	1,092,500	中国嘉德	2021-05-18
1980~2021年贵州茅台酒收藏组合	500ml/瓶	989,000	永乐拍卖	2021-05-22
2003年产刘剑锋升学定制原箱铁盖茅台酒（2箱×12瓶）	500ml/瓶	977,500	中国嘉德	2021-05-18
2010年产飞天牌贵州茅台酒 12瓶	500ml/瓶	920,000	北京荣宝	2021-06-19
2011年贵州茅台酒（十大青铜器）10瓶	500ml/瓶	920,000	西泠印社	2021-01-14
2003年产刘剑锋升学定制原箱铁盖茅台酒（2箱×12瓶）	500ml/瓶	920,000	中国嘉德	2021-05-18
2016年贵州茅台酒		879,750	永乐拍卖	2021-12-03
1987年产飞天牌"铁盖"贵州茅台酒 12瓶	500ml/瓶	862,500	北京荣宝	2021-06-19
2012年产原箱陈酿茅台酒（2箱×6瓶）	500ml/瓶	862,500	中国嘉德	2021-05-18
2004~2005年产飞天、五星牌贵州茅台酒		828,000	北京荣宝	2021-12-02
2003年贵州茅台酒（原箱）12瓶	500ml/瓶	828,000	华艺国际	2021-06-03
2018年产大坛装贵州茅台酒荣获巴拿马国际金奖100周年纪念 2坛	30L/坛	805,000	中国嘉德	2021-05-18
1989年产原箱五星牌铁盖茅台酒12瓶（1箱×12瓶）	500ml/瓶	805,000	中国嘉德	2021-05-18
2013年产原箱陈酿茅台酒12瓶（2箱×6瓶）	500ml/瓶	805,000	中国嘉德	2021-05-18
2006年茅台陈年酒（30瓶）		793,500	永乐拍卖	2021-05-22
2007年产五星牌贵州茅台酒（同一生产日期 3瓶）		782,000	北京荣宝	2021-06-19
1990年产原箱五星牌铁盖茅台酒12瓶（1箱×12瓶）	500ml/瓶	747,500	中国嘉德	2021-05-18

2021杂项拍卖成交汇总(续表)

(成交价RMB：1万元以上)

拍品名称	物品尺寸	成交价RMB	拍卖公司	拍卖日期
1991年产原箱飞天牌铁盖茅台酒12瓶(1箱×12瓶)	500ml/瓶	747,500	中国嘉德	2021-05-18
1991年产原箱五星牌铁盖茅台酒12瓶(1箱×12瓶)	500ml/瓶	747,500	中国嘉德	2021-05-18
1993年产原箱五星牌铁盖茅台酒12瓶(1箱×12瓶)	500ml/瓶	747,500	中国嘉德	2021-05-18
1994年产原箱五星牌铁盖茅台酒12瓶(1箱×12瓶)	500ml/瓶	747,500	中国嘉德	2021-05-18
1995年产原箱飞天牌铁盖茅台酒12瓶(1箱×12瓶)	500ml/瓶	747,500	中国嘉德	2021-05-18
2014年产原箱陈酿茅台酒12瓶(2箱×6瓶)	500ml/瓶	747,500	中国嘉德	2021-05-18
2016年产原箱陈酿茅台酒12瓶(2箱×6瓶)	500ml/瓶	747,500	中国嘉德	2021-05-18
2017年产原箱"金字陈酿"茅台酒30瓶(5箱×6瓶)	500ml/瓶	747,500	中国嘉德	2021-05-18
2017年产原箱"茅台陈酿"茅台酒30瓶(5箱×6瓶)	500ml/瓶	747,500	中国嘉德	2021-05-18
2017年原箱暑期茅台酒60瓶(10箱×6瓶)	500ml/瓶	747,500	中国嘉德	2021-05-18
2001年产飞天牌贵州茅台酒(4箱)		713,000	北京荣宝	2021-12-02
2013年产原箱特殊茅台酒		713,000	朵云轩	2021-07-07
1989年贵州茅台酒(金盖/无度/原箱)		713,000	华艺国际	2021-12-11
2011年茅台陈年酒(30)		707,250	永乐拍卖	2021-05-22
1992年产原箱飞天牌铁盖茅台酒12瓶(1箱×12瓶)	500ml/瓶	690,000	中国嘉德	2021-05-18
1992年产原箱五星牌铁盖茅台酒12瓶(1箱×12瓶)	500ml/瓶	690,000	中国嘉德	2021-05-18
2007年产原箱特别茅台酒12瓶(1箱×12瓶)	500ml/瓶	690,000	中国嘉德	2021-05-18
1986~2005年贵州茅台酒(20年茅台珍品垂直珍藏)		690,000	华艺国际	2021-06-03
1991年贵州茅台酒(铁盖/原箱/无装箱单)		690,000	华艺国际	2021-12-11
1988年"五星牌"贵州茅台酒(铁盖)		689,640	保利香港	2021-11-27
2007年产五星牌特殊纪念贵州茅台酒(三箱)		661,250	北京荣宝	2021-12-02
2008年贵州茅台酒(原箱)		661,250	华艺国际	2021-06-03
1980~1989年产五星"地方国营"贵州茅台酒		655,500	北京荣宝	2021-06-19
2002年产飞天牌贵州茅台酒(4箱)		655,500	北京荣宝	2021-12-02
20世纪80年代初期"飞天牌"外销贵州茅台酒		644,000	永乐拍卖	2021-05-22
1998年贵州茅台酒(原箱)		609,500	华艺国际	2021-06-03
2015年产五星牌贵州茅台酒		598,000	北京荣宝	2021-06-19
1999~2002年产飞天牌"珍品"贵州茅台酒		586,500	北京荣宝	2021-12-02
2006年产原封箱飞天牌贵州茅台酒(5箱)		580,750	北京荣宝	2021-12-02
2014~2020年产五星牌生肖纪念"马羊猴鸡狗猪鼠"贵州茅台酒一组7箱		575,000	北京荣宝	2021-06-19
2015年产原箱陈酿茅台酒2瓶(1箱×2瓶)	250ml/瓶	575,000	中国嘉德	2021-05-18
原箱2015年产美国大文行茅台酒		575,000	朵云轩	2021-07-07
2013年 茅台酒 QGRDHYZX(原箱)		575,000	西泠印社	2021-07-23
1996年产五星牌"铁盖"贵州茅台酒		552,000	北京荣宝	2021-12-02
2013年产飞天牌特殊纪念贵州茅台酒(5箱)		552,000	北京荣宝	2021-12-02
2003年产刘剑锋升学定制原箱铁盖茅台酒 12瓶(1箱×12瓶)	500ml/瓶	552,000	中国嘉德	2021-05-18
2000年产原箱飞天牌茅台酒24瓶(2箱×12瓶)	500ml/瓶	552,000	中国嘉德	2021-05-18
2015年产原箱陈酿茅台酒2瓶(1箱×2瓶)	2500ml/瓶	552,000	中国嘉德	2021-05-18
1996年贵州茅台酒(铁盖/原箱)		546,250	华艺国际	2021-12-11
1981~1985年"飞天牌"贵州茅台酒		541,860	保利香港	2021-11-27
1991~1996年产飞天牌"珍品铁盖"贵州茅台酒		540,500	北京荣宝	2021-12-02
2013年产原封箱五星牌特殊纪念贵州茅台酒(2箱)		540,500	北京荣宝	2021-12-02
20世纪80年代中期"飞天牌"外销贵州茅台酒		540,500	永乐拍卖	2021-05-22
1987~1990年贵州茅台酒(铁盖/无度)		529,000	华艺国际	2021-06-03
2011年贵州茅台酒(党校/原箱)		529,000	华艺国际	2021-06-03
2006~2010年贵州茅台酒(原箱)		517,500	华艺国际	2021-06-03
2005年飞天牌茅台酒(原箱)		517,500	西泠印社	2021-07-23
1999年飞天牌茅台酒(原箱)		517,500	西泠印社	2021-07-23
1998年飞天牌茅台酒(原箱)		517,500	西泠印社	2021-07-23
1990年珍品铁盖茅台酒		517,500	西泠印社	2021-07-23
2018年茅台酒巴拿马百年金奖封坛		517,500	西泠印社	2021-07-23
1991年贵州茅台酒(铁盖)		506,000	北京保利	2021-06-07
1993年贵州茅台酒(铁盖)		494,500	北京保利	2021-06-07
1987~1989年"五星牌"贵州茅台酒(铁盖)		492,600	保利香港	2021-11-27
2003年产飞天、五星牌贵州茅台酒		483,000	北京荣宝	2021-12-02
2003年产刘剑锋升学定制原箱铁盖茅台酒 12瓶(1箱×12瓶)	500ml/瓶	483,000	中国嘉德	2021-05-18
1995~1996年贵州茅台酒(红膜/铁盖)		483,000	华艺国际	2021-06-03
1996年贵州茅台酒(红膜/铁盖)		483,000	华艺国际	2021-06-03
2005年产五星牌贵州茅台酒		471,500	北京荣宝	2021-06-19
1991年产五星牌铁盖茅台酒6瓶	500ml/瓶	460,000	中国嘉德	2021-05-18
1996年产飞天牌铁盖茅台酒6瓶	500ml/瓶	460,000	中国嘉德	2021-05-18
1994年产飞天牌铁盖茅台酒6瓶	500ml/瓶	460,000	中国嘉德	2021-05-18
1993年产飞天牌铁盖茅台酒6瓶	500ml/瓶	460,000	中国嘉德	2021-05-18
1996年产原箱飞天牌茅台酒12瓶(1箱×12瓶)	500ml/瓶	460,000	中国嘉德	2021-05-18
2001年贵州茅台酒(原箱)		460,000	华艺国际	2021-06-03
2010年贵州茅台酒(原箱)		460,000	华艺国际	2021-06-03
2011年贵州茅台酒(原箱)		460,000	华艺国际	2021-06-03
1994年贵州茅台酒(铁盖)		460,000	北京保利	2021-06-07
2007年飞天牌茅台酒(原箱)		460,000	西泠印社	2021-07-23
2009年茅台酒 QGZXYH(原箱)		460,000	西泠印社	2021-07-23
1993年贵州茅台酒(铁盖)		460,000	北京保利	2021-12-05
1999年产贵州茅台酒		448,500	北京荣宝	2021-06-19
1990年贵州茅台酒(铁盖)		448,500	永乐拍卖	2021-05-22
1990年产铁盖茅台酒		448,500	朵云轩	2021-07-07
2010年贵州茅台酒(黄永玉十二生肖)		448,500	华艺国际	2021-12-11
1987~1996年贵州茅台酒"铁盖"10瓶组合		442,750	北京保利	2021-09-26
2015年产原封箱2.5L装五星牌特殊纪念贵州茅台酒		437,000	北京荣宝	2021-12-02
1994年产五星牌铁盖茅台酒6瓶	500ml/瓶	437,000	中国嘉德	2021-05-18
1992年产五星牌铁盖茅台酒6瓶	500ml/瓶	437,000	中国嘉德	2021-05-18
1995年产飞天牌铁盖茅台酒6瓶	500ml/瓶	437,000	中国嘉德	2021-05-18
1991年产飞天牌铁盖茅台酒6瓶	500ml/瓶	437,000	中国嘉德	2021-05-18
2001年产原箱飞天牌茅台酒24瓶(2箱×12瓶)	500ml/瓶	437,000	中国嘉德	2021-05-18
2002年产原箱飞天牌茅台酒24瓶(2箱×12瓶)	500ml/瓶	437,000	中国嘉德	2021-05-18
2006年产原箱陈酿茅台酒6瓶(1箱×6瓶)	500ml/瓶	437,000	中国嘉德	2021-05-18
2007年产原箱陈酿茅台酒6瓶(1箱×6瓶)	500ml/瓶	437,000	中国嘉德	2021-05-18
1992年贵州茅台酒(铁盖)		437,000	永乐拍卖	2021-05-22
1987~1996年贵州茅台酒收藏10瓶组合		437,000	北京保利	2021-06-07
1988年五星铁盖茅台	重892g; 947g; 942g; 923g; 947g; 916g; 895g; 916g; 993g; 992g; 948g; 927g	437,000	南京经典	2021-07-18
2000年飞天牌茅台酒(原箱)		437,000	西泠印社	2021-07-23
1991~1994年贵州茅台酒(铁盖)		437,000	华艺国际	2021-12-11
2011年产五星牌特殊纪念贵州茅台酒(2箱)		432,400	北京荣宝	2021-12-02
1991年贵州茅台酒(铁盖)		428,950	永乐拍卖	2021-05-22
2010年产五星牌"黄永玉十二生肖"贵州茅台酒(珍藏版)二箱		414,000	北京荣宝	2021-12-02
1993年贵州茅台酒(铁盖)		414,000	永乐拍卖	2021-05-22
1994年贵州茅台酒(铁盖)		414,000	永乐拍卖	2021-05-22
2005年茅台陈年酒(15瓶)		414,000	永乐拍卖	2021-05-22
1991年贵州茅台酒(红膜/铁盖/375ml/原箱)		414,000	华艺国际	2021-06-03
1993年飞天牌红皮铁盖茅台酒	重966g; 985g; 985g; 961g; 1011g; 981g; 982g; 977g; 959g; 967g; 1021g; 969g	414,000	南京经典	2021-07-18
1995~1996年贵州茅台酒(铁盖)		414,000	华艺国际	2021-12-11
2012年贵州茅台酒(敬献一代名将/珍藏/原箱未开封)		414,000	华艺国际	2021-12-11
2011年茅台陈年酒(80年)		414,000	北京保利	2021-12-05

(成交价RMB：1万元以上)

拍品名称	物品尺寸	成交价RMB	拍卖公司	拍卖日期
1995年"飞天牌"贵州茅台酒(铁盖)		413,784	保利香港	2021-11-27
1991年"五星牌"贵州茅台酒(铁盖)		413,784	保利香港	2021-11-27
1983~1986年贵州茅台酒(棉纸地方国营)		408,250	华艺国际	2021-06-03
1993年产五星牌铁盖茅台酒 6瓶/500ml	500ml/瓶	402,500	中国嘉德	2021-05-18
1987年产五星牌铁盖茅台酒 4瓶	500ml/瓶	402,500	中国嘉德	2021-05-18
1992年产飞天牌铁盖茅台酒 6瓶	500ml/瓶	402,500	中国嘉德	2021-05-18
1988年产飞天牌铁盖茅台酒 4瓶	500ml/瓶	402,500	中国嘉德	2021-05-18
1998年产原箱飞天牌茅台酒 12瓶(1箱×12瓶)	500ml/瓶	402,500	中国嘉德	2021-05-18
2003年产原箱飞天牌茅台酒 24瓶(2箱×12瓶)	500ml/瓶	402,500	中国嘉德	2021-05-18
2007年原箱专卖店茅台酒 12瓶(2箱×6瓶)	750ml/瓶	402,500	中国嘉德	2021-05-18
2013年产原箱中国国画大家珍藏版礼盒(一套) 36瓶(一套)	500ml/瓶	402,500	中国嘉德	2021-05-18
1972年"金轮牌"贵州茅台酒		402,500	永乐拍卖	2021-05-22
1995年贵州茅台酒(铁盖)		402,500	永乐拍卖	2021-05-22
1980~1982年 贵州茅台酒 五星(三大革命)(全棉纸)	重1068g; 1030g; 1015g; 1063g; 1065g; 1010g	402,500	上海嘉禾	2021-07-22
2013年茅台酒 红贵宾		402,500	西泠印社	2021-07-23
2010年贵州茅台酒(黄永玉十二生肖)		402,500	华艺国际	2021-12-11
2005年贵州茅台酒(原箱)		400,200	北京保利	2021-06-07
1991~1994年贵州茅台酒(红膜/铁盖)		391,000	华艺国际	2021-03-30
1996年贵州茅台酒(塑料盖)		391,000	北京保利	2021-06-07
1971年贵州茅台酒(矮盖/木塞)		379,500	华艺国际	2021-06-03
2012年贵州茅台酒(敬献一代名将/珍藏/原箱)		379,500	华艺国际	2021-06-03
1997年贵州茅台酒		379,500	北京保利	2021-06-07
1983~1986年 贵州茅台酒 五星(地方国营)(全棉纸)	重1088g; 1053g; 1055g; 1056g; 1043g; 1042g	379,500	上海嘉禾	2021-07-22
2015年产百年庆典特制贵州茅台酒(25L) Centenary Special Edition Moutai 2015 (1×25Litre)		368,813	香港苏富比	2021-04-18
2007年产原封箱飞天牌贵州茅台酒		368,000	北京荣宝	2021-06-19
1996年产五星牌铁盖茅台酒 6瓶	500ml/瓶	368,000	中国嘉德	2021-05-18
1995年产五星牌铁盖茅台酒 6瓶	500ml/瓶	368,000	中国嘉德	2021-05-18
1988年产五星牌铁盖茅台酒 4瓶	500ml/瓶	368,000	中国嘉德	2021-05-18
1999年产原箱飞天牌茅台酒 12瓶(1箱×12瓶)	500ml/瓶	368,000	中国嘉德	2021-05-18
2004年产原箱飞天牌茅台酒 24瓶(2箱×12瓶)	500ml/瓶	368,000	中国嘉德	2021-05-18
2005年产原箱五星牌茅台酒 24瓶(2箱×12瓶)	500ml/瓶	368,000	中国嘉德	2021-05-18
2011年原箱暑期茅台酒 12瓶(1箱×12瓶)	500ml/瓶	368,000	中国嘉德	2021-05-18
1991年产铁盖珍品茅台酒 6瓶	500ml/瓶	368,000	中国嘉德	2021-05-18
2019年产原箱北京外交人员免税商店 60瓶(10箱×6瓶)	500ml/瓶	368,000	中国嘉德	2021-05-18
2013年贵州茅台酒(原箱)		368,000	华艺国际	2021-06-03
2009~2011年贵州茅台酒(1000ml)		362,250	华艺国际	2021-06-03
2001年产贵州茅台酒		356,500	朵云轩	2021-07-07
2011年"飞天牌"贵州茅台酒(原箱)		354,060	保利香港	2021-04-24
1999年产贵州茅台酒		345,000	北京荣宝	2021-06-19
1962年贵州茅台酒		345,000	西泠印社	2021-01-14
1997年产原箱五星牌茅台酒 12瓶(1箱×12瓶)	500ml/瓶	345,000	中国嘉德	2021-05-18
2008年原箱暑期茅台酒 12瓶(1箱×12瓶)	500ml/瓶	345,000	中国嘉德	2021-05-18
2009年原箱暑期茅台酒 12瓶(1箱×12瓶)	500ml/瓶	345,000	中国嘉德	2021-05-18
1993年产铁盖珍品茅台酒 6瓶	500ml/瓶	345,000	中国嘉德	2021-05-18
1996年贵州茅台酒(塑料盖)		345,000	永乐拍卖	2021-05-22
1998年贵州茅台酒		345,000	北京保利	2021-06-07
2007年贵州茅台酒(原箱)		345,000	北京保利	2021-06-07
1981~1986年 贵州茅台酒 五星(三大革命)	重991g; 1043g; 1008g; 1028g; 1054g; 1031g	345,000	上海嘉禾	2021-07-22

拍品名称	物品尺寸	成交价RMB	拍卖公司	拍卖日期
1980~1982年"金轮牌"内销贵州茅台酒(三大革命)		342,700	永乐拍卖	2021-05-22
2002年产五星牌陈年贵州茅台酒"80年"		333,500	北京荣宝	2021-06-19
1983~1986年贵州茅台酒(地方国营)		333,500	华艺国际	2021-06-03
2017年产"庆祝香港回归祖国二十周年国酒茅台之友协会(香港)尊享"贵州茅台酒(50年陈酿)		322,000	北京荣宝	2021-06-19
2009年产飞天牌贵州茅台酒 2019年产原封箱飞天牌"茅台陈酿"贵州茅台酒 2020年产原封箱飞天牌"茅台陈酿"贵州茅台酒		322,000	北京荣宝	2021-06-19
1987年产飞天牌铁盖茅台酒 4瓶	500ml/瓶	322,000	中国嘉德	2021-05-18
2006年产原箱飞天牌茅台酒 24瓶(2箱×12瓶)	500ml/瓶	322,000	中国嘉德	2021-05-18
2006年原箱暑期茅台酒 12瓶(1箱×12瓶)	500ml/瓶	322,000	中国嘉德	2021-05-18
2007年原箱暑期茅台酒 12瓶(1箱×12瓶)	500ml/瓶	322,000	中国嘉德	2021-05-18
2010年原箱暑期茅台酒 12瓶(1箱×12瓶)	500ml/瓶	322,000	中国嘉德	2021-05-18
1996年产铁盖珍品茅台酒 6瓶	500ml/瓶	322,000	中国嘉德	2021-05-18
1994年产铁盖珍品茅台酒 6瓶	500ml/瓶	322,000	中国嘉德	2021-05-18
1992年产铁盖珍品茅台酒 6瓶	500ml/瓶	322,000	中国嘉德	2021-05-18
1988年产铁盖珍品茅台酒 4瓶	500ml/瓶	322,000	中国嘉德	2021-05-18
1998年产原箱小瓶装珍品茅台酒(一两装50ml) 60瓶(5箱×12瓶)	50ml/瓶	322,000	中国嘉德	2021-05-18
2008年产原箱谷泉会议中心茅台酒 36瓶(6箱×6瓶)	500ml/瓶	322,000	中国嘉德	2021-05-18
2003年贵州茅台酒(原箱)		322,000	永乐拍卖	2021-05-22
1999年贵州茅台酒(原箱)		322,000	华艺国际	2021-06-03
2008年茅台陈年酒(80年)		322,000	北京保利	2021-06-07
20世纪80年代中期"飞天牌"外销贵州茅台酒		322,000	北京保利	2021-06-07
2008年贵州茅台酒(原箱)		322,000	北京保利	2021-06-07
2002年飞天牌茅台酒(原箱)		322,000	西泠印社	2021-07-23
2002年五星牌茅台酒(原箱)		322,000	西泠印社	2021-07-23
2013年茅台酒 80年陈酿		322,000	西泠印社	2021-07-23
2012年产十二生肖贵州茅台酒(酒标黄永玉设计) Chinese Zodiac Limited Edition Set Moutai Designed by Huang Yongyu 2012 (12 BT50)		316,125	香港苏富比	2021-04-18
1983~1986年"五星牌"内销贵州茅台酒(地方国营)(棉纸)		310,500	永乐拍卖	2021-05-22
1991~1996年贵州茅台酒(铁盖/375ml)		310,500	华艺国际	2021-06-03
2003年产飞天牌"神州珍藏"贵州茅台酒(第一批)		299,000	北京荣宝	2021-06-19
1997年贵州茅台酒		299,000	永乐拍卖	2021-05-22
1989年"五星牌"贵州茅台酒(铁盖)		299,000	北京保利	2021-06-07
2009年贵州茅台酒(原箱)		299,000	北京保利	2021-06-07
20世纪70年代产全棉纸葵花牌茅台		299,000	朵云轩	2021-07-07
1983~1986年"五星牌"内销贵州茅台酒(地方国营)		293,250	永乐拍卖	2021-05-22
2012年产"十二生肖·黄永玉金版"贵州茅台酒		287,500	北京荣宝	2021-06-19
20世纪80年代初产飞天牌贵州茅台酒"黄酱"		287,500	北京荣宝	2021-06-19
1995、1996年产飞天牌"铁盖"贵州茅台酒		287,500	北京荣宝	2021-06-19
2012年产五星牌"中国体育代表团金银铜牌""庆功"贵州茅台酒		287,500	北京荣宝	2021-06-19
1990年产五星牌铁盖茅台酒 4瓶	500ml/瓶	287,500	中国嘉德	2021-05-18
1989年产五星牌铁盖茅台酒 4瓶	500ml/瓶	287,500	中国嘉德	2021-05-18
1990年产飞天牌铁盖茅台酒 4瓶	500ml/瓶	287,500	中国嘉德	2021-05-18
1995年产铁盖珍品茅台酒 6瓶	500ml/瓶	287,500	中国嘉德	2021-05-18
1998年贵州茅台酒		287,500	永乐拍卖	2021-05-22
2004年贵州茅台酒(原箱)		287,500	永乐拍卖	2021-05-22
2003年飞天牌茅台酒(原箱)		287,500	西泠印社	2021-07-23
2003年五星牌茅台酒(原箱)		287,500	西泠印社	2021-07-23
2013年 茅台酒 QGRDHYZX(原箱)		287,500	西泠印社	2021-07-23

2021杂项拍卖成交汇总(续表)

(成交价RMB：1万元以上)

拍品名称	物品尺寸	成交价RMB	拍卖公司	拍卖日期
2018年茅台酒 国之大器墨玺		287,500	西泠印社	2021-07-23
2017年产原封箱飞天牌贵州茅台酒(4箱)		286,350	北京荣宝	2021-06-19
2010年"飞天牌"贵州茅台酒(原箱)		283,248	保利香港	2021-04-24
2005年贵州茅台酒(1000ml/原箱)		281,750	华艺国际	2021-06-03
2012年贵州茅台酒(原箱)		281,750	华艺国际	2021-06-03
1990~1992年产飞天牌"铁盖"贵州茅台酒		276,000	北京荣宝	2021-06-19
2008年产飞天牌贵州茅台酒		276,000	北京荣宝	2021-06-19
2002年产五星牌"世纪经典黑龙"贵州茅台酒		276,000	北京荣宝	2021-06-19
1999年贵州茅台酒		276,000	永乐拍卖	2021-05-22
2005年贵州茅台酒(原箱)		276,000	永乐拍卖	2021-05-22
1991~1996年贵州茅台酒(红膜/铁盖/375ml)		276,000	华艺国际	2021-06-03
1987~1989年贵州茅台酒(铁盖/无度)		270,250	华艺国际	2021-03-30
1984年产五星牌地方国营		270,250	朵云轩	2021-07-07
2009年产飞天牌贵州茅台酒		264,500	北京荣宝	2021-06-19
1987年"五星牌"贵州茅台酒(铁盖)		264,500	永乐拍卖	2021-05-22
2007年贵州茅台酒(原箱)		264,500	华艺国际	2021-06-03
2016年贵州茅台酒(原箱)		264,500	北京保利	2021-06-07
70年代产葵花牌茅台		264,500	朵云轩	2021-07-07
1985年产五星牌地方国营		264,500	朵云轩	2021-07-07
2010年贵州茅台酒(原箱)		262,200	北京保利	2021-06-07
1989年产五星牌"铁盖"贵州茅台酒		258,750	北京荣宝	2021-06-19
1988年"五星牌"贵州茅台酒(铁盖)		258,750	永乐拍卖	2021-05-22
1993~1994年贵州茅台酒(红膜/铁盖)		258,750	华艺国际	2021-06-03
1991~1992年贵州茅台酒(铁盖)		258,750	华艺国际	2021-06-03
2000年贵州茅台酒		256,450	永乐拍卖	2021-05-22
2002年产陈年贵州茅台酒"15年"(2箱)		253,000	北京荣宝	2021-06-19
2014年产飞天牌贵州茅台酒 2015年产飞天牌贵州茅台酒 2017年产原封箱飞天牌"国酒之父"贵州茅台酒		253,000	北京荣宝	2021-06-19
2017年产"范曾大师八十寿辰纪念"贵州茅台酒		253,000	北京荣宝	2021-06-19
1998年飞天牌茅台酒(原箱)		253,000	西泠印社	2021-01-14
1997年飞天牌茅台酒(原箱)		253,000	西泠印社	2021-01-14
1997年五星牌茅台酒(原箱)		253,000	西泠印社	2021-01-14
2014年贵州茅台酒(80年陈酿)		253,000	西泠印社	2021-01-14
1999年贵州茅台酒(国庆50周年盛典纪念酒)		253,000	西泠印社	2021-01-14
1991~1996年贵州茅台酒(红膜/铁盖)		253,000	华艺国际	2021-03-30
1989年产飞天牌铁盖茅台酒 4瓶	500ml/瓶	253,000	中国嘉德	2021-05-18
2014~2015年产大瓶装马年生肖、羊年生肖套装(2500g装2.5L) 2瓶/2.5L		253,000	中国嘉德	2021-05-18
雕刻版十二生肖茅台酒 12瓶	500ml/瓶	253,000	中国嘉德	2021-05-18
雕刻版八仙过海茅台酒(一套) 8瓶	500ml/瓶	253,000	中国嘉德	2021-05-18
2013年贵州茅台酒(原箱)		253,000	华艺国际	2021-06-03
2011年贵州茅台酒(黄永玉铜版十二生肖)		253,000	华艺国际	2021-06-03
1992年"珍品"贵州茅台酒(铁盖)		253,000	北京保利	2021-06-07
1986年产五星牌地方国营		253,000	朵云轩	2021-07-07
2015年产原箱陈酿		253,000	朵云轩	2021-07-07
2012年产原箱陈酿		253,000	朵云轩	2021-07-07
1998年 贵州茅台酒 五星(原箱)		253,000	上海嘉禾	2021-07-22
2000年 贵州茅台酒 飞天(原箱)		253,000	上海嘉禾	2021-07-22
1986年地方国营茅台酒		253,000	西泠印社	2021-07-23
2009年茅台酒 建国60周年(原箱)		253,000	西泠印社	2021-07-23
1992年"珍品"贵州茅台酒		253,000	北京保利	2021-09-26
2006年贵州茅台酒(原箱/1000ml)		247,250	华艺国际	2021-03-30
2003~2006年贵州茅台酒(1000ml)		247,250	华艺国际	2021-06-03
2011年贵州茅台酒(原箱)		247,250	北京保利	2021-06-07
2007年贵州茅台酒(原箱/1000ml)		241,500	华艺国际	2021-03-30
1984年产全棉纸五星牌地方国营茅台酒 4瓶	540ml/瓶	241,500	中国嘉德	2021-05-18
1983~1986年"飞天牌"外销贵州茅台酒(270ml)		241,500	永乐拍卖	2021-05-22
2006年贵州茅台酒		241,500	华艺国际	2021-06-03
2014年贵州茅台酒(原箱)		241,500	华艺国际	2021-06-03
2000年产贵州茅台酒		241,500	朵云轩	2021-07-07
2013年产原箱特殊茅台酒		241,500	朵云轩	2021-07-07
1994年"珍品"贵州茅台酒		238,050	北京保利	2021-06-07
1990年产五星牌"铁盖"贵州茅台酒		235,750	北京荣宝	2021-06-19
2004年贵州茅台酒		235,750	华艺国际	2021-03-30
2013年贵州茅台酒(原箱)		235,750	北京保利	2021-06-07
1995年"珍品"贵州茅台酒		235,750	北京保利	2021-09-26

拍品名称	物品尺寸	成交价RMB	拍卖公司	拍卖日期
1966年产贵州飞天牌茅台(棉纸) Kweichow Flying Fairy Moutai 1966(1 BT50)		231,825	香港苏富比	2021-04-18
1991、1992年产五星、飞天牌"铁盖"贵州茅台酒		230,000	北京荣宝	2021-06-19
1991年产五星牌"铁盖"贵州茅台酒		230,000	北京荣宝	2021-06-19
1991~1996年产飞天牌"珍品铁盖"贵州茅台酒		230,000	北京荣宝	2021-06-19
2006年产飞天牌贵州茅台酒		230,000	北京荣宝	2021-06-19
2011年产原封箱五星牌贵州茅台酒		230,000	北京荣宝	2021-06-19
2013年产飞天牌贵州茅台酒		230,000	北京荣宝	2021-06-19
1999年飞天牌茅台酒(原箱)		230,000	西泠印社	2021-01-14
2018年贵州茅台酒(中国名山·泰山)		230,000	西泠印社	2021-01-14
2002年贵州茅台酒		230,000	华艺国际	2021-03-30
2008年贵州茅台酒(原箱/1000ml)		230,000	华艺国际	2021-03-30
1986年产全棉纸五星牌地方国营茅台酒 4瓶	540ml/瓶	230,000	中国嘉德	2021-05-18
1997年产原箱飞天牌茅台酒 12瓶/500ml(1箱×12瓶)		230,000	中国嘉德	2021-05-18
1998年产珍品原箱茅台酒(木盒装) 12瓶/500ml(2箱×6瓶)		230,000	中国嘉德	2021-05-18
2006年贵州茅台酒(原箱)		230,000	永乐拍卖	2021-05-22
1996年"珍品"贵州茅台酒(金属盖)		230,000	北京保利	2021-06-07
2012年产成龙特制陈酿		230,000	朵云轩	2021-07-07
2004年飞天牌茅台酒(原箱)		230,000	西泠印社	2021-07-23
1984年五星黄酱茅台酒		230,000	西泠印社	2021-07-23
1988年珍品铁盖茅台酒		230,000	西泠印社	2021-07-23
2018年茅台酒 典藏		230,000	西泠印社	2021-07-23
1980~1982"金轮牌"内销贵州茅台酒(三大革命)(棉纸)		226,550	北京保利	2021-06-07
1993年产五星、飞天牌"铁盖"贵州茅台酒		224,250	北京荣宝	2021-06-19
2000年贵州茅台酒(原箱/未开封)		224,250	华艺国际	2021-03-30
1991年"珍品"贵州茅台酒		224,250	永乐拍卖	2021-05-22
1993年"珍品"贵州茅台酒		224,250	永乐拍卖	2021-05-22
1994年产五星、飞天牌"铁盖"贵州茅台酒		218,500	北京荣宝	2021-06-19
2012年产原封箱飞天牌贵州茅台酒		218,500	北京荣宝	2021-06-19
1990年贵州茅台酒(铁盖/无度)		218,500	华艺国际	2021-03-30
1983年产五星牌地方国营茅台酒 4瓶	540ml/瓶	218,500	中国嘉德	2021-05-18
1990年产铁盖珍品茅台酒 4瓶	500ml/瓶	218,500	中国嘉德	2021-05-18
1989年产铁盖珍品茅台酒 4瓶	500ml/瓶	218,500	中国嘉德	2021-05-18
1999年产珍品茅台酒 12瓶/500ml		218,500	中国嘉德	2021-05-18
1998年产珍品茅台酒(纸盒装) 12瓶	500ml/瓶	218,500	中国嘉德	2021-05-18
2005年贵州茅台酒		218,500	华艺国际	2021-06-03
2007~2008年贵州茅台酒(1000ml)		218,500	华艺国际	2021-06-03
1983~1986年贵州茅台酒(地方国营)		218,500	华艺国际	2021-06-03
1991年产飞天牌铁盖茅台酒		218,500	朵云轩	2021-07-07
1992年产飞天牌铁盖茅台酒		218,500	朵云轩	2021-07-07
2013年产原箱纪念茅台酒		218,500	朵云轩	2021-07-07
1990年飞天牌铁盖茅台酒		218,500	西泠印社	2021-07-23
2011年贵州茅台酒(黄永玉铜版十二生肖)		216,200	华艺国际	2021-03-30
2017年贵州茅台酒(匠心/原箱)		216,200	华艺国际	2021-06-03
1976年"金轮牌"贵州茅台酒		213,900	永乐拍卖	2021-05-22
1992年"珍品"贵州茅台酒		213,900	永乐拍卖	2021-05-22
1995年产五星、飞天牌"铁盖"贵州茅台酒		212,750	北京荣宝	2021-06-19
1991~1994年贵州茅台酒(红膜/铁盖)		212,750	华艺国际	2021-03-30
1994年"珍品"贵州茅台酒		212,750	永乐拍卖	2021-05-22
2012年贵州茅台酒(原箱)		212,750	永乐拍卖	2021-05-22
2007年贵州茅台酒		212,750	华艺国际	2021-06-03
1995~1996年贵州茅台酒(珍品/铁盖)		212,750	华艺国际	2021-06-03
1983~1986年贵州茅台酒(棉纸地方国营)		212,750	华艺国际	2021-06-03
2014年贵州茅台酒(原箱)		212,750	北京保利	2021-06-07
2014年产原封箱贵州茅台酒		207,000	北京荣宝	2021-06-19
1990年五星牌铁盖茅台酒		207,000	西泠印社	2021-01-14
2009~2013年贵州茅台酒		207,000	西泠印社	2021-01-14
2010年贵州茅台酒(原箱/1000ml)		207,000	华艺国际	2021-03-30
1996年贵州茅台酒(红膜/铁盖)		207,000	华艺国际	2021-03-30
1993~1994年贵州茅台酒(红膜/铁盖)		207,000	华艺国际	2021-03-30
1979年产全棉纸五星牌三大革命茅台酒 2瓶	540ml/瓶	207,000	中国嘉德	2021-05-18
1995年"珍品"贵州茅台酒		207,000	永乐拍卖	2021-05-22
1996年"珍品"贵州茅台酒		207,000	永乐拍卖	2021-05-22
2000年贵州茅台酒		207,000	华艺国际	2021-06-03

(成交价RMB：1万元以上)

拍品名称	物品尺寸	成交价RMB	拍卖公司	拍卖日期
1995~1996年贵州茅台酒(红膜/铁盖)		207,000	华艺国际	2021-06-03
1997年产贵州茅台酒		207,000	朵云轩	2021-07-07
2013年产原箱特殊茅台酒		207,000	朵云轩	2021-07-07
2013年产原箱纪念茅台酒		207,000	朵云轩	2021-07-07
2017年产金字陈酿		207,000	朵云轩	2021-07-07
2010年产世博会50年陈酿珍藏茅台酒		207,000	朵云轩	2021-07-07
2013年 贵州茅台酒(酱瓶)(原箱)		207,000	上海嘉禾	2021-07-22
2006年五星牌茅台酒(原箱)		207,000	西泠印社	2021-07-23
2005年五星牌茅台酒(原箱)		207,000	西泠印社	2021-07-23
2005年飞天牌茅台酒(原箱)		207,000	西泠印社	2021-07-23
1991年飞天牌铁盖茅台酒		207,000	西泠印社	2021-07-23
2015年茅台酒 一代伟人(原箱)		207,000	西泠印社	2021-07-23
1986年"五星牌"特需贵州茅台酒(酱釉瓷瓶)		204,700	北京保利	2021-06-07
1993~1994年贵州茅台酒(红膜/铁盖)		203,550	华艺国际	2021-03-30
1999年贵州茅台酒		201,250	华艺国际	2021-03-30
1998年贵州茅台酒		201,250	华艺国际	2021-03-30
2016年贵州茅台酒(原箱)		201,250	永乐拍卖	2021-05-22
2013年贵州茅台酒(原箱)		201,250	永乐拍卖	2021-05-22
2000年贵州茅台酒		201,250	北京保利	2021-06-07
2008年贵州茅台酒		196,650	华艺国际	2021-06-03
2008年飞天牌贵州茅台酒		195,500	北京荣宝	2021-06-19
2000年五星牌茅台酒(原箱)		195,500	西泠印社	2021-01-14
2000年飞天牌茅台酒(原箱)		195,500	西泠印社	2021-01-14
1999年国庆50周年盛典茅台纪念酒		195,500	西泠印社	2021-01-14
2005年贵州茅台酒		195,500	华艺国际	2021-03-30
1995~1996年贵州茅台酒(铁盖/珍品)		195,500	华艺国际	2021-03-30
2011年产原箱世博纪念茅台酒12瓶/500ml(2箱×6瓶)		195,500	中国嘉德	2021-05-18
1977年"金轮牌"贵州茅台酒		195,500	永乐拍卖	2021-05-22
1987年产铁盖茅台酒		195,500	朵云轩	2021-07-07
1993年产飞天牌铁盖茅台酒		195,500	朵云轩	2021-07-07
1994年产飞天牌铁盖茅台酒		195,500	朵云轩	2021-07-07
1995年产飞天牌铁盖茅台酒		195,500	朵云轩	2021-07-07
1996年产飞天牌铁盖茅台酒		195,500	朵云轩	2021-07-07
1991年产五星牌铁盖茅台酒		195,500	朵云轩	2021-07-07
1992年产五星牌铁盖茅台酒		195,500	朵云轩	2021-07-07
1993年产五星牌铁盖茅台酒		195,500	朵云轩	2021-07-07
1994年产五星牌铁盖茅台酒		195,500	朵云轩	2021-07-07
1995年产五星牌铁盖茅台酒		195,500	朵云轩	2021-07-07
1996年产五星牌铁盖茅台酒		195,500	朵云轩	2021-07-07
1991年产珍品铁盖茅台酒		195,500	朵云轩	2021-07-07
1992年产珍品铁盖茅台酒		195,500	朵云轩	2021-07-07
1993年产珍品铁盖茅台酒		195,500	朵云轩	2021-07-07
1996年产珍品铁盖茅台酒		195,500	朵云轩	2021-07-07
1998年产贵州茅台酒		195,500	朵云轩	2021-07-07
1980~1982年三大革命茅台酒		195,500	西泠印社	2021-07-23
1992年珍品铁盖茅台酒		195,500	西泠印社	2021-07-23
1986年"五星牌"特需贵州茅台酒(酱釉瓷瓶)		190,900	永乐拍卖	2021-05-22
2008年贵州茅台酒		189,750	华艺国际	2021-03-30
1983~1986年贵州茅台酒(棉纸地方国营)		189,750	华艺国际	2021-03-30
2003年、2009年产警卫局茅台酒		189,750	朵云轩	2021-07-07
2007年贵州茅台酒		187,450	华艺国际	2021-03-30
2009年产五星牌贵州茅台酒		184,000	北京荣宝	2021-06-19
20世纪80年代地方国营、黄酱茅台酒		184,000	西泠印社	2021-01-14
1992年珍品贵州茅台酒(铁盖)		184,000	西泠印社	2021-01-14
2002年贵州茅台酒(原箱/未开封)		184,000	华艺国际	2021-03-30
1984年贵州茅台酒(地方国营)		184,000	华艺国际	2021-03-30
2008年产原箱飞天牌茅台酒12瓶(2箱×6瓶)	500ml/瓶	184,000	中国嘉德	2021-05-18
1986年产铁盖珍品茅台酒2瓶	500ml/瓶	184,000	中国嘉德	2021-05-18
2012年贵州茅台酒		184,000	永乐拍卖	2021-05-22
2011年贵州茅台酒(原箱)		184,000	永乐拍卖	2021-05-22
2011年贵州茅台酒(1000ml/原箱)		184,000	华艺国际	2021-06-03
20世纪80~90年代贵州茅台酒(红膜/铁盖/200ml)		184,000	华艺国际	2021-06-03
1983~1986年"五星牌"内销贵州茅台酒(地方国营)(棉纸)		184,000	北京保利	2021-06-07
2001年贵州茅台酒		184,000	北京保利	2021-06-07
1988年产铁盖茅台酒		184,000	朵云轩	2021-07-07
1989年产铁盖茅台酒		184,000	朵云轩	2021-07-07
1994年产珍品铁盖茅台酒		184,000	朵云轩	2021-07-07
1995年产珍品铁盖茅台酒		184,000	朵云轩	2021-07-07
1999年产贵州茅台酒		184,000	朵云轩	2021-07-07
2003年产飞天牌出口贵州茅台酒		184,000	中鸿信	2021-07-15
1983年8月8日 贵州茅台酒 五星(黄酱)	重1055g	184,000	上海嘉禾	2021-07-22
80年代 贵州茅台酒 大飞天	重1039g; 1030g; 1070g; 1080g	184,000	上海嘉禾	2021-07-22
1988年 贵州茅台酒 珍品(原箱)		184,000	上海嘉禾	2021-07-22
2009年 贵州茅台酒(原箱)		184,000	上海嘉禾	2021-07-22
2007年飞天牌茅台酒(原箱)		184,000	西泠印社	2021-07-23
1998年五星牌茅台酒		184,000	西泠印社	2021-07-23
1998年飞天牌茅台酒		184,000	西泠印社	2021-07-23
1997年飞天牌茅台酒		184,000	西泠印社	2021-07-23
1995年五星牌铁盖茅台酒		184,000	西泠印社	2021-07-23
1994年飞天牌铁盖茅台酒		184,000	西泠印社	2021-07-23
1993年五星牌铁盖茅台酒		184,000	西泠印社	2021-07-23
1995年珍品铁盖茅台酒		184,000	西泠印社	2021-07-23
2011年茅台酒 光辉历程		184,000	西泠印社	2021-07-23
2019年6L装 飞天牌茅台酒		184,000	西泠印社	2021-07-23
2018年茅台酒 走进澳洲(原箱)		184,000	西泠印社	2021-07-23
1992年"飞天牌"贵州茅台酒(铁盖)		182,088	保利香港	2021-04-24
2006年贵州茅台酒		181,700	华艺国际	2021-03-30
2010年贵州茅台酒(880ml/原箱)		181,700	华艺国际	2021-06-03
1981、1982年产五星牌"原棉纸三大革命"贵州茅台酒		178,250	北京荣宝	2021-06-19
1980~1982"金轮牌"内销贵州茅台酒(三大革命)(棉纸)		178,250	永乐拍卖	2021-05-22
2014年贵州茅台酒(原箱)		174,800	永乐拍卖	2021-05-22
1980年产五星牌"三大革命"贵州茅台酒		172,500	北京荣宝	2021-06-19
1994、1995年产飞天牌"珍品铁盖"贵州茅台酒		172,500	北京荣宝	2021-06-19
1982年产五星牌三大革命茅台酒2瓶	540ml/瓶	172,500	中国嘉德	2021-05-18
2010年产原箱飞天茅台酒24瓶/500ml(4箱×6瓶)		172,500	中国嘉德	2021-05-18
2012年产百年巨匠张大千纪念茅台酒 4瓶(1箱×4瓶)	500ml/瓶	172,500	中国嘉德	2021-05-18
2016年产原箱丙申猴年生肖纪念茅台酒 12瓶(2箱×6瓶)	500ml/瓶	172,500	中国嘉德	2021-05-18
2009年茅台酒		172,500	朵云轩	2021-07-07
1976年 贵州茅台酒 五星(三大革命)	重1067g	172,500	上海嘉禾	2021-07-22
20世纪80年代 贵州茅台酒 大飞天	重1026g; 1028g; 1050g; 1020g	172,500	上海嘉禾	2021-07-22
1991~1992年 贵州茅台酒		172,500	上海嘉禾	2021-07-22
2008年五星牌茅台酒(原箱)		172,500	西泠印社	2021-07-23
1999年飞天牌茅台酒		172,500	西泠印社	2021-07-23
1999年木盒珍品茅台酒		172,500	西泠印社	2021-07-23
2010年茅台酒 友谊使者		172,500	西泠印社	2021-07-23
2021年茅台酒 精品(原箱)		172,500	西泠印社	2021-07-23
2021年茅台酒 礼宾(原箱)		172,500	西泠印社	2021-07-23
2019年茅台酒 70周年大庆典		172,500	西泠印社	2021-07-23
2013年茅台酒 红贵宾		172,500	西泠印社	2021-07-23
1983年产五星牌特需贵州茅台酒 Kweichow Moutai 1983(1 BT50)		168,600	香港苏富比	2021-04-18
2000年贵州茅台酒		167,900	华艺国际	2021-03-30
20世纪80年代中期贵州茅台酒	重约970g; 972g	166,750	西泠印社	2021-01-14
2013年贵州茅台酒(精品/原箱)		166,750	华艺国际	2021-06-03
2013年贵州茅台酒(精品)(原箱)		166,750	北京保利	2021-06-07
1981年产五星牌"三大革命"贵州茅台酒		161,000	北京荣宝	2021-06-19
1991年产飞天牌"珍品铁盖"贵州茅台酒		161,000	北京荣宝	2021-06-19
2002年五星牌茅台酒(原箱)		161,000	西泠印社	2021-01-14
1996年五星牌铁盖茅台酒		161,000	西泠印社	2021-01-14
1993年飞天牌铁盖茅台酒		161,000	西泠印社	2021-01-14
1991年飞天牌铁盖茅台酒		161,000	西泠印社	2021-01-14
1991年五星牌铁盖茅台酒		161,000	西泠印社	2021-01-14
1983~1986年地方国营茅台酒		161,000	西泠印社	2021-01-14
1996年珍品贵州茅台酒(铁盖)		161,000	西泠印社	2021-01-14
1995年珍品贵州茅台酒(铁盖)		161,000	西泠印社	2021-01-14
2000年产珍品原箱茅台酒(纸盒装) 12瓶(2箱×6瓶)	500ml/瓶	161,000	中国嘉德	2021-05-18
2001年产珍品原箱茅台酒(纸盒装) 12瓶(2箱×6瓶)	500ml/瓶	161,000	中国嘉德	2021-05-18
2013年产原箱1680茅台酒6瓶(2箱×3瓶)	1680ml/瓶	161,000	中国嘉德	2021-05-18
2002年贵州茅台酒		161,000	华艺国际	2021-06-03
1990年产珍品铁盖茅台酒		161,000	朵云轩	2021-07-07
原箱2010年产贵州茅台酒		161,000	朵云轩	2021-07-07
2001年飞天牌茅台酒(原箱)		161,000	西泠印社	2021-07-23
2008年贵州茅台酒(原箱)		161,000	北京保利	2021-09-26
2010年 贵州茅台酒 飞天(2010年世博会唯一指定白酒)"同日期"(原箱)		160,885	上海嘉禾	2021-07-22

2021杂项拍卖成交汇总（续表）

（成交价RMB：1万元以上）

拍品名称	物品尺寸	成交价RMB	拍卖公司	拍卖日期
1986年 贵州茅台酒 五星（最早期）（金字铁盖）	重971g; 973g	159,850	上海嘉禾	2021-07-22
2001年贵州茅台酒		156,400	永乐拍卖	2021-05-22
2013年贵州茅台酒（原箱）		151,800	永乐拍卖	2021-05-22
2010年"飞天牌"贵州茅台酒(原箱)		151,740	保利香港	2021-04-24
2009年"飞天牌"贵州茅台酒(原箱)		151,740	保利香港	2021-04-24
2017年贵州茅台酒（原箱）		150,650	永乐拍卖	2021-05-22
1982年产五星牌"三大革命"贵州茅台酒		149,500	北京荣宝	2021-06-19
2012年产飞天牌贵州茅台酒		149,500	北京荣宝	2021-06-19
2007年产飞天牌"香港回归十周年纪念珍藏"贵州茅台酒		149,500	北京荣宝	2021-06-19
1991~1996年飞天铁盖茅台酒年份垂直套组		149,500	西泠印社	2021-01-14
1980~1982年三大革命茅台酒年份垂直套组		149,500	西泠印社	2021-01-14
2008年产原箱豪华装茅台酒（金色）12瓶（2箱×6瓶）	500ml/瓶	149,500	中国嘉德	2021-05-18
2008年产原箱茅台酒 12瓶（1箱×12瓶）	500ml/瓶	149,500	中国嘉德	2021-05-18
2017年产原箱茅台之友协会（香港）尊享茅台酒 6瓶（1箱×6瓶）	500ml/瓶	149,500	中国嘉德	2021-05-18
贵州茅台酒		149,500	永乐拍卖	2021-05-22
2003年贵州茅台酒		149,500	永乐拍卖	2021-05-22
2001年贵州茅台酒（原箱）		149,500	永乐拍卖	2021-05-22
1981~1982年贵州茅台酒（三大革命）		149,500	华艺国际	2021-06-03
2017年贵州茅台酒（中国酒韵·十大花鸟）		149,500	北京保利	2021-06-07
2018年贵州茅台酒（中国酒韵·十大山水）		149,500	北京保利	2021-06-07
原箱2003年专卖店茅台酒		149,500	朵云轩	2021-07-07
建国50、60、70周年套组		149,500	朵云轩	2021-07-07
1987年 贵州茅台酒 五星（铁盖）	重950g; 965g; 930g; 935g	149,500	上海嘉禾	2021-07-22
2008年茅台酒		149,500	西泠印社	2021-07-23
2019年茅台酒 建国70周年		149,500	西泠印社	2021-07-23
2001年贵州茅台酒		147,200	华艺国际	2021-03-30
2004年贵州茅台酒		147,200	北京保利	2021-06-07
2002年贵州茅台酒		143,750	永乐拍卖	2021-05-22
2009年产飞天牌贵州茅台酒		138,000	北京荣宝	2021-06-19
2007年产飞天牌贵州茅台酒		138,000	北京荣宝	2021-06-19
2008年产五星牌"奥运纪念"贵州茅台酒		138,000	北京荣宝	2021-06-19
2017年产"庆祝香港回归祖国二十周年国酒茅台之友协会（香港）尊享"贵州茅台酒（50年陈酿）		138,000	北京荣宝	2021-06-19
2016年产飞天牌贵州茅台酒		138,000	北京荣宝	2021-06-19
2016年产原封箱"金奖百年"贵州茅台酒（2箱）		138,000	北京荣宝	2021-06-19
1978年产全棉纸葵花牌三大革命茅台酒 1瓶	540ml/瓶	138,000	中国嘉德	2021-05-18
2010年产原箱贵宾茅台酒 12瓶（2箱×6瓶）	500ml/瓶	138,000	中国嘉德	2021-05-18
2005年贵州茅台酒		138,000	华艺国际	2021-06-03
2004年贵州茅台酒		138,000	华艺国际	2021-06-03
2020年贵州茅台酒（中国酒韵·十大爱情）		138,000	北京保利	2021-06-07
2003年产贵州茅台酒		138,000	朵云轩	2021-07-07
1999年产珍品茅台酒		138,000	朵云轩	2021-07-07
原箱2003年专卖店茅台酒		138,000	朵云轩	2021-07-07
2011年产总统府		138,000	朵云轩	2021-07-07
套装茅台酒		138,000	朵云轩	2021-07-07
巴拿马100周年纪念茅台酒套装		138,000	朵云轩	2021-07-07
1997–2006年飞天牌贵州茅台酒		138,000	中鸿信	2021-07-15
1968~1972年 贵州茅台酒"大葵花"（带飘带）（日本回流）	重1027g	138,000	上海嘉禾	2021-07-22
1980年 贵州茅台酒 五星（三大革命）（全棉纸）	重1028g; 1015g	138,000	上海嘉禾	2021-07-22
1991年 贵州茅台酒 五星（铁盖）	重973g; 979g; 985g; 987g	138,000	上海嘉禾	2021-07-22
1993年 贵州茅台酒 五星（铁盖）	重956g; 963g; 970g; 970g	138,000	上海嘉禾	2021-07-22
1996年 贵州茅台酒 飞天（铁盖）	重980g; 982g; 960g; 963g	138,000	上海嘉禾	2021-07-22
2005年 贵州茅台酒 飞天（原箱）		138,000	上海嘉禾	2021-07-22
1995年 贵州茅台酒 飞天（铁盖）	重952g; 945g; 965g; 957g; 969g; 958g	138,000	上海嘉禾	2021-07-22
2019年茅台酒 生肖猪年		138,000	西泠印社	2021-07-23
2006年贵州茅台酒		138,000	北京保利	2021-09-26
1982年产金轮牌内销贵州茅台酒 Kweichow Moutai 1982（2 BT50）		136,988	香港苏富比	2021-04-18
1981~1982年贵州茅台酒（三大革命）		135,700	华艺国际	2021-03-30
1996年产五星、飞天牌贵州茅台酒		132,250	北京荣宝	2021-06-19
2003年贵州茅台酒		132,250	华艺国际	2021-03-30
2006年贵州茅台酒		132,250	北京保利	2021-06-07
20世纪80年代产全棉纸黑酱茅台		132,250	朵云轩	2021-07-07
2010年贵州茅台酒（原箱）		132,250	北京保利	2021-09-26
1983~1986年产五星牌"原棉纸地方国营"贵州茅台酒		126,500	北京荣宝	2021-06-19
1983年产五星牌"地方国营"贵州茅台酒		126,500	北京荣宝	2021-06-19
1999年产陈年贵州茅台酒"15年"		126,500	北京荣宝	2021-06-19
2005年贵州茅台酒（原箱）		126,500	华艺国际	2021-03-30
2009年产原箱飞天牌茅台酒 12瓶（2箱×6瓶）	500ml/瓶	126,500	中国嘉德	2021-05-18
2005年贵州茅台酒		126,500	永乐拍卖	2021-05-22
2002年产贵州茅台酒		126,500	朵云轩	2021-07-07
原箱2009年豪华装金色茅台		126,500	朵云轩	2021-07-07
1977年 贵州茅台酒 五星（三大革命）	重990g	126,500	上海嘉禾	2021-07-22
20世纪80年代 贵州茅台酒 五星（地方国营）（全棉纸）	重1042g; 1050g	126,500	上海嘉禾	2021-07-22
1980年 贵州茅台酒 五星（三大革命）	重1020g; 1000g	126,500	上海嘉禾	2021-07-22
1982年 贵州茅台酒 五星（三大革命）	重990g; 1036g	126,500	上海嘉禾	2021-07-22
2009年茅台		126,500	南京经典	2021-07-18
2008年五星牌茅台酒（原箱）		126,500	西泠印社	2021-07-23
2001年五星牌茅台酒		126,500	西泠印社	2021-07-23
2016年 茅台酒 一代伟人		126,500	西泠印社	2021-07-23
2014年茅台酒 50年陈酿		126,500	西泠印社	2021-07-23
1997年产五星、飞天牌贵州茅台酒		121,900	北京荣宝	2021-06-19
2011年"飞天牌"贵州茅台酒(原箱)		121,392	保利香港	2021-04-24
2004年贵州茅台酒		121,325	永乐拍卖	2021-05-22
2006~2007年贵州茅台酒		120,750	华艺国际	2021-06-03
2018年贵州茅台酒（百年金奖辉煌/原箱未开封）		120,750	华艺国际	2021-06-03
1982年贵州茅台酒（三大革命）		117,300	华艺国际	2021-03-30
2009年产原封箱"纪念澳门回归十周年"贵州茅台酒		115,000	北京荣宝	2021-06-19
2005年产飞天牌1L装"为红塔集团特制 非卖品"贵州茅台酒		115,000	北京荣宝	2021-06-19
2005年飞天牌茅台酒（原箱）		115,000	西泠印社	2021-01-14
2018年贵州茅台酒（侯德昌从艺60周年）		115,000	西泠印社	2021-01-14
2018年贵州茅台酒		115,000	西泠印社	2021-01-14
1986年产五星牌黑酱茅台酒 1瓶/540ml	540ml/瓶	115,000	中国嘉德	2021-05-18
1985年产全棉纸五星牌地方国营茅台酒 2瓶/540ml	540ml/瓶	115,000	中国嘉德	2021-05-18
2008年产原箱大瓶装茅台酒 6瓶（1箱×6瓶）	750ml/瓶	115,000	中国嘉德	2021-05-18
2001年贵州茅台酒（15年）		115,000	华艺国际	2021-06-03
（甲午马年）茅台纪念酒（原箱）		115,000	北京保利	2021-06-07
1979年"金轮牌"贵州茅台酒		115,000	北京保利	2021-06-07
2001~2010年贵州茅台酒收藏10瓶组合		115,000	北京保利	2021-06-07
20世纪70年代产三大革命茅台酒		115,000	朵云轩	2021-07-07
1983年产五星牌地方国营		115,000	朵云轩	2021-07-07
2004年产贵州茅台酒		115,000	朵云轩	2021-07-07
2005年产贵州茅台酒		115,000	朵云轩	2021-07-07
1980年 贵州茅台酒 五星（三大革命）	重1020g; 1019g	115,000	上海嘉禾	2021-07-22
2012年辽宁舰特别纪念茅台酒		115,000	南京经典	2021-07-18
2003年五星牌茅台酒		115,000	西泠印社	2021-07-23
2003年飞天牌茅台酒		115,000	西泠印社	2021-07-23
2002年飞天牌茅台酒		115,000	西泠印社	2021-07-23
1997年纸盒珍品茅台酒（原箱）		115,000	西泠印社	2021-07-23
2012年茅台酒 九龙墨宝 15年		115,000	西泠印社	2021-07-23
2020年茅台酒 十大爱情		115,000	西泠印社	2021-07-23
2009~2013年茅台酒 珍藏		115,000	西泠印社	2021-07-23
2013年茅台酒 QGZXYH（原箱）		115,000	西泠印社	2021-07-23
2014年茅台酒 BYWW（原箱）		115,000	西泠印社	2021-07-23
2018年茅台酒 港区省级联谊会尊享		115,000	西泠印社	2021-07-23
2004年贵州茅台酒（15年/原箱）		112,700	华艺国际	2021-06-03
2005年贵州茅台酒（巴拿马博览会金奖纪念酒）		112,700	华艺国际	2021-06-03
1990年贵州茅台酒（铁盖）		112,700	北京保利	2021-09-26
2010年"飞天牌"贵州茅台酒(原箱)		111,276	保利香港	2021-04-24
2005年产五星牌贵州茅台酒		110,400	北京荣宝	2021-06-19

(成交价RMB：1万元以上)

拍品名称	物品尺寸	成交价RMB	拍卖公司	拍卖日期
1998年产五星、飞天牌贵州茅台酒		110,400	北京荣宝	2021-06-19
1999年产飞天牌贵州茅台酒		109,250	北京荣宝	2021-06-19
1996年产飞天牌"铁盖"贵州茅台酒(43度)		109,250	北京荣宝	2021-06-19
2000年产飞天牌"珍品"贵州茅台酒		109,250	北京荣宝	2021-06-19
2000年产飞天牌"珍品铁盖"贵州茅台酒		109,250	北京荣宝	2021-06-19
2008年产飞天牌"满天星1680"贵州茅台酒		109,250	北京荣宝	2021-06-19
2006年飞天牌茅台酒(原箱)		109,250	西泠印社	2021-01-14
2007年贵州茅台酒(原箱/未开封)		109,250	华艺国际	2021-03-30
2012年贵州茅台酒(敬献一代名将/珍藏/原箱未开封)		109,250	华艺国际	2021-03-30
2005年贵州茅台酒(巴拿马博览会金奖纪念酒/原箱)		109,250	华艺国际	2021-03-30
2018年贵州茅台酒(百年金奖辉煌/原箱未开封)		109,250	华艺国际	2021-03-30
1978年产五星牌三大革命茅台酒1瓶	540ml/瓶	109,250	中国嘉德	2021-05-18
2011年产原箱大瓶装纪念茅台酒(天下为公)1瓶	2500ml/瓶	109,250	中国嘉德	2021-05-18
2016年产原箱天眼茅台酒6瓶/500ml(1箱×6瓶)		109,250	中国嘉德	2021-05-18
2016年产原箱大瓶装金桂叶茅台酒2瓶(1箱×2瓶)	2500ml/瓶	109,250	中国嘉德	2021-05-18
2006年贵州茅台酒		109,250	永乐拍卖	2021-05-22
2007年贵州茅台酒		109,250	永乐拍卖	2021-05-22
2017年贵州茅台酒(红星闪烁)		109,250	华艺国际	2021-06-03
2010年贵州茅台酒		109,250	华艺国际	2021-06-03
20世纪80年代产全棉纸地方国营(小)		109,250	朵云轩	2021-07-07
1997年产珍品茅台酒		109,250	朵云轩	2021-07-07
1998年产珍品茅台酒		109,250	朵云轩	2021-07-07
2009年产庆贺建国60华诞		109,250	朵云轩	2021-07-07
1983年地方国营茅台酒		109,250	西泠印社	2021-07-23
2017年茅台酒 国酒之父		109,250	西泠印社	2021-07-23
2017年茅台酒国之四礼红鼎、金爵礼盒		109,250	西泠印社	2021-07-23
20世纪80年代中期"飞天牌"贵州茅台酒(塑料盖)		108,100	北京保利	2021-09-26
2006年产五星牌贵州茅台酒		106,950	北京荣宝	2021-06-19
2003年"飞天牌"珍品贵州茅台酒(原箱)		106,218	保利香港	2021-04-24
贵州茅台酒生肖纪念酒八瓶组合		105,800	北京保利	2021-09-26
70年代产葵花牌茅台		104,650	朵云轩	2021-07-07
1997~2000年产飞天牌"珍品"贵州茅台酒		103,500	北京荣宝	2021-06-19
2016年产飞天牌贵州茅台酒		103,500	北京荣宝	2021-06-19
2002年贵州茅台酒(15年/原箱)		103,500	华艺国际	2021-03-30
1977年产全棉纸五星牌三大革命茅台酒1瓶	540ml/瓶	103,500	中国嘉德	2021-05-18
2012年贵州茅台酒(原箱)		103,500	永乐拍卖	2021-05-22
2009年贵州茅台酒(原箱)		103,500	华艺国际	2021-06-03
2009年贵州茅台酒(中国中铁/原箱)		103,500	华艺国际	2021-06-03
2014~2021年贵州茅台酒(生肖茅台)		103,500	华艺国际	2021-06-03
2006年产贵州茅台酒		103,500	朵云轩	2021-07-07
2013年产原箱特殊茅台酒		103,500	朵云轩	2021-07-07
生肖茅台酒(马羊猴鸡狗猪鼠牛)		103,500	朵云轩	2021-07-07
2019年十大山水茅台酒套装		103,500	朵云轩	2021-07-07
2017年十大花鸟茅台酒套装		103,500	朵云轩	2021-07-07
2016年产澳门巴黎人套装		103,500	朵云轩	2021-07-07
2010年产季克良版高尔夫茅台酒		103,500	朵云轩	2021-07-07
1992年产飞天牌铁盖贵州茅台酒		103,500	中鸿信	2021-07-15
1970~1973年 贵州茅台酒"大葵花"(带飘带)	重1055g	103,500	上海嘉禾	2021-07-22
1978年 贵州茅台酒 五星(三大革命)	重1039g	103,500	上海嘉禾	2021-07-22
1979年 贵州茅台酒 五星(三大革命)	重1065g	103,500	上海嘉禾	2021-07-22
1986年 贵州茅台酒 五星(地方国营)	重1158g; 1060g	103,500	上海嘉禾	2021-07-22
1986年 贵州茅台酒 珍品"1704"	重970g; 968g	103,500	上海嘉禾	2021-07-22
2013年 贵州茅台酒(酱瓶)		103,500	上海嘉禾	2021-07-22
1996年 贵州茅台酒 飞天/五星(白皮)	重977g; 989g; 950g; 955g; 952g; 948g	103,500	上海嘉禾	2021-07-22
2005年五星牌茅台酒		103,500	西泠印社	2021-07-23
2004年五星牌茅台酒		103,500	西泠印社	2021-07-23
1997年纸盒珍品茅台酒		103,500	西泠印社	2021-07-23
2008年贵州茅台酒(原箱)		103,058	北京保利	2021-01-16
1997~1999年贵州茅台酒		101,200	华艺国际	2021-03-30
2008年贵州茅台酒		100,050	永乐拍卖	2021-05-22
2020年燕京八景茅台酒		100,050	南京经典	2021-07-18
2000~2009年产五星、飞天牌贵州茅台酒一组		98,900	北京荣宝	2021-06-19

拍品名称	物品尺寸	成交价RMB	拍卖公司	拍卖日期
2004年产陈年贵州茅台酒"15年"		98,900	北京荣宝	2021-06-19
2000年产五星、飞天牌贵州茅台酒		97,750	北京荣宝	2021-06-19
2001年产"祝贺北京取得奥运主办权"贵州茅台酒		97,750	北京荣宝	2021-06-19
2010年产"友谊使者 特制陈酿"贵州茅台酒		97,750	北京荣宝	2021-06-19
2017年贵州茅台酒(国酒之父)		97,750	西泠印社	2021-01-14
(甲午马年)茅台纪念酒(原箱)		97,750	永乐拍卖	2021-05-22
生肖茅台酒(马羊猴鸡狗猪鼠牛)		97,750	朵云轩	2021-07-07
2008年 贵州茅台酒 飞天(原箱)		97,750	上海嘉禾	2021-07-22
1997年 贵州茅台酒 飞天(白皮)	重945g; 963g; 955g; 960g; 970g; 950g	97,750	上海嘉禾	2021-07-22
2006年五星牌茅台酒		97,750	西泠印社	2021-07-23
1985年地方国营茅台酒		97,750	西泠印社	2021-07-23
1998年木盒珍品茅台酒		97,750	西泠印社	2021-07-23
2006年茅台酒 庆典专用(原箱)		97,750	西泠印社	2021-07-23
1997年茅台酒		96,600	南京经典	2021-07-18
1986年产五星牌"地方国营"贵州茅台酒		94,300	北京荣宝	2021-06-19
2014年产贵州茅台酒		92,000	北京荣宝	2021-06-19
2009年产五星牌"茅台会所专用"贵州茅台酒(第一批)		92,000	北京荣宝	2021-06-19
2007年五星牌茅台酒(原箱)		92,000	西泠印社	2021-01-14
2007年飞天牌茅台酒(原箱)		92,000	西泠印社	2021-01-14
2006年贵州茅台酒		92,000	华艺国际	2021-03-30
2010年产原箱1680茅台酒3瓶/1680ml(1箱×3瓶)		92,000	中国嘉德	2021-05-18
2002年贵州茅台酒(珍品/原箱)		92,000	华艺国际	2021-06-03
1983~1986年贵州茅台酒(棉纸地方国营)		92,000	华艺国际	2021-06-03
2011年贵州茅台酒(中国电信/原箱)		92,000	华艺国际	2021-06-03
贵州茅台酒生肖纪念酒八瓶组合		92,000	北京保利	2021-06-07
1986年产珍品铁盖茅台酒		92,000	朵云轩	2021-07-07
2007年产贵州茅台酒		92,000	朵云轩	2021-07-07
2008年产贵州茅台酒		92,000	朵云轩	2021-07-07
2000年产珍品茅台酒		92,000	朵云轩	2021-07-07
友谊使者茅台酒套装		92,000	朵云轩	2021-07-07
20世纪80年代产飞天牌双层盒塑盖贵州茅台酒		92,000	中鸿信	2021-07-15
2013年产飞天牌贵州茅台酒(原封箱)		92,000	中鸿信	2021-07-15
20世纪70年代 贵州茅台酒 五星(三大革命)	重1045g; 1033g	92,000	上海嘉禾	2021-07-22
2009年 贵州茅台酒(蓝瓶)(原箱)		92,000	上海嘉禾	2021-07-22
2010年 贵州茅台酒"贵宾"飞天(原箱)		92,000	上海嘉禾	2021-07-22
1998年 贵州茅台酒 飞天(白皮)	重989g; 963g; 956g; 960g; 979g; 956g	92,000	上海嘉禾	2021-07-22
1999年 贵州茅台酒 飞天(白皮)	重988g; 948g; 945g; 955g; 940g; 960g	92,000	上海嘉禾	2021-07-22
20世纪80年代早期 贵州茅台酒		92,000	上海嘉禾	2021-07-22
2017年茅台酒 圆梦中国		92,000	西泠印社	2021-07-23
2012年茅台酒		92,000	西泠印社	2021-07-23
2018年茅台酒 澳门茅台文化协会尊享		92,000	西泠印社	2021-07-23
2014~2021年茅台酒 生肖套组(马、羊、猴、鸡、狗、猪、鼠、牛)		92,000	西泠印社	2021-07-23
2016年茅台酒 生肖猴年		92,000	西泠印社	2021-07-23
2021年贵州茅台酒燕京八景(陈酿)套装53度		92,000	北京保利	2021-09-26
1997年"五星牌"贵州茅台酒		91,044	保利香港	2021-04-24
2004~2005年贵州茅台酒		90,850	华艺国际	2021-03-30
2009年贵州茅台酒(原箱)		89,700	华艺国际	2021-03-30
2009年贵州茅台酒		88,550	永乐拍卖	2021-05-22
1998年产原封箱飞天牌"珍品"贵州茅台酒(2箱)		86,250	北京荣宝	2021-06-19
2013年产飞天牌贵州茅台酒		86,250	北京荣宝	2021-06-19
2008年产"香港回归典藏"贵州茅台酒		86,250	北京荣宝	2021-06-19
2016年产原封箱飞天牌"FAST落成启用纪念"贵州茅台酒		86,250	北京荣宝	2021-06-19
2008年飞天牌茅台酒(原箱)		86,250	西泠印社	2021-01-14
2008年五星牌茅台酒(原箱)		86,250	西泠印社	2021-01-14
20世纪80~90年代贵州茅台酒		86,250	西泠印社	2021-01-14
1998年珍品贵州茅台酒		86,250	西泠印社	2021-01-14
2017年贵州茅台酒(国之四礼红鼎)		86,250	西泠印社	2021-01-14
2018年贵州茅台酒(红星闪耀/原箱未开封)		86,250	华艺国际	2021-03-30
2004年贵州茅台酒(15年/原箱)		86,250	华艺国际	2021-03-30

2021杂项拍卖成交汇总(续表)

(成交价RMB：1万元以上)

拍品名称	物品尺寸	成交价RMB	拍卖公司	拍卖日期
2020年贵州茅台酒(燕京八景)		86,250	北京保利	2021-06-07
原箱2009年专卖店茅台酒		86,250	朵云轩	2021-07-07
原箱2004年产茅台15年		86,250	朵云轩	2021-07-07
1990年产飞天牌铁盖贵州茅台酒		86,250	中鸿信	2021-07-15
2010年 贵州茅台酒(世博喜酒)(原箱)		86,250	上海嘉禾	2021-07-22
2008年飞天牌茅台酒		86,250	西泠印社	2021-07-23
2007年飞天牌茅台酒		86,250	西泠印社	2021-07-23
1986年地方国营茅台酒		86,250	西泠印社	2021-07-23
2010年产飞天牌贵州茅台酒(中国上海世博会唯一指定白酒)		83,950	北京荣宝	2021-06-19
1991年贵州茅台酒(铁盖)		83,950	北京保利	2021-09-26
1989年贵州茅台酒		83,423	北京保利	2021-01-16
2012年产飞天牌贵州茅台酒		82,800	北京荣宝	2021-06-19
2010年产"世博喜酒"贵州茅台酒		82,800	北京荣宝	2021-06-19
2018年产飞天牌5L装"贵州茅台酒荣获巴拿马国际金奖100周年纪念"(小批量勾兑珍藏版)		82,800	北京荣宝	2021-06-19
2011年产原封箱"金奖纪念"贵州茅台酒		82,800	北京荣宝	2021-06-19
2010年贵州茅台酒		82,800	永乐拍卖	2021-05-22
2010年产龙纹珍品贵州茅台酒(原封箱)		82,800	中鸿信	2021-07-15
2011年产飞天牌贵州茅台酒		82,800	中鸿信	2021-07-15
2001年产飞天牌"珍品"贵州茅台酒		80,500	北京荣宝	2021-06-19
2015年产飞天牌5L装"荣获巴拿马国际金奖一百周年纪念贵州茅台酒"(小批量勾兑珍藏版)		80,500	北京荣宝	2021-06-19
2013年贵州茅台酒(金奖百年/原箱)		80,500	华艺国际	2021-03-30
1981年产全棉纸五星牌三大革命茅台酒 1瓶	540ml/瓶	80,500	中国嘉德	2021-05-18
2020年贵州茅台酒(燕京八景)		80,500	永乐拍卖	2021-05-22
2013年贵州茅台酒(百年金奖/原箱)		80,500	华艺国际	2021-06-03
2001年贵州茅台酒(3瓶组合)		80,500	北京保利	2021-06-07
2017年产飞天牌金桂叶贵州茅台酒		80,500	中鸿信	2021-07-15
1996年 贵州茅台酒 珍品(白皮)	重992g; 962g; 993g; 965g	80,500	上海嘉禾	2021-07-22
2000年 贵州茅台酒	重1728g; 1090g	80,500	上海嘉禾	2021-07-22
2010年 贵州茅台酒 飞天(巴拿马金奖纪念)(原箱)		80,500	上海嘉禾	2021-07-22
2020年茅台酒 燕京八景		80,500	西泠印社	2021-07-23
2018年茅台酒 茅台文化研究会会员		80,500	西泠印社	2021-07-23
2002年 贵州茅台酒"浆色"		79,350	上海嘉禾	2021-07-22
1997年产飞天牌贵州茅台酒 Kweichow Flying Fairy Moutai 1997(6 BT50)		79,031	香港苏富比	2021-04-18
2017年产原箱国酒茅台香港之友协会专用茅台酒(紫茅) Kweichow Moutai HK Friends Of Moutai Special Edition 2017(6 BT50)		79,031	香港苏富比	2021-04-18
2014年产"珍藏版圆梦中国"贵州茅台酒		78,200	北京荣宝	2021-06-19
贵州茅台酒生肖纪念酒8瓶组合		78,200	永乐拍卖	2021-05-22
2012年产百年巨匠张大千50年特制陈酿茅台酒		78,200	朵云轩	2021-07-07
2007年产陈年贵州茅台酒"15年"		78,200	中鸿信	2021-07-15
2006年贵州茅台酒(原箱/375ml)		77,050	华艺国际	2021-03-30
2013年贵州茅台酒		77,050	北京保利	2021-06-07
2016年产飞天牌"百年金奖辉煌"贵州茅台酒		75,900	北京荣宝	2021-06-19
1980年产三大革命茅台酒		75,900	朵云轩	2021-07-07
1981年产三大革命茅台酒		75,900	朵云轩	2021-07-07
1982年产三大革命茅台酒		75,900	朵云轩	2021-07-07
1996年贵州茅台酒(铁盖)		75,900	北京保利	2021-09-26
2003年产飞天牌"珍品"贵州茅台酒(木珍)		74,750	北京荣宝	2021-06-19
1990年产飞天牌"珍品"贵州茅台酒		74,750	北京荣宝	2021-06-19
2008年产陈年贵州茅台酒"15年"		74,750	北京荣宝	2021-06-19
2012年产"百年巨匠张大千"贵州茅台酒(50年陈酿)		74,750	北京荣宝	2021-06-19
2016年产飞天牌"贵州特需商品"贵州茅台酒		74,750	北京荣宝	2021-06-19
2000~2002年贵州茅台酒		74,750	西泠印社	2021-01-14
2018年贵州茅台酒(澳门巴黎人)		74,750	西泠印社	2021-01-14
2003年贵州茅台酒		74,750	永乐拍卖	2021-05-22
2011年贵州茅台酒		74,750	永乐拍卖	2021-05-22
2010~2021年贵州茅台酒收藏12瓶组合		74,750	北京保利	2021-06-07
原箱2013年产1680茅台酒		74,750	朵云轩	2021-07-07
2012年产百年巨匠张大千50年特制陈酿茅台酒		74,750	朵云轩	2021-07-07
1999年 贵州茅台酒 珍品	重1005g; 991g; 990g; 968g	74,750	上海嘉禾	2021-07-22
2008年 贵州茅台酒 飞天(原箱)		74,750	上海嘉禾	2021-07-22
2001年 贵州茅台酒 五星	重938g; 939g; 945g; 948g; 952g; 952g	74,750	上海嘉禾	2021-07-22
2018年产飞天牌百年金奖辉煌贵州茅台酒		71,300	中鸿信	2021-07-15
2001年产五星、飞天牌贵州茅台酒		70,150	北京荣宝	2021-06-19
2002年产五星、飞天牌贵州茅台酒		69,000	北京荣宝	2021-06-19
2004年产飞天牌"珍品"贵州茅台酒		69,000	北京荣宝	2021-06-19
2007年产飞天牌"盛世国藏"贵州茅台酒		69,000	北京荣宝	2021-06-19
2001年珍品贵州茅台酒		69,000	西泠印社	2021-01-14
2004年贵州茅台酒(原箱)		69,000	华艺国际	2021-03-30
2010年产原箱友谊使者茅台酒5瓶(1箱×5瓶)	500ml/瓶	69,000	中国嘉德	2021-05-18
2015年产茅台酒6瓶(1箱×6瓶)	500ml/瓶	69,000	中国嘉德	2021-05-18
2012年贵州茅台酒		69,000	永乐拍卖	2021-05-22
2017年贵州茅台酒(原箱)		69,000	北京保利	2021-06-07
盛世帝都茅台酒套装		69,000	朵云轩	2021-07-07
20世纪80年代产全棉纸地方国营茅台酒		69,000	中鸿信	2021-07-15
2000年产新世纪-白龙(珍藏品)贵州茅台酒		69,000	中鸿信	2021-07-15
2004年产飞天牌珍品贵州茅台酒		69,000	中鸿信	2021-07-15
2009年产陈年贵州茅台酒"15年"		69,000	中鸿信	2021-07-15
2014年产金奖纪念贵州茅台酒		69,000	中鸿信	2021-07-15
1991年 贵州茅台酒 珍品	重970g; 965g	69,000	上海嘉禾	2021-07-22
1992年 贵州茅台酒 珍品	重960g; 966g	69,000	上海嘉禾	2021-07-22
2001年贵州茅台酒(后三大事件纪念酒)3瓶组合		68,100	北京保利	2021-08-08
2010~2021年贵州茅台酒12瓶组合		68,100	北京保利	2021-08-08
2003年产五星牌贵州茅台酒		67,850	北京荣宝	2021-06-19
1986年产"珍品一七〇四"贵州茅台酒		67,850	北京荣宝	2021-06-19
1987年产"珍品方印"贵州茅台酒		66,700	北京荣宝	2021-06-19
2000年飞天牌贵州茅台酒		66,700	西泠印社	2021-01-14
2014年贵州茅台酒		66,700	永乐拍卖	2021-05-22
2015年贵州茅台酒		66,700	永乐拍卖	2021-05-22
2003年 贵州茅台酒	重950g; 940g; 941g; 935g; 955g; 939g	66,700	上海嘉禾	2021-07-22
2013年贵州茅台酒		65,550	永乐拍卖	2021-05-22
2001年贵州茅台酒(三大事件)		64,400	永乐拍卖	2021-05-22
2019年贵州茅台酒(原箱)		64,400	北京保利	2021-06-07
2001年产飞天牌"珍品"贵州茅台酒		63,250	北京荣宝	2021-06-19
2006年产陈年贵州茅台酒"15年"		63,250	北京荣宝	2021-06-19
2002年产"千年吉祥珍品"贵州茅台酒		63,250	北京荣宝	2021-06-19
2000年五星牌贵州茅台酒		63,250	西泠印社	2021-01-14
2020年贵州茅台酒(燕京八景)		63,250	西泠印社	2021-01-14
2013年贵州茅台酒(紫砂金龙珍品/原箱)		63,250	华艺国际	2021-03-30
2009年产原箱世纪经典茅台酒6瓶/500ml(1箱×6瓶)		63,250	中国嘉德	2021-05-18
2011年产盛世帝都茅台酒4瓶(1箱×4瓶)	500ml/瓶	63,250	中国嘉德	2021-05-18
2017年贵州茅台酒		63,250	北京保利	2021-06-07
原箱2008年专卖店茅台酒		63,250	朵云轩	2021-07-07
2002年产飞天牌珍品贵州茅台酒		63,250	中鸿信	2021-07-15
2005年产飞天牌贵州茅台酒		63,250	中鸿信	2021-07-15
2007年产飞天牌公斤贵州茅台酒		63,250	中鸿信	2021-07-15
2020年产五星牌原封箱"红星闪烁"贵州茅台酒		62,100	北京荣宝	2021-06-19
2008年贵州茅台酒(金奖纪念/原箱)		59,800	华艺国际	2021-03-30
2016年贵州茅台酒		58,650	永乐拍卖	2021-05-22
2004年产飞天牌贵州茅台酒		57,500	北京荣宝	2021-06-19
2015年产五星牌原封箱"纪念中国人民抗日战争暨世界反法西斯战争胜利70周年"贵州茅台酒		57,500	北京荣宝	2021-06-19
2005年产"1915荣获巴拿马博览会金奖90周年纪念"贵州茅台酒		57,500	北京荣宝	2021-06-19
2019年产飞天牌"免税"贵州茅台酒(小批量勾兑 法国卡慕独家经销)		57,500	北京荣宝	2021-06-19
2017年产飞天牌"孔子纪念"贵州茅台酒		57,500	北京荣宝	2021-06-19
2018年产飞天牌原封箱"鼎"贵州茅台酒		57,500	北京荣宝	2021-06-19
2017年产原封箱飞天牌贵州茅台酒"金"		57,500	北京荣宝	2021-06-19

拍品名称	物品尺寸	成交价RMB	拍卖公司	拍卖日期
2002年飞天牌茅台酒		57,500	西泠印社	2021-01-14
2012年贵州茅台酒(九龙墨宝15年陈酿)		57,500	西泠印社	2021-01-14
2018年贵州茅台酒原箱		57,500	西泠印社	2021-01-14
2013年贵州茅台酒(红贵宾)原箱		57,500	西泠印社	2021-01-14
2016~2017年贵州茅台酒(彩色茅台)		57,500	华艺国际	2021-03-30
2009~2014年"飞天牌"贵州茅台酒(1L)		57,500	永乐拍卖	2021-05-22
原箱2012年产"敬献—代名将许世友"珍藏茅台酒		57,500	朵云轩	2021-07-07
2006年产飞天、五星牌贵州茅台酒		57,500	中鸿信	2021-07-15
2015年产飞天牌贵州茅台酒(原封箱)		57,500	中鸿信	2021-07-15
2016年产飞天牌贵州茅台酒"金"		57,500	中鸿信	2021-07-15
2017年产飞天牌中国–亚欧博览会贵州茅台酒(原封箱)		57,500	中鸿信	2021-07-15
2018年产五星牌国酒茅台文化研究会庆功酒贵州茅台酒		57,500	中鸿信	2021-07-15
2005年 贵州茅台酒	重950g; 939g; 938g; 946g; 953g; 962g	57,500	上海嘉禾	2021-07-22
1981年三大革命茅台酒		57,500	西泠印社	2021-07-23
2009年茅台酒 ZYJWBGT		57,500	西泠印社	2021-07-23
贵州茅台酒(茅台文化研究会会员)6瓶组合		57,500	北京保利	2021-09-26
2004年产五星牌贵州茅台酒		54,050	北京荣宝	2021-06-19
2020年贵州茅台酒		54,050	北京保利	2021-09-26
1987年贵州茅台酒(金属盖)与观山礼盒		53,345	北京保利	2021-08-08
2005年产五星牌贵州茅台酒		52,900	北京荣宝	2021-06-19
1992~1996年产五星、飞天牌"铁盖"贵州茅台酒(43度)		52,900	北京荣宝	2021-06-19
2019年贵州茅台酒		52,900	北京保利	2021-06-07
2020年贵州茅台酒(原箱)		52,900	北京保利	2021-06-07
2006年 贵州茅台酒	重958g; 940g; 948g; 936g; 939g; 945g	52,900	上海嘉禾	2021-07-22
1997年产飞天牌贵州茅台酒 Kweichow Flying Fairy Moutai 1997(4 BT50)		52,688	香港苏富比	2021-04-18
2006年产飞天牌贵州茅台酒		51,750	北京荣宝	2021-06-19
2003年飞天牌茅台酒		51,750	西泠印社	2021-01-14
2019年贵州茅台酒(1680)		51,750	西泠印社	2021-01-14
2008年 贵州茅台酒	重945g; 939g; 940g; 941g; 946g; 938g	51,750	上海嘉禾	2021-07-22
2001、2008年茅台酒		51,750	西泠印社	2021-07-23
贵州茅台酒"走进"系列纪念酒4瓶组合	750ml/瓶	50,508	北京保利	2021-08-08
2010~2019年产飞天牌贵州茅台酒一组		49,450	北京荣宝	2021-06-19
2007年 贵州茅台酒	重950g; 952g; 951g; 954g; 949g; 945g	49,450	上海嘉禾	2021-07-22
2006年茅台酒 庆典专用		48,300	西泠印社	2021-07-23
贵州茅台酒走进系列750ml四瓶组合		48,300	北京保利	2021-09-26
2007年产飞天牌贵州茅台酒		46,000	北京荣宝	2021-06-19
2005年飞天牌茅台酒		46,000	西泠印社	2021-01-14
2002~2005年贵州茅台酒(15年)		46,000	华艺国际	2021-06-03
原箱2008年产贵州茅台酒		46,000	朵云轩	2021-07-07
1998年产飞天牌珍品贵州茅台酒(出厂原封箱)		46,000	中鸿信	2021-07-15
2017年茅台酒 外交人员免税店		46,000	西泠印社	2021-07-23
2013年贵州茅台酒(原箱)		46,000	北京保利	2021-09-26
2008年产飞天牌贵州茅台酒		44,850	北京荣宝	2021-06-19
2019年产飞天牌贵州茅台酒 Kweichow Flying Fairy Moutai 2019 (12 BT50)		44,258	香港苏富比	2021-04-18
1999年产飞天牌陈年贵州茅台酒"50年"(世博会特制)		43,700	北京荣宝	2021-06-19
2011年贵州茅台酒(光辉历程)		43,700	西泠印社	2021-01-14
2018年贵州茅台酒(第八届酒类博览会纪念)		43,700	西泠印社	2021-01-14
2020年"飞天牌"贵州茅台酒(1L)		43,700	永乐拍卖	2021-05-22
(丙申猴年)茅台纪念酒(原箱)		43,700	北京保利	2021-06-07
2013年贵州茅台酒		43,700	北京保利	2021-06-07
2009年产飞天牌贵州茅台酒		41,400	北京荣宝	2021-06-19
1998产飞天牌"珍品"贵州茅台酒(大漆盒)		41,400	北京荣宝	2021-06-19
2012年五星牌产"百年巨匠张大千"贵州茅台酒(15年特酿)		41,400	北京荣宝	2021-06-19
2021年茅台陈年酒(15年)(原箱)		41,400	北京保利	2021-06-07

拍品名称	物品尺寸	成交价RMB	拍卖公司	拍卖日期
2014年贵州茅台酒(原箱)		41,400	北京保利	2021-09-26
2016年贵州茅台酒(贵州特需原箱)		40,860	北京保利	2021-08-08
2017年贵州茅台酒(圆梦中国)		40,250	西泠印社	2021-01-14
(丁酉鸡年)茅台纪念酒(原箱)		40,250	北京保利	2021-06-07
2016年贵州茅台酒(金桂叶2.5L)		40,250	北京保利	2021-06-07
2007年产飞天牌高尔夫会员酒		40,250	中鸿信	2021-07-15
2016~2021年贵州茅台酒生肖纪念酒6瓶组合		39,158	北京保利	2021-08-08
2010年产飞天牌贵州茅台酒		39,100	北京荣宝	2021-06-19
贵州茅台酒"走进"系列6瓶组合	375ml/瓶	38,755	北京保利	2021-09-26
2000年贵州茅台酒(15年)		37,950	华艺国际	2021-03-30
2017年产五星牌鸡年生肖贵州茅台酒(原封箱)		37,950	中鸿信	2021-07-15
2019年产五星牌猪年生肖贵州茅台酒(原封箱)		37,950	中鸿信	2021-07-15
2021年茅台员工品鉴酒		37,950	南京经典	2021-07-18
2016年贵州茅台酒(原箱)		37,950	北京保利	2021-09-26
1996年贵州茅台酒(塑料盖)		37,909	北京保利	2021-01-16
2018~2019年贵州茅台酒("走进"系列)6瓶组合	375ml/瓶	37,375	北京保利	2021-06-07
2017年贵州茅台酒(梅兰竹菊)		36,800	西泠印社	2021-01-14
2017年贵州茅台酒(范曾大师80寿辰纪念)		36,800	西泠印社	2021-01-14
2019年贵州茅台酒(百年金奖辉煌)		36,800	西泠印社	2021-01-14
2019年"走进"系列贵州茅台酒(750ml*4)		36,800	永乐拍卖	2021-05-22
(丙申猴年)茅台纪念酒(原箱)		36,800	永乐拍卖	2021-05-22
(辛丑牛年)茅台纪念酒(原箱)		36,800	北京保利	2021-06-07
2000年产飞天牌珍品贵州茅台酒(木珍)		36,800	中鸿信	2021-07-15
1984年地方国营茅台		36,800	南京经典	2021-07-18
2014年贵州茅台酒(原箱)		36,320	北京保利	2021-01-16
2020年"飞天牌"贵州茅台酒3L装		35,650	北京保利	2021-06-07
(乙亥猪年)贵州茅台酒(原箱)		35,650	北京保利	2021-09-26
2011年产飞天牌贵州茅台酒		34,500	北京荣宝	2021-06-19
2000年产陈年贵州茅台酒"15年"		34,500	北京荣宝	2021-06-19
2018~2019年"走进"系列贵州茅台酒6瓶	375ml/瓶	34,500	永乐拍卖	2021-05-22
(辛丑牛年)茅台纪念酒(原箱)		34,500	永乐拍卖	2021-05-22
(戊戌狗年)茅台纪念酒(原箱)		34,500	北京保利	2021-06-07
(庚子鼠年)茅台纪念酒(原箱)		34,500	北京保利	2021-06-07
贵州茅台酒(茅台日纪念)2瓶组合		34,500	北京保利	2021-06-07
2013年贵州茅台酒		34,500	北京保利	2021-06-07
2019年产"一带一路"走进六国		34,500	朵云轩	2021-07-07
2019年产"一带一路"走进四国		34,500	朵云轩	2021-07-07
2009年产满天星1680贵州茅台酒		34,500	中鸿信	2021-07-15
2011年产飞天牌贵州茅台酒(上海世博会唯一指定用酒)		34,500	中鸿信	2021-07-15
2020年茅台酒 玫瑰金(原箱)		34,500	西泠印社	2021-07-23
(庚子鼠年)贵州茅台酒(原箱)		34,500	北京保利	2021-09-26
(辛丑牛年)贵州茅台酒(原箱)		34,500	北京保利	2021-09-26
2012年中国体育代表团庆功酒(原箱)		34,050	北京保利	2021-01-16
(丁酉鸡年)茅台纪念酒(原箱)		33,350	永乐拍卖	2021-05-22
2018年贵州茅台酒(红星闪烁)原箱		32,200	西泠印社	2021-01-14
贵州茅台酒(1949.10.01–2019.10.01)		32,200	北京保利	2021-06-07
2003年产五星牌贵州茅台酒(43度)		31,050	北京荣宝	2021-06-19
(戊戌狗年)茅台纪念酒(原箱)		31,050	永乐拍卖	2021-05-22
(己亥猪年)茅台纪念酒(原箱)		31,050	永乐拍卖	2021-05-22
2021年贵州茅台酒(精品)(原箱)		31,050	北京保利	2021-06-07
(庚子鼠年)茅台纪念酒(原箱)		29,900	永乐拍卖	2021-05-22
贵州茅台酒(1949.10.01—2019.10.01)		29,900	北京保利	2021-09-26
(己亥猪年)茅台纪念酒(原箱)		28,750	北京保利	2021-06-07
2011年产神州酒(原封箱)		28,750	中鸿信	2021-07-15
2006、2005年茅台15、30年陈酿		28,750	南京经典	2021-07-18
2020年贵州茅台酒(原箱)		28,750	北京保利	2021-09-26
2020年贵州茅台酒(茅台文化研究会会员)(原箱)		28,375	北京保利	2021-01-16
1998年产五星牌贵州茅台酒 Kweichow Five Star Moutai 1998(2 BT50)		27,398	香港苏富比	2021-04-18
1997年产五星牌贵州茅台酒 Kweichow Five Star Moutai 1997(2 BT50)		27,398	香港苏富比	2021-04-18
2008年贵州茅台酒陈年酒(茅台30)		25,875	北京保利	2021-09-26
2017年贵州茅台酒(遵义茅台机场纪念)		25,300	西泠印社	2021-01-14
2006年贵州茅台酒(1680典藏)		25,300	永乐拍卖	2021-05-22
2010年贵州茅台酒		25,300	永乐拍卖	2021-05-22
2012年贵州茅台酒		25,300	永乐拍卖	2021-05-22

2021杂项拍卖成交汇总(续表)

(成交价RMB：1万元以上)

拍品名称	物品尺寸	成交价RMB	拍卖公司	拍卖日期
1998年产贵州茅台酒 Kweichow Moutai 1998 (2 BT50)		25,290	香港苏富比	2021-04-18
(庚子鼠年)贵州茅台酒(原箱)		24,970	北京保利	2021-01-16
2001年贵州茅台酒(祝贺男足进入世界杯决赛圈)		24,150	北京保利	2021-09-26
(乙未羊年)贵州茅台酒与观山礼盒		23,835	北京保利	2021-01-16
2012年贵州茅台酒陈年酒(茅台30)		23,575	北京保利	2021-09-26
2014年贵州茅台酒(茅台30)年份酒		23,268	北京保利	2021-08-08
2020年"飞天牌"贵州茅台酒(3L)		23,000	永乐拍卖	2021-05-22
2014年贵州茅台酒		23,000	北京保利	2021-09-26
2017年贵州茅台酒(茅台纪念日700ml)		23,000	北京保利	2021-09-26
(己亥猪年)贵州茅台酒(原箱)		22,700	北京保利	2021-01-16
2011年贵州茅台酒		20,700	永乐拍卖	2021-05-22
2018年贵州茅台酒(茅台陈酿)		20,700	永乐拍卖	2021-05-22
2014年贵州茅台酒		20,700	北京保利	2021-06-07
2019年产原箱钓鱼台(福)		20,700	中鸿信	2021-07-15
2013年贵州茅台酒		19,320	北京保利	2021-09-26
2014年巴拿马金奖百年纪念茅台		18,400	南京经典	2021-07-18
2012年贵州茅台酒		18,400	北京保利	2021-09-26
1999年产"特制红旗五粮液祖国万岁"2瓶(限量生产5000瓶)	500ml/瓶	230,000	北京荣宝	2021-06-19
五粮液 艺术珍品 1瓶	3000ml	97,750	西泠印社	2021-07-23
2009年 十七大名酒礼盒		97,750	西泠印社	2021-07-23
极稀有五粮液组合 1977年长江大桥标、1981年交杯标、1986年优质标、1987年优质标、1989年出口装、1990年麦穗标产		82,800	永乐拍卖	2021-05-20
20世纪90年代萝卜瓶五粮液		74,750	中鸿信	2021-07-15
1988~1990年五粮液(萝卜瓶双圈)		71,300	西泠印社	2021-01-14
1991年五粮液(萝卜瓶单圈)		63,250	西泠印社	2021-01-14
20世纪90年代萝卜瓶五粮液		57,500	中鸿信	2021-07-15
2001年 原箱五粮液		43,700	永乐拍卖	2021-05-20
1997年 五粮液 长城塑盖(原箱)		40,250	西泠印社	2021-07-23
1997年五粮液(长城塑盖)		34,500	西泠印社	2021-01-14
2009~2015年 原箱五粮液10年		34,500	永乐拍卖	2021-05-20
2011年产五粮液酒		34,500	中鸿信	2021-07-15
20世纪80年代交杯五粮液		34,500	南京经典	2021-07-18
20世纪80年代交杯五粮液		23,000	南京经典	2021-07-18
20世纪70年代出口长江大桥五粮液		20,700	南京经典	2021-07-18
20世纪80~90年代 山西汾酒		103,500	永乐拍卖	2021-05-20
1985~1987年 汾酒 小盖 30瓶		74,750	西泠印社	2021-07-23
1994年 原箱汾酒		69,000	永乐拍卖	2021-05-20
1988~1989年 汾酒 大盖		63,250	西泠印社	2021-07-23
20世纪80年代 早期小盖汾酒		28,750	永乐拍卖	2021-05-20
1985~1987年汾酒		25,300	西泠印社	2021-01-14
90年代 山西汾酒		25,300	永乐拍卖	2021-05-20
1997年 原箱特制老白汾酒		23,000	永乐拍卖	2021-05-20
1992~1993年汾酒竹叶青礼盒		23,000	西泠印社	2021-07-23
1987年 洋河大曲 20瓶	500ml/瓶	87,400	永乐拍卖	2021-05-20
20世纪70年代敦煌牌特优洋河大曲		26,450	南京经典	2021-07-18
2000年美人瓶洋河大曲		23,000	南京经典	2021-07-18
1989年 原箱出口装 泸州老窖大曲酒		92,000	永乐拍卖	2021-05-20
2019年 国台酒·中华龙 2樽	25L/樽	218,500	永乐拍卖	2021-05-20
1987~1990年 董酒 白标铁盖 10瓶	500ml/瓶	149,500	西泠印社	2021-07-23
1987年 双沟大曲酒		87,400	永乐拍卖	2021-05-20
1993~1998年郎酒		80,500	华艺国际	2021-03-30
20世纪80年代董酒(白标)		80,500	华艺国际	2021-03-30
1997~1998年郎酒		80,500	华艺国际	2021-06-03
1996年 原箱铁盖郎酒		78,200	永乐拍卖	2021-05-20
2000年 原箱陈年郎酒20年(文房四宝)		71,300	永乐拍卖	2021-05-20
2000年产陈酿郎酒20年(文房四宝)		69,000	中鸿信	2021-07-15
20世纪90年代董酒(红标)		63,250	华艺国际	2021-03-30
1984年金门特级高粱酒(白金龙)		55,200	华艺国际	2021-06-03
1997年青花瓷董酒(陈年老窖2原箱)		51,750	西泠印社	2021-01-14
1992年习水大曲(原箱)		51,750	华艺国际	2021-03-30
20世纪90年代鸭溪窖(原箱)		51,750	华艺国际	2021-03-30
1992年飞天牌鸭溪窖(原箱)		51,750	华艺国际	2021-06-03
1998年产全兴大曲、扁瓶礼品盒(中国名酒)		51,750	中鸿信	2021-07-15
1993年 原箱燕岭春(特制酒酱香)		48,300	永乐拍卖	2021-05-20
20世纪70年代金门特级高粱酒(铝盖/白金龙)		48,300	华艺国际	2021-06-03
1988年、1993年产飞天湄窖(2箱)		46,000	中鸿信	2021-07-15
1994年产原箱燕岭春(特制酒)(酱香)		46,000	中鸿信	2021-07-15
20世纪80~90年代产山西汾酒(白瓷瓶)		46,000	中鸿信	2021-07-15
1991~1995年 西凤酒		46,000	西泠印社	2021-07-23
中国名酒纪念珍藏酒		43,700	北京保利	2021-06-07
1989年 原箱北京特产 中都大曲		41,400	永乐拍卖	2021-05-20
20世纪90年代郎酒		40,250	西泠印社	2021-07-23
1993年郎酒		36,800	西泠印社	2021-01-14
20世纪90年代 珍酒		36,800	永乐拍卖	2021-05-20
1996年 原箱北京燕东铭二锅头		36,800	永乐拍卖	2021-05-20
1991~1993年剑南春		36,800	西泠印社	2021-07-23
1993年湄窖(原箱)		34,500	华艺国际	2021-03-30
2019年 原箱钓鱼台(福)		34,500	永乐拍卖	2021-05-20
1994年 剑南春		34,500	西泠印社	2021-07-23
1995年郎酒(黑标)		32,200	西泠印社	2021-01-14
仿故宫藏品系列		32,200	华艺国际	2021-06-03
国窖·1573典藏纪念酒		32,200	北京保利	2021-06-07
2002年铁盖郎酒		32,200	南京经典	2021-07-18
2006年 北京红星二锅头		29,900	永乐拍卖	2021-05-20
1995年绍兴烧酒(原箱未开封)		27,600	华艺国际	2021-06-03
1994年竹叶青酒(玻璃瓶/原箱未开封)		27,600	华艺国际	2021-06-03
1995年 玫瑰露酒(原箱未开封)		27,600	华艺国际	2021-06-03
1999年产酒鬼酒 无上妙品		25,300	中鸿信	2021-07-15
1996年 全兴大曲 金盖		25,300	西泠印社	2021-07-23
1982年金门高粱山水寿酒		24,840	华艺国际	2021-06-03
1992年金门特级高粱酒(金膜/白金龙)		24,150	华艺国际	2021-06-03
1983年双鹿牌五加皮		24,150	华艺国际	2021-06-03
1997年 原箱北京龙凤二锅头		23,000	永乐拍卖	2021-05-20
1994年竹叶青酒(瓷瓶)		23,000	华艺国际	2021-06-03
1983年 郎酒 大字郎		23,000	西泠印社	2021-07-23
金门高粱节日酒(春节)		20,700	华艺国际	2021-06-03
金门高粱节日酒(秋节)		20,700	华艺国际	2021-06-03
金门高粱节日酒(端节)		20,700	华艺国际	2021-06-03
约20世纪80年代末福建龙岩沉缸酒(瓷瓶)		20,700	华艺国际	2021-06-03
1997年产原箱北京龙凤二锅头		20,700	中鸿信	2021-07-15
1995年金门高粱(老白干)		18,400	华艺国际	2021-06-03
仿官窑藏品系列		18,400	华艺国际	2021-06-03
2010年产陈年习酒(6年)原封箱		18,400	中鸿信	2021-07-15
1987年 原箱凤凰牌西凤酒		78,200	永乐拍卖	2021-05-20
1991~1995年西凤酒		32,200	西泠印社	2021-01-14
1994年西凤酒		18,400	华艺国际	2021-03-30
盛世龙脉国台生肖文化酒·牛世长宏		920,000	北京保利	2021-12-05
20世纪90年代产古越龙山绍兴花雕酒(嫦娥奔月图)1坛	重25000g	69,000	北京荣宝	2021-06-19
20世纪80~90年代产"出口装塔牌"绍兴花雕酒(西厢记图)		69,000	北京荣宝	2021-06-19
20世纪90年代古越龙山绍兴花雕酒(仙女图)		69,000	中鸿信	2021-07-15
1999年产古越龙山"十二生肖"绍兴花雕酒(2箱)		57,500	北京荣宝	2021-06-19
1997年古越龙山专用绍兴花雕酒(松鹤图)		46,000	中鸿信	2021-07-15
1995年产"沈永和牌"绍兴花雕酒(牡丹仙子 寿星 献寿 貂蝉拜月 吹笙图 梅妃待花图)		41,400	北京荣宝	2021-06-19
90年代产古越龙山"99世博会国礼"绍兴花雕酒(仙女图)		36,800	北京荣宝	2021-06-19
1999年产古越龙山"长颈兽首瓶"绍兴花雕酒(献寿 散花 奔月 湘云 飞天 咏梅图)		34,500	北京荣宝	2021-06-19
20世纪90年代沈永和牌绍兴花雕酒(人物图案)		34,500	中鸿信	2021-07-15
1996年古越龙山珍品绍兴花雕酒硬顶(6种图案)		34,500	中鸿信	2021-07-15
1998年产古越龙山绍兴花雕酒(献寿 散花 奔月 湘云 寿星 咏梅图)		29,900	北京荣宝	2021-06-19
1998年古越龙山专用绍兴花雕酒仿硬顶(红楼梦)		28,750	中鸿信	2021-07-15
20世纪90年代产东风酒厂长颈双耳绍兴花雕酒(人物图案)		27,600	中鸿信	2021-07-15
20世纪70~80年代产"塔牌 沈永和牌"加饭酒		23,000	北京荣宝	2021-06-19
1988年产"咸亨酒店"绍兴花雕酒(太白醉酒图)		23,000	北京荣宝	2021-06-19
1987年产古越龙山"一九八七年酿造"绍兴花雕酒(寿星图)		23,000	北京荣宝	2021-06-19
20世纪90年代 古越龙山 绍兴花雕酒(麻姑)		23,000	永乐拍卖	2021-05-20
20世纪90年代古越龙山绍兴花雕酒(麻姑)		23,000	中鸿信	2021-07-15
20世纪80~90年代产"东风酒厂长颈瓶"绍兴花雕酒(人物图)		20,700	北京荣宝	2021-06-19
20世纪90年代产天坛牌绍兴花雕酒(海外回流)		20,700	中鸿信	2021-07-15

（成交价RMB：1万元以上）

拍品名称	物品尺寸	成交价RMB	拍卖公司	拍卖日期
20世纪90年代产出口装绍兴老酒8年陈（2箱）		18,400	北京荣宝	2021-06-19
20世纪90年代产出口装绍兴老酒8年陈（2箱）		18,400	中鸿信	2021-07-15
小磨坊1990整桶单一麦芽威士忌		7,475,000	中贸圣佳	2021-12-30
轻井泽 Karuizawa 1960–52年 根付"Treasure Ship 宝船"	700ml	5,980,000	太平洋	2021-12-11
轻井沢1960–52单一麦芽威士忌1支	700ml	4,600,000	中国嘉德	2021-12-11
格兰帝1991整桶单一麦芽威士忌		4,140,000	中贸圣佳	2021-12-30
一组轻井泽能系列威士忌		1,820,880	保利香港	2021-04-24
麦卡伦 18年 vintage 系列		1,472,000	保利厦门	2021-11-04
木桐古堡大瓶装（6升）1988~2005年份 18支		1,150,000	中国嘉德	2021-12-11
麦卡伦72年 1支	700ml	1,150,000	永乐拍卖	2021-05-22
高登&麦克菲尔装瓶：斯佩默麦卡伦1938、1940、1950、1968、1971、1988年单一麦芽威士忌（各1支）6支	700ml/支	977,500	中国嘉德	2021-05-21
麦卡伦78年		977,500	永乐拍卖	2021-05-22
轻井沢1963–50年单一麦芽威士忌		816,500	永乐拍卖	2021-12-03
帕图斯1966~1980年份垂直 25瓶	750ml/瓶	805,000	华艺国际	2021-12-11
轻井沢富岳三十六景（26景一组）		793,500	华艺国际	2021-12-11
轻井泽The Malt Maniacs Awards金奖得主系列(10瓶)		790,313	香港苏富比	2021-04-18
麦卡伦 璀璨 62年		747,500	保利厦门	2021-11-04
轻井沢大乱斗礼盒版1套3支 全景1986、1987各1支		747,500	永乐拍卖	2021-12-03
麦卡伦62年璀璨		719,196	保利香港	2021-12-02
轻井沢1963–50年		713,000	华艺国际	2021-06-03
波摩1964–50年艾雷岛单一麦芽威士忌 1支	700ml	690,000	中国嘉德	2021-05-21
帕图斯1990~1999年份垂直	750ml/瓶	609,500	华艺国际	2021-12-11
拉菲古堡1982年份 6瓶	750ml/瓶	598,000	中国嘉德	2021-05-18
羽生扑克牌【大王】【小王】单一麦芽威士忌 2支		586,500	中贸圣佳	2021-12-30
高登&麦克菲尔装瓶：格兰威特1943年苏格兰斯佩塞单一麦芽威士忌1支	700ml	575,000	中国嘉德	2021-12-11
麦卡伦1949~2000千禧50年单一麦芽威士忌 1支	700ml	575,000	中国嘉德	2021-12-11
麦卡伦1950–67年单桶单一麦芽威士忌 1支	700ml	575,000	中国嘉德	2021-12-11
帕图斯1981~1989年份垂直		540,500	华艺国际	2021-12-11
山崎蒸馏所 Yamazaki 1979 Mizunara Oak 水楢桶 #RF1037	700ml	517,500	太平洋	2021-12-11
格兰威特1943–70年 1瓶	700ml	517,500	华艺国际	2021-03-30
波摩1961–50年艾雷岛单一麦芽威士忌 1支	700ml	517,500	中国嘉德	2021-05-21
罗曼尼·康帝酒庄套装1997年份 12支	750ml/瓶	517,500	中国嘉德	2021-12-11
轻井沢一绳缚艺术系列 4瓶	700ml/瓶	506,000	华艺国际	2021-03-30
拉菲古堡2016年份 60支	750ml/瓶	506,000	中国嘉德	2021-05-18
轻井沢黑命之水50年单一麦芽威士忌		506,000	永乐拍卖	2021-12-03
轻井沢繁花艺伎套装（各一支）8支	700ml/支	483,000	中国嘉德	2021-05-21
轻井沢1965年单桶单一麦芽威士忌 1支	700ml	483,000	中国嘉德	2021-05-21
轻井沢歌川国贞芳浮世绘艺伎1981–35年单桶单一麦芽威士忌（各一支）4支 700ml		460,000	中国嘉德	2021-12-11
高登&麦克菲尔装瓶：朗摩1961年双胞胎桶单一麦芽威士忌套装（各一支）2支	700ml/支	448,500	中国嘉德	2021-05-21
山崎蒸馏所 Yamazaki 1979 Mizunara Oak 水楢桶 #RF1013		437,000	太平洋	2021-12-11
轻井泽之水50年单一麦芽威士忌一支		437,000	中贸圣佳	2021-12-30
轻井沢1965—50年—似水流年		437,000	华艺国际	2021-03-30
波特艾伦甄选限量1–13版艾雷岛单一麦芽威士忌（各一支）13支	700ml/支	437,000	中国嘉德	2021-05-21
高登&麦克菲尔装瓶：理查德德德·帕特森签名版麦克菲尔1949年单一麦芽威士忌 1支	700ml	437,000	中国嘉德	2021-05-21
罗曼尼康帝特级园 2005 2瓶	750ml/瓶	425,500	华艺国际	2021-12-11
轻井沢1968–50年 黑命之水		423,200	华艺国际	2021-12-11
木桐古堡2018年份 30支	750ml/支	414,000	中国嘉德	2021-05-18
罗曼尼·康帝2009 2瓶	750ml/瓶	414,000	华艺国际	2021-06-03
轻井沢1965		414,000	十竹斋拍卖（北京）	2021-04-25
高登&麦克菲尔装瓶：斯特拉塞斯拉1953、1954、1957、1963、1969、1970年斯佩塞单一麦芽威士忌（各1支）6支	700ml	414,000	中国嘉德	2021-05-21
轻井沢富岳三十六景1–10景单一麦芽威士忌（共10支）10支 700ml		414,000	中国嘉德	2021-12-11
罗曼尼·康帝2004（1.5L）		408,250	华艺国际	2021-06-03
罗曼尼·康帝 拉塔希1998		405,950	华艺国际	2021-06-03
最后一滴格兰路思1968、1969、1970单一麦芽威士忌（各1支）3支	700ml/支	402,500	中国嘉德	2021-12-11
罗曼尼·康帝酒庄套装2011年份 6支	750ml/支	402,500	中国嘉德	2021-05-18
轻井沢1965似水流年单一麦芽威士忌		402,500	永乐拍卖	2021-05-22
轻井沢蓝艺伎、金艺伎40年单一麦芽威士忌（各1支）2支	700ml	402,500	中国嘉德	2021-12-11
罗曼尼康帝 拉塔希1998		385,250	华艺国际	2021-06-03
乐桦80年代精选套装（各6支）30支	750ml/支	379,500	中国嘉德	2021-05-18
轻井沢1968—50年 黑命之水		379,500	华艺国际	2021-03-30
拉菲古堡2018年份 30支	750ml/支	368,000	中国嘉德	2021-05-18
木桐古堡2016年份 24支	750ml/支	368,000	中国嘉德	2021-05-18
轻井沢1965单桶单一麦芽威士忌1支 700ml		368,000	中国嘉德	2021-12-11
拉菲古堡2009年份 24支	750ml/支	356,500	中国嘉德	2021-05-18
波摩1966单一麦芽威士忌 1支	700ml	345,000	中贸圣佳	2021-12-30
侯伯王古堡2016年份 30支	750ml/支	345,000	中国嘉德	2021-05-18
轻井沢1964		345,000	十竹斋拍卖（北京）	2021-04-25
拉菲古堡2008年份 24支	750ml/支	345,000	中国嘉德	2021-05-18
麦卡伦40年2016年版		345,000	永乐拍卖	2021-05-22
拉菲古堡1982年份 6支750ml		345,000	中国嘉德	2021-12-11
轩尼诗全球限量珍藏6LXO（全球限量100支）		327,750	华艺国际	2021-03-30
罗曼尼·康帝酒庄拉塔希特级园干红2017年份 6支750ml		322,000	中国嘉德	2021-12-11
玛歌古堡2005年份 30支	750ml/支	310,500	中国嘉德	2021-05-18
拉菲珍宝（小拉菲）2018年份全家福 一共75支（60支+12支+3支）		310,500	中国嘉德	2021-05-18
波尔多五大名庄 2011年份套装		310,500	永乐拍卖	2021-05-20
木桐古堡2000年份 12支750ml		310,500	中国嘉德	2021-12-11
木桐古堡2000年份 12支	750ml/支	299,000	中国嘉德	2021-05-18
木桐古堡1981~2015垂直年份套装36支	750ml/支	299,000	中国嘉德	2021-05-18
帝亚吉欧Prima & Ultima传世臻品系列第二版（共八支）8支	700ml/瓶	287,500	中国嘉德	2021-12-11
拉菲古堡2003年份 12支	750ml/支	287,500	中国嘉德	2021-05-18
拉菲古堡1999年份 30支	750ml/支	287,500	中国嘉德	2021-05-18
拉图古堡1982年份 6支	750ml/支	287,500	中国嘉德	2021-05-18
柏翠古堡大瓶装（1.5升）小垂直套装2014~2017年（各1支）4支	1500ml/支	287,500	中国嘉德	2021-05-18
柏翠古堡2006年份 12支	750ml/支	287,500	中国嘉德	2021-05-18
轻井沢白命水40年单桶单一麦芽威士忌 1支	750ml	287,500	中国嘉德	2021-05-21
高登&麦克菲尔装瓶：斯佩默麦卡伦1938年单一麦芽威士忌 1支	700ml	287,500	中国嘉德	2021-05-21
轻井沢繁花艺伎系列套装（共8支）8支	700ml/支	287,500	中国嘉德	2021-12-11
高登&麦克菲尔装瓶：朗摩1961年双胞胎桶单一麦芽威士忌套装（各一支）2支 700ml		287,500	中国嘉德	2021-12-11
轻井泽 Karuizawa 50 Year Old Sherry Cask #2372 1965（1 BT70）		284,513	香港苏富比	2021-04-18
格兰冠65/66/67年 3瓶	700ml/瓶	276,000	华艺国际	2021-03-30
木桐古堡2007年份 36支	750ml/支	276,000	中国嘉德	2021-05-18
格兰冠1965、1966、1967年		276,000	华艺国际	2021-06-03
柏翠古堡2018年份 6支750ml		276,000	中国嘉德	2021-12-11
山崎 Yamazaki–The Owner's Cask 1986–#6B0018		264,500	太平洋	2021-12-11
柏翠古堡2004年份 12支	750ml/支	264,500	中国嘉德	2021-05-18
阿曼·卢梭父子酒园香贝丹特级园红葡萄酒 2003年份 6支	750ml/支	253,000	中国嘉德	2021-12-11
卢米酒庄波内玛尔特级园红葡萄酒2002年份 6支	750ml/支	253,000	中国嘉德	2021-12-11
侯伯王古堡2005年份 12支	750ml/支	253,000	中国嘉德	2021-05-18
轻井沢花鸟绘系列2000年单桶麦芽威士忌套装（各一支）4支	700ml	253,000	中国嘉德	2021-05-21
人头马路易十三黑珍珠		253,000	华艺国际	2021-06-03
轻井沢繁花之都系列（第1–8版）		253,000	华艺国际	2021-06-03
罗曼尼·康帝 大艾瑟索特级园2007（连号原箱）		239,200	华艺国际	2021-06-03
罗曼尼·康帝酒庄李奇堡特级园干红2017年份 6支	750ml/瓶	230,000	中国嘉德	2021-12-11
人头马路易十三黑珍珠 1瓶	700ml	230,000	华艺国际	2021-03-30
侯伯王古堡2011年份 30支	750ml/支	230,000	中国嘉德	2021-05-18
罗曼尼·康帝 拉塔希1996		230,000	华艺国际	2021-06-03
罗曼尼·康帝 拉塔希1997		230,000	华艺国际	2021-06-03

2021杂项拍卖成交汇总(续表)

(成交价RMB：1万元以上)

拍品名称	物品尺寸	成交价RMB	拍卖公司	拍卖日期
轻井沢合战图1981-35年单一麦芽威士忌(各1支)2支	700ml	230,000	中国嘉德	2021-12-11
邓肯·泰勒装瓶:麦卡伦1989-30年单一麦芽威士忌(共12支)12支	700ml/支	230,000	中国嘉德	2021-12-11
拉菲古堡1982年份2支	750ml/支	218,500	中国嘉德	2021-12-11
玛歌古堡2015年份12支	750ml/支	218,500	中国嘉德	2021-05-18
山崎 Yamazaki- Vintage Malt 1984		218,500	太平洋	2021-12-11
Moon Import 风帆系列单一麦芽威士忌一套7支		218,500	中贸圣佳	2021-12-30
拉菲古堡2008年份24支750ml		218,500	中国嘉德	2021-12-11
伊曼纽尔·鲁热酒庄巴郎图沃恩罗曼尼一级园红葡萄酒2009年份6支	750ml/支	212,750	中国嘉德	2021-12-11
轻井泽1929年,1931年信浓屋限量版单一麦芽威士忌2支		207,000	中贸圣佳	2021-12-30
轻井沢双圈标1967-42年1瓶	700ml	207,000	华艺国际	2021-03-30
拉菲古堡2005年份12支	750ml/支	207,000	中国嘉德	2021-05-18
拉图古堡1998年份24支	750ml/支	207,000	中国嘉德	2021-05-18
木桐古堡1993年份30支	750ml/支	207,000	中国嘉德	2021-05-18
帕图斯2006(原箱)		207,000	华艺国际	2021-06-03
木桐古堡1996年份24支750ml		207,000	中国嘉德	2021-12-11
里鹏2002 6瓶	750ml/瓶	201,250	华艺国际	2021-06-03
罗曼尼·康帝 圣维凡特级园2003	750ml/支	201,250	华艺国际	2021-06-03
山崎 Yamazaki-The Owner's Cask 1986 Bar Barns		195,500	太平洋	2021-12-11
小磨坊43年至信典藏-地利版单一麦芽威士忌1支		195,500	中贸圣佳	2021-12-30
Moon Import日冕时序女神5支		195,500	中贸圣佳	2021-12-30
拉图古堡2009年份12支	750ml/支	195,500	中国嘉德	2021-05-18
拉图古堡2003年份12支	750ml/支	195,500	中国嘉德	2021-05-18
奥颂古堡2012年份24支	750ml/支	195,500	中国嘉德	2021-05-18
帕图斯2006	750ml	195,500	华艺国际	2021-06-03
拉菲古堡1996年份12支750ml		195,500	中国嘉德	2021-12-11
拉菲古堡1986年份12支750ml		195,500	中国嘉德	2021-12-11
罗曼尼·康帝 拉塔希特级园2004	750ml	193,200	华艺国际	2021-06-03
人头马路易十三(3L限量版)	3000ml	190,900	华艺国际	2021-06-03
罗曼尼·康帝 拉塔希1997	750ml	189,750	华艺国际	2021-06-03
侯伯王古堡2009年份12支	750ml/支	184,000	中国嘉德	2021-05-18
格兰帝2011整桶单一麦芽威士忌		184,000	中贸圣佳	2021-12-30
罗曼湖2007整桶单一麦芽威士忌		184,000	中贸圣佳	2021-12-30
拉菲古堡2018年份24支750ml		184,000	中国嘉德	2021-12-11
阿曼·卢梭父子酒园香贝坦贝兹特级园红葡萄酒2008年份6支750ml		184,000	中国嘉德	2021-12-11
波特艾伦1978-40年1瓶	700ml	181,700	华艺国际	2021-06-03
罗曼尼·康帝2006	750ml	181,700	华艺国际	2021-06-03
罗曼尼·康帝 拉塔希特级园2001	750ml	181,700	华艺国际	2021-06-03
乐桦罗曼尼圣维凡特级园1962 5瓶	750ml/支	174,800	华艺国际	2021-06-03
轻井泽Karuizawa 1969 圈标-#8183		172,500	太平洋	2021-12-11
轻井沢繁花之都系列(第1-8版)		172,500	华艺国际	2021-03-30
法国波尔多2008年份1855列级庄全套装61支	750ml/支	172,500	中国嘉德	2021-05-18
拉菲古堡2000年份6支	750ml/支	172,500	中国嘉德	2021-05-18
木桐古堡2011年份24支	750ml/支	172,500	中国嘉德	2021-05-18
木桐古堡1982年份6支	750ml/支	172,500	中国嘉德	2021-05-18
柏翠古堡满分套装2015+2016年份(各2支)4支	750ml/支	172,500	中国嘉德	2021-05-18
高登&麦克菲尔装瓶:格兰威特1954年单一麦芽威士忌1支	700ml	172,500	中国嘉德	2021-05-21
帕图斯2004	750ml	172,500	华艺国际	2021-06-03
拉菲古堡大瓶装(1.5L)2008年份6支1500ml		172,500	中国嘉德	2021-12-11
拉菲古堡2003年份12支750ml		172,500	中国嘉德	2021-12-11
高登&麦克菲尔装瓶:格兰威特套装1954/1963/1974/1980/1991单一麦芽威士忌(各1支)5支700ml		172,500	中国嘉德	2021-12-11
罗曼尼·康帝1985 1瓶	750ml	166,750	华艺国际	2021-06-03
轻井沢花鸟绘单一麦芽威士忌全套		166,750	永乐拍卖	2021-12-03
大摩1980-40年1瓶	700ml	161,000	华艺国际	2021-06-03
拉菲古堡1993年份24支	750ml/支	161,000	中国嘉德	2021-05-18
拉图古堡2012年份24支	750ml/支	161,000	中国嘉德	2021-05-18
轻井沢一春晓之色染(五色艺伎)5瓶	700ml/支	161,000	华艺国际	2021-06-03
拉菲古堡2009年份12支750ml		161,000	中国嘉德	2021-12-11
木桐古堡2015年份24支750ml		161,000	中国嘉德	2021-12-11
格兰多纳第九版一套(共9支)9支	700ml/支	161,000	中国嘉德	2021-12-11
轻井沢富岳三十六景第一、二、三景(神奈川冲浪里、东都浅草本愿寺、相州七里滨)单一麦芽威士忌		155,250	永乐拍卖	2021-12-03

拍品名称	物品尺寸	成交价RMB	拍卖公司	拍卖日期
格兰多纳1972-39年单桶6瓶	700ml/瓶	149,500	华艺国际	2021-03-30
拉菲古堡1989年份12支	750ml/支	149,500	中国嘉德	2021-05-18
小木桐干红(木桐古堡副牌)2007年份60支	750ml/支	149,500	中国嘉德	2021-05-18
玛歌古堡2011年份30支	750ml/支	149,500	中国嘉德	2021-05-18
玛歌古堡1996年份12支	750ml/支	149,500	中国嘉德	2021-05-18
罗曼尼·康帝1988	750ml	149,500	华艺国际	2021-06-03
罗曼尼·康帝1996	750ml	149,500	华艺国际	2021-06-03
人头马路易十三(白头)		149,500	华艺国际	2021-06-03
轻井沢花鸟绘系列		149,500	华艺国际	2021-06-03
拉图古堡2012年份24支750ml		149,500	中国嘉德	2021-12-11
拉图古堡2006年份24支750ml		149,500	中国嘉德	2021-12-11
拉菲珍宝(小拉菲)2019年份36支750ml		149,500	中国嘉德	2021-12-11
木桐古堡2008年份24支750ml		149,500	中国嘉德	2021-12-11
侯伯王古堡2015年份18支750ml		149,500	中国嘉德	2021-12-11
格兰格拉索第一版1968、1972、1973、1975、1975、1978单一麦芽威士忌(各1支)6支	700ml	149,500	中国嘉德	2021-12-11
罗曼尼·康帝1996		147,200	华艺国际	2021-06-03
轻井泽花鸟绘单一麦芽威士忌4支		143,750	中贸圣佳	2021-12-30
人头马路易十三(白头)		143,750	华艺国际	2021-03-30
罗曼尼·康帝2001		142,600	华艺国际	2021-06-03
拉菲古堡2002年份12支	750ml/支	138,000	中国嘉德	2021-05-18
拉图古堡2005年份12支	750ml/支	138,000	中国嘉德	2021-05-18
一号乐章2013年份30支	750ml/支	138,000	中国嘉德	2021-05-18
轻井沢1996-16年鬼魅首版单桶麦芽威士忌1支	700ml	138,000	中国嘉德	2021-05-21
高登&麦克菲尔装瓶:格兰冠1953-60年斯佩塞单一麦芽威士忌1支	700ml	138,000	中国嘉德	2021-05-21
拉图庄园2003年份		138,000	永乐拍卖	2021-05-20
罗曼尼·康帝1989		138,000	华艺国际	2021-06-03
轻井沢1980-35年大物海上月		138,000	华艺国际	2021-06-03
拉菲古堡2005年份18支	750ml/支	138,000	中国嘉德	2021-12-11
轻井沢1980-35年海港城限定版单桶单一麦芽威士忌1支	700ml	138,000	中国嘉德	2021-12-11
轻井沢伞财天1981-35年单桶单一麦芽威士忌1支700ml		138,000	中国嘉德	2021-12-11
四大神兽一套:独角兽、冰原狼、尼斯怪、双足龙(各1支)4支	700ml	138,000	中国嘉德	2021-12-11
一号乐章2012年份30支	750ml/支	132,250	中国嘉德	2021-05-18
白州 Hakushu- Vintage Malt 1981		126,500	太平洋	2021-12-11
小木桐干红(木桐古堡副牌)2005年份48支	750ml/支	126,500	中国嘉德	2021-05-18
白马古堡1998年份12支	750ml/支	126,500	中国嘉德	2021-05-18
轻井沢桶强原酒1-4版单一麦芽威士忌(各1支)4支	700ml/支	126,500	中国嘉德	2021-05-21
轻井沢1982、1989年单桶单一麦芽威士忌(各1支)2支	700ml/支	126,500	中国嘉德	2021-05-21
轻井沢艺伎1984年单桶麦芽威士忌1支	700ml	126,500	中国嘉德	2021-05-21
玛歌庄园2003年份		126,500	永乐拍卖	2021-05-20
人头马路易十三(白头)		126,500	华艺国际	2021-06-03
玛歌古堡2004年份24支	750ml/支	126,500	中国嘉德	2021-12-11
一号乐章2012年份30支	750ml/支	126,500	中国嘉德	2021-12-11
轻井沢伞财天1981-35年单桶单一麦芽威士忌1支	700ml	126,500	中国嘉德	2021-12-11
轻井沢海港城蓝艺伎1980-35年单一麦芽威士忌1支	700ml	126,500	中国嘉德	2021-12-11
最后一滴 COLIN JP SCOTT 50年苏格兰调和威士忌1支	700ml	126,500	中国嘉德	2021-12-11
最后一滴50年苏格兰调和威士忌1支700ml		126,500	中国嘉德	2021-12-11
高登&麦克菲尔装瓶:斯佩默麦卡伦2007单一麦芽威士忌(共60支)60支	700ml/支	126,500	中国嘉德	2021-12-11
高登&麦克菲尔装瓶:格兰冠水晶瓶1936年单一麦芽威士忌、1955年纯麦威士忌(各1支)2支	750ml	126,500	中国嘉德	2021-12-11
轻井泽30年有田烧单一麦芽威士忌1支		115,000	中贸圣佳	2021-12-30
尼卡35年纯麦威士忌1支		115,000	中贸圣佳	2021-12-30
拉菲古堡大瓶装(5L)1985年份1支	5000ml	115,000	中国嘉德	2021-05-18
罗曼尼·康帝酒庄大依瑟索特级园干红2011年份5支	750ml/支	115,000	中国嘉德	2021-05-18

(成交价RMB：1万元以上)

拍品名称	物品尺寸	成交价RMB	拍卖公司	拍卖日期
高登&麦克菲尔装瓶：朗摩1969-50年单一麦芽威士忌1支	700ml	115,000	中国嘉德	2021-05-21
太师龙极品干邑		115,000	永乐拍卖	2021-05-22
罗曼尼·康帝 拉塔希1996		115,000	华艺国际	2021-06-03
侯伯王古堡2016年份 18支	750ml/支	115,000	中国嘉德	2021-12-11
白州私人桶1997舆水精一、1997大森寿郎单一麦芽威士忌(各1支)2支	700ml	115,000	中国嘉德	2021-12-11
轻井沢大物海上月1980年-35年单一麦芽威士忌1支	700ml	115,000	中国嘉德	2021-12-11
本利亚克第十二版1976年、1979年、1985年、1987年、1990年、1995年、1998年、1999年、2000年单一麦芽威士忌(各1支)9支	700ml/支	115,000	中国嘉德	2021-12-11
山崎1995、1996雪莉桶单一麦芽威士忌 2支		112,700	中贸圣佳	2021-12-30
轻井沢—春晓之色染(五色艺伎)		112,700	华艺国际	2021-03-30
轻井沢繁花之都系列(第5-8版)		112,700	华艺国际	2021-06-03
拉菲珍宝(小拉菲)2000年份24支	750ml/支	112,700	中国嘉德	2021-12-11
木桐古堡2018年份 18支	750ml/支	112,700	中国嘉德	2021-12-11
侯伯王古堡2011年份24支	750ml/支	112,700	中国嘉德	2021-12-11
1组轻井泽花鸟绘系列 #507 #7377 #7550 #7608		111,276	保利香港	2021-04-24
麦卡伦25年周年纪念版1957单一麦芽威士忌1支		109,250	中贸圣佳	2021-12-30
白马古堡2010年份 12支	750ml/支	108,100	中国嘉德	2021-05-18
柏翠古堡大瓶装 (3L) 2017年份 1支	3000ml	108,100	中国嘉德	2021-05-18
大摩45年 1支	700ml	106,700	十竹斋拍卖(北京)	2021-04-25
玛歌古堡1993年份 24支	750ml/支	105,800	中国嘉德	2021-05-18
羽生 Hanyu Ichiro's		105,375	香港苏富比	2021-04-18
轻井泽花鸟系列 Karuizawa Single Sherry Cask 18 Year Old Flower and Bird Series Set 2000 (4 BT70)		105,375	香港苏富比	2021-04-18
轻井沢花鸟绘系列2000年单桶麦芽威士忌套装 (各1支)		104,650	永乐拍卖	2021-05-22
木桐1986 12瓶(原箱)	750ml/瓶	103,500	华艺国际	2021-03-30
山崎 Yamazaki- Vintage Malt 1986		103,500	太平洋	2021-12-11
轻井沢花鸟绘系列		103,500	华艺国际	2021-03-30
爱诗图古堡2009年份 24支	750ml/支	103,500	中国嘉德	2021-05-18
麦卡伦小丑限量版1961年高地单一麦芽威士忌1支	700ml	103,500	中国嘉德	2021-05-21
玛高1986(原箱)		103,500	华艺国际	2021-06-03
玛高1996		103,500	华艺国际	2021-06-03
轻井沢1981-35年 八头龙		103,500	华艺国际	2021-06-03
麦卡伦旧版雪莉桶18年高地单一麦芽苏格兰威士忌(共10支)10支	700ml/支	103,500	中国嘉德	2021-12-11
轻井泽21年单一麦芽威士忌3支		101,200	中贸圣佳	2021-12-30
羽生三匠魂单一麦芽威士忌3支		101,200	中贸圣佳	2021-12-30
玛歌古堡2008年份 12支	750ml/支	101,200	中国嘉德	2021-05-18
拉菲珍宝(小拉菲)2003年份24支	750ml/支	101,200	中国嘉德	2021-12-11
麦卡伦18年－1986-2017		101,160	保利香港	2021-04-24
羽生 Hanyu Ichiro's		100,106	香港苏富比	2021-04-18
玛歌红亭(玛歌古堡副牌酒)2006年份 42支	750ml/支	98,900	中国嘉德	2021-05-18
庞特·卡奈古堡2010年份 36支	750ml/支	97,750	中国嘉德	2021-05-18
小木桐干红(木桐古堡副牌)2017年份 36支	750ml/支	97,750	中国嘉德	2021-05-18
轻井沢艺伎1991年单桶麦芽威士忌1支	700ml	97,750	中国嘉德	2021-05-21
波摩29年艾雷岛单桶单一麦芽威士忌(共6支) 6支	700ml/支	97,750	中国嘉德	2021-05-21
高登&麦克菲尔装瓶：摩特拉克1962单一麦芽威士忌1支	700ml	97,750	中国嘉德	2021-05-21
拉菲庄园 2011年份		97,750	永乐拍卖	2021-05-20
波尔多珍藏套箱2006(原箱)		97,750	华艺国际	2021-06-03
山崎25年&白州25年		95,450	华艺国际	2021-03-30
玛高1996		94,300	华艺国际	2021-03-30
拉图古堡酒大瓶装(1.5L) 2007年份6支	1500ml/支	94,300	中国嘉德	2021-05-18
木桐古堡1995年份 12支	750ml/支	94,300	中国嘉德	2021-05-18
山崎25年单一麦芽威士忌1支		92,000	中贸圣佳	2021-12-30
白马2005(原箱)		92,000	华艺国际	2021-03-30
木桐古堡2003年份 12支	750ml/支	92,000	中国嘉德	2021-05-18
金钟古堡2005年份 12支	750ml/支	92,000	中国嘉德	2021-05-18
罗曼尼·康帝酒庄李奇堡特级园干红2011年份 2支	750ml/支	92,000	中国嘉德	2021-05-18
轻井沢富岳三十六景东海道保土ケ谷、远江山中单桶麦芽威士忌(各一支) 2支	700ml/支	92,000	中国嘉德	2021-05-21
余市10年、12年、15年、20年单一麦芽威士忌(各1支) 4支	700ml/支	92,000	中国嘉德	2021-05-21
高登&麦克菲尔装瓶：麦克菲尔1965年单一麦芽威士忌1支	700ml	92,000	中国嘉德	2021-05-21
最后一滴50年双桶苏格兰调和威士忌1支	700ml	92,000	中国嘉德	2021-05-21
轻井沢艺伎1994、1995单桶单一麦芽威士忌 (各1支)		92,000	永乐拍卖	2021-05-22
轻井沢2000-12年, 1999-12年单一麦芽威士忌 (各1支)		92,000	永乐拍卖	2021-05-22
罗曼尼·康帝 拉塔希特级园2000		92,000	华艺国际	2021-06-03
拉菲古堡精选年份套装1968+1978+1988+1998+2008+2018年份(各1支) 6支	750ml/支	89,700	中国嘉德	2021-05-18
柏菲古堡2005年份 12支	750ml/支	89,700	中国嘉德	2021-05-18
罗曼尼·康帝酒庄李奇堡特级园干红2016年份 2支	750ml/支	89,700	中国嘉德	2021-05-18
宝嘉龙酒庄2009年份 24支	750ml/支	86,250	中国嘉德	2021-05-18
拉菲古堡大瓶装(5L) 1989年份 1支	5000ml	86,250	中国嘉德	2021-05-18
轻井沢1982年单桶麦芽威士忌1支	700ml	86,250	中国嘉德	2021-05-21
轻井沢1979年单桶单一麦芽威士忌1支	700ml	86,250	中国嘉德	2021-05-21
山崎1999英雄单桶麦芽威士忌1支	700ml	86,250	中国嘉德	2021-05-21
最后一滴1972年洛克赛单一谷物威士忌1支	700ml	86,250	中国嘉德	2021-05-21
欧颂2000(2原箱)		86,250	华艺国际	2021-06-03
里格贝拉 艾瑟索特级园2009/2011		86,250	华艺国际	2021-06-03
轻井沢1981-35年 八头龙		85,100	华艺国际	2021-03-30
波菲古堡2009年份 24支	750ml/支	85,100	中国嘉德	2021-05-18
轻井泽35年－艺伎#4376		82,951	保利香港	2021-04-24
麦卡伦30年蓝标单一麦芽威士忌一支		82,800	中贸圣佳	2021-12-30
拉菲古堡1985年份 6支	750ml/支	82,800	中国嘉德	2021-05-18
玛歌古堡1998年份 12支	750ml/支	82,800	中国嘉德	2021-05-18
玛歌庄园 2006年份		82,800	永乐拍卖	2021-05-20
麦卡伦1966 48年单一麦芽威士忌		82,800	永乐拍卖	2021-05-22
轻井泽1983-29年 艺伎		82,800	华艺国际	2021-06-03
轻井泽1983年－艺伎#8333		80,928	保利香港	2021-04-24
山崎18年水楢木单一麦芽威士忌1支		80,500	中贸圣佳	2021-12-30
轻井泽1979单一麦芽威士忌1支		80,500	中贸圣佳	2021-12-30
轻井泽地图1984单一麦芽威士忌1支		80,500	中贸圣佳	2021-12-30
轩尼诗EXTRA(双贴纸牛仔字)		80,500	华艺国际	2021-03-30
马爹利蓝带(青瓶/红太阳)		80,500	华艺国际	2021-03-30
轻井沢1980-32年 能		80,500	华艺国际	2021-03-30
鲁臣世家古堡 2009年份 36支	750ml/支	80,500	中国嘉德	2021-05-18
吉佳乐世家一门三杰满分套装2005年份(各4支) 12支	750ml/支	80,500	中国嘉德	2021-05-18
高登&麦克菲尔装瓶：格兰冠1955年斯佩塞单一麦芽威士忌1支	700ml	80,500	中国嘉德	2021-05-21
高登&麦克菲尔装瓶：朗摩1964年斯佩塞单一麦芽威士忌1支	700ml	80,500	中国嘉德	2021-05-21
帝霖37年爱尔兰单一麦芽威士忌1支	700ml	80,500	中国嘉德	2021-05-21
拉图庄园 2004年份		80,500	永乐拍卖	2021-05-20
木桐庄园 2011年份		80,500	永乐拍卖	2021-05-20
麦卡伦30年甄选8号桶单一麦芽威士忌		80,500	永乐拍卖	2021-05-22
拉弗格1960-40年		80,500	华艺国际	2021-06-03
布朗拉1978签名版40年单一麦芽威士忌1支		78,200	中贸圣佳	2021-12-30
碧尚女爵古堡大瓶装(1.5L) 1996年份 12支	1500ml/支	78,200	中国嘉德	2021-05-18
柏菲古堡2009年份 12支	750ml/支	78,200	中国嘉德	2021-05-18
里格贝拉 艾瑟索特级园2007/2008		78,200	华艺国际	2021-06-03
波特艾伦28、29、30年典藏版单一麦芽威士忌3支		77,050	中贸圣佳	2021-12-30
轻井沢1980-35年 大物海上月		75,900	华艺国际	2021-03-30
龙船古堡2018年份 60支	750ml/支	75,900	中国嘉德	2021-05-18
滴金古堡2009年份 12支	750ml/支	75,900	中国嘉德	2021-05-18
轻井泽1984单一麦芽威士忌1支		74,750	中贸圣佳	2021-12-30
轻井泽1983单一麦芽威士忌1支		74,750	中贸圣佳	2021-12-30
轻井泽1982单一麦芽威士忌1支		74,750	中贸圣佳	2021-12-30
轻井泽1981单一麦芽威士忌1支		74,750	中贸圣佳	2021-12-30
轻井沢30年侍单桶麦芽威士忌套装(共10支) 10支 700ml		713,000	中国嘉德	2021-12-11
轻井泽宣纸1984单一麦芽威士忌一支		97,750	中贸圣佳	2021-12-30
马爹利艺术人生 限量纪念版		74,750	华艺国际	2021-03-30
麦卡伦1994-18年(原箱)		74,750	华艺国际	2021-03-30

2021杂项拍卖成交汇总(续表)

(成交价RMB：1万元以上)

拍品名称	物品尺寸	成交价RMB	拍卖公司	拍卖日期
麦卡伦Speymalt 1950–56年		74,750	华艺国际	2021-03-30
波摩36/37年一龙凤		74,750	华艺国际	2021-03-30
木桐古堡1981年份 24支	750ml/支	74,750	中国嘉德	2021-05-18
玛歌白亭2017年份 12支	750ml/支	74,750	中国嘉德	2021-05-18
美露香轻井沢贮藏8、10、12、15年百分百麦芽威士忌(各1支) 4支	700ml/支	74,750	中国嘉德	2021-05-21
山崎2020风味桶限量版单一麦芽威士忌(各1支) 4支	700ml/支	74,750	中国嘉德	2021-05-21
奥比昂庄园 2011年份		74,750	永乐拍卖	2021-05-20
川崎 Ichiro's		73,763	香港苏富比	2021-04-18
山崎1993【大吉】单一麦芽威士忌1支		73,600	中贸圣佳	2021-12-30
拉图古堡2011年份 12支	750ml/支	73,600	中国嘉德	2021-05-18
波尔多珍藏套箱2012(原箱)		72,450	华艺国际	2021-06-03
人头马路易十三(白头)		71,300	华艺国际	2021-03-30
拉图波亚克红葡萄酒2015年份 60支	750ml/支	71,300	中国嘉德	2021-05-18
拉图古堡大瓶装(1.5L) 2000年份 2支	1500ml/支	71,300	中国嘉德	2021-05-18
玛歌古堡大瓶装(3L) 2015年份 1支	3000ml	71,300	中国嘉德	2021-05-18
罗曼尼·康帝 大艾瑟索特级园1983		71,300	华艺国际	2021-06-03
羽生扑克牌【方片10】单一麦芽威士忌 1支		69,000	中贸圣佳	2021-12-30
轩尼诗XO(双贴纸牛仔字)		69,000	华艺国际	2021-03-30
马爹利1949一限量版		69,000	华艺国际	2021-03-30
玫瑰山古堡2010年份 24支	750ml/支	69,000	中国嘉德	2021-05-18
玛歌古堡2016年份 6支	750ml/支	69,000	中国嘉德	2021-05-18
马赛多2009年份 6支	750ml/支	69,000	中国嘉德	2021-05-18
高登&麦克菲尔装瓶: 格兰威特1967–51年 单一麦芽威士忌 1支	700ml	69,000	中国嘉德	2021-05-21
麦卡伦1973 42年单一麦芽威士忌		69,000	永乐拍卖	2021-05-22
麦卡伦1974 42年单一麦芽威士忌		69,000	永乐拍卖	2021-05-22
人头马路易十三(白头)		69,000	华艺国际	2021-06-03
人头马路易十三 (原箱)		69,000	华艺国际	2021-06-03
山崎25年机场版		69,000	华艺国际	2021-06-03
羽生 Hanyu Ichiro's		68,494	香港苏富比	2021-04-18
麦卡伦小丑35年单一麦芽威士忌1支		67,850	中贸圣佳	2021-12-30
汤玛丁 1967 50年单一麦芽威士忌1支		66,700	中贸圣佳	2021-12-30
木桐1994		66,700	华艺国际	2021-03-30
小木桐干红(木桐古堡副牌)大瓶装(1.5L) 2004年份 12支	1500ml/支	66,700	中国嘉德	2021-05-18
麦卡伦35年 – 1941水晶瓶		65,754	保利香港	2021-04-24
凯隆世家酒庄2000年份 36支	750ml/支	64,400	中国嘉德	2021-05-18
山崎12年金花版		64,400	华艺国际	2021-06-03
山崎风味桶2020单一麦芽威士忌4支		63,250	中贸圣佳	2021-12-30
罗曼湖45年单一麦芽威士忌 1支		63,250	中贸圣佳	2021-12-30
罗曼湖韩熙载夜宴图系列单一麦芽威士忌 7支		63,250	中贸圣佳	2021-12-30
麦卡伦1946–33年		63,250	华艺国际	2021-03-30
轻井沢浅间魂单一麦芽威士忌(共2支) 2支	700ml/支	63,250	中国嘉德	2021-05-21
本诺曼克45年单一麦芽威士忌 1支	700ml	63,250	中国嘉德	2021-05-21
高登&麦克菲尔装瓶: 格兰威特1967年单一麦芽威士忌 1支	700ml	63,250	中国嘉德	2021-05-21
高登&麦克菲尔装瓶: 格兰冠50年单一麦芽威士忌 1支	700ml	63,250	中国嘉德	2021-05-21
欧摩40年精选单桶限量版斯佩塞单一麦芽威士忌 1支	700ml	63,250	中国嘉德	2021-05-21
最后一滴1947年干邑 1支	700ml	63,250	中国嘉德	2021-05-21
玛高1982		63,250	华艺国际	2021-06-03
凯歌香槟 × 草间弥生 2012		63,250	华艺国际	2021-06-03
马爹利蓝带(青瓶/红太阳)		63,250	华艺国际	2021-06-03
轻井沢12/15/17年		63,250	华艺国际	2021-06-03
轻井泽富岳三十六景第一景单一麦芽威士忌 1支		62,100	中贸圣佳	2021-12-30
活灵魂红葡萄酒2018年份 36支	750ml/支	62,100	中国嘉德	2021-05-18
柏翠庄园 2002年份		60,950	永乐拍卖	2021-05-20
克莱蒙教皇堡大瓶装(1.5L) 2009年份 12支	1500ml/支	59,800	中国嘉德	2021-05-18
麦卡伦25年1990水晶玻璃瓶(珍稀版)		58,650	永乐拍卖	2021-05-22
碧尚女爵酒庄 2004(原箱)		57,500	华艺国际	2021-03-30
罗曼尼·康帝科尔登特级园 2011		57,500	华艺国际	2021-03-30
人头马路易十三(1.5L)		57,500	华艺国际	2021-03-30
麦卡伦Speymalt 1972–42年		57,500	华艺国际	2021-03-30
轻井沢1981~1984 能		57,500	华艺国际	2021-03-30
杜克洛波尔多精选套装2017年份 9支	750ml/支	57,500	中国嘉德	2021-05-18
拉菲古堡1992年份 6支	750ml/支	57,500	中国嘉德	2021-05-18
拉菲古堡大瓶装(3L) 1989年份 1支	3000ml	57,500	中国嘉德	2021-05-18
玛歌红亭(玛歌古堡副牌酒) 2009年份 24支	750ml/支	57,500	中国嘉德	2021-05-18
乐王吉古堡大瓶装(1.5L) 2018年份12支	1500ml/支	57,500	中国嘉德	2021-05-18
碧昂仙蒂陈酿布鲁诺干红2004年份12支	750ml/支	57,500	中国嘉德	2021-05-18
碧昂仙蒂陈酿布鲁诺干红2006年份12支	750ml/支	57,500	中国嘉德	2021-05-18
美露香轻井沢贮藏8、12、15年百分百麦芽威士忌(各1支) 1支 720ml 2支 700ml		57,500	中国嘉德	2021-05-21
山崎2015年限量版单一麦芽威士忌(共3支) 3支	700ml/支	57,500	中国嘉德	2021-05-21
麦卡伦典雅系列1990、1991、1992–12年垂直年份高地单一麦芽威士忌(各1支) 3支	1000ml/支	57,500	中国嘉德	2021-05-21
高登&麦克菲尔装瓶: 朗摩1967年斯佩塞单一麦芽威士忌 1支	700ml	57,500	中国嘉德	2021-05-21
布赫拉迪风云系列1984~1988年艾雷岛单一麦芽威士忌(各1支) 4支	700ml/支	57,500	中国嘉德	2021-05-21
木桐庄园 2012年份		57,500	永乐拍卖	2021-05-20
格兰冠1972单一麦芽威士忌		57,500	永乐拍卖	2021-05-22
轩尼诗XO(双贴纸牛仔字)		57,500	华艺国际	2021-06-03
麦卡伦30年 蓝标		55,638	保利香港	2021-04-24
山崎1983雪莉桶金花标单一麦芽威士忌 1支		55,200	中贸圣佳	2021-12-30
格兰花格1955单一麦芽威士忌 1支		55,200	中贸圣佳	2021-12-30
拉菲珍宝(小拉菲) 2011年份 12支	750ml/支	55,200	中国嘉德	2021-05-18
拉图古堡大瓶装(3L) 1993年份 1支	3000ml	55,200	中国嘉德	2021-05-18
轻井沢ASAMA1999/2000单一麦芽威士忌(共2支) 2支	700ml/支	55,200	中国嘉德	2021-05-21
格兰格拉索珍稀单桶系列1973–46年高地单桶单一麦芽威士忌 1支	700ml	55,200	中国嘉德	2021-05-21
木桐庄园 2013年份		55,200	永乐拍卖	2021-05-20
水晶格兰冠 60(单桶)		55,000	十竹斋拍卖(北京)	2021-04-25
波摩1968海鸥标单一麦芽威士忌1支		54,050	中贸圣佳	2021-12-30
金钟古堡2000年份 6支	750ml/支	52,900	中国嘉德	2021-05-18
嘉雅顶级特级园精选套装2016年份(各4支) 12支	750ml/支	52,900	中国嘉德	2021-05-18
宝嘉龙庄园 1996年份		52,900	永乐拍卖	2021-05-20
罗曼尼·康帝 里奇堡特级园1995		52,900	华艺国际	2021-06-03
山崎私人选桶1994【创】单一麦芽威士忌 1支		51,750	中贸圣佳	2021-12-30
木桐1986		51,750	华艺国际	2021-03-30
人头马路易十三(金头)		51,750	华艺国际	2021-03-30
人头马Extra(单带)		51,750	华艺国际	2021-03-30
拉菲古堡大瓶装(3L) 1993年份 1支	3000ml	51,750	中国嘉德	2021-05-18
花堡红葡萄酒2017年份 6支	750ml/支	51,750	中国嘉德	2021-05-18
普罗蒙特红葡萄酒2014年份 6支	750ml/支	51,750	中国嘉德	2021-05-18
轻井沢艺伎三味线1999年单桶麦芽威士忌 1支	700ml	51,750	中国嘉德	2021-05-21
秩父2019伦敦版日本单一麦芽威士忌(共3支) 3支	700ml/支	51,750	中国嘉德	2021-05-21
圣弗力装瓶: 拉弗格1966–31年单一麦芽威士忌 1支	700ml	51,750	中国嘉德	2021-05-21
高登&麦克菲尔装瓶: 格兰冠50年单一麦芽威士忌 1支	700ml	51,750	中国嘉德	2021-05-21
苏格登40年单一麦芽威士忌 1支	700ml	51,750	中国嘉德	2021-05-21
玛高1995		51,750	华艺国际	2021-06-03
乐桦宝山沃恩·罗曼尼一级园 1989/1996/1999		51,750	华艺国际	2021-06-03
马爹利XO (第一代红印)		51,750	华艺国际	2021-06-03
山崎水楢木2021, 响樱花木桶2021威士忌 4支		50,600	中贸圣佳	2021-12-30
乐桦里奇堡特级园2003		50,600	华艺国际	2021-06-03
麦卡伦25年 – 1957 红丝带		50,580	保利香港	2021-04-24
麦卡伦25年周年纪念版 1971单一麦芽威士忌 1支		49,450	中贸圣佳	2021-12-30
约瑟夫菲尔普斯酒园经典套装(1.5L) 2015年份(各6支) 12支	1500ml/支	49,450	中国嘉德	2021-05-18
玛歌庄园 1998年份		49,450	永乐拍卖	2021-05-20
哈兰1994		49,450	华艺国际	2021-06-03
麦卡伦30年雪莉桶2020版单一麦芽威士忌 1支		48,300	中贸圣佳	2021-12-30
轩尼诗XO(青三行)		48,300	华艺国际	2021-03-30
麦卡伦典雅1990		48,300	华艺国际	2021-03-30
碧尚女爵古堡1989年份 12支	750ml/支	48,300	中国嘉德	2021-05-18
20世纪90年代尼卡弥右卫门款有田烧桶强原酒威士忌(共8支) 8支	600ml/支	48,300	中国嘉德	2021-05-21
轻井沢艺伎七福神之布袋2000年单桶麦芽威士忌 1支	700ml	48,300	中国嘉德	2021-05-21

2021杂项拍卖成交汇总(续表)

(成交价RMB：1万元以上)

拍品名称	物品尺寸	成交价RMB	拍卖公司	拍卖日期
麦卡伦第四限量版火箭车单一麦芽威士忌(共2支) 2支	750ml/支	48,300	中国嘉德	2021-05-21
高登&麦克菲尔装瓶: 麦克菲尔50年单一麦芽威士忌1支	700ml	48,300	中国嘉德	2021-05-21
麦卡伦1964–17年		48,300	华艺国际	2021-06-03
一号乐章小垂直套装 2014~2017年份(各3支) 12支	750ml/支	47,150	中国嘉德	2021-05-18
山崎2014~2017酒厂限定版单一麦芽威士忌4支		46,000	中贸圣佳	2021-12-30
轻井泽1999艺妓单一麦芽威士忌1支		46,000	中贸圣佳	2021-12-30
轻井泽2000七福神单一麦芽威士忌1支		46,000	中贸圣佳	2021-12-30
麦卡伦女王加冕60周年单一麦芽威士忌2支		46,000	中贸圣佳	2021-12-30
百富17年风味桶系列		46,000	华艺国际	2021-03-30
木桐古堡大瓶装(1.5L)2015年份2支	1500ml/支	46,000	中国嘉德	2021-05-18
侯伯王古堡双姝顶级干白系列套装2012年份(各2支) 4支	750ml/支	46,000	中国嘉德	2021-05-18
嘉隆酒庄红葡萄酒2010年份 36支	750ml/支	46,000	中国嘉德	2021-05-18
路易亚都蒙哈榭特级园白葡萄酒2018年份 12支	750ml/支	46,000	中国嘉德	2021-05-18
乐桦村庄级2003年份精选套装(各3支) 6支	750ml/支	46,000	中国嘉德	2021-05-18
泰勒单一老年份波特酒1970年份 6支	750ml/支	46,000	中国嘉德	2021-05-18
穆加托雷大瓶装干红(5L)2005年份1支	5000ml	46,000	中国嘉德	2021-05-18
羽生2000年、秩父2010年单桶麦芽威士忌(各1支) 2支	700ml/支	46,000	中国嘉德	2021-05-21
高登&麦克菲尔装瓶: 125周年限量版皇家格兰诺里1984年单一麦芽威士忌 1支	700ml	46,000	中国嘉德	2021-05-21
木桐庄园 2000年份		46,000	永乐拍卖	2021-05-20
拉图20世纪90年代甄选		46,000	华艺国际	2021-06-03
帕菲2004(原箱)		46,000	华艺国际	2021-06-03
罗曼尼·康帝 大艾瑟索特级园1986		46,000	华艺国际	2021-06-03
响—双狮版/金花版		46,000	华艺国际	2021-06-03
山崎2020年度限量风味桶系列		46,000	华艺国际	2021-06-03
麦卡伦1965–17年		46,000	华艺国际	2021-06-03
轻井泽1991年 – 艺伎#259		45,522	保利香港	2021-04-24
麦卡伦 1974单一麦芽威士忌 1支		44,850	中贸圣佳	2021-12-30
拉弗格1976单一麦芽威士忌 1支		44,850	中贸圣佳	2021-12-30
龙船古堡2010年份 30支	750ml/支	44,850	中国嘉德	2021-05-18
克里奈古堡2009年份 12支	750ml/支	44,850	中国嘉德	2021-05-18
泰勒史恩波特酒1855年份 1支	750ml	44,850	中国嘉德	2021-05-18
罗曼尼·康帝 圣维凡特级园2007		44,850	华艺国际	2021-06-03
麦卡伦 1972单一麦芽威士忌 1支		43,700	中贸圣佳	2021-12-30
格兰冠 1936 50年单一麦芽威士忌 1支		43,700	中贸圣佳	2021-12-30
力士金1999(原箱)		43,700	华艺国际	2021-03-30
拉图堡垒大瓶装(1.5L)2008年份6支	1500ml/支	43,700	中国嘉德	2021-05-18
奥颂古堡1990年份 6支	750ml/支	43,700	中国嘉德	2021-05-18
山崎12年单一麦芽威士忌(共12支) 12支	700ml/支	43,700	中国嘉德	2021-05-21
麦卡伦1980年卓越单桶高地单一麦芽威士忌 1支	500ml	43,700	中国嘉德	2021-05-21
大摩1995–25年高地单桶单一麦芽威士忌 1支	700ml	43,700	中国嘉德	2021-05-21
MEADOWSIDE装瓶: 神圣之剑 1972–45年单桶调和威士忌 1支	700ml	43,700	中国嘉德	2021-05-21
圣弗力装瓶: 欧摩2006年、格兰威特2007年鼓浪屿特别版单一麦芽威士忌套装(各1支) 2支	700ml/支	43,700	中国嘉德	2021-05-21
庞特卡内庄园 2009年份		43,700	永乐拍卖	2021-05-20
拉菲庄园 2012年份		43,700	永乐拍卖	2021-05-20
罗曼尼·康帝 拉塔希特级园1998		43,700	华艺国际	2021-06-03
格兰花格家族桶1968		42,550	永乐拍卖	2021-05-22
轩尼诗杯莫停(青瓶)		42,550	华艺国际	2021-06-03
卡慕巴卡拉水晶		42,550	华艺国际	2021-06-03
轻井泽1981年 – 一番#7955		42,487	保利香港	2021-04-24
水晶格兰冠 59		41,800	十竹斋拍卖(北京)	2021-04-25
拉菲副牌"桥"套装(60/555)		41,400	华艺国际	2021-03-30
拉图1993/1994/1995/1997/1998		41,400	华艺国际	2021-03-30
拉菲古堡大瓶装(3L)2017年份 1支	3000ml	41,400	中国嘉德	2021-05-18
宝嘉龙庄园 2000年份		41,400	永乐拍卖	2021-05-20
拉图庄园 2006年份		41,400	永乐拍卖	2021-05-20
白马庄园 2014年份		41,400	永乐拍卖	2021-05-20
百富1858第四版单一麦芽威士忌		41,400	永乐拍卖	2021-05-22
木桐1987		41,400	华艺国际	2021-06-03
力士金1999(2原箱)		41,400	华艺国际	2021-06-03
麦卡伦1964年水晶瓶		40,464	保利香港	2021-04-24
山崎雪莉桶2010单一麦芽威士忌 1支		40,250	中贸圣佳	2021-12-30
麦卡伦红标桶强单一麦芽威士忌 1支(附带酒壶一支)		40,250	中贸圣佳	2021-12-30
麦卡伦 1976单一麦芽威士忌 1支		40,250	中贸圣佳	2021-12-30
白州18年单一麦芽威士忌		40,250	西泠印社	2021-01-14
玛高2004(原盒)		40,250	华艺国际	2021-03-30
轩尼诗珍传(原箱)		40,250	华艺国际	2021-03-30
马爹利蓝带(青瓶/木塞)		40,250	华艺国际	2021-03-30
麦卡伦1972–25年		40,250	华艺国际	2021-03-30
麦卡伦协会酒系列		40,250	华艺国际	2021-03-30
古仓十二生肖单桶系列		40,250	华艺国际	2021-03-30
林一峰精选—知天命系列		40,250	华艺国际	2021-03-30
庞特·卡奈古堡2009年份 12支	750ml/支	40,250	中国嘉德	2021-05-18
山崎至精艺术原酒2008~2009单一麦芽威士忌 (各1支) 3支	500ml/支	40,250	中国嘉德	2021-05-21
美露香轻井沢阪神虎2003年优胜战士达套组(共12支) 12支	360ml/支	40,250	中国嘉德	2021-05-21
轻井沢法国艺伎系列1999~2000年单一麦芽威士忌 1支	700ml	40,250	中国嘉德	2021-05-21
轻井沢艺伎1999–18年单桶麦芽威士忌 1支	700ml	40,250	中国嘉德	2021-05-21
轻井沢繁花之都2000年单桶单一麦芽威士忌 1支	700ml	40,250	中国嘉德	2021-05-21
THAT BOUTIQUE–Y装瓶: 城市系列漫画标麦芽威士忌套装(各1支) 10支	500ml/支	40,250	中国嘉德	2021-05-21
里鹏庄园 2005年份		40,250	永乐拍卖	2021-05-20
轻井沢艺伎1999–18年单桶麦芽威士忌		40,250	永乐拍卖	2021-05-22
轻井沢艺伎七福神之布袋2000年单桶麦芽威士忌		40,250	永乐拍卖	2021-05-22
罗曼尼·康帝 拉塔希特级园2011		40,250	华艺国际	2021-06-03
山崎 Yamazaki Peated Malt 2020 Edition 48.0 ABV NV(2 BT70)		40,043	香港苏富比	2021-04-18
拉图堡垒2013年份 12支	750ml/支	39,100	中国嘉德	2021-05-18
哈兰1997		39,100	华艺国际	2021-06-03
响30年 – 花鸟风月		38,441	保利香港	2021-04-24
麦卡伦25年 – 1970周年纪念版		38,441	保利香港	2021-04-24
一组三星千邑套装		38,441	保利香港	2021-04-24
麦卡伦1961 – Private Eye		38,441	保利香港	2021-04-24
轩尼诗VSOP(原箱)		37,950	华艺国际	2021-03-30
阿曼卢梭香牡–香贝丹红葡萄酒2016年份 6支	750ml/支	37,950	中国嘉德	2021-05-18
碧尚巴雄庄园 2010年份		37,950	永乐拍卖	2021-05-20
拉菲2006		37,950	华艺国际	2021-06-03
麦卡伦1977–33年		37,950	华艺国际	2021-06-03
麦卡伦25年 – 1965 周年纪念版		37,429	保利香港	2021-04-24
羽生 Hanyu Ichiro's		36,881	香港苏富比	2021-04-18
格兰帝30年单一麦芽威士忌 1支		36,800	中贸圣佳	2021-12-30
麦卡伦25年单一麦芽威士忌 1支		36,800	中贸圣佳	2021-12-30
云顶30年邮票标单一麦芽威士忌 1支		36,800	中贸圣佳	2021-12-30
波摩31年1988单一麦芽威士忌 1支		36,800	中贸圣佳	2021-12-30
拉菲2006		36,800	华艺国际	2021-03-30
罗斯德贝香牡–香贝丹特级园 2012(原箱)		36,800	华艺国际	2021-03-30
麦卡伦1974–25年		36,800	华艺国际	2021-03-30
多哈–米隆古堡2008年份 24支	750ml/支	36,800	中国嘉德	2021-05-18
木桐古堡大瓶装(1.5L)1994年份2支	1500ml/支	36,800	中国嘉德	2021-05-18
嘉雅思波斯果园干红2013年份+2014年份+2015年份(各4支) 12支	750ml/支	36,800	中国嘉德	2021-05-18
山崎1923蒸馏厂珍藏单一麦芽威士忌(共12支) 12支	700ml/支	36,800	中国嘉德	2021-05-21
三得利千禧年纪念限量版纯麦威士忌(共2支) 2支	700ml/支	36,800	中国嘉德	2021-05-21
宫城峡1989年纪念松尾芭蕉俳谐の道奥の细道纪行300周年陶瓷瓶威士忌 1支	700ml	36,800	中国嘉德	2021-05-21
麦卡伦 EDITION NO.1–6高地单一麦芽威士忌(各1支) 6支	700ml/支	36,800	中国嘉德	2021-05-21
高登&麦克菲尔装瓶: 斯佩默麦卡伦1973年斯佩塞单一麦芽威士忌 1支	700ml	36,800	中国嘉德	2021-05-21
高登&麦克菲尔装瓶: 格兰威特1965年单一麦芽威士忌 1支	700ml	36,800	中国嘉德	2021-05-21
雄狮庄园 1998年份		36,800	永乐拍卖	2021-05-20
罗曼尼·康帝果渣白兰地		36,800	华艺国际	2021-06-03
麦卡伦协会酒系列		36,800	华艺国际	2021-06-03
麦卡伦18年 – 1980		36,418	保利香港	2021-04-24

2021杂项拍卖成交汇总（续表）

（成交价RMB：1万元以上）

拍品名称	物品尺寸	成交价RMB	拍卖公司	拍卖日期
布纳哈本1968圣弗力30周年单一麦芽威士忌1支		35,650	中贸圣佳	2021-12-30
云顶1973单一麦芽威士忌1支		35,650	中贸圣佳	2021-12-30
皮埃尔费朗1914珍藏干邑		35,650	华艺国际	2021-03-30
罗斯班克协会酒1990-26年（25.70）		35,650	华艺国际	2021-03-30
麦卡伦年度限量版1-6号单一麦芽威士忌6支		34,500	中贸圣佳	2021-12-30
麦卡伦25年红丝带单一麦芽威士忌1支		34,500	中贸圣佳	2021-12-30
波摩月光25，海龙王30年单一麦芽威士忌2支		34,500	中贸圣佳	2021-12-30
木桐2004		34,500	华艺国际	2021-03-30
白马20世纪90年代臻选1993/1994/1995/1997/1999		34,500	华艺国际	2021-03-30
科奇阿里哥特大区级干白2015		34,500	华艺国际	2021-03-30
格兰威特1967/1968/1969/1970/1972		34,500	华艺国际	2021-03-30
山崎18年水楢桶		34,500	华艺国际	2021-03-30
柏翠之花堡红葡萄酒2017年份12支	750ml/支	34,500	中国嘉德	2021-05-18
路易亚都谢瓦利蒙哈榭特级园贵妇园干白葡萄酒精选套装2011年份（375ml）&2017年份（750ml）（各6支）12支（6支750ml+6支375ml）		34,500	中国嘉德	2021-05-18
安娜·芳华·格罗酒庄李奇堡特级园干红2018年份6支	750ml/支	34,500	中国嘉德	2021-05-18
苏拉亚红葡萄酒2017年份12支	750ml/支	34,500	中国嘉德	2021-05-18
响 调酒师精选红酒桶调和威士忌（共12支）12支	700ml	34,500	中国嘉德	2021-05-21
20世纪70年代三得利帝国水晶瓶调和威士忌（共3支）3支	600ml/支	34,500	中国嘉德	2021-05-21
响 大师精选樱花限量版调和威士忌（共2支）2支	700ml	34,500	中国嘉德	2021-05-21
轻井沢1999-14年单桶麦芽威士忌1支	700ml	34,500	中国嘉德	2021-05-21
山崎雪莉桶单一麦芽威士忌1支	700ml	34,500	中国嘉德	2021-05-21
响21年调和、山崎18年、白州18年单一麦芽威士忌（各1支）3支	700ml	34,500	中国嘉德	2021-05-21
高登&麦克菲尔装瓶：125周年限量版科尔本1972年单一麦芽威士忌1支	700ml	34,500	中国嘉德	2021-05-21
山崎纯麦金瓶限量版		34,500	永乐拍卖	2021-05-22
麦卡伦 EDITION NO.1-6高地单一麦芽威士忌（各1支）		34,500	永乐拍卖	2021-05-22
麦卡伦第四限量版火箭车单一麦芽威士忌（共2支）		34,500	永乐拍卖	2021-05-22
轻井沢富岳三十六景—远江山中/东海道程之谷		34,500	华艺国际	2021-06-03
轻井沢俱乐部/大师精选		34,500	华艺国际	2021-06-03
山崎12年瓷瓶单一麦芽威士忌3支		33,350	中贸圣佳	2021-12-30
山崎2015酒厂限定版单一麦芽威士忌3支		33,350	中贸圣佳	2021-12-30
云顶21年千禧纪念版单一麦芽威士忌1支		33,350	中贸圣佳	2021-12-30
罗曼尼·康帝酒庄依瑟索特级园干红2002年份1支	750ml/支	33,350	中国嘉德	2021-05-18
罗曼尼·康帝 拉塔希特级园2003		33,350	华艺国际	2021-06-03
泰斯卡 41年		33,000	十竹斋拍卖（北京）	2021-04-25
马年限量版老酋长		33,000	十竹斋拍卖（北京）	2021-04-25
山崎18年－水楢桶		32,371	保利香港	2021-04-24
山崎1994		32,371	保利香港	2021-04-24
麦卡伦18年－1984		32,371	保利香港	2021-04-24
三得利十二生肖瓷瓶调和威士忌12支		32,200	中贸圣佳	2021-12-30
麦卡伦桶强单一麦芽威士忌2支		32,200	中贸圣佳	2021-12-30
麦卡伦 1984单一麦芽威士忌1支		32,200	中贸圣佳	2021-12-30
格兰花格50年单一麦芽威士忌1支		32,200	中贸圣佳	2021-12-30
格兰凯斯孔雀标 1967 单一麦芽威士忌		32,200	中贸圣佳	2021-12-30
庞特·卡奈古堡2004（原箱）		32,200	华艺国际	2021-03-30
轩尼诗李察（第一代）		32,200	华艺国际	2021-03-30
人头马XO（青瓶）		32,200	华艺国际	2021-03-30
响12/17年—花鸟风月		32,200	华艺国际	2021-03-30
云顶10年、24年、1995-16年单一麦芽威士忌（各1支）3支	700ml	32,200	中国嘉德	2021-05-21
格兰多纳原桶高地单一麦芽威士忌第1-6版（各1支）6支	700ml	32,200	中国嘉德	2021-05-21
林治巴奇庄园 1996年份		32,200	永乐拍卖	2021-05-20
碧尚巴雄庄园 1996年份		32,200	永乐拍卖	2021-05-20
宝马庄园 2011年份		32,200	永乐拍卖	2021-05-20
麦卡伦1981 33年单一麦芽威士忌		32,200	永乐拍卖	2021-05-22
圣弗力装瓶：格兰路思 43年、林可伍德 42年、本尼维斯 27年（各1支）		32,200	永乐拍卖	2021-05-22
玫瑰庄1996（原箱）		32,200	华艺国际	2021-06-03
罗曼尼·康帝 大艾瑟索特级园1984		32,200	华艺国际	2021-06-03
罗曼尼·康帝果渣白兰地		32,200	华艺国际	2021-06-03
轻井泽2000单一麦芽威士忌1支		31,050	中贸圣佳	2021-12-30
轻井泽2000鲤鱼单一麦芽威士忌1支		31,050	中贸圣佳	2021-12-30
轻井泽1999浅间山单一麦芽威士忌1支		31,050	中贸圣佳	2021-12-30
轻井泽1994美术馆纪念版单一麦芽威士忌1支		31,050	中贸圣佳	2021-12-30
宫城峡15年单一麦芽威士忌3支		31,050	中贸圣佳	2021-12-30
麦卡伦30年单一麦芽威士忌2支		31,050	中贸圣佳	2021-12-30
罗斯班克21年玫瑰单一麦芽威士忌1支		31,050	中贸圣佳	2021-12-30
乐加维林1976-37年		31,050	华艺国际	2021-03-30
靓茨伯古堡1986年份12支	750ml/支	31,050	中国嘉德	2021-05-18
白州25年机场限量版		30,475	十竹斋拍卖（北京）	2021-04-25
轻井泽红酒桶－#5034 #5036		30,348	保利香港	2021-04-24
白州1996原酒单一麦芽威士忌1支		29,900	中贸圣佳	2021-12-30
佳德美2006（原箱）		29,900	华艺国际	2021-03-30
余市1989-20年		29,900	华艺国际	2021-03-30
路易亚都普里尼蒙哈榭一级酒园普赛乐葡萄园白葡萄酒2018年份12支	750ml/支	29,900	中国嘉德	2021-05-18
罗曼尼·康帝酒庄圣维旺特级园干红2012年份1支	750ml	29,900	中国嘉德	2021-05-18
山崎私人桶2012年Tokyo barshow单桶麦芽威士忌1支	700ml	29,900	中国嘉德	2021-05-21
雄狮1999（原箱）		29,900	华艺国际	2021-06-03
三得利十二生肖系列		29,900	华艺国际	2021-06-03
羽生 Hanyu Ichiro's		29,505	香港苏富比	2021-04-18
麦卡伦8年、麦卡伦7年桶匠单一麦芽威士忌2支		28,750	中贸圣佳	2021-12-30
布朗拉37年单一麦芽威士忌 一1支		28,750	中贸圣佳	2021-12-30
响21年调和威士忌		28,750	西泠印社	2021-01-14
卡慕经典珍藏年份干邑		28,750	华艺国际	2021-03-30
格兰冠1966-50年		28,750	华艺国际	2021-03-30
响 大师精选雪莉桶日本调和威士忌（共12支）12支	700ml/支	28,750	中国嘉德	2021-05-21
山崎2020限量版重泥煤、邦穹桶单一麦芽威士忌（各1支）2支	700ml/支	28,750	中国嘉德	2021-05-21
秩父2012年伊势丹限定水楢桶单一麦芽威士忌1支	700ml	28,750	中国嘉德	2021-05-21
大摩21年高地单一麦芽威士忌1支	700ml	28,750	中国嘉德	2021-05-21
尊尼获加大师典藏系列30年调和威士忌1支	700ml	28,750	中国嘉德	2021-05-21
美人鱼庄园 2002年份		28,750	永乐拍卖	2021-05-20
金玫瑰庄园 1985年份		28,750	永乐拍卖	2021-05-20
格兰花格家族桶1989、1990		28,750	永乐拍卖	2021-05-22
碧尚男爵1999（原箱）		28,750	华艺国际	2021-06-03
轩尼诗李察（第二代银头）		28,750	华艺国际	2021-06-03
罗曼尼·康帝果渣白兰地		28,750	华艺国际	2021-06-03
响17年金花版		28,750	华艺国际	2021-06-03
格兰冠1955-50年		28,750	华艺国际	2021-06-03
山崎2017酒厂限定版单一麦芽威士忌3支		27,600	中贸圣佳	2021-12-30
麦卡伦庄园10年桶强单一麦芽威士忌1支		27,600	中贸圣佳	2021-12-30
麦卡伦 1989单一麦芽威士忌1支		27,600	中贸圣佳	2021-12-30
布朗拉38年单一麦芽威士忌1支		27,600	中贸圣佳	2021-12-30
波摩30年海龙王单一麦芽威士忌1支		27,600	中贸圣佳	2021-12-30
克莱蒙教皇堡白葡萄酒2017年份12支	750ml/支	27,600	中国嘉德	2021-05-18
路易亚都博马尔特级园红葡萄酒小垂直套装2015-2018年份（各3支）12支	750ml/支	27,600	中国嘉德	2021-05-18
路易亚都圣德尼园特级园红葡萄酒2017年份12支	750ml/支	27,600	中国嘉德	2021-05-18
亨利·布瓦洛庄园沃尔奈“榭弗里”一级园干红2018年份12支	750ml/支	27,600	中国嘉德	2021-05-18
吉佳乐世家艾科斯维托艾米塔吉红白套装2013& 2015年份（各6支）12支	750ml/支	27,600	中国嘉德	2021-05-18
帝亚吉欧星星标 班凌斯-29年		27,500	十竹斋拍卖（北京）	2021-04-25
羽生 Hanyu Ichiro's		27,398	香港苏富比	2021-04-18
布朗拉34年单一麦芽威士忌1支		26,450	中贸圣佳	2021-12-30
帕图斯之花2002		26,450	华艺国际	2021-03-30
碧尚男爵古堡大瓶装（1.5L）2015年份6支	1500ml/支	26,450	中国嘉德	2021-05-18

2021杂项拍卖成交汇总(续表)

(成交价RMB：1万元以上)

拍品名称	物品尺寸	成交价RMB	拍卖公司	拍卖日期
高登&麦克菲尔装瓶: 鉴赏家之选系列格兰基思1968年单一麦芽威士忌1支	700ml	26,450	中国嘉德	2021-05-21
碧尚拉隆庄园 2006年份		26,450	永乐拍卖	2021-05-20
沙龙 2007		26,450	华艺国际	2021-06-03
山崎2013年 - 水楢桶		26,302	保利香港	2021-04-24
麦卡伦18年 - 1980 Gran Reserva		26,302	保利香港	2021-04-24
响21年调和威士忌 3支		25,300	中贸圣佳	2021-12-30
麦卡伦12年单一麦芽威士忌 2支		25,300	中贸圣佳	2021-12-30
布纳哈本1964 单一麦芽威士忌 1支		25,300	中贸圣佳	2021-12-30
塔木岭15年单一麦芽威士忌 1支		25,300	中贸圣佳	2021-12-30
高原骑士1975年单一麦芽威士忌 1支		25,300	中贸圣佳	2021-12-30
2001年夜光杯出口装人参白兰地酒(2原箱)		25,300	西泠印社	2021-01-14
轩尼诗李察		25,300	华艺国际	2021-03-30
轻井沢富岳三十六景——下目黒		25,300	华艺国际	2021-03-30
拉菲古堡大瓶装(1.5L)1985年份 1支	1500ml	25,300	中国嘉德	2021-05-18
嘉雅罗斯海岸尼比奥罗红葡萄酒大瓶装(1.5L)2004年份 2支	1500/支	25,300	中国嘉德	2021-05-18
嘉雅苏里蒂丁巴巴罗斯红葡萄酒大瓶装(1.5L)2004年份 2支	1500/支	25,300	中国嘉德	2021-05-18
一号乐章大瓶装(1.5L)2014年份 3支	1500ml/支	25,300	中国嘉德	2021-05-18
响 和风醇韵日本调和威士忌(共12支) 12支	700ml/支	25,300	中国嘉德	2021-05-21
山崎2009年蒙特利亚葡萄桶至精艺术原酒单一麦芽威士忌(共2支) 2支 500ml	500ml/支	25,300	中国嘉德	2021-05-21
山崎10年纯麦威士忌(共2支) 2支	750ml/支	25,300	中国嘉德	2021-05-21
20世纪90年代三得利金花标花卉小鸟纹有田烧调和威士忌(共2支) 2支	700ml/支	25,300	中国嘉德	2021-05-21
麦卡伦18年高地单一麦芽威士忌(共6支) 6支	700ml/支	25,300	中国嘉德	2021-05-21
麦卡伦1824系列蓝标酒庄高地单一麦芽威士忌酒伴原箱 120支	50ml/支	25,300	中国嘉德	2021-05-21
独角兽装瓶: 高原骑士1978–41年单桶单一麦芽威士忌 1支	700ml	25,300	中国嘉德	2021-05-21
泰斯卡1979–39单一麦芽威士忌 1支	700ml	25,300	中国嘉德	2021-05-21
高登&麦克菲尔装瓶: 麦克菲尔40年单一麦芽威士忌 1支	700ml	25,300	中国嘉德	2021-05-21
高登&麦克菲尔: 林克伍德1969年斯佩塞单一麦芽威士忌 1支	700ml	25,300	中国嘉德	2021-05-21
本诺曼克1977年单一麦芽威士忌 1支	700ml	25,300	中国嘉德	2021-05-21
埃德拉多尔2009年高地单一麦芽威士忌(共6支) 6支	500ml/支	25,300	中国嘉德	2021-05-21
道格拉斯·莱恩装瓶: 60周年特别版1969–40年斯佩塞单一麦芽威士忌 1支	700ml	25,300	中国嘉德	2021-05-21
普勒庄园 1996年份		25,300	永乐拍卖	2021-05-20
布赫拉迪1970/格兰格拉索1976		25,300	华艺国际	2021-06-03
麦卡伦—法国大革命200周年纪念		25,300	华艺国际	2021-06-03
麦卡伦18年 - 1982		24,278	保利香港	2021-04-24
白州雪莉桶2014单一麦芽威士忌1支		24,150	中贸圣佳	2021-12-30
轻井泽富岳三十六景第三十二景单一麦芽威士忌 1支		24,150	中贸圣佳	2021-12-30
羽生伊知郎2000单一麦芽威士忌1支		24,150	中贸圣佳	2021-12-30
余市20年单一麦芽威士忌 1支		24,150	中贸圣佳	2021-12-30
Samaroli格兰威特1980、克莱嘉赫1983单一麦芽威士忌 2支		24,150	中贸圣佳	2021-12-30
龙船古堡大瓶装套装 2017年份 1.5L+3L+6L(各1支)		24,150	中国嘉德	2021-05-18
莱斯古堡甜白葡萄酒2010年份 24支	750ml/支	24,150	中国嘉德	2021-05-18
木桐古堡1985年份 3支	750ml/支	24,150	中国嘉德	2021-05-18
婷芭克世家圣梯楼葡萄园雷司令白葡萄酒精选套装1983&1988&1996年份(各2支) 6支	750ml/支	24,150	中国嘉德	2021-05-18
桑雅红葡萄酒2018年份 12支	750ml/支	24,150	中国嘉德	2021-05-18
山崎10年单一麦芽威士忌 (共3支)		24,150	永乐拍卖	2021-05-22
波摩25年		23,835	十竹斋拍卖(北京)	2021-04-25
麦卡伦18年 - 1974		23,267	保利香港	2021-04-24
麦卡伦典雅1990		23,000	十竹斋拍卖(北京)	2021-04-25
轻井泽富岳三十六景第三十一景单一麦芽威士忌 1支		23,000	中贸圣佳	2021-12-30
尼卡【报恩】15年单一麦芽威士忌1支		23,000	中贸圣佳	2021-12-30
格兰帝大师手稿系列单一麦芽威士忌 3支		23,000	中贸圣佳	2021-12-30
波特艾伦20年单一麦芽威士忌1支		23,000	中贸圣佳	2021-12-30
奥比昂副牌2016(原箱)		23,000	华艺国际	2021-03-30
让肖维纳夜圣乔治一级园 1999		23,000	华艺国际	2021-03-30
轻井沢100%麦芽&谷物		23,000	华艺国际	2021-03-30
轻井沢富岳三十六景——身延川里不二		23,000	华艺国际	2021-03-30
轻井沢富岳三十六景——尾州不二见原		23,000	华艺国际	2021-03-30
轻井沢富岳三十六景——相州梅泽左		23,000	华艺国际	2021-03-30
山崎樽出原酒		23,000	华艺国际	2021-03-30
响17年金花版		23,000	华艺国际	2021-03-30
龙船古堡龙年"金龙雕刻"限量版2012年份 6支	750ml/支	23,000	中国嘉德	2021-05-18
宝嘉龙酒庄大瓶装(1.5L)2012年份6支	1500ml/支	23,000	中国嘉德	2021-05-18
玛歌古堡大瓶装(1.5L)1992年份 1支	1500ml	23,000	中国嘉德	2021-05-18
贝塔娜庄园武若一级园皮尔勒独占园干红2016年份 6支	750ml/支	23,000	中国嘉德	2021-05-18
鹧鸪酒庄夜圣乔治一级园鹧鸪八号杰作红葡萄酒2017年份 12支	750ml/支	23,000	中国嘉德	2021-05-18
阿曼杰夫酒庄博西哲维瑞香贝丹一级园红葡萄酒2017年份 12支	750ml/支	23,000	中国嘉德	2021-05-18
美露香轻井沢阪神虎2003年优胜战士达威士忌(共2支)及酒具一套 2支	360ml/支	23,000	中国嘉德	2021-05-21
秩父2011年高岛屋限定单一麦芽威士忌 1支	700ml	23,000	中国嘉德	2021-05-21
20世纪80年代三乐轻井沢GLORIA OCEAN船形威士忌(共3支) 3支	760ml/支	23,000	中国嘉德	2021-05-21
响 大师精选樱花限量版调和威士忌(共3支) 3支	700ml/支	23,000	中国嘉德	2021-05-21
麦卡伦18年雪莉双桶高地单一麦芽威士忌(共6支) 6支	700ml/支	23,000	中国嘉德	2021-05-21
麦卡伦18年黄金三桶高地单一麦芽威士忌(共6支) 6支	700ml/支	23,000	中国嘉德	2021-05-21
苏格兰老酋长装瓶: 雪茄麦芽13年斯佩塞单一麦芽威士忌(共6支) 6支	700ml/支	23,000	中国嘉德	2021-05-21
苏格兰老酋长装瓶: 忠臣藏慕赫1997–20年单一麦芽威士忌(各1支) 2支	700ml/支	23,000	中国嘉德	2021-05-21
波摩酒庄三部曲: 18年、26年、27年艾雷岛单一麦芽威士忌(各1支) 3支	700ml/支	23,000	中国嘉德	2021-05-21
尊尼获加1947~1997精益求精50年调和威士忌 1支	750ml	23,000	中国嘉德	2021-05-21
格兰花格25、30年高地单一麦芽威士忌(各1支) 2支	700ml/支	23,000	中国嘉德	2021-05-21
高登&麦克菲尔装瓶: 鉴赏家之选格兰洛奇1977年高地单一麦芽威士忌 1支	700ml	23,000	中国嘉德	2021-05-21
圣弗力装瓶: 麦卡伦1989–27年斯佩塞单一麦芽威士忌 1支	700ml	23,000	中国嘉德	2021-05-21
高原骑士勇士宝剑、索尔16年、洛基15年、芙蕾雅15年单一麦芽威士忌(各1支) 4支	700ml/支	23,000	中国嘉德	2021-05-21
格兰威特1967年窖藏系列单一麦芽威士忌 1支	700ml	23,000	中国嘉德	2021-05-21
斯佩塞30年单一麦芽威士忌 1支	700ml	23,000	中国嘉德	2021-05-21
庞特卡内庄园 2006年份		23,000	永乐拍卖	2021-05-20
山崎2017年限量版单一麦芽威士忌(共3支)		23,000	永乐拍卖	2021-05-22
格兰多纳1994 21年单一麦芽威士忌		23,000	永乐拍卖	2021-05-22
格兰多纳2003台湾纪念版单桶原箱		23,000	永乐拍卖	2021-05-22
拉菲1990		23,000	华艺国际	2021-06-03
响—大师精选樱花版(原箱)		23,000	华艺国际	2021-06-03
麦卡伦25年 周年纪念版		22,255	保利香港	2021-04-24
轻井泽1999/2000年 - 神奈川冲浪里		22,255	保利香港	2021-04-24
轩尼斯巴尼奥莱南瓜水晶瓶		22,255	保利香港	2021-04-24
竹鹤17年、21年、25年		22,255	保利香港	2021-04-24
三得利威基伍德调和威士忌 1支		21,850	中贸圣佳	2021-12-30
响17年调和威士忌 三支		21,850	中贸圣佳	2021-12-30
白州1998单桶单一麦芽威士忌 1支		21,850	中贸圣佳	2021-12-30
东方命浮世绘系列"龙虎鹰"单一麦芽威士忌 3支		21,850	中贸圣佳	2021-12-30
圣弗力布朗拉1982单一麦芽威士忌1支		21,850	中贸圣佳	2021-12-30
波特艾伦1982单一麦芽威士忌 1支		21,850	中贸圣佳	2021-12-30
波特艾伦1976单一麦芽威士忌 1支		21,850	中贸圣佳	2021-12-30
波特艾伦1978单一麦芽威士忌 1支		21,850	中贸圣佳	2021-12-30
亨利佩罗特米诺酒庄甄选		21,850	华艺国际	2021-03-30
路易亚都香牡香贝丹特级园 2012(原箱)		21,850	华艺国际	2021-03-30

2021杂项拍卖成交汇总(续表)

(成交价RMB:1万元以上)

拍品名称	物品尺寸	成交价RMB	拍卖公司	拍卖日期
鲁臣世家古堡大瓶装(1.5L)2015年份6支	1500ml/支	21,850	中国嘉德	2021-05-18
班菲思慕干红大瓶装(5L)1998年份1支	5000ml	21,850	中国嘉德	2021-05-18
碧尚巴雄庄园 2007年份		21,850	永乐拍卖	2021-05-20
雄狮庄园 2012年份		21,850	永乐拍卖	2021-05-20
格兰艾宾1968—鉴赏家之选		21,850	华艺国际	2021-06-03
帝亚吉欧2020珍藏限量系列		21,620	华艺国际	2021-03-30
轩尼斯杯莫停		21,244	保利香港	2021-04-24
山崎私人选桶1992单一麦芽威士忌1支		20,700	中贸圣佳	2021-12-30
布朗拉1982单一麦芽威士忌1支		20,700	中贸圣佳	2021-12-30
乐加维林1985单一麦芽威士忌1支		20,700	中贸圣佳	2021-12-30
阿贝18年单一麦芽威士忌1支		20,700	中贸圣佳	2021-12-30
拉弗格25年单一麦芽威士忌		20,700	西泠印社	2021-01-14
鲁臣世家2009(原箱)		20,700	华艺国际	2021-03-30
朗摩1964–46年		20,700	华艺国际	2021-03-30
阿贝1975–23年		20,700	华艺国际	2021-03-30
轻井沢贮藏15年		20,700	华艺国际	2021-03-30
响17年50.5%		20,700	华艺国际	2021-03-30
白州1973蒸馏厂珍藏单一麦芽威士忌(共12支) 12支	700ml/支	20,700	中国嘉德	2021-05-21
余市宫城峡蒸馏所限定单一麦芽风味桶原酒(各1支) 6支 500ml	500ml/支	20,700	中国嘉德	2021-05-21
越ノ忍无年份、10、15年水楢桶纯麦、调和威士忌(各1支) 4支	700ml/支	20,700	中国嘉德	2021-05-21
白州蒸馏所BLENDER' S CHOICE单一麦芽威士忌1支	700ml	20,700	中国嘉德	2021-05-21
尼卡BLACK–50调和威士忌1支	720ml	20,700	中国嘉德	2021-05-21
80年代三得利金獅标梅竹锦鸡纹有田烧调和威士忌(共2支) 2支	720ml/支	20,700	中国嘉德	2021-05-21
高原骑士2004–13年单桶麦芽威士忌(共3支) 3支	700ml/支	20,700	中国嘉德	2021-05-21
乐加维林20年艾雷岛单一麦芽威士忌(各1支) 2支	700ml/支	20,700	中国嘉德	2021-05-21
克莱嘉赫33年斯佩塞单一麦芽威士忌1支	750ml	20,700	中国嘉德	2021-05-21
乐凯力40年单一谷物苏格兰威士忌(共2支) 2支	700ml/支	20,700	中国嘉德	2021-05-21
埃德拉多尔2009年、2010年高地单一麦芽威士忌(各1支) 3支	700ml/支	20,700	中国嘉德	2021-05-21
格兰格拉索35年马德拉桶高地单一麦芽威士忌1支	700ml	20,700	中国嘉德	2021-05-21
克拉米伦庄园 2006年份		20,700	永乐拍卖	2021-05-20
埃斯图耐尔庄园 2012年份		20,700	永乐拍卖	2021-05-20
雄狮庄园 2013年份		20,700	永乐拍卖	2021-05-20
山崎2020限量版邦穹桶、重泥煤桶单一麦芽威士忌 (共2支)		20,700	永乐拍卖	2021-05-22
响21年调和威士忌 (共2支)		20,700	永乐拍卖	2021-05-22
GM 格兰威特 1966		20,700	永乐拍卖	2021-05-22
高帝1999单一年份干邑		20,700	华艺国际	2021-06-03
轻井沢阪神老虎优胜纪念(原箱)		20,700	华艺国际	2021-06-03
阿贝1975–鉴赏家之选		20,700	华艺国际	2021-06-03
高原骑士1995–25年单桶(原箱)		20,700	华艺国际	2021-06-03
本尼维斯1966–44年		20,700	华艺国际	2021-06-03
本尼维斯1967–43年		20,700	华艺国际	2021-06-03
云顶1989/朗格罗1990		20,700	华艺国际	2021-06-03
麦卡伦珍稀1951–50年(50ml)		20,700	华艺国际	2021-06-03
麦卡伦红标原酒		20,232	保利香港	2021-04-24
轩尼斯杯莫停水晶瓶		20,232	保利香港	2021-04-24
山崎1993年 – 重泥煤 #3Q70045		20,232	保利香港	2021-04-24
麦卡伦18年 – 1993–1996		20,232	保利香港	2021-04-24
响17年金花版		20,125	华艺国际	2021-03-30
宝嘉龙酒庄2000/2004		20,125	华艺国际	2021-06-03
响12年特别版调和威士忌3支		19,550	中贸圣佳	2021-12-30
波摩海鸥标25年单一麦芽威士忌1支		19,550	中贸圣佳	2021-12-30
雄狮1989/1999/2009套箱(1.5L限量48/299)		19,550	华艺国际	2021-03-30
雄狮古堡"888"珍藏套装大瓶装(1.5L)1988+1998+2008年份(各1支)	1500ml/支	19,550	中国嘉德	2021-05-18
爱诗图古堡大瓶装(1.5L)2012年份6支	1500ml/支	19,550	中国嘉德	2021-05-18
多米纳斯庄园干红2017年份 6支	750ml/支	19,550	中国嘉德	2021-05-18
碧尚巴雄庄园 2008年份		19,550	永乐拍卖	2021-05-20
克里奈庄园 2014年份		19,550	永乐拍卖	2021-05-20
麦卡伦2000 诺特曼家族系列 18年单一麦芽威士忌		19,550	永乐拍卖	2021-05-22
布朗拉35年单一麦芽威士忌限量版		19,550	永乐拍卖	2021-05-22
卡慕瓷书(名画系列)		19,550	华艺国际	2021-06-03
罗斯班克21年单一麦芽威士忌1支		18,400	中贸圣佳	2021-12-30
Samaroli精选系列2021一套 9支		18,400	中贸圣佳	2021-12-30
奥比昂2004(1.5L)		18,400	华艺国际	2021-03-30
路易亚都伏旧特级园 2013(原箱)		18,400	华艺国际	2021-03-30
格兰卡登1974&大云1974		18,400	华艺国际	2021-03-30
格兰乌妮&林克伍德—珍稀麦芽系列		18,400	华艺国际	2021-03-30
三得利威望25年		18,400	华艺国际	2021-03-30
小木桐干红(木桐古堡副牌)大瓶装(1.5L)2010年份 3支	1500ml/支	18,400	中国嘉德	2021-05-18
鹤鸪酒庄伊瑟索特级园红葡萄酒2017年份 6支	750ml/支	18,400	中国嘉德	2021-05-18
玛希阿马罗尼印象2018全球限量套装1980+2003年份(各1支) 1套/6支	750ml/支	18,400	中国嘉德	2021-05-18
碧尚巴雄庄园 2006年份		18,400	永乐拍卖	2021-05-20
奥比昂使命庄园 2012年份		18,400	永乐拍卖	2021-05-20
余市宫城峡蒸馏所限定单一麦芽风味桶原酒 (各1支)		18,400	永乐拍卖	2021-05-22
格兰威特1978 40年单一麦芽威士忌		18,400	永乐拍卖	2021-05-22
拿路世家1968原桶备年雅文邑(原箱)		18,400	华艺国际	2021-06-03
轻井沢富岳三十六景——骏州江尻		18,400	华艺国际	2021-06-03
三得利生肖威士忌		18,209	保利香港	2021-04-24
麦卡伦18年 – 1986		18,209	保利香港	2021-04-24
山崎 Yamazaki Puncheon First Release 48.0 ABV 2010(1 BT70)		17,914	香港苏富比	2021-04-18
山崎 Yamazaki Puncheon 2020 Edition 48.0 ABV NV(1 BT70)		17,914	香港苏富比	2021-04-18
轻井泽富岳三十六景系列 Karuizawa 36 Views of Mount Fuji 34th Release 61.4 abv NV(1 BT70)		17,914	香港苏富比	2021-04-18
北京同仁堂 护骨药酒 24瓶	647ml/瓶	195,500	华艺国际	2021-03-30
20世纪80年代李时珍牌日本回流参茸药酒 12瓶	646ml/瓶	126,500	西泠印社	2021-01-14
1995年同仁堂出口装护骨药酒(原箱) 24瓶	323ml/瓶	109,250	西泠印社	2021-01-14
1995年同仁堂旅游装护骨药酒(原箱)		109,250	西泠印社	2021-01-14
1995年产原箱同仁堂护骨酒		103,500	中鸿信	2021-07-15
1994同仁堂琼浆药酒(原箱)		92,000	西泠印社	2021-01-14
北京同仁堂 护骨药酒(原箱)		86,250	华艺国际	2021-03-30
1999年产北京同仁堂"护骨药酒"		82,800	北京荣宝	2021-06-19
2000年北京同仁堂 参茸药酒(原箱) 2箱(24瓶/箱)	647ml/瓶	78,200	华艺国际	2021-03-30
约1998年产北京同仁堂"出口美国护骨酒"(大瓶装)		78,200	北京荣宝	2021-06-19
2003年产北京同仁堂"出口美国皇牌护骨酒"(大瓶装)		69,000	北京荣宝	2021-06-19
约1998年原箱同仁堂护骨酒(出口美国大瓶装)		69,000	中鸿信	2021-07-15
2003年产同仁堂皇牌护骨酒 出口美国(大瓶装)		69,000	中鸿信	2021-07-15
1999年同仁堂出口装护骨药酒(原箱)		66,700	西泠印社	2021-01-14
20世纪80年代产原箱北京灵芝补酒(鹿头牌) 24瓶	500ml/瓶	57,500	中鸿信	2021-07-15
20世纪80年代产"雪山牌雪蛤大补酒"		57,500	北京荣宝	2021-06-19
20世纪70–80年代产北京同仁堂"出口装李时珍牌参茸药酒"(大瓶装)		57,500	北京荣宝	2021-06-19
1987年同仁堂如意长生酒(2原箱)		51,750	西泠印社	2021-01-14
20世纪90年代产"出口装参茸多鞭酒"		46,000	北京荣宝	2021-06-19
20世纪80年代产北京同仁堂"出口装李时珍牌国公酒"		46,000	北京荣宝	2021-06-19
1993年产原箱同仁堂内供参茸药酒		46,000	中鸿信	2021-07-15
2001年产 原箱出口装同仁堂 国公酒(大瓶装)		41,400	永乐拍卖	2021-05-20
20世纪90年代产出口装鹿尾巴补酒(海外回流)		41,400	中鸿信	2021-07-15
1994年同仁堂五加皮酒(两原箱)48瓶		40,250	西泠印社	2021-01-14
1994年山西中药厂龟龄集酒 12瓶	750ml/瓶	36,800	西泠印社	2021-01-14
20世纪90年代同仁堂出口装护骨药酒		36,800	西泠印社	2021-01-14
1995年山西中药厂龟龄集酒		36,800	西泠印社	2021-01-14
20世纪80年代雪蛤大补酒(原箱)		36,800	西泠印社	2021-01-14
1999年产北京同仁堂"高级补酒琼浆药酒"		34,500	北京荣宝	2021-06-19
1999同仁堂琼浆药酒(原箱)		34,500	西泠印社	2021-01-14
2001年产原箱出口装同仁堂国公酒(大瓶装)		34,500	中鸿信	2021-07-15
20世纪90年代产出口装参茸多鞭酒(含有冬虫夏草)		33,350	中鸿信	2021-07-15
2004年同仁堂出口装护骨酒(原箱)		32,200	西泠印社	2021-01-14
1993年山西中药厂龟龄集酒		32,200	西泠印社	2021-01-14
广誉远 龟龄集酒(原箱)		32,200	华艺国际	2021-03-30
20世纪90年代天津名酒 玫瑰露酒(回流)		32,200	中鸿信	2021-07-15

（成交价RMB：1万元以上）

拍品名称	物品尺寸	成交价RMB	拍卖公司	拍卖日期
中亚牌 特质三鞭酒（原箱）		31,050	华艺国际	2021-03-30
2000年同仁堂五加皮酒（2原箱）		28,750	西泠印社	2021-01-14
1999年北京同仁堂老庄养生酒（2原箱）		28,750	西泠印社	2021-01-14
2000年产 同仁堂如意长生酒		28,750	永乐拍卖	2021-05-20
20世纪90年代产"出口装至宝三鞭酒"		25,300	北京荣宝	2021-06-19
1987年同仁堂如意长生酒（原箱）		25,300	西泠印社	2021-01-14
1984年山西中药厂木瓜酒（原箱）		25,300	西泠印社	2021-01-14
20世纪90年代参茸多鞭酒（原箱）		25,300	西泠印社	2021-01-14
北京同仁堂 如意长生酒（原箱）		25,300	华艺国际	2021-03-30
金星牌 五加皮酒（原箱）		24,150	华艺国际	2021-03-30
20世纪80年代产"红梅牌李时珍特质十全大补酒"		23,000	北京荣宝	2021-06-19
20世纪90年代产北京同仁堂"十全大补酒"		23,000	北京荣宝	2021-06-19
20世纪90年代产出口装天津名酒"金星牌五加皮酒"		23,000	北京荣宝	2021-06-19
1993年产北京同仁堂"内供参茸药酒"（非卖品）		23,000	北京荣宝	2021-06-19
2000年产北京同仁堂"如意长生酒"（大瓶装）2箱		23,000	北京荣宝	2021-06-19
20世纪00年代产北京同仁堂"骨刺消痛液"（2箱）		23,000	北京荣宝	2021-06-19
2000年代同仁堂参茸药酒		23,000	西泠印社	2021-01-14
皇宫牌 中国劲酒（原箱）		23,000	华艺国际	2021-03-30
1993年产 原箱同仁堂内供参茸药酒		23,000	永乐拍卖	2021-05-20
20世纪90年代产 出口装参茸多鞭酒（含有冬虫夏草）		23,000	永乐拍卖	2021-05-20
20世纪90年代产 出口装天津名酒金星牌五加皮酒		23,000	永乐拍卖	2021-05-20
20世纪90年代产出口装天津名酒金星牌五加皮酒		23,000	中鸿信	2021-07-15
（约1995年）20世纪90年代产北京同仁堂老庄养生酒（非卖品）		23,000	中鸿信	2021-07-15
2000年左右产同仁堂参茸药酒 大瓶装		23,000	中鸿信	2021-07-15
20世纪90年代产出口装至宝三鞭酒（含有上沉香，马来西亚回流）		23,000	中鸿信	2021-07-15
2000年产北京同仁堂"如意长生酒"		20,700	北京荣宝	2021-06-19
2000年同仁堂三鞭酒（4原箱）		20,700	西泠印社	2021-01-14
1987年向阳牌出口装参花酒		20,700	西泠印社	2021-01-14
20世纪90年代鹿尾巴补酒（原箱）		20,700	西泠印社	2021-01-14
20世纪80年代产"出口装鹿头牌北京灵芝补酒"		18,400	北京荣宝	2021-06-19
20世纪80~90年代产"出口装鹭江牌卫元药酒"（2箱）		18,400	北京荣宝	2021-06-19
茗 茶				
清 刺绣十章纹龙片（一对）	82cm×87cm×2	115,000	中贸圣佳	2021-12-30
20世纪80年代 厚纸商检8582青饼1筒（共7片）		1,058,000	中贸圣佳	2021-05-20
20世纪50年代 大红印圆茶1片	重约2513g	690,000	中贸圣佳	2021-05-20
20世纪80年代 88青饼1筒7片	重约2337g	575,000	中贸圣佳	2021-05-20
20世纪90年代 96紫大益1筒7片		253,000	中贸圣佳	2021-05-20
20世纪40年代 两票六安（干仓）4粒		207,000	中贸圣佳	2021-05-20
20世纪80年代 8592厚纸		172,500	中贸圣佳	2021-05-20
20世纪80年代 80年代8653		161,000	中贸圣佳	2021-05-20
20世纪60年代 小黄印		138,000	中贸圣佳	2021-05-20
20世纪70年代 大口中第一批7572		115,000	中贸圣佳	2021-05-20
20世纪70年代 大蓝印		92,000	中贸圣佳	2021-05-20
20世纪70年代 昆明铁饼		69,000	中贸圣佳	2021-05-20
20世纪80年代 8592无纸	10片	57,500	中贸圣佳	2021-05-20
20世纪20年代 双狮同庆号青饼普洱茶1筒共7片	总重2183g	7,991,640	保利香港	2021-04-24
百年 陈云号青饼（白纸黑标）	总重约2200g	6,896,400	保利香港	2021-12-01
《号级茶》红标宋聘号圆茶1片	重321g	4,140,000	中国嘉德	2021-12-10
《印级茶》蓝印铁饼圆茶1筒7片	重2345g	2,645,000	中国嘉德	2021-12-10
《印级茶》蓝印铁饼1筒7片	重2197g	2,645,000	中国嘉德	2021-05-21
《印级茶》无纸红印圆茶1筒7片	重2258g	2,242,500	中国嘉德	2021-12-10
《印级茶》无纸红印1筒7片	重2094g	2,185,000	中国嘉德	2021-05-21
《印级茶》无纸红印圆茶		2,127,500	中国嘉德	2021-12-10
20世纪70年代老树白茶 50罐	重25000g	2,070,000	永乐拍卖	2021-12-03
《号级茶》双狮同庆号圆茶1片	重320.6g	1,840,000	中国嘉德	2021-12-10
1985年勐海茶厂8582（厚纸）1筒7饼		1,725,000	华艺国际	2021-06-03
20世纪80年代 厚纸8582青饼		1,667,500	中国嘉德	2021-12-10
20世纪20年代 宋聘号青饼普洱茶（蓝票）1片	总重 约293g	1,416,240	保利香港	2021-04-24
1988年勐海茶厂8582（薄纸）1筒7饼		1,403,000	华艺国际	2021-06-03
20世纪20年代·干利贞宋聘号茶庄·百年 宋聘号 蓝标		1,380,000	中贸圣佳	2021-12-30
《号级茶》蓝标宋聘号圆茶1片	重308g	1,380,000	中国嘉德	2021-05-21
2006年"3200岁凤庆茶王树"茶饼1片	重491.2g	1,265,000	中国嘉德	2021-12-10
1988年勐海茶厂7542 1筒7饼		1,265,000	华艺国际	2021-06-03
20世纪50年代 红印圆茶1片（陈智同先生签名）	重约348g	1,265,000	江苏观宇	2021-09-26
80年代勐海茶厂厚纸8582		1,265,000	华艺国际	2021-12-11
1980年代·勐海茶厂·80年代 厚纸商检8582青饼		1,196,000	中贸圣佳	2021-12-30
20世纪80年代 雪印青饼（7532配方）7片	总重约2425g	1,182,240	保利香港	2021-12-01
20世纪50年代 红印圆茶1片	重约310g	1,127,000	华艺国际	2021-06-03
20世纪50年代初期大红印1片	重约338g	1,115,500	北京保利	2021-09-26
1987年 厚纸7542青饼普洱茶1筒7饼	总重约2422g	1,112,760	保利香港	2021-04-24
1998年勐海茶厂8582（橙中橙）12筒	84片	1,092,500	华艺国际	2021-06-03
1998年勐海茶厂8582（小绿印）12筒	84片	1,058,000	华艺国际	2021-06-03
20世纪80年代首批厚纸8582青饼		1,058,000	北京保利	2021-12-05
20世纪50年代早期大红印1饼	重约340g	1,035,000	永乐拍卖	2021-05-20
20世纪50年代无纸红印		1,035,000	北京保利	2021-12-05
大益2002年特制精品班章 大白菜1筒7饼	重约2450g	1,029,250	北京保利	2021-09-26
大益 2003年六星孔雀班章1片	重约400g	989,000	北京保利	2021-09-26
首批88青饼		977,500	北京保利	2021-12-05
百年陈云号白票圆茶1片		943,000	华艺国际	2021-12-11
20世纪80年代·勐海茶厂·80年代末 干仓88青饼		920,000	中贸圣佳	2021-12-30
20世纪50年代·勐海茶厂·无纸红印		920,000	中贸圣佳	2021-12-30
《印级茶》无纸绿印		920,000	中国嘉德	2021-05-21
20世纪80年代首批88青饼		920,000	北京保利	2021-09-26
20世纪80年代首批88青饼		885,500	永乐拍卖	2021-05-20
1996年"真淳雅"号圆茶1筒7片	重2494g	862,500	中国嘉德	2021-12-10
1997年 水蓝印青饼		862,500	中国嘉德	2021-12-10
20世纪80年代勐海茶厂厚纸8582青饼（生茶）		862,500	西泠印社	2021-01-16
20世纪80年代首批厚纸8582青饼		862,500	永乐拍卖	2021-05-20
20世纪50年代大红印青饼（生茶）		862,500	西泠印社	2021-07-23
20世纪80年代末 88青饼		862,500	中国嘉德	2021-12-10
20世纪70年代·下关茶厂·下关正庄筒体		805,000	中贸圣佳	2021-12-30
20世纪80年代末·勐海茶厂"88"青饼（生茶）		805,000	西泠印社	2021-01-16
《号级茶》龙马同庆		805,000	中国嘉德	2021-05-21
勐海茶厂7542—88青饼		805,000	华艺国际	2021-12-11
20世纪50年代 红印青饼	总重约338g	788,160	保利香港	2021-12-01
20世纪50年代 蓝印圆茶		782,000	华艺国际	2021-06-03
首批88青饼 苹果绿		770,500	北京保利	2021-06-07
1996年"真淳雅"号圆茶		747,500	中国嘉德	2021-12-10
20世纪70年代 小黄印青饼	总重约1305g	738,900	保利香港	2021-12-01
20世纪80年代末 88青饼		690,000	中国嘉德	2021-12-10
20世纪80年代7542—88青饼（1筒）		667,000	十竹斋拍卖（北京）	2021-04-25
20世纪50年代蓝印圆茶2片	重696g	644,000	十竹斋拍卖（北京）	2021-04-25
1989年·勐海茶厂 薄纸8582		632,500	中贸圣佳	2021-12-30
20世纪80年代·勐海茶厂·80年代末 干仓88青饼		632,500	中贸圣佳	2021-12-30
20世纪70年代 7542-73青饼		632,500	中国嘉德	2021-05-21
1988~1989年 勐海茶厂7542-88青饼		632,500	华艺国际	2021-12-11
20世纪50年代·勐海茶厂·甲级蓝印		609,500	中贸圣佳	2021-12-30
20世纪50年代 红印铁饼普洱茶	总重 约325g	606,960	保利香港	2021-04-24
20世纪80年代首批厚纸8582青饼（纯干仓）		598,000	北京保利	2021-06-07
20世纪80年代末·勐海茶厂首批"88"青饼（生茶）		598,000	西泠印社	2021-07-23
20世纪80年代末 商检8592圆茶	总重约14501g	591,120	保利香港	2021-12-01
20世纪80年代首批厚纸8582青饼		586,500	北京保利	2021-09-26
20世纪50年代·勐海茶厂·五十年代 红印圆茶		575,000	中贸圣佳	2021-12-30
1996年·勐海茶厂·96玫瑰紫大益圆茶（王龙华签名版）		575,000	中贸圣佳	2021-12-30
88青饼（苹果绿）		575,000	永乐拍卖	2021-05-20
2005年勐海孔雀饼茶（501批次）		575,000	永乐拍卖	2021-05-20
20世纪30年代·江城号圆茶（生茶）		575,000	西泠印社	2021-07-23
1990~1991年勐海茶厂7542		563,500	华艺国际	2021-06-03
20世纪50年代大字绿印		552,000	永乐拍卖	2021-05-20
1985年勐海茶厂7542（厚棉纸）		552,000	华艺国际	2021-06-03
20世纪50年代·蓝印铁饼（生茶）		552,000	西泠印社	2021-07-23
20世纪80年代末 88青饼		552,000	中国嘉德	2021-12-10
大益 2002年特制精品班章 大白菜		552,000	北京保利	2021-12-05
80年代初期 勐海茶厂7532		540,500	华艺国际	2021-06-03
1997年小绿印青饼普洱茶（7542配方）	总重 约29117g	526,032	保利香港	2021-04-24

2021杂项拍卖成交汇总(续表)

(成交价RMB：1万元以上)

拍品名称	物品尺寸	成交价RMB	拍卖公司	拍卖日期
20世纪50年代同兴号圆茶		517,500	十竹斋拍卖(北京)	2021-04-25
20世纪70年代·勐海茶厂·70年代小黄印青饼		517,500	中贸圣佳	2021-12-30
大益2005年勐海孔雀青饼		517,500	北京保利	2021-06-07
大益 2003年五星孔雀班章		517,500	北京保利	2021-09-26
约20世纪70~80年代金牌上原度六堡茶		517,500	华艺国际	2021-12-11
20世纪80年代 薄纸8582青饼普洱茶	总重约2112g	517,230	保利香港	2021-12-01
1988~1991年勐海茶厂7542—88青饼		494,500	华艺国际	2021-12-11
2006~2015年 临沧春蕊	总重约28560g	492,600	保利香港	2021-12-01
20世纪30年代 同昌号·黄文兴青饼普洱茶	总重约331g	485,568	保利香港	2021-04-24
88青饼		483,000	永乐拍卖	2021-05-20
20世纪50年代 蓝印铁饼		483,000	华艺国际	2021-06-03
20世纪50年代蓝铁		483,000	北京保利	2021-09-26
2008年 陈升号老班章(首批)	总重约5667g	472,896	保利香港	2021-12-01
2004年 401班章珍藏青沱		460,000	中国嘉德	2021-05-21
2006年 601班章有机青饼		460,000	中国嘉德	2021-05-21
20世纪80年代勐海茶厂8592		460,000	华艺国际	2021-12-11
88青饼 薄纸		460,000	北京保利	2021-12-05
大益 2003年六星孔雀班章		460,000	北京保利	2021-12-05
2006~2015年王德传“十年磨一剑”(临沧春蕊)	总重约28560g	455,220	保利香港	2021-04-24
20世纪50年代蓝印铁饼		437,000	永乐拍卖	2021-05-20
20世纪80年代·勐海茶厂厚纸8582青饼(生茶)		437,000	西泠印社	2021-07-23
2004年 牡丹王 2件	11000g/件	430,100	上海嘉禾	2021-07-22
20世纪50年代蓝铁 1片	重328g	414,000	北京保利	2021-06-07
20世纪50年代白沙溪茶厂千两茶 1块	重约1500g	402,500	北京保利	2021-06-07
20世纪50年代·无纸红印(生茶)		402,500	西泠印社	2021-01-16
《号级茶》龙马同庆		402,500	中国嘉德	2021-05-21
末代紧茶(蘑菇沱)		402,500	中国嘉德	2021-12-10
97水蓝印青饼(台湾纯干仓)		388,700	北京保利	2021-06-07
大益2000年珍藏班章 大白菜 1片	重约400g	368,000	北京保利	2021-09-26
20世纪80年代大蓝印青饼普洱茶		368,000	十竹斋拍卖(北京)	2021-04-25
《印级茶》无纸红印		368,000	中国嘉德	2021-05-21
97水蓝印青饼		368,000	北京保利	2021-06-07
20世纪40年代·宋聘号铁饼(生茶)		368,000	西泠印社	2021-07-23
2013年 “千载之遇”青饼	500g/片	368,000	中国嘉德	2021-12-10
1980年代·勐海茶厂·80年代厚纸7542青饼		350,750	中贸圣佳	2021-12-30
20世纪80年代·勐海茶厂厚纸8582青饼(生茶)		345,000	西泠印社	2021-01-16
《印级茶》蓝印铁饼		345,000	中国嘉德	2021-05-21
大益2003年银大益		345,000	北京保利	2021-06-07
《印级茶》蓝印铁饼圆茶		345,000	中国嘉德	2021-12-10
20世纪90年代 “真淳雅”号青饼普洱茶	总重约4654g	343,944	保利香港	2021-04-24
2003年 梅子香老白茶		341,550	上海嘉禾	2021-07-22
2003年 老白茶	重357g	328,440	上海嘉禾	2021-07-22
20世纪80年代末~20世纪90年代初88青饼普洱茶(7542配方)	总重约2411g	323,712	保利香港	2021-04-24
20世纪80年代·勐海茶厂厚纸8582青饼(生茶)		322,000	西泠印社	2021-07-23
1998年 班章青饼普洱茶	总重约32317g	303,480	保利香港	2021-04-24
2010年 临沧春蕊	总重约15351g	303,480	保利香港	2021-04-24
2003年 301 大2易武正山野生茶特级品(绿大树)		299,000	中国嘉德	2021-12-10
20世纪90年代中期 厚纸绿印原野香		289,800	上海嘉禾	2021-07-22
20世纪80年代·勐海茶厂·80年代厚纸8582青饼		287,500	中贸圣佳	2021-12-30
大益2002年精品班章 大白菜		287,500	北京保利	2021-06-07
98灰绳绿大树		287,500	北京保利	2021-06-07
92青饼		287,500	北京保利	2021-06-07
20世纪80年代末 88青饼		287,500	中国嘉德	2021-12-10
2003年 小2易武正山野生茶特级品(绿大树)		287,500	中国嘉德	2021-12-10
20世纪70年代江城号圆茶		264,500	十竹斋拍卖(北京)	2021-04-25
88青饼 薄纸		264,500	北京保利	2021-06-07
20世纪60年代·昆明茶厂中茶牌简体昆铁青饼(生茶)		264,500	西泠印社	2021-07-23
20世纪80年代末~20世纪90年代初88青饼普洱茶(7542配方)	总重约2259g	263,016	保利香港	2021-04-24
88青饼 薄纸		258,750	北京保利	2021-09-26
2018年 秘境		257,600	上海嘉禾	2021-07-22
1996年·玫瑰大益缺南版首批青饼(生茶)		253,000	西泠印社	2021-01-16
94青饼		253,000	永乐拍卖	2021-05-20
94青		253,000	北京保利	2021-06-07

拍品名称	物品尺寸	成交价RMB	拍卖公司	拍卖日期
2000年 圣藏	重400g	253,000	上海嘉禾	2021-07-22
2011年 101金大益青饼		253,000	中国嘉德	2021-12-10
2014年、2018年 问鼎茶王各1筒	500g/片	253,000	中国嘉德	2021-12-10
2017年“大国鼎元”青饼	500g/片	253,000	中国嘉德	2021-12-10
20世纪80年代绿印圆茶(销台定制茶)		241,500	十竹斋拍卖(北京)	2021-04-25
大益2001年红大益老树圆茶		241,500	北京保利	2021-06-07
20世纪90年代“真淳雅”		241,500	北京保利	2021-06-07
20世纪80年代红印铁饼		230,000	十竹斋拍卖(北京)	2021-04-25
20世纪70年代·昆明茶厂·70年代昆明铁饼		230,000	中贸圣佳	2021-12-30
民国 安徽 祁门·20年代 孙义顺老六安		230,000	中贸圣佳	2021-12-30
20世纪80年代末~20世纪90年代初中茶牌繁体字8653七子饼茶		230,000	中国嘉德	2021-05-21
1997年勐海茶厂7542		230,000	华艺国际	2021-06-03
1988~1989年 勐海茶厂7542–88青饼		230,000	华艺国际	2021-06-03
20世纪80年代 首批中茶繁体铁饼8653		230,000	华艺国际	2021-06-03
73青饼		230,000	北京保利	2021-06-07
2008年 “我爱您”青饼	400g/片	230,000	中国嘉德	2021-12-10
2008年 “陈香甘露”青饼	450g/片	230,000	中国嘉德	2021-12-10
88青饼		224,250	北京保利	2021-09-26
2011年 倚邦春蕊	总重约5355g	222,552	保利香港	2021-04-24
20世纪60年代民族团结牌茯砖		218,500	北京保利	2021-09-26
1997年 水蓝印青饼普洱茶(7542配方)	总重约2762g	212,436	保利香港	2021-04-24
20世纪90年代 福鼎二级白牡丹(原木箱)	总重14000g	212,436	保利香港	2021-04-24
92方砖(早期) 10块		207,000	北京保利	2021-06-07
20世纪90年代橙印青饼		207,000	十竹斋拍卖(北京)	2021-04-25
20世纪80年代末~20世纪90年代初中茶牌繁体字8653七子饼茶		207,000	中国嘉德	2021-05-21
2003年 301金大益		207,000	中国嘉德	2021-05-21
20世纪80年代7542		207,000	北京保利	2021-06-07
大益2003年金大益		207,000	北京保利	2021-06-07
20世纪70年代雪印青饼		207,000	北京保利	2021-06-07
2021年 陈广和堂智同手制老班章特订版		207,000	江苏观宇	2021-09-26
1995年 8582青饼普洱茶	总重约2695g	202,320	保利香港	2021-04-24
20世纪70年代 水蓝印七子饼茶		195,500	中国嘉德	2021-05-21
1995年勐海茶厂8582(橙中绿)		195,500	华艺国际	2021-06-03
20世纪20年代 宋聘号青饼普洱茶·散块	总重55g	192,204	保利香港	2021-04-24
2010年 望海白		186,300	上海嘉禾	2021-07-22
1995年·勐海茶厂·1995年 8582大叶青饼		184,000	中贸圣佳	2021-12-30
2006年 金色韵象66(601)		184,000	中国嘉德	2021-05-21
97水蓝印青饼		184,000	永乐拍卖	2021-05-20
20世纪80年代中茶牌下关8653		184,000	永乐拍卖	2021-05-20
93青饼		184,000	永乐拍卖	2021-05-20
20世纪80年代下关8653		184,000	北京保利	2021-06-07
97年小黄印青饼		184,000	北京保利	2021-06-07
1982年 福建水仙茶(原木箱)	总重约17000g	182,088	保利香港	2021-04-24
1994年 7542青饼普洱茶	总重约2350g	182,088	保利香港	2021-04-24
2003年 银大益青饼普洱茶(302批次)	总重约2598g	182,088	保利香港	2021-04-24
2012年 倚邦春蕊	总重约5355g	182,088	保利香港	2021-04-24
20世纪80年代中茶公司七子青饼(1筒1片)		176,000	十竹斋拍卖(北京)	2021-04-25
20世纪80年代昆明青饼		172,500	十竹斋拍卖(北京)	2021-04-25
20世纪90年代安化五百两(花卷茶)		172,500	十竹斋拍卖(北京)	2021-04-25
2001年 中茶牌8853七子饼茶		172,500	中国嘉德	2021-05-21
20世纪70年代 73砖		172,500	中国嘉德	2021-05-21
20世纪90年代青饼(自然仓)		172,500	永乐拍卖	2021-05-20
20世纪80年代商检熟		172,500	北京保利	2021-06-07
20世纪80年代首批厚纸8582青饼		172,500	北京保利	2021-09-26
大益2002年珍藏精品班章 大白菜		172,500	北京保利	2021-09-26
1997年 7582青饼普洱茶	总重约4858g	171,972	保利香港	2021-04-24
1993年 小票青饼普洱茶(7542配方)	总重约4743g	171,972	保利香港	2021-04-24
早期下关83泡饼		170,200	北京保利	2021-09-26
1992年 20世纪90年代旧正字		169,050	上海嘉禾	2021-07-22
20世纪80年代7542		166,750	北京保利	2021-09-26
1992年武夷水仙		163,300	华艺国际	2021-06-03
1999年中茶牌8653七子饼茶(99红印)		161,000	中国嘉德	2021-05-21

(成交价RMB：1万元以上)

拍品名称	物品尺寸	成交价RMB	拍卖公司	拍卖日期
1986年勐海茶厂8592(厚纸)		161,000	华艺国际	2021-06-03
大益2002年茶王青饼班章 大白菜		161,000	北京保利	2021-06-07
1999年 蓝黑票绿大树青饼		161,000	中国嘉德	2021-12-10
2003年 301易武正山野生茶特级品(红大益)		161,000	中国嘉德	2021-12-10
2005年 501易武正山乔木古树茶	重400g	161,000	中国嘉德	2021-12-10
1968年 树兰老包种	总重2500g; 高39cm	151,740	保利香港	2021-04-24
20世纪50年代·云南天信号茶庄·50年代 天信号		149,500	中贸圣佳	2021-12-30
1997年 97水蓝印		149,500	中国嘉德	2021-05-21
1996年勐海茶厂7542		149,500	华艺国际	2021-06-03
2000年首批昌泰号(大红茶字饼/绿茶字饼)		149,500	华艺国际	2021-06-03
20世纪60年代芒市"文革"砖		149,500	北京保利	2021-06-07
20世纪60年代景谷"文革"砖		149,500	北京保利	2021-06-07
2004年 401班章珍藏乔木生态青沱	重250g	149,500	中国嘉德	2021-12-10
2008年"古韵探春"、2008年"五谷丰收"各1筒	400g/片	149,500	中国嘉德	2021-12-10
20世纪80年代末至20世纪90年代初88青饼普洱茶(7542配方)散块	总重1000g	141,624	保利香港	2021-04-24
1980年 包种老茶	总重2800g; 高39cm	141,624	保利香港	2021-04-24
20世纪80年代无纸中茶青饼		138,000	十竹斋拍卖(北京)	2021-04-25
20世纪90年代远年鸿泰昌七子饼(3筒1饼)		138,000	十竹斋拍卖(北京)	2021-04-25
1988年 7542-88青饼同期熟茶		138,000	十竹斋拍卖(北京)	2021-04-25
20世纪80年代远年鸿泰昌圆茶		138,000	十竹斋拍卖(北京)	2021-04-25
20世纪80年代·勐海茶厂·80年代厚纸7542青饼		138,000	中贸圣佳	2021-12-30
1996年 橙中橙		138,000	中国嘉德	2021-05-21
2002年精品班章大白菜		138,000	永乐拍卖	2021-05-20
20世纪60年代景谷"文革"砖		138,000	永乐拍卖	2021-05-20
2005年布朗孔雀饼茶(501批次)		138,000	永乐拍卖	2021-05-20
20世纪90年代中茶厚纸 8582		138,000	永乐拍卖	2021-05-20
20世纪80年代末勐海茶厂8592(薄棉纸)		138,000	华艺国际	2021-06-03
93青(小七版)		138,000	北京保利	2021-06-07
20世纪80年代·下关茶厂8653青饼(生茶)		138,000	西泠印社	2021-07-23
大益2005年乌金号		138,000	北京保利	2021-09-26
2003年 301易武乔木老树饼	重400g	138,000	中国嘉德	2021-12-10
2006年 大益菩提缘青饼	重1000g	138,000	中国嘉德	2021-12-10
1979年"文革"砖 6块		132,250	中贸圣佳	2021-05-20
20世纪60年代·老白茶 1罐	净重1250g	126,500	西泠印社	2021-07-23
20世纪90年代红丝带青饼		126,500	十竹斋拍卖(北京)	2021-04-25
2005年 海堤牌武夷水仙		126,500	华艺国际	2021-06-03
20世纪60年代景东"文革"砖		126,500	北京保利	2021-06-07
88青饼(大饼头)		126,500	北京保利	2021-06-07
2005年 大益501金色韵象青饼	重200g	126,500	中国嘉德	2021-12-10
1994年 大益牌普洱茶熟砖	总重约5000g	121,392	保利香港	2021-04-24
20世纪70年代 73文革砖	总重约1000g	121,392	保利香港	2021-04-24
2006年 临沧春蕊	总重约5355g	121,392	保利香港	2021-04-24
20世纪80年代中后期 20世纪80年代无纸铁饼		120,750	上海嘉禾	2021-07-22
20世纪80年代中茶牌繁体字8653七子饼茶(1筒1片)		115,000	十竹斋拍卖(北京)	2021-04-25
2004年 红大益青饼		115,000	中贸圣佳	2021-05-20
民国 安徽 祁门·20世纪40年代 孙义顺老六安		115,000	中贸圣佳	2021-12-30
《号级茶》末代紧茶		115,000	中国嘉德	2021-05-21
宋聘散块(品鉴装)		115,000	永乐拍卖	2021-05-20
97水蓝印青饼(自然仓)		115,000	北京保利	2021-06-07
20世纪90年代·祁门红茶		115,000	西泠印社	2021-07-23
2014年冰岛古树纯料青饼	400g/片	115,000	中国嘉德	2021-12-10
1999年武夷水仙-真枞(原箱出口泰国)		112,700	华艺国际	2021-06-03
1999年 中茶牌繁体字铁饼普洱茶(8653配方)	总重 约9949g	111,276	保利香港	2021-04-24
2013年 班章金印青饼普洱茶	总重约10000g	111,276	保利香港	2021-04-24
20世纪70年代 79"文革"砖	总重约1500g	111,276	保利香港	2021-04-24
2010年 临沧春蕊	总重约5355g	111,276	保利香港	2021-04-24
20世纪90年代 福鼎一级牡丹	总重5000g	111,276	保利香港	2021-04-24

拍品名称	物品尺寸	成交价RMB	拍卖公司	拍卖日期
20世纪70年代厚砖(熟普)		109,250	十竹斋拍卖(北京)	2021-04-25
20世纪60年代·老白茶		109,250	西泠印社	2021-01-16
20世纪80年代末~20世纪90年代初中茶牌繁体字8653七子饼茶		109,250	中国嘉德	2021-05-21
20世纪80年代 厚纸8582		109,250	江苏观宇	2021-09-26
2021年 陈广和堂同哥的十棵树(特官签名版)		109,250	江苏观宇	2021-09-26
20世纪80年代7542—88青饼(1饼)		103,500	十竹斋拍卖(北京)	2021-04-25
73青2饼		103,500	中贸圣佳	2021-12-30
20世纪70年代·勐海茶厂大叶青饼(生茶)		103,500	西泠印社	2021-01-16
1978年 中国白茶样品罐		103,500	中国嘉德	2021-05-21
20世纪60年代下关"文革"砖		103,500	北京保利	2021-06-07
1996年薄纸8582青饼		103,500	北京保利	2021-06-07
20世纪60年代勐海文革砖		103,500	北京保利	2021-06-07
1999年·乌碳号易武弯弓青饼(生茶)		103,500	西泠印社	2021-07-23
20世纪60年代下关文革砖		101,200	北京保利	2021-09-26
2000年 福鼎一级牡丹(原箱)	总重14000g	101,160	保利香港	2021-04-24
2004年·401班章珍藏青沱		97,750	中贸圣佳	2021-12-30
20世纪60年代·英美茶庄远年六安茶及水仙茶各2盒		97,750	西泠印社	2021-01-16
1980年 政和茶厂白牡丹一级样品罐		97,750	中国嘉德	2021-05-21
20世纪90年代·建源茶行白毛猴茶1罐及海堤牌铁罗汉5盒		97,750	西泠印社	2021-07-23
20世纪80年代广东饼		92,000	十竹斋拍卖(北京)	2021-04-25
20世纪90年代中茶小绿印青饼		92,000	十竹斋拍卖(北京)	2021-04-25
20世纪80年代·勐海茶厂·80年代厚纸8592		92,000	中贸圣佳	2021-12-30
20世纪70年代·勐海茶厂厚纸7542青饼(生茶)		92,000	西泠印社	2021-01-16
20世纪70年代 73厚砖		92,000	中国嘉德	2021-05-21
1986年 政和茶厂 特级牡丹样品罐		92,000	中国嘉德	2021-05-21
20世纪80年代 88青饼 干仓	重346g	92,000	上海嘉禾	2021-07-22
20世纪70年代·勐海茶厂大叶青饼(生茶)		92,000	西泠印社	2021-07-23
20世纪80年代 厚纸大叶青饼		92,000	江苏观宇	2021-09-26
2006年 大益601勐宋古茶山孔雀青饼	重400g	92,000	中国嘉德	2021-12-10
2001年 7572普洱茶饼	总重约15862g	91,044	保利香港	2021-04-24
20世纪50年代 大红印青饼普洱茶·散块	总重50g	91,044	保利香港	2021-04-24
2012年 临沧春蕊	总重约15351g	91,044	保利香港	2021-04-24
88青饼		90,800	北京保利	2021-08-08
20世纪80年代首批厚纸8582青饼		90,800	北京保利	2021-08-08
20世纪80年代薄纸8592熟饼		89,700	北京保利	2021-06-07
2013年 白毫银针	重500g	87,400	上海嘉禾	2021-07-22
1984年 政和茶厂 粗长一级样品罐		86,250	中国嘉德	2021-05-21
2008年 嘉木堂陈远号 易武茶皇 明前嫩尖 普洱生饼 6+1片	357g/片×7	86,250	上海嘉禾	2021-07-22
20世纪50年代~20世纪80年代·新会老陈皮一条龙		86,250	西泠印社	2021-07-23
1998年·高级寿眉茶		86,250	西泠印社	2021-07-23
明治时期·金寿堂雨宫宗造鹤首形铁壶	高18.3cm; 长14.5cm	86,250	西泠印社	2021-07-23
20世纪80年代 格纹纸8582		86,250	江苏观宇	2021-09-26
1996年 96橙中橙青饼		86,250	中国嘉德	2021-12-10
2015年红印铁饼、2016年 蓝印铁饼、2017年黄印铁饼 各1筒	450g/片	86,250	中国嘉德	2021-12-10
20世纪80年代 下关甲级生沱茶(油光纸)	总重约900g	85,986	保利香港	2021-04-24
20世纪90年代红丝带青饼		81,720	十竹斋拍卖(北京)	2021-04-25
1999~2000年易昌号沱茶		81,650	华艺国际	2021-06-03
2000年 凤牌甲级普洱生沱茶	总重约17500g	80,928	保利香港	2021-04-24
20世纪60年代 孙义顺六安茶(三票)	总重约923g	80,928	保利香港	2021-04-24
2002年 红标宋聘		80,500	中贸圣佳	2021-12-30
20世纪50年代·福华号宋聘圆茶(生茶)		80,500	西泠印社	2021-01-16
92年普洱方砖		80,500	永乐拍卖	2021-05-20
20世纪70年代初期小黄印		80,500	永乐拍卖	2021-05-20
20世纪80年代法文版 8653		80,500	永乐拍卖	2021-05-20
2000年·勐海茶厂无R红大益青饼(生茶)		80,500	西泠印社	2021-07-23
1999年·勐海茶厂易武一棵树青饼(生茶)		80,500	西泠印社	2021-07-23

2021杂项拍卖成交汇总(续表)

(成交价RMB：1万元以上)

拍品名称	物品尺寸	成交价RMB	拍卖公司	拍卖日期
20世纪50年代红印 散茶		80,500	北京保利	2021-09-26
2016年"冰美人"青饼	400g/片	80,500	中国嘉德	2021-12-10
2013年武夷岩茶—金佛		79,350	华艺国际	2021-06-03
20世纪90年代(安化黑砖、益阳茯砖、临湘茯砖)		78,200	十竹斋拍卖(北京)	2021-04-25
20世纪80年代·勐海茶厂厚纸8592青饼(熟茶)		78,200	西泠印社	2021-07-23
1998年 凤凰普洱熟沱茶	总重约12000g	75,870	保利香港	2021-04-24
20世纪80年代 福鼎贡眉	总重4000g	75,870	保利香港	2021-04-24
20世纪90年代·原箱福字牌白毛寿眉1箱及散盒共22盒		74,750	西泠印社	2021-01-16
93熟饼		74,750	永乐拍卖	2021-05-20
20世纪80年代新会老树陈皮		74,750	北京保利	2021-06-07
20世纪70年代 7572 普洱生饼 干仓	重318g	74,750	上海嘉禾	2021-07-22
2001年 野生大叶青饼		74,750	江苏观宇	2021-09-26
20世纪80年代 厚纸8582		74,750	江苏观宇	2021-09-26
20世纪80年代 下关8653		74,750	江苏观宇	2021-09-26
20世纪60年代景谷"文革"砖		74,750	北京保利	2021-09-26
2019年"千年等候"青饼	400g/片	74,750	中国嘉德	2021-12-10
20世纪60年代 无纸绿印铁饼 港仓	重335g	71,300	上海嘉禾	2021-07-22
2013年·和其坊出品易武茶皇及班章茶皇(生茶)		71,300	西泠印社	2021-07-23
20世纪70年代 广云贡普洱茶饼	总重约2347g	70,812	保利香港	2021-04-24
20世纪80年代末 福鼎一级牡丹	总重1000g	70,812	保利香港	2021-04-24
20世纪70年代无纸昆明砖		69,000	十竹斋拍卖(北京)	2021-04-25
20世纪70年代厚砖(熟普)		69,000	十竹斋拍卖(北京)	2021-04-25
20世纪80年代地道安溪半发酵乌龙茶(铁观音)		69,000	十竹斋拍卖(北京)	2021-04-25
1985年 陈年干仓牡丹王		69,000	中贸圣佳	2021-05-20
20世纪80年代末~20世纪90年代初中茶牌繁体字8653七子饼茶		69,000	中国嘉德	2021-05-21
20世纪70年代首批油光纸"文革"砖		69,000	永乐拍卖	2021-05-20
大益2003年易武大树沱		69,000	北京保利	2021-06-07
20世纪90年代·金龙牌白毫寿眉		69,000	西泠印社	2021-07-23
20世纪70年代·昆明茶厂中茶牌"繁体"铁饼(生茶)		69,000	西泠印社	2021-07-23
20世纪80年代 网纹纸7542		69,000	江苏观宇	2021-09-26
20世纪60年代芒市文革砖		68,100	北京保利	2021-08-08
约20世纪70年代　福鼎白牡丹		66,700	华艺国际	2021-06-03
20世纪80年代天字饼		66,700	北京保利	2021-06-07
1918年百年宋聘散块		66,700	北京保利	2021-06-07
20世纪50年代 蓝印铁饼青饼普洱茶·散块	总重50g	65,754	保利香港	2021-04-24
2009年 福鼎一级牡丹(原箱)	总重14000g	65,754	保利香港	2021-04-24
1998年 高级寿眉(出口版)	总重3125g	65,754	保利香港	2021-04-24
1999年曼松贡品		64,695	北京保利	2021-08-08
20世纪80年代红印铁饼		63,250	十竹斋拍卖(北京)	2021-04-25
20世纪70年代江城号圆茶(样品茶)		63,250	十竹斋拍卖(北京)	2021-04-25
1996年·勐海茶厂7542黄印青饼(生茶)		63,250	西泠印社	2021-01-16
20世纪80年代八五九二熟饼		63,250	永乐拍卖	2021-05-20
91方砖		63,250	北京保利	2021-06-07
省公司20世纪80年代黄印青饼		63,250	北京保利	2021-06-07
1994年 大益牌普洱茶熟砖	总重约2500g	60,696	保利香港	2021-04-24
20世纪90年代 福鼎寿眉片	总重5000g	60,696	保利香港	2021-04-24
20世纪50年代红印(品鉴装)		59,800	永乐拍卖	2021-05-20
1961年云南省茶业公司普洱茶样品罐		59,800	北京保利	2021-06-07
1992年红丝带青饼		59,800	北京保利	2021-06-07
1999年王子山曼松		59,800	北京保利	2021-06-07
2003年班章正山		59,020	北京保利	2021-08-08
勐海"文革"期 散块		58,650	北京保利	2021-09-26
20世纪80年代茯砖黑茶(横县茯砖、香炉山茯砖)		57,500	十竹斋拍卖(北京)	2021-04-25
2009年 09年特级牡丹饼		57,500	中贸圣佳	2021-05-20
1998年 下关定制铁饼		57,500	中贸圣佳	2021-05-20
20世纪80年代·下关茶厂·80年代下关8653中茶铁饼		57,500	中贸圣佳	2021-12-30
1979年·景谷茶厂 景谷熟砖		57,500	中贸圣佳	2021-12-30
1985年 纯干仓牡丹王		57,500	中贸圣佳	2021-12-30
20世纪70年代·中茶牌繁体字青饼(生茶)		57,500	西泠印社	2021-01-16
1987年 政和茶厂白牡丹三级样品罐		57,500	中国嘉德	2021-05-21
"文革"期大红袍		57,500	永乐拍卖	2021-05-20
20世纪80年代初景谷茶厂7581茶砖(油光纸)		57,500	华艺国际	2021-06-03
20世纪70年代首批油光纸"文革"熟砖		57,500	北京保利	2021-06-07
1998年易武顺时兴		57,500	北京保利	2021-06-07
20世纪70年代"文革"花砖		57,500	北京保利	2021-06-07
2003年班章正山古树茶		57,500	北京保利	2021-06-07
清末民国~20世纪60年代·茶叶资料及茶庄广告资料一批		57,500	西泠印社	2021-07-23
20世纪80年代 8592勐海熟饼		57,500	江苏观宇	2021-09-26
20世纪90年代 江城砖	总重约17600g	56,650	保利香港	2021-04-24
1999年 中茶牌繁体字铁饼普洱茶(8653配方)	总重约4941g	55,638	保利香港	2021-04-24
2020年 冰岛老寨单株古树普洱茶	总重500g	55,638	保利香港	2021-04-24
20世纪90年代 福鼎牡丹王	总重1500g	55,638	保利香港	2021-04-24
1992年 红标商检沱		55,200	中贸圣佳	2021-05-20
20世纪90年代·福茗堂班章及珍藏普洱茶饼共4盒(生茶)		55,200	西泠印社	2021-01-16
20世纪80年代末~20世纪90年代初中茶牌繁体字8653七子饼茶		55,200	中国嘉德	2021-05-21
2002年大白菜特制精品班章 散块		55,200	北京保利	2021-06-07
1961年西双版纳茶厂普洱茶 样品罐		55,200	北京保利	2021-06-07
92方砖		55,200	北京保利	2021-06-07
70年代 利兴隆茶砖 港仓(五片)	约1400g/片	55,200	上海嘉禾	2021-07-22
2004年·勐海茶厂7542红大益青饼(生茶)		55,200	西泠印社	2021-07-23
20世纪60年代·新会天马老陈皮		55,200	西泠印社	2021-07-23
明治时期·龙文堂安之介造手取形铁壶	高23.2cm; 长19.2cm	55,200	西泠印社	2021-07-23
20世纪60年代芒市"文革"砖		55,200	北京保利	2021-09-26
2003年班章正山古树茶		55,200	北京保利	2021-09-26
2012年 "四大茶王"青饼套装2套	125g/片	55,200	中国嘉德	2021-12-10
约2003~2008年 向阳花牌寿眉		54,625	华艺国际	2021-06-03
1963年盈江大树茶 样品罐		52,900	北京保利	2021-06-07
2010年前后·白毫银针及白牡丹组合		52,900	西泠印社	2021-07-23
20世纪80年代中茶公司七子饼		51,750	十竹斋拍卖(北京)	2021-04-25
2020年·赤日中天易武关公麻黑老树青饼(生茶)		51,750	西泠印社	2021-01-16
20世纪80年代中茶省公司 7581茶砖"绿茶字"		51,750	华艺国际	2021-06-03
20世纪70年代老白茶(寿眉)		51,750	北京保利	2021-06-07
陈广和堂两口锅叶王及天韵签名版(8片)		51,750	江苏观宇	2021-09-26
20世纪80年代 油光纸砖		51,750	江苏观宇	2021-09-26
88青饼 散块		51,750	北京保利	2021-09-26
1997年 水蓝印普洱茶饼(7572配方)	总重约2807g	50,580	保利香港	2021-04-24
20世纪80年代 下关熟沱茶	总重约1500g	50,580	保利香港	2021-04-24
1985年 福建红芯铁观音	总重2000g	50,580	保利香港	2021-04-24
2000年 下关红印铁饼		48,300	中贸圣佳	2021-05-20
20世纪70年代·勐海茶厂73青小绿印青饼(生茶)		48,300	西泠印社	2021-01-16
20世纪90年代·下关铁饼(生茶)		48,300	西泠印社	2021-01-16
1991年 政和茶厂一级白牡丹样品罐		48,300	中国嘉德	2021-05-21
97水蓝印 散块		48,300	北京保利	2021-06-07
88青饼 散块		48,300	北京保利	2021-06-07
"文革"期 散块		48,300	北京保利	2021-06-07
2002年易昌号极品		48,300	北京保利	2021-06-07
20世纪80年代老白茶		48,300	北京保利	2021-06-07
2018年 嘉木堂陈远号 白茶园寨 明前嫩尖 普洱生饼 6+1片	357g/片	48,300	上海嘉禾	2021-07-22
20世纪60年代·老白茶		48,300	西泠印社	2021-07-23
20世纪70年代·纯干仓老白茶寿眉		47,150	西泠印社	2021-01-16
20世纪60年代·老白茶		46,000	西泠印社	2021-01-16
1992年 白茶样品罐		46,000	中国嘉德	2021-05-21
2002年红大益7542		46,000	永乐拍卖	2021-05-20
2001年班章有机生态茶		46,000	北京保利	2021-06-07
20世纪70年代老白茶		46,000	北京保利	2021-06-07
20世纪90年代老白茶(寿眉)		46,000	北京保利	2021-06-07
2012年 梅相靖白毫银针	重500g	46,000	上海嘉禾	2021-07-22
2005年 档案		46,000	上海嘉禾	2021-07-22
2002年·大益春尖茶(生茶)		46,000	西泠印社	2021-07-23
20世纪90年代·福茗堂老班章(生茶)		46,000	西泠印社	2021-07-23
20世纪80年代 厚纸8582 20世纪80年代 7542		46,000	江苏观宇	2021-09-26
2014年 特选临沧春蕊	总重约7854g	45,522	保利香港	2021-04-24
20世纪80年代 祥兴铁罗汉	总重约711g	45,522	保利香港	2021-04-24
2004年·勐海茶厂·2004年 红大益		43,700	中贸圣佳	2021-12-30
2003年·下关茶厂红印青饼(生茶)		43,700	西泠印社	2021-01-16
1999~2000年勐海茶厂 勐海茶砖		43,700	华艺国际	2021-06-03
大益2004年彩大益8852		43,700	北京保利	2021-06-07

(成交价RMB：1万元以上)

拍品名称	物品尺寸	成交价RMB	拍卖公司	拍卖日期
大益2006年五子登科		43,700	北京保利	2021-06-07
20世纪90年代橙印青饼		43,700	北京保利	2021-06-07
20世纪80年代8582 散块		43,700	北京保利	2021-06-07
省公司20世纪70年代绿印		43,700	北京保利	2021-06-07
2016年 老茶鬼		43,700	上海嘉禾	2021-07-22
20世纪90年代·勐海茶厂7532傣文青饼(生茶)		43,700	西泠印社	2021-07-23
1977年 鸿运当头老乌龙		43,125	上海嘉禾	2021-07-22
20世纪90年代远年鸿泰昌七子饼		41,400	十竹斋拍卖(北京)	2021-04-25
20世纪70年代老树白茶		41,400	永乐拍卖	2021-05-20
2002年 福鼎白毫银针	总重1000g	40,464	保利香港	2021-04-24
20世纪90年代初 福鼎贡眉	总重5000g	40,464	保利香港	2021-04-24
20世纪90年代·勐海茶厂7532傣文青饼(生茶)		40,250	西泠印社	2021-01-16
20世纪90年代·勐海茶厂小绿印青饼(生茶)		40,250	西泠印社	2021-01-16
2006年金色韵象(601批次)	重666g	40,250	永乐拍卖	2021-05-20
1997年 下关铁饼8653		40,250	华艺国际	2021-06-03
1982年香港竑祺茶室 普洱熟茶		40,250	华艺国际	2021-06-03
省公司20世纪90年代老树圆茶红丝带		40,250	北京保利	2021-06-07
20世纪70年代·新会天马老陈皮		40,250	西泠印社	2021-07-23
1996年·勐海茶厂首批橙印7532青饼(生茶)		40,250	西泠印社	2021-07-23
1996年·勐海茶厂7542红中红青饼(生茶)		40,250	西泠印社	2021-07-23
1995年·勐海茶厂7542红丝带青饼(生茶)		40,250	西泠印社	2021-07-23
2003年 大2易武正山青饼		40,250	江苏观宇	2021-09-26
20世纪80年代8582 散块		40,250	北京保利	2021-09-26
20世纪70年代老白茶		40,250	北京保利	2021-09-26
93青饼		39,725	北京保利	2021-01-17
2002年 布朗山春尖		39,100	上海嘉禾	2021-07-22
2014年 景迈春蕊	总重约5355g	38,441	保利香港	2021-04-24
20世纪80年代·勐海茶厂·80年代无纸8592圆茶		37,950	中贸圣佳	2021-12-30
2007年·集泉茶庄老岩茶铁罗汉		36,800	西泠印社	2021-01-16
20世纪90年代·中茶牌蓝印青饼(生茶)		36,800	西泠印社	2021-01-16
1996年 政和茶厂花茶一分厂 白牡丹二级样品罐		36,800	中国嘉德	2021-05-21
1993年 政和茶厂 特级贡眉样品罐		36,800	中国嘉德	2021-05-21
1990年 政和茶厂 二级白牡丹样品罐		36,800	中国嘉德	2021-05-21
20世纪90年代初期春蕊		36,800	北京保利	2021-06-07
20世纪90年代珍藏老白茶		36,800	北京保利	2021-06-07
20世纪90年代老白茶牡丹		36,800	北京保利	2021-06-07
“文革”期大红袍		36,800	北京保利	2021-06-07
2002年·大益白菜标甲级青沱(生茶)		36,800	西泠印社	2021-07-23
1992年·下关茶厂商检沱茶(生茶)		36,800	西泠印社	2021-07-23
文革期大红袍		35,650	北京保利	2021-09-26
1999年 大渡岗青饼普洱茶	总重约4472g	35,406	保利香港	2021-04-24
2019年 薄荷塘高杆一类古树普洱茶	总重500g	35,406	保利香港	2021-04-24
20世纪80年代 福鼎贡眉	总重2000g	35,406	保利香港	2021-04-24
20世纪70年代·70年代中茶六安		34,500	中贸圣佳	2021-12-30
2004年·2004年易武正山野生茶珍藏品(一片叶)	重500g	34,500	中贸圣佳	2021-12-30
20世纪80年代·新会东甲老陈皮		34,500	西泠印社	2021-01-16
2003年·勐海茶厂一片叶青饼(生茶)		34,500	西泠印社	2021-01-16
约20世纪70年代云南普洱茶(熟茶)		34,500	华艺国际	2021-06-03
2007年 黎明茶厂老寨纯料班章王		34,500	华艺国际	2021-06-03
2010年 福鼎老白茶饼		34,500	华艺国际	2021-06-03
2015年 福鼎磻溪白茶饼		34,500	华艺国际	2021-06-03
20世纪90年代政和白茶		34,500	华艺国际	2021-06-03
2013年 政和老白茶饼		34,500	华艺国际	2021-06-03
大益2003年紫云号		34,500	北京保利	2021-06-07
大益2005年巴达孔雀		34,500	北京保利	2021-06-07
20世纪90年代白毫银针 银针王		34,500	北京保利	2021-06-07
20世纪60年代·老白茶		34,500	西泠印社	2021-07-23
民国 老白茶		34,500	西泠印社	2021-07-23
大益2006年五子登科		34,500	北京保利	2021-09-26
20世纪90年代老白茶(寿眉)		34,500	北京保利	2021-09-26
中茶20世纪90年代大黄印青饼		34,050	北京保利	2021-01-17
2002年易武麻黑圆茶		34,050	北京保利	2021-01-17
20世纪90年代老白茶(寿眉)		34,050	北京保利	2021-08-08
2014年 嘉木堂陈易号 易武茶王 千年古树 明前嫩尖 普洱生饼 6+1片	357g/片	33,350	上海嘉禾	2021-07-22
2007年 若桂	重500g	33,120	上海嘉禾	2021-07-22
20世纪80年代~20世纪90年代·广生茶行老白毛寿眉1罐及红皇帝绿皇帝老白牡丹2罐		32,200	西泠印社	2021-01-16
20世纪90年代·中茶牌绿印青饼(生茶)		32,200	西泠印社	2021-01-16
20世纪70年代参香砖		32,200	永乐拍卖	2021-05-20
2007年银孔雀		32,200	北京保利	2021-06-07
2006年绿孔雀		32,200	北京保利	2021-06-07
2015年 嘉木堂陈君号 刮风老寨 阳春嫩尖 普洱生饼 6+1片	357g/片	32,200	上海嘉禾	2021-07-22
20世纪80年代·红皇帝、绿皇帝老白牡丹		32,200	西泠印社	2021-07-23
1998年易武顺时兴		32,200	北京保利	2021-09-26
2014年·和其坊特制普洱茶丸“孤独丸”(生茶)		31,050	西泠印社	2021-01-16
2012年 临沧春蕊	总重约5355g	30,348	保利香港	2021-04-24
1993年 福建香橼茶(原木箱)	总重约20000g	30,348	保利香港	2021-04-24
20世纪80年代笋壳砖		29,900	十竹斋拍卖(北京)	2021-04-25
1999年·易昌号宋体版青饼(生茶)		29,900	西泠印社	2021-01-16
20世纪90年代牡丹茶王		29,900	北京保利	2021-06-07
2015年 嘉木堂陈易号 易武茶王 千年古树 明前嫩尖 普洱生饼 6+1片	357g/片	29,900	上海嘉禾	2021-07-22
88青(散块)		29,510	北京保利	2021-01-17
中茶20世纪90年代老树圆茶红丝带		29,510	北京保利	2021-01-17
2005年·501年乌金号圆茶		28,750	中贸圣佳	2021-12-30
2009年·和其坊特制济公福茶青饼(生茶)		28,750	西泠印社	2021-01-16
2002年·大益春尖茶青饼(生茶)		28,750	西泠印社	2021-01-16
20世纪90年代·广生茶行老白毛寿眉		28,750	西泠印社	2021-01-16
2020年·赤日中天勐海橙色孔雀青饼(生茶)		28,750	西泠印社	2021-01-16
1989年中茶省公司8972茶砖		28,750	华艺国际	2021-06-03
1991年正岩岩茶王		28,750	华艺国际	2021-06-03
20世纪90年代新会陈皮		28,750	北京保利	2021-06-07
20世纪60年代廖福散茶		28,750	北京保利	2021-06-07
2012年老班章古树茶		28,750	北京保利	2021-06-07
50年代 广云贡饼	重442g	28,750	上海嘉禾	2021-07-22
20世纪90年代·金龙牌白毫寿眉		28,750	西泠印社	2021-07-23
20世纪90年代初期春蕊		28,750	北京保利	2021-09-26
20世纪70年代下关三角红标甲级沱		28,750	北京保利	2021-09-26
20世纪90年代牡丹茶王		28,750	北京保利	2021-09-26
20世纪50年代红印 品鉴装		28,375	北京保利	2021-08-08
20世纪70年代参香普洱茶砖		28,375	北京保利	2021-08-08
92方砖		28,375	北京保利	2021-08-08
98年易武顺时兴		28,375	北京保利	2021-08-08
约20世纪90年代 金龙牌白毫寿眉		27,600	华艺国际	2021-06-03
20世纪90年代·下关茶厂班禅紧沱(生茶)		27,600	西泠印社	2021-07-23
1997年 水蓝印普洱茶饼(7572配方)	总重约2398g	27,313	保利香港	2021-04-24
2003年·福鼎老白毫银针		26,450	西泠印社	2021-01-16
1985年 福建红芯铁观音	总重1000g	26,302	保利香港	2021-04-24
1987年出口装竹编小罐桐木关红碎茶(10罐)		25,300	十竹斋拍卖(北京)	2021-04-25
1995年 8582散块		25,300	中贸圣佳	2021-05-20
1999年 白毫银针		25,300	中贸圣佳	2021-05-20
1992年·勐海茶厂下关商检沱		25,300	中贸圣佳	2021-12-30
20世纪90年代·向阳花牌老白茶白牡丹2罐、向阳花牌老白茶寿眉6盒		25,300	西泠印社	2021-01-16
20世纪90年代·中茶黄印熟饼(熟茶)		25,300	西泠印社	2021-01-16
20世纪80年代·勐海茶厂薄纸7542青饼(生茶)		25,300	西泠印社	2021-01-16
20世纪90年代·熊猫牌老白茶寿眉		25,300	西泠印社	2021-01-16
20世纪90年代白毫银针王		25,300	永乐拍卖	2021-05-20
20世纪80年代荒野老白茶		25,300	永乐拍卖	2021-05-20
20世纪90年代镭射砖		25,300	北京保利	2021-06-07
2016年 嘉木堂陈远号 湾弓老寨 阳春嫩尖 普洱生饼 6+1片	357g/片	25,300	上海嘉禾	2021-07-22
1998年·勐海茶厂高枕无忧厚砖(熟茶)		25,300	西泠印社	2021-07-23
97水蓝印 散块		25,300	北京保利	2021-09-26
1994年凤凰沱		25,300	北京保利	2021-09-26
2006年 福鼎白毫银针	总重500g	25,290	保利香港	2021-04-24
2002年易昌号极品		24,970	北京保利	2021-08-08
20世纪80年代老白茶		24,970	北京保利	2021-08-08
20世纪90年代老白茶(牡丹)		24,970	北京保利	2021-08-08
2004年 磻溪荒野银针		23,000	中贸圣佳	2021-05-20
20世纪60年代·景谷茶厂·60年代文革砖 无纸 枣香砖		23,000	中贸圣佳	2021-12-30

2021杂项拍卖成交汇总(续表)

(成交价RMB：1万元以上)

拍品名称	物品尺寸	成交价RMB	拍卖公司	拍卖日期
20世纪80年代·勐海茶厂·80年代天字8592圆茶		23,000	中贸圣佳	2021-12-30
近代·民国老寿眉		23,000	中贸圣佳	2021-12-30
1979年纯干仓牡丹		23,000	中贸圣佳	2021-12-30
1991年纯干仓寿眉		23,000	中贸圣佳	2021-12-30
1999年纯干仓银针(磻溪)		23,000	中贸圣佳	2021-12-30
20世纪90年代·金龙牌老白茶白毫寿眉		23,000	西泠印社	2021-01-16
2002年·大益春尖茶青饼(生茶)		23,000	西泠印社	2021-01-16
2001年·中茶牌下关铁饼(生茶)		23,000	西泠印社	2021-01-16
2015年武夷岩茶—牛栏坑肉桂		23,000	华艺国际	2021-06-03
2020年 停云壹号/百年奇枞		23,000	华艺国际	2021-06-03
约20世纪80年代 蝴蝶牌寿眉(原箱拆出)		23,000	华艺国际	2021-06-03
2000年 孙义顺六安茶		23,000	华艺国际	2021-06-03
20世纪80年代 8653 普洱生饼 干仓	重353g	23,000	上海嘉禾	2021-07-22
20世纪80年代·勐海茶厂黄印青饼(生茶)		23,000	西泠印社	2021-07-23
20世纪80年代·源祟美双龙牌白毛猴茶		23,000	西泠印社	2021-07-23
2001年·下关茶厂薄纸小飞青饼(生茶)		23,000	西泠印社	2021-07-23
20世纪90年代白毫银针 银针王		23,000	北京保利	2021-09-26
1998年方砖		22,700	北京保利	2021-01-17
"文革"期 散块		22,700	北京保利	2021-08-08
88青 散块		22,700	北京保利	2021-08-08
20世纪80年代8582 散块		22,700	北京保利	2021-08-08
1998年 高级寿眉(出口版)	总重1000g	22,255	保利香港	2021-04-24
20世纪90年代初 福鼎贡眉	总重2000g	22,255	保利香港	2021-04-24
2013年 嘉木堂陈远号 漫撒正山 明前嫩尖 普洱生沱 6沱	300g/沱	21,850	上海嘉禾	2021-07-22
2003年·福鼎老厂银针白毫		21,850	西泠印社	2021-07-23
中茶20世纪80年代红印青饼		21,565	北京保利	2021-01-17
1992、1995年地道安溪半发酵乌龙茶		20,700	十竹斋拍卖(北京)	2021-04-25
1999年下关无纸销马铁饼		20,700	中贸圣佳	2021-12-30
20世纪80年代·下关茶厂班禅蘑菇青沱(生茶)		20,700	西泠印社	2021-01-16
20世纪60年代~20世纪80年代·建峰茶行武夷名岩奇种1盒、青玫瑰奇种1包及林铭记选庄订制大红袍奇种1盒		20,700	西泠印社	2021-01-16
20世纪90年代·勐海茶厂7532青饼(生茶)		20,700	西泠印社	2021-01-16
20世纪90年代·勐海茶厂小红印青饼(生茶)		20,700	西泠印社	2021-01-16
20世纪90年代有机老乌龙		20,700	永乐拍卖	2021-05-20
2015年悟源涧肉桂王		20,700	华艺国际	2021-06-03
省公司20世纪90年代蓝印熟饼		20,700	北京保利	2021-06-07
2018年 嘉木堂陈远号 倚邦正山 明前嫩尖 普洱生饼 6+1片	357g/片	20,700	上海嘉禾	2021-07-22
1998年·勐海茶厂红丝带A茶砖(熟茶)		20,700	西泠印社	2021-07-23
20世纪90年代·老白茶寿眉		20,700	西泠印社	2021-07-23
1995年·勐海茶厂8582散块(生茶)		20,700	西泠印社	2021-07-23
1999年·下关茶厂订制中茶牌铁饼(生茶)		20,700	西泠印社	2021-07-23
梅记20世纪80年代三合一老茶		18,400	十竹斋拍卖(北京)	2021-04-25
2009年牡丹饼		18,400	中贸圣佳	2021-12-30
2018年 嘉木堂陈远号 湾弓老寨 阳春嫩尖 普洱生饼 6+1片	357g/片	18,400	上海嘉禾	2021-07-22
1997年·鸿泰昌圆茶(熟茶)		18,400	西泠印社	2021-07-23
大益208紫大益红丝带熟饼		18,400	北京保利	2021-09-26
20世纪90年代白毫银针		18,160	北京保利	2021-01-17
1988年凤凰沱		18,160	北京保利	2021-01-17
2006年产原箱"新铁盖" 12瓶	500ml/瓶	862,500	中国嘉德	2021-05-18
乐 器				
清 识文描金龙凤双笛(一对)	长64.5cm×2	287,500	北京保利	2021-06-07
清末民国 玉屏箫(三只)	长64.6cm；长62.1cm；长61.8cm	69,000	北京保利	2021-06-07
当代 德国舒密尔(Schimmel)"飞马"钢琴	163cm×315cm×123cm；开盖163cm×315cm×185cm	1,322,500	中国嘉德	2021-05-19
施坦威超豪华铜鎏金雕刻钢琴 维多利亚款 全球唯一		1,840,000	永乐拍卖	2021-05-22
施坦威大三角音乐会钢琴 钢琴大师基辛、巴伦博伊姆、佩拉希亚重要音乐会用琴		1,725,000	永乐拍卖	2021-05-22
施坦威 巴伦博伊姆、基辛 — 卡内基大厅重要钢琴	琴长274cm	1,437,500	北京保利	2021-12-05
施坦威 路易十六风格 鎏金雕刻豪华艺术B型钢琴	琴长211cm	1,265,000	北京保利	2021-06-07
1786年 费迪南多·加利亚诺制意大利古典小提琴	长59.3cm；宽20cm；高3cm	333,500	西泠印社	2021-07-23
1715年 卡洛·托诺利制意大利古典小提琴(附原盒)	长59.3cm；宽20cm；高3cm	253,000	西泠印社	2021-07-23
音 响				
瑞士 约19世纪制 瑞士单轴八铃八音盒	长88cm；宽42cm；高29cm	195,500	西泠印社	2021-01-17
瑞士 约19世纪制 瑞士单轴铜鎏金人物饰八音盒	长48cm；宽28cm；高25cm	172,500	西泠印社	2021-01-17
认为是 PIGUET & MEYLAN之作品，极精美及非常罕有，18K金及珐琅彩绘八音盒子		1,035,000	佳士得	2021-05-22
1940年制 宝玑 定制鎏金轻浮雕鸟鸣八音盒	长10cm；宽6cm；高6cm	253,000	西泠印社	2021-07-23
德国 约1930年 格力斯鲍姆(GRIESBAUM)珐琅彩绘鸟鸣八音盒	长10.5cm；宽6.5cm；高4.5cm	230,000	西泠印社	2021-01-17
欧洲 银质 镶嵌欧泊鸟笼鸟音盒	约16.5cm×9.5cm×5.5cm	161,000	北京保利	2021-06-07
欧洲 银鎏金 珐琅嵌珍珠及宝石马车音乐盒	约24cm×16.5cm×8cm	101,200	北京保利	2021-06-07
欧洲 银质 椭圆形天使题材双鸟鸟音盒	约10.5cm×6.5cm×4.5cm	92,000	北京保利	2021-06-07
欧洲 银鎏金珐琅鸟音乐盒	约12.8cm×4cm×7.5cm	74,750	北京保利	2021-06-07
欧洲 银质 长方形乐器题材雕花双鸟鸟音盒	约18cm×9.5cm×5.5cm	74,750	北京保利	2021-06-07
德国 纯银镀金 活动人偶音乐盒	10cm×7cm×4.5cm	63,250	北京保利	2021-06-07
欧洲 银质 珐琅钢琴鸟音盒	约15.5cm×8.5cm×10cm	63,250	北京保利	2021-06-07
19世纪制 瑞士单轴八音盒	长53cm；宽32cm；高23cm	51,750	西泠印社	2021-07-23
御爵 五轴棘滚音乐盒	46cm×22cm×12cm	46,000	北京保利	2021-06-07
御爵 铜质镶青金石音乐盒	约23cm×12cm×10cm	36,800	北京保利	2021-06-07
尚 品				
珍罕雾面白色喜马拉雅尼罗鳄鱼皮28cm内缝钻石凯莉包附18K白金及钻石配件	28cm×10cm×20cm	3,284,000	佳士得	2021-11-26
爱马仕 2021 极其罕见雾面白色喜马拉雅尼罗鳄鱼皮28cm钻石凯莉包附18K白金及钻石金属配件(附原包装盒及证书)	28cm×11cm×21cm	2,955,600	保利香港	2021-12-01
罕见雾面白色喜马拉雅尼罗鳄鱼皮28cm内缝凯莉包附钯金配件	28cm×20cm×11cm	2,277,000	佳士得	2021-05-21
罕见珍贵，彩羽绣及绳索灰色SWIFT小牛皮32cm外缝马赛克凯莉包附钯金配件	32cm×10cm×23cm	2,257,750	佳士得	2021-11-26
罕见雾面白色喜马拉雅尼罗鳄鱼皮25cm柏金包附钯金配件	25cm×14cm×19cm	1,949,875	佳士得	2021-11-26
珍罕亮面天竺葵红色POROSUS湾鳄皮35cm钻石柏金包附18K白金及钻石配件	35cm×18cm×25cm	1,847,250	佳士得	2021-11-26
爱马仕 2021 罕见雾面白色喜马拉雅尼罗鳄鱼皮25cm柏金包附银色金属配件	25cm×18cm×10cm	1,674,840	保利香港	2021-12-01
罕见黄褐色BARÉNIA小牛皮及沼泽橡木22cm木制凯莉包附钯金配件	22cm×8.5cm×19cm	1,656,000	佳士得	2021-05-21
罕见雾面白色喜马拉雅尼罗鳄鱼皮25cm内缝凯莉包附钯金配件	25cm×19cm×9cm	1,656,000	佳士得	2021-05-21
爱马仕 2020 罕见雾面白色喜马拉雅尼罗鳄鱼皮28cm凯莉包附银色金属配件	28cm×21cm×11cm	1,618,560	保利香港	2021-04-23
特别订制雾面珍珠灰色及极致粉色短吻鳄皮QUELLE IDOLE包附钯金配件	15cm×6cm×12cm	1,539,375	佳士得	2021-11-26
爱马仕 2020 罕见雾面白色喜马拉雅尼罗鳄鱼皮25cm柏金包附银色金属配件	25cm×18cm×10cm	1,517,400	保利香港	2021-04-23
爱马仕 2020年 罕见棕色BARENIA马鞍牛皮及沼泽橡木22cm KELLYWOOD凯莉包附银色金属配件	22cm×8.5cm×18cm	1,506,500	北京保利	2021-12-05

(成交价RMB：1万元以上)

拍品名称	物品尺寸	成交价RMB	拍卖公司	拍卖日期
珍罕亮面黑色POROSUS湾鳄皮25cm钻石柏金包附18K白金及钻石配件	25cm×14cm×19cm	1,449,000	佳士得	2021-05-21
罕见雾面乌木色短吻鳄皮，金棕色MADAME，橙色SWIFT，焦褐色及乌木色SOMBRERO，粉笔白色EPSOM小牛皮20cm外缝FAUBOURG柏金包附钯金配件	20cm×11cm×16cm	1,449,000	佳士得	2021-05-21
罕见雾面乌木色短吻鳄皮，金棕色MADAME，橙色SWIFT，焦褐色及乌木色SOMBRERO，粉笔白色EPSOM小牛皮20cm外缝FAUBOURG柏金包附钯金配件	20cm×11cm×16cm	1,436,750	佳士得	2021-11-26
爱马仕 2020 罕见棕色BARENIA马鞍牛皮及沼泽橡木22cm KELLYWOOD凯莉包附银色金属配件	22cm×18cm×8.5cm	1,428,540	保利香港	2021-12-01
爱马仕 2020 限量版雾面深棕色短吻鳄鱼皮、SOMBRERO小牛皮、金色MADAME、橙色SWIFT及奶昔白色EPSOM牛皮20cm外缝FAUBOURG BIRKIN包附银色金属配件	20cm×15.5cm×11cm	1,330,020	保利香港	2021-12-01
爱马仕 2020 限量版雾面深棕色鳄鱼皮、SOMBRERO小牛皮、金色MADAME、橙色SWIFT及奶昔白色EPSOM牛皮20cm外缝FAUBOURG BIRKIN包附银色金属配件	20cm×11cm×15.5cm	1,315,080	保利香港	2021-04-23
亮面绿玉色POROSUS湾鳄皮25公分柏金包附黄金配件	25cm×14cm×19cm	1,242,000	佳士得	2021-05-21
爱马仕 2019年 罕见雾面白色喜马拉雅尼罗鳄鱼皮CONSTANCE ELAN包附银色金属配件	25cm×14cm×3cm	1,242,000	北京保利	2021-12-05
雾面5P粉色短吻鳄25cm内缝凯莉包附钯金配件	25cm×9cm×19cm	1,035,000	佳士得	2021-05-21
珍罕亮面天方夜谭粉色POROSUS湾鳄皮30cm钻石柏金包附18K白金及钻石配件	30cm×15cm×22cm	1,035,000	佳士得	2021-05-21
罕有雾面白色喜马拉雅尼罗鳄皮24cm CONSTANCE包附银色配件爱马仕 2020	24cm×20cm×10cm	1,035,000	华艺国际	2021-06-04
亮面黑色短吻鳄皮20cm迷你凯莉包附钯金配件	20cm×14cm×18cm	828,000	佳士得	2021-05-21
特别订制亮面天方夜谭粉色及电光蓝色短吻鳄皮25cm外缝凯莉包附黄金配件	25cm×9cm×19cm	724,500	佳士得	2021-05-21
亮面渐变色SALVATOR蜥蜴皮25cm外缝凯莉包附钯金配件	25cm×9cm×19cm	718,375	佳士得	2021-11-26
亮面渐变色SALVATOR蜥蜴皮25cm柏金包附钯金配件	25cm×14cm×19cm	672,750	佳士得	2021-05-21
罕见金铜色CHÈVRE山羊皮25cm外缝凯莉包附黄金配件	25cm×9cm×19cm	667,063	佳士得	2021-11-26
爱马仕 2019 罕见亮面翡翠绿色POROSUS鳄鱼皮25cm柏金包附金色金属配件	25cm×10cm×18cm	657,540	保利香港	2021-04-23
爱马仕 2016 雾面香草色鳄鱼皮25cm柏金包附金色金属配件	25cm×18cm×10cm	627,192	保利香港	2021-04-23
特别订制亮面海军蓝色及电光蓝色POROSUS湾鳄皮25cm柏金包附雾面钯金配件	25cm×14cm×19cm	621,000	佳士得	2021-05-21
亮面黑色短吻鳄皮20cm迷你凯莉包二代附黄金配件	20cm×14cm×9cm	621,000	佳士得	2021-05-21
特别订制雾面黑色及珍珠灰色短吻鳄皮25cm柏金包附雾面黄金配件	25cm×14cm×19cm	615,750	佳士得	2021-11-26
爱马仕2017 祖母绿亮面KELLY25外缝手提包附金色金属配件	25cm×18cm×10cm	598,000	西泠印社	2021-07-25
爱马仕 2018年 特别订制雾面珍珠灰色及内拼丝绒绿色短嘴鳄鱼皮30cm柏金包附银色金属配件	30cm×20cm×15cm	598,000	北京保利	2021-12-05
亮面黑色短吻鳄皮25cm外缝凯莉包附黄金配件	25cm×9cm×19cm	564,438	佳士得	2021-11-26
罕见2010香港SOGO限量版樱花粉色SWIFT小牛皮QUELLE IDOLE包附钯金配件	15cm×6cm×12cm	564,438	佳士得	2021-11-26
2018年 爱马仕 雾面新薄荷绿色短鳄鱼皮30cm柏金包	30cm×15cm×20cm	563,500	北京保利	2021-06-08
爱马仕 2018 雾面新薄荷绿色短鳄鱼皮30cm柏金包	30cm×20cm×15cm	529,000	北京保利	2021-09-26
特别订制雾面金盏花黄色及黑色短吻鳄皮28cm内缝凯莉包附雾面黄金配件	28cm×10cm×20cm	517,500	佳士得	2021-05-21
亮面蓝宝石色尼罗鳄鱼皮25cm外缝凯莉包附黄金配件	25cm×19cm×9cm	517,500	佳士得	2021-05-21
雾面水绿色短吻鳄皮25cm柏金包附黄金配件	25cm×14cm×19cm	513,125	佳士得	2021-11-26
特别订制亮面斑鸠灰色及祖母绿色POROSUS湾鳄皮25cm柏金包附黄金配件	25cm×14cm×19cm	513,125	佳士得	2021-11-26
亮面石墨色尼罗鳄鱼皮25cm柏金包附黄金配件	25cm×19cm×14cm	496,800	佳士得	2021-05-21
爱马仕 2020 特别订制雾面金盏花黄及珍珠灰双色尼罗鳄鱼皮28cm内缝凯莉包附雾面金色金属配件	28cm×21cm×11cm	492,600	保利香港	2021-12-01
爱马仕 2020 罕见OMBRE原色蜥蜴皮25cm外缝凯莉包附银色金属配件	25cm×18cm×10cm	492,600	保利香港	2021-12-01
雾面5P粉色短吻鳄皮35cm柏金包附钯金配件	35cm×25cm×18cm	465,750	佳士得	2021-05-21
限量版北方蓝色SWIFT小牛皮及柳条迷你PICNIC凯莉包附钯金配件	18.5cm×13.5cm×7cm	465,750	佳士得	2021-05-21
雾面海军蓝色及天方夜谭粉色短吻鳄皮30cm拼色柏金包附钯金配件	30cm×22cm×15cm	465,750	佳士得	2021-05-21
亮面大象灰色尼罗鳄鱼皮25cm外缝凯莉包附钯金配件	25cm×19cm×9cm	465,750	佳士得	2021-05-21
亮面帝王绿色短吻鳄皮25cm外缝凯莉包附黄金配件	25cm×9cm×18cm	461,813	佳士得	2021-11-26
亮面黑色短吻鳄皮20cm迷你凯莉包二代附黄金配件	20cm×6cm×14cm	461,813	佳士得	2021-11-26
亮面黑色尼罗鳄鱼皮25cm柏金包附钯金配件	25cm×14cm×19cm	461,813	佳士得	2021-11-26
雾面九重葛红色短吻鳄皮28cm内缝凯莉包附黄金配件	28cm×10cm×20cm	461,813	佳士得	2021-11-26
亮面黑加仑色POROSUS湾鳄皮25cm柏金包附黄金配件	25cm×14cm×19cm	461,813	佳士得	2021-11-26
2020年 爱马仕 限量版心跳红色BARENIA牛皮及藤条PICNIC MINI KELLY包	18.5cm×7cm×13.5	442,750	北京保利	2021-06-08
2014年 爱马仕 亮面黑色尼罗鳄鱼皮28cm外缝凯莉包	28cm×21cm×11cm	442,750	北京保利	2021-06-08
爱马仕2017 黑色亮面金扣KELLY25外缝手提包	25cm×18cm×10cm	437,000	西泠印社	2021-07-25
雾面风衣卡其色短吻鳄皮30cm柏金包附黄金配件	30cm×22cm×15cm	434,700	佳士得	2021-05-21
雾面水绿色短吻鳄皮30cm柏金包附钯金配件	30cm×22cm×15cm	434,700	佳士得	2021-05-21
台北BELLAVITA百货2009年限量版牛仔蓝色及乌木色SWIFT小牛皮QUELLE IDOLE包附钯金配件	15cm×6cm×12cm	431,025	佳士得	2021-11-26
限量版白色SWIFT小牛皮及柳条迷你PICNIC凯莉包附钯金配件	18.5cm×7cm×13.5cm	431,025	佳士得	2021-11-26
2017年 爱马仕 特别定制亮面黑色POROSUS鳄鱼皮及天方夜谭紫色EPSOM皮28cm外缝凯莉包	28cm×11cm×21cm	425,500	北京保利	2021-06-08
罕见雾面白色喜马拉雅尼罗鳄鱼皮28公分PLUME包附钯金配件	28cm×20cm×10cm	414,000	佳士得	2021-05-21
亮面渐变色SALVATOR蜥蜴皮18cm迷你CONSTANCE包附黄金配件	18cm×15cm×5cm	393,300	佳士得	2021-05-21
亮面黑加仑色短吻鳄皮20cm迷你凯莉包二代附黄金配件	20cm×14cm×9cm	393,300	佳士得	2021-05-21
爱马仕 2014 亮面黑色POROSUS鳄鱼皮30cm柏金包	30cm×20cm×15cm	391,000	北京保利	2021-09-26
亮面渐变色SALVATOR蜥蜴皮18cm迷你CONSTANCE包附钯金配件	18cm×5cm×15cm	389,975	佳士得	2021-11-26
雾面水绿色短吻鳄皮20cm迷你凯莉包二代附钯金配件	20cm×6cm×14cm	389,975	佳士得	2021-11-26
雾面深绿色短吻鳄皮25cm柏金包附黄金配件	25cm×14cm×19cm	389,975	佳士得	2021-11-26
雾面九重葛红色短吻鳄皮25cm柏金包附黄金配件	25cm×14cm×19cm	389,975	佳士得	2021-11-26
爱马仕2020 金棕色雾面CONSTANCE19斜挎包附金色金属配件	19cm×15cm×4cm	379,500	西泠印社	2021-07-25
爱马仕2015 葡萄紫亮面KELLY28外缝手提包附金色金属配件	28cm×21cm×11cm	379,500	西泠印社	2021-07-25
限量版金棕色SWIFT小牛皮25cm SHADOW柏金包附钯金配件	25cm×14cm×19cm	369,450	佳士得	2021-11-26
特别订制雾面紫黑色短吻鳄皮28cm内缝凯莉包附雾面钯金配件	28cm×20cm×10cm	362,250	佳士得	2021-05-21
亮面黑色尼罗鳄鱼皮30cm柏金包附黄金配件	30cm×15cm×22cm	359,188	佳士得	2021-11-26
雾面覆盆子色短吻鳄皮25cm内缝凯莉包附黄金配件	25cm×9cm×19cm	359,188	佳士得	2021-11-26

2021杂项拍卖成交汇总(续表)

(成交价RMB：1万元以上)

拍品名称	物品尺寸	成交价RMB	拍卖公司	拍卖日期
限量版橙色及乌木色EPSOM小牛皮QUELLE IDOLE包附钯金配件	15cm×6cm×12cm	359,188	佳士得	2021-11-26
爱马仕 2018 MINIKELLY二代 A5杜鹃红 方块雾面鳄鱼	20cm×12cm×6cm	356,500	北京保利	2021-09-26
雾面鸭头绿色短吻鳄皮30cm柏金包附黄金配件	30cm×15cm×22cm	348,925	佳士得	2021-11-26
HERMÈS 波尔多酒红鳄鱼皮KELLY包	28cm	345,000	中鸿信	2021-07-15
爱马仕 2013 亮面天竺葵红色尼罗鳄鱼皮30cm柏金包	30cm×20cm×15cm	333,500	北京保利	2021-09-26
雾面紫玫瑰色短吻鳄皮25cm内缝凯莉包附钯金配件	25cm×19cm×9cm	331,200	佳士得	2021-05-21
限量版亮面鲁索绿色，博斯海峡绿色及紫玫瑰色短吻鳄皮18cm迷你CONSTANCE包附钯金配件	18cm×5cm×15cm	328,400	佳士得	2021-11-26
雾面茄紫鳄鱼皮22cm KELLY ADO双肩包配金色配件 爱马仕 2019	22cm×22cm×11cm	322,000	华艺国际	2021-06-04
陶土色鸵鸟皮25cm柏金包附黄金配件	25cm×19cm×14cm	310,500	佳士得	2021-05-21
限量版雾面海军蓝色短吻鳄皮及蓝宝石色NOVILLO小牛皮30cmTOUCH柏金包附玫瑰金配件	30cm×22cm×15cm	310,500	佳士得	2021-05-21
亮面深绿色尼罗鳄鱼皮30cm柏金包附钯金配件	30cm×22cm×15cm	310,500	佳士得	2021-05-21
亮面哈瓦那棕色尼罗鳄鱼皮微型迷你CONSTANCE包附黄金配件	13cm×10cm×3cm	310,500	佳士得	2021-05-21
限量版浅绿色SWIFT小牛皮及柳条迷你PICNIC凯莉包附钯金配件	18.5cm×7cm×13.5cm	307,875	佳士得	2021-11-26
亮面电光蓝色尼罗鳄鱼皮30cm柏金包附钯金配件	30cm×15cm×22cm	307,875	佳士得	2021-11-26
亮面祖母绿色尼罗鳄鱼皮30cm柏金包附钯金配件	30cm×15cm×22cm	307,875	佳士得	2021-11-26
亮面异国红色尼罗蜥蜴皮25cm柏金包附钯金配件	25cm×14cm×19cm	307,875	佳士得	2021-11-26
亮面法拉利红色尼罗鳄鱼皮30cm柏金包附钯金配件	30cm×15cm×22cm	307,875	佳士得	2021-11-26
SUPREME联名限量版红色及白色MONOGRAM滑板收藏箱附银色配件	86cm×26cm×21cm	307,875	佳士得	2021-11-26
爱马仕 2019 雾面琉璃蓝色鳄鱼皮MINI KELLY II包附银色金属配件	20cm×12cm×6cm	303,480	保利香港	2021-04-23
2014年 爱马仕 亮面深海蓝色尼罗鳄鱼皮30cm柏金包	30cm×20cm×15cm	299,000	北京保利	2021-06-08
2016年 爱马仕 亮面黑色短嘴鳄鱼皮24cm CONSTANCE包	24cm×18cm×9cm	293,250	北京保利	2021-06-08
天然沙滩色BUTLER小牛皮25cm外缝凯莉包附钯金配件	25cm×19cm×9cm	289,800	佳士得	2021-05-21
亮面黑色尼罗蜥蜴皮25cm外缝凯莉包附钯金配件	25cm×19cm×9cm	289,800	佳士得	2021-05-21
亮面黑色尼罗鳄鱼皮30cm柏金包附钯金配件	30cm×22cm×15cm	289,800	佳士得	2021-05-21
特别订制铁灰色及提尔粉色鸵鸟皮25cm外缝凯莉包附雾面黄金配件	25cm×19cm×9cm	289,800	佳士得	2021-05-21
2018年 爱马仕 亮面天方夜谭紫色短嘴鳄鱼皮19cm CONSTANCE包	19cm×14cm×7cm	287,500	北京保利	2021-06-08
爱马仕2018 法拉利红亮面CONSTANCE19斜挎包附金色金属配件	19cm×15cm×4cm	287,500	西泠印社	2021-07-25
限量版雾面黑色短吻鳄皮18cm迷你CONSTANCE包附亮面渐变色SALVATOR蜥蜴皮及钯金配件	18cm×5cm×15cm	287,350	佳士得	2021-11-26
亮面羊皮纸色尼罗蜥蜴皮25cm柏金包附钯金配件	25cm×14cm×19cm	287,350	佳士得	2021-11-26
雾面哈瓦那棕色尼罗鳄鱼皮30cm柏金包附钯金配件	30cm×15cm×22cm	287,350	佳士得	2021-11-26
爱马仕 2016 樱花粉色SWIFT牛皮25cm柏金包附银色金属配件	25cm×18cm×10cm	283,248	保利香港	2021-04-23
爱马仕 2018 BIRKIN25 TOUCH 黑色TAURILLON NOVILLO拼两点鳄鱼	25cm×19cm×13cm	281,750	北京保利	2021-09-26
希腊蓝色尼罗蜥蜴皮25cm柏金包附金色配件 爱马仕 2012	25cm×18cm×10cm	276,000	华艺国际	2021-06-04
限量版爱马仕红色SOMBRERO小牛皮，朱红色CHÈVRE山羊皮及石榴红色EPSOM牛皮28cm KELLYGRAPHIE LETTRE M凯莉包附钯金配件	28cm×10cm×20cm	269,100	佳士得	2021-05-21
限量版爱心红色，极致粉色及尚西巴岛蓝色EPSOM牛皮28cm外缝CASAQUE凯莉包附钯金配件	28cm×20cm×10cm	269,100	佳士得	2021-05-21
限量版鲜红色及乌木色GULLIVER小牛皮QUELLE IDOLE包附钯金配件	15cm×12cm×6cm	269,100	佳士得	2021-05-21
亮面提尔粉色POROSUS鳄鱼皮35cm柏金包附钯金配件	35cm×25cm×18cm	269,100	佳士得	2021-05-21
亮面蓝宝石色短吻鳄皮20cm迷你凯莉包二代附钯金配件	20cm×6cm×14cm	266,825	佳士得	2021-11-26
雾面荧光粉红色短吻鳄皮18cm迷你CONSTANCE包附钯金配件及雾面荧光粉红色短吻鳄皮BÉARN短夹附钯金配件（一组两件）	高15cm；高9cm	266,825	佳士得	2021-11-26
亮面哈瓦那棕色POROSUS湾鳄皮35cm柏金包附黄金配件	35cm×18cm×25cm	266,825	佳士得	2021-11-26
HERMÈS 伊兹米尔兰鳄鱼皮KELLY包	28cm	264,500	中鸿信	2021-07-15
爱马仕 2020 天青蓝色TOGO牛皮25cm柏金包附金色金属配件	25cm×19cm×13cm	263,016	保利香港	2021-04-23
限量版英国绿色SWIFT小牛皮及RIGA帆布35cmKELLY LAKIS包附钯金配件	35cm×25cm×13cm	258,750	佳士得	2021-05-21
爱马仕 2018 限量版亮面水墨蓝色尼罗鳄鱼皮及TOGO牛皮25cmTOUCH柏金包	25cm×19cm×13cm	253,000	北京保利	2021-09-26
限量版亮面黑色尼罗鳄鱼皮及NOVILLO小牛皮30cmTOUCH柏金包附玫瑰金配件	30cm×22cm×15cm	248,400	佳士得	2021-05-21
限量版雾面紫黑色短吻鳄皮及葡萄紫色TOGO小牛皮25cmTOUCH柏金包附玫瑰金配件	25cm×19cm×14cm	248,400	佳士得	2021-05-21
限量版墨水蓝色、琉璃蓝色、柏树绿色及午夜蓝色亮面短吻鳄皮及尼罗蜥蜴皮AU BOUT DU MONDE 24cm CONSTANCE包附搪瓷配件	24cm×7cm×19cm	246,300	佳士得	2021-11-26
限量版奶油白色、小鸡黄色及芝麻色EPSOM小牛皮20cm迷你凯莉包二代附钯金配件	20cm×6cm×14cm	246,300	佳士得	2021-11-26
特别订制铁灰色及奶昔白色EPSOM小牛皮25cm外缝凯莉包附黄金配件	25cm×9cm×19cm	246,300	佳士得	2021-11-26
特别订制缇香绿色及玛瑙灰色鸵鸟皮28cm外缝凯莉包附精铜配件	28cm×10cm×20cm	246,300	佳士得	2021-11-26
木兰粉色EPSOM小牛皮20cm迷你凯莉包二代附钯金配件	20cm×6cm×14cm	246,300	佳士得	2021-11-26
爱马仕 2021 特别定制 大象灰色及奶昔白色TOGO牛皮30cm柏金包	30cm×20cm×15cm	241,500	北京保利	2021-09-26
爱马仕2021 奶昔白TOGO牛皮BIRKIN25手提包附玫瑰金色金属配件	25cm×18cm×10cm	230,000	西泠印社	2021-07-25
艳粉红色鸵鸟皮20cm迷你凯莉包二代附钯金配件	20cm×14cm×9cm	227,700	佳士得	2021-05-21
特别订制黑色CHÈVRE山羊皮25cm外缝凯莉包附雾面钯金配件	25cm×19cm×9cm	227,700	佳士得	2021-05-21
限量版黑色CALF BOX小牛皮30cm SO BLACK柏金包附黑色PVD配件	30cm×22cm×15cm	227,700	佳士得	2021-05-21
亮面黑色POROSUS湾鳄皮35cm柏金包附黄金配件	35cm×25cm×18cm	227,700	佳士得	2021-05-21
特别订制樱花粉色及珍珠灰色CHÈVRE山羊皮30cm柏金包附黄金配件	30cm×22cm×15cm	227,700	佳士得	2021-05-21
特别订制花瓣粉色及莱姆黄色CHÈVRE山羊皮25cm柏金包附雾面黄金配件	25cm×19cm×14cm	227,700	佳士得	2021-05-21
蓝宝石色尼罗蜥蜴皮微型迷你CONSTANCE包附黄金配件	13cm×10cm×3cm	227,700	佳士得	2021-05-21
限量版亮面海军蓝色及铜色短吻鳄皮24cm拼色CONSTANCE包附玫瑰金配件	24cm×19cm×7cm	227,700	佳士得	2021-05-21
特别订制玛瑙灰色及鸢尾花蓝色鸵鸟皮30cm柏金包附雾面钯金配件	30cm×22cm×15cm	227,700	佳士得	2021-05-21
限量版金棕色SWIFT小牛皮35cmSHADOW柏金包	35cm×25cm×18cm	227,700	佳士得	2021-05-21
雾面哈瓦那棕色POROSUS湾鳄皮35cm柏金包附钯金配件	35cm×25cm×18cm	227,700	佳士得	2021-05-21
干邑色鸵鸟皮20cm迷你凯莉包二代附黄金配件	20cm×6cm×14cm	225,775	佳士得	2021-11-26
特别订制靛蓝色及鸢尾花蓝色鸵鸟皮25cm外缝凯莉包附雾面钯金配件及小码飞马RODÉO挂饰（一组两件）	高19cm；高7cm	225,775	佳士得	2021-11-26

(成交价RMB：1万元以上)

拍品名称	物品尺寸	成交价RMB	拍卖公司	拍卖日期
特别订制白色及金棕色CLÉMENCE小牛皮25cm柏金包附雾面黄金配件	25cm×14cm×19cm	225,775	佳士得	2021-11-26
水泥灰色鸵鸟皮25cm外缝凯莉包附黄金配件	25cm×9cm×19cm	225,775	佳士得	2021-11-26
奶油白色SWIFT小牛皮KELLY POCHETTE包附黄金配件	22cm×6cm×13cm	225,775	佳士得	2021-11-26
奶昔白色EPSOM小牛皮20cm迷你凯莉包二代附黄金配件	20cm×6cm×14cm	225,775	佳士得	2021-11-26
特别订制玛瑙灰色及蓝宝石色鸵鸟皮30cm柏金包附黄金配件	30cm×15cm×22cm	225,775	佳士得	2021-11-26
浅绿色鸵鸟皮KELLY POCHETTE包附黄金配件	22cm×6cm×13cm	225,775	佳士得	2021-11-26
限量版亮面黑色尼罗鳄鱼皮及NOVILLO小牛皮25cm TOUCH柏金包附玫瑰金配件	25cm×14cm×19cm	225,775	佳士得	2021-11-26
限量版海军蓝色帆布及黑色SWIFT小牛皮35cm CARGO柏金包附钯金配件	35cm×18cm×25cm	225,775	佳士得	2021-11-26
爱马仕2020 奶油白EPSOM牛皮KELLY25外缝手提包附银色金属配件	25cm×18cm×10cm	218,500	西泠印社	2021-07-25
爱马仕2020 黑色EPSOM牛皮MINI KELLY II手提包附金色金属配件	20cm×12cm×6cm	218,500	西泠印社	2021-07-25
爱马仕2021 金棕EPSOM牛皮MINI KELLY II手提包附金色金属配件	20cm×12cm×6cm	218,500	西泠印社	2021-07-25
爱马仕 2018 矢车菊蓝色鸵鸟皮KELLY POCHETTE包附金色金属配件	22cm×13cm×7cm	212,436	保利香港	2021-04-23
特别订制黑色及粉笔白色EPSOM牛皮28cm外缝凯莉包附雾面黄金配件	28cm×20cm×10cm	207,000	佳士得	2021-05-21
北方蓝色EPSOM牛皮20cm迷你凯莉包二代附黄金配件	20cm×14cm×9cm	207,000	佳士得	2021-05-21
米克诺斯蓝色鸵鸟皮30cm柏金包附钯金配件	30cm×22cm×15cm	207,000	佳士得	2021-05-21
爱心红色CHÈVRE山羊皮20cm迷你凯莉包二代附黄金配件	20cm×14cm×9cm	207,000	佳士得	2021-05-21
亮面草绳色尼罗鳄鱼皮30cm柏金包附钯金配件	30cm×22cm×15cm	207,000	佳士得	2021-05-21
深海蓝色鸵鸟皮28cm凯莉包附金色配件 爱马仕 2015	28cm×20cm×10cm	207,000	华艺国际	2021-06-04
爱马仕2021 锡器灰TOGO牛皮BIRKIN25手提包附金色金属配件	25cm×18cm×10cm	207,000	西泠印社	2021-07-25
爱马仕2020 黑色GRAINED MONSIEUR牛皮BIRKIN25手提包附金色金属配件	25cm×18cm×10cm	207,000	西泠印社	2021-07-25
爱马仕2020 大象灰EPSOM牛皮金扣KELLY25外缝手提包附金色金属配件	25cm×18cm×10cm	207,000	西泠印社	2021-07-25
爱马仕 2014 特别定制 樱花粉色及糖果粉色及紫罗兰色三色拼山羊皮30cm柏金包	30cm×20cm×15cm	207,000	北京保利	2021-09-26
雾霾蓝色EPSOM小牛皮25cm外缝柏金包附钯金配件	25cm×14cm×19cm	205,250	佳士得	2021-11-26
奶油白色EPSOM小牛皮25cm外缝柏金包附黄金配件	25cm×14cm×19cm	205,250	佳士得	2021-11-26
奶昔白色TOGO小牛皮25cm柏金包附玫瑰金配件	25cm×14cm×19cm	205,250	佳士得	2021-11-26
牛油果绿色EPSOM小牛皮25cm外缝凯莉包附黄金配件	25cm×9cm×19cm	205,250	佳士得	2021-11-26
限量版爱心红色，极致粉色及尚西巴岛蓝色EPSOM小牛皮20cm迷你CASAQUE凯莉包二代附钯金配件	20cm×6cm×14cm	205,250	佳士得	2021-11-26
亮面爱马仕红色POROSUS湾鳄皮35cm柏金包附钯金配件	35cm×18cm×25cm	205,250	佳士得	2021-11-26
樱花粉色SWIFT小牛皮25cm柏金包附钯金配件	25cm×14cm×19cm	205,250	佳士得	2021-11-26
雾面紫水晶色短吻鳄皮CONSTANCE TO GO包附黄金配件	21cm×2cm×12cm	205,250	佳士得	2021-11-26
爱马仕 2020 黑色EPSOM牛皮MINI KELLY II包附金色金属配件	20cm×12cm×6cm	202,320	保利香港	2021-04-23
爱马仕 2020 特别订制奶昔白及锡器灰双色EPSOM牛皮MINI KELLY II包附金色金属配件	20cm×12cm×6cm	202,320	保利香港	2021-04-23
爱马仕 2016 特别定制 新樱花粉色及惊艳粉色CHEVRE山羊皮25cm柏金包	25cm×19cm×13cm	201,250	北京保利	2021-09-26
HERMÈS 石黑灰康康鸵鸟皮	19cm	195,500	中鸿信	2021-07-15

拍品名称	物品尺寸	成交价RMB	拍卖公司	拍卖日期
爱马仕 2019 杏仁绿EPSOM牛皮25cm外缝凯莉包	25cm×18cm×10cm	195,500	北京保利	2021-09-26
千邑色鸵鸟皮25cm外缝凯莉包附黄金配件	25cm×9cm×19cm	194,988	佳士得	2021-11-26
限量版雾霾蓝色、帝王绿色及金棕色EPSOM小牛皮25cm外缝凯莉包附钯金配件	25cm×9cm×19cm	194,988	佳士得	2021-11-26
米克诺斯蓝色鸵鸟皮28cm SELLIE凯莉包附黄金配件	28cm×10cm×20cm	194,988	佳士得	2021-11-26
亮面海军蓝色尼罗鳄鱼皮24cmCONSTANCE包附钯金配件	24cm×7cm×19cm	194,988	佳士得	2021-11-26
奶昔白色EPSOM小牛皮25cm外缝凯莉包附黄金配件	25cm×9cm×19cm	194,988	佳士得	2021-11-26
黑色EPSOM小牛皮20cm迷你凯莉包二代附黄金配件	20cm×6cm×14cm	194,988	佳士得	2021-11-26
黑色CALF BOX小牛皮20cm迷你凯莉包附黄金配件	20cm×14cm×18cm	194,988	佳士得	2021-11-26
限量版爱心红色、极致粉色及尚西巴岛蓝色EPSOM小牛皮30cm外缝柏金包附钯金配件	30cm×15cm×22cm	194,988	佳士得	2021-11-26
番红花色鸵鸟皮25cm柏金包附黄金配件	25cm×14cm×19cm	194,988	佳士得	2021-11-26
爱马仕 2019 特别订制奶昔白及锡器灰双色EPSOM牛皮25cm外缝凯莉包附金色金属配件	25cm×18cm×10cm	192,204	保利香港	2021-04-23
特别订制杜鹃粉色及风衣卡其色EPSOM牛皮25cm外缝凯莉包附雾面黄金配件	25cm×19cm×9cm	186,300	佳士得	2021-05-21
银莲花紫色EPSOM牛皮20cm迷你凯莉包二代附黄金配件	20cm×14cm×9cm	186,300	佳士得	2021-05-21
亮面茄子紫色短吻鳄皮24cmCONSTANCE包附钯金配件	24cm×19cm×7cm	186,300	佳士得	2021-05-21
雾面仙人掌绿色尼罗鳄鱼皮26cm LINDY包附钯金配件	26cm×18cm×14cm	186,300	佳士得	2021-05-21
奶糖色NOVILLO小牛皮25cm柏金包附黄金配件	25cm×19cm×14cm	186,300	佳士得	2021-05-21
唇膏粉色CHÈVRE山羊皮20cm迷你凯莉包二代附钯金配件	20cm×14cm×9cm	186,300	佳士得	2021-05-21
雪茄色SOMBRERO小牛皮25cm外缝凯莉包附黄金配件	25cm×9cm×19cm	184,725	佳士得	2021-11-26
蓝宝石色鸵鸟皮20cm迷你凯莉包二代附黄金配件	20cm×6cm×14cm	184,725	佳士得	2021-11-26
雾面水绿色短吻鳄皮24cm CONSTANCE包附钯金配件	24cm×7cm×19cm	184,725	佳士得	2021-11-26
迷魂绿色鸵鸟皮25cm外缝凯莉包附黄金配件	25cm×9cm×19cm	184,725	佳士得	2021-11-26
限量版黑色CALF BOX小牛皮30cm SO BLACK柏金包附黑色PVD配件	35cm×18cm×25cm	184,725	佳士得	2021-11-26
陶土色鸵鸟皮KELLY POCHETTE包附黄金配件	22cm×6cm×13cm	184,725	佳士得	2021-11-26
限量版沙漠色帆布及芝麻色SWIFT小牛皮35cm CARGO柏金包附钯金配件	35cm×18cm×25cm	184,725	佳士得	2021-11-26
爱马仕2020 琥珀黄EPSOM牛皮KELLY25外缝手提包附金色金属配件	25cm×18cm×10cm	184,000	西泠印社	2021-07-25
爱马仕2021 黑色TOGO牛皮拼皮KELLY28手提包附银色金属配件	28cm×21cm×11cm	184,000	西泠印社	2021-07-25
爱马仕 2020 黑色MADAME牛皮25cm外缝柏金包附金色金属配件	25cm×19cm×13cm	182,088	保利香港	2021-04-23
限量版雾面黑色短吻鳄皮24cm CONSTANCE包附亮面渐变色SALVATOR蜥蜴皮及钯金配件	24cm×19cm×7cm	175,950	佳士得	2021-05-21
电光蓝色EPSOM牛皮20cm迷你凯莉包二代附黄金配件	20cm×14cm×9cm	175,950	佳士得	2021-05-21
限量版雾面柏树绿色短吻鳄皮及TOGO小牛皮30cm TOUCH柏金包附黄金配件	30cm×22cm×15cm	175,950	佳士得	2021-05-21
鲁索绿色TOGO小牛皮25cm柏金包附黄金配件	25cm×19cm×14cm	175,950	佳士得	2021-05-21
亮面蜂蜜色尼罗鳄鱼皮KELLY POCHETTE包附钯金配件	22cm×13cm×6cm	175,950	佳士得	2021-05-21
限量版天然色BARÉNIA小牛皮及柳条35cm PICNIC凯莉包附钯金配件	35cm×13cm×25cm	174,463	佳士得	2021-11-26
杜鹃粉色EPSOM小牛皮30cm柏金包附钯金配件	30cm×15cm×22cm	174,463	佳士得	2021-11-26
莱姆黄色EPSOM小牛皮20cm迷你凯莉包二代附黄金配件	20cm×6cm×14cm	174,463	佳士得	2021-11-26
锡器灰色TOGO小牛皮25cm柏金包附玫瑰金配件	25cm×14cm×19cm	174,463	佳士得	2021-11-26

2021杂项拍卖成交汇总（续表）

（成交价RMB：1万元以上）

拍品名称	物品尺寸	成交价RMB	拍卖公司	拍卖日期
2015年 爱马仕 特别定制奶昔粉色及鹅蛋黄色EPSOM牛皮30cm柏金包	30cm×20cm×15cm	172,500	北京保利	2021-06-08
爱马仕 2020 特别订制电光蓝色SWIFT牛皮32cm KELLY LAKIS包附银色金属配件	32cm×23cm×11cm	171,972	保利香港	2021-04-23
爱马仕 2019 杏仁绿色TOGO牛皮25cm柏金包附金色金属配件	25cm×19cm×13cm	171,972	保利香港	2021-04-23
爱马仕 黑色EPSOM牛皮28cm外缝凯莉包	28cm×21cm×11cm	170,250	北京保利	2021-08-08
黑色MADAME小牛皮25cm外缝柏金包附黄金配件	25cm×19cm×14cm	165,600	佳士得	2021-05-21
樱花粉色SWIFT小牛皮25cm内缝凯莉包附钯金配件	25cm×19cm×9cm	165,600	佳士得	2021-05-21
紫藤色SWIFT小牛皮25cm柏金包附钯金配件	25cm×19cm×14cm	165,600	佳士得	2021-05-21
特别订制银莲花紫色及锡器灰色EPSOM牛皮28cm外缝凯莉包附钯金配件	28cm×20cm×10cm	165,600	佳士得	2021-05-21
特别订制海鸥灰色及电光蓝色EPSOM牛皮25cm外缝凯莉包附黄金配件	25cm×19cm×9cm	165,600	佳士得	2021-05-21
特别订制大象灰色CHÈVRE山羊皮25cm外缝凯莉包附钯金配件	25cm×19cm×9cm	165,600	佳士得	2021-05-21
缇香绿色鸵鸟皮CONSTANCE TO GO包附玫瑰金配件	21cm×12cm×2cm	165,600	佳士得	2021-05-21
限量版雾面赤铁红色尼罗鳄鱼皮及CLÉMENCE小牛皮20cm TOOLBOX包附精铜配件	20cm×15cm×23cm	164,200	佳士得	2021-11-26
特别订制爱马仕红色及卡普辛橙色EPSOM小牛皮及普莱顿蓝色CLÉMENCE小牛皮28cm KELLYGRAPHIE LETTRE A凯莉包附钯金配件	28cm×10cm×20cm	164,200	佳士得	2021-11-26
特别订制唇膏粉色及电光蓝色EPSOM小牛皮25cm外缝凯莉包附雾面黄金配件	25cm×9cm×高19cm	164,200	佳士得	2021-11-26
琥珀色EPSOM小牛皮20cm迷你凯莉包二代附钯金配件	20cm×6cm×14cm	164,200	佳士得	2021-11-26
锡器灰色TOGO小牛皮30cm柏金包附玫瑰金配件	30cm×15cm×22cm	164,200	佳士得	2021-11-26
爱马仕 2017 太妃糖色TOGO牛皮25cm内缝凯莉包附金色金属配件	25cm×18cm×10cm	161,856	保利香港	2021-04-23
爱马仕 2020 黑色TOGO牛皮25cm柏金包附金色金属配件	25cm×19cm×13cm	161,856	保利香港	2021-04-23
爱马仕 2018 黑色EPSOM牛皮28cm外缝凯莉包附金色金属配件	28cm×21cm×11cm	161,856	保利香港	2021-04-23
爱马仕 2020 锡器灰色TOGO牛皮25cm柏金包附银色金属配件	25cm×19cm×13cm	161,856	保利香港	2021-04-23
2018年 爱马仕 马耳他蓝色鸵鸟皮28cm外缝凯莉包	28cm×21cm×11cm	161,000	北京保利	2021-06-08
爱马仕 1992 亮面黑色鳄鱼皮19cm CONSTANCE包附金色金属配件	19cm×14.5cm×6cm	156,798	保利香港	2021-04-23
爱马仕 2020 金色EPSOM牛皮25cm外缝凯莉包附金色金属配件	25cm×18cm×10cm	156,798	保利香港	2021-04-23
特别订制黑色及唇膏粉色EPSOM牛皮25cm柏金包附雾面黄金配件	25cm×19cm×14cm	155,250	佳士得	2021-05-21
亮面黑色尼罗蜥蜴皮CONSTANCE ÉLAN包附黄金配件	25cm×13cm×7cm	155,250	佳士得	2021-05-21
异国红色鸵鸟皮25cm外缝凯莉包附钯金配件	25cm×19cm×9cm	155,250	佳士得	2021-05-21
特别订制莱姆黄色及奇异果绿色CHÈVRE山羊皮25cm柏金包附钯金配件	25cm×19cm×14cm	155,250	佳士得	2021-05-21
芥末黄色CHÈVRE山羊皮20cm迷你凯莉包二代附钯金配件	20cm×14cm×9cm	155,250	佳士得	2021-05-21
特别订制唇膏粉色及卡萨克红色EPSOM牛皮30cm柏金包附雾面黄金配件	30cm×22cm×15cm	155,250	佳士得	2021-05-21
限量版金棕色及琥珀色EPSOM小牛皮25cm拼色凯莉包附钯金配件	25cm×9cm×19cm	153,938	佳士得	2021-11-26
芙烈达蓝色EPSOM小牛皮25cm外缝凯莉包附钯金配件	25cm×9cm×19cm	153,938	佳士得	2021-11-26
黑色SWIFT小牛皮KELLY POCHETTE包附黄金配件	22cm×6cm×13cm	153,938	佳士得	2021-11-26
特别订制黑色及奶昔白色EPSOM小牛皮25cm外缝凯莉包附雾面黄金配件	25cm×9cm×18cm	153,938	佳士得	2021-11-26
黑色MADAME小牛皮25cm外缝柏金包附黄金配件	25cm×14cm×19cm	153,938	佳士得	2021-11-26
银莲花紫色EPSOM小牛皮20cm迷你凯莉包二代附黄金配件	20cm×6cm×14cm	153,938	佳士得	2021-11-26
绳索灰色EPSOM小牛皮25cm SELLIER凯莉包附钯金配件	25cm×9cm×19cm	153,938	佳士得	2021-11-26
绳索灰色EPSOM小牛皮25cm外缝柏金包附钯金配件	25cm×14cm×19cm	153,938	佳士得	2021-11-26
爱马仕 2020 金色EPSOM牛皮25cm外缝凯莉包附银色金属配件	25cm×18cm×10cm	151,740	保利香港	2021-04-23
爱马仕 1986 翡翠绿色蜥蜴皮23cm CONSTANCE包附金色金属配件	23cm×17.5cm×6cm	151,740	保利香港	2021-04-23
爱马仕 2020 孔雀绿色TOGO牛皮25cm柏金包附金色金属配件	25cm×18cm×10cm	151,740	保利香港	2021-04-23
爱马仕 2020 奶昔白色TOGO牛皮28cm内缝凯莉包附银色金属配件	28cm×21cm×11cm	151,740	保利香港	2021-04-23
爱马仕 2020 奶昔白色TOGO牛皮25cm柏金包附银色金属配件	25cm×18cm×10cm	151,740	保利香港	2021-04-23
2019年 爱马仕 特别定制电光蓝色及海葵紫色EPSOM牛皮30cm柏金包	30cm×20cm×15cm	149,500	北京保利	2021-06-08
限量版黑色TOGO小牛皮及亮面黑色短吻鳄鱼皮28cm内缝TOUCH凯莉包附钯金配件	28cm×20cm×10cm	144,900	佳士得	2021-05-21
锡器灰色TOGO小牛皮25cm柏金包附金色配件	25cm×19cm×14cm	144,900	佳士得	2021-05-21
白色SWIFT小牛皮25cm内缝凯莉包附黄金配件	25cm×19cm×9cm	144,900	佳士得	2021-05-21
限量版莱姆黄色、芝麻色、花瓣粉色及砖橙色EPSOM牛皮35cm外缝SUNRISE彩虹柏金包附钯金配件	35cm×25cm×18cm	144,900	佳士得	2021-05-21
黄褐色TAURILLON H小牛皮PANTOGRAPHE座地灯	70~84cm×118~189cm×30cm	144,900	佳士得	2021-05-21
干邑色鸵鸟皮20cm迷你凯莉包附黄金配件	20cm×14cm×18cm	143,675	佳士得	2021-11-26
特别订制海鸥灰色及孔雀蓝色EPSOM小牛皮28cm外缝凯莉包附雾面黄金配件	28cm×10cm×20cm	143,675	佳士得	2021-11-26
雾面石墨色尼罗鳄鱼皮30cm LINDY包附钯金配件	30cm×15cm×21cm	143,675	佳士得	2021-11-26
爱马仕 马卡龙蓝色TOGO牛皮28cm外缝凯莉包		141,875	北京保利	2021-08-08
爱马仕 2011 雾面希腊蓝色鳄鱼皮22cm SO KELLY肩包附银色金属配件	22cm×30cm×11cm	141,624	保利香港	2021-04-23
爱马仕 2020 琥珀黄色TOGO牛皮25cm柏金包附金色金属配件	25cm×18cm×10cm	141,624	保利香港	2021-04-23
爱马仕 2020 灰绿色EPSOM牛皮28cm外缝凯莉包附银色金属配件	28cm×21cm×11cm	141,624	保利香港	2021-04-23
爱马仕2020 奶昔白色TOGO牛皮30cm柏金包附金色金属配件	30cm×20cm×15cm	141,624	保利香港	2021-04-23
爱马仕 2019 柠檬黄色EPSOM牛皮28cm外缝凯莉包附金色金属配件	28cm×21cm×11cm	141,624	保利香港	2021-04-23
限量版樱花粉色TADELAKT小牛皮18cm迷你CONSTANCE包附亮面艳粉红色尼罗蜥蜴皮及钯金配件	18cm×15cm×5cm	134,550	佳士得	2021-05-21
北方蓝色TOGO小牛皮30cm柏金包附黄金配件	30cm×22cm×15cm	134,550	佳士得	2021-05-21
蔚蓝色TOGO小牛皮30cm柏金包附钯金配件	30cm×22cm×15cm	134,550	佳士得	2021-05-21
铁灰色鸵鸟皮KELLY POCHETTE包附黄金配件	22cm×13cm×6cm	134,550	佳士得	2021-05-21
金棕色TOGO小牛皮30cm柏金包附黄金配件	30cm×22cm×15cm	134,550	佳士得	2021-05-21
夏日粉色SWIFT小牛皮25cm柏金包附钯金配件	25cm×19cm×14cm	134,550	佳士得	2021-05-21
特别订制紫玫瑰色及海军蓝色EPSOM牛皮25cm外缝凯莉包附雾面钯金配件	25cm×19cm×9cm	134,550	佳士得	2021-05-21
金棕色EPSOM小牛皮25cm外缝凯莉包附钯金配件	25cm×9cm×19cm	133,413	佳士得	2021-11-26
限量版金棕色EPSOM小牛皮，卡普辛橙色CHÈVRE山羊皮及爱马仕红色SOMBRERO小牛皮28cm KELLYGRAPHIE LETTRE H凯莉包附钯金配件	28cm×10cm×20cm	133,413	佳士得	2021-11-26
水泥灰色CLÉMENCE小牛皮30cm柏金包附钯金配件	30cm×15cm×22cm	133,413	佳士得	2021-11-26
牡丹红色TOGO小牛皮25cm柏金包附黄金配件	25cm×14cm×19cm	133,413	佳士得	2021-11-26
5P粉色EPSOM小牛皮18cm迷你CONSTANCE包附钯金配件	18cm×5cm×15cm	133,413	佳士得	2021-11-26

(成交价RMB：1万元以上)

拍品名称	物品尺寸	成交价RMB	拍卖公司	拍卖日期
夏日粉色SWIFT小牛皮KELLY POCHETTE包附钯金配件	22cm×6cm×13cm	133,413	佳士得	2021-11-26
特别订制花瓣粉色及斋普尔粉色EPSOM小牛皮30cm柏金包附黄金配件	30cm×15cm×22cm	133,413	佳士得	2021-11-26
唇膏粉色SWIFT小牛皮25cm内缝凯莉包附钯金配件	25cm×9cm×19cm	133,413	佳士得	2021-11-26
特别订制金黄色及铁灰色EPSOM小牛皮30cm柏金包附雾面黄金配件	30cm×15cm×22cm	133,413	佳士得	2021-11-26
2020年 爱马仕 亮面松柏绿色短嘴鳄鱼皮、CHEVRE山羊皮、EPSOM皮及蜥蜴皮迷你手枪包	17cm×13cm×5cm	133,400	北京保利	2021-06-08
爱马仕 2020 锡器灰色EPSOM牛皮30cm外缝柏金包附金色金属配件	30cm×22cm×15cm	131,508	保利香港	2021-04-23
爱马仕 2017 特别订制奶昔白色及海葵紫双色TOGO牛皮28cm外缝凯莉包附雾面金色金属配件	28cm×21cm×11cm	131,508	保利香港	2021-04-23
爱马仕 夏日粉色SWIFT牛皮25cm外缝凯莉包	25cm×18cm×10cm	130,525	北京保利	2021-08-08
2019年秋冬 香奈儿 限定款雪地系列水晶缆车包 黑色版	7.5cm×4cm×6cm	126,500	北京保利	2021-06-08
2018年 爱马仕 辣椒红色、伯爵夫人红色、爱马仕红色SWIFT牛皮及EPSOM牛皮30cm柏金包	30cm×20cm×15cm	126,500	北京保利	2021-06-08
爱马仕2012 正红EPSOM牛皮KELLY25手提包附金色金属配件	25cm×18cm×10cm	126,500	西泠印社	2021-07-25
爱马仕 2015 黑色TOGO牛皮30cm柏金包附银色金属配件	30cm×20cm×15cm	126,450	保利香港	2021-04-23
NIGEL PEAKE设计限量版彩色SWIFT小牛皮24cm ON A SUMMER DAY CONSTANCE包附钯金配件	24cm×19cm×7cm	124,200	佳士得	2021-05-21
银莲花紫色SWIFT小牛皮CONSTANCE ÉLAN包附钯金配件	25cm×13cm×7cm	124,200	佳士得	2021-05-21
冰川蓝色TOGO小牛皮25cm内缝凯莉包附黄金配件	25cm×19cm×9cm	124,200	佳士得	2021-05-21
亮面米克诺斯蓝色POROSUS湾鳄皮KELLY CUT包附钯金配件	30cm×13cm×3cm	124,200	佳士得	2021-05-21
限量版米色SWIFT小牛皮及土耳其蓝色帆布32cm内缝凯莉包附雾面钯金配件	32cm×23cm×10cm	124,200	佳士得	2021-05-21
午夜蓝色EVERCOLOR小牛皮24cm CONSTANCE包附黄金配件	24cm×19cm×7cm	124,200	佳士得	2021-05-21
特别订制锡器灰色SWIFT小牛皮KELLY POCHETTE包附黄金配件	22cm×13cm×6cm	124,200	佳士得	2021-05-21
粉笔白色SWIFT小牛皮25cm柏金包附黄金配件	25cm×19cm×14cm	124,200	佳士得	2021-05-21
火橙色EPSOM牛皮25cm外缝凯莉包附钯金配件	25cm×19cm×9cm	124,200	佳士得	2021-05-21
浅绿色EPSOM牛皮25cm外缝凯莉包附黄金配件	25cm×19cm×9cm	124,200	佳士得	2021-05-21
亮面艳粉红色POROSUS湾鳄皮EGÉE包附钯金配件	25cm×10cm×5cm	124,200	佳士得	2021-05-21
亮面天方夜谭粉色POROSUS湾鳄皮KELLY CUT包附钯金配件	30cm×13cm×3cm	124,200	佳士得	2021-05-21
特别订制紫玫瑰色及海鸥灰色EPSOM牛皮30cm柏金包附雾面黄金配件	30cm×22cm×15cm	124,200	佳士得	2021-05-21
JONAS WOOD设计限量版刺绣图案小牛皮ARTYCAPUCINES包附长颈鹿挂饰	31.5cm×20cm×11cm	124,200	佳士得	2021-05-21
亮面墨水蓝色短吻鳄皮18cm迷你ROULIS包附钯金配件	18cm×6cm×15cm	123,150	佳士得	2021-11-26
紫玫瑰色鸵鸟皮25cm外缝凯莉包附钯金配件	25cm×14cm×19cm	123,150	佳士得	2021-11-26
爱马仕 2020 限量版珍珠白色及宝石蓝色SWIFT牛皮19cm CONSTANCE包附玫瑰金色金属配件	19cm×15cm×4cm	121,392	保利香港	2021-04-23
爱马仕 心跳红色及极致粉色及坦桑尼亚蓝色EPSOM牛皮MINI KELLY包	20cm×12cm×6cm	119,175	北京保利	2021-08-08
斑鸠灰色TOGO小牛皮25cm柏金包附黄金配件	25cm×19cm×14cm	119,025	佳士得	2021-05-21
2019年秋冬 香奈儿 限定款雪地系列水晶白色缆车包	7.5cm×4cm×6cm	115,000	北京保利	2021-06-08
铁灰色EPSOM牛皮30cm柏金包附黄金配件	30cm×22cm×15cm	113,850	佳士得	2021-05-21
铁灰色鸵鸟皮30cm柏金包附黄金配件	30cm×22cm×15cm	113,850	佳士得	2021-05-21
锡器灰色EPSOM牛皮18cm迷你CONSTANCE包附玫瑰金配件	18cm×15cm×5cm	113,850	佳士得	2021-05-21
锡器灰色TOGO小牛皮40cm柏金包附钯金配件	40cm×32cm×20cm	113,850	佳士得	2021-05-21
粉笔白色EPSOM牛皮18cm迷你CONSTANCE包附玫瑰金配件	18cm×15cm×5cm	113,850	佳士得	2021-05-21
鲜红色鸵鸟皮18cm迷你CONSTANCE包附钯金配件	18cm×15cm×5cm	113,850	佳士得	2021-05-21
爱马仕红色CLÉMENCE小牛皮30cm柏金包附黄金配件	30cm×22cm×15cm	113,850	佳士得	2021-05-21
雾面波尔多红色短吻鳄皮18cm迷你ROULIS包附精钢配件	18cm×15cm×6cm	113,850	佳士得	2021-05-21
特别订制金黄色及葡萄紫色CHÈVRE山羊皮30cm柏金包附黄金配件	30cm×22cm×15cm	113,850	佳士得	2021-05-21
亮面琥珀色短吻鳄皮17cm迷你VERROU包附钯金配件	17cm×12cm×4cm	113,850	佳士得	2021-05-21
亮面祖母绿色短吻鳄皮17cm迷你VERROU包附钯金配件	17cm×12cm×4cm	113,850	佳士得	2021-05-21
杏仁绿色EPSOM牛皮30cm柏金包附黄金配件	30cm×22cm×15cm	113,850	佳士得	2021-05-21
紫玫瑰色TOGO小牛皮25cm内缝凯莉包附钯金配件	25cm×19cm×9cm	113,850	佳士得	2021-05-21
一组四件:经典MONOGRAM帆布帽箱附黄铜配件,手绘经典MONOGRAM帆布35cm TABOR箱附黄铜配件,手绘经典MONOGRAM帆布45cm COTTEVILLE箱附黄铜配件,经典MONOGRAM帆布55cm BISTEN箱附黄铜配件	40.5cm×37.5cm×18.5cm; 35cm×28cm×15.5cm; 45cm×34.5cm×14.5cm; 55cm×39.5cm×17.5cm	113,850	佳士得	2021-05-21
爱马仕 黑色TAD牛皮19cm CONSTANCE包	19cm	113,500	北京保利	2021-08-08
金棕色EPSOM小牛皮30cm柏金包附钯金配件	30cm×15cm×22cm	112,888	佳士得	2021-11-26
珊瑚蓝色EPSOM小牛皮30cm柏金包附钯金配件	30cm×15cm×22cm	112,888	佳士得	2021-11-26
限量版米克诺斯蓝色及白色CLÉMENCE小牛皮30cm ECLAT柏金包附钯金配件及火橙色MILO小羊皮橘色购物袋挂饰（一组两件）	尺寸不一	112,888	佳士得	2021-11-26
限量版黑色SWIFT小牛皮35cm SHADOW柏金包附钯金配件	35cm×18cm×25cm	112,888	佳士得	2021-11-26
唇膏粉色TOGO小牛皮30cm柏金包附钯金配件	30cm×15cm×22cm	112,888	佳士得	2021-11-26
艳粉红色鸵鸟皮30cm柏金包附钯金配件	30cm×15cm×22cm	112,888	佳士得	2021-11-26
亮面紫黑色POROSUS湾鳄皮KELLY CUT包附钯金配件及银制FARANDOLE长项链（一组两件）	高13cm; 高160cm	112,888	佳士得	2021-11-26
18K白金及钻石CHAINE D' ANCRE ENCHAÎNÉE手环	周长: 15.5cm	112,888	佳士得	2021-11-26
HERMÈS 荔枝牛皮BIRKIN包	30cm	109,250	中鸿信	2021-07-15
爱马仕 冰川白色TOGO牛皮30cm柏金包	30cm×20cm×15cm	108,960	北京保利	2021-08-08
黑色SOMBRERO小牛皮25cm外缝凯莉包附黄金配件	25cm×19cm×9cm	103,500	佳士得	2021-05-21
芙烈达蓝色SWIFT小牛皮KELLY POCHETTE包附黄金配件	22cm×13cm×6cm	103,500	佳士得	2021-05-21
限量版天堂蓝色CLÉMENCE小牛皮30cm GHILLIES柏金包附钯金配件	30cm×22cm×15cm	103,500	佳士得	2021-05-21
锡器灰色TOGO小牛皮30cm柏金包附黄金配件	30cm×22cm×15cm	103,500	佳士得	2021-05-21
白色CLÉMENCE小牛皮30cm柏金包附黄金配件	30cm×22cm×15cm	103,500	佳士得	2021-05-21
限量版天然色BARÉNIA小牛皮及柳条PICNIC BOLIDE包附钯金配件	24cm×25.5cm×11cm	103,500	佳士得	2021-05-21
艳粉红色鸵鸟皮30cm柏金包附钯金配件	30cm×22cm×15cm	103,500	佳士得	2021-05-21
提尔粉色鸵鸟皮24cm CONSTANCE包附钯金配件	24cm×19cm×7cm	103,500	佳士得	2021-05-21
2011年 爱马仕 特别定制柠檬黄色及爱马仕橙色EPSOM牛皮30cm柏金包	30cm×20cm×15cm	103,500	北京保利	2021-06-08
金棕色EPSOM小牛皮24cm CONSTANCE包附黄金配件	24cm×7cm×19cm	102,625	佳士得	2021-11-26
奶油白色鸵鸟皮19cm迷你LINDY包附钯金配件	19cm×9cm×12cm	102,625	佳士得	2021-11-26
亮面维罗纳绿色尼罗鳄鱼皮KELLY CUT包附精钢配件	30cm×3cm×13cm	102,625	佳士得	2021-11-26

2021杂项拍卖成交汇总（续表）

（成交价RMB：1万元以上）

拍品名称	物品尺寸	成交价RMB	拍卖公司	拍卖日期
雾面黑色POROSUS湾鳄皮26cm TOOLBOX包附钯金配件	26cm×25cm×31cm	102,625	佳士得	2021-11-26
亮面桃红色短吻鳄皮经典双层口盖包附金色配件	25cm×6cm×16cm	102,625	佳士得	2021-11-26
黑色ARDENNES小牛皮35cm柏金包附黄金配件	35cm×25cm×18cm	98,325	佳士得	2021-05-21
限量版电光蓝色、靛蓝色、深绿色及莱姆黄色TOGO小牛皮、CALF BOX小牛皮及CHÈVRE山羊皮28cm内缝KELLY AU TROT包附钯金配件	28cm×20cm×10cm	98,325	佳士得	2021-05-21
亮面波尔多红色POROSUS湾鳄皮KELLY CUT附精钢配件	30cm×13cm×3cm	98,325	佳士得	2021-05-21
限量版芝麻色及雾霾蓝色SWIFT小牛皮19cm拼色迷你LINDY包附钯金配件	19cm×12cm×9cm	98,325	佳士得	2021-05-21
罂粟橘色CLÉMENCE小牛皮30cm柏金包附钯金配件	30cm×22cm×15cm	98,325	佳士得	2021-05-21
限量版柏树绿色及琉璃蓝色TOGO小牛皮30cm OFFICIER柏金包附钯金配件	30cm×22cm×15cm	98,325	佳士得	2021-05-21
夏日粉色SWIFT小牛皮KELLY POCHETTE包附黄金配件	22cm×13cm×6cm	98,325	佳士得	2021-05-21
HERMÈS 康康9D琥珀黄	19cm	97,750	中鸿信	2021-07-15
爱马仕 2013 限量版皇家蓝色VEAU DOBLIS麂皮及SWIFT小牛皮35cm GRIZZLY柏金包附精钢配件	35cm×25cm×18cm	96,102	保利香港	2021-04-23
黑色TOGO小牛皮40cm内缝凯莉包附钯金配件	40cm×29cm×15cm	93,150	佳士得	2021-05-21
蓝宝石色EVERCOLOR小牛皮30公分柏金包附黄金配件	30cm×22cm×15cm	93,150	佳士得	2021-05-21
限量版西红柿红色及天然沙滩色CLÉMENCE小牛皮30公分拼色柏金包附钯金配件	30cm×22cm×15cm	93,150	佳士得	2021-05-21
莱姆黄色EVERCOLOR小牛皮28cm内缝凯莉包附黄金配件	28cm×20cm×10cm	93,150	佳士得	2021-05-21
紫玫瑰色EVERCOLOR小牛皮18cm迷你CONSTANCE包附钯金配件	18cm×15cm×5cm	93,150	佳士得	2021-05-21
2018早秋年 香奈儿限定款德国汉堡邮轮系列白色救生圈包	6cm×17cm	89,700	北京保利	2021-06-08
限量版孔雀蓝色及薄荷绿色EPSOM牛皮18cm迷你CONSTANCE包附搪瓷配件	18cm×15cm×5cm	87,975	佳士得	2021-05-21
加利西亚蓝色TOGO小牛皮35cm柏金包附黄金配件	35cm×25cm×18cm	87,975	佳士得	2021-05-21
限量版珍珠灰色及白色与亮面米克诺斯蓝色蜥蜴皮35cmCLUB柏金包附钯金配件	35cm×25cm×18cm	87,975	佳士得	2021-05-21
爱马仕 2017 火焰红色TOGO牛皮25cm柏金包附银色金属配件	25cm×18cm×10cm	85,986	保利香港	2021-04-23
爱马仕 2017 伊斯米尔蓝色EPSOM牛皮30cm柏金包附银色金属配件，林家弘绘制作品	30cm×20cm×15cm	85,986	保利香港	2021-04-23
爱马仕 2009 羊毛白色TOGO牛皮32cm内缝凯莉包附金色金属配件	32cm×23cm×11cm	85,986	保利香港	2021-04-23
陶土色鸵鸟皮26cm LINDY包附钯金配件	26cm×18cm×14cm	82,800	佳士得	2021-05-21
鸭头绿色EPSOM牛皮18公分迷你CONSTANCE包附钯金配件	24cm×19cm×7cm	82,800	佳士得	2021-05-21
限量版墨水蓝色SWIFT小牛皮，北方蓝色及金啡色EPSOM牛皮30cm TRESSAGE柏金包附钯金配件	30cm×22cm×15cm	82,800	佳士得	2021-05-21
特别订制雾面大象灰色短吻鳄皮25cm CONVOYEUR包附黄金配件	25cm×28cm×12.5cm	82,800	佳士得	2021-05-21
限量版白色EVERCOLOR小牛皮24cm OPTIQUE CONSTANCE包附彩色搪瓷及钯金配件	24cm×19cm×7cm	82,800	佳士得	2021-05-21
雾面香草色及竹绿色尼罗鳄鱼皮20cm拼色TOOLBOX包附钯金配件	20cm×23cm×15cm	82,800	佳士得	2021-05-21
限量版斑鸠灰色及芥末黄色CLÉMENCE小牛皮及赤铁红色SWIFT小牛皮35cm CASAQUE柏金包附雾面钯金配件	35cm×25cm×18cm	82,800	佳士得	2021-05-21
特别订制橄榄绿色、咖喱黄色及橙色TOGO小牛皮35cm柏金包附雾面钯金配件	35cm×25cm×18cm	82,800	佳士得	2021-05-21
爱马仕 2015 火焰红色TOGO牛皮30cm柏金包附金色金属配件	30cm×20cm×15cm	80,928	保利香港	2021-04-23
爱马仕 2019 唇膏粉色EPSOM牛皮19cm CONSTANCE包附银色金属配件	19cm×15cm×4cm	80,928	保利香港	2021-04-23

拍品名称	物品尺寸	成交价RMB	拍卖公司	拍卖日期
爱马仕 2008 限量版VACHE NATURELLE牛皮及VIBRATO羊切皮35cm柏金包附金色金属配件	35cm×25cm×18cm	80,928	保利香港	2021-04-23
爱马仕 2021 西红柿红色SWIFT牛皮18cmCONSTANCE包	18cm×15cm×4cm	80,500	北京保利	2021-09-26
一组十件：RODÉO挂饰	尺寸不一	77,625	佳士得	2021-05-21
特别订制葡萄紫色及石榴红色TOGO小牛皮30cm柏金包附雾面钯金配件	30cm×22cm×15cm	77,625	佳士得	2021-05-21
葡萄紫色TOGO小牛皮35cm柏金包附钯金配件	30cm×22cm×15cm	77,625	佳士得	2021-05-21
白色EVERGRAIN小牛皮28cm KELLY ADO包附钯金配件	28cm×28cm×12cm	77,625	佳士得	2021-05-21
茜草红色TOGO小牛皮28cm内缝凯莉包附钯金配件	28cm×20cm×10cm	77,625	佳士得	2021-05-21
特别订制金黄色及南瓜橙色EPSOM牛皮35cm柏金包附黄金配件	35cm×25cm×18cm	77,625	佳士得	2021-05-21
ALEX ISRAEL设计限量版彩色小牛皮ARTYCAPUCINES包附蓝色亚克力鱼鳍化妆镜与梳子	31.5cm×20cm×11cm	77,625	佳士得	2021-05-21
爱马仕 黑色TAURILLON CRISTOBAl牛皮26cm LINDY包	26cm×18cm×13cm	77,180	北京保利	2021-08-08
爱马仕 2001 干邑色鸵鸟皮HAC柏金包附银色金属配件	32cm×27cm×15cm	75,870	保利香港	2021-04-23
爱马仕 2002 干邑色猪皮及CRINOLINE马鬃KELLY ADO双肩背包附金色金属配件	19.5cm×20.5cm×6.5cm	74,858	保利香港	2021-04-23
爱马仕 檀木灰色TOGO牛皮40cm HAC柏金包	40cm×36cm×24cm	72,640	北京保利	2021-08-08
限量版黑色SWIFT小牛皮及H BERLINE帆布24cm CONSTANCE包附钯金配件	24cm×19cm×7cm	72,450	佳士得	2021-05-21
靛蓝色及黑色EPSOM牛皮拼色KELLY TO GO附黄金配件	20cm×12cm×2cm	72,450	佳士得	2021-05-21
雾面黑色短吻鳄皮CINHETIC TO GO包附精钢配件	18cm×12cm×2cm	72,450	佳士得	2021-05-21
电光蓝色SWIFT小牛皮微型迷你凯莉包附钯金配件	15cm×10cm×5cm	72,450	佳士得	2021-05-21
石墨色CLÉMENCE小牛皮35cm柏金包附钯金配件	35cm×25cm×18cm	72,450	佳士得	2021-05-21
亮面渐变色SALVATOR蜥蜴皮17cm迷你VERROU包附钯金配件	17cm×12cm×4cm	72,450	佳士得	2021-05-21
天然色COURCHEVAL小牛皮40公分HAC柏金包附黄金配件	40cm×36cm×24cm	72,450	佳士得	2021-05-21
夏日粉色SWIFT小牛皮19公分迷你LINDY包附钯金配件	19cm×12cm×9cm	72,450	佳士得	2021-05-21
爱马仕 2017 深青绿色马毛及黑色EVERCALF牛皮TOUPET手提包	19cm×15cm×15cm	70,812	保利香港	2021-04-23
爱马仕 2001 黑色BOX牛皮40cm内缝凯莉包附银色金属配件（另附帆布肩带）	40cm×29cm×15cm	70,812	保利香港	2021-04-23
爱马仕 2020 黑色SWIFT牛皮迷你LINDY包附银色金属配件	20cm×13cm×10cm	70,812	保利香港	2021-04-23
爱马仕 法拉利红色鸵鸟皮17cm迷你VERROU包附钯金配件	17cm×12cm×4cm	70,370	北京保利	2021-08-08
爱马仕 松柏绿色TOGO牛皮29cm KELLY 2424包	29cm	68,100	北京保利	2021-08-08
爱马仕 黑色SWIFT牛皮14cm迷你CONSTANCE包	14cm×11cm×3cm	68,100	北京保利	2021-08-08
黑色SWIFT小牛皮KELLY CUT包附黄金配件	30cm×13cm×3cm	67,275	佳士得	2021-05-21
亮面海军蓝色短吻鳄皮29cm JIGE ÉLAN包	29cm×16cm×3cm	67,275	佳士得	2021-05-21
普鲁士蓝色TOGO小牛皮50cm HAC柏金包附精钢配件	50cm×41cm×26cm	67,275	佳士得	2021-05-21
斋普尔粉色EPSOM牛皮24cm CONSTANCE包附钯金配件	24cm×19cm×7cm	67,275	佳士得	2021-05-21
爱马仕 2015 海葵紫色EPSOM牛皮24cm CONSTANCE包附银色金属配件	24cm×18cm×9cm	65,754	保利香港	2021-04-23
爱马仕 1991 天然沙色COURCHEVEL牛皮28cm内缝凯莉包附金色金属配件	28cm×21cm×11cm	65,754	保利香港	2021-04-23
爱马仕 棕色TOGO牛皮35cm柏金包	35cm×25cm×18cm	63,560	北京保利	2021-08-08
鸢尾花紫色SWIFT小牛皮微型迷你CONSTANCE包附钯金配件	13cm×10cm×3cm	62,100	佳士得	2021-05-21
限量版土耳其蓝色TOGO及SWIFT小牛皮35cm内缝GHILLIES凯莉包附钯金配件	35cm×25cm×13cm	62,100	佳士得	2021-05-21

(成交价RMB：1万元以上)

拍品名称	物品尺寸	成交价RMB	拍卖公司	拍卖日期
米克诺斯蓝色鸵鸟皮18cm迷你ROULIS包附钯金配件	18cm×15cm×6cm	62,100	佳士得	2021-05-21
限量版加利西亚蓝色SWIFT小牛皮及BERLINE帆布32cm内缝GHILLIES凯莉包附钯金配件	32cm×23cm×10cm	62,100	佳士得	2021-05-21
限量版塔拉萨蓝色及白色EPSOM牛皮35cm外缝FLAG凯莉包附钯金配件	35cm×25cm×13cm	62,100	佳士得	2021-05-21
限量版莱姆黄色SWIFT小牛皮及丝质20cm "天堂午憩"2002包附钯金配件	20cm×19cm×5cm	62,100	佳士得	2021-05-21
太阳色TOGO小牛皮30cm柏金包附钯金配件	30cm×22cm×15cm	62,100	佳士得	2021-05-21
爱马仕 2016 蜜桃粉色EPSOM牛皮28cm外缝凯莉包附银色金属配件	28cm×21cm×11cm	60,696	保利香港	2021-04-23
爱马仕 唇膏粉色SWIFT牛皮14cm迷你CONSTANCE包	14cm×11cm×3cm	59,020	北京保利	2021-08-08
2018秋冬年 香奈儿 限定款迷雾森林系列深咖色镶嵌钻石树桩链条包		57,500	北京保利	2021-06-08
爱马仕 2018 玉兰粉色CLEMENCE牛皮26cm LINDY包	26cm×18cm×13cm	57,500	北京保利	2021-09-26
马耳他蓝色及蓝宝石色CLÉMENCE小牛皮35cm内缝拼色凯莉包附钯金配件	35cm×25cm×13cm	56,925	佳士得	2021-05-21
爱马仕红色EPSOM牛皮32cm外缝凯莉包附黄金配件	32cm×23cm×10cm	56,925	佳士得	2021-05-21
莱姆黄色EVERCOLOR小牛皮30cm LINDY包附钯金配件	30cm×21cm×15cm	56,925	佳士得	2021-05-21
爱马仕 2014 杜鹃红色TOGO牛皮35cm柏金包附金色金属配件	35cm×25cm×18cm	55,638	保利香港	2021-04-23
爱马仕 2014 亮面伊斯米尔蓝色鳄鱼皮凯莉皮夹附银色金属配件	21cm×12cm×4cm	55,638	保利香港	2021-04-23
爱马仕 1972 朱古力色BOX牛皮23cm CONSTANCE包附金色金属配件	23cm×17.5cm×6cm	55,638	保利香港	2021-04-23
爱马仕 2000 亮红色BOX牛皮及VIBRATO羊切皮 KELLY ADO双肩背包附金色金属配件	19.5cm×20.5cm×6.5cm	52,603	保利香港	2021-04-23
土耳其蓝色CLÉMENCE小牛皮30cm LINDY包附钯金配件	30cm×21cm×15cm	51,750	佳士得	2021-05-21
雾面鲁索绿色短吻鳄皮KELLY TWILLY挂饰附黄金配件	6.5cm×5cm×2cm	51,750	佳士得	2021-05-21
限量版裸色VEAU GRIZZLY鹿皮及饼干色SWIFT小牛皮26cm LINDY包附钯金配件	26cm×18cm×14cm	51,750	佳士得	2021-05-21
亮面法拉利红色短吻鳄皮CONSTANCE皮夹附黄金配件	21cm×12cm×2cm	51,750	佳士得	2021-05-21
特别订制羊皮纸色、托斯卡紫色及卡萨克红色CLÉMENCE小牛皮35cm柏金包附钯金配件	35cm×25cm×18cm	51,750	佳士得	2021-05-21
雾面深玫瑰色短吻鳄皮凯莉皮夹附钯金配件	20cm×12cm×2cm	51,750	佳士得	2021-05-21
爱马仕 2020 唇膏粉色EVERCOLOR牛皮CONSTANCE LONG TO GO肩包附银色金属配件	20cm×13cm×2cm	50,580	保利香港	2021-04-23
爱马仕 约1960 黑色食蚁兽皮SAC ESCALE手提包附金色金属配件	26cm×15.5cm×5.5cm	50,580	保利香港	2021-04-23
爱马仕 1985 浅褐色大象皮肩包	32cm×23cm×17cm	50,580	保利香港	2021-04-23
爱马仕 2000 BARENIA马鞍牛皮及CRINOLINE马鬃40cm内缝凯莉包附银色金属配件	40cm×29cm×15cm	50,580	保利香港	2021-04-23
一组六件：唇膏粉色TADELAKT小牛皮KELLY TWILLY附钯金配件及五件小码RODÉO挂饰	尺寸不一	49,680	佳士得	2021-05-21
黄褐色TAURILLON H小牛皮HARNAIS床头灯	19cm×39cm×19cm	49,680	佳士得	2021-05-21
限量版木兰粉色SWIFT小牛皮，蓝宝石色及粉笔白色EPSOM牛皮26cm TRESSAGE LINDY包附钯金配件	26cm×18cm×14cm	46,575	佳士得	2021-05-21
亮面伊斯米蓝色及蓝宝石色短吻鳄皮拼色凯莉皮夹附黄金配件	20cm×12cm×2cm	46,575	佳士得	2021-05-21
玛瑙蓝色SWIFT小牛皮KELLY CUT包附黄金配件	30cm×13cm×3cm	46,575	佳士得	2021-05-21
爱马仕 2017 太阳黄色EVERCOLOR牛皮19cm ROULIS包	19cm×15cm×6cm	46,000	北京保利	2021-09-26
亮面极紫色短吻鳄皮23cm MÉDOR包附钯金配件	23cm×11cm×4cm	43,470	佳士得	2021-05-21
限量版亮面黑色及爱马仕红色短吻鳄皮拼色CONSTANCE皮夹附黄金配件	21cm×12cm×2cm	41,400	佳士得	2021-05-21
时装表演系列彩色海滩球包附银色配件	14cm×14cm×14cm	41,400	佳士得	2021-05-21
粉笔白色EPSOM牛皮KELLY TO GO包附黄金配件	20cm×12cm×2cm	41,400	佳士得	2021-05-21
卡萨克红色EVERCOLOR小牛皮20cm 2002包附搪瓷配件	20cm×19cm×5cm	41,400	佳士得	2021-05-21
紫玫瑰色CHÈVRE山羊皮迷你BOLIDE 1923包附钯金配件	18.5cm×14.5cm×7.3cm	41,400	佳士得	2021-05-21
一组两件：经典MONOGRAM帆布24公分COFFRET TRESOR珠宝盒附黄铜配件及经典MONOGRAM帆布20cm COFFRET TRESOR珠宝盒附黄铜配件	24cm×12.5cm×16cm; 20cm×10.5cm×12cm	41,400	佳士得	2021-05-21
爱马仕 2007 浅粉色SWIFT牛皮30cm LINDY包附金色金属配件	30cm×21cm×15cm	40,464	保利香港	2021-04-23
香奈儿 2016 MÉTIERS D' ART工坊巴黎罗马白色大理石琉璃香水瓶肩包附铜色金属配件	12cm×20cm×5cm	40,464	保利香港	2021-04-23
爱马仕 2012 蜜桃粉色CLEMENCE牛皮26cm LINDY包附银色金属配件	26cm×21cm×15cm	35,406	保利香港	2021-04-23
爱马仕 石榴红色山羊皮17cm迷你VERROU包	17cm×12cm×4cm	35,185	北京保利	2021-08-08
金色BARENIA牛皮35cm KELLY 2424包	35cm	34,050	北京保利	2021-08-08
黑色VACHE HUNTER牛皮及帆布35cm PADDOCK BOLIDE附钯金配件	35cm×26cm×14cm	33,120	佳士得	2021-05-21
北方蓝色EVERCOLOR小牛皮26cm 2002包附钯金配件	26cm×23cm×7cm	33,120	佳士得	2021-05-21
爱马仕 2020 天鹅绒、山羊皮及非洲桃花心木雪茄盒	33cm×11cm×23cm	32,371	保利香港	2021-04-23
香奈儿 限量版 姜黄色毛绒链条包		31,780	北京保利	2021-08-08
雾面蟒蛇皮中码单层口盖包附银色配件	25cm×16cm×6cm	31,050	佳士得	2021-05-21
水泥灰色EVERCOLOR小牛皮20cm TOOLBOX包附精铜配件	20cm×23cm×15cm	31,050	佳士得	2021-05-21
爱马仕 2014 牡丹红色CLEMENCE牛皮30cm LINDY包附银色金属配件	30cm×21cm×15cm	30,348	保利香港	2021-04-23
爱马仕 2009 天青蓝色CLEMENCE牛皮SHOULDER BIRKIN包附银色金属配件	42cm×18cm×21cm	30,348	保利香港	2021-04-23
墨西哥粉色EPSOM牛皮CONSTANCE SLIM皮夹附钯金配件	12.5cm×10cm×3cm	28,980	佳士得	2021-05-21
爱马仕 天堂蓝色TAURILLON CRISTOBAl牛皮28cm JYPSIERE包		28,375	北京保利	2021-08-08
SAINT-LOUIS 2021 FOLIA系列木及铜材质便携式水晶灯（一组两件）	29cm×15.5cm	28,325	保利香港	2021-04-23
爱马仕 奶昔粉色SWIFT牛皮JIGE手拿包	29cm×15cm×2cm	23,835	北京保利	2021-08-08
限量版PEGASUS POP帆布及黑色VACHE HUNTER牛皮31cm HERBAG ZIP包附钯金配件	31cm×25cm×10cm	22,770	佳士得	2021-05-21
香奈儿 限量版 彩色编织软尼链条包	26cm×16cm×7cm	22,700	北京保利	2021-08-08
香奈儿 限量版 珍饰长款装饰项链		21,565	北京保利	2021-08-08
爱马仕 2003 亮红色TOGO牛皮及VIBRATO羊切皮18cm PICOTIN包附银色金属配件	18cm×20cm×13cm	20,232	保利香港	2021-04-23
爱马仕 2013 亚麻蓝色EPSOM牛皮CONSTANCE皮夹附银色金属配件	21cm×11cm×4cm	20,232	保利香港	2021-04-23
爱马仕 2020 雾面亮桃红色短吻鳄鱼皮25cm柏金包附银色金属配件	25cm×19cm×14cm	453,192	保利香港	2021-12-01
迷魂绿色EVERCOLOR小牛皮29cm JIGE ÉLAN包	29cm×16cm×3cm	17,595	佳士得	2021-05-21
中成药				
清 大灵芝刻字摆件	直径66cm	40,860	十竹斋拍卖（北京）	2021-04-25
20世纪80年代 80年代陈皮		23,000	中贸圣佳	2021-05-20
1989年同仁堂出口装李时珍牌牛黄清心丸 50盒	10丸/盒	368,000	西泠印社	2021-01-14
1989年同仁堂鹿角胶 80盒（原箱）	250克/盒	368,000	西泠印社	2021-01-14
1991年长城牌出口装海马丸 144瓶（原箱）	120粒/瓶	368,000	西泠印社	2021-01-14
20世纪80年代精装出口至宝三鞭丸48盒（浓缩丸原箱）	50管/盒	333,500	西泠印社	2021-01-14
1992年同仁堂出口装李时珍再造丸50盒（原箱）	10丸/盒	230,000	西泠印社	2021-01-14
1993年北京东升药厂牛黄降压丸100盒（原箱）	10丸/盒	230,000	西泠印社	2021-01-14

2021杂项拍卖成交汇总(续表)

(成交价RMB：1万元以上)

拍品名称	物品尺寸	成交价RMB	拍卖公司	拍卖日期
1996年产北京同仁堂"锦盒装大活络丹"(包有金衣)50盒	10丸/盒	207,000	北京荣宝	2021-06-19
1995年同仁堂锦盒装牛黄清心丸 50盒(原箱)	10丸/盒	207,000	西泠印社	2021-01-14
1994年产原封箱"北京灵山牌牛黄降压丸"		207,000	北京荣宝	2021-06-19
1994年北京东升药厂牛黄降压丸(原箱)		207,000	西泠印社	2021-01-14
1996同仁堂出口装锦盒大活络丹(原箱)		195,500	西泠印社	2021-01-14
20世纪50年代~2000年 新会陈皮一条龙		182,088	保利香港	2021-04-24
1987年产北京同仁堂"旭日牌抗老延年丸 防衰益寿丸" 10大盒	100瓶	172,500	北京荣宝	2021-06-19
1993年同仁堂苏合香丸 50盒(原箱)	10丸/盒	172,500	西泠印社	2021-01-14
1993年产北京同仁堂"牛黄清心丸"		172,500	北京荣宝	2021-06-19
1993年同仁堂原箱牛黄清心丸(原箱)		172,500	西泠印社	2021-01-14
1987年同仁堂抗老延年丸防衰益寿丸(原箱)		149,500	西泠印社	2021-01-14
1988年同仁堂抗老延年丸防衰益寿丸(原箱)		138,000	西泠印社	2021-01-14
20世纪60年代 新会陈皮	总重1000g	121,392	保利香港	2021-04-24
1993年同仁堂大活络丹(原箱)		115,000	西泠印社	2021-01-14
1989年天津出口长城牌大活络丹(原箱)		109,250	西泠印社	2021-01-14
20世纪80年代羊城牌出口装参茸白凤丸(2原箱)		109,250	西泠印社	2021-01-14
20世纪70年代 新会陈皮	总重1000g	101,160	保利香港	2021-04-24
20世纪70年代 新会陈皮	总重1000g	96,102	保利香港	2021-04-24
1991年产原封箱北京同仁堂"李时珍牌消栓再造丸" 50盒	500丸	92,000	北京荣宝	2021-06-19
1995年产同仁堂"安宫牛黄丸"(包有金衣)		92,000	北京荣宝	2021-06-19
1999年同仁堂人参鹿茸丸(原箱) 50盒	10丸/盒	86,250	西泠印社	2021-01-14
1990年同仁堂出口装李时珍消栓再造丸(原箱)		80,500	西泠印社	2021-01-14
1991年同仁堂出口装李时珍消栓再造丸(原箱)		80,500	西泠印社	2021-01-14
20世纪90年代 新会陈皮	总重2000g	75,870	保利香港	2021-04-24
20世纪60年代 新会陈皮	总重500g	75,870	保利香港	2021-04-24
1989年同仁堂出口装李时珍牌牛黄清心丸		74,750	西泠印社	2021-01-14
20世纪80年代天津长城牌出口装牛黄清心丸		74,750	西泠印社	2021-01-14
40年陈皮		74,750	北京保利	2021-06-07
20年新会梅江陈皮		73,775	十竹斋拍卖(北京)	2021-04-25
40年陈期新会梅江陈皮		71,300	十竹斋拍卖(北京)	2021-04-25
1991年同仁堂李时珍山王清心丸		69,000	西泠印社	2021-01-14
20世纪80年代新会老树陈皮		69,000	北京保利	2021-09-26
40年 新会陈皮		69,000	中国嘉德	2021-12-10
20世纪70年代·新会天马老陈皮 一罐	净重500g	66,700	西泠印社	2021-01-16
20世纪50年代 新会陈皮	总重300g	65,754	保利香港	2021-04-24
1991~1992年同仁堂李时珍出口装牛黄清心丸		63,250	西泠印社	2021-01-14
1994年同仁堂活络丸(原箱)		63,250	西泠印社	2021-01-14
20世纪90年代出口装李时珍牌朝阳丹		63,250	西泠印社	2021-01-14
20世纪70年代同仁堂抗热牛黄散		63,250	西泠印社	2021-01-14
1999年产原封箱北京同仁堂"旭日牌再造丸"		57,500	北京荣宝	2021-06-19
1994年产北京同仁堂二厂"安宫牛黄丸"		57,500	北京荣宝	2021-06-19
20世纪90年代产天津达仁堂"回生牌牛黄降压丸"		57,500	北京荣宝	2021-06-19
1989年产北京同仁堂"鹿角胶"		57,500	北京荣宝	2021-06-19
1986年同仁堂局方至宝丹		57,500	西泠印社	2021-01-14
1993年同仁堂李时珍大活络丹		57,500	西泠印社	2021-01-14
20世纪80年代 新会陈皮	总重1000g	55,638	保利香港	2021-04-24
20世纪70年代 新会陈皮	总重500g	55,638	保利香港	2021-04-24
20世纪80年代羊城牌出口装参茸白凤丸(原箱)		55,200	西泠印社	2021-01-14
1998年同仁堂旭日参茸卫生丸(原箱)		55,200	西泠印社	2021-01-14
1998年同仁堂偏瘫复原丸(原箱)		55,200	西泠印社	2021-01-14
1998年同仁堂石斛夜光丸(原箱)		55,200	西泠印社	2021-01-14
1990年长城牌牛黄清心丸		51,750	西泠印社	2021-01-14
1984年 新会茶坑村陈皮(原枝柑)		51,750	华艺国际	2021-03-30
1993、1994年同仁堂李时珍参茸卫生丸		48,300	西泠印社	2021-01-14
1989年同仁堂鹿角胶		46,000	西泠印社	2021-01-14
1999年同仁堂参茸三鞭丸(原箱)		46,000	西泠印社	2021-01-14
1989年 新会东甲陈皮(原枝柑)		46,000	华艺国际	2021-03-30
1998年同仁堂偏瘫复原造丸(原箱)		43,700	西泠印社	2021-01-14
1995年产北京同仁堂"锦盒装牛黄清心丸"(包有金衣)		40,250	北京荣宝	2021-06-19
20世纪90年代产"出口装李时珍牌朝阳丹"		40,250	北京荣宝	2021-06-19
1993年同仁堂出口装李时珍牌参茸卫生丸		40,250	西泠印社	2021-01-14
1991~1995年达仁堂清宫寿桃丸		40,250	西泠印社	2021-01-14
20世纪90年代 新会陈皮	总重1000g	38,441	保利香港	2021-04-24
1995年同仁堂出口装锦盒牛黄清心丸		36,800	西泠印社	2021-01-14
1991~1993年同仁堂出口装锦盒牛黄清心丸		36,800	西泠印社	2021-01-14
1990年同仁堂出口装李时珍人参鹿茸丸		36,800	西泠印社	2021-01-14
20世纪90年代产北京同仁堂"出口装李时珍牌大活络丹"(包有金衣)		34,500	北京荣宝	2021-06-19
20世纪70年代 南京中药厂出口装牛黄清心丸		34,500	西泠印社	2021-01-14
1993年同仁堂大活络丹		34,500	西泠印社	2021-01-14
1976年 新会茶坑村陈皮(原枝柑)		34,500	华艺国际	2021-03-30
1984年 新会茶坑村陈皮(原枝柑)		34,500	华艺国际	2021-06-03
1989年 新会东甲陈皮(原枝柑)		34,500	华艺国际	2021-06-03
20世纪80年代苏州中药厂出口装牛黄消炎丸		32,200	西泠印社	2021-01-14
1988年同仁堂抗老延年丸防衰益寿丸		32,200	西泠印社	2021-01-14
1993年同仁堂紫雪散		32,200	西泠印社	2021-01-14
1991年长城牌出口装海马丸(原盒)		32,200	西泠印社	2021-01-14
20世纪80年代精装出口至宝三鞭丸(浓缩丸)		32,200	西泠印社	2021-01-14
15年陈皮		32,200	北京保利	2021-06-07
1992~1995年产天津达仁堂"清宫寿桃丸"		28,750	北京荣宝	2021-06-19
1988年产北京同仁堂"旭日牌抗老延年丸 防衰益寿丸"		28,750	北京荣宝	2021-06-19
1991年达仁堂牛黄清心丸		28,750	西泠印社	2021-01-14
20世纪90年代同仁堂出口装锦盒北京白凤丸		25,300	西泠印社	2021-01-14
20世纪80年代精装出口至宝三鞭丸		25,300	西泠印社	2021-01-14
1976年 新会茶坑村陈皮(原枝柑)		25,300	华艺国际	2021-06-03
20世纪80年代产上海"上药牌六神丸"		23,000	北京荣宝	2021-06-19
1989年产北京同仁堂"李时珍牌狗皮膏"		23,000	北京荣宝	2021-06-19
1990年同仁堂出口装李时珍牛黄解毒片		23,000	西泠印社	2021-01-14
1991年天津长城牌出口装牛黄清心丸		20,700	西泠印社	2021-01-14
1981~1985年同仁堂久芝清心丸		20,700	西泠印社	2021-01-14
1995年同仁堂出口装再造丸		20,700	西泠印社	2021-01-14
1983年同仁堂局方至宝散		20,700	西泠印社	2021-01-14
1995年产南京同仁堂"乌鸡白凤丸"		18,400	北京荣宝	2021-06-19
滋补品				
日本3~4头青森大网鲍 19只	重约2500g	402,500	华艺国际	2021-06-03
本港第一代赤嘴鱼胶(公肚) 1只	15.5cm×8cm	322,000	华艺国际	2021-06-03
本港石肚鱼胶(公肚)		230,000	华艺国际	2021-06-03
本港赤嘴鱼胶(公肚)		207,000	华艺国际	2021-06-03
2001年东阿阿胶李时珍福字阿胶40盒(原箱)	250g/盒	195,500	西泠印社	2021-01-14
25~30年巨大鳘鱼胶		184,000	西泠印社	2021-01-14
本港赤嘴鱼胶		184,000	华艺国际	2021-06-03
石肚鳘鱼胶		165,600	华艺国际	2021-06-03
25~30年巨大鳘鱼胶		161,000	西泠印社	2021-01-14
日本3头千叶大网鲍	长8.6cm; 宽6cm; 高3cm	161,000	华艺国际	2021-03-30
本港赤嘴鱼胶(公肚)		161,000	华艺国际	2021-03-30
本港石肚鱼胶		149,500	华艺国际	2021-03-30
日本岩手产6头大网鲍	长8.5cm; 宽6.5cm; 高3.5cm	149,500	华艺国际	2021-06-03
日本12头千叶大网鲍	长7cm; 宽5cm; 高3cm	143,750	华艺国际	2021-03-30
20世纪70年代出口装李时珍牌极品阿胶		126,500	西泠印社	2021-01-14
日本岩手产6头大网鲍	长8.5cm; 宽6.5cm; 高3.5cm	126,500	华艺国际	2021-03-30
本港白花胶(公肚)		126,500	华艺国际	2021-06-03
20世纪70年代出口装李时珍牌极品阿胶 10盒	300g/盒	115,000	西泠印社	2021-01-14

2021杂项拍卖成交汇总(续表)

(成交价RMB：1万元以上)

拍品名称	物品尺寸	成交价RMB	拍卖公司	拍卖日期
石肚鳘鱼胶		115,000	华艺国际	2021-06-03
本港石肚鱼胶(公肚)		103,500	华艺国际	2021-03-30
本港白花胶(公肚)		94,300	华艺国际	2021-06-03
日本14头千叶大网鲍	长6.5cm;宽5cm;高2.5cm	81,650	华艺国际	2021-03-30
约20年鳘鱼胶		74,750	西泠印社	2021-01-14
日本岩手8头大网鲍	长8cm;宽5.3cm;高3.3cm	69,000	华艺国际	2021-06-03
1993年精装山东阿胶 10盒	500g/盒	63,250	西泠印社	2021-01-14
1988年精装出口福胶		63,250	西泠印社	2021-01-14
日本岩手产7头大网鲍		63,250	华艺国际	2021-03-30
1974年产山东"东阿阿胶"(语录版)		57,500	北京荣宝	2021-06-19
日本岩手8头大网鲍	长8cm;宽5.3cm;高3.3cm	51,750	华艺国际	2021-03-30
1986年产北京同仁堂"李时珍牌极品阿胶"		46,000	北京荣宝	2021-06-19
1986~1988年东阿阿胶		46,000	华艺国际	2021-03-30
1992~1993年东阿阿胶		46,000	华艺国际	2021-03-30
1982~1988年山东福牌阿胶		46,000	华艺国际	2021-03-30
1995年正官庄高丽参(天30) 1盒	重600g	43,700	西泠印社	2021-01-14
本港赤嘴鱼胶(公肚)		42,550	华艺国际	2021-06-03
25头日本关东参	长8cm;宽2.6cm;高2.6cm	41,400	华艺国际	2021-06-03
1991~1999年产山东"福牌阿胶"(精装)		40,250	北京荣宝	2021-06-19
1998、1999年产山东"东阿阿胶"		34,500	北京荣宝	2021-06-19
1993~1995年产山东"东阿阿胶"(精装)		34,500	北京荣宝	2021-06-19
1981年精装出口福胶		34,500	西泠印社	2021-01-14
1993年东阿阿胶		34,500	西泠印社	2021-01-14
1988年东阿阿胶		34,500	西泠印社	2021-01-14
20世纪70年代初茶叶出口装山东阿胶		32,200	西泠印社	2021-01-14
1991年栈桥牌专供出口山东阿胶		32,200	西泠印社	2021-01-14
1991年东阿阿胶		28,750	西泠印社	2021-01-14
1991~1993年 山东东阿阿胶		28,750	永乐拍卖	2021-05-20
2005年正官庄高丽参(地20)	重600g	25,300	西泠印社	2021-01-14
20世纪80年代·新会东甲老陈皮		25,300	西泠印社	2021-07-23
40头日本关东参	约1500g;长7cm;宽2cm;高2cm	23,000	华艺国际	2021-06-03
1973年产山东"福牌阿胶"		23,000	北京荣宝	2021-06-19
1989年正官庄高丽参(良30)	重600g	23,000	西泠印社	2021-01-14
1996年栈桥牌专供出口山东阿胶		23,000	西泠印社	2021-01-14
天祥号特别订制 天字高丽参		23,000	永乐拍卖	2021-05-20
2000年 山东东阿阿胶		23,000	永乐拍卖	2021-05-20
1991~1993年山东东阿阿胶		23,000	中鸿信	2021-07-15
2000年山东东阿阿胶		20,700	中鸿信	2021-07-15
双棘原黄菇鱼		1,552,500	北京保利	2021-12-05
双棘原黄菇鱼		1,092,500	北京保利	2021-12-05
本港石肚鱼胶	重约740g 2个;约17.5cm×21cm	437,000	华艺国际	2021-12-11
日本3~4头青森大网鲍	重约2500g;19只;约8.3cm×5.6cm	402,500	华艺国际	2021-12-11
双棘原黄菇鱼		402,500	北京保利	2021-12-05
兵 器				
元末明初 铁鋄金鋄银金刚钺刀	长12.5cm	897,000	古天一	2021-06-07
14~15世纪 铁鋄金鋄银三叉戟	高47.5cm	667,000	古天一	2021-06-07
民国 醒狮(九师)勋刀	刀鞘长88cm;主刀长83.5cm	517,500	广东崇正	2021-01-07
民国 北洋总统冯国璋任职纪念勋刀—护国十二狮子勋刀礼剑1把	尺寸不一	2,012,500	华艺国际	2021-12-11
其他工艺品				
18世纪 镂雕龙纹宫廷马鞍坐具(1套)	尺寸不一	1,495,000	中贸圣佳	2021-05-21
18世纪 镂雕龙纹宫廷马鞍坐具(1套)	尺寸不一	1,437,500	中贸圣佳	2021-09-26
清中期 朱砂贴金大喜云蝠纹挂件	高6cm	59,800	古天一	2021-06-07
清中期 朱砂贴金花篮挂件	高5.8cm	32,200	古天一	2021-06-07
清 灵芝"浮云"清供摆件	带座高32cm;座长17cm	207,000	西泠印社	2021-01-16
清 灵芝清供摆件	带座高28.5cm;长36cm	138,000	西泠印社	2021-01-16
清 刻御题诗灵芝清供摆件	带座高49cm;带座长46cm	109,250	西泠印社	2021-07-24
清 嘎巴拉手串、手鼓(1组2件)	尺寸不一	46,000	广东崇正	2021-07-19
清 吴岳刻 巧雕小挂件	直径1.8cm	18,400	中贸圣佳	2021-09-26
20世纪60年代 牛皮金尖茶包	长52cm;宽50cm;高20cm	36,800	浙江佳宝	2021-01-10

拍品名称	物品尺寸	成交价RMB	拍卖公司	拍卖日期
瑞士制 知名藏家的永恒典范 非常精美及特大金及珐琅镶珍珠工具盒,具有时计、音乐及活动人偶,内含镶金剪刀、金珐琅小刀、香水瓶、钥匙、指甲修护棒与锥子,备收纳盒,为中国市场而制及由P. Orr发行,约1800年制		5,154,300	香港苏富比	2021-10-13
认为是 MOULINIÉ BAUTTE & CIE OR J.B. GARRAND, GENEVA之作品,极罕有、重要及非常精美,黄金珐琅镶珍珠火枪形香水喷枪		3,312,000	佳士得	2021-05-22
勒布朗·詹姆斯亲签LEBRON IX"彩虹"比赛使用球鞋		552,000	北京保利	2021-06-08
1969年 主席像钢模	直径10.8cm;高3.6cm	402,500	中贸圣佳	2021-12-30
科比亲穿亲签法国蓝配色AJ12		402,500	北京保利	2021-12-05
Jordan & Converse"飞人30周年"套装		230,000	北京保利	2021-06-08
Air Jordan VII奥运主题专属球鞋收藏4双		195,500	北京保利	2021-06-08
1945年制 蔡司潜望镜	高160cm	184,000	西泠印社	2021-07-23
王家卫 1999年作 秘密	尺寸不一	156,492	香港苏富比	2021-10-10
红土	长28cm;宽16cm;高12cm	149,500	北京荣宝	2021-06-19
红土棋楠	长28cm;宽16cm;高12cm	149,500	北京荣宝	2021-06-19
勒布朗·詹姆斯第九代签名球鞋专属样品球鞋收藏10双		138,000	北京保利	2021-06-08
Air Jordan 第十二代复刻"卡梅罗·安东尼"专属球鞋收藏4双		126,500	北京保利	2021-06-08
ASPREY 铜鎏金 贝母及青金石沙漏	高约31cm	109,250	北京保利	2021-06-07
Air Jordan XXIII"卡梅罗·安东尼"专属球鞋收藏3双		103,500	北京保利	2021-06-08
勒布朗·詹姆斯第九代签名球鞋专属球鞋收藏6双		92,000	北京保利	2021-06-08
勒布朗·詹姆斯亲签乔丹三代2003年复刻版球鞋		92,000	北京保利	2021-06-08
法贝热 国际象棋(1套)	约42cm×42cm×8cm	86,250	北京保利	2021-06-07
欧洲古董娃娃		80,500	永乐拍卖	2021-05-22
Jordan第十二代复刻"德韦恩·韦德"专属球鞋2双		80,500	北京保利	2021-06-08
勒布朗·詹姆斯亲签LEBRON II奥运会配色比赛备用球鞋		74,750	北京保利	2021-06-08
勒布朗·詹姆斯第六代签名球鞋"恶搞家族"样品球鞋1双		74,750	北京保利	2021-06-08
限量版铜鎏金沙漏配浮动钻石,为日本市场而制,约2000年制		74,353	香港苏富比	2021-04-23
登喜路 14K黄金 怀表型打火机	54mm×43mm×13.5mm	69,000	北京保利	2021-06-07
美国NBA巨星科比·布莱恩特亲笔签名黄色8号球衣 镜心	84cm×56cm	69,000	中鸿信	2021-07-15
勒布朗·詹姆斯第一代签名球鞋"季后赛"专属收藏3双		69,000	北京保利	2021-06-08
勒布朗·詹姆斯第十一代签名球鞋专属样品球鞋收藏11双		69,000	北京保利	2021-06-08
西班牙皇家马德里队全体成员亲笔签名球衣 镜心	73cm×69cm	69,000	中鸿信	2021-07-15
"黑曼巴"科比·布莱恩特亲笔签名球衣	111.5cm×81.6cm(含框)	66,700	华艺国际	2021-03-31
迈克尔·乔丹亲签1994年乔丹一代芝加哥配色复刻版		63,250	北京保利	2021-06-08
1组32件: 24K黄金马赛克碗盘组	尺寸不一	62,100	佳士得	2021-05-21
2019年 香奈儿 香奈儿滑板 限定版		57,500	北京保利	2021-06-08
欧洲古董娃娃		57,500	永乐拍卖	2021-05-22
特雷西·麦克格雷迪 美国NBA球星特雷西·麦克格雷迪亲笔签名篮球	直径24.6cm	57,500	华艺国际	2021-06-04
Air Jordan XIII Retro"卡梅罗·安东尼"专属球鞋收藏2双		57,500	北京保利	2021-06-08
勒布朗·詹姆斯第一代签名鞋"最佳新秀"样品亲签球鞋		57,500	北京保利	2021-06-08
勒布朗·詹姆斯第六代签名球鞋收藏15双		57,500	北京保利	2021-06-08
"黑曼巴"科比·布莱恩特(Kobe Bryant)亲笔签名洛杉矶湖人队球衣,附证书	85cm×60cm	56,750	北京保利	2021-01-16
美国NBA球星约翰逊、科比、安东尼·戴维斯、勒布朗·詹姆斯亲笔签名湖人队球衣	7.9cm×55.5cm	55,200	中国嘉德	2021-05-18

2021杂项拍卖成交汇总(续表)

(成交价RMB：1万元以上)

拍品名称	物品尺寸	成交价RMB	拍卖公司	拍卖日期
美国NBA巨星科比·布莱恩特亲笔签名黄色8号球衣 1 镜心	84cm×56cm	52,900	中鸿信	2021-07-15
“黑曼巴”科比·布莱恩特(Kobe Bryant)亲笔签名湖人队球衣,附证书	82cm×57cm	52,210	北京保利	2021-08-05
西班牙皇家马德里队全体成员 亲笔签名球衣	73cm×69cm	51,750	中国嘉德	2021-05-18
美国NBA巨星科比·布莱恩特亲笔签名黄色8号球衣	84cm×56cm	51,750	中国嘉德	2021-05-18
Air Jordan “克里斯·保罗”专属球鞋收藏4双		51,750	北京保利	2021-06-08
勒布朗·詹姆斯士兵球鞋收藏11双		51,750	北京保利	2021-06-08
劳力士型号78360及9315 1套4件蚝式链带		50,985	香港苏富比	2021-04-23
1971年郭沫若亲笔题词乒乓球拍及运动员签名球拍、签名纪念品1组共5件	尺寸不一	48,300	北京保利	2021-06-07
“空中飞人”迈克尔·乔丹(Michael Jordan)亲笔签名公牛队球衣,附证书	94cm×65cm	48,300	北京保利	2021-06-07
杰拉德·华莱士Jordan Brand专属球鞋收藏7双		48,300	北京保利	2021-06-08
勒布朗·詹姆斯第四代签名球鞋“复古之夜”专属亲签球鞋		48,300	北京保利	2021-06-08
迈克尔·乔丹亲签红色公牛队赛场级球衣		46,000	北京保利	2021-06-08
勒布朗·詹姆斯第二代签名球鞋“俄勒冈”专属球鞋2双		46,000	北京保利	2021-06-08
勒布朗·詹姆斯第三代签名球鞋专属球鞋收藏2双		46,000	北京保利	2021-06-08
勒布朗·詹姆斯第四代签名球鞋收藏球鞋7双		46,000	北京保利	2021-06-08
勒布朗·詹姆斯第七代签名球鞋“复古之夜”专属球鞋2双		46,000	北京保利	2021-06-08
Nike Zoom Flight 2K3 专属亲签球鞋		46,000	北京保利	2021-06-08
科比·布莱恩特亲签AIR JORDAN XI CONCORED		46,000	北京保利	2021-06-08
美国NBA球星科比、詹姆斯双人亲笔签名球衣	126cm×84cm	40,250	中国嘉德	2021-05-18
美国NBA超级球星迈克尔·乔丹亲笔签名全明星限量球衣	86cm×65cm	40,250	中国嘉德	2021-05-18
欧洲古董娃娃		40,250	永乐拍卖	2021-05-22
Jordan Brand大学&高中专属球鞋收藏8双		40,250	北京保利	2021-06-08
劳力士1套7件运动型表圈		37,176	香港苏富比	2021-04-23
葡萄牙足球明星C罗 亲笔签名足球	直径21.5cm	36,800	中国嘉德	2021-05-18
美国NBA巨星科比·布莱恩特 亲笔签名球衣	62cm×79.5cm	36,800	中国嘉德	2021-05-18
美国NBA超级球星迈克尔·乔丹亲笔签名篮球	直径24.6cm	36,800	中国嘉德	2021-05-18
勒布朗·詹姆斯第九代签名球鞋“注视王座”样品球鞋		36,800	北京保利	2021-06-08
勒布朗·詹姆斯亲签比赛使用地板		36,800	北京保利	2021-06-08
弗雷德·琼斯Jordan Brand专属球鞋收藏7双		34,500	北京保利	2021-06-08
朱万·霍华德Jordan Brand专属球鞋收藏5双		34,500	北京保利	2021-06-08
Jordan 2011“德韦恩·韦德”专属球鞋4双		34,500	北京保利	2021-06-08
Nike Air Zoom Huarache 2K4“卡梅罗·安东尼 雪城大学”样品球鞋2双		34,500	北京保利	2021-06-08
勒布朗·詹姆斯第一代签名球鞋收藏 5 双		34,500	北京保利	2021-06-08
勒布朗·詹姆斯第四代签名球鞋“中国”专属球鞋收藏4双		34,500	北京保利	2021-06-08
勒布朗·詹姆斯第四代签名球鞋“中国”专属亲签球鞋		34,500	北京保利	2021-06-08
勒布朗·詹姆斯亲签白色美国队球员版球衣		34,500	北京保利	2021-06-08
“黑曼巴”科比·布莱恩特(Kobe Bryant)亲笔签名湖人队明尼阿波利斯复古球衣,附证书	82cm×65cm	34,050	北京保利	2021-08-05
美国NBA巨星科比·布莱恩特亲笔签名篮球	直径24.6cm	32,200	中国嘉德	2021-05-18
迈克尔·乔丹亲签红色公牛队球员版球衣		32,200	北京保利	2021-06-08
“NBA小皇帝”勒布朗·詹姆斯(LeBron James)亲笔签名骑士队球衣,附证书	85cm×64cm	30,645	北京保利	2021-08-05
顶戴花翎	尺寸不一	29,900	中贸圣佳	2021-12-29
百达翡丽|陀飞轮 calibre 89 连框绘图,约1989年制		29,741	香港苏富比	2021-04-23
20世纪10年代 科比等湖人全队签名篮球与科比亲笔签名照	篮球直径24cm	28,750	中贸圣佳	2021-12-30
阿根廷足球运动员里奥·梅西亲笔签名限量球衣	框72.8cm×102cm	28,750	中国嘉德	2021-05-18
意大利尤文图斯足球俱乐部队员亲笔签名球衣	73.8cm×84cm	28,750	中国嘉德	2021-05-18
美国NBA巨星科比·布莱恩特亲笔签名篮球	24.6cm	28,750	中国嘉德	2021-05-18
美国 1982年 富兰克林(Franklin Mint)限量款英国皇家像章鎏金国际象棋套组	棋盘长56cm; 宽49cm; 高8.3cm	28,750	西泠印社	2021-01-17
“黑曼巴”科比·布莱恩特(Kobe Bryant)亲笔签名湖人队球衣,附证书	80cm×65cm	28,750	北京保利	2021-06-07
Air Jordan VIII Retro “CP3” 专属球鞋2双		28,750	北京保利	2021-06-08
1985年元年乔丹一代高帮皇家蓝配色		28,750	北京保利	2021-06-08
勒布朗·詹姆斯第四代签名球鞋“水果麦片”样品球鞋1双		28,750	北京保利	2021-06-08
勒布朗·詹姆斯第五代签名球鞋原型样品球鞋1双		28,750	北京保利	2021-06-08
阿根廷球王马拉多纳亲笔签名球衣	74cm×87.5cm	25,300	中国嘉德	2021-05-18
美国NBA巨星科比·布莱恩特亲笔签名蓝色8号球衣	81.5cm×58cm	25,300	中国嘉德	2021-05-18
“拳王”迈克·泰森(Mike Tyson)、伊万德·霍利菲尔德(Evander Holyfield)双人亲笔签名拳击手套	62cm×55cm(含框)	25,300	华艺国际	2021-03-31
“黑曼巴”科比·布莱恩特(Kobe Bryant)亲笔签名湖人队球衣,附证书	85cm×60cm	25,300	北京保利	2021-06-07
2019~2020赛季皇家马德里足球队全体队员签名球衣,附证书	87cm×74cm	25,300	北京保利	2021-06-07
勒布朗·詹姆斯第四代签名球鞋“黑武士”专属亲签球鞋		25,300	北京保利	2021-06-08
Daniel Arsham Daniel 保时捷911	31cm×13.6cm×9.1cm	25,300	中鸿信	2021-07-15
C罗签名球衣 镜心	74cm×51cm	24,150	中鸿信	2021-07-15
昭和时期(1926~1989)【二代田边竹云斋】造竹编花篮	高28cm; 直径33cm	23,000	北京荣宝	2021-06-19
21世纪10年代勇士全队亲笔签名球衣	75.5cm×54cm	23,000	中贸圣佳	2021-12-30
21世纪10年代 NBA巨星迈克尔·乔丹亲笔签名球衣	80cm×59cm	23,000	中贸圣佳	2021-12-30
1998年作 Louis Vuitton 1998年世界杯特别版 足球	直径28cm	23,000	华艺国际	2021-06-04
勒布朗·詹姆斯第二代签名球鞋低帮款球鞋收藏3双		23,000	北京保利	2021-06-08
勒布朗·詹姆斯第九代“全黑”专属亲签球鞋		23,000	北京保利	2021-06-08
LOUIS VUITTON 2020年 2020夏日限定海浪扎染冲浪板	49cm×106cm	23,000	北京保利	2021-06-08
皇家马德里主力队员签名球衣 镜心	77cm×52cm	23,000	中鸿信	2021-07-15
王家卫 2007年作《蓝莓之夜》—Louis Vuitton匙扣	匙扣: 14.5cm×2.8cm×2.8cm; 木盒: 35.9cm×31.7cm×6cm	22,952	香港苏富比	2021-10-10
“NBA巨星”迈克尔·乔丹(Michael Jordan)亲笔签名芝加哥公牛队球衣,附证书	80cm×50cm	22,133	北京保利	2021-01-16
“NBA巨星”迈克尔·乔丹(Michael Jordan)亲笔签名华盛顿奇才队球衣,附证书	80cm×58cm	20,998	北京保利	2021-01-16
托尼·库科奇Jordan Brand专属球鞋收藏2双		20,700	北京保利	2021-06-08